天津市哲学社会科学规划项目（TJTX13-030）

「我国职业教育思想理论史料及其学术价值的研究（1980—2000）」

20 Years of Innovation in Vocational Education in China

中国职业教育改革20年

（1980—2000）

中华职业教育社
天津职业技术师范大学 编

科学出版社
北京

内 容 简 介

本着忠于史实、史料和实事求是的编写原则，本书力求比较全面地反映1980—2000年我国职业教育改革开放初期的各方面的发展情况、教育观点及其理论研究成果，以及我国职业教育发展的重大事件。本书还精选了国内职教界知名学者的代表性研究成果和有代表性的职业院校创建、发展的历程及其所取得的成就。以期勾勒出这一时期我国职业教育的概貌，并为我国今后开展职业教育研究提供一些基础文献与资料。

本书对职业教育研究领域的专家、学者，以及高校、高职院校从事职业教育教学与管理工作的教师、行政人员都有重要参考价值，同时也适合对职业教育及教育史感兴趣的读者阅读。

图书在版编目(CIP)数据

中国职业教育改革20年：1980—2000 / 中华职业教育社，天津职业技术师范大学编. —北京：科学出版社，2016.6

ISBN 978-7-03-049323-1

Ⅰ. ①中… Ⅱ. ①中…②天… Ⅲ. ①职业教育–教育改革–研究–中国–1980—2000 Ⅳ. ①G719.21

中国版本图书馆 CIP 数据核字（2016）第151958号

责任编辑：付 艳 朱丽娜 王 珂 / 责任校对：彭 涛 何艳萍
责任印制：肖 兴 / 封面设计：楠竹文化
编辑部电话：010-64033934
E-mail：edu-psy@mail.sciencep.com

科 学 出 版 社 出版
北京东黄城根北街 16 号
邮政编码：100717
http://www.sciencep.com
中国科学院印刷厂 印刷
科学出版社发行　各地新华书店经销
*
2016年9月第 一 版　开本：787×1091 1/16
2016年9月第一次印刷　印张：54 1/4
字数：1 290 000
定价：199.00元
（如有印装质量问题，我社负责调换）

本书编委会

序

颗粒归仓　硕果满枝

经过三年多的辛勤耕耘，百余万字的《中国职业教育改革20年（1980—2000）》终于付梓出版了。这是中华职业教育社与天津职业技术师范大学联袂推出的一个合作成果。其中的多位顾问、编委和经典篇目的作者，都是我国职业教育战线上的翘楚，其中不乏中华职业教育社的老领导、老社员和专家委员会委员。他们中既有青年才俊，也有耄耋长者。他们怀着对职业教育事业的热爱、对国家和社会发展的责任，守得寂寞，苦耕不辍，终成佳作，在此谨致祝贺！

理论是实践的先导，没有理论上的成熟，就没有实践上的开拓。中国职业教育改革发展取得的每一个进步，每一项成就，都离不开理论研究工作者的贡献，离不开具有中国特色、体现职业教育特点、符合职业教育发展规律的理论支撑和引领。而研究理论需要的最大投入就是宝贵的时间，如果不抓住点点滴滴的时间，潜心研究，专注分析，深入探索，就不会形成有价值的成果。我相信，本书的付梓出版，必将会对我国今后职业教育事业的发展、改革和创新有所裨益、有所借鉴。

20世纪八九十年代，是我国职业教育事业发展的"历史性跨越和变革时期，"是职业教育发展史上一个值得认真研究和思考的时期。这个时期，伴随着我国改革开放步伐的加快，人们对职业教育的认识有了进一步提高，职业教育与经济社会发展紧密相连的本质属性进一步突显，国家层面推动职业教育发展的相关政策陆续出台，职业教育事业改革发展不断取得新的进步、新的突破。一些标志性的事件充分说明了这一点：1982年，我国近现代职业教育发展史上有重要影响的群众团体——中华职业教育社恢复了组织和工作；1983年，"职业技术教育学"被国务院学位办正式列入专业目录，标志着职业技术教育成为一门独立学科；1985 年，我国首个职业教育管理专业（专科）在天津职业技术师范学院建立，一年多后，首个职业教育学硕士点在华东师范大学设立；1986 年，新中国成立后首次全国职业教育工作会议召开，确立了大力发展职业教育的总基调；1990 年，中国职业技术教育学会成立，为职教战线交流合作搭建了平台；1996 年，《中华人民共和国职业教育法》颁布，开启了依法办职业教育的新纪元；1998 年，全国中等职业学校数量从 1980 年的 9688 所，增加到了 17116 所；1999 年，高等职业学校从 1980 年的 13 所短期职业大学增加到了 1268 所；同年，第一部《中华人民共和国职业分类大典》颁布，催生了我国职业资格证书制度的建立等等。

颗粒归仓，硕果满枝。回望这个时期，我国的职业教育体系从幼稚走向成熟，职业教育规模迅速扩大，职业教育理论研究从零打碎敲到系统有序，职业教育办学实践深入发展，职业教育发展重新获得了生机与活力，呈现出思想活跃、发展迅速、成果丰硕的态势。为此，研究和梳理这个时期的职业教育发展史实，不仅可以给后继者打造了一个十分丰富的思想盛宴，而且还可以从史实中，了解这个时期我国职教战线上的同志们对职业教育事业发展的艰辛探索历程，分享来之不易的成就。

本书从一个侧面记录了这一时期我国职业教育领域的深刻变化和长足进步。通过在风云纪事、名家作品选、名校风采三个版块，对这个时期我国职业教育的发展状况做了多维的研究与呈现，廓清了一些职业教育发展重要事件的来龙去脉，彰显了当年职教界同仁敢于直面问题、大胆改革创新、勇于开拓实践的探索精神，呈现了我国职教战线积极开展职业教育研究与办学实践的创业创新历程。该书的编纂尊重事实、涉猎宽泛，努力做到宏观与微观相结合，尊重史实与恰当评价相结合，描述重大事件与分享理论经典和办学案例相结合。在编纂过程中，编委会成员还不辞辛苦，多方走访，广泛征求并吸收了众多年事已高的亲历者的意见和建议，使有关内容的表述更加充分、准确、真实。

"博观而约取，厚积而薄发"。这部书稿通过回望和思考，浓缩了我国职业教育在改革开放时代最初 20 年的探索成果，通过对职业教育昨天的系统梳理和提炼，完成了一次对我国职业教育当代史研究的有益尝试，既是对过去的回顾，也是面向未来的思想启迪。存史可以看成败，鉴得失，知兴替。我相信，此书的出版，一定能对今后我国职业教育的深化改革和发展提供有益的启示和参考。

总结过去，是为了更好地开拓未来。我们正处在一个新的变革的时代，市场经济的深入发展、技术革命的突飞猛进、人口结构的巨大变化和全球互通互联的发展态势，给职业教育发展提出了新的挑战；中国制造2025、国家"一带一路"战略、新型城镇化建设、全面建成小康社会的郑重承诺和"十三五"规划的实施，给职业教育发展和创新带来了新的机遇。中华职业教育社与天津职业技术师范大学的同仁一道，携起手来，继续努力，为了实现职业教育"谋个性之发展，为个人谋生之准备，为个人服务社会之准备，为国家和世界增进生产力之准备的"的目标，最终实现"使无业者有业，使有业者乐业"的职业教育理想，初心不改，初衷不变，开拓前进，不断创新，共同谱写职业教育事业新的时代华章！

最后，向为推动我国职业教育事业改革发展付出艰辛、做出贡献的同志们表示敬意！向为本书的集成付出辛勤劳动的同志们表示慰问！

是为序。

全国人大常委会副委员长
中华职业教育社理事长　　张昌智
2016年7月8日

前　言

我国具有近现代意义的职业教育发展至今已经有 150 多年的历史。大体经历了四个阶段：晚清的实业教育；民国时期，从近代职业教育向现代职业教育的过渡；新中国成立后，借鉴苏联模式的职业教育。1978 年中国共产党第十一届中央委员会第三次全体会议（简称党的十一届三中全会）后，当代职业教育迅速恢复并大力发展。

晚清的实业教育是在与封建社会势力的斗争中曲折发展的，它扩大了西方近代科学技术在中国的传播与运用，为中国职业教育与世界接轨奠定了基础。1904 年，山西农林学堂总办姚文栋提出："论教育原理，与国民最有关系者，一为普通教育，一为职业教育，二者相成而不相背。"首次提出了"职业教育"的概念。

在我国，深悟"职业教育"真谛并身体力行数十年，奠基职业教育重要基础的教育家当属黄炎培先生。他认为，职业教育的要旨有四，即："谋个性之发展""为个人谋生之准备""为个人服务社会之准备""为世界、国家增进生产力之准备"。他把职业教育的目的概括为"使无业者有业，使有业者乐业"，做到"敬业乐群"和"裕国利民"。在职业教育的教学原则上，他提倡"手脑并用""做学合一""理论与实际并行""知识与技能并重"。在长期办学实践的基础上，他既立足实际，又富有远见地提出了"大职业教育主义"的主张，以及"职业教育应贯彻于各级各类教育之中""职业教育应贯彻全教育过程和全部职业生涯"等重要思想。黄炎培先生的职业教育思想是我国现代职业教育理论体系的基石，对现代职业教育的发展有着重要影响。黄炎培等人 1917 年 5 月 6 日在上海成立的中国近代史上第一个研究、试验、推行职业教育的全国性社会团体——中华职业教育社，至今仍是推动职业教育发展的重要力量。在战火纷飞的动乱年代，黄炎培、陶行知等教育先贤以教育救国为己任，克服重重困难，出版刊物，创办学校，努力将理论付诸实践，为职业教育发展做出开创性贡献。

新中国成立后，在计划经济条件下，我国借鉴苏联职业教育模式，设立了以培养技术工人为目标的技工学校和培养初、中级技术干部为目标的中等专业学校。尽管对此有一些不同的看法，甚至非议，但不可否认，在新中国成立后的近 20 年里，这些学校为我国的社会主义建设培养了大批技术力量和技能人才，很多人至今仍是当今中、高等职业教育的中坚力量。

"文化大革命"期间，职业教育遭受致命打击和摧残，全国几乎所有的职业学校一度停办，后期由于生产和就业的需要有所恢复。直到 1978 年 3 月全国科学大会和 4 月全国教育工作会议召开，邓小平同志明确提出，"现代化的关键是科学技术现代化"，"教育事业必须同国民经济发展的要求相适应，培养社会主义建设需要的合格人才"，为我国的职业教育全面恢复发展提供了思想和政策依据。1978 年 12 月党的十一届三中全会召开，全党拨乱反正、正本清源，以经济建设为中心，为各行各业发展指明了方向。我国职业教育终于迎来了大发展的黄金时代，呈现出上下联动、迅猛发展之势。这既是我国经济社会发展的要求，是时代对职业教育的必然选择，也反映出改革年代迸发出的争分夺秒、要把耽误的时间追回来的内在动力。

总体来说，改革开放初期的这 20 年间，我国职业教育还处在创业发展时期，理论与实际上各种各样的问题扑面而来，而职业教育研究基础又十分薄弱，特别是实践工作的每一步都会遇到来自思想认识、政策规定、经验框框等多方面的束缚与阻碍。但沐浴在改革开放春风中的大批职教志士，满怀一腔豪情，不畏艰难，孜孜以求，以敢为天下先的勇气，做出了对职业教育发展无愧于时代的足迹与探索。几十年过去了，这些对我国职业教育开创发展有过重要影响的专家、学者，有的已故，大多已进入耄耋之年。虽然，饱含着他们智慧和心血的理论与实践成果从时间上渐渐离我们远去，但其史料价值和对现实的启示依然熠熠闪光。有鉴于此，倍感这段历史对职业发展的珍贵。编纂本书的心愿和初衷是为了比较系统地呈现改革初期职业教育艰难的创业历程，厘清这一时期职业教育界产生的重大事件及其发展轨迹，撷取有代表性的理论与实践成果，以飨读者。

本书是在 2013 年 12 月卢双盈承担的天津市哲学社会科学规划资助项目"我国职业教育思想理论史料及其学术价值的研究（1980—2000）（课题编号：TJJX13-030）"研究基础上形成的主要成果。在两年多研究过程中，我们诚邀全国知名的学者、专家、职业教育工作者，以及教育部、劳动部的有关领导同志成立顾问委员会，为本书提供资料、撰写文章、提出指导建议。本书的出版得力于各位专家学者的鼎力支持和悉心帮助。在此，表示衷心的感谢和深切的敬意！

全书结构如下：

第一编"风云纪事"。本编主要介绍 1980—2000 年我国职业教育改革、创新的发展概况，通过对我国职业教育战线发生的重要历史事件进行归纳、梳理，概括为十个方面的大事，该编有多名专家、学者参与撰写，力求尊重实际、突出要点、厘清脉络、挖掘贡献。编者通过多方面的资料搜集整理，并对发生重大事件当事人进行专访，力求从多个角度、客观地将这一历史时期我国职业教育创新发展的成就呈献出来。

第二编"名家作品选"。本编搜集并整理了其间 53 位我国职业教育理论或实践研究比较有影响的专家，在 1980—2000 年公开发表（少数未公开发表）的代表论文 122 篇。论文有的由专家本人提供，有的由顾问、编委等专家推荐或参与审定。入选作品的基本原则：①创新性，对于职业教育有关问题提出新的思想、观点、创见；②理论与实践性，具有一定的理论价值或者对实践的指导意义；③代表性，是名家有代表性的论文。

第三编"名校风采"。本编遴选了 21 所在 1980—2000 年期间具有一定影响力、有地区代表性和办学特色的中等、高等职业技术学校，作为当年职业教育改革创新典型的缩影，其发展历程也承载着我国职业教育改革发展的时代特征。其间反映了 20 年各级各类职业学校艰苦奋斗的办学历程及其特色，力求具体、真实、生动。

附录"职业教育科研规划课题汇总与职业教育大事记"。附录中整理了1980—2000 年期间全国教育科学职业教育规划课题立项情况，以及这 20 年间我国职业教育重要的、有影响的重大决策、重要会议和重要活动等大事。

总结历史是为了更好地走向未来。作为课题的研究成果，本书试图再现职业教育在一个重要发展时期的历史画卷，忠实记录这 20 年职业教育改革创新的思想与实践，风云际会中百舸争流的历史真实，并为今后深入研究我国职业教育发展提供一些原始史料。1980—2000 年是我国职业教育发展史上具有特殊意义的 20 年，是职业教育艰苦创业蓬勃发展的 20 年，是开创和奠基我国现代职业教育体系的 20 年。我们本着对这段历史极其崇敬的态度，开展本书的编研工作，希望对日益深化的职业教育研究及其实践有所裨益。

编　者

2016 年 6 月

目 录

风云纪事（1980—2000）

　　1980—2000年，这是一个国家对职业教育空前高度重视的年代。这20年，既是职业教育从逐步复苏到焕发生机并走向成熟的20年，也是在职业教育这片土地上的开垦者们播种耕耘、竞相争艳，百家争鸣、风云际会的20年。其间，经过对"文化大革命"中职业教育被摧残的拨乱反正，以及我国对经济体制改革与国家以经济建设为中心的基本国策的确立，使职业教育重新焕发了新春。职业教育开始适应国家经济建设发展的需要，逐渐复兴。这20年间，伴随着对职业教育理念的重新认识，恢复职业教育的困难以及创办职业技术院校的曲折与艰辛，也伴随着对我国有特色的职业教育发展道路的探索、争鸣、研究，最终在20世纪90年代末，初步形成了初、中、高级职业教育体系，以及多形式、多层次、多样化的职业教育格局。

　　本编试图从十个方面梳理这20年间所发生重大的职业教育事件及其发生、发展过程中的史实与史料，并发掘其中的历史意义与价值，供职业教育界同仁们参考。

一、胡耀邦总书记批示中华职业教育社恢复组织和工作

　　"文化大革命"期间，我国教育事业包括职业教育受到了致命打击，全国几乎所有的职业学校一度停办。中华职业教育社（以下简称"中华职教社"）这一中国近现代史上最早的职业教育民间组织的工作也被迫停顿。1978年12月党的十一届三中全会以后，随着各项拨乱反正和改革政策的逐步落实，职业教育得到党中央和全社会的重视、倡导和支持，中华职教社在改革的春雷中复苏。党和国家领导人多次热情地肯定了它的历史贡献，亲切关怀这个具有深厚历史底蕴的民间社会教育团体，以恢复中华职教社的组织和工作为契机，向全社会释放出大力发展现代职业教育的信号。

　　回顾历史，中华职教社成立于1917年5月6日，由我国著名教育家、社会活动家黄炎培先生联合蔡元培、梁启超、张謇、宋汉章等教育界、文化界、实业界和政界知名人士在上海发起创立，是我国历史上第一个倡导、研究和推行职业教育的团体。立社以来，中华职教社秉承"谋个性之发展""为个人谋生之准备""为个人服务社会之准备""为国家及世界增进生产力之准备"的宗旨，追求"使无业者有业、使有业者乐业"的职业教育理想，倡导"双手万能、手脑并用"的理念，积极开展多种多样的职业教育活动，创办了中华职

业学校、中华职业补习学校、中华工商专科学校、中华业余中学、中华小学、比乐中学、职业指导所和农村改进试验区等事业，出版了《教育与职业》《生活》《国讯》《展望》杂志及多种职业教育丛书。同时，还积极参加抗日救亡和民族解放运动，先后参与发起中国民主政团同盟和中国民主建国会等，在中国近代教育史上写下了光辉的一页。新中国成立后，在社会主义改造运动中，职业教育在某种程度上遭到质疑和否定，中华职教社坚持开展的有关事业一度停滞。1962 年，为了响应政府提出的开展业余教育和民办学校的号召，中华职教社创办了中华函授学校。"文革"期间，中华职教社各项活动包括中华函授学校等工作被迫停办，中华职教社的社务工作也全部停止。

1978 年 4 月，全国教育工作会议召开。会上，邓小平同志指出，"整个教育事业必须同国民经济发展的要求相适应"，"应该考虑各级各类学校发展的比例，特别是扩大农业中学、各种中等专业学校、技工学校的比例"。这为当时教育改革发展指明了方向，职业教育的全面恢复和发展有了政策依据。会后，全国教育界顿感教育的春天来了，各地中华职教社老社员纷纷倡议复社，并着手编写社史及恢复当地所办的中华职业学校等活动。

1982 年 3 月 3 日，中华职教社向中共中央统战部报告，拟于 5 月 6 日举行立社 65 周年纪念会。这是中华职教社停止活动后第一次申请正式以社的名义举行的活动。3 月 13 日中华职教社接到中央统战部电话，得知报告已得到时任全国政协副主席兼中央统战部顾问刘澜涛的批示："凡是此类组织的活动，统战部和全国政协都要热情地、积极地给予支持。这些组织都是进行统战工作的依靠力量。"电话又说："平杰三（时任中央统战部顾问）、彭友今（时任全国政协秘书长）同意澜涛意见，对于立社 65 周年纪念活动表示支持。"消息传来，北京、上海、昆明等地方中华职教社都立即投入纪念活动的筹备工作之中。

时任中共中央统战部部长李维汉收到纪念会请柬时，祝贺道："中华职业教育社的历史在一个侧面反映了我国社会近六十多年的发展变化，有它的优良的特点和作风。谨向黄炎培、江问渔、杨卫玉、冷遹四老致怀念之意！祝中华职教社同仁们继往开来，为新时期社会主义的文化教育作出光辉的贡献！"

1982 年 5 月 6 日中华职业教育社立社 65 周年纪念会在北京开幕。时任全国人大常委会副委员长、中华职教社代理事长胡厥文致开幕词，孙起孟副理事长主持会议。刘澜涛代表全国政协讲话，指出："中华职业教育社提出'双手万能''劳工神圣'等响亮口号，为民族工商业的发展而办学，把职业教育和爱国主义结合起来。职教社在民主革命运动中，不仅受到民族工商业家的支持，也是职工的朋友。"他还指出："中华职业教育社是一个具有悠久历史的社会团体，它的存在和事业是符合我们现在的宪法修改草案精神的。毫无疑问，应当受到鼓励和支持。凡是对人民有益的事物，符合社会需要的事物，有助于推动历史前进的事物，是取消不掉的，只有承认它，因势利导，这是共产党人的责任。"他祝贺中华职业教育社"在发扬优良传统的基础上，在新的历史时期发挥新的更大的作用"。在这次纪念会上，平杰三、臧伯平分别代表中共中央统战部和教育部讲话。时任全国政协副主席胡子昂、叶圣陶，中央统战部副部长方知达也先后发言。

中华职教社 65 周年立社纪念会，得到中央如此高度重视，为中华职教社在新的历史条件下，焕发了活力提振了信心。1982 年 11 月 20 日，时任中华职教社代理事长胡厥文写信给时任中共中央总书记胡耀邦，希望正式批准，恢复中华职教社的组织和工作，表示以利于多渠道、多层次地为国家的教育事业和经济建设增添一砖一瓦。胡耀邦同志对胡厥文的信极为重视，于 11 月 24 日即行函复，全文如下（胡耀邦，1983）：

厥老：

　　手惠中华职业教育社的两册资料，收悉。该社故友新秀决心继承发扬光大黄任老毕生奋斗的事业，为国家加速造就人才，并且已经作出了成绩，可喜可贺。中央统战部代该会请求恢复组织和工作的报告，我尚未收到。但我以为，此种好事有统战部赞助就行，毋须等待中央批准。现在百废待兴，应多多提倡人人奋勇争先的风气，不宜层层设卡，贻误良机。尚望厥老勉励该社同仁发扬主动精神和创造性，放胆把工作推向前进。时届严冬，年高不适，望善自珍摄。

耀邦 1982 年 11 月 24 日

收到这封热情洋溢的复信，胡厥文十分激动，反复展读。他感悟到中央对中华职教社工作的大力支持，也预感到了中华职教社的光明前景。在胡耀邦同志的指示和鼓励下，不久中华职教社正式恢复组织机构和社团工作。

喜讯传来，中华职教社犹如斑驳干枯的老树重沐阳光雨露，许多老社员重新回到组织怀抱，大批新生力量纷纷加入，中华职教社从总社到各地分社陆续恢复发展，在社会上引起强烈反响。从政府到民间，引起对职业教育的重视，推动职业教育事业广泛发展。

胡耀邦同志对中华职教社工作和活动的重视还体现在《教育与职业》复刊上。1985 年 1 月 16 日，王艮仲亲临上海，在锦江饭店召集会议，宣布《教育与职业》（1917 年 10 月 25 日创刊，1949 年 12 月停刊）在上海复刊。社长为孙起孟，副社长为王艮仲，主编为张攻非，副主编为金大钧，编委包括费孝通、宦乡、吕叔湘等 25 人。经过几个月苦战，1985 年 5 月，停刊 35 年之久的《教育与职业》在上海再度与读者见面。胡耀邦同志亲笔题词"重放光彩"，参与复刊始末并担任主编的张攻非后来回忆说，这"对复刊前哨是慰劳、是鼓励，对全社是祝愿、是鞭策"（中华职业教育社，1992）。

1983 年 5 月 2 日至 8 日，中华职教社在北京召开社员代表大会，这是自 1938 年历经 45 年之后召开的社员代表会议。共有 13 个省、自治区、直辖市的 124 名社员代表参加了会议。5 月 2 日，社员代表会议开幕，胡厥文致开幕词（孙起孟代读）。时任中央统战部部长杨静仁在讲话中说，中华职教社"是我国第一个倡导和实施职业教育的团体，实为难能可贵"，"这是一次具有继往开来的历史意义的盛会"，"职教社为人民做好事，我们统战部坚决赞助和支持！有关部门也定会积极赞助和支持！"时任教育部部长何东昌、人大常委会副委员长朱学范、全国政协副主席胡子昂、全国职工教育管理委员会副主任浦通修等也先后致词。出席开幕式的还有平杰三、彭友今、李贵等共 500 余人。

会议讨论通过《中华职业教育社章程》（简称《章程》）；选举产生胡厥文、孙起孟、王艮仲、叶圣陶等 51 人为第五届理事会理事。第五届理事会举行第一次会议，选举胡厥文为理事长，孙起孟、王艮仲为副理事长，千家驹等 17 人为常务理事。《章程》决定："中华职教社是研究和推动职业教育的人民教育团体。其任务是以兴办职业教育事业和研究职业教育理论为基础。"

会议认为，中华职教社在其发展的历史上，曾经是一个政治派别，在抗日战争期间参与发起中国民主政团同盟，抗战胜利以后参与发起中国民主建国会，由于历史关系和客观要求，中华职教社还要联系台湾同胞、港澳同胞和海外侨胞，为发展我国职业教育和完成祖国统一大业贡献自己的力量。

中华职教社恢复组织之后，按照中央"发扬主动精神和创造性，放胆把工作推向前进"的要求，在广开言路为政府建言献策，开展职业教育理论研究、宣传研究黄炎培职业教育思想，倡导并开展"温暖工程"促进就业等多方面做了大量的工作。

（一）广开言路，为党和政府发展职业教育建言献策

中华职教社复社后，大力开展调研，汇集众智，为政府发展职业教育积极建言献策。如，中华职教社 1983 年、1985 年、1986 年连续三年召开理论研讨会。集中各界人士的意见，在充分调查研究的基础上，建议党中央、国务院在适当的时候召开全国职业教育工作会议。党中央、国务院采纳了这一建议，经过准备，于 1986 年 7 月由国家四部委联合召开了全国第一次职业教育工作会议，为职业教育的发展作出总体部署、指明发展方向。又如，就我国教育结构改革、职业教育体系建设、管理体制改革、农村职业教育、社会力量办学，以及职业道德教育等，向国家教委①提出建议，受到高度重视。特别在推动民办教育发展、《中华人民共和国职业教育法》（简称《职业教育法》）的起草等重大工作中，中华职教社提出了若干重要建议。如，1994 年，在中华职教社的倡议下，8 个民主党派、全国工商联在北京召开了全国性民办教育研讨会。会后，10 家党派团体的负责人围绕加强民办教育的法规建设，以及广开学路等方面的联合提案，受到国务院重视。促成国务院 1997 年《社会力量办学条例》的颁布实施。在我国《职业教育法》起草过程中，中华职教社作为我国职业教育法起草领导小组成员单位提出将职业教育、职业技术教育等称谓界定为"职业教育"，并增加职业指导等内容的意见和建议，得到全国人大常委会的采纳。在改革和发展农村职业教育方面，中华职教社做了大量调研工作，并会同有关团体向中央提出改"科技兴农"为"科教兴农"，并实行"农科教相结合"的建议，都得到了采纳。

（二）发挥理论先导作用，积极开展职业教育理论研究

中华职教社历来重视研究工作，立社之初就成立研究部，积极从事职业教育研究。复社后，面对职业教育愈发受到重视并亟须发展的现实，中华职教社通过承担课题、举办座谈会和研讨会等形式，发挥理论先导作用，推动职业教育改革和发展。1983—1986 年先后召开了三次研讨会，聚焦当时职业教育发展、改革中的现实问题，提出了相应的建议，为第一次全国职业教育工作会议的召开和国家改革发展职业教育起到了重要推动作用，在职业教育界产生了重大影响。

1983 年 12 月 28 日，中华职教社在京召开了复社以来的第一次职业教育理论研究会。对黄炎培职业教育思想、职业教育体系和结构、农村职业教育、职业道德教育四个方面的

---

① 教育部 1985 年 6 月改称国家教育委员会即国家教委，1998 年 3 月又改称教育部。

问题进行了探讨。会后，胡厥文理事长写信给中共中央总书记胡耀邦，汇报了本次会议的主要情况和主要结论，提出了"在比较充分调查研究的基础上，在适当时间召开一次全国性的职业教育工作会议"的建议。胡耀邦总书记在阅信后立即批示中央有关负责同志酌情处理，随后，中央统战部提请国家教委研究。国家教委认为，建议很好，开一次全国职业教育工作会议很有必要。

第二次研讨会1985年6月5日在北京召开。会议主要研究、讨论教育体制改革、职业教育的涵义、范围、地位、作用和社会力量办学问题。

经过包括中华职教社等各界的多方呼吁，国家教委、国家计划委员会（简称国家计委）、国家经济体制改革委员会（简称国家经委）和劳动人事部终于决定于1986年7月2日召开全国职业教育工作会议。中华职教社为了做好必要的准备，召开了三次座谈会，并在1986年4月9日至13日第三次座谈会上，汇集上两次会议确定的内容，向全国职业教育工作会议上提出设六个专题的建议书。

中华职教社承担的规划课题研究工作颇有成效，为推广职业教育提供了思想理论指导。如1987年承担全国教育科学"七五"规划（简称"七五"规划）期间国家哲学社会科学重点课题"老少山边侨地区职业技术教育为经济服务的研究与实验"和国家教育规划课题"职业指导理论研究与实验"，以及后来的黄炎培职业教育思想研究，都取得很大成绩。中华职教社的创始人黄炎培的教育思想与理论建树，对我国职业教育的发展产生了广泛影响。从1980年开始，中华职教社对黄炎培的教育思想和理论开始系统的整理、研究与传播。1991年，中华职教社承担了全国教育科学"八五"规划（简称"八五"规划）中华社会科学基金课题"黄炎培职业教育思想的研究与实验"。编辑出版了《黄炎培教育文集》四卷本，收集了黄炎培自19世纪初到新中国成立后的教育著述共计130多万字，全面阐述了黄炎培职业教育思想和理论产生的历史背景、思想体系、核心及其现实意义。

中华职教社还充分发挥民间社团的优势，积极开展国际职业教育交流和港澳台联谊交流工作。与美国、日本、澳大利亚等国家和地区的职业教育工作者积极开展学术交流。中华职教社还是改革开放后最早与中国台湾地区建立联系的职业教育团体，在推动两岸教育和文化交流方面作了卓有成效的工作。

（三）倡导实施"温暖工程"，推动职业教育新发展

20世纪90年代，随着我国以国营企业为重点、深化经济体制改革工作的推进，城市集中出现了企业下岗再就业人员，这部分人员分流后的重新安置任务益见紧迫。同时，随着我国人口持续增长和劳动生产率的不断提高，广大农村也面临着大量富余劳动力转移、培训和就业安置的问题。此外，还有复转军人、大学毕业生等社会人员就业的压力也日趋增大。在经济、社会发展和深化改革的进程中，就业成为当时十分紧迫的一个重大社会问题。

面对这种情况，中华职教社根据现实社会需要，并根据我国职业教育改革发展的要求，提出了职业教育为经济建设服务要做到"四个贴近"的工作方针，即贴近社会主义市场经济发展的需求，贴近粗放型向集约型经济增长方式转变的需求，贴近企业改革特别是国有大中型企业深化改革的需求，贴近广大劳动人民在"两个转变"中提高自身素质的需求，

使职业教育同经济建设形成"你中有我，我中有你，融合为一"的关系。基于这种思考，中华职教社进行了专题研究。

1994 年 5 月，时任全国人大常委会副委员长、中华职教社理事长孙起孟，响应党和国家号召，提出了"温暖工程"的设想。这项工程旨在通过各种形式的职业教育和培训、职业指导和介绍，并把这两种手段紧密结合起来，本着"为国分忧，为民效力；急人所急、雪中送炭；灯亮一盏，光洒成片；不厌其小，务求其实；矢志不渝，做好做大"的公益宗旨，为社会上迫切需要创造和优化就业条件的广大民众提供服务，协助党和政府解决城乡富余劳动力的就业问题，使劳动力资源得到合理配置，促进生产力的发展和社会稳定。这一设想得到了中央领导的赞同和中华职教社系统及社会各界的积极响应。中央统战部在当年 12 月批复中华职教社《关于开展温暖工程设想的报告》时称："温暖工程是发挥统一战线优势，为发展经济建设和维护社会稳定服务的一个实际行动，我们表示支持。"

1995 年 1 月，中华职教社在人民大会堂举行温暖工程启动大会。时任全国人大常委会副委员长费孝通、雷洁琼、李沛瑶、王光英，全国政协副主席万国权出席了仪式，会议由国家教委副主任、中华职教社副理事长王明达主持。孙起孟理事长、费孝通副委员长和时任中共中央统战部副部长刘延东在仪式上讲话。时任中央政治局委员、国务院副总理李岚清在贺信中说："中华职教社为协助党和政府解决城乡剩余劳动力的就业和安置问题，正在开展'温暖工程'。这是一件利国利民的好事。"中共中央统战部为此发出通报，指出"中华职教社抓住城乡劳动力转移这个关系全局、为社会普遍关注的重大课题，运用其具有统一战线性质的职业教育团体这一优势，开展'温暖工程'，主动为国分忧，协助党和政府做工作，为人民群众雪中送炭，是统一战线围绕经济建设中心，为深化改革、促进发展、保持稳定服务的又一体现"，要求各级统战部门热情、积极地鼓励支持，切实帮助。"温暖工程"创立后，中华职教社总社以及各地方社相继成立了"温暖工程"促进委员会，"温暖工程"迅速在全国开展起来。

温暖工程开展的工作主要是：面向城镇下岗失业人员开展培训，促进就业；面向农民开展就业和实用技术培训，促进劳动力转移，帮助农民脱贫致富；资助贫困青少年接受职业教育，实行智力扶贫；开展国家通用语言培训，以及对残疾人员等特殊人群实施职业培训，为增进社会和谐、维护社会稳定做贡献。具体实施分为三个阶段[①]：第一阶段是从 1995—2000 年，是温暖工程的试点和逐步推开阶段；第二阶段是从 2001—2003 年，是进一步动员，加大实施力度阶段；第三阶段是 2004 年以后，是持续推进阶段。到 20 世纪末，完成了规划目标。通过先期试点，"温暖工程"逐步在上海、安徽、黑龙江、福建、北京、河南、云南、重庆、河北、广东、天津、甘肃等省（直辖市）和大连、深圳、吉林、贵阳等大中城市以多种形式开展起来，收到良好效果。

初步实践证明，"温暖工程"作为一项民心工程，继承和发扬了中华民族扶贫济困的优良传统，反映了构建社会主义和谐社会的内在要求，是中华职教社顺应时代、植根社会、发挥社团优势的生动体现。它可以调动起社会助人与互助的精神，正是大众办大事，无私暖人心（高奇，1995）。

---

① 为让读者对"温暖工程"有一个完整的了解，将 2000 年后几年的实施情况一并作了介绍。

二、三次全国职业教育工作会议 不断推进职业教育改革与发展

改革开放以来，经济社会发展的每个关键时期，党和国家都部署召开全国职业技术教育工作会议，与五年一轮的国民经济发展计划同步安排，突显了对职业教育的高度重视，以及职业教育与经济社会发展相辅相成的密切关系。1986 年 7 月 2 日，国家教委、国家计委、国家经委和劳动人事部①联合召开第一次全国职业技术教育工作会议。1991 年 1 月 25 日，国家教委、国家计委、劳动部、人事部、财政部联合召开第二次全国职业技术教育工作会议。1996 年 6 月 17 日，国家教委、国家经贸委和劳动部联合召开第三次全国职业技术教育工作会议。

（一）第一次全国职业技术教育工作会议

1986 年召开的全国职业技术教育工作会是新中国成立后第一次全国职业技术教育工作会议，主题是：贯彻落实《中共中央关于教育体制改革的决定》，研究和明确今后一个时期职业教育改革和发展的主要任务和政策措施。

1. 会议召开的背景和主要内容

1978 年 12 月党的十一届三中全会作出把全党工作重点转移到社会主义现代化建设上来的战略决策。1982 年 9 月，中国共产党第十二次代表大会提出党在新的历史时期的总任务是：团结全国各族人民，自力更生，艰苦奋斗，逐步实现工业、农业、国防和科学技术的现代化，把我国建设成为高度文明、高度民主的社会主义国家。会议提出，到 20 世纪末，经济建设总的奋斗目标是：力争使全国工农业的年总产值翻两番。

这些决策使国家各方面都进入改革发展的快车道，也为包括职业教育在内的整个教育事业改革发展注入强大的推动力。

1986 年是国民经济和社会发展第七个五年计划（即"七五"计划）开局第一年。国家有关方面认为，职业教育工作虽已取得很大成绩，但还有几个突出的问题需要尽快解决，例如：职业技术教育②的规模、层次和结构与国民经济和社会发展不相适应；城市和农村职业技术教育发展不平衡；中等专业学校和技工学校发展缓慢，招生数量不足；教育质量不高，师资力量薄弱，经费严重短缺等等，与《中共中央关于教育体制改革的决定》的要求有较大差距。因此，有必要通过召开全国职教工作会议，统一思想，凝聚力量，形成发展职业教育的强大推动力。

为了进一步贯彻落实《中共中央关于教育体制改革的决定》精神和内容，1986 年 7 月

---

① 1988 年劳动人事部改名劳动部，另立人事部。2008 年 3 月合并改名人力资源和社会保障部。

② 由于 1985 年《中共中央关于教育体制改革的决定》中基本上采用了"职业技术教育"名称，因此，在行政管理工作范围，如召开会议、见诸文件，一般都用这一名称。1996 年公布《职业教育法》以后，官方文件都改用了"职业教育"名称。但在讲课、发表论文等学术研讨活动中"职业教育"、"职业技术教育"、"职业和技术教育"各种名称都有人在使用。

2 日至 6 日，经国务院批准，由国家教委、国家计委、国家经委、劳动人事部在北京联合召开了第一次全国职业技术教育工作会议。国务院副总理兼国家教委主任李鹏主持会议，并作会议总结。国家教委党组书记、副主任何东昌作工作报告，国家计委、国家经委、劳动人事部的负责人先后发表讲话。

会议提出"七五"期间职业技术教育工作的主要目标。讨论并制定了发展职业技术教育十余个政策性文件，其中由国家教委、国家计委、国家经委、劳动人事部单独或联合下达的有：《关于加强职业技术学校师资队伍建设的几点意见》《关于经济部门和教育部门加强合作促进就业前职业技术教育发展的意见》《关于职业高中毕业生使用的有关问题的通知》《关于中等专业学校经费问题几项原则规定的通知》和《关于职业中学经费问题的补充规定》等。

会议总结报告指出：国家四个现代化[①]建设的成败，关键是人才问题，而解决人才问题的基础在教育。基础教育、职业技术教育、高等教育和成人教育这四个方面都很重要，缺一不可。当前，鄙薄职业技术教育的观念还相当普遍。因此，要大力发展职业技术教育，首先需要进一步提高认识。

关于职业技术教育的层次问题。会议指出，发展职业技术教育要实行多层次、多种形式，这是由我国国情决定的。从总体上来说，职业技术教育大体上可分为初等、中等和高等三个层次。

何东昌讲话中谈了七个问题：①当前职业技术教育的情况、任务和工作方针；②充分认识大力发展职业技术教育的重要性和紧迫性；③落实和完善劳动人事制度的改革，促进职业技术教育的协调发展；④关于发展农村职业技术教育；⑤职业技术教育中需要着重加强的两个层次，一个层次是中级专门人才，另一个层次是中、高级技术工人；⑥关于职业技术教育的教育质量和办学效益问题；⑦加强领导，逐步进行职业技术教育体制的改革。

会议指出，实行"先培训，后就业"的根本目的，在于提高劳动者的素质，教育、劳动部门和各产业部门对实行这个原则必须坚定不移，不能有任何动摇。真正落实这一原则还需要一个创造条件的过程，不同行业（工种）不同地区对于培训的层次也有不同的需要，因此在贯彻这个原则时不应"一刀切"。对于那些具备条件却不实行的单位，劳动部门和经济主管部门要给予行政干预。

会议还明确了农村办学的指导思想，指出要大力发展农村职业技术教育。农村的 1.2 亿初高中毕业生，是亟待开发的巨大的智力资源。发展农村职业技术教育，要根据各地的经济发展水平和文化教育程度，采取更加灵活多样的形式，以发展初、中级职业技术教育为主，长期与短期结合，大力开展周期短、见效快的职业培训；农村发展职业技术教育应当与普及义务教育结合起来。

2. 会议的意义和影响

第一次全国职业技术教育工作会议，针对"七五"计划期间职业技术教育事业的发展规模偏小及尽快改变中等教育结构单一化的状况，确定了"压缩普通高中办学规模，大力

---

① 1963 年 1 月 29 日，周恩来在上海科学技术工作会议上讲话指出：我们要实现农业现代化、工业现代化、国防现代化、科学技术现代化，简称"四个现代化"。

举办各类职业教育，中学阶段办学多样化"的发展方针，以及高中阶段职业技术学校与普通高中招生人数要达到1∶1的发展目标。这一发展目标的确定，对于职业教育事业的发展和中等教育结构的调整起到了重要的引领作用，具有积极的现实意义（杨金土，1993）。此次全国职业技术教育工作会议，全面地揭示了新时期职业教育发展的特点和要求，确立了今后职业教育改革发展的总基调。

（二）第二次全国职业教育工作会议

1991年召开的第二次全国职业教育工作会议的主要任务是，贯彻中国共产党第十三届中央委员会第七次全体会议的精神（简称十三届七中全会），总结10年来发展职业教育的经验，明确今后发展的目标、任务和政策措施。同时，表彰了在发展职教中作出突出贡献的先进单位和先进工作者。

1. 会议召开的背景和主要内容

在第一次全国职业技术教育工作会议召开后的5年中，中等职业技术教育取得了长足发展。中等专业学校、技工学校和职业高中的学校数、在校生数分别由1985年的2529所、100.90万人，3548所、74.17万人，8070所、229.60万人，增加到1991年的2977所、160.30万人，4269所、142.21万人，9572所、315.55万人。中等职业教育在校生数在整个高中阶段在校生中的比重，由1985年的35%上升到1991年的45%（《职业技术教育》编辑部，2006），名副其实地撑起了中等教育的"半壁江山"。1987年1月，国家教委与河北省共同设立农村教育改革实验区，开始农村教育综合改革探索，创造性地提出农村成人教育、基础教育、职业技术教育"三教统筹"模式。1989年为进一步推动农村教育改革，并为实施"燎原计划"提供示范，国家教委选择100个县作为全国农村教育综合改革实验区。农村职业教育受到极大的重视。

第一次全国职业技术教育工作会议强有力地推动了职业教育的改革，但新老问题随着职业技术教育的快速发展仍很突出，主要表现为：①职业学校数量上虽有增加但总体上仍不能适应经济建设对于数以亿计高素质劳动者的需要；②职教发展局限在教育系统内部，还没有把社会各方力量充分发动起来，"大家办"的发展方针需要进一步推动落实；③各种配套政策和制度建设，如职业分类、资格证书、评估考核等尚未跟上；④办学方式还不够灵活多样等。这些情况与我国职业教育的发展目标与要求极不适应。为此，党和国家认为要适时再次召开全国职业技术教育工作会议，在继续提高认识的基础上，着力解决制约职业技术教育发展的问题，大力推进职业技术教育事业发展。

1991年也是国民经济和社会发展第八个五年计划（简称"八五"计划，或"八五"）开局的第一年。1月25日，经国务院批准，由国家教委、国家计委、劳动部、人事部、财政部五部委在北京共同召开第二次全国职业技术教育工作会议。国务委员兼国家教委主任李铁映在开幕式上作了题为《大力发展职业技术教育，促进我国经济建设和社会发展》的报告。劳动部、人事部、财政部负责人在会上讲话。国家教委副主任何东昌在闭幕式上作总结讲话。

第二次全国职业教育工作会议提出，大力发展职业教育是我国实现社会主义现代化建设第二步战略目标，为 21 世纪经济社会发展奠定基础的重大决策。要实现到 20 世纪末"翻两番"和 20 世纪经济振兴的目标，就必须高度重视和大力发展职业教育。这不仅是教育工作的重要指导思想，也是现代化建设的重要指导思想。

会议强调，大力发展职业技术教育有其重大现实意义。我国的社会主义现代化建设需要数以亿计高素质的劳动者，而现实状况却是劳动者的文化程度和技术素质不高。由于这个原因，我国有很多先进的科技成果不能推广和应用，也限制了产品质量和经济效益的提高，严重制约了我国现代化建设的进程。

会议指出，发展职业技术教育历来是发展经济的一个组成部分。所以，必须要像抓经济工作那样去提高劳动者的素质，把抓好职业技术教育工作作为各级政府部门的重要职责。

会议认为，要从我国的国情出发探索职业技术教育发展的思路，具体有：①广泛发动和依靠各行各业、社会各方力量共同兴办职业技术教育，逐步形成多渠道、多层次、多形式的办学体制。②贯彻按需施教的原则，采取灵活多样的办学方针，逐步提高办学水平。③要采取多种途径，努力增加对职业技术教育的投入。④制定配套政策和制度，形成推动职业技术教育发展的有效机制，其中最重要的就是要落实"先培训，后就业"的原则和实行技术证书制度。⑤必须深化教育改革，加强内部建设。

2. 会议的意义和影响

本次会议继续强调大力发展职业技术教育的重要性，认为这是经济繁荣、社会发展和科技进步的必然要求，是促进社会主义现代化建设的重大战略措施。特别是大力发展中等职业技术教育，让更多的青少年在中学阶段既能学到一定的文化科学知识，又能学到一定专业技术，为国家培养大批有社会主义觉悟、有高中文化水平、又有一定专业知识和生产技能、身体健康的劳动后备力量，是适应国民经济发展需要的必由之路。会议提出，要动员各方面力量，重点办好一批能起示范和骨干作用的学校，重点校的评定对中等职业技术学校、技工学校发展起到了引领带头作用。

在会议期间，与会代表深入学习讨论国务院《关于大力发展职业技术教育的决定草案》，同年 10 月 17 日，《关于大力发展职业技术教育的决定》（简称《决定》）正式颁布。这是对党的十三届七中全会关于大力发展职业技术教育的决策的具体化，体现了国家对我国职业技术教育工作的关心和重视，为我国职业技术教育进一步改革与发展指明了方向。

（三）第三次全国职业技术教育工作会议

1996 年召开的第三次全国职业教育工作会议，明确提出积极发展高等职业教育，进一步健全职业教育体系，以及加强内部建设，提高教育质量和办学效益等方面的任务和要求。会议提出了大力推进依法治教，实现跨世纪发展目标的战略方向。

1. 会议召开的背景和主要内容

1992 年，邓小平发表南方视察讲话，大江南北涌动深化改革发展的浪潮。1993 年 2 月

13 日，中共中央、国务院印发《中国教育改革和发展纲要》。这是规划和指导 20 世纪 90 年代至 21 世纪初教育改革和发展的蓝图，也是建设有中国特色社会主义教育体系的纲领性文件。

1994 年 7 月 3 日，国务院发布《关于〈中国教育改革和发展纲要〉的实施意见》。对到 2000 年我国教育发展的目标、任务、方针、政策措施等作了非常明确的规定，其中包括对职业教育的一系列要求。

1991—1994 年，有关部门组织对三类中等职业技术学校（中等专业学校、职业高中和技工学校）进行了全面评估。1993 年劳动部评出首批国家级重点技校 130 所；1994 年 8 月国家教委评出 249 所国家级重点中专；1996 年 2 月国家教委审批认定首批国家级重点职业高中 296 所。这些举措有力地推动了职业教育朝着规范化、优质化方向发展。

1996 年 5 月 15 日，新中国成立以来第一部专门规范职业教育活动的法律《职业教育法》正式颁布。《职业教育法》的颁行，对推进职业教育走上依法治教发展的轨道具有划时代的重要意义。

"八五"计划期间，在职教师资培训、教材建设、各类职业学校改革、对外开放与交流等诸多方面取得了令人瞩目的成绩，职业教育发展的大好形势令人鼓舞。国家召开第三次全国职业教育工作会议，旨在研究制定贯彻落实《教育法》《职业教育法》和《中国教育改革和发展纲要》等法律政策，进一步明确我国跨世纪发展职业教育的目标和任务。

1996 年是国民经济和社会发展第九个五年计划（"九五"计划）开局的第一年。6 月 17 日，经国务院批准，国家教委、国家经贸委和劳动部三部委在北京联合召开第三次全国职业教育工作会议。

在第三次全国职业教育工作会议上，国务院总理李鹏发表重要讲话。他指出，职业教育是我国教育事业的重要组成部分，在社会主义建设过程中发挥了巨大作用。党和政府历来十分重视职业教育工作。发展职业教育，是提高全民族劳动者素质、合理开发利用人才资源、提高产品质量的一项重要措施。要在总结我国实践的基础上，注意借鉴和学习发达国家职业教育的成功经验。对职业教育要加强统筹管理，形成部门、行业、社会共同兴办职业教育的格局，培养出更多的既有一技之长，又热爱祖国，努力为建设有中国特色社会主义事业做出贡献的德智体全面发展的新型劳动者，是职业教育的发展方向和重要任务。

会上，时任国务院副总理李岚清作了题为《认真贯彻〈职业教育法〉，努力开创职业教育工作的新局面》的重要讲话。他指出，职业教育已经成为我国教育制度的一个基本组成部分，有中国特色的职业教育体系正在形成。《职业教育法》的颁布，标志着我国职业教育走上了制度化、法制化的轨道。职业教育在我国现代化建设中发挥着越来越重要的作用。对于我国高等职业教育的发展，他强调社会和经济发展及教育自身发展对高等职业教育提出了迫切要求，也提供了发展的环境和条件。发展高等职业教育，要充分利用现有教育资源和设施，主要通过对现有高等学校发展、改组、改制来实施。职业大学、部分独立设置的成人高校和高等专科学校，要按社会需要调整培养目标和专业设置，通过深化改革办出高等职业教育的特色。

时任国家教委主任朱开轩在讲话中对跨世纪发展职业教育的目标和任务做了阐述。他指出，首先要进一步调整职业教育结构，推进以初中后为重点的不同阶段的教育分流，建立、健全职业学校教育与职业培训并举；进一步深化办学体制、管理体制和运行机制的改革，逐步建立、健全有中国特色的，适应经济发展和社会进步需要的职业教育制度；进一步加强职业教育内部建设和管理，深化教育教学改革，办出职业教育特色，努力提高教育质量和办学效益。关于如何落实《中国教育改革和发展纲要》所规定的发展指标和相关要求，他指出，到 2000 年中等普及教育、职业教育比例全国平均值要达到 4：6，普及高中阶段教育的城市要达到 3：7。并强调，要积极发展高等职业教育，加快发展步伐与结构调整，着力健全职业教育体系。

2. 会议的意义和影响

此次会议是在《职业教育法》颁布实施后召开的，得到了党中央、国务院和各级政府的高度重视，贯彻落实《职业教育法》、加强依法治教是会议的重要内容。会议认为，改革开放以来，在党和国家出台的多项政策指引下，我国教育结构单一的局面发生了根本性的变化，职业教育体系已经初步形成，成为我国教育事业中的重要组成部分。国务院发布《中国教育改革和发展纲要》《关于〈中国教育改革和发展纲要〉的实施意见》，对我国职业教育的改革和发展做出全面系统的规划、部署，对推动我国职业教育事业改革和发展的力度是空前的。这次会议的召开有力推动我国职业教育和整个教育事业的发展和改革步伐。会议提出的"统筹规划、合理布局；面向基层、办出特色；积极试点、逐步规范"发展我国高等职业教育的行动方针，必将促进职业教育在我国实施科教兴国战略和可持续发展战略、实现经济体制和经济增长方式的根本转变中发挥越来越重要的作用。

这次会议前后，国家教委、劳动部依据各自对职业教育管理职责范围，对贯彻《职业教育法》分别制定《职业教育法释义》和《〈中华人民共和国职业教育法〉问题解答》，会后两部委和中华职教社大力举办各种形式的研讨班、学习班，形成学习贯彻《职业教育法》的高潮，对依法执教、从教产生广泛的社会影响。

三、中高等职业技术学校获得大发展

1980—2000 年我国教育发展在改革浪潮中风起云涌，其中调整中等教育结构，大力发展各级各类职业技术学校是最显著的一个"板块"。到 1998 年，全国中等职业学校（简称中职）的学校数由 1980 年的 9688 所增加到 17 116 所，学生数从 226.3 万人增加到 1 089.51 万人，增长 4.8 倍。高等职业教育更是这一时期职业教育和高等教育发展的一大亮点。到 1999 年，全国高等职业院校（简称高职院校）已经达到了 1268 所，高职院校的总数占全国高等教育院校（简称高校）总数的 60%，招生规模占高校学生总数的约 45%。为建立具有中国特色的现代职业教育体系打下了基础。这 20 年，中高等职业院校共培养了 5000 多万名毕业生，为我国从人口大国迈向人力资源强国作出了历史性的贡献。

（一）中等职业技术学校发展脉络

1980—2000 年的 20 年，是我国中等职业学校恢复创建、蓬勃发展，不断迎接挑战、改革创新的 20 年。在这段时期，推动我国中等职业技术教育发展与变革，根本的政策依据是 1985 年中共中央做出的《关于教育体制改革的决定》。它标志着我国职业技术教育事业的全面确立，在中国职业技术教育发展史上具有划时代的意义。

1. 与时俱进的三个发展阶段

1984 年中国共产党第十二届中央委员会第三次全体会议（简称党的十二届三中全会）提出发展有计划的商品经济，1992 年中国共产党第十四次全国代表大会（简称中共十四大）正式提出发展社会主义市场经济。这意味着，在这 20 年中，与经济社会发展密切相关的职业教育，不断适应经济社会发展大变革时代的需求。起步时面临对计划经济体制提出的质疑，发展时又经历了"商品经济"到"市场经济"的过渡。自 1980 年开始，中等职业学校教育在计划经济向市场经济转轨的风云激荡中，经历了恢复创建、蓬勃发展、迎接挑战三个发展阶段。

（1）恢复创建阶段

在 1978 年召开的全国教育工作会议上，邓小平明确提出，"教育事业必须和国民经济发展的要求相适应"，要"扩大农业中学，各种中等专业学校（简称中专）、技工学校（简称技校）的比例"。1978 年，中等专业学校开始通过中考招收初中毕业生，技工学校也陆续恢复办学。据统计，当年全国初中毕业生有 1692.6 万人，升入高中阶段学习的 763.3 万人，其中升入普通高中学习的 692.9 万人，占 93.9%，升入中专、技校的学生只有 70.4 万人，仅占 6.1%。这反映出当时我国中等教育结构严重失衡的问题。

1980 年 10 月，国务院在批转教育部、国家劳动总局《关于中等教育结构改革的报告》中指出：中等教育结构改革势在必行，主要是改革高中阶段的教育结构，实行普通教育与职业技术教育并举。此后，中等职业学校有如雨后春笋般地迅速发展。新创建的职业高中（简称职高）和原有的中等专业学校、技工学校成为我国中等职业教育的三大支柱。1984 年将兴办较好的部分职业高中定名为职业中专学校（简称职专），与"中专"相对应。

到 1985 年，高中阶段的中等职业学校在校生比 1980 年增长了 26.4%，总人数达到 415.6 万人。高中阶段接受职业教育的学生人数占高中阶段学生总数的 35.9%，比 1980 年提高 17.0%，普通高中偏重的局面初步得以扭转。

在恢复创建阶段，全国各地涌现出一批敢创新、能吃苦、干实事的带头人和在职业教育改革发展中弄潮的英才。以北京为例，延安时期的老干部、北京市委文教办主任刘力邦，1979 年带队到职高建设起步较早的辽宁省考察，借中等教育结构改革的东风在北京掀起中职恢复、创建的热潮。又如，创建职高的风云人物郝守本，1983 年把一所破烂不堪的初中学校校舍，改建为北京第一所独立设置的职高名校——劲松职业高中，1986 年荣获北京市模范校长及全国教育系统劳动模范称号等荣誉。当时，全国各地都有这样一批对职业教育充满激情的创业者，有人形容他们是"具有拼命三郎精神的敢死队员"，用"铜头、铁嘴、橡皮肚子、飞毛腿"，形容他们不畏碰壁、四处奔波、八面求援、忍辱负重的奋斗精神和创业情怀。从他们身上，既能看到那一辈职教人矢志办学的荣光，更能从中品味出他们创业历程的艰辛。

（2）蓬勃发展阶段

1985 年 5 月中共中央颁布《关于教育体制改革的决定》，指出"经济建设大量急需的职业和技术教育没有得到应有的发展"，强调"调整中等教育结构，大力发展职业技术教育"，要求"力争在 5 年左右，使大多数地区的各类高中阶段的职业技术学校招生数相当于普通高中的招生数"。此后，职业教育走上蓬勃发展阶段。这一时期，国家先后三次召开全国职业教育会议，1993 年中共中央、国务院印发《中国教育改革和发展纲要》，为职业教育提供新的政策支持和指导。《纲要》明确了职业技术教育是现代教育的重要组成部分，是工业化和生产社会化、现代化的重要支柱。1995 年开始实施的《中华人民共和国劳动法》从法律上明确规定："国家确定职业分类，对规定的职业制定职业技能标准，实行职业资格证书制度"。1996 年，全国人大正式通过《职业教育法》，为职业教育发展提供了法律保障。

在一系列政策、法规的推动和保障下，1986—1998 年，我国职业技术教育改革与发展的步伐进一步加快，并取得了可喜的成绩。据统计，1993 年底，我国中等专业学校、技工学校和职业高中发展到 16 844 所，比上半年增加 282 所；招生 316.12 万人，比上半年增加 42.56 万人；在校生达到 762.28 万人，比上半年增加 79.46 万人。中等职业技术学校在校生和招生数与高中阶段在校生、招生数的比例分别达到 53.71% 和 57.96%，与 1980 年相比分别提高了 34% 和 37%（《中国教育年鉴》编辑部，1995），标志着我国中等教育结构更加趋于合理。同时，中等职业技术教育在质量上也有了保障机制，标志是 1991 年 1 月国家教委颁发《关于开展普通中等专业学校教育评估工作的通知》，11 月又明确了"普通中专学校基本办学条件的最低合格标准"，建立了合格评估、办学水平评估和选优评估的制度。这一时期的高中阶段的在校生人数和中职在校生人数比例，分别见表 1 和图 1。

表 1　历年高中阶段在校生数比重表　　　　　　　　单位：%

年份	合计	普高	中职			
			小计	中专	技校	职高
1965	100.0	48.2	51.8	19.5	3.7	28.6
1980	100.0	81.1	18.9	10.4	5.8	2.7
1985	100.0	64.1	35.9	13.6	6.4	15.9
1990	100.0	54.3	45.7	17.0	10.0	18.7
1997	100.0	43.8	56.2	24.0	10.0	22.2
1998	100.0	45.0	55.0	23.9	9.3	21.8
1999	100.0	47.9	52.1	23.5	8.3	20.3
2000	100.0	53.5	46.5	21.8	6.2	18.5

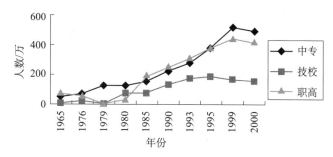

图1 历年三类中职在校生人数变化图

虽然中专、技校和职高在校数、招生人数和在校生人数持续增长，但是三类中职学校增幅还有所区别，这与各自的管理体制、培养目标、就业身份的不同有关。中专学校归属省级教育部门或行业主管部委，中专生享受助学金、毕业包分配、有派遣证，即就业后一年见习期考核合格就具有干部身份，纳入人事部门按人才管理。技校的培养目标是中、初级技术工人，大部分学校归属行业或大中型企业，劳动部门对学校进行业务综合管理，技校生享受助学金，毕业包分配，工人身份，纳入劳动部门按工人管理。职高归属地方教育行政部门，招生不转户口，自费走读，毕业不包分配，没有助学金，工人身份，纳入劳动部门统计管理。

改革开放后，第三产业得到快速发展，为职业高中提供了广阔的发展空间，职高以服务社会需求为导向，以良好的就业出路吸引了大批初中毕业生。再加上当年高中阶段教育普及率低，只有50%左右的初中毕业生能接受高中阶段教育。所以三类中职的生源质量直至90年代中期一直较高，有些专业的录取分数不低于地市级普通高中的重点校。

（3）迎接挑战阶段

中职学校发展面临的第一次挑战始于20世纪90年代的国企改制。1992年国企改制刚刚起步，从国企分流出大量的下岗失业人员，1997年全国下岗人员达到2115万人。这直接冲击了中职学校毕业生就业，也对中职招生带来很大影响，导致招生人数明显下降。在校生人数从1996年的191.81万人，减少到2000年的156.1万人。一些市场发育滞后、吸收就业能力不足的西部地区，中职学校则在90年代初就提前进入振荡、调整阶段。

1997年国家教委、国家计委颁布《关于普通中等专业学校招生并轨改革的意见》，国家教委办公厅发布《关于做好1998年普通中等专业学校招生工作的通知》，对此及时做出了应对。1999年教育部印发《关于调整中等职业学校布局结构的意见》，要求通过"合并、共建、联办、划转"的措施，优化中等职业教育资源配置，实现中等职业教育在新的历史时期的资源重组，提高办学质量和整体效益。提出"重点建好一批、大力调整一批、坚决撤销一批"的要求，调整成为当时的重要任务。

2000年1月，国务院办公厅转发的教育部、国家计委、财政部《关于调整国务院部门（单位）所属学校管理体制和布局结构的实施意见》下达后，多数行业主管部委"原则上不再直接管理学校"。在国务院有关部门（单位）划转到地方的过程中，一些地方"把中等专业学校层层下放或改做他用，造成了中等专业教育资源的流失"，2000年10月教育部印发了《关于中等专业学校管理体制调整工作中防止中等职业教育资源流失问题的意见》，针对出现的问题及时纠偏，力求挽回或减少损失。

中职发展面临的另一次挑战是 1999 年的"高校扩招"。那一时期，高校招生规模逐年增长，但招生年均增长基本在 8.5% 左右，增幅一直比较平稳。1999 年大幅"扩招"，当年288 万人参加高考，录取 159.68 万人，录取率由 1988 年的 33.75% 上升为 55.56%，比 1998年录取人数增加 51.32 万人，增长速度达到史无前例的 47.4%，之后在高基数的基础上继续保持两位数的扩招幅度。"高校扩招"引发"普高热"再次升温，造成中职教育全面收缩，全国中职学校数、招生和在校生人数于 1999 年急转直下。全国三类中职 1999 年招生 375.3万人，比 1998 年减少 66.96 万人；在校生 1115.39 万人，比 1998 年减少 97.31 万人。学校数也呈下降趋势，中专 3962 所，比 1998 年减少 147 所；技校 4098 所，比 1998 年减少 297所；职高 8317 所，比 1998 年减少 285 所。

此外，20 世纪 90 年代末期，初中毕业生开始逐年减少，学龄人口下降，中职招生遇到前所未有的困难，生源质量也出现大幅度下降，这一趋势一直延续下来。

2. 探索符合市场需要、有职业教育特色的教育教学改革

中等职业学校教育在"七五""八五""九五"全国教育科学规划重点科研有关职业教育的课题引领下，引发了遍及全国职教基层对有职业教育特色的教育、教学的群众性的研究与探索。

（1）探索能引导中职生适应社会需要的职业教育德育

恢复创建阶段的中职，德育工作多套用普通高中（简称普高）的做法，德育主渠道的政治课，职高采用普高教材，中专则使用高校的教材。然而，进入中职的学生却必须面对鄙薄一线劳动者、失去升入高校机会的社会舆论压力和就业难的现实。怎样引导中职生适应社会、融入社会，怎样提高中职德育的针对性，成为职教一线工作者必须面对和研究的问题。

80 年代初，在进行政治、思想教育的同时，德育内容增加道德教育，在教育界形成了共识，职业道德教育也得到了职业教育界的关注。许多学校从所办专业出发，与有关行业、企业合作开发了职业道德的校本教材，并增加了"三百六十行、行行出状元"方面的教育内容。1984 年，中宣部、教育部颁发《关于加强和改进中等专业学校当前思想政治工作的几点意见》。北京市朝阳区教委依据国家教委基础教育司颁布的《中学德育大纲》（1988.8），于 1989 年初编制了《朝阳区职业高中贯彻〈中学德育大纲〉参考意见》，在德育目标、德育内容、德育途径等方面增加了职教特色的要求，对推进职教德育工作整体改革进行了探索。1991 年 8 月，国家教委在长春召开全国中等职业学校德育工作座谈会，第一次专题研究部署中等职业学校德育工作。为了加强职教德育工作，原国家教委职业技术教育司于1993 年增设了德育处，并颁布《关于中等职业技术学校政治课课程设置的意见》，提出构建中等职业学校政治课课程体系，职业道德课要突出职教特色。

由于职高诞生时就明确就业不包分配，所以，从 20 世纪 80 年代开始，职业指导再次受到教育界的关注。90 年代，随着市场机制的引入，中专、技校也开始实行双向选择的市场就业，上学包分配时代结束。因此，对学生进行求职技巧、人职匹配等方面的择业指导

势在必行。中职学校借助指导学生就业，挖掘职业指导的德育内涵，成为广大职教一线工作者的探索和实践的方向。

1986年11月，中华职教社深圳办事处与深圳市教育局联合举办的"职业指导问题研讨会"。这是新中国成立后第一次召开专门研究职业指导问题的会议。中华职教社副理事长孙起孟、王艮仲和国家教委职教司副司长闻友信在会议上做了重要讲话。1988年1月，中华职教社在北京召开职业指导工作和研究的座谈会，孙起孟、王艮仲、闻友信、刘鉴农、文誉、高奇等领导、学者参加了研讨。

此后，"职业指导研究与实验"成为从1986年开始实施的全国教育科学"七五"规划课题，"农村创业指导为当地经济发展服务的实验与研究""当代中国职业指导的理论体系研究""中学生职业指导的研究与实验"等也陆续成为"八五""九五"国家级课题。其中由中华职教社牵头的"中学生职业指导的研究与实验"，组建了"中职生职业指导的研究与实验"的分课题，专门研究中等职业学校的职业指导，吸收了上千位来自一线的职教同仁，职业生涯教育进入研究者视野开始探索如何引导学生把生涯发展与社会需求联系在一起。

1994年，劳动部颁发了《职业指导办法》，进一步推广了职业指导的应用。在此阶段，《职业指导的理论研究与实验》（闻友信、刘鉴农，1992）、《职业指导理论与方法》（朱启臻，1996）、《择业指南》（闻友信、张元、范基公，1996）、《编织未来丛书——中学生择业指南》（马樟根、陈德珍、杨金土、董操，1996）《把眼光早一点投向社会——学会择业》（蒋乃平，1998）、《实用职业指导与就业训练》（柳君芳，1998）等一批介绍职业指导理论或适宜学生阅读的著作出版，推动了职业指导理论与实践的深化。

1997年6月，国家教委印发了《关于加强和改进职业学校德育工作的意见》，阐述了新时期职业学校德育的指导思想、工作原则、主要内容、途径方法、领导和保障制度。1999年8月，教育部职业教育与成人教育司（简称教育部职成司）在内蒙古包头市召开全国中等职业教育教学改革工作会议，宣布成立全国中等职业教育教学指导委员会和拟设立的全国中等职业学校德育工作委员会及其德育课程教学委员会。紧接着在北京召开了中等职业学校德育课程教学改革研讨会。推动新一轮德育工作，以及德育课程改革。

（2）探索符合"不包分配"就业体制需要的课程改革

就业体制的变化，促使中职学校必须思考"教什么""怎样教"等实际问题。从基础教育刚刚进入职业学校的中职生，怎样面对生疏的专业学习？应该以什么思路进行课程设置？……这些问题成为诸多中等职业学校管理者关注、探索的重点。

以第一产业①、第二产业②类专业为主的中专和以第二产业专业为主的技校，在恢复初期，大多依托"文革"前的教材而修改。然而，随着改革开放的进程，我国先后引进了"双元制"、MES、CBE等课程教学模式。这些模式均重视从职业岗位的实际需要出发，重视能力训练和以工作过程为脉络体系组织教学内容，与传统的学科体系专业课教材大相径庭，让职教人大开眼界，基层人员对此类课程开发的培训趋之若鹜。由于引进渠道的影响，归劳动部门管理的技校使用MES进行课程开发，归教育行政部门管理的中专则大多运用CBE开发新教材。

---

① "第一产业"是指农业、林业、畜牧业、渔业。
② "第二产业"为工业（包括采矿业，制造业，电力、燃气及水的生产和供应业）和建筑业。

在市场经济逐步建立的过程中，第三产业蓬勃发展。新兴的职业高中，当仁不让地肩负起开设第三产业①类专业的重任。白手起家的职高开设专业、课程设置，要同时面对师资、教材、实训设施"三大建设"。在计划经济时代，第三产业类专业开设较少，可借鉴的也少。为此，职高创建者们从走访用人单位，了解职高毕业生就业岗位对从业者的具体要求出发，结合借鉴国外模式，开展了"职业分析""工作过程分析"的初步实践。

1992 年，在众多学校课程改革实践的基础上，"宽基础、活模块"课程模式的提出受到各地职业学校的关注。该模式以"广吸收、不套用、有创新"为指导思想，既要借鉴发达国家开发职业教育课程的方法、提高就业能力，又要体现学校教育为人的发展服务的本质属性，既要符合用人单位的岗位要求，又要拓宽毕业生市场就业的择业面和今后转岗、晋升的需要。华东师范大学黄克孝主持的"八五"重点教育规划科研课题"关于职业技术教育课程体系若干问题的研究"的成果，进一步完善了该模式理论框架的构建和操作方式。"九五"期间，又在"我国各级各类职业技术教育课程模式开发的理论、方法与研究实验"（黄克孝）、"面向 21 世纪职业高中课程与专业教材体系改革的研究与实验"（王军伟）两个国家级课题的引领下，在全国 19 个省份 300 余所中职学校进行了该模式的延伸研究和实践。

1999 年 12 月，由中国联合国教科文组织全国委员会主办、北京市朝阳区职教中心承办，十几位外国代表和二百多位参加"宽基础、活模块"研究的学校代表参加了研讨。时任教育部职成司副司长刘占山在报告中强调"职业教育课程改革目标：现代化、中国化、最优化"，陶西平、孟广平、杨金土、孙震翰、余祖光、刘春生、马庆发、黄克孝等领导和学者做了学术报告，蒋乃平做了"职教课程改革要点和课程模式"的主题发言。该研究以改革为引领，将理论指导与广泛的实践运用结合起来，重点是提出并推行面对市场就业体制、有中国特色的课程结构，使课程设置既能让毕业生合格上岗，又能拓宽择业面，重视奠定学生终生学习的基础、提升综合职业能力和提高发展后劲。

（3）从无到有，建立职业教育服务体系

20 世纪 80 年代中期，由于中职教育各方面基础都比较薄弱，发展中急需专业开发、教研、科研、师训、干训等，出现了许多以专业为核心，凝聚各地学校自愿参加的全国性民间专业协作组，如财经、文秘、旅游、烹饪、宾馆服务等协作组等。这些协作组富有活力，不但每年有年会，还为点对点的校际交流提供帮助。相关出版社和教育行政部门也常常参与协作组活动，从中了解学校需求、发现业务骨干。持之以恒的协作组活动，为中职专业建设做出了贡献。

各地教育行政部门根据实际需要，陆续组建了省、地级职业教育教研部门。例如，北京在各区县已建立职教教研室的基础上，建立了市职教中心与各区县职教中心构成的职教服务系统，承担就业信息、教研、科研、教材开发、师资培训等工作。1989 年率先成立的朝阳区职教中心，与有关行业和劳动部门合作，探索"三位一体"的"行业导向型系列化服务"，即由职教服务机构与学校、劳动部门、用人单位合作，进行专业开发、课程设置、

---

① "第三产业"包括交通运输、仓储和邮政业，信息传输、计算机服务和软件业，批发和零售业，住宿和餐饮业，金融业，房地产业，租赁和商务服务业，科学研究、技术服务和地质勘查业，水利、环境和公共设施管理业，居民服务和其他服务业，教育，卫生、社会保障和社会福利业，文化、体育和娱乐业，公共管理和社会组织，国际组织等。

教材选编、招生面试、师资培训、教学研究、实训指导、学生就业合同签订，以及组织用人单位参加的学生技能、才艺展示汇报会、宣传日等系列活动。

1991年10月颁布的《国务院关于大力发展职业技术教育的决定》，要求"逐步建立健全职业技术教育的研究、教材出版、信息交流、师资和干部培训等服务体系"，使职教服务体系建设受到国家层面的重视。例如，国家教委办公厅于1995年8月颁发《关于制定并落实职业教育师资培养计划的通知》，国家教委又发布了《关于加强中等职业学校教师队伍建设的意见》，各级教育行政部门也采取了一系列有效措施，建立了一批职教师资培养和进修基地。许多地方采取"掐尖留校、在职提升"的方式补充教师队伍，选拔中职优秀毕业生留校任教，送到相应高校提升学历。又如，1996年国家教委职业技术教育司组织编写职业中学校长岗位培训用书，委托各省（直辖市、自治区）职教服务机构进行培训，考核合格后颁发职教司统一印制的合格证书，提升了全国中职学校校长的业务水平。

回顾八九十年代，中职教育的德育探索、课程改革、服务体系建设的过程，不难看出基层一线职教同仁在教育、教学创新方面的重要作用，不难看出教育行政部门依托群众、及时提升的工作方式的重要作用。职业教育恢复创建、蓬勃发展、迎接挑战的过程，很大程度上是一个真正依靠群众、依托基层，不断探索、不断创新的过程，不难发现其具有"先自下而上，后自上而下"即"从群众中来，到群众中去"的"草根式"成长发展特点。

（二）高等职业技术院校的产生与发展

1977年高等教育恢复招生考试制度，标志着中国高等教育进入全面恢复新阶段。与此同时，高等职业教育在国家不断出台的政策引领下，创办职业大学、职业技术学院、普通本科院校、二级职业技术学院，高等专科学校、成人高等学校积极发展，少数中专学校试点大专班，共同构成高等职业教育多样化发展的新局面。高等职业教育本身是新生事物，同时还承担着探索高等教育创新发展的使命，因此，成为高等教育改革的急先锋。具有时代特征的高等职业教育从无到有，经历了艰难曲折的发展过程。大体可分以下三个阶段：探索创办阶段、规范调整阶段、明确定位阶段。

1. 探索创办阶段

1980年，国家创建起一批短期职业大学，最初有13所，到1985年，在25个省（自治区、直辖市）共创建了120所短期职业大学，开创了我国高等职业院校（简称高职院校）与普通高等院校并行发展的新格局。这些院校一诞生就带着鲜明的特色，即"走读、缴费、短学制、职业性、毕业不包分配"。与传统高等院校当时实行的"免费入学、跨地区招生、国家包分配"形成鲜明的对比。

为了有效地培养大批生产一线需要的技术人员、管理人员，以及业务人员，同时，为了避免传统专科教育向本科化的发展态势，高等职业教育与中等职业教育的衔接得到政策支持。1985年7月，国家教委印发《关于同意试办三所五年制技术专科学校的通知》，同意以西安航空工业学校为基础成立西安航空高等技术专科学校，以国家地震局地震学校为基础成立防灾高等技术专科学校，以原上海电机制造学校为基础成立上海电机高等技术专科学校。五年一贯制高等专科学校（简称高专）的"试办"，实质上是我国在发展高等职业教育初期发展的又一次新探索。实践证明，五年制高等职业教育便于统筹安排教学计划，实现了中等职业教育与高等职业教育（简称高职）的有机衔接。同时也适应当时国家经济建设和生产第一线岗位对高技术应用性人才的需求和职业教育多样化发展的需要，受到用人单位和社会的认可与欢迎。

1985 年《中共中央关于教育体制改革的决定》提出，"积极发展高等职业技术院校，对口招收中等职业技术教育学校毕业生，以及有本专业实践经验、成绩合格的在职人员入学，逐步建立起一个从初级到高级、行业配套、结构合理又能与普通教育相互沟通的职业技术教育体系"。至此，我国高等职业教育不仅纳入国民教育体系，而且自成体系发展。

2. 规范调整阶段

1986 年第一次全国职业教育工作会议提出，高等职业学校和一部分广播电视大学、高等专科学校，应该划归高等职业教育。这个决定，拓宽了高等职业学校的外延，使之类型更趋多样化。同时，我国高等职业教育开始逐步向规范化方向发展。

1990 年国家教委发布的《关于加强普通高等专科教育工作的意见》中提出短期职业大学的转型问题，有 7 所院校停办，34 所保留了高等职业院校的建制，77 所先转为高等专科学校，后通过与其他院校合并升格为本科院校，其中部分保留了职业技术教育的体制。1991 年初召开的第二次全国职业技术教育工作会议及其会后发出的《国务院关于大力发展职业技术教育的决定》，虽然都再次强调建立包括高等职业教育在内的职业技术教育体系的重要性，但对高等职业教育的发展并没有明显的推进。1994 年，第二次全国教育工作会议确定高等教育发展重点是高等职业教育，使得发展高等职业教育重新成为一个热点。这次会议确定了"三改一补"发展高等职业教育的基本方针，即"通过现有职业大学、部分高等专科学校和独立设置的成人高校改革办学模式，调整培养目标来发展高等职业教育；在仍不能满足时，经批准可利用少数具备条件的重点中等专业学校改制或举办高等职业班等方式作为补充"来发展高等职业教育。这是在整合现有高等教育资源基础上，根据我国国情做出的发展高等职业教育的重要举措。

1995 年国家教委决定，在一部分有条件的成人高校试办高等职业教育，并逐步开展试点，至 1999 年试点学校达到 563 所。

3. 明确定位阶段

1996 年 5 月，《职业教育法》颁布实施，这在我国历史上第一次确定了高等职业学校教育和高等职业学校的法律地位，从此高等职业教育走上了依法办学的道路。

1997 年针对高职院校数量的不断增加，国家教委出台了《关于高等职业学校设置问题的几点意见》，就学校名称、招生规模、专业数量、师资情况、实训条件等方面提出基本条件和要求，对于规范高等职业教育的发展起到了十分重要的作用。

经过"三改一补"，1998 年全国经正式批准办有"五年制高职班"的高等职业学校和中等专业学校共计 22 所，在校生 13 978 人。新建或改建的一批高等职业学校，统一称为"职业技术学院"，加上保留下来的短期职业大学，全国共有高等职业教育机构 101 所。1998 年教育部又提出"三多一改"发展高等职业教育的方针，即多渠道、多规格、多模式发展高职院校，重点是教学改革，真正办出高等职业院校的特色，并拨出了 11 万个招生指标，在 20 个省市用于发展高等职业教育，极大地促进高等职业院校开始了新的发展时期。

为加快培养面向生产、服务和管理第一线职业岗位的实用性、技能型专门人才的速度，同时，为积极探索多种途径发展高等职业技术教育，1999 年 1 月教育部、国家计委印发了《试行按新的管理模式和运行机制举办高等职业技术教育的实施意见》（简称《意见》），明确提出高等职业教育由短期职业大学、职业技术学院、具有高等学历教育资格的民办高校、普通高等专科学校、本科院校内设置的高等职业教育机构（二级学院）、经教育部批准的国家级重点中等专业学校、办学条件达到国家规定合格标准的成人高校实施。同时决定在1999 年普通高等教育年度招生计划中，安排 10 万人专门用于 14 个省、直辖市试行与现行办法有所不同的管理模式和运行机制举办高等职业技术教育。《意见》还规定，按照新的管理模式和运行机制举办高等职业技术教育为专科层次学历教育，其招生计划为指导性计划，教育事业费以学生交费为主，政府补贴为辅。毕业生不包分配，不再适用《普通高等学校就业派遣报到证》，由举办学校颁发毕业证书，与其他普通高校毕业生一样实行学校推荐、自主择业。同时具体规定了管理办法、举办学校、招生对象及办法、教学管理、试办范围、招生规模，以及操作程序等。同年，教育部成立高职高专①教育人才培养工作委员会，时任副部长周远清在成立大会上进一步明确"三教②统筹、协调发展"的方针。从此，高等职业教育进入了新的发展、变革时期。在不太长的时间内，全国的高等职业学校达到了 1268所，高职学校的总数占全国高等院校总数的约 60%，招生规模占学生总数的约 45%。1999年在北京召开第一次全国高职高专教学工作会议，明确了高职高专院校的发展方向，并提出了一系列的改进措施，包括建立示范院校、加强师资队伍建设、推广校企合作及产学研相结合的办学思路等。

2000 年教育部颁布《关于加强高职高专教育人才培养工作的意见》（教高 [2000]2 号，简称"教高 2 号文"），以《中共中央国务院关于深化教育改革全面推进素质教育的决定》精神为指导，在总结 20 世纪 90 年代以来高职高专教育改革与发展经验的基础上，确定了高职高专教育的办学指导思想、人才培养工作重点和工作思路。该意见指出：要建设高职教育教学质量保障体系，首先要建立符合高职教育人才培养目标要求与自身规律的质量保障目标体系。这一文件的颁布，对规范院校建设、推动教学改革、保证基本的人才培养质量起到了积极作用。明确了人才培养目标的内涵和培养模式的基本特征，指出了加强教学基本建设、专业建设、课程和教学内容体系改革、教学方法改革，建立相对独立的实践教学体系，提高教育教学质量的重要性，是对高职高专教育 10 多年来试点、改革与发展成功经验的总结与推广，是我国高职教育史上第一个里程碑性质的文件。同时，它也是此后一段时间高职高专教育人才培养工作的指导性文件。从 2000 年 6 月开始，教育部在全国高职高专院校中开展了专业教学改革试点工作。

进入 21 世纪，对中国高等职业教育重新定位，培养目标和培养模式逐渐清晰，高等职

---

① 高职高专是指高等职业学校和高等专科学校。

② 高等专科教育、高等职业教育和成人高等教育。

业教育作为一种新的高等教育类型得以确立起来。2000 年后，我国高等职业教育继续获得迅猛发展。

（三）民办高等职业技术学校的兴起

1978 年后，国家全面推进各级各类教育的发展，民办高等教育也获得巨大的发展形成了学历与非学历、面授与函授、全日制与业余制相结合的多形式办学的格局。据 1998 年 10 月全国民办高等教育委员会表彰创业者会议公布的数字，我国有民办高校 1200 多所，当年招生 50 多万，全日制在校生 20 余万，其中具有颁发学历文凭资格的高校 20 所。在全国高等教育体系中，与 1032 所普通高校，1138 所成人高校，形成三足鼎立的局面，成为我国高等教育事业中不可忽视的组成部分，令人刮目相看（胡大白，1999）。

我国民办高职院校大体上有以下几种类型：第一种是经过国家正式批准独立建制的具有颁发学历证书资格的民办高等职业院校。随着国家相关法律法规的完善，这些学校的发展势头较好，这种正规的办学形式进一步提升了民办学校办学者的积极性，让公立与私立的高等教育机构在公平的平台上竞争，促进共同发展。第二种是在公办高等院校中设置的民办二级学院。虽然这些二级学院大多为本科层次，但也招收部分高职生。在这类学校就读的高职生常和本科生一起学习、生活，有助于他们养成良好的学习习惯。同时，这种模式体现了普通高等学校的综合优势、品牌效应与民办院校灵活的机制、市场观念相结合的特点。第三种是企业集团内部设立的职工大学。这类学校不具有颁发学历文凭的资格，但可通过考核颁发一些职业资格证书。这些学校一般针对本企业内部职工而设，学制较短，专业设置灵活，突出实用性。在这种办学类型中，又可分为几种发展模式：①以黄河科技大学等为代表的以学养学、滚动发展的模式，这些学校前期靠租赁校舍、收取学费进行运转，逐步发展起来；②以北京吉利大学等为代表的企业集团出资兴办的民办高职院校；③中外合资兴办的高等职业院校（彭剑坪，2012）。

民办高校的异军突起，不是偶然现象，而是源于国情和民众的需要，作为扎根于现代化建设沃土之中的新事物，利国利民，是深化高等教育改革的新成果。

（四）我国职业技术学校教育制度的改革与创新

整个 80 年代，中国教育着重从改革中等教育结构入手，把相当一部分普通中学转到职业教育的轨道上来。同时发展短期职业大学，创办职业技术师范院校。同时，试验在义务教育阶段中推行初级职业技能训练，在普通中小学设立劳动技术课程等。这一系列措施，拓宽了职业教育的发展道路。

1. 职业技术学校实行多种学制

1983 年 5 月 9 日，教育部、劳动人事部、财政部、国家计委联合颁发《关于改革城市中等教育结构、发展职业技术教育的意见》，鼓励各类职业学校积极探索，采取多样化的学制，搭建多规格培养人才平台，发挥好服务社会职能。其主要学制形式如下：①培养目标为中级工。招收初中毕业生，学制 3 年。②培养目标为高级工。招收初中毕业生，学制 5

年；招收高中毕业生，学制 3 年。③培养目标为技师。招收初中毕业生，学制 7 年，招收高中毕业生，学制 4 年（有部分工种对实践经验积累要求高，学校培养上限为预备技师）。

20 世纪 90 年代中期以前，还有部分职业类学校培养初级技工，招收初中毕业生，学制 2 年，之后初级技工基本上由社会培训机构承担了。有些地区也有在初中阶段开设初级技工班的，培养其一技之长。多种学制的形成是一种客观需要，实践证明行之有效。

2. 职业技术学校基本制度的建立

（1）招生与就业制度

中专、技校和职高三类中等职业学校在 1994 年以前，中专、技校一般只招收非农业户口的学生（个别技校的一些专业招收农业户口的学生）；交少量学杂费，毕业生国家包分配。而新型的职业高中，招生上没有限制，自交学费，毕业后不包分配，进入人才和劳务市场实行双向选择就业。这种"双轨制"延续了很长一段时间。1994 年 6 月，中共中央和国务院召开全国教育工作会议，明确提出改革"中等及中等以上各类职业学校招生、收费和毕业生就业制度"。改变原有的中专、技校和职高的"双转轨"制，淡化三类中职学校的界限，建立统一的招生、收费和毕业生就业制度。

（2）师资队伍建设制度

以我国首批建立的专门培养职教师资的高校天津职业技术师范学院为例。1979 年 2 月，国务院批转国家劳动总局同意在吉林、天津、山东、河南建立四所技工师范学院，其中"天津技工师范学院"以"天津市劳动局技工学校"和"天津市第五机床厂"在 1959 成立的基础上恢复，1983 年 10 月更名为"天津职业技术师范学院"。80 年代中后期，职业技术师范院校和高等学校中的职业技术师范系（部）陆续开办，独立设置的职业技术师范院校最多时达到 10 所以上，为职业院校输送了大批专业化培养的教师，1996 年全国中等职业教育学校专任教师达到 68.4 万人，比 1980 年增加 50.86 万人，增长了 3.9 倍。到 1999 年，全国高职高专院校的专任教师总数已近 20 万人。

为更好地适应职业教育的特点，国家明确提出，无论中等职业学校还是高等职业学校都要努力建设一支高素质的"双师型"教师队伍。所谓"双师型"教师就是具有既能从事理论教学又能指导技术技能操作训练的"双能力"，既有教师风范又具有行业企业技术人员职业道德的"双素质"。经过努力，到 2000 年高等职业学校的专任教师中有约 20% 的"双师型"教师，中等职业学校将近 20%。为了加大"双师型"教师培养力度，1999 年起，教育部陆续启动全国重点职教师资培养培训基地建设、高职高专师资培训基地建设和省级职教师资培训基地建设工作。

（3）定向实习制度

职业院校学生到企业定向实习制度是从学生到企业进行生产性实习逐步发展起来的。从 20 世纪 80 年代末，职业院校就开始尝试学生到企业进行生产性实习。到 90 年代中期，学校和企业普遍采用"定向实习"的做法。即：企业接受学生实习，如学生实习期间考核合格，毕业时即录用为企业的员工。

1995 年 3 月颁布的《教育法》第四十七条规定："国家机关、军队、企业事业组织及其他社会组织应当为学校组织的学生实习、社会实践活动提供帮助和便利。"1996 年 5 月颁布的《职业教育法》第三十七条规定："国务院有关部门、县级以上地方各级人民政府，以及举办职业学校、职业培训机构的组织、公民个人，应当加强职业教育生产实习基地的建设。企业、事业组织应当接纳职业学校和职业培训机构的学生和教师实习；对上岗实习的，应当给予适当的劳动报酬。"这些都为定向（顶岗）实习提供了法律依据。

（4）职业技术学校的评估与认定制度

1990 年 8 月，国家教委颁发《省级重点职业高级中学的标准》，并评估认定 455 所省重点职业高中。之后，组织全国各地有关行政部门、教学研究机构开始调研起草《国家级重点职业高级中学标准》。1991 年 1 月，国家教委又印发了《普通中等专业学校办学水平评估指标体系》，并在评出省、部级重点中等专业学校 699 所的基础上，1994 年 8 月公布了 249 所国家级重点普通中等专业学校的名单。技工学校评估工作也同时展开。1991 年起，有关地区先后开展了省重点技工学校评估工作，劳动部于 1994 年 4 月发出《关于开展技工学校评估工作的通知》（附：省（部）级重点技工学校标准），先后进行"合格评估""选优评估"，评出国家级重点技工学校 130 所，后扩大到 266 所（《中国教育年鉴》编辑部，1995）。1995 年 10 月认定"省级重点职业高级中学" 909 所。1996 年 2 月审批认定国家级重点职业高中 296 所。

重点职业学校的评估、考核、认定制度的建立，促进了中等职业学校的规范化建设，促进了各级政府对中等职业学校的投入，促进了学校的教育教学改革和办学质量效益的提高，各级重点职业学校也起到示范、引领作用。

（5）校企合作制度

学校和企业联合办学起步于 20 世纪 50 年代，是技工学校的一个基本办学制度。80 年代后职业类学校不断加强与企业的合作，有的班级以企业命名，挂着不同企业的标志，成为许多职业类学校的共同做法。企业参与招生、面试，参与培养方案和教学计划制定，以及课程开发，选派技术人员或老师傅到学校授课，学生到企业实习，教师到企业参加工程实践和研修，企业管理人员到学校考察，在许多职业院校成为一种常态。1996 年开始施行的《职业教育法》明确规定职业学校、职业培训机构应当实行产教结合、校企合作，培养实用人才和熟练劳动者。成功的校企合作，能实现教师、学生、学校、企业共赢：教师及时地了解新产品、新工艺、新方法、新技术，掌握岗位实际需求，提高教学的针对性、有效性；学生在真实的场景和岗位上锻炼，达到学以致用的效果；学校与企业合力培养人才，优势互补，降低了培养成本。所以，学校与企业的紧密联系体现了职业教育的特点和本质要求。

3. 各类社会培训成为办学重要组成部分

在国家一系列政策和法规的引导下，各级各类职业院校面向社会积极开展各类培训活动，建立专门的培训管理机构，配备专职人员，把培训工作纳入了学校年度目标管理。职业院校开展短期职业培训，一方面，利用学校场地、师资、设备等条件，满足社会需要；另一方面，弥补学校办学资金不足，同时，也增进了学校与企业和社会的联系。1980—2000

年，全国职业院校开展的短期培训达到 2000 万人次以上。1998—2000 年，劳动保障部^①组织实施了"三年千万"再就业培训计划，培训后的再就业率达到 60%。1998 年还开展创业培训试点，培养了 50 名创业培训师（负责培养创业培训的师资）和 500 名创业培训教师，培训的主要方式是：把体验式培训和政策扶持，以及创业项目推介等结合起来，造就了一大批成功的小企业创办者，成为促进就业的重要力量。

总之，这 20 年是中、高职教育长足进步的 20 年，是从规模向质量、内涵发展不断转变的 20 年。

四、创建劳动服务公司和就业训练中心 探索中国特色劳动就业之路

劳动服务公司是指组织、培训和吞吐暂时处于社会生产过程之外劳动力的社会机构。它是我国在总结过去劳动力介绍所经验的基础上，于 1978 年开始逐步创立起来的一种新型的社会劳动组织。劳动服务公司的建立，为当时大批知青回城提供就业培训，为国家缓解了知青就业的困难局面，并担负起介绍就业、输送临时工、组织生产与服务、开展职业培训等项任务。为贯彻"三结合"就业方针，劳动服务公司还创办一批劳动服务企业，既解决一大批人员的就业问题，还创造了一定产值。

（一）创建劳动服务公司的背景、政策与成效

1.创建的背景

20 世纪 70 年代末至 80 年代初，大批上山下乡知识青年开始返城，大量的在城青年毕业生因为没有单位和就业岗位而成为"社会青年"，形成了新中国成立以来罕见的待业高峰。据 1978 年的统计：城镇积累的待业人员总数达到 1700 万人。国家一时间难以安排如此众多的人员就业，导致 21 个省（自治区、直辖市）都相继发生过上山下乡知识青年、城镇待业青年集会、游行和到各级政府机关请愿的事件。这不仅对劳动管理部门形成了巨大的压力，更成为了严重的社会问题。面对如此严峻的就业形势，各级政府和相关部门都在努力探索解决劳动力就业问题的对策。

为扭转我国劳动就业的被动局面，一些省、市依据新中国建立初期在失业工人中组织生产自救、以工代赈的经验，尝试由省、市的劳动部门将待业青年组织起来进行管理。有的安排劳务，有的组织临时性的生产劳动，有的组织学习和培训。经过一段时间的实践，取得了较好的效果。

在总结这些省、市的做法和经验的基础上，1978 年 7 月，在国务院务虚会议上，国家劳动总局^②提交了《关于劳动工作的汇报提纲》建议"在大中城市组建劳动服务公司，统一

---

① 全称为中华人民共和国社会保障部，于 1998 年 3 月在原中华人民共和国劳动部基础上组建，2008 年 3 月与原中华人民共和国人事部整合新组建为中华人民共和国人力资源和社会保障部。

② 1975 年 9 月 30 日在原国家计委劳动局的基础上组建。

管理社会劳动力，统一调节职工余缺"。时任国务院副总理李先念对这个建议十分支持，在国务院务虚会的讲话中明确指示，要成立劳动服务公司，负责介绍待业人员就业，特别需要把待业人员组织起来，从事机械修理、饮食服务、房屋维修、城市绿化、幼儿保育等服务工作。一时不能安排就业的人员，还可以从事各种临时性的工作。同时，还要对他们开展培训，积极培育有文化素养和有职业技能的劳动力后备队伍。

1979 年 4 月，中共中央召开工作会议，李先念副总理在会上再次提出：要拨出一点资金，在大中城市办好劳动服务公司。同年 6 月，第五届全国人民代表大会第二次会议（简称五届全国人大二次会议）《政府工作报告》中，更加明确地提出了要"办好劳动服务公司，通过多种形式，陆续把待业人员全部组织起来进行就业训练和劳动服务"的意见。根据党中央、国务院的要求，各地开始正式组建劳动服务机构。

1979 年 2 月 13 日《人民日报》刊登了上海市徐汇区设立劳动服务公司的消息，这是在媒体上首次出现了"劳动服务公司"的名称。到 1979 年底，全国共建立劳动服务公司 4211 所，其中，地方劳动部门建立 780 所，街道、镇、乡建立 3693 所，企业建立 44 所。

2. 促进快速发展的举措

1978 年 7 月至 1980 年 6 月，劳动服务公司只是在待业人员多、安置任务重且具备一定条件的大中城市和少数县城试办。在整个 80 年代，劳动服务公司在各级政府的高度重视与支持下，实现了快速发展。

1980 年 8 月 2 日至 7 日，中共中央在北京召开全国劳动就业工作会议。会议指出，在解决劳动就业问题上，实行在国家统筹规划和指导下，劳动部门介绍就业、自愿组织起来就业和自谋职业相结合的"三结合"的就业方针。鼓励和扶持个体经济适当发展。8 月 17 日，中共中央转发了全国劳动就业工作会议文件，在文件中明确规定：劳动服务公司应承担起介绍就业，输送临时工，组织生产、服务，进行职业培训等项任务。对于暂时不能就业的人员，采取行政管理和经济手段相结合的方法，把他们组织起来开辟生产服务门路，创造就业条件，有工做工，无工学习，也可以会同有关部门举办如绿化造林等"以工代赈"活动。文件还指出，将来劳动服务公司要逐步发展成为社会上调节劳动力的一种组织形式，起到"吞吐"劳动力的作用，将其建设成为不断向社会提供合格劳动力和把劳动用工制度搞活的一个重要机构。

1981 年中共中央、国务院在《关于广开门路，搞活经济，解决城镇就业问题的若干决定》中进一步指出：劳动服务公司既担负着组织社会劳动力，从事经济活动的任务，又担负着劳动部门的部分行政职能；可以直接推动待业人员自力更生、因陋就简地发展各种行业的集体经济事业，以及自谋职业；可以组织就业训练，对待业青年传授职业技能和进行管理教育；可以按照企业需要介绍职工。文件还指出了劳动服务公司的发展方向：应当使之逐步发展成组织经济事业、统筹劳动就业、输送和管理企业临时用工、开展就业训练的一种综合性机构。有关部门要从供产销渠道、银行贷款、经营场地、财政税收、开办经费等方面给予必要的支持和帮助，国家财政要向劳动服务公司提供适当的补助经费；并提出，有条件的厂矿企业和机关、团体等事业单位，也可以根据需要举办劳动服务公司。

1982 年 1 月，中共中央、国务院发布《关于国营工业企业进行全面整顿的决定》，指出为了安排富余职工和待业青年就业，企业单位可以单独或联合举办劳动服务公司，从事社会需要的生产或劳动服务。劳动服务公司作为企业附属的集体所有制单位，可以为本企业服务，也可以为社会服务，但必须独立经营、独立核算，自负盈亏。

1982 年 9 月，劳动人事部发出《关于劳动服务公司若干问题的意见》的通知，对劳动服务公司的性质、任务作出了具体而明确的阐述。劳动人事部还通过召开会议、开展经验交流和举办培训班等多种形式，推动这项新兴事业的发展。文件提出要发挥地方劳动服务公司和企事业单位劳动服务公司两个方面的积极性，业务系统与地方"条块结合"，动员社会各方面的力量，大力发展集体经济，妥善安置职工待业子女和企业富余职工就业，逐步走出一条广开门路，搞活经济，改革机制，扩大就业的新路子。上述政策和措施使劳动服务公司得到迅速发展。

3. 任务与成效

（1）开展就业服务，促进劳动就业

开展对待业青年和社会闲散劳动力的劳动就业服务，是劳动服务公司的一个重要职能。随着劳动服务公司的发展壮大，这项职能不断得到加强，其服务内容和手段也得以不断丰富，为此后就业服务的进一步开展奠定了基础。

1978 年下半年至 1980 年上半年，创办初期的劳动服务公司开展的劳动就业服务较为简单，主要是把待业青年组织起来，有工做工，无工学习，使他们处于有组织状态，初步发挥了组织管理待业青年并稳定其家长心态的作用，促进了社会的安定团结。

1980 年，中共中央转发召开的全国劳动就业工作会议文件《进一步做好城镇劳动就业工作》，首次明确规定劳动服务公司的职责与任务：介绍就业、输送临时工、组织生产与服务、开展职业培训等，指导劳动服务公司的工作开始走上健康、有序发展的轨道。

（2）统筹劳动资源，强化组织管理

劳动服务公司的主要工作是管理社会劳动力。即按照政府制定的方针政策，负责组织管理和调节、"吞吐"社会劳动力。

1982 年 11 月和 1984 年 3 月，劳动人事部先后颁发了《城镇待业人员登记管理的试行办法》和《城镇待业人员登记管理办法》，按照当时的条件明确了待业人员登记范围和各级劳动服务公司在登记管理工作中的任务。各省（自治区、直辖市）劳动部门结合本地的实际情况，制定了待业人员登记管理的实施细则，并由基层劳动服务公司具体实施登记管理任务。待业人员的登记与管理，使国家相关部门能准确、及时地掌握劳动力资源的变动情况，为国家分析就业形势、制定就业政策，以及开展其他方面与之有关的工作提供了基本依据。

据统计，1979—1987 年，经劳动服务公司推荐在集体企业就业的人数为 1400 万人。同期，举办各种培训班，培训 1055 万人次，其中，60% 介绍给用人单位，15% 组织起来就业，5% 自谋职业。

（3）服务待业职工，实施待业保险

1986 年 7 月，国务院发布改革劳动制度四个规定的通知。其中，在《国营企业职工待业保险暂行规定》中又增加了劳动服务公司要负责职工待业保险基金管理的新规定。其职责包括：负责待业职工的登记、建档、建卡、组织管理；职工待业保险金的管理和发放等。

为改革固定工制度，并为劳动者合理流动与转换职业提供物质保障和再就业服务，1986 年国家开始建立待业保险制度，通过筹集待业保险基金的办法，使失去工作的职工获得必要的经济帮助，并提供转岗训练、职业介绍、职业指导等，为其重新就业创造条件。1986 年国务院发布《关于劳动制度改革的四项暂行规定》，明确由劳动服务公司负责待业保险基金的征集、管理、发放和使用。到 1991 年，全国共有各级待业保险机构 2000 多所，累计为 30 万待业职工提供了待业保险，并帮助其中的 19.4 万人实现了再就业。

从 1979 年到 1984 年年底，全国已建立各级各类劳动服务公司 38 674 所，其中，各级劳动部门办的 3220 所，县镇、街道办 7176 所，企业事业单位办 28 278 所，吸收就业与接受培训的超过 800 万人。

1985 年 9 月，劳动人事部和全国劳动服务公司指导中心在北京举办了全国劳动服务公司产品展销会。展销会期间，许多中央领导到会指导，对这项新的事业给予充分肯定和支持。《人民日报》《中国日报》《经济日报》《中国青年报》等新闻媒体也发表评论和报道，对劳动服务公司在扩大就业、发展生产、活跃经济、方便人民生活、促进安定团结方面发挥的积极作用给予了高度评价。

（二）就业训练中心的建立与发展及作用

1. 创建的背景

为了提高就业人员的基本素质，为求职者创造就业条件，从 1979 年开始，劳动服务公司在各地举办就业训练中心，推动社会各方面开办多层次、多形式的培训班，开展就业训练和转岗训练。

1980 年，西安市劳动服务公司就业训练中心将待业青年组织起来，开展文化知识与专业技术培训。1981 年 6 月，国家劳动总局在西安召开劳动服务公司工作座谈会，总结了西安市开展就业训练的经验，组织外省、市有关人员参观了该市劳动服务公司就业训练中心。会后，北京、天津、长春、武汉、成都等许多城市，相继开办了就业训练中心，组织待业青年就业前培训。同年 10 月，中共中央提出"先培训，后就业"的原则。1983 年 3 月，劳动人事部又提出了全面实行"先培训，后就业"的要求。1984 年 10 月，劳动人事部在保定举办全国劳动服务公司经理研究学习班，进一步明确就业训练应是劳动服务公司的一项主要任务，必须进一步加强培训工作。1985 年 9 月，劳动人事部颁发《关于就业训练若干问题的暂行办法》，明确了就业训练的主要内容包括职业道德、文化知识和技术理论、操作技能、安全生产教育等，并强调以操作技能培训为主，规定了就业训练的经费采取国家资助、办学单位自筹及学员个人缴纳相结合的办法解决。截至 1986 年，全国共创办就业训练中心 1606 所，年培训能力 60 万人。

1989 年，劳动部依据中共中央、国务院《关于进一步清理整顿公司的决定》和中国共产党第十三届中央委员会第五次全体会议（简称党的十三届五中全会）精神，于当年 12 月相继下发《关于劳动服务公司清理整顿工作有关问题的通知》和《关于劳动服务公司清理整顿工作的实施意见》，将县以上各级地方劳动部门原设置的劳动服务公司承担政府行政职能的就业管理机构，改为就业服务局。就业服务局是在劳动行政部门领导下并受其委托，管理社会劳动力，组织集体经济，扩大劳动就业，进行职业介绍，开展就业训练，管理职工待业保险和劳动服务公司的事业机构，其规格由地方政府确定；街道、乡镇劳动服务公司更名为劳动就业服务站；企业、事业单位劳动服务公司保留原来名称，其职能不变。

1990年11月，国务院颁布第66号令《劳动就业服务企业管理规定》，明确将承担安置城镇待业人员任务，由国家和社会扶持、进行生产经营自救的集体所有制经济组织，界定为劳动就业服务企业。劳动服务公司集体经济组织，即劳动就业服务企业（简称"劳服企业"）在安置就业过程中逐步发展壮大起来，从1979年创办，到90年代初，劳服企业已经发展到20多万个，从业人员820万人。

2. 任务与成效

劳动服务公司创办的实践表明，这一做法探索了一条具有中国特色的劳动就业道路，开拓了一条适合我国国情的开发利用劳动力资源、推动经济发展的创业之路，具有历史性贡献。所取得的成绩和发挥的作用，主要有以下几个方面。

（1）安置待业人员，维护社会稳定

1979—1990年，劳动服务公司累计安置了1600多万城镇待业人员就业，承担了同期全国就业安置任务的近20%，占城镇集体所有制企业总安置人数的30%，为减缓就业压力、解决历史遗留下来的待业问题作出了重大贡献，成为广开就业门路，扩大劳动就业的一条重要渠道。通过这种形式把待业青年组织在一起共同劳动，使他们在自力更生、艰苦创业中增强人生的自信心和对改革发展的责任感，从而把不安定的社会因素转化为发展生产力的积极力量，变对家庭和社会的压力为推动经济发展的动力。

（2）发展生产服务，活跃集体经济

劳动服务公司作为集体经济从创办起就着眼于社会效益，实行拾遗补缺、发展生产、扩大服务的工作原则。针对城镇普遍存在的"吃饭难""做衣难""住宿难""乘车难""修理难"等问题，找到自己的定位，积极为国营企业生产服务、为社会生活服务，拓宽了生产服务领域，并从简单的生产经营方式，发展成为具有一定工业基础的企业系列，有的劳服公司还生产出了优质产品和出口创汇产品。劳服公司集体经济提供的各类产品和社会服务，丰富了人民生活，繁荣了市场，促进了国民经济发展，成为当时城镇人民生活和国民经济发展中不可或缺的组成部分，成为地方经济举足轻重的支柱力量。

（3）创造经济效益，增加社会财富

劳动服务公司集体经济在完成就业安置任务的同时，逐步创造了可观的经济效益，积累了大量的社会财富，减轻了国家财政负担。1988年年底，劳动服务公司企业已发展到24万个，年生产、经营、劳务总收入达750亿元，自有流动资金132亿元，它创造的效益和财富远远超过了国家同期的扶持资金总额。据统计，1980—1989年劳动就业服务企业累计上缴国家税金158亿元，相当于同期国家实际扶持资金的9.9倍。在一些省市，来自劳动就业服务企业的税收已占到地方财政收入的10%～15%。

（4）培养劳动队伍，输送技能人才

1979—1989 年，劳动服务公司集体企业在安置就业劳动力的同时，还为国家重点建设输送了 600 多万名合格的劳动者，为国营企业安置了 120 万富余人员，为社会培养了一支具有各种技艺与技能的青年劳动大军，发挥了调节"吞吐"劳动力的"蓄水池"功能。

（5）促进就业转岗，改革劳动制度

由企业单位创办的劳动服务公司集体经济，在安置企业富余人员和职工待业子女时，作为为企业服务的"三产"经济的职工，这不仅解除了企业富余人员的后顾之忧，还解决了国营企业人浮于事的问题，在提高企业劳动生产率的同时，促进了企业内劳动力流动机制的形成，为企业按照生产需要自主决定用工、搞活用工制度、进一步深化劳动就业制度改革创造了条件。

劳动服务公司在安置就业过程中，将城镇劳动力由国家"统包统配"就业安置的形式，逐步转变为促进劳动者按照"三结合"的就业方针实现就业，并建立了一套行政管理和经济手段相结合的方法，在培训基地建设、临时工管理、劳务市场形成等方面进行了有益探索。从原来运用行政直接干预，转变为运用劳动政策、法令和经济手段来间接管理，促进企业和社会之间的劳动力流动，为推行劳动合同制创造了有利条件。

在中国就业改革史上，劳动服务公司在中国从计划经济体制的就业制度，向市场经济体制的就业制度的转换中承担了重要使命。30 年后的今天，当年劳动服务公司培养的公共就业服务体系雏形已发展壮大，由其播撒的就业型企业的种子已经开花结果。

五、重构职工教育与培训体系　开创职工教育工作新局面

1979 年 3 月，中共中央政治局召开会议，讨论 1979 年国民经济调整问题。李先念副总理代表中共中央和国务院发表讲话，指出必须下最大的决心，对国民经济实行"调整、改革、整顿、提高"的新"八字方针"。在改革开放、发展经济的大背景下，为适应国民经济发展的需要，中共中央、国务院颁布《关于加强职工教育工作的决定》（简称"中央 8 号文件"）。自此，全国各地企业职工的"双补"（文化、技术补课的简称）工作全面开展。"双补"不仅使全国企业青壮年职工文化与技术素质得到大面积快速的提升，而且激发了全国各级各类人员参加职业技术培训的动力，推动我国大规模职工教育的发展。

（一）"中央8号文件"的颁布与"双补"活动的意义

1. "中央8号文件"颁布的背景

（1）重构职工教育与培训体系

培养职工的文化素质是国民教育的一项重要任务。培养职工的技术技能是技工院校和学徒制的主要任务。为新中国从一穷二白的废墟中建立自己的国民经济体系，培养合格的

技工和技术人员、管理干部，在"文化大革命"开始前的 17 年间，在党中央、国务院的坚强领导下，经过艰苦努力，建立起一套由中小学校和普通大学组成的国民教育体系，以及包括技工学校、职工业余学校、职工大学和学徒制在内的职工教育培训体系。这两个体系协调配合，在 17 年间，为我国的经济建设培训培养了大量熟练的技术工人和一线管理干部，初步满足了企业对人才的需求。

"文革"期间，职工教育培训曾一度处于停滞状态。对"文革"后企业职工文化和技术素质严重滑坡、与现代化建设需求极其不相适应的状况，中央有着清醒而深刻的认识。1981 年中共中央、国务院发布的《关于加强职工教育工作的决定》中指出：

> 建设四个现代化的社会主义强国，需要一支广大的有社会主义觉悟、有科学文化知识、有专业技术和经营管理经验的职工队伍，需要有一大批又红又专的专门人才。我国职工队伍的本质是好的，粉碎"四人帮"以来，这支队伍逐步恢复和发扬了奋发图强、积极进取的精神。但是，由于十年浩劫造成的灾难和我们多年来放松了职工教育工作，这支队伍现有的水平，同现代化建设的要求远远不相适应。在政治思想方面，有一部分职工对社会主义缺乏认识，思想不够健康，缺乏主人翁态度，劳动纪律性差。在文化方面，80% 的职工没有达到初中程度，缺乏现代科学技术的基础知识。在业务技术方面，工人实际操作的技术水平低；多数管理人员业务水平低，更缺乏经营管理现代化企业的知识。工业部门的技术人员只占职工总数的 2.8%，其中相当多的人未受过高等教育。人才缺乏是当前各条战线普遍存在的一个突出问题。如果不改变这种状况，就很难掌握先进的技术和装备，就不能管好现代化的企业，就不能消除人力、物力、财力的巨大浪费，也就难以大幅度提高劳动生产率。

（2）"双补"活动成为迫切需要

1978 年党的十一届三中全会后，全党工作重心转移到社会主义现代化建设上来，并有步骤地解决 1949 年以来的许多历史遗留问题和实际生活中出现的问题，进行了繁重的建设和改革工作，国家在经济上和政治上都出现了很好的形势，教育也是这样。随着国家政治生活逐步恢复正常轨道，企业领域的整顿开始提上议事日程。当时的企业，以党代政管理生产经营，生产组织秩序、劳动纪律涣散，安全生产事故多发、高发等现象普遍存在，严重困扰着企业发展，多数企业效率和效益偏低。如何尽快恢复正常的生产生活秩序，提高劳动生产率，是党中央、国务院亟待破解的重大而紧迫的难题。1979 年 3 月，中共中央政治局召开会议，讨论 1979 年国民经济调整问题。会议决定，必须下最大的决心，对国民经济实行"调整、改革、整顿、提高"的方针（简称新"八字方针"）。

国民经济进行调整是党中央、国务院决定加强职工教育、出台"中央 8 号文件"的另一个重要背景。中央领导普遍认识到，要把企业搞好，实现四个现代化，关键在人。以当时职工普遍科学文化素质低、生产技能差的状况是掌握不了现代科学技术的，也达不到现代化大生产的管理要求。因此，尽快恢复和加强包括职工教育在内的整个教育的大发展，尽快提高职工的政治思想素质、科学文化水平和技术素养，成为党和国家的一项重要而紧迫的任务。以邓小平同志为代表的中央领导同志敏锐地觉察到这个问题，通过召开会议、发表谈话等形式，从思想观念上、政策制度上、组织机构上、人员配备和经费投入等方面多管齐下，协调推动这项重大职工素质工程。

2. "中央8号文件"的起草和颁布

在改革开放、加快发展经济的大背景下，中共中央、国务院酝酿出台《关于加强职工教育工作的决定》。在这之前，为了落实党中央制定的政治、经济建设目标，由国家经委、全国总工会、教育部、国家劳动总局等 14 个单位的 15 人组成的"全国职工教育管理委员会"于 1980 年 4 月 28 日成立。党中央国务院赋予这个委员会的主要任务是"讨论、制定职工教育的重大方针、政策，统一规划并检查执行情况，协调委员会与各部门的工作"。委员会主任为袁宝华（时任国家经委主任），副主任为宋侃夫（时任全国总工会副主席）、臧伯平（时任教育部副部长）。全国职工教育管理委员会成立后，联合有关部门对全国职工教育工作进行了广泛的调查研究。

1980 年 10 月 9 日，中共中央书记处讨论了全国职工教育管理委员会起草的《关于职工教育情况和今后意见的报告》。1982 年 1 月 12 日，全国职工教育管理委员会、教育部、国家劳动总局、中华全国总工会、共青团中央联合发出《关于切实搞好青壮年职工文化、技术补课工作的联合通知》。通知下发后，青壮年职工的补课教育在全国各地的企业迅速展开。

为从战略高度部署和加强职工教育工作，1981 年 2 月 20 日，中共中央、国务院正式印发《关于加强职工教育的决定》。文件阐述了职工教育在智力开发、人才培养和现代化建设中的重要地位和作用，明确了职工教育作为经济工作的一个重要环节。随着经济调整工作一并加强一并部署的方针，以及"有计划地实行全员培训，建立比较正规的职工教育制度"的要求，表达了"一定要作为一件大事及早规划，尽力搞好"的鲜明政治态度。

3. "中央8号文件"的主要内容

文件分为序言和正文两部分。序言部分重点阐述了职工教育在人才培养、经济发展和现代化建设中的地位作用，以及中央对这项工作的态度和要求。正文部分就加强职工教育的十个方面的重点工作进行了操作性很强的全面部署。

1）要求"各级党政领导和所有厂矿企业、事业单位的党委、行政、工会、共青团都要十分重视职工教育。各级政府要把职工教育纳入国民经济和国民教育计划的轨道，要使职工教育列入长远规划和年度计划，并且要把它作为一项经常性的重要工作办好"。

2）要求"各地区、各部门、各企业事业单位应根据实际情况，制订职工教育的长远规划和具体计划，对广大工人、技术人员、经营管理人员、领导干部等提出不同的训练要求"。明确了职工教育的主要内容包括思想政治、文化科学知识和生产技能等方面。提出1985 年以前应该达到的目标："在文化科学知识方面，对青壮年职工，要争取在二三年内扫除文盲，并在 1985 年以前，使现有文化程度达不到初中毕业水平的职工，60% ～ 80% 达到初中毕业水平；使现有初中毕业文化程度的职工 1/3 达到相当于高中或中专毕业的水平；使现有高中或中专程度的职工有相当一部分达到大专水平。同时，现有大专程度的技术人员和经营管理人员，也应做出学习计划，掌握新的科学技术和现代经营管理知识。在生产技能方面，要组织广大工人学习技术理论、工艺规程、操作技术，确实达到本等级"应知应会"的要求。五年内，力争青壮年工人的实际操作技术水平普遍提高一至二级，使高、中级技术工人的比重有较大增加。"

3）在调整国民经济期间，要采取有效措施，大力开展职工教育。

4）要因地制宜，广开学路，提倡多种形式办学。

5）强调规范化办学和严格考核。

6）对师资队伍建设提出要求："积极建立一支以专职教师为骨干、与兼职教师相结合的教师队伍。""各企业事业单位应按照职工总数3‰～5‰的比例（不包括职工高等教育的教师）配备专职教师。在晋级、调资、奖励和福利方面，对企业中的教师和科室技术人员要一视同仁，地区性职工学校的教师要和普通学校的教师享受同等待遇。职工学校教师的职称，可以参照普通学校教师的职称来制定，也可以按技术职称来评定。"

7）强调勤俭办学，认真解决必要的办学条件，并首次对职工教育经费的提取和使用做出规定："企业职工教育的经常费用，大体可按工资总额的1.5%掌握使用，在企业成本中开支。"

8）强调职工教育要多条腿走路，"职工教育除了依靠工矿企业和地区性职工学校外，要充分发挥普通学校的作用"。

9）强调要从体制机制上"加强职工教育工作的领导，建立和健全专职机构"，按照"'加强领导，统一管理，分工负责，通力协作'的原则，改进领导管理体制"。"全国职工教育管理委员会，作为国务院指导全国职工教育工作的机关"，要求"国务院工交、基建、财贸、军工、农林、文教、卫生、科研、政法、外事等各部委，主管本系统的职工教育工作，制定和落实规划，解决办学中的实际问题，健全本系统的职工教育机构，开展职工教育"。并明确了全国总工会、教育部、国家劳动总局、共青团中央在开展职工教育中的职责任务。

10）明确"由全国职工教育管理委员会、教育部组织有关部门着手起草职工教育法"，并明确规定该法应包括的主要内容。

4. "中央8号文件"的重大意义和深远影响

（1）成为规范我国职工教育的基本制度

作为我国最高级别的政策文件，中央对职工教育在经济社会发展中的重要地位和作用、内容边界、工作方针、组织领导与实施体制机制等重大问题，以及师资配备、经费保障等多个方面都首次做出了明确而系统的规定，这对我国职工教育的长远发展产生了持久影响，可以称作为我国职工教育的首部"法典"。

（2）促进了职工教育在改革开放初期的蓬勃发展

强有力地推动了经济管理干部培训和青壮年职工的"双补"工作，形成了政府规划推动、企业院校联动、党政工团和民主党派及社会各界各尽所能共同实施的良好局面，

1986年3月，时任全国职工教育委员会主任袁宝华《在全国职工教育工作会议上的讲话》指出，"六五"规划期间贯彻"中央8号文件"，依靠各方面共同努力，我国职工教育

事业呈现蓬勃发展、全员培训的新局面，创造了许多新经验，出现了前所未有的好形势。具体有：

1）经济战线的各级领导干部在完成普遍轮训的基础上，进一步向正规化、专业化培训发展。全国工交、财贸系统共轮训干部 470 多万人，其中，各级经济主管部门和县属以上企业领导干部 80 多万人。8 万多名企业经理、厂（矿）长参加国家统考，合格率达到 90% 以上。培训提高了干部政治、文化、业务水平，促进了企业领导班子建设，为企业转轨变形，加强管理，实行改革，创造了条件。

2）完成了 3000 多万青壮年职工的初中文化、初级技术补课任务。截至 1985 年 8 月底，文化补习累计合格率为 75.9%；在技术补课对象 2143.7 万人中，累计已合格的为 1595.7 万人，合格率为 74.4%，均接近中央提出的 80% 的高限。青工的政治轮训也有较大发展。大规模的文化、技术补课和政治轮训，在一定程度上弥补了一代人在"文革"期间被耽误的学习，推动了精神文明建设，并为进一步提高他们的素质打下基础。

3）科技人员的继续教育和专业管理人员的业务培训收到较好成效

据统计，仅 1980—1985 年，对专业管理人员和工作、生产骨干的专业培训就达到 2200 万人次。培训更新了科技人员的知识和技术，提高了其消化、吸收、应用新技术的能力，取得了一批发明和技术革新成果。对专业管理人员的培训，提升其管理能力和素质，适应了对内搞活、对外开放等经济改革的需要。

4）职工教育的办学机构、师资和管理队伍得到充实和加强

国家层面起统领作用的全国职工教育管理委员会的作用在中央 8 号文件发布后又得到了进一步加强，国务院其他部门也相应成立了主抓本系统职工教育培训的机构，并充实了力量。省市层面，截至 1981 年底，全国 29 个省（直辖市、自治区），除个别省外，普遍建立了省级职工教育管理委员会。大多数由省级经委主要负责人担任主任，并吸收工会、教育、劳动等部门负责人参加。

编制得到加强。1981 年 6 月 29 日，全国职工教育管理委员会、国家编制委员会、财政部发出《关于加强职工教育机构的通知》，给各省（直辖市、自治区）人民政府及其主要工业城市、地区职工教育管理机构增加了 3100 人的编制。

与此同时，职工教育办学条件得到初步改善，并形成了一支专兼职结合的师资队伍和管理干部队伍。截至 1985 年底，全国职工教育专职教师已达到 20 万人，兼职教师达到 10 万人，各级各类干部或职工院校、培训中心 31 467 所，专用校舍面积 2868 万平方米。

5）职工教育研究日趋活跃

1984 年成立了中国职工教育研究会，并召开了第一届年会。袁宝华当选为名誉会长，浦通修当选了首任会长。1985 年全国有团体会员 167 个。22 个部、委、局成立了研究组织，研究活动广泛开展；出版刊物 90 多种，编印文集专著、汇编上百种。职工教育研究走上了有计划、有组织的发展阶段。中国职工教育研究会于 1990 年后改称中国职工教育和职业培训协会，至今仍是全国职工教育和职业培训研究的牵头单位，发挥着重要作用。

6）"六五"规划期间职工教育的基本经验

"六五"规划期间的职工教育，是在党中央、国务院直接领导下进行的，是一个全国

职工大学习、大补课、大提素的素质工程。在我国的改革开放和现代史中留下光辉的一页。总结其经验教训很有必要也很有意义。为尊重历史和权威观点，这里直接引用1986年3月袁宝华《在全国职工教育工作会议上的讲话》中关于这一时期职工教育经验教训的论述：

①提高认识，使各级领导重视、加强对职工教育的领导，是发展职工教育事业的重要保证。②坚持有效地为经济建设和精神文明建设服务，增强职工教育发展的内在动力和活力。③依靠各方面的力量，广开学路，共同办学。职工教育是多层次、多规格、多学科、多内容、多形式、多渠道的复杂系统，任何一个部门都不可能包揽起来。只有依靠各方面的力量，调动各方面的积极性，分工负责，通力协作，共同努力，才能把这项事业办好。

此外，在加强职工教育的各项基础建设，提高职工教育管理干部、师资业务水平，建立健全职工教育的各项规章制度，加强教学计划、大纲和教材建设的制定、编审方面也积累了一些经验。

但是，"六五"期间，职工教育工作中也有一些应该认真汲取的教训，主要是对思想政治教育和职业道德教育抓得不够，如工作上区别对待、分类指导不够，有的要求过高、过急，也带来了一定的负面影响。

（二）开展职工文化和技术补课教育活动

1.青壮年职工文化和技术补课的政策

青壮年职工的文化和技术补课是"六五"期间职工教育工作的重点。围绕"双补"活动，国务院有关部委出台了多个专门文件，召开了多次专门会议加以推动。1982年1月21日，全国职工教育管理委员会、教育部、国家劳动总局、中华全国总工会、共青团中央联合发出《关于切实搞好青壮年职工文化技术补课工作的联合通知》，对"双补"工作进行了全面部署，是"双补"的纲领性文件。该通知的主要内容有：

1）从1983年起，学徒工没达到初中毕业水平的要延期转正。文化、技术学习优秀的可提前转正，提前转正的人数可掌握在徒工总数的5%左右。

2）从1984年起，技术工种和关键岗位的青壮年职工，文化、技术补课没取得合格证的，在职工晋级时不能晋升，并要限期补课。限期补课仍不合格的，要调离技术工种或关键岗位。

3）对参加脱产学习的职工，实行奖学金制度。

4）将积极参加补课并取得的优异成绩，作为评优和奖励先进的条件之一。

5）要把落实这项工作的成绩，作为衡量和考核企事业单位和领导干部评选先进的一项标准。

1982年10月16日，全国职工教育委员会在北京召开了青壮年文化技术补课座谈会。此次会议交流了"双补"的进展情况和经验，讨论通过了《关于青壮年职工文化技术补课工作若干问题的补充意见》该意见提出：在指导思想上要明确；从实际出发区别对待；学以致用，讲究质量；统筹安排突出重点。该意见对"对象范围""标准、内容和考核""文化技术补课的结合""办学形式""师资、校舍和教材""加强思想政治教育""加强组织领导"
等等，都提出了新的要求。

2. "双补"工作取得的成效

经过上下共同努力，"双补"工作取得了丰硕的成果。据统计，1980—1985 年，5 年
累计培训职工上亿人次，企业办学覆盖面达到 70%。到 1985 年 8 月底，在技术补课对象
2143.7 万人中，累计已合格的为 1595.7 万人，合格率为 74.4%，基本上完成了中央提出的
80% 任务目标。

对青壮年开展的大规模的文化与技术"双补"活动，是我国一项重要职工素质工程。
这项活动使一大批青壮年职工文化技术水平得到普遍提升，使他们成为后来我国改革开放
的经济建设中重要技术力量，为经济建设作出了重要的贡献。

（三）我国职工教育机构的建立与发展

1. 职工教育管理机构建立的背景

新中国成立之初的 1950 年，我国职工教育主要的形式是业余初、中、高等教育，开办
的学校采取在教育部申报备案的制度。建国伊始，百废待兴，以在职人员为主要对象的业
余高等教育学校全国仅有 2 所，在校生 434 人。到 1957 年，发展到 186 所，在校生超 7.5
万人，专职教师近 1500 人。其办学形式有地区或部门办的业余大学、普通高等学校办的函
授教育、夜大学等。到 1965 年，全国已有 964 所成人教育高校，在校生超 41 万人、专职
教师 8000 多人。这一时期，共有毕业生 20 万人。上述史实显示，业余成人高等教育曾经
为我国社会主义经济建设输送了大批合格人才（王英儒，1982）。

1968 年 7 月 21 日，《人民日报》发表了一篇关于《从上海机床厂看培养工程技术人员
的道路（调查报告）》。在文章的编者按清样中，毛泽东主席加写了这样一段话："大学还
是要办的，我这里主要说的是理工科大学还要办，但学制要缩短，教育要革命，要无产阶
级政治挂帅，走上海机床厂从工人中培养技术人员的道路。要从有实践经验的工人农民中
间选拔学生，到学校学几年以后，又回到生产实践中去。"这段话后来被称为"七·二一指
示"（王英儒，1982）。次日，《人民日报》发表了这篇调查报告和编者按语。编者按语说，
这个调查报告"提出了学校教育革命的方向"。

1968 年 9 月，上海机床厂为贯彻"七·二一指示"，创办了"七·二一工人大学"。经
车间推荐，厂革命委员会批准，招收本厂 52 名工人入学，学制二年，学生毕业后仍回本厂
工作。学校根据本厂需要设置了磨床专业，开设了毛泽东思想、劳动、军体及各专业课程
（王英儒，1983）。此后，"七·二一工人大学"的这种学制和教学模式逐步向全国的工矿企
业推广，为我国职工教育开创了广阔的天地。

2. 职工教育的发展

1975 年 6 月，教育部在上海召开全国"七·二一工人大学"教育革命经验交流会。会

后，"七·二一工人大学"在全国突飞猛进的发展。据《中国教育年鉴》记载，截至 1976 年底，全国共有"七·二一工人大学" 33 374 所，在校生 148.5 万人（王英儒，1983）。

1978 年 3 月 20 日，根据国务院批转教育部《关于办好"七·二一"大学的几点意见》，国家对"七·二一工人大学"进行了调整与整顿，被批准保留的"七·二一工人大学"进一步充实提高，不具备办学条件的改为业余大学、企业中等专业学校或文化技术业余学校。

1979 年 9 月，教育部在河南省郑州市召开全国职工教育会议。决定将原七·二一工人大学"统一改称为"职工大学"（王英儒，1983）。

到 1981 年底止，经各省（直辖市、自治区）人民政府或国务院各部、委、直属局批准举办的职工大学（包括职工业余大学）有 800 多所，其中，在教育部申报备案的共 735 所，在校生近 8 万人。此外，还有单科进修生 1300 多人，专职教师队伍达到 1 万人（约 1/4 有讲师、工程师以上职称），开设了 200 多个专业（王英儒，1983）。

3. 职工大学的发展与终结

1982 年 2 月，国务院办公厅转发教育部《关于职工大学、职工业余大学、高等学校举办的函授和夜大学毕业生若干问题的请示的通知》。《通知》要求："各省、自治区、直辖市应根据国务院的要求，组织高等教育考试指导委员会，在该委员会指导下，建立统一考试的组织，对这些学员进行统一考试。凡考试合格、学习成绩达到大学本科或专科水平，思想品德和身体健康状况合格者，可以由省、自治区、直辖市高等教育考试指导委员会发给证书，承认其高等学校本科或专科的学历。"对职工大学进行了规范管理。

改革开放初期的几年内，职工大学学校的规模一般较小。不少学校的在校生在 90 人以下，200 人以上的只占 43%。学校布局也比较分散，工厂单独办学的近 1/3。在专业设置上，600 多所职工大学共开设了理、工、医、文、艺术、体育等科 260 多种专业，科类繁多。在办学规格和层次上，职工大学主要是企事业单位为适应生产和工作第一线的急需而举办的学校，其针对性强，理论与实际结合紧密，培养周期短，但办学条件不如普通高校完备，教学不够规范，办学经验不足。

由于职工大学具有定向培养、专业设置针对性强、理论与实际结合紧密等特点，其毕业生回到工作岗位以后，能够很快适应生产的需要。职工大学培养的近 5 万名毕业生（其中 1982 年毕业生为 2.81 万人），提高了本地区、本企业的生产技术和管理人员的素质，对缓解全日制高校毕业生数量不足、解决人才青黄不接和企业急需，发挥了重要作用。

1993 年，根据中国共产党第十五届中央委员会第四次全体会议（简称党的十五届四中全会）《关于国营企业改革和发展若干重大问题的决定》的要求，为推动国有及国有控股大中型企业建立现代企业制度和加强管理，国家经贸委制定了《国有大中型企业建立现代企业制度和加强管理的基本规范（试行）》，文件明确提出，分离企业办社会的职能。位于城市的企业，要逐步把所办的学校、医院和其他社会服务机构移交地方政府统筹管理。这使"职工大学"成为行业企业减负的目标。而职工大学发展本身也面临着诸多困难和问题，需要进一步深入调整和"转型"。

至 20 世纪 90 年代末，行业企业的职工大学开始逐步萎缩，职工大学的数量明显减少。有些条件较好的职工大学，通过合并、重组等方式成为普通高等院校，有些发挥原有办学资源优势，转制成为各具特色的高等职业技术院校，纳入国民教育序列。

今天，职工大学虽然已成为历史，但是它对我国中高等教育的发展特别是对高等职业教育的兴起和发展所起到的催生作用不可磨灭，应当为历史所铭记。

六、农村教育综合改革的实施　助推农村经济发展

从 1978 年起，中国大地上掀起了一场轰轰烈烈的中国农村中等教育结构改革、兴办农村职业教育的热潮，其规模之大，涉及人数之多，影响之广，前所未有。在 20 年的发展历程中，党中央、国务院十分重视对农民的基础教育和职业教育。国家教委和农业部先后提出了"燎原计划""丰收计划"。安徽等省根据农村经济的特点和要求，提出农科教的"三教统筹"的试验，河北省以县职业学校为依托，创办了职业教育和培训统筹管理的办学新模式——县级职业教育中心，等等。各地因地制宜，勇于创新，谱写了农村教育波澜壮阔的篇章。

（一）大力发展农村职业学校教育

1978 年召开的全国教育工作会议提出了中等教育结构调整问题，邓小平在会议的讲话中指出："应当考虑各级各类学校的比例，特别是要扩大农业中学、各种中等职业学校、技工学校比例。"1980 年 10 月，国务院批转教育部、国家劳动总局《关于中等教育结构改革的报告》中提出，可适当将一部分普通高中改为职业（技术）学校、职业高中、农业中学。1982 年 5 月，《人民日报》发表社论《大力加强农村教育事业》，认为农村教育的落后状态同现代化建设的矛盾越来越突出，当前的主要工作之一是有计划地发展农村职业教育和中等农业技术教育。1983 年 5 月，中共中央、国务院《关于加强和改革农村职业教育若干问题的通知》中指出："除在普通高中增设职业技术课，开展职业技术班，把一部分普通高中改为农业中学或其他职业学校外，还要根据可能，新办一些各类职业技术学校。力争在1990 年，农村各类职业技术学校在校学生达到或略超过普通高中。"由于国家一系列政策的推动，农业中学和职业中学由 1980 年的 3314 所，增长到 1984 年的 7002 所，增长了 1倍多。农村职业学校包括职业初中和职业高中，但职业初中随着义务教育的普及逐渐减少，而农村职业高中的比例不断提高，包括县镇在内的农村职业高中从 1984 年的 4217 所，发展到 1993 年的 5400 所。此后，随着我国城市化与工业化的发展，也带动了教育整体的高移化，农村职业高中数量不断减少，并逐渐向县市集中。为适应农村经济和非农产业的发展，农村职业学校设置的专业也逐渐从以农业类为主，转变为以非农专业为主。此外，我国从 20 世纪 80 年代初创立的农业广播电视学校，早期主要是开展农民职业培训，从 1996年也开始招收全日制学生。

（二）农村教育综合改革和农业技术培训工程的背景

20 世纪 80 年代初期到中期，中央紧锣密鼓地出台了一系列鼓励、支持发展职业教育，尤其是发展农村职业教育的政策，为随后中国农村职业教育的大发展奠定了政策基础。虽然农村职业教育初期发展较快，形成了一定的规模，但农业发展中存在的农业劳动者文化素质不高、对技术技能、经营管理认识不足等普遍性问题并未得到明显解决。而且当时多数农村的职业技术教育还都相当薄弱，与农村经济发展和产业结构调整的需要不相适应，一些深层次的矛盾也逐渐暴露出来，直接影响了我国农村改革的进一步深化和农村社会主义市场经济体制的建立。产生这些问题的原因固然很多，但经济落后、科技水平低、劳动者文化技术素质不高、农村对人才缺乏吸引力则是根本原因，迫切需要进一步加快农村教育改革的步伐，大力发展农村职业教育，为农业生产培养大批掌握一定的实用技术和经营本领，能靠技术致富的农业骨干人才。为此，从 80 年代中后期，为加强农民的基础教育和职业教育，国家教委和农业部先后提出实施了"燎原计划""丰收计划"等覆盖全国农村的系统工程。

1. 星火计划

1985 年 5 月，国家科委向国务院递交了"关于抓一批短、平、快科技项目促进地方经济振兴"的报告，借用毛泽东的"星星之火，可以燎原"中的"星星之火"之意，被称为"星火计划"，寓意"科技之星火，必将燃遍中国的农村大地"。其宗旨是：把先进实用的技术推向农村，引导亿万农民依靠科技发展农村经济，推动乡镇企业的科技进步，促进农村劳动者整体素质的提高；同时，将农村巨大的剩余劳动力转化为巨大的社会生产力，转化为人力资本，提高劳动生产力，创造物质财富。1986 年初，国务院批准了这项我国第一个依靠科学技术促进农村经济发展的计划，该计划也成为当时我国国民经济和科技发展计划的重要组成部分。

据不完全统计，1986 年列入国家"星火计划"的科技项目共 70 多项，列入省级"星火计划"的达 1000 多项，列入地市县"星火计划"的达几千项（柏木，1986）。到 1988 年初，已完成其中的 63%。据有关部门统计，到 1988 年"星火计划"项目已新增产值达 76.7 亿元，为投入资金总额的 16 倍，新增利税 18 亿元（曹恒忠，李石柱，1989）。1988 年，据"星火计划"年度报告统计，全国累计建立起培训基地 60 个，培训人员 397 万人，支出培训费 4715 万元（张少刚，1990）。"星火计划"作为依靠科技进步、振兴农村经济的一面旗帜，开创了我国农业和农村科技工作新局面，带动了农村经济和农业科学发展，取得了显著的经济和社会效益。

2. 丰收计划

为了加快农业、牧业、渔业科研成果、先进技术的推广应用。在 1986 年 11 月全国农业工作会议上，中央提出搞农、牧、渔业"丰收计划"。这个计划以提高经济效益为中心，坚持为农、牧、渔业生产服务的方向。主要任务是把农、牧、渔业现有的科研成果和先进技术综合应用于大面积、大范围的种养殖生产中去，达到增产增收的目的。1987 年，全国"丰收计划"项目 21 项，分布在 27 个省（自治区）和 3 个计划单列市的 735 个县。国家和地方签订合同 151 份，增产粮食 19.13 万公斤，总计增加产值 16 亿元，投入产出效益十分可观（陈耀邦，1989）。

3. 燎原计划

在"星火计划"和"丰收计划"的实施过程中，暴露出农业劳动者文化素质偏低、缺乏科学技术与技能、经营管理水平低下等种种问题，影响了两个计划的有效实施。为了满足"星火计划"和"丰收计划"实施的人才需求，提高广大农村劳动者的素质，加快农村现代化建设步伐。1988 年 9 月，国务院批准国家教委在全国组织实施"燎原计划"。这个计划立足于培养人才，使之能够适应农村经济和社会发展的需要。"燎原计划"要求充分发挥学校服务社会的作用，利用农村各类学校所拥有的智力和技术优势，直接为当地建设服务。"燎原计划"的目标是在"七五"期间全国 500 个县建设 1500 个示范乡。从此，全国范围开始有组织地大规模实施"燎原计划"。

"燎原计划"是与"星火计划"、"丰收计划"紧密配合进行的，通过"燎原计划"的实施，在"星火计划"和"丰收计划"的推广新技术与发展农村经济两项任务之间，架起教育的"桥梁"，通过形成人才支撑，使科学技术大面积地得到推广应用，进而转化为现实生产力。

（三）农科教综合教育改革的兴起与实施

在各项工程实施过程中，各地根据本地区的经济发展水平、办学条件，创造了多种多样的办学模式，特别是以"农科教结合"和"三教统筹"模式为核心的农村职业教育体制的形成，为数以千万计的农民脱贫致富、乡镇企业的崛起、农村经济的发展壮大作出了积极的贡献。

1. 三教统筹

（1）"三教统筹"的兴起

自 1980 年开始，我国采取"恢复、改制、新建"等各种措施，大力发展农村中等职业教育，到 20 世纪 80 年代末，农村中等职业教育的发展规模已经相当可观。1978—1986 年，全国建成县级农民文化技术学校 3500 多所，扫除文盲 1522 万人，基本扫除青壮年文盲的县累计达 1400 多个（于龙斌，2004）。农村的教育，无论是基础教育、职业教育，还是成人教育，尽管各自的教育对象不同，但都充满了生机和活力。20 世纪 80 年代末，为进一步改变教育与农村发展不相适应的状况，在总结经验教训的基础上，开始启动农村教育综合改革实验，这项改革以"三教统筹"和"农科教结合"为重要战略措施。

"三教统筹"，指的是普通教育、职业教育、成人教育三类教育统筹发展。以普通教育为基础、成人教育为拓展、职业教育为核心，共同完成人才和劳动力的培养任务。以实现积极推广农村实用技术、大力培养农业人才、提高农业劳动者素质的目的。

（2）"三教统筹"的实施

为了保障教育健康的发展，1984 年山东省平度市率先创立了"人民教育基金"，首次提出了基础教育、职业教育、成人教育"三教统筹"的概念。

1985年《中共中央关于教育体制改革的决定》提出，"为了加强党和政府对教育工作的领导，成立国家教育委员会，负责掌握教育的大政方针，统筹整个教育事业的发展，协调各部门有关教育工作，统一部署和指导教育体制的改革"。

为加快农科教统筹协调实施的进程，安徽省政府在黄山市建立陶行知思想研究和农村教育改革实验区，1986年初推行"农科教多位一体，普教、职教、成教三教统筹"的农村教育综合改革。其中，休宁县溪口区率先建立了以发展农村经济为中心，科技为动力，职业中学为依托，普通教育、职业教育、成人教育互相渗透的新的教育体制。

湖南省怀化地委领导早在1985年研究山区开发时，认识到该区农村文化技术落后，劳动力素质低是制约农村经济发展的主要问题，并由此提出"教育为本，科教兴农"的战略构想。1986年郴县（现郴州市）逐步实行农科教结合，以中等农业职业技术学校为基地，实行上挂（与农业科研院所挂钩）、横联（联合农业、科技等有关部门）、下辐射（把技术辐射到乡村及农户）的方式，克服农村教育脱离实际的弊端，走上了为当地经济和社会发展服务的轨道。1987年，芷江县农职校通过实践探索出"政府统筹、农委主办、教委统管、科技部门配合"的办学机制，促使农业技术教育走出了低谷。1989年，湖南省的地县级农科教各部门又把农科教结合引入乡镇，创办乡镇农科教中心，涌现了如怀化市桐木乡、黔阳县岩垅乡、双溪镇，会同县坪村镇等一批农科教结合先进典型，探索出地、县、乡三个层次农科教结合的新途径。

1986年国家教委在河北开展"三教统筹"试验，成效显著。安徽、山东、湖南、山西等地的实践探索也取得令人瞩目的成绩，"三教统筹"模式在全国迅速铺开。

1989年10月，国家教委在湖南召开全国燎原计划与农村教育改革实验县工作会议，时任国家教委主任李铁映，副主任何东昌、王明达，农业部的负责人，各省（直辖市、自治区）的负责人和众多代表出席了会议。会议从长沙开到郴县，肯定了以郴县为代表的农科教统筹工作，推出"北有平度，南有郴县"的实验典型，并在全国掀起了实施"三教统筹"、推进农村教育改革的热潮。

2. 实施农科教结合

1983年，中共中央、国务院颁发的《关于加强和改革农村学校教育若干问题的通知》中指出：农村的职业技术教育涉及的部门很多，省、地、县各级党委都要把教育、农业、计划、财政、劳动人事、科技、工业等部门组织起来，明确分工，齐心协力地抓好这项工作。在实践中，1983年8月安徽省蒙城县提出了"党政齐抓共管，政科教多位一体"（后将"政科教多位一体"改为"农科教多位一体"）。1987年上半年，安徽省政府出台了《关于大力发展农村职业技术教育的决定（试行）》，提出"农村职业技术教育由政府统筹规划，努力建立以职业学校为依托，农科教多位一体，普教和职教相互沟通，职前与职后相互衔接，县、区、乡分级办学的体制。1989年1月，时任国家教委副主任王明达致信安徽省政府负责人，认为安徽农科教多位一体的试验"是一项很有意义的改革"，并建议把"农科教多位一体"改为"农科教统筹或结合"。这一建议很快被安徽省委、省政府采纳。自此，便有了"农科教统筹""农科教结合"的提法（张德元，何开萌等，2007）。

1992 年国务院下发《关于实行农科教结合推动农村经济发展的通知》，指出"实行农科教结合，即在政府统筹下，使农、科、教等各有关方面形成合力，以促进农业和农村经济发展为目标，以推广先进农业科学技术为动力，以加强农村教育特别是职业技术教育和实用技术培训为基础，实现农业和农村经济的全面振兴"。可见，农科教统筹结合，主要是指县级以下的农业、科技、教育三个部门有机地结合，发挥合力优势，开展职业教育、技术培训和技术推广，提高广大农民的文化素质和技术水平，推动农村经济发展。

1999 年《中共中央国务院关于深化教育改革全面推进素质教育的决定》中指出：进一步推进农科教结合，全面推进农村教育综合改革，促进农村普通教育、成人教育和职业教育的统筹协调发展，使农村教育切实转变到主要为农村经济和社会发展服务上来。

3. "绿色证书"工程

据 1989 年国家统计局抽样调查统计，在全国农村劳动力中，文盲、半文盲占总人数的 25.7%，具有小学文化程度的占 38.67%，初中占 31.43%，高中占 6.81%，中专占 0.45%，大专及以上占 0.8%。以上资料表明，小学文化程度以下的劳动力占 60% 以上（温景文，1995）。我国农民整体的文化素质仍然很低，科技文化素质更低，严重制约着农业生产和农村经济的发展。为了解决这些问题，一些地方举办专长班培训农民技术骨干，有的还借鉴发达国家的经验，开展了"绿色证书"制度试点工作。农业部在认真总结各地开展农民技术教育的经验的基础上，提出逐步建立和完善符合中国国情的"绿色证书"制度。

1994 年，国务院办公厅以国办发〔1994〕41 号文件转发了农业部《关于实施绿色证书工程的意见》的通知，这是国务院专门就开展农民技术教育、推行绿色证书制度发出的文件，为开展农民技术教育提供了政策保证。

"绿色证书"工程以农民为培训对象，实施范围覆盖种植业和畜牧兽医、水产、农业机械、农村合作经济管理、农村能源、农村环境保护等行业或专业领域。据 1995 年初步统计，全国"绿色证书工程"部级试点县达 800 多个，有 200 多万农民参加了"绿色证书"培训，其中，30 多万农民获得"绿色证书"（农业部教育司职教处，1996）。"绿色证书"工程的实施，为农村建设培养了一批适应不同岗位要求的，具有较高素质的农民，也标志着我国农民技术教育开始朝着规范化、制度化的方向迈进。

4. 科教兴村计划

随着农业科技进步和生产力的解放，农村社会经济发展迅速，印证了科学技术对于国民经济、农村发展的巨大作用。1995 年 6 月，中共中央、国务院发布《关于加速科学技术进步的决定》，开始实施科教兴国战略。

为了深入贯彻科教兴国战略，落实《中共中央国务院关于加速科学技术进步的决定》和《中共中央国务院关于加强科学技术普及工作的若干意见》的精神，针对农业、农村、农民的实际，中国农学会经过一年多的调查研究、专家论证，于 1995 年 11 月在江苏省江阴市华西村召开了全国科教兴村计划学术研讨会，建议国家实施"科教兴村计划"，探索

"科教兴村"之路。

"科教兴村计划"依靠科技和教育，带动广大农村脱贫致富奔小康，典型的示范小康村，如华西村、刘庄等。到1997年全国已有30个省（直辖市、自治区）建立"科教兴村计划"试点示范小康村；1998—1999年全国2000多个县拥有示范小康村，到2000年全国发展到5万个镇有示范小康村（孙翔，1996）。实践证明，"科教兴村计划"是一项具有重大现实意义和战略意义的开拓性事业，也是我国广大农村奔小康、走富裕之路，农业实现现代化的关键一步。

纵观这些系统工程的开展，都将发展职业教育同当地的经济和社会发展密切结合起来，从政府到各个业务主管部门，都将农村职业教育作为振兴农村经济的大事来抓，极大地推动了农村教育结构与模式的改革，为大规模提高农民文化素质，培养大批有知识的劳动者、技术人才、管理经营人才和科技人才作出了重大贡献，并在我国的广大农村初步建立了较为完整的农村职业教育体系，实现了农村教育与农村经济的协调发展，使农村职业教育驶入发展的快车道。

（四）县级职教中心的兴起对农村职业教育体制改革的影响

1987年初，国家教委和河北省政府在充分调查研究的基础上，决定共建"河北省农村教育改革实验区"，积极探索中国农村教育的出路。河北省教委经过深入分析和广泛论证，作出了集县级各类职业教育机构于一体，创办县级职业教育中心的决定，并确定在获鹿县进行实验，从1989年初开始正式实施。其做法是：将县农业中学、职业中学、农民中专、技工学校、农业广播电视学校等集中起来，建成了一座占地580亩，建筑面积1万多平方米，设有10个专业、7个实验实习场所、20个教学班、1000多名在校生的县职教中心。该中心在管理上采取县政府统筹，各部门联办，教委协调，一校多制的办法。县职教中心建立后，对各校原有的师资、设备、管理人员、公用经费等进行统一安排，虽然总量并未增加，但办学效益却大幅度提高。河北省委、省政府及国家教委及时肯定了获鹿经验，各级领导、专家经实地考察，一致认为这种办学模式符合中国国情和河北省情，值得推广（张志增，1994）。这一模式曾在全国产生巨大影响，被称为"河北模式"，许多省、市都借鉴这一经验改革发展当地农村职业教育。

农村教育改革实验区的兴起，促进了当地经济和社会的发展，也增添了学校的活力，加速了教育自身的发展。1989年5月，国家教委发布《关于在全国建立"百县农村教育综合改革实验区"的通知》，并决定会同各省、自治区、直辖市，在实施"燎原计划"的县中首先重点抓好约100个县，作为全国"百县农村教育综合改革实验区"。这样，通过实验区为实施"燎原计划"提供经验和示范，又通过实施"燎原计划"推动全国的农村教育改革。1990年7月，国家教委印发了《1990—2000年全国农村综合改革试验区工作指导纲要（试行）（1990—2000）》，《纲要》指出：要根据当地经济和社会发展的需求，积极发展职业技术教育。每个实验县首先办好一所起示范作用的中等职业技术学校，坚持人才培养、科技试验、技术推广、生产示范和经营业务密切结合，发挥上挂（挂靠高校、科研所等拥有较高技术的单位），横联（与农业、科技等部门和单位密切配合），下辐射（向乡、村、农户传播致富信息、推动实用技术）的作用。1995 年国家教委制定《关于深入推进农村教育综合改革的意见》，进一步明确了农村教育改革的方向。

进入新世纪，职业教育仍存在着社会认可度较低、招生困难等问题，这些问题同样也继续困扰着中国农村职业教育的持续发展，迎难而上，困则思变，农村职业教育改革一直在这样的状态中努力前行。

七、《职业教育法》开启法治职业教育的新征程

新中国成立以来，中国职业教育的法制建设工作，经历了从无到有并逐渐推进落实的历程。1949 年 9 月，中国人民政治协商会议制定并通过了具有新中国首部宪法功能的《中国人民政治协商会议共同纲领》，其中的教育条款规定，必须"注重技术教育"，"以应革命工作和国家建设工作的广泛需要"。1951 年 6 月 12 日，中共中央召开第一次全国中等技术教育会议，指出"培养技术人员是我们国家的根本之图"。（何东昌，1998）为此，在 1951 年的颁布的新学制中，规定了中等专业技术学校作为中等教育的一部分，赋予了明确的地位。1952 年 7 月，教育部颁布的《中等技术学校暂行实施办法》中，规定了中等技术学校的任务是：用理论与实际一致的教育方法，"培养具有必要文化科学的基本知识，掌握一定的现代技术，身体健康，全心全意为人民服务的初级和中级技术人才"。1954 年颁布的第一部《宪法》规定："国家举办各种学校，普及初等义务教育、发展中等教育、职业教育和高等教育，并应发展学前教育。"第一次明确赋予职业教育以应有的法律地位。

（一）《职业教育法》的立法背景

20 世纪 70 年代末，由于经济建设和对外开放急需大量的各级技术人才和熟练劳动者，为了把党和政府关于发展我国职业教育事业的一系列重大方针、政策和决定、决策，转化为体现国家意志、政府行为依据、社会言行准则的法律、法规，国家启动了相关的立法程序。

职业教育立法最初的政府动议，源于国务院《1978—1985 年教育科学发展规划纲要（草案）》。《纲要》提出，要进行"教育立法问题研究"。虽然这一时期的职业教育立法，还没有在相关的规划中立项，但是由于职教事业发展的紧迫需要，教育行政部门和职教研究机构已经开始对职教立法进行了广泛深入的调研。

1985 年《中共中央关于教育体制改革的决定》中明确指出："要充分发掘现有中等专业学校和技工学校的潜力，扩大招生，并且有计划地将一批普通高中改为职业高中，或者增设职业班，加上新办的这类学校，力争在 5 年左右，使大多数地区的各类高中阶段的职业技术学校招生数相当于普通高中的招生数，扭转目前中等教育结构不合理的状况。"此后，我国的职业技术教育规模有了更加迅猛的发展。到 1990 年年底，各类职业技术学校已发展到 1.6 万所，在校生超过 600 万人，高中阶段各类职业技术学校和普通高中的招生数

之比已经接近 1：1，改变了中等教育结构单一的状况。

1991 年，在部分省、自治区、直辖市已制订地方职教法规的基础上，国务院颁发的《关于大力发展职业技术教育的决定》提出有关要求，为职教立法奠定了政策基础，构建了总体框架。1995 年颁布的《教育法》是教育的基本法，规定了我国教育的社会主义性质，确立了教育优先发展的战略地位，强调了各级政府优先发展教育事业的责任，规定了公民的平等受教育权利，确认了教育的公益性质，为教育事业规定了基本的发展方向。《教育法》的颁布与实施，是我国教育法制建设进程中具有重大影响的事件，为制定《职业教育法》提供了基础和基本遵循。

立法的现实基础是因为当时职业教育发展中存在不少困难，全社会对职业教育的认识有待提高，各方面兴办职业教育的职责亟待明确，职教经费来源渠道需要扩展，艰苦行业、边远地区的职业教育还很薄弱，职教内部改革建设任务仍很繁重。因而，社会各方面都呼吁尽快制定职教法，通过立法推动解决困扰职业教育发展的诸多问题。

（二）《职业教育法》起草的基本过程

《职业技术教育法》列入全国人大常委会立法规划的时间是 1991 年，而《职业教育法》的筹备工作更早。1989 年国家教委和劳动部就开始组织专家着手起草《职业技术教育条例》（简称《条例》）。

1992 年初，劳动部方面起草小组专家在湖南张家界召开了《条例》起草座谈会，根据会前拟定的提纲，各领域专家进行了详细的工作分工。随后，《职业教育法》进入筹备起草阶段，以《条例》为基础的初稿定名为《职业技术培训法》。

1993 年初，国务院成立有关部委和中华职业教育社参加的《职业技术教育法》起草领导小组，并召开第一次工作会议，决定由全国人大教科文卫委员会、劳动部、中华职业教育社、国家教委职教中心研究所、中国职教学会等单位共同组成《职业教育法》起草工作小组。同年 4 月，工作小组经过讨论完成了初稿起草工作。在这一过程中，作为政府部门的代表，国家教委与劳动部同志在讨论过程中存在一些观点分歧。

劳动部方面同志强调我国职业教育法必须要有以下重要内容：

1）强调"先培训，后就业"。认为职业教育要坚持培训为就业服务的原则，实行劳动力培训、就业、使用相结合。要坚持"先培训，后就业"的原则，以利于促进劳动者素质的提高。

2）明确"职业培训是一个独立的体系"。认为职业教育的规范范畴包括职业学校教育和职业培训教育。培训要结合生产实际的需要，分为初、中、高等不同的技术层次，职业培训的层次划分，要与技术等级的评定相挂钩。

3）做好"职业分类和技术等级鉴定"。即要依据职业分类和职业标准要求，制定相应的技术等级标准。这是编撰《职业分类大典》，进行职工技术等级鉴定的法律依据。

4）执行"实施职业资格证书"制度。即确立"技能与学历并重"的原则，实行学历文凭证书和职业资格证书并重的"双证书"制度。

国家教委方面职业教育法起草工作大体与劳动部同步。

1995 年 1 月，国家教委向国务院法制局提交《职业教育法（草案送审稿）》之前，劳动部的李伯勇部长和国家教委的王明达副主任进行了几次沟通，没有就有关分歧达成一致意见。于是，由分管教育的国务院副总理李岚清、分管劳动就业的国务院副总理邹家华分别牵头，就《职业教育法》的规范范畴、职业教育的管理体制等问题，召开专题会议进行研究协调。结果是：要根据《劳动法》和《教育法》，由劳动部和教育部分别对有关章节的内容进行修改、充实和完善。达成一致意见之后，将两部委各自起草的草稿合并归纳，编成一部完整的《职业教育法（草案）》，提交国务院常务工作会议审议。

1995 年 12 月，国务院召开国务院常务工作会议，讨论并通过了《职业教育法（草案）》，决定报送全国人大常委会。草案审议期间，人大常委会教科文卫委员会针对《职业教育法（草案）》提出了许多重要修改意见，使职业教育法更加具有科学性和可操作性。为稳妥起见，人大常委组团教科文卫委员会特派员考察了德国职业教育及其立法情况。人大常委会法律委员会和法制工作委员会在审议职教法过程中，还专程赴河北唐山视察了县职教中心，对农村职业教育进行了专题调研，提出了修改意见。最终，劳动部提出的意见基本得到了采纳。1996 年 5 月 15 日，八届人大常委会第十九次会议审议通过了《职业教育法》。

（三）《职业教育法》的主要内容及意义

《职业教育法》共 5 章 40 条，5 个章节分别是：第一章总则，第二章职业教育体系，第三章职业教育的实施，第四章职业教育的保障条件，第五章附则。该法以我国《宪法》和《教育法》《劳动法》为基本依据，对职业教育的地位作用、体系结构、教育方针、办学职责、管理体制和经费筹措等都做出了原则规范。该法的颁布施行，是我国职业教育发展史上一个极其重要的事件，也是新中国教育史和法制建设发展史上的一件大事，这部法律对我国职业教育发展所产生的重大意义和影响有以下几个方面。

1. 明确了职业教育的地位作用与体系结构

《职业教育法》总则第一条和第三条第一款规定，"我国的职业教育是国家教育事业的重要组成部分，是促进经济、社会发展和劳动就业的重要途径"，强调国家发展职业教育是为了实施科教兴国战略、提高劳动者素质、促进社会主义现代化建设等。这就从法律层面确认了职业教育在国家总体工作中的地位和作用。

《职业教育法》第十二至十四条规定："国家根据不同地区的经济发展水平和教育普及程度，实施以初中后为重点的不同阶段的教育分流，建立、健全职业学校教育与职业培训并举，并与其他教育相互沟通、协调发展的职业教育体系。"职业学校教育分为初等、中等、高等三个层次的职业学校教育；职业培训包括从业前培训、转业培训、学徒培训、在岗培训、转岗培训及其他职业性培训，可以根据实际情况分为初级、中级、高级职业培训。

2. 明确了我国职业教育的方针、基本制度和措施

《职业教育法》明确规定，实施职业教育必须贯彻国家教育方针，对受教育者进行思想

政治教育和职业道德教育，传授职业知识，培养职业技能，实行职业指导，全面提高受教育者的素质；实施职业教育应当根据实际需要，同国家制定的职业分类和职业等级标准相适应，实行学历证书、培训证书和职业资格证书并重制度。

按照《职业教育法》的规定，政府要把发展职业教育纳入国民经济和社会发展规划。要办好骨干和示范性职业学校、职业培训机构；要对社会各方面依法举办的职业学校和职业培训机构给予指导和扶持；政府主管部门、行业组织不仅应当根据行业的发展需要举办职业教育，还应对本系统、本行业的职业教育发挥组织、协调和业务指导作用；企业有义务对本单位职工和准备录用的人员实施职业教育；发展职业教育应当广泛地发动社会各方面的力量，鼓励事业组织、社会团体、其他社会组织及公民个人兴办、支持和赞助职业教育。

3. 明确了我国职业教育的管理体制与保障条件

按照《职业教育法》的规定，国务院教育行政部门负责职业教育工作的统筹规划、综合协调、宏观管理；国务院教育行政部门、劳动行政部门和其他有关部门在国务院规定的职责范围内，分别负责相应的职业教育工作；县级以上地方各级人民政府应当加强对本行政区域内职业教育工作的领导、统筹协调和督导评估。

《职业教育法》第十七至二十四条规定：县级以上地方各级人民政府应当举办发挥骨干作用和示范作用的职业学校、职业培训机构；县级人民政府应当举办多种形式的职业教育，开展实用技术培训；政府主管部门、行业组织应当举办或者联合举办职业学校、职业培训机构；企业应当有计划地对本单位的职工和准备录用的人员实施职业教育；国家鼓励事业组织、社会团体、其他社会组织及公民个人按照国家有关规定举办职业学校、职业培训机构；鉴于设立职业学校要有必备的办学资金和稳定的经费来源，设立职业培训机构要有相应的经费。《职业教育法》同时明确了多渠道筹集职业教育经费的原则，并且提出了10多项筹集的途径和办法，其中把制定生均经费标准、企业承担职业教育费用的具体办法及使用地方附加费的办法、收取学费办法等权限交给了省一级地方政府和国务院有关部门规定。

八、《职业分类大典》奠定职业教育规范发展的基础

《现代汉语词典》对"职业"一词的解释是："个人在社会中所从事的作为主要生活来源的工作。"所谓"职业分类"，就是采用一定的标准和方法，依据一定的划分归类原则，对从业人员所承担的各种专门化的社会职责所进行的整体、系统的分类。

1995年1月1日起实行的《劳动法》中明确规定："国家确定职业分类，对规定的职业制定职业技能标准，实行职业资格证书制度。"根据《劳动法》的规定与社会实行职业资格证书的迫切需要，1995年2月劳动部、国家统计局和国家质量技术监督局联合中央

各部委，共同成立了国家职业分类大典和职业资格工作委员会，组织社会各界上千名专家，经过 4 年的艰苦努力，于 1998 年 12 月编制完成《职业分类大典》，并于 1999 年 5 月正式颁布实施。《职业分类大典》是一部具有国家标准性质的职业分类法，是我国第一部对职业进行科学分类的权威性文献。它不仅填补了我国职业分类的一项空白，也是我国建立职业资格制度和实施职业技能鉴定的基础性依据，对我国人力资源的开发和利用具有深远的影响。

（一）《职业分类大典》编制背景与内容及重要贡献

1999 年 5 月，《职业分类大典》向社会发布，与此同时，国家还印发了首批《实行就业准入的职业目录》，这对于中国职业教育发展史来说也是一个标志性的事件，这是关系到劳动就业和职业教育发展的一项基础工程。

1. 《职业分类大典》的编制背景

1994 年 6 月开始，中央机构编制委员会办公室下发文件，宣布劳动部职业技能鉴定中心成立。随后，由劳动部培训司、职业教育研究所、职业技能鉴定中心根据国际劳工局的《国际标准职业分类》，编写了中国的职业工种分类目录。在此基础上，从 1998 年开始，进行《职业分类大典》的编撰。

劳动部成立职业教育研究所之初，当时研究所的业务范围较窄，仅负责全国 3000 多所技工学校的业务指导工作，主要服务对象也是 150 余万技校生。这与全国 1500 万的职业学校在校生总数相比，只占了区区 1/10。

时任劳动部部长李伯勇认为，不管哪一类学校培养的学生，要走上生产岗位，都要进行必要的职业培训和职能鉴定。为此，职业教育研究所需要将职能转变为面向经济的职业技能鉴定研究指导中心。于是，劳动部职业教育研究所更名为"劳动部职业技能鉴定中心"（王建新，1999）。随后，全国各地都相继成立了地方职业技能鉴定中心的分支机构，这项事业迅速地蓬勃发展起来。同时，劳动部和人事部联合发布文件，决定在全国范围内，全面推行职业证书制度。

1994 年，我国颁布了第一部《劳动法》。该法第八章第六十九条规定："国家确定职业分类，对规定的职业制定职业技能标准，实行职业资格证书制度，由经过政府批准的考核鉴定机构负责对劳动者实施职业技能考核鉴定。"《劳动法》的这一条款和其他有关条款从国家基本法律的角度明确规定了国家职业资格证书、职业技能鉴定工作和职业技能鉴定机构的法律地位，为推行职业资格证书和职业技能鉴定制度提供了重要的法律依据。

同年，中国政府发布《关于〈中国教育改革和发展纲要〉的实施意见》强调，要在全社会实行学历文凭和职业资格证书并重的制度。

1996 年，《职业教育法》颁布实施，进一步确立了职业资格证书制度的法律地位。

2. 《职业分类大典》的类别与基本内容

《职业分类大典》把我国职业划分为由大到小、由粗到细的四个层次：大类（8 个）、中类（66个）、小类（413个）、细类（1838个）。细类为最小类别，也就是人们通常说的"职业"。

8个大类分别是：第一大类为国家机关、党群组织、企业、事业单位负责人，其中包括5个中类、16个小类、25个细类。第二大类为专业技术人员，其中包括14个中类、115个小类、379个细类。第三大类为办事人员和有关人员，其中包括4个中类、12个小类、45个细类。第四大类为商业、服务业人员，其中包括8个中类、43个小类、147个细类。第五大类为农、林、牧、渔、水利业生产人员，其中包括6个中类、30个小类、121个细类。第六大类为生产、运输设备操作人员及有关人员，其中包括27个中类、195个小类、1119个细类。第七大类为军人，其中包括1个中类、1个小类、1个细类。第八大类为不便分类的其他从业人员，其中包括1个中类、1个小类、1个细类。

3.《职业分类大典》的重要贡献

《职业分类大典》的发布实施，使得我国对职业的认识及其管理从经验状态向规范、科学方向迈出关键的一步。由于它的编制与国家标准《职业分类与代码》（GB 6565-86）的修订同步进行，相互完全兼容，因此，它本身也就代表了国家标准。

《职业分类大典》的重要贡献在于，它在广泛借鉴国际先进经验，特别是《国际标准职业分类》（ISCO-88）和深入分析我国社会职业构成的基础上，突破了过去以行业管理机构为主体，以归口部门、单位甚至用工形式来划分职业的传统模式，采用了以从业人员工作性质的同一性作为职业划分标准的新原则，并对各个职业的定义、工作活动的内容和形式，以及工作活动的范围等作了具体描述，体现了职业活动本身固有的社会性、目的性、规范性、稳定性和群体性的特征。

《职业分类大典》科学、客观、全面地反映了当代我国社会的职业构成，填补了我国长期以来在国家统一职业分类领域存在的空白，具有紧迫的现实意义和广泛长远的应用价值。

（二）我国职业资格鉴定制度的历史演进与建立

党的十一届三中全会之后，中国出现巨大的发展机遇，同时也不断面临着巨大的挑战。特别是人力资源开发日益成为国家发展关注的焦点和主要支柱。我国有世界上最丰富的劳动力资源，每年新增劳动力1000万人，需要安排的失业和下岗职工1000万人。另外，农村地区还有数以亿计的富余劳动力需要向城市转移。丰富的劳动力资源支持了中国的四个现代化建设，并支持中国经济进入持续高速增长的快车道。但是，总体上看，中国劳动力素质不高，劳动者技术技能水平相对低下，这是既影响实现充分就业，同时，又影响企业竞争力提高的主要制约因素。为此，国家提出了全面的人力资源能力建设战略，确定了中国要建设一个全民学习、终身学习的学习型社会，以促进人的全面发展。我国人力资源开发战略的核心思想之一，就是强调教育和职业、劳动、工作的紧密联系，强调教育要符合职业需要和生产实际需要，强调学习活动和生产活动的相互结合与相互作用；同时，充分发挥教育、特别是职业教育和职业培训在促进就业、提高经济效益和保证社会公平方面的重大作用。由此，职业资格证书制度的建设，就成为推进终身教育、建设学习型社会、加强我国人才战略的一项重大举措。

1. 职业资格鉴定制度的确立与演变

我国职业技能鉴定制度的建立、发展及演变过程，经历了建立考工定级与晋级制度初创期，确立工人技术等级考核制度的完善期，以及建立职业技能鉴定和职业资格证书制度的转轨期三个阶段。

（1）初创期（20 世纪 50 年代初至 70 年代末）

新中国成立后，为解决失业人员的就业问题，纠正不合理的工资分配制度，国家劳动部门开始探索建立新型的工资分配制度和与之相适应的考工制度。这是建立我国职业技能考核鉴定制度最初的探索。1956 年 6 月，时任总理的周恩来签署了《关于工资改革的决定》，要求按产业、部门、行业逐步建立各工种的技术等级与标准，以及各等级的技术要求。规定了技术等级的数目通常为八级，便于推行考工定级和考工晋级。1963 年，对技术等级标准做了一次全面修订，根据生产与技术的发展，经过调整，提升了整个技术标准的水平。这些制度与标准的制定与实施，不但成为衡量我国职工技术水平的尺度，以及确定职工工资标准的依据，而且成为工矿企业定额管理的基础，也成为职工职业技术培训的要求。"文革"时期，考工定级晋级制度的实施陷入停滞。

（2）完善期（20 世纪 70 年代末至 80 年代末）

1979 年国家经委和国家劳动总局联合发出《关于进一步搞好技工培训工作的通知》，要求为使职工队伍的技术技能水平适应生产发展和技术进步的需要，劳动部门应采取多种形式进行培训。1983 年劳动人事部颁布了《工人技术等级考核暂行条例（试行）》，对工人的培训和考核作出制度性规定。1985 年劳动部曾会同各个行业的业务部委修订了《工人技术等级标准》。标志着工人技术等级考核制度得以确定。1985 年《中共中央关于教育体制改革的决定》明确指出："一切从业人员，必须取得考核合格证书才能走上工作岗位。有关部门应该制定法规，逐步实行这种制度。"这部文件为我国技术等级制度的进一步充实、发展指明了方向。

（3）转轨阶段（20 世纪 90 年代初至世纪末）

这一时期，我国完成了修订全国技术等级标准、建立和完善技师评聘制度，以及颁布《工人考核条例》，初步建立了职业技能鉴定和职业资格证书制度。

1993 年，中共中央《关于建立社会主义市场经济体制若干问题的决定》指出："要制定各种职业的资格标准和录用标准，实行学历文凭和职业资格两种证书制度。"1993 年劳动部发布了《职业技能鉴定规定》，依据《工人考核条例》对技术等级制度作出了适当的调整，提出了"职业鉴定实行政府指导下的社会化管理体制"的基本原则，提出了建立职业技能鉴定机构并实行许可证制度，组织职业技能鉴定考评员队伍等基础建设方面的新要求。此后，我国不再使用"工人考核"一词，而采用"职业技能鉴定"的概念（劳动部，1993）。1995 年劳动部发出了《关于中职学校毕业生实行职业技能鉴定的通知》，1996 年国家颁布实施《职业教育法》，1999 年 6 月中共中央、国务院发布的《关于深化教育改革全面推进素质教育的决定》，再次重申要在"全社会实行学业证书、职业资格证书并重的制度"（中共中央国务院，1999）。这些都为推行职业资格证书制度提供了政策和法律依据。

为了在全国范围内广泛开展职业技能鉴定，推行职业资格证书制度，作为职业分类和职业技能鉴定的依据，《职业分类大典》的编制就成为当务之急。

2. 国家职业资格证书等级体系的建立

与学历文凭证书不同，职业资格证书与职业劳动活动的具体要求密切结合，更多地反映了特定职业的实际工作活动标准和规范，以及劳动者从事这种职业所达到的实际能力水平。我国实行国家职业资格证书制度，由经过政府批准的考核鉴定机构，对劳动者实施职业技能考核鉴定之后，颁发相应的职业资格证书。

国家职业资格证书制度体系（图2）包括4个子系统和14个主要工作环节。

我国现行的职业资格证书体系是在20世纪50年代形成的工人技术等级制度基础上，经过多年的发展演变而来的。1999年，我国第一部《职业分类大典》正式颁布，确立了由五个级别组成的职业资格证书等级体系，其结构如下：

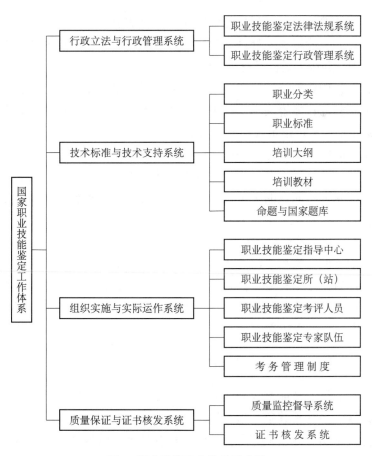

图2 职业技能鉴定体系示意图

（1）国家职业资格五级（初级）

资格标准：能够运用基本技能独立完成本职业的常规工作。

资格要求：本职业学徒期满；职业学校的毕业生；有职业训练中心的结业证，以及部分技工学校的学生。具有这些条件的可以申报初级证书鉴定。

（2）国家职业资格四级（中级）

资格标准：能够熟练运用基本技能独立完成本职业的常规工作；在特定情况下，能运用专门技能完成技术较为复杂的工作；能够与他人合作。

资格要求：取得职业资格五级（初级）职业资格证书，连续工作 5 年以上，可申报职业资格四级（中级）。技工学校的毕业生按其培养目标一般应达到四级（中级工）的标准，可以申报四级证书鉴定。

（3）国家职业资格三级（高级）

资格标准：能够熟练运用基本技能和专门技能完成较为复杂的工作，包括完成部分非常规性的工作；能够独立处理工作中出现的问题；能指导和培训初、中级人员。

资格要求：取得职业资格四级（中级）职业资格证书 4 年以上，连续从事生产作业的，或是经过了正规的职业资格三级（高级）技工培训，并取得了证书，可申报高级证书鉴定。

（4）国家职业资格二级（技师）

资格标准：能够熟练运用专门技能和特殊技能完成复杂的、非常规性的工作；掌握本职业的关键技术技能，能够独立处理和解决技术或工艺难题；在技术技能方面有创新；能指导和培训初、中、高级人员；具有一定的技术管理能力。

资格要求：取得职业资格三级（高级）职业资格证书 5 年以上；具有丰富的生产实践经验和操作技能特长的；能解决本工种关键操作技术和生产工艺难题，具有传授技艺能力和具有培养中级工能力的可申报技师证书鉴定。

（5）国家职业资格一级（高级技师）

资格标准：能够熟练运用专门技能和特殊技能在本职业的各个领域完成复杂的、非常规性的工作；熟练掌握本职业的关键技术技能，能够独立处理和解决高难度的技术问题或工艺难题；在技术攻关和工艺革新方面有创新；能组织开展技术改造、技术革新活动；能组织开展系统的专业技术培训；具有技术管理能力。

资格要求：取得职业资格二级（技师）职业资格证书 3 年以上；具有高超精湛技艺和综合操作技能，能解决本工种专业高难度生产工艺问题，在技术改造、技术革新，以及排除事故隐患等方面有显著成绩，而且具有培养高级工和组织带领技师进行技术革新和技术攻关能力的可以申报高级技师鉴定。

（三）职业技能鉴定制度的实施

中国已经建立起职业技能鉴定的法律、法规体系，形成了以法治考、依法鉴定的基本格局。全国各地区、各部委制定了地方性《职业技能鉴定实施办法》和行业性的《行业特有工种职业技能鉴定实施办法》等配套行政法规和技术性管理文件。原劳动部相继颁布了《关于技工学校、职业（技术）学校和就业训练中心毕（结）业主实行职业技能鉴定的通知》《中国人民解放军技术兵职业技能鉴定实施办法》《关于个体工商户、私营企业从业人员职业技能培训及职业技能鉴定考核问题的通知》等文件。

从 20 世纪 90 年代开始，国务院各有关部委组建了职业技能鉴定中心。同期，全国各地区、各行业的职业技能鉴定指导中心也相继成立。与此同时，政府主管部门颁布了《职业技能鉴定工作规则》，对职业技能鉴定的工作程序，包括鉴定所站，考评人员，命题，考务管理和证书颁发等五大环节，作出了明确规定。

同时，由政府主管部门推动的国家职业技能鉴定题库的开发也取得了重要成果。《职业技能鉴定国家题库网络建设工作方案》发布，按照统一标准，国家题库全面投入运行。劳动部职业技能鉴定中心在总结题库开发工作经验的基础上，1997 年颁布了我国第一部《国家职业技能鉴定命题技术标准（试行）》。1999 年，劳动和社会保障部下达《关于启用职业技能鉴定国家题库的通知》，并配发了《职业技能鉴定国家题库网络运行管理办法》，由国家题库劳动保障部总库、国家题库行业分库和国家题库地方分库三大部分组成的国家题库网络进入了全面运行推广阶段。

建立国家职业鉴定制度，具有如下意义。

1. 组建职业技能鉴定工作机构和考评专家队伍

配合国家职业技能鉴定工作的开展，组建了由考评员、督导员、管理人员、专家组成的鉴定工作的四支队伍。各地、各行业都建立了鉴定所（站）的审批和年检、评估制度，促进了鉴定所（站）的规范化管理。各地还积极开展考评员的培训、考核工作，形成了一支基本能够适应试点工种鉴定工作需要的专业技术人员力量。

政府有关部门组建了国家职业技能鉴定专家委员会，协助开展相关标准、规范的制定和审查、教材审定和研究、试题开发，以及考务咨询等工作。在职业技能鉴定理论研究方面，形成了职业资格证书制度体系、职业技能鉴定学术理论和方法技术领域的研究体系，初步建立了由机构、组织、个人组成的研究队伍，在国家职业资格证书制度建立、职业技能鉴定命题与题库技术、职业技能鉴定考务管理技术等领域获得成果，并直接应用于职业技能鉴定工作中。

在国际交流方面，先后与英国、美国、日本、韩国、德国等国家建立双边的合作关系，吸收国际劳工组织等国际性机构在这方面的有益成果，同时加强对国外境外职业资格证书引进工作的管理。

2. 建立国家职业资格证书制度的价值

实行职业技能鉴定，推行国家职业资格证书制度，是我国人力资源开发的一项战略措施，具有多方面的价值。概括起来主要有以下几点：

（1）使技术技能人才得到社会的承认和尊重

技术技能型人才是国家的宝贵财富，是生产效率和产品质量的最终保证。职业资格证书制度使他们能够在从事的职业劳动领域内，在自己的本职工作岗位上，技术技能得到不断提高，得到社会承认和尊重，对推动整个社会技术的进步有着积极的作用。

（2）有利于促进劳动力市场的建设与发展

劳动力市场是现代市场体系的重要组成部分，是市场经济体制下劳动者实现就业的主要途径。从技术角度看，职业资格证书是社会按照一定的职业资格标准，对劳动力质量进行严格检测的结果；从经济关系看，职业资格证书是社会对劳动者拥有的劳动力产权的核定和确认。通过职业资格证书制度由社会的一个专门机构来完成劳动力产权和质量的认证，不但有很高的可靠性和权威性，而且比传统的由劳动力的需求方或者供给方自行检验认证所耗费的费用要低。这样有助于达到保证就业质量、降低劳动力市场运行成本和失业率的目标。

（3）成为政府履行监督管理职能的有效手段

实行职业资格证书制度，是政府对劳动力市场进行管理的一项有效手段。此举加强了政府对劳动力市场进行监控管理，并且为政府对全社会技术技能人才的管理调节提供了一个方便的工具，使得政府能够根据社会经济发展和劳动力供求变化来调整劳动力和后备劳动力的结构，便于指导各级各类学校根据劳动力市场需求开展后备劳动力的培训和储备，也有利于指导各种在职培训机构对富余劳动者开展转岗、转业培训。

（4）对提高企业效益与管理水平产生巨大的促进作用

推行职业资格证书制度对企业的影响直接且非常巨大。首先，实行职业资格证书制度降低了企业招聘员工的成本和风险；其次，为建立科学、合理的分配制度提供了技术基础；再次，为调动职工学习知识和技能的积极性，为职工不断提高对技术岗位的适应能力和操作水平提供了客观标准；最后，它也是企业加强管理、提高劳动效率和经济效益的有力工具。

（5）引导劳动者继续学习不断提高其工作的能力和社会地位

职业资格证书是劳动者知识和技能的证明，也是劳动者拥有的人力资本产权的证明，是劳动者就业竞争能力的直接体现。实行职业资格证书制度有助于增加劳动者的就业选择机会，也能提高劳动者的工资收入和福利保险待遇，并使劳动者拥有的人力资本的产权得到实现。因此，职业资格证书制度对推动劳动继续学习、甚至终身学习有巨大的引导和激励作用，并保证劳动者职业能力及其经济和社会地位的不断提升。

九、构建国家职业教育研究体系　推动职业教育的科学发展

1983 年，全国教育科学规划领导小组办公室批准设立了第一个职业教育"六五"规划课题，我国职业教育的科学研究从国家层面推开，由此带动并推动了我国各地职业教育科研工作广泛开展，与全国上下职业教育改革发展火热的实践交相辉映。职业教育研究涉及宏观政策、发展战略和微观的课程、教学与管理研究，职业教育学、职业心理学、比较职业教育、职业教育史等理论研究也形成系统，开发出一大批专业课教材，取得一系列教学研究成果。职业教育科研工作步入新的发展时期。

（一）职业教育科学研究复兴、发展及其成果

职业教育科学研究工作一起步就与实际密切联系起来，服务国家改革发展职业教育的重大决策部署，结合全国和各地区职业教育改革实践需要，积极借鉴外域先进经验和理论成果，从理论到实践、从实践到理论或两者相结合展开研究工作。

1. 职业教育科学研究纳入国家发展战略

1979 年 3 月 23 日至 4 月 13 日，教育部、中国社会科学院在北京联合召开全国教育科学规划会议。会议讨论了 1978—1985 年的《全国教育科学发展规划纲要（草案）》（科学技术部，2008）。这次会议提出了关于建设教育科研基地和培养教育科研队伍问题，要求各地建立研究机构，而且要成为教育工作的"参谋部"。

2. 职业技术师范教育的建立促进职业教育研究广泛开展

1979 年 2 月 16 日，国务院正式批转《国家劳动总局和教育部关于增设四所技工师范学院的通知》，计划在吉林、天津、山东、河南等地建立四所本科层次的技工师范学院，为技工学校培养专业教师。1979 年吉林技工师范学院开始招生，1980 年天津技工师范学院招生。此前，已建立了一些职业技术教育师范院校，如 1978 年上海市成立了"上海技术师范学院"等（《中国职业技术教育》编辑部等，1995）。从 1984 年开始，河北职业技术师范学院、常州职业技术师范学院、河南职业技术师范学院、安徽农业技术师范学院等在各地相继成立。到 1989 年，全国职业技术师范教育的本专科在校生达 1.3 万余人。这些院校成为改革开放之初专门培养职教师资和开展职教研究的高校。

1983 年，职业技术教育学被国务院学位办列入专业目录（匡瑛，石伟平，2009）。同年，上海华东师范大学教育科学研究所建立技术教育研究室，1987 年建立全国首个职业技术教育学硕士学位点。

1985 年，天津职业技术师范学院在全国率先开设职业教育概论课程，并设立职业技术教育管理学专业，首次将职业教育学科从普通教育学科中分离出来（刁哲军，李占萍，1995）。

20 世纪 80 年代末 90 年代初，国家教委先后批准天津大学、西安交通大学、湖南农业大学等 8 所高校设立职业技术学院或农村职教师资培训中心，提高职业教育培养与研究实力，为职教师资培养与职教科研人才储备做了开创性的工作。

3. 国外职业教育研究成果介绍及其译著的出版发行

20 世纪 80 年代初，介绍和翻译出版国外的先进教育理念与模式的著作成为当时职业教育研究的重要内容。这一时期，发达国家关于职业教育历史与现状的原著被翻译出版（表 2），成为当时我国职业教育理论研究的基础文献，以及开展我国职业教育研究重要的资料来源。

表2　20世纪80年代部分国外职业教育译（编）著一览表

序号	书名	作者（编者）	译者	出版机构	出版时间
1	外国成人教育	孙世路		教育科学出版社	1982
2	职业教育	（日）仓内史郎 宫地诚哉	河北大学比较研究所教育研究室	河北大学比较研究所教育研究室刊行	1981
3	技术教育概论	（日）细谷俊夫	肇永和　王立精	清华大学出版社	1982
4	西方七国职业训练	魏兴业		时事出版社	1982.11
5	技术学科教育法	（日）土井正志智等	应俊峰	华东师范大学教育科学研究所	1983.7
6	六国技术教育史	李永连		教育科学出版社	1984.3
7	职业教育学与劳动教育学	（德）海因茨·C.格拉斯	职业技术教育研究室	劳动人事部培训就业局和天津职业技术师范学院	1985.12
8	日本教育现状	刘北鲁		湖南教育出版社	1986
9	国外实施教育与生产劳动相结合资料汇编		中央教育科学研究所比较教育研究室	人民教育出版社	1984
10	青年技术创造教育学	（苏）B·E·阿列克谢耶夫	钱怀智　甄德山	天津职业技术师范学院职业技术教育研究所	1987
11	比较职业教育	郝新生　袁吉林　钱怀智		延边大学出版社	1987
12	职业技术学校教学教育过程	（苏）尼·伊·马基延科	关益	教育科学出版社	1987
13	职业教育心理学原理	（苏）З·A·列谢托娃	林镜秋等	天津职业技术师范学院职业技术教育研究所	1990

4. 首批国家重点职业教育科研项目立项

1983年，国家首次对职业教育科研项目立项，获准立项的项目有时任教育部职业技术教育司司长李蔺田主持的"职业技术教育的研究"，该项目由教育部中专司、上海机电制造学校、劳动人事部培训就业局、天津技工师范学院承办，成为全国教育科学"六五"规划中第一项职业教育国家重点研究项目。正式参与国家级项目研究使职教科研进入了自我提升、服务决策的层面，职业教育的宏观研究就此展开。1986年，全国教育科学规划领导小组专门设立职业技术教育学科规划组。职教科研工作正式纳入国家教育科学研究规范体系，开始步入系统、规范、高深建设的层面（刁哲军，李占萍，1995）。

20世纪80年代，我国职业教育研究专家开始陆续出版职业教育研究方面的学术专著、教材等（表3）。这些著作成为我国职业教育理论研究的重要基础。其中，有的职业教育研究专著和教材多次再版，为当时开垦职业教育研究处女地的重要学术研究成果。

尽管这一时期的职业教育研究尚缺乏理论深度和本土特色，但随着研究意识的增强，职业技术教育研究开始进入国家级学科规划和研究层面，在研究的过程中也逐步走向独立。

表3 20世纪80年代部分职业教育学术著作出版一览表

序号	著作名称	作者	出版社	出版时间
1	职业教育概论	高奇	天津职业技术师范学院刊行	1984.12
2	农村职业技术教育概论	董操	天津职业技术师范学院刊行	1985.1
3	技术教育概论	华东师大教科所技术教育研究室	华东师范大学出版社	1985.1
4	职业技术教育学	刘鉴农	黑龙江教育出版社	1986.1
5	职业高中教育概论	葛健人	湖南科技出版社	1986.11
6	中华职业教育社史稿	黄嘉树	陕西人民教育出版社	1987.1
7	职业教育学	佟性茹、李球	延边大学出版社	1987
8	职业教育的理论与实践	中华职教社	辽宁教育出版社	1987
9	职业技术教育概论	门振华	重庆大学出版社	1988.2
10	中专教育概论	严雪怡	山东教育出版社	1988.6
11	职业技术教育学	卢鸿德、罗明基	辽宁大学出版社	1988.11
12	中等职业技术教育学	郭高升	黑龙江科学技术出版社	1988.1
13	职业技术教育概论	李廷和	吉林人民出版社	1988
14	职业教育概说	元三	湖南教育出版社	1988
15	职业技术教育导论	刘春生	吉林科学技术出版社	1989.5
16	职业技术教育学导论	王金波	黑龙江教育出版社	1989.8
17	职业及技术教育中的环境教育	应文涌	云南教育出版社	1989.8

5. 职业教育科研项目逐年增加

据统计，"六五"至"九五"期间，全国教育科学规划中有关职业技术教育学的项目共66项，包括国家项目、国家社科基金一般项目、教育部项目、国家社科基金青年项目和教育部青年专项项目。其中，"六五"规划列入1项，"七五"规划列入9项，"八五"规划列入20项，"九五"规划列入36项。

职教科研项目数量和质量均有大幅度的提高，研究视野广阔，研究领域向多角度、多层面发展：①科研的深度和广度都在不断地扩大。从获批项目来看，国家不仅重视职业教育学科的建设，而且，在职业教育体系的建立、职业教育史的研究、区域职业教育发展、普通教育与职教的融通、职教课程教学改革等方面也不断实现突破和延展。②职业教育立项项目的研究领域趋向具体和深入。职业教育立项项目特别指向研究并解决职业教育改革中突出的矛盾和问题。从研究的内容看，"九五"规划项目覆盖面更加广泛，以区域职业教育及各类职业教育发展所占比例较大；从研究层面上看，重心下移，侧重中观和微观研究。

（二）职业教育科研机构的建立

20世纪80年代以后，随着改革开放政策的深入推进，职业教育科研机构和力量为适应职业教育大力发展的需要也迅速发展壮大起来。

1. 职业教育专门研究机构的建立与职教研究期刊的出版发行

1982 年，天津职业教育研究室（后更名为天津职业技术教育研究所）在天津技工师范学院成立；1983 年，吉林职业师范学院职业教育研究所成立；1987 年，河南职业技术师范学院高等职业技术教育研究室成立；1989 年，江西南昌职业技术师范学院职业技术教育研究所成立……至 1986 年，中央及省、自治区、直辖市已建有职业教育科研机构 12 个，高校建立职教科研机构 12 个，各部委和省、自治区、直辖市还先后成立了职教学会、职教研究会等学术团体 75 个（刁哲军，李占萍，1995）。1990 年 4 月，人事部批复国家教委和劳动部，同意设立职业技术教育中心研究所。1990 年 5 月，上海职业技术教育研究所成立。1990 年 10 月，辽宁省职业技术教育研究所成立。这三个研究所都是中德两国政府在职业教育领域合作的项目单位，借鉴德国"双元制"职教模式进行试点，开展职业教育研究。从 1991 年开始，湖南省、福建省、北京市、湖北省、河北省等陆续成立省级的职业技术教育研究机构，研究本地区职教改革的理论和实践问题，为教育决策和教育教学及社会区域经济发展服务。1997 年 8 月 11 日，国家教委职业技术教育中心研究所与湖南省职业技术教育研究中心、职业技术教育研究中心等共同发起组建全国省级职教研究机构协作会，协调并指导全国各地的职教研究工作。同时，全国其他部委和行业也开始设立职教研究机构，如全国农业职业技术教育研究会、交通中等专业委员会等，专门从事专业教育方面研究。1999 年，教育部成立全国中等职业教育教学指导委员会。该委员会下设德育课程、文化基础课程和 33 个行业的职业教育教学指导委员会。从中央机关到地方机关，从教育部门到社会其他行业，逐步在全国形成了一支专兼结合的职教科研队伍与网络（刁哲军，李占萍，1995）。

这一时期，还出现了一批专门研究职业技术教育的学术期刊。

1980 年，吉林技工师范学院创办了改革开放后的第一份公开发行的职业技术教育研究刊物——《职业技术教育》。1982 年 6 月河南《职业技术培训》杂志创办。1982 年 7 月，天津技工师范学院创办了《职业教育研究资料》，1985 年改为《职业教育研究》，在全国公开发行。1985 年 5 月，中华职教社 1917 年创办的职业教育研究刊物《教育与职业》复刊。1985 年，江西南昌职业技术学院创办了职教理论研究刊物《职教论坛》，1989 年，江苏省职业技术教育科学研究中心理论研究期刊《职教通讯》创办并公开出版发行。1992 年由中国职协主办的《中国培训》创刊。1993 年，由国家教委职业教育中心研究所创办的《中国职业技术教育》杂志公开出版发行（《中国职业技术教育》编辑部等，1995）。这些学术期刊成为当时职业教育界理论与学术研究的重要阵地。

在职业教育研究论文方面，仅在中国知网（CNKI）以"职业技术教育"为关键词进行检索，1979—2000 年我国学者发表的学术论文总计 3499 篇，以"职业教育"为关键词检索到的学术论文总计 8751 篇。

2. 职业教育研究民间组织及研究机构的建立

1990 年 12 月，中国职业技术教育学会成立。这是全国群众性职业技术教育团体和职业技术教育工作者自愿组成的群众性、学术性社会团体，接受国家教委和民政部的管理和业务指导，是国家一级学术社会团体。学会设有学术委员会、培训交流部和对外合作与信息服务部三个工作机构，设有围绕教学、管理、科研、德育、学生、教材工作设立的工作委员会；有围绕职业指导、职教师资、中专、职业高中、农村与农业、城市、少数民族、轻工科、商科、期刊编辑、职教装备、轨道交通、医药卫生教育工作设立的专业委员会和高等职业技术教育研究会等共 21 个分支机构，共同实施学会相应的各项任务。学会与教育部职业技术教育中心研究所和高等教育出版社共同主办《中国职业技术教育》杂志，交流科研成果、推广经验、沟通信息，还编辑出版《中国职业技术教育学会动态》内部月刊，建有中国职业技术教育网，有力地推动了各地方职教学会、行业职教学会等团体会员广泛开展职业教育研究等学术活动。

作为民间组织的中华职教社在开展职业教育科研方面做出了积极的努力和贡献。承担了"七五"国家重点项目"老、少、山、边、侨地区职教发展战略研究"；"八五"国家重点项目"黄炎培教育思想研究"；"九五"国家教委重点项目"中学职业指导研究与实验"，其中，"黄炎培教育思想研究"项目成果结集为《黄炎培教育文集》四卷本出版发行；"中学职业指导研究与实验"项目成果出版了《中学职业指导》（实验教材），为民间参与职业教育研究起到引领和带头作用。

3. 职业技术教育学研究生层次教育的开展

1983 年，我国职业技术教育科学研究纳入了国家教育科学研究规划，成立了独立的职业教育学科组。同时，职业教育学教材和理论著作已经开始形成体系，刘鉴农的《职业技术教育学》、高奇的《职业教育概论》、刘春生的《职业技术教育导论》《职业教育学》，以及卢鸿德、罗明基的《职业技术教育学》等一批高水平职业教育理论著作的问世，不仅丰富了职业教育基础理论，也为孕育职业教育学研究生层次教育提供了营养。1985 年，天津职业技术师范学院首创职业教育管理学专科专业，1993 年又开设本科专业，率先在本专科专业课程体系中设置《职业技术教育学》课程。1987 年，我国第一个职业技术教育学硕士点在上海华东师范大学设立，转年招收了我国首批职业技术教育学硕士研究生 2 人，由此揭开了我国职业技术教育学研究生层次教育的新篇章。为了拓展职业教育学研究生培养的类型和规格，适应社会产业发展对高技能人才的需求，特别是解决职业院校硕士层次"双师型"教师短缺的现状，国务院学位办于 2000 年颁发了《中等职业学校教师在职攻读硕士学位制定培养方案的指导意见》，开始面向中等职业学校选拔优秀教师在职攻读硕士学位（简称"中职硕士"）。同年，这一模式开始在天津大学、同济大学等 13 所高校中试行（刘晓，梁燕，2008）。

4. 职业技术教育学科开始建立独立的学科体系

中国当代职教科研与学科建设基本上是同步前行。在借鉴外国职教研究的基础上，我国学者在较短时间内形成比较系统的职业技术教育学理论，一批具有实用特征的理论著作相继问世（表 2），有的还被列入国家"八五"重点图书（刁哲军，李占萍，1995）。

职业技术教育学的成熟和发展体现在学科内部的细化和完善。进入 20 世纪 90 年代，随着职教科研广度的不断拓展，职业技术教育学的分支学科也推出一系列研究著作，在比较职业技术教育、职业技术教育心理学、职业技术教育管理、职业技术教育评估、农村职业技术教育、职业指导、职业技术教育社会学、职业技术教育课程与教学论、职业技术教育教师学等方面都形成诸多的专门理论著作。

（三）职业教育科学研究典型案例

1. "宽基础、活模块"职业教育教学模式的研究

"宽基础、活模块"课程模式的研究于 1989 年启动，1992 年在北京市科研规划办公室正式立项。这是蒋乃平与众多职教同仁历经 16 年拼搏，取得的自主创新成果。该项目成果《"宽基础、活模块"的理论与实践》于 1999 年由宁波出版社出版。"宽基础"所学习的内容不针对某一特定工种，而是集合了一群相关职业所必备的知识和技能。"活模块"则侧重从业能力强化，强调职业岗位对从业者的具体要求，注重针对性、实用性，突出以"问题为中心"的课程综合化。

该研究主要有五个方面的突破：①确定了课程模式的学术用名（集群式模块课程）、推广用名（"宽基础、活模块"课程模式，或简称 KH 模式），明确了两段式的模块结构和按职业对从业者素质要求、个人发展需要开发课程的基本理念。②推出了符合国情的横向集群、纵向集群两大类开发结合的 KH 模式开发方法。③结合 KH 模式课程观和课程目标的建立，探索了职教课程区别于基础教育的本质特征。明确了 KH 模式特定的课程观。④结合 KH 模式对课程评价的研究，归纳出 3 个可操作的职教课程模式评价基本标准，即课程模式职责标准、课程模式结构标准、课程模式效能标准。⑤结合 KH 模式"宽基础"阶段各板块和"活模块"阶段大模块、小模块的开发，把课程综合化按综合程度分为协调型、组合型和完全综合型（蒋乃平，1999）。

2. 实行"双证书"制，培养"一体化"的职教师资的研究与实践获国家教学成果奖一等奖

1997 年，天津职业技术师范学院的"实行'双证书'制，培养'一体化'职教师资的研究与实践"获国家教学成果奖一等奖（王宪成等，1998）。这是天津职业技术师范学院针对职业学校的专业理论教师不能指导操作技能训练，实习指导教师理论基础薄弱不能讲授专业理论课的这一实际问题，根据职业学校的需求，经过 10 余年不懈的教学改革实践形成的标志性研究成果。

实施培养"一体化"职教师资的"双证书"制改革与创新措施

（1）开展办学思想的大讨论，首先解决改革的思想认识问题，树立按照职业学校需要、为职业学校服务的办学观。

（2）改革招生制度，拓宽生源渠道。1984 年，经劳动部同意、国家教委批准，学院增加单独招生项目，即为技校应、往届优秀毕业生开通升学渠道，实行理论与技能双试制度，其中，本科生源入校时技能要求达到中级工（4 级），1993 年还特招了全国青年奥林匹克

技能竞赛获奖选手26人，创办奥赛大专班。单独招收的生源具有一定的技能基础，为实施"双证书"制提供了生源保证。

（3）改革教学内容与方法。适当增加理论课学时，加强高等数学、英语等技校生源薄弱的课程，增加生产实习教学法等师范性课程，专业课突出应用性，毕业设计实行工艺设计与技能训练相结合，大幅增加技能训练学时，技术等级要求达到中级（5级）或高级。采用模块化、产训结合等科学训练方法，邀请行业企业专家，共同修订、审定操作技能训练大纲、训练方案，编写技能训练讲义。

（4）加强实习基地建设，改善实习条件。1990年利用世行贷款180万美元，重点建设机、电实习基地；从1994年开始，利用日本政府无偿援助的18亿日元，引进国外数控、自控、电子、信息领域的高新技术设备。1996年在校生平均实验实习设备值达5.5万元，实习基地的硬件达到当时国内同类院校领先水平。同时，还在津、鲁、冀的重点技校建立了稳定的教育实习基地。

（5）内训外聘结合，建设师资队伍。采取专兼结合的办法，外聘全国著名的在津高级技师和国际技能大师作为学院的兼职教师，提升具有高级工或技师、高级技师等技能水平教师的比例。

培养"一体化"职教师资的"双证书"制的教学改革成果

1996年7月，学院共培养"双证书"毕业生1100余名，其中，890余名具有中级以上证书，为职业教育战线输送了一批新型的"双证书、一体化"师资。"双证书"毕业生技术等级考核通过率由1992年的54%上升到1996年90%，其中，中级工考核通过率稳定在90%以上，标志着"双证书"大学生培养实践取得成功。1996年更上一层楼，培养出具有高级工证书的毕业生44名，其中，9名是我国首批具有高级工技能的大学本科毕业生，将"双证书"制教学改革实践又提升到一个新层次（王宪成等，1998）。

（四）"职业教育"与"职业技术教育"称谓及其概念之争

1985年前后，我国职业教育界发生了"职业教育"与"职业技术教育"的称谓及其概念的争论。争论的焦点在：由各种形式、各个层次职业技术学校实施的、以就业为导向、以培养工农商各业技术员或技术工人为目标的一类教育中，"职业教育"与"技术教育"能互相包含，取其一而谓之吗？它们是同一性的，还是既有联系，又有区别的各具特性的两类教育？对这一类教育如何命名？赋予一个什么样的概念是确切且比较科学的？

争论的主要观点如下：

1. 坚持用"职业教育"概念的观点

这种观点主要来自中华职业教育社。王艮仲、饶博生在《教育与职业》1985年第1期上撰文提出：称作"职业教育"，还是称作"职业技术教育"呢？这不只是名称、概念之争，实质上"关系到职业教育发展的指导思想；也是关系到如何建设具有中国特色的职业教育的实践问题"（王艮仲，饶博生，1985）。他们力主称"职业教育"的根据有4点：

① "职业教育"是我国 1982 年宪法确定的概念。"职业技术教育"一词不是不可以用，但与宪法确定的用词不相符合。②为了清除"左"的错误影响，巩固拨乱反正的成果，应当明确肯定"职业教育"的提法。③社会主义现代化建设不仅需要受过良好职业技术教育的技术人员和技工，也急需大批掌握科学的经营管理知识的管理人员。职业教育的任务就在于培养能够掌握特定劳动部门的基础知识、应用知识和技能的有道德的人才，适应社会经济发展的全面需要。④职业道德教育的问题在当前十分突出，必须纳入职业教育的范畴。论者认为"职业教育理应主要包括职业基础知识、职业技术、职业管理和职业道德四个部分，用职业教育的提法来概括这些内容，是比较适当的"。如果用"职业技术教育"代替"职业教育"，则是以局部代替了全体，混淆了种概念和属概念，逻辑上说不通。高奇在同一期《教育与职业》上撰文认为"职业教育"概念反映了作为每一个就业或从业人员都应接受和受到的某种专业教育的实质，是与普通教育相对的另一种普及教育。技术教育则指职业教育的一部分（大专水平部分）或指一部分内容（技术教育），与职业教育并称容易引起一些误解。从我国的教育传统和社会现状用"职业教育"来统称这一类型教育是有利而无弊的（高奇，1985）。高奇认为"职业教育指对全体劳动者在不同水平的普通教育的基础上，所给予的不同水平的知能教育，培养能够掌握特定劳动部门的基础知识、实用知识和技能技巧人才的教育"（刘鉴农等，1986）。

2. 坚持用"职业技术教育"概念的观点

这方面的观点，多来自职业教育专家的文章。刘鉴农、李澍卿、董操主编的《职业技术教育学》用了"职业技术教育"这一名称。但提法比较含糊，认为"目前国内通用的概念是'职业技术教育'或'职业教育'。虽然对'职业技术教育'或'职业教育'的内涵尚有争议，但认识渐趋一致"。因此，作者是这样下定义的："职业技术教育或职业教育是指适应经济和社会发展的要求，在一定的文化水平基础上，培养人们能从事某种职业的一种专门化教育。它的目的是培养一支为社会专业建设服务的，有理想、有道德、有文化、有纪律，体魄健全的劳动技术队伍。"（刘鉴农等，1986）似乎使人觉得作者认为称"职业技术教育"或"职业教育"都行。然而作者又认为"职业技术教育这个概念具有广泛的内容"，在教育层次上、实施对象上、教育内容上都具有丰富性。"职业技术教育的教育内容是一个相互联系、缺一不可的有机整体，不能以为叫'职业技术教育'，就只搞技术教育，而不顾其他。"（关裕泰，2000）这又表明了作者的倾向是称"职业技术教育"。

关裕泰的文章认为"职业教育"名称不合适，用"职业技术教育"比较确切。他说："许多文件和文章都把职业技术教育简称为职业教育。这样一来，就把包括职业教育的职业技术教育变为包括职业技术教育的职业教育……技工教育是职业教育的一个组成部分，这样说还是可以的，因为技校教育紧密结合就业。就业教育就是职业教育，也还说得过去。但对中等专业学校来说则勉为其难了。"（刘春生，1989）

刘春生著《职业技术教育导论》明确提出"职业技术教育"概念是："职业技术教育就是在普通教育的基础上，对国民经济各部门和社会发展所需要的广大劳动者，所进行的专业知识、专业技能和操作能力的职前教育和职后培训，使其成为具有高尚的职业道德、严明的职业纪律、熟练的专业技能的劳动者，从而适应就业的个人要求和客观的岗位需要，推动生产力的发展。"（严雪怡，1999）这个定义包含了职前教育和职后培训，并提到了"适应就业的个人要求"。

3. 主张使用"职业和技术教育"或"技术和职业教育"的观点

严雪怡发表了 3 篇文章探讨此问题，分别为：《关于我国职业技术教育分类与命名的探讨》（1985 年 3 月）、《职业教育，技术教育，职业和技术教育》（1990 年 7 月）、《关于职业技术教育的分类与命名》（1995 年 6 月），明确主张使用"职业和技术教育"名称。他的意见代表了部分学者的观点。

严雪怡认为，在古代和近代，"技术"几乎与工匠的"手艺"是同义的，这种技术是靠技能的培养和经验积累形成的。随着科学的发展，产生了科学技术、高新技术，因此在人才结构中形成了介于工程师和技术工人之间、掌握科学技术的技术员。这种技术的掌握，需要较多的文化知识和专业理论，所以现代各国相继产生了专门培养技术员的"技术教育"的学制。因为技术员类人才和技术工人类人才，各自工作的性质、对象不同，所以在知识结构上有很大差异。这种差别对知识数量或技能熟练的要求有明显的不同，因而，培养这两类人员的教育也有明显的类别之分。即一类是以培养职业技能为主的教育，一类是以实施专业技术为主的教育。国际上把前者称为职业教育，后者称为技术教育。这两类教育在学制、培养目标、培养计划结构、课程设置等方面，也有着很大的区别。例如，在学制方面，职业教育一般在中学后期，而技术教育，低层次的（培养技术员、中级管理人员）在中学后期及第三级教育初期，高层次的（培养高级管理岗位的工程师和技术师）则在大学。又如在课程方面，技术教育在文化及专业知识、理论方面的深度和广度一般高于职业教育（华东师范大学教育科学研究所职业技术教育体系研究组，1986）。华东师范大学教育科学研究所的研究者认为"如果把这两类不同性质的教育混淆或合并起来，就难以按客观需要进行针对性的培养和训练，更谈不上发挥两类教育的各自的特色，最后必然会影响人才的合理使用"（孙琳，余祖光，2006）。持此论者还有一个理由是：1974 年联合国教科文组织第 18 届大会上曾通过《关于职业和技术教育的建议》，建议各国采用"技术和职业教育"作为一个综合的术语，包括"职业教育"和"技术教育"两类教育。我们采用"职业和技术教育"较便于国际交流。

这场职业教育和职业技术教育概念之争，各家表达了各自的观点，阐述了一定的依据。由于 1985 年《中共中央关于教育体制改革的决定》中基本上采用了"职业技术教育"名称[1]，因此，在行政管理工作范围，如召开会议、见诸文件，一般都用这一名称。1996 年公布《中华人民共和国职业教育法》以后，官方文件都改用了"职业教育"名称。但在讲课、发表论文等学术研讨活动中"职业教育""职业技术教育""职业和技术教育"各种名称都有人在使用。20 世纪 90 年代出版的顾明远主编的《教育大辞典》把这些概念解释为有同样的含义。不过，在实际中，使用"职业教育""职业技术教育"的多些。

---

[1] 有两处用了"职业和技术教育"——编者注。

（五）职业教育教材建设

教材建设是教育教学活动的基础性工作，在我国历来受到高度重视。1981 年 6 月教育部发出《关于确定和实施中等专业学校通用教材五年规划的几点意见》，对选编范围、目标、分工，以及如何实施分别提出了要求。至 1983 年，第一轮教材规划顺利完成，共出版各类教材 826 种（闻有信，杨金梅，2000）。

1993 年 5 月，教育部发出了《关于职业技术教育教材规划的意见》，该意见明确了新时期教材规划的指导思想，并确定 6 条工作原则：教材分为国家和省两级规划；按教育分类实施编写；可因地制宜编写地方乡土教材及补充教材；重点做好通用性强的专业（工种）教材建设工作；选题注意针对性、适应性、灵活性、先进性，以及系列配套；有选择性地借鉴已经出版的、同层次、同类优秀教材，由国家教育行政部门统筹协调职业教育教材体系，使我国职业教育教材配套与质量进一步提高（杨金土，2011）。

十、广泛开展国（境）内外交流与合作　加快职业教育现代化的步伐

随着改革开放的不断深入开展，我国的职业教育也从封闭走向开放，通过走出去、请进来等多层次、多渠道的对外交流与合作，主动学习和借鉴国外、境外职业教育发展的先进理念和经验，在引进、消化中因地制宜不断创新，我国职业教育日益走向现代化、国际化。1980—2000 年这一时期，我国先后与德国、英国、美国、澳大利亚、加拿大、日本等国家建立了双边的交流与合作关系，同我国的港、澳、台地区开展了非常紧密的往来交流，还吸收了国际劳工组织等国际机构提供有益的职业教育成果。

（一）与德国职业教育的交流与合作

在职业教育领域所有的中外合作项目中，学习德国"双元制"职教经验是启动最早、持续时间最长、规模最大的综合性合作项目。德国"双元制"是目前世界上最为成功的职业教育模式之一。校企合作的有效机制是该模式的成功之处。将企业本位模式与学校本位模式合二为一，企业的学徒工同时也是职业学校的学生，在选定一个具体的职业取向后，一方面，在企业接受相关职业的实际操作技能和专业知识培训；另一方面，在职业学校接受相关职业专业理论和普通文化知识教育，企业一方在"双元"体系中居于主导地位。"双元制"将企业与职业学校、实践与理论紧密结合起来，被称为战后德国经济腾飞的秘密武器。

1. 借鉴德国"双元制"模式初期

1980 年，教育部比较了德国、法国和美国三个发达国家的职业教育体系之后，认为德国的职业教育很有特色，在职业教育的内容、教育培训的多样化和课程设置及教学方法等方面，有不少值得我们研究和借鉴的地方。因此，教育部决定学习德国经验，进行"双元

制"试点。

1983 年 3 月，时任教育部副部长张文松与来访的联邦德国汉斯·赛德尔基金会主席、巴伐利亚州国务部长佩尔克会谈，并签署《中华人民共和国教育部与德意志联邦共和国汉斯·赛德尔基金会合作协议》和《补充协议》，决定共同建立上海师资培训中心、南京建筑职教中心和北京大学德语中心。10 月，中国教育部和联邦德国教科部签署《中德教育合作备忘录》，决定由赛德尔基金会执行上海电子工业学校（现为上海电子信息职业技术学院中德学院）、湖北十堰汽车技工学校（现为东风汽车公司高级技工学校）和武汉湖北啤酒学校（现为湖北轻工业职业技术学院）合作项目；由德国技术合作公司（GTZ）执行天津中德现代工业技术培训中心（现为天津中德应用技术大学）合作项目。到 80 年代末期，中德合作的职教领域项目已达到 40 余个。

2. 中德职业教育合作上升到国家层面

1994 年 7 月，中德两国政府签署《中华人民共和国政府和德意志联邦共和国政府关于加强职业教育领域合作的联合声明》，这是中德职业教育交流与合作的纲领性文件。在该联合声明的框架下，1994 年 9 月，中德两国在北京成立部长级的"中德职业教育联合工作小组"，并发布《中德职业教育倡议行动联合公报》。

1997 年，中德两国发展政策混合委员会第 15 次会议一致同意开展中国职业教育的行业研究。1998 年 4 月，中国外经贸部和德国经贸部、德国技术合作公司，联合建立中国职业教育行业研究核心小组，从此，中德职业教育合作上升到国家层面。

3. 借鉴德国"双元制"职教模式，探索中国职教发展新路

1985 年 5 月，国家教委确定苏州、无锡、常州、沙市、沈阳和芜湖 6 城市为借鉴德国"双元制"职教模式试点城市。1990 年，国家教委决定建立中国职业技术教育中心研究所。由德方提供专业参考书籍和教学资料，并派遣专家指导工作；中方设立培训中心，采用先培训、后上岗的办法，围绕产业升级需求，推广典型试点经验，推行职业教育综合改革。同年 3 月，德国技术合作公司制定《职业教育研究所方案与执行计划》；9 月，上海职教研究所成立；10 月，辽宁职教研究所成立。

1991 年 9 月，山东平度职教中心与德国汉斯·赛德尔基金会正式签署协议，合作设计了中国唯一的中德"双元制"农业职业技术教育项目。

1999 年 7 月，教育部部长陈至立访问德国，就中德职业教育进一步合作的总体构架进行磋商。此后，中德职教合作项目扩展到高等职业教育领域。

（二）学习加拿大以能力为本位的教育开发模式（CBE）

中国与加拿大的职业教育交流合作活动，主要项目是 20 世纪 90 年代的基于能力本位教育（Competency Based Education，CBE）的联合培训。这个模式，实际上是一种以岗位能力要求为基点的教学体系。CBE 的核心是强调以胜任岗位工作为出发点来安排教学计划、课程，组织教学与培训。它的最大特点是，教学目标十分明确，针对性极强，即如何使受

教育者具备从事某一种职业所必需的能力。为此，十分强调用人部门和职业学校之间的紧密合作。

1989 年 6 月，CBE 课程开发项目开始启动。当时国内有 20 多个中专学校参加了项目运作。1990—1996 年，中方共有 29 所职业院校参加，加拿大有 32 所社区学院加盟。该项目在我国 11 个省、自治区和直辖市展开。其发挥的重要作用可概括为：①推动我国职业教育的专业设置进一步贴近产业结构，对我国职业教育教学改革特别是改进专业设置的原则和办法产生了很大的推动作用。通过该项目，其中的职业教育理论特别是 DACUM（Developing A Curriculum）课程开发方法具有直接的借鉴意义。②激发了企业积极参与职业学校的专业开发与教学改革模式之中，推动了职业学校董事会和专业顾问委员会、行业职业教育教学指导委员会的建设。③通过该项目的推动，进一步将培养学生实践动手能力和综合职业能力确立为教学工作的中心，学生的创业实践活动受到大力鼓励与支持。

（三）借鉴英国"职业证书制度"（NVQ）的经验

英国职业教育的主要经验，在于职业教育立法和国家职业资格证书制度的建立。而我国推行的职业资格证书制度，借鉴了英国职业资格证书制度的许多经验和做法。

英国于 1986 年着手建立了国家职业资格制度，并由国家职业资格委员会制定一个比较全面的职业资格体系。职业资格体系共分 11 个类别、5 个等级（张翠珠，2000）。这 5 个等级分别对应于熟练工人、技术工人、技术员、高级技术员及专业人员。而且职业资格证书与普通教育的文凭证书可以互通，这大大增强了职业教育对青年人的吸引力。

从 1994 年开始，中英两国政府就建立职业资格证书制度展开专项合作（王明达，2005）。1997 年，中英双方首先在北京外企服务总公司和深圳华为技术有限公司，开展引进英国国家职业资格证书（National Vocational qualification，简称 NVQ）文秘（行政管理）职业标准体系及其考评技术的试点。试点表明，英国的 NVQ 制度是一项为企业设计的、与企业实际需要结合较好的制度，劳动部职业技能鉴定中心认为，英国 NVQ 的工作模式，可以帮助企业在国际先进管理平台上建立自己的人力资源开发与管理体系，也可以帮助培训机构建立以职业能力为基础的培训教学体系（翟海魂，2004）。

为了扩大引进工作范围，并规范证书引进工作程序，劳动和社会保障部职业技能鉴定中心于 1998 年颁布了《中英合作项目引进项目试点单位实行督考和颁证工作管理办法》，以及《中英合作项目职业资格考评和证书颁发规则》，并会同英方证书机构设立专门管理中英职业证书的合作项目办公室，在全国开展中英合作项目国家职业资格证书的引进推广工作。

（四）引进澳大利亚职业和继续教育的教学模式（TAFE）

我国与澳大利亚在职业教育领域的交流始于 20 世纪 80 年代。到 90 年代中期，中澳两国间开始互派政府职业教育代表团，研究探讨设立合作项目事宜。中澳两国政府间最大的职业教育合作项目——"中国—澳大利亚（重庆）职业教育和培训项目"，自 1998 年开始设计，2002 年 3 月正式启动，2007 年 8 月结束，执行期五年半。澳方投入近 2000 万澳元，中方投入配套资金 500 万澳元（张赓，2006）。该项目由我国商务部、教育部、重庆市人民政府和澳大利亚国际发展与援助署、哈索国际公司等共同组织实施。

该项目的主要成果：①更新职业教育理念，促进了政府对职业教育工作的进一步统筹和协调。②探索建立行业参与职业教育的机制，在重庆市建立了 8 个行业职业教育协调委员会。③制定一批岗位职业能力标准，借鉴职业能力为本位的培训包开发经验，推动课程和教材建设，改革了传统的教学模式和方法。④改善项目学校的办学条件，加强实训基地建设，为重庆市职业教育的改革和发展提供了支持与帮助。⑤通过项目有计划、有步骤系统的实施，培养锻炼了一批具有现代职业教育理念和管理能力的职业教育教师和管理者队伍。⑥建立起中澳职业院校交流合作的平台。该合作项目不仅对重庆市而且对全国职业教育的改革与发展都产生了广泛影响。

（五）与日本职业教育的交流与合作

我国和日本的职业教育交流合作涉及多个方面，其中，主要包括研修生和技能实习生的派遣项目、政府开发援助项目、产学合作人才培养模式和技能士制度的引进等等（张玉琴，2005）。

1. 研修生和技能实习生的派遣

研修生项目系指派遣中国的技术人员到日本的企业进行技术学习与实习。因此，中日间的研修生交流又被称为"产业留学"。从 1979 年起，日本开始接收中国的技术和管理研修生。1984 年 11 月 12 日，"中国职工对外交流中心"成立。1986 年 9 月 16 日，应中方要求在日本成立"日中技能者交流中心"，以此作为中国职工对外交流中心的对口部门。1989 年 2 月 28 日，中国职工对外交流中心与日中技能者交流中心签署《关于接收研修生的协议书》，5 月份日方接收了第一期研修生——同一家公司的 8 名建筑技师。1996 年 3 月 5 日，中国职业技能开发交流中心与日本日中技能者交流中心签署了关于日本接收中国技能研修生的基本协议书。1989—1996 年，前往日本的研修生总数达 101 193 人次。

2. 日本"政府开发援助"项目的实施

1979 年日本开始向中国提供"政府开发援助"（简称"ODA"项目），其主要包括日元货款、无偿援助及技术合作。其中的技术合作项目主要是通过"日本国际协力机构"（JICA）提供器材和技术援助（赵霞，2007）。

1993 年 3 月 3 日，日方帮助建立"中国职业培训指导教师进修中心"政府换文签字仪式在北京举行。1994 年 2 月 21 日，中编办［1994］12 号文件批复：同意天津职业技术师范学院设立"中国职业培训指导教师进修中心"，作为职业培训指导教师进修基地。1994 年 8 月 22 日，日本技术合作调查团抵达北京，协商和签署"中国职业培训指导教师进修中心"项目今后 5 年技术合作协议，该协议所涉合作内容包括生产技术 CAD/CAM、电工电子技术、计算机技术、汽车检测与维修技术、教育技术等领域（严圣禾，2005）。

3. 技能士制度的引入与实施

1994 年 1 月，劳动部职业技能鉴定考察团赴日本进行技能鉴定专题考察。从宏观管理和微观运作上进一步了解了日本的技能士检定制度。

技能士是日本对熟练工人的称谓，相当于职业高中毕业或取得学徒师满资格者，可从事较复杂的产品加工、装配和维修工作。考察团就技能士资格鉴定（日方称"检定"）的法规体系、组织办法、鉴定程序和方法，以及经费来源等诸方面进行了深入细致的了解。归国后，对我国早已实行的考工制度、技能鉴定制度和正在推行的"双证书制度"进行了全面反思和完善，为建立有中国特色的职业技能鉴定体系，打下了良好的基础。

（六）与港澳台地区的交流与合作

香港长期作为内地联系外部世界的桥梁，对内地职业教育的改革和发展提供了多方面的帮助。香港对内地职业教育的支持，主要由 1982 年在香港注册成立的华夏基金会负责推进。华夏基金会以为国家培养人才为宗旨，致力于支持内地欠发达地区发展职业教育发展，尽管项目不大，但是对内地的职业教育特别是中等职业教育所产生的影响作用还是很大的，已经辐射了全国 100 多所职业院校，帮助内地引进了一些国际上先进的职业教育理念和教学方法。此外，香港在协助内地培养培训职业教育师资方面也做了很多工作。香港的一些爱国人士通过慈善捐助对内地职业教育给予了许多帮助，比如邵逸夫、郑明明、曾宪梓等，都对内地的职业教育发展提供了很多支持（丁良，1998）。

中国大陆与台湾一直保持着职业教育领域的交流合作关系。两岸交流非常活跃，特别是中华职业教育社和中国职业技术教育学会组织的各种形式的民间交流、举办研讨会等活动对大陆方面的启发和影响很大。1993 年 2 月由深圳中华职教社、深圳市教育科学研究所和中专职教研究会联合举办"当代职业教育发展趋势研讨会"，针对"职业教育发展速度和结构比例""职业学校办学体制""职业教育专业设置和课程设置""职业教育的宏观管理体制"等问题邀请两岸专家进行了探讨。双方各抒己见，提出许多有见解性的建议。1993 年 12 月，海峡两岸教育学术座谈会在北京举行，大陆和台湾的教育界人士分别介绍了两岸职业技术教育的现状，交流了经验。1996 年 4 月，厦门市教育基金会组织职业教育代表团参观访问台湾省的 4 所高等职业学院和 8 所中等技职学校。这些活动不仅对促进两地职业教育共同发展，而且对增进两岸一家亲的归属感，都发挥了重大作用（闻友信，2008）。

（七）与有关国际组织的交流和合作

在职业教育领域，我国与国际组织方面的合作，主要是与世界银行、联合国教科文组织、国际劳工组织等国际组织和机构建立联系，并开展了很多合作项目，对我国职业教育的发展产生了积极的促进作用。

1. 与世界银行的合作

与世界银行的合作，是我国改革开放以后开展比较早的职业教育方面的国际合作，这项合作先后实施过三个职教贷款项目。1990年和1996年，我国政府两次与世界银行签订《中国职业教育基础项目贷款协定》，共利用世界银行贷款8000万美元，加上我国的配套资金，所涉两个项目共投入2亿多美元，用以支持我国职业教育的发展。

第一个项目从1990年8月23日启动，历时6年多，从酝酿算起接近12年。第二个项目在第一个项目执行期间就已开始，到1995年，经国家计委的批准开始立项。1996年9月，我国政府与世界银行签署了新的信贷协定，决定从1996年第四季度开始执行该项目，到2001年第四季度结束。这两个世界银行的贷款项目全部完成，执行期均是5年，还款期是20年（刘建同，2004）。

另外，作为项目的一部分，德国政府向我国提供了平行贷款600万马克，后来追加到数千万马克，全部用于北京、上海、辽宁三个职业教育研究所的建设。

2. 与联合国教科文组织的合作

与联合国教科文组织的合作主要是开展了以下几方面的活动：①承办和参加联合国教科文组织召开的有关会议。1991年6月，在山东泰安和联合国教科文组织合作召开农村教育研讨会。1993年9月国际职业技术教育研讨会在北京举行，时任国务院副总理李岚清出席开幕式并讲话。他指出，职业教育是现代化建设的重要支柱，扩大世界各国职业教育界的交往是大势所趋。会议的主题是"现代化与职业技术教育"，20余个国家和地区的代表与会。1999年4月，联合国教科文组织在韩国召开第二届世界技术与职业教育大会，作为教科文组织的技术与职业教育国际顾问委员会成员，原国家教委职教司司长、现中国职教学会副会长孟广平被邀参与此次大会的主文件准备工作，我国派代表团和专家参加大会，为会议的成功召开做出了贡献。②参与联合国教科文组织的一些职业教育方面的活动。例如，1992年正式成立的职业技术教育和培训国际中心，在该中心的筹建阶段和成立之后，我国对这个项目给予了很多支持，参与了该项目的各项活动。1995年，教育部职业技术教育中心研究所成为该中心在中国的中心成员。为了支持和配合该中心的工作，我国先后派出了数以百计的专家参与该组织的活动，还参与了教科文组织许多重要文件的研究和起草工作。③开展专题培训合作。20世纪90年代以来，依托联合国教科文组织的支持和帮助，我国几乎每年都主办或承办有关职业教育方面的研讨会或培训班。特别是由教育部职业技术教育中心研究所承办的亚非地区职业技术教育培训班，主要是面向亚洲和非洲有关国家的政府官员、职业教育工作者和职业院校教师开展培训，对国际职业教育发展做出应有的贡献。

3. 与国际劳工组织的合作

劳动和社会保障部与国际劳工组织的合作，主要是在技工学校和职业培训中引进了由国际劳工组织开发的"职业培训的技能模块"（Modules of Employable Skill，MES）课程。

该课程模式要求从职业岗位需要出发，而不是以存储知识出发作为课程开发的起点。课程模式之所以被称为"模块"，是指把一项技能型的工作，按照工序或工艺流程划分为数个相互独立的工作任务，即模块，通过若干模块的组合掌握完成全部工作任务的技能。可以说，无论是当时还是现在，MES 技能模块课程在我国职业教育课程与教学改革中得到广泛的运用。

综上，我国在学习借鉴发达国家职业教育理念、经验和做法的过程中，自身的发展水平也显著提高，并本着共同发展的指导思想努力帮助其他发展中国家改进职业教育事业。2003 年，教育部在天津职业技术师范大学建立"教育部教育援外基地"（职业教育领域），陆续举办主要面向亚非地区的职业教育培训班或派出援外教师，并委托其创办了我国第一所援外高职学院——"埃塞—中国职业技术学院"。我国的职业教育援助工作得到受援国的高度肯定。日益频繁的职业教育国际交流与合作，为我国职业教育创新发展不断注入新的活力和动力。

参考文献

柏木 .1986. 对"星火计划"的再认识 . 科学管理研究，（12）：11-14

曹恒忠，李石柱 .1989."星火计划"实施效果评价及其发展对策研究 . 中国科技论坛，（4）：47-50

陈耀邦 .1989. 广泛开展"丰收计划"活动促进农业全面丰收 . 农业科技通讯，（1）：1

邓小平 .1978. 在全国教育工作会议上的讲话（一九七八年四月二十二日）. 安徽教育，（5）：2-5，11

刁哲军，李占萍 .1995. 中国职业教育科研的改革与发展 // 中国职业技术教育编辑部等编 . 中国职业技术教育机构概览 . 北京：中国书籍出版社

丁良 .1998. 上海市高校与外国及港澳台地区合作办学的情况与对策 . 上海师范大学学报（哲学社会科学版），（3）：47-149

高奇 .1985. 职业 · 职业观 · 职业教育 . 教育与职业，（1）：36-40

高奇 .1995. 温暖工程赞 . 教育与职业，（1）：1

关裕泰 .2000. 也谈职业教育 . // 孟广平编 . 面向 21 世纪我的教育观 · 职业技术教育卷 . 广州：广东教育出版社：6

何东昌 .1998. 中华人民共和国重要教育文献 . 海口：海南出版社

胡大白 .1999. 论我国民办高校的成长道路和发展趋势 . 黄河科技大学学报，（1）：7-10

胡耀邦 .1983. 为恢复中华职业教育社的组织和工作胡耀邦同志给胡厥文同志的复信 . 职业教育研究，（2）：1

华东师范大学教育科学研究所职业技术教育体系研究组 .1986. 关于我国职业技术教育体系的探讨 . 教育研究，（9）：34-40

蒋乃平 .1999."宽基础、活模块"的理论与实践 . 浙江：宁波出版社

科学技术部 .2008.1978—1985 年全国科学技术发展规划纲要（草案）. http://scitech.people.com.cn/GB/126054/139358/140048/8438932.html.

匡瑛，石伟平 .2009. 改革开放 30 年我国职业技术教育学的发展 . 教育研究，（5）：10-16

劳动部 . 1993. 职业技能鉴定规定（一九九三年七月九日劳动部颁发）. 四川政报，（12）：32-35

刘春生 . 1989. 职业技术教育导论 . 长春：吉林科学技术出版社：12

刘鉴农，李澍卿，董操 . 1986. 职业技术教育学 . 济南：山东教育出版社：3

刘建同 . 2004. 关于世界银行两个职业教育贷款项目的回顾与总结 . 中国职业技术教育，（2）：20-22

刘晓，梁燕 . 2008. 中国职业教育学研究生教育的历史回顾 . 教育与职业，12（36）：40-42

农业部教育司职教处 . 1996. 1995 年"绿色证书"工作总结与 1996 年工作要点 . 农村实用工程技术，（1）：5

彭剑坪 . 2012. 民办高职院校发展问题思考 . http：//www. worlduc. com/blog2012. aspx?bid=12232775〔2012-11-26〕

孙琳，余祖光 . 2006. 职业教育研究和学科建设的回顾与展望 // 全国教育科学规划领导小组办公室编 . 中国教育科学规划回顾与展望：从"六五"到"十五". 北京：教育科学出版社：274 -275

孙翔 . 1996. 略论在我国倡导和实施"科教兴村计划". 高等农业教育，（6）：11-13

王艮仲，饶博生 . 1985. 为职业教育正名定位 . 教育与职业，（1）：8-9

王建新 . 1999. 劳动和保障大事记 . http：//www. labournet. com. cn/other/ld_history_dashi/default. asp?dyear=1999. com

王明达 . 2005. 英国职业教育发展历程给我们的启示——《英国中等职业教育发展研究》读后 . 中国职业技术教育，（36）：12-13

王宪成等 . 1998. 实行"双证书"制，培养"一体化"职教师资 . 高等工程教育研究，（2）：23-28

王英儒 . 1982. 我国职工大学发展简况 . 高教战线，（4）：46

王英儒 . 1983. 发展中的我国职工大学 . 高教战线，（7）：39-40

温景文 . 1995. 绿色证书制度是实现农业现代化的必由之路 . 高等农业教育，（1）：57-59

闻友信 . 2008. 台湾技术及职业教育改革动向 // 萨兆湘——闻友信教育纪念文集 . 北京：高等教育出版社：142-145

闻有信，杨金梅 . 2000. 职业教育史 . 海口：海南出版社：145-147

严圣禾 . 2005-12-2. 产学合作提高日本创新能力 . 光明日报，第 012 版

严雪怡 . 1999. 论职业技术教育 . 上海：上海科学技术文献出版社：11-20.

杨金土 . 1993. 对职业技术教育若干重大问题的再认识 . 中国职业技术教育，（1）：10-12

杨金土 . 2011. 30 年重大变革——中国 1979—2008 年职业教育要事概录（上卷）. 北京：教育科学出版社：302-303，340-341，341-349

于龙斌 . 2004. 三教统筹与农科教结合的历史局限性及其现代价值取向 . 中国成人教育，（8）：81-83

翟海魂 . 2004. 英国中等职业教育发展研究 . 河北大学博士学位论文：117-130

张翠珠 . 2000. 劳动和社会保障部引进英国国家职业资格证书（NVQ）推广工作启动 . 现代企业教育，（1）：6

张德元，何开萌等 . 2007. 变迁：安徽农村改革述论 . 安徽：安徽大学出版社

张赓 . 2006. 国际高职产学合作教育的比较研究 . 中国职业技术教育，（5）：34-35

张少刚 . 1990. 星火计划、丰收计划、燎原计划简介 . 中国电大教育，（5）：32-33

张玉琴 . 2005. 中日职业教育区域研究 . 河北：河北大学出版社：9

赵霞 . 2007. 邦交正常化以来的中日教育交流研究 ——以日本政府主导的事业为中心 . 华中师范大学博士学位论文：148-157

中共中央国务院 . 1999. 关于深化教育改革全面推进素质教育的决定 . http：//www. moe. edu. cn/publicfiles/

business/htmlfiles/moe/moe_177/200407/2478. html［2004-07-24］

中华职业教育社 . 1992. 社史资料选辑（第 5 辑）. 北京：中华职业教育社：112-115

《职业技术教育》编辑部 . 2006. 1991 第二次全国职业教育工作会议 . 职业技术教育，（9）

《中国教育年鉴》编辑部 . 中国教育年鉴 1994. 北京：人民教育出版社：128

《中国教育年鉴》编辑部 . 中国教育年鉴 1995. 北京：人民教育出版社：174

《中国职业技术教育》编辑部等 . 1995. 中国职业技术教育机构概览 . 北京：中国书籍出版社

名家作品选^①

为进一步系统研究我国现代职业教育思想与实践提供资料，本编收录了我国 53 位名家的 1980—2000 年期间论文，代表作品 122 篇。其力求反映现实性、时代性和多样性，本编所选职教名家均为当时对职业教育领域的政策形成、实践和理论创新方面提出各自的思想和观点，以及具有一定代表性和较大影响的各级领导、校长和专家学者。

遴选作品的基本原则：其一，作品的观点、思想或思路具有新颖性和前瞻性及独到见解；其二，作品的思想观点具有一定的理论性，能把理论研究与实践探索结合起来；其三，入选作品为公开发表于 1980—2000 年期间的论文、讲话、报告、著作等；其四，入选作品以发表或完成的时间为序。

一、孙起孟

孙起孟（1911—2010），男，安徽省休宁县人，全国人民代表大会常务委员会副委员长、著名的教育家和社会活动家。

孙起孟于 1930 年毕业于苏州东吴大学政治系，在江苏省立苏州女子师范学校任教并任训育主任。1936 年应黄炎培之邀，到上海中华职业学校任教。1938 年后，任中华职业教育社云南办事处主任、中华职业教育社总书记。抗日战争爆发后赴重庆，任重庆中华职业教育社四川办事处主任。抗日战争胜利后，他参与筹组创立中国民主建国会，曾任民建委员会秘书长等职。1948 年 5 月，他代表民建赴东北解放区，后担任中国人民政治协商会议筹备委员会副秘书长，参加了新政协的筹备和《共同纲领》的起草工作。新中国成立后，他曾担任第七届、八届全国人民

① 本编列选的名家照片部分来源于百度百科和本人或家属提供。前五位作者为原国家领导和部级领导，后面以姓氏笔画为序。编者在编辑过程中对个别编目、文字略有改动。

代表大会常务委员会副委员长，中国民主建国会第七届、八届中央委员会名誉主席；中华职业教育社第六、七届理事长，第八、九届中华职业教育社名誉理事长。

孙起孟同志是著名的教育家，也是我国职业教育的主要倡导者和实践者，他长期担任中华职业教育社领导职务，认真研究我国职业教育的发展方向，主动配合政府有关部门制定加快发展职业教育的方针政策。在近半个世纪的职业教育生涯中，他为推动和发展我国的职业教育事业呕心沥血，作出了突出贡献。特别是 1995 年，他从中华职业教育社自身特点出发，倡导并实施温暖工程，把扶助弱势群体、促进劳动力就业作为基本任务，坚持"为国分忧、为民效力，急人所急、雪中送炭，灯亮一盏、光洒成片"的指导思想，大力开展职业培训及捐资助学活动，取得显著成效。

纪念黄炎培先生诞生 110 周年、中华职业教育社立社 70 周年感言[①]

今年是黄任老（黄炎培）诞生 110 周年，又是中华职业教育社立社 70 周年。九月间，在北京、上海、昆明等地，民建和职教社举行了一系列的纪念活动，引起了社会有关方面的注意，对于职业教育的宣传也起到一定程度的积极作用。我在参加民建上海市委员会和职教社上海分社联合举行的纪念会上谈过一些意见，涉及的不限于对黄炎培和职教社的缅怀，现在提出来，请读者研究指教。

第一，胡厥文同志在北京发表了一篇纪念讲话，指出黄任老一生给我们留下许多宝贵的精神财富，最主要的两点，一是始终不渝的爱国主义的信念，二是对于光明、对于真理执著追求的精神。报纸还发表了厥老（胡厥文）的题为《热爱祖国，与时俱进》的纪念文章。我以为，厥老概括的两点很中肯，很重要。黄任老和许多前贤走过的道路教育我们，启发我们，为国家、为个人，我们必须继续高举爱国主义的大旗。这面大旗是团结的大旗，又是前进的大旗。高举这面大旗，十分有利于把包括香港同胞、澳门同胞和台湾同胞在内的全国人民团结动员起来，同心同德，群策群力，为实现我国各族人民建设有中国特色的社会主义的共同理想，完成统一祖国，振兴中华的宏伟事业而共同奋斗。在我国的具体条件下，正如黄任老的一生所启示的，爱国主义往往是社会主义的扎实准备；社会主义又往往是爱国主义的发展趋向。对于人们的思想境界和政治见解来说，爱国主义往往是通向社会主义的康庄大道。经过这条道路成为社会主义者、共产主义者的，往往具有可贵的坚韧性，经受得住风风雨雨的考验。这是因为他们是在反复比较的经历中认准只有社会主义能够真正救中国，才作出自己的抉择的。黄任老和曾在职教社工作的邹韬奋等人，都是值得我们学习的榜样。我们的爱国主义，总的说来是社会主义的爱国主义，道理很简单，我们爱的是社会主义的中华人民共和国。同时，我们还应清醒地看到，我们正处在实现祖国统一的进程中，即使在祖国统一完全实现之后，我们还要坚持推行"一国两制"的方针；因此，对于我国实行社会主义制度的大陆的爱国主义说来，应以坚持四项基本原则，同时坚持改革开放为政治基础，对于港澳台的同胞说来，有了拥护统一、热爱祖国的政治基础，

---

① 孙起孟 . 1987. 纪念黄炎培先生诞生 110 周年、中华职业教育社立社 70 周年感言 . 教育与职业，（6）：11-12. 本文是作者根据作者于 1987 年 9 月 12 日在民建上海市委员会和上海中华职业教育社联合举行的纪念会上的讲话内容改写的。

就是爱国者。这两种情况有所不同，但又互相联结，相辅相成，形成有中国特色的爱国主义思想体系。这样的爱国主义能把先进性和广泛性的要求结合起来，有利于全国各族人民增进团结，共同进步，有利于顺利实现统一祖国，振兴中华的伟业。

第二，职业教育，长期以来受到相当普遍的鄙薄和歧视，这种不正常的情况至今并未完全改变过来。这首先当然是个教育理论认识和习惯势力等影响的问题，但从根本上说，这与对我国国情的认识不正确有很大关系，与对科学社会主义的认识不正确、不全面有很大关系。现在，我们已经逐步明确地认识到，我国还处在社会主义的初级阶段，是一个从半殖民地、半封建的经济文化很落后的状态解放出来的社会主义国家，其根本任务必须是发展社会生产力，我们必须坚持以经济建设为中心，坚定不移地进行经济体制改革，坚定不移地进行政治体制改革，坚定不移地加强精神文明建设，并且使这几个方面互相配合，互相促进。这就是我国社会主义现代化建设的总体布局。这是我国最基本的国情，也是党的十一届三中全会以来制定和实行的正确有效的路线、政策的根本依据。发展生产力是社会主义的一个重要标准，这一点必须明确。为了发展生产力，为了实现现代化建设，正如邓小平同志早就指出的，"关键是科学技术要能上去。发展科学技术，不抓教育不行"。在各类教育之中，职业教育对于培养大批适合社会主义建设事业实际需要、德才兼备的合格劳动者有更为直接的作用，因此，发展职业教育，不能不是深化教育改革的一个至关重要的组成部分。在这样的理论认识和路线政策的指导下，职业教育一定会日益受到重视，在教育领域中有其不可动摇的重要地位；而且在事实上，我国的职教事业也已经出现了前所未有的好形势。在这里，介绍一些民建和职教社的有关材料为例证。据不完全统计，1980—1986年底，民建、工商联地方组织及其成员，为社会培训不同层次的工商专业人才共计155.9万多人。其中，经过他们所办学校培训的学员73.4万多人；经过他们举办的短期培训班培训的学员27.6万多人；参加民建、工商联举办讲座的听讲者为54.8万多人次。到1986年底，民建、工商联举办各级各类学校148所，其中，高等专业学校3所；中等专业学校20所，业余学校125所。1980—1986年年底，举办各种专业技术培训班共计5390个，举办专题讲座8510多次。又据职教社提供的不完全材料，自1980年以来，该社云南分社、上海分社、福建分社、深圳办事处和河南工作组（安徽工作组成立不久未列入）所举办的职业教育设施，包括高等教育、中等教育、基础教育等层次，其中，有福建的中华职业大学和上海、深圳的中华职业学校，昆明的中华业余学校，上海、福州、深圳等地的中华职业补习学校、昆明的新中华实验小学和福建中华职业技术培训中心等、入学人数共计17.6万余人，毕业后为建设服务的人才为6.7万余人，在介绍以上的材料来印证职业教育的必要性和重要性之后，让我们简单地回顾一下黄任老和职教社的早期言论和实践，我们不能不对黄任老等前辈的远见卓识表示由衷的钦佩。还在"五四"运动前夜，黄任老等发起成立职教社，就提出职业教育的目的为："一谋个性之发展，二为个人谋生之准备，三为个人服务社会之准备，四为国家及世界增进生产力之准备。"早在70年前，黄任老等就能看到发展职业教育同发展生产力之间的联系，揭示职业教育促进生产力发展的功能，这的确是难能可贵的。

第三，在纪念黄任老和职教社的时候，谈一谈他们的主张和以往的经验，对于认真有效地贯彻执行党中央确定的"两个文明一起抓"的重要方针，我以为是有益的，我国现阶段的总任务是建设有中国特色的社会主义，把我国建设成为高度文明、高度民主的社会主义现代化国家。指出社会主义精神文明是社会主义必不可少的一个特征，这是中国共产党对科学社会主义理论建设的一大贡献；坚持社会主义物质文明和精神文明互为条件，同时并举，这又是我国社会主义现代化建设的一大特色。"两个文明一起抓"是党中央一再强调的指导思想和根本方针。职业教育属于精神文明的范畴，但是，它必须从经济建设的实际出发，为经济建设服务。发展职业教育，必须以经济建设为出发点和归宿点，脱离建设物质文明的实际，职业教育就会徒有虚名，不能发挥其应有的效益。职业教育以培养适合建设需要的职业知能为内容，这应当是肯定无疑的，然而，如果忽视思想道德的建设，那也难以达到培养社会主义现代化建设的合格人才的目标。因此，在职业教育的认识和实践上，都必须坚决贯彻文化教育和思想道德教育"一起抓"的精神。职业道德建设，是社会主义精神文明建设的重要内容，全心全意为人民服务，是社会主义职业道德的核心。我国的职业教育，一定要以"两个文明一起抓"的方针为指导，培养一批又一批的劳动大军，以全心全意为人民服务为核心，把自己的知识和能力同为人民服务的实践结合起来，做到在自己的劳动岗位上，"热爱本职，忠于职守"。回想黄任老当年创办中华职业学校时，就告诫学生："人生必须服务，求学非以自娱。无论受教育至若何高度，总以其所学能应用于社会，造福人群为贵。"他提出"敬业乐群""为己治生，为群服务"的要求。在 70 年前能够提出既为个人也为社会的行为准则，不能不说是一种难得的进步见解。黄任老职业道德的教育思想，今天仍然是值得我们学习和借鉴的精神遗产。我们应当从现在的实际出发，继承和发扬他的这些宝贵精神遗产，用于搞好我们的社会主义物质文明和精神文明建设。

关于安徽省"农科教"统筹协调工作的见闻 [①]

根据全国人大常委会办公厅的安排，我于 1989 年 10 月 7 日至 23 日去安徽省作了一些调查了解工作，重点问题之一是该省的"农科教"统筹协调工作。对此，我除听取省政府的有关汇报外，还于 10 月 13 日到"农科教"统筹协调工作开展较快、效果比较显著的黄山市，听取了市政府领导同志的专题汇报。14 日到皖南山区的休宁县实地考察了溪口职业高级中学，察看了学生们种植的苗圃、猕猴桃桃园和校办的香菇厂。同日，还参观了两个县办工厂。15 日参加了由黄山市委、市政府召开的有科委、科协、教委、农业局、农科教办公室及试点学校领导同志与会的座谈会。会上，大家介绍了"农科教"统筹协调工作的发起、进展和现状，交流了经验和体会，并对今后"农科教"的开展提出了一些设想和建议。

（一）"农科教"统筹协调工作的缘起与现状

党的十一届三中全会以后，安徽省农村实行了联产承包责任制，调动了广大农民的生产积极性，促进了农业生产的发展。但几年以后，农业生产开始出现了徘徊的局面。针对

---

① 孙起孟 . 1990. 关于安徽省"农科教"统筹协调工作的见闻 . 教育与职业，（2）：2-5

这一问题，蒙城县意识到，发展农业不仅要靠政策，还要靠人才，要靠科学技术。因此，他们在 1983 年底率先成立了以农科教等部门为核心的农村人才开发领导小组，下设办公室，集三家之所长，以职业教育为载体，实行"农科教"三位一体，党政群齐抓共管。休宁县 1984 年初抓住"经济振兴——人才需求——教育发展"这条主线，以教育、科技和农业部门为主体，联合开展了大规模的经济和教育调查，寻找农科教之间的内在联系和统筹协调、互相促进的规律。经过两年多的调查研究和实验，制定出包括教育、科技在内的全县经济发展规划。经过几年的努力，休宁县两个文明建设的面貌发生了深刻的变化，不仅地方经济得到明显的发展，科技、教育也转到为当地经济建设服务的轨道，走上了良性循环的道路。

中共安徽省委和省政府重视和肯定了这一群众性的创造，1937 年决定"点上深化，面上推广"的指导方针，先后在 22 个县开展了调查与试验，要求各级领导对农业、科技、教育要实行统筹领导，协调一致。农村职业教育要在县政府的统筹下，走出一条农科教密切结合，"科教结合，为农服务"，普教、职教和成人教育（所谓"三教"）互相衔接与沟通，县、区、乡分级办学，促进教育与经济的有机结合的新路子来。

目前，安徽省已有不同层次，不同类型的试点单位 100 多个，其中，有地区级的"农科教"试验区 2 个，10 个"农科教"试点县（国家级的 4 个），102 个试点乡。综观各试点的做法，大体有以下几种模式：①以职业学校为依托，农科教携手合作，开展带有"短平快"特点的培训，培训的学员即是科技示范户，培训的内容即是本县、乡推广的技术项目。休宁县溪口区是这种类型。②由科协牵头，成立各种学会，以学校为基点，推广实用技术。如泗县科协在长沟推广实用技术 16 项，仅水果一项就为全区增值 140 万元。③站校合一，集中辐射。以径县职业高中为代表，农科站并入职高，承担起全县农业科技人才的培训和技术推广工作，取得较好的效果。④统筹使用县级培训实体，提高试验基地的使用效益。庐江县将 9 个培训基地统一安排任务，每年可容纳 6000 多人的培训。

（二）实施"农科教"统筹协调的收获

近年来，安徽省实施"农科教"统筹协调已取得比较明显的社会效益和经济效益。主要表现在：

1. 提高了劳动者素质，为经济建设，特别是为农村经济的发展培养了一批专业人才

歙县行知中学针对当地经济发展需要，农科教联合办学，已为本地培养了 715 名各类专业人才。该校第一届工艺美术班 59 名毕业生，已成为歙县文房四宝公司的骨干力量。屯溪中华职业学校先后与 17 家企业联办，培养的 730 名毕业生有 722 名被对口录用，社会普遍反映这些学生"能顶用，有后劲，受欢迎"。溪口区经过实用技术培训的已占全区劳动力的 1/3 以上。他们提出"不求人人升学，但求个个成才"。区职业高中培养的 219 名毕业生，除 78 人参军、招工和对口升学外，其余 141 人回到农村，成了一代新型农民。蒙城县强化科技投入，广泛开展实用技术培训，几年内 14 万农民受到文化、专业培训，提高了广大农民的素质，迅速形成了使这个贫困落后的农业县产生深刻变化的社会生产力。

2. 通过项目辐射、技术培训，产生了明显的经济效益

歙县富堨乡将"星火""丰收""燎原"三个计划结合实施，通过职业教育大力普及农业科学技术，涌现出 30 多个蔬菜专业户，户均收入在 3000 元以上，全乡只此一项即收入 40 多万元。该县实行科学种田，3400 亩早中稻增产 30%，实现万吨粮食丰收计划。溪口区推行"农科教"统筹协调，工农业总产值从 1986 年的 2978.7 万元，提高到 1988 年的 5300 多万元，人均收入从 1986 年的 446 元，提高到 1988 年的 600 元。该区的职业高中去年除自己生产 2.1 万袋香菇外，还帮全区办起了 7 个香菇菌种场，生产香菇 25 万袋，仅此一项纯利达 15 万元。滁县地区普遍开展技术培训后，推广新品种、新技术，连续 10 年增产。

3. 促进了农村教育内部的改革，调动了各部门"兴教、育人"的积极性，使普、职、成"三教"相互沟通

随着"农科教"统筹协调的深入，职业教育的迅速发展，使原来单一的"升学教育"，转向为当地建设培养人才、提高人的素质的教育，教育结构日趋合理，人才结构也开始向多规格、多层次发展。休宁县普通高中和职业高中每年招生比例逐步达到 1.1∶1，既提高了普通中学的质量，又缓解了"千军万马过独木桥"的现象。溪口区已形成由普通中学、职业中学和成人业余学校及各种短期职业技术培训班三个部分组成的多层次、多规格的教育网络，实现了三教统筹。在普通中小学普遍建立生产基地，全面开设劳动技术课和职业技术课，并把职业教育作为振兴农业经济和农村教育整体改革的突破口，使培养人才和提高劳动者素质同开发本地资源有机地结合起来。

4. 促进了农村的社会主义精神文明建设

实践证明，"农科教"统筹协调是"两个文明一起抓"的一种好形式，是推动精神文明建设中促进文化科普建设和思想道德建设齐头并进的有效机制。休宁县抓住职业教育这个中间环节，坚持"农科教"统筹协调，大大提高了劳动者的科学文化知识和思想道德水平，打破了长期以来封闭和半封闭的国民经济状况，向着开放的商品经济起步。农村经济的发展又极大地调动了广大劳动者学习文化、掌握科学技术的积极性。职业中学、农民技术学校成为对广大党员、干部、农民进行思想教育的阵地，溪口还创办了业余党校，一年来共举办 8 期培训班，收到较好的效果，出现了艰苦奋斗、勤俭创业的良好风气。

（三）"农科教"统筹协调工作的几个重要环节

1. 从上到下建立健全组织机构是"农科教"统筹协调得以顺利实施的保证

安徽的做法是，省里率先成立了农科教统筹协调领导小组，随即在 16 个地、市也先后成立了领导小组，有 12 个地市还设立了专门的办公室。县级地区 60% 以上建立了相应

的机构。如黄山市三区四县还抽调了 23 人集中办公。休宁县溪口区组建由区委、区公所牵头，有关部门参加的农科教协会，区长担任协会主席，职业高中校长和区农技站站长担任副主席，协会成员由区级的林业、畜牧业、企业管理、财税及溪口镇、中心学区等单位负责人组成，并在所辖的六乡一镇成立分会，部分村也成立了相应的组织。黄山市所辖的祁门县职教中心还建了有 25 个单位领导参加的董事会，定期研究解决办学的重大问题。

2. 深入开展经济、科技、教育的综合调查

休宁县的实践证明，经济教育调查是深化教育改革的突破口，端正教育思想和促进教育与经济结合的催化剂。1983 年，休宁县承担了国家"六五"期间重点教育科研项目——《休宁县农村经济与教育调查》，历时两年，动员了近千人的力量，揭示了经济与教育脱节的弊端和二者密切结合的必要性。调研结果促使教育战线同志了解经济，也促进经济部门懂得教育的种种功能，加深了对"百年大计，教育为本"的理解。根据休宁县提出的抽样调查表明：90 户农民的人均收入与文化程度的关系是，文盲、半文盲，人均收入为 402.2 元；小学程度户为 562.5 元；初中户为 691.5 元；高中户为 1763.22 元。对这种抽样调查资料的可靠性当然不能估计过高，然而，毕竟从中可以得到劳动者的文化素质与发展生产力的关系的重要启迪，这是可以肯定无疑的。调查推动了教育部门、经济部门观念的更新，提高了"依靠""服务"的自觉性。同时，也使该县党政领导和各部门的同志深刻认识到，发展经济要依靠科技，科技人才的培养要靠教育，教育则要主动适应经济和社会的需要，成为引发全县实行"农科教"统筹协调的契机。目前，安徽省已在 22 个县和 102 个乡推广休宁的办法，一年来，共调查 15.7 万户，搜集 122.4 万个数据，并撰写出了综合调查报告，各自制定出项目开发和人才培训规划，有科学根据地促进了农科教的结合。

3. 层层组建以科技人员、专业教师、能工巧匠为主体的农科教讲师团，开展科技培训、咨询和信息服务活动

充分利用和发挥各部门科技人才的作用，以利于大面积地推广试点经验。现黄山、滁县两地市已组建讲师团 19 个，拥有专业技术人员 429 人，推动了全县农村科学技术的普及。

4. 有计划地在全省组织实施

安徽省已经于 1989 年正式下发农科教实施方案，"方案"提出了明确的指导思想、目标和任务，根据全省经济建设发展规划的总体目标和农村经济建设对各类人才的需求，按照认识统一、规划统一、师资统一、基地统一、资金统一的要求，制定出全省农科教统筹发展规划。要求各市、地、县根据实施方案结合本地的实际情况，制定本地的实施方案。不少地区主要负责同志与农科教部门建立了联系点制度，以点带面，推动农村经济、教育体制改革的深入发展；有的还把农科教统筹协调工作的实施列入党政干部岗位责任制和领导任期考核、述职的一项重要内容。

（四）问题与思考

安徽省在实施"农科教"统筹协调过程中，据黄山市有关同志介绍，还存在着一些问题。听来主要是：

1）开展"农科教"统筹协调工作是农村综合改革的系统工程，对长期从事部门工作的同志，特别是一些领导同志，尚缺乏驾驭这一新生事物的能力。对增强综合服务功能也缺少足够的认识，往往口头重视，遇到具体问题就忘掉了统筹协调，直接影响着这项工作的健康深入地发展。

2）"农科教"统筹协调工作是科技兴农的重要途径，是一项长期的基础建设。但由于干部换届制，不少同志程度不同地存在短期行为，对这一周期性较长的战略措施热情不高，抓得不力，影响到这项工作的稳定发展，未能取得应有的效应。

（五）我对"农科教"统筹协调的初步看法

"农科教"统筹协调工作是一项新的探索，有些问题须在实践过程中才能发现，也只有通过群众实践，深入地总结经验教训，才能真正得到解决。发展农业要靠政策，靠科技，靠投入，这是很好的概括。然而，投入不仅是资金的投入，一定要包括以科技和教育为发展农业手段的智力投入，资金如果不用在刀刃上，农业仍然上不去。在这方面，以往有成功的经验，也有失败的教训。提到根本指导思想来说，这里有个"两个文明一起抓"的方针怎样在农村贯彻执行的问题。江泽民同志在国庆四十周年重要讲话中指出："坚持社会主义物质文明和精神文明一起抓，是我们的基本方针。"为什么过去在两个文明建设上会出现"一硬一软"的问题，原因是多方面的，但没有在认识上和实践上的明确而有效地"一起抓"，可能是其关键性的原因。物质文明建设一手硬，这丝毫没有错，集中力量发展社会生产力就得"硬"，"硬"到底。那么，精神文明建设一手"软"的问题怎么解决？简单地想把它由"软"变"硬"，不是根本之图，只有把精神文明建设和物质文明建设一起抓，所谓两个任务一起下，两副担子一起挑，两个任务一起完成，才能真正解决所谓"一手软"的问题。

就我在黄山市的亲身见闻而言，安徽省的"农科教"统筹协调工作给我总的印象是：它不仅展示出农村改革深化的一条有效途径，特别是农村教育深化改革和蓬勃发展的宽广道路；也为如何贯彻"两个文明一起抓"的方针打开了思路，提供了引人瞩目的有益经验。它定将在建设有中国特色的社会主义的过程中，显示出越来越旺盛的生命力。

对当前我国教育工作的几点意见[①]

大力发展和深化改革我国教育是建设有中国特色社会主义中关系全局的大题目。在这里，我想就坚持教育的战略地位、大力发展职业教育、加快教育立法的步伐等三方面的问题发表如下意见：

---

① 孙起孟.1993.对当前我国教育工作的几点意见.教育与职业，（10）：3-6

（一）要进一步解决领导思想到位，实际工作到位的问题。换句话说，在认识上确立、在行动上落实教育优先发展的战略要位，仍是摆在各级领导面前的首要问题

我之所以这样提出问题，主要是基于以下几点考虑：

1. 邓小平同志建设有中国特色的社会主义理论是我们党和人民异常可贵的精神财富

在这一理论体系中，我认为当然也包括小平同志对教育工作所作的一系列重要论述。特别是小平同志从社会主义建设全局和长远目标出发，对教育在社会主义现代化中的基础地位的论述，是他的教育思想的精髓。在 80 年代，小平同志曾经作出这样的全面估计："从中央到地方，有越来越多的同志，懂得知识和人才的重要，懂得教育的重要，这是我们党的一大进步。另一方面，还有相当一部分同志，包括一些高级干部，对于发展和改革教育的必要性认识不足，缺乏紧迫感，或者口头承认教育重要，到了解决实际问题时又变得不那么重要了。"他的这一估计，现在是否过时？这个估计问题十分重要，因为这是贯彻执行党的决策，发展改革我国教育的重要出发点之一。就我在今年全国人大八届一次会议安徽省代表团上发言中所涉及的情况来看，不能不承认小平同志的估计，总的还有现实的指示意义。一个不容置疑的检验尺度，就是小平同志在 80 年代提出的总要求："各级领导要像抓好经济工作那样抓好教育工作"。在 90 年代，我们应当对此倍加重视，努力解决领导思想和工作不到位的问题。任何一级领导如果忽视教育的认识和行为，不认真及时地加以扭转，任其发展下去，都会在工作重点全面转移中延误时机，导致在战略指导思想上发生失误。现在摆在各级领导和教育战线面前的一项紧迫任务仍然是要学习邓小平同志建设中国特色社会主义理论，其中，包括学习好小平同志的教育思想，自觉地以此来武装自己，真正做到在认识上确立和在行动上落实教育优先发展的战略地位，这是对于我国教育的改革和发展起着关键作用的大前提。

2. 目前我国正处在世纪之交的关键时期

在研究我国教育的改革和发展时，有一个重要因素绝对不能忽视：这就是当今世界已由过去的政治冷战转为经济热战，焦点是科技。科技的竞争实际上是人才和全民科学文化素质的竞争。没有人才，就没有科技，这个道理本来很简单。但是目前并不是所有的人都真正从这样的基本角度去抓教育。我曾多次提到过，不少地方和部门在谈到振兴农村经济时，总是只把党中央一贯强调的"科教兴农"（中国共产党第十三届中央委员会第七次全体会议直至中国共产党第十四次全国代表大会的一贯主张）的发展战略改为"科技兴农"，偏偏把"教育为本"的"教育"丢掉了，就是一个证明。这绝不是一个简单的提法问题，而是反映了一种指导思想。诚然，没有科学技术进步的依托，振兴农村经济就无从谈起；而劳动者思想道德素质和科学文化素质不提高，依靠科技进步也就成了一句空话。因此，有些地方提出了类似"教育为本，科技兴农"或"科技兴农，教育奠基"的口号，这是比较全面的、科学的提法，而作为发展农业的战略，无论简单地提"科技兴农"，或者"教育兴

农"都是不完整的、不恰当的（"教育兴农"的提法最近曾在报纸上偶尔出现。）。"科教兴农"的战略是党中央对群众智慧结晶的全面概括，它从根本上抓住了教育、科技同农村经济相适应的核心和实质，是完全符合社会主义现代化建设规律的。目前，我国已经确立实行社会主义市场经济的目标。建立市场经济机制，增强市场经济后劲，关键也在人才。建设社会主义市场经济的主体是人，其素质高低也可以说是市场经济发展的决定因素。因此，一个国家，一个民族，如果没有教育战略眼光，不掌握住教育效益表现的普遍性、深刻性但又有相对滞后性的特征，从而必须优先，超前大力发展的客观规律，把教育不断推向新的台阶，若干年后，诚如邓小平同志所告诫的，后果将不堪设想。

3. 目前我国基础教育面临着一些令人忧虑和困扰的问题，如教师骨干大量流失，教育经费严重短缺，学生辍学率呈上升趋势，教学质量出现滑坡等现象

一些社会有识之士再次发出"救救教育""救救教师""救救孩子"的呼吁。可是一些同志对解决基础教育面临的问题缺乏紧迫感、危机感。一些地方甚至产生普及九年义务教育已经搞得"差不多了"，可以"歇脚""喘气"的思想，认为教育已经超前发展，应该"冷一冷""让一让"了。这些认识显然有悖于小平同志的思想，也不符合目前基础教育的实际情况。它反映了一些同志工作中的某种程度的错觉，也说明一些地方基础教育的到位问题尚未根本解决。这是最让人担心的农村教育问题，这是整个教育的难点和重点。我国是一个农业大国，农村经济在国民经济中占有举足轻重的地位。改革开放十多年来，我国农村改革不断深化，农村经济全面发展。中国农村发生的巨变，引起国际社会的瞩目。但是这一历史性成就掩盖不住我国农村经济发展中的问题。我们必须看到，制约我国农村经济发展的因素还很多，其中最为突出的是劳动者文化、科技素质比较低。党的十四大指出："科技进步、经济繁荣和社会发展，从根本上说取决于提高劳动者的素质，培养大批人才。"也就是要靠教育最大面积地提高劳动者的素质。目前对我国农村教育这一巨大社会工程，在物质保证上实际上一直靠两件东西支撑着，一个是各级政府教育投入，一个是群众集资办学、捐资助学。前者是主渠道，但在许多地区，并没有实现法定的教育经费"两个增长"。在农村尤其是贫困地区问题比较严重，由于乡一级财政十分薄弱，教育经费根本得不到保证。后者虽只起补充作用，但它改变了国家包办教育的做法，是对教育投资体制的一种改革，同时，体现了"人民教育人民办"的精神。全国广大农村通过多渠道集资，积极改善办学条件，取得了显著的成绩。最近，国务院把农村教育集资作为涉农负担项目明令加以取消，在贯彻执行时必须高度注意本来就十分紧缺的农村教育经费的矛盾，不能丝毫放松，要妥善加以解决。在这种情况下、各级政府肩上的责任就更大了。特别是《中国教育改革和发展纲要》提出到本世纪末全国基本普及九年制义务教育的宏伟目标，任务十分繁重艰巨。为此，各级政府要切实将基础教育实实在在地纳入当地经济和社会发展总体规划，并将这一事关大局的工作列入重要议程，采取有效措施组织实施。市场经济并不能取代国家和各级政府对于教育的义务和责任，特别是对义务教育更应作如是观。《义务教育法》第二条和第十二条明确规定"国家实行九年制义务教育"。"实施义务教育所需事业费和基本建设投资，由国务院和地方各级政府负责筹措，予以保证"。由此可见，实施义务教育是国家行为，首先应尽义务的是国家。如果经费短缺，责任应在政府。为此各级政府必须坚持教育经费的"两个增长"，确保教育投入到位，并以此作为衡量教育优先发展战略地位是否落实的一个重要标志。最近，广东决定从 1993 年起全省按上年第二、第三产业国民收入总值的 1% 集资上缴省财政，其中，80% 用于发展教育事业。此外，在 2～3 年内，使教师人均收入在全省 12 个行业中达到中等偏上水平（每人每月 800～1000 元）。上海浦东新区决定从今年至 1995 年期间，对教育的投入，每年要比国民生产总值的增长率高 2～3 个百分点，同时，提高教师待遇也被提到重要位置。上述这些数字都非常具体，实实在在，这样的实事，就是要多做，快办。

（二）加强农村职业教育，培养数以千万计的立志为农村建设，农村现代化服务的中、初级专业技术与管理人才和新型劳动者，是一项刻不容缓的艰巨任务

近年来，各地都涌现出一批重视农村职业教育的先进地区和县，涌现出一批办得好的农村职业学校。他们坚持为当地经济和社会发展，为农民致富服务的办学方向，为农村社会主义建设培养了一大批新型劳动者，这批力量已成为发展农村经济的生力军，科技推广的基层骨干，劳动致富的带头人。群众赞扬农村职业学校给农民撒致富种子，栽致富苗子，成了农村经济起飞的"翅膀"。最近，我同一些同志再次到河北考察农村职业教育工作。我深深感到，河北已经开始闯出一条符合农村实际发展的职业教育的路子。他们解放思想，拓宽思路，步子迈得开，改革有力度，办出了水平，办出了特色，特别是首批 60 个职教中心建设成功，标志着河北职业教育实现了新的突破，进入了一个新的时期。首先，河北职教的功能在向综合化方向发展，即以人才培养、培训为主，同时开展技术推广与服务、生产示范与经营、科学试验与普及、信息服务与咨询，五位一体，有机结合。其次，办学体制形式多样，确立了职教中心作为农村职业教育的主要形式，实行政府统筹，部门联办，教委协调，一校多制的办学体制。再次，实行产教结合，大力提高职业学校自我发展的能力。职业学校不仅要成为人才培养的基地，还要成为经济和服务实体。在那里，看到经济和职业教育二者之间"你中有我、我中有你"的可喜局面。最后，职业教育主动面向社会，服务社全。广泛吸收和调动全社会方方面面的力量关心和参与职业教育。

河北的经验给我们以很大的启示，对于我们目前正在抓紧制定的职教立法工作无疑具有重要参考价值。最近，我反复考虑了这样一个问题：在社会主义市场经济条件下，如何把职业教育这盘棋下活。有人预言，社会主义市场经济为职业教育的发展开辟了十分广阔的前景，我国职业教育将进入一个黄金时代，进入一个新的时期。那么，在新的形势下如何把我国农村职业教育不断推向前进，并开拓出一条充满生机的新路呢？结合这次在河北考察的体会，我想提出以下几点建议：

1. 在认识上要实现新的飞跃

即从一般意义上关心重视职业教育转化到使职业教育更好地面向农村经济。为农村经济服务上面来，努力把握教育与经济协调发展的主动权。特别是在市场经济条件下，在办

学指导思想上要加强市场观念，从而在发展和改革职业教育思路中更加自觉地根据市场需求和市场发展趋势来组织教育教学，培养当地急需的"适销对路"的人才。面向经济天地宽，这是从总结历史经验教训中得出的一个规律性认识，也是农村职业教育改革的一个关键性问题。职业教育作为教育与经济的最佳结合点，与普通教育相比，它与经济建设的联系更直接、更密切、更现实，更广泛。它具有覆盖面大、实用性强、灵活度高等特点，因此它很可能成为农村教育面向农村经济，服务农村经济的突破口。

2. 要坚持全面放开的原则

以河北为例，每年仅初高中毕业生就有 80 多万人，要使这些人全部或大部受到应有的职业教育，职业教育的发展不放开是不行的。前不久，我收到河北沧县县委书记杨进勇同志寄来的一份材料。他说：沧县每年都竭尽全力增加教育投入。但是，巨大的教育投入和获得稀少的人才形成惊人的反差。几乎 95% 的初高中毕业生虽然摘掉了文盲的帽子，却戴着科盲的帽子回乡，因缺乏一技之长，普遍适应性较差，既不会办企业，又无能力实现农业的"两高一优"，和自己的祖先一样"日出而作，日落而息"使他们在成长的历程中半途而废，造成财力和人力的极大浪费。这个材料至少在河北农村有相当的代表性。因此，如何把农村这 90% 多的力量转化为合用的人才资源，是摆在农村职业教育面前的一项十分紧迫的任务。全面放开，在体制上灵活多样，应当作为发展农村职业教育的一条指导原则，以保证未升学的初高中毕业生普遍接受不同年限的职业培训。要全面放开，就必须坚持职业教育"大家办"的方针，乡镇、农村、企业、部门，以及成人教育机构都要全方位地行动起来，充分发挥他们办学的积极性，做到国家、集体、个体一齐上，公办、民办、私立一齐上。特别是乡镇企业的崛起。一方面，要求农村职业教育培养"适销对路"人才；另一方面，也出现了乡镇企业主动参与，同教育部门合作兴办职业教育的趋势。此外，需要强调的是，充分调动社会力量发展职业教育，完全符合我国国情，符合社会主义初级阶段实际，它理应在整个职业教育体系中占有重要的位置，而且成为职业教育结构中比较活跃的一部分，比较灵活的一部分，特别是在市场经济条件下，它还应成为发展较快的一部分。

3. 要扩大农村职业教育的总量和规模

如果说城市中等教育结构趋于合理，那么，农村的中等教育结构改革则起步较晚。我国职业教育的主战场应该在农村，但实际上农村职业教育与农村经济发展的要求很不适应，特别是随着我国农村经济向着不断优化的方向发展，在巩固第一产业，发展第二产业的同时。实行加速发展第三产业的战略，关键是要不失时机地开发我国丰富的人力资源。大力发展职业教育，着眼于大面积地提高劳动者素质，培养农村经济建设急需的人才，是改变我国农村劳动生产率总体水平比较落后的状况，壮大农村经济实力的重要途径和源泉。为此，要强化政府统筹职能，实实在在地把职业教育纳入当地经济社会总体布局，特别是要把人才预测和培养规划作为一件大事来抓。从我国农村发展态势来看，我认为，有条件的地方，高中阶段职业教育招生数和在校生数占整个高中阶段教育的比重似应有一较大幅度的增加。到本世纪末应力争分别达到 60% 左右。职业教育没有这样一个总量和规模，恐怕难以适应面向经济，服务经济的要求。此外，要坚持"先培训，后就业"的原则，在更大范围内实行"绿色证书"（农业）、"红色证书"（工业）、"蓝色证书"（商业）制度，确保城乡新增劳动力上岗前都能得到必要的职业培训。最后，要把农村职业教育和成人教育有机地结合起来。农村职业教育和成人教育都具有地方性、实用性、短期性的特点，其实质在于把农村各行各业的职前培训和职后培训结合起来，开发农村智力，培养农村人才，为农村经济服务。

4. 要集中力量办好一批重点职教事业

河北在农村办职教中心的经验开创了县办职业教育的新模式，我们曾把这一经验归纳成五个"有利于"。目前从全国看，各类职业学校数量不少，但真正办出水平，办出特色的学校比例还不大。因此，摆在我们面前的一项任务、就是要努力办好现有的农村职业学校，每个县都要集中力量，舍得花本钱、下功夫办好一至二所示范性骨干学校或培训中心，同大量的、形式多样的短期培训相结合，形成职业教育网络。也就是说，每个县致力于重点办好一所职业学校或职教中心，要求做到：有正确的办学思想，相应的办学规模，较强的师资队伍、必要的教学设备，贯彻产教结合精神的实习基地，自我发展的能力，切合需要的专业设置，相应的管理制度，精干的领导班子。只有这样，才能充分发挥其在全县农科教中的枢纽作用。

（三）以改革的精神加快教育立法步伐、使教育立法工作适应社会生义市场经济的需要并促进我国教育的改革与发展

我国教育立法严重滞后，是整个法制建设中的薄弱环节，教育立法的进展与教育所处的地位不相适应，与教育事业本身的发展和改革不相适应，也与现代化建设发展的紧迫需要不相适应。经济立法一定要抓紧，但教育立法不可滞后。在立法上，同样也要充分体现邓小平同志关于经济建设这个中心"本来就应当包括教育"和像抓经济那样抓教育的指示精神。目前，我国教育方面的法律除了《学位条例》以外，实际上只有一部《义务教育法》，而且《学位条例》由于年头太久，面临着修改问题，而在市场经济条件下，政府职能发生了变化，对教育主要实行宏观调控，要从过去主要依靠行政管理、过程管理转变为主要依靠法规管理，也就是说要坚持依法治教，教育法制的地位突出了、客观形势提出了加快教育立法工作的要求，以便逐步建立与市场经济体制相适应的教育法制，这里，我想着重谈谈有关《教师法》的问题。

世界许多国家，教师的社会地位比较高是同教师的优厚待遇成正比的。当然，教师首先应具有真正符合这一崇高称号的素质，这是赢得社会尊重的基础。教师待遇高于其他行业、才能体现知识的价值，人才的价值，才能体现社会对教师所做贡献的承认、当前最紧迫的一件事是要下大决心采取重大政策和措施积极改善教师的工作、学习和生活条件。据统计，1992年教育系统职工平均工资在全国12个行业中排在第10位。随着国民收入分配格局的变化，整个社会职工工资增长幅度较大，教师工资与社会其他行业职工工资的差距有进一步扩大的趋势、教师队伍不稳的问题也就变得更加突出了。教师弃教改行，愈演愈

烈，已成为当前令人关注的热点。仅 1992 年全国就流失中小学教师 4.3 万人，占中小学教师总数的 4.9%。教师流失的严重状况不仅阻碍整个教育事业的发展，而且长此下去，于国家、于社会的发展都是一种潜在的危机。现在人们寄希望于《教师法》，期望国家能采取法律手段提高教师的物质待遇，但《教师法》却一拖再拖，迟迟出不了台，现在到了非下决心不可的时候了。真正的决心来自正确的指导思想，那就是从社会主义现代化建设全局出发，始终把调动广大教师的积极性作为解决问题的基本出发点。邓小平同志多年前就指示说："我们不论怎么困难，也要提高教师的待遇。"我们必须紧紧抓住教师问题这一核心和实质。前不久，中央发布《中国教育改革和发展纲要》，在教师待遇问题上已经有所突破。建议国务院要根据《中国教育改革和发展纲要》进行修改，尽快提请全国人大常委会审议。改善教师待遇，稳定教师队伍是摆在领导者、决策者面前的一个十分严峻的问题，无论如何不能再拖下去了。在此，顺便提出一点建议。业经通过公布的《中华人民共和国农业法》专立"农业科技与农业教育"一章，贯彻该法第七条"国家依靠科学技术进步和发展教育振兴农业"的战略思想，这是很好的，可惜该法第五十二条在规定保障和改善专业技术人员的工作、生活条件等等时只字未提对从事农业教育人员执行同样的政策规定（我在全国人大常委会八届二次会议的小组会上提过此意见），如果机械执行，可能会给教育界带来不良影响，与第七条规定的战略思想也欠呼应。吁请国务院在制定有关实施的法规时注意弥补这一缺陷。

　　总之，教育立法的任务十分繁重。我们要自觉地把教育立法工作放在教育发展与改革的大局中来考虑，将其置于突出重要的位置。我们要以极大的努力，克服各种困难，争取在"八五"规划期间完成《教育法》《高等教育法》《职业教育法》，以及有关行政法规的研究和草拟工作，使教育立法工作适应并促进我国教育事业的改革与发展。

二、何东昌

何东昌（1923—2014），男，浙江诸暨人。曾任教育部党组书记、部长，中纪委委员。

1944 年 10 月参加革命，1947 年 8 月加入中国共产党。1941 年考入西南联合大学电机系，后转入航空系学习，参与建立党的秘密外围组织"民主青年同盟"并担任执委，毕业后到云南农村中学任教。1947 年在北洋大学航空系任教。1948 年任清华大学助教并担任教职工党支部委员，后在石景山地区参加接管组工作。新中国成立后，任清华大学党总支副书记，后兼任燕京大学党总支书记。1951 年 2 月，任清华大学党委书记，后主持创建清华大学工程物理系并兼系主任。"文化大革命"中受到迫害。1977 年 5 月后，任清华大学党委副书记、副校长。1982 年起，任教育部党组副书记、部长、党组书记，国家教委党组书记、副主任，兼任国务院学位委员会主任委员。

中共第十二届、十三届中央委员，第三届、五届全国人大代表，政协第八届全国委员会常务委员，1978 年党的十一届三中全会当选中纪委委员。

在全国职业技术培训工作会议上的讲话（摘要）①

《中共中央关于教育体制改革的决定》（简称《决定》）是一个纲领性的文件，它规定了全国性的教育奋斗目标，并规定了实现这些目标的改革方针、方向和重大措施。职业技术教育是《决定》要解决的一个重要问题，要落实就要做很多工作，下面讲一些看法：

（一）职业技术教育的重要性和观念上改变的问题

职业技术教育的重要性在一些发达国家是不成问题的，但对我们来讲是个问题。从历史上来看，小学要办，中学要办，大学要办，这是不成问题的。但要不要办职业技术教育，认识不是很一致的。历史的原因是，解放以前，旧中国没有现代的工业、现代的农业、现代的商业，所以职业技术教育就比较薄弱。建国以后，50 年代我们按国外的经验建立起了职业技术教育，像中专和技工学校等。当我们强调经济建设时，中专和技工学校的发展就比较快。当然，1958 年的时候是有错误的，所以到 1961 年一调整，下得也非常快。大起大落，比大学厉害。以后少奇同志提出两种教育制度。1958 年开始提出，1964 年又提出，到十几个省到处讲，而且讲到哪个教育厅不抓的话就成立第二教育厅。到 1964—1965 年，半工半读、中专、技校加起来和普通高中的比例，大体是 6：4。但一到"文化大革命"，职业技术教育也跟着倒霉。职业教育大概是这样一个曲折的过程：在强调阶级斗争时，职业技术教育就下来了，而且越强调得厉害，职业技术教育就越下得快。这就是说我们的职业技术教育在社会上不是那样生根，原因是我们工作的重点长期没有转移到经济上来，很多人没认识到职业技术教育的重要性。"文化大革命"期间，把技工学校、中专砍得很厉害，都变成工厂了，房子也被占了，人也散了。有很多原因，重要的一个原因，指导思想是"左"的，加上"四人帮"的破坏。但是，恐怕与职业技术教育没有在社会扎根有关系。现在老师对学生从小进行爱科学的教育，课堂挂着科学家的像，有外国的爱因斯坦，也有中国的祖冲之，都是大科学家。就是没有挂鲁班和黄道婆像的。能工巧匠不被人重视，这是非常广泛的现象。这次中央的《决定》要求从党内，社会上重视起来。现在我们工作重点转移到经济建设上来，这个问题在客观上已经迫切需要了。但主观上还没有及时地反应过来。所以这里提出这样一个问题，就是如何引起重视的问题。要树立两个观念：一是用人要经过职业技术培训的观念，没有经过培训的不得录用，再一个是社会上行行出状元的观念。50 年代，我们有一批劳模是全国妇幼皆知的。现在宣传得不像 50 年代那样了。《决定》讲到要改变鄙薄职业教育的陈腐观念，树立两个新的观念：即树立行行光荣、行行出状元的观念，树立劳动就业必须有一定的政治、文化和技能准备的观念。这就需要各方面来做工作。但我们干这一行的怎么办？要很好地研究。

第一是让事实说话。企业的素质很大程度决定于劳动者的素质。劳动者素质高怎么样，素质低怎么样，对企业产生什么后果，这要提出一些有说服力的东西。过去做了一些工作，但恐怕还要有系统有计划地宣传一批职业道德好、有一定文化科学素养、有高超的劳动技能、在技术革新方面做出了贡献的先进人物。逐步树立《决定》中讲到的两个新的观念。

---

① 何东昌.1985.在全国职业技术培训工作会议上的讲话（摘要）.职业教育研究，（5）：2-5

第二是从制度上来解决。要建立相应的劳动人事制度。将来是否可以考虑实行两种证书：一个是学历证书，再一个是技术岗位证书。把职业教育同就业挂起钩来，同上岗位挂起钩来。将来，客观上同劳动所得也会挂钩。当然有个劳动态度问题，只要他积极劳动，具有两种证书、真才实学，当然他的所得也应多一点。但不是有证书就可以多拿钱，不是这个意思。这样，也可以避免盲目地追求高学历，将来还需要做一些基本建设的工作。什么样的岗位要什么样的训练，要做工作。我们是两个文明一起抓，要同时注意政治素质和业务素质。我们希望将来机构健全以后，与劳动人事部门研究抓好这件事。实行两种证书，有什么好处呢？就是如果这个制度建立以后，企业就有积极性来办学，不光是我们着急要办，而是他着急要办，两方面一结合，事情就好办了。

还要把复杂劳动和简单劳动适当拉开，这样，学习者本人有积极性，工人、企事业单位、用人单位也有积极性，不是一头热，而是两头热。

（二）怎样摸索出适合中国情况的职业技术教育和培训的分流图

完成基础教育以后怎么管理，农村怎样分流，城市怎样分流，沿海地区怎么分流，内地怎么分流。我们沿海地区、大城市和经济条件比较好的城市、大城市的周围地区，大概有 2.5 亿人口的地区，这部分地区，争取 1990 年左右，实现九年义务教育，然后再经过十年的努力，到本世纪末普及高中阶段教育，包括职业技术教育。然后，再加上这些地区的高等教育相应发展，那么到本世纪末，我们这些地区的智力基础大体跟两个日本相同。日本的总产值 1 万亿美元，如果我们准备好 2 亿多人口这样一个智力基础，那么，我们在下一个世纪初上升到 2 万亿美元也不是太困难的。然后是其他 50% 的地区普及九年义务教育，大体要到 19 年，但普及高中阶段教育就更要晚一些了。还有 1/4 的地区要帮助他们快点前进，但相对地讲，时间还要更长一些。这种思想，写在关于基础教育这一部分。这是对全国范围的战略部署。每个地区也要有不同的分流办法，各个行业也一样。有的行业技术构成要求高一点，有的行业技术性低一点，技术密集型、智力密集型各有不同，这是中国国情。美国的发展从东到西，从南到北，我国也有一个从东向西的过程，就是一个省、市内部也有不同，《决定》大体划了一个轮廓。农村恐怕相当一部分从初中就开始分流了，城市要从高中，然后那些不想继续升学的部分，都要让他接受不同的职业技术教育。高等专科学校也是高级的职业技术培训。这里面有许多细致问题需要研究。比如，初中毕业以后，有的职业训练是不是两年就够了，是不是一定要三年？北欧一些国家叫综合中学，商业性的专业一般是两年，准备上大学的是三年，工业性的专业是四年。高二能不能开始分流，是不是非要高三，所有这些问题都要研究。日本有"各种学校"，初中毕业后升学的不多，主要是高中毕业。凡是学时满一定课时的，招生超过两个班的，50～60 人以上，学制一年以上的"各种学校"，也算正规学校。还有定时制高中、夜高中，一边在工厂学徒，一边在学校上课，这叫非全日制学校。这几种形式，国内、国外都有。究竟怎么分流，要结合我国实际情况创造实际经验。总的目的是要提高民族素质。围绕这样一个目的，要根据不同的实际情况，不同的经济文化条件，不同的经济发展水平，要开展相当多样化的工作。

（三）关于办学方针、办学渠道和办学形式

职业技术教育是教育事业中跟经济发展、社会发展和科技进步结合最紧的一部分。《决定》写了职业技术教育的发展在城市要适应提高企业技术水平、管理水平和发展第三产业的需要。在农村，要适应调整产业结构和农民劳动致富的需要，就是紧密结合当地需要，这是办学的方针。教育除了短期培训以外，恐怕都有一个相当长的周期，因此这方面要加强宏观上的人才预测。这个问题从 1983 年起，各个部门都做了，就是按行业进行预测。从地区来说，只有少数地区做了，大部分地区没有做。地区的人才流动和规划问题原来做到中专以上，现在看来要向下做。我们要加强这方面工作，使我们的培训工作更有目的性，避免盲目性。

1. 要结合当地的需要，实行多渠道办培训

《决定》上写了要企事业单位、部门、集体、个人一起上，正规和短训一起上。可以单独办，也可以联合办，企事业单位之间可以联合办，教育部门和企事业单位之间也可以联合办。集资也是多渠道的，包括自筹一部分。少奇同志讲了要半工半读，党中央《关于建国以来党的若干历史问题的决议》肯定了少奇同志的思想。这里要注意一个问题，就是要服从人才的需要，服从提高民族素质的需要。不要让不正之风进入教育领域，这种不正之风现在是有的，比如卖文凭的现象。

2. 加强规划工作，避免盲目性

加上多渠道，加上各种形式联合，这样，就可以挖潜。技能的培养一定要有实习场所。只靠学校自己来解决这个问题，世界上没有哪个国家能够办得到，中国更办不到，不搞联合恐怕是不行的。用立法的办法，用改革劳动、人事制度的办法，促使企业举办这项事业。这里涉及一个招生问题，企业积极地招收自己职工的子女。但都是本厂子女，也有问题。是不是可以提倡企业之间相互串换，总的讲还是要面向社会。当然要照顾本单位的利益，但应当挖掘潜力，面向社会，提高智力投资的效益。

总之，我们的教育任务是非常重的，《决定》讲到要造就数以亿计的劳动者，数千万的企业管理人才和工程技术人员、农艺师，数以千万计的新闻工作者、医务工作者等等，要提高全民族的素质，这个任务是非常重、非常大的。但是国家有困难，去年国家教育投资是 140 亿，加上各种渠道集资，恐怕顶多 200 亿。10 亿人口，200 亿元，平均一个人 20 元钱，只相当于 7 美元。所以，这里有许多效益问题要很好地研究，刚才讲的加强规划，减少盲目性，加强联合，多渠道集资，企业之间互相串换等等，都是挖潜的办法。

3. 实行教育、教学方针

我们培养的人应该是德智体全面发展的人才，是"四有"的人才，即有理想、有道德、有文化、有纪律。要强调坚持社会主义方向这一条。现在的情况是进行生动活泼的马克思列宁主义的教育做得很不够。《决定》强调职业道德和纪律的教育，这个问题在

"文化大革命"期间遭到了很大破坏。现在短期内恐怕还不能完全解决。但是，一定要解决。

职业技术教育的面不宜太窄，要跟基础教育相配合，以适应广泛就业、进行技术革新和继续进修的需要。同时也要注意技能的训练。当然这个比例如何掌握，把中、小学那一套搬过来，内容太多，分量太重，本身就不行，搬到技工学校来就更不行。另一方面，忽视它也不行，必要的内容也要吸收。老人老办法，对培训老职工，要求可以略低一些；新人新办法，对新职工要求要高一些。恐怕要有区别。这样一代比一代强。要发展我们的外贸，就要发展制造业。发展制造业就要提高产品的质量。提高产品质量没有特别的高招，就是一个"严"字。要在就业前和学徒期间养成一种严格的作风。中国人聪明，手也巧，真正用心思，质量是可以上去的。这里面涉及教学方针问题，我在外国看到的印象，他们的理论课不是太深，技能训练比较重视，形象的东西用得比较多，但是训练要求比较严，包括他们的制图，图纸不复杂，质量非常高。

《决定》还讲到师资问题，这次会议主要是解决技工学校和培训中心的师资职务问题，我认为都是好事。因为没有一批好的教师和培训技师，恐怕我们的质量上不去。

技工培训工作、技工学校和劳动服务公司培训工作，劳动人事部管得很有成效。今后还是要由劳动人事部门管，特别是它跟就业联在一起，都是由劳动人事部门管的，结合起来比较好，脱开了不一定好，根据就在这里。我们希望劳动人事部门对其他类型学校也要统一考虑。因为改了一批中学为职业中学，职业中学有两种性质：一种是技术性质，一种是职业性质。就是有的是培养干部的，有的是培养技工的。这方面也要用就业制度、劳动制度的相应改革来调动他们的积极性。总的一个目的，就是调动各方面的办学积极性。现在有一部分职业技术教育，不属于劳动人事部门管，在这里面国家教委将来可能有协调的事要做。但已经属于劳动人事部门管的这一部分，我们的意见还是由劳动人事部门管，跟就业好结合，也就是跟当地的经济、社会发展紧密结合起来。其他各方面包括教育部门办的学校，也统一考虑就业问题。还有一个比较大的问题，现在职业技术教育发展不起来，除了一个观念上的问题和投资渠道的问题以外，还有一个企业超员，阻碍使用人才的问题，这是一个比较大的问题，是劳动政策上的问题。企业素质要提高，劳动者的素质也要提高。这些都需要劳动部门来研究。职业技术教育又不只限于劳动部门，所以，有一个协调的问题，要充分发挥劳动部门的作用，国家教委发挥统一指导和协调的作用，还要发挥各方面的积极性。国家教委对其他部门管得虚一点，大的管住，小的放开，就是这个精神。更多的是抓方针政策和立法。中央这一级教委，劳动人事部领导同志是兼职委员，便于发挥统筹作用。

职业教育早晚要立法的，其中，涉及劳动人事制度问题，离不开劳动人事部门。统一领导、协调，各方去办，分头去管。职业技术教育的内容比高等教育要复杂得多，地区之间的差别也大，如果从上统到下，恐怕办不到。所以，方针、政策、规划统一协调，然后分口分级管理，这样比较好。地方上怎么办？要由地方政府考虑。

学徒培训制度作一些改革，适当增加系统的教学，方向是对头的。各行各业的学徒要求不一样，要从各行各业的实际情况出发。

发展职业技术教育的几个问题 ①

（一）当前职业技术教育的情况、任务和工作方针

首先，党的十一届三中全会以来，经过恢复、改革和各条战线的同志们共同努力，我国职业技术教育取得了很大的成绩，已经具备了进一步发展的基础，形势是好的。这首先由于城乡经济体制改革促进了社会生产力的发展，从而引起了对职业技术教育广泛而迫切的需求，职业技术教育的重要性已为越来越多的同志所认识。党中央在关于教育体制改革的决定中作出了大力发展职业技术教育的决策，要求我们在今后十五年当中造就数以亿计的各行各业的熟练劳动者，数以千万计的初级中级技术人员、管理人员、中级高级技术工人和其他受过专业训练的基层骨干。而且强调指出，没有这样一支劳动技术大军，先进的技术、设备、管理手段就不能转化为现实的生产力，我们培养出来的高级专门人才也难以充分发挥作用。

其次，职业技术教育已经形成了一定的办学规模，并且出现了加快发展的势头，出现了适应城乡不同发展程度的发展职业技术教育的办学路子和办法。到目前为止，全国共有中等专业学校 2529 所，在校学生 101 万人；技工学校 3548 所，在校学生 74 万人；职业中学 8070 所，在校学生 229 万人；高等职业技术学校已经发展到 118 所，在校学生 6 万多人，加上高等专科学校（不计师范专科学校）在校学生 34 万多人，合起来相当于普通高等学校本科（师范除外）现有规模的 40% 以上；城市和农村的职业技术培训也有相当大的发展。与此同时，涌现了一批抓职业技术教育很得力很见效的地区、城市和部门，还有一批办得生气勃勃的学校和培训中心。它们在新的条件下创造了许多值得重视的经验。认真研究这些经验，就可以找到在情况相似的地区发展职业技术教育的途径和办法。

再次，最近国务院决定改革国营企业的用工制度，又在帮助穷困地区脱贫致富的工作中强调了智力开发的重要性。这都将给城市和农村发展职业技术教育以新的有力的推动。

中央领导同志在关于"七五"计划的报告中强调加强重点建设、技术改造和智力开发，在物质技术和人才方面为 90 年代经济和社会的继续发展准备必须的后续能力。根据这个精神，"七五"期间职业技术教育工作的主要目标是：在 1990 年前后，使全国初中后职业技术学校的招生数在总体上达到与普通高中的招生数大体相当；五年内培养 800 万新的初级中级技术人员、管理人员，初步改变人才结构不合理的状况；要培养上千万的新的技术工人，再加上在职职工的教育，在"七五"期间使中级技工占的比例由现在的 27% 提高到 50%，高级技工占的比例由 2% 提高到 5%；使农村回乡的初中和高中毕业生的多数受到不同程度的职业技术培训；办成一批师资水平比较高、教学设施比较完备、教育质量比较好、能够起示范作用的职业技术学校和培训中心；在发展学校教育和校外培训的同时，积极贯彻执行"先培训，后就业""经过考核择优录用"的原则，在 1990 年以前全国大多数地区实现对技术性、专业性比较强的岗位实行不经培训合格不得就业的制度。

---

① 何东昌 . 1994. 十年历程：建设有中国特色社会主义教育的探索 . 北京：人民教育出版社：211-223. 本文为何东昌 1986 年 7 月 2 日在国家教委、国家计委、国家经委、劳动人事部联合召开的全国职业技术教育工作会议上的讲话（摘要）。

要达到上述目标，需要从各个方面加强工作。目前比较突出的问题有四个方面，要想办法逐步加以解决，以便进一步打开工作的局面。

第一个问题，是职业技术教育如何与城市的经济与社会发展相适应，更有效地为提高人员素质服务的问题。总的说来职业技术教育的规模、层次、结构还不能适应客观需要，职业技术教育通向经济部门，尤其是通向工矿企业的渠道还没有完全解决好。当然，许多中等专业学校和技工学校是面向工矿企业输送人才的，但主要靠"包分配"的制度来保证。这里面也存在一些弊端，需要通过改革加以解决，以促进它们的发展和提高。

第二个问题，是职业技术教育面向农村的部分还很薄弱，从全国看发展很不平衡。有少数省份和市管的县发展比较快，而大多数省、自治区、直辖市发展不够，农村教育结构单一化的局面还没有多大改变。农业是国民经济的基础。按照"七五"计划要求，到 1990 年，农业产值中林、牧、副、渔占的比例要提高到 38%；在农村社会总产值中工业、建筑业、运输业、商业、服务业占的比例要提高到 49%；乡镇企业总产值要比 1985 年增长一倍，达到 4600 亿元；全国平均每个农民的年纯收入要达到 560 元。实现这些目标，一要靠政策，二要靠科学技术。但是，只靠发展普通教育，科学技术是不容易送到农民手中去的。

第三个问题，是中等专业学校和技工学校仍然是薄弱的环节。虽然这几年有不小的发展，但相对于客观需要和其他类别的教育来说还是比较缓慢的。现有学校的潜力也没有充分发挥出来，办学条件又比较差，使这些学校的发展遇到困难。按照"七五"期间培养 800 万初级中级技术人员、管理人员的要求，1985 年中专加上高专的招生人数只等于今后五年每年平均需要的毕业人数的 60%，差距相当大。目前技工学校每年毕业生有 25 万人，还不到"七五"计划要求的新培养中级以上技术工人年平均数的 1/10，也不到技术工人自然减员的半数，而且毕业生一般都达不到中级技工水平。从另一个角度看，现有的中等专业学校平均每校只有学生 400 人，现有的技工学校平均每校只有学生 209 人，规模多数偏小，少数学校甚至出现萎缩现象，现有的潜力发挥不出来。造成这些情况的原因是多方面的，但主要是体制上的问题。

第四个问题，职业技术教育的效益和质量问题。同其他类别的教育相比，职业技术教育同经济和社会发展的关系更直接、更密切。因此，更要注意使办学的形式和规格符合当时当地的客观需要，更要注意通过就业后的效果来检验教育的质量和效益。同时，也要考虑到科技和生产水平提高的需要，尽可能为毕业生日后的职业进修、转业培训准备条件。当前，需要办好一批骨干的学校和培训基地，以带动全面的提高。目前各类职业技术学校有相当大的一部分，由于师资力量薄弱，教学设施、实习条件不完备，培养出来的学生质量不高。还有一些国民经济迫切需要的短缺和薄弱专业有待创造条件予以加强。从全国范围讲，要通过实现"七五"计划向逐步建立起从初级到高级、行业配套、结构合理、又能与普通教育沟通的职业技术教育体系这个目标前进。

这几方面的问题能否解决好，不仅关系到"七五"期间职业技术教育的任务能否完成，也关系到能否为以后的进一步发展打好基础。

根据职业技术教育的情况、任务和本身存在的需要解决的问题，我们考虑当前职业技术教育工作需要加强领导，提高认识，统筹规划，改革体制，调动各方面的积极性，因地制宜，紧密结合当地经济发展的需要，大力加以发展和加强，更好地为两个文明的建设服务。当然部分地区职业技术教育的发展已达到相当的规模，要把工作重点及时地转到调整和提高上来。

（二）充分认识大力发展职业技术教育的重要性和紧迫性

首先，根据 1983 年进行的人才需求预测的结果，到 20 世纪末累计需要培养各级专门人才 3400 万人，其中包括高等专科毕业生 800 万人，中专毕业生 1700 万人。而 1985 年高等专科学校招生规模是 30 万人，中专招生规模是 45 万人，培养能力再增 50%，才能赶上今后十五年需求量的年平均数。预测总有不准确的成分，但从中可以看出大体的趋势。

其次，现在拥有的高级专门人才和中级专门人才的数量比例倒挂，这种现象在工业企业尤其突出。同时在国营企业现有的 4000 万技术工人当中，初级工占 71%。专门人才队伍的结构不合理和工人技术水平不够，影响了产品质量和经济效益。按照"七五"期间要提高中高级技工比例的要求，每年通过就业前和就业后的培训，至少要培养出 200 万中级技工和 40 万高级技工。技工教育不改革，不加速发展，就不能适应需要。

再次，在农业方面，据 1983 年普查材料，农牧渔业系统拥有专门人才 55 万人，平均每万农业人口只有农业专门人才 4 人，平均每万亩耕地只有 2 人。据初步预测，为了实现"七五"和以后农村经济全面发展的目标，1990 年农牧渔业系统专门人才的拥有量要求比 1983 年增长两倍多，需要新培养 130 万人，其中，大部分是中级专门人才。而现在农业中专在校生只有 11 万多人；专业门类又很窄，不适应农村产业结构的变化；又由于招生和分配上的各种原因，历年毕业生一般集中在县或县以上单位，很难分到基层工作。此外，现有的广大乡镇企业职工和专业户需要学习各种技术和经营管理知识。今后五年还将有几千万农村劳动力由种植业转向其他产业。现有 1.2 亿在乡初中、高中毕业生，每年还要增加五六百万。这些人都需要接受程度不同的职业技术培训。

最后，由于历史原因，我国第三产业的从业人员大约只占总就业人口的 12%。这支队伍中，初中以下文化程度的人占 86%，受过专门训练的很少。"七五"期间每年还将有 600 万城镇青年需要就业，其中相当大的一部分要进入第三产业。所以，面向第三产业的就业前、就业后的职业技术教育，任务也很繁重。

总之，我们现在面对的形势是社会主义现代化建设对职业技术教育提出了巨大的需求，职业技术教育现有的规模、结构和水平同客观需要之间存在着很大的矛盾。在一部分同志中仍然存在对这个形势认识不足，重视不够的问题。

党中央在《决定》中指出，职业技术教育是我国教育总体结构中最薄弱的环节。形成这种局面有多方面的原因。从历史上看，我国发展职业技术教育同外国相比，起步很晚，底子很薄。现在，把教育与劳动联系起来，加强职业技术教育和成人的继续教育，已经成为世界各国教育发展的共同趋势。凡是发达的国家都有发达的职业技术教育。我国在 19 世纪 60 年代出现过一所福建船政学校。到 1917 年，黄炎培先生在上海创办了著名的"中华职业教育社"，致力于为东南沿海近代工商业的发展造就人才。但是，在解放前的一百多年中，整个国家陷于半封建半殖民地的地位，职业技术教育不可能有大的发展。直到 1949

年，全国仅有职业学校学生 22.9 万人。建国后，我们汲取外国经验，建立和发展了中等专业教育和技工教育。后来又普遍兴办农业中学和各类半工半读学校，曾经形成相当可观的规模。但在"文化大革命"中，中等专业学校受到严重摧残，其他职业学校更是所剩无几了。党的十一届三中全会以后，党的工作重点转移到经济建设上来，随着经济体制改革的逐步展开，发展职业技术教育这个历史课题才又突出地提到日程上来。全面的职业技术教育的概念是到最近才开始形成的。正因为这些历史上的原因，人们头脑里存在着鄙薄职业技术教育的观念，这种观念不是很容易转变的。现在要尽快扭转这种认识落后于实际的局面，从领导上讲，要抓提高认识的问题，要看到问题的迫切性和严重性。

现在，抓人才建设的重要性已经越来越为各级领导者所认识。但是，还需要进一步明确人才是分层次的。人才队伍不仅要数量足够，质量合格，还要结构合理。结构不合理，就会造成智力投资上很大的浪费。因此，重视人才的培养不能仅限于重视高层次人才，也要重视中级和初级人才的培养；不仅要重视侧重研究、设计的人才的培养，也要重视侧重应用、工艺和现场工作的人才的培养。

经济部门的同志要把发展职业技术教育当作自己的份内的职责，当作把现代科学技术转化为现实生产力，提高经济效益的基础条件之一。教育部门的同志要充分认识职业技术教育正是我们执行教育必须为社会主义建设服务这个根本方针最直接的环节。抓住这个环节，不仅能使教育有效地为社会主义物质文明和精神文明的建设服务，而且也有利于改革基础教育。当然，在各种不同的情况下抓职业技术教育，会遇到很多具体的困难。但只要认识明确了，决心下定了，又能坚持实事求是，从当地的实际需要和现实基础出发，办法总是会有的。富有富办法，穷有穷办法。城里有城里的办法，农村有农村的办法。现在已经有了各种不同发展程度地区的典型经验，可以证明这个道理。

（三）落实和完善劳动人事制度的改革，促进职业技术教育的协调发展

实践证明，要发展职业技术教育，必须对有关的劳动人事制度同步进行改革。凡是劳动人事制度的改革搞得好的地方，职业技术教育的发展就好，反之就差。这个道理很明显。如果没有对人的素质的要求，一些单位只重视物质装备、不重视人的素质的现象不易改变；用工制度不改革，为企业培养出人来也输送不进去，不仅发展职业技术教育的路子被堵塞，还妨碍了青年的上进心，不利于精神文明的建设。所以，劳动人事制度的改革是发展、提高职业技术教育的一个关键。劳动人事部和教委为解决如何同步进行改革的问题，进行了多次研究。最近，国务院决定改革用工制度，在国营企业开始实行劳动合同制。如果贯彻落实得好，会有力地推动职业技术教育的改革和发展。

改革劳动人事制度的核心，是实行"先培训，后就业""经过考核择优录用"的原则。这里说的培训，指的是职业技术教育的全部，包括系统的学校教育、各种形式的短期培训、单项技能培训，直到适应某些工种或岗位的需要而进行的只限于职业道德、劳动纪律、安全卫生教育的简单培训。这里说的就业，包括向全民所有制、集体所有制和个体经营三类经济单位输送专业人才和熟练劳动者。这个原则是着眼于全社会，全面考虑社会主义物质文明和精神文明的建设提出来的。邓小平同志在 1978 年全国教育工作会议上讲过这样一段

话："今后，不仅大中学招生要德智体全面考核，择优录取，而且各部门招工用人也要逐步实行德智体全面考核的办法，择优录用。这也是把毛泽东同志提出的培养德智体全面发展、有社会主义觉悟的有文化的劳动者的方针贯彻到底，贯彻到社会的各个方面。这样做，对于提高整个职工队伍的政治质量和科学文化素养，对于满足不同工种、不同职业的特殊要求，对于在青少年中以至在整个社会上造成人人向上、奋发有为、不甘落后的革命风气，都将发挥巨大的促进作用。"小平同志这段话的精神对于我们在改革中制定和执行政策具有重要的指导意义。

"先培训，后就业""先考核，后上岗"，从原则上说应当如此。实际上目前不可能一下子完全做到，需要有个创造条件的过程。首先要努力争取在技术性、专业性强的岗位实行这些原则，在更大的范围可以采取各种过渡的形式，逐步进行改革。例如目前每年要招上百万徒工，这如何与"先培训，后就业"的原则统一起来？可不可以试验由工厂招收，由国家规定出一定的培训要求，利用企业的技术力量和设备完成技能训练，同时进行文化基础和理论的学习，培训合格再按合同条件正式录用。总之，职业技术教育的形式应该是系统教育与短训并存，相互补充。

对于通过不同形式的职业技术教育培训出来的人，要根据地区和行业的情况，在录用时加以统筹考虑。正反两方面的经验证明，职工在就业前有良好的政治、文化素养和技能基础训练，与就业后进行补课的效果是不一样的。在工业战线工作的同志有这样的看法：一个经过系统培训的工人和一个由师傅单纯用经验带出来的徒弟，一开始可能在生产操作上差异很小，但经过若干年的发展提高以后，前者就与后者明显不同。中央《决定》里也提到："要着重职业技能的训练，训练的范围不要太窄，基础教育也要适当配合，以适应长期广泛就业、进行技术革新和继续进修的需要；同时还要重视职业道德和职业纪律的教育。"

（四）关于发展农村职业技术教育

今后，农业持续、稳定的增长，乡镇企业的进一步发展和提高，产业结构的调整，越来越取决于科学技术包括经营管理知识的应用，越来越取决于劳动者的素质和专门人才的数量与质量。农村有几千万在校的中学生，还有 1.2 亿已经毕业的初、高中学生，这是一大笔宝贵的智力资源。他们已经具备了一定的文化知识基础，如果再掌握一定的职业技术知识和技能，将会对振兴农村的经济起巨大的作用。现在，不少农村地区重视发展职业技术教育，但还有相当多的农村地区职业技术教育发展缓慢。究其原因，除了客观上的一些困难以外，发展教育的指导思想不明确是一个重要原因。一个县，适当办好一些普通中学是必要的，输送一定数量的中学毕业生考入高等学校也是对国家的一种贡献。但是应该看到，这些学生将来毕业后毕竟只有少数能够回到本地区，真正对当地经济建设和社会发展起决定作用的是大量的留在本地参加工作或生产的学生。片面追求升学率，忽视职业技术教育，归根到底，只能使专业人才缺乏的那些农村地区，变为单纯输出学生的地区，本身的人才拥有量不能增加。这对当地的经济建设极为不利。就学生的流向讲，这些地区在指导思想上应该从办学为了升学转到以为本地区物质和精神文明建设服务为主，兼顾向高一级学校输送新生这样一个方向上来。为此，农村的职业技术教育大多要从初中阶段就开始。

农村经济和农村教育是互相促进、紧密相关的。从根本上说，只有农村经济得到发展，农村教育才能普及和提高。一个县，一个乡，根据当地的经济水平和教育基础，教育发展到一定程度的时候，必须及时把发展职业技术教育提上议事日程，促进经济的发展。经济发展了，又会推动更高程度的普及教育。如此相互促进，使经济与教育协调发展。如果一个县普及教育的程度较高，而对当地的经济促进作用不大，那么，这个地区发展教育的路子就值得研究。我们必须把发展农村教育的立足点，放在为振兴农村经济、脱贫致富服务上。

农村有许多不同于城市的特点，发展职业技术教育不能照搬城市的做法，要因地制宜，采取更灵活多样的形式。从全国看，在相当长的时间内不能要求都正规化。只能随着经济和教育的发展，逐步增加正规化教育的比重。职业技术学校的职业技术教学内容允许有一个逐步加强，达到规范要求的过程。学校后的培训，要根据当地需要和专业特点，实行长期短期结合，多数以短期为主的方针。有条件的县，可以集中力量办好一所职业技术学校或一些职业技术班，同时大量开展周期短、见效快的培训。职业技术学校只要能使学生掌握了劳动致富的实际本领，就能对广大群众产生吸引力，这是农村职业技术教育发展与巩固的关键所在。为了提高办学效益、农村职业技术教育要把就业前的学校教育和农民成人教育结合起来，统一安排和管理。

在农村中小学广泛开展勤工俭学活动，并使之与发展职业技术教育结合起来，可以加强学生的思想品德教育，又可以使学生学到一定的生产技能，在推广先进技术、劳动致富中发挥作用；学校也可以增加一些收入，弥补经费之不足。这是一举多得的事情。农村开展勤工俭学，一定意义上讲，比城市更加具备有利的条件，只要领导重视，给以支持，适应当地的资源特点，就可以搞起来。

在农村发展职业技术教育还有不少实际困难，其中的关键问题是缺乏师资力量和实习场所。除了依靠高等学校、中等专业学校和远距离教育手段进行培养、培训以外，要发挥县内各种有专业知识的人才和能工巧匠、专业户的作用。要鼓励农村学校的教师努力掌握向学生传授致富知识技能的本领。实习条件也可以通过就地挖掘潜力来解决，例如提高县里各种设施的使用效率，兼用作实习基地。职业技术学校也要同时为就业前、就业后的各种培训服务。这样可以一校多用、一站（如种子站、农机站、科技推广站等）多用、一人多能。这些事情要县里加以统筹，发挥各有关机构和人才的作用。省一级有关的部门、机构、高等学校、科技推广部门等，也要给以指导。

（五）职业技术教育中需要着重加强的两个层次

在目前职业技术教育培养人才的结构中，有两个比较薄弱的环节，一个是中级专门人才，一个是中、高级技术工人。从需要来说，这两者都是急迫的。要解决人才结构上这两个问题，实质上也就是理顺职业技术教育内部层次的两个问题。

中等专业教育在我国经过了三十多年实践的检验，证明是一种成功的教育制度。中专毕业生具有不可替代的作用，相应的教育层次必须继续存在。问题在于没有根据这个层次的作用和特点，恰当地确定它在职业技术教育中的地位。招收初中毕业生，学制四年和招收高中毕业生，学制 2～3 年的中等专业学校，和高等职业技术学校都以培养现场工作的中级技术人员、管理人员为培养目标，没有太大的区别。要研究采取合理的政策措施，调动中等专业学校教师和学生的积极性。这问题已经存在多年了，一直没解决好，请同志们加以研究。国家教委要会同有关方面专门组织力量，抓紧调查研究，周密论证，提出解决这个问题的方案。

技工学校的基本任务，请同志们考虑可否确定为为培养中级技工奠定基础，并在毕业时经过严格的考核，根据成绩发给技术等级证书，以便企业录用。同时在有条件的学校试办高级技工和技师的系统培训。目前企业中中级以上的技术工人不大稳定，不少人盲目报考成人高等学校追求高层次文凭。这种情况将使人才结构更加不合理，也影响工人队伍素质的提高。建议考虑如何完善工人的技术等级制度，制定有关技师的职称系列和工资标准，鼓励工人全面提高自己的政治文化技术素质。

中等专业学校、技工学校的招生和毕业生分配制度，也要进行改革。招生要能面向社会，以便发挥学校潜力，扩大招生规模。毕业生的就业要逐步将包分配的制度改为不包分配、择优录用的制度。这样可以增加办学的活力，提高学生学习的积极性。这项改革势在必行，但要经过试验，有步骤地推行。

（六）关于职业技术教育的办学效益和教育质量问题

职业技术教育有自己的特点。它的层次、专业、规格、形式都比普通教育复杂得多。在我国现实的条件下还存在着一些过渡的形式。我们要根据职业技术教育本身的规律来提高它的办学效益和教育质量。

不论哪一种形式的教育，都要为社会主义建设培养人才，职业技术教育则要更多地考虑和经济与社会发展的直接需要衔接。所以，只要是对各地当前经济和社会发展起积极推动作用的，就应当承认它有社会效益，都应当给以积极的支持和肯定。如果离开这个大的前提，盲目追求高层次或者向普通教育靠拢，那就偏离了职业技术教育的培养目标。这是在办学思想上必须首先明确的。

职业技术教育既然要为社会主义建设服务，就必须贯彻执行党和国家的教育方针。不仅要对学生进行德、智、体、美和劳动技术教育，使学生成为有理想、有道德、有文化、有纪律的新人，而且要结合职业技术教育的特点进行职业道德和职业纪律的教育。

各类进行系统职业技术教育的学校，要正确处理文化课、专业课教学和技能训练的关系。重视文化基础和专业理论是必要的，但必须适当，不能盲目追求知识的系统性和理论的深度，要重视专业和技能的训练，要克服和防止重理论轻实践的现象。职业技能训练要严格，使职业技术学校的毕业生能胜任将来从事的岗位工作。

为了提高我们职业技术教育的水平和适应今后发展的需要，各地及各行业要根据条件和需要，有步骤地对现有学校和培训机构进行调整、充实、提高，包括办好一批骨干的职业技术学校或教育和培训中心。同时，还必须解决好师资和实习、实验等办学条件问题。

当前各类职业技术学校的师资都很缺乏，师资水平也亟需提高。解决师资问题只能采取多种渠道，要认真办好现有的职业技术师范学院和高等职业技术学校，它们应为中等职业技术学校培养专业课师资。高等师范学校向职业技术学校输送文化课师资的任务应列入国家计划。其他高等学校根据条件也要承担为各类职业技术教育培养文化课和专业课师资的任务。中等职业技术学校，特别是四年制中专可以选留少数优秀毕业生，留校担任实习指导教师，还可送到高一级的学校代培或通过其他形式进修提高，以缓和当前师资紧缺的状况。为了尽快汲取和消化国外职业技术教育的经验和加强短线、缺门的行业，还应选派少量教师出国进修。

提高教育质量还需要加强教材和实验、实习等教学设施的建设。教材建设一方面要搞好规划和分工，组织力量抓紧编写，一方面要从国外引进适用的教材，组织好翻译、出版和供应。职业技术学校应当根据专业特点具有相应的基本实验和实习的条件，所需投资和经费除办学单位拨付以外，参加联合办学的单位也承担一部分。面向工业企业的专业实习还要靠在企业内进行，需要企业给以支持。对不参加联合办学的用人单位录用毕业生，也可以试行收取一定数额的培养费，用来支持学校改善教学设施。职业技术学校，应当积极创造条件，在参加联合办学的部门、企业、事业单位支持下开展勤工俭学。通过实际的生产、经营和服务的劳动，既能加强学生的实际工作能力的培养和技能的锻炼，又可以用劳动所得来充实和改进办学条件。

提高职业技术教育的质量，还要加强职业技术教育科学的研究。这个领域的研究工作现在还处在开创阶段。希望有关教育科学研究单位、职业技术教育研究会、中华职业教育社和有条件的学校都来积极开展职业教育科学研究。在这方面，由于我们的基础较弱，要更多地注意对国外经验的比较研究。

办好高等职业技术学校是提高职业技术教育质量的一个重要问题。这几年高等职业技术教育在克服各种困难中不断发展，取得了一定的成绩。今后高等职业技术学校一定要办出自己的特色，努力提高教育质量，为国家培养大批新的实用技术人才和管理人才。

（七）加强领导，逐步进行职业技术教育体制的改革

职业技术教育事业涉及许多部门和社会的各个方面，单靠一个或几个部门是不可能办好的，应当实行统一领导、分级分行业管理的原则，有关部门密切配合，相互协作，调动各方面的积极性，大家来办。加强对职业技术教育工作的领导，关键在于形成一个既便于进行宏观指导和统筹协调，能调动各方面的积极性，又能给学校以较大权限的体制。这样就可以在宏观上实行统一方针政策、统一规划、统一协调各部门、各系统的工作，学校又可以挖掘潜力，主动地、灵活地适应社会各方面的需要。

在中央，由国家教委负责从宏观规划和方针政策上主管全国各级各类职业技术教育事业，并协同计划、经济、财政、劳动人事各口分工管理有关职业技术教育的各项工作。要发挥国务院各部委支持有关行业的企事业单位办学的积极性和业务上的指导作用。

除了必须实行垂直管理的行业以外，职业技术教育的规划、计划、布局、学校设置、人才合理使用等，应以地方为主进行统筹。面向城市的职业技术教育事业，一般可实行省和中心城市（或地）两级统筹。面向农村的职业技术教育事业，在省、自治区、直辖市和

地、市的领导下，由县负责统筹。各业务部门既要尊重地方的统筹，又要从行业业务上给地方以指导和支持。地方在实行统筹时，既要充分考虑业务主管部门提出的指导性建议，也要尽可能照顾到各部门的需要。

经验证明发展办学的企业之间，和学校与企业之间的联合，是发展职业技术教育的基本途径。各级各类职业技术学校在完成主管部门或办学单位提出的招生任务之后，都可以面向社会，开展部门、企业、学校之间各种形式的联合办学，完成参加联合办学单位委托的任务，接受它们提供的办学资金、师资或设备，积极充实和扩大自己的培养能力。通过积极改革，加强横向联系，既可以发挥各方面的积极性，又可以提高办学的社会效益，克服目前部门和单位办学的局限性。

最后，我们希望各级党委和政府进一步加强对职业技术教育工作的领导。建议注意以下三个方面：①根据本地区经济和社会发展的现状和前景，综合研究各行各业的需要，制定职业技术教育的总体规划，确定合乎实际需要和可能实现的发展规模、结构、布局，避免不同发展程度的地区之间互相攀比。②根据实际需要制定地方性的法规和具体政策，推动体制改革，调动各部门、各民主党派、其他社会力量和各个学校办学的积极性，实现规划的目标。③对职业技术教育实行统一的领导、管理和协调，具体组织形式、具体办法由各地自行决定。

以上讲的意见，供同志们参考。职业技术教育是一个十分复杂的问题，希望同志们一起来出主意，讲得不对的地方请批评指正。

成人教育要有自己的特色 ①

1985 年教育体制改革决定没有专门写成人教育这一块。因为成人教育比较复杂，不好写。当时调查研究也不够。但决定最后讲了，这是一个极其重要的问题，要专门起草文件。现在这个任务还没有完成。

成人教育涉及的对象，恐怕少说也有 3 亿多人。农村如果从扫盲算起，有几千万青壮年文盲，还有 1.2 亿初、高中毕业生要进行职业技术教育，加上 1.2 亿职工，是 3 亿多的范围。

应该说，三中全会以来，成人教育有很大的发展，有很大的成绩，许多同志讲是成人教育的"黄金时代"。但发展不是很平衡，许多问题还没有理顺，成人教育的特点，一是直接影响我们的建设，二是对象面非常大，复杂。所以成人教育确实是极为重要的事情，搞个文件很有必要。

事物总是一分为二的。成人教育成绩很大，也存在一些弊端，要改革。改革的目的是使成人教育更好地为建设服务，更好地调动各方面的积极性，来办好成人教育。总方针还是《决定》中讲的：社会主义建设要依靠教育，教育要为社会主义建设服务。我们揭弊端，不是要否定成绩。要改革，就一定要针对弊端。

现在已经着手进行的工作，一个是关于农民教育的文件，先解决农民职业技术教育问

---

① 何东昌 . 1994. 十年历程：建设有中国特色社会主义教育的探索 . 北京：人民教育出版社：188-193. 本文为何东昌 1986 年 12 月 1 日在成人教育指导协调工作委员会成立会议上的讲话（摘要）。

题，要解决得实一些，又要给各地留下因地制宜的余地。另一个是，成人高等教育举行统一考试。这对提高成人教育的质量，加强对成人教育的计划指导，都会有好处。再有搞一个函授教育的条例。我们国家搞函授教育是有传统的。师范大学，还有些工科院校，像北京钢铁学院、同济大学等等，都还是有成绩的，但看起来发展还不够。正规的函授教育、夜大学，苏联占的比例比我们大，是43%，我们是15%。函授、夜大、广播、电视教育是有潜力的，可以培养更多的国家急需人才，提高办学的效益。

成人教育将来怎么管理。从上层机关讲，管理总还是为基层服务，要有利于基层的工作，有利于调动各方面的积极性，但是客观上还要有适当的统一领导问题。现在还不敢说定，看来总要有统一的方针政策，大体统一的教育上的规格、制度，一些基本的东西适当统一，又要根据对象不同有所区别。比如拿国家学历的层次，就要统得严格一点，不要学历的就要放得宽一点，以取得更好的效益。总要调动各方面的积极性，要便于基层开展工作。同时要分行业来考虑，因为各种行业有各自的特点，业务上指导尤其如此。恐怕成人教育总的讲将来会是这样：主体部分是根据本单位岗位工作的需要，来确定成人教育的任务，来进行工作岗位培训，按需施教，学用一致。比如出租汽车司机，最低一级文化、技能要求什么，最高一级要求什么，都有一套要求。这样以岗位需要来确定教育内容，不是为教育而教育或单纯为了文凭、证书。现在我们某种程度上存在一些盲目性，有一点片面追求学历的倾向，学用也不那么一致。这个基础工作我们没有做，需要各行各业都来做。同时也有方针政策和业务上的指导、管理问题。恐怕将来会是方针政策、规划、质量、规格等适当统一，又要分行业、分级来管理。因为只那一家谁也统不起来。

对中专和高等层次的成人教育，在招生会议上设想过三种规格，层次还是大体上跟普通教育相当，有中专层次的、大专层次的、本科层次的等等。但每个层次要有不同的规格。一种是跟普通教育一样的层次，取得跟普通教育同样的学历。这一种对成人来讲，普遍实行有困难。因为成人岁数较大，生活负担也重，而且工学矛盾比较突出，学用也不一致，造成哪里容易得学历往哪里跑，不一定跟他将来的工作结合，甚至造成人才结构倒置的现象更加严重。中专生都去考大专，中专生本来就不足，整体效益不高。现在考虑第二种规格，就是专业的训练上，大体上跟同层次学历的一样，但文化基础的要求不那么宽，不一定学那么多课程。跟同层次学历的可以在一定岗位上同样使用，但转业了就不行。缺点和不足是适应能力差一些，但比较可行，学用结合，比较容易坚持业余学习，收到比较好的效果，这是第二种，同层次不同规格。第三种就是单科证书制，这更多地属于继续教育性质。新技术、新的管理经验发展了，就需要学一门课，拿个证书。国外大学里有部分时间学习的学生，值得参考。这些都跟劳动人事制度有关。因为，将来恐怕还要有岗位证书。岗位证书不仅仅是个学历，更要有实际经验的考核，从技工起一直到干部都应该有，这是一个设想。但涉及全社会各行各业。这样改一下，路子就活了。

再有一个问题恐怕教学上现在也存在脱离成人特点的问题。办学指导思想搞清楚了，规格层次搞清楚了，还有个教学改革问题。现在从电大、高等教育自学考试等各种形式来看，教材建设还没有脱开普通教育的模式。成人教育与普通教育都有共同的教育规律要遵循，这违反不得。但也有自己的特点，恐怕要考虑这方面的区别。现在教学计划、教材建设看起来不完全适应成人教育的特点。远距离教育要有远距离教育的教材，它跟面授不一样，更多的是依靠自学。职业技术教育与普通教育有不同的特点，现在我们的大专，有的是本科课程的压缩，教材变动不够。从全社会各种层次的教材建设看，恐怕还很落后，还不适应需要，有的为了救急，还要从国外引进、翻译。比如远距离教育，实用人才的培养，包括职业技术教育，有不少是可以翻译过来作参考的。选、编、借，选好的，编好的，引进国外合适的教材，这方面投点资是值得的。但这都需要把教学方针、培养要求定下来。所以涉及的工作量是很大的，要调动各方面的积极性来办好。

关于引进教材，我们想花点外汇，从有关国家引进一部分，包括苏联社会科学的东西，作为借鉴，进口一批书。有系统地把各级各类成人教育，国外能借鉴的东西拿过来，这作为一个基本建设。现在我们大学按专业技术职务聘任制来聘任的话，估计会有一部分教师多出来，可以搞人才流动，支援其他教育。但是另外一方面，可能有些人还流不动，年纪比较大了。可否有些人做这种工作？国外的教材也不完全合适，至少不会完全切合我们的需要。但有借鉴价值的还可以翻译。

当前最重要的中心任务是，把成人教育文件搞出来，因为有一个纲领性的文件，局面就好展开了。要搞好这个文件，就要认真做好调查研究，把我们建国以来，特别是三中全会以来，成人教育的功过得失，认真地从实践的效果上检查总结一下，研究一下存在的弊病。解决这些弊端的办法，恐怕也得到实践中去找，从实际需要里找问题，从实践经验里找答案。这样就需要认真做一番调查研究。经委等各方面已经做了不少工作，在这个基础上还可以再进一步，使成人教育真正扎扎实实地为建设服务，把各种关系理顺，确定一些大的方针政策，包括人事制度上的一些问题。这需要同志们通力协作，希望各个兄弟单位，领导同志一起来抓，可能有一些角度不同，有些看法不同，这只有好处，没有坏处。

再有，成人教育也要强调"四有"（有理想、有道德、有文化、有纪律），也要全面要求，不要光是要求文化、科学、技术。

三、浦通修

浦通修（1920—2009），男，上海嘉定人，曾任教育部副部长，国务院全国职工教育管理委员会副主任，第六、七、八届全国政协委员。

浦通修 1936 年参加革命，1940 年 1 月加入中国共产党。1939 年在抗大一分校学习，后任抗大一分校、总校政治教员、政治文化主任教员。1944 年在太岳军分区四分区政治部任科长，1946—1947 年，任太行山区民主建国军第一师、晋冀鲁豫野战军十纵队三十旅政治部主任，1948 年任桐柏军区一分区政治部主任兼 88 团政委，后任 42 军 126 师政委。1955 年被授予三级独立自由勋章、二级解放勋章和大校军衔。1959 年 "庐山会议" 后受到不公正对待。1960 年 4 月任军委总政治部八一杂志社副总编辑，1961 年 8 月任防化兵学院政治部主任，1964 年任中央粮食部党组成员、政治部主任。1977 年出任教育部副部长。

在青壮年职工文化技术补课座谈会结束时的讲话（摘要）①

（一）"双补"工作的目的、要求和指导思想

青壮年职工的文化技术补课是 "六五" 期间的一项特定历史任务，是给十年动乱中耽误了学习的青壮年职工补上文化技术课。经过补课，首先，使这些职工能更好地适应当前生产、业务工作的需要，进而再把他们培养成为技术业务骨干，为全面开创社会主义现代化建设新局面而培养又红又专的职工队伍做出贡献。我们对 "双补" 的目的应该有一个全面的认识，不能因为角度不同而只强调某一方面。会议提出的 "双补" 工作的指导思想 "从实际出发，区别对待；学以致用，讲究质量；统筹兼顾，突出重点"，大家是一致赞成的。同志们说，这次会议，路子清楚了，思想明确了，脑子灵活了，突出了一个 "活" 字。因此，大家建议五单位修改《若干问题的补充意见》时，要原则多一点，条条少一点，只要脑子开窍了、活了，办法下面有的是。我赞成这种看法。办法是群众创造的，只要指导思想进一步明确了，具体办法可以在实践中去发展和完善。

---

① 浦通修 .1983. 在青壮年职工文化技术补课座谈会结束时的讲话（摘要）. 职业教育研究资料，（1）：17-20

贯彻这一指导思想，①要强调革命的干劲，要有攀登泰山的精神。中国共产党第十二次全国代表大会讲要振奋精神，开拓前进，坚忍不拔，奋斗不息。要正确对待困难，"双补"工作的任务确实很艰巨，但近几年职工教育的发展，为我们完成"双补"任务创造了许多有利条件，有党的正确领导，有中央关于职工教育工作的《决定》和中央领导同志的重视。今天下午，邓力群同志要在中南海会见全体代表做重要讲话，将给我们的工作以巨大的支持和推动；同时，各级领导对职工教育工作越来越重视，广大职工的学习热情也越来越高。我们已经积累了一些经验，恢复和建立了一定的工作基础，经过这次会议，进一步明确了"双补"工作的指导思想，使"双补"的规划、要求更加符合实际，"双补"工作就可以更加扎实地前进。特别是我们有了一支热心于职工教育事业的干部、教师队伍，经过职工教育战线上同志们百折不挠的努力，在斗争中开创职工教育新局面，完成"双补"任务是完全有可能的。②要有科学精神。气可鼓而不可泄，但是要鼓实劲，不要鼓虚劲。强调从实际出发，有人说：是不是泼冷水呀！我们做任何工作，革命干劲必须百倍振奋，科学精神绝不可少。要根据十二大精神，开创职工教育的新局面，必须使"双补"工作扎扎实实地取得更大的进展。原来规划、要求不太符合实际的，就要加以修订、调整，使之更加符合实际。这不是退，而是进，是扎扎实实的进。

（二）关于文化补课的问题

根据"双补"的目的，文化补课既是为了实现提高全民族科学文化水平的战略任务，但又不是一般意义上的普及初中教育，这是讲了两方面的意思。只有全面理解"双补"的目的，才能对涉及几千万在职职工的文化补课提出更符合实际的要求。由于在职职工的学习，受各方面条件制约的因素很多，文化补课在指导思想上必须从实际出发，承认差别，区别对待。补课总的要求要达到相当于初中毕业水平，也要允许各地区、各部门有一定的灵活性。

在具体做法上，全国要有一个有所依据的标准要求。这个标准必须要有，不是可有可无。教育部制定的教学大纲，是各地进行文化补课的依据。允许各地区、各部门根据大纲的要求，结合本地区、本部门的情况，制定具体的要求或大纲。既然允许，就要承认。至于组织、规划，特别是考核，要允许并且承认按照地区、部门所提出的要求进行，达到了所学的要求，就应当承认合格。总之，要有一个全国统一的作为依据的要求或大纲，也允许地区、部门制定具体要求和进行考核，开两个活口子。至于具体办法、档次、台阶怎么分，各地可有所不同。有的提出按学习课程门数的多少来分，或一科、或二科、三科、四科，但每门学科要达到初中毕业水平。这可以是一种分台阶的办法，但不要作为唯一的办法。还要允许有另外的办法，如在每一门课程的内容要求上要有一定的灵活性，有些行业、工种对文化知识的要求，在某些学科上已不限于初中水平，而是延伸到了高中的某些内容；有些行业、工种对某些学科内容的要求，则可以少一些，浅一些。要承认这个差别。在教育部的大纲没有下达前，各地区、各部门不要等待，已经搞了大纲、要求的，可以继续执行。教育部颁发教学大纲后，对照研究，补充修订。部委没有制定大纲的，可以执行地方的教学大纲。考核办法，总的要求是按实际使用的大纲考核，至于如何组织，《若干问题的补充意见》规定了一些原则。各地区、部门还可以作出具体规定。

允许各省、市、自治区、各部委制订具体要求，是否降低了标准，降低了质量？不会的。①有教育部制定的统一大纲作为依据；②要相信各省市、各部门会以认真负责的态度来执行。应该有一个共同的信念，即大家的目的都是为了搞好"双补"。要互相信赖，互相支持，也要互相依靠，才能够把这样一件比较复杂的、涉及各个方面的工作搞好。要提倡各方面主动地协商，主动登门拜访，不要等客上门；③各地教育行政部门，对于按照部门或地区制定的大纲要求进行补课的单位，都要同样的进行督促、检查、指导、帮助。所以地方教育行政部门的责任，不是减轻了，而是更重了，可能要增加一点复杂性。我们的工作方法和作风要适应这种承认差别、区别对待的情况。④当前各地区对文化补课已经作了规划、部署的，一方面，对工作要抓紧进行；另一方面，要根据各部委、各省市业务主管部门提出的具体补课要求，逐步对原有的规划、部署进行修订。要认真做好调整工作规划、部署的衔接。

在讨论中有的同志提出，文化补课从实际出发，结合企事业生产和职工业务的实际，就是不要初中毕业水平了；有的还说，干脆不要提初中文化补课，就提"干什么学什么"算了。这些问题在会议开始的讲话中已经说过了。不管从当前还是从长远看，职工有一个相当于初中毕业的文化水平是需要的。我们应该使参加文化补课的职工，力争达到相当于初中毕业的水平。至于有些职工由于原有基础太差（如只有初小，甚至是文盲、半文盲），在"六五"期间内还不可能达到相当于初中毕业的水平，这可以在以后继续组织学习。但是，按照"双补"所应具有的目的，既不需要，也不可能在规定时间内，让全部补课对象把现行全日制中学所规定的全部课程都学一遍。国家教委办公厅〔1990〕025号文件已经对需要学习的课程作了适当的规定。即使这样，也不可能要求全国几千万补课对象对所补的几门课程都达到同一水平。这里就有一个对"初中毕业水平"如何理解的问题。全日制中学有全国统一的教学计划、教学大纲和教材，但初中毕业的实际水平也不是整齐划一的同等水平。由于全国经济、文化发展不平衡，城市同农村、沿海同内地的初中毕业水平差异很大。有北京市的师大附中、景山学校、天津市的南开中学和上海市的上海中学等重点学校的初中毕业水平；也有一般中学的初中毕业水平；还有边远地区、农村中学更低一些的初中毕业水平。尽管相差悬殊，并没有因为事实上存在的水平差异，而取消"初中毕业"的提法。同样道理，对分散在全国各地区近万个工种的几千万青壮年职工的文化补课，从实际出发，区别对待，根据当前和长远的需要分档次要求，补学必需的初中文化知识，就不能简单地说"不要初中毕业水平"了，也不要另外去提"干什么学什么"的口号。不要简单地把"干什么学什么"作为一个贬义词同降低质量等同起来，因为从广义上说，教育事业要为经济建设服务，教育要和生产劳动相结合，在一定意义上说也有"干什么学什么"的含义。更不要和"四人帮"破坏教育，反对学习文化知识，破坏基础理论学习所歪曲的那种"干什么学什么"等同起来，两者是有质的差别的。我们要研究和接受职工教育的历史上曾经发生过的经验教训。如过去曾经发生过照抄照搬全日制学校的一套，以致与企业生产结合较差，学制过长，课程过多，脱离企业和职工实际的偏向；也发生过单纯从实用出发，忽视基础知识教育的偏向。这些都给职工教育事业带来严重的危害，使教学质量下降，损伤了职工的积极性。我们应该汲取这些教训，这样职工教育工作才能少走弯路，取得好的效果。

（三）关于技术补课问题

同志们提了很好的意见，在这里再强调几点。

1. 技术补课一定要就位

各级领导思想上一定要明确，补课工作是搞"双补"，而不是"一补"。我们前一段侧重抓了文化补课，联合通知提出的"文化知识是学习技术理论的基础，一般应在文化补课的基础上进行技术补课"也是对的。但是，技术补课直接关系到青壮年职工技术水平的提高，关系到企业生产的发展和经济效益的提高。因此，我们绝不能等文化补课完成后，再来抓技术补课。根据近一年来的实践，从各级领导角度来说，当前要强调把技术补课迅速地抓起来。从工作部署上来说，要注意文化技术补课同步，在具体工作安排上要交叉进行。这样才能使技术补课的进度快一点，跟上当前形势发展的需要。这些都是从领导角度、从全国范围来讲的，并不是说企业没有搞技术补课。相反，有不少企业一直都很重视技术培训，并取得了良好效果。

需要说明的是，由于对我国工人阶级的技术素质现状看法不同，对要不要进行技术补课的认识还不完全一致。我们进一步强调技术补课要就位，就是要求大家把这个问题的认识，统一到十二大和中央 8 号文件[1]及中央领导同志的讲话上来。中央 8 号文件对我国工人阶级技术素质的估计是"实际操作的技术水平低"；胡耀邦同志今年 5 月 1 日在天津市委召开的劳模座谈会上明确指出我国工人阶级的两大弱点之一，是"现代化的科学技术、文化知识比较缺乏，水平还比较低"；党的十二大政治报告更明确指出："大批职工缺乏必要的科学文化知识和操作技能，熟练工人和科学技术人员严重不足。"根据中央这些精神，我们对技术补课一定要作为当务之急，抓紧抓好。

2. 技术补课如何抓

按照中央 8 号文件精神，劳动部门要综合研究和指导工人的技术培训和徒工培训工作，组织制定工人技术等级标准，技术考核办法和有关的劳动工资政策，使职工教育和劳动制度密切地结合起来。现在各级劳动部门抓技术培训的机构、人员方面有困难，除应尽量设法加强外，绝不要等待、放松，要迅速抓紧工作，加强领导。要尽最大努力组织和推动各个产业部门把技术补课工作搞好。各级职工教育部门，应该密切和劳动部门配合，通力协作，共同把工作抓好。

3. 当前技术补课有两项工作必须迅速落实

（1）是在调查研究的基础上，对于技术补课的对象、范围、内容要求、考核等问题，进一步做出明确规定。

（2）是中央各部门和省市自治区业务主管部门，应该依据各主要工种的技术培训要求，制定教学计划、教学大纲，抓紧教材的编写和发行工作。在未做出统一规定之前，各个单

---

[1]　中共中央、国务院《关于加强职业教育工作的决定》（中发［1981］8 号）。

位的技术补课也不要等待。

（四）关于完成"双补"任务的时间和有关政策规定问题

"双补"工作是"六五"期间的一项特定历史任务，按照中央《决定》规定，"八五"前仅文化补课要完成的任务就是相当重的，再加上技术补课和政治教育，任务确实是很艰巨的。

在这种情况下，有人说是否可以延长时间？把"双补"任务推迟到"七五"，甚至"八五"期间再完成。但是时间不等人，职工的年龄不等人，最主要的是客观形势不容许，必须以只争朝夕的精神来完成"双补"任务。四化建设的任务迫切要求迅速提高职工的政治、文化、技术水平，以适应当前生产的需要，并为今后的发展打下基础，"双补"工作就是为了实现这个目的。"双补"对象原有的文化、技术基础差别很大，所从事的职业千差万别，所需的文化、技术知识要求不同，要在"六五"期间完成这项任务，就必须坚持从实际出发。承认差别，区别对待的原则，而绝不能搞"一刀切"。要承认差别，区别对待，就要有分档次，分台阶的不同要求。这样做适应了全国各行各业的不同需要。从认识论来讲，差异是绝对的，矛盾就是差异。全国只有一个要求，这是不可能的。普通中小学有统一的教学大纲，但教育部也明文规定允许各省市因地制宜，统编教材也允许增删。教育部制定的大学教学大纲也明确规定是参考性的。因此"双补"的要求，绝对不能"一刀切"。

关于"1984年起技术工种关键岗位的青壮年职工文化、技术补课没取得合格证的，在职工升级时不能晋升"这一条政策规定怎么办？会前，同北京几个单位，特别是同劳动部门商量过多次。这条政策规定不够妥善，不够完备，大家的看法是一致的。但是这条政策对调动青壮年职工的学习和企业办学的积极性确实起了推动作用。当然不能把调动积极性全部寄托在这上面。这次会上许多同志发表的意见是正确的，我们首先还是要大力加强政治思想工作，启发青工学习的积极性、自觉性。任何时候，任何工作都不能忽视和放松思想领先的原则。另外，虽然这条政策规定不够完备和妥善，难以兑现，但绝不是说，今后对职工学习就不要有一个政策规定了，还是学与不学一个样，学好学差一个样，这是不行的。学习成绩应该作为晋级调资的重要依据。而且在做出政策规定时，要着重从积极的、鼓励的方面着眼。联合通知中对脱产学习的职工实行奖学金制度，把学习成绩作为评选先进的条件之一的规定仍应继续贯彻执行。对目前经过批准的少数企业，在实行按厂长工作条例的规定，对1%的职工提前晋级或试行浮动工资的过程中，如何体现把职工的学习成绩作为重要依据之一，也要注意总结经验。这次会上把这个问题提出来，目的是向各级领导打个招呼，使大家明确政策思想，统一认识。我们当前工作的重点应该放在力争按期完成任务上。

同时，对这一问题要加强调查研究，在实践中不断总结经验，以便随着我国劳动、工资、人事、教育制度的改革能够订出一个符合实际的办法。目前由于还不可能立即提出一个更加妥善的办法，所以原有规定尽管不够完备，不够妥善，还是先不作变动。如果职工问及这一问题时，则可按上述精神，进行解释说明。对这一问题的处理，必须十分慎重，既要注意保护各级领导办学及职工学习的积极性，又要实事求是，坚持原则。关键是要做深入细致的思想工作，只要把情况讲清楚，道理说明白，要相信广大群众是通情达理的，不仅不会影响学习的积极性，相反会促使"双补"工作更加有效地向前发展。

搞好职工教育理论研究 [①]

党的十一届三中全会以来，特别是 1981 年 2 月，中央做出《关于加强职工教育工作的决定》，标志着我国职工教育工作进入一个新的发展阶段，广大职工学习积极性空前高涨，职工教育的实践有了很多新的发展。但是，职工教育理论研究，还远落后于职工教育的实践，职工教育工作亟待正确的理论指导。把职工教育理论研究工作搞上去，是一项极为迫切的任务。

（一）

教育（包括职工教育）是实现四化的战略重点之一。李先念主席在中国工会第十次全国代表大会致词中指出："教育、科学、文化是经济建设和社会发展的智力基础，也是提高企业素质的智力基础。广大职工只有刻苦学习，掌握必要的科学文化知识，具备较高的劳动技能和管理水平，才能在现代化生产中，在改善企业的经营管理，提高企业和社会的经济效益中，充分发挥自己的作用。而且，提高科学文化水平，是发展职工的劳动积极性和社会政治积极性的重要条件。"职工教育在四化建设中的地位和作用，越来越重要了。职工教育战线，必须承担起搞好全国 1.1 亿在职职工智力开发的任务，以适应经济建设发展的需要。

职工教育是现代社会化大生产发展的产物，是开发智力、培养人才、提高职工队伍素质的重要途径。当然，研究我国的职工教育，还必须注意我国职工教育是社会主义性质的，必须全面贯彻党的教育方针，努力建设一支有理想、有道德、有文化、守纪律的职工队伍。

邓小平同志在 1983 年 3 月 2 日视察上海、江苏后强调指出："智力开发是很重要的，我说的是包括职工教育在内的智力开发，要更好地注意这个问题。"但是，职工教育目前规模还小，与形势发展的要求很不适应，同它在四化建设中承担的任务很不相称。粉碎"四人帮"之后，特别是党的十一届三中全会以来，随着职工教育的恢复和发展，职工队伍的素质有了一定的改善和提高，但许多地区和企业的职工，仍然不同程度地存在着思想涣散、纪律松弛、工作消极、损公肥私等不健康的现象，职工队伍文化水平低，技术水平低，业务管理水平低和技术人员少的状况还没有得到根本改变。今年全国工业交通工作会议提出：要通过大力培训，争取到 1990 年，初步形成一支政治觉悟高，在数量上能够满足需要，质量上能掌握现代科学技术和经营管理知识，专业配套、年龄结构比较合理的干部队伍；形成一支以中级技术工人为主体，技术等级结构比较合理，具有较高政治、文化、技术素质的工人队伍。为了实现这个目标，职工教育具有双重任务：一方面，要坚持不懈地对现有职工进行系统的基本政治理论教育，加强日常的思想政治工作，切实提高职工队伍的思想

---

① 浦通修.1984.搞好职工教育理论研究（在全国职工教育理论研究工作座谈会上的讲话摘要）.北京成人教育,（3）：6-9

政治素质，又要根据生产发展的需要，进行技术业务培训，科学文化知识教育，切实提高职工队伍的文化科学素质。另一方面，要从现有的职工队伍中培养造就一大批新的管理干部和专业技术人才。职工教育的理论研究工作，也要从中国的实际出发，研究如何完善我国的职工教育体系，发展具有中国特色的社会主义的职工教育事业。

近几年来，随着职工教育事业的恢复和发展，一些地区和部门开始把职工教育理论研究列入日程，相继建立了一些研究组织，有了一批职工教育理论研究积极分子。这支队伍虽然还不够壮大，组织也不健全，但他们热爱职工教育，事业心强，有比较丰富的实践经验和一定的理论研究能力。几年来，在比较困难的条件下，积极努力，从当前职工教育的实际出发，对职工教育应用科学的研究取得了一定成果，对职工教育的基础理论也开始进行探讨，发表了一批论文，撰写出了一部分专著。为促进研究活动的开展，组织了一些学术交流，出版了一些定期或不定期的刊物。但是，从职工教育理论研究所承担的任务来看，研究队伍还缺乏骨干力量，专职人员太少，需要补充具有职工教育理论修养和丰富实践经验的专、兼职研究人员。研究组织总的来说也较少，领导层和专职人员，多忙于行政领导和会务工作，亲自搞研究的少。研究课题和研究活动还不够广泛深入。总之，理论研究组织还要进一步加强，研究的水平需要进一步提高。

职工教育亟待研究的课题很多，要从我国职工教育的现状和理论研究的现有基础出发，结合当前需要，哪个课题有基础和条件，就先研究哪个课题，在现有的基础上逐步深入、提高。目前首先要依靠大批从事职工教育的实际工作者，在总结经验的基础上从应用科学课题入手开展研究，特别是新成立的研究机构，从应用科学课题研究入手，容易结合实际，取得成效。当然，已经具备条件的基础理论研究，也要有计划、有组织地进行。

哪些是急需研究的重大课题？

1. 职工教育在两个文明建设中的地位和作用，职工教育的性质、任务、特点、规律，是职工教育理论研究的首要课题

中央下达《关于加强职工教育工作的决定》后，越来越多的地区、部门和企业领导认识到开发智力、培养人才的重要性，把职工教育摆上工作日程。但是，也有相当一部分单位，认识问题还没有很好解决。一些单位由于不重视职工培训，职工队伍素质较差，造成一些重大项目拖延时间，损失严重，一大批企业的经济效益低，甚至亏损。职工教育的地位与作用问题，是确定职工教育基本任务、确定职工教育宏观发展战略的基本依据。这些课题大体属于基础理论研究的范围，但在目前具有很大的实践意义。

2. 职工教育应该建立起具有中国特色的、与经济建设相适应的体系和结构

什么是具有中国特色的社会主义职工教育体系，既是实践问题，也是理论研究课题。由于我国底子薄、人口多，普及教育水平低，发展不平衡，今后一个相当长的时期内，职工教育既要承担必要的基础教育和技术、业务教育的任务，也要完成从在职职工中培养造就一大批专业人才和管理干部的任务。但是，职工教育又不可能照搬全日制普通教育的办法，必须根据生产发展的当前和长远需要，既办脱产的、学制较长的各级各类职工学校，

又因地、因行业、因需要制宜，对多数职工采取逐步积累式的培训。这就是发展我国职工教育必须考虑的国情。职工教育的体制，机构设置，方针、政策、结构、正规划、制度化；教学过程、原则、形式、方法和教学管理；经济效益，立法等，都要适合我国的国情，形成具有中国特色的职工教育体系。这些课题需要研究的内容非常丰富，只要从我国职工教育的实际出发，不搞教条主义、本本主义，不是从定义出发，就会取得较好的研究成果。

3. 职工教育真正纳入国民经济计划和社会发展计划轨道问题

中央《关于加强职工教育工作的决定》要求，各级政府要把职工教育列入长远规划和年度计划，这项工作没有完全落实。这方面的研究课题，从职工教育同外部的关系来说，主要是培训新增后备力量与提高现有职工队伍素质的关系问题。与此有关的是普通全日制教育同职工教育的衔接、配合问题；就业前的职业、技术教育与在职职工培训的衔接、配合问题；教育与劳动、工资人事制度等有关政策问题。从职工教育内部来说，特别要注意研究正确处理当前与长远需要的关系。

4. 关于职工教育的改革问题，也要提到日程上来

职工教育也有一个如何适应四化建设需要，迅速提高职工队伍素质，多出人才、快出人才和出好人才的问题。必须按照职工教育的特点、规律办职工教育，才能收到好的效果。因此，对现行职工教育的改革也是非常必要的。这方面的研究，主要应围绕如何从实际出发，在保证质量的前提下，把各类学校的学制、办学形式、政策、制度搞活，改革那些与多出、快出、出好人才和提高经济效益不相适应的制度、政策、规定。例如：多层次、多规格、多形式发展职工教育问题；各类职工院校的学制、课程设置如何适应行业特点要求，搞得更灵活些；电大的基础课与各种专业课如何衔接得更好，以加快培养各方面急需的人才的问题，随着劳动、人事、工资制度的改革，如何调整有关政策，使之能更好地调动学习积极性问题；学历与能力的确认问题，为了鼓励职工自学成材，对没有学历而确有真才实学，在生产、工作中作出显著成绩的，如何经过适当考核授予相应职称等。

5. 总结历史经验，借鉴普通教育和国外经验问题

研究历史经验是个非常重要的课题，我国职工教育从建党前后开始，已有 60 多年历史，为职工教育理论研究提供了极为丰富的材料。社会团体和一些有远见卓识的民主人士，投身于职业教育，也积累了很多经验。全国总工会、教育部对推动职工教育理论研究做了很多的工作。中央和国务院领导，重视职工教育工作，特别是 1959 年总结的"结合生产，统一安排，因材施教，灵活多样"16 字原则，对当前仍具有指导意义。如何结合社会主义现代化建设的实际，继承这些宝贵遗产，是理论研究的一项重要任务。另外，普通教育的经验和国外经验，如何为职工教育所用，也是理论研究要解决的课题。

当前职工教育实践中亟待解决的一些实际问题的处理原则的研究。如：如何保障职工的学习权利与正确处理工学矛盾的问题；政治、文化、技术学习统筹安排的问题；脱产与业余学习的比较，以及职工教育究竟以业余为主还是以脱产为主的问题等。

（二）

坚持以马克思列宁主义、毛泽东思想为武器，从中国四化建设的需要出发，开展职工教育理论研究，必须进一步明确指导思想，加强马列主义、毛泽东思想的学习。这是职工教育理论研究工作者的一项紧迫任务。

职工教育理论研究指导思想的核心，是实事求是，一切从实际出发，坚持理论联系实际。我们面临的最大实际，是实现党的十二大确定的宏伟目标，职工教育部门必须明确树立为两个文明建设、为提高职工队伍的两个素质服务的思想，要紧紧围绕企业生产发展的当前和长远需要培养人才，为改进经营管理，实现技术进步，提高经济效益服务。我们的研究工作，一定要以我国职工教育事业发展和改革过程中的重大问题为中心，研究如何逐步建立具有中国特色的社会主义职工教育体系。

但是，目前对这一指导思想，在某些地区、部门、单位的职工教育工作者中还不太明确。有些单位的职工教育同发展生产、提高经济效益，结合得不紧。有些单位为办学而办学，不重视职工教育的"投入产出"，不注意围绕提高经济效益和发展生产的需要来办学，全部照搬普通教育的办法，而不按照职工教育的特点、规律办事。这是当前职工教育工作亟需解决的问题之一。因此，进一步明确职工教育的指导思想，既是职工教育干部队伍建设的重大问题，更是搞好职工教育，提高企业素质的重大问题。

坚持实事求是、理论联系实际，也是一个学风问题。所有从事职工教育工作和理论研究工作的同志，都必须掌握马列主义、毛泽东思想理论武器；也要具有教育学、心理学等教育理论基础。凡是从事职工教育工作的同志，特别是搞理论研究的同志，一要认真学习理论，二要深入实际，这是搞好职工教育理论研究工作的前提。每个理论研究工作者都要学会运用马列主义、毛泽东思想，学会用辩证唯物主义和历史唯物主义观察分析问题，当前特别要系统地学习《邓小平文选》。《邓小平文选》是坚持和发展毛泽东思想的重要文献，是理论联系实际的典范，是我们党的思想路线、政治路线、组织路线的理论基础。因此，学习《邓小平文选》，对指导职工教育理论研究，具有十分现实的意义。

搞理论研究的同志，还要特别注意深入实际。提倡多下去，做系统的调查研究工作，在条件允许的情况下，还可以有计划地进行科学试验。只有在掌握大量丰富的第一手材料的基础上，才可能运用马列主义的观点进行分析，找出内部规律，上升到理论，用以指导实践。因此，各级职工教育部门要与理论研究工作者加强联系，互通情况，互相协作。有实践经验的职工教育工作者，也要注意总结经验，进行理论研究。专门从事理论研究的同志，要注意向有实践经验的同志学习，取长补短，共同提高。

开展理论研究，还必须贯彻百花齐放、百家争鸣的方针，要在坚持四项基本原则的前提下，充分展开讨论、争鸣，形成活跃的研究空气，相互探讨，共同提高，促进研究工作繁荣进步，健康发展。

鉴于职工教育理论研究的规模还不大、力量也不够，开展研究工作一定要从实际出发，要从总结现有的经验入手，逐步上升到理论的高度，要逐步壮大研究队伍，扩大研究范围。这和尽快把理论研究搞上去的要求并不矛盾，我们的基础就是这样大，只能走由局部到全体、由初级到高级、由少到多的路子。就是说，要把研究工作放在扎扎实实的基础上。衡量职工教育理论研究是否搞上去的标志，主要是看那些理论能否指导、促进职工教育有较大的发展，有显著的实效。

必须大大加强职工教育和干部教育 [①]

《中共中央关于经济体制改革的决定》指出："经济体制的改革和国民经济的发展，迫切需要大批既有现代化的经济、技术知识，又有革新精神，勇于创造，能够开创新局面的经营管理人才，特别是企业管理干部"。当前贯彻中央决定，增强企业，特别是全民所有制大、中型企业的活力，必须更加重视智力开发工作，加速培养和造就一支门类齐全、成龙配套的经济管理干部和技术干部的宏大队伍，普遍提高职工队伍的文化科学和技术业务素质。

（一）

1984 年，我国职工教育工作在经济体制改革的推动下，有了新的发展。一个明显的特点是：企业对人才的需求更加迫切，职工的学习热情进一步提高，各项培训都取得很大成绩。表现在：

1. 企业办学面继续扩大

据 24 个省、自治区、直辖市不完全统计，在超过 12.8 万个应办学单位中，已建立职工学校或有计划开展全员培训的有 9.3 万个，办学面为 72.5%，比上年增加了 7%。参加学习的职工共 2071 万人，占职工总数的 26.74%。其中，在职工高等学校学习的 147 万人，在职工中等专业学校学习的 71 万人，在职工高中学习的 123 万人。

2. 干部培训加快向正规化发展

省市、部委一级已建立经济管理干部学院和培训中心 75 所。有 3.6 万名厂长（经理）参加第二批国家统考，合格率在 94% 以上。3.2 万人接受计算机应用知识的培训。科技人员学习新知识的人数也大大增加。

3. 青壮年职工"双补"教育取得较大进展

文化补课和技术补课的合格率分别达到 56.8% 和 52.4%，都接近中央规定的到 1985 年完成 60% 的低限要求。补课质量也有所提高。部分企业已开始向中级教育转移。

4. 后备专门人才的培养收到了成效

1984 年有 24.9 万人从职工高等学校毕业，16.8 万人从职工中等专业学校毕业，给企业输送了一批新的管理技术力量。

---

① 浦通修 . 1985. 必须大大加强职工教育和干部教育 . 职业教育研究，（3）：2-5

5. 职工培训同生产建设需要更加紧密结合

为经济体制改革、企业整顿、技术改造、产品开发等服务的各种技术、业务短训班大量举办，据不完全统计，培训职工超过 1984 年，达 920 万人。

生产发展向职工培训提出了要求，职工培训又促进了生产，增加了企业的"后劲儿"。广州白云山制药厂把智力开发作为立厂之本，在大胆起用现有人才的同时，大力开展职工培训。仅 1983—1984 年 8 月就培训了 4 900 多人次，平均每个职工培训 2 次以上，还选送了 260 多人到厂外深造或学习新技术。智力开发加快了产品更新，平均每年投放市场的新产品就占总产值的 30%，实现了利润的直线上升，成为广东工业战线的先进典型。长春第一汽车制造厂、上海国棉十七厂、上海石化总厂、太原钢铁公司、大连钢厂、阿城继电器厂等大批企业通过职工培训，也都增强了开拓能力，取得明显的经济效益。

（二）

这几年职工培训虽然取得了不少成绩，但从整个职工队伍素质来看，同四化建设需要仍然存在着很大矛盾。一些省市、部门、企业人才普查的资料表明，目前专门人才普遍存在数量太少；高级人才严重不足；技术骨干年龄老化；专业结构配比失调等问题。干部文化偏低，中高级技术工人缺乏，也很突出。尤其是专门人才年龄结构不合理，存在一个"低谷区"，更应加以重视。据上海市普查，在 41～45 岁这一年龄段的 54.8 万中年人口中，专门人才有 9.3 万人，占 16.98%，而年龄在 26～30 岁的 154 万青年人口中，专门人才只有 5.6 万人，仅占 3.66%。后者为前者的 1/5，是人才的"低谷区"。

这就是说，再过十年，到 90 年代中、后期，现在的中年知识分子将进入老年，现在的青年知识分子将进入中年，在经济振兴的紧要关头，恰恰出现专门人才的"低谷、断裂"。那时，处于创新能力最佳期的专业技术骨干严重缺乏，技术开发能力将明显衰退。上海的问题是带普遍性的，机械工业部和船舶工业总公司的人才预测，第三次全国人口普查 10% 抽样资料，都得出同样的结论。这是一个值得引起严重注意的大问题。如果不从现在起设法补救，将会影响经济振兴，贻误四化大业。

在这样严峻的形势面前，可以有两种对策：①加快发展普通大中专学校，扩大招生能力。②抓紧培训职工，开发现有职工队伍的智力。前一种措施无疑是十分重要的。但是，从青少年培养起，周期长，到发挥骨干作用的时间更长，不能完全解决"低谷"的问题。而且，由于各种条件的限制，在今后一个时期内，大中专毕业生数量还难以满足各方面的需要。如上海市测算，到 1990 年，大约需要净增专门人才 53.6 万人，而同期内普通大中专学校只能提供 23.1 万毕业生，缺额很大。最切实有效的办法是大力开展职工培训，从职工中培养专门人才。目前职工队伍中，年龄在 20—40 岁之间的青壮年占半数以上。他们精力旺盛，正处在求知的黄金时期，他们有一定的文化基础和生产经验，对新事物有较强的吸收能力。只要决心大，措施得力，在一个不太长的时期内，从中培养出几十万、上百万专门人才，几百万、上千万中高级技术工人，填补"低谷区"骨干力量的不足，是完全可能的。

"人无远虑，必有近忧"。一切有远见的企业家和经济工作领导人，都必须充分认识职工教育的重大战略意义，进一步加强对职工教育的领导。目前，有少数企业在经济改革中，只顾抓利润、抓奖金，对职工培训有所放松，有的认为职工培训在短期内不易见效，不愿"前人栽树，后人乘凉"；有的则把希望主要寄托在国家分配和引进人才。这些都不符合中央经济体制改革决定的精神，应该迅速纠正。现在离 1990 年只有 6 年，任务艰巨，时间不多。各地都要赶快采取措施，把职工教育抓上去。

（三）

赵紫阳同志最近在视察北京印染厂时指出："要使企业向经营型、开拓型方向转变，要使各项改革措施落实，关键在人才。"根据经济体制改革，对外开放和有计划对原有企业、原有工业基地进行技术改造的需要，今后一个时期的职工教育，要在继续贯彻执行 1984 年 4 月国办发〔33〕号文件的基础上，着重抓好以下培训工作：

1. 加强企业厂长（经理）、总工程师、总经济师、总会计师和党委书记的培训

要结合领导班子的调整，采取特殊措施，组织他们学习经营管理业务，在提高现代化管理技能，研究吸收国内外最新管理成就上下功夫。在培训现任企业领导干部的同时，还要从中青年工程师、经济师、会计师中，挑选具有大专以上文化水平、有一定经营管理和基层领导工作经验的业务尖子，到大专院校、经济管理干部学院和培训中心研修、深造，为企业输送领导骨干。通过以上工作，争取在"七五"期间培养出一大批头脑敏锐、视野开阔、知识渊博、锐意改革的高级经营管理人才和社会主义企业家。

2. 加强科技人员的继续工程教育

采取脱产培训、在职自学、学术交流、以老带新、出国考察等各种形式，组织他们学习本行业现代化专业知识和管理知识，掌握现代化测试、检验、计算技术和情报检索、信息处理等基本技能。要把中青年科技人员，特别是从事科研、设计、情报等开发性工作的科技人员作为培训重点，争取在"七五"期间，使多数人的基础理论、专业知识和业务技能在现有基础上提高一格，培养出一大批了解国内外科技发展新动向，具有组织、指导技术攻关能力的学术带头人。

3. 加速后备专门人才的培养

有计划选送优秀青年职工、生产业务骨干到高等学校和中等专业学校定向培养，为经济振兴准备后备力量。特别要加速培养财经、管理、外贸和法律、政工等应用文科方面的紧缺人才。要鼓励职工自学成才。

4. 大力开展工人中级技术教育

"双补"基本完成的单位要及时转入中级技术培训，学习相关的文化科学知识，继续提高工人的技术理论水平和技能、技巧。要有计划地举办高级技工班，培养一大批知识面广、基本功扎实的技术尖子、革新能手。争取在"七五"期间，有半数左右的技术工人达到中

级工水平，高级工也有较多增加。

5. 搞好重点建设项目、引进项目、技术改造项目的职工培训

要严格按照设计要求，超前培训各类人员，保证按期投产，并具有较强的吸收、消化、开发、创新的能力。

6. 继续抓好各项基础教育

学习专业技术，离不开一定的文化基础。根据干部"四化"要求，全国需要进行高中文化教育的中青年干部有 800 万人，数量大，任务重，要花大力气抓紧进行。今年是全面完成"双补"任务的一年，从百分比看，和中央的要求相差不大，但从难度和工作量来说，任务还是艰巨的，要继续抓紧，做到保质保量，善始善终。

培训工作内容多、任务重，必须搞好统筹安排。各地区、各部门、各企业都要结合编制"七五"计划，认真搞好人才的普查和需求预测，研究新形势对职工队伍素质提出的要求，重新修订"七五"职工教育规划，加强培训的计划性。要把职工培训纳入各级经济责任制，把任务落实到基层，保证计划的实现。

（四）

职工教育要适应新形势要求，关键是要改革职工教育体制。同普通教育一样，现行职工教育体制也存在某种脱离经济建设实际的僵化的模式，影响多出、快出和出好人才。中央正在抓紧调查研究，为改革教育体制做准备。十二届三中全会决定指出："我们的一切改革，都必须有利于促进科学技术的进步，有利于调动各地区、各部门、各单位和个人进行智力开发的积极性，有利于鼓励广大青少年，广大工人、农民和知识分子加速提高文化技术水平。"本着这一精神，在中央做出专门决定前，各地可从自己的实际出发，对看准了的问题，积极探索改革的路子，把职工教育放开、搞活。

1. 改进职工教育计划管理

今后除少数项目，如职工大、中专学校招生，厂长经理统考等由国家下达指令性计划外，其他培训任务原则上都由企业自主决定。企业主管部门根据需要，可以提一些参考性指标，从宏观上进行指导，但不作为考核依据。各级经济部门要以主要精力做好指导、服务和组织协调等工作，推广先进经验，帮助企业解决办学中的实际困难，提高培训质量。

2. 贯彻"按需施教"，按岗位要求进行培训

要改变在教学内容、教学方法上统得过多、过死的现象，允许企业从实际出发，确定课程设置、教学内容和学时安排，变只按学历进行培训为按岗位需要进行培训。所有企业都应根据现代化大生产的要求，对各类干部、职工规定必备的知识和技能，作为培训的依据。对需要进行学历培训的，也应根据成人教育的特点，允许企业对教学计划、教学大纲

作适当调整，使培训收到切实的效果。

3. 打破职工培训中"吃大锅饭"的现象，转变片面追求学历的风气

目前，对职工大、中专学员实行工资、奖金、分配工作统包的政策，助长青年职工争文凭的思想，不利于造就人才。要改革招生办法，实行推荐与考试相结合，让优秀职工和生产骨干优先入学。学员的工资、奖金要和学习成绩挂钩，奖优罚劣。学员毕业后，回原单位工作，由企业根据需要和学员表现，择优任用。

4. 建立以中心城市为依托的，开放式、网络型办学体系

以企业为单位的封闭的办学形式，越来越和新的形势不适应。各级经济部门要发挥指导、服务的职能，建立各种培训中心，推动企业走联合办学、社会化办学的道路，满足各类职工学习的要求。要打破地区、行业界限，互相委托代培，实行有偿培训。有条件的培训中心，可试验向独立的办学实体过渡，面向社会，开展竞争，促进教学质量的提高。

5. 把培训同用人制度、分配制度结合起来，调动职工学习积极性

干部的委任、聘任、选举、晋升，工人的招收录用、定级晋级、分配和改换工种，都要有明确的文化技术要求，考核合格后才能上岗。国务院关于改革企业工资制度的通知，强调要体现脑力劳动与体力劳动、复杂劳动与简单劳动的差别。各地在制定实施细则时，都应突出知识、技能的价值，激励职工向着提高智力的方向努力。

6. 在职工教师中进一步落实党的知识分子政策

目前职工教师的社会地位和工资福利待遇过低，影响积极性发挥和教师队伍的稳定，应该引起企业领导的重视。要坚决破除那种把教师当做"三类人员"的旧观念。职工教师是知识分子的一部分，在奖金和生活福利待遇上理应和科室技术人员一视同仁。现在国家决定提高中小学教师的工资待遇，使他们的收入略高于同等水平的其他人员。这一精神应该同样适用于职工培训教师。今后企业进行工资改革，不论采用何种分配形式，都应参照中小学教师的办法，加发教龄津贴，使职工培训教师工作也成为社会上最受尊敬、最使人羡慕的职业之一。

四、何光

何光（1920—2015）曾用名郑克广，出生于天津。曾任国家劳动总局副总局长、劳动人事部副部长。

1939年3月从河北省立天津中学赴抗日根据地，任平西地区文化界抗日救亡协会文书、平西挺进报社印刷科科长，同年9月加入中国共产党。1942年后，任平北挺进报社记者、编辑，平北地委宣传干事，赤城县委宣传部副部长，察哈尔省委政研室研究员，山西盂县九区区委副书记，晋中区党委政研室副主任，华北职工干部学校第三部副主任。1949年12月后，任全国总工会干部学校工会工作教研室主任，全总食品工会办公室主任，北京东郊面粉厂副厂长，全总轻工业工会生产部部长，全总食品工会、轻工业工会副主席，北京日报社副总编辑，北京玻璃总厂党委书记，中国职工教育和培训协会会长，国家劳动总局副总局长。1982年6月后，任劳动人事部副部长、党组成员，兼全国职工教育管委会副主任、中华手工业合作总社副主任。1998年6月离休。

长期从事企业管理、政治工作、职工教育工作。主编有《当代中国的劳动力管理》《当代中国的劳动保护》等。在所著《就业、所有制、工作方法》一书中，收录了《摆正劳动者的主人翁地位》《创建有中国特色的培训体系》《以五中全会精神指导职协工作》等文章。

职业技术培训要有中国的特色[①]

搞四个现代化建设，实现 2000 年工农业总产值翻两番的宏伟目标，不仅需要有大批高级科学技术专家，而且也需要有数以亿计受过良好职业技术培训的城乡劳动者。大量培养各行各业所需的各种人才，是一项战略性的任务。现在，世界上许多经济发达的国家，都把职业技术培训视为"经济发展的柱石"。职业技术培训，包括就业前培训和就业后培训两个方面：就业前培训，是指后备技术工人的培训和对待业青年在就业前进行各种必要的专业知识和技能、技巧的训练；就业后培训，是指在职人员的提高训练。就业前培训搞好了，就给就业后培训打下一个基础；就业后培训，则是就业前培训的继续和知识、技能的更新。两者对于不断提高劳动力素质，提高劳动生产率，加速"四化"建设，都具有重大的作用。这里我想着重谈谈就业前培训的问题。

我国宪法规定："国家对就业前的公民进行必要的劳动就业训练。"中共中央、国务院关于广开门路、搞活经济，解决城镇就业问题的若干决定中也规定："要普遍开展对城镇待业青年就业前的培训，逐步做到一切需要培训的人员，先经过培训以后再就业。"第六届人大二次会议的《政府工作报告》中也提出："今后企业招收新职工，要进行就业前的培训，通过考试，择优录用，以保证职工队伍的素质，保证厂矿的劳动纪律、生产安全和设备完好。"远在建国初期，就曾对旧中国遗留下来的 400 万失业人员，进行大规模的职业训练。党的十一届三中全会以来，职业技术培训工作有了新的恢复和发展。主要表现在以下几个方面：

技工学校有了较快的恢复和发展。全国现有技工学校 3400 多所，在校学生 75 万人。1979—1984 年这 6 年里，技工学校毕业生共有 155 万人，超过了以前 30 年的总和。它为国民经济各部门培养和输送的新技术工人占新工人总数的比重，由 50 年代的 5%，提高到超过现在的 15%。技工学校根据自己的特点，组织有一定经济收益的生产实习，实行勤工俭学、半工半读的办法，既有利于培养合格的人才，又有利于减少国家在教育经费上的负担。据 1984 年对 20 所技工学校的调查，生产总值约为 3500 万元，利润达到 800 万元。

学徒制度正在改革中。近两年来，不少地区和部门，在改革学徒制度方面，迈出了可喜的一步：改招工为招生，经过培训考核合格后，再正式招收为工人。经过招生和招工的两次考试择优，较好地保证了新增劳动力的素质。学徒培训人数也有了比较多的增长。70年代，工业交通、建筑部门每年平均培训徒工大约 100 万人，80 年代的几年里，每年大约有 200 万人以上。

中等职业教育正在加快发展。近年来，教育部门有计划地将一批普通中学改为职业中学，或者增设职业班，对改变不合理的中等教育结构，加速中等职业技术教育的发展，是一项重大的措施。

一种新的培训形式正在发展起来。这就是近几年劳动服务公司所办的培训中心、各种训练班和培训实习基地等。有些办得好的培训中心，还担负了对当地培训工作的统筹、协

---

① 何光.1985.职业技术培训要有中国的特色.职业教育研究,（4）：3-4

调、交流经验的任务，有的还把培训工作同职业介绍、人才交流结合起来。1979—1984年，劳动服务公司共培训了青年400万人。现在全国已有一批城市，如苏州、无锡、沙市、株洲、长沙、西安、长春、四平和南通等，基本上做到了当年新成长的劳动力，经过培训，考试合格，由劳动服务公司推荐他们就业或是帮助他们组织起来就业，或者指导他们从事个体经营。实行先培训后就业的效果是显著的。据苏州市的调查，经过培训的工人，在完成定额上，比没有经过培训的高3%～18%，在优质产品合格率上高6%，在工具损耗上低40%，在创净产值上高90%。

职业技术培训工作虽然取得了新的成绩，但总的说来它的基础仍然是很薄弱的，而面临的任务却十分繁重。①新成长的城镇劳动力，要经过培训以后才能安置就业，每年约计300万人左右；②由于经济体制改革增强了企业的活力，全国将有1000万以上的职工需要重新安置，对这些人要进行新的职业训练；③为了适应生产发展的要求，对青壮年的技术补课和中、高级工人的技术培训，要进一步加强；④农村商品经济的发展，迫切要求科学技术下乡，给农村劳动力的培训提出了新的要求。

这几年，在就业前职业技术培训工作中，有哪些经验呢？我认为以下几点是值得向大家介绍的。

第一，要把普及和提高结合起来，开展多层次、多形式的培训。这是同我国多层次的生产力水平相适应的，也是同多种经济形式并存的现实相适应的。只有这样，才能满足不同所有制的经济和不同情况的企业对劳动力的各种需要，才能更好地为实现翻两番的总目标服务，为加强两个文明建设服务。

第二，既要学知识，又要练技能。要勤俭办学，半工半读。就是说，人们在接受职业道德教育、政治思想教育和进行科学技术业务知识学习的同时，要坚持参加生产和服务的实践。这样，既有利于造就人才，又可以创造一部分经济效益，增加培训的财力和活力。有些地方办的训练班，前面是出售自己产品的商店或者服务门市部，后面是学校，这就是常说的"前店后校"，也有的是"前班后厂"。

第三，要加强统筹。苏州、沙市的做法是，以城市为中心实行统筹。这样可以更好地调动各方面的积极性，使各种培训形式协调发展，互相促进，共同提高。也有利于把培训和就业更密切结合起来。

职业技术培训要同经济和社会发展的需要密切结合起来。在城市要适应提高企业的技术和发展第三产业的需要，适应所有制方面国家、集体、个人一齐上的需要，在农村要适应调整产业结构和农民劳动致富的需要。

第四，要坚持改革。对原有的不合理的制度和做法，一定要认真改革。比如，把学徒单纯当做劳动力使用的问题，对技工学校毕业生统包统配的问题等等，都要积极研究办法，总结经验，实行改革。

总体来说，职业技术培训和别的工作一样，要为实现社会主义的现代化服务，也要合乎国情，有自己的特点。在这方面，我们要在已有的初步经验的基础上继续前进。

关于职工教育的几个问题 ①

最近我对职工教育问题在北京和云南作了一点粗浅调查。这里就调查中反映出来的几个问题谈一些看法。

（一）摆正教育和经济的关系

1. 关于是非标准

有的同志提出，衡量职工教育成败的根本标准，同样应该是三个"有利于"。就是说，我们教育培养出来的多种人才，都应当是"四有"的接班人，他们的思想、技能和实践活动的最终结果，必须符合三个"有利于"的要求。这是正确的意见，需要引起大家的重视。

2. 关于"依靠"和"服务"

中央提出的方针是"经济建设必须依靠教育，教育必须为经济建设服务"。就全局而言，主持工作的领导者是否依靠教育和依靠程度如何，是首要的决定性的问题。就教育战线而言，服务与否和服务的好坏，则是主要的问题。教育是百年大计，极为重要，但它在基本路线中不是中心，它也必须服务于经济建设这个中心。因此，可以说，服务的程度又会反过来影响依靠的程度。

3. 关于"四有"和升学率

在两者之间，"四有"是基本的、主要的，是"四有"决定升学率和学历，而不是相反。很多同志认为，在普通教育中，大量的学校当前追求的主要目标，是培养少数尖子，而不大关心全体学生是否达到"四有"要求，对学习成绩差的学生，往往采取厌恶的态度。其结果，是形成智育第一，德育无足轻重。现在相当一部分大学毕业生好逸恶劳，听不得改造思想的话，即是一例。这对社会风气产生了很不好的影响。目前的教育改革，实际上治的是标而不是本，很难改变上述状况。总之，在坚持"四有"和提高升学率之间，必须分清主从，并使两者结合起来，既不能把它们对立，更不能主次倒置。

4. 关于普通教育和职业教育

两者基本相同，有所区别。所谓基本相同，是说它们都必须培养"四有"新人，都必须为经济建设服务，都不能只讲知识、技能而轻视政治思想，都不能有意无意地游离于经济建设需要之外。职工教育如此，普通教育同样如此。所谓有所区别，是说普通教育侧重基础知识的教学，而职业教育则侧重专业知识和技能的掌握。在两者的关系上，目前值得注意的是：①不宜用普通教育的模式去套职业教育；②要使两者更好地衔接起来。

---

① 何光 . 1994. 关于职工教育的几个问题 . 中国劳动科学，（7）：6-8. 本文是作者在中国职工教育和职业培训协会企业委员会上的发言提要。

5. 关于脑力劳动和体力劳动

作为以共产主义思想为指导的社会主义国家，我们长远的、根本的目标是消灭两者的差别，近期的目标是逐步缩小这种差别。党和政府为此实行过若干重要政策，但是目前的问题在提法和解释上是否符合这个原则。例如，说工资分配中存在"脑体倒挂"，这种提法把脑力劳动和体力劳动分割开来、对立起来，也并没有确切地反映分配政策上应有的尺度。又如，对"知识"和"人才"的解释，在一部分领导机关中存在着片面性。有些同志认为，"知识""人才"只限于知识分子，工人没有份儿。这是不正确的。以上种种，难免使人联想到：在高等教育中，似乎在某种程序上主要是培养"治人"之人；而职业教育则似乎主要是培养"治于人"之人。"万般皆下品，唯有读书高"的封建思想残余，在社会上还有相当深刻的影响，近年来甚至有所滋长，值得注意。

6. 关于职业教育和经济结构

要搞好职业教育，①需要研究产业结构，紧密结合产业特点办事。②在办学渠道上，要坚持国家、集体、个人一齐上；在培训对象上，要坚持为多种经济成分的发展造就人才。因此，职工教育工作者需要重视研究所有制结构，了解它在改革和发展经济中的重大作用，它同职业教育的密切关系，据以解决面临的问题。

（二）适应新形势

1. 经验

领导重视，积极投入；综合管理，协作配合；政策导向，促进学习；培养优良师资队伍；长期一贯、坚持不懈，不受形势变化影响。最后一条是非常重要的。

2. 问题

在新形势下，一部分企业的领导者，由于对社会主义市场经济和职工教育的关系理解不足，加上企业不景气的影响，认为"生产经营是今年的事，技术开发是明年的事，教育是后年的事，现在顾不上，只要能赚钱就行""既然向企业扩权了，可以自主决定停办职工教育"。这种看法和我国行将入关，企业全员素质明显落后形成尖锐的矛盾。有些地区在精减机构中，职工教育组织受到很大削弱。例如北京市，据初步统计，在原设有专职教育机构的国有企业中，保留的占23%，合并的占62%，撤销的占15%，少数行业有下降达52%的。有的单位停办其职工干校或技工学校转租校舍挣钱，认为这样"上算"。北京市经委为稳住阵脚，已经准备采取若干积极措施。

3. 展望

如何适应新形势？①提高认识：全员素质的高低，决定企业能否生存和发展。②采取措施：组织全员培训，学习市场知识，树立市场观念，力求掌握现代科学技术、经营管理知识和动手能力。③改革体制：由某种程度脱离实际的奉命办学，转向在宏观指导下从企业需要出发自主办学。有些企业已经开始行动。另外，有些同志提出，在目前条件下，一般说，企业职工教育应该也只能以服务于本单位为主，待有余力，再面向社会。

（三）关于职工教育

1. 经验

有的企业提出，职工教育要适需、适度、适时；就是说，职工教育必须适合企业需要，在量度、时机和时间的掌握上都要得当。有些企业认为，各类培训基本目标相同，作法要有所区别。例如在岗位培训中，从企业改革和发展的需要出发，全面提高人员素质，是共同的东西。而根据不同对象、不同层次和不同问题，确定具体目标和内容，采取适合情况的方法，是有区别的东西。

2. 问题

如何提高职工的学习积极性，需要研究。少数单位采取了比较有效的引导和鼓励措施，情况较好；在相当多的企业中，多数职工学习积极性不高。例如，据一位特大企业负责同志估计，这个单位约有 10% ～ 20% 的职工学习是积极的，其中包括生产骨干和想改行的两种人，另外约有 60% ～ 70% 的人学习积极性不高，随大流。原因是：大环境的影响（收入悬殊、劳酬不符、用人片面强调学历等等）很重，加上在本单位看不到个人的"奔头"。有的同志提出，弄得不好，今后能工巧匠可能奇缺，令人忧虑。

（四）关于技工学校

1. 毕业生的素质

目前技校毕业生的素质比过去（20 世纪 50 年代中期或者"文化大革命"以前）如何？有不同意见。这需具体分析。一种意见是：从科技领域看，现在的知识面宽了、前进了；但从政治思想上看，退步了；有些企业的班组长认为，整体素质不如过去。究竟如何，要研究。

2. 招生困难

沿海若干城市有些重要行业的技校招生困难，有的行业（如机械行业）技校学生流失率很高。原因是，这些地区经济发展较快、就业率较高，行业选择余地较大，而若干行业和工种的劳动条件差、待遇低。企业领导者为后继乏人而心情沉重，希望领导机关给予关注。

3. 突出技能

很多单位有明显进步。一部分单位受普教影响，片面强调理论，忽视动手能力，需要改进。

4. 扩展领域

有的地处农村的工业企业技校，根据自己的条件，积极筹措增加为农村培养人才的业务，很好。

5. 前景

有的同志认为，在企业办技工学校中，坚持下来的是多数，停办的是少数，还有新办的。说明客观上有需要，困难是暂时的。今后，企业办技工学校这种形式将会继续发展。

6. 要有"奔头"

从技工学校学生到企业工人，如何在指导思想和政策措施上使他们感到有前途、有社会地位，提高学习和劳动的积极性，是事关经济建设全局的大问题。

（五）精神文明建设

1. 情况

以下是一些企业的反映：

"80 年代以前强调政治思想，班组里比较好管，后来不行了。""现在讲办好企业、遵守纪律还可以；讲为共产主义奋斗的理想，人们就难于听得进去。从大多数人看，第一是奔张文凭，第二是多挣点钱，政治思想看得太淡了。""你不提钱和官，都干得挺欢；一提这个，就不想干了。""青年多的厂问题更大。"主要原因是，大环境影响严重，新闻影视导向把人心搞乱了；社会生活中的种种现象（腐败严重、分配不公、秩序不好等等）对人们的影响很大。有人说，"正面道理往往讲不过反面例子，搞政治思想工作很困难"。"在提出社会主义市场经济问题以后，很多政治工作者更加不安心。""群众中的积极性是有，看怎么调动。"有些企业的经验是：政治思想必须坚持灌输。灌输和不灌输不一样。不能只讲书本，必须结合实际：①把企业的奋斗目标和基本路线的精神结合起来；②对社会上的歪风邪气讲清是非，坚决抵制。有的单位提出了这样的口号：三热爱（党、国家、企业）、两具有（知识、技能）、一合格（接班人）。不少单位积极改善条件，组织业余和课余文体活动，加强正面引导，关心群众疾苦，改善工作方法。实践证明，在同一个大环境下，由于企业领导者的认识和作法不同，出现了并不一样的小环境。可见，在努力改变大环境的同时，小环境的主持者并非无可作为。

2. 意见

必须全面提高劳动者及其后备军的素质。人是一个整体，其技术业务和政治思想素质不可能机械地分割。所谓素质不高、跟不上需要，不只在技术业务方面。如果一个人没有必要的觉悟，在学习和劳动时就没有正确的动力。从全局看，一手软的现象还没有大的改变。为解决这个问题，需要采取措施，改善大环境，加强政治思想领导；就企业而言，在党委的统一领导下，只要齐抓共管，坚持灌输，改善方法，勤奋不懈，总能见效。希望职工教育工作者、经济管理部门、劳动部门的同志们，把这件事作为义不容辞的责任，自觉投入，积极参与，持之以恒，使"四有"目标得到尽可能多的落实。这是涉及社会主义经济能否持续、健康发展和民族兴衰、国家前途的大事，不可等闲视之。

（六）关于企业人才流失

1. 问题

骨干人才流失，使国有大中型企业成了乡镇企业、三资企业和私营企业的"人才库"。所谓人才，包括工程技术、经营管理和技术工人中的骨干。内地比沿海稍轻，也已达到相当程度。有人说，从全社会看，这种流动也许是好事，但却苦了大中型企业。主要原因是：①窝工浪费，作用不能发挥；②待遇难落实，争不过别人。由于这种情况，国有企业培训人才的积极性大大降低了。

2. 办法

一部分企业实行培训、考试、考核、使用、待遇相结合的一条龙；对群众公认的少数优秀年轻人才破格提拔；设厂内技师或助理技师，实行技师和工程师享受相应的同等待遇；在服从企业需要的前提下，适当照顾职工个人意愿和发展前途；对本企业出资培养的人员，实行定期服务和有偿提前离职。这些措施收到了一定效果，问题如何全面解决，需要统筹考虑。

（七）批评和建议

在调查中了解到的主要意见如下：
（1）希望政府制定职工教育和职业培训方面的法律或法规，使工作有所遵循。有人提出，职工队伍的素质应该是企业的一种资产。
（2）政府不少部门搞强制性培训和收费，企业负担沉重，反映强烈。劳动部门培训特殊工种人员，发放证书，收费过高。相当一部分主办单位以职业学校作为赚钱手段，不顾社会效益。社会办学中，假冒伪劣者不少，亟待整顿。
（3）劳动部门编印的技工学校教学大纲和政治教材，与企业实际结合不紧，需要修改。
（4）可以按照不同企业的优势组织合理分工，开展专项培训，不搞大而全。

五、王明达

王明达（1935— ），男，四川大竹人，曾任国家教委副主任，中国职业技术教育学会会长。

1956 年毕业于东北人民大学（现吉林大学）物理系。同年加入中国共产党。历任吉林大学讲师、副教授、系副主任、副校长，吉林省高等教育学会第一届副会长。全国政协教科文卫体委员会副主任，国家教委副主任，中国职业技术教育学会会长。

1985—1996 年，王明达担任国家教委副主任，分管职业技术教育工作。1993 年起王明达被选为全国政协委员，1998 年王明达担任全国政协教科文卫体委员会副主任。他在各种场合上为职业教育发展大声疾呼，在深入调查研究基础上，为国家制定有关方针政策建言献策。

2002 年，王明达被推选为中国职业技术教育学会会长，学会紧密围绕我国职教发展和改革的中心任务，开展了多种形式的活动，为提高职教管理水平、办学水平和教育质量，以及加强职业教育学科建设提供了较高水平的职教科研服务。

关于当前农村教育改革的几个问题 ①

为了更好地推进我国西部地区农村职业技术教育工作，国家教委决定邀请西北、西南（除西藏）地区和山西、内蒙古、广西等省（自治区）负责职教的同志，共同研究如何发展这些地区农村职业技术教育事业。讨论中必将涉及农村教育改革的一些问题。和东部沿海各省相比，西部地区在经济、教育方面具有一些不同的特点。由于社会历史和自然条件等方面的原因，在经济和教育发展的水平上与东部相比，存在着一定的差距。西部地区土地辽阔、资源丰富、亟待开发，少数民族也主要分布在西部地区。农业人口的平均收入，这些省都低于全国农业人口的平均收入。乡镇企业的发展也落后于东部地区，农业所占的比重还比较大，教育的普及程度，在一些地区还比较低，专业人才和师资相对东部来讲更显得缺乏。教育结构的改革起步较晚，职业教育发展的水平与东部地区也有一定差距。在某些地区，办学思想还不够端正，片面追求升学率的倾向比较突出。因此，很有必要根据这些地区的特点，深入研究讨论如何发展农村教育，特别是如何发展与农村经济关系比较密

---

① 王明达 . 1989. 关于当前农村教育改革的几个问题 . 人民教育，（8）：20-22. 本文是国家教委副主任王明达同志 1989 年 5 月 16 日在西部地区职教工作座谈会上讲话的摘要。

切的职业技术教育和成人教育。

国家教委明确指出，中国教育的大头和难点都在农村，要高度重视农村教育。农村的教育搞不好，就很难说中国的教育搞好了。因此要深刻理解、高度重视，并采取切实的措施，坚持不懈地抓好农村教育的各项工作。

（一）提高改革农村教育的自觉性和紧迫感

我国的基本国情是农村人口占到 80% 以上，人均资源相对不足，特别是耕地，人均不到 1.5 亩。可是，我国的人口却不断增长，耕地逐年减少。所以，我们将面临一些很大的社会问题：众多人口的粮食问题，生态、环境保护、剩余劳动力的出路等问题。现在就要着手考虑如何解决这些问题。发展农业，国家提出一靠政策、二靠科技、三靠投入。从长远看，根本的出路还是要靠科技。为什么？①科技水平在不断提高，永无止境，将来会利用新的生物技术，提高农产品产量。②我们目前运用科技的水平还很低，潜力很大。依靠科学技术，必须要把教育搞好，要培养出能够吸收、运用科学技术的人。从事农村建设的劳动者，首先要有良好的思想品德，要热爱农村，为农村建设艰苦奋斗，同时应该掌握文化和科学技术知识、技能，还应该懂得经营管理。总之，农村需要大批高素质的劳动者。这就要求我们，不仅要把基础教育搞好，还应该把职业技术教育、成人教育搞好。要有一个合理的教育结构。

现在农村教育存在的弊端大体上是如下几个方面：

1. 教育结构不合理

在一些地区，基本上是单一的普通教育。职业教育、成人教育比较薄弱，而单一的文化教育不能满足农村建设的需要。农村建设迫切需要有一定专业技术的人才和大批有技术的劳动者。而城里的农业高等、中等学校培养的学生，由于体制和各种政策的原因多数都到不了农村，这就造成了农村人才特别缺乏的局面。

2. 普通教育存在着片面追求升学率的倾向

尤其是在一些贫穷地区，这一影响还相当深。它严重影响教育质量和办学效益。轻视德育，思想政治工作薄弱，智育本身也被扭曲。把本来就不足的人力、物力都集中在为少数学生升学服务上。目前全国能够升入大专院校的学生只占同龄人的 3%，97% 的人都要在小学后、初中后、高中后参加各行业的生产劳动。农村教育为他们的需要考虑太少。

3. 农村教育缺乏地方特色

教学内容脱离当地社会生活与建设的需要。教材内容是统一的，有些内容与当地生产相脱离。中国的一个显著特点是各地极端不平衡，但我们在教学内容和要求方面如何适应这种不平衡性，从当地实际出发，考虑研究得不够。这已经造成了一些严重后果：大量的学生回到农村，缺乏建设农村的思想准备，不安心农业生产；劳动者也缺乏必要的技术，吸收科学技术知识的能力比较低，很多技术不能在农村及时推广；农村生产水平不高，影响人民生活的改善。因此农村教育要加快改革，提高改革的自觉性，增加紧迫感。

（二）农村教育改革的目标

改革农村教育的目的，是为了更好地发展农村教育，提高劳动者素质，培养大批合格人才，更好地为当地社会主义建设服务。当前，农村教育有些问题是要通过改革来解决，也有些问题是属于发展的问题。比如说学校的数量不够，就需要增加投入，发展农村教育。为更好地发展农村教育，就必须坚持改革。

当前，农村教育改革要着重抓好下面几点：

1. 教育结构

一定要按照中央提出的要求，在加强发展义务教育的同时，把职业技术教育、成人教育发展起来，使得农村教育有一个比较合理的结构。这不仅是因为我们现在经济发展水平比较低，要强调教育结构改革，即使将来经济发展水平提高了，也应根据经济与社会需求建立合理的教育结构。

2. 办学指导思想

国家教委一直强调，农村的普通教育一定要从单纯为了升学转到主要为当地社会主义建设（包括物质文明和精神文明建设）培养人才上来。农村为什么要办教育，就是为了把农村建设好，把我们的国家建设好，提高人民的生活水平，提高民族的素质。一部分人升入高一级的学校也是国家建设的需要。但是，作为整个农村教育的指导思想，不能把为少数人升入高一级学校当成农村教育唯一的任务，全力以赴地搞升学教育，这是绝对不行的。要转变教育思想，还应有一系列的政策、措施要考虑。

3. 改革教学内容

要加强德育，使学生有正确的政治方向和良好的品德。要有地方特色，要和当地社会、生产、人民的生活幸福密切联系起来。在教学内容上除了国家统一的基本要求以外，可以增加一些有地方特色的内容。提倡编写乡土教材，联系当地的实际，传授当地生产、生活，以及社会主义精神文明建设中需要的一些知识。如法制、生态环境、人口、乡村建设、移风易俗等内容。普通教育要引进职教因素，首先，要把劳动技术课开好。中小学都有劳动课和劳动技术课，只要认真开，可以学到不少技术。其次，各科教学可因地制宜，联系实际，丰富学生的实用知识。再次，开展课外活动不仅可学技术，还可以进行热爱家乡、热爱农村的教育。最后，如果有条件，可开些实用技术的选修课。教委已提出，农村初中的外语可以选修。

4. 管理体制

要完善分级办学体制，加强地方的责任。还要搞好校长负责制，改革学校内部的管理体制。要积极推进"三教统筹"，再进一步还可以考虑在县、乡政府的领导下把"农科教"

统筹好。

5. 经费筹措

要开辟新的渠道，除国家和各级政府的拨款以外，一定要发动群众，发动社会。通过多种形式来筹集更多的教育经费，改善办学条件，提高教师的待遇。

（三）发展农村职业教育的基本思路

首先，要明确农村职业教育的方向和培养目标。要考虑农村与城市的区别，农村与城市最大的区别之一，在于城市职中毕业生的就业主要是依靠全民所有制单位和集体所有制单位安置。当然，也有一些自谋职业的。农村不可能像城市一样，由企、事业单位提供较多的就业岗位。常常听一些同志讲"农村职业教育发展不起来的原因，在于没有出路，没有地方分配"。这实际上是按城市职业教育的模式考虑问题。需强调指出，农村职业教育的办学方向和培养目标，是由农村的条件和需要，特别是农村的经济结构所决定的。其主要任务是培养大量的，掌握一定的文化基础知识和生产技能的新一代农民，农民本身也是一种职业。但是，传统的观念好像当农民不算就业，一定要农转非才算就业。如果照这个模式办农村职业教育，必将越办路子越窄。这是办农村职业教育一个根本性的认识问题。

农村的职业教育，就是要面向农民，面向农业生产，面向农村经济和社会需要。当然，农村也需要第二、第三产业的人才，如建筑业的工人、技术和管理人员，乡镇企业的财会人员、技术人员等。近几年，不少农村职中开办了上述专业，办得很有成效，缓解了当地对这些人才的需求。办这些专业和城市的差不多，只要政策对头，办起来一般困难不大。现在，农村职业教育最困难的是直接培养农民的这些专业，而这恰恰是农村职业教育应考虑的重点。如果农村职业教育不能造就出大批新型农民，尽管我们培养了一批像幼师、财会、电器维修、缝纫等从业人员，但主要的任务还没有很好地完成，还没有尽到农村职业教育的责任。这是农村职业教育指导思想上最重要的问题，也是当前农村职业教育面临的最困难的问题之一。不少地方为农业服务的职业教育出现滑坡，原因在哪儿？有传统观念问题，认为学完了还要回家种地，不能农转非，没有上学的积极性。另外也有办学方面的原因，为致富需要考虑得不够。如果学了以后回去收入增加、产量增加，相信农民也会愿意来上的。有的农民不远千里到外面去学习致富技术，这种例子很多，各地都有。这点明确了，为农业服务的职教在办学形式、教育内容等方面，都要从适应广大农民迫切要求致富的需要来进行改革。湖南省进行了改革，创办了家庭经营专业。适应家庭经营承包责任制，不仅要学种植业，还要学养殖业，还要学点经营服务业，这样办的家庭经营专业很受欢迎，很有生命力。我们西部农村与东部相比，在产业结构上，以农业、畜牧业、林业为主。因此职业教育，面对农业这一块，任务更重，更需要着重研究。为实现上述转变，有几点必须要明确：

一定要破除过去那种种田就不需要上学，上学为了农转非的观念。种田有很多科学，西北地区有旱地大约 2 亿亩，平均亩产不到 100 公斤，怎样才能把产量提高？需要依靠科学技术，包括选育良种、科学施肥和耕作技术，都需要学习，凭传统经验是很难把产量提高的。

还有一种看法，职业技术教育是商品经济发展的产物，商品经济不发达的地区职业教育发展不起来。这种看法太笼统了。商品经济的发展当然需要更多层次的职业技术教育，会推动职教的发展，这是毫无疑问的。但是，从人类历史发展来看，技术教育的出现是很早的。我们现在讲的农村职业技术教育，主要是指既让学生有一定的文化，又要有一定的技术和经营能力，学到一些生产致富的本领。那种认为主要是农牧业地区，商品经济不发达，发展职业教育要等一等的看法，是不对的，在实践上对职业教育的发展将产生不利影响。现在社会生产需要各种技术，管理果树、养羊、养猪都有很多科学。为农业服务的职业教育同样大有作为，关键是办学模式。

其次，关于农村职教发展方针。有些地方按照 1∶1 来指导农村职业技术教育的发展。中央提出改革教育结构这个比例，是从全国来讲的。农村办职教，不要机械地按这个比例。要从各地实际出发，在经济水平还较低的农业县，首先办好一所骨干学校，大量发展多种形式的"三后"职业技术短期培训，即在小学后、初中后、高中后进行的从业所需职业技术培训。各地情况不一样，有的地方在小学后就要进行。对大量的劳动者，培训时间可以灵活，如学习养鸡需要两个月，不一定非得学三年；但培养一些骨干，则需要长一些时间，进行较系统的职业教育。在一个乡村里边，总需要一些科学致富的带头人，推广技术的带头人，有些人将成为乡村的领导骨干。目前都成高中阶段的职业中学是不可能的。

再次，关于农村职教的办学形式。一定要考虑当地经济、社会发展的需要。县办的职业中学骨干学校要发挥多功能作用，既培养人才，还进行科学实验、生产示范、技术推广、经营服务。农村的职业学校，搞一些经营服务有好处。新型农民，就要有经营本领。学校进行经营服务，建立必要的社会服务体系，对培养学生很有好处。有的地方资源很丰富，可以大量地生产某种产品，但谁来收购这些产品？每个农民都面向市场，比较困难。职业学校除了技术服务外，还可以进行产前、产后服务。有些地方搞得较好，已经出现了这样一些雏形，甘肃就已经有这样的雏形骨干的职业学校。骨干职业学校也不能只有一种办学形式，也要长短结合。另外，学校必须要有实习基地，只在黑板上讲种地、讲养殖，是绝对不行的。建立基地要地方支持，现在有的省、有的县看到了这点的重要性，舍得花力量。河北省已经出现了一个职业学校有 4000 亩土地的实习基地。县里下决心，把过去承包给别人，经营效益不好的地交给职业学校，给他们任务。要他们充分利用基地来培养人，搞农业开发，搞些实验，引进新的技术，试验成功后，在全县推广。很多地方已经把农村职业教育看成是发展经济的一支重要的依托力量。不仅仅是作为参谋部出主意，同时能不断地输送技术人才，还可以承担某些产前、产后服务。职业中学要完成上面这些任务，必须要有一个好校长，这一点至关重要，有的学校办得不好，就是校长不得力。有的县下决心把管理经济的县长派去当职业学校的校长，不是兼职，而是专职。像河北省那种有 4000 亩实习基地的职中，没有一个非常强有力的领导，是很难办好的。此外，要解决专业师资问题。提高广大劳动者的素质，光靠骨干学校解决不了，因为骨干学校不能办得太多，目前，还不可能使所有劳动者都受到高中阶段的职业教育。希望每个村、每个乡要先有一批骨干。浙江嘉兴是农村经济比较发达的地区，他们认为如果每个村有两个比较能干的人带头，村里的生产就很有起色。当然多一点更好。所以，在目前大量劳动者的培训主要应采取小学后、初中后、高中后多种形式的短期职业技术培训方式。各地可根据当地实际情况确定培训形式。现在很多地方搞"3＋1"效果比较好。有的是小学毕业后，加一段培训时间。不论"3＋1"也好，"5＋1"也好，这个"1"应理解成是一段时间的职业技术教育，不一定是整整齐齐的 1 年。通过职业技术培训，学生能够具有一定的生产本领。培训时间根据每个人的需要而定。以后再有需要，可以再来学。这就需要农村的成人教育搞起来，使大量的农村劳动者，通过再培训继续提高。希望小学后、初中后的毕业生，都能够受到一定的训练。这个"3＋1"的"1"，也可依托当地各种机构进行，不仅是普通学校，也可以是成人或职业学校，或者在企业进行。

最后一点，职业教育要和农村成人教育密切联合。本来，成人教育、职业教育这个概念的划分，是在特定的历史条件下形成的。从内容上来讲，成人教育的内容，除扫盲和一些社会文化生活教育、成人学历教育外，大量的还是技术培训。要重视乡农技校的建设。每个乡都要办一所农民文化技术学校，要尽快办起来，如果没有条件，可利用现有的小学、初中的教室，在星期天上课，给农民讲一些实用技术，这是完全可以的。

（四）实施"燎原计划"是推动农村教育改革的一项重要措施

经国务院批准，"燎原计划"现在已经在全国部署了。现在的任务是要把部署的"燎原计划"的示范乡认真搞好。要把"燎原计划"的实施，看成是推动农村教育改革的一项重要的措施。有的人认为"燎原计划"仅是推广实用技术，这是不全面的。这只是其中的部分内容。"燎原计划"的实施具有深刻的意义。

"燎原计划"的实质，是通过改革和发展农村教育，大面积地普遍地提高劳动者素质，增强农村应用和吸收科学技术的能力。提高生产、经营管理水平，促进农村经济、社会的发展。它的立足点是要促进农村的发展，为农村两个文明建设服务。它的手段是通过大面积地提高劳动者素质，通过发展和改革教育来实现的。这个计划是怎样产生的呢？近年来，各地出现了大量的典型。如何在大范围内推广？对农村教育改革，中央的方针、政策很明确，但长期不能落实到基层，这与工作方法有关。因此，今后各级抓农村教育改革，一定要抓得扎实。一个县、一个县、一个乡、一个乡地抓。当成一个工程项目，有一定的目标，按一定的要求来搞，这样效果会好些。于是产生了"燎原计划"的设想。"燎原计划"的实施，是推动农村教育改革的一项重要措施。

"燎原计划"的主要内容是建立一批示范乡和县。对示范乡和县提出了 10 条要求：①要扫除文盲。②要普及义务教育，努力提高教育质量，为提高民族素质打好基础。③所有的学校都要有劳动基地，努力贯彻教育与生产劳动相结合的原则。④学校要有进行劳动和劳动技术教育的制度和引进职业技术教育因素的一些措施。⑤县要办好一所骨干职业学校，发挥多功能作用。⑥乡镇要办好一所农民文化技术学校。乡技校和骨干职校配合起来，形成农村的技术培训网络。骨干学校还应当和高校、科研单位联系，发挥"上挂横联下辐射"的作用，大力推广农村实用技术。⑦对在乡的初、高中乃至小学毕业生应普遍给予多种形式的培训。⑧在政府领导下，要把教育与经济发展协调规划，使经济建设真正转到依靠科技进步和提高劳动者素质的轨道上来。⑨要有实际措施，使当地的生产技术水平有所提高。⑩农民收入、生活水平有较大提高。

从这些要求来看，"燎原计划"不只是搞技术培训，只是成人教育和职业教育的事。首先要把义务教育搞好，扫除文盲。

国家教委已决定，在全国实施"燎原计划"的700多个县中，首先抓好115个县，做出示范。这些县必须进行教育综合改革，因此，这些县也是教育综合改革实验县。要与"星火计划""丰收计划"紧密联合。我们已跟农业部、科委进行了协调，"燎原计划"也是为"星火计划""丰收计划"的更好地实施服务的计划。由于"燎原计划"的综合性，不只是职业和成人教育的事，国家教委成立了一个"燎原计划"办公室抓好这件事。

（五）积极采取措施，推动农村职业教育的发展

1. 政策上一定要采取措施

支持农村职业教育，特别是各级政府要把发展农村职业教育作为当地经济建设发展计划中的一个重要组成部分，要在经费上给以支持。

2. 要给职业学校创造必要的办学条件

如实习基地建设、配备好的校长、配备专业课教师。县里应该吸收他们参与当地的科技推广、生产试验方面的一些活动，使职业学校为发展当地经济做出更多贡献。

3. 抓好试点

各省要把各县的职业学校都搞好，是不容易的，应先抓好一些试点。因此，每个省都应该抓一些县，每个地区每个县都应抓一些点。国家教委与各省配合，首先抓好实施"燎原计划"的百余个示范县。抓好100多个县，来推动这项工作。

4. 加强农村职业技术教育的科学研究

农村职业教育有好多问题需要研究。这方面的力量很弱。希望有关的各方面多出些主意，把农村职业教育的研究工作赶上去。要结合中国的实际，吸收国际上的经验。

我国职业教育的现状及问题①
——在中华职业教育社第六届理事会第二次全体会议上的讲话

（一）我国职业教育的现状

近10年来，我国的职业技术教育取得的成绩是非常显著的，概括起来有以下几方面：

---

① 王明达.2000.我国职业教育的现状及问题——在中华职业教育社第六届理事会第二次全体会议上的讲话.职业技术教育，（25）：5-6

1. 职业教育事业有很大的发展

近 10 年来，我国职业教育的发展速度是各类教育中最快的。根据 1989 年的统计，全国中等职业技术学校已达 17 259 所，其中，中专 3984 所、技工学校 4102 所、职业中学 9173 所（含 1500 所职业初中）。在校生 6 267 200 人，其中中专 2 177 500 人、技工学校 1 267 000 人、职业中学 2 822 700 人（其中，含职业初中 490 000 人）。职教系统中有教职工 1 100 000 人，其中专业教师 560 000 人。1980 年全国中等职业技术学校为 9688 所，其中，中专 3069 所、技工学校 3305 所、职业中学 3314 所 1980 年的在校生为 2 397 500 人，其中，中专 1 243 400 人、技工学校 700 400 人、职业中学 453 700 人。可以看出，1989 年比 1980 年的学生数增长了 216.2%，其中，中专为 175.1%、技校为 180.9%、职业中学为 622%。其中，职业中学发展更快，如单讲职业高中的学生增长数，1989 年是 1980 年的 740.2%，在这期间普通高中数在下降，普通高中 1989 年是 1980 年的 73.8%。由于数量的变化，我国中等教育的结构有了很大的变化，1989 年中等职业技术学校在校生占高中阶段的学生数已达 44.8%，中等职业技术学校的招生数占高中阶段招生数的 47.5%，而 1980 年中等职业技术学校的招生数只占高中阶段的 20% 左右。这是近 10 年来，党中央、国务院提倡大力发展职业教育的一个非常重要的成果。从 1985 年以来，中等职业技术学校已培养了 850 万人。此外，城市中还有中等职业技术学校性质的职工学校 22 000 所，每年承担培训任务 340 万人，全国乡镇一级农民文化技术学校 34 112 所，每年培训 1200 万人，全国村一级农民学校 21 万所，每年培训 1860 万人。可见，我国的职业技术教育的规模是相当大的，并取得了很大的进展。

2. 职业技术教育的社会影响正在逐步扩大

社会上对职业技术教育的观念也发生变化，越来越多的各级领导和社会上各方人士开始重视职业教育，把发展职业技术教育作为振兴地区经济、提高经济效益，提高生产水平的非常重要的战略措施来抓。大城市中，报考职业学校的人数超过了报考普通高中的人数。一些办得好的农业中学，招生为 1：20 ～ 1：10，很有吸引力。调查表明，接受过职业技术教育的和没接受过的人大不一样。最近，国家统计局有一个资料，对全国 6.7 万农户进行了跟踪调查，发现农民的收入和他的文化程度、知识结构、专业技能有直接的联系，有一个非常明显的规律。1989 年的数据是文盲户人均收入为 442.84 元，小学户为 542.96 元，初中户为 616.30 元，高中户为 639.85 元，受过中等职业技术教育的农户为 740.90 元。从这个数据，至少可以看出两点很普遍的规律：①随着受教育的程度增高，收入随着增加；②接受一般文化教育与接受职业技术培训的收入有明显的差距。高中户与初中户的差别不大，但与职校毕业户相比差别就较大。从增长率来讲，同 1985 年对比，其收入增长率为：文盲户 45.6%、小学户 54.9%、初中户 56.1%、高中户 53.9%、职校毕业户 680%。统计数据表明，受过职业技术教育的农户，不仅收入绝对值高，收入增长率也是高的。相反，文盲户两者都是最低的，收入可相差 300 元。通过这个调查分析对转变人们的观念是有相当说服力的。我觉得职业教育有着深远的意义，职业教育的发展对改造中国社会，对整个社会精神面貌的变化都将起重要作用。1917 年黄炎培先生就提出，要改造中国社会，就要认真重视职业教育。现在看来，在社会主义制度下越来越变成现实。例如，要改革农村教育，就要大力发展职业技术教育，特别是要重视培养新型农民，这几年已开始见成果。湖南有一地区 5000 名初、高中毕业生联名写信给政府部门，要求增加职业技术教育和开设农业技术课程。他们说：回乡务农是我们大多数学生的生活之路，父老乡亲对我们希望很高，但事实上学校未开设农业技术课，毕业回乡后还要从头学起，深感有负于十年寒窗，也有负于父老乡亲。当地教育部门组织了调查，有 80% 的学生家长、73% 的农村中学教师认为在农村中学开设农业技术课是必要的。社会影响的扩大使各级领导对职业教育重视起来。就今年来说，省一级就有浙江、云南、安徽、江苏、辽宁、黑龙江等许多省委、省政府领导出面专门召开职业教育的会议，研究和部署职业教育的工作。在城市里，越来越多的企业、工业部门也感到，要真正落实中央提出的将经济建设转到依靠科技进步、提高劳动效益轨道上来，不抓职工的培训，不抓职业技术教育是落实不了的。现在很多部门都在抓，像汽车、煤炭、石油、电力等行业都在研究怎样提高职工教育质量问题，认识到中国经济要上去，必须狠抓工人的素质培训，这几年在对职业教育认识上发生的变化，是社会最重要的进步。现在许多省开始制定职教法规，据我们了解，已有 8 个省市正式制定了有关职教的法规。

3. 职业教育本身的改革已经起步，正在逐步深入发展，促进了职业教育水平的提高，出现了一些办得好的先进职业学校典型

对职业学校来说农村职校要理直气壮地培养新型农民，城市里主要是培养合格的工人和第三产业的服务人员及少量的管理人员，主体是培养农民、工人，职业教育不是升学教育，不去追升学率。在办学体制改革方面，如农科教结合，联合办学，地方和部门相结合、跨行业、跨地区规划专业设置，强调部门所有等，都有很大进展。在办学模式上这几年也作了很多的改进和探索，如企业方面，和国际上合作进行了"双元制"①模式的实验，反映是不错的。招生分配制度，这几年也在进行改革，特别是中专、技校，尤其是中专以前都是面向全民所有制，经济体制改革以后，多种经济成分的存在，特别是乡镇企业的发展很需要人才，而过去中专的毕业生很难进入乡镇企业。改革以后，这方面有了很大的进展，尤其是农业中专的改革效果比较明显。改变了包分配的制度。毕业生有 15% 进入了农村，有的地方达 50%。由于改革各地出现了一些办得好的典型，大大提高了职业学校的威信。

（二）存在问题与解决的措施

总的说，根据需求，全国职业技术教育的发展速度还比较慢，其中，很多工作跟不上，包括干部、教师、设备、教材等。职业教育事业还是比较年轻的，在发展中还存在很多困难。比较突出的问题有：

1）全社会重视职业技术教育的观念还没有充分树立起来。很多地方发展职业技术教育还是凭领导的态度，个人的认识，还没有转到依法治教的轨道上来。

2）发展非常不平衡，全国职业学校办的比较好的约 10%，办好职业学校的任务还相当

---

① "双元制"为一种以企业教育为主、学校教育为辅的职业教育办学模式。

艰巨，要把所有学校都建设好，还要作相当大的努力。发展职业教育的很多政策还不配套，管理体制不顺，内部关系不顺，办学条件较差，专业师资、经费、教材等都很缺少。

3）为职业技术教育服务的体系不完善。针对上述问题明年教委要召开全国职业技术教育会议，要把近 10 年来我国职业教育发展所取得的成绩很好总结一下。根据未来国家发展的需要，制定奋斗目标。这个会着重要解决以下几个问题：①进一步在全社会强调职业教育的地位和作用，特别要强调对工人、农民的培养，引起全社会的重视，争取尽快立法。②明确未来发展职业教育的方针，要继续坚持大力发展职业技术教育。"要区别对待，分类指导"。根据各地不同的情况和当地经济、社会发展的需要，提出不同要求，要在巩固提高现有职业学校的基础上努力办好一批高水平的学校，作为未来 5～10 年中一项非常突出的任务。③是大力发展多层次多种形式的短期职业技术教育和培训。④制定职业岗位技术标准，完善法规制度，进行管理体制的改革，强调地方政府统筹、鼓励企业介入职业教育，中专、技校要面向多种所有制，改革招生和分配制度。⑤多种渠道筹集发展职业教育经费，提倡学校办产业，搞校产结合。⑥建立职业教育发展的服务体系。

关于发展高等职业教育的几个问题 [①]

1993 年《中国教育改革和发展纲要》发布以后，特别是 1994 年中央召开全国教育工作会议以后，积极发展高等职业教育的问题受到了各方面的广泛关注。中央领导同志多次强调，要采取切实措施，积极推进高等职业教育的发展。原国家教委成立了包括有关司局在内的高等职业教育领导协调小组，深入到各种类型的高等职业教育学校进行调研，并召开了多次会议研究发展高等职业教育的实际问题。涉及的认识和方针政策问题，包括为什么要发展高等职业教育，什么是高等职业教育，如何办高等职业教育，怎么管高等职业教育，等等。现在各方面对为什么要发展高等职业教育认识比较一致。随着科学技术的发展和社会的进步，不少职业岗位对从业人员的专业水平提出了更高的要求。另外，随着人民生活水平的提高，更多的人要求接受高等教育。社会对高等专门人才的需求是多样的。多数的专门人才将在生产、服务、管理第一线从事实际工作。培养这类专门人才需要发展高等职业教育，有利于满足广大人民群众接受高等教育的强烈愿望。下面着重谈谈什么是高等职业教育和如何办好高等职业教育。

（一）关于高等职业教育的内涵

界定高等职业教育要说明两层意思：什么是高等层次？什么是职业教育？划分教育层次要根据教育的年限。若完成某类专业教育需要在基础教育 12 年以后再学习若干年，一般就把这类教育划为高等层次。在我国高等教育又分为专科、本科、研究生等阶段。在基础教育 12 年后需要再学 2～3 年的称专科，需要再学 4～5 年的称本科。根据学习年限来划分教育层次，对此的认识基本一致。关键是如何界定职业教育，国内外看法并不一致。同一国家在不同时期往往也有不同的看法。前苏联把技工教育称为职业教育，而把中专划为

---

① 王明达 . 2000. 关于发展高等职业教育的几个问题 . 职业技术教育，25：4-6

与普通高等教育同属一类的专业教育，中专归属于高等教育部管，技工教育归属于职业教育技术教育部管。前苏联的做法实际上是把培养技术工人的教育称为职业教育。但苏联解体后，俄罗斯又把职业教育的内涵定得很宽，几乎把相对于基础教育的所有专业教育都划为职业教育。我国各方面对职业教育的理解也有较大差异。有的把培养工人、农民的教育称为职业教育，进而认为不存在高等职业教育；也有的认为针对职业需求的一切专业教育都可称为职业教育。这里涉及根据什么原则来界定职业教育，为什么要把职业教育从教育中分离出来研究等问题。虽然"职业"概念在历史上出现很早，但职业教育成为教育中的一个重要部分，则是在由农业社会向工业社会过渡以后逐渐形成的，特别是大工业出现以后，社会的职业结构发生了明显变化。最先是在生产第一线从业的工人，他们需要经过一定的教育培训，掌握必要的专门知识和技能。这类教育有很多特点。随着这类教育的规模逐步扩大，人们认为有必要把这类教育单独划出来研究，以便更好地认识其规律，更有效地开展这类教育。随着社会的发展，服务行业日益扩大，管理工作也更加复杂多样。不仅在生产领域有第一线的工作，在服务、管理领域也有第一线的工作，从事这些工作的都需要经过专门的教育培训。这类教育有许多共同特点，根据不同的职业岗位，从业人员接受教育又分成了明显的层次。于是这类教育逐步发展成了一个庞大的体系，成为教育中的一个重要部分。现在把这类教育统称为职业教育。在我国历史上，对这类教育也曾用过多种名称，如生计教育、实业教育、技术教育、职业技术教育等等。

当然，从其他角度也可以对教育进行分类。把职业教育的内涵划分过窄或过宽，都可能给实际工作带来不利的影响。从目前实际情况看，界定职业教育应使人家容易理解，结合我国的历史文化背景，参照国外的一些说法，找到一个符合国情并能被认同的表述。职业教育的基本特征，不要体现在培养目标和培养模式上，表述宜粗不宜细。要有利于在实践中加强对职业教育的管理，促进职业教育的发展，并将其基本特征反映在教学过程中，真正办出特色，培养出社会所需的这类人才。随着科学技术的进步，经济社会发展水平的提高，社会职业结构将不断变化，职业教育的内涵也会发生变化。

在 1985 年颁布的《中共中央关于教育体制改革的决定》中，对职业教育的培养目标已有原则论述。经过多年来的实践总结，可以把职业教育的培养目标概括为：培养生产、服务、管理第一线的实用人才。根据职业岗位的不同，培养这类实用人才所需的年限有差异。由于学习年限的差异而形成的教育层次，可采取按照一般教育层次划分的原则。相当于普通高中学习年限的职业教育可以划分为中等职业教育。相当于普通高等教育学习年限的职业教育就属于高等职业教育。这里所讲的学习年限是指完成专业教育必需的年限。专科层次的高等教育是在高中阶段后学习 2～3 年，这种短学制的高等教育一般培养的是各行业第一线的实用人才，因此，专科应属高等职业教育。随着科技进步，有些行业第一线的实用人才需要较长的学习年限才能完成其专业训练。例如，飞行学院培养现代飞机的驾驶员需要 4 年，飞机驾驶员是第一线的实用人才，但其学习年限是属本科层次。因此，高等职业教育并不限于专科。第一线实用人才虽是一个内容包含很多的范畴，但把它作为职业教育的本质特征较易取得共识，正是由于职业教育包含了较大的专业知识和技能的跨度，才形成了职业教育的层次和体系。根据培养目标这个本质特征，可以进一步分析职业教育在专业设置、教学安排、师资结构等培养模式方面的一些特点。

举办高等职业教育应体现以下的特点。学校的设置应充分考虑城乡基层和行业对生产、服务、管理第一线实用人才的需要。面向行业的，可跨地区设置学校；面向城乡基层的，可以地区或社区为主建立多专业的综合性学校。学校专业设置必须根据社会需求及时调整，社会有需要就办，要求学校有较强的专业适应能力。由于专业适应社会需求，又面向基层第一线，因而高等职业学校毕业生就业的门路较少。专业教学内容应是成熟的技术和管理规范，教学计划、课程设置不是按学科要求来安排，而是按照适应职业岗位群的职业能力要求来确定。基础课按专业学习要求，以"必需"和"够用"为度。职业教育要求在校期间完成上岗的实践训练，因而，实训所占比例较大，以使学生毕业后就能基本顶岗工作。职业教育要重视学校和企业的配合，一般应实行学历证书和职业资格证书相结合的制度。要实现这些教学要求，应加强师资队伍和实验设备、生产实习场所的建设，专业师资除了教师职称外，还应有技术职称。应创造条件使教师熟悉实际的现场工作情况。由于专业设置要因社会需求而变动，应重视从第一线聘请有实践经验的专业教师。

（二）当前发展高等职业教育的方针和政策

当前发展高等职业教育的方针应该是：根据需要，积极发展；统筹规划，合理布局；努力改革，办出特色；提倡实验，逐步规范。

首先，要认真调查社会需求。一些行业需高等职业教育培养的实用人才，例如，海运中现代化船舶的通讯人员，大装机容量电站控制室的值班人员等等。随着技术进步，这种行业愈来愈多。一些地区经济发展也需高等实用人才。对有需求的行业和地区，都应采取措施积极发展高等职业教育。

其次，高等职业教育要做好规划，统筹利用现有的教育资源。实际上我国已有了一批高等职业学校。专科学校、职业大学、独立设置的成人高等学校，其培养目标主要是第一线的实用专门人才，这些学校要通过改革，改善办学条件，调整教学计划，努力办出高等职业教育的特色。如果通过这几类学校的改革仍不能满足需要，可以按规定的程序，将有条件的中专改办为高等职业学校。这一方针可简称为"三改一补"。现在一大批民办学校其培养目标实际上也是高等职业人才。应采取更积极的措施，支持民办高校办高等职业教育。此外，在有条件的普通高校中也可以举办高等职业教育。

再次，高等职业学校的布局要有利于实用专门人才通向基层，通向中小城市，特别是县以下的城镇和农村地区。面向行业需要的高等职业学校，要以行业为主进行规划布局，如航空、铁道、电力、石油等行业的专门人才并不是各地都需要，可面向全国办几所学校。有些行业如机电、电子信息等高等职业教育人才，各地的需求量很大，应以各地办学为主，行业可加强办学中的业务指导。大量的高等职业教育人才主要是面向地区或社区的需要，因此，在我国现行体制下，应在地区一级建立综合性的高等职业学校，学校名称可称"职业技术学院"。在经济发达的地区，还可由设在中心城市的职业技术学院在县里设立分校。有些地方的实践表明，这样，有利于为县以下农村培养留得住的人才。高等职业教育主要是为地方培养人才，建立高等职业学校的审批权限，也应通过试点逐步下放给省级教育行政部门。高等职业学校的招生规模也应逐步由学校根据市场需求来决定。

最后，积极发展高等职业教育是我国深化教育改革的重要任务，是高等教育结构调整的进一步发展，要通过调整教育结构，使我国高等教育更适应社会需要。要推进这项改革必须改变一些传统观念。长期以来，我国高等教育的培养目标普遍存在趋同性问题，专科学校希望升本科，本科院校希望能有硕士点、博士点。这种情况实际上使国内不同层次的学校都去追求高的学术水平，这就影响了专科学校办出自己的特色。社会对高等专门人才的需求是多样的。既需要高水平的学术人才，更需要大量在各行业第一线工作的实用人才。因此，高等学校的培养目标应多样化，与此相应，在办学模式、招生对象、评价标准、师资建设等方面也应多样化。只有多样化的高等教育才能满足更多人接受高等教育的要求。积极发展高等职业教育，是高等教育多样化的必然要求。高等职业学校的招生对象，除普通高中毕业生外，也应该招收中职毕业生。要积极探索中职毕业生进入高等职业学校的新途径，不能单纯考查普通文化基础课，否则，将影响中职学校的培养目标和教学安排，削弱中等职业教育。对有些专业还应积极试办招初中毕业生、学制五年的高等职业学校。我国已办了一批这种高专，其毕业生普遍受到好评。总之，当前我国高等职业教育正处于起步阶段，要提倡进行探索实验，然后总结经验逐步规范。

（三）加强对高等职业教育的支持和领导

在高等职业教育的起步阶段，除了提高认识、明确思路外，加强对高等职业教育的支持和领导十分重要。教育行政部门要有专门的机构管理、研究高等职业教育。地方政府和行业部门应加大对高等职业教育的经费支持。要真正办出有特色的高职学校需要较大的经费投入。高等职业学校可以根据专业情况收取不同水平的学费。但从国内外的经验看，靠收取学费难以解决学校的基本建设和设备费用。办学者不仅在建校阶段要有较大投入，维持办学的日常经费也很难做到全由学费解决。按照我国职业教育法的规定，应采取多种渠道筹措经费。政府应制定政策，充分发挥行业和企业在兴办职教中的作用。对一些示范性的骨干学校，政府应加大投入。深圳职业技术学院是国内公认的办得很有特色的高职学校，深圳市政府给予了较多的财政拨款，保证了学校高质量教学的必要条件。应鼓励民办教育。目前，我国还难以做到对民办学校给予财政补贴，但也应尽可能采取一些支持措施。有的公办高等职业学校可以转为民办机制。在有条件的地方，一些国有部门和企业闲置的房舍可用来支持民办高等职业学校。

要积极支持高等职业学校进行教学改革。首先是专业设置要适应社会需要。高等职业学校毕业生就业情况较好，除了毕业生愿意到第一线工作外，更重要的原因是高职专业设置对社会需求的应变能力强。有需要就立即办，不需要就坚决停办。要做到这点，学校要有开设多种专业的组织能力。国外有的高等职业学校可以开设200种专业增强了其社会适应性。高等职业学校的教学要有新观念，学校和社会要有广泛的联系。师资建设应有新思路，要专、兼职结合，不仅要精通本专业业务，还应熟悉第一线的实际情况。高等职业学校要办学历教育，更要花精力举办非学历的岗位或课程证书教育。高等职业学校的管理也有新特点。我国在这些方面还缺乏经验，要创造条件支持学校大胆探索，可以选一些学校进行试点，教育部门要给予指导，总结经验。

　　要加强高等职业教育的科学研究，除了研究政策外，更要重视教育过程中一些重要环节的研究。如专业设置、教学计划、学校和社会的联系、招生对象和方式等，这些问题对办出高等职业教育的特色关系密切。还应重视国际交流合作，借鉴国外有益经验，要支持帮助有条件的高等职业学校和国外相关学校建立交流合作关系，尽快提高我国高等职业学校的办学水平。

六、王显润

王显润，（1937— ），男，辽宁辽中人，现任大连管理干部学院经营管理研究所所长、中国职工教育研究会常务理事。

毕业于东北师范大学。曾任吉林省社会科学院经济研究所助理研究员。现任大连管理干部学院经营管理研究所所长、中国职工教育研究会常务理事、大连成人教育协会顾问。

著有《职工教育经济概论》《职工教育手册》《企业人力资源开发》，主编《管理人才现代化手册》《职工教育管理》等。

职工教育投资使用效率的考察①

在本文立题展开阐述之前，先对几个问题作扼要说明：

1. 关于职工教育投资（或经费）概念的含义

所谓职工教育投资，系指用在职工教育活动上的全部资金或费用。本文所指的教育投资是广义的教育经费，它包括四个方面内容：①专职教职员工的工资和各项劳保、福利奖金；②脱产学习的学员工资；③教学占用的教室、校舍的基本建设经费和属于固定资产的折旧费（本文是按 5% 折旧率）；④经常教育经费，包括公务费、业务费、兼课酬金、实习研究费、设备购置费、委托外单位代培费及其他开支。这第四项内容即属于财政部［82］财企 37 号文件规定的企业职工教育经费可在工资总额 1.5% 范围内掌握开支的内容，我们也可把它称作狭义的职工教育投资。

2. 关于职工教育投资的性质

教育投资到底是生产性投资还是非生产性投资，学术理论界素有争议。我认为，就教育的直接成果是培养具有一定教育水平的劳动者，教育会生产人的劳动能力，教育能提高劳动者的素质，进而促进劳动生产率和国民经济增长等方面来说，教育投资是一种生产性的投资，是一种潜在的生产投资、扩大的生产投资、高效能的生产投资。尤其是在今后新的技术革命形势下，当脑力劳动在生产中占据越来越重要的地位和作用，知识事实上已成为一种资源和财富，科学技术成了实现四化的关键的情况下，更可以得出结论，人力开发、职工培训的费用，即智力投资就是一种生产性的投资。因此，也就有一个职工教育投资的投入与产出的经济效益问题。

---

① 王显润 . 1985. 职工教育投资使用效率的考察 . 见：中国职工教育研究会编 . 职工教育研究论文集 . 北京：人民教育出版社：127-145

3. 职工教育投资的作用

职工教育投资是进行职工教育活动的基础和必要的经济条件。各级各类的职工教育没有这种必要的物质技术基础作保证，就不能获得生存和发展。而且职工教育投资的多少，将直接影响和制约着职工教育事业发展的规模、速度和专门人才的培训质量。因此，这里不仅有一个职工教育投资来源、标准问题，还有一个以有限的教育投资发挥更大作用的投资使用效率问题。这正是本文要考察的内容。

（一）考察职工教育投资使用效率的意义

效率，经济学上讲，一般是指在单位时间内劳动者所完成的工作量。它的直观反映是劳动时间与劳动成果数量的比。然而，各项工作、各项活动都有一个效率问题，广义的效率可视为输出与输入之比，即我们通常所说的产出与投入、所得与所费、成果与消耗之比。职工教育投资的使用效率，就是在一定时间内职工教育提供的成果与其劳动消耗之比。用公式表示：

$$职工教育投资使用效率 = \frac{教育成果}{教育投资消耗}$$

从公式可以看出，在相同教育质量的条件下，教育投资消耗一定，教育成果越大，效率越高；教育成果越小，效率越低。或者说，教育成果一定，教育投资消耗越少，效率越高；教育投资消耗越多，效率越低。

现在开展职工教育投资使用的研究，有着十分重要的理论与实际意义：

1. 通过对教育投资使用效率的分析和研究，将进一步反映和揭示出教育活动内部的经济效益问题

教育的经济效益体现在多方面，具有直接和间接的、宏观的和微观的、内部和外部的、眼前和长远的等特征。但是作为阶级和过程来说，教育经济效益包括这样两部分：①是人才培养过程中教育经费的使用效益，简称教育投资使用率；②是人才培养过程结束后的社会经济效益，简称教育投资的社会经济受益。显然，前者的教育投资的使用效益具体体现在同等质量条件下人均培养费用的降低。而后者的教育投资的社会经济受益体现在教育对国民经济增长或国民收入增加的作用和贡献上。可见，对职工教育投资的研究和分析，实际上就是本着"少花钱、多办事、办好事"的精神，合理地使用有限教育经费，使它发挥更大作用，体现出更大的经济效益。为此，我们通过对教育投资使用效率的考核，在探索教育与经济关系规律的基础上，进一步挖掘教育内部的潜力，寻找出提高教育投资经济效益的措施和途径。这对于在职工教育体制改革中如何根据生产发展需要建立合理的科学的教育结构、学校布局、人员编制，以及扩大培训规模，提高培训质量，增加教育等级和专业，解决教育活动的专门化和协作化等问题，有着直接的现实意义。

2. 通过职工教育投资使用效益的分析和研究，有助于寻求一个与我国经济发展相适应的职工教育经费占国民生产总值（或企业经济总量）的合理比值

一个企业、一个部门乃至一个国家的职工教育经费占国民生产总值或国民收入的比值

问题，这是由生产发展需要和财力状况可能两个方面因素决定的。而从经济效益角度考察确定教育投资的最佳比值，这是实践向我们提出需要探讨的重大研究课题。合理的教育投资不仅是职工教育获得持续发展的物质保证条件，而且它有利于调整教育与经济之间的关系，互相促进，协调发展。同时，由于我们展开对教育投资使用效率的分析，对教育经济效益做出预测和估计，这就为一个部门、一个地区或一个企业制定教育规划，并把它纳入企业或社会生产计划和教育计划提供了科学依据，从而有利于充分发挥职工教育在物质文明与精神文明建设中的重要作用。

3. 加强教育投资使用效率的分析和研究，有助于改善和提高职工教育的科学管理水平

目前职工教育管理水平同企业管理水平一样，远不适应职工教育事业发展的要求。加强与改善职工教育管理，作为影响和制约职工教育管理全过程的并以综合性指标体现出的投资使用效率，是其中的重要内容之一。事实上，我们对投资使用效率的分析与剖析，最终要具体落实到培训方向、教育结构、办学形式、规模与速度、人事编制、物质设备等各项指标上。而这些方面又恰恰是职工教育管理的一系列的具体内容。因此，职工教育投资使用效率的分析既是提高和完善职工教育管理的有效途径，又是实现职工教育管理的目的和归宿，两者是互为条件、互为因果、相辅相成的。

（二）考核职工教育投资效率的指标体系

鉴于教育经济效益是一项难于进行定量分析的复杂问题，所以，在进行投资使用效率分析时就需要从不同侧面，不同角度，不同层次，采用包括综合性指标与某些单项指标相结合的方法去表示和反映。其中，建立下述若干指标是有普遍意义的。

1. 职工教育投资使用效益综合指标

（1）教育成果数量的考核

教育成果的数量指各级各类职工教育所培养的在校生数或毕业生数。其公式为：

$$职工年教育投资使用效率 = \frac{教育成果（年在校生总数）}{教育投资消耗（全年培训费用总额）}$$

例如，某厂职工大学 1983 年平均在校生 191 人，全年教育投资消耗 16.23 万元，则每万元培养 $11.7 \approx 12$ 人（$191 \div 16$）。

它的另一种表示方法即人均培训费用，其公式为：

$$人均培训费 = \frac{教育投资消耗}{教育成果}$$

同以上题为例，该厂职工大学学生年均培训费为 850 元（$162\,350 \div 191$）。因此，提高教育投资使用效率，实际上就是表示在相等的教育质量的前提下，人均培训费用的降低。

（2）教育成果质量的考核

这项指标是以教育投资消耗与取得的教育成果的质量好坏进行比较的，它适用于在不同班级、不同学校在校生或者毕业生中间考核。其公式为：

$$人均培训费质量系数=\frac{班级或毕业生平均质量}{班级或毕业生平均费用}$$

如何考核学生质量这是一个有待进一步研究的课题，关键是如何将学生质量确定为一个标准并以数值化表示出来。这里介绍两种方法。可供参考。

方法一，评分法。这种方法是假定毕业生质量总分为 100，其中，学业成绩是根据教学大纲要求由统考成绩来评定，品德可试行"品德分"评定，体育可根据体质和达标的程度进行评定。

如某职工学校培养 1 名中专毕业生的平均费用是 2500 元，其毕业生平均德、智、体的成绩是 85 分，则该校的费用质量系数为 0.034（85/2500）。采用这种方法，对不同学校同一年级，或本校的不同年级按统一标准进行比较，可以看出教育过程中人才培养质量的经济效果。

方法二，质量系数连成法。这种方法主要是将与教学质量有关的各种因素或环节加以分解，分别计量其质量系数，然后取各项质量连乘积，将其确定为教学质量系数。其公式：

其中，教学计划和教学大纲质量系数是以实际完成的教学学时占计划或大纲的比例来确定的。考试命题与考试成绩的综合质量系数取其平均值。然后用求得的教学质量系数再乘以国家规定的总教学计划课时，得出学生实际所得的有效课时数。以学生所得的实际有效课时除以教学计划规定的课时，便得出教学课时利用率。这个教学课时利用率可看作是某一级教育等级应掌握的知识含量的标志，即教学质量的标志。

例如，某职工技术学校教学质量系数是 0.875，各门学科教学大纲的质量系数是政治 1，体育 0.9，语文 0.85，数学 0.8，物理 0.95，制图 0.9，专门工艺学课 0.9，总计平均系数为 0.9。

政治、语文、物理、制图 4 科考试命题的质量系数分别为 0.977、0.9、0.923、0.95，总计平均系数为 0.94。

上述四门学科全年级考试成绩综合质量系数分别为 0.85、0.8、0.78、0.83，总计 4 门学科的平均成绩质量系数为 0.815。那么这个学校某班（或工种）第一学年的教学质量系数便是 0.87×0.9×0.94×0.815≈0.6。由于该工种国家计划教学时数为课时，则学生实际所得课时为 640×0.6=384 课时。其教学课时利用率为 384÷640=0.6，即表示该工种的教学质量。[①]

2. 教育投资使用效率的单项指标

（1）活劳动消耗利用率

活劳动消耗系数指学校教职工工资。其公式：

---

① 关于教学计划质量系数 0.875 的计算方法。假定第一学年应开设的各科的课时是政治 40，体育 40，语文 120，数学 100，物理 89，制图 120，机械基础 60，专门工艺 80，8 门共计 640 课时。由于师资，设备等原因，数学只上 80 课时，机械基础没开，这样学生实际得到的课时为 7 门 560 课时，即（40+40+120+80+80+120+80）/（40+40+120+100+80+120+60）=560/640=0.875。教学大纲质量系数计算方法同上。参见《职业技术教育》1984 年第 6 期《学校教学质量可以计算出来》一文。

$$活劳动消耗率 = \frac{学生总数}{教职工工资总额} 或 \frac{在校学生总数}{专任教师工资总额}$$

这个公式表明单位活劳动消耗或每元人头费能培养多少学生。因此，这一系数的另一种表示就是学生人均占用或消耗活劳动定额。其公式：

$$学生人均消耗或占用活劳动 = \frac{教职工工资总额}{学生总数} 或 \frac{专任教员工资总额}{学生总数}$$

通过这一指标的选用和分析，可进一步挖掘学校教师的潜力，扩大学校招生数。

例如，某职工大学1982年在校学生460人，按学生与教员1：5：12比例，需配备教师89.8人（460÷5.12），该校现有教师105人，则教师利用率为85.5%（89.8÷105），该校教师潜力为1-85.5%=14.5%。

（2）物质劳动消耗利用率

物质劳动消耗包括固定资产和低值易耗品两大方面。计算中我们可以将两项累加，也可以分项单一计算。其公式为：

$$物质劳动消耗利用率 = \frac{在校学生总数}{固定资产总额*折旧率+低值易耗品消耗额} 或 \frac{在校学生总数}{固定资产消耗总额}, \frac{在校学生总数}{低值易耗品消耗费}$$

上述公式则表示单位物质劳动消耗所培训的学生数。

上面公式取其倒数，就成了学生人均占用或消耗的固定资产费用。显然通过这一指标的考核，将有利于提高学校包括校舍、设备等在内的物质劳动的潜力，有效地合理地利用物力，降低物质劳动的消耗和浪费。

（3）各单项费用在总教育经费中的比例

其公式为：$$某项费用占用率 = \frac{单项费用额}{教育经费总额} \times 100\%$$

例如，某厂1981—1983年中经常教育经费总额为29.1102万元，其中公务费为5.2449万元，则公费总额占总教育经费的比例为18%。

通过上式单项指标的考核和分析，我们可以看出教育投资方向是否合理，是否有利于教学，从而达到减低非教学用开支的比重，把有限的教育资金切实用在教学活动上，改善教学条件，提高教学质量。

（三）职工教育投资使用效率的实例分析

统计表明，只有进行行业、地区性普查或抽样普查所取得的教育投资使用效率数据才更有说服力，才具有一般指导意义。但是，在不完全具备这方面条件的情况下，对某些企业做一点粗略的剖视，还是有现实参考价值的。下面我们就几个企业职工教育投资使用效率情况进行具体分析。

1. 教育投资占企业经济总量的比值

党的十一届三中全会以来，企业职工教育投资逐年增加，其年均增长速度（见表1）。

表 1　企业教育投资与总产值增长速度比较表

企业	教育投资年均增长速度（%）	总产值年均增长速度（%）	增长指数
大连阀门总厂	69（1980—1983 年）	19	3.6
大连重型机器厂	15（1979—1983 年）	0.3	52
大连机床厂	47（1979—1983 年）	0.6	78
大连化学工业公司	31（1981—1983 年）		
无锡针织内衣厂	39.5（1979—1983 年）	17.6	2.24
湖南长岭炼油厂	25.9（1979—1983 年）	2.6	9.96

从表 1 中可以看出，这几年来全国各种不同类型的工业企业，无论是轻工、重工，还是轻纺、机械、化工、石油，其教育投资年年增加，而且平均增长速度在 15.7% 以上。其平均增长速度又远远超过本企业总产值增长速度，少则几倍，多则十几倍。这一点充分说明，职工教育在企业中越来越受到重视。

从绝对量上看，教育投资占总产值或净产量的比例逐年增加（表 2）。

表 2　教育经费占企业产值的比例统计表

企业	年份	教育经费 / 总产值（%）	教育经费 / 净产值（%）	平均（总）（%）	平均（净）（%）
大连阀门总厂	1980	0.09	0.22		
	1981	0.23	0.47		
	1982	0.33	0.53	0.25	0.46
	1983	0.36	0.63		
大连重型机器厂	1981	0.37	1.16		
	1982	0.38	1.20	0.38	1.23
	1983	0.41	1.32		
大连机床厂	1979	0.10	0.23		
	1980	0.16	0.39		
	1981	0.36	0.92	0.29	0.73
	1982	0.38	1.00		
	1983	0.47	1.10		
三个企业总平均		0.30	0.76		

从表 2 中可以看出，3 个企业（均是机械行业）年教育投资总额虽然多少不等，但平均约占总产值的 3‰ 与净产值的 8‰。

2. 人均教育经费

人均教育经费是指一年里职工教育经费总额除以全厂职工平均人数所得的每个职工平均教育经费（含基建、固定资产、折旧及教职工、学员工资。下同）。近年来，虽然企业办学面及职工入学率在逐步增加，年均教育经费也在随其同步增加（表 3）。

表3 职工教育年人均费用统计表 （单位：元）

时间 单位	1979	1980	1981	1982	1983	平均
大连阀门总厂		6.7	15.2	18.15	24.78	16.20
大连起重机厂				47.2	27.39	37.29
大连重型机器厂			18.6	21.23	26.52	22.11
大连机床厂	6.85	11.05	22.08	24.38	19.18	16.71
大连机床附件厂	26.44	17.58	63.65	64.03	73.47	49.03
平均	16.65	11.78	29.88	34.99	34.27	28.3 / 25.5

从表3中可以看出，截至1983年，这5家企业年人均职工教育费已达34.27元。这5家企业以时间序列（5年）平均人均费用为25.5元，5个企业（5年）综合平均人均费用为26.9元。应当指出，行业不同人均教育费的差距幅度较大。例如，以石油化工行业的长岭炼油厂为例，该厂1979—1983年人均教育费分别为22.68元、30.28元、47.72元、38.87元、50.21元。就是说，同是1983年该厂人均教育费是表3中机械行业企业的1.79倍。相反，某些轻工企业年均教育费，还低于机械行业。如无锡针织内衣厂（是轻工部系统开展职工教育较好的单位）1979—1983年人均教育费分别为3.9元、7.9元、6.9元、11.04元、9.5元。截至1983年，人均教育费仅是表3中几个机械行业企业的1/3。行业、企业间人均教育费这种不平衡状态，可以肯定地说是客观存在的，不能消除也没有必要消除。但是对一个行业或同类企业之间确定一个较合理的比例系数是尚待研究解决的问题。

3. 经常教育经费占教育投资的比例

这里提出的职工教育经费是指财政部［81］财企字212号文件中规定的公务费、业务费、兼课酬金、实习研究费、设备购置费、委托外单位代培费及其他经费开支等七项内容的统称。而职工教育投资是连同职工经常教育经费在内，还包括基建、固定资产折旧、教职工及学员工资三项内容。所以，职工教育投资额远远大于教育经费。那么，职工教育经常费用占总额教育投资的比例是怎么一种情况呢？（见表4）。

表4 职工教育经常费用比例统计表

单位	时间段	教育经费占工资总额 的实际比例（%）	教育经费占教育投资总额 的实际比例（%）
大连阀门总厂	1980—1983 年	2	—
大连起重机厂	1982—1983 年	0.44	10.3
大连重型机器厂	1981—1983 年	1	48.6
大连机床厂	1979—1983 年	0.9	40.9

续表

单位	时间段	教育经费占工资总额的实际比例（%）	教育经费占教育投资总额的实际比例（%）
大连化学工业公司	1981—1983 年	1	13.3
无锡针织内衣厂	1979—1983 年	—	53

从表 4 中可以看出，有 5 个企业的教育经费未达到国家规定的占工资总额的 1.5% 的标准。这里不排除上述企业职工经常教育费用实际上已达到或超出工资总额 1.5%，但在教育经费使用分配统计上没按财政部［81］财企字 212 号文件规定的七项内容填报，以致造成统计上的某些失误。一些企业职工教育经费占比不到工资总额 1.5% 的情况客观上确实存在。另外，从表中还可以看到，职工教育经费占整个教育投资的比重却很大，甚至接近 50%。这一点说明，在费用值背后，由于目前我国职工教育现代物质技术基础薄弱、落后，专职教员人数不多，高智能结构人员少等问题，致使教育经费在教育投资总额中的比例相对较大。

4. 职工教育投资单项开支占总费用的比例

如前所述，对教育投资各单项开支占总投资的比例的研究与分析，可以帮助我们正确认识各单项内容在职工教育活动中的地位和作用，以进一步挖掘这些方面的潜力，促进职工教育事业健康发展。其主要核算指标如下。

（1）人头费占教育投资总额的比例（表 5）。

表 5　人头费占教育投资总额的比例统计表

单位	时间段	专职教职员工资／教育投资（%）	脱产学员工资／教育投资（%）
大连阀门总厂	1980—1983 年	4	30.6
大连起重机厂	1982—1983 年	1.7	36.3
大连重型机器厂	1981—1983 年	27	32.5
大连机床厂	1979—1983 年	27	32.2
无锡针织内衣厂	1979—1983 年	41	—
年均		20.1	32.9

从表 5 中可以看出，在职工教育经费中，专职教职员工与脱产学习学员工资即人头费用占很大比重，一般平均在 1/2 左右。这就要求我们，在提高教育投资使用率时，必须充分调动教职员工和学员的积极性，精简机构，缩减非教学人员，在保证教学质量的前提下，扩大教学班规模，提高教师利用率。

（2）教学占用固定资产占教育投资的比例（表 6）。

表 6　教学占用固定资产在教育投资中的比例统计表

单位	时间段	教学占用固定资产 / 总教育投资（%）
大连阀门总厂	1980—1983 年	8.6
大连起重机厂	1982—1983 年	3.2
大连机床厂	1980—1981 年，1983 年	7.6
大连化学工业公司	1981—1983 年	2.6
无锡针织内衣厂	1979—1983 年	8.4
大连机床附件厂	1979—1983 年	29.3

　　从表 6 中可以看出，在上述企业教育投资中，教学所占固定资产的比重占的比例都较低。这告诉我们，在今后职工教育活动中，在坚持发扬因陋就简、勤俭办学的好学风的同时，必须重视用现代化的物质技术基础武装职工教育阵地，这样才能保证培养出适应现代化发展需要的各级各类优秀人才。

　　（3）教育经费中各项目开支的比例（表 7）。

表 7　教育经费各项开支比例统计表

单位	时间段	教育经费总量（%）	其中各项开支比例（%）						
			公务费	业务费	兼课酬金	实习研究费	设备购置费	代培费	其他
大连阀门总厂	1979—1983 年	100			21.4	7.3	48.3	22.7	
大连起重机厂	1982—1983 年	100	7.6	10	43.9	38.2			
大连重型机器厂	1981—1983 年	100	18	21.5	21.5	1.9	6	28.80	0.45
大连机床厂	1979—1983 年	100		14.7	24.7	5.2	20.4	26.2	8.5
大连化学工业公司	1981—1983 年	100			7.6		53.0	38	

　　从表 7 中可以看出，在职工教育经费中，首先，设备购置费（一般器具、仪器、图书）、代培费（选送到高等院校、中等专业学校和有关单位培训进修费）占较大比重，其次是兼课酬金。由此看出，要提高职工教育投资收益效率，必须注意办学形式问题。哪一类学校或哪一级教育需要自己办、联办，或自己不办，送外单位代培等，将会直接影响各项费用占教育经费的比例。而一般采取厂校合办、厂际之间联办、主管行政部门负责本系统办学等，普遍会收到比较明显的教育经济效益。

　　（4）职工高等教育经费占学校教育投资的比例（表 8）。

　　从表 8 可看出，职工高等教育占教育总投资的比重较高，平均占投资总额的 42%，其年人均教育费约为 700 ～ 800 元（截至 1983 年）。正因为职工高等教育经费占教育总投资比重很大，所以企业发展职工高等教育一定要慎重，要做好规划，这样才能为发展职工高教创造条件。

表 8　职工高等教育经费统计表

单位	时间段	人均年教育费（元）	高等教育经费 / 教育投资（%）
大连阀门总厂	1980—1983 年	215	59
大连起重机厂	1982—1983 年	159	9.7
大连重型机器厂	1981—1983 年	972	54.2
大连机床厂	1979—1983 年	238	20.6
长岭炼油厂	1979—1983 年	1353	67.4
无锡针织内衣厂	1979—1983 年	715	44.3

（四）几点建议

目前，全国正在进行综合经济体制改革，要使我们的职工教育工作跟上、适应、促进这场改革，就必须认真考虑和解决如何提高职工教育投资经济效益问题。甚至可以说，经济效益问题是职工教育改革的核心问题之一。这里，仅就提高教育投资使用效率涉及到的政策方面问题，谈几点建议。

1. 职工教育投资应与企业经济效益增加同步增长

目前，我国工业企业职工教育经费，是在工资总额 1.5% 范围内掌握开支的。应该肯定，这条规定在近几年的职工教育恢复和发展工作中从物质经济条件上起到了很好的作用。但是现在按工资总额的 1.5% 开支，远不能满足职工教育发展的需要。在实践中，有了这条规定却往往给人一种错觉，似乎按 1.5% 标准掌握使用就是科学、合理的了。而实际情况如何呢？凡是职工教育工作搞得好的单位，其经费开支都远远超过工资总额 1.5% 的标准；而一些职工教育工作较差的单位，你规定了 1.5% 他也不按这个办或达不到这个标准。特别是对二三百人的小企业，这个 1.5% 的比例形同虚设，根本解决不了什么问题。这里值得提出的是，职工教育经费按工资总额比例的多少提取，到底有什么科学根据，也是一个值得探讨的问题。譬如，目前企业工资奖励制度正在改革，而且从总的趋势上看，人均收入是逐步提高和增加的。而增加工人工资收入的基本前提是提高劳动生产率，或者说在不增加单位产品工资含量的情况下实现的。那么，在工资总收入增加，而职工教育经费绝对额也相应增加的时候，由于教育经费计入产品成本，这不等于变相增加产品成本吗？对此，企业领导是通不过的。另外还有两种情况要考虑到，一是有些企业职工人数不多，而产值或纯收入却很大。这类企业多属知识、技术密集型企业，他们最需要加强智力投资，而且也正是由于重视了人才培养才取得了显著的经济效益。然而，这类企业由于职工人数少，工资总额也少，1.5% 的规定对他们来说就无意义。相反，令一些企业职工人数很多，而由于种种原因如价格因素或经营管理不善等，产值或净收入却不大，或者产值很大而经济效益甚微以至亏损。尽管这类企业也十分需要加强智力投资，提高人员素质，但是目前这种状况下按工资总额 1.5% 的标准拿出一笔经费来用于教育，一些企业厂长也难于通过。他们会认为是在加大产品成本，减少实际收入，从现实来看，这是有一定道理的。为解决上述矛盾，我认为今后企业职工教育经费主要来源应从企业入税后留利中提取，而且它的绝对数、相对数都不可作统一规定，只要是有利于企业生产的发展和经济效益的增加，企业领导人会乐于增加教育投资。而且实践证明，只有加强智力投资与人才开发，才能建立和形成培养人才与发展的良性循环，也只有这样，我们的企业领导人才能真正掌握生产经营的主动权。

2. 是否考虑建立校际联合公司，实行职工教育专业化

专业化协作与联合化在工业生产中是一种具有强大生命力的必然的发展趋势，主要由于现代化工业生产是建立在高度分工基础之上的，分工与协作是互为条件、互为依存的辩证对立统一，而这一点，对当代职工教育来说也是如此。从另一方面来看，目前我国职工教育管理体制是多头领导，部门与单位所有，学校重复设置、专业不对口、办学力量分散等大而全、小而全的弊病是相当严重的。因此在经济上造成的浪费，包括由于教学质量不高而造成的损失是无法估计的。这些，从前面我们对一些企业职工教育投资使用率的实例分析中也得到了充分证明。为了解决这方面问题，我认为大力开展职工学校之间的校际协作活动，建立行有实效的各种联合体是完全必要的。譬如，各种形式的联合办学，建立人才教学服务中心，实行教师聘用制，建立为若干学校服务的图书、实验、文娱、体育、电化教育等各项基础设施。所有这一切将会有效地利用教育资源极大地提高教育投资的利用率。根据对上面几个企业的职工高校的分析，假若能实现联合办学，加强校际协作，仅教师酬金、设备购置费、外送代培费三项就可使用职工教育经常费用开支缩减 1/3。关于联合办学或校际服务公司的领导体制与组织形式，原则上应与办学企业的生产与行政领导体制相一致。这便于把职工教育计划纳入本系统本部门的生产计划之中，一手抓生产，一手抓教育，发挥职工教育促进生产发展的巨大作用。

3. 实行教育经费结构、等级基金制

一定数量的教育投资是发展职工教育事业的必要经济条件，但是在教育投资分配上，分配方向和分配数额是否合理，影响和制约着教育投资的经济效益。也就是说，该花的钱没花，不该花的钱花了，或者应该保的项目没有保，资金分摊等等，都不会收到事半功倍的效果。为了把有限的教育投资真正用在刀刃上，我认为在职工教育经费管理使用上，严格控制不同教育等级实行不同费用标准的办法是行之有效的。道理很简单，首先，不同的教育等级实际所需要的教育费不等，其次，实行按教育结构高、中、低档次或教育等级的上、中、下等级分配教育基金的办法，对企业按经济杠杆调整教育内部结构，进而保证与企业生产发展需要的合理的技术结构与知识结构，特别是其相适应的人才结构的建立，有着不可低估的积极作用。总之，实行教育结构等级基金制是具体落实提高教育投资使用效率的有效途径。

这个基金比例按什么标准平衡呢？考察建国 35 年，特别是重点分析一下"文化大革命"前某些工业企业不同职工教育等级的人均费用情况，借鉴国内外普通教育不同教育等

级教育经费占比利率，我认为目前我国职工教育经费按教育等级高、中、初三类划分，确定 3∶4∶3 或 2.5∶4∶3.5 比例较合适。也就是说，以职工教育经费为 100 的话，职工高等教育费最多不能超过总投资的 35%，而职工初等教育（包括"双补"对象）的教育经费最低不能低于总投资的 25%。鉴于我国职工教育在 1985 年前绝大部分工业企业能够基本完成"双补"任务，职工教育重点将转向以加强中技教育为主的中等教育水平上，我们把教育投资的分配重点放在中级（技）教育上是适当的。而且从教育经济效益方面分析，把钱相对集中用在发展中等职业教育上也是最佳经济效果的投资。因此，各级职工教育领导机关和具体办学单位，都应在总结过去教育经费使用的分配比例的工作基础上，探索不同教育结构，不同教育等级教育经费基金的合理比值，实行教育经费等级基金制。

职工教育管理概论 [①]

（一）职工教育管理学的研究对象

职工教育管理学是研究职工教育管理活动的规律和特点的科学，它与职工教育活动的规律和特点不是同一个概念。职工教育活动的规律、特点，是职工教育这一社会现象中内在的本质联系；它受一定社会生产力发展水平、生产关系性质及科技、教育等多方面因素制约和影响。这就决定了职工教育活动方式和它发挥作用的范围和程度。人们对这一客观规律只能自觉地去认识它、利用它，而不能去改变它、创造它。采取不承认的态度或主观随意的做法，都不可能做好职工教育工作，而且只能受到客观规律的惩罚。

那么，人们在客观规律面前是不是只能处于被动地，任其摆布的地位呢？不是的。实践已经证明，对于客观规律，人们一旦认识它、了解它、熟悉它，就可以驾驭它为我们服务。管理科学的任务和功能，要揭示其客观规律，施以有效地组织和控制，进而达到某种预期的目的。不难看出，管理科学研究的对象与事物本身的客观规律既有内在联系又有所区别。管理科学，是从管理即组织、协调、控制这种角度去揭示客观事物的活动规律，它是一种人们自觉地认识和利用某一事物的客观规律的行为和达到某种愿望和目的的过程。只有人们对某一事物的客观规律有了正确的认识之后，才能谈得上管理。管理科学研究的对象和揭示对象自身的规律的某一类学科是有内在联系的。但是，二者又有区别，不能等同。比如，职工教育学是揭示职工教育活动规律的科学，而职工教育管理学则是研究如何按职工教育客观规律的要求去组织教育活动的科学。再如，心理学是研究人们心理活动规律的科学，而管理心理学则是研究如何运用心理学的原理去诱发、引导及组织人们的动机和行为的科学。

职工教育管理的研究对象可概括为以下五个方面。

1. 计划管理

职工教育计划是国民经济计划与国民教育计划的组成部分。因此，职工教育计划管理

① 王显润. 1985. 职工教育管理概论. 见：中国职工教育研究会编. 企业职工教育管理研究. 内部发行：156-172

的核心问题，是如何协调教育与生产的关系，按着生产发展的要求培养出各级各类合格人才。具体地说，职工教育的计划管理包括职工教育计划的分类与计划指标，编制计划的原则、方法和程序，职工教育计划的组织实施与反馈，以及做好职工教育计划的预测、统计等基础工作。

2. 教学管理

教学是职工教育活动的主体，学校各方面工作都要为教学服务。职工教育的教学管理包括职工教学计划与教学文件的制定、教学活动的安排与组织、教学原则与教学方法的选用、教学质量的考核与分析，教学的组织与领导等。

3. 成本管理

职工教育部门是开发智力、培养人才的重要投资部门。教育活动也要消耗和占用一定数量的劳动和物质资料，有一个投入与产出的效益问题。所以，职工教育要讲成本管理。职工教育成本管理包括教育投资使用与管理、职工教育投资使用效用分析、职工教育的物资与财务管理，以及提高职工教育经济效益的途径和办法等。

4. 组织管理

职工教育组织机构是开展职工教育活动的组织保证。职工教育组织管理包括职工教育的管理体制、各级管理机构的设置与职责范围，职工教育的改革与法规的制定、职工教育组织领导的主要原则与方法等。

5. 学校管理

职工教育的学校管理包括规定各级各类职工学校的条件、办学的审批权限和程序、学校管理任务和过程、管理的基本原则和方法，各类人员的岗位责任制等。各级各类职工学校管理还要体现出自身特点，包括教师管理、学员管理、教学与教务工作，以及人事、思想政治教育、后勤服务等内容。

因此，职工教育管理的研究对象是很广泛的。但是，不外是根据职工教育活动的规律与要求，自觉地去协调职工教育内部和外部的各种因素的关系，合理地组织办学与教育活动，以达到最有效地利用人力、物力、财力等资源，用尽可能少的劳动消耗和占用，培养出满足社会需要的合格人才。

（二）职工教育管理的性质

关于职工教育管理的性质，目前在我国职工教育理论界还没有展开充分的讨论。但是，就一般教育管理的性质问题的研究，已取得了一定的成果。教育，包括职工教育。因此，我们研究职工教育管理的性质，有必要先了解一下什么是教育管理的性质。

目前，我国学术界对教育管理应该隶属于哪一学科的问题，有两种意见。其一，认为教育管理学是教育科学体系的一个分支，教育管理学应以教育学为主，从教育内在规律出发探讨管理问题。其二，认为教育管理学是管理科学的一个分支，应以管理学为主，从管理的共同规律来研究提高教育管理质量、效率和效益问题。这说明教育管理是一门边缘学科，而这种由多学科交叉所形成的边缘学科往往不是单一的平面交叉，而是成组，成网络状的立体交叉，在交叉中又互有渗透。因此，就很难区分和判断哪一学科各占多大比重。

1. 管理的本质和目的

管理，是协作劳动的产物。马克思讲："一切规模较大的直接社会劳动或共同劳动，都或多或少的需要指挥，以协调个人的活动，并执行生产总体的运动——不同于这一总体的独立器官的运动——所产生的各种一般职能。一个单独的提琴手是自己指挥自己，一个乐队就需要一个乐队指挥"（卡尔·马克思，1938）。在资本主义社会"工业上的最高权力成了资本的属性"，"工业的司令官"是资本家。但是，随着生产技术的发展和企业规模的扩大，特别是公司的出现，管理工作日趋复杂化，资本家不再直接进行管理，而是"把直接和经常监督单个工人和工人小组的只能交给了特种的雇佣工人。正如军队需要军官和军士一样，在同一资本指挥下共同工作的大量工人也需要工业上的军官（经理）和军士（监工，在劳动过程中以资本的名义进行指挥。监督工作固定为他们的专职"（卡尔·马克思，1938）。同时"还有为数不多的负责检查和经常修理全部机器的人员，如工程师、机械师、细木工等等。这一类是高级的工人，其中一部分有科学知识，一部分人有手艺，他们不属于工厂工人的范围，而只是同工厂工人聚集在一起。这种分工是纯技术性的"（卡尔·马克思，1938）。因此，管理是每一种结合的生产方式中必须进行的劳动，准确地说主要是一种智力劳动。它通过协调众人的活动，以收到个人单独活动所不能收到的工作成效。职工教育管理，应该解决依据什么原理、原则，利用何种组织形式，采取什么途径和办法，以协调职工教育内部与外部的各种力量，有效的利用各种资源，达到我们预想的目标等问题。实践证明，管理水平如何，职工教育的效果大不相同。在其他条件相同时，管理水平越高，教育的效果越好。职工教育管理的目的，就在于实现或扩大职工教育的功能。这也正是人们把管理看作是一种资源的原因。

2. 管理的手段和过程

任何一种管理，为了达到管理的目标，都必须借助各种管理手段，有效地实行管理。所谓管理手段，主要是指机构、体制、政策、法规、人和信息。

机构与体制，是实行职工教育管理的组织保证，没有机构，无人也无法进行管理。机构与体制不健全、不合理，必然直接影响着管理功能的发挥，甚至会起消极的作用。

政策与法规，是实行职工教育管理的制度保证。政策、法规是国家根据本国国情对职工教育活动的要求。职工教育管理必须按照有关的政策，法规去进行。

人，是职工教育管理的主体，也是被管理的客体，即是教育者、管理者，也是受教育、受管理的对象。所以，只有调动广大职工的积极性、主动性、创造性、才能搞好职工教育管理。

信息，包括数据、情报、图纸、规章、报表、总结等。信息工作包括信息收集、加工存贮、传递等活动。由于职工教育本身是一个复杂的大系统，而系统要素又与其相关联的社会各因素经常发生联系，这样就要求有完整、准确、及时、适用的信息，使职工教育部门能够进行正确决策，有效地实行组织、指挥、控制工作。所以，正确运用信息是提高职工教育管理水平的重要环节。

所谓职工教育管理过程，也就是上面介绍的这些管理手段与管理对象即人、财、物、时间、信息相结合，构成的全部管理活动的过程。这是主观意志与客观规律辩证统一的过程。人的主观意志在管理过程中表现形式就是信息感受（了解情况获得情报资料）、经验的与理论的综合思维之后的判断，直至最后形成决策。可见，科学的职工教育管理不是一种抽象的随意性的盲目行动，而是严格遵循科学规律，对职工教育活动进行有目的有意识的组织工作。

3. 职工教育管理的二重性

职工教育管理的性质具有自然的与社会的二重属性。这种二重性是由管理对象自身所固有的规律、特点及所处的历史社会条件决定的。

职工教育管理的自然属性表现在：

1）职工教育必须按照现代工业生产力的运动规律办事。比如按社会生产发展要求确定职工教育的培训目标、选择教学内容，建立相应的组织机构、采用有效的教学手段、教学方法等，以适应现代化大生产的要求。

2）职工教育活动的各个环节、各个方面。要保持适当的比例关系。在整个职工教育活动中，要有序地、有节奏地进行，才能达到预想的结果。因此，职工教育管理中必须适应这种客观要求，调整职工教育结构、实行计划管理，合理地组织人、财、物各种资源，保证职工教育协调的发展。

3）按照成人教育规律、特点办事。职工教育的对象在年龄、心理、生理特征，以及与社会、家庭关系等各方面，都有别于普通教育的对象。这就要求职工教育管理必须针对成人的特点来进行。

4）要按照社会需要，用尽可能少的劳动消耗和占用，培养出又多又好的人才。职工教育不仅是一个教育过程，也是一个经济过程。因此，职工教育要加强经济核算，实行成本管理，努力提高职工教育投资的经济效益。

5）不断地以科学技术知识的最新成果武装职工教育部门，切实提高职工教育管理水平。这一方面，要求职工教育部门要抓好各级管理人员的专业培训；另一方面要加强职工教育现代化的物质技术基础的建设。这是提高职工教育管理水平不可忽视的重要条件和物质保证。

总之，建立在现代化大生产基础上的职工教育管理，从实现管理组织高效化、管理方法科学化、管理手段现代化、管理人员专业化、不断提高职工教育管理水平这些方面的要求来看，有其自然属性。

但是，职工教育管理又具有同生产关系、社会制度相关联的社会属性。认真分析、研究我国职工教育管理与资本主义职工教育管理的不同，可以使我们深刻理解社会主义制度有无比的优越性，进而增强我们办好职工教育的信心。职工教育管理的社会属性表现在：

1）我国职工教育是社会主义教育事业的一个重要组成部分，有着明确的政治方向。职工教育工作坚定地贯彻执行党和国家有关的方针、政策和法令，具有为把我国建设成一个具有高度文明、高度民主、现代化的社会主义强国服务的明确目标。

2）职工教育要发动和依靠广大职工群众实行民主管理。职工教育事业是千百万群众的事业，它与每个职工的切身利益有关。因此。只有充分调动广大职工的学习积极性，并使他们参加职工教育管理，才能办好职工教育事业。

3）职工教育是社会主义精神文明建设的重要阵地。因此，职工教育部门在坚持向广大职工进行政治、文化、技术及管理知识教育的同时，一定要把理想、道德、纪律教育放在重要位置上，要比较系统地进行爱国主义、集体主义、社会主义和共产主义的思想教育，使我们培养的人才符合社会的需要。

4）职工教育的改革与社会主义经济体制改革相适应，要求职工教育必须面向现代化、面向世界、面向未来，适应当前经济体制改革的要求，并为实现更长远的战略目标服务。

（三）职工教育管理的职能与作用

管理的职能表现在：

1. 决策与计划

职工教育的宗旨是提高职工的素质，培养出又多又好的满足社会需要的各级各类人才。因此，在职工教育的管理活动中，采取什么策略，确定什么培训目标，通过什么措施和途径去实现，是管理的核心和首要问题。决策与计划直接关系职工教育的命运和前途，关系到职工教育的方向，质量和效果。

决策与计划不同。决策是在对职工教育各种重要活动的目标、方针、策略、后果做出预测方案的基础上，进行最后抉择的工作。计划则是对决策的实施方案，它是在规定的时间内，为实现预定的工作目标，合理地利用人力、物力和财力，求得高质量、高效率工作的一切措施的总和。因而，计划具有法效性，要求人们必须去执行，并且把它作为工作的依据。一个好的计划，势将起到鼓舞、动员人们士气的作用。

进行正确的决策与计划，除了要求人们有一个正确的思想方法、实事求是的工作作风和必要的手段之外，关键的问题是协调好企业职工教育目标、内部条件与外部环境三者的动态平衡关系。这需要明确：①经济发展对人才的需要；②办学单位的条件与可能；③科学技术进步的状况与发展趋势；④国内外职工教育的经验教训。

2. 组织与指挥

对于组织，可作两种理解：①把组织看作某种组织机构，领导体制及规定各级组织机构、各级领导的责任、权力等。②把组织看作是一种工作和活动，为了实现职工教育目标，将与职工教育有关的各项因素，实行最佳的结合，以保证决策与计划的实施。

职工教育管理的组织职能，自然也包括上面两方面内容，要做好职工教育各方面因素的协调组织工作，并有与其相适应的组织机构、组织制度保证有效地进行组织活动。

3. 监督与控制

为了有效地进行监督、控制，在职工教育管理工作中要建立高效率的信息反馈系统，利用电子计算机等现代管理手段进行信息传递，处理和反馈。

要注意抓好以下几项工作：检查职工教育教学各环节预定目标的实施情况，如招生条件与录取办法、教学计划与教学质量的考核标准和教师工作量制；经常检查规章制度的执行情况，并做到奖罚分明；通过汇报工作、检查评比、总结工作等形式进行控制。

4. 教育与鼓励

职工教育要办得好，必须千方百计调动一切积极因素，首先是人的积极因素。职工教育管理中的教育职能应包括两层含义，一是对职工进行思想政治教育，如端正学习目的与动机的教育；另外是对职工教育管理工作者进行热爱职工教育事业的教育，帮助他们改进工作办法，不断提高他们的管理水平。

鼓励，也是为了调动大家的积极性。领导对他的下属要功过是非分明，要有表扬与批评、奖励和惩罚。要实行精神鼓励与物质鼓励相结合，二者不可偏废。

5. 挖潜与创新

挖潜与创新就是要合理利用各种资源，挖掘各方面潜力，使各项工作不断前进。在职工教育管理中，科学地组织好人力、物力、财力，就会创造出一种全新的结构效应力，促进职工教育事业的发展。

从上面对职工教育管理职能的分析中，可以看到职工教育管理的重要作用：

1）职工教育管理是职工教育这个"特殊生产部门"不可分割的一部分。我们说职工教育是一种"特殊生产部门"，是指它"会生产劳动能力"。它既是一种教育活动，又是一种经济活动。因此，我们也可以说，教育是一种产业，是专门进行人才培养与加工的智力劳动生产部门。在职工教育的全部活动中，管理工作是贯穿始终的。全部职工教育史证明，没有管理，也就不可能有职工教育的存在和发展。广义而言，在今天，教育（包括职工教育）在人们的心目中，已不再是一个简单的知识传授的问题了，而是把它作为"四化"建设成败的关键、国民经济的发展有没有"后劲儿"的大问题来认识。这就更加提高了职工教育管理的重要性。

2）在一定的条件下，职工教育管理对提高教育质量，提高教育的经济效益，起着决定性的作用。科学技术进步、教学条件的改善，教师业务水平的提高，对提高职工教育教学质量有直接影响。但是在条件相同的情况下，管理水平不同，教育与教学效果有明显的差异。因为管理具有 $1+1 > 2$ 的放大功效倍率的作用。因此，人们公认管理是一种资源，要向管理要产量、要效益。

3）职工教育管理是维护社会主义制度，协调人与人之间关系的重要手段。由于管理具有社会属性的一面，它就必然受一定的生产关系所制约，并要为巩固这种生产关系服务。

职工教育管理活动涉及国家与企业、企业与企业、企业与职工、领导与工人、脑力劳动与体力劳动者之间多方面的关系，正确处理这些关系能起到维护与巩固社会主义经济制度的作用。同时，加强职工教育管理，发展职工教育事业，对促进人的全面发展，促进社会主义精神文明建设，也有着巨大的促进作用。

（四）职工教育管理原则

管理是一门科学。科学管理的基本原则是适用于各行各业的。但是，各行各业都有自己的特殊内容、形式和特点，因此又应该有其自己的特殊管理原则。不同社会制度的国家，乃至一个国家的不同历史阶段，管理原则也不相同。我国是社会主义国家，职工教育管理同其他各项事业管理一样，必须坚持四项基本原则，坚持党和国家的方针、政策、法规、法令。就职工教育管理的特殊性来说，还必须坚持以下原则：

1. 系统管理原则

系统，一般地说，就是由若干相互作用和相互依赖部分组成的具有特定功能的有机体。按系统成因分类，职工教育不属自然系统，而是人工系统。职工教育作为一个系统，它既有纵向的上下关系，又有横向的平衡联系，以及纵横相互交叉、互相渗透的关系。在这些关系中，下一层系统要把实现上一层系统的目标作为自己的任务，子系统都为实现系统的整体目标而存在。

在我们把职工教育看作是一个系统的同时，还必须看到有一个更大的系统即客观条件或外界环境与其相联系。例如，社会经济、科学技术、普通教育、民族风俗、宗教信仰、伦理道德等外界环境，都对职工教育有程度不同的影响。

在职工教育管理中，坚持系统的原则，就要把职工教育的内部条件与外部环境结合起来，把局部利益与全局利益结合起来，把当前利益与长远利益结合起来，把定性分析与定量分析结合起来，分析考察职工教育活动，以达到管理的职能，完成职工教育各项任务。

正确执行系统管理原则，就要有明确的目的性、全面性和层次性。在这方面，职工教育管理必须坚持以党和国家的有关政策、法规为指导，结合本地区、本部门的实际情况，制定具体的实施办法和条例及各项规章制度，以利于系统管理原则的贯彻。

2. 分工协作原则

职工教育是一种涉及面广、结构复杂、任务艰巨又与社会广泛发生联系的活动。要办好职工教育事业，必须各部门协同工作。

我国在几十年的职工教育管理实践中，各部门、各条战线有着协同作战的优良传统，这是我们贯彻分工协作管理原则的有利条件。与此同时，我们还要看到由于职工教育管理体制不合理，不健全，以及其他种种原因，职工教育还存在多头领导、协作不利等方面的问题。要从根本上解决问题，就必须按照"加强领导，统一管理，分工负责，通力协作"的原则，改进职工教育的管理工作。

3. 民主集中的原则

职工教育现代化管理，要求高度集中与分权管理相结合，这是充分发挥人的主观能动性和积极性，实行高效能管理的关键。列宁说得好，"管理的基本原则——一定的人对所管的一定的工作完全负责，在实行集体讨论和决定的同时，应坚定地实行个人负责制，分管某类工作，以及某事业"。

实行民主集中的管理原则，要求各级职工教育管理部门都要接受上级主管部门的领导并按照上级要求做出符合本部门、本单位实际情况的计划。职工教育部门要接受广大群众的监督，吸收群众的合理化建议，改进工作。职工教育部门的各级领导者要本着分工负责的原则，认真行使自己的职权，克服过去那种要么一切都集中，形成只有少数人活动，要么就是什么都得大家说了算，遇到问题谁都说了不算或无人负责的不正常现象。

4. 统一性与灵活性相结合的原则

职工教育的多学科、多规格、多层次、多形式的特点，决定了职工教育管理必须实行统一性与灵活性相结合的管理原则。它的基本要求是：因地制宜，区别对待，因材施教，灵活多样，分类指导，不搞一刀切。坚持这一基本原则，对于我国这样一个具有 10 亿人口，1 亿多职工队伍，经济、文化发展很不平衡的大国，有着极为重要的现实意义。在当前的职工教育体制改革中，国家要给地方、基层职工教育部门以一定权力，增强办学的活力。

5. 以教学为主的原则

教学是职工教育的主要活动和基本教育形式。在职工教育活动中，必须牢固树立以教学为中心，以提高教学质量为重点的思想。

坚持以教学为主的原则，不能只把教学理解为课堂的知识传授。课堂教学只是职工教育教学的一种主要形式，此外，如组织学员参观、访问、现场操作、生产实习、典型调查、模拟实验、咨询服务、科研与技术攻关等等，对开阔学生知识视野，提高分析与处理问题的实际能力，都有着课堂教学根本无法替代的作用。当然这些活动也必须在老师或其他工作人员的指导下进行。因此，从广义上讲，这也是一种教学形式。总之，职工教育管理必须坚持以教学为主的原则，通过教学提高职工的才干。

6. 经济效益原则

办任何事情，都要讲经济效益，在职工教育管理活动中坚持经济效益原则，更有其特殊意义。正如万里同志在全国教育工作会议上的讲话中指出的："教育是开发智力资源的一个重要投资部门，教育投资是效益最大的一种投资"。从管理角度上讲，提高教育的经济效益，表现在两个环节上：一是千方百计提高教育投资的使用效率，要求以尽可能少的教育劳动消耗和占用，培养出又多又好的人才，即保证教育质量的条件下，人均培训费用的降低；二是协同有关部门做好毕业生的分配使用工作，使他们学有所用，发挥专长，在实现国民经济增长中做出更大的贡献。两者结合起来可以用四个字概括，就是"培养使用"。作为教育部门来说，主要是解决培养的问题，要培养好人才，时代需要的人才。有了人才，能不能放到合适的岗位上，充分发挥其作用，这当然不只是教育部门的事。但是，讲经济效益，必须抓住培养人才这个根本性的问题。一方面要增加教育投资，另一方面我们要讲究降低教育成本，使有限的教育投资取得更大的经济效益。

7. 正规化的原则

职工教育规划主要体现在职工教育计划纳入国民经济与国民教育计划轨道，有经费来源，有自上而下的组织机构，有明确的各项政策、制度要求等等。中共中央、国务院 1982 年 2 月 20 日《关于加强职工教育工作的决定》中指出："职工教育要尽量逐步做到正规化，做到任务明确，要求具体，制度严格，进度合理，成效显著。"为实现这一要求，在职工教育管理中必须做到办学计划化、教学规范化，工作秩序制度化，并在改革中有所创新，有所前进。

上述各项管理原则，在具体运用时，不应该将其割裂开来，片面强调哪一方面，而应该掌握它的实质，根据实际情况，有效地加以利用。

（五）职工教育管理方法

职工教育管理的方法论是以马克思列宁主义、毛泽东思想为指导，以辩证唯物主义和历史唯物主义的方法论为基础的。

1. 联系的观点

职工教育是一种复杂的社会现象，它与社会的经济、政治、文化、教育、科学技术及其服务部门发生广泛的接触和联系，并存在着相互依存、相互促进、相互制约的关系。因此，职工教育的管理应该是开放的，那种只限于职工教育内部的封闭式管理，会把自己孤立起来，限制职工教育的发展。

2. 发展的观点

一种教育制度及其管理方式的建立，是社会发展到一定历史阶段的产物，并随着它的发展不断地演变。这就要求人们必须以一种动态的发展的观点，来分析职工教育的管理方法。比如，当前企业由生产型转向生产经营型，这就要求职工教育为其培养出大批具有独立分析判断能力的开拓型经营管理人才。职工教育管理方法上就应该相应进行改革，要更新教学内容，改革教学方法及考核方法，并以其是否有利于培养这种人才作为依据。

3. 实践的观点

职工教育管理方法是在职工教育实践中产生、形成，在实践中接受检查，又在实践中丰富发展，并在反复实践中创新。

在唯物辩证法的指导下，要把系统论、信息论和控制论应用到职工教育的管理中。系统论的内容前面已经讲了，这里再将信息论和控制论简要地做些介绍。

信息，是系统要素之间互相联系的特殊形式，他与组织结构有着密切的关系，它可以反映客观事物的运动过程在时间和空间上的分布状况和变化程度。

信息在职工教育管理中有着重要的作用：①信息是职工教育计划、决策的依据；②信息是对职工教育过程进行指挥、控制的有效工具和手段。要使信息在管理工作中发挥上述作用，就必须提高信息工作质量，使获得的信息完整、准确、及时，适用，否则将贻误工作造成不应有的损失。

控制论，是研究如何控制复杂的系统，使系统按照预定的目标去实现的一种理论。

为了实行有效的控制：①要有目标和标准并力求定量化；②利用各种手段对执行结果进行检测和评价；③采取有效措施纠正偏差以便实现目标；④对影响系统运转的主要因素进行重点控制；⑤实行全员、全面、全过程的控制。

在职工教育管理活动中，一般采用的控制方法有：预先控制、现场控制、反馈控制。运用这三种方法时要分别就教育资源、教学活动、教学结果等有所侧重。

职工教育集中常用的管理方法：

1. 行政方法

它是指行政组织运用行政手段（行政命令、指示、规定等），按行政系统隶属关系来执行管理职能的一种方法。行政管理方法的基本特点是具有强制性，不执行不行。这就可以从全局、整体上保证职工教育与社会主义现代化建设的需要相适应。

我国过去的职工教育管理。基本上是采用了行政管理的方法。但是，我们必须看到行政管理方法不是万能的，它有其局限性。过分地强调行政方法，就会出现管得过死，束缚地方与基层的办学积极性，以致产生副作用的问题。同时，我们也不能把行政方法误解为一种简单化、非此即彼，动辄一刀切的管理方法。随着经济体制的改革，在职工教育体制改革中，我们要注意克服这方面的弊病。

2. 经济方法

它是按照客观规律的要求运用经济手段和经济方式来执行管理职能，实现管理任务的方法。经济手段，包括价格、工资、利润、利息、税收、奖金、罚款等。经济方式主要指经济合同、各种形式的经济责任制等。经济方法应用于职工教育管理，是提高职工教育投资经济效益的需要，也是在职工教育管理工作中正确贯彻社会主义物质利益原则，处理好国家、企业和职工三者的关系，调动办学单位和广大职工学习积极性的需要。

同行政方法一样，经济方法也有一定的局限性。首先，职工教育部门毕竟不同于物质生产部门，教育有教育的特殊规律，不能把经济方法应用于全部职工教育活动中。其次，教育部门是人才培养的基地，不能把经济指标，盈利多少作为评价办学好坏的主要标准。目前，有些办学单位打着搞活教育之名，高价收取学费直至变相出卖"文凭"，这根本就不是我们所指的用经济方法管理教育的本意。

3. 法律方法

它是指实行教师立法与教育司法，用教育法规管理教育活动。用法律方法管理职工教育是为了保证职工教育能够按照党和国家的方针、政策办事。国外经验证明，要发展教育事业就必须立法，实行法治。目前，我们职工教育工作中常常是人治大于法治，导致了许多本来不应该有的问题。要从根本上杜绝这类问题发生，就要实行法治。

4. 教育的方法

它是指用政治思想工作方法解决各种问题。开展职工教育工作必须做人的思想政治工作。而解决人的思想问题不能采用强制和压服的手段，只有用说服教育的方法才能收到有益的效果。所以，在职工教育管理中要重视运用思想教育方法。

参考文献

卡尔·马克思.1938.资本论.郭大力，王亚南译.上海：上海三联书店：367

卡尔·马克思.1938.资本论.郭大力，王亚南译.上海：上海三联书店：369

卡尔·马克思.1938.资本论.郭大力，王亚南译.上海：上海三联书店：461

七、王宪成

王宪成（1940— ），男，河南延津人，曾任天津职业技术师范大学党委书记兼校长，研究员。

1963年毕业于西安交通大学机械系。曾任安徽工学院铸造研究室主任、副院长，天津职业技术师范大学党委书记兼校长，天津市政协委员、天津市政协常委、市政协科技教育委员会常务副主任，中国职业技术高等师范教育委员会主任，中国职教师资专业委员会主任，国家职教师资素质提高计划专家指导委员会副主任，教育部和天津市专家。

现任职业院校素质提高计划教师培养资源开发专家指导委员会副主任，中国职教师资专业委员会顾问，鹤壁市政府顾问，天津、河南、山东几所高校、技师学院的名誉院长或顾问。

王宪成曾从事铸造生产技术和管理工作、铸造专业的教学和科研工作。在科研方面，作为项目主持人，他先后承担了包括国家教育部、国家劳动和社会保障部、天津市"九五"教育规划项目等近10项科研课题，在国内重要刊物上发表论文30余篇，并参编了一些职业教育著作，其中有些课题研究成果属职业教育的前沿，在职业教育领域产生了一定的影响。

王宪成同志长期致力于职业教育研究，是我国改革开放后职业教育师资培养培训研究与实践的开拓者与奠基者之一。

英国发展职业教育的主要经验 ①

英国是世界最早的工业化国家，其职业教育的发展历史源远流长。英国职业教育从13世纪的学徒制度的建立，到目前系统化、正规化的职业教育体系的形成，经历了从萌芽到成熟，从零零碎碎到成龙配套这样一个不断变化、不断完善的发展过程。由于长期以来受传统的重视人文学术，轻视职业技术的思想影响，英国的职业教育与德国、美国、日本等国相比发展缓慢，直至本世纪70年代英国的职业教育体系才逐步形成与完善。自20世纪80年代以来，英国政府十分重视职业教育的发展，采取了包括推行职业技术教育试点、建立国家职业资格制度等一系列改革措施，使得英国的职业教育进入了一个新的发展阶段。

---

① 王宪成，张元.1996.英国发展职业教育的主要经验.职业与教育，（1）：8-10

进入 20 世纪 90 年代以来，随着世界经济一体化的发展，国际竞争日趋激烈，英国政府又陆续发布了《面向 21 世纪的教育与培训》政府教育白皮书，以及"国家教育和培训目标"等促进职业教育发展的有关法规，把加强职业教育与培训、提高劳动者素质摆在十分重要的位置上，以期振兴英国的经济。我国的职业教育正值适应市场经济的发展时期，虽然中英两国的社会制度不同，职业教育发展的程度和规模也存在差异，但在英国职业教育悠久的历史进程中，许多经验与教训值得我们深入研究与思考，本文拟就此进行简要分析。

（一）依法治教是职业教育发展的根本保证

英国社会十分重视立法，这在教育领域也表现得十分明显。纵观英国职业教育的发展历史，各个时期都是通过立法程序来调整、把握职业教育的发展。从 1562 年的《工匠法》，到 1988 年的《教育改革法》，英国颁布了数十部涉及职业教育的法规。这些法规对于英国职业教育的发展起着至关重要的推动作用。实践证明，立法是解决职业教育发展中诸多问题的最有效手段，而依法治教则是发展职业教育的根本保证。从英国职业教育立法过程看，有两点经验是值得我们借鉴的。

1. 发展职业教育首先要在教育基本法中确立职业教育的地位

在二战末期，为了复兴战后的英国教育，以丘吉尔为首的联合政府颁发了《1944 年教育法》，即著名的"巴特勒法案"。该法是战后英国教育改革的基本法，它对英国职业教育的发展具有划时代的历史意义。《1944 年教育法》规定了英国的公共教育体系分为初等教育、中等教育和继续教育三个相互衔接的阶段，确立了职业教育在中等教育和继续教育中的地位，指出英国中学阶段的职业教育主要在技术中学和现代中学中实施。继续教育的核心与主体是职业教育，职业教育主要在继续教育机构中实施。职业教育的法律地位确立以后，极大地促进了英国职业教育的发展。我国在 1995 年 3 月由第八届全国人民代表大会第三次会议通过的《教育法》中，也明确规定了"国家实行职业教育制度"。这是我国第一次将职业教育作为教育基本制度用法律形式确定下来，它体现作为现代教育的重要组成部分，职业教育在我国教育事业发展中确立了其重要的地位，这将对我国今后职业教育的发展起着十分重要的作用。

2. 发展职业教育必须制定职业教育法

纵观英国的职业教育发展历史，自 19 世纪以来，英国制定实施的大多是旨在普及义务教育性质的教育立法，虽也有不少涉及职业教育的法律法规，但至今却没有一部严格意义上的职业教育法。它在一定程度上制约了英国职业教育的发展，致使英国职业教育明显落后于美国、德国等国家。这一点是我国发展职业教育应引以为戒的。值得欣慰的是我国的职业教育立法工作正在紧锣密鼓地进行，由国家教委成立的、由中华职业教育社、劳动部等有关部门参加的《职业教育法》起草领导小组，已完成了《职业教育法》的起草工作，《职业教育法》的出台实施，将对我国职业教育和职业技能开发事业的和谐发展、全面提高起至关重要的指导作用。

在我国职业教育发展进程中，坚持职业教育立法，是我国职业教育规范化发展的前提和保证。在原有职教法规的基础上，根据社会经济的发展需要，针对职业教育发展过程中存在的主要问题，还要适时地制定相关的职业教育法规，如要解决企业参与职业教育问题，应制定《企业培训法》等。

（二）普通教育与职业教育相互结合是职业教育的发展趋势

60年代以来，发达国家均把职业教育提高到与普通中等教育相近的地位，职业教育与普通教育一体化发展的趋势日益明显。英国早在1956年发表的题为《技术教育》的白皮书中明确提出："技术教育不应只具有过于狭隘的职业性质或局限于一种技能的掌握，因为瞬息万变是我们这个时代的特征，所以，未来职业教育的主要目的必须是使青年有很强的适应性。古典教育的目标是才能、用途的多面性，职业教育也应达到类似的目标。因此，应以数学和科学为其坚实的基础，学生如果掌握了基本原理，就更容易接受新思想、新技能。"进入80年代以来，随着新技术的发展，传统的劳动密集型产业逐步向知识密集型产业过渡，新的行业、工种不断产生，大批工人需要转换工种，从事新工作。顺利实现劳动变换的条件是工人要具有较强的应变能力，而应变能力的培养又是以掌握普通科学文化知识、通晓生产过程的基本原理为前提的。正因为如此，英国在职业教育改革中，更强调普通文化知识教学的必要，城市技术学院在侧重职业教育课程的同时，不断加强普通文化课的教学。与之相对应，自1982年以来推行的职业技术教育试点计划则力图在普通教育中增设职业技术课程，为学生进一步学习科学技术理论、掌握必要的社会生产、生活技能打下基础。

普通教育与职业教育的相互融合同样也是我国职业教育的发展方向，面对现代生产中知识与技术愈来愈密集，知识与技术的更新越来越快，职业和劳动力市场变化加快，从业者转换工作的次数增加，职业的流动性加大的形势，学校教育的总体目标应是为学生走向社会打好坚实的基础。借鉴英国在此方面的改革经验，我国在普通教育的教学过程中，为使学生更好地了解社会、了解劳动力市场，应加强劳动技术课的教学，同时，结合职业指导课程，给学生更多、更切合实际的职业知识，培养其作为现代劳动者所应具有的基本劳动技能和科学的职业观，增强其适应社会的能力。同时，在职业学校中，在加强技能训练的同时，要增加普通科目的学习，重视基础理论教学，使学生毕业时具备良好的专业基础。应以充分适应企业的要求和满足就业需求为目标，努力摆脱以往的"文化教育＋技能培训"板块式的教育方式，积极探索普通教育与职业教育有机结合的职教模式。

（三）教育部门与企业界密切合作是职业教育社会化发展的方向

英国职业教育的种种改革，都是对国家经济发展需求作出的反应，其最终目的是要从根本上改变职业教育长期落后于经济发展、学校教育与社会生产和生活相脱节的状况，使新一代青年能以自身良好的素质和较强的应变能力迎接未来社会的挑战。自80年代以来英国职业教育发展呈现的最明显的趋势之一就是教育部门与企业界的伙伴关系日益加深。无论是推行职业技术教育试点，还是创办城市技术学院，英国的教育部门和工业部门都通力合作，其结果使得英国的职业教育在适应企业和社会需求方面有了长足的进步。英国这种"合作职业教育"方式是很值得我们学习和借鉴的，具体体现在以下几个方面：

1. 企业为学校输送学生

英国的企业主很重视员工的培训，他们深知员工的知识技能的学习与更新对于企业发展的重要性。对于已就业的青年来说，离职学习必须经雇主的批准，因此，学校为企业培养人才的数量，在很大程度上取决于雇主培训员工的意愿。英国大多数以企业为依托的工读交替制学生，以及获得学习假的学生在学习期间都是由雇主付给薪金，有些比较开明的雇主还替学生支付学费、书费等。

2. 企业为学校提供教师

英国的职业教育主体是继续教育，而继续教育机构中的大多数人员（约 2/3）是直接从工商业和专业岗位上招聘而来的。他们都有适用于本行业的某种专业和技术资格，具有丰富的实践经验，其中，多数担任职教院校的部分时间制兼职教师。同样，学校的教师在假期里，也到企业讲学或从事研究，企业为他们提供研究设备和经费。这种交流方式有利于克服职业教育发展中师资缺乏的难题。我国的职教师资建设也应借鉴这种模式。

3. 企业与学校共同协商课程

英国继续教育机构要求开设的课程必须符合企业的需要，因此，课程计划的制订必须由企业参与完成。入学条件、学习期限、学习科目、学习类型、教学大纲、考试标准，以及教学与实习比例等，都要通过学校与企业之间的协商才能确定。随着我国社会主义市场经济的不断发展与完善，以市场为导向的办学指导思想，将会使更多的学校，尤其是从事职业教育的学校，积极主动地了解企业的需求，与企业一起共同制定人才培养计划。

4. 企业为学校办学提供物质条件

在英国，继续教育机构中的许多昂贵的设备，以及建筑经费都是由企业提供的。有时企业还提供助学金、科研经费和实物援助，企业的场地可以作为学生的生产实习基地。此外，按法律规定，每个企业每年至少要付出工资总额的 1% 作为训练费用。企业的工作人员也可利用学院的图书馆和其他设施。我国在此方面应更好地借鉴英国及其他发达国家的成功经验，以法律的形式规范、约束企业参与职业教育的行为。

（四）大力推行国家职业资格制度是促进职业教育发展的有效手段

英国于 1986 年着手建立了国家职业资格制度，并由国家职业资格理事会制定了一个比较全面的职业资格体系。职业资格体系共分 11 个类别、5 个资格等级，5 个资格等级分别对应于熟练工人、技术工人、技术员、高级技术员及专业人员。职业资格证书可以和普通教育的文凭、证书相对应，一级职业资格相当于 1～3 门课程的普通中等教育证书；二级职业资格相当于 4 门课程且成绩为 A～C 的普通中等教育证书；三级职业资格相当于 2 门课程的普通教育高级证书；四级职业资格相当于大学学士学位；五级职业资格则相当于研究生学位。同时，职业资格证书可与普通教育高级证书一样，成为进入大学的资格证书。实施国家职业资格制度在很大程度上促进了英国职业教育的发展。许多青年人通过各种途径获得了相应职业资格，而目前英国国家职业资格所覆盖的职业岗位已达 80%。同时，由于职业资格证书与普通教育证书的相通性，持职业资格证书就可以进入高等院校深造，从而大大增强了职业教育对青年人的吸引力。

我国的职业资格证书制度刚刚起步，国家劳动部与人事部于 1994 年 2 月 22 日颁布了《职业资格证书规定》，明确指出为适应社会主义市场经济对于人才的需求，客观公正地评价专业技术人才，促进人才的合理流动，国家实行职业资格证书制度。《职业资格证书规定》的颁布实施，将对我国职业教育的发展产生深远的影响，将引导更多的青年人接受职业教育。不过我国的职业资格证书制度与英国国家职业资格制度是有区别的，是否采取英国职业资格制度中国家统一管理模式替代目前分部门管理的方式，还有待于我国的职业资格证书制度实施一段时间后视效果而定。此外，实行学历、文凭证书与职业资格证书并存，加强其相通性，则是我国实施职业资格证书制度的发展趋势。

台湾职业教育与职业培训的概况 [①]

台湾是一个新兴的工业化地区，近些年来经济之所以有较快的发展，得益于职业教育和职业培训的普及与提高。现将台湾职业教育（简称台职教）与职业培训的概况和我们的一些看法，写出来供参考。

（一）台湾教育概况

台湾的现行体系和学制基本上与内地相同，如图 1 所示。

台湾自高级中学教育开始分为两大系列：①技术及职业教育体系（简称职技教育体系），其教育目标是教授应用科学与技术，养成实用专业人才，包括高级职业学校（以下简称高职）、五年制专科（以下简称五专）、二年制专科（以下简称二专）、三年制专科（以下简称三专）、技术学院及其研究所（研究生院）。台湾的高等技术职业教育经过 20 多年的努力，已独立于普通高等教育之外，而自成"一贯体系"，分专科、本科、研究生（含硕士、博士学位）三个层次。②普通教育系列，其教育目标是研究高深学术，培育专门人才，包括高级中学、一般大学及研究所。台湾普通高等教育中分为本科和研究生两个层次。一般本科专业的修业年限为 4 年，牙医系为 6 年，医学系为 7 年。现有普通高校 46 所，其本科招收普通高中毕业生为主，也招收部分职业高中毕业生，在校学生 25 万人左右。自师范教育法颁布施行后，师范教育将逐渐自成体系，其教育目标为培养健全师资及其他教育专业人员，并研究教育学术。师范教育体系包括师范大学、师范学院、教育院系及其研究所。

以上两大系列，上下衔接，左右沟通，全日制和夜间制、补习制并存。

---

① 王宪成，王珍.1996.台湾职业教育与职业培训的概况.中国培训,（11）：47-50

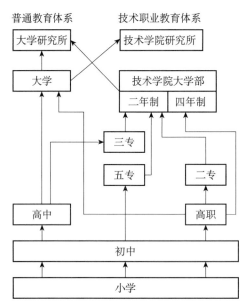

图 1　台湾教育体系图

　　台湾的小学、初中基本上是国办的，高中及以上则私立学校占较大比重。在相应的学校中，私立学校所占的百分比是：私立普通高中占 53%；私立高职占 60%；私立专科学校占 78%；私立普通高等学校占 43%；私立技术学院占 17%。

　　私立学校收费标准由台湾"教育部"统一制定，每个学生交学费 6～8 万台元 / 年。加上其他杂费，学生实际交费比上述标准还高。财政对私立学校的经费补贴约占学校总经费的 10% 左右。

　　台湾重视教育，而且教育水平较高，在亚洲仅次于日本。半数人口在接受教育的过程中，普及了初中教育。初中毕业生升入高中及高职的比例达到 87%，40% 的高中毕业考入大学，接受高等教育的比例高。

（二）台湾职业教育概况

1. 职业技术教育的演进与现况

　　台湾的职业教育发展很快，对台湾经济发展起了很大作用。1949 年前后，台湾职业教育还处在初级阶段，技术教育只有初级职业学校和高级职业学校。之后由于经济发展，产业界需要的技术人才层次提高，到了 60 年代初期，专科学校便如雨后春笋般地兴起。1968 年起实行 9 年义务教育，初级职业教育被裁撤而纳入初中之内，此时职业技术教育只有高级职业学校和专科学校。1974 年成立了第一所技术学院，开始形成了技术及职业教育的体系。

　　（1）高级职业学校的现状

　　高级职业学校招收初中毕业生，修业 3 年。毕业后可就业，也可升入专科、技术学院和一般大学就读。高职毕业生对口升学的比重有继续扩大的趋势。桃园地区高职毕业生升学率约为 30%，桃园育达商业高职升学率达 62%。可见就其教学目标而言，已从过去的就业为主，转变为就业和升学兼顾。1994 年高职学校 206 所，另有高级中学附设高职类科者 84 所，全部高职学生为 523 982 人，其中，工职类占 44% 左右，商职类占 37% 左右。高职学生与高中学生比为 7∶3。同时，在 207 所夜间高级进修补习学校中，有进修职业科类的学生 177 348 人。此外，从 1983 年起，台湾开办"延长以职业教育为主的国民教育"，招收 18 岁以下未升学的初中毕业生入学，教学内容以技能训练为主，理论教学为辅，分段结业或循序渐进取得不同的学业资格。1994 年附设这类"延教班"的学校有 122 所，学生数为 3397 人。

（2）专科学校的发展过程

现有专科学校 75 所，其中公立 16 所，私立 59 所。专科学校按入学资格分为 3 类：①二年制专科学校：招收相关类科之职校毕业生或具该类工作经验之高中（职）毕业生入学，修业 2 年，建工科为 3 年。在校生近 10 万人，毕业后可以就业，也可升入大学本科、研究生就读。②五年制专科学校：招收初中毕业生入学，修业 5 年，其中，药学、兽医、轮机、建筑、航海科为 6 年。在校生近 30 万人，毕业后可以就业，也可升入大学本科、研究生就读。由于五专教育的一贯性，五专毕业生素质比二专高。但以后五专会逐渐减少。③三年专科学校：招收高中（职）毕业生入学，修业 3 年。因比本科只少 1 年时间，学生不愿上三专。从 1994 年开始三专改制为学院或技术学院，现基本上没有三专了。此外还有专科补习学校 8 年，在校学生 33 762 人。发展趋势：一部分高职要变大专，一部分大专变成技术学院。不久技术学院将达到 25 所左右。专科学校的成立与迅速发展及今后学校升格的发展趋势都是与产业由劳力密集进入技术密集的趋势联系在一起的。

（3）技术学院的成立与发展及现状

1974 年成立了第一所技术学院——台湾工业技术学院，研究所的硕、博士班分别于 1979 年及 1983 年设立。现有技术学院 6 所，海洋大学所属技术系一处，在校生共 1.6 万人左右，其中，硕士研究生 1429 人，博士研究生 295 人。大部分技术学院有四年制、二年制、硕士生班和在职班，个别学校有博士生班。技术学院的任务是培养经济发展所需的高层次技术人才。在开始办技术学院时，普遍都认为教育目标应与大学工学院不同。然而究竟要怎样办理，才能使工业技术学院与一般大学的工学院有所不同呢？在当时没有前例可循，于创设之初，在政策上曾有三项规定：①为完成技术及职业教育的一贯体系，招生对象限于专科学校毕业生和高职毕业生，前者入学修业 2 年，后者入学后修业 4 年，二者修业期满成绩及格，均授予学士学位。②课程的设计：实习及实验课比较多，使学理与实务能够兼顾。③聘请技术专家担任教学工作，技术学院的教学，强调理论与实践并重。

2. 台湾职业教育界认为职业技术教育的任务与特色

1）台湾职业教育界有人主张教学设计是教育——工作——教育。即高职和专科学生毕业后就业工作一段时间再升学进修。

2）重要任务是提供在职进修。

3）学校特色表现在较多的选修课程上，而且开设选修课程不宜太广，应按单位行业技术的方式开课，以表现其特色。

4）强调实践教学和动手能力培养，实行证照制度。

5）为适应科技进步和产业结构变化，更新课程设置和教学内容。

6）实施建教合作方针。建教合作的方针起始于上世纪 60 年代台湾经济起飞阶段，开发区及企业建设急需劳动力，职业学校与企业合作采取半工半读形式，同时解决了劳力紧张和劳力培训的问题。此后，台湾以此方针引导职业学校乃至所有高等学校面向经济建设，依托学校的人才和技术优势，与企业共同进行新技术和新产品的开发，密切了技术职业教育与经济建设的关系，达到双方相互支持、相互促进的目的。

3. 技术职业教育存在的问题

1）学制不够弹性化，教学体制不够灵活。中等技术职业教育的学制及课程设置是全地区统一的，而且执行得严格，规范性较强。各学制彼此之间关系尚欠灵活，缺乏衔接及相互转换的畅通渠道。对于实际从事工作后，急需再进修的学员，常有不得其门而入的感觉，造成学制僵化的现象。

2）课程设计往往与教育目标及社会需求脱节，造成人力资源的浪费及教育目标的模糊。

3）升学比例过高。由于文凭主义盛行，高职有 1/3 以上的应届毕业生升入高校就读。虽然升学比例高，有利于职技教育的发展，但势必增加教学组织工作的难度，影响高职应有功能和特色的发挥。

4. 技术职业教育的改进方向

1）技术职业教育呈高移趋势。一部分高职将升为大专，一部分大专将升为技术学院。还拟成立技术大学。

2）依据教育目标设计课程。高职的教育目标为培养基层技术人才，在课程设计时，应尽量注重实用技术，再辅以数学、物理、电脑等基础课程的训练；专科的教育目标为教授应用科学与技术，培养实用专业人才，因此，在课程设计上，仍应以专业核心课程为主，理论课程为辅；技术学院的教育目标为培养高级工程技术人才，在课程上应使理论与技术并重，学生不但应具有丰富的专业理论，而且要有精湛的专业技术。

3）建立多元弹性化学制。对在职者进修，不限定修业年限，在获得一定的学分以后，便授予学位或颁发证书。建立职业证照制度，改变过分相信文凭至上的社会风气。职业技术院校入学方式应弹性化，兼采取保送，或以技能鉴定方式行之等等。

4）发展新课程以符合社会需要。由于科技的迅速发展，产业的自动化和信息化不断推进，各级学校要适时地修订课程，更新课程内容。要求教育界和企业界密切结合，听取企业界对设计课程意见等。为适应产业结构变化、技术进步，以及学生长远的发展需要，现台湾职技教育的课程设置和教学内容比工业化初期有很大的变化。大部分学校（约 88%）从 1986 年修订教学计划以来，已采用"职业群集制"模式，即加宽专业口径，增强适应能力。其他 12% 的学校则针对某一较狭窄的职业领域，仍然沿袭早期的"单位行业制"课程模式，提供以技能训练为主的教学课程。

5）加强师资培育，提高教学质量。通过产教结合，选聘有实践经验的教师担任实习指导教师。鼓励原有教师报考技能证照，通过证照制度（类似我们的技术等级证书制度）使教、考、用三者相互配合。

（三）台湾职业训练方面的有关简况

1. 台湾"行政院"劳工委员会下设职业训练局

主管职业训练，技能鉴定和就业服务，策划推进人力资源的开发与运用。

2. 财团法人台湾职业训练研究发展中心

该中心由工业总会捐助成立。主要任务是：
1）接受政府委托研（修）订各种训练规范，制作教材及教具，并推广运用。
2）办理有助于提高人力素质之训练及讲座。
3）发行相关刊物、杂志，以交换训练信息及经验。该中心下设研发组、训练组、视听组、发行组和行政组。

3. 公共职业培训中心

台湾共有13所公共职业培训中心，可为263个班次、9365人以上的训练提供条件。其中，有4所中心直属职业训练局领导。这些中心以短期培训为主，培训时间多为3～6个月，也有不少班培训1年，招收大学本科毕业生培训1年，颁发乙级技术士证照（相当中级工）；还有个别班培训3年，培养高级技工，或招收高中毕业生，经过3年培训，获得大专毕业和乙级技术士证照。

（四）可借鉴的做法和建议

（1）坚持把人力资源开发与人口控制这两项支柱性政策置于同样重要的地位，教育作为开发人力资源最重要的手段，应在现代化建设中进一步予以重视。

（2）继续克服鄙薄职业教育的陈腐观念，合理调整教育结构，积极发展职业教育，包括高等职业教育，尽快完善我国职业教育体系，使其各层次相互衔接，又与其他类教育相互沟通。为此，可首先在经济发达地区加快发展步伐，为21世纪我国教育的现代化探索新的发展道路。

（3）进一步放开发展职业教育的政策，根据不同情况适当提高收费标准，更多地依靠社会力量办学，建议尽快制定"民办学校法"，鼓励和保护境内外民间力量依法兴办职业教育的积极性。

（4）职业教育本应兼容劳力资源开发和提高国民素质的双重功能。职业学校的教学内容应根据不同的培养目标和所处地的经济发展水平，处理好文化基础与专业知识和能力之间的关系，逐步并适当地增加人文科学、信息技术、外语等教学内容，使今后的毕业生更好地适应未来社会的需要。

（5）要高度重视职业教育的规模效益，在进一步加强基础建设的同时，要大力改革办学体制和校内管理体制，充分发挥教育资源的作用，较大幅度地扩大招生规模。

（6）为促进两岸职业教育的发展，建议进一步加强各种形式的民间交流与合作。教育系统在开展交流方面具有明显优势，建议有计划、有步骤地增加两岸技术职业教育领域交流的强度。

实行"双证书"制　培养"一体化"职教师资 [①]

发展职业教育（简称职教）的关键是教师，而教师队伍的一个主要问题是专业理论教师不能指导操作技能训练，实习指导教师理论基础弱，不能讲授专业理论课。解决这个问题的主要对策是培养既能从事专业理论教学，又能指导技能训练的"一体化"新型师资。这种"一体化"师资是我国职业教育急需的人才。

天津职业技术师范学院是劳动部直属的一所新型的以工科为主的高等职业技术师范院校。学院于 1980 年开始招生，主要任务是为职业教育培养高层次的师资和管理人才。针对职业教育师资队伍的上述问题，为培养合格的职教师资，全院教职工在上级的正确领导和支持下，积极探索，主动适应职业教育发展的需要，找准自己的坐标，定位于为职教服务，经过 10 余年的不懈努力，成功地将教育与生产劳动相结合，走出一条实行"双证书"制（既有大学本科或专科毕业证书，又有技术等级证书），培养"一体化"职教师资的新路，为职业教育输送了一批急需人才，取得了突出的成果。

（一）确立培养"一体化"职教师资的构想，实行"双证书"制

确立培养目标和规格是办学的首要问题，正确的决策应是既符合教育规律，又符合社会需求。为此，学院于 1982 年和 1986 年，进行了两次较大规模的社会调研，分赴全国 11 省 7 市 60 多所技校及主管部门，了解技工教育的特点、师资状况和需求。通过调查认识到：技工学校师资队伍结构不合理，理论教师超编，实习指导教师严重不足且理论水平偏低，尤其是专业理论教师不能指导技能训练，实习指导教师不能讲授专业理论的现象最为突出。两次调研不仅使学院领导班子增强了办好学院的责任感和紧迫感，而且对学院如何办出特色和确定人才培养目标及规格取得了共识：职业教育对师资培养的客观要求决定了学院应成为既不同于普通工科院校，又不同于普通师范院校，融理论性、师范性、职业性于一身，集高等教育的共性和学院的个性为一体，独具特色的高等职业师范院校。学院培养的既不是工程型人才，又不是普通中学的教师，而应是既有较强的专业理论知识，又有较高的操作技能，既能从事专业理论教学，又能指导技能训练的新型"一体化"职教师资，从而确立了培养"一体化"职教师资的构想。为实现这一构想，学院于 1990 年在机、电两类专业实行了"双证书"制的教育方案，即要求毕业生不仅取得大学本科或专科学历证书，同时取得劳动部门颁发的相应工种的技术等级证书。

---

① 王宪成等.1997.实行"双证书"制，培养"一体化"职教师资.中国培训，（9）：23-28

（二）实施"双证书"制的改革与实践

1. 转变思想观念，端正办学方向

为使院领导的构想变为全院教职工的行动，学院开展了端正办学思想的大讨论，统一全院教职工的思想。

学习国务院、国家教委、劳动部关于发展职业教育的重要文件，明确职业教育在教育事业和国民经济发展中的重要地位，增强了为职业教育培养合格师资的使命感和紧迫感。克服了拘于普通工科和师范教育模式的习惯意识和忽视理论指导、低层次、长周期的单一技能培训意识，转变了鄙薄职业教育和重理论、轻实践的观念。将学院的座标定位在培养"一体化"职教师资的目标上。

学习社会主义市场经济理论，研究市场，了解服务对象，树立为职业教育服务的思想，增强按照需求制定教学方案的意识和适应市场变化的主动性，将市场需求作为学院办学的出发点和落脚点。

学习和研究国内外职业教育发展经验，树立博采众长，发展自身特色的创新意识，丰富"双证书"制的内涵和措施。学习教育理论，把握教育发展规律，使"双证书"制实践始终置于教育理论的正确指导之下。

观念的转变，为实施"双证书"制奠定了坚实的思想基础。

2. 改革招生制度，改变生源结构

学院确定的人才培养目标要求具有较高的操作技能，而单一的高中生源难以适应这种要求。1984年，学院对招生制度进行了改革。经劳动部同意，国家教委批准，学院实行单独招生，招收技校应、往届优秀毕业生入学，开设了技校生源专科班。同时，改革了传统的入学考试内容，实行理论、技能双试制度。在理论方面，除考必要的文化理论课外，还加试相应专业的技术基础课；在操作技能方面，增加相应工种的操作技能考试，以保证新生一入学就具有一定的专业知识和技能。1986、1987年学院又进行了招收优秀技校毕业生编入高中生源本科班学习的试点，从1991年开始，在机、电等专业增设了技校生源本科班。入校时技能要求达到中级工（4级），学制4年。上述改革，将技校生源引入学院，并成为技艺性较强的机类专业培养"一体化"师资的生源主体。1993年，学院又招收了全国青年奥林匹克技能竞赛获奖选手26人，创办了奥赛大专班。这些人毕业后，既能担任高技能训练的指导教师，也可成为国际、国内技能竞赛的教练及裁判的后备军。制定倾斜政策，招收全国和省部级技能竞赛获奖选手已成为学院招生改革中的一项重要举措。

招生制度的改革，为实施"双证书"制提供了生源保证。

3. 修订教学计划，改革教学内容

为实现"一体化"职教师资的培养目标，学院根据教学方案总体优化的原则，针对不同生源，按照"双证书"的要求，优化课程结构，修订教学计划，改革教学内容。

鉴于技校生源本科文化基础理论较弱的情况，学院在保证继续提高他们的操作技能的

前提下，加强了理论教学。采取的主要措施是：

1）增加理论课总学时。周学时由 22～24 增至 26～29，特别是增加了基础薄弱课的学时，如英语课要求学习 3 年，比高中生源增加了 230 学时。高等数学和英语都增加了由技校到大学的衔接内容。

2）本着"实用、管用、够用"的原则，优化课程结构，适当降低了部分基础课的要求。如取消了化学课，英语按"音、体、美"类院校对待，要求达到 2 级（逐步提高到 3 级）。

3）因技校生学过一些专业基础知识，为避免重复，略减了专业基础课的学时。专业课突出技术性、职业性和应用性，增加数控技术、生产实习教学法等课程。

4）压缩毕业设计时间，增加了技能训练时间，由普通工科机类金工实习 7 周、电类课程设计 9 周，分别增至技能训练 30 周（机）、28 周（电）。毕业设计主要搞工艺设计，并与技能训练紧密结合。技术等级要求必须达到中级（5 级），部分学生要求达到中级（6 级）或高级。理论课与技能训练学时比为 3：1（附表 1）。

5）采用模块化、三段式、产训结合等科学训练方法，提高技能训练效果。

鉴于高中生源没有操作技能基础，学院在保证其理论水平的前提下，重点加强技能训练，以保证操作技能达到技术等级要求。采取的主要措施是：①适当增加总学时，保证理论课学时与普通工科相当。②减少设计型的实践教学环节，增加技能训练时间，机类增至 28 周，电类增至 20 周。③技能要求逐步提高。技术等级由初级（3 级）起步，逐步过渡到中级（4、5 级）。④毕业设计以工艺设计为主，并与技能训练相结合。⑤同技校生源。

专科只有技校生源，学制定为 3 年，保证专科理论水平基本要求和技能训练 30 周（机）、28 周（电），技术等级要求中级（5 级）及以上。理论课与技能训练学时比为 2：1（见表 1）。采取的措施与技校生源本科基本相同。

此外，为体现职业教育师范性，将职业教育学、职业心理学和教材教法统一要求，列为公共课程。经上述修订，形成了新的本、专科教学计划，实施后取得了较好的效果。96 届本科毕业生主要课程平均成绩（见表 2）。

为落实新的教学计划，学院组织教师主编或参编教材 50 余部，创编了机、电类教材教法 3 部，并邀请机械局、电子仪表局有关专家，共同审定、修订了《中级技术等级操作技能训练大纲》，编写了技能训练讲义和多种辅导材料，制定了中、高级工技能训练方案，完善了产训结合、三段式训练模式（指基本训练、专题训练、综合训练）。在 1995 年国家教委师范司组织的职业高师机械工艺教育专业统编教材工作中，计划首批编写 12 门课程的教材，学院教师担任了其中 4 种教材的主编和 8 种教材的副主编。

改革后的教学内容和教学计划，是实施"双证书"制的总体优化的教学方案。

4. 扩建实习基地，改善实习条件

1990 年以来，学院利用世界银行贷款 180 万美元，重点建设了机、电两个实验实习基地，增添了车、铣、磨等机床 87 台，扩建了三个车工、三个钳工和一个多工种实习车间；购置了"动态分析仪""万能工具显微镜"等测量仪器 124 台套，扩建了机械实验室；增加

电工电子实验与模拟训练装置 25 台套，自控、微机实验设备 20 台套，自己开发研制电类训练装置 40 台套，新建两个电类实验室。机、电两类专业操作技能训练达到每生 1 工位。同时，从 1994 年开始，利用日本政府无偿援助的 18 亿日元，引进了国外数控、自控、电子、信息领域的高新技术设备，为学生掌握高新技术奠定了雄厚的物质基础，1996 年在校生平均实验实习设备值已达 5.5 万元。另外，每年自筹资金 20 万元用于纯消耗材料及补充工量卡具，确保技能训练计划的实施。经 6 年的建设，校内机、电两实习基地的硬件已达到国内同类院校的领先水平。学院还在山东、河北、天津等省市的重点技校，建立了稳定的教育实习基地。

实习基地建设，为实施"双证书"制奠定了必要的物质基础。

5. 内训外聘结合，建设师资队伍

为提高技能训练水平，学院加强了专兼结合的实习指导教师队伍建设。制定培训规划，进行在职培训，先后有 15 名青年实习指导教师取得了高级工、技师证书。学院还选派实习指导教师出国考察学习，引进高级技师补充实习教师队伍，同时，选拔少数优秀毕业生留校，提高实习教师队伍的"一体化"水平。对专职教师，制定鼓励政策，凡取得本科学历，又取得高级工证书的青年教师享受讲师待遇。经过几年的建设，专职实习指导教师队伍发生了较大的变化（见表 3）。目前，具有高级工、技师、高级技师等技能水平的人数由 1992 年的 2 人增至 23 人（占 82%），具有高级技能和大学本、专科学历的人数由 1992 年的空白增至 18 人（占 64%）。

同时，学院采取专兼结合的办法，外聘全国著名的在津高级技师 5 人作为学院的兼职教师，采取讲课、辅导、现场讲座、绝活表演、因材施教、指导制定训练计划等多种形式，传授技艺，改进训练方法，提高了技能训练水平。学院还聘请了韩国仁川技能大学两位训练专家和国际奥林匹克技能竞赛银牌获得者、韩国国家奥林匹克技能竞赛金牌获得者元钟植博士来院讲学，对学生进行现场指导、考核、评分，并对技能训练提出改进方案。上述措施使学院操作技能训练水平在短期内有很大提高。

在重视实习指导教师队伍建设的同时，学院也加强了对理论课教师队伍的建设。1990 年以来，学院利用世界银行贷款和中日合作项目先后选派 30 多名教师分赴美、日、英、德、澳、韩、香港等国家和地区进修、培训，他们后来大多数被学院委以重任。另有 115 名教师在国内参加了培训。学院还制定了优惠政策，引进硕士研究生，经考核建立了青年骨干教师队伍，积极开展青年教师基本功竞赛，在天津市高校两次比赛中，都获得了较好的成绩。通过以上措施，学院理论教师队伍的水平也有了明显的提高。

目前，学院已经制定了优惠政策，引导和推动有关专业中青年教师成为既能从事专业理论教学，又能指导技能训练的一体化师资。

建设一支适应培养目标需要的师资队伍，是实施"双证书"制的关键。

6. 严格教学管理，健全规章制度

实行"双证书"制以后，为保证教学质量，学院严格管理，改革和建立了一系列规章

制度：实行新生入学技能复试制度，严把入口关。学院先后对 26 名技能复试不合格的新生给予保留学籍一年，退回原单位继续培训，第二年重新参加操作技能考试的处理。此举在社会上引起了强烈反响，教育了考生和家长，保证了新生质量。

严格考试管理制度。根据国家教委历次关于加强考试管理的文件精神，重新制定了《加强考试管理的实施办法》，对命题、评分、阅卷、考场管理、考场纪律、处理作弊考生、监考等多环节都做了详细规定。成立了"教代会巡考团"，对考试进行巡查监督。主要的公共课和基础课实行了教考分离。操作技能由天津市职业技能鉴定指导中心进行考核。

强化教学评估制度。对每位教师每年评估一次，由学生评教、同行评教、领导评教三项相加综合评分。对 A 级教师予以奖励，对 C 级教师调离教学岗位。由于坚持了教学评估制度，教学质量稳步提高。本科生英语四级通过率进步显著；在全国第三届大学生周培源力学竞赛中，参赛学生夺得天津赛区第三名的好成绩；在重点课程建设中，"电子技术基础"课于 1995 年通过了天津市优秀课程评估。

改革学籍管理制度，严把出口关。实行操作技能成绩与毕业证书、学籍异动挂钩。毕业时技能考核成绩不合格者，不颁发毕业证书，允许毕业后一年内补试操作技能。学期操作技能考核不及格，按一门课程不及格对待，并计入不及格课程总门数之中。

严格的管理制度，是实施"双证书"制的重要保证。

7. 开展职教研究，指导教改实践

学院培养"双证书"一体化职教师资的过程，也是职教研究不断深化的过程。学院建立了专兼结合的职教科研队伍，围绕办学特色和培养目标开展了科研工作，先后完成了部、委级科研成果三项："职业技术教育师资能力、素质要求及培养体系""九国（地区）职业教育比较研究""高级技工培训的研究与实验"。正在开展研究的部委级课题三项，内容是关于"双高"人才的培养及科学训练方法的研究。还完成了其他多项科研课题。发表成果著作两部，并获全国职协优秀著作奖。发表"双证书"制方面的论文 30 余篇，并有多篇获奖。通过以上研究，对"双证书"制的实践不断探索、不断总结、不断深化。对培养"双证书"一体化职教师资的认识不断提高，改革思路更加明确，办学方向更加坚定。

开展职教研究，对实施"双证书"制起到了指导和推动作用。

（三）教学成果与社会效益

截至 1996 年 7 月，学院共培养"双证书"毕业生 1100 余名，其中 890 余名具有老技术等级 5 级以上的证书，为职业教育输送了一批新型的"一体化"师资（见表 4）。"双证书"毕业生技术等级逐年高移（见表 5）。毕业生技术等级考核通过率由 1992 年 54%，上升到 1996 年的 90%（见表 6），其中，中级工（5 级）考核通过率近三年来稳定在 90% 以上，标志着"双证书"大学生培养实践的成功。在此基础上，1996 年，按劳动部的要求，学院又培养出具有高级工证书的毕业生 44 人，其中 9 名是我国首批具有高级工技能的大学本科

毕业生，被部领导称作"双高"人才，是学院新的"拳头"人才产品，它标志着"双证书"制的实践又发展到一个新层次。

学院"双证书"毕业生 86% 以上分配到中等职业学校（主要是技工学校）和各类培训机构，其中绝大多数热爱职业教育，具有敬业精神，能很快胜任工作，既能从事专业理论教学，又能指导技能训练，成为教学骨干，受到用人单位的好评。如学院"双证书"毕业生易永，1994 年分配到南方动力机械公司技校，由于理论与实践结合的优势，在部举办的技能竞赛中名列第一，而后又成为全国技术能手。又如学院"双证书"女大学毕业生曹娜，在就业过程中，联系某一重点技校，开始不被接受，后经本人要求试讲和技能考核，获得好评，被破例录用。天津职业大学、郑州工业高等专科学校、天津中德培训中心、厦门工业学校、深圳高等职业技术学院，以及山东、河南、广东、海南等地的技校纷纷要求引进学院"双证书"毕业生。最近，天津市政府代表团和新疆自治区政府商谈合作事项，应新疆自治区政府的要求，将学院每年为新疆地区培养一定数量的师资写入经济技术协作书中。全国著名大企业——"北人集团"赞扬学院毕业生能文能武和具有敬业精神，并在学院特设了奖学金。

学院实行"双证书"制，培养"一体化"职教师资的实践，在社会上产生了广泛的影响，得到各界的肯定。人民日报、新华社等新闻媒介广泛进行了报道。

人民日报题为"首批具有高级工技能大学生毕业"的报道中指出："这是中国高校培养出的首批具有高级工技能的大学生。"

中国教育报题为"天津职技师院培养首批具有高级工大学生"的报道认为："它标志着我国职业技术教育又达到了一个新的水平。"

"双证书"制的实践在港台和国外引起关注。台湾一所私立大学的校长称赞"双证书"制是他们"想了多年而现在正在办的事"。韩国青年奥林匹克竞赛专家元钟植博士称赞学院学生刻苦训练和向高级技术水平攀登的精神，认为学生操作技能已经达到较高水平，具有与国外选手竞争的能力。

我国职业教育长期以来形成的专业理论教师与实习指导教师相分离的状况，严重影响着教育教学质量的提高和合格人才的培养。学院创办的"双证书"一体化职教师资的人才培养模式，成功地把教育与生产劳动结合起来，对改变这种状况，对提高教育教学质量，对职业教育师资队伍的培养起到示范和骨干作用，具有推广价值和借鉴意义。

附表 1　修订后教学计划学时统计表

		理论课学时	技能训练学时	理论课：技能训练
本科	机	2779（2553）	960（840）	2.9：1（3.0：1）
	电	2808（2654）	824（820）	3.4：1（3.2：1）
专科	机	1962	960	2.0：1
	电	1799	922	2.0：1

注：①技能训练学时不包括毕业设计和教育实习。②电类技能训练学时中包含试验学时。

③技能训练按每周 30 学时计算。④括号内为高中生源学时，其余为技校生源学时。

附表 2　96 届本科生主要课程平均成绩统计表（机制工艺）

课程	高中生源	技校生源
技术等级开核	4 级	5 级（6 级 3 人，高级 1 人）
英语	3.5 级	2 级（3 级 3 人，4 级 1 人）
高等数学	68.7 分	65.0 分
电工电子	81.6 分	73.6 分
工程力学	77.2 分	68.7 分
机械制图	77.1 分	77.6 分
机械设计	74.3 分	78.2 分
金属切削机床	77.8 分	79.2 分
金切原理及其刀具	75.5 分	82.9 分
机制工艺及夹具	80.0 分	80.3 分
液压传动	77.3 分	82.3 分

附表 3　实习指导教师队伍比较表　　　　　　　　（单位：人）

专业类别	机		电	
年度	1992	1996	1992	1996
实习指导教师总数	19	18	7	10
高级工、技师	1	3	1	1
大专＋高级工、技师	—	7	—	5
大专＋高级工	—	3	—	2
大专＋高级技师	—	1	—	—
高级实习指导教师	—	1	—	—

附表 4　"双证书"毕业生技术等级分布表　　　　　　（单位：人）

本、专科	年度	3 级	4 级	5 级	6 级	高级
本科	1994	47	—	—	—	—
	1995	100	4	35	3	—
	1996	—	60	68	—	9
专科	1992	—	—	59	—	—
	1993	—	—	149	—	—
	1994	—	—	142	7	—
	1995	—	—	170	12	—
	1996	—	—	202	—	35
合计		147	64	825	22	44
总计		1102				

附表5　"双证书"毕业生统计表　　　　　　（单位：人）

专业 年度	本科			专科		合计
	机械工艺与设备	工业自动化	应用电子技术	机械工艺与设备	电气技术	
1992	—	—	—	30	29	59
1993	—	—	—	77	72	149
1994	12	18	17	79	70	196
1995	61	38	43	96	86	324
1996	55	47	35	116	121	374
合计	128	103	95	398	378	1102
总计	326			776		1102

表6　毕业生技术等级考核通过率表

年度	1992	1993	1994		1995		1996	
通过率	专科 54%	专科 82%	本科 53%	专科 94%	本科 89%	专科 95%	本科 88%	专科 93%

八、华荫昌

华荫昌（1927—2003），男，曾任劳动部就业训练局局长。

1980—1990 年代，担任劳动部就业训练局局长。他倡导并在全国组织建立了劳动服务公司、就业训练中心体系。在他直接组织领导下，技工学校获得了迅速恢复和发展。上述工作直接推动了我国"先培训，后就业"职业培训体系的建立和完善。

撰写并发表《当前劳动就业几个问题的探讨》（1982）《在全国就业训练中心研讨班结业时的讲话》（1986）等职工培训方面的论文数篇。

当前劳动就业几个问题的探讨 [①]

（一）当前劳动就业的形势

总的说来，当前的劳动就业形势是很好的。这个形势的取得，是党中央、国务院对劳动就业工作关注的结果。党中央、国务院对劳动就业工作曾经作过一系列的指示。1981 年，

---

① 华荫昌 . 1982. 当前劳动就业几个问题的探讨 . 见：劳动部人事培训就业局 . 劳动就业和劳动服务公司问题研究 . 北京：劳动出版社：45-76

中共中央专门召开了全国劳动就业会议，并且下达了中共中央 64 号文件。1981 年，中共中央、国务院又专门就解决城镇劳动就业问题作出了决定。这个形势的取得，也是各级党委、政府和我们劳动部门，以及各个部门的同志们努力的结果。当前就业形势的主要特点概要如下：

1. 连续几年大规模地安置就业，从全局来看，这样大规模地安置就业，是有利于国民经济结构调整，有利于国民经济发展的

1977—1981 年期间，全国共安置了 3700 万人（包括统一分配的人员在内）就业。其中，1977 年安置了 500 万人，1978 年安置了 600 万人，1979 年安置了 900 万人，1980 年安置了 900 万人，1981 年安置了 800 万人。前两年平均每年安置 550 万人，后三年平均安置 860 多万人。上述数字清楚地说明，党的十一届三中全会以后，安置就业的进度显著地加快了。

大量就业人员的增加，使产业结构，以及与之相适应的就业结构向着比较合理的方向变化。在全部在业人员中，从事工业的职工所占比重相对地减少了；从事商业、餐饮、服务行业，以及文教、卫生事业的职工所占比重相对地增加了。在全民所有制职工总数当中，工业职工从 1975 年的 42%，下降到 1981 年的 40.8%；商饮服职工人数从 1975 年的 12.9%，上升到 1981 年的 13.6%；文教、卫生职工从 1975 年的 11.8%，上升到 1981 年的 13.5%；城市公用事业的职工从 1975 年的 1.2% 上升到 1981 年的 1.6%；金融行业的职工也从 1975 年的 0.6% 上升到 1981 年的 0.83%。集体所有制企业职工人数的构成也是同样的变化趋势。在集体所有制职工总数中，工业职工人数从 1977 年的 59.6%，下降到 1981 年的 58.3%；商业、饮食、服务业的职工，从 10.6% 上升到 13.6%。与此同时，越来越多的待业人员是依靠集体和个体来解决就业的。这有助于解决国营企业人浮于事，人员冗余的情况。1981 年已经安置的待业人员当中，有 49% 是在集体经济领域就业的，5% ～ 6% 是在个体经济领域就业的。

总的说来，这样大规模地安置就业，给国民经济的发展，以及产业结构的调整带来了有益的变化。如果我们回顾一下历史，大家可以记得，1958 年曾经增加过 2000 万职工，带来的是整个国民经济的失调。当然，那个时候增加的职工主要是投入于钢铁等重工业部门，而且这些职工大部分来自农村，加上整个国民经济安排当中一系列的失误，所以，那时增加 2000 万职工，就给国民经济的发展带来了不利的影响。我们 5 年安置了 3700 万人，总的说来，对整个国民经济发展起了有益的影响。

2. "文化大革命"期间积累下来的待业人员，现在可以说已经基本上安置完毕了

从上世纪 60 年代开始，城镇新成长劳动力就业问题就已经出现了。后来，因为"文化大革命"的干扰和破坏，正常的就业渠道被打断了，整个国民经济遭到了破坏，大量的待业青年累积下来了。到了粉碎"四人帮"以后，就业的问题也表面化了，最严重的时候，是 1978 年底至 1979 年初，当时全国大概有 21 个省、直辖市、自治区都发生了不同程度的因为就业问题上访、请愿、闹事等事件，他们提的口号叫做"要饭吃，要工作"。现在，经过这几年的努力，解决了 3700 万人的就业，大大促进了我们整个社会的安定团结。

在粉碎"四人帮"以后，待业人员数量的高峰出现在 1979 年，当时城镇需要安置的就业人员总数（包括统一分配的在内）是 1538 万人。1978—1981 年，每年需要安置的总数都在 1000 万以上。经过这几年的努力，今年需要安排的总数已经降到 1000 万以内了，估计为 800 万人左右。现在，全国已经有 24 个省、直辖市、自治区基本上把 1980 年以前积累下来的待业人员安置完毕。这一情况比我们原先预计的要好得多。同志们还记得，去年 6 月份在西安开会的时候，曾经预计 1981 年全国可能有 24 个省、直辖市、自治区把 1979 年以前积累下来的待业人员安置完毕。现在是 24 个省、直辖市、自治区已经基本上把 1980 年以前的待业青年安置完毕。这 24 个省、直辖市、自治区就是北京、天津、河北、山西、内蒙古、辽宁、吉林、黑龙江、上海、江苏、安徽、浙江、江西、山东、湖北、河南、广东、广西、云南、贵州、陕西、甘肃、青海、新疆。我们说把 1980 年以前积累下来的待业青年基本上安置完毕，是按人数说的。

当然，除西藏以外，还有四个地区，他们工作也有很大的发展。他们正在努力接近完成 1980 年以前积累下来的待业青年的安置。我们的许多地方已经提前实现了中共中央〔1981〕42 号文件提出的在 1985 年以前大体上解决好历年积累下来的（即 1984 年以前的）城镇待业青年的就业问题。全国现在已经有一些城市，基本上解决了待业青年的就业问题。这些城市据我们了解有：江苏的常州、无锡、苏州、南通、清江；山东的潍坊、烟台、威海；广东的潮州、佛山；安徽的安庆；湖北的沙市、襄樊；黑龙江省的佳木斯等。恐怕不止这些城市，因为我们工作也不够深入，很多地方的情况掌握得不够，还没有了解到，希望今天在座的各位向我们提供材料。这样，随着过去积累下来的待业人员的就业问题的解决，现在就有可能使我们的劳动就业工作走向正常化。

3. 有了劳动服务公司这样一个较好的组织形式，对于贯彻执行"三结合"的就业方针，扩大组织、安置就业，起了重要的作用

过去我们劳动部门在安置就业问题上缺乏手段，只有靠招工来解决。现在我们有了劳动服务公司这样一个组织形式，劳动部门就有了解决就业的这么一个手段。正因为这样，各个地区的同志，正确地运用了这个手段，使得我们的劳动服务公司从无到有，从小到大，得到了比较迅速地发展。现在，全国共有劳动服务公司，以及站、所 11 583 所，大数约 1.15 万所，分布在 28 个省、215 个市、1300 个县。全国除西藏以外 28 个省、215 个市、1300 多个县都有了劳动服务公司这样一个组织，其中，省公司、地区公司、市公司、县公司或者区公司共 2827 所，街道办的劳动服务站 3918 所，企事业单位办的劳动服务公司 4838 所。劳动服务公司现有的生产服务网点 5.8 万余个，在这些网点中就业的人数达 127 万人，其中，1981 年新建的网点有 3 万多人，新安置的人数 72 万人。由劳动服务公司组织的各种各样的临时工、劳动服务队等等，共有 162 万人。1981 年劳动服务公司组织就业训练 32 万人。1981 年劳动服务公司的容量为新安置的 70 万人，加上组织各项临时工作的 161 万人，加上就业训练的 30 多万，总数大概是 270 万人。劳动服务公司之所以能发展这么快，除了因为劳动服务公司这种组织形式适应客观需要以外，还在于我们从事这项工作的同志，发扬了艰苦创业的精神。我们的事业是在国家只有少量的经费资助下，依靠同志们的积极努力，依靠同志们自力更生，艰苦奋斗这样一个精神，苦心经营发展起来的。

4. 随着就业面的扩大，人民生活有了较大的改善

根据典型调查测算，城镇每个就业者所供养的人口，包括本人在内，1957年是3.15人，就是说，不包括本人在内的话，一个人要养活2.15个人。到了1977年，供养人口已经下降到2.06人，那就是说，一个人就业只养活一个人，1980年，这一数字继续下降到1.83人，1981年又下降到1.77人。在我们生活改善的过程当中，由于扩大了就业、增加了就业人口所起的作用还是不小的。平均每人每月生活费的收入，即扣除了赡养、赠送以后用于生活的收入，已经从1957年的19.6元，提高到1978年的26.33元，1980年又提高到37元，1981年提高到38.64元。现在，城镇居民当中，人均收入在每月25元以下的大概占居民总数的8%，也就是说，我们有92%的城镇居民，平均每月的生活费收入都在25元以上。这种生活水平的提高也反映在我们银行存款大幅度的增加上。1981年城镇居民储蓄额已经达到354亿元，比1978年增加了1.3倍。

（二）劳动就业工作的长期性和繁重性

现在待业人员的高峰时期，劳动就业的最困难时期已经过去了，但是从各个方面情况来分析和观察，劳动就业对我们来说还是一个长期繁重的任务。根据计算，全国在"六五"计划期间需要安置的总数是3000万人，平均每年600万人。这本身就说明我们劳动就业任务的繁重性和长期性。但是不仅仅如此，我们所讲的长期性和繁重性，还表现在以下几个方面：

第一，大家都清楚，我们国家人多，劳动力多，人口10亿，劳动力总数是4亿多，加上我们人口的年龄构成轻，年轻人占的比重大，大量的劳动力还在成长。现在在我们的全部人口当中，15岁以下的未成年人占38.6%。就是说，在全部人口中有38.6%的人是15岁以下的青少年或者是儿童、婴儿。在一些发达国家中，它的15岁以下的人口大概占24%。此外，我们1949年以后出生的，现在年龄30岁以下的人口占全部人口总数的65%，就是说在人口总数当中，2/3是30岁以下的。这说明我们过去的就业量大，同时，也说明我们今后的就业任务重。

第二，农村人口和农村劳动力比重大。全国4亿多劳动力，农村劳动力3亿多人。这么多的农村劳动力对城镇就业是一个巨大的压力。农村3亿多的劳动力在15亿亩耕地上，平均一个劳动力也就是5亩地。按人口来说，平均1人就是1.5亩地。这个按人口平均占有耕地数，同世界上20几个人口众多的国家比较，中国是倒数第3位。除了埃及和日本外，其他国家都比我们高。这么多的农村人口和农村劳动力，现在城市就业压力又是这么大，我们只有采取严格控制农村劳动力进城的办法来减少城市的压力。必须清理来自农村的计划外用工。不这样，我们的城镇就业问题就无法解决。但是，依我看来，这不是一个解决问题的根本办法。在农村多余劳动力的出路没有得到根本解决以前，农村这样众多的劳动力始终是我们城镇就业的一个巨大的压力。从这一点来说，我们的城市劳动就业也不是一个短期的任务。

第三，现有的在职职工存在冗余。我们现有全民所有制职工 8350 万人，集体所有制职工 2550 万人，加起来是 1.09 亿人。按照现在的政策，对于多余的职工还是采取包下来，照发工资的办法。这一种状况，在国外来说，就叫做潜在性的失业。因为实际上，他虽然拿了工资，但没有事干，不是又一种形态的失业吗？实际上这一部分多余的职工，也造成了一个重新开辟就业门路的问题。

从上面三个因素来分析，我们可以比较清楚地看到劳动就业问题的长期性和繁重性。对于这个问题，我们历史上是有过教训的。由于对我国人口多、劳动力多这样一个国情认识不足，在 1958 年解决旧社会遗留下来的失业问题以后，对于新中国成立以后新成长的劳动力的就业问题，没有引起足够的重视，且有所疏忽。这样就带来了机构的撤并，劳动就业工作受到削弱，"文化大革命"期间，正常的就业工作遭到破坏。在粉碎"四人帮"以后，积累下来这么一大批的待业青年，也和我们的正常就业工作受到削弱和破坏有很大的关系。为什么我要说这个问题呢？就是从我们的现实劳动就业状况看，从我们今后劳动就业的长期趋势看，从我们劳动就业的历史经验教训看，不能因为我们一时就业任务减少了，就放松了对就业工作的领导，放松了对它的管理。当然，各个地方的劳动就业情况不一样，有的地方，像刚才我说到的那些已基本解决待业青年就业问题的地方，正因为解决了就业问题，那些地方才有可能有更多的精力抓提高劳动生产率，抓提高效率，抓劳动力的使用效果。但是，不管就业问题解决到什么程度，社会仍然需要保持一定数量的临时工队伍，否则的话，我们的社会生产就很难继续进行。所以，就是就业问题已经解决的地方，组织社会劳动力的任务仍然存在。当然，这些地方的工作方法或者是工作的重点和那些就业任务比较重的地方相比，应该有所不同或者有所侧重。

既然劳动就业工作是长期的，繁重的，今后我们在劳动就业方面还有许多事要做。当我们在进行这项工作时，用什么标准衡量劳动就业工作的成效呢？从大的方面来说，我个人觉得，主要有两条：一是是否促进了社会安定团结；二是是否提高了整个社会的经济效益。劳动就业对于促进安定团结的作用，同志们体会得比较深刻，但是对于解决劳动就业同提高经济效益的关系，过去我们在这方面讲得不够，现在看起来需要提到应有的高度予以重视。紫阳同志讲，提高经济效益问题，是十大经济方针的核心。围绕着提高经济效益，如何做好我们的劳动就业工作，我想从以下几个方面，介绍一些情况，谈一些个人看法。

（三）解决劳动就业的两个前提条件

中共中央、国务院关于解决就业问题的决定（即中共中央国务院《关于广开门路，搞活经济，解决城镇就业问题的若干决定》）中指出："广开就业门路，应该结合调整产业结构和所有制结构，在发展经济和各项建设事业的基础上来进行。"这里指出了产业结构和所有制结构同扩大就业的关系，我认为，这也是解决就业问题的两个前提条件，当然基础还是国民经济和各项建设事业的发展。在同样的经济发展速度下，由于采取了不同的产业结构和所有制结构，所容纳的劳动力的数量是不一样的，所得的经济效益也是不一样的，如果是在比较合理的产业结构和所有制结构情况下，可以达到既扩大就业又有利于提高整个国民经济效益的目的。所以，我们研究劳动就业问题，需要十分注意研究产业结构和所有制结构这样两个前提条件。下面分别就产业结构和所有制结构讲些情况和看法。

所谓产业结构，通常指的是非生产关系方面的。产业结构实际上是各种实用价值生产的比例。各种实用价值生产的量，是由社会需要量来决定的。就是说社会上需要生产什么东西，你就生产什么东西；需要什么服务，就提供什么服务。使用价值，是由具有一定劳动生产率水平的劳动者生产出来的。各个部门能容纳多少人就业，取决于你那个部门按特定数量的劳动力计算，所生产的使用价值能否满足社会的需要。如果你那个部门投入了大量的劳动力，生产出来的使用价值不符合社会需要，那么你生产的使用价值就得不到社会的承认，就是无效劳动。这种无效劳动，对我们来讲是一种很大的浪费。历史的经验和教训也是不少的，1958年2000多万职业搞大炼钢铁，一方面，炼的东西本身质量不行，另一方面，生产的东西不符合社会需要。

紫阳同志在全国工业交通工作会议上讲："我们讲经济效益，首先应当明确这样一个主要观点，就是要以尽量少的活劳动消耗和物质消耗，生产出更多符合社会需要的产品。前半句是讲要尽可能地节约，使活劳动和物质的消费尽量减少；后半句是讲要创造出更多的社会财富，在这里关键是产品必须符合社会需要。"紫阳同志号召我们："全党搞经济工作，应当在尽量节约活劳动消耗和物质消耗上下功夫，在符合社会需要上下功夫，努力在提高经济效益上走出一条新路子来。"按照紫阳同志讲话的精神，我们要使得劳动就业取得更好的经济效益，首先必须在思想上明确地树立这样一个观念：开辟就业门路，必须符合社会需要；必须按照社会需要，来广开生产服务门路。所谓社会需要，有生产的需要，有生活的需要，并且，社会需要是随着生产事业的发展和人民生活的改善而不断变化的。各个阶段，各有不同的需要，各个地区，各有特殊的需要。从事劳动就业工作和劳动服务公司工作的同志，如果能够随时注意研究各种社会需要，就能够使我们的劳动就业门路越走越广阔，而且能够取得较好的经济效益。

产业结构有与之相适应的就业结构。所谓就业结构，就是就业人数在各个部门之间的比例关系。一般说来，有什么样的产业结构，就有什么样的就业结构。产业结构是决定就业结构的，但是就业结构也能够反作用于产业结构。不管你自觉还是不自觉，它是有这个作用的。这个问题，在我们日常工作中是经常发生的。过去在"以钢为纲"的那个时期，我们在分配劳动指标的时候，主要的、大量的是分配到重工业部门。就是说，这样的就业结构深化了以重工业为主的这样一种产业结构。当我们的思想随着形势的变化而产生变化，认识到过去那样安排劳动力不妥之后，在安排劳动力时我们也从重工业转向轻工业，转向消费品生产，转向商业服务行业。这样看来，就业结构对产业结构的调整也起了促进的作用。

长期以来，我们所增加的职工人数一半以上是加在工业部门，加在工业部门的职工人数，70%以上是加在重工业部门。这样经过了20多年，我们工业部门职工人数中轻重工业人数的构成发生了很大的变化。1952年，工业职工总数当中，重工业职工占30%，轻工业职工占70%。由于大量给重工业增员，到了1978年，在工业职工总人数中，重工业职工人数已占64%，轻工业占36%。原来重工业职工占30%，现在重工业职工占64%，从30%的比重上升到64%；轻工业职工从70%下降到36%。这样一个结构变化，带来了什么问题呢？带来了重工业部门的劳动生产率增长缓慢，甚至停滞不前，轻工业、各种商业、饮食、服务性行业需要用人的时候，又没有人。一方面，人尽量地加，劳动生产率上不去；另一方面，需要用人的，又没有劳动指标。当然，这样的就业结构是不符合提高经济效益的需求的。

要就业得有两条：①要有就业岗位。有工作、劳动岗位需要用人，才能解决就业问题。有 10 个人的岗位，可以有 10 个人就业；100 个人的岗位，就可以有 100 个人就业。②就业人数增加了，工资总额也会增加，购买力就会随之加大，就要相应增加消费品的供应。在重工业职工大量增加的情况之下，有什么问题呢？我们知道，要增加一个工人，就得增加他的装备，工人除了手工业简单劳动以外，总要有生产工具，有生产资料，我们全民所有制工业职工，平均每一个人的固定资产大概是 1 万元，就是说，增加一个全民所有制职工，就得相应地增加 10000 元的固定资产，如果你这个 1 万元的固定资产不能相应地增加上去，带来的就是资金有机构成的下降，或者说是劳动生产率的降低。全民所有制工业职工平均每一个人的固定资产是 1 万元，重工业职工平均每一个人的固定资产是 1.2 万元，轻工业职工平均每个人固定资产是 6000 元。这就是说，同样的资金，用于发展轻工业可以比用于发展重工业多容纳一倍的劳动力，可以多增加一倍的工作岗位。如果说我们把这个钱用于其他服务性行业，那容纳的劳动力会更多。如果过多地搞了重工业，那么，一方面，在同样的资金情况下，就不能够相应地提供更多的工作岗位。另一方面，重工业职工所生产的产品，主要的是生产资料，还不能够直接地满足人们的生活消费需要，轻工业生产的产品，绝大部分属于消费品，可以投入市场，满足人们购买力增长的需要。在重工业职工大量增加的情况下，轻工业职工生产的产品除了满足它自身的生活消费需要以外，要生产更多的产品来满足重工业职工的生活消费需要。如果说，我们把其他因素舍弃掉不讲，就讲轻、重工业的职工人数这个关系，1952 年是 3∶7，即 30% 的重工业职工，70% 的轻工业职工，大约是两个轻工业职工生产的消费品供应一个重工业职工的生活消费需要；1978 年重工业的职工占 64%，轻工业职工占 36%，这种情况下，一个轻工业职工生产的产品要满足两个重工业职工的生活消费需要，一里一外，就是说，如果要满足重工业职工同样的消费品需求的话，轻工业工人的劳动生产率必须相当于他原来的 4 倍，才能够生产相同的、同样份额的消费品满足重工业职工生活消费的需要。通过这个比例关系的分析可以看出，在我国劳动力这样多的情况下，为了解决就业问题，需要在产业结构，以及相应的就业结构上考虑这个特点，过分地偏重于发展重工业，就不能更多地解决扩大就业的问题。我们所需要的是这样的产业结构，就是在同样资金的条件下，能够提供更多的工作岗位，又能够生产更多的消费品，满足扩大就业以后购买力增长的需要。所以，国务院关于解决就业问题的决定中指出，过去产业结构的弊病在于过分偏重于发展重工业。

就产业结构来说，还有个物质生产和非物质生产的关系问题。所谓非物质生产部门，就是说各种服务性的行业，例如商业、饮食、服务、修理、金融、甚至于还可以包括文化、教育等等。建国 30 多年来，这些行业的就业人数，绝对数是增加的，但是相对数，则是下降的。全民所有制商饮服职工在全民所有制职工总数中所占的比重，1952 年为 19%，1978 年则下降到 12%，相对数由 19% 下降到 12%，最近几年开始回升，到 1981 年已经回升到 13.6%。全民所有制文教卫生职工，1952 年占全民所有制职工总数的 15.1%，1978 年也下降到 12.9%，现在又在逐步回升，1981 年也上升了，刚才我说了这个数。这些行业的职工人数的相对下降，同我们许多城市存在的吃饭难、做衣难、理发难、交通难、住宿难等现象，有很大关系。

一般来说，随着人们生活水平的提高，随着就业面的扩大，客观上是需要各种服务性行业发展的。简单地拿做衣服说吧，过去做衣服在家里自己缝一缝，现在讲究了，喜欢到外面铺子里去做，而且低级的还不行，还得要高级的。生活改善了以后，对服务行业的要求是日益增多的。各种服务性行业，在国外称第三产业，第三产业从业人员在发达的国家一般占在业人口的 50% 左右，高的占 60%。他们的计算统计口径和我们的计算统计口径不一样，所以，我们国家和他们比较到底怎么比法，没有具体算过，根据我个人的估算，在我们的全部劳动力当中，属于国外所讲的叫做第三产业的人数，大概占我国劳动力总数的 10% 左右。所以，从整个国际上的发展趋势来看，从我们国内的需要来看，各种服务性的行业，是需要发展的。当然说各种服务性行业不仅是商业，应该是指各种各样的服务，有生产服务业也有生活服务。我们在这方面还是比较薄弱的，有很多需要我们不能满足。所以今后从社会的需要来看，我们的就业要在各种服务性行业上多做一些文章，多下一点功夫。

同时，我们也看到，服务性行业的不少工作是属于工资再分配的行业。就是说这些行业的职工工资收入，是顾客的工资的转移。比如说，做衣服，你做一件衣服的手工费 10 元，如果你不给缝纫店里做。你自己做，这 10 元钱的手工费你就不要付了，这 10 元钱就变成了自己的购买力投入到市场购买消费品。现在你把这件衣服交给缝纫店去做，你付给他 10 元的手工钱，他的 10 元钱的收入，是你的工资的转移。虽然就工资总额来说是增加了，但是就工资对购买力的作用来说并没有相应增加。在现在消费品一般来说供应不足的情况下，为了缓和购买力和消费品供应之间的矛盾，减少二者的差额，也需要我们发展各种服务性的行业，特别是像这种群众需要的工资再分配的行业。

以上情况说明这样一个问题，就是产业结构同就业的关系是很密切的。如果我们在解决就业问题的时候，经常注意研究产业结构的变化，注意研究社会的需要，就可以使我们能够更自觉地进行劳动就业工作的指导，不至于产生盲目性，不至于再把劳动力安排到那些社会上已经不需要的或者是人多的那些部门，就可以取得比较好的经济效益。中发〔1981〕42 号文件明确地指出：“要把大力发展与人民生活关系密切的商业、服务性行业和消费品生产行业，作为重要课题，认真研究解决。”

所有制的结构问题。劳动就业和所有制的结构关系，实际上就是劳动就业的多种渠道问题。历史经验反复证明，多种渠道就业，比单靠全民所有制招工要广阔得多。50 年代解决旧中国遗留下来的 400 万失业人员是如此，粉碎“四人帮”以后，解决“文化大革命”遗留下来的大量待业青年的就业问题的时候也是如此。所以，党中央、国务院在解决就业问题的决定中明确地指出：“在社会主义公有制经济占优势的根本前提下，实行多种经济形式和多种经营方式长期并存，是我党的一项战略决策，决不是一种权宜之计。”党中央、国务院的这个战略决策，是完全符合生产关系一定要适应生产力发展状况规律的，也是从我国的实际经验中总结出来的。同这个战略决策相适应，就是我们的“三结合”就业方针[①]。

---

① 1980 年 8 月，在全国劳动就业工作会议上提出。

"三结合"就业方针"，也是 50 年代"两扇门"方针在新形势下的发展。"三结合"就业方针，就是"在国家统筹规划和指导下，实行劳动部门介绍就业、自愿组织起来就业和自谋职业相结合"的方针。实践证明，这个"三结合"就业方针是完全正确的，完全符合我们的实际情况的。这几年劳动就业工作之所以取得这样的成绩，也正是正确贯彻了"三结合"就业方针的结果。按照这个"三结合"就业方针，从我们当前的实际情况考虑，今后待业青年主要要到集体经济和个体经济中去就业。今年全民所有制增人指标全国也就只有 200万人，这 200 万人基本上只能解决国家统一分配的那几个方面的人，大量的待业青年需要到集体经济和个体经济中去就业。为什么要到集体经济和个体经济中去就业呢？我想有这么三个原因：①不少全民所有制单位已经人浮于事，人员有冗余，如果再大量往全民所有制企业增人，就会更加不利于全民所有制单位的经济效益。这是我们在安排就业的时候，不得不考虑的一个情况。②考虑到社会的需要，考虑到整个国民经济的发展，今后着重需要发展的是各种服务性行业，以及手工业、轻纺工业等等。这些行业的手工劳动比重大，它的生产经营规模多数又适合于小单位。采取集体经济或个体经济的方式更适合这些行业的生产力状况，而且这些行业经营灵活，能够满足群众多方面的需要。③发展集体经济和个体经济可以把各方面的积极性调动起来，包括企事业单位的、待业人员自己的、各个群众团体的积极性，都可以调动起来，来帮助我们解决资金、厂房、设备、技术等等一系列的问题。如果都靠国家财政投资来发展全民所有制企业，是很难办到的。

从以上三个方面的原因来看，我们今后着重靠集体和个体经济来解决就业问题，不是消极的办法，而是能够使我们今后的就业更加适应实际情况，是在现实的条件下，达到既扩大就业又能够取得较好经济效益的积极办法。国际上为了解决就业问题，正在积极推广非正规的行业，也就是相当于我们的独立劳动者、小作坊、零星服务业。所以我们应该从积极的方面，来理解、看待强调通过发展集体经济和个体经济来解决就业问题的观点。

关于发展集体和个体经济的问题，在我们这个学习班上，还有专门的报告，这里我就不多讲了，只讲几个问题：

1. 全民办集体的问题

在 2550 万集体所有制职工当中，全民办集体所有制职工人数大概占 15%，实际上全民办集体所有制职工人数比这还要大，因为在统计上，有一部分全民办集体所有制职工被统计为计划外用工了。全民办集体所有制，基本上是在安置就业的过程中发展起来的，是适应安置就业的需要发展起来的，大量全民办集体所有制企业是在 1978 年、1979 年办起来的。当时大量的下乡知青回城，在城里还遗留下来大批的待业青年没有就业，为了取得安定团结，采取了全民办集体的方式，对安置就业起了重要的作用。有一些全民办集体确实是办得好的。但是，有相当一部分的全民办集体也存在着一些问题。主要问题是一些单位用集体的名义，先把人招进来，安置在国营企业里面，同国营企业职工混岗作业，用集体名义往全民企业安排人。这就加剧了全民企业职工吃大锅饭的状况。这种状况当然是不利于提高经济效益的。对这个问题，应该历史地全面地加以分析，在大批知青回城，大量的待业青年需要安置的情况下，是不得已而为之，是一种权宜之计。现在我们应该回过头来，对它存在的问题，有个比较清醒的认识，需要采取措施来着手解决。全民办集体的方式，不能全盘否定，但是，在当前劳动就业已经走向正常化的情况之下，全民办集体，就不能再发生过去那种用集体的名义，实际上把人招到国营企业混岗作业的那种作法了。不少地方已经开始进行整顿，对于那些名义上叫集体，实际上由国营企业包下来的，不管盈亏都发工资的做法，正在积极采取措施，创造条件划开建制，逐步地向独立核算、自负盈亏的方向转变。

全民办集体，实际上是通过这种方式来发挥国营企业事业单位在扶持待业青年就业中的作用。就现实情况看，今后的安置就业还离不开这一方式，还离不开发挥国营企业事业单位的扶持作用。在我们国家，国营经济占主导地位，占绝对优势，如果离开它，一系列的问题都很难解决。所以，作为国营企业事业单位，还需要继续发挥扶持作用，不能因为在全民办集体过程当中出现了一些问题，对全民办集体方式本身也有所怀疑。正确地发挥它的扶持作用，应该做到既要扶持，又不要包下来，按照我们通常的说法，叫做扶而不包。

最近两年，在发挥国营企业事业单位扶持作用的时候，又出现了一种新的形式，叫做企业办的劳动服务公司或者叫厂矿办的劳动服务公司。对于企业办或者厂矿办的劳动服务公司，在中央、国务院的文件中，是得到了肯定的。1981年中发〔1981〕42号文件曾经提到过，有条件的厂矿企业可以根据需要办劳动服务公司，1982年中共中央、国务院关于整顿企业的〔1982〕2号文件①中，又进一步明确："企业可以单独或联合办劳动服务公司，从事社会所需要的生产和劳动服务。劳动服务公司作为企业附属的集体所有制单位，可以为本企业服务，也可以为社会服务，但必须独立经营，独立核算，自负盈亏，不允许和企业混在一起吃大锅饭。"中发〔1982〕2号文件进一步明确和肯定了厂办劳动服务公司的方向。厂办劳动服务公司和全民办集体到底是一回事还是两回事呢？在我看来，全民办集体和厂办劳动服务公司有相同点，也有不同点。是否可以这样看，厂办劳动服务公司是全民办集体这种形式在某种程度上的改进和提高。全民办集体，是全民所有制单位附属的集体单位，厂办劳动服务公司也是全民所有制单位附属的集体单位，就这一点说，二者是一致的。他们的不同点，我认为有这样两条：

（1）厂办劳动服务公司就业的路子更广阔

厂办劳动服务公司可以为本企业服务，也可以为社会服务，已经突破了本企业行业的界限，可以按照社会的需要来开辟它自己的门路。

（2）在体制上，厂办劳动服务公司有了一个归宿，已经不单纯像全民办集体那样，谁办的谁负责，上面没有个单位统一管理

现在不少地方对厂办劳动服务公司实行双重领导，既受本企业的领导，又受地方劳动服务公司的领导。这样，从体制上，把厂办劳动服务公司纳入到整个劳动服务公司的体制，有利于我们贯彻一系列的就业方针和政策，也有利于把厂办劳动服务公司这种集体所有制单位和国营企业从所有制上分开，做到独立经营、独立核算、自负盈亏。

从目前已经实践的经验来看，我想起码有这两点不同，当然，如果再进一步实践的话，

---

① 1982年8月7日中共中央、国务院颁布《关于国营工业企业进行全面整顿的决定》。

有可能还会进一步发展。我们需要根据厂办劳动服务公司的特点，来发挥国营企事业单位扶持待业青年就业的作用。

我们讲，国营企业要扶而不包，所谓"扶"，就是要从资金、场地、设备、技术等方面帮助把待业青年组织起来，为他们开辟门路；所谓"不包"，就是要发扬待业青年自力更生、艰苦创业的精神，从思想上教育他们认识到，虽然有国营企业的扶持，但更重要的要靠自己自力更生，艰苦创业，为自己开辟就业门路。扶而不包，就是把国营企事业单位的扶持和发扬待业青年的自力更生、艰苦创业的精神结合起来，既能扩大就业，又能提高经济效益。

2. 民办集体问题

民办集体也是在安置待业的过程当中发展起来的。现在，所谓真正的民办集体，在全国来看，数量很小，初步估算，大概也就是一二十万人。它们的特点是由待业青年自己组织起来，自己筹集资金，自己找场地，自己找门路，发扬了自力更生、艰苦创业的精神。据我了解和看到的一些材料，民办集体办起来以后，一般都是比较好的，有比较好的经济效益。当然，也有另外一面，这一部分民办集体，容易发生脱离国家计划指导的轨道。所以对于民办集体既需要扶持它，也需要有关部门对它加强监督和管理，使得它们能够在坚持社会主义道路上不断前进。在民办集体这个问题上，现在有个理论和实践问题，就是如何区分民办集体和所谓"合伙"的关系，现在往往在民办集体和"合伙"之间的界限上有混淆不清的地方。这个问题，工商总局正在作补充规定。对这个问题，也需要同志们在实践中进一步调查研究，什么是民办集体，什么是"合伙"，民办集体是集体经济，合伙是按照个体经济来管理的。

3. 个体经济就业的问题

这几年，个体经济有了发展，相对来说，发展速度还是比较快的。开始，1978 年的时候是 15 万人，现在已经发展到 101 万人了，增长的速度是比较快的。但是一百零几万人从绝对数来看，还是一个平教低的数字。历史上，城镇个体劳动者数量最高的年份是 1935 年，当时，个体劳动者曾经达到 900 万人。那个时候的职工总数是 1800 万。就是到 1966 年以前，全国的个体户人数也在 100～200 万之间。1966 年以前职工总数也不到 5000 万人。现在全民加集体共 1 亿职工，只有 100 万个体劳动者，从这个数字比较来看，不算多。今后还需要在这方面作一些工作，使得个体经济有适当地发展。这里就有个具体工作的问题，个体经济这个事情是工商行政部门管的，我们劳动部门和劳动服务公司是管理就业的，劳动部门和工商部门怎么能够结合起来为个体劳动者的发展采取一些共同的措施。劳动部门在安置待业青年的时候，怎么进行一些说服、教育、动员工作，鼓励青年能够从事一定范围的个体劳动，需要引起我们注意。现在一百零几万个体劳动者中，真正的待业青年的比重并不高，也就是 20%，100 万中有 20 几万待业青年，其他的大部分是社会闲散劳动力加上一些退休职工。我看到一个材料，广州的待业青年占当地个体劳动者人数的 65%，比重是比较高的。

　　中央、国务院关于解决就业问题的决定中，提出的多种经济形势和多种经营方式长期并存，对个体经济这样一种经济形式长期并存如何理解？我个人的看法是，作为生产关系总是要适应生产力发展的状况，我们确实有一些工作采取个体经济的形式更适合它的生产力发展状况，如果把从事这些工作的人组织起来，并没有因发生劳动分工和协作的变化而提高劳动生产率，那么，这些工作，就不一定非组织起来不可。比如修鞋的吧，个体户修鞋不仅能维持自己的生活，而且服务态度也好。当然有个价格问题，听说价格高。可是你一组织起来，搞成集体的，它在劳动分工协作上并没有发生变化，劳动生产率并没有提高，相反地还可能受大锅饭的影响，阻碍效率的提高。个体户修鞋能够维持生活，组织起来后，一个月发 30 多元钱的工资，有的时候还亏本。像这样一些工作，不一定非组织起来不可。这是我个人的不成熟的看法。

（四）劳动力的社会调节

　　我们讲就业，就是劳动者和生产的物质条件相结合进行生产，并取得劳动报酬。既然劳动者和物质生产条件相结合才能就业，那么在结合过程中，有一个劳动者和工作岗位适应的问题：什么样的工作岗位需要什么样的劳动者；什么样的劳动者适宜于从事什么样岗位的劳动。总的来说，有相适应的，也有不相适应的。这种不相适应的状况是经常发生的。当生产的发展速度变化了，产业结构调整了，就会出现这个部门因生产调整，人多出来；那个部门生产上去了，人员又不足。这样生产发展的变化和产业结构的调整，对劳动力的需求也变化了。再就是生产的技术状况、技术条件发生变化，原有劳动力的技术素质不能适应新工作岗位的要求。还有劳动者本身的体质发生变化，原来能适应工作岗位要求的，现在不适应了。如纺织行业的挡车工，因为视力和手脚的原因，一般来说，比较好的年龄是 35 岁以下，到 35 岁以上开始走下坡路了，劳动者的体质便开始逐渐变得不能适应原岗位的要求。煤炭井下工人，井下工作的平均年限大概是 10 年。如果一个人 20 岁从事劳动，60 岁退休的话，40 年劳动时间，井下工作时间平均只有 10 年，其他 30 年如何利用是个问题。从以上情况看，为了尽可能地使劳动力和工作岗位相适应，需要对劳动力进行调节，不仅是单位内部的调节，也需要对劳动力进行社会调节。

　　对劳动力进行社会调节，在任何社会制度下都是必不可少的。不管是哪一种社会制度，都需要社会对劳动力进行调节，才能维持社会生产的继续进行。但是调节的方式，随着社会制度的不同，是有所不同的。在不同的社会制度下，有不同的对劳动力的调节方式。资本主义社会对劳动力的调节，是通过劳动力的自由市场，也就是通过失业大军来进行调节的。所以，失业大军的存在，对于资本主义社会来说，是必然的，也是必不可少的。它要依靠社会上存在着失业大军来调节它的劳动力。在我们社会主义国家，也需要对劳动力进行社会调节，但我们不能采取资本主义国家失业大军的方式。究竟应该采取什么样的方式呢？经过这几年的初步实践，总算找到了这样一个比较好的形式，就是劳动服务公司，它有可能承担调节社会劳动力这样一个任务。

　　我们常常讲，国营企业存在着"大锅饭""铁饭碗"的弊病，如果进一步研究这种弊病是怎么形成的？会发现有认识方面的原因，就是对社会主义制度下劳动制度的看法；也有社会劳动组织方面的原因，就是没有调节社会劳动力的机构。由于社会上没有一个调节社会劳动力的机构，当企业单位对劳动力需求发生变化的时候，多余人员又不可能通过失业的办法调节，只有像现在这样，由企业包下来，叫做统包统配。如果找到调节社会劳动力的适当组织形式，企业的劳动制度才有可能搞活。就这个意义讲，正如有的同志所说，劳动服务公司是劳动工作中的一项创举。为什么说它是一项创举呢？就是因为找到了调解社会劳动力的这样的一种形式。有了这样一种调节社会劳动力的形式，我们就有可能充分利用社会劳动力。所以，中发［1981］42 号文件讲，劳动服务公司要成为劳动力的"蓄水池"。有了"蓄水池"，水多的时候，可以储存起来；需要用水的时候，可以把水放出来。蓄水池调节水量，可以节约用水。有了劳动服务公司这样一个组织形式，我们就可以从社会劳动组织方面，对社会劳动力加以调节，就可以达到节约使用劳动力这样一个目的，进而达到提高经济效益这样一个目的。劳动服务公司怎么样能够起到调节社会劳动力这样一个作用呢？现在，有了一些初步实践，但基本还处在探讨、研究阶段，是在设想的过程中。从一些地方的实践来看，劳动服务公司所以能起到调节社会劳动力的作用，因为它有下列一些特点：

（1）劳动服务公司既掌握劳动力资源，又掌握社会对劳动力的需要。它在实行劳动者和物质生产资料相结合的时候，可以不同于一般的工厂或者商店的那种结合。具体说来，如果说工厂、商店把劳动者和生产资料结合起来是采取先有工作岗位，然后通过招工的方式吸收劳动力来结合。那么劳动服务公司可以从另外一个角度来进行结合，就是可以先把劳动者组织起来，由劳动者来推动自己和物质生产条件相结合，开辟自己的门路。劳动服务公司这样一种组织形式，可以充分发挥劳动者的积极作用，开辟自己的就业门路。就是我们从事劳动服务公司工作的同志通常讲的："有什么人才开辟什么门路"。这样的一种结合，可以扩大劳动力的容纳量。劳动服务公司举办的经济事业，也是对容纳劳动力具有弹性的，即劳动力多时可以多容纳，劳动力少时也可少容纳。

（2）劳动服务公司把劳动就业和职业技术培训结合起来，这样就可以提高劳动者技术素质，为他们自己创造就业条件。同时，进行就业训练的单位，就业训练中心，就业培训班等等，就变成了劳动服务公司掌握的吞吐社会劳动力的场所。在待业青年多的时候，就多培训一点；待业青年少的时候，就少培训一点。我们掌握了培训这个工具，也就掌握了吞吐劳动力的这样一种重要场所。

（3）劳动服务公司组织的临时工和各种各样的劳动服务队，既能够吞吐社会劳动力，又能够满足社会或者企业临时性、季节性或者专业性的需要。而且还可以通过劳务积累，进一步扩大我们的生产服务基地，也就相应地扩大了就业门路。这种事例是很多的。上海市徐汇区的劳动服务公司，是 5000 元起家的。开始借了 5000 元，通过组织各种服务队、劳务队等等，开辟生产生活服务门路，现在已经发展到年产值 400 万元，利润 100 多万元。三年时间，5000 块钱起家，通过劳务积累，现在已经搞到 400 万元的产值。我在浙江绍兴市看了个劳务服务站，印象很深，他们那个劳动服务站是搞劳务队，搞临时工这一套，依靠自己的劳务积累盖了一座楼，办了服装厂等等。有了这个服装厂，当劳动者体力不能胜任劳务队的重体力劳动时，就从劳动队下来，组织到这些工厂里去劳动。

（4）劳动服务公司作为社会劳动力的组织形式，可以通过行政手段和经济手段，为各企业单位调节劳动力提供服务。劳动服务公司又可能成为这样的中转站，企业多余下来的人员，由劳动服务公司把他们组织起来，或者经过训练，再介绍到其他需要用人的单位，或者开辟新的门路。企业缺人的时候，由劳动服务公司把经过培训的，符合企业要求的劳动力提供给企业。

我初步想了一下，劳动服务公司之所以能够发挥调节社会劳动力的作用，是因为以上四个特点。当然这四个特点的归纳是否科学，是否合适，请同志们提出意见，共同研究。如果劳动服务公司能够发挥上面所说的特点，它就有可能为企业搞活劳动制度，使企业的劳动力能进能出，创造必要的社会条件。同样，要使得劳动服务公司发挥调节社会劳动力的作用，也需要相适应地改革劳动制度。像现在这样企业用人只进不出，劳动服务公司的调节劳动力的作用也很难完成。所以，我下面想讲一讲劳动就业制度。

（五）劳动就业制度

关于劳动就业制度，中发［1981］42号文件中是这样讲的："要不断地调查研究，总结经验，在一段时间内，逐步形成一套有利于发展国民经济和改善人民生活的劳动就业制度。"现在，题目是出了，但是文章还没有做。我对这个问题也还没有很好地研究。今天，在这个学习班上，想谈谈个人对这个问题的理解，供同志们研究这个问题时参考。中央文件提出来的劳动就业制度是一种什么制度呢？它主要解决什么问题呢？是否可以这样考虑，我们所需要的是这样一种劳动就业制度，它有助于解决有人没事干和有事没人干的矛盾，实行在一定范围内的"两个选择"（即企业单位能够选择用人，劳动者能够选择自己的职业），达到各得其所，人尽其才。如果我上面的表述是对的话，那么，这样的一种劳动就业制度，是否可以包括以下的内容：

1. 招工考核要和就业训练结合起来

当学员报名参加某个专业的训练班时，他就已经实行了第一次选择。如果他报考你这个缝纫班，就是说愿意从事缝纫工作，起码他不反对缝纫工作。他报考炊事员训练班，起码他不反对从事炊事这个工作。当企业用人在对口专业当中进行招收，经过考核合格后录用，也能够实现企业对劳动力的选择。不少同志都有这样的体会，有些工种，如炊事员，直接到社会去招工，很难巩固。但是你从炊事训练班录用的炊事员，一般地都比较稳定。所以把招工考核和就业训练结合起来，有助于实行两个选择。

2. 在全民所有制单位存在着"大锅饭""铁饭碗"的情况下，如何实现在集体经济和个体经济中稳定就业

这个问题，是我们今后就业工作中很重要的一个问题。往往发生这样的情况，有些集体单位，他的工资收入并不低，特别是有些个体劳动者，他的收入可能更高一些，但是有些青年人总觉得没有到全民所有制或者到大集体就不算是正式就业。这个问题，有思想认识方面的问题，也有社会地位的问题，也有旧的就业传统观念问题，也有我们政策中的问题。作为劳动部门或者劳动服务公司工作的同志，需要很好地研究一下，在当前的情况下，

如何做到在集体经济和个体经济实行稳定的就业。所谓稳定就业，不是说固定死了，而是在搞活用工制度的情况下，使他能够比较安心地在这里从事劳动。从我们现实情况看，全民和集体、个体差别比较大的，就是全民所有制企业生、老、病、死有保障，集体经济和个体经济没有保障。特别是年老或者丧失劳动能力以后，生活没有保障。所以，要使得人们在集体经济和个体经济中能够稳定就业的话，我们迫切需要研究如何实现社会保险，当他们在年老或丧失劳动能力的时候，有一定的生活保障。这样，就可以使他们稳定地在这里就业了。对于保险这个概念，有两种说法。一种说法是，干脆讲明了，老人由年轻人来赡养；另一种说法是，当你在劳动的时候，就把你将来老了以后或者丧失劳动能力以后的那一部分生活保障积存起来。就现实情况看，我个人认为，还是采取第二种说法，即当你在劳动的时候，就把你将来年老或丧失劳动能力的生活保障积存下来的办法比较好。我们现在好多集体单位虽然搞了劳动保险，但是这种劳动保险使得在职职工的积极性受很大的挫伤。因为集体是自负盈亏，当你退休以后，由集体单位发给你的生活费或者退休金，是靠在职的这部分职工创造的价值来提供的。所以，退休的人数越多，这个集体单位在职职工的负担越大。有些人讲，我上养老，下养小，哪来的积极性。所谓下养小，指的是老的退休了以后，子女顶替进来一个小的，要开工资，但是不能创造价值。如果我们在他开始参加劳动的时候，就能提取一定的社会保险金，将来在他老的时候，他就可以有他的生活保障。这个问题，建议同志们做些研究。因为这个问题不解决，就会影响到集体经济和个体经济的稳定就业。

集体所有制经济中的大集体和小集体，在劳动管理上现在是不一样的，大集体由劳动部门办了招工手续就能调动，没有招工手续就不能调动。这个问题到底怎样解决，比较难办，因为存在着理论和政策上的矛盾。如果给这些集体单位办了招工手续，给他调动权，那么，这种调动权和集体所有制本身的特性、特点不相适应。因为集体所有制经济独立核算、自负盈亏，你为什么把他从这个自负盈亏的单位调到另外一个自负盈亏的单位呢？这从理论上说不通。但是，从现实的作用来看，你给他一个招工通知书，又有利于他稳定在你这个企业里就业。到底怎样解决，迫切需要调查研究。我现在还说不出意见。

在当前主要靠集体经济和个体经济就业的过程中，我们的劳动工作本身，应该有哪些改进或转变才能够适应，需要很好地调查研究，总结经验，想出办法来。如果在这方面没有适合当前情况的办法，就会人为地限制集体和个体经济的就业形势。

集体经济和国营经济职工之间还有个问题，就是按现行规定，集体单位职工不能往全民单位调。全民单位和集体单位在劳动管理上应该实行不同的管理，应该从体制上分开。有一个问题不得不考虑。这个问题，就是劳动力的适应程度，劳动力适应工作岗位的状况。同志们可以回顾一下，我国在 1966 年发生"文化大革命"，1966—1970 年，基本上没有怎么招工。到了 1970 年全国普遍反映，老弱残职工多，当时根据一些典型调查，老弱残达到职工人数的 10%。今后，全民所有制单位几年不增人。作为人数来说，全民单位是多，可以不增加人，但是人数不增加会带来劳动力体质的变化。如果连续四五年全民所有制单位不增加职工，它的劳动力状况会发生很大变化，老弱残职工的比例会增多。一方面，全民所有制单位老弱残职工人数会增加；另一方面，没有技术、没有管理经验的青年都在集体所有制单位。这种劳动力的分布状况，对我们发展生产，发展各种服务事业是不利的。这个问题怎么解决，现在虽然还拿不出一个办法来，但这个问题已经引起了关注，需要我们很好地进行研究。

3. 实行合同工、临时工、固定工多种形式的用工制度，并且从用工制度上实现企业劳动力能进能出

目前，要着重研究解决某些繁重体力劳动工种、非技术性或技术性不强的工种的用工制度。刚才讲了，工作岗位对劳动者的体质是有一定要求的，也就是说，工作岗位对劳动者的年龄也是有一定限制的。从事体力劳动或者非技术工种的人，随着年龄的增长，他与岗位的适应程度会下降，这需要从用工制度上来加以研究。现在煤矿企业搞农民协议工，就是在煤矿井下干几年，轮流回去休养。初步实践来看，这种办法比固定工更适合煤矿井下的工作。现在，也有的地方正在考虑，对新建的绢纺厂所需要的劳动力，采取由劳动服务公司派承包工的办法，来承担这一部分常年性岗位的工作。这种设想，是要解决劳动力质量和工作岗位之间的适应问题。但是，要实现这一设想，还需要做一系列的工作。这一情况说明，我们好多同志都在动脑筋，都在想如何在劳动就业制度上做到使劳动力更能适应工作岗位的要求。

4. 要解决什么叫待业，什么叫就业的定义问题

本来这个定义是不难下的。这个定义好下，你有工作岗位，又有收入，就算是就业嘛。为什么这个定义老是定不下来呢？因为存在着理论上和政策上的矛盾。你说有工作岗位，有了收入就算就业了，但现在我们允许小集体有"三招权"（招工、参军、入学）。如果说到小集体算就业，没有"三招权"，那将来国营企业招工我就不能去了。这会产生另外一方面的副作用，不如在家等着，反而会影响他到小集体单位中去就业。同样，允许有"三招权"，小集体的职工又不稳定，遇到国营企业招工他就想走。这个矛盾不好解决，所以待业和就业的定义也就难下。这个难下，不是说从道理上不好下，而是从实际状况上不好下。不好下，总归要下，我们今年想研究解决这个问题。

同待业、就业定义直接有关的，是待业登记，对待业人员采取登记的办法。我们现在所讲的待业人员数，是怎么算出来的？就是：去年留下多少待业人员，今年中学毕业有多少，除去考大学和参军的以外剩下多少，就叫做待业人员总数。在这个总数里面，有一部分暂时不想就业的，有一部分还需要继续升学的，有一部分因家务拖累一时还不能就业的，统统都包括在待业人员总数里面。所以，这种待业人员的概念，实际上是不很确切的。但是现在也没有办法，因为我们没有实行待业人员登记。现在有不少城市，已经开始登记了，有些地方搞得很不错，实行按人建卡，卡片跟人走，把整个社会劳动力都管理起来，做到心中有数。随着待业登记制度的实行，将来在待业这个问题上，就不是像现在这个办法了。例如，今年有 800 万人需要安排的，年初讲 800 万，到年底还是讲 800 万。本来待业人数是变化的，待业率本身是浮动的，我们把它固定下来。年初是这个数，年底还是这个数。去年全国留下来没有安置的待业人员，大概是 300 万人。我们讲今年的就业任务是多少呢？我们就讲 800 万。这个 800 万中还有 500 万是没有实现就业的待业人员，因为大、

中专和高中毕业生到九十月份才下来嘛！做计划时当然应当把这部分人考虑进去，但在讲到实际的待业率时，应该是浮动的，不应该是固定的。反映在我们的统计报表上，数字老是算不准，老是在临时工这个问题上算不准。临时工一会算就业了，一会算待业了，数字倒来倒去，影响了整个就业统计的正确性。今后如果全面实行待业登记制度，我们就按照待业登记的人数来计算，便于我们有计划地指导劳动就业工作。

参考文献

汝信 . 1992. 中国工人阶级大百科 . 北京：中国国际广播出版社

在全国就业训练中心研讨班结业时的讲话 [①]

同志们：

　　全国就业训练中心研讨班今天就要结束了。这次研讨班在中国共产党第十三次全国代表大会（简称党的十三大）精神鼓舞下，同志们交流经验、交换思想、交流看法、畅所欲言，对就业训练中心的一些重要问题，认识深化了，看法也趋向一致了。同志们反映，研讨班办得很及时，很必要，是有收获的。

　　通过总结交流经验，就就业训练中心的一些重要问题展开研讨是我们这次研讨班的显著特点。这是从实际出发，实事求是地研究问题的态度，也是这次研讨班成功的重要原因。作为第一次全国性就业训练中心研讨班，我认为是开了一个好头。会议印发 80 多份经验材料，内容十分丰富。李伯勇副部长根据大家的经验，归纳为四条基本经验，并就加强就业训练中心建设问题作了指示，实际上已为这次研讨班做了总结，请同志们回去后研究贯彻执行。

　　就我个人来说，听了和看了同志们的经验材料，很受感动，很有启发。大量的经验汇集成一部生动的创业史。回顾同志们在开始创办各种训练班时，在缺少资金、场地、师资，各种条件十分困难的情况下，怀着为国分忧，为民解愁的强烈责任感和事业心，风里来雨里去，坚持改革的方向，开拓出就业训练的事业，对就业工作和培训工作都作出了重要贡献。

　　党的十三大报告指出："从根本上说，科技的发展，经济的振兴，乃至整个社会的进步，都取决于劳动者素质的提高和大量合格人才的培养……必须下极大的力量，通过各种途径，加强对劳动者的职业教育和在职继续教育，努力建设起一支素质优良、纪律严明的劳动大军。"这对我们是很大的鼓舞，也是重大鞭策。我相信，沿着党的十三大的路线走下去，我们的事业一定会更加兴旺发达。湖南省一位代表说：望过去，根深叶茂；看未来，

[①] 　华荫昌 . 1987. 在全国就业训练中心研讨班结业时的讲话 . 职业技术培训，（6）：5-7

万紫千红。这反映了同志们对这项事业的荣誉感和信心。

现在我就这次研讨班讨论的几个问题讲讲个人的看法和体会，供同志们研究参考。

（一）"中心"的由来

就业训练中心首次提出是在中发[1981]42号文件中。文件中是这样讲的："劳动服务公司要举办各种职业技术训练班，有条件的地方可以建立就业训练中心"。当初为什么不叫"学校"而叫"中心"，我认为这是吸取我国的历史教训，并借鉴国外有益经验提出的。大家知道，建国初期为解决旧社会遗留下来的失业问题，劳动部门曾广泛开展过就业训练工作，举办过各种适应社会需要，以技能训练为主，没有固定学制的职业训练班。对于缓解当时的失业矛盾起了重要作用。随着旧社会遗留下来失业问题的解决，职业训练班逐步发展为学制比较长的技工学校。当然，技工学校在培训中级技术工人中起了重要作用，是职业技术培训的重要方式之一，但不是唯一的方式。训练班和技工学校各有分工、各具特色，可以互相补充，不能彼此代替。用技工学校这种唯一的形式来完全代替短期的灵活的训练班，不能不说是一个缺陷。

现在为促进就业而办起来的各种训练班总要向前发展，究竟向哪个方向发展，不得不引起注意。为了避免历史上的教训重演，又借鉴了国际上通常称之为"中心"的名称，所以提出了"就业训练中心"这个名字。西安市较早办起了就业训练中心。1981年4月在西安召开的全国劳动服务公司经理会时，各地代表参观了西安就业训练中心，引起了很大反响。在这种背景下，中央〔1981〕42号文件提出了有条件建立就业训练中心的要求。

回顾这一段历史，我们了解采用"中心"这样的形式是为了便于把它与学制比较长的学校区别开来，避免一讲正规化就向这样的学校方向发展。其实正规与非正规的区别，不在于是否有无较长的学制，而在于有没有明确的培训目标和培训计划、大纲。我们的就业前培训班和就业训练中心是要正规化、制度化的。主要是在培训目标、培训计划和大纲方面下功夫。那种把灵活多样的短期培训视为不正规培训的看法，是一种误解。

（二）培训实体问题

就业训练中心是办成培训实体还是统筹协调的机构，是这次研讨班讨论的重要问题之一。正如同志们所说，这是一个带有方向性的问题，需要明确起来。经过同志们热烈讨论，意见基本趋于一致，认为就业训练中心应该是培训实体。

在就业训练中心的性质上，之所以有不同的看法和做法，责任在于我们。我们在1982年发过一个12号文件，提出"就业训练中心，除直接设置若干必要的专业外，主要是对本地区待业青年的就业训练工作进行统筹、协调、指导、服务"。这在当时"中心"的数量不多，而且各种训练班急需统筹、协调、指导、服务，这样规定还是有一定道理的。随着"中心"的建设，有了一定的培训场所，"中心"就不能办成统筹协调的机构了。我们曾在1985年7月召开的全国职业技术培训工作会议上进一步提出："就业训练中心主要是培训实体，同时，也要承担劳动人事部门、劳动服务公司所赋予的统筹协调的任务，不要把就业训练中心办成管理机构"。问题是提出了，但由于我们指导不力，以致长期未能明确，我们是有责任的。

所谓培训实体，就是具体的办学单位，实质上是一种短期的培训学校，不是管理机构。"中心"是在训练班的基础上发展起来，训练班一般是单科训练，而中心则是有多科训练的条件。只有办成培训实体才能成为职业教育的一个重要组成部分。明确这一点，对于今后就业训练中心的建设影响极大，确实是一个带有方向性的问题。这样，今后在人员的配备上，在任务的确定上，在设施建设上等都可以按照培训实体的要求进行了。

既然是培训实体，"中心"自身必须办班，可以自办，也可以联办。联合办班属于实体的范围，不属于统筹协调的范围，其中，也有若干组织教学等方面的统筹协调工作。

考虑到目前的现状，我们建设市、区、县的就业训练中心，在完成就业训练任务的前提下，根据需要，可以承担劳动部门赋予的对社会就业训练工作进行统筹、协调、指导、服务的任务，这主要指开展师资培训和教学研究活动，组织制定和编写教学计划、大纲、教材，以及对人才需求进行预测和交流信息。

（三）任务问题

就业训练中心和各种训练班是未能升学的待业青年从普通中学进入就业岗位的桥梁。根据"三结合"就业方针，不仅要为全民，更要注意为集体、个体培训合格的劳动者。就其主体来说，在职业技术培训层次中，属于初级层次。一般说来，生产对劳动大军和职工队伍的业务技术要求，是宝塔形的，初级业务技术的劳动者总是多数。可是初级业务技术的培训往往被忽视。现在我们把这一层次的培训填补起来，同技工学校、职业学校等中等职业技术教育相互补充，在完善多层次培训中发挥了重要作用：

就其特点说，就业训练中心主要是进行单项技能的培训，也就是一技之长的培训。培训目标和培训计划和大纲，也应该按这样要求来制订。培训时间的长短，主要根据达到培训目标所需的时间而定，一般来说在一年以内。培训质量高低不能用培训时间长短来衡量。缩短培训时间，提高培训效益和速度，已成为国际上开展培训的重要原则之一。国际上通用的 MES 培训法，即模块式的培训法，是符合这一原则的，可以用于就业训练中心。这次会议作了介绍，我们准备先抓几个点，结合我国实际进行试验．然后再研究进一步推广。

就业训练中心就其主体来说，属于初级层次的培训，但并不排除有条件地进行中级以上层次的培训，正如同技工学校主要进行中级技术工人培训，也可以进行初级和高级培训一样。即便进行中级以上的培训，也还是单项技能培训，不是学历教育；就业训练中心培训对象，主要是需要就业的初、高中毕业生，也要承担待业职工的转业训练和配合部队进行军地两用人才的培训，有条件的还可承担一定的在职职工提高培训的任务。在需要和可能时也可开展对农村富余劳动力转移的培训，为实现"星火计划"尽一份力量。

省、地两级就业训练中心是否建立，需要进一步研究。已经建立起来的，如何办？是否可着重抓师资培训和劳动服务公司职工的在职提高培训，请你们结合实际予以研究。

（四）生产实习问题

就业训练中心培训质量的高低，在很大程度上，取决于动手能力，也就是操作技能的高低，因此必须突出操作技能训练。为此，生产实习显得更为重要。从这次研讨班上的反映看，同志们已深刻地认识到这一问题，并且采取了积极措施，多方设法解决。比如，就业训练中心举办的相对稳定的专业，自己设立实习场所；同工厂联办，学习在课堂，实习在工厂；选择劳动服务公司有条件的网点作为实习场所；前厂后校，前店后校，半工半读等等。

把生产实习和生产经营结合起来，并且尽可能减少消耗性的实习，是就业训练中心和训练班的优良传统，同志们在思想上是明确的。这样做可以用较少的支出取得较好的培训效果。在减少消耗实习的支出方面，同志们也是千方百计想办法，尽可能变成有用的产品。比如，学习裁剪和缝纫的，由学员自带面料，加工成成衣，供学员或其家人穿用；学习电气修理的，向学员提供自费购置的成套电视机零件，由学员装配成电视机抱回家；学习钟表修理的，向学员提供自费购置的成套钟表零件，由学员装配成钟表带走，等等。这些办法都是很好的创造。我相信，沿着这条思路，会出现更多更好的办法。

生产实习和生产经营相结合，要以保证培训质量为前提。因此，要有同生产经营相结合的生产实习计划和大纲，要有合格的生产实习指导教师，并加上严格的考核制度。

要进行培训就得花钱，这是谁都懂得的。就业训练在就业工作中日益重要，我们曾多次提出要使就业训练费在就业经费中占有一定比例，并根据情况，逐步提出这个比例。近几年已经这样做了，但是，由于各地就业压力和经费数量不同，有的解决得多些，有的解决得少些。总的说来，就业经费的数量总是有限的。要解决就业训练的经费，还需要多方想办法。有的省采取向用人单位收取培训费，允许列入成本的做法，可能是比较现实可行的办法。

（五）统筹规划、专业分工和协作问题

在生产上，分工和协作是提高劳动生产率的重要手段；在培训上，分工和协作同样可以提高培训能力。为此，需要对就业训练中心和各种训练班，在一个城市范围内，进行统筹规划，发挥各自的优势。对所设置的培训专业进行分工，避免"小而全"。这样有利于专业设置的稳定性，有利于师资力量和培训设施的合理配备，可以进一步提高培训质量。

规划专业设置，必须考虑到就业的需要。各级就业和培训部门，以及劳动服务公司要加强信息工作，搞好就业预测预报。有的地方把用人单位需求的各专业人数，同现在就业训练中心和各训练班在培的专业人数进行对照，明显地看出哪些培训专业是长线，哪些是短线，可以有计划地进行调整。这是提高培训后就业率的有效措施。随着社会主义商品经济的发展，信息越来越显得重要，请同志们加以研究。

以上是我对这次研讨班所讨论的几个问题的看法。在这次研讨会上，同志们对我们起草的《关于加强就业训练中心工作的意见》进行了认真讨论，并提了修改意见。等我们回去后，一定尽可能参考同志们的意见，加以修改。

九、刘北鲁

刘北鲁同志（左三）

刘北鲁（1921—1988），男，曾任全国比较教育研究会常务理事、中国职工教育研究会常务理事，研究员。

刘北鲁同志曾任河北大学日本问题研究所研究员、副所长，兼《日本问题研究》期刊主编，曾任全国比较教育研究会常务理事、中国职工教育研究会常务理事及兼职研究员、河北省教育研究会副理事长、中国职业技术培训学会理事和河北省教育学会、成人教育研究会理事等学术职务，是我国著名的教育专家。

刘北鲁同志根据实际工作需要，结合我国国情，借鉴国外经验，系统深入地研究了国内外教育思想和教育实际工作中的若干课题，特别对日本教育和职工技术教育领域开展了全方位的研究和探索。他带着研究成果在全国各地讲学，深受欢迎。他主编的教育专著、教材和学术论文刊登或出版后，受到广泛的好评，有的还获得了"优秀教材奖""优秀科研成果奖"。他和同事们多次完成国务院有关部门的教育政策研究任务，为国家教育工作的宏观决策提供了一些有益的政策性建议。他的研究成果对我国的教育事业特别是职工教育事业的发展起到了促进的作用。

刘北鲁同志治学严谨，功底深厚、思路开阔、成果丰富，在外国教育、比较教育和职工教育等方面均有较深造诣。在国内外教育界颇有影响。

日本在培养人才方面的政策与措施 [①]

第二次世界大战以后，日本的教育对促进日本经济的"高度增长"起了很重要的作用。池田政府在《国民收入倍增计划》中把教育当做经济计划的一环，并规定了教育的目标：① "提高人的能力"；② "振兴科学技术"。我们认为，这两个方面是日本教育政策的核心。

为了贯彻"提高人的能力"的政策，日本政府采取了以下措施：

1. 日本财界、国会和政府结为一体共同掌握和推动教育发展

财界的主要团体——"日经联""经团联""经济同友会"等，经常向文部省提出他们对教育的要求和意见，文部省亦予以采纳并实施。同时，国会两院、各财界组织和自民党内部都设有教育委员会或文教部会，与文部省"联系协商"。而政府的文部省又设有 20 多个常设专门审议会，作为文部大臣的顾问咨询组织。这些组织由教育家、科学家、大公司经理、董事等组成，按文部大臣提出的咨询进行调查研究，提出报告，然后形成法律予以实施。

这些组织上的措施是日本顺利地贯彻其教育政策的重要保证。

2. 根据科学推算，按照经济发展计划制定教育发展计划

在制定教育计划的过程中，他们特别重视教育、科研和经济发展三者的关系，既及时地为日本经济的发展输送了必需的人才，又促进了教育本身的发展。

1957 年日本公布的"新长期经济计划"，首次把教育的政策和计划编入了"国民经济发展计划"。这个计划要求增招大学和短期大学理工科学生人数，加强科学技术教育，以提高科技人员的数量和质量。1960 年，日本池田内阁制订的《国民收入倍增计划》，对计划目标年度（1970 年）各产业部门的就业人数的变化作了推算，认为在 10 年倍增计划期间，第一产业就业人数的减少将超过 25%，而第二产业就业和第三产业的就业人数将增加 35% ~ 45%；在各产业部门中，制造业和金属制造业的比重将大幅度增加。根据这一推算，估计在计划期间缺少 17 万名高级科技人员，160 万名职业训练结业的技工和 180 万名再训练的技工。

为解决计划所提出的任务，教育不仅要有大的发展，而且要进行较大的调整。因此，当时在日本不论是大学还是高中，制定一个符合雇佣需求的培养计划，增加招生定额，新建或扩建学校，扩充和调整科系设置，都成了紧迫的课题。

1960 年，日本经济审议会发表的《日本经济的长期展望》提出"人才开发论"，并推行天才教育。他们采取措施对青年进行早期发现，早期开发，培养英才。同时，为适应产业结构的转变而整顿大学体制，纠正重文法而轻理工的现象，并积极改革了理工科教学。这些都为加速培养经济"高速发展"所需要的科技人才，起了重要作用。

进入 70 年代以后，为了摆脱经济危机带来的深刻影响，政府又制定了《新经济社会

---

① 刘北鲁 . 1980. 日本在培养人才方面的政策与措施 . 日本问题研究，（3）：30-40

计划》，在教育上制定了《关于今后学校教育的扩充整顿的基本实施方针》，即所谓"第三次教育改革"路线。

3. 日本统治阶级把增拨教育经费看成是"经济投资"

随着国民经济的高速发展，日本教育经费也越来越多。1950 年教育经费为 1599 亿日元，1972 年就增加到 40 244 亿日元，提高了 25 倍，占国民收入的 5.34%，占国家行政费的 20.6%。从 1960—1973 年，由公共财政支出的教育费平均每年增长近 18%，其增长的幅度和教育费在行政费中所占的比率都是世界第一位。

4. 重视教师队伍的建设

日本文部省认为，"教育发展的成果，在于培养教师的努力如何"，"提高教师质量是提高教育效果的关键"。基于这种认识，日本当局提出："当制定经济发展计划中有关人才供应计划时，必须充分注意各级学校的教师供求计划，以及培养教师和正确使用教师的问题。"在教师队伍建设方面，日本很注意：

1）建立教师培养和选拔的制度。战后，日本从幼儿园到大学的教员一律在大学里培养。其中小学和特殊学校的教员，大部分在都、道、府、县的国立教员养成大学和学部里培养。初中教员有半数以上在设有教员养成课程的普通大学里培养。高中教员大部分出身于普通大学。大学教员主要通过留学解决。中小学教员的选拔比较严格。凡在大学里学完文部大臣所承认的教员养成课程并取得规定的学分者，可以发给教员许可证。其他大学生必须经过考核后才能发给许可证。大学教员的选拔，由教授或评议会进行审定。国立大学协会还专门建立了定期审查教员制度，对审查不合格者停发工资。

2）有计划地增加教员。

3）给教员以再教育的机会。

4）提高教员的待遇。为了获得优秀的中小学教师，1974 年日本通过了专门法律，规定教员的报酬标准要高于一般公职人员。1977 年以来，日本教员的报酬一般比公职人员高 16%。同时，战后日本缩小了中小学教员与大学教员的工资差。中小学教员工资，原则上每年长一次，此外，根据工作成绩，还有特别的提级制度。

5. 重视教育立法

战后初期，在日本经济极端困难的情况下，日本政府制定了国家教育大法——《教育基本法》《学校教育法》《社会教育法》，之后又通过文部省制定了一系列法令和制度，如《产业教育振兴法》《理科教育振兴法》《高中的定时制教育及函授教育振兴法》等。截至 1977 年，文部省颁布的有关教育的法令和制度达 200 多条。这些教育法律、法令，使各类学校的工作有章可循，也使各学校可以据以制定适合自己学校特点的规章制度。

6. 建立"产学合作"制度

这是日本在 50 年代末期从美国学来的。1958 年在"日本生产性本部"成立了"产学合作委员会"。到 60 年代初，这种制度不仅适应了产业界的需要，而且使学校的古老体制发生了新的变革。大学既可以从产业界聘请优秀工程师为兼职教员或举办讲座，也可以从大企业的研究所里索取最新资料；既可以让学生到工厂实习，又可以接受工厂的委托进行科研。同时，大学教授，既可以被聘请兼作企业的顾问，也可以为企业代培人员，开办夜校等等。

1961 年春，在日本琦玉县川越市办起来的东洋大学工学部，就是一个美式"产学合作"的样板。这个学部：①采取"夹心面包"的教育方法，一段时间在学校里学理论，一段时间到工厂里实习，二者交替进行；②给企业人员以特殊教育，把企业人员集中到大学，进行大学程度或者研究院程度的教育；③根据企业的要求和提出的课题，派出专人到企业里作专题学术报告。此后，其他大学工学部也相继与产业界进行了合作。

日本私立大学和企业之间"产学合作"发展的比较迅速。这是因为私立大学经费不足，可以自由接受企业的援助，与企业建立"产学合作"关系；而国、公立大学由于财务上的问题，发展迟缓。大学的工学部自己建立实习工厂困难较大，与企业建立合作关系是必然趋势。

另一种"产学合作"的形式是一部分高中的学生到企业参加职业训练（学科和实习），并记入高中毕业时的学分，为这些学生开辟了成为技术员的途径。

总之，战后日本采取多种办学形式，大力加强产业教育，培养了经济发展所急需的大批熟练劳动力，取得了显著的成绩.

7. 日本对于企业内部的职工教育也十分重视

日本较大的企业都有设备先进、师资较强、教材成套的培训中心。如新日铁八幡制铁所的职工培训中心，其建筑面积 12 000 平方米，可以接收学员 2000 人；此外，还有 1 所中层领导干部的研究中心，可以同时培训 300 人。培训中心有配备录像机的电视教室、自动化的电影、幻灯教室，以及有电子装备的外国语教室。三班制的职工，下班后可以随时去学习各种知识。另有 3 个实习工厂，供新工人或调换工种的工人学习操作。培训中心除培训基础知识和专门技术外，还有一些较为深、广的内容，如各种科学管理方法，以及电子计算机技术。有些大的公司对各级、各类人员都有十分明确的要求，有一套具体的培训制度和培训方法。

也有一部分大企业，不是在训练中心而是在自己的"各种学校"进行培训。如丸善石油公司的丸善石油学院、松下电器产业公司的松下电器工学院等。

日本中小企业培训技工的条件不如大企业，所以往往是几个企业联合起来共同搞培训。此外，日本的大、中、小企业都会对企业的在职人员进行短期训练。

日本企业的内部教育，有以下几方面值得注意：

1）企业内教育与学校教育大不相同。学校教育是就业前的预备教育，而企业内部的教育是对学校毕业后的许多人进行有效的再教育。它是密切联系生产实际，在生产过程中直接开展的一种教育。

2）战前，日本企业只注意技工教育和工长教育，战后才出现了经营管理人员的教育。

因此，上至最高经理人员，下至一般工人和新就业者都成了企业内部教育的对象。在每个人的终身职业生活中，都要不断地接受定期的教育训练。因此，可以说，企业内的教育具有从工作一开始到退休的连续教育的特点。

3）技工教育，既不像战前那样单纯地学习经验，也不是依靠个人的心灵手巧和某种手艺、秘诀去应付局面。战后，为了提高技工的知识和技能水平，正在使企业内的教育朝着"学校教育形式"发展，即以学科和实习为主，有组织有计划地进行职业训练，在训练过程中非常重视实习。

4）对于经营管理人员的培训，不仅实施了美国的三种定型训练方式，即工业内部教育法、管理训练计划法和经营者讲座，而且在企业内外的各种训练中心里接受职业训练，甚至到国内外的大学和研究机构去学习。

5）在进行企业内教育的同时，把企业外的各种教育机构（如学校、公共职业训练所、私营教育机构等）所进行的有关教育内容纳入企业内教育计划中去，并发挥它们在职业训练方面的作用。

6）教育内容丰富，教育方法灵活。在整个企业内部教育中，根据不同的阶层、对象和工种，规定不同的教育内容，既有理论性的知识，也有实践性的知识，并且强调实践性。教育方法灵活多样，在长期和短期进修、脱产和非脱产进修、工作场所内或场所外，以及国内外留学等各种进修中，采用多种教育方式，如讲义法、讨论法、事例研究法、个别指导法、实习法、视听觉法、问题解答法等等。

综上所述，战后日本教育发展迅速，普及程度也较高，对日本经济的发展起了重要的作用。但是我们也要看到，由于日本教育是为垄断资产阶级服务的，是受垄断资产阶级控制的，它也如同其他社会问题一样，存在着不可克服的根本矛盾。例如，战后第七次经济危机以后，学费大幅度上涨，毕业生失业现象日趋严重。"学历社会"导致"考试地狱"，青年学生自杀率和犯罪率增加等等，这些问题都是难以克服的。

表 1　教育机构统计表（全部国立、公立和私立学校）　　　　（单位：所）

教育机构	1948 年	1977 年
幼儿园	1529	13 854
小学	25 237	24 777
初级中学	16 285	10 723
高学中级	3 575	5028
盲人学校	74	76
聋人学校	64	107
其他残疾者学校	—	452
高等专门学校	—	65
短期大学	—	515
大学	12	431

续表

教育机构	1948 年	1977 年
国立保育教师培训学校	—	9
专修学校	—	1942
各种学校	1405	6102
盲聋和其他残疾学校（总数）	138	635
高等学校（总数）	12	1020
总数	48 181	64 081

资料来源：1977 年文部省统计手册

注：

①大学指战后制度下的数目。

②高等教育包括大学、短期大学、国立保育教师培训学院、国立技术教师培训学院和高等专门学校。

表 2　学生数统计表（全部国立、公立和私立学校）　　　　（单位：人）

教育机构	1948 年	1977 年
幼儿园	198 946	2 453 687
小学	10 774 652	10 819 656
初级中学	4 973 504	4 977 108
高学中级	1 203 963	4 381 062
盲人学校	4457	8579
聋人学校	7930	12 673
其他残疾者学校	—	46 391
高等专门学校	—	46 762
短期大学	—	374 244
大学	11 978	1 839 363
国立保育教师培训学校	—	543
专修学校	—	357 249
各种学校	221 317	870 069
盲聋和其他残疾学校（总数）	12 337	67 643
高等学校（总数）	11 879	2 232 142
总数	17 215 747	6 187 386

资料来源：1977 年文部省统计手册

注：

①大学和短期大学人数包括本科生、研究生、专门化课程和短期课程。

②人数不包括函授学校学生。

③高等教育包括大学（包括研究生）、短期大学、保育教师培训学院、技术教师培训学院和高等专门学校四、五年级学生。

表3　全日制教师数统计表（全部国立、公立和私立学校）　　　　（单位：所）

教育机构	1948 年	1977 年
幼儿园	5917	93 988
小学	282 236	433 169
初级中学	169 283	243 110
高学中级	9307	230 704
盲人学校	783	3232
聋人学校	1039	4744
其他残疾者学校	—	14 776
高等专门学校	—	3712
短期大学	—	15 917
大学	—	95 470
国立保育教师培训学校	—	47
专修学校	—	15 303
各种学校	6856	30 442
盲聋和其他残疾学校（总数）	1822	22 752
高等学校（总数）	—	115 146
总数	354 821	1 185 114

资料来源：1977 年文部省统计手册。

注：人数不包括函授教师。

表4　各级教育机构数及生源入学率表　　　　（单位：%）

教育机构	1955 年	1976 年
幼儿园	20.1	64.0
义务教育小学	99.77	99.92
初级中学	99.92	99.92
高级中学和同等学校总数	51.5	92.6
男生	55.5	91.7
女生	47.4	93.5
大学和短期大学总数	10.1	38.6
男生	15.0	43.3
女生	5.0	33.6
研究生院总数	—	4.4
男生	—	5.2
女生	—	1.6
高等教育（总数）	10.1	39.2（43.9）
男生	15.0	44.4
女生	5.0	33.7

资料来源：1977 年文部省统计手册。

注：括号内的数目包括进入专修学校的专门课程或高等专修课程，以及参加大学和短期大学函授课程的人数。

教育经济学理论在日本的发展和应用 ①

教育和经济的关系，从经济学理论研究本身的发展来看，正变得越来越密切。经济和教育的综合研究产生了教育经济学。

教育经济学，一般来说是把教育作为生产投资，研究其分配和效率的一门学科。是从经济方面研究教育的一门新兴的边缘学科。"人力资本"理论的出现，丰富了经济发展理论的学说，而发展理论和教育经济学及其实证研究的结合，则扩大了这一理论研究领域。

教育经济学理论虽不是日本首创的，但在日本这一理论思想却有着较远的历史渊源。50 年代教育经济学脱颖而出之时，正是日本高水平的教育使经济得以迅速恢复之时。这一史实，成了"教育投资论"的一个实证。在某种意义上说，日本教育经济的发展，成了教育经济学产生的背景。当 60 年代教育经济学理论深入发展时，日本又及时运用其理论于实践。理论上的进展，进一步明确了教育发展的道路。

从日本教育史上看，"把教育看作一项投资"并不是一件新事。1872 年《教育基本法》的序言中说："学习是人生成功的钥匙。"人们早就把教育当作个人提高社会地位的投资。日本早就为增强"国家财富和力量"，强调办好教育。明治时的教育目标是力求通过教育培养与列强并驾齐驱的国力。第一任文部大臣森有礼的教育思想支柱之一就是"为了国家富强办教育"。第二任内阁文部大臣井上毅认为"人民的专业知识和技能"是构成富强国家的"无形资本"，而这种知识技能的培养是国家独立的保障。这些思想在战后又有了进一步发展，对日本的影响是很大的。

虽然人们对这些说法只从语词上有笼统地体会，没有从理论上总结归纳，但这种认为教育对经济有重大作用的启蒙意识是人们日后很快接受教育经济学新理论的思想基础。

当 50 年代末西方教育经济学理论一出现，日本便反应强烈，立即引进，很快接受。一时间，日本学术界认真研究探讨理论，教育界为增加教育经费大声疾呼，产业界对教育提出各种建议，政府制定各种有关教育的政策、计划、方案，正要高速发展经济的日本又掀起了"教育热"。

日本把著名教育经济学家马赫卢普的著作译成日文，专门请他来日讲学。长尾信吾等教授也撰写文章系统地介绍教育经济学理论。当西方还在许多问题上争论不休时，日本学术界已采纳了这一理论的主要观点，并结合自己的体会做了明确的论述，还提出了"教育活动是一种经济活动""教育是通过提高人的能力，特别是工人的技能和知识，通过提高作为劳动力的质来提高劳动生产率的。"这样一些新认识。

日本对教育经济学理论传播得快，也运用得快，掌握理论和运用于实践在时间上很难分先后。制定政策的政界、财界、教育界对这一理论几乎和学术界一样敏感。50 年代末刚刚形成的理论，60 年代初就成为制定国家政策计划的依据，这样快的速度在发达国家中也是少见的。

当听到国外评论日本战后经济奇迹般地恢复首先应归功于教育后，文部省及时总结自己的经验，1962 年发表了题为《日本的成长和教育》的教育白皮书，两年后又加了副标题

---

① 刘北鲁 . 1984. 教育经济学理论在日本的发展和应用 . 日本问题研究，（1）：45-46

"教育的进步和经济的发展"。这是 1962 年文部省发表的唯一文件，它在日本教育经济学理论的发展上，是很有意义的文献。

白皮书第一次从投资的角度阐明教育对本国经济发展的贡献，第一次推算了教育的收益，它肯定了日本教育发展的经验，明确了有意识、有目的地使教育内容适应技术改革和经济发展的方向。

60 年代中期，人们从热潮中冷静下来，经济学界和教育学界就教育投资的问题广泛地展开了辩论。探讨的问题没有停留在教育既是消费也是投资的最初着眼点上而是逐步深入细致了。例如，讨论了是按经济的要求，还是按个人要求制定扩大教育目标问题，提出了把经济方面和社会方面对扩大教育要求编成系统的计划的主张。还提出了为取得最好成果而进行教育改革和开展研究工作等与科技有关的教育投资论。60 年代末为了克服单纯为发展经济而进行教育所出现的弊病，又提出了重视人的全面发展的新方案。教育经济学理论的研究也加强了与实际运用的结合。

的确，如果仅仅有高水平的教育而不会利用，不适应经济发展的需要，是不会收到理想效果的。日本把理论运用于实践采取的主要措施是：

1. 加强计划

新的教育经济学理论指出经济增长中人的因素的重要性，恰好适合制订促进国民经济增长政策人的需要。1957 年《新长期经济计划》开始注意到了教育是经济发展的必要前提，开始预测所需要的理工科毕业生人数，文部省也按计划制定了扩充发展计划。1960 年经济审议会编的《日本经济的长期展望》，对于教育投资论，以及有关培育人的能力的政策有了明确认识。特别是国民收入倍增计划则第一次详细地说明了教育是独立的经济计划的一个主要方面，把提高人的能力和发展技术作为计划的五项目标之一。提出了需要大量高质科学家、工程师，保证倍增计划的完成。首相办公室科学审议会提出了名为《十年后的科学与技术》的更为周密的计划。"人力投资理论"成为 60 年代各项教育政策的总出发点。事实证明这些计划的实行是基本成功的。

2. 注重效果

文部省在 1962 年教育自书上，一旦认识到了教育的作用，立刻把当时教育经费在国民收入中比率的增长有停滞倾向作"重点"提了出来。60 年代后半期教育经费便有所增加，1955—1960 年国民生产总值增加了 82.8%，教育经费增加了 68.7%；1960—1970 年国民生产总值增加 3.5 倍，国民收入增加 3.4 倍，教育费总额增加 3.7 倍，但经费的增加毕竟是有限的，日本便着重在发掘潜力、注重效果上采取措施，如建立小规模大学，鼓励私人办学，提高教师质量，调整专职教师比例等。特别是合理利用经费，着重发展技术教育、职业教育，扩大招生名额，调整文理科比例。在这些方面，日本的措施是很见成效的。

3. 产学结合

60 年代以来，日本认为成功的经验是教育要在促进经济发展上发挥作用，适应经济需要而发展。产业界和教育界相互适应，产业界"经团联"等各个组织经常提出对教育的要求，提得明确、具体、急迫。教育界根据产业界的要求改革教育制度、教学内容以至确定招生人数。产业界为教育研制各种现代化教学设备。双方的具体合作产生了"产学结合"体制，内容包括教育上的对口，科研上的委托，人事上的交流，资金上的募集等合作。既按垄断资本的要求培养人才，又能使垄断资本直接控制学校，这一体制成为"经济自立化"不可缺少的重要条件，也使教育和经济的关系更加具体化了。

日本职业训练制度的形成与发展[①]
——对开创我国职工教育新局面的启示

日本职业训练制度是对未就业人员或已就业人员进行培训，赋予和提高受训人员执行职务能力的一种制度。在有些国家，职业训练和普通教育都归教育部领导；在日本为了加强职业训练，则归劳动省领导。战前日本部分企业虽然实行过职业训练，但并未普及和受到应有的重视。在战后，日本资产阶级为了提高生产水平，为了在竞争中求得生存和发展，更加重视通过普及、提高教育水平，来开发"人力资源"。所以，他们不仅强调后备劳动力的培养，而且，强调在职劳动力的培训。因而日本政府和产业界才把职业训练当成一项十分重要的、带有根本性的建设任务予以高度重视。

在日本，职业训练有两种类型。一种是企业内教育，即由企业对其雇佣的各级各类人员进行职业训练。这种全员培训，要求严格，是人人都要参加。工人的培训分许多"层"，每"层"都有不同的训练内容和要求，同时，将定期培训同考核晋级、提薪结合起来进行，对技术人员强调结合实际和保持专业的稳定性；对经营管理人员，实行定期调换工作岗位，强调掌握全面的管理技术；对企业的经理、厂长，则要求熟悉经营管理业务，必须工作干练。另一种是公共职业训练，即由都道府县或雇佣事业团体开办职业学校，对尚未被雇佣的人员进行的职业训练，这种公共职业训练机构包括一般职业训练所、综合职业训练所、中央职业训练所，以及市镇村所进行的职业训练等等。在 70 年代，这种训练所已达 300 多个，为求职者进行各种技能的基础训练。

现在，我拟从日本五六十年代劳动力的构成，以及劳动力变化等情况，来研究日本职业训练制度的形成与发展，以便从中吸取教益，探讨如何开创我国职工教育的新局面问题。

（一）日本五六十年代劳动力的构成

日本经济高速发展一开始就出现了劳动力不足的现象。战后人口减少，雇佣需求却迅速扩大。据劳动力调查，1955 年以前每年的雇佣人数为 60 ～ 70 万人，1960 年后却超过 100 万人，这开始使日本政府重视了劳动力问题，于是大抓产业教育、技术教育，教育对劳动力的增加做了显著贡献。这就是说，作为社会生产力的首要因素的人，其技术素质的高低，决定了生产力发展的快慢。离开了掌握一定的科学知识、生产经验和劳动技能，来谈人在生产中的决定作用是毫无意义的。

---

① 刘北鲁 . 1984. 日本职业训练制度的形成与发展——对开创我国职工教育新局面的启示 . 日本问题研究，（4）：1-8

50 年代的劳动力，约有 10 余万人主要是来自战败后的退役军人，以及原来的失业人口。对这些人的职业训练，当时是迫在眉睫的。所以当时建立了"职业辅导制度"，专门对这些人进行职业训练。但 1953—1971 年就业人数竟增加了 31%，增加的 1200 万就业人员中，除去 10 万是来自原来的失业人口，其余的都是新参加的劳动力（休.帕特里克、亨利.罗索夫斯基，1980），这些人若不进行职业训练，是无法胜任工作的，所以职工培训工作当时在日本被提到了显要的日程。

劳动力来源之一是学校直接输送。

从 50 年代后期到 60 年代后期，大批初、高中毕业生，特别是高中毕业生充实到了产业界。1960 年高中毕业生为 83.4 万人，升学的仅占 16.6%，就业的占 60.7%，达 56.6 万人。1965 年高中毕业生为 116 万人，升学的占 24.5%，就业的占 56.6%，为 29 万人。1967 年高中毕业生数达到战后最高峰，为 160 万人。1968 年就业的高中毕业生达 94 万，创战后最高纪录。这就是说，战后经济高速发展的 60 年代，产业界容纳的高中毕业生达 700 多万人。这批初高中毕业生不仅文化水平高，而且由于在校时受到过多种学科的职业教育（到 1973 年为止，职业高中开设了 277 种学科，其中，工业科最多，为 140 种），他们一到生产部门很快就成为技术工人和熟练工。这应归功于学校教育中职业教育的加强。

劳动力来源之二是流入工业的农业劳动者和个体经营者。

日本的就业趋势和就业结构是向生产率高的现代化部门发展的。高速发展时期，每年有 40 万劳动力从农业流入工业部门，1956—1969 年离开农业的人口占非农业部门新增加人员的 50%～70%（B.H 多勃罗文斯基，1980）。农业就业人数占总就业人数的比率从 1953 年的 35.6% 降为 1971 年的 14.6%，同期非农业部门的个体劳动者及家庭工占就业人数的比率由 22.6% 降到 18.8%，由于劳动力的这一转移，与产值增加最密切相关的非农业产业部门就业人数的增加，比总就业人数的增加多得多。1953—1971 年这些部门职工增加了 108%，总就业人数只增加 31%（休·帕特里克、亨利·罗索夫斯基，1980），在人力资源再分配上贡献很大。据有关统计，仅是通过减少农业劳动力的形式，劳动力由生产率低的部门向生产率高的部门转移，就将经济增长率提高了 1%。只增加非农业一个单位的劳动投入，就可以抵得上以前个体经营者和不付酬的家庭工四个单位的劳动。

"大工业的本性决定了劳动的交换，职能的更动和工人的全面流动性"（上海师范大学教育系，1979）。昨天还是从事农业的人或退役的军人，今天就成为汽车厂的工人，达到能开机床的程度，靠什么？当然要靠职业训练。60 年代进城入工厂的农民子弟中的中学生越来越多，1969 年曾占农民子弟的 69%。这批人，作为企业的新入层也要给以严格的职业训练。

以上情况，不难使我们看到，日本的劳动力正是从明治年代以来，通过大量教育投资建立起来的"人力资本"的贮存库，贮存了质量优秀的潜在失业者，才能使日本经济东山再起并飞速发展。

（二）日本劳动力结构的变化

经济水平的提高必然伴随着经济结构和社会结构的改变。60 年代，日本经济增长率比美国快 4 倍，比西德快 3 倍。"要想得到和各种不同的需要量相适应的产品量，就要付出各种不同的和一定数量的社会总劳动量（马克思、恩格斯，1958）"。社会大生产在客观上要求按一定比例分配生产资料和劳动力，劳动力结构必须适应经济结构的变化。恩格斯说教育可以使工人掌握整个生产过程。

为满足日本国民收入倍增计划发展的需要，日本经济审议会对计划目标年度至 1970年间的各部门就业人数变化作了推算。经推算表明，十年倍增计划期间，第一次产业就业人数要减少 25%，第二、第三次产业及运转、通讯、公益事业的就业人数将增加35% ~ 45%。其中产业部门增加的比重还要大于 54%，特别是金属制造业要增加 127%。审议会据此估算了具体指标：需要理工科大学毕业的高级技术人员 17 万，工业高中毕业的初级技术人员和管理人员 44 万，职业训练结业的技工 160 万，再训练的技工 180 万人。

这种就业结构的变化，不仅表现在三大产业部门之间，而且也表现在每个部门内部。以工业部门为例，一些老的部门，如采矿工业、炼钢工业、纺织工业部门，在逐渐减少自己的作用，这些部门就业人数不断减少，而一些新兴的工业部门，如合成材料、电子工业等部门的就业人数则大量增加。在近二三年当中，由于技术革新加速，就业结构的变化进一步加快，劳动力大规模地流动。日本虽然是终身雇佣制，但要一个人一辈子固定在一个行业已不可能，就业者如果没有改行的准备，明天很可能成为失业者，职业训练的意义也在于此。

为完成上述任务，教育不仅要发展，而且要进行大幅度的调整，作为教育重要一翼的职业训练亦刻不容缓，必须积极上马。

为培养高级技工人员，日本扩大了短期大学，办了技术学院，为改变工业高中毕业生缺 44 万人，普通学科过剩 72 万人的现象，把普通高中和工业高中的比例由 6：4 调整为5：5。1962 年，还开设了 62 所专门培养中等技术人才的高等专门学校，学科除航海学科外，全部属于工业学科。其中适应重化学工业发展需要的机械工业学、电工学、工业化学、土木工学、建筑学等学科占学科总数 85.8%，学生人数占 85.5%，就业率达 90% 以上。

按照日本国民收入倍增计划要求，60 年代中、后期各项招生计划全部完成，需求指标超额达到。这些初、高中毕业生大都充实到以重化学工业为主的产业结构之中。例如，1960 年钢铁、有色金属、机械和化学等工业部门的就业人数为 304.1 万人，占整个制造业人数的 43.6%，到 1971 年上述部门的就业人数增加到 418.8 万人，占整个制造业的 52.9%。十年间仅重化学工业部门的就业人数就增加了 100 万人。毕业生就业结构恰恰适应了工业部门的需要。

但是，每年由学校毕业的这些毕业生，在新技术、新工艺、新产品层出不穷，技术竞争激烈的现代，如不适时地对他们进行职业训练，他们就难以适应生产的要求，因而包括在成人教育中的职工教育，就成了现代教育体系中重要的一环。日本资产阶级为了生产适销对路的产品，不断攫取高额利润，便千方百计地提高产品质量，积极防止技术老化。为使职工掌握在本企业内工作所必需的先进技术，他们是不惜为职工技术培训付出巨资的。

日本经济发展的一条重要经验就是：要保证经济高速发展，决定因素是提高劳动力的熟练程度。有深厚教育背景的日本，即便是文化水平的起点较高（一般是初中毕业以上，大部分是高中毕业生），但对职业训练，却要求相当严格，一点也不马虎。职工进厂前后都要经过各种形式的职业训练，在从业过程当中还要不断地进行培训。

马克思指出："一般的社会知识是一种知识形态上的生产力，它一旦与物质生产条件相结合，就会成为'物化的智力'，即变成'直接的生产力'（恩格斯，1956）"。被日本人称作"人力开发中心"，和"规模巨大的经济活动"的教育，是经济发展中的合力中"相互交错"的力之一，这个力量是不可代替的，能量巨大的力，具有特殊的作用。日本经济高速发展被称为"奇迹"，超过了主要资本主义国家的发展速度，这与日本重视教育，积极进行职工培训，造就了一支科学技术文化水平较高的职工队伍有很大关系。这也正是日本教育和严格的职工培训所做的巨大贡献。

（三）日本职业训练制度的形成与发展

日本企业的经营管理者，考虑到现代化生产必须做到高效率、优质、安全、低成本，对在生产第一线的工人和各级干部，都规定必须经过严格地训练，熟练地掌握必要的技能，并经考试合格后才能上岗工作。工人改变工种也要首先送到培训中心进行专门训练，技能达到要求后，才能担任新的工作。战后日本的职业训练之所以搞得出色，这与他注意加强领导、健全管理，增加了投资，调整了政策，又制定和颁布了一系列有关法令有重大关系。作为统治阶级的日本资产阶级，通过它的国家机器，干预职工教育，以"法"的形态把职工教育纳入为国家总政策服务的轨道。

战后初期，日本面临的现实情况是，一方面，为了迅速恢复被长期战争所破坏的经济，急需大批的熟练劳动力，这就迫切要求改革战前的"徒弟制度"，以保证青工学习技术的权力。另一方面，由于战败，大批军人复员，国外的人员被撤回，而造成了庞大的失业人群，他们大都没有技术专长，需要技术辅导。为此，日本政府于 1947 年建立了下述两种职业训练制度：

一种是根据 1947 年公布的劳动基本法建立了"培养技术人员制度"。这一制度的目的在于：根除战前实行的"徒弟制度"的积弊，保护青工学习各种技术；积极组织在职工人的技术培训，提高工人的素质和劳动生产率。这种技术人员的培训任务主要由各企业承担，政府加以指导和协助。

另一种是根据 1947 年公布的职业安定法建立了"职业辅导制度"。其目的是对社会上的庞大的失业队伍进行有组织的培训，在短期内赋予人们以生产知识和技能，以便为就业创造条件，同时也缓和社会矛盾。实践证明，这一措施起到了非常积极的作用。

随着战后日本经济的恢复，到 50 年代中期生产就超过了战前的水平，并开始进入高速发展的阶段。为此，就需要进一步提高企业队伍的技术水平和素养，这就不得不改革原来的职业训练制度，日本因此于 1958 年制定了《职业训练法》。这个训练法是把战后初期的"培养技术人员制度"和"职业辅导制度"统一起来，制定了公共职业训练和企业内职业训练的标准，并确立了技术鉴定制度。

职业训练标准和技能鉴定制度的确立，以及二者的成龙配套，加快了职工教育的步伐，大大促进了职工教育的发展。这些标准和制度，作为各个企业实施合理的、系统的职业训练的指针，提高了日本劳动力的技术水平，发挥了重大作用。

日本的一些企业家和学者，颇有见地地认为：职工教育是国民经济的一部发动机，职工教育是经济发展的重要柱石，是民族能否存续的基础。现代经济发展史一再证明，对任何企业、国家来说，劳动生产率的高低，经济发展的快慢和竞争能力的大小，主要取决于职工队伍质量的高低。日本《职工训练法》正是在这一认识的基础上制定的。它标志着日本的职工教育已被正式纳入国民经济教育体系之中，构成了国家教育制度的一个重要方面。

接着在 60 年代，为适应经济高速增长的需要，日本于 1966 年制订了《雇佣对策法》，其目的是通过国家有关雇佣的各项政策和必要措施。从数量和质量上促进劳动力的供求平衡，以充分发挥劳动者的能力，稳定劳动者的职业，提高他们的经济和社会地位，促进国民经济的均衡发展，实现完全就业。在 1969 年又根据日本经济结构的变化，修改了 1958 年的《职业训练法》，其目的是广泛开展系统的现代化新技术训练，大量培养技术工人，提倡一专多能等。因为这时生产过程日趋现代化，劳动者的职业构成如上所述也发生了变化。在全部职业中，一般工人的比重日趋下降，技术工人的比重则迅速上升，即使是对技术工人和技术管理人员，也要不断补充更新自己的知识和技能，进入 70 年代，为了适应经济低速发展，根据实施《职业训练法》中的经验和问题，又于 1979 年以法律第 68 号令再次修订了 1969 年的《职业训练法》，其目的是建立职工终身受训和评定技术水平的体制。

日本 1979 年修订的《职业训练法》（见附件）共分九章一百零八条。第一章是总则，包括职业训练的目的、定义和原则等；第二章职业训练计划，包括职业训练基本计划，都道府县职业训练计划等；第三章职业训练，包括职业训练的体系，公共职业训练设施及各级各类职业训练学校或中心，职业训练的认定及援助，职业训练指导员的任免、考核等等；第四章职业训练团体；第五章技能鉴定，包括技能鉴定的种类、受鉴定者的资格、合格证书，合格者的技术职称等；第六章技能鉴定协会，包括中央和都道府县两级技能鉴定协会的资格、业务、会员的资格等等；第七章职业训练审议会，包括中央及都道府县的两级职业训练审议会的建立、任务、委员的产生等；第八章其他杂则，包括劳动大臣的建议和命令，职业训练设施的经费负担等等；第九章罚则，包括违反本法条款应罚的金额等。

综上所述，从战后日本职业训练制度的形成与发展中可以看出日本经济发展的缩影，它正是经历了经济恢复、工业化准备、重化学工业化，以及减量经营等各个阶段的改组。战后日本经济的发展，尽管扩大再生产和提高劳动生产率，以及生产资料使用效率二者往往是交织进行，但新的科学技术在生产上的应用，随着企业全面机械化和自动化的进程，人在生产中的地位已经在某种程度上发生了质的变化。由人的直接生产转到以控制生产为主，把人在完成生产中的一些逻辑思维职能交给了技术手段（计算机等），人就从直接生产过程（不是一般生产）中解放出来，体力劳动的比重减少，脑力劳动的比重增加，使生产劳动逐渐变为科学生产，社会劳动智力化，从而产生了新型的工人，即不但用手而且用脑劳动的人。正因为如此，除学校教育外，职业训练的重要性是不言而喻的。特别是在 70 年代石油危机发生以后，日本经济转为低速发展，造成失业人数增加，兼之职工老化问题严重，这就更加需要调整职业训练制度，以适应雇佣形式及产业结构的变化，适应按年龄、学历、产业和职业区分的就业人员的构成的变化，发挥新的作用。因此说，日本培训职工的战略思想是高瞻远瞩的。一方面，它既要满足日益增多的工人和企业对职业训练的需要，另一方面，还建立了职工终身接受训练和评定技术水平的体系。

战后日本的职业训练制度，就是在上述经济发展的背景下，劳动力结构和就业结构不断改变的情况下，并在上述各项法令的保证下，逐步形成与发展起来的。从而形成了今天日本职业训练的体系。

日本职业训练体系由公共职业训练和企业内职工训练两大系统组成。企业内训练是由职业训练法人设立。公共职业训练可分为四个系统。即：①由都道府县市镇村设立的专修职业训练学校，它负责技工培训（专修训练课程）、能力再开发训练、再训练等三种训练，②由雇佣促进事业团、都道府县市镇村设立的高等职业训练学校，它负责技工培训（高等训练课程）、提高训练、能力再开发训练、再训练等四种训练；③由国家或国家委托都道府县开办的肢体有缺陷者职业训练学校；④由雇佣促进事业团设立的职业训练大学校，它负责指导员训练（包括长期课程和短期课程）、提高训练、再训练等 3 种。

在形成职业训练体系的基础上，日本的职业训练很快得到普及。根据日本经济同友会调查，1961—1963 年间，95% 的企业对录用的人员都进行了培训，88% 的企业对中级管理人员进行了培训，72% 的企业对高级管理人员都进行了培训。此外，一些大企业还自办了相当于大专和高中程度的业余学校，如松下电器公司设立的"松下电气工学院"，东京电力公司办的"东电学院大学部"、日立制作所办的"日立京滨工业专科学校"等等。

由于日本把由"优秀工人、优秀技术人员组成的优秀技术集体"看成是一个优秀企业的首要的和基本的标志，所以特别重视人才的培养。据最近的资料说明，日本有 80% 的企业有自己的人才培养计划，明确规定各级各类人员学习的要求、内容、方法，并有成套的教材。由此可见，职业培训在日本不仅已经相当普及，而且已成为终生教育的一部分。因而，在国际职业训练比赛大会（技能五轮大会）上，无论从技能方面，还是从人格的培养方面，日本的成绩都是"优秀"。

（四）几点启示

1. 积极提高对职业训练制度的认识，要把职业训练当做一件带有根本性的建设来抓

目前我国职业队伍的政治、文化、技术水平的状况，都不适应各项工作转到以提高经济效益为中心轨道的要求。我们一些企业的领导人还没有真正认识到职业训练与现代化建设的成败有着极为密切的关系，没有认识到职业训练是持续发展国民经济的可靠保证，更没有把提高职工队伍的政治、文化、技术水平看做是与工人阶级根本利益有关的问题。因此，能否办好职业训练，使职工培训工作制度化，关键在于解决认识问题。日本过去也曾有过这样的现象，有些企业当经济危机一来，经费一削减，普遍的现象就是先削减教育投资。但大部分企业，对职业培训则具远见卓识，把培训职工放在与经济效益直接相关的位置，企业所制定的培养人才的长期计划，一经确定，不管景气与否，都坚定不移地加以推行。他们亲身经历到，即便是技术人员和研究人员，在学校里学到的知识，只要过上几年，一大半就要陈旧，如果不追加智力投资，在工作期间多次组织他们学习，并培养他们新的能力，就难以胜任工作。80 年代以来，日本企业人才培养上更注意进行"技能再训练"。直至 1983 年初日本产业界中已有 13.4% 的企业开始实施了防止职工知识老化的培训。日本企业家在常年经营中，懂得了在外部条件发生变化，面临严重挑战的新形势下，企业要生存、发展，主要依靠自己的努力，克服经营管理上的落后状态，抓紧进行技术改造，积极培训职工，努力提高经济效益。否则就无以适存。

2. 要建立正规的职业训练制度

日本在国民收入倍增计划的十年（1960—1970 年）中，要求职业训练结业的技工有160 万，再训练的技工 180 万，如不靠职业训练，普通教育是难以完成如此艰巨的任务的。

我国党的十二大确定的战略目标和步骤，提出到 1990 年要建设一支在数量上能满足四化建设需要，质量上能掌握现代科学技术和经营管理知识，专业配套的干部队伍，建设一支以中级技术工人为主体，技术等级比较合理，具有较高文化、技术素质的工人队伍，使职工队伍"三低三少"[①]的状况得以根本好转。按此要求，如不在各个企业调整期间，就根据发展规划，将职工教育及培训规划纳入企业的总体规划之中，建立起正规的训练制度，是难以完成中央的既定任务的。

日本 1969 年公布的《职业训练法》第三条规定，职业训练应在工人的全部职业生活期间按阶段而且有系统地进行。根据这一原则，该法对职业训练的种类规定：不仅有就业前的基础性的"职工训练"，而且还有面向有工作经验者的"提高培训""能力再开发训练""再训练"等等。特别由于科学技术的不断革新，早期终结型的职业教育是站不住脚的。职业教育将按着人的发展过程来进行。50 年代以来日本发展很快，逐渐成了一个"经济大国"，这与他重视职工教育，造就了一支科学技术文化水平较高的职工队伍有很大关系。

3. 用教育立法，巩固职业训练制度

各国都注意通过法律形式，使各级各类职工教育制度化。日本 1958 年通过的《职业训练法》，规定了训练标准和考核制度，1969 年和 1979 年两次全面修订《职业训练法》，增加了有关转业训练的内容和落实终身训练的有关规定，它极大地调动了职工参加训练的积极性。日本于 1947 年先后公布的带有法令性的"培养技术人员制度"和"职业辅导制度"，对于缓和当时社会矛盾，提高工人素质和劳动生产率方面都发挥了非常积极的作用。于1966 年制定的《雇佣对策法》，对促进劳动力的供求平衡，稳定劳动者的职业安定也起了重要的作用。

中共中央、国务院在《关于加强职工教育工作的决定》中明确提出由全国职工教育管理委员会、教育部组织有关部门着手制定《职工教育法》，《决定》明确规定了：职工教育的地位和任务；领导管理体制和各方面的责任；职工学习权力和师生的待遇；办学形式、经费来源和师资配备等。我们希望这样一部有实质内容的专门法典尽快与全国人民见面。它能使人们的认识提高，能调动各方面的积极性，它将是振兴职工教育，加强职业训练的有力武器。

---

① "三低三少"：文化水平低、技术水平低、管理水平低，技术骨干少、管理骨干少、现在知识少。

4. 大力发展技工学校，积极建立起就业前的技工培训制度

我们的技工学校正如日本的专修学校一样，在粉碎"四人帮"反革命集团以后，正如雨后春笋般恢复与发展起来。日本的专修学校创建于 1976 年 1 月，截至 1981 年 5 月 1 日，专修学校已达 2745 所，在校生为 472 808 人。我国的技工学校截至目前已有 300 余所。虽然如此，但发展得仍嫌迟缓，数量不够大，培养的人数和质量还远远不能满足要求。在我们的工矿企业里从城乡新招收的未经培训的自然劳动力占相当高的比重。这些自然劳动力大量涌入企业的现象，在工业上尤为突出。而工业现代化对工人队伍的要求必须具有与生产建设相适应的技术水平，并在这个基础上组成合理的技术结构。日本五六十年代劳动力的构成和伴随着经济结构和社会结构的改变，而不断改变其技术结构，提高劳动力的熟练程度，这正是日本经济得以高速发展的重要保证。

我国的技工学校，正是培养初、中级技术工人，为工业和其他部门输送合格的劳动后备力量的重要基地。因此各省、市要根据"翻两番"的需要，制定职工教育规划，加强统筹安排，打破自给自足式的小生产的局限性，走集体化、社会化的道路，发展大厂办学，部门（系统）办学和地区办学。要发挥"背靠工厂"的优越性，加强人才培养的计划性。同时，还要保护和发扬一些中小工厂、企业办学的积极性。办学是否合格，关键要看他们培养出来的学员是否达到了规定的质量要求。因此，应把职工培训的成绩考核与职工技术等级的评定有机地结合起来，作为晋级的重要依据。

现在的时代，已经进入自动化和电子化的时代，各种新的、复杂的、高效率的技术装备正不断地投入生产，所以对工人就提出了更高的要求。如何改善工人队伍技术结构，使之获得与生产建设相适应的技术理论知识和实际操作能力，就成了职业训练的重要课题。因此，必须积极推行先培训后就业的制度。小平同志指示说："我们培养和训练专家和劳动后备军，不但要看到国民经济发展的近期需要，而且必须预见到远期的需要；不但要依据生产的要求，而且必须估计到现代科学技术发展的趋势"。小平同志精辟的论述，正是我们办好技工学校，加强技工培训应该遵守的原则。

十、刘来泉

刘来泉（1940—　　），男，辽宁省辽阳市人，曾任国家教委职业技术教育司司长兼职业技术教育中心研究所所长。

1965年7月毕业于中国科学技术大学物理系。毕业后即留在物理系任教，从1965年8月起从事专业教学和实验室管理工作。任教期间长期兼任教学和行政管理工作，先后分别任物理系、地球与空间科学系党总支副书记、系副主任等职务。1983年起兼任中国科学技术大学师资处处长。在校期间，先后获得助教、讲师、高级工程师专业技术职称。

1986年7月调入国家教委，任教师交流与管理办公室（正司级单位）综合处处长，1993年起任职业技术教育司副司长（主持工作），同年12月兼任国家教委职业技术教育中心研究所所长（正司级）。1994年起任职业技术教育司司长兼职业技术教育中心研究所所长。1998年7月起任教育部职业教育与成人教育司巡视员。1999年3月至2001年4月，任中国常驻联合国教科文组织代表团参赞（巴黎）。2002年起任中国职业技术教育学会第二届理事会副会长、法定代表人。2007年起任中国职业技术教育学会第三届理事会常务副会长、秘书长、法定代表人。

在国家教委和教育部工作期间，1989—1994 年代表国家教委兼任全国教育工会常委。1995—1998 年兼任全国高校设置委员会委员。1996—1998 年兼任第三届全国教育科学规划领导小组职教学科规划组组长。2000—2006 年兼任第五、第六届国家督学。2007—2015 年兼任中华职业教育社专家委员会副主任。2008—2015 年至今，先后任"教育部财政部中等职业学校教师素质提高计划"专家指导委员会主任和"教育部财政部职业院校教师素质提高计划培养资源开发项目"专家指导委员会主任。

全面推进高等学校内部管理体制改革[①]

（一）

进入 80 年代以来，我国高等教育的改革和发展取得了显著成就，为社会主义现代化建设做出了重要贡献。然而，发展和改革是在新旧体制转换的情况下进行的，随着经济体制和高等教育改革的进一步深化，旧的管理体制与学校发展和改革之间的矛盾日益突出；高等学校蕴藏的生产力要求在新的广度上发展，但学校内部的管理体制和运行机制不能适应这种发展的要求；高校的各方面改革都有不同程度的进展，但要再上新台阶，最终受到现行人事、分配制度的制约；改革不能齐头并进，但单项的改革措施已难以奏效，深化改革必须统筹考虑，综合配套，整体推进。高等学校内部管理体制改革就是在这样的背景下提出来的。

几年来，国家教委部分直属高校和北京等地的一些高校率先进行了高校内部管理体制改革试点，他们在解放思想、转变观念、转换机制、提高效益、调动积极性等方面，大胆探索，勇于创新，取得了显著成效，为全面推行改革提供了宝贵的经验。邓小平同志视察南方重要讲话之后，各行各业都加快了改革开放的步伐，为推进高校改革开放的步伐，为推进高校改革创造了良好的外部环境。可以说，高等学校内部管理体制改革不仅势在必行，而且也具备了现实的可能性。我们要抓住当前的有利时机，积极宣传和推广改革试点的成功经验，在全国范围积极推进高等学校内部管理体制改革。

高等学校内部管理体制改革是高等教育体制改革的重要内容，是高等学校综合改革的基础和关键环节。没有一个有效的操作系统和良好的运行机制。没有人的积极性，没有学校自身的活力，任何改革都无从真正付诸实施，并取得成效。高校内部管理体制改革的宗旨就是积极探索中国特色的高校办学模式，建立与我国社会主义市场经济体制相适应的学校内部管理机制和运行机制，调整结构，优化队伍，改善待遇，调动广大教职工的积极性，增强办学活力，最终目的是不断提高教育、科研水平和总体的办学效益。从这个意义上讲，高校内部管理体制改革不仅是高校综合改革的重要组成部分，而且是综合改革的切入点和突破口。学校各项改革综合配套并不意味着也可能平均分配力量，同步推进。必须抓住关键。重点突破，带动全局。运行机制和人的积极性，是高校内部改革首先要先考虑的问题。试点学校的经验也有力地说明了这点。

---

① 刘来泉，管培俊 . 1993. 全面推进高等学校内部管理体制改革 . 中国高等教育，（4）：19-22

（二）

　　高校内部管理体制改革是以学校内部人事、分配制度改革为重点，将管理模式，人事、分配、保险福利制度等方面的改革有机结合起来，综合配套、整体推进的系统改革。改革的基本思路是：根据经济体制改革逐步建立社会主义市场经济体制的形势和高等教育的规律，以及系统管理的原则，理顺校内关系，探索新的管理模式；调整结构，促进分流，实现人才资源的合理配置；运用经济杠杆促进管理改革，使宏观调控、下放权限和转换机制相辅相成，形成自我约束和调节机制，提高办学效益；综合运用政策导向、思想教育和物质激励杠杆，强化竞争和激励机制，最大限度地调动人的积极性和创造性；以改革求发展，解放高等学校的生产力，推动高校教学、科研、科技开发和校办产业各方面的发展，形成良性循环。

　　根据上述思路，总结试点学校的经验，高等学校内部管理体制改革主要有四方面内容：

1. 探索新的管理模式

　　与高度集中的经济体制相适应，我国高等学校在内部管理上长期实行集中划一的事业单位管理体制。

　　随着经济体制的根本性变革，高等教育规模和功能的扩大，高等学校的职能多元化，教学、科研、技术开发和产业经营一体化，内部关系日趋复杂。过去的体制越来越不适应发展的要求，必须探索新的管理模式。高等学校作为一个复杂的系统，内部管理有纵、横两个方面。在横向关系上，要根据事企分开、管理与经营分开的原则及学校教学科研、校办产业、后勤服务各部分不同的职能和运行机制，分别采取不同的管理模式。学校的中心任务是教学、科研，总体上说是全额预算拨款的社会公益性事业，改革的着眼点是进一步完善新经济体制下的事业性管理体制；校办产业，包括科技开发、生产经营是高等学校以自己独特的智力成果、产品和服务与社会进行等价劳动交换的经济活动，它的发展遵循的是经济规律，必须从学校直接的行政管理中分离出来，实行企业管理，按照市场经济的规则行事，成为以学校的教学科研为依托的相对独立的经济实体；我国现行的后勤保障管理体制基本上是供给制的产物，改革的基本思路，首先是引入企业经营机制，逐步将后勤服务由福利型转为经营性服务，在各种形式的承包制基础上推行事业单位企业化管理，实行全额成本核算，并创造条件逐步由社会经营实体承揽学校后勤服务，最终实现高校后勤保障社会化。这种新的管理模式可以概括为"一校两制"或"一体两翼"。在纵向关系上，主要是根据用人治事相结合，责任权利相统一的原则，逐步理顺学校、学院和系（所）三级关系，提高管理效能，增强学校自身的活力。在校、院、系三级中，管理的实体放在哪一级是一个值得研究的问题。一些规模较大的大学主张放在院一级。不同层次、不同类型的学校不必强求一律，可以在改革中探索，逐步加以规范。

2. 校内人事制度改革

　　社会主义新经济体制本质上要求生产要素合理流动，要求人力资源合理配置，要求通过激励和竞争机制，以及自我约束机制，实现用人效益的最佳化。高等学校人事制度改革必须适应这种客观要求。

（1）实行编制和工资总额动态包干制

动态包干制是国家对学校、学校对基层宏观调控和放权的一种有效手段，是高等学校自主权的基础，因而是高校人事、分配制度改革的必要的前提条件。1987 年以来，国家教委和部分地区陆续进行了工资总额包干制的改革试点，取得了积极成效。包干制的基本原则是：在定编定岗基础上，以任务和编制定额为依据核定工资总额包干基数，逐级包干使用。在工资总额范围内，在执行基本的工资法规的前提下，学校具有微观分配的自主权。由于提高用人效益而节省的工资总额由学校自主分配。包干制有利于改善宏观调控，又启动了微观上的活力；既赋予学校权利，也加重了学校的责任，形成一种有效的自我约束和自我调节机制。

（2）建立新的编制管理模式

实行固定编制与流动编制统筹使用，事业编制与企业编制分类管理，搞活用人制度。在编制和工资总额包干的前提下，学校应当有决定校内机构设置及职数配备的自主权，有灵活使用编制、选择用工形式和用人的自主权。流动编制与企业编制是高校编制管理的重要改革举措。流动编制相对于固定职工而言，使用流动编制的前提是相应减少固定职工，而不是在总的编制之外另列一部分流动编制。属于流动编制范畴的主要包括访问学者、进修教师、兼职教师、临时工、离退休返聘人员、兼任助教助研助管的研究生，以及从事勤工俭学的大学生等。提倡使用兼职教师，鼓励教师校际兼职、校内兼职。提倡从社会上尤其是产业部门、科研部门、政府部门聘请专家任兼职教师。企业编制的设立既是学校校办产业发展扩张的客观要求，又是事企分开的管理体制在编制管理、用人制度上的具体实现形式。企业编制只适用于自主经营、自负盈亏、具有独立的法人资格的校办企业。企业编制不能搞成变相的事业编制或准事业编制。否则，不仅会造成学校编制膨胀，而且更重要的是校办企业难以转换经营机制，获得真正的活力。

（3）优化人员结构，提高整体素质

充分利用 90 年代教师队伍新老交替的良好契机，吸引优秀人才，鼓励合理流动，调整队伍结构。在提高师生比的同时，使职务结构、年龄结构、学历结构、专业结构趋于合理。应着重注意中青年骨干教师和学术带头人的选拔培养，引进高层次人才，努力创造有利于人才成长的机制和条件。

（4）逐步实行全员聘任（合同）制

聘任（合同）制是人事制度改革的重点和关键。其基本原则是按需设岗、公开招聘、平等竞争、择优聘任、满负荷工作。教师等专业技术人员职务聘任制要继续在实践中改革完善，有条件的学校可以自主进行职务评聘，应大力提倡向全社会公开招聘，引进高层次人才，学校行政管理人员要实行职员制度，进行考核聘任；校办企业和后勤服务人员要实行全员劳动合同制等企业用工形式，实验室和企业中的高级技术工人要实行技师和高级技师聘任制。校内人事制度改革成败的关键之一是富余人员的出路问题。从长远看，这一问题的根本解决有赖于人才市场的发育和社会性就业保障体系的完善。近期可以试行校内人员立足内部消化，可以辞退，允许辞职，鼓励流动，尽量做到妥善分流，各得其所。这方面，许多试点学校的好做法值得借鉴。

（5）实行岗位责任制，加强考核评估

目标管理和岗位责任制是高校人事管理的有效形式，考核评估的难点在于评价指标体系，这是奖优罚劣和按劳分配的依据。要实行有效的考核评估，深化激励机制，必须在改革实践中努力探索建立科学的、有较高信度的、可操作的、能够真正反映教职工实际贡献和各单位工作效益的考核评估指标体系。

3. 校内分配制度改革。物质利益原则是马克思主义的基本原则

在市场经济体制下，人力资源的配置越来越不能忽视经济杠杆的作用，因此，改革分配制度，努力改善待遇，充分发挥经济杠杆的作用，建立有效的激励和竞争机制，调动广大教职工的积极性，使高校内部管理体制改革的重要内容。

1）高等学校总体上是全额预算拨款的事业单位，国家是分配主体。改善教职工待遇，主要依靠国家。在此前提下，在积极准备实施教育系统工资改革的同时，建立校内津贴即校内附加工资制度，逐步形成国家工资为主，校内津贴为辅，双轨运行，统筹管理的高等学校分配模式。

2）校内分配改革的核心是贯彻按劳分配原则，打破工资分配上的平均主义。要在严格考核的基础上，依据教职工的实际贡献，合理拉开差距，理顺分配关系，深化工资分配的激励功能和杠杆作用。要注意正确处理教师等专业技术人员、行政人员及工人之间的分配关系，以及新老教师的分配关系。注意分配的政策导向，保证党政管理骨干、从事基础教学和基础科研的教师得到合理报酬。对贡献突出的人员大胆予以重奖。

3）科学合理的分配制度，是物质激励杠杆的支点，是激励机制的载体。具体的操作方法，提倡因地因校制宜，大胆制造。但应和国家工资改革的基本思路相吻合，不能走老路，搞新的平均主义和"大锅饭"。

4）校内分配的主体应该是学校，要充分发挥工资的杠杆作用、导向作用和激励作用，提高校内工资的使用效益，增强学校的凝聚力，发挥学校的整体优势，教职工的利益目标不能过于分散，学校的利益杠杆有必要适当集中。应该妥善处理校、院、系三级在组织科技开发、组织筹资、分配上的集中与分散的关系。既要发挥基层单位的微观上的活力和积极性，又要注意克服已经出现的某种程度上的小型化、分散化倾向。有条件的学校，要随着校级财力的增长，逐步扩大学校一级统筹分配的比重。

4. 住房和保障福利制度的改革

高校内部管理体制的改革几方面的内容有着相互依存、互为补充的关系。住房和保险福利制度广义上说也属于社会分配的范畴。试点学校的实践说明，住房、退休养老保险，以及医疗保健三项制度的改革必须纳入内部管理改革，与人事、分配改革统筹考虑、整体推进。三方面的改革，总的思路是建立国家、单位、个人三结合的新机制，逐步创造条件过渡到社会化，要特别重视退休养老保障制度曾经具有相当程度的社会性，后来由于多种因素逐步退为单位自管。目前，我国高校离退休人员的比重越来越大，有的学校已经占到20%。从长远看，随着社会保障体系的逐步形成，退休养老保障最终将由单位自管向社会

性保障过渡。当前要建立以退休保险基金为基础的校内退休保险制度。这项改革对于理顺校内关系，妥善安排离退休人员生活，减轻学校经济负担，具有重要的意义，也将在在职教职工中产生良好的社会效应。

（三）

高校内部管理体制改革是一项复杂的系统工程，不仅内容丰富，难度较大，而且与大环境和其他方面的改革相关性很强，必须作为高等教育改革中一件带有全局性的大事来抓，加强领导，精心组织，大胆探索，勇于创新，不断进取，逐步深入，总结前期试点学校的改革经验，以及 80 年代以来我国高校管理改革的经验教训，在全面推进高等学校内部管理改革的过程中应着重注意几点：

1. 要注意统筹规划，综合配套

这是由学校内部管理改革的宗旨及其复杂性所决定的。单项改革难以形成气候，可以一时孤军深入但最终不能深入持久。高校内部管理体制改革的各项内容和改革措施要有机结合，配套实施；内容管理体制改革作为一个方面，要同学校教学科研各方面的改革结合进行，推动事业的发展。要正确处理好局部改革与整体改革的关系，避免改革失衡；正确处理眼前利益和长远利益的关系，避免短期行为。综合配套并不意味着同步到位、一步到位，可以根据具体情况，总体设计、分步到位。

2. 加强分类指导，鼓励大胆创新

改革的展开要积极稳妥。应有计划、分层次，逐步展开、区别对待，分类指导，不要一刀切。不同情况的地区和学校，改革的基本思路，重点、广度、深度、进度可以有所不同，要从实际出发，因地因校制宜。评价改革效果的标准也应体现分类指导的原则。在有利于人才培养的大目标下，鼓励学校大胆创新，积极试验；鼓励不同模式、不同方法相互借鉴、比较，臻于完善。

3. 学校内部管理改革涉及权与利的再分配，关系每一个教职工的切身利益

要特别注意做好改革中的思想政治工作，既要让大家看到改革预期的好处，又要看到改革对自己提出的要求。在全体教职工中培养和强化编制意识、岗位和职责意识、聘任意识和公平竞争、择优汰劣、按劳分配的观念。思想政治教育、政策导向和物质激励三种杠杆要有机结合，缺一不可。不能讳言物质利益，也不能把改革完全归结为待遇的改善。否则，工资增加了，工作却没有推进，效益很低，甚至为今后的改革埋下了障碍。制定和实施改革方案，要充分发挥教职工代表大会的作用，重视广大教职工的集体参与和民主决策、科学决策，发动广大教职工积极投身改革，使改革成为群众的共识和自觉行动。

4. 加大力度，深化改革，锲而不舍，切忌一阵风、走过场，搞形式主义

80 年代初，我国高校曾经出现过一次管理改革的热潮，但不久就逐渐降温了。原因有许多，经验教训值得研究。高校内部管理改革是特殊的历史背景下进行的。旧的习惯势力、平均主义的积弊有很大的惯性，很容易一阵风过去就故态复萌。如工资分配很容易形成高水平上的平均主义。因此，改革要有一定力度，同时一定要坚持不懈、不断巩固改革成果，不断深化改革。实施改革过程中，要注意不断研究新情况、新问题，修改、完善、充实改革方案，解决倾向性问题，兴利除弊，推动改革向纵深发展。

加强职教研究工作　促进职教事业发展 [①]

参加这次由湖南、湖北、福建发起召开的全国省级职教研究机构协作会，我非常高兴。在此，谨代表国家教委职教司表示热烈祝贺和坚决支持，并衷心感谢各级职教研究机构的同志们，多年来在比较困难的情况下，为职教科研、教研、教学和服务工作所做出的成绩。协作会的成立是一件大好事，对贯彻落实《职业教育法》、推动全国职教研究工作、促进各地职教研究机构和研究工作的交流与合作，具有很重要的意义。借此机会，就职业教育研究和协作会讲几点意见。

（一）职教研究工作有了可喜的起步，需要继续重视和加强

随着职业教育事业的发展，近年来，全国职教研究有了可喜的起步。

1. 研究队伍不断壮大

现在国家级的职教科研机构有国家教委职教中心研究所和劳动部职业技能鉴定中心，有些业务部委和行业也建有职教研究所（室）。地方独立设置的职教科研机构有上海、辽宁职教研究所，湖南、江苏、福建、湖北、河南、河北、天津、陕西、甘肃等地的职教研究中心；有的在教学科学研究所（院）设立了职教研究所（室），如浙江、重庆、山西、广西等。还有一些师范院校设立了职教研究所，如华东师范大学、常州职业技术师范学院等。全国职教学会下设有 10 个专业委员会，从事职教研究，还办有刊物。中华职业教育社等社会团体也有职教研究组织和研究人员。不少地方（区）县及重点职业学校建有职教教研室。可以说，从中央到地方，已初步形成了一支专兼结合的职教研究队伍。

2. 科研成果和信息的传播媒体（主要是报纸、期刊）迅速发展

据不完全统计，全国现有国家级与地方级的职教报刊 80 余种，其中公开出版物 10 余种。包括《中国职业技术教育》《职教论坛》《职业技术教育》《教育与职业》等比较有影响的杂志，绝大多数省市和不少部门、专业学会都办有刊物。近 10 年来，发表的职教科研论文不计其数。仅中国人民大学书报资料中心编辑的《职业技术教育》，1990—1993 年间就刊发了 597 篇。其中，基础研究方面 83 篇，占 13.9%；应用研究方面 514

---

① 刘来泉. 1997. 加强职教研究工作促进职教事业发展（在全国省级职教研究机构协作会上的讲话摘要）. 中国职业技术教育，（10）：3-5

篇，占 86.1%。

3. 科研成果突出。从"六五"开始，职教科研工作纳入国家科研规划。其中，"六五"期间1项、"七五"期间12项、"八五"期间23项

去年底评审立项的"九五"课题有 40 项，其中，国家重点 2 项，中华基金 5 项，青年基金 1 项，国家教委重点 21 项，青年专项 6 项，部委重点 3 项，规划研究课题 2 项。这些课题中，除两项基础研究之外，其余都是应用研究。其中，又以办学管理体制、职教体系、发展战略、经费渠道、毕业生就业、招生制度等宏观综合政策为主。各部委和省市科研部门、高等院校，也设立了一定的职教科研课题。近 10 年来职教科研成果丰硕，据不完全统计，已出版的专著有数十种，还有一系列丛书、教材、辞典工具书等。

总之，随着职教事业的迅速发展，职教研究取得了可喜的成绩，但总体上讲，还仅仅处于起步阶段，仍远远落后于职教事业发展的需要，急需进一步加强：①研究队伍比较薄弱。据这次会议统计，25 个省仅有 321 个研究人员（400 多个编制）。另外，有些地方研究机构、研究力量比较分散，还没有形成研究优势；兼职研究队伍，特别是中等职业学校的研究力量还没有很好组织起来。②研究体系不完善，机构不健全，各地发展不平衡。少数地方的省级机构还是空白，地级机构的差距更大。各层次机构间缺乏协调和沟通。不仅中央与地方缺乏协调和沟通的渠道，省级机构对下面的协调和沟通也不够，横向的交流更是缺乏。③研究部门与行政部门的关系还需理顺，应当注意克服抽调研究人员做其他工作的倾向。④对职教研究机构缺乏有力的支持，包括经费的支持和其他有关政策支持。因此，可以概括地说，职教研究队伍急需壮大和发展，职教研究机构急需建立和完善，职教研究工作有待重视和支持，职业教育研究水平有待大大提高，我们必须花大力气解决这些问题。

（二）职教事业的进一步发展，对职教研究工作提出了新要求

当前职业教育仍然是改革和发展的好形势。

1. 各地贯彻去年召开的全国职教工作会议，学习和实施《职业教育法》，出台了许多新举措

1996 年有 16 个省市专门召开了职教工作会议，1997 年还将有七八个省要开会。各地正在制定实施《职业教育法》、发展职业教育的政策措施。有 10 个省省委、省政府或省人大发出了《决定》或法规文件，或几个部门联合发出了文件，比较突出的有辽宁、吉林、山西、河南、湖北等。原来职教并不发达的宁夏、青海的动作也很大，出台了若干项很实的政策，推动了当地职教的发展。还有 20 省市正在制定文件。

2. 职教事业得到迅速发展

目前全国共有中等职业学校 1.7 万所，在校生 1010 万人，占整个高中阶段在校生的56.8%，招生数的 57.6%。应该说，这个比例是比较高的。特别是中专，共有 3204 所学校，校均规模达 1044 人。高职正在起步，各方面在为什么要发展高职、怎样发展高职、高职有什么特色等问题上已初步形成共识。国家教委在高等学校招生计划指标的使用上开始向高职倾斜。1997 年，首先在 10 个省市进行了高等学校特别是高等职业学校招收应届中等职校毕业生的试点工作，开通了中等职业学校与高等职业学校衔接的通道，否定了中等职业教育就是"终结教育"的做法。我们争取三年内在全国普遍开展此项工作。初等职业教育，特别是职业培训规模在扩大。以劳动部门为主抓的劳动预备制度，正在逐步推行，这是落实"先培训后就业""先培训后上岗"就业政策的重要措施。

3. 示范性学校建设有了比较大的发展

全国有省部级重点学校 1964 所、国家级重点学校 741 所，这些学校起到示范、窗口的作用，也为职教事业的发展和地位的提高起到了作用。此外，办学体制改革、教育教学改革，特别是中等专业学校招生和就业制度改革正在向纵深发展。

职业教育也面临着不少新情况、新问题，这主要是随着经济发展、经济体制改革的深化，职业教育还不能迅速与之相适应而造成的。比如就业形势的变化，就业市场的变化等，需要我们不断调整办学体制、管理体制和运行机制。全社会对职业教育的认识有待提高，传统思想的影响有待改变。落实《职业教育法》，特别是有关条件保障和企业承担职教责任方面，任务很重。中等教育结构的调整和改革遇到了新的情况，"普高热"仍然严重存在，职业学校的生源比较紧张，新生的文化成绩有所下降。高职的发展规模和速度远远满足不了需要，大家的意见比较多，成为目前教育的热点问题之一。但是，我认为最重要的还是职教的质量和效益问题。在职教继续发展的同时，要把质量和效益摆在突出的位置。这既是总书记讲话的要求，也是职教自身发展的迫切需要。目前，一些地方职教的质量、特色不明显，从而缺乏吸引力、生命力。近年来出现的所谓"滑坡"，主要表现在办学条件差、教学质量低的学校和前几年过热而现在社会不需要的专业上。职教发展所面临的形势和困难，呼唤我们加强职教研究。除了需要研究职教的基本理论和发展史，以及其他重大问题外；还要研究《职业教育法》实施过程中的问题，研究实际工作中经常涉及的职教与经济、职教与普教的关系和职教体制（办学机制、管理机制、职教的投入机制、运行机制）研究、中职与高职的衔接、职教的培养目标和模式、教学改革（包括课程、教材、大纲、教法）、农村和农业职教的发展与改革、职教的质量及其评价等。此外，还要加强教学管理，开展教学服务。

（三）认真办好职教研究机构协作会，切实加强对职教研究的指导与支持

以湖南省为主，福建、湖北等地发起的这次会议具有很重要的意义，职教中心研究所适时地参与并出面协调这一工作，与大家一起圆满完成了会议议程。职教发展迫切呼唤职教研究工作的开展，我们应该克服困难，积极负起责任来。对省级职教研究机构协作会，大家的积极性非常高，有的说职教科研和教研方面的协调和活动开展得太少了、太晚了，这个意见是对的。对于国家教委职教司来说，应当及早强调各地职教行政部门重视组织开展职教科研和教研工作。今年底，职教司将召开职教教学改革座谈会，研究如何采取措施，

加强上述有关工作。

我觉得省级职教研究机构协作会的灵活性、自主性比较大，可以自主地开展很多活动，可以调动每个单位、每个人的积极性，是很有必要、很有生命力的。之所以有生命力，是因为大家目标一致，研究的问题有共同语言。职教战线上有一支热心的职教处长队伍，他们彼此信任，互相取长补短，即使不断地有人事变化，但队伍的热情不减。他们组织的南、北方两个片会，年复一年有效地开展活动，每年都有新的收获。我希望我们这个协作会能认认真真办好，切切实实办出成效来。

职教研究工作的发展，离不开教育行政部门的指导和支持。各级教育部门，特别是职教行政部门，要认真贯彻《职业教育法》关于国家支持职教研究工作的要求，充分认识、加强职教研究工作的重要性和迫切性，采取有力措施，推动职教研究工作的蓬勃发展。①抓紧建立、健全职教科学研究和教学研究机构。省、地两级都要逐步设立专门机构（研究所、研究中心或研究室），县以下至少要有专门的研究人员。提倡利用职业学校及其他职教工作者和社会力量开展职教研究工作，逐步形成各地职教的研究体系或网络。各地要争取人事、财政部门的支持，切实保证机构运转所需的人员和经费的落实。②充分发挥职教研究部门的作用。在进行重大决策之前要认真听取职教研究机构的意见，提高行政决策信度和效益。要设法把有限的、分散的职教研究、教研资源充分调动起来，协调起来，集中力量做好研究工作。研究工作要做好统筹规划，一般来讲，基础性理论研究主要由高等学校和中央、地方大的研究机构负责，重大应用性研究主要由中央和地方的研究机构负责。省市特别是地市，重点是开展教学研究，以便使职教办出特色，为经济发展服务。此外，还要发动一些好的职业学校在教学研究中尽到更多的责任。③要制订有利于发展职教研究、教学研究的政策，帮助解决目前研究人员存在的职称、住房等方面的困难，解除他们的后顾之忧，调动他们的工作积极性。

十一、刘启娴

刘启娴（1945—　　），女，1968 年毕业于北京外国语学院，编审。

1968 年毕业于北京外国语学院。曾任职于北师大比较教育研究所、教育部职教中心研究所。自 1970 年起，相继从事中高等教育、教学和比较教育研究等工作。其间，较多注重并致力于中外职业教育各领域的研究与比较，并积成些许研究成果。

参与撰写《中外职业技术教育比较》(《人民教育出版社》1991)，《比较成人教育》(《北京师范大学出版社》1994)，完成了其中各 3 章；《国外职业指导》(《浙江教育出版社》1991)，主编了《世纪之交的国际职业教育》(高等教育出版社 1999)。撰写了《苏联普通学校的职业指导》等相关文章数十篇。

苏联职业技术学校师资的培养 [①]

60 年代以来，随着普及中等教育的实施，苏联职业技术教育越来越受到政府的重视。为使青年在就业前都能受到职业教育，在改进普通中学的劳动教学的同时，十分重视发展职业技术学校。近 20 年来职业技术学校增加了 1 倍多，并采取措施将普通职业技术学校改组为中等职业技术学校，提高熟练工人的培养规格。

苏联职业技术教育系统的学校分为：招收普通中学毕业生，学制为 1 ～ 2 年的技术学校，招收 8 年制毕业生，学制为 3 ～ 4 年的中等职业技术学校和招收 8 年制毕业生，学制为 2 年的普通职业技术学校。根据苏联颁发的普通学校与职业技术学校改革草案的要求，职业教育系统的这 3 种学校将统一改组为培养具有广泛职业技能的中等职业技术学校，学制为 1 ～ 3 年。

目前苏联共有各种类型的职业技术学校 7500 余所，工程教育干部约 40 余万人，学校中负责理论教学的教师近 15 万人，生产教学技师近 17 万人。职业技术学校每年可补充 1.5 ～ 1.7 万名高等和中等专业学校的毕业生。由于政府重视工程教育干部的培养工作，近 10 年来苏联职业技术学校领导干部和工程教育干部中受过高等教育的人员增加了 3 倍。目前，在职业技术学校的工程教育干部中，90% 以上都具有高等和中等专业教育的水平。

（一）工程教育干部的培养

苏联的工程教育干部主要通过 3 种渠道进行培养：高等学校的工程教育系、工程师范专科、工程师范学院、工程教育干部进修学院。

---

① 刘启娴 . 1984. 苏联职业技术学校师资的培养 . 职业教育研究，(3)：46-48

1. 高等院校的工程教育系、工程师范专科

随着职业技术学校的迅速发展，学校中专业技术课教师紧迫感不足的问题日益凸显。为培养这些学科的专业教师，苏联从 70 年代初期起，先后在 34 所高等技术学校、高等农业院校和师范学院中设置了工程教育系。

高等院校的工程教育系通常按机器制造业、建筑业、电动力专业、矿业、农业五种专业培养专业技术课教师。学生在这些科系中修业 4 ~ 5 年。这期间他们要学习自然科学、社会经济学科的知识，也要学习普通技术和专业技术学科，还要学习心理教育学科。为了提高工程教育系毕业生的质量，还在不断修订各学科教学大纲。高校的工程教育系每年为职业教育系统的学校培养 2000 余名教育干部。

工程师范专科、工程师范学校主要培养职业技术学校的生产教学技师。

最初苏联高等院校的工程教育系、工程师范专科以招收普通中学毕业生为主，基于多年的研究和积累的经验，目前他们认为，工程教育系适宜以招收职业技术学校、技术学校的毕业生为主。因为这些学校毕业生的职业训练基础好，他们动手操作的能力强，在提高技能水平方面比普通中学毕业生快得多。因此，近年来为职业技术学校毕业生提供了一些优待。

2. 工程师范学院

由于企业机械化、自动化的水平不断提高，只掌握一种职业技能的工人已不适应生产发展的需要，培养两种职业技能的中等职业技术学校迅速地发展起来了。目前，这种学校在全苏联职业教育系统的学校中已占 60% 以上。为了能给日渐增多的中等职业技术学校配备合格的工程教育干部，1979 年苏联国家职业技术教育委员会创办了本系统第一所高等学校——斯维尔德洛夫工程师范学院。

斯维尔德洛夫工程师范学院主要招收中等职业技术学校、技术学校、工业专科学校的毕业生，以及受过中等教育，具有必要生产技能的在职工农青年，学制为 5 年。学院设有两个系：机器制造系和电动力系。目前，该学院在校生为 2000 余人。学生在校期间除学习基础课、专业技术课外，还要学习人文学科及教育科目。教育科目包括：教育学、心理学（普通心理学）、生理学及劳动卫生学。毕业前，学生尚需进行两方面的实习：在企业内进行生产实习，达到相当于五级工的技能水平，在中等职业学校、技术学校内进行为期 11 周的教育实习。学生毕业后通常进行对口分配；大部分学生分到中等职业技术学校和技术学校工作，品学兼优者可补充高校工程教育系的干部队伍。

学院以教学工作为主，同时，也进行科研工作，并设有《工程教育干部培养最优化问题》科研室，专门研究、总结和推广高校工程教育系，工程师范专科在教学教育工作、教学法工作方面的先进经验。

为了满足中等职业技术学校对高水平工程教育干部的需要，苏联政府决定今后要进一步发展这种学校。

3. 工程教育干部的培训和进修工作

（1）工程教育干部进修学院

为了不断提高职业技术学校的教师及领导干部的业务水平，苏联职业技术教育系统建有全苏工程教育干部进修学院及各加盟共和国分设的26所分院。以全苏进修学院明斯克分院为例，它是白俄罗斯共和国工程教育干部进修学院。1980年该学院建有两个系：职业技术学校领导干部和教师进修系、专业课教师和生产教学技师进修系。进修的内容包括两方面的知识：了解最新工艺过程及先进生产经验，丰富生产技术、生产工艺方面的科学知识；学习并增加教育专业知识及先进教学经验、教学方法。进修时间为两个月，学院每年可接收1500名工程教育干部进修。

（2）师范院校的工程教育干部进修系

高等学校工程教育系、工程师范专科每年培养的干部有限，因此，许多职业技术院校的生产教学技师由农业院校、中等专业学校，以及企业的熟练工人来补充。因为他们缺乏教育训练，对教学教育工作不适应，一些师范学院成立了工程教育干部进修系，培训职业技术学校所需要的教师，如列宁格勒赫尔岭师范学院工程技术干部教育培训系，专门为上述干部补课。他们在这里学习教育学、心理学、教育史、学科教学法等课程，学习结业前需进行为期两周的教育实习，半年学习结束时，进修生要进行教育科目的考试。

（二）工程教育干部的工作量及待遇

苏联职业技术学校根据工程教育干部所从事工作的内容和性质，规定不同的工作量。职业技术学校中负责理论课教学教师（包括普通教育学科、专业学科和技术学科的教师）的工作量为每天3小时，每周18小时，每年为720小时。生产教学技师、对学生进行思想教育工作的教师，每天工作量为7小时，每周为41小时。负责学生课外教育工作（包括文体活动、共青团工作、与家长联系等工作）的教师，每天工作量为5小时，每周30小时。

职业技术学校工程教育干部的工作复杂程度不一，工作性质不同，因此，他们的工资待遇也与普通学校教师的工资标准不尽相同。负责理论教学的干部，其工资由受教育的程度及教龄而定。为了吸引工程技术人员到职业技术学校助教，以弥补专业课师资不足的状况，有关部门还规定：凡由企业和生产单位调到职业技术系校任教的工程技术干部，在生产单位的工龄（5年以上）计算为教龄。

职业技术学校的领导干部、生产教学技师的工资标准不是按教育部门师资的工资标准，而是按学校所属经济部门的工资标准来定。

生产教学技师的工资由职务工资和各科补贴组成。由于目前苏联职业技术学校生产教学技师十分缺乏，有关部门近期增加了对生产教学技师的物质鼓励办法。如规定凡具有高等和中等专业教育程度的生产教学技师可增加其职务工资30%。生产教学技师增加的这部分工资总额不超过全校教师工资总额的2%。如果职业技术学校确实缺少生产技师，可指派生产教学技师担负两个班（每个班学生为12～15人）学生的生产教学和生产实习，同时，增加生产教学技师30%的职务工资。

苏联八十年代职教改革述评 [①]

职业教育的改革在 80 年代几乎成了苏联教育改革与发展的中心环节。在短短的 10 年内，职业教育经历了两次方向不同的改革，即 1984 年和 1988 年的改革。前者已为后者所取代，成为历史，后者目前仍在实施之中。民间与官方对这两次改革微辞甚多。回顾并研究这两次改革的社会背景、内容特点及实践效果，有助于我们在前进中思考，并更冷静地把握我国职教改革与发展的方向。

（一）80 年代职教改革的回顾

1984 年职教改革，此次改革遵循的法律性文件主要有两个，就是苏联政府 1984 年 4 月颁发的《普通学校和职业学校改革的基本方针》与《关于进一步发展职业技术教育并提高其在培养熟练工人中的作用》的决议。根据这些文件的精神，职业教育经改革负有两项新的使命：①为向全体青年普及职业教育过渡做好准备，其具体做法是大力扩大职业学校办学规模，吸引更多青年通过职业技术学校——职前培训的基本形式，走向社会生产；②统一职前培训水平，使培训机构朝着整齐划一的方向发展，这一目标通过组建统一类型的中等职业技术学校，兼施普及中等教育与职业教育的途径实现。此外，作为完成上述任务的组织保证，苏联政府强化了职业教育的统一管理，要求各部、主管部门将下属学校全部移交，由国家职业技术教育委员会系统集中领导。改革最终在全苏联范围内确立了集中统一的职教管理体制。

此次改革是 70 年代中期以来苏联社会、经济及教育发展合乎逻辑的结果。自 70 年代末期起苏联经济持续不景气，工业生产低速（3% 左右）发展，农业生产徘徊不前。1978 年，政府《关于进一步发展苏联农业的决议》，1984 年实施的《食品纲要》均未能扭转日益恶化的农业生产形势。经济不景气的原因颇多，除经营政策、管理体制问题外，生产第一线的劳力（尤其是青年劳力）流失、短缺是重要原因。而逐年下降的人口自然增长率（1970 年为 9.2%，1975 年为 8.8%，1980 年为 8%）对劳力的短缺而言，更是雪上加霜。

劳力输送机构——职业技术学校同样处境困难。由于苏联政府战后长期实施高等教育优先发展的战略，其后果之一即是导致教育内部结构失重。按国家教育规划，职业技术教育明显落后于高、中等专业教育的发展。高、中、低级专门人才的培养严重失调；1965 年与 1975 年高、中等专业学校毕业生与职业技术学校毕业生的比例为 100 ：110 左右。也就是说，每培养 100 名高、中级专门人才，只培养 110 名技工。显然，教育结构的不合理造成了生产一线劳力供不应求。扩大并加速职业教育的发展势在必行。

而职业技术教育的发展步履艰难。中等教育的普及（1975 年苏联宣布完成了普及中等教育的任务）刺激了社会各阶层人们对高学历的追求欲望，加之旧教育传统观念的影响相对降低了职业教育的社会威望。因此，70 年代中期以来。尽管政府不断扩大职业技术学校招生名额，却年复一年完不成招生指标。社会的迫切需求与职业技术教育发

---

① 刘启娴 . 1992. 苏联八十年代职教改革述评 . 比较教育研究，（1）：34-38

展滞后的矛盾迫使苏联政府诉诸行政命令，即靠发动改革，实施法律性决定的手段，为职业教育的迅速发展开路。然而，1984 年的职教改革未见成果，迅速为 1988 年职教改革所取代。

1988 年 2 月苏共中央全会通过了《关于教育体制改革的决定》，年底苏联国家教委主任雅戈金在国民教育工作者代表大会上作报告，宣称对整个教育进行"根本性变革"，在标榜"人道化"和"民主化"的指导思想下，强调学校的教学、教育工作要尊重人的个性，满足个人的教育需求；教学内容非意识形态化，教学形式和方法区别化，学校教育机构变封闭式为开放式，面向社会，以实现办学形式和方法的多样性和灵活性；管理工作变行政命令式为自主、自治的方式。

1989 年由苏联教委组建的职业教育临时性科研集体先后在列宁格勒、莫斯科召开了关于职业教育发展的研讨会。会上，全苏联职业技术教育科研所所长沙普金明确提出："职业教育体系应当按照更加多样化的原则进一步发展。不能将这一体系导向统一的学校类型、统一的教学计划和统一的教学方法。"专家与学者们强调，形式上的统一掩盖了社会、生产和人们对教育需求的多样性，并由此导致官僚主义的滋生。

根据苏联官方领导的讲话精神，1988 年推出的《职业技术教育新构想》及 1989 年颁发的《职业技术学校暂行（示范）条例》，此次职业教育改革与发展的原则可归结为：职业教育的多层次化、培养形式的多样化及管理工作的多元化。按照这些新原则，1988 年以来苏联政府对职业教育采取了如下改革措施：

1. 培训机构的多样化

根据优先发展以高中为基础的职业教育并同时保留招收初中毕业生的职业学校的方针，苏联国家教委将原统一中等职业技术学校有区别地改组为三种学校：①凡教学物质设施较差者自 1988 年 9 月起改为 2 年制普通职业学校，招收初中毕业生或因种种原因未结业者，不再授予中等教育。其总数约为 1500 所左右。②中等职业技术学，招收各初中毕业生，学制 3 年，兼施普通中等教育与职业教育；招收高中毕业生，学制 0.5 ～ 1 年，实施职业教育。其规模约为全部职业学校总数的 30% ～ 40%。③创建一批高等职业技术学校（或称技术中学），招收初中毕业生，学制 5 年；招收高中毕业生或中职毕业生，学制 2 ～ 3 年；授予高等专科教育。目前在进行教学实验，全国拟建 20 ～ 30 所。

2. 教育结构多层次化

多样化的培训机构提供多层次的职业教育：①普通职业学校授予初级职业教育，培养普通技工。其培训计划原则是：以中职相应职业的教学计划为依据，普通教育以人文学科为主，自然教学的学习与职业教学相结合，不肩负普及中等教育的任务。②中等职业技术学校授予中等职业教育，培养中级技工。其教学特点有三：一是为扩大技工的综合技术知识与眼界，肩负中等教育的任务。故其内容与水平不以普通高中为准。二是普通教育着眼于职业教学，设置融普通教育与职业技术知识于一身的一体化课程，如数学——信息学、物理——电工学、化学——生态学等，其在教学总量中占比由原来的 40% 降为 32%。三是加强职业培训，其培训时间由原占 44% 增至 56%。③高等职业技术学校授予专科教育，培养技师（或高级技工）。其普通教育以大学 1～2 年级课程为主，两年教学总量为 3064 学时；用于职业教学与训练的时间为 1639 学时（其中，理论教学为 399 学时，实际训练为 1240 学时），在全部教学总量中占 53.3%。培训宗旨在于 2 年内使中级技工提高技能 2～3 级，达到技师（高级技工）的标准。

3. 管理的多元化

教育与学校由封闭转向开放，使管理工作因社会参与而呈现多元化趋势。履行职业教育管理职能的机构由单一的国家机构变为多极的官方与民间机构，并导致管理职能的重新分配与协调。

官方管理机构依旧起主导作用，如教委职业技术教育管理总局、各加盟共和国相应机构仍担负主要领导与管理职能（如对大政方针、政策的管理），不同的是管理重心下移，即各共和国拥有教育自主权，可根据其民族特点、经济条件及文化传统自行规划并发展职业教育。

与官方管理系统平行，全苏乃至各共和国一级自下而上创建了新型管理机构。如全苏职业教育工作者协会、共和国职业技术学校协会。目前，这些非官方的职业教育管理机构已承担起职业教育科研及部分干部培训工作的管理，在向管理新体制过渡进程中对捍卫职业教育的特殊性和独立性发挥着重要作用。此外，基层（地区一级）也涌现出许多自治性的社会管理机构。

综上所述，10 年之内苏联职业教育经历了内容截然相反的两次改革。前者将其导向统一，后者将其引向多极。80 年代苏联职业教育发展的这种特殊性源于其社会、经济及教育发展的特定历史条件。从社会整体环境来看，1984 年职教改革发端并运行于苏共中央及政府对政治、经济及教育的集权（或传统）管理体制内；而 1988 年职教改革则引发戈尔巴乔夫的"人道的民主的社会主义"理论，即实现向多党制、政治多元化及市场经济过渡和向各共和国分权。社会背景不同导向不同的改革方向：前者势必强化集中统一，后者自然力主分权、多极。从职教的具体环境而论：1984 年改革是苏联政府 70 年代末期改进各类中等学校工作（1977 年 8 月、12 月苏联政府颁发了有关改革职业技术学校和普通中学工作的决议）的延续和整体规划；1988 年改革则是其彻底革新教育体制的组成部分。

（二）职教改革的问题

对于职业教育的两次改革，苏联社会舆论与官方认识是一致的，即基本上是不成功的，甚至认为，后者使职业教育面临崩溃的边缘。教委副主任斯米尔诺夫则公开承认："无论 1984 年的学校改革，还是 1988 年苏共二月全会通过的国民教育改革的措施均未能原则上改变职业学校的工作。目前，在对待许多问题的立场上都出现了倒退，这种倒退即便在职业学校最困难时刻也未曾发生过。"人们对这两次改革反应最强烈的有如下几个方面的问题：

1984 年改革提出并实施的向统一的中等职业技术学校过渡的方针是不切实际的，超出了学校和学生的实际可能。据权威人士披露，在苏联近 8000 所职业学校中教学设备齐全，可胜任中等教育学校仅近3000所；1500所则根本缺乏授予中等教育的物质基础——教学实验室。即大多数职业学校只能授予"形式主义"的中等教育。此外，教师们反映，"一刀切"的做法无视学生知识与能力的个人差异。1987年有关部门统计，职业学校新生入学后的数、理、化初次测验，近70%成绩不及格。但他们却要在三年内完成中学教育与职业训练，为此，教师被迫一再压缩教材内容，甚至免除学生必要的考试。难怪人们称这些学校的普通教育为"官方的中等教育，事实上的半中等教育"。而且，兼施普通中等教育导致职业学校大幅度削减生产教学课时（由原占教学总量64%降为42%），青工培训质量下降。据研究部门的追踪调查，1984—1987年中职毕业生中基本胜任中级技工者占66%，一年后技能尚不达标者仍占16.3%，余者只能从事一般工作。苏联教委的有关领导对1984年职教改革做了否定结论，认为改革措施和做法是错误的。

1988年职教改革出现的问题是全方位的。广大职教工作者及其领导面对诸方面不断发出的"失事信号"，频频疾呼职业教育危机。对此次改革反响最大的问题如下：

忽视职教管理特点，造成管理混乱。随着原国家职业技术教育委员会及其系统的专职机构被撤销，地区一级职业教育移交国民教育行政机构兼管。由于其中职业教育专职干部数量少（有的仅有5～6人），经验不足，涉及具体问题常常手足无措，致使学校管理陷于混乱；教学指导与例行检查无人问津、实际困难求助无门、教师队伍人心浮动、与生产单位屡屡发生纠纷、学生活动园地——职业教育文化宫、技术之家在某些地区竟然无端遭到关闭……从基层学校直至官方领导一致认为，将职业学校转归区国民教育局管理的尝试是不适宜的，并要求给予职业教育自治管理的权利。

为实现社会广泛参与的构想，苏联国家教委发布了相应指令改变部分学校办学体制。然而，一些部（主管部门）与企业得知所移交学校不再享有国家财政拨款后，则拒绝进行移交工作，有的部门与企业囿于功利思想与现实利益采取了一系列实用主义措施，如拆卸学校设备出售用以谋利，或将其设施（校舍、实习场地）移作他用，个别学校甚至接到企业命令，责令其解散，列宁格勒市第86职业技术学校1栋9层楼房被基地企业单方拍卖，学校被迫将此事诉诸法律。由于多方面反对，移交指令被迫停止实施。

新培训机构的职能与地位不清。在实现培训机构多样化的进程中，也出现了各培训机构职能界定不清的情况。目前，苏联高等专科教育的实施使授予高中后教育的学校增至两种。由部分中专升格的2～3年制技术学校和2年制高等职业学校。二者均宣称授予专科教育且培养目标非常接近。前者为初级工程师或技术员，后者为技师或高级技工。有人主张在技能标准上拉开二者的档次，以便在实践中区别二者的使用；而生产部门的实际工作者和专家却指出，这种想法和尝试将是徒劳。因为在许多工作岗位上，二者的职能和技能等级标准几乎是一致的，很难明确界定。实际上，高等职业学校的培养规格并非整齐划一。半数以上的学校培养目标混乱，既有技师、高级技工，也有具备中专水平的熟练工人和具有中等教育水平的技工。显然，后两种培养目标与中等职业技术学校重叠。因此，在1990年6月召开的有关职业教育研讨会上，许多专家与职业学校领导者（和校长）要求加强对职业学校教学实验的集中领导与统一规划，以减少专门人才培养工作的混乱与浪费。

职业教育发展失控。1988年职教改革方针确定了职业教育优先发展的重点是以高中为基础的职业教育。新的发展方针是适应现代化生产发展趋势培养高级技工。根据苏联劳力部门统计，目前，生产单位急需的近 70 万劳力正是为自动化、科学密集型生产服务的中级技工。然而，1988 年以来职业教育发展失控，2 年制普通职业学校以前所未有的速度扩大，1989 年，仅俄罗斯联邦共和国内其在校生人数就增至 20 万人。按照新规定，这种学校可招收初中未结业生，因此，其生源甚众。近年来各共和国内这类学校的招生人数有增无减，且生源中 8 年级未结业的人数激增。面对这种发展趋势，有关专家及教委成员均惊呼不已：职业教育是向 21 世纪迈进，还是向 19 世纪倒退？

职业教育社会威望进一步下降。职业教育管理混乱和基层学校的动荡进一步降低了职业教育的社会威望。首先，职业自卑感和离心倾向在学校教师中明显增加。随之出现教师的大范围流动，涌向产业界（合资企业、生产性联合体）和经营性公司。据 1988—1989 年统计，仅一年内调离职业学校的教师（包括生产教学技师）竟达 4 万余名。此外，经营与管理新机构在生产部门的实施置劳力输送机构——职业学校于进退维谷的境地。一方面，企业竭力稳定乃至压缩人员编制，致使职业学校部分毕业生就业无门，另一方面，政府下达新指标，要求增加招生名额。许多领导被迫拒绝或自行减少招生人数。因此，1989—1990 学年全国共计少招生 55 万余人，其中，日课制学生 32 万人。处于这种不利的内外环境，青工的培训质量逐年降低，1989—1990 学年职业学校毕业生资格鉴定中，技能未达标者的比例高达 45%。

官方、学者与广大职教工作者均不满于职业教育现状，也并不留恋过去，认为再回到中央管理的体制是不可能的，然而人们对于将来的期望值颇低，仅希望职业教育体系不致崩溃。

（三）原因浅折

苏联 80 年代职教改革，尤其是 1988 年改革的方针不无道理，其中，如职业教育多层次化、培训形式多样化与管理多元化原则为世界许多国家发展职业教育所采用，并无任何新颖之处。然而改革不仅未取得预期效果，反而引起危机，其原因是复杂的、多方面的。

1. 职教改革的社会环境不断恶化

众所周知，教育改革必须运行于相对稳定的社会经济环境，否则，改革构想和措施无论多么周密与完备，也难以付诸实施和奏效。而 1984、1988 年职教改革恰恰缺少这样的基础。1988 年 6 月，苏共 29 大上戈尔巴乔夫提出"人道的民主的社会主义"概念和所谓"社会主义多元化"的主张，使苏联社会经历着前所未有的动荡。党派林立、民族主义势力抬头，社会公德、人的价值取向均发生了变化。功利主义、本位主义等思想作祟使青年工人的培养不再被视为工人阶级一项义不容辞的社会职责和义务，而被作为社会重负，予以相互推诿或擅自"处理"。而社会动荡更加剧了国家财政经济危机，1990 年以来，苏联生产呈负增长，财政状况恶化，国内外赤字居高不下。这一切恶化了职教改革的环境：政府（及各部门）对教育（包括职业教育）投资减少，使基层学校的财政经费更加困乏。学校不仅难以改进教学技术装备率低的现状，而且无法执行改革的各种新方案、新措施。总之，社会动荡不安、经济危机是 1988 年改革不可能奏效的主要原因。

2. 职教改革与经济改革缺乏相应调节机构

职业教育是整个教育事业中与生产联系最密切的部分，产业界的任何变化无一例外要影响到职业教育。因此，职业教育的发展与改革应与产业界（经济部分）的发展与改革协调一致。二者之中任何一方过度超前或滞后发展，或二者间未建立起相应的调节机制势必会阻碍职业教育的顺利发展及其改革的实施。这是 1988 年改革许多措施在实践中受阻的重要原因之一。

1988 年苏联全国实施企业经营机制改革，推行经济核算制原则。在这种形势下，需要有一部新的职业教育法或相应的调节机制，作为职业教育进入经济运行新轨道之中的组织保证。具体地说，有关法令应规定出新形势下国家、社会、产业界及教育部门对职业学校应承担的权利、职责与义务，及其诸方面之间的制约关系。然而，时至今日该法草案尚未出台，仍在酝酿之中。因此，有关单位借故不履行应尽的义务，如企业与学校联合培养工人、向学校提供人才培养的部分补偿费用等，并不承担任何法律责任。改革诸措施因此搁浅。

3. 重要改革措施未以科学实验为依据

众所周知，任何一项重大改革方案或决定的实施都应以预先周密的实验及其可行性科学论证为依据。某些情况下，个别例案在实验中获得成功，大规模推广时未必会达到预期效果，因为其受制条件颇多。关于 6 岁儿童入学的实验与实施即是一例。

1988 年职教改革的重大方案，如改革管理体制、办学体制等均未试行，便在全国匆忙实施。一俟改革方案在实践中受阻，领导者便无所适从，紧急修改。政策、决定多变则进一步加剧业已混乱的局面。

总之，80 年代苏联职教改革给我们提供了从历史教训中学习的机会，并引发我们的认真思考。

高职发展模式初探 [①]

我国的高等职业教育与通行于欧美各国的短期高等教育同属于一种类型。在世界范围内，短期高等教育的发展历史并不很长。它主要兴起于科技迅速发展的 60 年代至 70 年代，首先出现在经济发达的欧美一些国家，70 年代起在许多国家逐步传播来开。此类教育在我国出现于改革开放之际，此后社会对其呼声渐高，90 年代初受到中央领导的特别关注，成为政府和各界瞩目的热点。目前，我国高等职业教育正处于起步与蓬勃发展阶段。在此形势下，探讨国际短期高等教育发展的模式，研究并吸取其发展进程中某些具有规律性的内容，以推进我国高职教育的顺利发展，是一项十分必要且有益的工作。

---

① 刘启娴 . 1998. 高职发展模式初探 . 教育研究 . （7）：51-56.

（一）国外短期高等教育发展的主要模式

在短期高等教育发展的进程中，各国依据本国经济发展的需要，职业技术教育制度、管理传统，以及高等教育的结构形成了各具特色的多种发展模式。其中美国、德国、法国、日本代表着 4 种不同的发展模式。

1. 以区域学院为主体的多功能发展模式

在美国，实施专科层次技术与职业教育的机构有两种，一是独立设置的社区学院，二是附设于大学的技术学院。这两种学校虽在教育层次、培养规格上差别不大，但在学校规模、教育功能，以及办学机制等方面相距甚远，其中前者的地位与作用是后者难以替代的。

社区学院的前身为 20 世纪初创建的初级学院。这类学校多由社区举办和管理，又因密切为所在社区的社会、经济服务而得名。30 年代至 40 年代，社区学院得到较快发展，1940 年数量达到 469 所。然而社区学院的迅速崛起，并以职业技术教育为主要功能在美国高等教育结构中确立起自己的重要地位，则发生在 20 世纪 60 年代。

社区学院的发展成为 60 年代至 70 年代美国接受高等教育人数增加的主要因素，由此也确立了它在实施高等职业教育中的地位。

20 世纪 80 年代末至 90 年代初，迫于国际经济竞争的需要和高科技发展对实用技术人才的迫切需求，美国政府着手改革职业教育制度并通过了《职业和应用技术教育法案》（1990 年）。依据该法案，高中段后 2 年的职业教育开始作为高中后实用技术教育（2 年）的准备阶段，二者互相衔接。鉴于社区学院在满足青少年及成人在职业教育（培训）、促进就业（转岗、再就业）及为社区经济发展服务等方面贡献卓著，被美国各界视为完成此项任务"最有发展前景的学校"。故实施"2+2"模式的社区学院成为联邦资助高中后职业教育的重点。1997 年，克林顿继任总统之后，宣称要普及 14 年教育并提出采取抵税贷款的办法，资助低收入家庭子女完成大学第一阶段（前 2 年）教育，社区学院被指定作为完成此任务的基地。

总之，经过数十年的发展，社区学院已成为以职业教育和培训为主，兼负成人教育、继续教育等多功能的区域教育中心。1996 年美国社区学院数量达 1471 所（公立 963 所，私立 508 所），占全部高校总数的 41%；在校生 653 万人，占在校大学生总数的 40.9%；其新生占全部入学者人数的 50%。

2. 以中专为基础改制的发展模式

在德国，实施高等职业教育的机构有两种：由各类中专改制建立的专科大学和校企合作联办的双元制职业学院。在德国的非学术性高等教育中，前者承担高级职业人才培养的重任。

20 世纪 60 年代，德国经济进入以工业为先导的产业结构调整时期。为弥补经济起飞及科技发展带来的高级职业人才大量不足的缺憾，1968 年联邦德国各州政府首脑就高教结构改革的紧迫性及其改革原则取得了共识，并通过了《联邦德国各州统一专科大学的协定》。各州经审慎研究，一致决定，采取"在职业教育机构的基础上，通过改变其法律地位和培养制度"的作法，发展与传统大学并行的新型高校。即将属于中专性质的各类学校（工程师学校、经济及农业学校等）经联合，改制扩建为专科大学。

1976 年联邦政府通过了《德国高等教育总法》，确认专科大学具有与传统大学相同的法律地位。此后，规范办学与教学成为专科大学工作的重心。其培养规格定位于从事实际工作的应用型高级技术与管理人才。由于修学年限相对较短，教学组织严格，重视实践与实习环节等，毕业生就业率较高（当年就业率达 2/3，而传统大学毕业生仅为 1/3）。专科大学因此受到社会与青年（尤其有职教经历者）的欢迎，从而为这一时期德国高教的大发展作出了贡献。1982 年专科大学生占当年大学生总数的 20%，1988 年这一数字达到 34.9%。

进入 90 年代，各州政府致力强化专科大学的教学特色。作为这一种共同意愿的体现，1992 年各州文教部长联席会议通过了《关于专科大学专业设置的决议》。按照该决议，专业设置以工科类为重点，兼顾经济、社科等学科，其中不乏新兴专业与学科（近 30 种专业）。修学年限为 7～9 学期，以培养工程师为主。随着欧洲共同体对德国专科大学学历文凭的认可，1995 年联邦各州相继修改"高教法"，允许专科大学优秀毕业生直接攻读博士学位，使专科大学最终取得了与学术性大学相同的法律地位。

1994 年德国共有专科大学 164 所，在所有高校总数中所占比例已超过 51%，在校生 47 万人，占高校学生总人数的 27%；专科大学被誉为工程师的摇篮，培养了全德 3/4 的工程师，1/2 的企业经济师和计算机工程师。为此，德国国立专科大学校长常设会议建议，到本世纪末，专科大学的规模应进一步扩大，在校生应达到 85～100 万人；即至少 40% 具备入学资格者应进入专科大学学习。职业学院产生于 70 年代初期，为产业界按照传统双元制模式培养较高层次实用技术人才的尝试，旨在建立学制较短、岗位适应性较强的教育制度。此举的首创者为奔驰公司，1972 年，它与地方学院谋划联合创办了实行产学结合的新型院校——双元制学院。这种学院的特点是：实施学年制，学制为 3 年；专业设置以地方需求为依据，面向较为宽泛，包括经济、技术、社科三大类，学院实行分层次组织学习与培训：前两年培养"助理工程师、助理经济师"，结业者可就业或继续学业；后一年，培养相当于工程师水平的专业人才。1975 年各州教育部长联席会议正式认可职业学院为"第三级教育设施"，学院数增至 8 所，在校生 1.2 万人。职业学院采用双元培训制度，强化了学生的实习实训活动。其学制虽短，但没有正规校较长的休假，故教学质量仍有保证。1995 年，职业学院已推广到德国的 9 个州，规模扩大到 30 所。

德国专科大学曾被视为短期高等教育，其原因在于它具有"以职业教育为主的高中后教育"的特征，且修业年限相对于德国普通大学较短。但据 90 年代以来的发展趋势看，它已被规范为本科层次的高职教育，而职业学院日渐发展成为专科层次的高等职业教育机构。

3. 同层次各载体平行发展模式

法国的短期高等教育产生于 20 世纪 50 年代中期，自 60 年代起出现了高级技术员班和技术学院两种教育形式机构并行发展的格局，且获得了较本科更快的发展速度。1981—1986 年，法国本科生人数增加了 13%，而短期高等教育学生数却增长了 67%。

最早提出生产一线需要一种界于工程师与技术员二者的"中间人才"——所谓高级技

术员的是法国产业界。1954 年政府在条件较好的技术高中（相当于我国的中专）创办了首批高级技术员班。之后一些工商协会、职业协会等社团根据行业需求相继单独或者联合开办了一些这样的班，但仍有 60% 的学生就读于公立的高级技术员班。高级技术员班的生源来自技术高中、普高毕业生及同等学力者，前者享有入学优先权；学制二年，专业划分较细，技能培养有明显的岗位针对性和实践性；毕业生通过国家考试可取得高级技术员文凭。

70 年代至 80 年代在法国职业教育大发展中，这种班的规模进一步扩大，1988 年新增班 160 个。进入 90 年代，在失业率高于 10% 的法国，这种班的毕业生一年内就业率却明显高于大学本科生。故近年来，这种班的生源得到明显改善，成绩优良的普高及技术高中毕业生不断增加。1995 年法国全国共有 600 多所技术高中办有 1900 多个高级技术员班，在校生总数达 22.5 万人。该班已成为法国实施专科层次职业教育的一支重要力量。

技术学院是法国 1966 年高教结构改革的产物。大学创办技术学院最初负有多项使命：满足经济发展对高级技术人员的需求；发展面向地区的技术教育，强化为区域经济服务的功能；设置短学制，以减轻中学毕业生对高等教育的压力；将高等教育与工艺技术教育相结合，以取代高级技术员班。在教育层次、生源、培养目标、教学组织、毕业生文凭授予及出路等方面它与高级技术员班基本相同，而办学性质、专业设置、课程及教学安排方面有所不同。技术学院均为公立，通常专业设置面较广泛，专业课基础知识面较宽，教学兼顾升学与就业。继续学业者比例不断增加，约占 45%。

70 年代以来，技术学院发展较快，1966 年仅有 13 所，学生 2000 人；1985 年增至 67 所，学生增至 6 万人，1995 年达到 88 所，学生 10.3 万人。

专科层次两种教育载体并行发展的格局之形成，主要源于二者在专业设置、课程内容上实行宽窄并举的原则，故其毕业生的优势不同。高级技术员班毕业生的专业知识、技能专而精，顶岗快，现场指挥与操作能力强，但适应性差一些；而技术学院毕业生的专业知识与技能相对宽一些、适应范围较广泛，应用新技术成果能力强，但任职后适应期长一些。二者在人才培养规格上的分工，适应了产业界各种生产岗位对该规格人才的不同需求。

4. 以五年制高专为支柱的发展模式

20 世纪 60 年代是日本职业教育，尤其高中后职业教育迅速发展的时期。这表现为：1961 年，新型学校——五年制高等专业学校创立；1964 年短期大学经十余年发展后获官方认可，取得了应有的法律地位。这两种学校虽层次相同，但其创建的背景不同，专业设置、教学组织及担负的角色和功能各异。日本社会普遍认为，五年制高专在其战后经济起飞，产业结构调整中发挥了重要的人才支撑与保障作用。

自创办之初，高专在入学、专业设置及教学组织等方面均有自己的特色。学生须竞试入学，学制长（以初中为基础五年），初期仅设工科，教学重视实训实践，突出岗位能力培养，为终结性教育；毕业生就业率明显高于四年制大学工科部和短期大学工科毕业生。

70 年代，随着义务教育年限的延长及高学历风气的冲击，高专的生源一度萎缩。1976年，技术科学大学（本科层次的高职机构）的创办，为高专的继续发展注 入了生机。1991年，日本通过《关于改善高等专门学校教育》的文件，高专实施学衔制并与本科教育相衔接。1995 年日本高专共有 62 所（私立 3 所），在校生 5.6 万人，78% 的毕业生直接就业。

短期大学出现于战后日本高教改革（1949 年）之后，因其办学条件差，长期未获官方正式认可。在高教大发展的 60 年代，文部省颁发《短期大学设置标准》（1964 年）短期大学始获正式承认。短期大学虽然是仿照美国社区学院创办，以培养中级技术人员和有专业技能的人才为主，但其功能独特：以满足女性对高等教育的需求为主（60% 的学校仅招女生，生源中 91% 为女性）；专业设置人文色彩浓厚（选修家政，教育和人文专业者占 60% 以上），不足 10% 的公立校设有工科专业，故短大又被称为女性准高等教育机构；私立学校居多（占 85%），校均规模不大。50 年代短期大学有 200 余所，学生 7 万人；1995 年增至 596 所，在校生 49.8 万人。

从高专和短大兴起发展的背景和进程，可清楚看到这两类学校在日本的经济振兴和社会发展中分别担负着各不相同的社会职能并做出了应有的贡献。

综上所述，美、德、法、日四国短期高等教育的发展模式代表了世界上较为典型的不同高职发展模式。这四种模式的形成与发展，反映了四国社会经济、教育等方面发展的不同国情与需求。其中各国高等教育的传统与结构，职业教育的发展水平，以及社会各界，尤其是产业界、经济界参与教育的机制、深度与力度等，均不同程度地影响了这些模式的确立与形成。

（二）高职发展模式共性特征探讨

美、德、法、日四国发展短期高教的模式虽截然不同，但是这些模式兴起与发展的社会背景，确立与发展所遵循的基本原则，以及发展主体的社会属性等方面却不乏共同之处。

1. 需求是发展的动力

研究四国高职横式纵向发展的不同轨迹，我们不难发现，60 年代是其机构共生和蓬勃发展的时期。日本高专于 1961 年（短大于 1964 年），德国专科大学于 1968 年，法国高级技术员班于 1954 年、技术学院于 1966 年相继问世，美国社区学院也在此时期迅速发展。专科层次职教机构在这些国家的涌现与发展绝非偶然的巧合，而是其社会经济与教育发展的共同需要。

50 年代中期，西方各国（美国、加拿大除外）完成了战后经济的恢复，开始进入高速发展和产业结构调整时期。在新技术革命的推动下，传统工业部门的技术改造，以高新技术为核心的新兴工业部门的建立及现代管理制度的引入，促进了这些国家劳动生产率的提高。整个 60 年代，美、德、法、日四国工业年均增长率都超过了 5%（日本高达 13%）。制造业向技术密集型产业的转变使得生产一线需要大批较高水平的技能型、技术型实用人才及管理人才。而这种类型职业人才的培养在各国高等教育与职业技术教育领域中却处于空白。这就是各国产业界对高层次职业人才的培养呼吁强烈，以及工科类高职迅速兴起的外部驱动力。

长期以来，世界各国传统大学重学术科研，轻技术与应用的积习深重，且学制较长，结构单一，培养规格划一。50 年代，各国的高等教育因受战争破坏，尚处于恢复与发展时期，不仅其规模落后于产业与经济界的发展需要，而且在教育类型与结构上也难以满足其对各层次类型专门人才的需求。此外，第二次世界大战后出生的一代人已接近成年，他们之中的多数人希望接受高等教育，并在较短期限内迅速学成，以便就业。故短期高等教育在 60 年代各国高教结构改革之中蓬勃兴起，也有着深刻的内在原因。

2. 诸模式发展呈现属地性特征

需求是发展的动力，这种说法固然无可非议，然而仅靠市场力量作为短期高教发展的动力并不利于其健康发展，因为市场难以解决其所需投入、高教结构单一及区域非平衡发展等一系列问题。因此短期高教的发展同样需要政府的干预。从诸模式发展的介绍中不难发现，各国政府在短期高等教育兴起与发展之初均采取干预的作法。尽管其干预手段不同：美国采取立法手段，通过了《区域再开发法案》《职业教育法》；德国采取联邦与州政府协调，共同推出区域高等教育发展计划；法国由中央政府规划技术学院的布局等。这些干预的目的是一致的，就是为繁荣地方经济，促进高等教育结构的改革和扩大就业服务。

20 世纪 60 年代至 70 年代，各国短期高等教育获得较本科教育更高、更快的发展，是政府干预的结果。另一方面，更重要的还在于，在实行市场经济和地方分权制的西方诸国，地方政府迫切需要建立起与其经济社会发展和结构相适应的人才培养和保证基地，并使属地居民充分享有教育与就业机会。这就是四国短期高等教育发展模式虽不相同，但诸模式在发展之中均呈现属地性特征的原因所在。

3. 政府办学，公立校为发展主体

在国外高等教育领域中，私人和民间团体为一支重要的办学力量，故知名大学为私立的例子不在少数。因此，在各国短期高等教育的发展进程中，同样伴随着私人与社会团体参与办学的活动。但以工科类专业为主的短期高等教育而论，其私立者的比例很低。如日本 6 年制高专中，私立者仅占 5%，法国大学的技术学院、德国的专科大学则均为公立学校，法国高等技术员班中 60% 以上的学生就读于公立班。在综合设科的美国社区学院中，私立校占 30%，而以社科类专业为主的日本短期大学中，私立者则达 85%。

公立学校作为四国短期高等教育发展的主体，这一方面表明各国政府对这类人才培养工作的高度重视，故财政上加以支持和资助；另一方面以工科类专业为主的短期高等教育的兴起，首先是为了满足第二产业对实用技术和管理人才的需求。而工科类职业人才的培养在物质、技术等方面耗资甚多，师资标准要求较高，通常民间团体与私人难以负担，其重任责无旁贷地落到国家与地方政府身上。故多数高职校姓"公"是必然的。

4. 诸发展载体职业性突出

短期高等教育的施教机构在构成上具有明显的职业性。从不同模式诸施教机构嬗变的进程中，我们不难发现它们与职业性教育机构有着密切的渊源。这表现为：一些教育载体或借助于中职机构的改制发展起来（德国），或依附于中等职业技术教育体制内（法国），

或实行中高等职业教育贯通的制度（日本）。尽管在这四国中，学术性高校的规模可观，其中美、法两国通过普通大学附设技术学院来推动该层次教育的发展，但其数量与规模终不及独立设置的同类机构（如社区学院，高级技术员班）。

该发展格局的形成首先在于，长期以来各国传统高等教育中，专科层次（或短学制）的实用技术人才的培养尚为空白或薄弱环节，而中等职业教育（中专校）与短期高等教育二者的培养目标具有相同属性，均为技能型人才与管理人才，仅层次水平不同而已。其次，中职机构在人才培养的指导思想、师资、教学与组织等方面拥有突出职业性的优势，借助于中职校的基础，较易于完成更高层次的培养任务。

5. 高职内涵为一个发展的动态概念

高职内涵的动态性可体现在三个方面：①从教育层次上看，最初它特指专科层次的职业教育。70年代初期召开的有关短期高等教育的国际会议认为，这类教育是实施"以教育为主的中学后教育"。上述四国60年代建立并发展起来的教育机构均具有该特征。70年代中期起，高职出现向本科层次延伸的趋势，其内涵扩大至本、专科两级教育。如日本技术科学大学问世、德国专科大学最终取得普通大学的地位。②从专业设置上看，技术型、技能型人才需求发端于当时上述四国制造业的迅速发展及技术变革，故专业设置以工科为重点（日本高专最初仅设工科专业），后随着各领域技术含量的加大，专业设置推及管理、经营、服务等诸多行业，涉及16～18种职业大类。③由终结性教育转向开放性。专科层次的高职最初以短期速成、终结就业为特征，故又称短期高等教育；70年代以后随着终生学习观念的普及和教育民主化趋势，出现了本、专科职业与技术教育的纵向衔接与沟通。

总之，高职的内涵为一个发展的概念，在教育层次，专业设置及肩负功能等方面表现为动态的不断丰富的进程。

（三）思考与启迪

1. 高职在我国的兴起是改革开放的产物

党的十一届三中全会之后，城乡经济体制改革，以及经济特区的创立为外国先进技术、工艺的大量引进和广泛应用打开国门，我国经济发展驶入了快车道。新技术、新工艺的引进，常规技术的更新和改造，导致生产一线对人才类型和规格的需求发生显著变化。较高层次技术型、技能型及复合型人才特别受产业界和经济界欢迎；沿海等经济特区的开发和乡镇企业、民营企业的异军突起与快速发展加剧了区域与基层生产对"下得去、留得住、干得好"的技术和管理人才的需求；物质生活的改善刺激了城乡居民对文化教育的渴求，广大青年学习科学技术和接受高等教育的愿望日渐强烈。这一切因素促使了高等职业教育的先行者——职业大学的问世，并引起了地方政府乃至中央对发展高职教育的重视和关怀。因此可见，高职在我国的兴起与欧美诸国短期高等教育发展的背景颇为相似，它是我国改革开放历史性变革的必然产物，即新时期社会经济和教育发展的客观需求，绝非个人意愿和行动所能左右的。

2. 地方，尤其是经济、教育相对较发达的省份应担负起预测和规划高职教育发展的责任

改革开放之后，沿海各省及经济特区由于政策上和技术力量上的优势，创造了超常规的经济发展速度和奇迹，同时也加大了这些省区与中西部地区在发展和需求水平等方面的不平衡性。因此，经济、教育相对发达的省区按照可持续发展战略，在面向 21 世纪的社会经济发展整体规划中势必凸现先导性和区域性的特征。

例如，一些省区对发展高职教育的强烈要求乃至采取超前举措则是该特征在教育方面的表现之一。其原因在于，一个省区社会经济长期持续稳定的发展不仅有赖于吸引人才的优惠政策，而且必须依靠一支庞大的规格多样、类型齐全、训练有素的技术队伍，即需要相应的教育体制加以支持。而在市场作为资源配置基础的新形势下，区域经济发展和区域人才市场、人力资源开发的相关性将变得更强，乃至呈现一体化趋势。这种发展趋势必然寻求建立面向地方、灵活多样的高职教育制度。50 年代欧美诸国将发展短期高等教育普遍纳入区域经济、教育发展计划，或将二者密切结合起来实施，绝非偶然，这也为我们提供了可供研究和借鉴的先例。因此，我国在发展高等职业教育时，政府的教育主管部门一方面，应依据各省区发展的不平衡性实施分类指导的原则和政策，即允许部分省（市）开展区域高职人才预测及其培养规划的先期试点工作；另一方面，在试点进程中要加强指导，将探索适合我国国情的高职发展之路作为重要任务，取得经验并作为对其他地区进行指导的基本依据和原则。

3. 当前高职发展载体应致力于突出职业性

按照国家教育部的有关规定，发展高职教育主要通过职业大学、专科院校和独立设置的成人高校改革、改组和改制来完成，如仍满足不了需要，通过少数国家级重点中专办高职班加以补充。该发展方针的全面理解似应包括两层含意：①要求综合利用现有教育资源，不再铺新摊子，盲目建设；②向诸发展载体提出了"突出职业性"的重任。所谓"改革、改组和改制"三改的核心在于要求各类发展载体真正办出高职特色。

目前，国家已明确今后高校招生增加部分主要用于发展高职，在此形势下，出现了各类学校争办高职的新局面，政府主管部门在制定与出台有关高职的各项具体政策时，在导向上均应有助于突出"职业性"，有利于高职特色的形成。否则，高职的发展将在热烈氛围之中走上有形无实的歧途。为此，首先应在办学与教学方面确定出权威高职特色的基本框架，使之量化、具体化，以增强其可操作性，为各类学校的"三改"指明方向。

4. 国家级中专举办高职班应视地方和行业需求而定，不宜采取"一刀切"的作法

国家级中专通常都有较长的发展历史、相应规模的教学设施与师资力量，其举办高职班的可能性通常无庸置疑。在这方面，法国高级技术员班的发展模式为我们提供了许多值得思考的东西。附设于技术高中的高级技术员班既未随大学技术学院的建立而萎缩，亦未引起技术高中的升格和不稳定。尤为引人注目的是，其较高的就业率正在吸引普高技术高中的优秀毕业生。由此可见，高职班的生命力存在于人才培养的特色与需求之中。在我国，国家级中专是试办五年制高职教育的一支重要力量。目前举办这类教育的 22 所中专校在改革课程结构，突出职业特色方面已取得了阶段性成果。目前不能以规范高等教育（低不办高）为由，取消中专作为办高职的补充地位和力量，这不仅不利于职教体系的建立，不利于高职教育机构的多样化，也不利于建立适合我国国情的高职制度的探索。国家级中专举办高职班应以需求而定，今后在部门办学职能日益萎缩，毕业生进入人才市场的新形势下，国家级中专加入区域高职教育整体规划，为发展做贡献，为地方经济培养中、高级职业人才做贡献，乃大势所趋。

参考文献

《当代世界经济实用大全》编辑部 . 1990. 当代世界经济实用大全 . 中国经济出版社

大田饶 . 1993. 战后日本教育史 . 王智新译 . 北京：教育科学出版社

符娟明 . 1987. 比较高等教育 . 北京：北京师范大学出版社

梁忠义 . 1988. 现代外国教育 . 大连：大连海运出版社

日本世界教育史研究会 . 1984. 六国技术教育史 . 李永连等译 . 北京：教育科学出版社

外国教育丛书编辑组 . 1979. 中等职业技术教育 . 北京：人民教育出版社

邢志超 . 1993. 战后法国教育研究 . 南昌：江西教育出版社

中国职业大学教育研究会 . 1986. 高等职业技术教育文集 . 武汉：江汉大学高等职业教育研究所

周蕖 . 1991. 中外职业技术教育比较 . 北京：人民教育出版社

十二、刘春生

刘春生（1944—　），男，山东平度人，教授、博士生导师。

1966 年大学本科毕业后，曾在延边二中、延吉市一中、延吉市教师进修学校任教师、教导主任和教研员。1980—1996 年，在吉林职业师范学院工作，先后任讲师、副教授、教授，兼任《职业技术教育》杂志社社长、主编。1996 年至今，任天津大学教授、硕士生导师、博士生导师。

刘春生是全国教育科学规划领导小组职业技术教育学科组成员；中国职业技术教育学会常务理事、职业高中教育委员会常务副主任委员；中华职业教育社理事、理论研究工作委员会委员；天津市教育科学学会副会长；天津市教育经济学研究会理事长。

长期从事职业技术教育理论研究和教学工作，发表论文上百篇，出版专著、科研报告、工具书等 17 部。其中主持编写的《职业技术教育的理论与实践》获首届全国教育科学优秀科研成果一等奖；《职业技术教育导论》获首届吉林省社科优秀成果二等奖。自"七五"以来，主持了"2000 年中国职业技术教育发展战略研究""职业技术教育管理学研究""关于建立市地职教统筹协调体制管理体制研究""职业技术教育区域规划的理论与实践研究" 4 项全国教育科学规划重点课题，均通过了专家鉴定。其中"2000 年中国职教发展战略研究"报告——《走向 21 世纪的中国职业技术教育》获中国职协优秀成果著作奖；"关于建立市地职教统筹协调管理体制研究"报告——《中国职教管理体制改革的目标模式》获 1999 年全国第二届教育科学优秀成果二等奖，吉林省总工会、吉林省经贸委和长春市总工会、长春市科委技术革新一等奖。

教育内部要树立职教与高教、普教并重的思想 [①]

所谓"职教与高教、普教并重",就是说要把发展职业技术教育提到与发展高教和普教同等重要的地位,形成"三教并重"、"三足鼎立"的新格局,克服教育管理部门在决策意识上重高教、普教,轻职教的思想,为职业技术教育的发展创造良好的内部环境。

(一)"三教并重"是现代化教育结构的标志

任何一个国家的教育层次、结构和门类都是由其社会经济的需要决定的。处在不同历史阶段的一国教育,其层次、结构和门类,也要因为经济发展不同阶段的要求而相异。当我们的国家要进行四个现代化建设的时候,没有现代化的教育,也就根本谈不上现代化的经济。

现代化的教育,其内涵是丰富的,从教育的内容、教育的手段到教育的管理、教育结构都是现代化的。纵观世界一些国家的成功经验,现代化教育体系的标志,就是职教、高教、普教并行发展,相互融通。

随着科学技术的进步,经济社会对人才的数量、质量、规格、层次、种类等,提出了新的要求,不仅需要高级的开发、研究人才,而且还需要大量的初、中级专业技术人才,更需要既有一定文化基础,又掌握了生产技能的劳动大军。以往那种"经院式"的高等教育和为高教提供基础的普通教育,显然是难以满足现代经济社会的迫切需求,急需变革教育结构。于是一些工业化国家很快将职业技术教育引入教育体系中,迅速形成了"职教、高教、普教三分天下"的局面。从有关方面提供的资料看,全球 192 个国家和地区已有 184 个开展了各种不同规模的职业技术教育。尤其是那些经济大国,他们既重视高教、普教,以此而拥有了大量的高级专业人才和建立在广泛的社会基础之上的良好的民族文化素质,又重视职业技术教育,换得了大量的各个层次的专业技术人才,形成了庞大的和始终处于优化状态的劳动产业队伍。也正是由于这种合理的教育结构而形成的人才结构,才促成了他们的经济腾飞。

我们知道,高教、普教、职教是各有分工,各司其职的。高等教育是培养从事研究、设计、管理等高级专门人才的教育层次。它的发展水平标志着一个国家科学文明的程度。普通教育是进行文化基础知识教育,为高教、职教打基础的,它的发展标志着一个民族的文化素质水平。职业技术教育的发展水平不仅决定着一个国家人才结构是否合理,而且,由于职业技术教育输出了经济社会中所必需的、大量的管理、技术及操作人员,所以,它又从另一个角度上决定了这个国家的经济发展的命运。正因为高教、普教、职教对现代经济社会有着自身的不容替代的独立任务与作用,所以,力图在经济上早日实现现代化的我国就必须迅速建立起与经济社会相适应的"三教并重""三教并立"的现代化教育体系。

(二)当前要重点发展职业技术教育

之所以提出"当前要重点发展职业技术教育",是因为我国职业技术教育虽然异军突起,但还远没有形成与高教、普教并重的局面,提出"当前要重点发展",就是希望决策部

---

① 刘春生.1990.教育内部要树立职教与高教、普教并重的思想.教育与职业,(5):17-18

门能尽快鼎力促成这一局面。

当然，对于我们这样一个贫穷的国家，教育的总体水平还是不高的，都面临着急需发展的严峻任务。比如高教，我们的高中毕业生只有 5% 升入大学，而日本高达 40%。只有 1 亿多人口的日本每年有 40 万大学毕业生进入工厂当工人，而我们 11 亿人口每年总共才有 40 万毕业生，而且，还极少进入企业。据 1980 年统计，我国大学生与总人口的比例只有万分之 11.60，而美国高达万分之五百二十三，加拿大为万分之二百九十五，日本是万分之二百一十点一，苏联是万分之一百九十点八（张春元，1983）。又如普通教育，小学教育很落后，名义上有 96% 的儿童入学，但读完六年小学的只占 60%，真正达到小学毕业的只有 30%。中学教育与日本、苏联、美国等发达国家有很大差距，这些国家都普及 9 ～ 11 年的教育，可我们仍有 12% 的小学毕业生不能升入初中，至于初中不能升入高中的人数更多。显然，高教与普教也必须要发展。

但高教、普教、毕竟已有悠久的历史，有了一定的基础，而且无论从规模上和体系上都已自成一家。而职业技术教育与之相比，不仅历史短、规模小，即使以现有的数量和质量与自身应达到的要求相比，其现实功能也是难以尽如人意的。我国的人才结构之所以形成高、初两头大、中间细的"蜂腰"，就是因为职业技术教育仍处于教育系统中的薄弱环节。因此，当前在教育总体结构发展上，除继续抓好高教、普教外，应重点抓好职业技术教育，在 2000 年前后，力争形成"三教并重"的合理结构。

这里关键是要转变决策部门的认识，再也不能"重高教，轻职教""扬普教，抑职教"了。应该看到，在培养专业人才上，我们的决策部门往往将兴奋点放在出高级人才的高教上，权重高教、职教的法码，总是倾向于高教"一头沉"。在我国，脱离社会的实际需求，盲目发展高等教育的现象也十分突出。从 1980—1986 年高校数由 675 所增加到 1054 所，1985 年一年就建高校 114 所，平均每三天建 1 所，速度之快，令人惊愕。然其规模之小，质量之差，效益之低，却没有引起决策者的重大关注。如我国高校师生之比约 1∶4，教工和学生之比大约 1∶2。这几乎是世界上最大的编制，最低的效益。

高校的超"度"发展，超越了经济的承受能力。从 1977—1986 年，我国高校本科、专科招生数的年平均增长速度为 12.5%，1986 年在校生总数是 1977 年的 200.6%；研究生招生数的年平均增长数为 15% 以上，研究生与本科生的比例达到甚至超过了发达国家的水平。其结果，①使高教造成了"相对过分教育"，教育结构畸形，生产急需的实用性人才不能适度补充。而高教人才出现了"过剩"。在专门人才中，学非所用，大才小用的竟占 13%。②影响了教育投资的合理分布，使我国十分有限的教育经费没有用在刀刃上，使本来用培养大学生 1/2 或 1/3 的投入就可以培养一名中级技术人才的职业技术教育，更缺少资金的支持。"六五"期间，高等教育的基建投资总计达 81.62 亿元，占全国教育基建投资的 61.76%。然而刚刚兴办的职业中学，本应重点建设，由于经费的投资方向偏离，国家每年才拨 5000 万元以资助，只好维持在低水平上。

（三）他山之石的启示

在世界教育发展史上，由于没有充分考虑本国的实际需求而造成某一类型或某一层次的教育投资过"度"的教训是不乏其例的。如印度因为盲目发展高教，在1967年约有12.1万名大学毕业生失业，1971年，这一数字上升为28.8万人。据估计，目前印度大学生的失业率约为25%。类似的现象在巴基斯坦、斯里兰卡、泰国、菲律宾、肯尼亚和加纳也十分严重。在菲律宾25岁以上人口中，大学毕业生占15.2%，比日本高出将近1个百分点，而它的文盲率也高达11.7%，与日本的0.4%形成了鲜明的对照（傅维利，1989）。世界著名的经济学家舒尔茨在《穷国经济学》一书中表达了这样一种思想：由于农业在发展中国家的经济中占有很高的比重，加之手工技术十分普遍，因而，在这些国家发展初、中等教育，农业教育和技术教育，将是收益最高的教育投入。盲目地仿效西方国家，把有限的资金大量投入到高等教育方面是一种十分不明智的选择。

台湾的例子也值得我们借鉴。60年代正当台湾经济起步时，台湾各大学的优秀毕业生连年成批地涌向美国，台湾成了美国高级人才的预备学校。而当年台湾劳动密集型产业的兴起，主要依托于其有良好基础教育、职业教育的优质劳动力，依托于训练有素的中等技术人才。时至今日，台湾经济由劳动密集转向技术密集时，长期滞美的高级人才才开始返归。

至于联邦德国和亚洲"四小龙"之一的南朝鲜经济发展的成功经验，也同样证明了只有教育结构合理，重视发展培养第一线的技术人员和熟练工人，才能赢得经济的迅速起飞。

第二次世界大战后联邦德国经济处于崩溃的边缘，1946年工业生产只占战前最高水平的22.6%。然而，到了1950年，就大体已恢复到了战前的水平。其原因就是得力于国民的技术能力和知识。从50年代起，联邦德国就普及了9年义务教育，现在又将职业技术教育纳入了义务教育。接受职业技术教育人数占同龄人的75%。这样就建立起了一支宏大的科技队伍和一支受过高度训练的熟练劳动队伍。据统计联邦德国熟练工人到1970年已达45.8%，而在动力、造船、冶金、建筑等重要部门都超过了半数。正因为他们舍得在智力开发、人才培养上进行大量投资，所以，这个国家经济发展的速度也是相当惊人的。从1950—1976年，工业生产增长3.8倍，平均年增长率高达6.2%，这不仅在德国战前是罕见的，就是同战后其他主要资本主义国家相比，其速度也是相当快的。

亚洲"四小龙"之一的南朝鲜，原来的经济起点很低，资源很缺，国内除了一些煤矿外，其他任何资源都没有，土地可耕面积也很少，仅占11%，1962年，人均国民生产总值仅82美元。可是近20年来，由于他们重视发展职业技术教育，重视提高劳动者的素质，使本国在原来就具备工业化国家所没有的廉价劳动力的基础上，又具备了发展中国家所没有的科学技术优势，而生产出质高价廉，有竞争力的产品。1986年人均总产值一跃达到2296美元，1988年人均国民收入为3728美元，并计划到1991年达到4000美元。南朝鲜最主要的经验就是重视中初级技术人才和中高级技术工人的培养，即重视职业技术教育。一般国家在高中级人才结构的比例上为1∶4或1∶3，唯独南朝鲜提出1∶20的比例。这也许就是他们经济高度发展的诀窍。

"他山之石，可以攻玉"。国外的经验教训都在告诉我们，必须优化教育结构，降低教育重心，积极发展职业技术教育。我们必须首先解决好教育决策的思想观念，为职业技术教育的优先发展提供必需的基本条件；同时，要在教育内部树立"平等"思想，扭转鄙视职教的行为；要提倡为职教办真事、做实事的作风，对于"换牌子、做样子、凑数字、混票子"的有悖于职教宗旨的现象，应彻底杜绝，通过扎扎实实、兢兢业业地工作，逐步使职教形成与高教、普教平起平坐的局面，以便使我们的教育更有效地为经济建设服务。

参考文献

张春元.1983.人口经济学.北京：北京大学出版社：461

傅维利.1989.对教育投入"度"的思考.教育研究，（11）：37-41

走出高职发展的误区 [①]

发展高等职教，这是当前我国职教界的一大热点。但似乎还有许多盲点和误区，需要加以廓清。

误区之一：要求发展的呼声主要不是来自经济部门，而是职教内部的自我要求和愿望。

要不要发展高职，何时发展，发展规模究竟应该多大，其主要依据应当是经济发展的需要，科技进步的要求和产业结构的变化。而这些依据最终只能由产业部门提出，或者由教育部门与产业部门在进行大量调查的基础上联合提出，唯有如此，方能保证高职发展中信息的准确性，办学的有效性和决策的科学性。

然而，令人不解的是，在当前这股扑面而来的高职热的呼声中，人们更多听到的倒是教育内部尤其是职教内部的声音。当然也还有一些地方领导的声音，而企业的声音、产业部门的声音似乎显得并不十分突出，这就不得不使我们对高职热的真实程度划一个问号了。

那么，为什么非产业部门对发展高职表现出那样的亢奋和热情呢？恐怕主要还是不同的利益驱动驱动使然，我们不妨分析一下几部分人争办高职的动机：职教内部部分中专和个别技校之所以对办高职异常地积极是因为他们觉得自己办学历史早、条件好，因而总有一种羞与新建的职高、技校为伍的心态。一有机会就想升级、升格，脱离中等层次。而学校一旦升格，各方面的待遇自然也就提高，普通高校和成人高校之所以对高职也有极大的兴趣，恐怕不无以此变相扩大生源，从而实现稳定学校、增加办学经费的目的。至于一些地方领导包括市长、县长、镇长，之所以表现出办高职的极大热情，主要认为当地的经济发展快，很需要人才。至于需要哪个层次的，高等技术人才需求量有多大，却并未进行科学的调查与分析。当然，也不能说没有为当地高中毕业生扩大升学面找出路的目的。笔者曾在在苏南一个乡镇企业发达的县级市考察。那里的经济发展确实很快，因此市领导在规划教育的现代化时，就强烈提出要办一所高校，究竟这个市应不应该办大学？我带着这个问场考察了那里乡镇企业的技术构成，发现那里的企业仍属于劳动密集型，员工们有中等职教的学历也就足以胜任岗位工作，至于需要的少量高级人才，通过引进或委托培养就可

---

①　刘春生.1995.走出高职发展的误区.职业技术教育，（8）：6-9

以解决，根本没有必要、其实也没有能力自己办大学。还有一部分职教管理者之所以也在为高职大声呼喊。并提出"中等职教不应是断头教育，应发展高职。以解决对口升学"。其真正的动因恐怕还是想重新拣起升学这根早已被职教抛弃了的指挥棒。试图用它来解决职教发展中遇到的一些生源不足、流失严重、办学缺乏吸引力等难题。

当然，在上述人们的思想中，并不是说没有为经济建设培养人才的正确办学动机。但是，我们必须看到，在这股高职热中，教育内部的呼声已远远超过产业界的呼声，教育自身的愿望远远大于经济社会的目的。因此，这场主要由职教内部提出的而并非主要由产业界燃起的高职热，很需要我们去冷静的分析与对待。

误区之二：培养目标不是以操作型人才为主，而是以技术管理型人才为主。

高等职业技术教育是以培养高等应用人才为已任的。高等应用人才大体可分为两种类型：一种是操作型的。即高级技术工人、技师，是以操纵各种设备生产在第一线为特点；另一种是技术管理型的，即工艺师、技术员和车间、班组领导等，主要负责工艺技术指导或一线生产管理。这两种类型的人才在现代企业生产中都很重要，但他们恰恰又是被以往的高教长期所遗忘而不屑一顾的。因此，高等职业技术教育与普通高校不同的分工，就在于它主要应培养这两种类型的人才。

企业中的操作型人才与技术管理型人才在比例上是前大后小的。因此，操作型人才应作为高职培养的重点，在数量上应远远超过技术管理型人才。这不仅是因为当前企业中的高级技术工人断档、奇缺，补充已成当务之急，更主要的是因为产品要上质量、上档次，增强在国内外的竞争力，没有一批智能型的技术尖子是无从谈起的。

但是，令人遗憾的是，在当前高职热的呼声中，有一种主张却恰恰把高级技术工人的培养关闭在高职的大门之外。他们认为高职不应该也不能够培养高级技术工人。并由此而武断地宣布：高级技工学校不算高等职教。显然，这又是一个误区。

高级技术工人算不算高等职业技术人才？这只需分析一下高级技术工人的文化层次和技术结构就可以得出肯定的结论。一般说来，衡量高等职业技术教育有两个基本条件：①要在高中文化或相当于高中文化基础上进行的职业技术教育；②必须是在中级技术水平的基础上所进行的高级技术等级（6级以上"应知应会"）的培训。这两个条件缺一不可。

高级技工学校是我国近几年试办的一种实施高等职业技术教育的机关，是技工教育的高层次。它的生源来自技工学校的毕业生或有中等技术水平的在职工人。学制一般两年或三年，培养目标是6级以上的技术工人或生产实习指导教师。毕业时通过严格的考试和技能鉴定发证认可。由此可见，高级技工学校已完全具备高等职教的两个基本要求，理所当然应包含在高职体系内。而那种将其排斥于高职之外的观点，不仅在理论上讲不通，而且在实践上也是有害的。本来我国的教育就有重理论、轻实践的传统，高等教育所培养的几乎都是研究型、设计型、管理型人才。虽然也培养过一些工艺型、技术型人才，但操作型人才却从未培养过，因而导致了高级技术工人长期短缺，只能靠在长期的实践中摸索提高，或随工资晋升而进入高级的办法解决。这虽然不失为一条曾经有效，并且对一些技艺很强的岗位今后仍将有效的做法，但时至教育、科学技术发达的今天，我们的教育却不应该再去泥古，更不应以以往的做法为由，排斥或否定高级技术工人可以由学校培养。恰恰相反，我们应当将绝大部分技术岗位上的高级操作人员的培养，纳入科学化、学校化的轨道。

或许有人会问，学校能培养出来高级技术工人吗？答案应是不必怀疑。

过去，由于教育受到两个因素的限制，使得高级技术工人多半是在生产实践中长期探索、积累、提高而成长起来的，对他们的培养并没有纳入正规的学校教育中。这两个因素是：①我国的职教在国民教育中极为薄弱，是一条极细极短的腿，其本身并没有形成完整的体系，直到九十年代之前也未曾出现过培养高级技工的职业技术学校；②教育手段的落后，对于形成高级技术工人的技术构成难以按单元、按程序进行分解，并通过先进的教学设备和多媒体的教学手段予以分步施教。但是，随着职业技术教育事业的迅速发展和现代化教学手段的广泛应用，对于培养技术岗位的高级技术工人，已完全可以纳入到正规学校中进行培养。这其中不仅通过课堂可以进行专业理论的"应知"教育，使高级技术工人的培养一改过去那种仅在实践动手能力上通过漫长的锻炼才能达到高级水平，而在专业理论上严重欠缺的弊端，而且还可以通过各种实践教学环节，比较快、比较系统地完成高级技术等级的训练任务。由此可见，高级技术工人不仅完全可以通过学校培养，而且由学校培养比之传统的自然长成在时间上、在人的全面素质发展上都要快得多，好得多。

人类社会发展的任何历史时期，生产实践活动总是人类社会最基本的最主要的活动内容，因而社会对操作型人才的需求总是远远大于研究型、设计型、管理型的人才。我国正处于工业化发展时期，对于技术工人包括高级技术工人的需求十分旺盛，也十分迫切。因而，高级职业技术教育理所应当把培养的重点放在操作型人才上。如果因为理论的糊涂或门户之见而把其关闭在高职的大门之外，岂不又使高职教育重蹈传统高教重理论、轻实践的旧辙吗！须知这样的结果，必将严重滞缓经济发展的步伐。

误区之三：认为实现培养目标的关键不在教学计划、教学模式，而在学校的类型。

发展高等职业技术教育，中央提出了三个生长点，即部分现有的高等专科学校转向，现有的成人高校充分利用和职业大学的健康发展。同时，国家教委还提出在有条件的中专增设高职班。中央之所以提出这样的发展思路和办学渠道，主要考虑我国教育资源短缺，投入不足，而选择内涵发展要比重新铺摊子经济得多，效益好得多。

但是，怎样发展高职，高职应主要由谁来办，目前在职教界的认识上尚未与中央取得共识。有一种意见认为，中央提出的三个生长点，由于其缺乏办职教的经验，很难保证高等职业技术人才培养的规格，即办不出高职的特色，而只有中专学校有较长的培养技术员的历史，方可承此大任，因而主张高职应主要由中专或升级为高职校，或广设高职班。其实，这又是一个误区。

我们知道，人才培养规格能否得以保证，高职能否办出特色。虽然与学校的类型不无关系，但这不是主要决定因素，其关键在于教学计划的设计，以及这一计划能否得以贯彻实施。教学计划是人才规格的总管制，有什么样的教学计划，就会培养出什么样的人才来。如果教学计划设计得科学、正确，并要求施教机关必须严格执行，教育行政部门又能通过评估加以监控。那么，不论是高等专科学校还是成人高校，抑或职业大学，都是可以完成所要求的人才培养任务的。这里并不存在谁行谁不行的问题。特别是高等职业技术教育培养的是实践型人才，其培养模式将主要借鉴北美的 CBE（Competency Based Education，以能力为基础的教育）模式，即以职业能力为本位，针对职业岗位需要而设置教学内容。而这种方法对我国的任何学校都是陌生的，因而大家都面临一个更新教育观念和学习实践的问题。

令人顾虑的倒是中专大量办高职班究竟行不行？ ①中专是我国中等职业教育的骨干，承担着培养中级技术人才的重任，在我们仍需要以中等职教为重点的职教发展的今天，"骨干"却不十分安心，这岂不是对中等职教力量的削弱吗！②中专毕竟缺乏办高教的经验，更无办高教的条件，即或在某一方面看似具备，但从总体上要求，恐怕也是难以具备的。办高校决非一般人所想像的那么简单，也决非一朝一夕之功。中专办高职，至少在一个相当长时间内，摆脱不了小马拉大车的窘境。③中专在长期的办学中虽然有着丰富的培养中等技术人才的经验，但也不同程度的存在着重知识、轻技能，理论求深、求全的倾向。教学内容和方式总想与专科看齐。这种办学思想很显然也是有悖于高职的培养目标的。尤其是那种总不安于现有位置的思想，一旦升到了专科层次，会不会得陇望蜀，再要求新的升级？ ④我国的普通高校有1000多所，成人高校也有1000多所，职业大学有100多所，就高教的现有能力而言，承担起高职的任务应该说是不成问题的。如果舍弃这些已有的资源不用，而非要再去开办新校，或者让中专戴上高职的帽子，其未必是一种良策。综上四点看来，中专办高职有很大的局限性，那种认为唯有中专才适合办高职的观点，尚不足以令人信服。

误区之四：认为发展高职一定要在职教内部自成体系，其他高校难当此任。

值得注意的是，与积极主张高职由中专办相反的另一观点，那就是认为职教必须自成体系，即从初级到高级应有自己独立的办学系统和管理系统。显然这也是一个误区。

建立起一个从初级到高级的较为完整的职教体系，确实是我们追求的目标，并且已被写入党和国家的重要文件中。但这是否意味着这个体系一定要完全独立，尤其是高等职教是否一定要另起炉灶，必须与普通高教和成人高教截然分开，独自"经营"，这实在是需要认真研究的问题。我们知道，随着市场经济体制的建立，职教与高教、成教一个共同的办学原则，就是必须面向市场，及时地适应经济建设对不同人才类型的需要。学校必须由过去的单一型变成多功能型，即不但能够培养设计型人才，而且还能培养工艺型、管理型和操作型人才。学校的名称将不再主要是区别人才类型培养的标志，而正如前面所说的那样，人才类型区别的关键是教学计划。有了不同的教学计划，就会培养、培训出所需要的不同的人才来，其中当然包括高等职业技术人才。

尤其是随着经济的发展和教育体制改革的深化，普通高教与成人高教、高等职教，中等职教中的中专、技校、职高等，它们的界限将是趋于模糊的，很难严格区别，其特点将是你中有我，我中有你，相互渗透，共同合作。也就是说，普通高校同样可以承担高职和成教的任务，而成人高教也可以承担普通高校和高等职教的任务，高等职校也可以承担成教的任务。学校既没有必要也不可能把自己严格束缚在一个单一、狭小的天地里，在培养目标上和人才种类上与其他学校"划江而治"，井水不犯河水。

所以说，建立从初级到高级完整的职教体系是必要的，但在高等阶段是否一定要自成体系，完全要独立设置、独立管理，恐怕未必如此。

总之，发展高职是必要的，但其遵循的基本原则，应是经济发展的客观需要，而不是人为的推动；应以培养操作型人才为主，而不是相反，更不应该排斥；应以发挥现有的教育资源为主，而不是去过多地铺摊子。中国在近半个世纪中，曾几度出现过虚假的高教热，如 1958 年的高教"大跃进"，70 年代初遍地涌现的"七·二"大学和"五·七"大学，以及 80 年代中期高校的高速度，平均 3 天建 1 所新大学等，其结果无一不导致教育结构的失衡和教育资源的破坏。历史的殷鉴不远，值此高职热的今天，应当引起人们一些思考。

职教课程改革的目标取向研究 [①]

目前，职业教育的课程改革已在全国范围内普遍开展起来。广大职教理论工作者和教师在认真总结我国长期的实践经验和广泛借鉴国外的先进教学模式的基础上，正在积极探索和大胆实践各种职教课程改革模式，表现出对课程改革的极大兴趣和强烈愿望。这一改革形势固然令人高兴，但是，在这场课程改革中，究竟应该选取什么样的课程改革目标，似乎尚缺乏深入的分析，甚至存在着相当程度的茫然，以至于在课程改革和课程设计方案中发生了分歧。

目标取向，也可称为目标定位选择，是指行为主体为了实现行为规划而对多重可能达成的目标所进行的理性选择。当前课程改革中首要的是科学地确定课程改革的目标取向，找好改革的着眼点，这是关系到课程改革成败的关键。

职教课程改革在目标取向上主要有三个方面的问题需要探讨：①在课程服务目标上，是取岗位需要，还是人的就业需要。②在课程模式目标上，是取能力本位，还是人格本位。③在课程时空目标上，是面向现实，还是着眼未来。下面就这三个问题谈些意见。

（一）关于课程改革的服务目标取向

职教课程改革服务目标，是指职教课程改革为谁服务、为什么服务的问题。这是课程改革中首先遇到并且必须首先回答的一个重要课题。在课程服务目标上，目前有两种观点：

第一种观点，强调适应岗位实际需要，可称为"岗位需要论"。认为凡岗位现实需要的课程就设，不需要的就不设，主张课程改革要加强岗位针对性，突出专业性和技能性，培养"单能"型人才。其理论依据就是教育要适应经济，要为经济服务。其典型主张就是"文化课要为专业课服务，专业课要为实习课服务"；课程改革要"围着市场转，市场需要什么就学什么"；努力培养学生的"一技之长"。

第二种观点，则强调适应学生广泛就业需要，可称为"就业需要论"。认为课程改革应以培养学生适应人才市场、劳动力市场广泛就业需求和职业岗位多变的需要为目标取向，拓宽专业覆盖面，打好文化理论基础，形成一专多能的技能，培养"多能"的复合型人才。目前，一些学校所进行的"宽基础，活模块"的集群式的模块课程改革，就是这一思想的体现。

我们知道，在 80 年代我国职教大力发展的初期，满足"岗位需要论"曾是我国职教发展的主要目标。因为长期的中等教育结构单一的局面，导致了中等职业技术人才的奇缺，加之经济建设对人才数量的大规模急需，企业用人又有明确的岗位指向性，因此，当时职教课程建设，大多以培养岗位需要的"单能"人才为目的，以"实际、实用、实

① 刘春生.1998.职教课程改革的目标取向研究.职教通讯，（7）：7-9

效"为原则，把"一技之长"作为培养目标，甚至有的学校为了占领就业阵地，满足企业的一时之需，"萝卜快了不洗泥"，把并未达到培养目标的学生也推向了企业。尽管这些质量不高的职教学生不令人十分满意，但由于劳动力市场供不应求，一时也并未引起人们的注意。

但是，进入到90年代以后，随着经济体制转轨的加速和企业职工的大量下岗，劳动力市场陡然表现出供大于求的严峻形势。企业对就业者的选择已不是昔日的"饥不择食"，而是用十分挑剔的目光"挑肥拣瘦"。加之科学技术，尤其是高科技在一些企业的广泛应用，生产的自动化、智能化、综合化程度呈现出越来越明显的态势，因此，那种只考虑单一"岗位需要"的课程改革目标遇到了挑战，过分狭窄的专业训练在劳动力市场上难再得到青睐。因此，这一形势必然要求过去那种以主要培养单项技能突出、岗位针对性很强的专能人才的"岗位需要"课程观，转变为培养具有"一专多能"的复合型人才，即能适应相关职业或岗位群需要的、满足"广泛就业需要"的课程观。

联合国教科文组织第十八届大会上通过的《关于职业技术教育的建议》中早就指出："为就业作准备的职业技术教育，应当为卓有成效地、愉快满意地工作打下基础。为此，应当：①使受教育者获得在某一领域内从事几种工作所需的广泛知识和基本技能，使之在选择职业时不致受到本人受教育的限制，甚至在一生中，可以从一个活动领域转向另一个活动领域；②同时为受教育者从事的第一个工作岗位提供充分的专业上的准备，并提供有效的在职培训；③使个人具备在他的职业生涯各阶段都可以继续学习所需要的能力、知识和态度。"从这里可以看出，培养广泛就业需要的复合型、综合型人才是世界职业教育改革发展的潮流和趋势，也是21世纪经济社会发展提出的需要。如果仅以"岗位需要"为视点，依旧停留在培养具有一技之长却过于僵死、不善变通的技术工人、农民和其他劳动者目标上，那么，虽然可能培养了许多今天的就业者，但同时也就造就了一大批未来的失业大军。所以，国际教育发展委员会在《学会生存》一书中告诫人们："为人们投入工作和生活作准备的教育，其目的应该较多地注意到把青年人培养成能够适应多种多样的职务，不断地发展他的能力，使他能跟得上不断改进的生产方式和工作条件，而较少地注意到训练他专门从事某一项手艺或某一种专业实践。"

由此可见，进行职教课程改革的服务目标选择，既要考虑到第一就业岗位的需要，还必须兼顾第二就业岗位或第三就业岗位的需要，坚持"宽专业、多方向、厚基础、强技能"的原则，把培养能广泛适应就业需要的"一专多能"的复合型、综合型人才作为课程改革的目标定位。综合职业素质的人就是马克思所说的"智力和体力获得充分的自由的发展的人"，"脑力劳动与体力劳动相结合的人。"这种人不仅能够从事生产劳动，而且还能管理生产和管理社会，他们了解整个生产体系，懂得生产过程的目的，掌握了运用各种设备生产的基本技能，能够学会从事任何一种必要的职业，能够从一个生产部门转入另一个生产部门，有着广泛的职业适应性和开拓新职业领域的创业性。这正如《学会生存》中所指出的那样："教育的目的在于使人成为他自己，变成他自己，而这个教育目的，就它同就业和经济进展的关系而言，不应培养青年人和成年人从事一种特定的、终身不变的职业，而应培养他们有能力在各种职业中尽可能多地流动并永远刺激他们自我学习和培训自己的欲望。"

（二）关于课程改革的模式目标取向

课程模式目标取向，是指在课程改革或课程体系建设中所选择和遵循的课程模式本源或模式原型。

在职教发展的过程中，曾出现过三种主要课程模式。那就是"知识本位"模式、"能力本位"模式和"人格本位"模式。

所谓"知识本位"模式，亦称"学科本位"，是指以传授经验、知识为主，并注意培养某种职业技能的课程结构形态。它的特点是以学科课程为主，辅以一定的活动课程，偏重理论知识的完整性、系统性和严密性，比较轻视理论知识的实用性和实践性。其课程结构的典型模式，就是"基础课——专业基础课——专业技术课"的三段式。我国建国后学习苏联和仿照高等教育所实施的中专和技工教育的课程模式，基本上属于这种"知识本位"模式，且至今仍有相当程度的保留。

所谓的"能力本位"模式，是指以某一职业或职业群所需的知识、技能与态度为目标的课程组合形态。它以某一社会职业岗位的要求为目标取向，在进行职业分析的基础上，将职业能力量化和分割成若干模块，然后进行课程开发和实施培训，使受训者具备从事该职业的能力与资格。"能力本位"课程开发的程序，就是"职业分析——目标分析——课程组织——课程评价"。"能力本位"模式是 70 年代以来流行于北美的一种职教课程模式，目前在世界上颇有影响。其实这一模式源于本世纪初德国的凯兴斯泰纳的"社会本位论"。"社会本位论"认为，教育的目的不在于培养全面发展的人，而是为了"造就公民"，"培养为社会有效服务的人才，使之多为社会工作，少使社会消耗。"加拿大的"CBE"、德国的"双元制"、世界劳工组织提倡的"MES（Modules of Employable Skill，模块式技能培训）"均属于"能力本位"模式。"能力本位"模式自 90 年代初被引入我国后，对我国职教的课程改革有着极大的启迪和借鉴作用，有些学校已开始了"能力本位"的课程实验。

所谓的"人格本位"模式，是指以完善劳动者个体人格，提高劳动者个体素质为目标的课程结构模式。人格本位模式认为，职业教育所培养的学生不仅应具有必需的知识与技能，而且，还必须具有健康的职业心理和职业伦理，能把市场经济条件下的失业视为常态，面对新知识、新技术含量急剧增加与变化，用终身化的教育思想，积极生存、发展、向上的精神和自主创业的意识，去对待和迎接现实的与未来的职业生涯。比较早提出"人格本位"思想的是日本。1986 年日本临时教育审议会在《审议经过概要（之三）》中提出，教育的目的是"人格的形成"。而"人格的形成"就是培养有理想的人，要在人类社会活动中以超越宗教信仰、探求普遍真理价值的形成过程来实现。"人格本位"的课程观目前在美国的职业教育中受到了重视。

列述了以上三种职教课程模式后不难看出，"知识本位——能力本位——人格本位"，是人们对教育目的的由浅入深的渐进认识过程，也是职业教育不断适应社会发展的必然选择和随机调整。如果说在农业经济或工场手工业经济时代人们看重的是经验和知识的价值，在职教课程模式目标取向上偏执于"知识本位"的话，那么，到了工业经济时代，随着产业分化和社会分工的加剧，必然对就业者提出职业专门化的要求，即要求从业者要具备某一专门职业资格和能力，以提高职业效率。所以，工业经济时代必然选择"能力本位"。但是，当世界即将迈入 21 世纪知识经济社会的大门时，面对着社会高科技化、理性化、学习化、跨国竞争化等发展的趋势，职业教育所培养的人才如果仅拘泥于"岗位能力"需要的层面显然是远远不够的。它必须着眼于人的"全面的发展"，人的素质，教会学生"学会认知，学会做事，学会共同生活，学会发展"，通过对学生全面职业素质的提高，完善其个人品格，使其成为能迎接世纪的任何挑战的成功劳动者或创业者。

因此，我们在探讨面向 21 世纪的职教课程改革时，在模式目标的取向上，不得不跳出"只见物不见人"的"能力本位"模式，着眼于人的全面发展。在"能力本位"的基础上，以提高全面职业能力为核心，以致力于人格的完善为目标，培养跨世纪的适应知识经济社会需要的综合职业素质的人。

（三）关于课程改革的时空目标取向

在职教课程改革目标系列中还有一个时空目标。所谓时空目标，就是指所确定的目标在时间和空间上的指向。课程的时空目标有多项，如在时间上有长期目标、中期目标和短期目标，在空间上有国家目标、区域目标、学校目标、专业目标和学科目标等。本文无意对所有的时空目标都进行讨论，这里仅就职教课程中目标的着眼点是放在未来还是放在现实上作一些探讨。

目前，在职教课程改革的时空目标取向上有两种观点：一种观点是"现实论"，主张低头看眼前，看现实，着眼于现实职业需要；另一种观点是"未来论"，主张抬头看，看发展，看未来，着眼于创业需要。

"现实论"认为，职教与普教的区别就在于不是为了明天而是为了今天。职教是现实的教育，是为今天的经济社会服务的。其任务就是传授已有的技术和管理规范，使就业者能熟练地运用这些现成的技术和规范从事生产和管理，成为胜任已有职业的"乐业者"。"现实论"在课程目标上主张实利主义，即以现岗需要为取舍原则和标准。至于学生是否具备一定的发展后劲，是否应进行必要的技能储备，在"现实论"看来都无关紧要。

"未来论"则认为，职业教育虽然要立足于现实，但是必须着眼于未来，面对 21 世纪知识经济扑面而来，以及我国经济结构向工业化阶段转轨，产业结构向技术密集型转变，高科技、高知识密集型产品将得到着力开发的发展形势，职业教育在课程改革中要特别关照学生的基础理论，以满足其就业、升学或继续学习的需要；必须强调全面职业能力的培养，以适应未来自动化、综合化、智能化高技术设备的趋势，以及目前我国尚处在的工业化阶段一般设备在操作、安装、调试、运行、维护、检修等方面的技术要求；必须进行包括人文素质在内的作为现代人基本素质的教育，提高生存能力、发展能力、公关能力、合作能力和国际交往能力等关键能力，以适应 21 世纪工作环境、人际环境、思想环境的动态变迁和经济国际化、竞争跨国化、时代信息化的生活大环境。

那么，在"现实论"和"未来论"面前，我们的课程目标应作如何选择呢？那自然应当选择后者。这种选择当然不是否定前者。因为面向生产和服务第一线，培养应用型技术劳动者，始终是职业教育的根本任务，也是职业教育的基本特色。舍此，只能从根本上背离职教的宗旨。但是，未来社会需要的是未来型人才，是具有全面职业素质和综合职业能力的人才。这种人才并非如马克思所批评的那种"职业的痴呆"，只会伸手向社会要职业，只会安业，而应该是一种创业型的、不安于现状、勇于开拓、敢于承受风险的人才。他们不仅能适应现实职业的需要，而且还能自主创业，在未来的时空里开拓出一片新的职业领域，一片新的职业蓝天。面向 21 世纪，教育国际研讨会指出："21 世纪最成功的劳动者将是全面发展的人，将是对新思想和新机遇最开放的人。""教育必须培养人类去适应变化，这是我们时代的特征。"（联合国教科文组织国际教育发展委员会，1979）

当然，我国职教课程改革在时空目标上取向于未来，并不是主张脱离我国的国情去盲目追赶发达国家，而是必须从我国是一个发展中国家的实际出发，针对我们的经济发展水平、技术水平和劳动就业的现状，来确定本地、本校、本专业的中长期发展目标，来设计职教的课程改革。我国经济发展和科技水平区域梯度很大，城乡也极不平衡，并且与发达国家所形成的差距也并非是短时间内所能追赶得上的。因此，上面所提出的"未来"，只是就世界发展的趋势而言的，并不是说课程改革中都必须按照这样一种"未来"去设计。那样就会犯不安其位、急于拔高的"急躁症"。

参考文献

联合国教科文组织国际教育发展委员会 . 1979. 学会生存 . 华东师大外国教育研究室译 . 上海：上海译文出版社

十三、刘鉴农

　　刘鉴农（原名刘克宽，曾用名朱济群）（1924—　　），男，江苏省如皋县人，曾任共青团中央办公厅副主任、统战部副部长，研究员。

　　1938 年在迁沪的南通中学读书时参加上海学生界救亡协会，1939 年加入中国共产党。此后在上海、南京从事党的地下学运工作。1947 年，任中共上海学联党组成员、《学生报》负责人，上海法学院党支部书记。1949 年后，任青年团上海市委宣传部部长、华东工委统战部副部长。1954 年调北京工作，曾任全国青年联合会办公室主任、副秘书长，共青团中央办公厅副主任、统战部副部长。1964 年调中共中央办公厅任研究员。"文革"期间下放中央办公厅五七学校劳动与工作。1980 年起在中国社会科学院青少年研究所、人口研究所从事有关劳动就业和职业教育的科研工作，系中国社会科学院人口研究所副研究员，中国职业技术教育学会理事、学术委员会委员，中华职业教育社职业教育研究工作委员会副主任委员。

　　主编和撰写了《我国新时期的劳动就业问题》《职业技术教育学》《职业指导的理论研究与实验》等著作。1986 年离休，仍从事一些科研与写作，并任中国关心下一代工作委员会专家委员会委员。

发展职业教育与劳动、教育制度的同步改革 ①

我国职业教育必须大发展，才能适应社会主义现代化建设提高劳动者素质与青年就业的需要。当前我国职业教育跟不上经济发展的需要，还有一个重要的原因，就是经济、教育体制，特别是劳动制度和教育制度相互脱节的现象非常严重。因此，职业教育要发展，必须对劳动制度和教育制度进行同步改革。

由于经济体制存在着"吃大锅饭"的弊病，有些企业对提高劳动者素质的需求不迫切。各个部门之间也缺少通盘规划和统一领导，有些教育部门时常把职业教育当作经济部门的事，而经济部门又往往把它看成教育部门的事，通力合作不够。目前，有些部门办职业教育，往往从安置本系统子女就业考虑多，缺乏有计划地提高劳动者素质的设想。

目前劳动制度与教育制度脱节的现象非常明显。有些地方职业学校毕业生的出路、待遇等问题没有从制度上完善解决。同属职业教育性质的学校，在毕业分配制度上，有的包分配，有的不包分配；在工资制度上，往往按学历"一刀切"，而不是按实际水平考核定级。还有一个非常矛盾的现象：一方面，有些国营单位人浮于事、人才积压，"包分配"的毕业生分不下去，或者分下去不能对口使用；另一方面，大量急需人才的集体企业与农村专业户、联合体却得不到人才。

经济体制必须改革，教育体制也必须改革，大力发展职业教育就是一项重要的改革。我们应该有一种发展职业教育的紧迫感以适应新时代、新形势的要求。

教育部门培养人才与劳动者，劳动部门调配使用人才与劳动者，都是为整个国家的经济与社会发展服务的。教育制度与劳动制度应该互相联结、互相促进。因此，必须对目前的劳动、教育等制度积极地有步骤地进行改革。"我们的一切改革，都必须有利于促进科学技术的进步，有利于调动各地区、各部门、各单位和个人进行智力开发的积极性，有利于鼓励广大青少年、广大工人、农民和知识分子加速提高文化技术水平。"② 因此，我们既要改革那些不适应劳动就业需要的教育结构、教育制度；又要改革那些不利于职业教育发展和劳动力素质提高的招工用人制度。两项改革同时起步，协调进行，才能使改革相得益彰，顺利铺开，取得最佳效果。为此，我们提出几点建议：

1. 将"不培训，先就业"的用人制度改为"先培训，后就业"，使职业教育成为就业的必经阶梯和先决条件

职业教育要立法。应制定各个工作岗位的规范和用人的条件，未经职业教育训练的人员不允许走上技术工作或管理工作岗位，虽经训练但不合格者亦不得招收。衡量企业素质，应将劳动力素质如何作为重要的一条。改进招工考试办法，不能仅考文化、按文化分数高低录用，而应德智体全面考核，文化与技术同时考核。有些工种要考专业知识或技术，保证受过职业教育训练的青年，考核合格后得以优先对口录用。必须招收学徒工的，先作为

---

① 刘鉴农 . 1997. 发展职业教育与劳动、教育制度的同步改革 . 劳动就业职业教育职业指导——刘鉴农论文选 . 北京：76-79.

② 出自中国共产党第十二届中央委员会第三次全体会议颁布的《中共中央关于经济体制改革的决定》。

培训生，培训期满考试合格，方可录用为正式工或合同工。对于从事集体或个体经营者，也应具有该项职业技术考核合格证书，主管部门才能发给经营执照。坚决克服招工考试或技术考核中的不正之风，改变各种形式主义做法，严肃处理营私舞弊的人。否则，择优录用也会有名无实。

2. 在劳动人事工资制度上还应做一系列改革

要改革目前大学（除部分专业外）、中专、技校毕业生包分配的制度，实行择优录用、择优推荐的办法，逐步实行聘用制、合同制。集体企业和专业户从大中专毕业生中聘用人才，可由他们提出申请，与学校和有意愿的毕业生本人签订合同，工资待遇由聘用单位和本人协商。

在工资制度上，要使受过职业教育训练的，技术、业务水平高的人高于没有经过教育训练或技术业务水平低的。对于虽经职业学校教育获得文凭但没有得到有关的职业技术等级书的毕业生，以及自学成才者，有关部门应组织统一考试和考核，考核合格者，应发给其相应的职业技术证书。在评定工资级别上，工资与学历技术等级应有联系，但要改成按学历"一刀切"的办法，应该定期进行考核，按其实际技术水平和贡献大小评定工资级别。

3. 要继续进行教育结构、教育制度的改革

国务院曾提出要在 1985 年使职业学校在校学生数占高中阶段学生总数的 40%，这个指标少数地方已经达到，多数地方还要努力。根据我国情况，职业学校与普通高中学生的比例应该达到 1：1 或略有超过。中专和技校也应充分发挥潜力，逐步改变包分配的制度，扩大招生。

目前我国高等师范院校的专业设置，基本上是为普通教育服务的，不适应职业教育发展的需要。为了有计划地培养职业学校的专业教师，高等师范院校要设置职业教育系或专业，一些理、工、农、医院校可设置教育专业或接受委托代培专业教师的任务。有条件的省、市、自治区应建立高等职业师范学院。

另外，在高等职业教育中，还可以试办以培养高级技术工人为目标的高等技术专科学校，重点招收职业中学和技校的毕业生，或者具有相当文化水平的中等技术工人，学制 2～3 年，待遇不低于其他高等专科学校的毕业生。这样，既有利于职业教育的巩固和发展，又适应"四化"建设对高级技术工人的需求。

关于就业意识与就业指导 [①]

随着我国经济改革与建设事业的发展，劳动就业人数的增加与结构改变，我国城镇青年的就业意识亦发生很大的变化。但是，旧的经济体制与劳动就业制度仍在青年就业意识中留下很深的影响。当前我国正处在新旧体制转换的关键时期，青年的就业意识也处在一个新旧交替的转折时期。改革必须要有思想观念的变革与之相配合，才能顺利进行。劳动

---

① 刘鉴农.1987.关于就业意识与就业指导.职业教育研究，（1）：20-23

制度的改革，已把就业意识的变革问题提到我们面前，需要加以调查研究，需要进行教育，需要加强就业指导。

（一）我国青年就业意识的变化

就业意识就是对职业的认识与态度。包括就业的动机，对职业的评价、对职业的兴趣情感等。就业动机总是包含几个方面：谋生的要求，发挥才能满足志趣的要求，为社会作贡献的要求。这些要求本来都是相互联系的。但是不同的人，把一些要求放在主导的突出的地位，把其他要求放在服从的地位。比如，有的人把谋生放在主导地位，有的人把发挥才能放在主导地位，有的人把为社会贡献放在主导地位，于是形成了不同类型的就业观。对职业的评价，一般是由某项职业的社会意义、社会地位、经济报酬、劳动强度、技术构成等因素形成的。但是由于各人的经济状况、思想觉悟、文化技术水平不同，以及个人的生理、心理情况不同，又会对某一职业形成不同的评价。对职业的兴趣情感，是由于感到某项职业的特点与自己的特点相适合，从而产生不同程度的喜爱与兴趣。

就业意识是由社会就业的存在决定的。但是，就业意识对于青年选择职业、解决就业问题，又会产生重要的影响。当前我国城镇青年的就业意识的特点与变化是怎样的呢？中国社会科学院青少年研究所曾对我国城镇青年的就业意识问题进行抽样调查研究，中国经济改革研究所和《中国青年》杂志社也对我国青年的择业倾向等问题进行了大量的问卷调查，还有一些单位与个人也曾对城市经济改革中青年职业观念的变化进行了调查研究。根据这些材料分析，当前我国城镇青年的就业意识，有以下一些特点和变化：

1）在选择职业的所有制方面，多数选择全民单位，轻视集体与个体。这在前几年是非常突出的。根据 1982 年青少年研究所的问卷调查，选择集体就业的只占 6.89%，愿从事个体经营只有 0.27%，而 92.89% 的答卷都表示要到全民单位就业。但到 1985 年，在就业认识上，国营、集体、个体之间的等级观念就逐渐淡薄，根据共青团山东省委对职业学校学生的调查，表示"无合适工作愿从事个体经营的"占 21.5%，但多数人仍愿意到国营和大集体单位就业。

2）在选择职业的产业结构上，往日"重工轻商"的观念发生变化，"第三产业"成为近年择业的热门。在这两年，职业技术学校招生报名人数最多的是外贸、旅游、财会、文秘、计算机软件，其次是电子仪表、民用电器等专业。而机械、纺织、建筑等专业报名人数就很少，甚至招不满学生。

3）在就业的途径上，依赖国家与家长安排就业的想法在逐步改变。1982 年青少所调查时，90% 以上的人认为应靠国家统一安排就业，或通过"顶替""归口"就业，只有 6% 的人认为应靠个人创业。1985 年北京经济学院郭勇刚等同志对北京市朝阳区大中学校学生作了问卷调查（有的人有几种答案），主张靠招考择优录用的占 73.3%，主张靠国家统一安排的占 46%（多是大学生），主张靠个人创业的占 17%，赞成靠父母退休顶替的只有 4.4%。可见，主张择优录用的人数在逐步上升，主张"顶替""归口"的人数在逐步下降。

4）追求职业的社会地位。1985 年中国经济体制改革研究所和《中国青年》杂志的问卷调查：关于各种职业的社会地位评价，头两位是行政、事业单位干部、各类专业人员，末两位是农民、个体户。关于职业的经济地位评价，头两位是个体户、企业干部与技术人员，末两位是各类专业人员和行政事业单位干部、末三位是个体户、民办企业人员和农民。而放在经济地位首位的个体户，却在选择职业时放在末后的地位（注：调查问卷中原来有"大学生、研究生"、"待业青年"两项，我认为此两项不算职业，故未列入）。可见，多数青年在考虑选择职业时，优先考虑的是职业社会地位，而不是它的经济地位。

5）愿意到知识或技术构成高的岗位就业，不愿从事苦脏累的体力劳动。《中国青年》杂志的问卷调查中，各类专业人员、行政事业单位干部、企业干部与技术人员是青年最理想的职业，从中可看出此种倾向。

6）期望按照个人的爱好与条件选择职业。1985 年，对北京市朝阳区大中学生的调查表明，在选择职业中希望按照个人条件、发挥才能、实现抱负的占被调查人数的 50% 以上。《中国青年》杂志社的问卷调查中，当前青年选择职业的标准，第一位就是能够发挥特长，第二位是能够提供较好的受教育的机会。

7）希望职业能在一定范围内有条件地流通。"终身制""铁饭碗"观念开始动摇，呈现出多方面的职业变动，不仅集体、个体流向国营企业，而且也有国营企业流向集体、个体的。

以上这些特点，一方面，既反映了经济体制改革、劳动制度改革，以及产业结构变化，新技术革命对青年就业意识的影响，以及青年本身家庭经济情况的改善，文化程度的提高造成的就业意识的变化，这些都反映了将来职业选择的发展趋势。另一方面，也反映了我国过去经济体制、劳动制度中存在的"铁饭碗""统包统配"等弊端的影响还很深，以及政治思想工作依然薄弱。没有经济体制的改革，劳动制度的改革，就不可能有近几年青年就业意识的变化，但是在青年就业意识中的陈旧观念，又阻碍了改革的发展。因此，应该加以教育引导，促其转变，才能适应改革和建设事业的发展。

构成青年对各种职业的评价与选择，有以下一些因素：

①职业的社会意义，即对所要从事的职业发挥社会作用的认识程度。②职业的社会地位，即对所要从事职业的所有制形式、社会声望等的评价。③职业的经济报酬，包含工资、奖金、福利待遇的多少、好差。④职业与个人条件的适应性，即工作岗位是否与个人兴趣、爱好、身体、性格适合。⑤职业对发挥个人才能的适应性，即个人的知识、技能、所学专业能否在工作岗位上发挥作用。⑥职业的技术构成与劳动态度，即其职业技术程度的高低与体力劳动的强弱。⑦工作岗位的人际关系，即与领导、同事、群众关系相处的难易复杂程度。⑧工作岗位的地理位置，在城市还是乡村，工作岗位与住所距离的远近。

这些因素与青年评价职业、选择职业相关性的统计分析结果是：职业的社会意义与社会地位两种因素之间呈反相关，即对职业的社会意义认识得比较深的青年，对职业的社会地位考虑得比较少。发挥才能与经济报酬两个因素之间呈反相关。重视发挥才能的青年，较少计较经济报酬。而文化程度较低，不重视发挥才能的青年，对经济报酬的关注更为突出。

根据各种材料统计分析说明：当前城镇青年选择职业更多注意职业的社会地位与发挥才能的因素，这反映了他们的就业动机，不仅有谋生的需要，而且有更高的物质和精神的需求。我们应该肯定他们这种需求，同时不断加强职业的社会意义的教育，积极引导他们将国家集体利益与个人利益结合起来。帮助他们树立正确的就业观，逐渐克服陈旧的就业意识。青年在选择职业的时候，关注职业的技术构成与劳动强度，这是现代化发展的必然趋势。一方面，要求我们加强技术改造，减轻繁重的体力劳动；另一方面，还需加强青年劳动观念的教育，克服轻视体力劳动的思想。

培养正确的就业意识，改变陈旧的就业意识，对于经济改革与劳动就业，对于社会主义两个文明的建设具有重要作用。为了转变青年的就业意识，首先要改革和完善劳动人事工资制度，真正实行择优录用，实现企事业单位和劳动者之间能够互相选择，按劳分配与奖励先进；同时要加强青年正确的就业观与职业定向的教育；并且根据不同青年和不同职业的特点指导青年选择职业；此外还要认真改善各种职业的工作条件、福利待遇与社会保障等。通过各种政策措施和思想教育，以及实际工作，青年能够逐步改变不正确的就业意识，以适应改革和建设的新形势。

现在，国务院已经发布关于改革劳动制度的四个规定，这是对我国劳动制度的又一重大改革，青年的就业意识是否能够与之相适应，这是对今后的劳动就业具有重大影响的事。因此，必须在劳动制度进行改革的时候，加强对青年正确的就业意识的教育，认识与掌握就业意识变化趋向与规律，因势利导地发扬他们合理的意愿，同时，耐心帮助他们克服一些不正确的就业意识。

（二）在我国加强就业指导的必要与任务

就业指导的主要任务就是帮助青年了解职业、选择职业，走上就业道路。担负就业指导任务的组织和个人要给准备就业和准备接受职业技术教育与培训的青年提供各种职业信息，帮助他们树立正确的就业观，指导他们选择合乎社会需要又适合个人特点的职业。从广义上来说，就业指导还应根据对社会职业信息的调查分析，对各种职业技术学校与培训班的专业设置等进行指导。

长期以来，我国劳动就业制度"统包统配"占主要地位，大学、中专、技校毕业生就业都采取"包分配"的办法，在这种情况下，往往只有"计划调配"与服从分配的教育，而很少进行就业指导。近年来，我国进行经济体制改革，社会主义商品经济得到较大发展，劳动制度也进行了重大改革，逐步改变了"统包统配"的办法，实行"三结合"的就业方针，实行"劳动合同制"，招工全面考核，择优录用，废止"子女顶替"和"内招"制度。职业高中毕业生和各种职业技术培训班的结业生就业已经不包分配，过去包分配的一些职业技术学校毕业生，也要逐步过渡到不包分配，这就为用人单位和就业者之间相互选择创造了有利条件。在这种新的情况下，加强就业指导工作就又被重新提到我们面前。

由于教育体制的改革，近来我国职业技术教育有了较大的发展，初高中毕业生要进行分流，一部分升入高一年级学校，大部分要准备就业，或进入各种职业技术学校，或参加短期职业技术培训。这些青年如何选择专业去接受职业技术教育和培训，如何选择职业岗位，都需要就业指导的帮助。

就业指导最早在资本主义国家产生，第二次世界大战以后，一些社会主义国家也加强了就业指导，主要是在学校里进行职业定向教育和职业咨询。在资本主义社会里，就业指导的原则是根据资本家的需要和劳动力市场的规律来进行指导，它使资本家找到适当的劳动力，同时，也使失业者能找到合适的工作，有利于资本主义社会的稳定。在我国，就业指导的原则应根据发展社会主义的有计划的商品经济的规律，根据国家关于劳动就业的方针政策，根据国家、集体、个人利益一致性原则，针对准备就业者的不同特点来进行指导。它既要靠国家计划来进行指导，又要运用劳动力与人才合理流通的规律来进行指导。

根据我国现在的情况，就业指导的任务可分为社会的就业指导与学校或培训班的就业指导两个方面，这两者是密切联系的。

关于社会的就业指导任务我认为有以下一些：①调查研究社会各部门、各单位对人才与劳动力的需求的信息，进行整理分析，制定短期、中期、长期人才需求预测，据此对各类职业技术学校和培训班的专业设置、招生规模进行指导和咨询。②调查了解各职业技术学校和培训班的毕业生、结业生的人数与质量情况，提供给各用人单位，作为他们择优录用的依据和参考。③进行职业咨询和职业介绍，让一部分迫切需要就业或转业的人员和一部分迫切需要人才的企事业单位及时沟通双方信息，进行推介，争取达成协议。社会的职业指导工作应以劳动人事部门为主，计划、经济、教育部门和群众团体的成员参加成立职业指导机构，并可在劳动服务公司内设立职业指导所或职业介绍所，具体承担社会的职业指导、职业咨询和职业介绍工作。

关于学校的就业指导。普通中学的毕业班不仅要有升学指导，而且要有就业指导，职业技术学校和培训班更应重视就业指导工作，其任务我认为有以下一些：①对学生进行正确的职业观教育，进行职业定向教育。讲解职业与人生、职业与社会、职业的分类，以及我国劳动就业的方针政策，怎样选择职业，就业者必须具备的素质等。有条件的地方可设立就业指导课，并辅之以参观访问，请有关部门人员来校作报告，以及阅读有关文章资料等方式。②对毕业生进行个别咨询和指导，既要了解每个学生的学习成绩、能力、兴趣、思想品格、家庭经济等情况，又要了解用人部门的职业内容，社会意义、技术、特点、劳动强度、报酬待遇等情况，以便帮助每个学生根据社会需要和个人条件来选择合适的职业。③对已经就业的毕业生进行跟踪访问，了解他们就业后的表现与问题，听取用人部门的意见，尽可能帮助他们解决一些问题，并把这些信息反馈回来，用之检查教学质量，提出今后改进意见。学校的就业指导工作应以办学部门和学校为主，在毕业班设立由班主任或其他教师兼任的就业指导员来具体承担这项工作。

就业指导工作在我国目前还是比较零星地在开展。随着我国职业技术教育的发展，劳动就业制度的改革，就业指导需要更加有系统地进行。

十四、关世雄

关世雄（1922—1998），男，广东番禺人，全国政协第六、七届委员、第八届常委，教授。

1939 年先后在北京大学、辅江大学和日本法政大学学习，1944 年毕业于日本东京法政大学政经系。

1946 年加入中国民主同盟，1947 年加入中国共产党。1946 年后任清华大学、北平朝阳大学讲师、副教授。"文化大革命"结束后，任北京市政协常委、副秘书长，工农教育办公室主任、党组书记；北京市高教自学考试委员会副主任，北京市成人教育局局长、党组书记，北京广播电视大学校长、教授。中国职工教育研究会副会长，北京市成人教育学会会长、中国职工教育和职业培训协会副会长、学术委员会主任、顾问，北京市第六、七届政协副主席、党组副书记，民盟中央常委、北京市委副主任委员。全国政协第六、七届委员、第八届常委。

著有《成人教育的理论与实践》，主编《成人教育大辞典》《世界各国成人教育现状》。

关于职工教育理论研究问题 [①]

我们认为教育工作在国民经济建设中是一条短线，职工教育在国民教育中又是一条短线，职工教育理论研究是短线中的短线，几乎是一片空白。

过去职工教育带有一定的盲目性，出现不少问题，时起时落，没有主心骨，就是因为缺乏理论指导。没有理论指导的实际工作必然带有盲目性，所以要下功夫研究理论。

我国职工教育工作经验丰富，历史较长，从党创办的工人夜校、农民讲习所开始，就形成一套丰富的工农教育优良传统，可惜没有很好地上升到理论上来。近两年职工教育理论开始受到重视，像黑龙江省组织编写了《成人教育学》，探讨成人教育理论，起了带头作用。我们不要把成人教育理论研究看得很神秘，高不可攀。不少从事职工教育工作的同志认为自己是搞实际工作，即组织发动和行政工作的，不需要研究理论。其实，实际工作更需要理论指导，而有实践经验的人研究理论更有发言权。丰富的经验经过深化、分析、研究就可以上升为理论，就可以指导工作。理论研究是在调查研究、总结经验的基础上寻找客观事物的规律。有句老话叫"实事求是"，"实事"是客观事物，"求是"是寻找客观事物的规律。找出规律指导人们的行动，这就是理论。毛主席深入浅出地讲清了这个问题。我们搞理论研究不是为理论而理论，而是为了指导工作。因此，用普通教育学的课堂、教师、教材三个为主的教育理论，或用经济学的几条规律套在职工教育

---

① 关世雄 . 1983. 关于职工教育理论研究问题 . 北京成人教育，（11）：5-7

头上，是很难研究出什么新理论来的。职工教育有其本身特有的而不是主观臆造的规律。这里有共性和个性的关系：共性指教育学和经济学原理，个性指职工教育的特点。研究职工教育，首先要从它的地位、作用、特点、规律入手，参考教育学、经济学，这样的研究才比较全面。理论研究是一项艰苦的劳动，是要有一个过程的。理论有低级、中级和高级之分，开始不可能是高级的。北京市开过一次成人教育理论讨论会，我看好多文章是经验报告，不是理论探讨。好不好呢？我说很好。经验报告最后要有总结，总结就带点理论性。但是要逐步提高，不要老停留在经验交流的水平上。我们做具体工作的同志很容易一开口就谈具体问题，材料和观点不统一。如何使观点统帅材料，上升为理论，这要经过一个提高过程。低级理论发展到高级理论要用马克思主义、毛泽东思想为指导，第一步要能说明一个问题，第二步要能解决或改革一个问题，这就是有价值的理论。例如，研究职工教育的特点和规律，有人提出在职为主、业余为主、自学为主，这就很好。自学为主，就突破了普通教育的教学方法。现在我们的教学方法很多是灌输式，包括电大，也是课堂搬家。要让学员走自学成才之路，就要启发他们自己解决问题，不能躺在教师身上，躺在教材上，躺在课堂里。现在成人教育理论研究有一个很好的开端，今后还要进一步发展。

以上讲了我们职工教育理论研究处于什么阶段，为什么要进行研究。下面讲一讲职工教育理论研究的出发点。

首先，要从我国的国情出发来研究中国的职工教育理论。我国是十亿人口的大国，有八亿人在农村。将来农村光靠农业不行，还要发展工业。发展工业就要有职工，就会有大量的职工教育，要考虑这些因素。我国文化、经济比较落后，底子薄，基础差，这是国情的一个方面。另外一个重要方面是我们有社会主义制度的保证，有共产党的领导，有远大的四化建设目标，有三十年建设的丰富经验，有勤劳勇敢、富于求实精神的劳动人民。我们要十分注意这些特点，使理论研究沿着正确的方向发展。

其次，要从四化建设对科学技术教育的要求出发。上海市工农教育委员会主任杨凯同志在谈到职工教育多层次、多规格、多种形式办学问题时说：上海提出发展工业的八个字"内联、外扩、改造、开发"。职工教育的层次、规格、办学形式要围绕这八个字来考虑。这八个字本身就有不同的规格、层次与形式。这就是说研究职工教育理论问题要能跳出就教育论教育的圈子，要从经济建设、企业整顿、技术改革的需要出发来进行研究。

那么，职工教育应研究哪几个问题呢？我认为有四个方面的理论问题要研究。

一、从我国社会主义现代化建设的宏观角度来研究职工教育的改革和发展，研究职工教育如何适应四化建设的需要，研究职工教育的地位和作用，特点和规律。这个问题的研究可从两方面进行，一个是以经济建设为中心，研究社会主义物质文明建设的需要；一个是以共产主义思想为核心，研究社会主义精神文明建设的需要。还要研究国家对教育事业所提供的条件，比如教育经费，投资的比例多少合适，这是需要认真研究的。就农村来讲，全国农业大学历届毕业生70万人，现留在农村的不过20～30万人，很多分配到农村的，又倒流入城市。不改变农村这种落后状况，实现四个现代化是办不到的，必须加强技术力量的培养。北京平谷县大华山公社、海淀区四季青公社每年拿出20～30

万元自己培养大学生，三年以后本公社就可以有几百个大学生。这是很有远见的一招。发展生产，教育要先行，每年拿出一定比例的钱培养人才，我们的公社企业将是大有可为，前途无量的。经济和教育有了合理的比例，就能协调发展，良性循环，否则就会出现恶性循环。不肯投资办教育，还要求教育为生产提供人才，"又要马儿跑得好，又要马儿不吃草"是不行的。

二、从微观角度来研究教育整体，即：职工教育和普通教育、职业教育、社会教育、家庭教育等各方面的关系。它们之间不是孤立的，而是相互联系的。要统一起来研究，有个整体观。我们现在的教育有些各行其是，各自为政，甚至有相互扯皮现象，没有形成相互促进，协调发展的形式。几种教育之间的关系应该是相互促进和制约的。例如：1968—1980 年毕业的初、高中学生多数有文凭、没水平，现在中学结构单一化，高中阶段缺少职业教育，这些都要求职工教育来补课，不补课，就无法进一步提高职工的科学技术水平。按正常情况应该是初高中的合格毕业生、受过职业教育的学生进厂当工人，企业里的职工教育就可以用主要力量抓以技术教育为主线、中级或高级技术工人为主体的职业技术教育。教育是个整体，要从微观角度来研究教育内部的关系，形成良性循环，协调发展，工作就会越做越好。协调发展包括左右、上下两方面。左右协调是指普通教育和职工教育之间，上下协调是指高、大、中、小、幼之间。这次会议研究指出职工队伍的知识结构是一个"葫芦"形，"腰"很细，中技、中专人数太少。将来要大力发展中技、中专，使职工队伍的知识结构成为"橄榄"形，"膀大腰圆"。这套理论对于我们的实际工作有指导意义。西德的普通教育和职业教育的关系是，小学四年，中学五年、六年、九年三种学制。这三种学制具有不同的培养目标，互相衔接，互相配合。比如五年制中学毕业后可参加徒工培训学二、三年，然后到工厂当技术工人；六年制和九年制毕业的学生经过严格的考试，可以上高等职业技术学院，九年制中学毕业后可以不经考试上普通大学。另外，中学的三种学制的学生可根据情况转学，上六年制的学生可以改上九年制。我们的教育形式比较单一，需要解放思想，研究创新。

三、根据经济建设、社会发展和科技更新的需要来研究职工教育体系、体制和教学工作。这方面我们以前有比较好的传统和经验，今后要继承好的传统，改革那些脱离生产，脱离实际的东西，树立为生产建设服务的观点，培养企事业所需要的专门人才。现在的职工教育有许多地方沿用了普通教育的办法。如职工中专、大专毕业生与普通中专、大专毕业生的"三同"，即同等学历、同等待遇，同等使用。为求得"三同"而忽略了职工教育特点是不对的。"三同"好的一面是调动了广大职工学习的积极性，但也容易形成以普通教育为标准来衡量职工教育的偏向：如不相同就不被承认。职工教育如果脱离生产实际，失去自身的特点，就不会受到企业的欢迎。我们应根据职工教育的特点及实际需要确定教学计划、课程设置和学时。北京市高等教育自学考试是完全开放性的教育形式，它采取单科独进、分段进行、成绩积累、零存整取的办法，学习合格就发给合格证书，合格的门数够了就发给毕业证书。职工教育的正规化不能以普通教育为标准，而应该是三句话：办学有计划，教学有规格，管理有制度。职工教育要能体现周期短，见效快的特点，才能早出人才，多出人才，出好人才。职工教育要立足于改革，改掉那些脱离生产，脱离实际的东西，树立为生产服务的观点。

四、关于怎样进行教育科学研究的问题。从两方面来讲，第一是当前迫切需要解决的实际问题，如经费比例，基建比例，教育体系结构如何为生产服务等。第二是重大的理论问题，如职工教育和以共产主义思想为核心的精神文明建设的关系问题。政治思想教育在职工教育中如何加强的问题。职工教育一定要进行爱国主义和共产主义教育，要结合史地教学对学员进行爱国主义教育，讲祖国的山河壮丽、人民豪迈，使学员从心里热爱自己的祖国，有作为一个中国人的自豪感。

还有一些基础理论问题也需要研究，如成人教育学，成人教育心理学，职工教育管理学，国外教育比较学等。对于国外的东西我们不盲目崇拜，但也不闭关自守，自以为是。

总之，要从中国的实际出发，办出有中国特色的职工教育，并建立中国的成人教育学理论。

关于我国职工教育特点和规律的探讨 [①]

辩证唯物主义认为，人们要尊重客观事实，只有在认识必然的基础上，人们才有自己的活动。所谓必然，就是客观存在的规律性，在没有认识它以前，我们的行动总是不自觉地带有盲目性。从事教育工作，也要力求避免盲目性，寻求规律性，职工教育不按照职工教育的特点、规律办事就办不好。为了寻找规律性，就要求我们善于观察和分析各种事物的矛盾的运动。矛盾着的事物及其每一个侧面各有其特点，而且在发展过程的各个阶段中，其特点也会有所变化和发展，对于职工教育的特点的变化和发展要进行具体的分析，才能了解和掌握职工教育的规律，认识其特点和规律才能更好地对职工教育进行改革。

工农教育和普通教育两种教育体制是我国社会主义教育制度的重要组成部分。职工教育是整个教育事业的一个重要组成部分，同普通教育同属于社会主义教育范畴，但是它在教育对象、目的、内容、形式上又有其自身的特点。

粉碎"四人帮"以来，特别是党的十一届三中全会以来，全党全国的工作重点转移到实现社会主义现代化建设上来，培养人才、开发智力的重要性和迫切性逐步受到各级领导的重视，在党中央的重视和关怀下，职工教育全面恢复和发展，办学重点突出，办学条件改善，专职队伍增加，教学质量提高，领导管理加强，成人教育理论研究也提到日程上来了。

在工作重点转移到四化建设的新形势下，职工教育发生了一个新的变化，出现了一个新的特点，那就是全员培训。

全员培训、全面培训和全程培训的方针，改变了我们过去对职工教育的认识。现阶段我国的职工教育形成以中等职业技术教育为主的多学科，多层次、多种形式、多种渠道办

---

① 关世雄.1985.关于我国职工教育特点和规律的探讨.北京成人教育，（3）：7-9

关世雄.1985.关于我国职工教育特点和规律的探讨（续完）.北京成人教育，（4）：6-7

学的全员培训的教育。

为了迎接世界新技术革命的挑战，职工教育已远远超出了 50 年代扫盲、业余文化学习的范畴。职工教育的发展在我国已关系到民族的兴亡，四化的成败。职工教育的深刻含义已远远超过以前人们对它的认识。

有不少人站在普通学校教育的观点上来观察职工教育，从而得出职工教育的职能和特点是：

1）学校教育的代替。没上过学就就业的人们，是要求助于职工教育的。

2）学校教育的补充。中途退学就业的人们，为了胜任工作求助于职工教育。

3）学校教育的延长。受过相应的学校教育，但因晋升、提级、改变工种等需要继续提高，把职工教育当作学校教育的延长。

4）学校教育的完善。受过高等教育就业的人们继续深造提高，把职工教育作为学校教育的进一步完善。

5）发展个性的手段。把职工教育当作是老人和妇女的消闲教育手段。

因而将以青少年为主、脱产学习为主、课堂教育为主的学校教育当作主流，而将在职干部、职工为了工作和生产的需要采取的多种形式的学习当作非正统的辅助手段。这种看法是片面的，其基础来自旧的传统观念。普通教育同职工教育二者之间的关系是互相补充、互助具有衔接、相得益彰的，不应看作是主从关系或主要与次要的关系。

（一）论职工教育的特点

1. 职工教育是教育工作的一部分，经济工作的一部分，又是群众工作的一部分，它具有广泛的社会性的特点

三个"一部分"不是并列的，经济工作是主导。在职干部、职工教育的性质属于劳动力的智力开发，是劳动力再生产的必要手段，对提高企业职工素质，促进生产力的发展，有直接的意义。成人教育是实现振兴经济、科技进步的必要前提，也是道德情操教育，精神文明建设的重要途径。提高现有干部职工队伍的政治、文化、技术、业务素质，已是关系到四化成败的大事。

2. 职工教育具有面向生产、结合生产、服务生产的特点

职工教育是在生产或工作过程中展开的教育，它紧密结合职业技术教育、紧密结合成人在生产和工作中的需要，它有专业对口学习的特点，产学结合，学用结合，为用而学，学以致用。职工要求把学到新知识、技能能够直接运用到生产和工作中去，迅速提高职工的科学文化技术管理水平，提高劳动生产率。工厂企业要求职工教育解决本单位生产和工作中的问题，一方面，要求把技术改革、技术攻关或工作上的问题带到职工教育中去研究解决；一方面，要求职工把学到的基础知识、基本理论、基本技能或应用科技知识，运用到生产和工作中去。因此，在成人教育中自然形成教学、生产和科研相结合，领导、技术人员与工人学员相结合的三结合形式。

3. 职工教育具有成人为主、在职为主、业余为主的特点

职工教育的对象是在职干部、职工和其他成年人，是已经参加生产劳动和工作的人，他们是在创造社会物质财富和精神财富的过程中进行教育的。因为干部、职工是在职培训，所以，①在生产过程中进行；②与生产过程并进；③与生产过程交替进行；④超前培训。在职人员的学习时间又以业余为主，脱产、半脱产为辅，这样才能使更多的业务骨干参加学习。

4. 职工教育灵活多样，具有多学制、多学科、多层次、多种规格、多种形式和不同标准、不同速度的特点

职工参加学习的目的、学习要求、学习内容随着他们所从事的职业的不同而转移。职工具有一定的实践经验和劳动技能，有一定的观察、思考问题的能力。但是由于年龄不同、文化技术基础不同，职业和学习条件等方面的差别，职工教育的培养目标、教学内容、办学形式、教学方法必须灵活多样，学习要求允许有高标准、中标准、低标准，有高有低，有慢有快，不一刀切，不强求一律，以适应不同对象的不同要求。

5. 职工教育有周期短、见效快、针对性强、实用性强、理论联系生产实际的特点

职工教育是在职干部、职工的再教育，它要求干什么学什么，缺什么补什么，要从不同行业、不同工种，不同对象的不同需要出发，有效地为生产、工作服务。因此学习的周期要短，见效要快，学习内容要少而精，针对性强，实用性强，使理论密切联系实际。

职工教育要体现周期短，见效快，速成的教学方针，又要确保质量，不重视质量的数量是不可取的。

6. 我国职工教育具有逐步走向正规化的特点

成人教育的正规化不是照搬普通学校的经验，成人教育要结合成人学习的特点，逐步做到办学有任务，教学有规格，管理有体制。逐步建立有成人教育特色的正规化办学制度。

7. 职工教育具有继续教育、回归教育及终身教育的特点

在职干部、职工的学习更接近，更符合人们的一般认识规律。人的认识规律是实践——认识——再实践——再认识的循环往复过程。在职干部、职工的学习规律是学习——工作——再学习——再工作，也是培训——工作——再培训——再工作直至终身的循环上升过程。一个大学生毕业后参加工作，当了工程技术人员，为了不断更新知识，追上形势发展的要求，他边工作边学习，或工作一段之后再学习，每三年给半年学习时间，那么，一个人参加工作到退休前大约累计有 5 ～ 6 年的学习时间用以更新自己的知识，接受回归教育。

8. 职工学习有自学为主的特点

自学是人的主观能动的求知过程，其特点是：①自主性。学什么、怎么学，由自己选择、支配和控制。②长期性。要长时期克服工作与学习的矛盾。自学者在自学过程中应把国家和社会的需要放在首位，然后充分发挥主观能动性，发展自学能力，在自学中提高自己的知识和技能。

职工教育不宜采用大量灌输知识的方法，对掌握一定文化基础知识的职工应更多地采用启发式、讨论式或者采用案例教学法，进行教学活动。着重培养其独立思考、独立分析问题、解决问题的能力，正确处理好传授知识与培养能力的关系，把培养与发展能力作为教学的重点。

规律也称科学法则，它有客观性，不以人的主观意志为转移．职工教育本身有其规律，需要我们去研究，目的是为了按照职工教育的规律办事，避免盲目性，为了正确地指导我们的行动。

（二）论职工教育的规律

职工教育的规律主要体现在以下几个方面：

1. 职工教育一定要适应国民经济发展的需要，教育投资既不要超出财政支出的可能，又不要不成比例

社会主义的国民经济是有计划、按比例发展的。旨在开发智力，培养人才的职工教育，同样也要与国民经济协调发展，同步进行。职工教育超出国民经济发展的需要会带来许多问题，落后于国民经济发展的需要，将阻碍生产力的发展和社会的前进。因此，正确处理国民经济与职工教育关系，把职工教育提到应有的地位上来，是一个十分重要的课题。过去在"左"的思想影响下长期不重视知识，不重视人才，不重视教育事业的发展，更不重视职工教育的发展，造成了事业上的很大失误，影响社会主义现代化建设的步伐。80 年代的技术骨干，很多是五六十年代培养出来的人才。如果今天我国教育事业没有一个较大的发展，那么，1990 年以后，新的经济振兴时期，翻两番的任务是难以实现的。我们争取在最短时间内，使教育投资占国家财政事业费总支出的 15%，教育基建投资占国民基建投资总额的 6%，按这一比例递增，如果国民生产总产值每年递增 5%，10 年将达到 5000 亿元。则教育事业费和教育基建投资合计，也只不过 3.6%。苏联的教育投资占了国民生产总值的 7.6%，美国占 6.2%，法国占 5.6 %，日本占 5.5%。我们在世界上处于中间偏低水平。

有位外国学者，分析中国国营企业现有职工的文化水平是 8 年级左右，如果未来 20 年没有提高，中国的工农业总产值只能达到 1.7 亿元，完不成翻两番的任务，如果文化水平能提高到十年级，则工农业总产值可达到 3.6 亿元，超额完成翻两番的任务。这个数值虽不准确，但把职工文化技术素质作为一个非常重要的因素，与四化建设联系起来是有道理的，不提高职工素质，就不可能使我们的企业成为先进的企业、现代化的企业。

以上可以看出，教育投资与国民经济发展的关系十分密切。必须确定一个合理的教育

投资比例，使教育事业的发展规模、进度和国民经济的发展相适应，除国家财政尽可能多投资外，还应立法收教育税，充分发动集体经济和社会力量举办教育事业，使国家、集体和个人办学一齐上，这样做，我国教育事业就会得到很大发展。

2. 干部、职工队伍知识结构一定要适应社会主义建设的需要

我们干部、职工队伍的现有文化和管理水平远远不适应社会主义建设高速度发展的需要。因此，统筹规划、合理安排和调整各级各类教育事业内部的比例关系是十分重要的。

当前在技术工人中，三级工以下的低级工占大多数，技术级别越高，人数越少，这种"宝塔形"的劳动力智能结构和当前先进的技术装备的要求不相适应，这是造成工效低、质量差，消耗大、事故多的重要原因。

目前职工教育的内部结构比例也很不协调，初中班和大专班多，中级技工培训、高中班及中专班少，这种"葫芦形"结构不适应经济和社会发展的需要。

从我国工业技术装备现状看，机械化、半机械化的中层的技术装备是大量的，它需要大量中层次的技术人才，即中级技术工人需占 60% 左右，高层次需占 10%，低层次需占 30%，这种"橄榄形"的劳动力智能结构对经济发展较为合适。从"葫芦形"，变为"橄榄形"的智能结构，需要职工教育做出极大的努力才能实现。因此，当前有必要大力发展职工中技、职工中专和职工高中，大量培养高级技术工人，工程技术人员和各级管理人才，有必要进一步发展具有知识更新性质的工程技术人员的继续工程教育。

3. 结合生产，服从工作的需要，从因材施教到因需施教

因材施教：职工教育与青少年普通学校教育在教学上有共同点也有不同点，共同点是要遵循教学的一般规律，如循序渐进原则。但成人学习也有其特殊规律，因此，我们需要建立一个与普通教育并存并行、并重的成人教育体系。这一体系的特点是在相应的文化基础上，以职业技术为主体面向现代化建设的急需培训人才。这一体系不要照抄照搬普通教育的那一套。成人学习有长处，也有短处，在教学过程中要扬长补短，因材施教。

成人学习的长处是学习目的比较明确；自觉性，自控力，坚持性较高；有联系实际的能力和理解分析问题的能力；对口学习，定向培养，学用一致，学以致用；有较多的工艺知识和技能，有一定的实践经验和感性知识；速成心切，要求周期短、见效快。

短处是基础知识，基本理论差；知识的系统性和表达的准确性差；工作忙、家务负担重；机械记忆力相对减退；学习时间得不到保证等。

因需施教：职工教育还要针对不同对象的不同需要，提出不同要求，如①对学徒工和新工人的培训；②对工段长、技术员的培训；③对专业人员、工程师等人的培训；④对行政管理人员的培训；⑤对厂长、经理等高一级负责人的培训，都应区别对待，提出不同的培训计划。

职工教育要允许高速度、中速度、低速度，也要有高标准、中标准、低标准，无论哪一种速度和标准，都要有该层次的实际水平和质量。因此，我们首先要制定各级各类的人才规格，通过培训，颁发岗位证书，这种证书对在职人员来说更切合需要。它将起到发展

职工教育的杠杆作用。

4. 职工教育的规律既受社会主义基本经济法则的制约，又受党和国家政策的调节

职工教育不是孤立存在的，受社会主义基本经济法则的制约和推动。对于社会主义基本经济法则，斯大林表述如下："用在高度技术基础上使社会主义生产不断增长和不断完善的办法，来保证最大限度地满足整个社会经常增长的物质文化的需要。"这里一要有高度技术基础，二要生产不断发展，三要最大限度满足社会对物质和文化的需要。职工教育，也要围绕这三点来办，它要面向生产，面向企业，为提高人的素质、企业的素质，为提高企业的经济效益服务，为早日实现社会主义现代化服务。因此，社会主义基本经济规律决定了我国职工教育的发展方向，发展速度，发展规模和发展结构。

职工教育还受党和国家政策的调节。职工教育要有一套与职工教育发展相适应的领导管理体制。这一套体制有利于加强领导统一管理，分工负责、通力协作。既有统管又有主管，既有集中，又有放权，这样有利于各地区、各部门在安排生产的同时安排职工培训；有利于发挥工会、青年团、妇联、科协、教育与劳动部门的积极性，同心协力发展职工教育。

党和国家政策所起的调节作用，或促进职工教育事业的发展，或影响其发展速度。政策起杠杆作用，符合客观规律的政策可以调动办学、教学和学习的积极性，政策不对头也可以削弱或打击三者的积极性。人在规律面前不是无能的，人要利用这些客观规律为整个社会主义社会，为无产阶级培养人才。在社会主义国家中，党和国家的方针政策对职工教育起领导作用，实践证明，各级领导对职工教育的认识和重视程度的主观能动性左右了职工教育的发展。

例如：1981 年中共中央、国务院颁发了《关于加强职工教育的决定》，一年多来各地区，各部门都在深入贯彻中央决定，全国职工教育工作更加广泛深入地开展起来，取得了新的成绩。各级领导提高了认识，加强了领导，越来越多的人重视智力开发在四化建设中的地位和作用，领导、管理干部的培训和青壮年文化技术补课已作为职工教育两大重点来抓。职工教育正走向正规化、制度化。不少单位职工教育的办学条件也有了改善，职工教育的经费问题也得到进一步解决。今后要广泛深入地宣传、贯彻《关于加强职工教育的决定》，切实加强领导，打开职工教育的新局面。

当前我们要认真清理一下指导思想，立志改革，勇于创新。从全国讲没有改革就没有四化建设的成功。职工教育没有改革也会变成现代化建设中的绊脚石。我们首先要研究职工教育在现代化建设中的地位和作为，指导思想和办学体系，各项办学和教学的政策措施。凡是不适应四个现代化需要的就要改革，如：普通教育中的片面追求升学率，职工教育中的片面追求学历和文凭而不讲求水平，必须加以改革。应做到学校考查其学历，用人单位考查其能力。

改革的目的在于调动职工教育的办学、教学和学习积极性，从而快出人才，出好人才。①要逐步建立一个在相应的文化基础上，以职业技术教育为主体的职工教育体系。这一体系不要照抄照搬普通学校的规章制度，职工教育要结合成人学习特点，探索自己的办学和教学的新道路。②要改革我国现行的学徒工制度，变招工为招生，先培训，后录取，招工应以职业学校、技工学校毕业生为主要对象，使职业教育与就业安排相结合。③要改革职

工中等教育结构，使中等教育密切结合职业技术教育。大力发展职工中技、中专和高中教育。④要改革职工高等教育结构，改变过去重理工，轻文、法、财经的现象，针对社会、生产上的需要，培养专业人才。要改革考试制度。入学考试既要严格把关，又要有完全开放式。平日的考试，既考查知识也要考查能力。⑤要使职工教育与干部制度、劳动、人事制度挂钩，对各级干部职工的科学文化，专业水平要有一定的要求，不符合要求的不能上技术岗位，不能当干部，不能担任领导职务，不能晋级。⑥职工学校要打破"吃大锅饭、端铁饭碗"的旧制度 . 要提倡采用选聘制、招聘制和责任制，使人才合理流动，流向基层，流向边疆，流向生产第一线。

十五、关裕泰

关裕泰（1929—2005），男，曾任劳动部培训司司长，曾任中国职工教育和培训协会副会长、《中国培训》杂志主编。云南民族学院政治系讲师、国家劳动人事部培训就业局副局长、劳动部培训司司长等职。

长期从事技术工人培养训练的管理和研究工作，曾翻译过苏联有关职业技术教育方面的文件和资料，如《生产实习教学法》等。主编有《职业培训概论》《产训结合的理论与实践》等。

香港职业训练概况及其特点 [①]

1984 年年底，我们组织了职业技术培训考察组，一行 5 人，对澳大利亚、新加坡和香港进行了访问。在香港停留了 7 天，由香港华润集团有限公司接待，我们访问了香港劳工处和香港职业训练局两个部门，听取了关于香港就业情况和职业训练情况的介绍。访问了香港就业辅导组湾仔区办事处和展能就业组（安排残疾人员就业的组织），并参观其工作及传真通讯系统。关于职业训练机构，我们参观了香港管理专业发展中心、海关训练临时中心，观塘工业学院和制衣业训练局九龙湾训练中心。现将我们考察所得，介绍如下：

香港是 145 年前鸦片战争时期割让给英国的。当时只有 3650 人聚居在这个半岛上的 20 个村落。1898 年 6 月 9 日签订了《北京条约》，清政府同意将九龙界限街以北直至深圳河的新界地域，以及 235 个岛屿租借给英国，为期 99 年。因此，现在说的香港地区，包括香港本岛、九龙、新界和其他岛屿，总面积为 1060 平方公里，比新加坡还要大一些。香港现有人口约 550 万人，98% 以上是中国人。15 岁以上有劳动能力的人口为 256.8 万人。这些劳动人口大多数是由内地迁移去的。1949 年后内地人口大量往香港迁移有三次高潮：第一次是解放初期；第二次是三年自然灾害时期；第三次是"文化大革命"后期。

香港的经济发展很快，特别是在 60 年代经济腾飞，现在被称为"亚洲四小龙"之

---

① 关裕泰 . 1985. 香港职业训练概况及其特点 . 国外职业技术培训研究 . 北京：劳动人事培训就业局与天津职业技术师范学院审定 . 内部出版：117-126

一。香港的工业最初是以棉织业开始的，以后逐渐兼及毛织业，直至扩展至人造纤维及成衣制造业。自 1950 年以来，香港每年输出的纺织品和成衣，占各种制品出口总值的 43% ~ 55%。迄今为止，纺织业仍然是香港经济的支柱。当然塑胶制品、电子制品、钟表及其他轻工业制品也有很大的发展。

关于香港就业的情况，同样是由经济的发展或衰退而决定的。根据香港统计处的资料，1984 年 1 月至 3 月，香港的就业人口共有 2 438 600 人，按行业分类如表 1。

表 1　香港就业人口行业分类表

行业	受雇人数（人）	百分比（%）
创造业	889 800	36.5
商业	533 300	21.9
服务业	452 000	19.0
运输及通讯业	198 100	8.1
建造业	181 500	7.4
服务、银行及保险业	129 700	5.3
农、林、渔业	30 700	1.3
公用事业	12 400	0.5
采矿及石矿业	1 400	*
其他	700	*
合计	2 438 600	100.00

注："*"号为不超过 0.05%

香港的失业率一般比较低，约在 4% 左右。截至 1984 年 3 月份统计，失业人数总计约为 101 200 人，占 256.8 万人的 3.9%。据说，这些失业人口，其中正在寻找工作的占 80%；临时无限期解雇的占 13%；认为无法找到工作因而放弃求职的占 2.4%；正在等候上班工作的占 1.2%；因病、伤未愈暂时找不到工作的占 1.9%；预计可复工而未找工作的占 1.4%。为了适应劳动就业和经济发展的需要，香港政府及工商界十分注意对达到劳动年龄的青少年和失业人员进行职业技术训练。

香港职业训练大约可以分为四种：

1）科技人员训练。主要由香港政府负责，成立技师训练委员会，制定工科毕业生训练计划，目的是协助香港大学、香港中文大学和香港理工学院的工程毕业生，在工业界取得足够的训练机会。该计划为 18 个月的实务训练，使刚毕业的工科学生，能够取得香港工程学会规定的正式会员的资格，能在工业界就业，并担负起实际的责任。

2）技术员训练。技术员的职位介于工程师和技工之间。他们通常在工程师的指导下可负担起一些技术方面的工作。技术员的训练主要由政府负责，但在许多方面需要工商业界提供资助。

3）技术工人训练。技术工人需要有高度的实际操作的技能和技巧，同时，还需要有丰富的专业技术知识，才能跟上科技和生产的发展，其训练由政府与工商业界共同负责。

4）操作训练。这项训练针对的是在生产线上工作的工人，我们称之为工序工、熟练工或岗位工。由于这些工人所需掌握的技能比较简单，企业单位对他们又大量急需，因而其训练主要由雇主负责，一般在生产中进行。

此外，还有教导员的训练和管理人员的训练。工业教师和教导员（亦称培训员）的训练，由香港工商师范学院负责；管理人员的训练由管理和督导训练委员会负责。

对于上述各类人员培养的训练，香港政府和工商业界采取了多种多样的方式和方法，其中：

1. 学徒培训

香港劳工处的官员认为，训练技术员和技术工人的最经济而有效的方法，莫如学徒训练。他们把学徒分为技术员学徒和技工学徒两类。技术员学徒的训练期通常为 4 年，而技工学徒则为 3 ～ 4 年。在整个训练期间，学徒除获得雇主提供的系统的在职训练外，同时也获得雇主保送以日间调训方式去工业学院或香港理工学院上课，接受理论方面的训练。1976 年香港政府制定了学徒条例，把这一培训制度用合法形式固定下来。

2. 举办工业学校

香港的工业学院是培养技术员和技术工人的，相当于我们的中专和技工学校的混合物。现有 5 所，共可容纳全日制学生 5200 名，日间部分时间给假调训制及整段时间调训制学生共计 16 000 名使用。同时，还设有为有志修读技术课程的 25 600 名在职职工而设的夜学课程学位。现计划新建工业学院 3 所，其中 2 所将于明后年落成使用。

关于工业学院的上课制度，全日制课程分一年及二年制两种，通常每年上课 36 周。日间部分时间给假调训制课程，通常每星期日间上课 1 天，晚间上课 2 ～ 3 天，只有由工商业界保送之人士，方可攻读此类课程。整段时间给假调训制课程之学生，由雇主每年分一次或数次给假接受短时间全日制课程。夜学制课程通常每星期上 3 ～ 4 晚，每晚 2 小时。此外，各工业学院设有各种专科科目的短期课程，主要使在职技术员和技工接受最新的知识和技术训练。以我们访问的观塘工业学院为例，根据该院院长和有关系主任的介绍，以及我们参观校舍、工厂和实验室的印象，我们认为工业学院的办学条件是不错的，香港政府和工业界人士都比较重视。该学院建立于 1975 年，基本建设投资 2500 万港元。每年政府还给额外拨款，使校内工场及实验室设备能够保持一定标准，以应付工业界日益繁杂之需要。该学院除经常获得个别人士及公司捐赠的设备外，还曾得到英国政府捐赠的款项，以致现在有较大规模的工场设施、实验室及绘图室，并有多种用途的礼堂及学生食堂。观塘工业学院设有制衣、电机、机械、印务及纺织 5 个学系，分别开办技工及技术员训练课程。其中，若干专业是其他学院所没有的。如服装设计与纸样制造、微形讯息处理器原理、小型汽车工程、活版印刷与柯式平版印刷、针织与针织衣物制造等。以下是机械工程系技工课程表（表2）。

表2　观塘工业学院机械工程系技工课程表

学制	课程	修业年限（年）	入学资格	主要科目	文凭
全日制	机械技工基本课程	1	修毕中三	机械工艺原理与实习、物理计算与绘图	基本技工证书
日间部分时间给假调训制	汽车修理（学徒）	3	同上	汽车工技原理与实习、计算绘图及技术上应用之英文	同上
同　上	空气调节及冷凝（学徒）	3	同上	空气调节及冷凝原理与实习、物理、计算及绘图	同上
夜学制	工具工模	3	同上	工具工模原理与实习、物理、计算及绘图	同上

3. 兴办训练中心

训练中心是香港一项新兴的培训方式，它密切结合工业界的需要，目的在于为工业提供有一定技术水平和专业知识的工人。目前，香港有4所训练中心：①香港海员训练临时中心；②制衣业训练局所属的九龙湾训练中心；③建造业训练局所属的九龙湾训练中心和葵涌训练中心；④香港海员训练临时中心于1983年开始为香港海员提供复修训练课程，以便使他们经过训练能够符合国际海事安全之规定。制衣业训练中心主要通过短期培训，为制衣业训练各种技工，1983年，共训练4724人，其中，接受全日制课程（2～48周）的有3504人；接受部分时间制课程的（16～48小时）有1220人。建造业训练中心，主要开办1年全日制的技术员课程及技工课程，受训者结业后可以加入建造业第二年学徒训练。香港政府还拨款筹建2座综合性的训练中心大楼，准备兴办9个训练中心：①汽车业训练中心；②电机业训练中心；③电子业训练中心；④酒店业训练中心；⑤金属品制造业训练中心；⑥塑胶业训练中心；⑦印刷业训练中心；⑧纺织业训练中心；⑨焊接业训练中心。

香港经济取决于世界市场，香港人可以自由选择职业。在经济需求和训练人数之间保持合理的均衡，有计划地进行职业训练，则是香港职业训练的一个重要特点。他们认为，一个有效率的人力策划及训练制度，必须能够使经济各环节之需求与所培训之人力两者达到平衡。由于技术培训需时较长，要制定训练方针及进行策划，就需得到当前就业市场和日后人力需求的资料。进行规划的方法主要是：①每2年对各工商业进行1次人力调查，以搜集最新的就业状况资料；②根据调查资料，分析人力结构及技术力量的短缺情况；③预测人力的需求，其中要顾及人才流失及雇员内部提升等因素；④各个不同经济部门间相类似的主要成员每年的总人力需求；⑤估计教育机构及其他训练所提供的毕业生人数，包括估计毕业后从事与训练有关行业的百分率在内。我们以机械工程行业对技术工人的需求和培训机构所能提供的情况为例，进行典型试验分析，就可以了解到一般的情形。根据1984

年的调查报告书提供的材料，机械类技工的毕业生有 53 690 名受雇于 9 类工业企业，其中分布情况如表 3。

表 3　机械类技工的毕业生受雇于工业企业分布表

行业	受雇百分比（%）
金属品制造业	65.2%
电机业	19.7%
塑胶业	5.5%
土木工程及建筑业	4.4%
工业	5.2%

机械技工受雇担任的主要职务及该等预测每年之需求如表 4：

表 4　机械技工受雇担任的主要工种及该等预测每年之需求表

专业（工种）	雇用人数（人）	占总数的比例（%）	预测需求（人）
机械打磨装配工	9 879	18.4	522—632
机床工	10 339	19.3	611—694
工具及工模制造工	6 154	11.5	404—471
工模制造、修理工	—	—	—
冷凝 / 空气调节工	3 720	6.9	137—164
领工 / 工头	3 946	7.3	290—333
焊接工	1 362	2.5	79—90
薄片金属构造工	3 3774	6.3	183—206
钢扳构造工 / 结构	1 289	2.4	77—88
结构钢架工	—	—	—
其他类别技工	13 628	25.4	736—828
合计	53 694	100	3 069—3 506

　　根据情况的调查，进行供求分析。在各类培训机构提供的技工只有 845 人，其中，短期培训和日间调训的为 699 人，夜间制的 291 人。因此，可以说明这个数目远远不能适应机械工程行业对技术工人的需要。在调查中，已经了解到从技工级内部晋升的因素，仅为8%，这对减轻人力需求的情况并无很大帮助，因此，必须大力加强这方面的培训能力。

　　有计划地进行人力评估，这是香港从事职业训练的官员感到最为自豪的一件创举。他们认为这方面的工作是搞得比较好的，比新加坡进行得还早。我觉得人才规划能够在调查研究的基础上做到这样细致和比较准确，确实是件了不起的事。因为即使作为一个计划经济的社会主义国家来说，多少年来人才规划如何符合国民经济发展的需要，也是没有解决的一个难题。我们的教育计划与国民经济计划是脱节的，"文不对题""货不对路"十分严重。而且，学制比较长的就更难预测得准确。在这次考察时，我有些怀疑是否有一些"秀才"在做官样文章，故意给我们看的。当我提出这个问题时，接待我们的一个官员比较虚心地对我说，确实不容易做到非常准确的预测和评估，但只要认真地进行调查，掌握第一手材料进行分析，还是大体上可以做得到的。他认为，企业为了发展，需要补充一定的管理人员、工程技术人员和熟练的技术工人，雇主是十分愿意与这项工作密切配合的。

由此可见，香港职业训练是紧密结合劳动就业，为经济发展服务的。这又是香港职业训练的一个特点。据 1983 年对工业学院 2074 名全日制毕业生的调查，其中，在 3 个月内即获得职业的占 67%；继续进行全日制课程的占 20.2%；其余正在求职。一般说来，国外职业教育和职业训练的目的，是给人们以一技之能，达到就业的要求这一道理是非常明白和毋庸置疑的。但是，在国内长期以来由于"左"的思想影响，有些同志对职业教育和职业培训采取鄙视的态度，以为不正规，不是传统教育。有些同志不仅不承认职业教育和职业培训是为就业服务的，反过来还要求劳动就业制度去适应教育制度的改革，这种观点本末倒置，是不正确的。

政府和工商业界十分重视也是香港职业训练一个很突出的特点。为了保证香港职业训练制度得到切实贯彻和执行，香港政府于 1982 年 2 月根据职业训练局条例成立职业训练局（Vocational Training Council），这是个非官方机构，成员由政府官员和工商业界人士组成，主要的工作包括向总督提供咨询意见，以便制定措施，确保香港有一个工业教育和训练制度，从而配合香港的经济发展对劳动力的需求。该局已设立 19 个训练委员会（包括会计业、汽车维修业、银行业、土木工程和建筑业、制衣业、电机业、电子业、酒店饮食和旅游业、保险业、珠宝业、新闻业、金属品制造、商船海员、塑胶业、印刷业、船舶修理业、纺织业、货运业、零售批发及出入口业），负责香港各主要行业的人力训练；另设有 6 个一般委员会（包括学徒训练及技能测验、电子资料处理训练、管理及督导训练、工业教育、技师训练、翻译事务），处理各个经济部门共同的训练事宜。同时，该局负责接办现有的工业学院，开办新的工业学院和工业训练中心。1982 年 4 月，香港政府劳工处的工业训练科、学徒培训科与香港教育署的工业科合并成立香港工业教育及训练署（政府机构，作为职业训练局的"行政部"），统一筹划和管理香港职业训练事宜。

舍得花钱，这是香港重视职业技术培训的一个例证。1983 年香港政府拨款 2.5 亿港币，筹建 9 个培训中心，是经过与工商业界协商而成的。他们"协商"的内容，不是我们一般理解为共同讨论负担 9 个培训中心的建设费用，恰恰相反，而是双方争当投资的老板。据说，因为香港政府和工商业双方争多出资当老板的问题，耽误了几年的时间，使香港职业训练的工作落后于新加坡。实际上，从我们接触香港职业训练局的官员中了解到，他们对香港的职业训练工作是十分自豪的，认为新加坡的模式是按照他们几年前设计的蓝图进行的。

突出操作技能和技巧的训练是香港职工训练的另一个特点。为了培养学生和受训者的操作技能和技巧，各个工业学院和训练中心都有比较完善的实验室和实习场所，实习设备一般都比较好，能够满足学生实习的需要。但是，他们对学生和受训员进行实习教学是采取纯消耗性的方法，这是香港职业训练也是世界上许多国家的职业训练的特点。这也是我们 50 年代批判过的苏联那种"大料化小料，小料化为无"的作法。不过，要保证学生操作训练，必须具有实习设备和所需消耗的原材料，对于这一点，我们至今还有一些技工学校及其主管部门的同志没有真正认识到。包括那些长期从事传统教育的同志，在提倡大力发展职业技术教育和就业训练的过程中，对如何培训出合格的技术工人，以及操作技能技巧训练的重要性，也并不是完全理解的。重视操作训练，培养学生的高度熟练的技能技巧，使他们上岗后便能很快地熟悉和适应工作环境，顶岗生产，只有如此，才能把先进的科学技术和先进的设备变为现实的生产力，这是显而易见的道理。

技工学校的回顾与展望 [①]

值建国四十周年之际，回顾一下技工学校所走过的历程，总结经验教训，引出今后继续前进的方向，是十分有意义的。

世界上一些经济发达的国家，随着科学技术不断进步，现代化大生产和工业化的要求，都把提高劳动者素质的任务，由生产中以师代徒的方式，逐步交由建立专门的职业技术学校来承担。我国技工学校的产生和发展，也证明了这一点。1949 年前，由于经济落后、工业不发达，培养技术工人主要靠学徒培训的方式，专门学校屈指可数。1949 年后，特别是第一个五年计划开始之后，为了适应经济建设和社会发展对技术工人的需要，技工学校才获得发展。开始，个别产业部参照苏联劳动后备学校的模式，举办了少数技工学校。接着，各地劳动部门在举办失业工人转业训练班的基础上改建技工学校。1953 年，劳动部根据中央财政经济委员会的决定，把全国技工学校工作管起来，并于 1954 年聘请了苏联劳动后备部副部长作为顾问。

技工学校一经产生和发展，就显出了它的优越性。主要是由于有一套正规的教学计划、教学大纲和教材，目标要求明确，建立有一定的生产实习场所，有一些既有文化，又有技术的教师和工人，并以课堂教学的形式，讲究理论联系实际的教学方法，就使培养出来的学生在德、智、体、美、技诸方面都得到了比较全面的发展，质量上大大地高于以学徒培训方式培养出来的新工人。一般说来，技工学校的毕业生分配到工矿企业，经过一段时期生产实践的锻炼，大都很快成为生产中的骨干，有的经过深造成为工程技术人员，有的因为需要被提拔到各级领导管理的岗位上，深受工矿企业的欢迎。

实践证明，技工学校是培养中级技术工人的好形式，40 年来为国民经济各部门培养和输送了 500 多万合格的新技术工人，基本上适应经济建设和社会发展的需要。

但是，技工学校的发展并非一帆风顺，受着我国政治与经济的制约，走过一段崎岖的道路。一般来说，政治经济形势好，技工学校的形势也好，反之，亦然。40 年来，技工学校大体经历过三个阶段：

1. 从建国初期到第一个五年计划结束（1950—1957 年），可以叫初创时期，或叫打基础的时期

这个时期，主要是根据苏联劳动后备学校的模式，引进有关的规章制度、教学文件和

---

① 关裕泰 . 1989. 技工学校的回顾与展望 . 教育与职业，（9）：13-15

教学方法。学校只有 140 余所，在校学生 6 万余人，但办学条件都比较好，不仅建有教学楼（内设若干专课教室）可以进行文化理论课教学，而且都办有实习工场（厂），可以进行操作技能训练，特别是所设工种（专业）的基本功训练。毕业生质量比较高，绝大多数能达到中级技工的培训目标。

2. 从"大跃进"到"文化大革命"结束（1958—1977年），可以叫动荡时期，或叫动乱时期

从"大跃进"开始，技工学校就被卷了进去，在"大办"和"县县办"的口号指导下，到 1961 年技工学校数量猛增到 2100 多所，在校学生 5000 万人。随着"调整、巩固、充实、提高"方针的出台，1962 年又压缩到 155 所，在校学生 6 万余人。技工学校一上一下，损失很重。十年动乱期间，技工学校遭受到毁灭性的摧残，大都被撤销、停办或改为工厂。

3. 从恢复到改革开放（1978年至今），可以叫恢复改革时期

特别是党的十一届三中全会以来，技工学校得到了迅速的恢复和发展。截至 1988 年底统计，全国技工学校共有 4009 所（其中，集体所有制 13 所），在校学生 120 多万人，在经济体制改革和教育体制改革的推动下，技工学校从过去单一、封闭的办学模式，初步改为多形式、多层次、灵活开放的办学模式，改变了原来毕业生"统包统配"的分配制度，贯彻了"三结合"的就业方针，毕业生由用人单位择优录用，一律实行劳动合同制，为促进职业培训事业的发展，根据职业培训的性质、任务和特点，建立了教师职务聘任制，改革了旧的教师职称制度。此外，在扩大学校自主权、改助学金为助学金与奖学金相结合制度，以及加强教学与生产（经营）相结合等方面，也进行了改革。

在为技工学校服务的师资队伍建设和教材建设方面也有较大的发展。仅劳动部直属的天津职业技术师范学院，在培养文化理论课教师的同时，还探索了培养生产实习指导教师的新途径。劳动部组织编写的技工学校教材 84 种（其中机械类 31 种，电工类 13 种，电子类 33 种，公共课 7 种），中央各部委和各省编写的各工种（专业）的教材几百种，并开始拍摄与教材配套使用的教学片。在教学研究方面，全国有 22 个省、自治区、直辖市劳动部门成立职业技术培训或技工培训教研室，有 7 个中央部委成立了教学研究会。

由此可见，我国技工学校的最近 10 年，是建国以来最好的时期。

总结技工学校工作 40 年的经验，主要是：

1. 必须为经济建设和社会发展服务

技工学校从建立开始，与普通教育的学校不同，为经济建设和社会发展服务的目的就很明确。各地区、部门和企业单位都是根据各自对技术工人的需要，开办和发展技工学校，设置所需的工种（专业）的。技工学校工作的好坏，直接影响到生产力水平的状况，是经济兴衰的晴雨表。1966 年前 17 年技工学校的几上几下，直接反映了经济的上上下下。近10 年来，技工学校之所以得到迅速的恢复和稳步的发展，也直接反映了我国在改革开放的推动下，经济持续而大幅度发展的状况。同时，实践证明，技工学校为经济建设和社会发

展服务，不完全和不应该是被动的，工作搞好了，可以对生产起到促进的作用。因此，技工学校必须继续坚持为经济建设和社会发展服务，而且还必须服务得好。

2. 必须贯彻党的教育方针，做到教学与生产劳动相结合

1958 年，我国西安航空工业技工学校根据党的教育与生产劳动相结合的方针，通过学生在生产实习中生产有价值的产品，达到了勤工俭学、勤俭办学、经费自给自足，使技工学校产生了一个质的飞跃。毛主席肯定了此事，并作了重要的批示。这个经验，不仅为国家培养了人才，创造了财富，而且更重要的是提高了培训质量。学生在生产各种有价值的产品中，和普通工人一样，要有安全生产、劳动纪律、工时、原材料消耗、产品数量和质量等要求，这就提供了对学生进行热爱社会主义祖国、热爱工矿企业、热爱生产劳动的工人阶级品德教育的可能性，为树立正确的世界观、人生观和坚持"四项基本原则"打下比较好的基础。同时，可以系统地实际地传授现代科学技术基础知识和生产操作技能技巧，提高生产熟练程度，发展学生认识问题、分析问题和解决问题的实际能力。自此，在全国技工学校中推广了这个经验。最近几年，技工学校在贯彻教学与生产（经营）相结合的方针中实现勤工俭学、勤俭办学方面又有了新的发展，据不完全统计，全国技工学校的生产（经营）总产值已经超过 5 亿元，利润 8000 多万元，毕业生的质量大大提高，许多已经达到中级技术工人的标准。

3. 必须发挥各地区、部门，特别是企业单位办学的积极性

党的十一届三中全会以来，我国企业举办了许多技工学校，占全国技工学校总数的将近一半。这样，不仅大大减轻了国家的财政支出，而且培养出来的毕业生，更适应企业的需要，克服了"文不对题，货不对路"和学生"学非所用"而要改行的缺点。从经济发达国家联邦德国和日本看，虽然他们国家对职业教育舍得花钱，但毕竟比普通教育的消费大得多，也感到财力负担有一定困难，因而也提倡以企业办学为主。日本劳动省负责职业训练的官员，明确告诉我，战后他们学习联邦德国的经验，在公共训练和企业训练方面，必须以企业职业训练为主。联邦德国著称于世的"双轨制职业教育"也是离不开企业学徒培训的。因此，我国今后必须在政策上坚持发挥企业办学的积极性。

近几年来技工学校工作虽然取得了不少成绩，但在培训规模、数量和质量上离社会主义两个文明建设的要求还很远。技工学校的生产实习场所及其设备条件比较差，生产实习教师严重不足。技工学校改革刚刚开始，潜力还没有充分发挥，管理工作还存在着许多问题。

随着经济体制改革和教育体制改革的不断深化，一方面，技工学校的地位和作用必定日益显露出来，为人们所认识。另一方面，经济建设和社会发展对技工学校也提出了更高的要求。在今后一个时期内，技工学校仍然是培养技术工人的好形式，必将得到进一步的巩固和发展，以适应有计划的商品经济的需要。

为了进一步提高技工学校的培训质量和办学效益，总的来说，还必须继续贯彻原劳动人事部、国家教育委员会于 1986 年联合颁发的《技工学校工作条例》，同时加快改革

的步伐。

首先，要加强对技工学校的宏观指导工作。通过改革，今后几年内技工学校要稳定学校规模，继续改善办学条件，挖掘潜力，进一步增强活力，发挥多功能的作用，调整工种（专业）分工，开展横向联合，积极进行教学改革，办好实习场（所），加强操作技能训练，坚持教学与生产（经营）密切结合，努力提高培训质量和效益，进一步改革毕业生分配制度，实行"两种"证书制度（即毕业证书和技术等级合格证书）。

其次，要狠抓技工学校的思想政治工作。近几年来，在"淡化工人阶级和共产党领导"的情况下，技工学校的思想政治工作在当前仍然是个薄弱环节。许多技工学校学生并不以当一名技术工人为荣，而常常走一条曲线上大学的道路，许多教职工为此而忧心忡忡，感到自己的劳动得不偿失。因此，技工学校要树立一种工人阶级的精神，提倡大公无私和为人民服务的精神，把自己的学习和劳动和对企业、国家和人类社会的贡献有机地联系起来。要加强职业道德的教育。要根据培养技术工人的特点，树立好的校风和校纪，把校风和校纪和学生品德的情况，做为考核学校质量的重要标准。要把加强德育工作同严格管理紧密结合起来。要切实搞好政治课教学，提高政治课的教学质量。要加强党组织对学校思想政治工作的领导，绝对不要因为实行校长负责制试点而忽视或削弱了党的领导。

各级劳动行政部门在加强对技工学校综合管理工作的同时，在当地人民政府的领导下必须密切同计划、财政、教育，以及各产业主管部门的联系，按职责分工共同协作，按党的十三届四中全会的精神，坚持"一个中心、两个基本点"的路线方针、切实地把技工学校推向一个新的阶段。

40 年即将过去，新的时期行将到来，愿技工学校办得更好，更活，更上一层楼。

十六、纪芝信

纪芝信（1936—2013），男，天津市宝坻县人，曾任辽宁省职业技术教育研究所所长，全国职业中学教育委员会副主任，研究员。

1962 年 7 月毕业于沈阳师范学院中文系。20 世纪 70 年代开始，历任辽宁省教育局（厅）普教处、中教处、职业教育处副处长，辽宁教育研究院副院长、辽宁省教育科学研究所所长、辽宁省职业技术教育研究所所长等职务。

曾任中国教育辽宁省学会理事中国职业技术教育学会理事、学术委员，全国教育科学规划领导小组职业技术教育学科组成员、全国职业中学教育委员会副主任等职务。

纪芝信多年从事农村职业教育研究，发表了《辽宁省改革中等教育结构的实践》《关于深化农村教育改革的思考》等 80 余篇学术论文和研究报告，其中多项荣获国家级、省部级奖；"七五"至"九五"期间，主持并完成了《职业中学办学方向、培养规格、办学形式质量评估的研究》《农村初等职业教育的研究与实验》《构建农村社区职业教育网络的研究与实验》等多项全国教育科学规划教育部重点课题。先后出版了《职业技术教育研究》《职业技术教育探索》2 部专著；主编了《职业技术教育学》《论职业中学教育》《农村初等职业教育的理论与实践》《构建农村社区职业教育网络的理论与实践》等 11 部著作，对农村职业教育、中等职业教育和职业技术教育学理论体系的建设等问题提出了许多具有创建性的理论观点，为丰富和完善我国职业教育理论体系做出了突出的贡献。

农村职业教育存在的问题与对策 ①

党的十一届三中全会以后，我国各地相继开始调整中等教育结构，发展职业技术教育。但是必须看到，城乡相比，目前农村职业技术教育存在的问题比较突出，相当一些地区的农村职业中学很不稳固，困难很多，也可以说局面至今仍然没有很好打开。如不抓紧解决，势必影响农村职业技术教育的健康发展，进而拖农村产业结构调整、商品经济发展的后腿。因此，集中研究和解决一下农业职业技术教育发展中的问题，是我们全面贯彻落实《中共中央关于教育体制改革的决定》精神的当务之急。本文结合辽宁的情况，谈谈对这一问题的粗浅想法。

辽宁省中等职业技术教育发展是较快的。1985 年中专、技校、职业高中招生共占高中阶段的 55.6%；在校生总数占 46.2%。但农村职业学校在校生所占比例很少，如全省城乡职业高中在校生有 14.3 万多人，而农村职业高中在校生一直徘徊在 2～3 万人之间。据最近对 52 所县办农村职业高中调查统计，在校生（三个年级）应有 1.7 万人，但现在实有 1.08万多人，辍学率占 36%。1985 年这些学校共录取新生 5350 人，报到 3912 人。现在在校生仅有 3716 人，占录取新生总数的 69.4%。其中，农学专业共录取新生 980 人，报到 516 人，现在在校生仅有 458 人，占录取新生的 46.7%。产生这一问题的原因是多方面的，有办学指导思想问题，有学校布局、办学层次和专业设置问题，有农村用人制度问题，有师资和教学条件问题等等。这就需要从解决认识问题入手，采取正确的政策和办法，统筹加以解决。

（一）克服鄙薄职业技术教育的陈腐观念

农村职业技术教育没有真正打开局面的重要原因之一，在于历史遗留的鄙薄职业技术教育的陈腐观念根深蒂固，旧的传统教育思想至今没有彻底清除。这个问题不仅社会上存在，教育部门自身甚至更突出一些。因此对兴办职业技术教育事业缺乏应有的热忱和积极性，严重影响着这项事业的发展。

必须看到，我国农村在成功地实行了以联产承包责任制为中心的第一步改革的基础上，开始调整农村产业结构，使它由比较单一的、自给自足型的、封闭式的结构，转变为多种经营的、社会化商品生产型的开放式结构。具体来说，就是要调整粮食与经济作物的比例关系，形成合理的种植业结构；调整农林牧副渔各业的比例关系，形成合理的大农业结构；调整农业与工业、商业、运输业的比例关系，形成合理的农村产业结构。要完成这个历史性的伟大调整，实行农村分工分业，劳动力转移，职业技术教育是它重要的杠杆和条件。必须认识到，没有必要的、具有相当规模的农村职业技术教育，没有一支受过良好职业培训的农村劳动技术大军，就不能顺利完成这场历史性的伟大变革。

所以，必须进一步广泛宣传《中共中央关于教育体制改革的决定》的精神，要在全党全社会进行教育，树立行行光荣、行行出状元的观念，清除鄙薄职业技术教育的陈腐观念的影响。教育部门，特别是各级负责同志要带头把这一问题解决好。许多地区教育部门在整党中把端正业务指导思想提高到纯洁党性的高度来认识，是完全必要的。辽宁省人民政

---

① 纪芝信 . 1986. 农村职业教育存在的问题与对策 . 教育与职业，（3）：35-37

府最近举办的，有各市、县主管教育的市长、县长参加的教育理论研究班，把发展职业技术教育作为一个重要课题来学习讨论，提高大家的认识，也是行之有效的办法。总之，要把发展农村职业技术教育，作为教育体制改革的一个重点，切实摆到全党全社会的日程上来。

（二）改革农村有关劳动人事制度

农村职业技术教育没有真正打开局面的另一个重要原因，在于对就业者的政治文化技术准备缺乏应有的要求。这个问题的产生，是和过去农村经济处于单一的封闭式结构、生产力落后分不开的。现在，我国农村已经发生了举世瞩目的伟大变革，形成了以合作经济为主体，多种经济形式、多种经营方式并存的多样化合作经济体系，产业结构发生了巨大变化。特别是乡镇企业迅速崛起，已经成为国民经济的重要支柱。1985 年全国乡镇企业已累计吸收农村劳动力 6000 万人，产值达 2300 亿元。辽宁省 1984 年乡村企业已有 52915 个，从业人员 157.7 万人，占农村劳动力总数的 19.5%。今后还将有较大的发展，全省规划 1990 年农村从业人员将达到 183 万人，到 20 世纪末设想达到 183 万人。但是，目前技术工人的培养与乡镇企业发展要求很不适应，乡镇企业新工人的来源，绝大多数是从事农业生产的农民或在乡知识青年，上岗前普遍没经过技术训练，不仅不懂技术，就连熟练工种的简单操作都很生疏。这就是说，农村产业结构的调整和商品生产的发展，为改革农村有关劳动人事制度，实行"先培训，后就业"，提供了条件；农村有关劳动人事制度的改革，将有力地促进农村产业结构整合商品生产的发展。因此，一定要顺应农村经济和社会发展的需求，树立劳动就业必须有一定的政治、文化和技能准备的观念。应明确规定：农村全民所有制和集体所有制企事业单位，以及乡、镇、村行政、事业、企业单位用人，必须首先从专业对口或相近的农村职业技术学校毕业生中择优录用，这对于提高农村劳动者素质，调动青年学习文化、技术的积极性，巩固和发展农村职业技术教育，促进农村分工分业，振兴经济，都有着十分重要的意义和作用。

为了使农村有关劳动人事制度改革顺利进行，让一些专业性技术性较强的行业首先做到"先培训，后就业"，应切实搞好人才需求预测，并对农村职业高中招生办法做必要的调整，如采取定向招生，或乡村推荐学校考核等办法，以使培训和就业有机地衔接起来。此外，还应遵照《中共中央关于教育体制改革的决定》中关于高等职业技术院校优先对口招收中等职业技术学校毕业生的要求，积极为农村职业高中毕业生升入上级学校打开渠道。这对提高高等职业技术院校新生素质和巩固发展农村中等职业技术教育都有积极意义。

（三）适应农村需要设置专业

目前，我国农村已经改变了过去"集中劳动、统一管理、统一分配"的单一集体经济的旧模式，将我国农村原来的 569 万个生产队，改造成家庭经营与合作经营相结合的新型合作经济。这种双层经营结构，较为理想地解决了社会主义集体财产的所有权同经营权的关系，农民所劳同所得的关系，从而极大地调动了农民生产的积极性，有力地促进了农村产业结构的调整，促进了农村分工分业和商品经济的发展。

就辽宁情况而言，①专业户，重点户迅速发展，仅科技示范户就达到 14.1 万多户，成为农村推广、普及新技术的"二传手"和带头人；②乡镇工业企业、交通运输企业、建筑企业和商饮服等其他企业迅速发展，吸引着越来越多的劳动力；③随着农村商品流通体制改革，大批农民涌入商品流通领域，从事运输、贮藏、办商店等工作，农村万人大集已有268 处；④小城镇蓬勃兴起，1984 年全省建制镇已有 190 个，农村集镇 700 个，聚居人口800 多万，急需通过职业技术教育培养大批各类具有建镇、治镇、管镇本领的技术与管理人才。辽宁省到 1984 年底，省农村已有 30.77% 的劳动力从种植业转业到第二、第三产业，以及第一产业中的林牧副渔各业。目前，全省农村剩余劳动力（按剩余劳动时间换算的）尚占农村劳动力总数的 28.37%。今后，随着农村产业结构的继续调整，转移的人数将会进一步增加。

就全国情况看，到本世纪末，全国农村将有 1.1 亿劳动力陆续从务农转移到其他行业，同时还将有 7000 万名农村少年成长为适龄劳动力，这总数 1.8 亿壮劳力的就业技能培训问题，将尖锐地摆到农村职业技术教育的面前。

但目前农村职业技术教育，就辽宁省情况来分析，农村职业高中的专业设置，多是农业方面，和劳动力转移的要求不相适应。在学制上，强调长期培训（三年制），对短期培训重视不够，农民子女入学后，学习时间长，投资大，加上学校师资、教学条件较差，许多学校达不到培养目标的要求，这就影响了农民子女进入职业技术学校学习的积极性，因此，一定要积极稳妥地调整农村职业技术学校的专业设置，学制要长短结合，特别是乡一级主要办好初等职业技术教育（初中毕业后学一年）及各种短训班。各县办的农村职业高中，应积极创造条件实行专业分工，以不分散现有的师资力量，发挥各县优势，使专业相对稳定，保证教学质量。同时，应积极解决好农村职业技术教育师资培养和办学经费问题，使农村职业技术教育按着农村经济和社会发展要求，健康地成长起来。

（四）充分发挥城市的辐射能力

城市是我国经济、政治、科学技术、文化教育的中心，在社会主义现代化建设中起着主导作用。辽宁省城市的特点是规模大，分布密集，形成各有特点的经济区。1985 年，全省 12 个省辖市（不包括新建的盘锦市），城市（包括郊区）总人口 1275.5 万人，占全省总人口的 34.9%。全省 11 所职业大学，149 所中等专业学校，334 所技工学校，基本都设在城市。城乡相比，城市职业技术教育特别是中、高等职业技术教育具有优势。但这些学校过去却不直接为农村（指县以下）培养人才，这种状况是和今天农村经济和社会发展的要求极不适应的。

评价城市职业技术教育，不仅看它对城市经济和社会发展服务的情况，还要看它辐射范围的大小，即为本地区，特别是农村经济和社会发展服务的情况。目前，农村随着产业结构的变化，它所需要的人才已不仅仅是农业人才，这就为城市职业技术教育发挥辐射能力创造了条件。随着城市改革的进行，城市将释放出更大的活力，推动科技、人才、信息等向农村扩散。一个城乡协作、互相促进、共同发展的局面将很快出现。因此，扩大城市职业技术教育的辐射范围，是教育体制改革的一项十分重要的任务。城市职业技术教育必须支援农村。这就要求城市中、高等职业技术教育单位：①为农村学生进入城市学习创造条件，如建立学生公寓就是一个可行的办法；②改革招生办法和毕业生统包统配制度，从农村定向招生，哪来哪去；③采取多种办学形式，如在农村办分校，设立教学点，派教师去讲课等；④帮助农村职业技术学校编写专业课教材和教学参考资料；⑤为农村职业技术学校代培专业课师资；⑥充分发挥中专的骨干作用，按专业开展教研活动；⑦为农村职业技术学校提供各种信息等等。总之，要采取各种办法，为扩大城市职业技术教育的辐射能力打开渠道。这对于发展农村经济和教育，进而缩小城乡差别，都有着十分重要的现实意义和历史意义。

关于农村职业技术教育领导体制的探讨 ①

建立健全农村职业技术教育领导体制，对于理顺职业技术教育内部、外部的关系，加速发展和办好农村职业技术教育，使之更好地为农村经济和社会发展服务，具有十分重要的意义和作用。本文结合辽宁情况，谈谈个人的想法。

（一）现行领导体制的几种类型

目前辽宁省农村职业技术教育尚处改革、完善过程中，其领导体制如何确立仍处在探索阶段，各地模式不一，主要形式有：

（1）县统一领导，以业务部门为主进行管理。此种类型以阜新县为代表，他们的做法是："统一领导，部门为主，局乡联办，各负其责"。县成立中等教育结构改革领导小组，下设办公室，设在县教育局，负责综合管理。各职业中学成立办学委员会，有关部门负责同志参加。如阜新县林业职业中学办学委员会，有县林业局、果蚕站、教育局和国华乡（学校所在乡）的负责同志参加，林业局主管领导任主任委员，其各自的职责是：

林业局负责选派专业课教师、实习基地建设，提供一定的办学经费（每生每年150元）、技术指导和必要的物资设备等；

教育局负责业务指导，选派文化课教师，审定教学计划等；

国华乡负责解决学校基建用地，生产实习基地，教师建房用地等。

这种领导体制的好处是，能充分调动有关方面特别是业务部门的积极性，发挥各自优势，切实解决办学中的实际问题。

（2）以教育部门为主实行领导管理。县成立领导小组，计划、教育、劳动人事、经济、财政等有关部门参加，主管文教的副县长（或主管农业的副县长）任组长，各部门按其职能分工负责，教育局负责全局管理。

这种领导体制的好处是：教育行政部门有较大的领导管理权限，对于按教育规律办事，提高教学质量，具有积极作用。问题是：正常工作开展后，一些部门不尽其责，县教育局只好唱"独角戏"，办学中困难很大；教育局内职业技术教育专职干部少（有的县仅一人），顾此失彼，影响工作。

① 纪芝信.1987.关于农村职业技术教育领导体制的探讨.教育与职业，（7）：41-43

（3）业务部门办学，自行领导管理。如金县的商业局、粮食局、卫生局、供销社、纺织局、经委等各办了1～2个职业高中班，学校的人、财、物和日常工作，都由办学部门解决和管理。这种做法的好处是，调动了各方面办学的积极性，促进了事业发展。但由于县属部门力量单薄，管理力量弱，学校规模太小，教育投资效益低，教学质量得不到保证。

（4）成立职业技术教育局，统一领导管理全县职业技术教育。如盘锦市及其所属的盘山县，他们成立了与教育局（主管普教）并行的第二教育局（即职业技术教育局，主管就业前、就业后的全部职业技术教育工作）。实行这种领导体制的好处是：机构的任务明确，精力集中，工作摆上位置，减少了过去的扯皮现象；便于统筹规划就业前职业技术教育和农民成人教育，合理安排人、财、物力；上级的指示、要求能得到较快贯彻落实，提高了服务能力。

（5）县成立工农教育委员会，下设职业技术教育办公室，统管职工教育、农民教育、就业前的职业技术教育。实行这种领导体制的以海城县为代表，其职教办系独立设置的实体机构，其职能大体与盘山县第二教育局相似。

农村各乡（镇），多是在乡（镇）政府的领导下对所属职业技术学校实行统一管理.金县的做法是：全县20个乡都成立了教育委员会，主管乡长任主任，有关部门参加。所属学校的成立、撤销、干部任免、师资配备、经费筹措、学校管理、基建等，都由乡政府负责。日常具体工作，由职教助理（有的叫农民教育助理）来承担。

村一级农民文化技术教育，一般由副村长负责，有的聘请一位兼职干事。不少村成立了教育领导小组，但有些没有很好发挥作用。

（二）关于建立健全农村职业技术教育领导体制的原则

职业技术教育领导体制，涉及机构设置、权力分配、责任制度等方面的问题。由于农村职业技术教育尚处在改革、发展、完善的过程中，各地经济基础不同，职业技术教育的办学形式和发展水平差别很大，管理机构设置与权力、职责也各不相同。因此，目前还不宜于建立起一个模式、上下对口的领导体制，应允许在改革过程中，从实际出发，不断总结经验，逐步形成高效率、最优化的领导体制。但在探索建立健全农村职业技术教育领导体制过程中，在确定机构设置、权力分配、责任制度等问题时，应遵循如下原则：

（1）有利于加强对农村职业技术教育的统一领导，保证国家教育方针、政策、法令的贯彻执行，坚持社会主义的办学方向。

（2）有利于调动方方面面兴办农村职业技术教育的积极性，明确分工与职责、权利与义务，能较好地解决办学中所必需的师资、经费、设备、实习基地等实际问题，不断改善办学条件，保证教学质量。

（3）有利于提高办事效率，为基层服务，为学校服务，给学校以充分自主权，提高其办学主动性和适应能力。

（4）有利于促进农村职业技术教育与农村经济和社会发展实际相结合，职业技术教育和生产劳动、技术推广相结合，做到人才培养与需求相一致，办学效益高，能主动为农村社会主义现代化建设服务。

（5）从农村不同地区的实际情况出发，注意农村职业技术教育的领导管理特点，不搞"一刀切"。

（三）对农村职业技术教育领导体制的设计

根据《中共中央关于教育体制改革的决定》中提出的"中等职业技术教育主要由地方负责"的要求，和 1986 年全国职业技术教育工作会议提出的，"职业技术教育的领导和管理要逐步形成一个既便于地方统筹协调，能调动各业务部门积极性，学校又有较大自主权的管理体制""面向农村的，在省、自治区、直辖市和地（市）领导下，由县负责统筹"的精神，对农村职业技术教育领导体制提出如下设计：

（1）县教育委员会（内设职业技术教育办公室）是在同级党委、政府领导下管理职业技术教育的机构；不成立教育委员会的县可设第二教育局（即职业技术教育局），负责职业技术教育的综合管理。

乡（镇）设立教育委员会，配备专职职业技术教育干部，在同级党委、政府的领导下，负责管理所属职业技术教育。

为调动各部门的积极性，搞好协调工作，县委、县政府可授权县教育委员会（或职业技术教育局）负责协调工作，定期不定期召开有关部门负责同志会议，共同商讨办学事宜。

实行县、乡、村三级办学，分级管理。即县办职业高中、农民中专，乡办初中阶段职业技术教育，村办短期培训。学校教育以县办为主。

（2）县政府各部门的分工是：教育部门主要负责对就业前的职业技术教育和农民成人教育统一规划、安排，制定适应本地区的政策和有关规章制度，贯彻党的教育方针，对学校进行业务指导和评估，文化课师资培训，对业务部门办学负责综合管理等。

农业等有关部门主要负责管理本部门办的学校，制定培训规划和有关政策，选派和培训专业课师资，选用或编写专业课教材，协助解决生产实习场所；与教育部门联合办学的业务部门，负责提供一定的专业教育经费，共同商定专业设置，选派专、兼职专业课师资，提供必要的专业课教学设备，解决实习场所并提供技术指导，合理安排使用毕业生。

财政部门主要负责筹措办学经费，使学校有稳定的办学经费来源。

劳动人事部门主要负责制定人才需求计划，实行"先培训，后就业"的原则，负责对职业技术学校毕业生实行择优录用。

科技部门负责结合"星火计划"搞好农村科普工作，组织科技人员承担教学和辅导工作，提供生产技术信息，负责农村技术人员职称考核、评定工作。

（3）乡（镇）成立教育委员会，配备专职职业技术教育干部。乡（镇）的主要职责是：贯彻上级的指示要求，结合本乡（镇）实际情况制定具体实施办法和规章制度，并组织实施。根据县的规划，制定本乡（镇）职业技术教育发展规划，确定学校（班）的布局，提出学校设置、调整、停办意见并报县审批；考核、任免所属初级职业技术学校干部，管理、调配教师，维护教师的合法权益，改善教师的工作条件和生活条件；检查、指导学校教育、教学工作，总结交流经验；领导和帮助村民委员会办好农民文化技术教育。

（四）关于建立健全农村职业技术教育领导体制应注意解决的问题

1. 更新教育观念，端正办学指导思想

要使农村教育从单纯为了升学转到为本地区培养具有实际生产技能和中等专业技术知识的人才，并适当兼顾向高一级学校输送新生的方向上来，克服以升学率高低作为评价学校好坏唯一标准的错误观念。各级领导干部要带头更新教育观念，这样才能使农村职业技术教育领导体制不断完善并充分发挥其职能作用。

2. 加强县委、县政府的领导

县总揽全局，切实把发展和办好职业技术教育摆上日程，加强领导。这样，农村职业技术教育的领导体制才能得到不断加强和完善。

3. 制定职业技术教育地方性法规

保证农村职业技术教育领导管理机构职能作用的发挥，依法兴办和管理职业技术教育。

4. 上级部门要简政放权

扩大县领导和管理职业技术教育的决策权力，以保证事业的健康发展。

十七、孙世路

　　孙世路（1932—　），男，山东威海人，曾任上海第二教育学院成人教育管理系主任、上海市成人教育研究所所长，教授。

　　1953 年毕业于上海私立育材中学高中部，1956 年加入中国共产党，1957 年毕业于东北师范大学教育学系。历任东北师大教育系心理学教师、党总支宣传委员、教师党支部书记，东北师大日本教育研究室副主任、主任，党支部书记。国家教委东北地区高校干部进修班（基地）副主任（正处级），兼高等教育研究室主任。1985—1994 年，任上海第二教育学院成人教育管理系主任、上海市成人教育研究所所长、教授。

　　1982 年，孙世路出版成名作《外国成人教育》，成为我国最早引进介绍"终身教育"理念的职业教育专家。1984 年，上海第二教育学院设立成人教育研究室（后改为成人教育研究所），孙世路是该所的第一任所长。在任期间，他主持了"七五"期间国家哲学和社会科学领域重点项目《工商企业岗位培训研究》，出版了专著《成人教育概论》，先后发表了《终身教育论》《回归教育论》《战后日本中等教育结构的演变》《日本终身教育的进展》等多篇研究论文。

　　1998 年，上海第二教育学院并入华东师范大学。同年，孙世路教授于华东师范大学职业与成人教育研究所退休。退休以后，担任华东师范大学职业教育与成人教育研究所顾问。2011 年，孙世路获得中国成人教育协会颁发的"全国成人教育贡献奖"。

回归教育：一门新兴的教育理论 ①

　　回归教育论，是 70 年代在西方出现的一种新的教育理论。它主张，在义务教育或基础教育以后，教育和劳动等活动交替进行，直到终生。最近几年，有些国家将这种理论部分地付诸实践，已初见成效。回归教育论，对我国的教育改革有一定的参考价值。

---

①　孙世路.1983.回归教育：一门新兴的教育理论.成人教育，（4）：45-47

（一）回归教育论的产生

1969 年 5 月，在巴黎举行的一次欧洲教育部长会议上，瑞典教育部长帕尔梅在致词中首先使用了"回归教育"这个术语。

国际"经济合作发展组织"（OECD）从 70 年代初开始，致力于研究回归教育。先后提出了几篇重要的研究报告如《平等的教育机会》（1970）、《回归教育——为终身学习的战略》（1973）《现代社会中的教育和劳动生活》（1975）《回归教育——现状与问题》（1975）、《教育休假制度的发展》（1976）、《回归教育——新近的发表和未来的展望》（1977 年）、《劳动和教育的循环》（1978）等等。通过这样一系列的调查研究和其他一些学者们的研究，形成了一套回归教育的理论观点和政策建议。"经济合作发展组织"要求它的会员国将这些观点和建议付诸实践。

为什么在 70 年代出现了回归教育论？为什么"经济合作发展组织"大力提倡回归教育呢？回答这个问题，需要回顾一下历史背景。

1. 教育爆发和教育危机

60 年代，经济发达的资本主义国家教育迅速发展，入学人数剧增，特别是上大学的人数，10 年内翻了一番。这就是所谓"教育爆发"。但是学生中有许多人本无学习兴趣，迫于父母之命，不得不到学校混混。美国有人把这类学生叫做非本意学生。据美国统计，非本意学生约占大学生总数的 20%。他们不但不用功学习，而且对社会现状不满，奋起抗争，学潮四起。这就是所谓"教育危机"。如何摆脱或避免教育危机？如何使大量的教育投资得到较好的经济效益？这是急待解决的一个问题。

2. 教育年限延长和知识更新周期缩短

60 年代以来．在经济发达的资本主义国家中，义务教育结束后就上中学，中学毕业后升大学的人数越来越多。这意味着很多人连续受教育的年限在延长。同时，众多的高学历者走上社会，出现了高级人才过剩和学历贬值的现象，造成毕业即失业的事实。这从教育投资的观点来看，是一种损失。

另外，由于科学技术飞速发展，知识老化加速，知识更新周期在缩短。许多职工需要返回学校学习，不断更新知识和技术。同时，由于产业结构和就业结构的变化加速，大批劳动力要从经济衰退部门向经济发展部门流动。这些人也要再教育，否则就造成另一种结构性失业。而传统的学校教育又胜任不了这一工作。这种情况，对经济发展当然也是不利的。

上述现象表明，60 年代以来，在经济发达的资本主义国家中，围绕劳动力供求和职工再教育问题，教育世界和劳动世界之间的矛盾加剧了。这种现实，使人们意识到，不打通这两个世界之间的壁垒是没有出路的。如何使教育和劳动沟通起来呢？这是急待解决的第二个问题。

3. 终身教育思潮流行

60 年代初，在欧洲形成了终身教育思潮，后思潮传遍各大洲。但采取什么样的战略才能使终身教育得以实施呢？这是摆在人们面前的第三个问题。

在上述的社会经济和文化的背景下，产生了回归教育论。

（二）回归教育的概念和公式

1. 回归教育的概念

回归教育的概念，是随着"经济合作发展组织"的研究工作的进展，逐渐明确起来的。在《回归教育——为终身学习的战略》这部专著中，给回归教育下了这样的定义："回归教育是把义务教育或基础教育以后的一切教育都包括在内的教育战略。它的基本特征在于，以回归的方式，即教育和劳动（也包括业余的其他活动和老年生活等）交互进行的方式，把教育分散在个人的一生。"书中进一步解释说："在这个回归教育的定义中，包含着两个重要因素：①提供变革现行教育体系的新的教育战略。在现行教育体系基础上进行的正规的全日制教育，全是对年轻人的。就是说，这种教育被限定在从五六岁或七岁开始到进入社会生活这段时期内。与此相反，回归教育建议，把义务教育后的教育伸展到个人的终生。在这个意义上说，回归教育接受终身学习的原则。②为终身教育的组织化提供框架结构，因为，回归教育意味着，有组织地进行学习的那种教育与社会的其他各种活动有效地相互交流和循环。"

从中可看出，回归教育把注意力放在义务教育以后的教育上，并且提出了教育和劳动等活动交替进行的模式。这正是回归教育独具特色的地方。从这个意义上说，回归教育与广义的成人教育的关系更为密切。

2. 回归教育的模式

传统的教育体系是按照小学毕业升中学，中学毕业升大学。这种连续模式进行教育的体系。它的最大的弊病就是教育和劳动分离、学校和社会生活脱节。随着社会经济和科学技术的发展、升学率的上升、成人教育需要的增加，这种弊病就表面化了。

回归教育的目标是要打破连续模式，建立教育、劳动、教育、劳动的循环模式。具体说，就是人们在义务教育或基础教育结束后，不必连续升学，可以去参加劳动和工作，过一段时间，根据需要再返回学校或其他教育机关去学习，学习一段时间以后，再回到工作岗位。这样教育和劳动交替进行下去，直到退休。退休以后，教育和老年生活交互进行、直到终生。

循环模式被认为具有教育和社会政治经济等多种效用。概括起来，主要有这样几个优点：①消除或减少非本意学生。这样既可以缓和校园骚动，又可以减少教育投资和升学压力。②扩大教育机会均等适应职工教育的需要。它既可满足工作的需要，又可减少结构性失业。对科学技术的迅速发展和就业结构的急剧变化，有很强的适应性。③端正学习动机和增强专业选择的目的性。那些有了职业和社会生活经历的人去上学，往往是根据工作的需要选择专业或课程。学习自觉性强，既可提高教学质量，加强教育和职业的联系，又可促使学校朝着实用的方向发展。因而说，回归教育是一种摆脱教育危机的战略，是围绕劳动力供求的经济战略，是为终身教育的战略。总之，是一种综合战略。

（三）回归教育的条件和原则

1. 回归教育的条件

实现回归教育，必须实行教育系统和劳动系统的开放。这需要有相应的政策来保障。"经济合作发展组织"在 1975 年的研究报告书《回归教育现状与问题》中指出："回归教育，基本上是属于教育政策的领域。但是，为使它有效地实现，把教育政策与支持它的社会政策和劳动政策结合起来，是不可缺少的。"这意味着回归教育政策必须由两个方面组成：一方面，"追求成人教育机会与学校教育的结合，对那些延期行使学习权的人们予以鼓励，打破连续型的教育模式"，另一方面，"把教育训练政策与影响劳动及余暇的雇用政策，人力开发政策等有机的结合起来"，这样才能在教育系统和劳动系统之间架起桥梁，使人们比较自由地在学校等教育机关和劳动世界之间往返。具体说，经常被强调的有关政策主要有下面三条：

（1）入学条件和选拔的条件方式灵活化

有职业和劳动经验的人年龄、学历、经验、需求是多种多样的，因而实现回归教育在入学政策上，必须和这些人的情况相适应；入学选拔方式，不光靠学历考试，还要考虑职业经历；把工作和劳动经验作为入学条件之一。

回归教育的这种入学政策，是"经济合作发展组织"根据它的会员国的有关实践经验概括出来的。瑞典，从 1969 年开始实验，到 1977 年正式实行了一种新的大学入学制度，就是向 25 岁以上有四年以上工作经验的人开放了一部分学科（人文、自然、社会学科），承认他们的入学自由。但在医学、工学等有入学人员限制的学科，申请入学者不能全部入学，而是让有劳动经验的人和直接升学的人处于对等的地位，按各自的比例，决定入学者的比例。有职业经验的人入学也要有二年制高中水平的瑞典语和英语知识，而且，当申请入学的人数超过名额限制时，也要根据学习成绩和工作经验选拔。实行这种入学制度的结果是：大学新生中直接来自应届中学毕业生的少了；在校生的年龄结构发生了明显的变化。因此，回归教育的入学政策，是一种抑制连续升学，向既有一定文化知识，又有一定劳动经验的人敞开学校大门的政策。

（2）教育机会多样化和学分累计互换制

推进回归教育，必须发展不受时间、空间、年龄限制的多样化的教育机会。美国的社区学院、"无墙大学"和英国的"开放大学"等非传统型高等教育机关的出现和发展，为中等后教育机会的多样化提供了经验。这类教育机关的学制有长有短；有全日制课程，也有白天或夜间的定时制课程；有理论性学科，也有实用性学科；教学方法也是灵活多样的，或面授为主，或自学为主，这样就使那些具有不同学习需要的人们有了选择的可能性。

有些教育学者，为推进回归教育，提出了教育微型化和学分累计互换制等政策性主张。他们认为，对既有一定文化知识，又有一定劳动经验的入学者的教育不应像以前那样长，进行几个月的集中教育，然后发给文凭就很好。这就是所谓教育微型化。把几个微型化过程加起来，也可以得到某种文凭；或者，人们根据自己的工作需要和实际情况，到学校学习某门课程，获得一定学分，有需要再学另一门课程，获得一定学分。把几门课程的学分加起来，就可获得相应水平的文凭。如果各个同样水平的教育机关之间，在学分上互相承认或互换，那么，人们就可凭在不同育教机关中分别取得的不同课程的学分累计，到某个教育机关领取文凭。

这一类回归教育的政策，要求从教育系统的结构，到课程设置、教学内容和方法，以及资格取得的方式等作全面改革，以便于有劳动经验的人参加学习。

（3）带薪教育休假制度

广大职工返回学校等教育机关去学习，需要有时间和经费方面的保障。带工薪的教育休假制度就是这样的一种保障。这种制度是 60 年代，在国际劳动会议上，由工会方面提出的。1974 年。国际劳动总会（ILO）采纳了带薪教育休假制的条约和劝告，条约中说，学习权，作为劳动者的基本权利的一部分，国家和企业必须承认：劳动者有行使学习权的自由。"经济合作发展组织"把这种制度作为推行回归教育的一个必要条件，大力提倡。法国、西德、丹麦已实行了带薪教育休假制度。瑞典的作法是，从 1974 年起，在法律上承认就业人员入学后，企业不支付工资，但有保障毕业后复职的义务，学生在校由校方支付奖学金。这是一种停薪留职的教育休假制。

2. 回归教育的原则

"经济合作发展组织"和一些学者们列举的回归教育的原则，主要有下面的八条：

1）义务教育最后一学年的课程，应做这样的安排：使每个学生都有机会就继续升学还是参加劳动，进行实际的选择。这并不意味着分科，而是要加强出路指导和使学生获得一定的劳动体验。

2）应该保障人们在义务教育结束后，在人生历程的适当时期，受更高的教育的机会。

3）学习的机会，应该尽可能合理配置，让所有的人可以根据需要随时随地利用。

4）在入学者的选拔和课程的编制方面，应该把劳动经验等社会经验作为一个基本的条件。

5）要重视职业生活，即使是在教育和劳动交替进行成为可能之后，也要重视这个问题。

6）课程的设置、教学内容、教学方法等，应该在教师、学生、管理者等多种有关人员合作的基础上决定，并且使之与多种年龄、社会集团的人们的关心和动机相适应。

7）不应该把学位或学历资格证明书看做教育的最终产物；应该把它看做是终身教育和人生经历或个性发展的阶段指针。

8）义务教育结束后，职工要求教育休假的权利必须给予，并且有必要给予职业的、社会的保障。

这些原则，实际上是回归教育的条件和政策的具体化。

（四）回归教育的问题

自回归教育论问世以来，舆论并不一致，实践中也暴露出一些问题和矛盾，需要进一步研究解决。

1. 教育的中断和就业问题

回归教育论主张义务教育或基础教育结束后，人们不必接着升学，可参加劳动，以后根据需要再升学。但是，这些没有一技之长的人们，在注重高学历和能力的社会中，很难找到工作，特别是经济危机时期更是如此。1978年以来，"经济合作发展组织"的研究课题之一就是年轻层的失业问题。

2. 教育的断续和连续的利弊问题

从回归教育的观点来看，教育的断续性有许多益处；而有些学者认为，在某些领域，如音乐和数学等，教育需要连续性，否则人的这方面的专门才能就很难再发展。

3. 教育上的平等和不平等问题

回归教育的目标之一是消除教育上的不平等，但实际上却出现了这样的新情况，即学习机会往往被高学历者而不是低学历者所利用。按照这种"法则"循环下去，势必出现教育上新的不平等。

4. 教育经费投放在人生哪个阶段更有利的问题

教育经费历来是集中用于人生的初期阶段。认为青少年时期的学习效果好，而回归教育要求教育经费分批用于人的一生。有些学者作过回归教育的费用与效果的测算，认为连续教育省钱，回归教育的费用高。另一些学者不同意这种观点，他们认为，权衡多种因素（包括学习动机、劳动生产率的提高、有高学历而不就业的妇女、社会政治的安定等）的话，回归教育的投资效果还是大的。

谈谈职工教育的概念、任务、结构问题[①]

职工教育的概念、任务、结构问题，是职工教育理论研究的一个重要课题。我想就这个问题谈谈自己的粗浅看法。

（一）职工教育的概念

什么叫职工教育？尚无公认的定义。据我的理解，所谓职工教育，是一种有组织地帮助职工尽快形成、提高或变更其职务履行能力的社会性活动。

这个定义，有三个要点：①这是一种有组织的社会性活动，就是国家、企业、社会团体为职工提供多种教育训练机会，有组织地帮助职工学习；②这种活动是为了尽快形成、提高或变更职工们的职务履行能力，从而达到提高劳动生产率和经济效益的目的；③职务履行能力是这个定义中的核心概念，其含义是，每个职工，不论是工人、技术人员、管理人员，都在一定的岗位上或即将在一定的岗位上工作劳动，履行自己的职责。这就需要相

---

① 孙世路.1984.谈谈职工教育的概念、任务、结构问题.北京成人教育，（1）：28-29

应的能力，这种能力即职务履行能力。它是由体力、智力、知识技能和责任心、劳动态度等多种因素构成的。职工教育的内容和方法要和培养这种能力相适应，把思想政治教育与职业技术教育结合起来，把理论与实践结合起来。

普通学校教育，能为职务履行能力的形成打下一定的基础，但它不能代替职工教育的特殊作用。在普通学校教育不发达的国家里，职工教育要代替一部分普通学校教育的作用，除此以外，它还有纯属自身的任务。因此，职工教育不应该完全模仿普通学校教育的模式。

（二）职工教育的任务

人们只要细心观察，就不难发现，在企业内，普遍存在着一种矛盾。这就是客观上要求的职务履行能力与职工现有的职务履行能力之间的差距。这种差距表现在水平高低方面，也表现在种类不同方面。不解决这个矛盾，不消除或缩小这种差距，劳动生产率和经济效益就难以进一步提高。职工教育的基本任务就是要消除或缩小客观上要求的职务履行能力与职工现有的职务履行能力之间的差距，换句话说，就是要使职工的职务履行能力适应经济发展的需要。

企业内这样一种矛盾的形成，是多种因素造成的。科学技术的进步和经济结构的变化，是两个很重要的客观因素。科学技术是生产力，企业随着科学技术的发展，要更新设备和革新技术，在生产技术、经营管理、作业方式等方面都随之发生变化，对各级各类职工的职务履行能力方面的要求也必然相应地提高。同时，由于经济结构的变化，大量劳动力从经济衰退的部门向经济发达的部门流动，改行转业的事情是经常发生的。职工们转到新的行业或工种，担任新的职务，其职务履行能力必须相应地变更。这样的一些客观变化是经常出现，永不停止的，而且有加速的趋势。这种变化制约着，甚至是决定着上述企业中的那种矛盾，并通过企业内部的这种矛盾，规定着职工教育的基本任务和限度，推动着职工教育在不同水平上向前发展。

职工教育在解决企业内的这个矛盾方面的作用是相对的，不是绝对的。旧水平上的矛盾解决了，新水平上的矛盾又产生了，职工教育就要在新的水平上开展。由于各个企业内的情况不同，这种矛盾突出或显露的程度有异，因而对职工教育的需要程度不一，就是同一个企业的职工教育，也是随着这个矛盾的起伏，波浪式前进的。

（三）职工教育的结构

企业内的组织结构和人力结构是有层次和职种之分的。每个职工都分别被配备在某个层次和职种，有一定的职务。或任厂长、科处长、办事员，或任工程师、技术员、工人等等。各级、各类职务本身所要求的职务履行能力是不同的。因此，职工教育的结构应该是和企业内的组织结构、人力结构大致相适应。它应该是一种按职层和职能构成的立体结构。

职工教育结构中，有类似普通学校结构的一面，即各类初等、中等、高等职工学校构成的螺旋阶梯式的连贯型结构，它具有进行职工的正规化教育的机能、但职工学校并非普通学校的翻版，应有自己的特点，要服从于职工教育的基本任务，在传授文化知识的同时，把职业技术教育置于重点，以利于形成、提高或变更职工的职务履行能力。职工教育结构中的这个方面，是重要的，但不是唯一的。各种短训班、讲座、报告会、经验交流会、自学辅导机构、现场技能训练等等，构成了职工教育结构中的另一方面。它具有灵活机动进行教育训练的特点，更适合于职工的知识技术更新和提高、变更职务履行能力，因而也是重要的。尽管不那么正规，但其作用是很大的。职工教育结构不论其整体还是局部，都不是不变的，但万变不离其宗，总的趋势是向着更有利于形成、提高或变更职工的职务履行能力的方向演变，也就是向着提高劳动生产率和经济效益的方向演变。

　　上述三点，试图说明三个相互联系的观点。简而言之，就是职工教育的目的是培养职工的职务履行能力，为提高劳动生产率和经济效益服务；职工教育的基本任务是消除或缩小客观上需要的职务履行能力与职工现有职务履行能力之间的差距，即使职工的职务履行能力适应客观需要；职工教育的结构，必须与企业的组织结构和人力结构大致相适应，是一种按职层和职能构成的立体结构。

十八、严雪怡

严雪怡（1921—2012），男，江苏苏州人，曾任上海电机制造学校学校党委书记兼校长、中国职教学会理事、学术委员会委员、研究员。

1941 年毕业于东吴大学物理系。曾在桂林市翰林中学、南京无线电厂和华东电工局工作。1952 年任上海电机制造学校筹建委员会主任，1954 年任副校长，主持教学工作。1978 年奉命复校，任学校党委书记兼校长。1987 年退休，2012 年 3 月病逝。

20 世纪 50 年代至今，严雪怡一直从事职业教育的实践与研究，成果显著，在职教界有一定的影响。曾任全国职业技术教育研究会筹备组副组长、中央教育科学研究所兼职研究员、机械工业部中专研究会、上海中专教育研究会副理事长、中国职教学会理事、学术委员会委员，上海职业技术教育研究所学术委员等职。主编《中等专业教育概论》，撰有《试论职业技术教育的地位和作用》等论文。

高等职业技术教育初论 ①

近年来，出现了一些新的高等教育学制，这些学制具有鲜明的"职业技术教育特点"，但某些传统观念认为："职业技术教育不应包括高等教育"，因此，这些学制的命名、归属等问题还存在分歧意见。这些学制有着共同的特性，但与普通大学又有明显的区别。事实证明，这些学制是符合客观需要的，受到社会的欢迎的。在我国，已经明确要发展高等职业技术教育学制。为此，研究高等职业技术教育的特性与发展规律，从而明确高等职业技术教育的发展方向，这是十分必要的。本文试就这些问题作初步讨论。

---

① 严雪怡.1986.高等职业技术教育初论.职业教育研究，（6）：9-12

（一）近年来出现的高等教育新学制

20 世纪 60 年代以来，西方发达国家先后发展了一批培养"应用型""实践型""工艺型"人才的新学制。举例如下：

60 年代后期，美国根据教育家 Harold A.Foechek 的建议，开始创办大学本科水平的工程工艺类（或译工程技术类 Engineering Technology）学制，按照 Foechek 先生的设想，这种学士学位学制的性质"基本上是终结性的，是培养工艺师（Technologist）的学制。这些工艺师具有较强的能力，甚至以比工程师更强的能力来解决整个工程的技术核心问题——如果这个技术问题不大大超出工艺范围。由于工艺师对操作、程序和规则有详细的了解，在把工程师设想的装置或系统变为实际产品的过程中会起非常宝贵的协助作用"。至 1978年，全美国已有 300 多所学校设立了这类学制的各种专业。差不多在同一时候，西德发展了高等专科学校（FHS）学制，共同发展了多科技术学院（Polytechnic）学制。

1968 年 10 月，联邦德国各州总理通过了在全国设立高等专科学校的协定，明确这种学校是"高等教育领域里独立的学校"，其任务是，"使学校建立在科学的基础上，并培养学生从事独立的实际工作。"1972 年开始建立高等专科学校，到 1969 年已有 90 多所，学生 14 万余人。

1963 年，美国成立了一个专门委员会，讨论了 Robbins 关于高等教育的报告，结果制订了有名的"二元政策"（"Binary Policy"），确定高等教育应有两条渠道，一条是大学，另一条是多科技术学院。

成立多科技术学院的目的是：①主要是提供职业性教程（Vocational Courses）。②担负社会各种需求。③为 A 水平人员提供广泛领域的进修计划，包括全日制、工读交替制（Sandwich）、半日制和短期培训。[①]1969 年成立第一所多科技术学院，四年内按计划成立了 30 所。

这些新学制一出现，就受到社会广泛欢迎。据美国普通大学 1980 年资料，他们举办工程工艺类学制后，"通常提前 8 个月就招满新生"，每一个四年制毕业生"得到了 6 个月受雇用的机会"。而就在这一年，美国的大学毕业生有 25% 找不到工作。在联邦德国，高等专科学校毕业生有 2/3 可获得工作机会。有的专业 85% ～ 90% 的毕业生就业，而传统大专毕业生只有 1/3 得以就业。在工资待遇上，尽管传统大学学习年限较高等专科学校多 2 ～ 3年，在私人企业中两种学生毕业后待遇是相同的，在政府机关中，则高等专科学校毕业生待遇略低。

正因为这些新学制适应社会发展的实际需要，它们的发展速度都远远超过普通大学。美国的工程工艺类四年制学生，1972 年有 2.3 万人，1979 年达 4.3 万人，7 年翻了将近一番。美国培养工艺师人才的毕业生数字，1969 年为 2 858 人，1982 年为 8 325 人，13 年提高了191.3%，而在同一期间培养工程师人才的毕业生人数只提高了 67.6%。西德的高等专科学校，1975 年学生 14.5 万人，1980 年增加到 20 万人，五年增长了 37.9%。英国多科技术学院的毕业生，1975 年为 10 473 人，1982 年为 20 923 人，7 年增加了 99.8%。发展速度都比普通大学快。

---

① A 水平一般指在 11 年普通教育基础上，再接受 2 年继续教育所达到的水平。

（二）高等职业技术教育的特点

如果我们对这些新学制作进一步考察，就可以发现它们实质上都属于高等职业技术教育，与普通大学有着明显的区别。

美国培养工艺师的四年制本科学制，是从培养技术员的二年制专科学制发展起来的。很多培养技术员的二年制专科毕业生，插入这种新学制的三年级，再读二年取得学士学位。如将培养工艺师的教学计划与原有的培养工程师的工程类教学计划相比较，工程类教学计划中前二年开设数学、自然科学、语言通讯等课程，后二年加重了应用工程科学、设计、系统等课程的比例，在最后一年还保留研究开发、高等设计等课程。而工程工艺类教学计划最初二年着重于应用动手的实验课程，较少注重数学与自然科学课程，这些课程到最后二年才得到加强。实质上，培养工艺师的四年制学制是培养技术员的二年制学制的延续，工艺师与技术员的特性是基本一致的，只是由于科学技术有了进一步发展，原来的二年制学制已经不能完全满足日益发展的社会需要，才出现了四年制学制。众所周知，培养技术员的学制属于职业技术教育范畴，因此，美国这种工程工艺类四年本科学制实质上是一种高等职业技术教育。

考察一下联邦德国的高等专科学校的起源，可以得到同样的结论。在创办时，联邦德国相当一部分高等专科学校是在工程技术学校的基础上建立起来的。例如，在北莱茵—威斯特法仑，曾将 100 所工程技术学校合并成 15 所高等专科学校。这种工程技术学校是 1953 年开始建立的，培养"国内极端缺乏的中级技术干部"（技术员类人才）。在创办工程技术学校时，不少学校是由水平较高的职业技术学校改建的，但工程技术学校办了不到 20 年，就逐渐由高等专科学校取代了。

至于英国的多科技术学院，它针对职业需要组织教学这种任务就足以说明它的职业技术教育性质。英国的统计数字：在 1975 年多科技术学院的 10 473 名学生中，学习明显属于职业和技术性质专业的有 7 189 人，占 68.64%，至 1982 年，在学生总数 20 923 人中，明显属于职业和技术性质的专业有 13 723 人，占 65.59%；都占 2/3 左右。以上情况和数字都明确地说明了多科技术学院是一种高等职业技术教育。

如果我们抛弃"职业技术教育不应包括高等教育"这种不合时代发展趋势的传统观念，那么，上述三种新学制，按其特性都应列入高等职业技术教育范畴。这种高等职业技术教育的特点，可作如下概括：

高等职业技术教育是在高等教育阶段的职业技术教育。它的任务与要求是针对职业岗位的需要（主要是工业、农业、贸易、医卫、政法等方面的现场岗位的需要），着重培养具有这些岗位所需实际工作能力的各种专业人才。作为高等教育，高等职业技术教育应当有一定的科学理论培养要求，但如与普通大学相比较，进行理论教育的时间少得多，对理论水平的要求低得多，而是加强了实验、实习、设计等实践性教学，使其能更直接地培养、提高学生从事某项职业所必须具备的实际工作能力。由于任务、要求不同，高等职业技术教育的教学计划在专业划分、培养目标、理论教学比重、课程设置、教学安排程序、培训方式方法等方面都与普通大学有一定的区别。

（三）发展我国高等职业技术教育的问题与意见

近年来，我国高等职业技术教育有了一定的发展，但也存在不少问题，主要是对任务与要求不够明确，因而没有能突出自己的特色。在认识上还有一些思想障碍，束缚着事业的发展，在办学条件上也存在一定问题。

1. 发展我国的高等职业技术教育要从我国社会主义建设的实际需要出发，明确自己的任务与要求，办出自己的特色，不能完全照抄照搬普通大学的一套做法

现在，我国高等职业技术教育盲目照抄照搬普通大学计划的为数不少，有些是将普通大学的教学计划内容"压缩"一下，有的则是将要求放低一些，没有考虑自己的特色，因而社会上出现了一些误解，似乎高等职业技术教育就是"低水平的高等教育"，严重地损害了职业技术教育的声誉。有些学校尽管挂着职业技术教育的牌子，却丝毫没有职业技术教育的特色，确切地讲，这些学校不属于职业技术教育。把"低水平的高等教育"作为培养要求不符合社会主义建设需要，按这方向去办是没有出路的。武汉江汉大学在办学实践中曾探索了这个问题。一开始，他们也曾盲目照搬普通大学的教学内容与方式、方法，没有突出自己的特色。结果，由于师资队伍、办学经验、办学条件、招生质量都不如普通大学，只能办成低水平的，质量上不去。后来他们从自己的特点出发，在专业设置、教学计划、课程设置等方面作了一系列改革。例如，不再办一般的外语专业，而是结合职业需要举办"外贸"、"外经"方面专业，结果，毕业生受到社会欢迎，打开了局面。

2. 在认识上的思想障碍主要是没有确立职业技术教育自己的质量观，摆脱不了传统质量要求的束缚，不敢大胆创造自己的特色

职业技术教育与普通教育的任务不一样，培养目标不一样，因而质量要求也不一样，这是很明显的。现在常见的问题是把普通教育的质量要求套到职业技术教育上来，因此，理论教学的要求降不下来，实践性教学的要求也上不去，妨碍着职业技术教育办出自己的特色。

一种思想是担心理论教学降低水平后，不像办高等教育。高等职业技术教育适当降低理论水平的目的，是为了加强实践性教育，培养提高学生的实际工作能力。用理论上后退一步换取实际工作能力上前进一步。如果这个方案实现了，那么，普通大学在理论上强一些，高等职业技术教育在实际工作能力上强一些，双方都有自己的特色。另一方面，高等教育虽然强调一定的理论水平，但理论水平的具体要求并不是绝对的。例如工科大学的基础理论水平就比理科降低了要求，否则，应用科学技术课程就上不去，办不出工科的特色。因此，把高等学校的理论水平绝对化，僵化在一定水平上是不科学的。在上面列举的国外学制中，美国工程工艺类四年制本科的高等数学只读到微积分，不学微分方程，联邦德国高等专科学校的实验、学习、设计时间约占总时数的2/3，教师讲课时间只占1/3。在理论水平要求上都比我们低得多。

另一种思想是担心理论要求降低了，"后劲不足"，缺乏对科学技术飞速发展的适应能力。理论学得扎实，确实能增强适应能力。但是，首先，高等职业技术教育是培养应用型、实践型、工艺型人才，可以降低一些理论要求。其次，高等职业技术教育加强了实践性教育，就有可能使学生所学理论在实践中得到验证、巩固、应用、扩展，理论虽学得少些，但更为扎实，他们在工作实践中继续学习，可能取得更大的成就。天津蝶式立交桥的设计者，原来是位中专毕业生，他的成长道路就充分说明这一点。

看来，这里有一个"前劲"与"后劲"的关系问题。现在有一种论点，学校里强调了"前劲"，要降低理论要求，就导致"后劲不足"。其实这不是绝对的，应作具体分析。职业技术教育强调实际工作能力，一般说毕业生的前劲较足，他们理论学得少了一些，这对保持后劲是不利因素，但他们理论联系实际，学得比较扎实，不少学生掌握了正确学习理论的方法与途径，这对增强后劲又是有利的，因为这为工作中进一步提高理论水平打好了基础。前劲足的人，参加工作后继续努力学习，后劲仍然很足，这种实例是不少的。相反，如果在学校中学习理论囫囵吞枣，不能实际应用，到了工作岗位又不改变这种学习方法，那就不仅前劲不足，后劲也不足。事实上，任何人都得在参加工作后继续学习，不可能在学校中统统学到手，至于在学校中脱离实际需要盲目学习一些理论，那就更无意义了。

3. 应当加强对高等职业技术教育的指导与控制

首先，要组织力量开展对高等职业技术教育学制的研究。为了保证与提高高等职业技术教育的质量，首先要有一个好的学制。这种学制的任务、方向应是正确的，培养目标应是明确的、切合实际需要的，教学计划应是合理的、高效益的。以上介绍的国外三种学制在制订过程中都经过了长时间的研究，以及"多重和艰苦的讨论"，我国也应开展这项工作。现在我国有些学制，例如将本科学制内容简单压缩而成的专科学制，虽然社会舆论对这一致否定，但却又找不到代替它的合适学制，就因我国缺乏有关学制的专门研究。

其次，要有执行一个好学制所确定的培养目标和教学计划的良好条件。这包括：正确的办学指导思想、切合实际需要的师资力量和物质条件。

高等职业技术学校的办学指导思想总的来说与其他各类学校是类似的。所不同的是要注意突出职业技术教育的特色，不要办成低水平的普通高等教育。

师资条件要求与其他各类学校也大体一致。所不同的是，理论课教师除了有一定理论水平外，还要有一定的实践经验，还要注意配备合格的实践性教学教师。

物质条件要保证教育与教学工作的需要，尤其不要忽视实践性教学的需要，而这当前恰恰是薄弱环节。

有关中职与高职衔接的若干问题 [①]

摘要：本文对中等职业技术教育与高等职业技术教育的衔接，为何要实行衔接，目前实行衔接的方法和效益作了较为详尽的论述，并在此基础上，对我国中职和高职的衔接工

① 严雪怡.1998.有关中职与高职衔接的若干问题.职业技术教育,（23）：20-22

作提出建议。

（一）中等职业技术教育与高等职业技术教育的衔接（简称"衔接"）是 20 世纪内按照职业技术教育特点所创造的重要经验，其成果已经得到多数国家、地区的政府部门及许多专家的肯定

这种衔接在欧洲已有悠久的历史。1920 年，我国倡导职业教育的前辈黄炎培先生盛赞法国农校分四级：初级农学校、中级农学校、高级农学校及农学院。小学毕业生可先进入初级农校，然后入读中级、高级农学校，进而入读农学院。学生可随时停学务农，之后仍可继续进修。德国工科博士培伦先生小学习工、中学习工、大学也习工，前后习工 10 余年，始得学位。黄说此方法较为适当，适合于教育顺序，并命名这一办法为"专科一贯主义"。

第二次世界大战后，随着高新技术的迅速发展，职业技术教育的科技含量急剧上升，发展了高等职业技术教育，有些欧洲国家创办了与中职相衔接的高职院校，而且深入到课程的衔接，避免重复学习，从而使"衔接"出现了质的飞跃。

30 多年来，多数国家实行了这种"衔接"，取得很大成果，从而使这一经验得到多数国家、地区的政府部门及许多专家的充分肯定。

我国 1985 年 5 月 27 日发布的《中共中央关于教育体制改革决定》提出：高等职业技术院校"优先对口招收中等职业技术学校毕业生，以及有本专业实践经验、成绩合格的在职人员入学"，肯定了这种"衔接"经验。

1997 年在联合国教科文组织第 29 届大会上通过的《国际教育标准分类》更把这种"衔接"规定为统计标准。提出中职 3B 能直接进入 5B，而非 3B 的其他高中阶段学制，需先经过第 4 层次补充学习以达到 5B 的入学要求。

（二）为什么要实行"衔接"

这可以从以下三个方面表述：

（1）只有在中职掌握了一定要求的职业技能、职业能力的基础上，才有可能通过高职学习掌握更高要求、更高难度的职业技能以形成职业能力。职业技能与职业能力的培养提高同样要遵循由低到高、由简到繁、由易到难的教学顺序，只有首先掌握单一的、低难度的技能与能力。通过逐步提高，才能掌握综合的、复杂的、高难度的技能与能力。现代高新技术的采用，更使这种技能与能力的文化和理论方面要求、复杂程度与精密程度等方面要求达到空前的高度。

现代职业的技能与能力都要求理论技术与经验技术相结合，既有一定的理论要求，又有一定的经验因素，仍须通过反复练习，才能形成学习者自身的经验，这种反复练习不可能被文化、理论学习所替代，这就决定了学习时间的长期性，只有将高职与中职连续起来，才能达到实际要求。

（2）职业技术教育所传授的职业技术课程（理论的及实践的）同样要遵循由浅入深、

由低到高的教学顺序，这些课程虽然必须建立在一定的普通文化课基础之上，但并不能被文化课所替代。因此，即使将入学起点提高到高中毕业，所学职业技术课程仍然与招收初中毕业生同类专业的中职学制一样要从头学起，也可能两者所学相差不多。例如招收高中毕业生的三年制工科类职业技术教育学制，每年教学周数以 38 周计算，3 年共为 114 周，其中，文化课约为 20 ～ 25 周，职业技术课为 89 ～ 94 周。同类专业招收初中毕业生的学制为四年制，4 年的教学周数应为 152 周，一般安排 57 周左右的文化课，95 周左右的职业技术课，由此说明，这两种学制的职业技术课程时数差不多，因而培养目标也差不多，开办这两类学制实际上是教育方面的重复建设。

（3）职业技术教育是定向教育，教学时数是向量，中职与高职两个层次的教学时数总和应是向量和，只有在两类学制的方向一致时（例如《国际教育标准分类》中的 3B 与 5B），其向量和达到最大值。当两者方向偏离时，有效学时就减少。

如上所说，招收高中毕业生的 3 年制教育如办成职业技术教育，其有效学时与 4 年制中专差不多，也即高中阶段在高职方向的有效学时只有一年。

如果两者方向一致，或减少了偏离度，则有效学时就上升。例如，法国 3 年制技术高中与 2 年制短期技术学院相衔接，这 5 年中的职业技术课时数就高得多。为了便于比较，都以每年教学 38 周计算，则法国以上两个层次学制所学职业技术课程总和约为 114 周，日本的 5 年制虽然文化课安排较多，所学职业技术课程仍有 107 周左右，我国的五年制高职学制，所安排职业技术课程约为 120 ～ 130 周，虽然这些学制都比招高中生 3 年制的学制少学 1 年，但所学职业技术课程的总周数却增加 30% 左右。也就是，中职与高职相衔接的3+2 共为五年的学制所学职业技术课程时数约比招高中生 3 年增加 30% 左右，还可计算出比招初中生三年制中职增加 100% 左右，从而能保证达到较高质量。

（三）"衔接"的方法

主要有以下几种方法：

1. 教学单元衔接法

由国家或地区将中职与高职所设课程统一制订成数以千计的教学单元，并按程度分成若干层次，邻近层次单元可以衔接，通过这些单元间的衔接实现中职与高职学制间的衔接。例如英国职业技术教育的教学单元分成五个层次，中职学制的教学单元占 Ⅰ、Ⅱ、Ⅲ 三个层次，高职学制占Ⅲ、Ⅳ、Ⅴ三个层次。每个单元都明确规定先修单元（第 Ⅰ 层次单元往往与初中课程衔接），必须先修单元成绩及格，才能学习本单元；发放毕业证书时，对所学教学单元总数的最低值及高层次单元所占百分比的最低要求都有明确规定。

这种衔接方法的适应性强，又避免了重复学习，是最完善的衔接方法，缺点是制订单元的工作量很大，而且要有常设机构，负责研究教学单元的增补、更新等工作。

2. 中职（高中）分类衔接法

将中职按行业、职业进行分类（一般宽于专业分类），每一类都有统一的课程设置标准，高职各专业分别选择对口某一类，然后，以这一类的课程标准为基础设计高职课程，从而实现衔接。

例如，法国将技术高中分成 17 类，短期技术学院所设专业分别对口其中一类。当招生人数不足时，也可招收其他某类职业高中、普通高中的某类学生（法国的普通高中有八类，其中，如"农艺学与技术""数学和技术"都包括职业技术课程），但入学前后一般要补学某些课程。

3. 高职分类对口招生法

将高职分成若干类，每一类都制订入学标准（包括文化课、专业理论课、实践课等内容），按标准进行入学考试并录取学生。我国台湾地区实行这种方法，新生入学后即以入口标准为基础，进一步学习与之衔接的高职课程。

以上三种衔接方法的共同点是都有国家或地区统一制订的高职入口标准，这既是中职应当达到的标准，又是高职课程的起点。实行前两种方法的欧洲国家，在中职阶段实行统一标准的国家考试，不再有进入高职的入学考试。后一种方法实行起来最简易，但可能成为误导中职教学的指挥棒，导致中职校只按照高职入口标准要求组织教学，而不是按专业实际需要组织教学。

（四）"衔接"的效益

影响衔接效益的主要原因是前后两个学制的方向偏离及后面学制重复学习前面所学内容。大体有以下几种情况：

（1）由于中职学制与高职学制方向偏离而降低效益。设某中职学制的教学时数为 T，与高职学制的偏离角为 Q，则这一学制的有效学时为 Tcos Q，偏离愈大，有效学时愈小，方向偏离的学制不能直接进入高职，而是必须先经第四层次补习达到入口标准后才能进入高职。

（2）由于高职重复学习中职已学过的课程或内容，导致高职的有效学时下降，重复学习时数愈多，高职的有效学时愈小。

（3）由于改行或其他原因改变专业方向，导致过去所学内容的有效学时下降。

总之，不能仅看累计学过多少时间，而应看累计有多少有效学时。

（五）对我国实行"衔接"的建议

1. 首要问题是加强对"衔接"的宣传力度

虽然《中共中央关于教育体制改革的决定》提出高职院校优先对口招收中职毕业生已经过 13 年，但这一规定远远没有落实，一个重要解决办法是尽快制订适合高职的招生办法，现在完全按照普通高校的招生办法，显然不合适，高职也可以招一些普通高中毕业生，但必须认识到这与高职入口要求是有差距的，必须在入学前后进行补课。要切实转变社会上轻视中职毕业生的旧观念，有些部门对招收中职毕业生的高等专科学校毕业生发放"相当高等专科"证书,意味着其层次低于招收普通高中毕业生的高等专科,这显然是不妥的。现在不少高职学校宁愿招收普通高中生,因为招收中职毕业生问题很多,难度很大,政策上又不支持,如果这个问题不解决,贯彻中共中央决定永远是一句空话。

2. 学生质量是高职的生命。不顾质量,盲目发展是非常危险的

1995 年以来,高等专科毕业生已经出现分配难问题,如果看不到这一情况,高职仍然采用同样的低水平的学制模式,后果如何是不难预测的。事实上已经出现这种高职毕业生大量找不到工作的现象,如果听之任之,必将败坏高职的声誉。

为此,必须抓紧制订高职入口标准,这是提高高职质量的关键。考虑到我国地域较广、人口众多、各地发展水平不均衡,可以由省、市组织制订标准,这个标准既不能脱离中职(主要是中专及培养技术员的职业高中)的现实,又要有利于对高职提出高标准、严要求,对不符合入口标准者必须首先补课达到要求,决不能继续出现"低水平进,低水平出"的现象。

3. 要千方百计提高招生质量

与高职培养方向一致的是中专及部分职业高中,但由于多种原因,这些学校的毕业生大都不愿报考高职。对此,有些高职学校创造了一些经验。如选择一些中专校对口办学;将招生工作提前到中专生毕业以前等,通过这些方式都招到了中专毕业生,要继续创造并总结推广好的经验。对其他职业高中及普通高中,也可选择一些学校对口办学,使这些学校了解高职的入口要求,并尽可能使在校学生接近这一要求。例如职业高中的实习课,普通高中的学工学农劳动、完全可以按照对口高职校的要求对内容作出调整,理论教学也可以按高职入口要求作一些调整或开设一些选修课,这些都有利于提高招生质量。在上级领导部门的支持下,通过积极争取,而不是消极等待,我相信,完全有可能在三五年内将招生质量提高一大步。

十九、李永涛

李永涛（1941—　　），男，生于北京，祖籍河北省束鹿县，教授。

1960年至1964年就读于北京经济学院劳动经济专业。大学毕业后留校任教。1984年5月至1985年4月任北京交通管理干部学院教务处处长。1985年5月任北京经济管理干部学院副院长（党委委员），直至2002年4月卸任。曾经担任的主要社会兼职：中国职工教育和职业培训协会特邀常务理事；中国成人教育协会理事兼学术委员会委员；全国教育科学规划领导小组成人教育学科组成员；北京市职工教育学会会长；北京市劳动学会副会长；北京市成人教育学会副会长。

李永涛长期从事劳动经济、人力资源开发与教育事业发展、成人教育理论与成人高校管理等领域的研究，撰写并公开发表论文多篇。主编有《职工教育理论讲座》《成人管理教学》《独立设置成人高校管理实务》等著作。承担过省市、部委级科研课题多项。改革开放初期，曾被借调到国家经委工作，参加了我国职工教育现状调查和中共中央、国务院《关于加强职工教育工作的决定》（中发［1981］8号文件）的起草工作。

职工教育的地位和作用 ①

（一）职工教育的一般常识

职工教育隶属于成人教育，一般是指对在职职工所进行的政治、文化、技术和管理等方面的教育，主要目的是提高广大在职人员的思想觉悟、文化水平、技术素质和管理能力，以便适应社会主义生产日益现代化的需要。

众所周知，教育产生于劳动。早在原始社会，就有知识的传授，就有了教育的萌芽。到了奴隶社会、封建社会，教育事业进一步发展，可是，职工教育的产生，大体是在资本主义社会，在有了大工业生产之后。因为大工业生产的发展，向教育提出了新的要求，促使教育日益普及和提高。可见，职工教育不是一切社会所共有的，它比一般意义上的教育产生得要晚，它是大工业生产的产物。

职工教育是现代教育体系中的重要一环。现代教育体系，一般是由学前教育、学校教育和成人教育三部分组成。现代教育事业的发展，有个突出特点，就是成人教育的地位日益上升，越来越重要。作为成人教育组成部分的职工教育，它的地位也就随之上升。当前，职工队伍是我国向四化进军的主力，职工教育的作用则显得更为重要，职工教育是我国现阶段成人教育的主要部分。

提高广大职工的政治思想水平，是职工教育的首要任务。在这一前提下，职工教育肩负着传授知识和技能的多种职能。

（1）它是学校教育的代替。有些人，没有读过书就就业了，成为了国家职工，他们是文盲或半文盲。对于这些人来说，职工教育是他们没有享受过的基础教育的替代物。

（2）它是学校教育的补充。有些人，没有接受完应该接受的学校教育就就业了，当了国家职工。对于这些人来说，职工教育是对他们曾经受过的学校教育的补充。

（3）它是学校教育的延长。有些人，就业前上过学，而且具备了应有的学历。可是，参加工作后，工作对他提出了新要求，需要继续学习。对这些人来说，职工教育就成了学校教育的延长。

（4）它是学校教育的完善。有些人，大学毕业才就业。可是，由于科技迅猛发展，知识不断更新，就业后还要继续学习，补充新的知识。对这些人来说，职工教育是对学校教育的完善。

（5）它是发展个性的一个手段。每个人都有自己的个性、特长，而且他的个性、特长不是一成不变的。有些已就业的人，为了发挥特长，还求助于职工教育。对这些人来说，职工教育是发展他们个性的一个手段。

职工教育的五个职能中：第一个职能是扫盲，当文盲基本扫除后，这种职能就会消失；第二个职能，随着人们就业文化起点的日益提高，也会逐步消失；第三个职能，将长期存在；第四、第五两个职能，恐怕是永久的。

---

① 李永涛 . 1981. 职工教育的地位和作用 . 北京成人教育通讯，（1）：6-12

生产力与生产关系的矛盾是社会的基本矛盾。这一矛盾推动着事物的发展，也推动着职工教育向前发展。生产力与生产关系的要求，反映在职工教育的不同侧面，就形成了职工教育的二重属性。

从生产力的角度看，职工教育有其自然属性。主要表现在：职工教育是生产力发展到一定水平的产物，其发展规模和速度很大程度上取决于生产力的发展状况；职工教育是生产斗争的工具，是发展社会化大生产的一个重要条件，在一定的历史条件下，职工教育为生产斗争服务的社会职能表现尤为突出；职工教育的专业设置、教学内容、办学形式和教学手段等，也都与生产力有一定关系，甚至直接反映生产力发展的水平和要求。可见，职工教育与生产力发展的关系十分密切，它是发展现代化生产的一个必要条件。因此，很多国家，不论社会制度如何，对职工教育都十分重视。

从生产关系的角度看，职工教育又有其社会属性。主要表现在：职工教育的产生和发展，始终受一定生产关系的制约，在阶级社会中，它具有阶级性，是阶级斗争的工具之一；当生产关系不适应生产力的发展，要求打破旧的生产关系，建立新的生产关系时，职工教育为阶级斗争服务的职能表现尤为突出；职工教育的目的、要求、方针、政策、管理，以及一部分教学内容，都与生产关系有密切联系，甚至直接反映生产关系的性质和要求。可见，职工教育不仅是发展社会生产的一个必要条件，而且是为一定阶级利益服务的工具。社会主义制度下的职工教育，跟资本主义制度下的职工教育，虽然都是发展现代生产的一个先决条件，但在目的、要求、内容上却有很大区别，尤其是在目的方面，有着本质的区别。

与一般意义上的教育相比，职工教育主要具有以下特点：它是成人、在职、业余的教育，就是说，其对象是在职的成年人，他们以业余时间为主进行学习；它是既速成，又终身的教育，所谓速成，是指职工教育为生产、工作而办，有时间短、见效快的特点，所谓终身，是指职工通过享受这种教育，做到边干边学、干到老学到老；它是紧密结合职业的教育，一般都是干什么学什么，缺什么补什么，学习的针对性强，理论联系实际做得好；它是用人少、经费省、效果大的教育，就是说，这种教育节省师资、经费，赋予人们的知识多，形成生产力的速度比较快；它是形式多样、机动灵活、适应性强、政策性强的教育。

我国在马列主义指导下的职工教育诞生很早，大体已经历了四个发展时期：

第一个时期，是1949年以前的职工教育。我党有着重视职工教育的光荣传统，在革命战争年代始终不渝地抓紧职工教育。这个时期的职工教育，是以学文化、学马列为主的，目的在于联络群众，教育人民，启发觉悟，培养干部，迎接新民主主义革命的胜利。

第二个时期，是1949年后17年的职工教育。总地看，这是个健康发展的好时期。通过开展扫盲运动，普及初等文化、技术教育，发展中、高等文化、技术教育，促使我国广大职工在文化上翻了身，为社会主义建设培养了大批人才。当今的郝建秀、王崇伦等许多老劳动模范、技术革新能手，大都是17年职工教育的受益者。

第三个时期，是"文化大革命"中的职工教育。"文化大革命"期间，有一阶段虽然创办了许多"七·二一"大学，发展了职工高等教育，并取得了一定成绩。但是，由于极左路线的影响，很多"七·二一"大学有名无实，个别地区的"七·二一"大学，甚至被纳入篡党夺权的轨道。

第四个时期，是粉碎"四人帮"以来的职工教育。粉碎"四人帮"以后，尤其是党的十一届三中全会召开以来，我国的职工教育进入了一个新的发展时期。今年上半年，党中央、国务院做出了关于加强职工教育的决定，并召开了全国职工教育工作会议。这说明，新时期的职工教育前程似锦，将成为我国为四化培养人才的一条重要渠道。

新时期的职工教育，就其发展趋势来看，将呈现两个特点：

第一，范围越来越广。由于科学技术的不断发展和应用，各种职业的技术性越来越强，不经训练单凭体力就能从事的工作越来越少，靠就业前所学知识能够干一辈子的工作也越来越少。因此，享受职工教育的人日益增多，范围将越来越广，职工教育的工作量日益加大。

第二，要求越来越高。由于生产日益现代化，劳动者的职业构成也随之逐渐发生变化。在全部职工中，工人的比重将日益下降，技术人员和管理人员的比重将日益上升。在工人中，技术工的比重日益上升，普通工的比重将日益下降。即使是对技术工人和专门人才来说，也要不断补充、更新自己的技能。因此，职工教育要不断改革专业设置、教学内容，以适应形势发展的需要。

（二）职工教育的地位和作用

职工教育与经济建设的关系十分密切。它是企业生存、发展之本。它对增加产量、提高质量、降低成本、减少工伤事故，起着至关重要的作用。

职工教育是发挥人在生产中的能动作用的一个必要条件。邓小平同志指出："大家知道，生产力的基本因素是生产资料和劳动力，科学技术同生产资料和劳动力是什么关系呢？历史上的生产资料，都是同一定的科学技术相结合的，同样历史上的劳动力，也都是掌握了一定的科学技术知识的劳动力。我们常说，人是生产力中最活跃的因素。这里讲的人，是指有一定的科学知识、生产经验和劳动技能，使用生产工具来实现物质资料生产的人。"所以，离开掌握一定科学知识、生产经验和劳动技能，空谈人在生产中的能动作用，是毫无意义的。而要使劳动力获得必要、及时的"加工"，就必须大力发展职工教育等成人教育事业。可见，职工教育与发展生产、加速建设关系密切，首先是根源于人在生产力中的地位和作用。有些单位，只知道使用人，不知道培养人，造成职工连起码的生产技术知识都不懂，严重影响了人在生产中能动作用的发挥。事实从反面说明，职工教育是发挥人在生产中的能动作用的一个必要条件。

职工教育是实现技术进步的一个重要手段。发展社会生产力，从人的因素方面看，基本途径有两个：一是增加劳动量；二是提高劳动生产率。当代，由于科技发展很快，社会生产力的发展主要是通过提高劳动生产率获得的。科技进步是怎样落实到发展生产上来的呢？是通过设备、工艺等的改进和劳动者质量的提高而落实的。这两方面措施彼此联系，互相促进，缺一不可。可是，有些企业的领导，一提科技进步，就想到设备工艺的改进，却想不到劳动者质量的提高。他们不懂得，科技进步要通过人才的培养和使用，才能落实到发展生产上。

1978 年，我国某汽轮机厂从联邦德国引进一台数控铣床，专门调来一位五级铣工操作，由于事前没有进行严格的培训，结果一件活没干完就弄坏了铣床。事实证明，只有先进的设备，没有相应的人才，无法形成新的生产力。任何科技成果，都是靠参加物质生产或科学实验的劳动者去发明创造的，都是靠具有一定科学知识、生产经验和劳动技能的劳动者去加以应用的。而这样的劳动者，只有通过不断地教育、训练，才能培养出来。

党的十一届三中全会后，全国工作的着重点转移到现代化建设上来了。搞现代化建设，需要有一支强有力的职工队伍。我国现有的职工队伍，本质是好的，但也存在许多问题。除了部分职工的政治思想觉悟不够高，主人翁责任感比较差外，整个职工队伍还存在"三低"（文化水平低、技术水平低、管理水平低）、"三少"（技术骨干少、管理骨干少、现代知识少）的问题。首先，从工人方面看：新工人的比重大，"文化大革命"以来参加工作的工人占工人总数的 50% 左右，实际文化水平低，80% 的工人是初中以下文化程度，"有文凭，没水平""有学历，没能力"的现象相当普遍；技术等级构成下降，大部分企业三级以下工人占 60% 以上，七、八级工人不到 1%。其次，从技术人员方面看，数量不足，增长速度缓慢；质量不高，不能胜任工作的占很大比重；青黄不接，各类科技人员的平均年龄比国外高得多；专业结构老化。此外，从管理人员方面看：年龄偏大，文化偏低，没有经过专门训练、不熟悉本职工作的占很大比重。

职工队伍"三低""三少"的问题，严重阻碍着生产的发展和四化的实现。有些省的纺织系统，论设备并不比上海差，论纱锭甚至还比上海多，但产量、质量、利润、创汇，却长期不如上海，一个重要原因是职工队伍质量不如上海高。有些工业部门反映，职工队伍素质差，反映到生产上则是产量低、质量差、消耗大、成本高、事故多。有些企业，与外商洽谈来料来样加工，不敢承接任务，因为缺乏技术力量。有些企业，对引进的一些设备不敢要、不敢用，因为缺乏相应的人才。有些企业，近些年来，工伤事故中，青工占很大比重，因为青工文化低、技术低、不懂管理、违章作业。这些现象都说明，搞好职工教育，变"三低"为"三高"，变"三少"为"三多"，是生产的客观要求，是四化的迫切需要，是一项刻不容缓的任务，是当务之急。我国现有职工近 1 亿人。这是向四化进军的一支主要力量。职工教育担负着这支队伍的思想、文化、技术、业务水平的提高任务，事关重大，必须搞好。

目前，世界上正经历着一场新的伟大的科技革命。科技革命广泛地推动着生产技术的飞跃发展，把搞好职工教育，以最新的科技知识和操作技能武装劳动者的重要性提到越来越高的地位。

在科技迅速发展的条件下，对各级各类职工文化、技术、管理水平的要求不断提高，具有较高水平的人在职工总数中所占的比重日益加大，这已是世界各发达国家所出现的共同趋势。例如：

美国工业全部从业人员中，工人比重下降，技术人员和管理人员的比重上升。各类人员的比重（%）变动如表 1。

表 1　各类人员的比重表　　　　　　　　　　　　（单位：%）

人员分类＼年代	1950	1960	1970
工人	69.1	60.0	57.3
工程技术员	10.0	14.2	17.1
职员	18.9	21.0	23.2

工人中，熟练工比重上升，半、非熟练工比重下降。各类工人比重（%）变化如表2。

表 2　各类工人比重表　　　　　　　　　　　　（单位：%）

工人分类＼年代	1950	1960	1970
高级熟练工	36.8	37.4	38.2
中级熟练工	56.7	57.9	57.1
半、非熟练工	6.5	4.7	4.7

由于科研、设计是生产、制造的先行，所以，在技术人员中，科研、设计人员的比重明显上升。美国加工工业科技人员中从事科研设计的：1940 年占 22%，1960 年上升为 34%，1970 年达到 42%。

在科技迅猛发展的今天，知识宝库的总量大大增加，知识更新的周期日益缩短。外国学者认为，知识的更新周期 18 世纪为 80—90 年；19 世纪到 20 世纪初为 30 年；近 50 年来为 15 年；眼下为 5 ～ 10 年。知识更新周期缩短，可用科技从发明到应用相隔的时间日益缩短的事实予以证明。摄影机 1727 年发明，1839 年应用，相隔 112 年。电话 1820 年发明，1876 年应用，相隔 56 年。电视 1922 年发明，1934 年应用，相隔 12 年。原子弹 1939 年发明，1945 年应用，相隔 6 年。计算机从 1946 年发明到现在，总共 30 余年，已经更新了五代。

由于知识积累加速，废旧周期缩短，接受教育就要贯穿人的一生，以便不断更新其知识和技能。当代，世界许多国家教育发展的一个明显趋势，就是提倡"终身教育"。这是 1949 年以来出现的一种教育思潮。这种思潮的代表人物认为，把人生分成两半，前半生用于受教育，后半生用于劳动，是毫无科学根据的。因此，他们主张把教育变成每个人从生到死的持续过程。当教育事业发展到"终身教育"的高度时，包括职工教育在内的整个成人教育就显得更为重要。一个人，就业前要享受学校教育，就业后要享受成人教育。外国学者认为，人生所学全部知识中，就业前学的知识占 10%，就业后学的要占 90%。可见，搞好职工教育，不仅是当务之急，而且是一项战略任务，它在教育事业中的地位越来越突出。

（三）提高对职工教育重要性的认识

我国职工教育面临很多问题，但认识问题大于实际问题。所以，解决认识问题是首要的。

据了解，目前真正重视职工教育的领导还是少数。这些同志认为，工厂只抓生产，学校才管教育的时代已经过去，只有重视人才的培养，才能形成新的生产力，才能确保企业的生存和发展。因此，他们坚持一手抓生产，一手抓教育，妥善处理生产与教育的矛盾，真正做到生产、教育两不误。多数领导，对职工教育的重要性有一定认识，但缺乏紧迫感，他们行动比较迟缓，措施不够得力，成绩不够显著。还有些领导，也讲职工教育重要，但很少落实在行动上。他们处于"奉命办学"的状态，对职工教育，"思想上不重视，工作上没位置，行动上无措施"。还有少数领导，很不重视职工教育，他们认为：企业抓教育是"自找麻烦，不务正业"；好学上进的职工，是"不安心本职工作，思想成问题"。更有甚者，有极个别领导，竟利用职权刁难、限制职工参加学习。由于部分领导同志忽视职工教育，给各级办学人员的工作带来很大困难。

领导层有认识问题，群众中也有认识问题。职工群众中，不少人受"读书无用论"影响很深，认为"读不读一个样"，不如追求奖金、加班费"实惠"，因此不肯学习。就是已经参加学习的职工，认识也是多种多样的。有些同志参加学习，是由于家长督促，或出于兴趣爱好，或干脆是为了改变工种、职业。这些问题如果不解决，职工教育同样无法搞好。

为什么会存在这些认识问题呢？这些错误认识，有不少来源于极左路线的影响。十年内乱期间，"读书无用""知识私有""知识越多越反动"等谬论盛行，毒害了许多人。如果这些谬论的影响不彻底肃清，职工教育的重要性、迫切性，自然会有部分同志迟迟认识不到。这些错误认识，与小生产习惯势力的影响有关。我国在一个很长的历史年代里，生产只是小农业和小手工业，进行这种性质的生产，无需多少智力、科学和技术。所以，教育对生产的作用不明显。重生产，轻教育是一种小生产习惯势力。这种势力至今还不同程度地影响着一些人。这显然是形成上述认识问题更为重要的一个原因。此外，这些错误认识的存在，还与现行的一些制度、政策不妥有关。例如，某些现行的教育、劳动、干部政策，对发展职工教育事业就很不利。一些制度、政策不妥，反映了上层领导的认识问题，也是造成基层广大职工认识问题的一个重要根源。

怎样解决当前存在的这些认识问题呢？

首先，要加强有关的理论研究工作。职工教育是教育学要研究的课题，也是经济学等学科要研究的课题。但长期以来，我们从教育学、经济学等角度研究职工教育的甚少。为了振兴职工教育，有关部门应组织力量，加强有关的理论研究工作。通过理论研究，弄清全日制教育与职工教育的关系，打破全日制教育高于职工教育的传统观念。通过理论研究，弄清教育与生产的辩证关系，抛弃那种把教育与生产对立起来的狭隘观点。通过理论研究，使人们认识到，由于科技迅猛发展，生产技术发生变化，作业方式也在发生变化，工人的操作活动似乎简单化了，但对工人的智力要求却大大提高了，没有相应的科学知识和生产技能，就无法胜任工作。

其次，应加强有关的宣传报道工作。适当报道一些发达国家职工教育动态，对破除现存的小生产陈旧观念很有帮助。另外，要总结、宣传我国职工教育的成果，它富有说服力，是解决认识问题的一大措施。据抚顺矿务局反映，1966年以前，两所局办"业余大学（简称"业大"）"毕业的1120名学员，已有80%被提拔为高级工程师、工程师、助理工程师。

上海一些职工业大的毕业生，设计制造了一些新产品，达到了国内外先进水平，不仅填补了国内空白，而且引起了外国专家的重视，有的还荣获了重大科技成果奖。近两年，许多企业对青工进行短期轮训，获得了可喜成果。与同工龄未培训过的青工相比，培训过的青工定额完成率明显较高、废品率明显低、工具损耗明显少、安全生产状况明显好。事实说明，职工教育执行着对劳动力进行"再加工"的职能，它是使潜在生产力转化为现实生产力的重要渠道。没有完善的职工教育，就没有严格的劳动力"再加工"，就没有生产的大发展。

再次，应制定一部全国性的《职工教育法》。世界上许多发达国家早已有了这方面的法典，他们通过法律形式使各级各类职工教育制度化，对促进人才培养、加速经济建设起了重要作用。为了振兴我国职工教育，也应制定一部专门法典。这部法典，应明确职工教育的地位和作用，明确职工教育的基本办学形式，明确职工教育的经费标准和来源渠道，明确各类职工在职深造的权力和义务，明确各级领导在职工教育方面应负的法律责任等。这样一部有实质内容的专门法典，能够促使人们提高认识，是确保这项事业健康发展最好的"权威"。

最后，应改革、落实有关的政策和制度。搞好职工教育，要靠"三个积极性"，即办学的积极性、教学的积极性和上学的积极性。调动这三方面积极性，一要靠思想政治工作，二要靠改革、落实有关的政策和制度。例如：

为了调动三方面积极性，应进一步杜绝歧视职工教育的制度和做法。据一些职工业余大学的领导同志反映，多年来"业余"二字竟然成了碰钉子的总根源，持业余大学的介绍信或工作证，住旅馆要碰壁，购买教具要碰壁，到图书馆借书也要碰壁。类似这些歧视职工教育的制度和做法，严重挫伤了人们办学的积极性，应予彻底纠正。

为了调动办学的积极性，应对各级领导机关提出相应要求。如果有关政策、法令能够规定地方政府对所辖地区居民的文化水平负有责任的话，区领导、市领导不重视职工教育的现象就会扭转，办学的积极性就会大大提高。如果产业部门的领导在布置生产任务的同时也布置教育任务，下达生产指标的同时也下达教育指标，考核生产成绩的同时也考核教育成绩，企业把生产当"硬任务"、把教育当"软任务"的倾向就会逐步得到纠正。

调动教学的积极性，首先是指调动专职教师的积极性。目前，由于某些关系到专职教师切身利益的政策不合理，严重影响了他们教学的积极性。据了解，企业里，因被抽调搞职工教育而评不上技术职称、调资机会减少的现象相当普遍。与全日制学校的教师相比，职工业余学校的教师政治地位低，经济地位低，工作却辛苦得多。职工业余学校有的骨干教师，被全日制学校"挖走"后，既提了工资，又评了职称，分居两地多年的夫妻也团聚了。为了解决现存问题，调动教学的积极性，应调整、落实有关政策。如企业里职工教育人员应算技术人员，应与技术人员享受同等待遇；职工业余学校和全日制院校的教师，也应按其水平、贡献享受一样的待遇，做到在一个基点上比高低。

为了调动职工上学的积极性，应本着鼓励学习、承认学历、同等待遇、择优使用的精神，改革现行制度。天津自行车车胎厂就是这样做的。该厂规定：①参加学习人员，每月全勤者，发给五元助学金，期末考试成绩优秀者由厂里发给奖学金，以资鼓励；②全脱产学习人员工资照发，应享受的路途补助、福利费及劳保待遇仍继续享受；③学员每学期学习结束，按教学计划规定进行考试，并将成绩记入文化档案；④学员毕业考试合格后发给毕业证书，承认其学历，并择优安排适当工作；⑤学员在升级、调资时，根据有关规定，与本厂同等条件人员一样对待；⑥为学员妥善解决吃、住、行等困难，解除其后顾之忧，使之集中精力学习。

职工教育的经济效益 [①]

职工教育不仅属于国民教育体系，具有传授知识的教育职能，而且属于国民经济体系，具有特殊的生产职能。对于企业来说，职工教育部门是一个特殊的生产部门。在这个部门中，教师从实际需要出发，通过适当的教育与训练，把知识、经验和技能传授给职工，实现对现有劳动力的再加工、再生产。在广大职工身上不断地再生出新的生产能力，进而对物质生产施加巨大影响，这就是职工教育经济本质之所在。与其他的生产部门一样，职工教育部门也有自己的产品，表现为职工日益增长的生产、工作能力。在生产这些"活产品"时，也要消耗一定的人力、物力和财力，也有讲究经济效益的问题。

职工教育的经济效益，一般是指通过对在职职工的培训，通过提高在职职工的劳动能力，所取得的符合社会需要的经济利益。人们从事任何经济活动，都要消耗一定的人力和物力，这些消耗往往表现为一定量的货币，从事职工教育这一特殊的经济活动，也一样。如果我们将进行职工教育所付出的这些人力和物力视为职工教育"投入"的话，那么通过职工教育所获得的经济利益就是它的"产出"。人们从事职工教育活动所取得的经济效益如何，就要通过对其"投入"和"产出"的分析比较得出。职工教育的"投入"，主要包括为职工教育所付出的活劳动消耗和物化劳动消耗。职工教育的"产出"，首先表现为一系列直接经济成果，如工人经过培训后定额完成率提高、产品合格率提高、设备完好率提高等等。更重要的是，职工教育的"产出"必然表现为一定的最终经济成果，即它对企业净产值的增长所做出的贡献。

分析研究职工教育的经济效益，具有重要意义。这主要表现在：

第一，通过分析其经济效益，有助于提高人们对职工教育重要性的认识。职工教育在经济方面的作用很大，但这种作用不易被人们认识，因为这种生产活动周期长、见效慢，其经济效益又是通过人才培养间接实现的。为什么有些同志认为职工教育是"远水救不了近火"，甚至根本否认其经济本质呢？我看与此有一定关系。例如，当一位工人脱产学习时，表面上看他与生产毫无联系了，其实不然。生产工人脱产学习，虽然离开了原生产岗位，但并没有离开企业的整个生产战线。因为职工教育是通过劳动力再生产间接参与企业生产活动的。我们分析研究职工教育的经济效益，就是要克服其经济效益间接实现等困难，通过直观现象和现实数字向人们展示职工教育与经济增长的关系，使职工教育的经济本质明朗化。这对于帮助人们认识职工教育在现代化建设中的地位和作用有十分重要的意义。

第二，通过分析其经济效益，有助于加强职工教育的科学管理。当前，我国职工教育总的形势很好，但在各地区、部门或单位间的发展并不平衡。职工教育搞得好或差，最终

---

① 李永涛.1983.职工教育的经济效益.北京成人教育，（5）：29-32

都会反映到经济效益方面来。凡是经济效益比较好的，大都是职工教育管理比较科学，投资比较得当；凡是经济效益比较差的，大都是职工教育管理不够科学，投资不够得当。这种不讲究科学管理，不讲究经济效益的倾向如不扭转，职工教育将无法获得预期效果，甚至办学规模越大损失也越大。所以，通过分析职工教育的经济效益，有助于科学评价职工教育工作，有助于发现和总结先进地区、部门和单位的经验，有助于发现和弥补落后地区、部门和单位的差距，有助于在各个不同范围内加强职工教育的科学管理。这显然是一个关系到职工教育事业能否顺利发展的大问题。

分析职工教育经济效益首先必须解决有关的方法问题。国内外的学者和实际工作人员在这方面已经做了不少努力，并取得了一些成果。目前，分析职工教育经济效益的方法大体有两类：一类是统计分析法；另一类是数学计算法。下面分别对这两类方法做简介。

实践证明，运用统计学的有关原理，借助一定的统计数字和统计手段，可以评价职工教育工作的质量，分析职工教育的经济效益。统计分析的具体方法很多，我们可以从不同的情况出发，选择不同的方法。例如，对比分析，这是统计分析的基本方法之一，通过一定的静态、动态对比，往往可以在一定程度上说明职工教育的经济效益如何。又如，典型分析，这也是统计分析的基本方法之一，也可用来分析职工教育的经济效益。因为点中有面，只要点选得好，通过解剖典型，就可以推算一般。这种用局部说明整体的方法，一般用来分析宏观的职工教育经济效益。又如，趋势分析，这也是统计分析的基本方法之一，通过对有关"动态数列"的统计分析，可以发现职工教育经济效益的变动趋势。这对于及时采取措施，促使经济效益不断提高十分重要。又如，相关分析，通过把职工教育与生产发展的前因后果联系起来进行分析，可具体说明职工教育在生产中的作用。此外，平衡分析、综合分析和比喻分析等，也都是统计分析的具体方法，都可以用来分析职工教育的经济效益。

统计分析法是用来分析、考察职工教育经济效益的一种基本方法。这类方法的主要优点是简便易行、适用性强和直观性强。因此，这类方法更适合于我国目前的管理水平，并已得到较为广泛的应用。当然，在测试职工教育的经济效益时，这类方法也表现了一定的局限性，如综合性、深入性和精确性都比较差等。实践证明，在分析职工教育经济效益时，如能辅之以其他方法，那么，统计分析方法就能更好地发挥作用。

国内外的一些尝试证明，数学计算法是用来分析、计量职工教育经济效益的又一种基本方法。因为职工教育从"投入"到"产出"各个环节都表现为一定的数量，而且这些数量之间又有着内在的联系，这就为用数学方法描述职工教育经济效益提供了可能。

美国芝加哥大学舒尔茨教授是当代西方"人力资本"理论的奠基人和主要代表。他为了说明当代教育在发展生产中的作用，提出了一个计算教育经济效益的方法。这个方法在学术界很有影响，对我们探讨计量职工教育经济效益的途径也甚有启示。

舒尔茨是分两步计算教育经济效益的。

第一步，分析影响国民收入增长的诸因素，并确定由于人的能力的提高在国民收入增长中所做的贡献。舒尔茨认为，影响国民收入增长额的因素主要有三：一是增加物的数量；二是增加人的数量；三是提高人的能力。其中，因第三方面因素而增加的国民收入，又可分为因受教育水平提高而增加的部分和因其他原因而增加的部分。美国曾对 1929—1975

年国民收入增长额按不同原因进行过具体测算，发现由于人的能力的提高而增加的国民收入为 710 亿美元，这里面就包含着教育所做的贡献在内（详见图 1）。

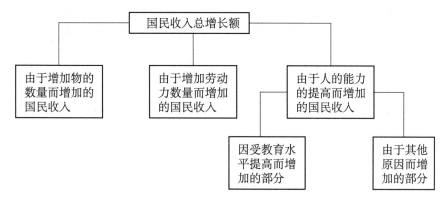

图 1 影响国家收入增长的诸因素框图

第二步，计算教育投资额，根据教育投资额等算出教育投资收益率，进而确定教育投资对国民收入增加部分所做的贡献。一定时期的教育投资额，可根据统计资料求得；教育投资收益率，可参照物的投资收益率的求法去测算：

$$收益 / 成本 = 收益率$$

参照这个公式，舒尔茨算出美国整个教育事业的收益率为 17.3%。有了教育总投资额和教育投资收益率，即可求出各个时期教育投资对国民收入增加部分所做的贡献。例如，美国 1929—1957 年间，教育投资额增加了 2860 亿美元，这笔投资对国民收入增长所做的贡献则为 2860 × 17.3% = 495 亿美元。

舒尔茨探讨教育经济效率的思维逻辑和计算方法是有一定科学价值的。我系 1981 届毕业生在毕业实习中参照舒尔茨的思维逻辑，探讨出一种计量企业职工教育投资效果的简便方法。用这种方法计量企业职工教育投资效果，大体也可分为两步。

第一步，计算职工教育投资所创造的新价值（V_4）。

$$\because \quad V = V_1 + V_2 + V_3 + V_4$$

$$V = \sum_{=1}^{n} V_i$$

$$\therefore \quad V_4 = V - (V_1 + V_2 + V_3)$$

$$V_4 = V - \sum_{i=1}^{n-1} V_1$$

其中：V（本年度新创造的总价值）= $V_报 - V_基$；

V_1（由于增加工人所创造的新价值）= 新增工人人数 × 平均每人完成工时数（折合产值）；

V_2（由于增加设备所创造的新价值）= 新增设备数 × 平均每台设备提高效率数（折合产值）；

V_3（由于其它原因所创造的新价值）：根据历年的统计数字，可估算出 V_3 占 V 的一般比重，借助这一经验数据可求得本年度的 V_3；若 V_3 占 V 的比重很小，也可略去不计。

第二步，计算职工教育投资效果系数（H_b）。

所谓职工教育投资效果系数，是指职工教育方面"投入"与"产出"的比率。公式如下：

$$H_b\begin{pmatrix}本年度职工教育\\投\,资\,效\,果\,系\,数\end{pmatrix}=\frac{V_4\begin{pmatrix}本年度因职工教\\育创造的新价值\end{pmatrix}}{S_4\begin{pmatrix}本年度职工教\\育\,投\,资\,总\,额\end{pmatrix}}$$

计算出职工教育投资系数很有用：一则，可供我们用来分析地区、部门或单位之间谁的职工教育投资效果好；二则，可供我们用来掌握各地区、部门或单位的职工教育投资效果的变动趋势。

运用数学计算方法测试职工教育的经济效益，具有两大优点：①能较全面地反映职工教育的经济效益，因为这类方法的综合概括能力比较强；②能够较深入地反映职工教育的经济效益，可以描绘职工教育的最终经济成果。可是，这种方法比较复杂，应用条件要求严格，目前推广有一定困难。为了使我国职工教育经济效益的分析科学化，应加强这方面的研究，并逐步创造条件实行之。

二十、李宗尧

李宗尧（1937— ），男，山西省万荣县人，曾任中国高等职业技术教育研究会会长、教育部高职高专教育人才培养委员会副主任，研究员。

1958年，毕业于天津师范大学（现河北大学）数学系。曾任天津师范大学数学系副主任、教务处副处长；天津工程师范学院副院长、党委副书记；天津职业大学校长、党委副书记。

曾担任中国高等职业技术教育研究会副会长、会长；中国高等教育学会常务理事、中国职业技术教育协会常务理事；教育部高职高专教育人才培养委员会副主任，并兼任师资组组长；天津市中华职业教育社副主任、天津市职业培训协会副会长，天津市第十一、十二、十三届人大代表和天津市政协特邀委员；天津市职业教育专家组成员和天津市高职院校设置评议委员会委员；还兼任多所高职院校的兼职教授和高级顾问，享受国务院特殊津贴。

主编《高级技能人才培养》《中国高等职业技术教育研究会史料汇编》《迈向21世纪中国高等职业教育》《20年回眸——高等职业教育的探索与创新（1985—2005）》等专著。参编《30年重大变革——中国1979—2008年职业教育要事概录》，并撰写了其中的"高等职业教育"部分。公开发表《关于职业教育的师资来源与培训途径的探讨》《关于高等职业教育发展问题的认识与实践》等多篇研究论文。

关于天津市高等职业技术教育发展的构想 [①]

职业技术教育是现代教育的重要组成部分，发展职业技术教育是提高劳动素质、振兴经济、推动社会进步的必由之路。通过去年的全国教育工作会议，这一认识正在形成全党和全国的一种共识。《国务院关于〈中国教育改革与发展纲要〉的实施意见》强调指出：要"有计划地实行小学后、初中后、高中后三级分流，大力发展职业教育，逐步形成初等、中等、高等职业教育与普通教育共同发展、相互衔接、比例合理的教育系列"。中国教育的根本出路在于发展职业技术教育。

全国教育工作会议后，各地特别是经济发展较快的省份，纷纷出现了一种积极发展高等职业技术教育的良好势头。一时间政府部门、教育部门、企业单位方方面面跃跃欲试，本科院校、专科院校、职业大学、成人高校、中等职校几路大军争先恐后。在这样的形势下，发展高等职业技术教育的问题，已经成为建立适应社会主义市场经济体制进程中一个急切需要解决的重要议题。可以讲，积极发展高等职业技术教育是大势所趋。

根据天津市经济建设与社会发展的实际需要，进行高等教育宏观结构的调整，积极发展高等职业技术教育已成为当务之急。现就高等职业技术教育发展问题提出一些想法。

一、对高等职业技术教育的内涵及其特点的认识

首先，要弄清职业技术教育的概念。

目前，国际上对职业技术教育的名称不尽统一。在美国，以职业教育为主的社区学院学生占全美高校 1000 万在校生的 40% 以上；在澳大利亚，三类高校中学生规模最大的是以职业技术教育为主的技术院校；在法国，高等院校中设立技术学院、职业学院的绝非少数；俄罗斯前二年通过的一个新条例，就将基础教育以外的其他教育都称为职业教育；南斯拉夫职业教育分为八级，从普通工到博士生均在此列；在台湾，1992 年中等职业技术教育学校学生已占高中阶段学生总数的 73%。高等职业技术学院和专科学校，培养着专科生、本科生、硕士研究生和博士研究生。国际上一般称其为"技术与职业教育"。

在我国，职业技术教育实际包含着职业教育与技术教育两个概念。我国宪法中曾用过"职业教育"的名称，但把中等专业学校归入技术教育。后来，在《中共中央关于教育体制改革的决定》《国务院关于大力发展职业技术教育的决定》等文件中均使用过"职业技术教育"的称呼。近年来，在《国务院关于〈中国教育改革与发展纲要〉的实施意见》《教师法》等文件中统称"职业教育"。应该讲，"职业教育"这一名称的内涵与曾使用过的"职业技术教育"相同。

职业教育是根据社会一定职业岗位（群）的需要，实施适应一定职业或岗位的专门教育和必要的文化知识教育，培养各类操作人员。技术教育是根据技术领域划分专业，进行专门技术教育，培养专门技术、工艺及管理人员。当然，两者是有交叉的。

---

① 李宗尧 . 1995. 关于天津市高等职业技术教育发展的构想 . 天津职业大学学报，（7）：20-22

现在，再让我们谈一谈高等职业技术教育。高等职业技术教育按照《国际教育分类标准》的划分，为第三级教育，是属于高等教育层次的职业技术教育。它是建立在中等教育基础之上的，进行某种职业岗位技术教育，培养高级应用技术、技艺与管理专门人才的专业教育。这与《中国大百科全书》中关于"高等教育"应该是"建立在中等教育基础之上的各种专业教育"的定义相吻合。但是，高等职业技术教育又与普通高等教育相区别。两者之间的区别主要在于类型上的不同。高等职业技术教育是非学科型的专业教育，不仅仅以获得知识能力为目的，也应该以胜任一定职业岗位要求为目标，也就是所谓"专才"教育，而普通高校主要是培养科学发现、工程设计、宏观决策等"通才"。当然，普通高校应用学科与高等职业技术教育的培养目标会不可避免地发生交叉。但是，教育类型方面的区别是十分明显的。

高等职业技术教育的主要特点反映在五个方面：

（一）培养目标的应用性

主要是培养将科技知识转化为现实生产力的应用型人才，即：能把科学研究转化为应用技术，把工程设计转化为工艺流程。把宏观决策转化为微观管理的技术、工艺、管理，以及技艺型专门人才。

（二）专业设置的适应性

将以普通院校按学科设置专业改变为按社会职业岗位（群）设置专业。同时，根据社会需求的变化，在系科相对稳定、专业方向适应变化的前提下，主动适应社会职业岗位（群）对技术、工艺、管理及技艺型专门人才的需求。

（三）教学内容的针对性

将围绕学科理论体系构建的课程改变为按职业岗位（群）所需要的知识与技能进行课程设置。知识结构以少而精为原则，能力结构以一专多能为要求，突出实践性教学环节，加强学生掌握应用技术、动手能力的训练。

（四）办学形式的开放性

学校面向社会，社会参与办学。学校横向进行产学结合，纵向进行接轨（中职与高职）教育，积极进行国际交流与合作，开放式的办学。构成学校与社会并轨、职前与职后相通、学历与非学历并举、理论与实践结合的多种的办学形式。

（五）管理体制的地方性

归属地方政府管理，纳入地方发展规划，瞄准地方人才需求，借助地方财力物力，培养地方需求人才。

二、对天津市高等职业技术教育发展问题的构思

天津市建成北方的商贸金融中心、技术先进的综合性工业基地、全方位开放的现代化国际港口大城市的发展规划，需要大批专业技术人才，应用型的高等职业技术人才更属亟需。面向 21 世纪，天津的教育要在短短的几年内形成一定的发展实力，必须进行宏观结构的调整，实行办学体制、投资体制、管理体制、教学体系等方面的改革，提高教学质量，提高办学效益与办学水平，为天津市经济建设与社会发展培养多层次、各类型的专门技术人才。

天津市高等教育宏观结构调整的主要任务是：进入"211"工程的重点高校，将成为我市高层次、高水平的高等教育第一层次；走内涵发展道路，以提高教育质量为主要目的的地方本科院校为我市高等教育的第二层次；第三层次就是高等职业技术教育，按照《国务院关于（中国教育改革与发展纲要）的实施意见》中提出的要"积极发展多样化的高中后职业教育的培训。通过改革现有高等专科学校、职业大学和成人高校及举办灵活多样的高等职业班等途径，积极发展高等职业教育"。李鹏总理在去年全国教育工作会上谈到高等教育的发展时也着重指出：今后一个时期，高等教育适当扩大规模的重点是高等专科教育和高等职业教育，注重培养广大农村、中小型企业，以及乡镇企业所需要的人才。

天津市发展高等职业技术教育的总体原则是：实行三教合流，完善体系建设，坚持产学结合，突出类型特色，逐步建成具有中国特色与天津特点的高等职业技术院校，以形成培育新型人才的基地，发挥职业技术教育的龙头作用，争取进入全国高等职业技术教育的先进校行列。

（一）关于"三教合流"问题

三教合流，即高等专科学校、职业大学和成人高校三条途径共建我国的高等职业技术教育事业。《国务院关于（中国教育改革与发展纲要）的实施意见》中明确指出："积极发展多样化的高中后职业教育和培训。通过改革现有的高等专科学校、职业大学和成人高校及举办灵活多样的高等职业班等途径，积极发展高等职业教育。"

1. 实行三教合流具有其内部相同及相近的共建基础

1）培养目标：高专与职业大学的培养目标基本上一致，即培养工业、生产、工程一线从事制造、施工、运行、维修、测试等方面的技术、工艺与管理方面的应用类专门人才。成人高校的培养目标也以此类专门人才的培养为主。

2）教学模式：这三种类型学校的教学模式从总体要求上都强调突出理论与实践结合，以培养学生的技术应用、工程实践与实际技能为主线。

3）办学途径：产学结合是这类学校办学途径的一个重要方面。尽管产学结合的类型与形态多种多样，但教学、科研、生产一体化。学校、工厂、社会一体化是这类学校的一个明显特征。

4）师资队伍建设："双师型"师资队伍是这类学校的又一明显特征，即教师不但具有较高的理论、知识水平，更需要有实践技能。

5）科研及科技开发：应用技术的研究和科研开发工作是这类学校区别于其他普通高校的一个特点，也是其自身共同具有的明显特征。

基于上述特点的相同与相近而构成的类型特征，为共建我市职业技术教育事业奠定了基础。

2. 实行"三教"合流具有可借鉴的成功经验

我们应该看到，兄弟省市发展高等职业技术教育的做法，也为形成我市高等职业技术教育提供了可以借鉴的成功经验。这主要包括：

1）作为中心城市，建成综合性的普通本、专科与成人高校的市属高等学校，进行各层次、各类型应用技术、技艺与管理专门人才培养的形式，如江汉大学、唐山大学等。

2）集本、专科院校、职业大学为一体，进行专科、本科，以及更高层次的应用类型专门技术培养的形式，如北京联合大学，该校下设各专门学院12所，本专科学生现有9000余人（各占一半），遍及全市各区。

3）突出类型特点、体现类型特色的高等职业技术院校；打破专科层次，进行以类型特色为培养目标的新型高校，如深圳高等职业技术学院。

4）融社区教育、职业技术教育、培训教育、远距离开放教育、高等基础教育为一体的，突出进行应用型、专门技术型高等职业技术教育的形式。

3. 实行三教合流是我市高等教育宏观结构调整与布局、成人高校改革发展的必然要求

1）天津目前普通专科院校只有天津职业大学与天津师范专科学校两所，这与北京、上海及其他地区相比，差距很大，积极发展专科教育，既不能依靠新建很多学校来解决，又不能让本科院校以办专科为自己的主要任务。天津市高等教育宏观结构的调整就是要解决这一问题，从而规划出各层次高校的类型、特点及高校布局。大力发展专科教育与高等职业技术教育是本市高等教育宏观结构调整的重要任务。

2）天津市成人高校现有46所。在新的形势下，成人高校的改革与发展面临着许多新的问题，而发展高等职业技术教育是其中一个重要问题。

根据去年中共中央、国务院召开的全国教育工作会议提出的要求，即发展高等职业技术教育"主要是走现有职业大学、成人高校和部分高等专科学校调整专业方向及培养目标，改建、合并和联办的路子"，结合本市的实际，我们认为：依托天津职业大学和部分成人高校，组建"天津职业技术大学"，将高等专科学校、职业大学、成人高校三种类型学校形成发展优势，共建本市高等职业技术教育，并与中等职业技术教育，以及初等职业技术教育一起，形成我市职业技术教育体系，确实是一件亟需办好的大事。

（二）天津职业技术大学的创建构思

1）发展基础：将本市高等专科学校、职业大学和成人高校实行"三教"合流，通过改建、合并和联办的途径，共建天津市高等职业技术教育。当前，应以天津职业大学、部分区、局成人高校为基础，实行共建，成立"天津职业技术大学"。

2）发展规模：通过 3～5 年的时间，即到 2000 年，学校达到全日制在校生 5000 人，成人教育短期培训学生 5000 人。

3）培养目标：培养从事成熟技术应用、运作、管理的高级技术、工艺管理专门人才，以及高级技艺型操作人才。

4）办学模式：借助"双元制"办学经验，走产学结合的路子，利用学校与企业两种培养环境，实行学历与职业资格证书两种培养制度，建设专职与兼职两种类型的师资队伍，进行高等应用型技术、技艺与管理专门人才的培养。

5）办学形式：实行校本部、各专门学院、各分校及办学点的统一领导、有机联系的多种类型网络式办学形式。

与农委、乡镇企业管理局共同筹划，建成乡镇企业学院，采取校内外、长短期相结合的方式，积极为天津市乡镇企业发展服务。

与有关工业局成人高校联办工业技术学院，面向本市支柱型产业的应用技术和中小企业的技术、工艺及管理专门人才的实际需要进行培养教育。

以社会第三产业为职业技术岗位的技术与技艺型专门人才为需要，建成高等职业技术学院，突出职业岗位技能教育。

以成人教育为对象的继续教育、岗位培训，采取全日制、全业余等方式，瞄准实际需要。进行成人培训教育、继续教育。

以现天津职业大学塘沽分校为基地，面向滨海新区，进行以外向型专门技术人才为服务方向的教育。

以现天津职业大学与中等职业技术学校接轨的教育形式为基础，实施开放式的办学点教育。

6）管理体制：学校实行校董事会管理的办学管理体制。校内实行校、院、系三级管理，即：学校下设乡镇企业学院、工业技术学院、高等职业技术学院和成人教育学院；学院下设若干系。

根据实际，建立若干分校及办学点。

7）投资体制：采取多渠道筹措教育经费的途径，建成以政府财政投入为主，吸引企业投资办学，收取学生培养费用，发展学校科技开发与校办产业等多渠道投资办学体制。

8）招生、考核与就业：通过政策调整，实行一种区别于普通教育的新的招生、考核与就业体制。

招生将在五个渠道内进行：①招收中等职业技术学校毕业生进行高一级层次的教育。②招收高中毕业生进行专业技术教育；③招收初中毕业生进行中职与高职接轨式教育。④招收高中毕业生或高职毕业生进行中职师资培养教育。⑤招收在职的高中毕业生与中职毕业生进行专门技术教育。

考核将根据专业知识、应用技术、实际技能综合考核的原则进行：实行学历证书、专业技术等级证书及岗位合格证书的职业资格证书制度教育，采取学校、政府主管部门两个渠道完成培养过程，共同进行考核。

就业将采取国家派遣、自主择业、双向选择的方式进行，学校进行学生就业推荐、指导及管理工作。

9）条件保障：根据高等职业技术院校设置、发展方面的政策、资金、设施等条件保障，由市政府责成有关主管部门在一定的期限内落实。另外，充分利用各联办校的师资、图书、实验等条件，实施多层次、多形式的培养教育。

借助社会力量促进高职教育的建设和发展 ①

大力发展职业教育，提高劳动者素质。这是振兴经济的必由之路，也是我国教育结构调整的重点。1994 年，党中央和国务院召开的全国教育工作会议已将发展我国的高等职业教育摆到了议事日程，李鹏总理在全教会报告中谈到高等教育发展问题时指出："今后一个时期，适当扩大规模的重点是高等专科教育和高等职业教育。"发展高等职业教育。除了要继续纠正鄙薄职业教育的陈腐观念外，突出的困难在于我国人口众多，经济还比较落后，穷国办大教育，困难是可想而知的。何况职业教育有其自身的规律和特点，要更重视学生实践能力和职业技能的培训，这需要有良好的实践教学的条件。当前我国教育战线存在的主要问题之一是经费投入不足，这又是不可能在短期内得到根本解决的难题。借助社会力量、合作办学，促进解决高等职业教育建设和发展中的问题和困难，是适合我国国情的行之有效的途径。

这里所说的"社会力量"，是指教育系统以外的力量。这部分力量对促进教育，尤其是职业教育的发展，是一支不可忽视的力量。但由于我国的教育长期处于封闭状态，与社会联系还不广泛紧密，因此还没有很充分发挥其作用。本文结合学校的实践就这个问题谈些粗浅的看法。

（一）成立校董会争取社会各方面的支持和帮助

成立校董会，把社会有关方面的人士吸收进来，参与研究学校建设和发展的大计，自然就把学校和社会联系在一起了。我们说的校董会同国外董事会是有区别的，它不是学校的决策机构。学校可以依靠董事会成员的智慧及他们的优势和影响帮助学校的建设和发展。

校董会成员应该由地方政府的领导同志，政府有关部门的负责同志，企业、事业单位的负责同志，相关学校的负责同志，以及国内外各界知名人士组成。校董全对学校的办学方向、教育改革、建设与发展等重大问题提供咨询、指导并在力所能及的范围内对学校的建设和发展给以支持和帮助。

校董会的职责与义务主要包括：听取学校的工作报告，提出意见与建议，审议学校的办学方向和发展规划，对学校的培养目标、人才规格、教育教学质量等重大问题提供咨询和指导；疏通学校与社会各方面的联系，呼吁社会对学校的支持，帮助学校主动服务社会，为学校的建设和发展提供力所能及的帮助。

---

① 李宗尧，俞克新 . 1996. 借助社会力量促进高职教育的建设和发展 . 中国职业技术教育，（3）：18-19

为使校董会成员关心学校的建设和激发他们支持教育的自觉性和积极性，应定期召开校董会会议和不定期召开常务董事会议，听取学校校长对学校工作的报告，征求他们对学校建设和发展的意见，并将意见的落实情况及时转告其本人并在下次会议上作报告。校长还应时不时地亲自或委派他人对校董事会成员进行登门拜访和请教，让他们体会到学校对他们的尊重和关怀，感到作为一名学校董事的荣誉和责任。对学校需要帮助解决的事项请他们出谋划策、提供帮助。

天津职业大学在 1993 年成立了校董事会，这是本市地方高校中的第一家校董事会。有天津市各方面的人士近 50 人参加。学校和董事及董事所在单位建立了较为密切的联系，并帮助学校解决了一些前进中的困难。如：不少企业的董事帮助学校安排了教学实习场所，作为学校稳定的实习基地并给予优惠；在学生工作分配上，市人事局的董事帮助疏通渠道；在学校经费最困难的时候，我们请市财政局的董事来校听取情况汇报，体察学校的困难。他们在了解情况后，在经费上给予了适当补助。

总之，校董会成员发挥个人的影响和作用，为学校的发展作出了贡献。校董会作为学校与社会联系的纽带无疑对学校利用社会力量办学发挥了重要的作用。

（二）改革办学体制，走产学结合的道路

《国务院关于〈中国教育改革和发展纲要〉的实施意见》中指出："职业教育要面向社会需要，在政府统筹管理下，主要依靠行业、企事业单位、社会团体和公民个人举办，鼓励社会各方面联合举办。"国务院总理李鹏在全教会的报告中提出："职业学校要走教育和产业相结合的道路，增强学校自身发展的能力。"这些论述为高等职业教育办学体制的改革指明了方向。

高等职业教育当前办学体制改革的重点应放在走产学结合的道路上。首先，职业教育主要是为经济建设第一线服务的，我们应该根据企业对人才的要求来确定培养目标。其次，应用型人才培养的过程也离不开企业，良好的实践场所莫过于企业生产的现场。尤其是像我们这样一个经济还比较落后的大国，教育经费的投入尚不能满足教学的实际需要，背靠企业，发挥企业的优势，弥补学校办学条件之不足，是行之有效的办法。

产学合作教育，应该是高等职业教育改革的重要特征之一。目前我国产学结合的形式出现多样化的趋势。一种是以学校为主的形式，学生在校学完基础理论和专业知识后，预分到对口工厂参加半年到一年的工程实践训练，再回学校完成厂校共同确定的毕业设计课题；另一种是学校与产业部门共同创办学校的形式。这种形式以厂校联合办学，双方共同参与人才培养为主要特征，厂方参与教学全过程，并参与学生培养的管理工作。第三种是以企业为主的形式，企业全面参与人才培养过程，学生的教学实践活动均以生产现场为主要场所。后两种形式更适用于高等职业教育的产学合作办学。

天津职业大学与山东潍坊柴油机厂联合举办一个机电专业（模具方向）的大专班。双方共同确定办学方向、办学规模、培养目标和教学计划，厂方全面参与人才培养的过程，学生的教学实践活动均以工厂为主（如果工厂与学校相距不远，可采取理论课教学阶段在学校，专业基础、专业教育、毕业设计等阶段在工厂进行）。学生的实习条件优越，任课教

师既有理论知识，又有实践经验，毕业设计课题全部来源于企业生产一线，这保证了人才培养过程中的教育与生产劳动的有效结合。学生的动手能力、生产技能较强，符合职业教育的培养目标。由于利用了企业的优势，弥补了学校办学条件的不足，既培养了人才，又节省了政府的教育投入。

另外，学校也可以同某个地区政府合作办学。尤其是一些经济发展快的地区，急需专门人才，而本地区又没有高等职业学校，可以采取政府筹措资金，学校招收当地生源，为当地经济建设培养人才的办法。办学点可以设在学校，也可以设在当地具备教学条件的单位。这体现了教育主动适应经济建设需要的办学思想。学校自1985年开始与塘沽区政府联合办学已十年，为当地培养了近400名毕业生，收到了较好的社会效益。关于职业教育依靠社会团体和公民举办、鼓励社会各方面联合举办的办学体制，应该在党和国家政策指导下，调动社会团体、民主党派和社会公民（主要是高知识阶层）的办学积极性，这在不少地区已取得显著的成果。但目前尚缺乏具体的政策规定和明确办法，需要进一步研究，给予支持和鼓励。

（三）面向社会，解决办学中的难题

高等职业学校在我国兴建时间较短，总体上讲办学条件尚不完善，办学中存在着不少困难。在这种情况下，需要转变观念、更新思路，争取各方面的支持，创出一条促进高等职业教育发展的新路。

我国传统的高等学校具有多方面的优势，但在发展中也存在不少困难。尤其在解决师生的各种生活问题上，这些学校背上了沉重的包袱，使学校在前进中举步维艰。高等职业学校在建设中要总结这些经验教训，努力进行改革，使这些问题社会化。比如学生的吃住问题，对学校来说历来是件大事，也很容易成为学生关注的焦点，有时还会成为学校的不稳定因素；同时社会上不少餐饮企业因为没有顾客市场而忧心忡忡。两者恰好供需互补，如能将一些餐饮企业引进学校，肯定会各得其所。学校引进几家个体餐饮企业，较好地解决了师生的吃饭问题。这些餐饮企业也互相竞争，在主副食花样、价格、服务时间和态度方面各具特色，深受学生们的欢迎，他们也找到了稳定可靠的市场。天津市高教局为此专门在学校召开有各高校参加的现场会。学生住宿问题同样可以通过社会力量加以解决。一种办法是吸引服务业或个体企业在学校附近新建学生公寓，解决学生的住宿问题。这些企业出资建房也有利可图：①建房后财产能保值和增值；②收取学生的住宿费获得收益；③在支教中作出了贡献，会提高其社会知名度和社会威望。另一种办法是将学校附近空闲的建筑进行租赁，作为学生的公寓。目前学校利用第二种办法解决了近400名学生的住宿问题，学校也正在同个体企业家接洽，研究由其出资为学校新建学生公寓。力求在学生的吃住问题上实现社会化，在落实《中国教育改革和发展纲要》中指出的"学校的后勤工作，应该通过改革，逐步实现社会化"的方向上迈出了一大步，我们认为高等职业院校应按照这个方向坚持改革，开创新局面。

此外，在实习场所和师资方面也应面向社会，借助社会力量来解决。学生的实习场所是高等职业教育办出特色的必要条件，学校不可能也没有必要都由自己去解决。加强学校同社会的联系，开展社会服务，在互利互惠、互促共荣的原则指导下。建立校外实习基地。我们学校就是通过各种联系渠道，使每个专业在校外都有几个较稳定的实习基地，所以学生的实习得到了妥善的安排。高等职业教育需要一支既懂得教学规律，又具有丰富实践经验的"双师型"教师队伍。师资建设应该采取专兼结合的方针，社会上存在着丰富的人才资源，各个行业都有一批适合担任高等职业教育教学任务的专家学者。一些民主党派更是高级知识分子较集中的群体；离退休人员中也不乏精力充沛的高级知识分子。根据教学的需要，选择部分人员来校兼课，一方面，可解决师资不足的困难，另一方面，可以在教学队伍中充实具有实际工作经验的教师，有利于教学中理论联系实际。

社会是个贮藏丰富的宝库，当我们在办学中碰到困难的时候，应该潜心地去研究、挖掘、开采这些宝藏，为学校的建设和发展所用。

二十一、李蔺田

李蔺田（1917—　），男，河北省高邑县人，任新中国教育部第一任中等专业教育司司长。

1932—1935 年在北平汇文中学读高中，在校期间参与并协办进步文艺刊物《化石》。1935 年考入清华大学，参加"一二·九"学生运动。1938 年 6 月加入中国共产党。

抗日战争时期，任中共湖北京山县委书记，中共汉沔中心县委书记，汉沔中心指挥部政委。解放战争时期，任湘鄂特委委员，川汉沔中心县委书记，中共湖北恩施地委书记。1952 年，任中华人民共和国教育部第一任中等专业教育司司长，中国职业技术教育学会学术委员会主任委员。1982 年离休。

主要著作有：主编《中国职业技术教育史》，另编著有《毛泽东领导管理思想》。

世界职业教育学制研究 [①]

发展职业教育已载入我国宪法。党的十二大将发展教育科学列为经济建设战略重点之一。我国职业教育正面临着新的发展形势。在此形势下，职业教育的学制问题成为教育界关心的一个课题。现根据收集到的材料，对世界上职业教育的学制的情况进行初步的综合和分析，供关心和研究这一问题的同志参考。

（一）职业教育的名称和范围

职业教育这一名称，在世界上有广义和狭义两种用法，而且各国用法也极不一致。狭义的用法是指培养工人，以及相应的一级人员的学校，通称职业学校或职业教育，有的也称职业技术教育。广义的用法除职业学校外，还包括培养技术员的学校，即技术学校或技

---

① 李蔺田 . 1984. 世界职业教育学制研究 . 教育研究，（11）：63-68

本文参考的资料有：联合国教科文组织出版的三本书：①H. W. F 编著 . 技术员、命名和分类问题。②1980. 国际教育年鉴，第 32 卷。③世界高教指南 . 此外，参考了教育部门考察团的报告和资料，以及国内出版的外国教育杂志。

术教育。联邦德国的职业教育包括高等教育专科以下的和普通教育以上的各级各类学校。在美国，技术教育是指专科教育，而职业教育包括技术教育和职业中学。有些国家，如意大利，职业教育、技术教育两个名称是分开使用的。但又总称为职业教育。有些国家把职业学校也称为职业技术学校。苏联原先把中等专业教育与职业教育并列。新的规定把中等专业学校和中等职业技术学校统称为中等职业学校。联合国教科文组织在使用技术和职业教育这一名称时，技术教育是指培养技术员的学校，职业教育是指培养工人的学校。

在我国，1951 年学制的规定中，没有用职业教育、职业学校的字样，而使用了中等专业学校、技术学校等名称。1962 年，周恩来总理提出要在城市兴办职业学校，从此才使用职业学校这个名称。我国现行宪法中，用了"职业教育"这个名称。它包含职业学校和技术学校这两个部分。

本文把职业教育作为总称，它包括职业学校和技术教育。技术教育包括技术学校和专科。而技术教育既包括工程技术教育，也包括农、商、法律、师范教育等。本文是把职业学校（教育）和技术教育分别讨论的。

（二）职业学校的学制

1. 工人的层次

一般分为半熟练工、熟练工两个层次。阿拉伯联合酋长国规定职业学校分别培养这两个层次的工人。有些国家，工人分为普通技工、骨干技工、监督者三个阶层；又有蓝领工人、白领工人之分。

2. 世界上大多数国家都有培养工人（包括相应一级人员，下同）的职业学校

本文所包括的 117 个国家（地区），大多数有职业学校或技术学校，只有少数国家没有职业学校。阿曼、巴拉圭、多哥、尼日尔等国，高、初中阶段没有职业学校，高中阶段设选科，如艺术（舞蹈、音乐）、科学、卫生等。乌拉圭高中阶段设艺术、科学、生物三门选科，但另有八所学校附属于大学，设医科、艺术、福利救济工作等课程。这里把它列为相当于技术学校的层次。有些国家，职业学校也培养技术员。

3. 在哪一级学校培养工人

大多数国家在高中阶段设职业学校或职业科。这反映了高中阶段的职业教育可以适应培养技术工人的需要。在发达国家也是如此。

有些国家，在高等学校附设短期课程班，培养工人，招收高中生学习一年。如美国、利比亚。

有些国家培养工人是高中后教育，其中，有的不属于高等教育，如加拿大、新西兰、日本的部分专修学校。有的则属于高等教育，如尼泊尔、斐济。

有些国家培养工人，既招收初中毕业生，同时也招收高中毕业生。如苏联、日本。

招收高中毕业生，培养工人，主要是由于高中教育发展，高等学校不能吸收所有的高

中毕业生，而毕业生要求接受就业训练。这样做，也有利于提高培养质量。高中生毕业进技术学校也是如此。

4. 不同的国家

在 117 个国家中，有 15 个国家是发展中国家，这些国家在初中教育阶段的职业学校培养工人。学生毕业时年龄多是 14、15、16 岁，个别年龄大的是 17 岁，个别年龄小的是 13 岁。这种制度不甚理想，这是这些国家教育、职业教育不发达的表现，多数国家，特别是发达国家，不采用这种制度。

5. 学习年限

职业学校在高中阶段的和在技术学校的学习年限，一般相等，有的短些。这就存在着两级学校学制重叠现象，但因培养目标不同，这种重叠，并无不利影响。至于职业学校在初中阶段的学习年限虽与技术学校相等，因为起点不同，学校级别不同，更无不利影响。

6. 职业学校和普通中学的关系及其发展

在一些发达国家，这两种学校保持了一定的比例。在美国，职业学校和普通中学在校生的比例是 4∶6，日本是 4∶6，联邦德国是 6∶4，意大利是 3∶1，苏联是 4∶6。捷克斯洛伐克九年制毕业生，15% 进入中学高年级，20% 进入中等专业学校，60% 进入职业学校。保加利亚，90% 以上的八年制毕业生分别进入普通综合技术学校（相当于高中，占27.3%）、职业学校（占 48.3%）和中等专业学校（占 16%）。

这种职业教育与普通教育并举的结构，有利于中等教育的发展和普及，能适应青年升学和就业的要求，也能适应经济、社会、高等教育发展的需要。

这种比例不是固定不变的。发展中国家，职业教育是薄弱环节，有继续发展的趋势。发达国家，职业学校有了一定的规模，基本上处于稳定状态，但也有变动。美国拟增大职业教育比重，使职业教育和普通教育的比例发展为 5∶5，但官方人士认为，要增加有一定困难。日本由于有些青年热衷于升高等学校，近年来，职业学校比重有所下降。70 年代，意大利职业教育有所发展，而文科中学生比例下降（表 1）。

表 1 意大利学校学生增减情况表

学校	70／71 年学生数（万人）	77／78 年学生数（万人）	增减情况
高中文科	17	16	－
高中理科	23	33	＋
师范	15	13	－
职业学校	25	38	＋
技术学校	62	95	＋

关于二者的比例。各国都不相同。一般地说，高等教育发达的国家，普通教育比重就

比较大些。劳动力紧张就要求加大职业教育比重。这也和一个国家的工程师、技术员、技工的队伍构成有关。伊拉克政府计划的目标是使专家、技术员和技工的比例为 1：4：40，按此目标，职业学校的比重将有增大。英国企业界有人认为，由于生产技术现代化，职工队伍的结构将由金字塔形改变为房屋型，因而要求增多培养中级技术人员，缩减技术工人的培养，认为这是职业教育的趋势。

7. 职业学校和高一级学校的衔接

根据《技术员、命名和分类问题》一书中提供的材料，39 国（地区）中，16 国（地区）的职业学校毕业生可升高一级学校，各级学校互相衔接，上下沟通。23 国的职业学校毕业生不能直接升入高一级学校（见表 2）。

表 2　各国（地区）职业学校毕业生可直升学（或不能升学）情况表

可升技术学校	可升专科	可升大学	不能直接升高一级学校
希腊	韩国	意大利	阿根廷
香港	西班牙	苏联	伊朗
伊拉克	联邦德国	日本	澳大利亚　象牙海岸
意大利	美国	美国	（现科特底瓦——编者译）
波兰	日本	泰国	奥地利
联邦德国	丹麦	新西兰	肯尼亚
荷兰	新西兰		比利时
美国			马来西亚
日本			巴西
丹麦			墨西哥
印度尼西亚			加拿大
新西兰			尼日利亚
			捷克斯洛伐克
			巴基斯坦
			埃及
			瑞典
			法国
			瑞士
			加纳
			英国
			匈牙利
			赞比亚
			印度

在发达国家除实行教育双轨制的联邦德国，以及英、法外，大学是开放性的，职业学校毕业生都准许升入高等学校本科。

关于职业学校和高等学校的衔接、沟通，有三种情况和制度。

1）高等学校是开放性的。职业学校的学习年限和文化课程达到普通高中水平，两类学校可以衔接沟通。职业学校毕业生可升高等学校，这就需要高等教育比较发达，有一定的规模，而职业学校有较高的普通教育水平。美、日就是这种情况。苏联和意大利都延长了职业学校的学习年限，达到普通高中的文化水平，也是这一类情况。在发达国家，这种制度有优越性。

2）职业学校与专科、技术学校衔接沟通，专门为职业学校与高一级学校沟通衔接建立一个学校系统。这种制度方便职业学校毕业生升学。高等专科强调专业技术理论和技能，基础理论课程较弱，职业学校文化课水平也较差。如联邦德国技术高中（职业学校）毕业生可升高等专科，但不能升大学。这种制度是双轨制的改进。

3）在实行双轨制教育的国家里，职业学校和高级学校不相衔接，毕业生不能直接升学。但在有些国家可通过其他途径升学：一是在业余教育系统学习提高；二是通过补习文化课，达到升高一级学校的条件。职业学校毕业生要求就业的占多数，因此，这种制度较为灵活，比建立专门的职业教育学校系统，简便易行。

在此，顺便介绍技术学校这方面的情况。技术学校毕业生升高等学校比职业学校毕业生的机会要多些，但有些国家规定毕业生必须服务若干年后才准许升高等学校。

39国（地区）技术学校毕业生可升高等学校情况（见表3）：

表3　39国（地区）技术学校毕业生可升高等学校情况表

国（地区）名	升专科	升大学	国（地区）名	升专科	升大学	国（地区）名	升专科	升大学
阿根廷	○	√	丹麦	○		巴基斯坦	○	
法国	○	√	加纳	○		西班牙	○	
希腊	○	√	匈牙利	○		泰国	○	
意大利	○	√	联邦德国	○		捷克斯洛伐克		√
象牙海岸	○	√	香港	○		日本		√
巴西	○	√	印度	○		苏联		√
肯尼亚	○		英国	○		美国		√
加拿大	○		墨西哥	○		合计	19	10

39个国家地区中有12个国家的技术学校与高等学校不相沟通。这些国家是：澳大利亚、奥地利、比利时、埃及、印度尼西亚、伊朗、马来西亚、荷兰、新西兰、瑞典、瑞士、赞比亚。

8. 办学形式多种多样

职业学校有的独立设置，有的和普通中学混合设校，设职业科。有的设职业（技术）训练中心，单独教授职业课，文化课部分由有关的几所普通中学共同承担。这种办法，设备利用率高。还有的采用学校与企业合办职业学校的形式，在学校学文化，在企业学技术。美国称之为合作教育，联邦德国称之为双元制，日本称之为产学合作。

9. 职业学校的一些趋向

1）延长学习年限，加强文化课程。意大利的职业学校由原来的三年延长为五年，与高中、技术学校年限相等。苏联职业学校由原来的一、二、三年延长为九年制基础上的三、四年制。这样有利于提高职业学校的社会地位，提高教育质量，从而为毕业生升高等学校创造条件。

2）职业学校和普通中学相互渗透。很多国家在普通高中开设职业课程，使学生除掌握基础知识以便升大学外，还可具有一定的专业知识和技能，便于就业。职业学校增加文化课，除了提高质量外，学生还可以报考高等学校。意、英等国的综合学校，就是集普通中学和职业学校的特点于一体的一种学校。民主德国、保加利亚的普通综合技术学校，美国的中小学推行的生计教育，英、法、联邦德国、苏联在普通中学进行导向教育，定向教育，都反映了普通教育和职业教育的相互渗透、相互靠近的趋势。

3）发达国家职业教育的普及化。联邦德国规定，受过九年制义务教育的青年如不能继续在全日制学校学习，必须受职业教育到 18 岁。英国规定对完成全日制义务教育不能升学的青年，进行职业训练到 18 岁。

（三）技术教育的学制

世界上技术教育的学制，要比普通教育和职业教育（指职业学校方面）复杂得多，各国的差异也较大。由于它的变动较多，争论也较多。

1. 技术员的层次

技术员分为几个层次，各国情况不同。

根据《技术员、命名和分类问题》一书所提供的材料，39 个国家（地区）中 10 个国家的技术员只有一个层次，即技术员，或只有工艺师（包括高级技术员，下同）。在 29 个国家（地区）里，技术员分两个或三个层次，即技术员和工艺师等。

39 国（地区）技术员分层次情况是：

一个层次的国家，共 10 个：埃及、伊朗、尼日利亚、韩国、日本、波兰、捷克、苏联、新西兰、泰国。

两个或三个层次的国家（地区），共 29 个：阿根廷、澳大利亚、奥地利、比利时、巴西、丹麦、法国、加纳、联邦德国、希腊、香港、匈牙利、印度尼西亚、伊拉克、意大利、象牙海岸（现科特迪瓦）、马来西亚、墨西哥、荷兰、西班牙、瑞典、英国、美国、加拿大、印度、巴基斯坦、肯尼亚、瑞士、赞比亚。

工程技术人员队伍中为什么有技术员这个层次，为什么有的技术员有两、三个层次？《技术员、命名和分类问题》一书中运用了职业带的概念。如图 1 所示：

工业类各层次人员的职业范围，用图表形式表示，可以看出是一个连续的带，称之为职业带。左方是技工的职业范围，右方为工程师的职业范围，二者之间是技术员的职业范围。将图划分为两个三角形，上边的三角形代表手工操作和机械操作的技艺和技术，下边的三角形代表科学和工程理论知识。竖线表示职业。AB 线说明他们的工作全部是手工操作，需要技术理论知识很少。EG 线表示工人完全靠双手操作。GF 线表示工人也需有限的理论知识，又常常是经验性的。CD 线表示工程师的工作涉及高深理论知识，但不需要操作技能。技术员的职业领域处于技工和工程师的职业领域之间，分别与技工的上限、工程师的下限相重叠。这个职业带是广阔的。在这一职业带中的各部分所需要的理论知识或操作技能有很大的差别。这就形成了工程技术人员的层次，技术员的层次，也影响教育制度的制定。

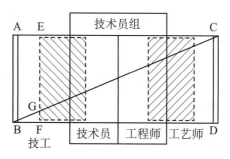

图 1　工程技术人员职业层次分类图

技术员的层次是发展的。《技术员、命名和分类问题》书中："技工的历史，可追溯到中世纪手工业行会时期，近代的技工，是 18 世纪产业革命以后才有的。工程学位水平的学制存在一个世纪多了。技术员，相对来说是新概念，直到五十多年前，少数国家才承认这种工作水平是工程界范畴的一个独立部分，大多数国家直到更晚才承认了这一点。"第二次世界大战以后，特别是 60 年代以来，由于中等教育的发展、科学技术和现代化生产的迅速发展，需要技术员既懂当代先进科学技术理论，又具有更广泛的实际操作技能，于是，在技术员之上又有了工艺师。技术员分为两个或三个层次。

2. 技术教育的结构

技术教育的结构比普通教育、职业教育、高等教育的结构更为复杂。这主要因为：

1）技术教育是结束性教育，毕业以后就进入社会独立工作，因而技术员可有多层次。

2）各国普通教育学制不同，提供技术教育的基础不同。

笔者根据 117 个国家（地区）的材料，初步综合分析，认为技术教育结构可分为 4 个类型，简称之为 A、B、C、D 型，外加一个特殊类型，E 型（详见表 4）。

各类型的特征分述于后：

A 型（专科型）。高等专科培养技术员或工艺师。不由中等教育培养。

此类型有两种情况：①专科有两种学制，分别培养技术员和工艺师，或工艺师、高级技术员，技术员有两个层次；②专科有一种或两种学制，培养技术员或只培养工艺师。技术员为一个层次。

这个类型反映了科技发展要求提高技术员的人才质量，并且有发展专科的条件。而中等教育比较发达也是一个重要条件。

117 个国家（地区）中，12 个国家属于 A 型。

B 型（专科＋中等技术学校型）。包括高中后非高等教育的学校和高等与中等学校之间的学校在内。高中为选科的也包括在内。两级学校分别培养工艺师和技术员。

117 个国家（地区）中，86 个国家（地区）属于 B 型。

过去，一般由中等技术学校培养技术员。第二次世界大战后，特别是 60 年代以来，发达国家如美、日、英、法、联邦德国、意大利等国加速发展专科教育，如短期大学、社区学院、多科技术学院等，还先后将技术学校升格。一些发展中国家也通过发展专科学校来发展高等教育。

专科与技术学校并存，以适应人才规格多样化的需要，在部分发达国家中，如英、法、意、联邦德国，是专科与技术学校并存。可见，科技发达，专科的地位作用就日增。但中等技术学校并非过时，两者并存，相得益彰。

C 型（中等技术学校型）。由技术学校单独承担培养技术员的任务，没有专科。

115 个国家中 17 个国家属于 C 型。

属于 C 型的国家如苏联，正在试办专科学校，教授三年半制技术员课程。波兰也计划办专科，它反映了 C 型的不足之处。

苏联、波兰等国中等专业学校的质量和水平实际上等于美国二年制专科。有的毕业生实际上做的是工艺师的工作。看它的质量和水平，不能简单地看学校级别。这些国家长期采用 C 型，表明它在过去适应了需要。目前只有少数国家采用这个类型，有的国家还在向 B 型过渡。

D 型（高等教育本科＋专科型）。两级学校分别培养工艺师和技术员。117 个国家（地区）中，只有美国一国采用 D 型。美国本科属于高等专业教育，不划归技术教育。D 型包括了技术教育和高等专业教育。

采用 A 型的国家也有大学本科。其技术教育是否也有工艺工程师这一层次，D 型与 A 型可否归为一个类型，这个问题可以探讨。埃及也有近似美国的培养工艺工程师的高等教育。

美国教育界、科学界很多人主张在高等学校培养工艺工程师。麻省理工学院名誉院长布朗博士主张将工程技术人员分为四大类：①科学家类型。②革新发明家类型。③现场工程专家（即工艺工程师）。④管理规划工程师。

E 型，是特殊类型。高等、中等学校都不培养工艺师、技术员，没有技术教育。117 个国家中，只有阿拉伯联合酋长国一国。

从上述情况可见，四种类型，两头小中间大。属于 A、C、D 型的国家是少数，属于 B 型的是多数。发达国家中采用 B 型的也是多数。我国有专科、技术学校，是属于 B 型。

3. 培养技术员学校的级别

工艺师的培养在高等教育专科进行。而培养技术员的学校，其级别的情况是复杂的。

招收初中毕业生的，一般属高级中等学校；招收初中毕业生学习五年的，有的属高等教育，如日本的高等专门学校。有的虽是五年制，但与高中（五年制）相同，仍属中等教育，如意大利的技术学校。有的虽然学制长于高中，与高等教育低年级相当，但在层次上仍属中等教育，如比利时、卢森堡、马耳他、埃及。

招收高中毕业生进行技术员培养的，一般是专科。如美国、日本的社区学院、短期大学。苏联的中等专业学校招收 60% 的高中生，属中等职业学校（改革前是高等学校和中学之间层次的学校）。日本的专修学校招收高中生，既不属高等教育，也不属中等教育，是介于二者之间的高中后教育。联邦德国的专业学校，招收工作两年以上的职业学校毕业生，学校属于职业教育，不属于高等教育，也不属于中等教育第二阶段。

这种复杂情况，既反映了各国教育制度的不同，也反映了对技术员水平的确定和层次的划分方法的不同。

下面单独就各发达国家看，是在哪一级学校培养技术员见表 4。

表 4　发达国家培养技术员的学校与层次分类表

国别	学制类型	技术员分几层	学校	招生对象	年制
美国	D	2	专科	高中生	12+4=14
日本	B	1	专科	高中生	12+2=14
			高专	初中生	9+5=14
			专修学校	高中生	12+2=14
英国	B	2	进修学院	初中生	11+2/3=16/17
法国	B	2	技术学校	初中生	6+4+3=13
					5+4+3=12
联邦德国	B	2	专业学校	职业学校毕业生	12+2+2=16
意大利	B	2	技术学校	初中生	8+5=13
苏美	C	1	中专学校	初中生	9+3/4=12/13
				高中生	11+2/3=13/14

以上发达国家中，少数由专科学校招收高中毕业生进行技术员培养；多数由技术学校招收初中生进行技术员培养。加上小学的时间，多数国家的教育年限为 13 ～ 14 年，少数为 12 年。

4. 技术教育的学习年限和毕业生年龄

根据 86 个属于"B 型"国家的材料统计：

1）小学入学年龄。5 岁的有 4 国，7 岁的有 15 国，6 岁的有 67 国。大多数国家的儿童入学年龄为 6 岁。

2）技术学校（包括高中后教育），学习年限：招收初中生的是 3 ～ 5 年；招收高中生的是 2 ～ 3 年（培养技术员）。

毕业生的年龄见表 5。这表明大多数国家的技术学校毕业生年龄是 18 ～ 19 岁。少数国家毕业生年龄是 20 ～ 22 岁，学习年限较长。因为招收了高中生，或把他们的实习年限、工作年限也都包括在内。

表 5　技术学校毕业生的年龄和国家数表

毕业生年龄（岁）	16	17	18	19	20	21	22
国家数（有重复在内）（个）	2	3	32	32	8	2	2

3）专科学校学习年限是 2 ～ 3 年，一年制短期课程是培养工人或教授一技之长的。招收初中毕业生的专科学校，学制为五年。

大多数国家专科学校毕业生是 20 ～ 22 岁（表 6）。

表 6　专科学校毕业生的年龄和国家数表

毕业生年龄（岁）	19	20	21	22	23	24	25
国家数（个）	8	31	42	19	1	1	1

4）发达国家情况：在几个发达国家里，技术员的毕业年龄一般比其他毕业生大，详见表 7。

表 7　发达国家两类学校毕业生年龄表

国　别		日本	美国	联邦德国
毕业年龄（岁）	技术学校	—	—	22
	专科学校	20（技术员）	20（技术员）	21（工艺师）
国　别		英国	法国	苏联
毕业年龄（岁）	技术学校	21 ～ 22	18	18 ～ 20
	专科学校	25（工艺师）	20（工艺师）	—

5. 招生对象和办学形式

技术教育，除招收青年学生外，有些国家还规定招收有实际工作经验的青年，这与教育和劳动力统筹安排有关。这样做，也加强了教育和实际相结合。

民主德国中等专业学校的招生对象是：在普通中学学习 10 年后，接受职业训练 2 年，又在生产岗位工作一年，在军队服役（仅限男青年）1 年半的青年。联邦德国专业学校招收职业学校毕业后，有两年以上工龄的青年。

新西兰的技术学院（主要招收在职人员培养工人、技术员）也招收中学毕业生，安排全日制学习和不脱产学习，分阶段结合进行。

以上两种结合方法不同，前者在入学前，在校外；后者在学习期间。

技术教育还招收在职人员，成年人。除全日制学校外有业余培训，夜校、函授、工读交替等形式。技术教育成为了成人教育、继续教育的组成部分。

6. 技术教育的趋向

1）由于普通中等教育的发展、普及和生产现代化的推动，技术教育层次招收高中生的国家增多了。发达国家如此，发展中国家也是如此，有的国家发展了高中后教育。

苏联有的中专学校招收高中生，不属于高等教育层次。有的国家发展高等教育层次的专科学校，如美国、日本、英国、法国。

在117个国家（地区）中，有99个设有专科。表明发展中国家的专科是较普遍的。

2）教学内容和手段的现代化。教学设备的现代化，在有条件的国家都受到了重视。

提高、充实文化课是提高教育质量、掌握先进技术的重要条件，已引起了普遍重视，如苏联、意大利等国都把中等技术学校的文化课提高到完全中学的水平。苏联中专还设置了生物课。

开设新技术专业，加强了与现代化生产的联系。日本将四所培养木工、焊接工的综合高中改成技术开发中心，开设计算机程序、信息处理、数控机床、自动化机械等专业，计划于1984—1986年间实施。意大利技术学校增设了计算机专业；为了适应民航事业的发展，还增设了飞机驾驶专业。

3）发达国家普遍加强教师的培训工作，设置了专门的学院，注重科学研究工作，并设有专门机构。职业学校教育方面也是如此。

（四）结束语

综观世界职业教育的学制，各国虽有不同，但也有共同的方面。形成职业教育学制的共性和个性的因素，主要有以下几点：

1. 各国的社会需要、发展水平和可能条件

世界各国技术教育结构类型中，B型占多数，发展中国家尤其如此（详见附表）。这反映了科技发展的需要，中等教育的发展也为此提供了条件；发达国家有的实行职业教育，有的普及义务教育，这都是由需要和可能条件决定的。学制是相对稳定的，但需要和可能是发展变化的，因而导致了学制的变化和改革，即由低水平向高水平发展，由不适应需要向适应需要变革。

2. 教育发展水平和学生来源的制约

有些国家在职业教育中发展了高中后教育，有些国家在初级中学培养工人，这都和中等教育的发展水平有关。

3. 职业教育与其他各级学校的衔接分工

研究职业教育学制，明确它的地位、作用和任务，应该从整个学制和它与其他部分的关系方面去研究，不宜只就职业教育研究职业教育。

4. 政治影响

这对现行学制影响很大。日本在战后仿照美国制度。某些发展中国家的职业教育至今仍残留着原宗主国教育制度的影响。

5. 有利于提高质量和发展，有利于发挥教育的经济效益

具体学制好差的标准，一般是可以区分的。但好差是相对的，不能脱离该国的实际来评论。由于国情不同，职业教育学制复杂多样，一个国家采用什么样的学制，不宜照抄照搬别的国家，而应该借鉴各国经验，放眼世界和未来，从本国实际出发，趋利去弊，择优行事。

附表　世界技术教育结构分类型的国家（地区）名单表

类型	亚洲	大洋洲	欧洲	美洲	非洲
A 型	韩国、科威特、尼泊尔、泰国、朝鲜	斐济、新西兰	葡萄牙、民主德国	玻利维亚	尼日利亚、赞比亚
B 型	孟加拉国、巴林、巴基斯坦、缅甸、菲律宾、中国香港、新加坡、斯里兰卡、印度尼西亚、叙利亚、印度、塞浦、路斯、伊拉克、越南、以色列、日本、约旦、马来西亚	澳大利亚	奥地利、爱尔兰、冰岛、比利时、卢森堡、马尔他、荷兰、保加利亚、丹麦、挪威、芬兰、西班牙、法国、瑞典、瑞士、民主德国、英国、联邦德国、希腊、南斯拉夫、匈牙利、意大利	阿根廷、洪都拉斯、巴西、智利、牙买加、墨西哥、尼加拉瓜、巴拿马、秘鲁、加拿大、波多黎哥、乌拉圭、哥伦比亚、委内瑞拉、哥斯达黎加、多米尼加、厄瓜多尔	尼日尔、阿尔及利亚、毛里求斯、布隆迪、摩洛哥、中非、塞内加尔、瓜达尔、卢旺达、塞拉里昂、乍得刚果、索马里、埃及、苏丹、多哥、埃塞俄比亚、加纳、突尼斯加蓬、喀麦隆、刚比亚、象牙海岸、肯尼亚、利比亚、马拉维、马达加斯加马里、坦桑尼亚
C 型	蒙古、老挝、阿曼、伊朗、也门、土耳其、沙特阿拉伯		阿尔巴尼亚、苏联、罗马尼亚、捷克斯洛伐克、波兰	古巴、巴拉圭	利比利亚、几内亚、摩纳哥
D 型				美国	
E 型					阿拉伯联合酋长国

中国职业技术教育普及化刍议 [①]

世界经验表明：发达国家的发展莫不得利于重视并普及职业技术教育。我国是一个发展中国家，职业技术教育普及化有无需要与可能，本文试图就这个问题谈一些看法。

---

① 李蔺田. 1994. 中国职业技术教育普及化刍议. 北京教育，（9）：33-34

（一）我国职业技术教育工作已经提出了普及化的要求

科技进步、经济繁荣和社会发展，从根本上说取决于提高劳动者的素质和培养大批人才。为此，我国把教育作为实现现代化的根本大计，摆在了优先发展的战略地位，提高了全国上下对教育重要战略地位的认识，推动了职业教育的迅速发展。

我国提出了大力发展职业技术教育的方针。计划到本世纪末，在中心城市的各个行业和每个县办好 1～2 所示范性骨干职业技术学校或培训中心。同时，大量举办形式多样的短期培训。对不能升入高一级学校的高中、初中毕业生普遍进行职业培训。使城乡新增劳动力上岗前都能得到必需的职业技术训练。

笔者认为，上述规定反映了职业技术教育普及化的思想，简言之，要使多数劳动者都能接受职业技术教育。

（二）职业技术教育普及化的必要性

1. 广大群众的需要

教育普及化不仅是普通教育普及化，也包括职业技术教育普及化。青年人走向社会就业谋生，不仅需要接受普通教育，也要接受职业技术教育。城乡劳动者为了提高工作水平，改善生活条件，也需要接受一定的职业技术教育。为了适应社会的变化，人们还需要接受继续教育，不断学习新的知识和技能。职业技术教育像普及义务教育一样是多数人一生中不可缺的，职业技术教育普及化，是广大群众工作和生活的需要，也是初步实现教育机会均等并通向社会政治机会均等的重要步骤。兴办职业技术教育，既要从国家需要出发，也要从群众需要出发。

2. 现代化建设的需要

我国是发展中国家，在现代化建设过程中对职业技术教育有一种特殊的迫切要求。需要建设一支数以亿计的、具有一定技术的劳动大军，需要大面积地推广实用技术，需要加强智力开发，使大量剩余劳动力能够向生产的深度和广度进军，使人力资源转化为人才资源。我国要实现农业现代化就要培养新型农民；要实现工业化就要使上亿的文化技术素质低的农村剩余劳动力得到培训，并提高工人的素质。我国还需要通过训练，提高青壮年就业的能力，缓解就业矛盾，以利于社会安定团结。所有这些，无不需要职业技术教育。职业技术教育普及化是国家现代化的重要条件。

3. 教育发展战略的优化选择

我国在 90 年代将在全国普及九年制义务教育，大城市的市区和沿海经济发达地区将普及高中阶段教育（其中包括职业技术教育）。预计到 2000 年，接受高等教育和高中阶段的职业技术教育的青年将占同龄人口的 45% 左右，每年不能升入高一级学校的青年将占同龄人的 50% 以上，高中、初中毕业生约为 1400 万人。这些人都需要接受不同程度的职业技术教育和培训。

我国农村特别需要职业技术教育普及化。农村劳动力文化水平低，到 2000 年才能普及初中教育。据 1985 年调查，文盲、半文盲、小学毕业、初中毕业的人口数量分别占农村人口总数的 31.4%、39.6%、23.7%。农业劳动力和乡镇企业职工中分别有 72.5% 的人没有受过培训。这种情况下，农村特别需要职业技术教育普及化。我国实行科教兴农的战略，其中，对上亿青壮年进行实用技术培训，就是该战略的重要组成部分。

普及义务教育和职业技术教育，宜于同时实施。这有利于互相结合，互相促进；不宜划阶段，分先后。普及九年制义务教育后，职业技术教育的普及化是普及高中阶段教育的条件。

职业技术教育与生产联系密切，并且投入相对较少，收益大，有效期长。职业技术教育普及化可以更好地发挥教育的效益，以强国富民。

（三）职业技术教育普及化的实施原则

1. 普及化的原则

普及化要求青壮年中的多数人（除接受高等教育外）接受不同程度的职业技术教育。既要重视职前教育，又要重视职后教育。

2. 自愿原则

它不同于普及义务教育。接受职业技术教育是自愿的。对于公民来讲，它既不是应享受的权利，也不是应尽的义务。政府、教育部门对其不承担法律保证的责任，而是作为工作的任务和努力目标，通过宣传、动员来吸引群众参加。

3. 可能性原则

普及化程度、职业技术教育的结构、实现目标的时间要从实际出发，符合国家经济、科技和文化教育的水平。它包括高级、中级和初级的多层次、多形式的职业技术教育和短期培训。既有正规的学校教育，也有非正规的各种培训。

发达国家普及职业技术教育主要是在高中阶段。我国在普及义务教育前，职业技术教育普及化是多层次、多形式的，有很大部分是低层次的。只有这样，才有实现普及化的可能。

4. 提高和普及相结合的原则

一定要办好一批承担提高与培训任务的骨干学校，同时，大量举办普及性的初级学校和培训。普及化的程度和水平随着社会经济和文化教育的发展而发展。我国地域广阔，职业技术教育普及化的水平是不平衡的。有的地区没有高等职业技术教育，有的地区可能没有或者只有少量初级学校，这是它的不平衡性。

5. 原则性和灵活性相结合的原则

普及化是原则。普及化的规模、进度、教育程度、学习自愿等是灵活的，是因人、因事、因地制宜的。

6. 全面规划，加强领导

普及化的任务是艰巨的，应有计划、有步骤地进行工作。除国家办学外，要动员组织各方面力量，实行"大家办"的方针。

二十二、杨之岭

杨之岭，北京师范大学教育科学研究所副所长，从事比较教育的研究。1982 年于美国肯特州立大学取得教育哲学博士学位。著有《中国高等教育》（北京师范大学出版社）、《中国师范教育》（北京师范大学出版社）。

职业教育：在科技现代化社会中前景宽广 ①
——美国职业教育的新发展

新的技术革命的出现和发展不仅需要大量高水平的科学家、工程师和各种技术专家；同时，也需要更多的能掌握现代化科学技术知识和技能的技术工人、专业辅助人员和管理人员。这两种需要，反映到教育上，一方面，要求大力发展高等教育，中学要为大学输送大批合格的毕业生；另一方面，还要求同步发展职业教育，包括中等和中等以上的职业教育，向工农业生产部门，以及商业、服务、科技、研究、管理等部门输送大批合格的技术力量。这是科学技术现代化社会的需要。从这个意义上讲，职业教育和其他各类教育一样，前景十分宽广，是大有可为的。20 年来美国职业教育所经历的巨大变化和发展充分说明了这一点。

（一）美国职业教育的新发展

第二次世界大战以后，特别是 1957 年苏联第一颗人造卫星发射成功，对美国是一个极大的刺激和震动。面对世界上科学技术的迅速发展和激烈竞争，美国政府在 1958 年颁布了《国防教育法案》，一方面，突出强调中学的科学、数学和外语等基础教育；另一方面，也强调了必须发展职业教育。继《国防教育法案》之后，于 1961 年，美国政府建立了专门的职业教育顾问小组，经调查研究，于 1963 年该小组提出一个题为《职业界变革中的教育》的报告，重申了职业教育的重要性，提出职业教育必须扩展到职业界的各个领域，扩大招生的对象，向所有一切人开放。同年，国会通过了《职业教育法案》，对职业教育进行巨额投资。此后，美国职业教育以前所未有的规模得到了发展。

1. 学生人数的发展

据统计，1960 年美国公民每 37 人中就有 1 人受过某种职业教育。到 1979—1980 年度，

---

① 杨之岭，林冰，美雷锋 . 1985. 职业教育：在科技现代化社会中前景宽广——美国职业教育的新发展 . 国外职业技术培训研究 . 北京：劳动人事部培训就业局、天津职业技术师范学院审定 . 内部发行：1-20. 本文是作者在共同对中美两国职业教育进行考察与研究的基础上写成的。

美国公民中受过职业教育的比例增长为1∶17。

目前，美国职业教育在校人数达1650万人，其中，包括各种不同年龄、不同种族、不同性别、不同学术能力和不同社会经济背景的学生。1650万人当中，有1000万人是18岁以下的中学生，650万人是18岁以上的成年人。在中等以上的职业学校就学的学生平均年龄为29岁。

职业教育在校生当中，少数族裔占24%、男性占48.4%、女性占51.6%。有40万人是有各种生理和心理缺陷的学生。就学习成绩来看，65%的学生与准备升大学的学生具有同等水平的成绩。从社会经济背景来看，30%的学生来自地位最低的阶层，12%来自经济地位最高的阶层。在中等以上职业学校就学的学生中，有25%曾经受过各种不同的高等教育。

表1说明了职业教育各个不同专业在校学生人数1965—1980年的发展情况。这种发展情况表明，除了农业职业教育保持相对稳定以外，其他如商品分配教育、保健教育、家政教育、办公事务教育、技术教育，以及工商业教育等，都有相当大的发展。

表1 职业教育各专业在校学生发展情况表（1965—1980年）

职业教育专业名称	在校学生（人）	
	1965年	1980年
农业职业教育	887 000	878 529
商品分配教育	333 000	961 018
保健职业教育	67 000	834 296
普通家政教育	2 098 000	3 385 000
家政职业教育	0	551 862
办公事务教育	731 000	3 400 057
技术教育	226 000	499 305
工商业教育	1 088 000	3 215 987
总数	5 403 000	13 726 790

资料来源：①联邦教育局1965年度《职业技术教育年度报告》。②全国教育统计中心：《职业教育资料系统》，1982年

2. 职业学校数的发展

目前，美国中等及中等以上各类职业学校达19 298所（表2）。其专业课程门类从100多种发展为400多种。

表 2　各类职业学校情况表

学校类别	主要特点	学校数（所）
普通中学	开设 2～3 门职业课程	10 851
综合中学	开设 6 门以上职业课程	4 879
职业中学	职业教育的专门学校	225
地区职业教育中心（中等）	一个地区若干综合中学联合办的职业教育中心	1 395
地区职业学校（中等以上）	授予或不授予学位的中等以上专门职业学校	504
社区学校	学位制的综合性两年制学校	720
技术学院	以就业为直接目标的单位制的 2 年制高等专门技术学校	162
中等以上专门学校	只开设 1 门专业的高等职业学校	308
四年制大学	附设的二年制职业课程	185
技能中心	主要为经济低层青年开设的专门职业训练	70
合计		19 298

3. 职业教育的社会效益

据近年来的调查研究和统计表明，职业教育在各个方面体现了它的社会效益：中学职业班毕业生多数都可以取得比较满意的出路。

其中，有 71.3% 的毕业生从事了相应的职业或者继续深造；18% 的毕业生从事了其他专业的职业，或在部队服役，还有 10% 的毕业生失业。

全国职业教育研究中心 1981 年对 14～21 岁的 12000 名青年学生所作的追踪研究结果表明，在高中三年内专修 6 门以上职业课程的学生（标志着接受了较好的职业训练），同那些没有受过或只受过极少量职业训练的学生相比，其就业率要高，而且能够学以致用，工资待遇也较高。中等以上职业学校毕业生就业率达 83%，还有 14% 继续深造。职业学校成人毕业生就业率达 89%，还有 7% 继续深造。

就职业班毕业生就业率比较高这一点来说，从一个方面反映了职业教育培养出来的毕业生比较能适应职业市场的需要。1980 年美国商会作了全国取样调查，有 78% 商业人事部门经理认为，职业准备对就业很有必要。1981 年美国全国制造业协会的调查中，也有 73% 的调查答卷说明，工业企业部门希望中学毕业生具备就业的基本技能和某种专门的职业技能，要具备独立阅读、独立写作和独立工作的能力。

一些学者的调查和研究还指出：中学职业班的学生和普通班的学生一样，都有继续深造的机会。据保尔·甘贝尔（Paul Campbell）等 1982 年的一个调查，有 19% 的职业班学生升入四年制大学，17% 升入二年制学院，21% 进入师徒制或其他形式的训练班。乔治·哥帕（George Copa）等的研究还指出：职业教育在增强学生的自信心、自治能力、创造性表达能力、整体观念、基本技能、领导能力、积极学习的态度，以及某种专门技能等方面的素质，都有重要的意义。

上述这些研究说明当今职业教育毕业生能适应社会需要，受社会欢迎，其出路比以往更加宽广。

4. 新的矛盾和挑战

尽管近 20 年来美国职业教育发展如此迅速，并取得了可观的社会效益，但仍然不能完全适应科学技术发展的要求。科学技术发展带来的劳动技术市场的变化，给职业教育提出新的矛盾和挑战。

值得注意的是在美国社会在面临失业率不断增长的情况下（1984 年美国全国失业率达到近 40 年来最高纪录，即 10%），美国生产服务部门仍然严重缺乏较高水平的技术工人。据美国劳工部 1980 年的调查：美国技术工人数量占世界上技术工人总数的比例从 29% 下降为 26%。与其他国家相比，美国国内技术工人的比例从世界第 2 位下降为第 7 位。这就直接影响了某些工业生产水平的提高和发展。目前美国在 17 个生产领域中的地位己从输出国转为输入国。

美国技术工人的缺额现象尤其突出表现在科技发展中出现的新的职业技术领域，如：服务行业、财经、通讯、信息等新兴工业、保健卫生、文书事务、文化娱乐、体育活动等领域。美国中学生中，25% 中途退学，50% 左右不升大学，这些人出于缺乏这些新技术领域的职业准备而走向失业。当前，职业教育中有许多领域处于供不应求的状况，许多新的职业领域课程满足不了学生的要求。1979 年纽约市有 12000 名中学生报名就读职业课程，由于学校设备、教师及其他措施不足，名额有限，从而不得不被拒之门外。

再加上美国职业劳动队伍存在着日趋老化的现象，25 ～ 45 岁及 65 岁以上技术工人的数量大大膨胀。这些在职工人，如不重新训练，就不能适应职业技术市场的需要。也要受到被淘汰和失业的威胁。

为此种种，美国政府当前对教育改革的要求极为迫切。据报道，在美国一个工程师一般需要配备 9 个技术员或技术工人予以协助，方能使他们集中精力从事尖端科学技术的研究和发展。但要达到这一点，还要以极大的努力发展职业教育。显然，在美国这样的科技现代化的国家中，职业教育的发展正处于十分紧要的关头。这就要求人们对于职业教育有一个新的认识，进行新的改革。

（二）美国职业教育的新概念

从美国 20 多年来职业教育的发展中，我们可以看到，在当前科技现代化的社会中，职业教育担负着新的历史使命，即改变和突破过去传统的职业教育观，建立新的职业教育观，更新和发展职业教育的目标、要求、内容、方法、设备和一切措施，使它更好地适应科技发展的要求。

新的职业教育观可以归纳为以下几个主要方面：

1. 职业教育是整个教育体系不可缺少的组成部分

它是在普通教育的基础上，对青年学生和成年人进行的专门化的教育，培养他们从事未来某一类或某一种专门职业所必需的能力。职业教育和其他各类专门化的教育一样，具有同等的地位。职业教育与普通教育是基础与专门化的关系，而不是高等与低等的关系。从对一个人的整个教育过程来讲，年级越低，普通教育的成分越多；年级越高，专门化的程度与比例就越高（见图1、图2）。从这个观点出发，就必须突破过去那种认为职业教育是单纯供那些经济条件差、学习成绩落后的学生就读的、低人一等的教育的传统的观念，从而把职业教育提高到应有的地位。

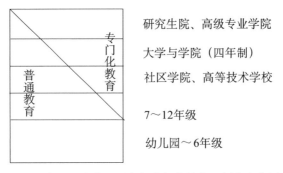

图1　教育过程中普通教育与专门化教育比例的变化图

资料来源：拉尔夫·C·温里兹，J·维廉·温尔兹：《职业技术教育的领导与管理》，1974。

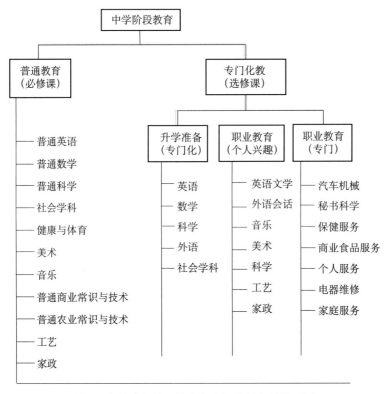

图2　中学阶段普通教育与专门化教育的关系图

资料来源：拉尔夫·C·温里兹，J·维廉·温尔兹：《职业技术教育的领导与管理》，1974。

本文作者注：图中还可以说明普通教育与职业教育的区别不在于科目本身，而在于科目的目的。例如：普通教育中也没有人人必修的职业课程，目的是授予学生在这些职业领域中所必需的基本知识、技能和修养，通常也被称为职业预科。

2. 职业教育是一种终身教育，既包括中等职业教育，也包括中等以上职业教育，即高等职业教育

教育的对象既包括就职以前的青年学生，也包括在职的成年人；既包括心理、生理健康的青少年和成年人，也包括那些有各种残疾、缺陷、社会问题和某种特殊需要的人，尽可能使他们从社会的负担转变为社会生产的力量。因此，职业教育是"阶梯性"的，包括了半技术、中等技术和高等技术的教育。从终身教育的意义上讲，职业教育是对每个人的职业前途教育，包括：职业前途的了解、职业前途的探索、职业前途的选择、职业前途的准备、职业前途的继续提高和发展。也有人把它划分为职业前途的了解，职业前途的指导与探索，职业前途的继续探索与专门化的开端，职业前途的高级专门化，以及职业前途的再训练与在职训练等几个环节（见图3）。从这一基本观点出发，就必须突破职业教育是教育的"末端"和"终结"的、无从深造的传统观念，从而把职业教育提高到终身教育的高度。

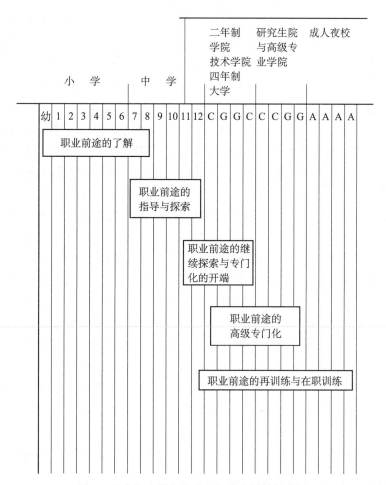

图3　职业前途教育的进程与成人继续教育图

资料来源：拉尔夫·C·温里兹，J·维廉·温尔兹：《职业技术教育的领导与管理》，1974。

3. 职业教育既是专门化的教育，又是一种全面的教育

职业教育不仅是传授某种职业的知识技术和技能，而且，也传授职业过程中的社会意义和社会原则；要培养某一种或某一类职业所需要的智力的和各种心理的发展，形成对职业的价值观念和工作态度、工作习惯、工作能力。要培养科学技术发展所需要的有关数学、科学、通讯技术、人文科学等方面不可缺少的基本素质。要增强未来职业人员的适应性和灵活性，要求他们适应某一类（而不是某一种）职业，要能够灵活地从某一种职业转换到另一种职业。从这些基本观点出发，就必须突破那种认为职业教育就是单纯的职业技术训练的、狭隘的、片面的观念，从而把职业教育与科学教育、人文教育结合起来。把职业教育与每个人的个性成长密切联系起来。

（三）美国职业教育专业课程的新领域

科学技术现代化与工农业生产及商业、服务行业等方面的变革为职业教育开辟了广阔的新领域。同时，也要求职业教育在专业门类、课程内容、教学设备、教学技术等方面不断更新。1963 年，美国政府职业教育顾问小组提出的报告中就指出了职业教育应该扩大到社会经济与社会生活所需要的各个领域，应该扩大招生的范围，面向社会上各种不同人的需要。这就突破了 1917 年《史密斯·休斯法案》中所规定的领域范围。

时隔多年，到了 80 年代，职业教育又出现了大批新的领域，提出了各种新的要求。1984 年，俄亥俄州职业教育指导委员会在第十五次年会的报告中，提出了改革职业教育的建议。建议特别强调：①要大批更新职业学校中的实验室和技术设备；②加强电子科学与电脑技术的教学与应用；③加强中等职业教育与高等职业教育的衔接，发展中等以上职业教育与成人教育；④扩大对缺陷青年、犯罪青年、处境不利青年的职业教育；⑤加强数学、通讯技术、现代科学与电脑技术的教学与扫盲；⑥加强职业学校教师的在职培训。

与此同时，俄亥俄州教育部职业与职业前途教育处组织了专门委员会（称之为蓝带委员会，Blue Ribbon Committee，蓝带标志着最优质量。），就当前中等职业教育如何适应科技发展需要的问题。提出了课程改革的建议：突出强调职业教育中技术设备的更新；基本技能与职业准备的结合；职业技术训练与职业价值观教育的结合；技术教育与科学教育的结合；还强调了终身教育、个别教育、对缺陷青年的教育，以及对准备升学学生的教育等问题。所有这些，都反映了 80 年代科学技术现代化和职业市场的变化对职业教育课程的新要求，与 20 年代《史密斯·休斯法案》时期、60 年代《职业教育法案》时期相比，具有它的新的历史特点。80 年代的职业教育的专业课程，要求培养出来的技术人员能充分适应职业市场中的新领域，要用最新的现代化技术来武装学生，增加大量电脑化、自动化、社会化的内容，同时，还要加强智力、能力、工作态度、工作习惯等方面素质的培养。

根据这些基本要求，中等职业教育的专业与课程具有以下几个重要特点：

1. 大批新领域和跨专业领域的出现

如传统的农业教育与畜牧业教育、环境保护教育、园艺教育联系在一起，成为一个较

大的，互相交叉的领域。学生可以在这一较大的领域范围内，专攻某一门专业。又如，办公事务教育领域内，包括了办公室服务、资料处理技术、文字处理技术、行政与法律秘书、微电脑会计、印刷技术、市场销售与管理、商业艺术等专业。工商业教育领域内，包括了汽车机械、汽车外壳维修与装置、建筑业、木工、制图、电工、电子、机械专业、瓦工、焊接工、大型卡车与柴油机械等专业。家政教育领域内包括：社区保健、美容术、烹调艺术、综合保健护理、幼儿教育等专业。总之，各地区根据不同的需要，各专业的组合方法各有不同，但邻近专业互相交叉、互相联系、重新组合，这一趋势是共同的。

2. 专业课程内容与设备的高度现代化

当今美国职业教育要求强调密切结合工商企业现代化的实际，淘汰、更新一切过时的内容与技术设备，加强工商企业新技术所需要的能力培养，结合各个专业，加强数学、科学、通讯技术和电脑技术的教学和应用。这种特点，不仅表现在工商业教育、农业教育、环境与园艺教育等方面，而且，很突出地表现在办公事务教育方面。随着企业管理现代化的发展，作为管理人员、公务人员、财会人员和秘书等角色，都必须要学会掌握现代化的管理技术和没备，如：自动化办公室的管理、资料处理技术、文字处理技术、现代化印刷技术、现代化通讯技术、微电脑会计技术等。

3. 专业课程的高度社会化

这一点表现在：一方面，各专业课程内容要求紧密地联系本地区的社会需要，随时增减，随时更新；另一方面，专业课程内容本也要求高度的社会化。家政教育的社会化，家政教育与社会服务的交叉和结合就是一例。它包括了家庭生活所需要的社会保健、综合保健护理、医院管理、医疗护理、体育治疗、化验技术、文娱体育急救、幼儿教育、家庭经济计划、家庭心理与生理健康的咨询、家庭电器修理、家庭住房设计、家庭布置、服务设计与制作、饮食营养、饮食计划、准备与服务、饮食供应、采购与储存，饮食销售与餐厅管理等。凡是与家庭生活关系密切的服务行业，都与家政教育交叉在一起。家政教育专业毕业的学生，不仅要学会美化自己的家庭，同时，还可以从事社会上有关家庭的咨询和服务行业。这样一来，家政教育强调了它的社会内容和社会意义，已远远地超出了过去传统的家政教育的观念。

4. 专业课程的实施从适应就业需要扩充到生活福利的需要

职业教育不仅是青年人和成年人的需要，而且也成了退休老人、家庭妇女、残疾人员和其他有各种特殊情况的人们的需要。如花卉设计、家庭园艺、绘画入门、照相技术入门、老人体育与娱乐、药效学与病人护理、老人的照看和护理、儿童的保护、家庭纠纷处理、防火知识、医药常识、旅游常识、简单常用外语、退休金使用计划、电脑科学与技术扫盲等，也成了职业教育的广阔的新领域。

（四）美国职业教育的新形式——职业教育联合中心

第二次世界大战以来，美国的综合中学一般被认为是既开设普通课程，又开设职业课程，把普通教育与职业教育结合起来的最好形式。正如柯南特在《今日美国中学》一文中提出的那样。综合中学的职能是：①为所有公民提供普通教育；②为中学毕业后直接就业的公民提供适合于他们的职业教育；③为中学毕业后准备上大学或学院深造的学生提供适合于他们的课程。

然而，近十几年来，由于科学技术的发展与职业市场的变化，综合中学已经不能完全适应职业教育的发展。它的主要弊病是：

1）综合中学往往把主要的精力和经费用于普通教育课程，势必要影响职业教育课程的发展。

2）由于经费、设备与精力的限制，学校开设的职业课程有很大的局限性。往往一所综合中学至多只能开设 4～6 种专业。

3）学生来源有限。由于综合学校的职业课程只能招收本校的学生，往往出现招生名额不满的现象，造成设备、经费、人力等方面的浪费。

4）在一个地区范围内，各综合中学之间往往出现课程的重复，造成设备、经费、人力等方面的浪费。而一所综合中学又往往担负不起技术设备不断更新所需要的经费开支。

5）综合中学的行政领导人往往对职业教育是外行，办普通教育尚可，办职业教育不甚得力。

对上述弊病，许多地区作了改进的尝试，如建立地区职业卫星学校，即由学区周围 4～8 所综合中学分别开设若干职业教育课程，学生可根据自己的兴趣和需要，在这些学校内任选一门专业。这种卫星学校在一定程度上要比综合中学分别办职业教育有所改进。但由于各个综合中学仍然各自为政，还往往避免不了职业课程的重复，经费、设备和人力的浪费，学生往来交通不便等弊病。这些学校之间也往往由于争经费、争设备而造成了许多不必要的矛盾。

因此，在近十年来，美国许多地区涌现了职业教育的另一种新的形式，即职业教育联合中心，即由周围若干学区的综合中学联合起来，选择适当的地点，共同办一所职业教育联合中心。联合中心的任务是招收周围若干学区综合读完中学十年级的学生，经过 2 年的职业教育（即 11、12 年级），使学生掌握某一类职业领域内的实用的、适合职业市场需要的技能。在两年的训练当中，学生并不完全脱离各自的母校，毕业时，发给两张文凭：一张是母校的文凭，证明该学生具备美国公民最起码的文化基础教育水平。另一张是联合中心的文凭，证明该学生经过二年训练，具备胜任某类或某种职业所必需的能力。毕业后，学生可以直接在某些职业领域中就业；也可以继续升入更高一级的职业技术学校（一般是二年制学院）或者四年制大学本科；还可以去服兵役或充当政府公务人员。

这种联合中心的优越性在于：

1）它可以根据周围这些学区的实际需要集中人力、物力和财力开设至少 25～30 种专业门类比较齐全的职业教育课程。

2）在这些学区范围内可以避免课程的重复，集中最佳条件，共同办好若干专业，达到事半功倍的效果。

3）充分保证和提高设备利用率。一些关系紧密的专业，如：木工与瓦工专业、电工与电子专业、机械和汽车机械专业等，可以共用设备与实验室。所有各专业都可以共用电脑系统等设施。

4）由于人力、财力、物力的集中，可以节约经费开支。

5）交通运输的实施与经费可以尽量达到最佳的条件。

6）参加中心的学校会减少许多矛盾，促进了各校之间的协作。

7）有利于改进管理效能，提高教学质量。

由于上述这些优越条件，这种职业教育联合中心越来越被人们公认为是经济效益最高、教学效果最好的职业教育的新形式。通过联合中心的建立，可以充分根据本地区的实际需要，在一个地区范围内建立专业门类比较齐全、专业结构比较合理的职业教育体系。

联合中心行政管理的职责是在督学长领导下，由校长、视导员、教师、管理人员，以及学生共同承担。

督学长：这是联合中心的最高负责人，由本地区的居民选举产生，在地区学校董事会直接领导下工作。他的主要职责是负责协同联合中心及其周围的综合中学、地区工商企业部门，以及社区各个方面的联系与协作。督学长必须具有大学研究生学历，硕士及以上学位，必须接受过从事职业教育方面的专门训练。

校长：在督学长领导下，校长负责学校的日常领导与管理工作。包括学校各种设备和设施的使用、教学计划的审定、安排等。校长也必须具有大学研究生学历，硕士及以上学位。具备从事职业教育的经验。

视导员：联合中心通常有若干视导员协助校长工作。每个视导员负责指导6～7门不同专业的课程与教学，并提出改进的建议。视导员同样必须具有大学研究生学历，取得硕士学位，并具备从事职业教育的经验。

教师：这是联合中心最重要的成员，是决定教学质量的最关键的因素。每个教师对他任教的专业应教些什么、如何教，有决定权。

学生：每个学生结合自己所学的专业，直接参加学校日常事务的管理工作。学校的日常来往信件和文书事务，由秘书专业的学生参加管理。学校的财会管理事务，由会计专业的学生参加。学校的印刷事务，由印刷专业的学生分管。学校校舍的保养和维修，包括学校的水暖管道、门窗的装修等，都由建筑专业的学生来负责。学校的灯光照明、电线装置、电器设备等，由电工专业的学生参加管理和维修。学校的伙食管理、供应、服务等，由烹调艺术专业的学生负责。学校校园的布置与管理由园艺专业的学生负责，诸如此类的工作都由学生们负责。这样不仅可以使学生直接受职业技术的训练，同时，也养成了学生的主人翁感和自豪感。而学校则可以最大限度地精简人员，节约开支。

指导委员会：每一门专业课程都设有一个指导委员会，负责根据社区职业市场的变化、技术设备的更新和发展趋势等，对各专业的课程设置、教学内容、教学计划、教学设备等方面进行指导，提出改进建议。同时，还为学生毕业后就业的出路、教师的知识与技术的更新、教师与企业部门技术行家的交流等方面，提供便利条件。指导委员会由教师、原来的毕业生、家长、社区和企业部门的行家、政府部门的代表、劳工组织代表等组成。指导委员会既是学校的顾问，也是学校与社区、工商企业互相沟通的桥梁。

（五）美国职业教育的师资培养

职业教育的教师具有自己的特色。其实践性、技术性要比其他普通课程的教师强得多。外行的人根本无法当好本行业的教师。因此，在职业教师的聘用和培养上除了遵照州政府颁布的有关颁发教师证书的规定之外，还特别强调职业技术教师的实践经验。经州政府教育部门的批准，对职业技术教师的聘用标准和培养方法采取了灵活的方法，在职业技术教师短缺的情况下尤其如此。以俄亥俄州麦代纳地区职业教育联合中心的具体情况为例，中心对招聘职业技术教师的要求是：①至少具备高中毕业的文化程度。②在本职业领域内具备至少 7 年的工作经验。③具有高尚的职业道德。④热心帮助与指导学生掌握本职业领域内的知识与技术。

凡达到以上基本要求的，必须在大学教育学院进行职业教育理论和技能的短期训练，学习教育基本理论、课程设计、教学方法、课堂管理等方面的原则和原理，取得若干学分之后，可获得有效期为一年的试用教师证书，之后在大学教育学院与联合中心视导员的指导下，在联合中心试教一年。同时，还要利用业余时间，继续进修若干学分职业教育课程。经试用合格者，可获得有效期为四年的短期教师证书，成为正式的职业技术教师。

在俄亥俄州蓝带委员会职业教育改革报告中，对师资的聘用和提高提出了如下 4 条建议：

（1）所有在职的职业技术教师必须在业务知识与技术上适应当前有关该职业领域的更新。教师必须在进修有关的课程之后，方能继续持有或更换更高一级的教师证书。

（2）职业技术教师必须定期地到工商企业部门参加实践，提高业务能力，作为积累进修学分的组成部分。这也是教师延长或更换高一级教师证书的必备条件。

（3）今后所有新的职业技术教师必须通过职业能力的测验，方能取得教师证书。同时，他们还必须学过应用数学、科学、通讯交往技术、人际关系技能、教学方法等方面的课程。

（4）要对那些需要职业适应性与职业经验教育的青年的特点、品格和要求进行研究，提出对这方面教师的基本要求，制定出这方面教师证书的标准及培养方法。

美国职业教育近 20 年来的新发展，职业教育新概念的提出，职业教育新领域的发展和专业课程的变革，职业教育新形式的出现，以及对职业技术教师的新要求，都说明了职业教育是科学技术现代化社会中教育体系不可缺少的组成部分。轻视职业教育，把职业教育看作可有可无、低人一等，不利于科学技术的发展，也不利于现代化社会的建设。

二十三、杨向东

杨向东（1922— ），男，汉族，中共党员，重庆市南川区（原南川县）人。

从事职业教育、职业技能培训、技工学校的建立发展等管理和研究工作多年。1980年以来，曾任重庆市劳动局技工培训处处长，重庆市劳动学会副秘书长，天津市职业技术学院兼职研究员等职务。

担任重庆市劳动局技工培训处处长时，根据经济建设需要，兴办技工学校，使重庆市技工学校由1977年的24所发展到1984年的102所。强调学校必须紧密结合生产实际培养人才，既育人才，又出产品，还可创收的办学理念。仅此一项便使部分技工学校的经济效益大幅度增长。重视技工培训质量，采取技能培训、思想品德教育、签订师生合同、定期考核考试等四个环节，使全市50余万名技工的培训质量得到明显提高。

先后在《职业教育研究》等报刊上发表《职业教育师资队伍急待建设》《技校教育发展的新趋势——横向联合》《学徒制急待改革》等10篇论文。其中6篇编入专集，3篇分获四川省、重庆市劳动学会二等奖。

参加了"六五""八五"期间国家教委级重点项目《城市职业教育与劳动就业协会发展》和"高级技工的培训与实验"等专题研究。

离休后参加组建重庆市劳动局关心下一代工作委员会，并担任常务副主任。离休后的杨向东仍牵挂着技校学生的培养，每年秋季都要到"重庆五一技工学校"进行宣讲，讲述思想道德和革命传统教育，培养学生德智体全面发展，坚持了近20年。多次被重庆市关心下一代委员会评为"先进工作者"。1985年、2010年被中国关心下一代工作委员会评为"先进工作者"。

职业技术教育师资队伍亟待建设 [①]

（一）问题的提出

我国职业技术教育是随着社会主义建设事业的发展而逐步发展起来的，它已成为我国

---

① 杨向东.1984.职业技术教育师资队伍急待建设.职业教育研究资料，（3）：21-24

国民经济的组成部分。几十年来，职业技术教育事业虽然随着国民经济的起伏而有所起伏，但总的趋势是向前发展的。特别是自党的十一届三中全会以来恢复和发展较快。仅以我们地处西南，工农业生产和经济等各方面工作都比较落后的重庆市而言，技工学校由 1977 年的 24 所恢复和发展到 1983 年的 130 所，设置了冶炼、金加工、无线电和城市建设，以及商业饮食服务等 140 个专业，在校学生 1 万余人；职（农）业中学现已发展到 132 个校（点），设置了机械、财经等 67 个专业，在校学生 1.26 万人；就业前的各种培训班（点）1016 个（期），设置了缝纫、刺绣等 126 个专业，培训 3.15 余万人；还有相当一批人民团体和私人举办的各种职业学校（班），也担负了培训任务。至于在职工人的技术培训和转岗培训，以及学徒培训的班（点）与培训的人数就更多了。随着我国"四化"建设的推进和第四次产业革命的兴起，对广大工人政治、文化、技术素质的要求，将会越来越高，因而不论是对劳动后备力量的培训和对在职工人的培训任务将会越来越繁重，越来越急需了。这个问题的重要性和紧迫性已经被越来越多的人们所认识了。

现在的问题是：职业教育事业如雨后春笋般地发展起来了，而其师资队伍的建设却远远没有跟上去。

仅以我市职业技术培训中师资队伍已初步形成的技工学校为例。据 96 所技校统计，专业教师只有 1784 人，其中，具有大专文化水平的仅有 631 人，占专业教师总人数的 35%，在 259 名生产实习课教师中，三级以上的只有 175 人，占实习教师总人数的 67.6%。实习教师与学生的比例为 1 ∶ 35，如按 1 ∶ 25 的比例计算差得更多。又据重庆电力、机械、五一、重钢、煤炭等 5 所 50 年代就兴办起来的老技校的初步统计：在 1966 年前具有大专文化水平的教师要占理论课教师总人数的 50%，现在实际只占 35%，下降了 15%；在生产实习教师中五级以上的要占实习教师总人数的 80%，现在只占 60%，下降了 20%。从技校毕业生的水平来看，在上述 5 所技校中，1966 年前毕业生能达到四级工水平的约占 65%，达到三级工水平的约占 30%，少数优秀的可达到五级工水平，也有少数人员只能达到二级工水平。现在 5 所技校的毕业生，"应知"部分一般可达到三至四级工的水平，应会部分能达到二级工水平；少数优秀的约占 30%，可达到三级工水平，也有少数的约占 3%，只能达到一级工水平。当然，决定技校毕业生水平高低的因素很多，但教师水平的高低是其主要原因之一。至于职（农）业中学和就业前的培训，以及在职工人的技术培训等方面的师资队伍，除职（农）业中学目前有约 300 名专职教师外，其他的都是兼职教师，其基本队伍还亟待建设。

问题还在于，职业技术教育师资的渠道未通，来源不足，特别是各种专业技术理论课和生产实习课教师的来源奇缺。据了解，在全国现有高等院校中，目前只有两所高等师范院校，即天津职业技术师范学院和吉林职业师范学院，在培养职业技术教育的师资。但由于各方面条件的限制，至今规模较小，每年只能招收很少的新生。当地技校所需要的师资都无法满足，更谈不上满足其他职业技术教育和全国各地的需要了。问题的严重性还在于这个问题至今尚未引起有关领导的重视，没有列入重要议事日程，认真研究，采取有力措施，积极设法解决。因而在客观上就形成了只要求发展职业技术教育办了多少个校（点），设置了多少专业（项目），培训了多少人，安置了多少人等，而对于师资的培训问题则很少过问。所以，职业技术教育师资的队伍建设问题十分突出，在数量上、质量上都远远不能满足教学的需要。

（二）解决的办法

现在职业技术教育在迅速发展，其师资队伍的建设问题，是应认真研究解决的时候了，解决的办法很多，以我个人的看法，主要的解决办法是：

1. 要解决认识问题

要认识师资队伍建设的重要性。1978年邓小平同志在全国职工教育工作会上就明确指出："一个学校能不能为社会主义建设培养合格的人才，培养德、智、体全面发展、有社会主义觉悟的有文化的劳动者，关键在教师。"深刻地说明了教师在学校中的地位和在教学中的作用是何等的重要。各级有关领导应反复学习和领会这个指示精神，提高认识，把职业技术培训工作列入议事日程，认真抓起来。"兵马未到，粮草先行"。应该是在举办职业技术培训之前先培训其师资。能做到这一点当然很好；最低限度也应该同步进行，即在举办和发展职业技术教育的同时，举办和发展职业技术教育师资队伍的培训工作。不能只要求举办和发展职业技术教育，而不考虑和解决其师资队伍的建设。如果真是这样，职业技术教育也举办和发展不起来，即便是一时举办和发展起来了也不会巩固的，毕业生的水平也难以达到培养目标。

2. 统筹安排，分工负责，通力协作

职业技术教育虽然是教育事业的一部分，但与普通教育有所差别，有其自身的特点和规律。因此，它的师资应由专门的职业技术师范院校进行培训，或者在现有普教高师院校和其他高等院校中增设职业技术的专门科系进行培训，才能更好地适应职业技术教育的需要。

在统筹安排时，还可采取分工负责的办法，普教高师院校可着重培训职业技术教育中所需要的政治、语文、数学、理化和体育等学科的教师；职业技术高师院校可着重培训生产实习课和专业课教师。也可采取分级培训的办法，由现有的天津、吉林两所职业技术高师院校培训生产实习课和专业课的骨干教师，其他各地方的职业技术师范学校（班）可培训一般的教师，或者各职业技术师范院校对所设置的专业大体上有一个分工，一些院校和地区可着重培训某些专业的实习课教师，另一些院校和地区可着重培训其他专业的实习课教师。各自突出重点，发挥各自优势，通力协作，以便尽快满足职业技术教育的需要。

3. 培训方法多样化

在培训方法上可以多样化，多层次。以正规的高师院校培训为主，短期培训为辅，既可对外从社会上或从技工学校毕业生中招收新生进行培训，更主要的是对现有的大量的在职职业技术教育教师进行培训，或组织他们到技术新、工艺新、设备新、产品新的对口单位参观学习或到有关高师院校中短期培训进修。以不断更新他们的知识，提高他们的教学业务水平。还可采取对某些专业的工种或者有关学科实行全国性或地区性的统一考试等办

法，以提高教师的教学业务水平。最近几年，我市组织机械行业的技工学校参加了全国机械工业部组织的统一考试；组织了车工、钳工学生的生产实习操作比赛；举办了校长与电工、政治、语文、体育等教师的培训班，都收到了较好的效果。更主要的是各办学部门和各个学校（点）以自力更生的精神，立足本校，采取派出去、请进来的方式，组织开展各种教研活动，积极培养现有教师，从业务上提高他们，从政治上关心他们，从生活上照顾他们，使他们能集中精力，更好地搞好教学，这是培养提高师资力量的现行的、切实可行的好办法。

4. 培训重点

职业技术教育是以生产实习教学为主，是着重培养学生技能技巧的。而现有各类职业技术教育中的生产实习教师都很缺乏，因此，培训的重点应放在生产实习教师上，特别是对比较正规的技工学校和职（农）业中学的生产实习教师应优先考虑。我们准备在年内开办 1～2 期技工学校生产实习教师训练班，主要讲授生产实习教学法，还要学一点教育学、心理学之类的教育课程，使之能更好地搞好教学工作。

（三）需要解决的问题

职业技术教育是一种新兴的教育事业，其师资队伍的建设更是一项新的基础工作，有许多问题需要从政策上加以研究解决。本着改革的精神，当前急需研究解决的问题主要有：

1. 培养目标

当前我国各种职业技术教育对其学生培养目标有不同要求，因而，对其师资的培训也应有不同的要求。如技工学校学生的培养目标是中级技术工人，则对于其理论课教师的培养目标应是大学本科或专科毕业生，对其生产实习教师的培养目标应是五级工以上的技术水平。就业前训练的培养目标，一般是初级技术工人或熟练工人，则对其理论课教师的培养目标应是大学专科或中专毕业生水平。生产实习课教师应是四级工以上或相应水平。

2. 教师数量的配备

为了保证教学需要，对职业技术教育的各种教师数量的配备应有一个恰当的可行的规定。原劳动人事部对技工学校教师的规定：生产实习课教师与学生的比例为 1∶25，理论课教师与学生的比例为 1∶13 至 1∶14。后来国家劳动总局又规定：文化技术理论课教师的任课时数，一般为每周 12～16 节。实践的结果表明，实习课教师与学生的比例是可行的，理论课教师与学生的比例则偏高。理论课教师每周的课时数也偏高。因为，目前技校教师是量少质低，而且专业又经常在调整，一般理论课教师都达不到 12～16 节周课时，只能达到 8～12 节周课时，因此，理论课教师与学生的比例可考虑调整为 1∶10 至 1∶11，教师周课时可调整为 8～12 节。这些规定一经上级批准应立即执行，一时不能达到要求的，应限期达到要求，否则，将减少招生任务或不允许招生。

3. 实习（实验）场地

在各种职业教育中，特别是在技工学校中，应该是以生产实习教学为主，因而实习教学是一个很重要的教学手段。如缺少了这个基本的手段，则无法进行教学，也不可能保证教学质量。为此，建议上级作出明确规定：各种职业学校，特别是技工学校现有实习（实验）场地已经建立但不完善的应限期充实完善，没有建立起来的应限期建立。有些专业如矿山、采掘、化工等确实难以单独建立实习场地的，也应建立相应的实验场所，或指定确实能保证教学需要的实习（实验）场地，否则应减少招生或不允许招生。

4. 待遇问题

主要涉及政治、工资、生活福利等方面的待遇问题。在政治待遇上，从事职业技术教育的教师，希望能同从事普教的教师一视同仁，一样享有参加全国性或地区性的政治活动的权利。在工资待遇上，由于职业技术教育教师讲授的知识面较宽，负担较重，而且讲授的专业课变化较大，层次较多，往往是一个人承担多种课程。如我市技工学校有 140 个专业，职（农）业中学有 67 个专业，就业前培训有 126 个专业（项目），比普教的课程多得多，教师付出的劳动也相应增加。因此，他们的工资待遇应比从事其他教学的同级教师的待遇适当高一些，高 5% ～ 10%，特别是技校和其他作业技术学校的实习课教师，在教学工作中既要传授知识技术（业务），又要教育人，他们所付出的劳动比同等级的工人要多，责任也要大得多，因此，生产实习课教师的工资待遇应比同等级技术工人高 15% ～ 20%，或者实行生产实习老师津贴制度。在生活福利等方面的待遇问题上，生产实习课教师要同理论课教师一视同仁，不能厚此薄彼。

5. 职称和管理

按现行规定，职业技术教育理论教师的职称，是参照中等专业学校和普教教师的相应职称进行评定，并纳入干部范围进行管理的。生产实习课教师是按同行业工人的技术等级进行评定并纳入工人范围管理的，实践的结果，由于两条线进行评定和管理，矛盾较多。为了尽量减少矛盾，可考虑纳入一条线进行评定和管理。即凡从事并能胜任职业技术教育现职生产实习教师和理论教师都一律按教师的职称进行评定和管理。如理论课教师的职称可分为四等：见习教员、教员、讲师、副教授；生产实习课教师的职称也可以分为四等：见习教员、教员、技师、高级技师。不能胜任或调离了教师岗位的人员，可根据其新岗位分别按现行的有关规定进行管理。如已调离教学岗位的生产实习教师到生产岗位上后，仍按生产工人进行管理。理论课教师调离教学岗位，分到新岗位后，按新岗位的规定进行管理。

6. 定期考核

生产在发展，技术在进步，知识要更新，教师的水平需要不断提高。为此，教师应定期（2～3 年）进行培训和考核，经考核合格的可以继续受聘任教，考核不合格的应限期进修提高，否则应调离教学岗位，以确保师资质量。

总之，职业技术教育师资队伍建设，特别是生产实习教师的培养问题要尽快解决，并且逐步形成一个比较完整的职业技术教育师资培训体系，以满足教学的需要和促进教学水平的提高。

横向联合——技校教育发展的新趋势 [①]

在改革中，如何充分发挥厂办技校的作用，为四化建设培养更多、更好的技术工人，是一个值得认真研究的问题。重庆市采取横向联合的办法，从研究解决上述矛盾入手，使厂办技校由一个面向转为两个面向，即由只能面向本企业服务，转为既能面向本企业，又能面向为全社会服务。使之各自保持和发挥其优势，健康发展，办好、办活。各校的具体做法是：

（一）互相代培，解决生产需要同技校规模和专业设置的矛盾

首先，在本系统内部技校之间开展横向联合，互相代培有关专业的学生，使各校既能适当保持招生人数，相对稳定其专业设置，充分发挥其优势，又能保证和提高培训质量。如我市机械工业局所属有关企业办有 18 所技校，各校都具有自身特点和一定优势，但如果各校都随本企业生产的变化而经常改变专业。则不仅不能发挥其优势，而且势必会降低培训质量，为了解决这个矛盾，在技校招生时，由市机械局根据市下达的招生计划，在本系统技校之间按照各自的优势，开展互相代培。重庆机械技校的车工、钳工、电工等专业条件较好，则将其他所属有关技校需要培训车、钳、电工等专业的学生，尽可能集中在该校培训。重庆水泵厂技校车工专业的条件较好，而本企业生产上需要一部分铸工，但由于条件的限制，无法开设铸工专业，而重庆气体压缩机厂技校的铸工专业条件较好，生产上又需要一批车工，但校增设车工专业困难较多。为了解决这个矛盾，自 1980 年以来，两个技校既互相协作，又进行有偿等价代培。水泵厂技校为气压机厂代培车工，气压机厂技校为水泵厂代培铸工，学生毕业后，由送培单位负责安置。从而使两个技校的招生人数和主要专业都能基本稳定下来。各校在互相代培中，除在专业上进行调剂外，还有因高中、初中的学制不同，而互相代培的，这种情况比较普遍。

其次，在产业之间开展互相代培，轻工、交通等系统需要的车、钳工等技术工人，如果本系统的技校无法培训，则由市劳动局牵头，交给重庆五一技校为之代培；需要的无线电和烹调等技术工人，由重庆无线电技校和重庆江北区商业技校代培等等。这种代培每年大约有 800 人。

再次，面向全社会，为各方面培训技术工人。重庆无线电技校的电子和收音机、录音机、电视机（简称"三机"）维修专业的条件较好，但长期招收这种专业的学生，其办学主管部门——重庆市电子公司，则无法安排就业，而生产上需要的一部分金加工的技术工人又无力培训。为了充分发挥其优势，该校将一个面向转为两个面向，即一方面，继续为其

---

① 杨向东.1986.横向联合——技校教育发展的新趋势.职业教育研究,（5）：17-18

主管部门所属企业培训电子和"三机"维修专业，另一方面，面向全社会，为省、市内外培训"三机"维修的技术工人。近几年来，该校已为我市有关企事业单位和涪陵、达县、凉山等市、地、州和新疆、杭州等省（区）、市有关企事业单位培训。而且既为全民企业，也为集体企业和个人进行培训，还为农村培训了20多名自费学习的"三机"维修人员。由于该校面向全社会，便能集中力量办好无线电专业。该校领导反映：技工学校只有加强横向联合，面向全社会，为各方面培训技术工人，才具有强大的生命力。

（二）教师互相兼课，以稳定师资队伍

广大教师最大的愿望是能登台执教，教书育人。但由于有的技校专业设置经常变动。致使有的专业课教师需要改授课程，重新备课，或者挂鞭改行，用其所短。有的教师不愿改行，则要求调动，致使教师队伍难以稳定。为了充分发挥教师的作用，进一步稳定师资队伍，在校际之间开展联合，互相兼课，用其所长。重庆水泵厂技校车工专业的代培学生增多后，专业课师资力量不足，即向重庆气体压缩机厂技校聘请了机械基础、制图和体育课教师3人。重庆气体压缩机厂技校铆焊等专业的代培学生增加后，专业课师资力量不足，即向重庆锅炉总厂技校聘请了有关专业课教师3人。重庆无线电技校也有数名专业课教师在校兼课。技校教师互相兼课，使他们都能发挥长处，安心执教，对稳定教师队伍起了积极作用。

（三）开展教学研究，不断提高教学质量

自1979年以来，我市技校在教学上组织了语文、数学、政治、制图、车工、钳工、电工、化学和体育等学科教研组，各校教师分别参加有关学科教研组，定期开展教研活动，研究教学中的重大问题。开展观摩教学，交流经验，组织编写有关教材和教学参考资料等活动。达到了以老带新、互相学习、取长补短、共同提高的目的。

近年来，我市无线电、工业、兵器工业和煤炭工业等系统的技校，鉴于本行业的特点，需要全面地、系统地研究教学中的有关问题，先后成立了本系统技校教学研究会，定期开展活动，及时研究解决教学中的有关重大问题。如无线电系统的重庆电子公司的重庆无线电技校、国营无线电厂技校、重庆巴山仪表厂技校和解放军6905工厂技校联合成立了"重庆市无线电系统技工学校教学研究会"，并按其所设的专业成立了电工、电子电路、脉冲电路、电视机四个专业的教学研究小组，各校有关专业课的教师都分别参加，定期研究教学计划、教学大纲和教材，以及教学中的有关问题，组织学习新的科学技术知识和教育科学理论。这样针对性更强，收效更大，深受各校领导和广大教师的欢迎。

（四）开展全面联合，不断提高培训质量

在我国，技工学校是一个新兴的教育事业。有其自身的特点和规律。如何办好技校，不断提高培训质量，是技校领导和各方面共同关心的问题。我市机械工业局所属技校领导，提出组织起来，开展全面的联合，经常研究带有共性的重大问题。自1985年以来，在市机械局的支持下，成立了"重庆市机械局系统技工学校校长联席会"，由重庆机械技校校长牵头，各校校长参加，定期研究技校教学工作、招生工作、管理工作、教师工作和生产实习教学工作等问题。每次会议一般都能明确和解决一、二个比较重大的问题，对各校领导，特别是对新的领导和规模较小的厂办技校的领导帮助较大，反映较好。如在校长联席会上曾专门研究了技校应届毕业生参加机械工业部组织的统考问题，特别是对生产实习课考试工件的选定和考试办法问题进行了反复探讨。与会者一致认为：在当前，钢材等原材料十分紧张的情况下，在确定考试工件时，既要按照教学大纲和技术标准的要求考出应有的水平，又要能结合生产，制作产品零件。避免"大化小、小化了"的纯消耗性的考试；明确提出：各校应结合生产，选定能反映出三级、五级技术水平的工件进行考试，通过考试，广大考生以自己能制作产品零件而感到自豪，教师看到学生能生产出合格的产品而感到欣慰，技校领导、主办厂领导和上级有关部门也感到满意。

学徒制亟待改革 [①]

当前我国劳动制度正在进行改革，作为劳动制度重要组成部分的学徒制，也应该改革。

（一）为什么要改革

改革学徒制的理由，可以列举很多条，本文主要提出以下 2 条：

1. 必须改革

现在，对新招收的工人，将统一实行劳动合同制，对原有固定工也正在研究如何改革的问题。作为劳动制度重要组成部分的学徒制，理所当然地应随之同步改革。这是因为：

1）在每年招收的新工人当中，学徒工一般都占招工总数的 80% 左右。如果学徒制不同步进行改革，而只改革有关新招工人中的 20% 左右的非学徒工的制度，那么，在新工人当中推行"合同制"的意义也就不大了。

2）在招工制度方面，目前正在大力贯彻执行"先培训，后就业"的原则，以提高劳动者的素质。而现行的学徒制，实际上是"先就业，后培训"。如果不改革，则"先培训，后就业"的原则就难以贯彻实行。当前与劳动制度改革相关的招工制度和职工保险福利，以及职工待业保险等制度都正在进行改革，而与之密切相关的学徒制如果不同步改革，则无法配套，势必影响整个劳动制度的改革。

3）随着新知识、新技术的日益增多，企业对技术工人素质的要求越来越高。现行以师带徒的学徒制培养出来的学徒工，在技术上有较大的局限性，不能完全适应生产发展的需要。

4）学徒制的优点很多，但实践证明现行学徒制也有很大的局限性和弊端，主要在于：学徒工进入单位后即列入编制，由本单位一包到底；用人单位往往把学徒工单纯当作劳动力使用，而忽视了政治、文化、技术（业务）、管理等方面的培训工作；在生产（业务）岗位上跟师学艺容易成为工序工，影响其技术（业务）的全面发展和提高；生活待遇上的平

---

① 杨向东.1987.学徒制亟待改革.职业教育研究，（4）：20-21

均主义，难以调动学徒工的学习积极性，学不学、学好学坏一个样；包得过多，用人单位负担较重，对一个学徒工每年支付的生活补贴和医疗福利待遇等费用约 1200 ～ 1500 元，比技工学校和职业学校学生所花的费用高出 2 ～ 3 倍；影响各种职业技术教育的发展等等。

2. 可以改革

不少地区和单位的实践证明，学徒制是可以改革的，改革后的效果也是好的，各方面的反映也较好。如苏州刺绣研究所于 1981 年初即开始试行培训工的办法。即将历年来实行的"拜师学艺"的刺绣学徒工改为"先培训，后招工"的培训工。对生产上需要的刺绣学徒工，先公开招生，择优录取，经过近一年的刺绣理论和实际操作的培训，然后全面考核、择优录用。这就改变了 2000 多年来刺绣工只能采用以师带徒的学徒制进行培训，而不能以培训班的形式进行培训的陈旧观念。北京市的象牙雕刻工艺厂在教学上也进行了改革，将过去长期实行的"手把手"以师带徒的教学方法改为成组培训，效果也较好。连这些特殊工艺都能先招生，后培训，再择优招工，在教学上实行课堂教学或者成组培训，其他专业、工种也可以实行先招生，后招工和教学改革了。类似的例子还有不少，这些事例生动地说明学徒制是可以改革的。

（二）如何改革

我国实行学徒制的历史源远流长，情况复杂。加之目前我国各种职业技术教育尚待大力发展，不少专业工种尚缺培训基地等条件，故而在改革学徒制时，应本着"积极稳妥，逐步改革"的原则进行。首先，应在国营企事业单位进行改革，其他经济形式和单位可暂缓改革，待条件成熟后再逐步改革。不能以"一刀切"的办法，搞"一哄而动"。当前，在国营企事业单位学徒制的改革中，应主要抓好以下几点：

1）从制度上改革。应该将现行的"先就业，后培训"的学徒制，改为"先培训，后就业"的培训生制。即今后凡是国营企事业单位，因生产、工作需要，必须招收技术工人和学徒工时，首先应从技工学校和职业学校对口专业工种的毕业生中招收，择优录用。不足部分或者专业工种不对口的，应公开招收，择优录取。培训生不列入单位编制，经过一定时期的培训后，按照要求，全面考核。然后，根据生产、工作需要择优录用。

2）从教学上改革。首先，要从学制上进行改革。应根据不同专业、工种的技术要求和学生的水平来确定其学制的长短，一般专业、工种的学制可定为 2 年，少数技术复杂专业、工种的学制也可以定为 3 年。其次，应根据技术要求，结合生产实际，制定出切实可行的教学计划和教学大纲，或者参照技工学校、职业学校的教学计划、大纲，组织课堂教学或成组培训。既要在课堂上进行理论（包括政治、文化、技术专业课等）教学，又要在生产、工作岗位上进行生产实习教学。理论和实习教学一般可按理论课占 3 ～ 4 成，生产实习占 6 ～ 7 成的比例。决不允许只搞生产实习，而不讲理论课，更不允许将培训生放到车间单纯当作劳动力使用。

3）从待遇上改革。学徒制改为培训生制后，培训生的生活费和医疗福利等费用，原则上都应自理，不再由培训或用人单位包下来。培训或用人单位可根据培训生学习成绩的优良和现实表现,分等定期评发一定金额的助学金和奖学金。少数培训生临时面临较大困难的,可由本人提出申请,经培训单位或用人单位批准后予以适当补助。这样,既可培养培训生勤奋学习和自力更生的精神,克服依赖思想,又可同其他职业技术学校学生的待遇大体持平,有利于各种职业技术教育的发展,用人单位也可减轻负担。

其他如工龄等问题也应相应改革。培训生在培训期间一律不计算工龄,应从用人单位录取报到之日起计算工龄。培训生专业、工种对口的,经用人单位录用后,可以免去试用期等。

二十四、杨廷金

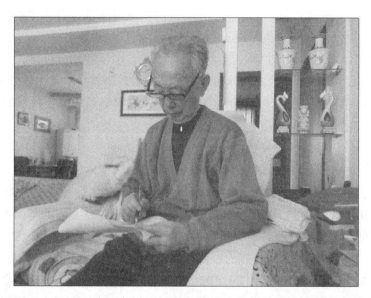

杨廷金（1936—　）男，曾任中国职工教育和职业培训协会学术委员会委员，高级讲师。

1956年参加工作，中共党员，大专学历。自参加工作到退休四十多年在职期间，一直从事技工学校、职业教育的教学管理工作，1956年在山东省劳动厅培训处工作，1957年调山东省劳动厅技工学校，直到1990年改任山东省高级技工学校教务处长。曾被评为全国职业教育先进工作者，1992年获得国务院特殊津贴。曾任中国职协学术委员会委员。1996年5月退休。

参编的主要著作有《中国职业教育学》《技工学校生产实习教学法》《产训结合的理论与实践》《中国职业技术管理学》等。

浅谈建立我国工人职业技术教育体系问题 [①]

我国经济建设的发展，不仅需要一大批优秀的科技人才，而且需要有一支能把科研成果迅速转化为高质量产品的文化技术水平较高的工人队伍。如何培养这支技术工人队伍，建立适合我国国情的职业教育体系，就成为我国职业教育急需解决的问题。

职业教育与普通教育不同，这一点大家都有所认识，职业教育的特点，简言之，就是一个"多"字，多元、多轨、多层次、多学制、多学科、多模式。"多"的特点造成了职

---

① 杨廷金.1984.浅谈建立我国工人职业技术教育体系问题.职业教育研究资料，（3）：18-19

业教育的复杂性。这种复杂性不仅表现在职业教育本身（如招生对象、培养目标、计划安排、课程设置等），更重要的是表现在职业教育与外部联系方面（如管理体制、招生来源、毕业分配、经费渠道、产品供销、生产与教学等），这些都是普通教育所没有的。

根据职业教育的特点，如何使各类职业教育上下联系，左右衔接，前后贯通，形成中国式职业教育体系，就成为了亟待研究的问题，这里仅就工人职业技术教育体系问题，谈谈我的看法。

我国工人的职业技术教育体系，从培养目标来分类，一般可分为初、中、高级，对于这一点大家似乎意见一致，但是对于初、中、高级的划分标准，看法却不尽相同。我认为初、中、高级的划分，以机械类八级工制为例，三级工以下为初级工；四、五级为中级；六级以上为高级较好。各类职业学校的培养目标，可参考上述划分标准，明确规定学校的培养目标是几级工，如果笼统地提培养初、中、高级工，培养目标就比较模糊。

从职业教育结构来分类，可以分为职业高中、技术培训中心（或称职业教育中心）、技工学校和徒工培训。

1. 职业高中

学生来源是初中毕业生，学制为 2 年。培养目标主要是各行各业的劳动技术后备力量。它的任务是对初中毕业生进行综合技术基础教育。在理论联系实际的基础上，使学生了解现代工业生产的科学技术原理，了解工业生产中各主要部门；向学生传授生产基本知识，基本技术理论，并进行基本生产技能的教育。如机械类专业的课程为：政治、德育、体育、语文、数学、物理、化学、机械制图、公差配合与技术测量、机械基础、金属材料与热处理、工程力学、电子原理和生产技术实习等。总之，职业高中是使学生打好文化、技术基础理论的坚实基础，以便使学生将来能更好地适应工业社会的需要。由于对职业高中的学生并不要求过早地专业化，或熟练掌握某一工种的专业技术，而是培养学生了解工业生产的基本原理，帮助正在走向生活的青少年选择职业。因此，职业高中可不必具备供学生进行专业生产实习的成套设施。学生进行生产技术实习所需要的实习、试验设施可由培训中心集中配备，各校轮流使用。也可由职业学校联合筹办校际生产实习工场，统一安排实习计划，各校轮流到实习工场进行生产实习，或不同工种专业的学校同时到对口车间进行生产实习。这种校际工场可以生产自己的产品，也可以根据合同完成挂钩企业的加工订货任务。

2. 技术培训中心（或称职业教育中心）

成立技术培训中心，认真开展就业前训练，这是国民经济发展的需要。技术培训中心的学生来源，是初高中毕业生、肄业生。学制为 0.5 ~ 1 年，具体时间要视所设工种的技术复杂程度而定，培养目标是熟练工，主要是进行简单工种的技术训练，使学生掌握一定的职业技能，所开设的课程是专业技术操作法和生产技术实习，毕业后由劳动人事部门根据社会需要，经考核择优录取，分配工作。这就要求就业前培训要适应我国多种经济形式长期并存的特点，统筹兼顾全民、集体和个体经济的需要，做到训练与就业相结合。技术培训中心训练的内容除专业和技术操作技能外，必须加强思想教育、职业道德教育，还要参加适当的公益劳动，使待业青年经过就业前训练成为有理想、有道德、有技术的新型工人。

3. 技工学校

它在职业教育中起骨干作用，学生来源有两类，一是招收初中毕业生，经过三年学习，成为具有德、智、体全面发展的中级技术工人；二是招收一部分职业高中毕业生，在校学习二年，达到六级工水平，但这类技工学校必须是师资、设备较好的重点学校。总的原则是技工学校的培养目标不应低于四级工的要求。对于达不到上述要求的学校，应进行整改、提高。

关于培训方式，可以采取全日制、半工半读、业余进修或在校学习理论，回厂进行生产实习等多种模式。技工学校所开设的课程，要根据招生对象、培养目标和工种技术的复杂程度来定。招收初中或高中毕业生的机械类学校，目前，已有统编教学计划、大纲和教材。招收职业高中毕业生或在职培训工人的技工学校应开设政治、体育、德育教育、专门工艺学、机械制图、金属工艺学、工程力学、电工原理、电子技术和生产技术实习课。上述课程内容的深度和广度应高于职业高中班所教的内容，并注意相互间的衔接。

4. 徒工培训

这种培训形式是我国过去培训工人的主要形式，目前已经不适应我国经济发展的需要，今后这种培训形式只能在一些特殊工种或手工工艺专业沿用。从整体上看这种形式存在着一定的缺点和局限性，因此，今后必须变徒工培训为"培训有基地、办学有目标、教学有计划、考核有制度"的新型培训方式。

上述工人职业技术教育体系，用方框图表示如图1。

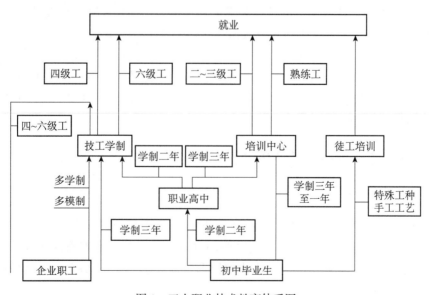

图1 工人职业技术教育体系图

技工学校领导体制改革的几点浅见 [①]

（一）技工学校必须实行校长负责制

35 年来，我国技工教育事业经过几起几落，终于取得了较大的发展，从 1954 年的技工学校 76 所（其中各工业部门新建和改建的技工学校 65 所，地方劳动局举办的 11 所），在校学生 43 919 人，发展到今天全国共有技工学校 3 400 多所，在校学生 53.3 万多人。但是，由于技工学校现行管理体制存在种种弊端，不仅阻碍了技工教育事业的进一步发展，而且现有技工学校的潜力也远远没有得到充分发挥。当前技工学校的当务之急，应当着力改革领导体制，打破"大锅饭"，调动全体教职工的积极性。

对于技工学校的管理体制，有关领导部门曾做多次修改。现行"党委领导下的校长分工负责制"，在新的历史时期，特别是在党的十二届三中全会以后，已不能适应当前形势的要求。同时，现行领导体制在概念上也很不明确，"党委领导下的校长分工负责制"，"领导"和"负责"是什么关系？"校长"和谁"分工"？如果就是校长和副校长分工，那么校长和副校长又是什么关系？目前，有不少技工学校只配备副校长，没有校长，结果学校就形成只有副校长分工负责的松散领导，必然影响学校的管理效率。按现行体制规定校长是在党委领导下进行工作，对教学与生产很难独立作出决断，容易造成党政不分，校长有职无权，机构运转失调等问题。

为了进一步发展技工教育事业，这种领导体制必须加以改革，实行校长负责制。

技工学校实行校长负责制的重要性在于正确处理学校内的党政关系。实行校长负责制，校长对学校工作应有决策权、指挥权、财权和人权，对技校工作负有全面的责任。实行校长负责制，不仅不会削弱党的领导，相反正是加强了党的领导，使党委摆脱事务圈子，更好地抓好方针政策的贯彻执行，做好教职工和学生的思想政治工作。

实行校长负责制，选好学校的校长和书记是关键。选择校长和书记要按照革命化、年轻化、知识化、专业化的要求进行。要选派那些热爱技工教育事业、有大专以上文化程度、懂学校管理业务，并有一定管理工作才能，能开拓新局面的同志担任校长。技工学校的书记不仅要有教育头脑，还要有经济头脑。他要保证党的路线、方针、政策的贯彻执行，保证技校经济工作的完成。书记的一个重要责任，就是与校长和衷共济，与校长密切配合，把学校工作搞好。

（二）技工学校必须简政放权，实行责任制

1. 建立精干有效的管理机构

它的作用是便于校长实行决策、指挥权，增强各级干部的责任心，发挥他们的积极性和创造性，这样的管理机构，正是我们需要加以认真研究的。本着简政放权，合理编制，加强管理，提高效率的原则，其组织机构应根据学校规模的大小采用不同的设置方案。技

---

① 杨廷金.1985.技工学校领导体制改革的几点浅见.职业教育研究，（5）：21-23

工学校行政机构设置方案见图1（适用于学校和实习工厂规模较大、生产能力较强的学校）。

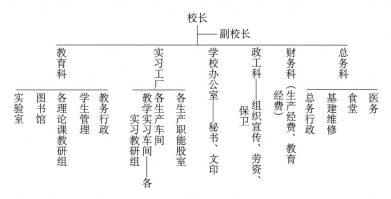

图1 技工学校行政机构设置方案图

技工学校党、团、工会的机构在总编制内，按照当地党委和有关组织的规定，可设置精干有效的机构。

2. 人员编制

（1）技工学校的人员编制，根据情况可分为两类：一类是生产实习课时占总课时的一半以上，学校内有实习工厂，生产实习课在校内进行的；第二类是生产实习课时少于总课时一半，学校内没有实习工厂，生产实习课到企业中进行的。具体编制标准见表1。

表1 技工学习人员编制标准

高等类别	学校发展规模（学生满员人数）	教职员工合计		文化理论教师		实习教师		行政人员		工勤人员		实习工厂工作人员占学生的%	教师占教职工总数的%
		人数	与学生之比	人数	与学生之比	人数	与学生之比	人数	与学生之比	人数	与学生之比		
第一类	200—500	50—110	1:4—1:4.5	14—31	1:14—1:16	11—26	1:18—1:19	14—29	1:14—1:17	11—24	1:18—1:21	5—10	50—52
	501—900	110—180	1:4.5—1:5	31—52	1:16—1:17	26—45	1:18—1:20	29—39	1:17—1:23	24—39	1:21—1:23	5—10	52—54
	901—1200	180—218	1:5—1:5.5	52—65	1:17—1:19	45—57	1:20—1:21	44—48	1:20—1:25	39—48	1:23—1:25	5—10	54—55
第二类	200—500	55—125	1:3.6—1:4	20—50	1:9—1:10	8—20	1:25	13—30	1:16—1:17	12—25	1:17—1:20	5—10	55—56
	501—900	125—178	1:4—1:4.5	50—72	1:10—1:11	22—28	1:25—1:28	30—40	1:17—1:20	25—38	1:20—1:28	5—10	56
	901—1200	178—200	1:4.5—1:5	72—77	1:11—1:13	38—35	1:28—1:29	40—43	1:20—1:23	38—43	1:21—1:23	5—10	56

（2）技工学校的人员编制要保证教师的数量，非教学人员不能挤占教学人员编制。教师编制的设置既要保证完成教学工作量，又要考虑到教师的进修提高，在此基础上可适当增加教师编制。此外，还要考虑学校所设工种的差别，如冷加工、热加工、电工或第三产业等可以根据具体情况，适当增加教师的编制。

（3）行政人员的配备要精干。正、副校长的人数，规模小的学校配 1 ～ 2 人，规模较大的学校配备 2 ～ 3 人，各科、处、室负责人一般只设正职，个别工作量大的可设 1 名副职，人员的分工不宜过细。

（4）实习工厂工作人员，包括工厂的管理人员、技术人员、生产工人和其他辅助人员，其编制另列。原则上第一类学校以上三类人员数量不超过学生人数的 5% ～ 15%，第二类学校以上三类人员数量不超过学生人数的 5% ～ 10%，如超过标准，其超过部分要单独核算，实行自负盈亏。

（5）技工学校承担在职职工培训和待业青年就业前训练任务的，其人员编制另予考虑。学校所属托儿所、幼儿园、理发室、浴室、商店、副食品生产人员不包括在技工学校人员编制内。上述人员应按当地有关规定执行。

（6）各技工学校所设工种不宜过多，一般不应超过 7 个工种，各工种招生人数以不少于 40 人为宜。

3. 实行岗位工作责任制

（1）校长、副校长。校长是技工学校行政负责人，对外代表学校，对内领导全校工作；负责贯彻党和政府的教育方针、政策、法令和法规，领导学校的教学、思想品德教育、生产、财务和总务工作。副校长协助校长工作。

（2）学校办公室在校长领导下，负责制定学校全面工作计划和对计划执行情况的检查总结，统筹全校规章制度。不设人事科的学校，学校办公室还要负责人事、保卫等工作。

（3）教育科在校长（或分管教学的副校长）领导下，主管教育行政工作，负责贯彻执行技工学校教学计划、教学大纲；管理教师的工作安排，业务考核和进修提高，考核学生学习成绩，指导各教研组工作。

（4）实习工厂（商店）在校长（或分管生产实习的副校长）领导下，负责实习教学和生产的安排和组织，贯彻执行生产实习教学计划和教学大纲，负责管理实习教师的工作分配、业务考核和进修提高，保证生产计划的完成。

（5）总务科在校长（或分管总务副校长）领导下，主管学校的总务行政工作，管理学校的财产，负责学校的基建工作，领导并管理食堂、托儿所、医务室和学校的绿化等工作。

（6）政工科在校长（或副校长）领导下负责全校教职工的组织、宣传、劳动工作；管理人事档案和统计，做好学校的保卫工作。

（7）财务科在校长领导下，负责学校经费预决算编制和执行，贯彻和监督执行财经纪律、财务和会计制度，负责生产财务管理和经济核算，按照国家规定上缴税收，管理现金和财务档案。

各类技工学校可依据上述原则，考虑制订本校的行政机构设置和具体职责范围，以及其岗位责任制。

二十五、杨金土

　　杨金土（1935—　　），男，浙江省金华县人，曾任教育部原高教二司副司长，原国家教委机关党委常务副书记，原职业技术教育司司长，教授。

　　1959年毕业于南京农学院农学专业本科，留校工作。1978年被调教育部工作，历任原"高教二司"科员、副处长、副司长，原国家教委机关党委常务副书记，原职业技术教育司司长，1995年退休。

　　退休后曾任浙江大学、东南大学兼职教授；第四、第五届国家督学；中华职业教育社第七、第八届理事会常务理事、研究委员会副主任；上海思博职业技术学院院长。现任天津大学、湖南农业大学、河北师范大学、华东师范大学等校的兼职教授；全国高等职业技术教育研究会顾问；（教育部）职业技术教育中心研究所学术委员会副主任；（教育部）全国高职高专教育人才培养工作委员会顾问；（教育部）全国中职教育教学指导委员会副主任；上海思博学院、山东科技大学工程学院、青岛滨海学院名誉院长；中国职业技术教育学会副会长兼学术委员会主任。

　　主要著作有《部分国家和地区职业技术教育法规选编》《二十世纪九十年代中国教育改革大潮（职业教育卷）》《溪流声声——杨金土职业技术教育短文选》,《《台湾技职教育的过去、现在和未来》《30年重大变革——中国1979—2008年职业教育要事概录》。

　　在重要学术期刊发表职业教育方面论文80余篇，成果显著，影响深远。

对发展高等职业教育几个重要问题的基本认识 [①]

摘要：本文在分析社会人才结构及其相应的教育结构的基础上，探讨了我国发展高等职业教育所面临的多方面的问题，对高等职业教育的培养目标和教学特点做了阐述，同时，指出优化配置教育资源、合理调整教育结构是发展我国高等职业教育的重要途径；而制定正确的改革措施则是高等职业教育健康发展的前提和保证。

一、问题的提出

发展高等职业教育的问题，首先是由企业和行业部门提出来的。他们在充分肯定我国高等教育发展和改革成就的同时，深切感到有两点不足：①部分毕业生到企业第一线后思想水平和业务能力的适应性不够；②新生产线和新设备所需一批新规格的人才无处培养。如：建材系统已有日产 700、2000、4000 吨的窑型新工艺生产线 70 多条，生产能力占全国水泥总产量的 1/5，急需中控室运行技术人员；建筑 12 层以上高楼和 24 米以上大跨度厂房的工程任务日益增多，急需较高层次的现场施工技术人员；国家今后新建电厂均采用 30 万千瓦以上机组，急需通过高等教育培养的运行技术人员；远洋航运迅速发展，有的大型船只价值上亿元，而全船操作人员只有 30 人左右，其主要岗位已非中等职业技术学校毕业生所能胜任；现代化钢铁企业的炉前工、点检工已远非传统意义上的技术工人；苏州工业园区等高科技开发区急需聘用能适应国际市场工作的各种复合型的实用人才，为弥补目前我国高校毕业生能力之不足，苏州工业园区不得不增加一条“具有五年以上工作经验”的应聘条件；一些大型企业新开柔性加工线，急需一批具备编程、调试、维修及操作技能的新型人员；一些厂长惊呼：工段长要出现断层了。因为老工段长适应不了新的生产形势，一般高校毕业生又不适应一线工作。诸如此类问题，不胜枚举，发展高等职业教育，已是势在必行。

二、社会人才类型与教育类型

高等职业教育的属性与地位是当前高职发展中的重要问题，而明确这个问题的关键是高职培养的人才特征。因而必须从较广阔的角度，即社会人才结构及其相应的教育结构来进行探讨。

（一）社会人才结构

社会人才可以从不同角度加以分类，我们从生产或工作活动的过程和目的来分析和确

---

① 杨金土、孟广平、严雪怡等 . 1995. 对发展高等职业教育几个重要问题的基本认识 . 教育研究，（6）：7-15. 本文系受国家教委职教司的委托，由杨金土、孟广平、严雪怡、成立强、成永林、吕鑫祥、黄克孝、阎光太、唐德呆、费青、沈纯道、李晓玲、安钢等同志在广泛调查、共同研讨的基础上完成。

定人才类型。这种角度有利于明确教育分类，也有利于教育保证和促进社会、经济、科技的发展。

在科学原理（即客观规律）形成社会的直接利益的过程中，存在着两个转化：一个是科学原理演变为工程（或产品）设计、工作规划、运行决策；另一个是将工程原理应用于实践从而转化为工程、产品等物质形态。与此相关的社会人才需求，总体上讲也分两大类：一类是发现和研究客观规律的人才；另一类是应用客观规律为社会谋取直接利益的人才。前者称学术型人才，后者称应用型人才，应用型人才中，尚需再行划分为三类。据上分析，社会人才可有以下四种类型。

学术型（科学型、理论型）人才，从事发现和研究客观规律的工作。如物理学家、化学家、语言学家、生物学家、经济学家、法学家等。

随着生产的发展，理论研究目标向实践领域趋近，于是产生了应用科学，也即钱学森同志著文讨论的技术科学。它介于社会实践与基础科学之间，但仍以客观规律为研究对象，向实践提出新的设计原理和框架，而不以为社会谋取直接利益为目的。如钱学森研究的"工程控制论"，吴仲华的"发动机三维设计原理"，其他如"镜面磨削机理"等。

工程型（设计型、规划型、决策型）人才，这类人才从事为社会谋取直接利益的有关事业的设计、规划、决策工作。即在工作或生产活动前对活动进行预先考虑并作出全面安排的工作。例如，工业产品的开发设计、产品产销决策、农业种植规划、森林采伐规划、城市规划设计、电信网络规划、电信工程设计、农田水利设计、土木及建筑工程设计等。

技术型（工艺型、执行型、中间型）人才，这类人才是在生产第一线或工作现场从事为社会谋取直接利益的工作，只有经过他们的努力才能使工程型人才的设计、规划、决策变换成物质形态或者对社会产生具体作用。这种人才又大致可分成三类：①生产类——如工厂技术员、工艺工程师、工地施工员、施工工程师、农艺师、畜牧师、植保技术员等；②管理类——如车间主任、作业长、工段长、设备科长、护士长、护理部主任，以及行政机关中的中高级职员等；③职业类——如会计、出纳、统计、助产士、牙科技师、医师、导游、空勤人员、农业生产经营者等。

技能型（技艺型、操作型）人才，这类人才也是在生产第一线或工作现场从事为社会谋取直接利益的工作。他们与技术型人才的区别在于主要依赖操作技能进行工作，技术工人属于这类人才。在我国当前情况下，大多数技师也仍然属于技能型人才。但是在石化、钢铁、航空、半导体等大型企业或现代化企业中，技师劳动组成中的智力成分已占相当大的比例，因而，这些技师应归为技术型人才。一些高技术设备的操作者，虽有操作内容，但不能简单地归入技能型人才，尚须分析其智力含量的多寡，来决定其是技术型人才还是技能型人才。

（二）国际比较

上述四种人才类型中，学术型人才与技能型人才的界限是比较清楚的。而工程型人才与技术型人才是否为相互独立的两个人才群体，在我国尚未形成共识。因而，下面再作一些国际比较。

美国工厂企业的工程技术人员系列中，有工程师（Engineer）、技术师（Technologist）和技术员（Technician）。美国普渡大学 W. K.Lebold 教授论述这些职务的内涵如下："工程师是产品、生产过程或者工程系统的开发者或设计者。应用数学和基本理论来解决工程技术问题是他们的典型工作……技术师是一个典型的工程实践者，他们关心工程原理如何应用于实践；如何组织好生产人员去从事生产准备工作和现场操作。他们专注于维护和改良生产设备、生产过程、加工方法和加工程序……技术员经常在工程师和技术师的指导下工作或者贯彻他们的技术方案。他们是实践人员。因而，必须了解工作原理和试验程序、测量工具。他们应有较强的动手能力。"美国职务聘任委员会（The Accreditation Board）对工程师与技术师职务所下的定义与上述说明涵义相同。

英国工程技术人员也分三种：特许工程师（Chartered-Engineer），技术工程师（Technician-Engineer）及工程技术员（Engineering-Technician）。英国工程委员会（The Engineering Council）著文指出："特许工程师在技术人员群体中提供改革和创造的讯息，他们是技术人员群体的领导者，有的要进入最高管理岗位。""技术工程师将特许工程师的意图转化为实际工作。他们是工程技术人员群体活动的计划者。他们常常负责作出每日的工作安排，对日常的技术问题要找出切实的解决办法。有的技术工程师要进入管理和监督岗位……工程技术员在工程技术人员群体中是参加实际工作的。他们在测量仪器、工具和设备方面具有详细知识和操作技能。他们对技工和操作工的工作负有监督责任，并保持工作正常运转。"

法国的工程技术人员也分工程师、高级技术员、技术员三种，他们的职责与英美两国大致相同，例如与工艺工程师相当的高级技术员职责为："将抽象的设计和理论研究具体化，直接协同经济管理和工业尖端力量工作，协助工程师进行研究、计划和生产……"

由以上职务内涵可见，工程师和特许工程师为工程型人才；技术工程师、高级技术员、技术员为技术型人才。在各工业化国家中，都存在着与工程型人才相区别的技术型人才群体，并且已有技术职务岗位加以确定。

在我国的工厂企业中，实际上与世界各国一样存在着技术员和技术师的工作区别。上海智力开发研究所编写的《各类干部岗位知识能力规范参考手册》中，就有工艺工程师职责和知能规范的说明。解放初期的工厂技术人员职务中，就有过技术员职称系列。当时不少高等专科学校曾明确指出培养目标为高级技术员，它的职责与上述的工艺工程师相当。

但是当前，我国由于对工程型人才和技术型人才的分类尚未形成共识，所以在工程技术人员职称系列中将两者混成一体，无技术师或工艺工程师、高级技术员等职称，全由工程师职称概括。技术员与助理工程师也因不存在工作性质的差异而变成了层次高低的标志。这种情况不利于技术型人才的成长。如重庆钢铁公司在人才需求分析中，提出工程技术系统需要两类人才：设计开发人才和工艺技术人才，但由于现行职称系列的限定，不得不使这实际存在明显区别的两类人才沿着同一职称系列递升，即：技术员——助理工程师——工程师——高级工程师。这必然造成培训、考核的混乱和困难。

综上所述，我的结论是：

（1）社会人才结构中的技术型人才是一种客观存在的与工程型人才不同的人才类型；

（2）我国应另行订立技术型人才的职称系列以具体确立这种人才类型。建议其系列为"技术员——技术师——高级技术师"，它应与工程型人才的职称系列相并列。

（三）教育类型结构

上述四类人才的社会功能不同，他们的知能结构也是各具特征的。学术型人才要求基础理论深厚，有较好的学术修养和较强的研究能力，特别应在某一专业方向上有较高的造诣。学术型人才与工程型人才都要求有较好的理论基础，但在程度上和方向上有区别。由于工程问题（规划或决策）常常是多因素的，综合性的，因此，要求工程型人才有较强的应用知识解决实际工程问题的能力，所以在工程型人才的成长过程中，工程实践经验的积累起着十分重要的作用。

技术型人才也要有一定的理论基础，但不必达到工程型人才的要求，而更应强调理论在实践中的应用。由于他们大都是在千头万绪、千变万化的生产（或工作）现场工作，因而他们与工程型人才比较尚有以下特征：①相关的专业知识面要更宽广些，如工艺人员除需要工艺知识外，尚需经济、管理等方面的相关知识。②综合应用各种知识解决实际问题的能力应更强些，特别是应具备解决现场突发性问题的应变能力，还应具有一定的操作技能。③生产现场的劳动常常是协同工作的群体活动，因此，人际关系能力、组织能力是这类人才极为重要的素质。④在人才成长过程中，更应强调工作实践的作用。实际情况表明，管理人员、工艺人员，以及复合型人才的培养，以具有专业实践经验的在职人员为生源更为适宜。

技能型人才主要应掌握熟练的操作技能，以及必要的专业知识。

正是由于社会上客观需求上述四种社会功能不同、知能结构各具特征的人才，因而才相应地产生了四种不同的教育类型——学术教育、工程教育、技术教育和技能教育。一般说来，培养学术型人才的学术教育和培养工程型人才的工程教育都由大学本科和本科以上层次实施，国际教育标准分类中也表明，培养这两类人才的教育是属于第三级教育中授学位的第一阶段和第二阶段教育。技能教育在多数国家通称为职业教育，它和技术教育都是培养在生产现场从事成熟技术的应用和运作的应用型人才，其间具有较多的共同点，因此，联合国教科文组织将这两类教育合称为"技术和职业教育"。众所周知，1982年，我国教育行政部门对实施职业教育为主的职业中学和技工学校同历来实施技术教育的中等技术学校（除中师以外的中等专业学校）实行统一管理之后，将它们统称为"职业技术教育"，其涵义即"职业教育和技术教育"。这一名称现在已改为"职业教育"，但其实际内容并未改变，中专学校仍是中等职业教育的骨干力量。因此，我国的职业教育涵盖了技能教育（即多数国家所称之职业教育）和技术教育是毋庸置疑的。

三、社会、经济、科学、技术的发展与职业教育层次的提高

随着经济的发展，科技的进步，生产过程中技术含量的不断提高，技术教育和技能教

育的层次也会产生高移趋势。

1）在第二产业中，新兴产业和高技术的逐步推广要求从业人员具有更好的理论基础和更强的实践能力；第三产业部分从业人员，既要适应行业中和行业间的合作与交流，还要按照国际惯例处理各种事务。在以上这些情况下，原有的中等职业教育已难以完全适应需要。

2）改革开放和市场经济政策的实施。要求培养外向型人才，这些人才既要熟悉国内生产、经营、服务的传统做法，又要掌握国际上通用的法则，包括技术标准、经营规则、服务要求、质量指标、环保措施等，使自己成为直接与国内外同行打交道的能手，这些能手已不能完通过从中等职业教育来培养。

3）科学技术的发展又提出了需要熟悉多种相关技术的复合型人才队伍。如机电一体化、机电液一体化、专业与计算机的复合、专业与贸易的复合等，这些复合人才是较高层的技术型人才，因此需要通过高等职业教育来培养。

4）在新的形势下，一部分生产领域的操作人员，其工作性质也由体力技能操作转向为智力技能操作。在对他们的培养中必须增加相应的专业理论知识，同时强化智力操作的训练。而培养这种高技术生产领域的操作人员的教育，一般也属于技术教育。因此可以说，高等职业教育主要是高等技术教育。

总而言之，社会、经济与科学技术的不断演进，技术与科学的逐步结合，促使培养技术型人才的技术教育逐渐形成，并逐步进入高等教育范畴。所以，社会、经济的发展，科学技术的进步是技术教育层次提高的根本动因。

当前，在大多数国家中，技术型人才的培养已提高到大学专科层次，有的国家和地区还通过大学本科和研究生来培养技术型人才。1992 年台湾省的 3 所技术学院，除有本科在校生 7725 名外，还有硕士和博士研究生 1155 名。高等教育中分化出高等技术教育类型（在我国已包含在高等职业教育之中）并随之自觉地进行类型结构调整，是近半个世纪以来世界高等教育发展的共同趋势。本世纪 60 年代后迅速发展起来的美国技术学院和社区学院、英国的多科性技术学院、德国的高等专科学校、澳大利亚的 TAFE 学院、日本的技术大学、新加坡的工艺学院、法国的短期技术学院、印度的技术大学等，都是承担高等技术教育的办学机构。据《教育研究》1984 年第 11 期《世界职业教育学制研究》一文统计，在 117 个国家与地区中，同时举办职业教育和技术教育两种学制者有 116 个国家与地区，仅一个国家（阿拉伯联合酋长国）只办职业教育。在以上 116 个国家与地区的技术教育学制中，以高等专科学制培养技术员的有美国、朝鲜、新西兰等 12 个国家与地区，其余 104 个国家与地区都在中等技术学校培养技术员；有 87 个国家及地区的技术教育分成两个层次，即在培养技术员学制之上有培养高级技术员、技术师等职称的学制，包括美国、英国、法国、德国、日本、印度、越南、巴西、阿尔及利亚等国；其余 29 个国家及地区只举办培养技术员的单层次学制。

近十多年来，我国普通高等教育在层次结构、科类结构、学校布局结构的调整及办学形式多样化等方面的改革都取得了显著成果，高等专科教育提出了培养技术应用型人才的目标，进行了一些培养过程的改革，为此尽了很大的努力。其改革方向显然是对的，改革成绩是明显的。但由于以培养高级技术型人才为主的高等职业教育，没有作为一种独立的教育类型旗帜鲜明地建立起来，所以高等专科并不放弃与本科雷同的"工程师的初步训练"的目标，高等专科实际上始终以低于本科一个层次为主要特点而存在，整个高教的相关政策基本上只向单一规格人才培养和单一教育类型的方向引导。因此，有的高专学校反映，上述改革举步维艰，改革目标忽明忽暗，难以摆脱学术教育和工程教育的基本模式，改革很难彻底。所以，必须根据 1994 年全教会的精神，加快我国高等教育类型结构调整的步伐，明确划分为实施学术教育和工程教育为主的普通高等教育和实施技术教育为主的高等职业教育两大类型，并制订相应的支持、激励政策，促使其发展。这并不是新增学历教育系列，而是在原有普通高教和成人高教基础上的调整和重组，目的是使我国的高等教育进一步适应经济建设对不同人才类型的实际需要，提高高等教育的整体效益。

四、高等职业教育的标准和特点

所谓教育标准是指一定的教育在培养目标、教学内容及教学条件等方面的综合水平。它按不同的教育类型和层次而各有区别。如上所述，我国所称高等职业教育的主要内涵是高等技术教育，它与联合国教科文组织所建议的教育分类原则关于技术教育（Technical Education）的意义是一致的，既不同于培养工程师的专业教育（Professional Education），也不同于培养技术工人的职业教育（Vocational Education），它属于第三级教育（Tertiary Education），是高等教育的组成部分。由此决定了它的如下标准和特点。

（一）培养目标

李鹏总理在全教会上指出："职业学校的培养目标应以各行各业熟练劳动者和社会需要的各类技术人员、管理人员为主。"延伸至高等层次的职业学校，我们理解其培养目标大体有三种类型：

1. 高层次的技术员类人才（包括第三产业的相应类型人才）

这类人才与"技术员"属同一类型，性质、特点都相同，但比技术员高一个层次，特别是采用高新技术后一些新形成的工作岗位对这类人才提出了需求。由于培养这类人才的学制只有二三十年历史，这类人才并不像"技术员"那样有统一的职称，国外所采用的职称主要有以下几种：

1）高级技术员。采用这一名称的国家较多，但不同国家的原文不尽相同，原文为 Higher Technician 者有印尼、马来西亚、中国香港、肯尼亚、尼日利亚等国家与地区，原文为 Senior Technician 者有印度等国家，原文为 Technicien Supérieur 者有法国、比利时、科特底瓦等国，原文为 tecnico Superiore 者有意大利等国。

2）技术师。原文为 Technologist 采用者有美国、加拿大、巴基斯坦、赞比亚、加纳、中国台湾等国家与地区。

3）技术工程师。采用这一名称者有英国（原文为 Technician Engineer）、西班牙（原文为 Ingeniero técnico）、丹麦（原文为 Teknikum ingeniør）等国。

4）德国、日本、荷兰、瑞士等国将这类人才作为一种特殊类型的工程师。韩国称其为现场工程师（Field Engineer）等。

我们建议：我国采用"技术师"这一称谓。

2. 既有一定实践技能，又有一定专业技术的"技师型"人才

这类人才的培养目标与德国的师傅学校和技术员学校的培养目标类似。关于这类人才的职称，一般命名为"技师"。但我国劳动部已将高级工的优秀者命名为技师，这两者不一样，需要重新考虑命名问题。

3. 管理人员

在上述人才类型的分析中，我们把管理也作为一种技术对待，于是把管理人员统归于"技术型人才"之中，在其知能结构和岗位职能上也往往交叉甚多。但在人才分类细目中，管理人员自成一类，因此它可以是技术教育的培养目标之一。高等职业学校培养管理人员所能达到的水平，因新生入学时所具有的专业水平、修业年限等不同而不同。

至于培养"技术员"，这是某些国家短期大学的培养目标。在我国部分高等专科，特别是二年制专科，就其可能达到的技术水平而言，也只能以"技术员"为培养目标。鉴于我国中专学校历来就以此为主要目标，故不宜再作为高职的培养目标之一。

上述"技术师"一类的人才，社会上已经有大量需求，今后将愈来愈紧缺，应当抓紧发展。培养第二类人才的目标，已有包起帆[①]等很多成功的经验，应当在总结经验的基础上进一步完善这一类学制。

（二）教学过程的特点

高等职业教育的教学过程，就其本质而言，应逐步实现如下原则：①培养目标、课程体系、课程内容及时间分配计划的确定，都要从职业分析入手，都要突出能力培养；②承认每一名新生在入学时实际具有的本专业的知识和能力，入学后实行因材施教；③衡量学习成果，以培养目标所要求掌握的知识和能力为标准，而不是以修业时间为准，时间服从培养目标。

其特点具体分述如下：

1. 入学基础。高等职业教育的文化基础应是高中文化水平或相当于高中文化水平，同时，大部分专业还应建立在中级专业技能与技术的基础之上。因为培养高层次技术型人才的学制一般建立在培养技术员学制的基础之上，这两个层次的学制是相互衔接的，或者是可以相互衔接的。也就是说，要成为高级技术员或技术师，首先要成为技术员，而且，最好先担任两年以上技术员工作，再进一步培养、提高成为技术师。

不排除部分专业（文科类为主）可直接招收普通高中毕业而不具有职业技术基础的人员入学，但此类招生不占多数。

---

① 包起帆（1951—　　），男，浙江镇海人，现任上海港南浦港务公事副经理，中共上海市委员会，上海发明协会副会长、高级工程师、国家级中青年专家，是集装箱电子标签系统国际标准的编制者，被誉为"抓斗大王"。

2. 与普通高等教育相比较：①在教学计划结构方面，普通高等教育的理论教学一般占较大比重，实践教学所占比例小，而高等职业教育的实践教学所占比重要高得多，甚至可占计划总课时数的一半左右。②在基础理论要求方面，高等职业教育着眼于实际应用，而不像普通高等教育那样对理论的论证、推导都有较高要求。③在实践教学要求方面，高等职业教育应比普通高等教育有更高要求，使之能有较强的职业技能与职业能力。

3. 与中等职业教育相比较：①在文化课方面，高等职业教育在外语、数学等课程上应比中等职业技术教育有所加强，但教学内容应着眼于应用。②在专业理论方面，高等职业教育应在中等职业教育的基础上进一步加深、拓宽，使其能适应高新技术或复合型岗位的需要。③在实践技能与能力方面，高等职业教育应在中等职业教育的基础上进一步提高。提高的方向不只是技能熟练程度，而是使学员能适应现代化程度、复杂程度有显著提高的工作岗位，或者是对管理工作能力要求较高的岗位。

4. 与中等职业教育的衔接。高等职业教育与中等职业教育之间的衔接是培养高层次技术类人才必须解决的问题，应当参照国外经验，做好以下各项准备工作：①在普通中等专业学校已有的专业目录基础上，制订高等职业学校的专业目录，部分专业的专业面宽于中专同类专业。②学制衔接的关键是两个层次教学计划中课程之间的衔接。因此，各中等职业学校（主要是中等专业学校）应对每个专业的主要课程确定大体的标准；而各高等职业学校各专业也应确定入学水平标准，这两个标准应当协调。③为学制衔接制订相应的规章制度，主要有招生制度、未达到入学标准学生的补课制度、入学后已学课程的免修制度等。

5. 考试与发证。由于高等职业教育着眼于职业技能与职业能力的培养，对学生的考核不应偏重理论课程的考核，而应重视在实验室或实习场所进行职业能力的考核，还应结合实践教学考核学生解决实际问题的能力。

从高等职业学校毕业的学生，所得到的证书不应只是学历证书，而应有反映其在职业技能与任职资格方面实际到达程度的等级证书。这些证书并不全由学校颁发，而应尽可能取得社会上权威机构核发的等级证书。

（三）教学条件的特点

举办高等职业教育教学条件的特点，主要是师资与设备两个方面。

1）高职的教师，特别是专业课教师，既要有较好的理论修养又要有较强的实践能力，高等职业学校还应重视吸收校外技术人员为兼职教师，并占一定的比例。有些专业还应配备一定数量的技能教师。

2）要有与工作现场实际情况相同或相近的实习、实训场所及相应的设备，凡在生产现场难以安排实习任务的生产过程，要有相应的仿真模拟设备，以便让学生反复进行操作训练，培养处理生产现场各种实际技术问题的能力。

五、高等职业教育的发展途径——教育资源的优化配置

就全国而言，在相当长时期内，对中级人才的需要量明显超过对高级人才的需要量，因此，以中等职业教育为重点是一项长期政策。但是在部分地区和部分经济领域确实需要发展高等职业教育以适应需求。在职业教育总规模中，高职这一部分所占的比例是小的，何况办高职的条件需逐步创造，所以既不可停滞不前，也不可盲目发展。

发展高等职业教育，必须在全国高教总规模内以改建现有相关院校为主，建立一批高等职业院校，并逐步建设一些高水平院校作为骨干。同时，还应充分利用其他高等教育机构的教育资源，建立高职教育点。根据社会、经济发展对技术教育培养人才的需求，按照高等职业教育的标准，通过对教育资源的优化配置，教育结构的合理调整，实施各种形式的高等职业教育，以利于减少教育投资，提高教育效益，事半功倍地发展高等职业教育事业。

高等职业教育发展的原则是充分调动国家、地方政府或社区办学；产业、行业、企业办学；社会团体、私人办学；各种形式的联合办学，包括引进国外资金所实行的联合办学等各方面的办学积极性。

高等职业教育兼容了职前学历教育，职后学历教育，职前非学历教育，职后非学历教育四个方面。对应实施这些教育的机构有：①独立设置：面向社会的国家——社区——私人办高等职业院校；②独立设置：面向企业的产业——行业——企业办高等职业院校；③附属于普通高等院校、职业大学、成人高等院校、中等专业学校、私立学校、产业——行业——企业培训中心中的高等职业教育专业班，它们实施高等职业教育的学历教育，兼施同一专业的非学历教育。

与高等职业教育相关联的各类教育资源有：普通高等院校，当前主要是普通高等专科学校和部分工科、应用文科类本科院校；职业大学；成人高等院校；重点中等职业学校（目前主要是中等专业学校）。

李岚清副总理在全教会的总结讲话中明确指出："发展高等职业学校，主要走现有职业大学、成人高校和部分高等专科学校调整专业方向及培养目标，改建、合并和联办的路子。"根据这一精神，对上述各类教育资源的优化配置具体说明如下：

（一）普通高等院校

其中有一部分院校，如财政税务、财务会计、旅游、海关类学校，它们所设置的专业及其教学内容，实际上都是高等职业教育性质，将它们明确归类即可。高等工科专科学校的大部分应从事技术教育，培养技术类高级人才，通过内部调整，逐步改建为高职的骨干力量。对于一部分有技术教育但不以技术教育为主体的院校，如以工程教育为主体的综合性工科大学，高等职业教育应作为多功能办学的一部分，附设于这些院校中。

（二）职业大学

目前的职业大学，是为地方经济服务的综合性大学。其中，有一些已办出明显的高职特色，取得了显著成绩。其主要部分理应实施高等职业教育，需加快改革步伐，迅速提高办学水平，使其成为名副其实的高等职业学校。

（三）成人高等院校

成人高等教育中，有一部分明显是高等职业教育性质的，如金融职工大学，财政税务职工大学，财贸、经济、政法管理干部学院等（在改革中，很多企业的职工大学归并于教育培训中心之中，因此，也可包括大型企业教育培训中心）。要充分发挥其实施企业所需高等职业教育的师资优势和实践训练设备的优势，其中有条件的可改建为高等职业学校。

（四）普通（重点）中等专业学校

现在的一部分较强的高等专科学校，是过去的中等专业学校升格建成的。现在的中等专业学校特别是重点学校，在深化改革中有的附设了高等职业教育专业班；有的附设了成人高等教育专科班，后者又大多属于职后高等职业教育性质，有的是普通高校多年的校外教学点。许多中专校还长期实行高中后二年制教育，从而积累了一定的高等职业教育经验，其中一部分已具备了举办高等职业教育的条件，具有一定的整体技术教育优势，包括师资、教学设备、教学经验等方面的优势。最近李岚清副总理亲自批准十所中专校办高职班，正说明了这种优势的客观存在。今后，应根据实际需要和可能条件，适当扩展高职班试点或改建为多层次、多功能的高等职业学校。

（五）行业职工大学和中等专业学校的联合或合并

当前有很多行业的职工大学和受行业领导的普通中等专业学校实行的是两块牌子一套班子的组织体制。这样的院校及其领导、教学班子，既有办职业教育的经验，又有办大专层次高等教育的经验，还有一定的实践训练的优势和明确面向行业的服务思想，合并为高等职业学校后，既不增加高校总量，又增强了办高职的实力，是较理想的高等职业教育资源。这种方式也适用于部分职业大学和地方性中专的联合或合并。

（六）社会和私人办的高等学校

这些学校灵活适应市场经济的需要，举办的大多是急需、短缺、新兴的专业，大多属于高等职业教育性质。对其中条件具备者，应继续向高职方向引导。

至于各普通高校、成人高校、中专学校中附设的高等职业教育专业班，作为高等职业教育的补充力量，同样应该重视和办好。关键是如何引导，使之办成真正的高等职业教育，因为一所好的普通高校也未必一定能办出好的高职。

无论如何，这些学校和教育点都必须进行调整和改建，包括师资结构，实验实习设备，培养目标，课程设置，教学内容和方法等，都不应仅仅是形式上的改头换面，而要认真地改革和改建。为此，首先必须建立明确的高等职业教育规范，按高等职业教育的概念、内涵、培养目标、培养方法，制订高等职业院校的设置条例，专业设置原则，教学计划制订原则等，明确学制、招生条件，以及教学管理、经费来源等，并根据这些规范进行严格审批。

为了保证高等职业教育的质量，使之稳步、健康地发展，要注意防止可能出现的若干误区。

1. 高等职业教育培养的是技术师（高级技术员）或高级智能型操作人员等技术型人才，不是传统的高级技术工人或技师。培养的学校是高等职业院校，而不是高级技工学校或高级技工培训中心。

2. 发展高等职业教育，是为了适应社会主义建设需要，培养技术型高级人才。符合人才培养需要和标准的升格是必要的、可取的，但要防止不顾需要与可能的"升格风"。

3. 由于各种因素的影响，较长一段时间以来教育的"商业性"日益明显，经济效益对教育有着很大影响。必须一开始就防止挂高职之名、行创收之实的错误倾向，或单纯为扩大生源而不顾条件，不讲质量，滥竽充数，以假乱真。

4. 防止在专业设置上不做市场调查，不根据社会、经济发展需要而仅凭本身的专业优势和主观意愿盲目设置，以免造成人才的积压和浪费，使高职的信誉受损。

总之，既要积极发展高等职业教育，又要防止不顾条件一哄而上，造成规模失控。因此，对新建或改建高等职业学校都要严格履行审批手续。从我国经济、科技发展状况看，首先应在沿海发达地区发展高职，目前阶段的高等职业教育以大专层次为主，以后依经济、科技的发展需要再逐步扩展。为了减少步入误区的可能性和在发展过程中少走弯路，要按照高等职业教育的标准，对市场急需的部分专业，在上述各类教育资源中，选择一些办学条件较好且有举办高职积极性的学校进行试点，积累经验，逐步展开。

六、发展高等职业教育的政策措施

历史的经验证明：一项新的改革要能健康发展并获得成功，必须同时有相应的政策措施给予支持和保证。先发展、后定政策，"先上马、后备鞍"往往导致失误或失败。当前，发展高等职业教育是热门话题，也是新事物，不同方面对于发展高等职业教育的基点和认识也各异。在这种情况下，尽快确定发展方针，制定出有关的政策至关重要。为此提出以下建议：

1）当前的发展方针应是："积极支持、按需发展、规模适度、保证质量"。发展高等职业教育是社会经济发展的必然要求，应当认识这种趋势的必然性。同时，考虑到我国的改革和发展速度很快，教育实施需要提前量，所以，应当积极支持其发展。但我国是个发展不平衡的大国，当前真正需要发展高等职业教育的地区或行业还不是大量的、普遍的。目前出现的"高职热"有相当一部分是当前招生就业难、学校求生存、学生求学历等现象的反映。所以，对发展规模要实事求是，根据地区、行业的实际需求发展，避免盲目发展甚至失控。关键是要按需发展和保证质量。

2）高等职业学校的名称。参考国外同类学校的一般名称，高等职业学校的名称可定为"技术学院"。有的职业大学、普通高校和成人高校也可暂时保留原校名。

3）招生计划单列，招生考试加试科目。高等职业教育的培养目标和招生对象与普通高教有所不同，所以不宜与普通高校招生计划混列，而应单列计划。高等职业学校一般应招收中等职业学校的毕业生（应届或往届）和普通高中毕业又具有本专业基础的在职人员。招生入学考试应考有关的文化知识，还要加试专业能力。专业能力考试命题要有行业参与，以行业为主。有些专业宜于招收普通高中毕业生的，则也可以通过普通高考进行录取。

4）尽快制订设置标准、审批权限规定。高等职业学校的设置标准和专业的设置标准应由国家教委尽快制订、发布。目前，设置学校的审批权仍归国家教委。

5）教师的职称。高等职业学校的教师仍按高等学校教师职称系列评聘，但要考虑到职业教育的特点，需有补充性的评审规定，组织专门的评审委员会。鼓励专业课教师有双职称（教师系列职称＋其他系列职称），待遇上要明显高于"单职称"者。

6）毕业生的学历和资格认定。高等职业学校的毕业生按其所学专业的学制，2～3年制的发给专科学历证书；四年制的发给本科学历证书。证书的管理执行国家有关规定。毕业生应通过专业技术等级或任职资格的考核，发给相应的证书。

7）经费。高等职业学校的经费标准不低于同类、同层次普通高校的标准。经费来源一部分由国家财政核拨，列入高教事业费，同时，要建立多种经费渠道，包括用人部门的补偿、学生交纳学费、社会资助、校办企业收益等。

8）制订高等职业教育的评估指标体系，建立高等职业学校的评估制度和重点建设制度。

上述各点建议都是针对正规学历教育而言，而适应社会需求的、作用立竿见影的、数量最多的是各种高中后的非学历教育和培训。对于各种非学历的教育和培训则应在能保证质量的前提下，给予其较大的灵活性。

艰难而必然的选择①
——试论我国发展高等职业教育的决策

全国人大常委会于1996年5月15日通过的《职业教育法》规定："职业学校教育分为初等、中等、高等职业学校教育。""高等职业学校教育根据需要和条件由高等职业学校实施，或者由普通高等学校实施。"这是我国历史上第一次把高等职业学校教育以法律形式固定下来，在我国教育结构中第一次确定了高等职业教育和高等职业学校的法律地位。它意味着高等职业学校相对于普通高等学校的独立存在。也意味着高等职业学校教育相对于非高等职业学校教育的独立存在。

（一）无法回避的概念之争

高等职业教育应包括学历教育和非学历教育，按《职业教育法》第13条、14条和25条规定，学历教育称为高等职业学校教育，非学历教育称为高级职业培训。鉴于现在争议较多和发展难度较大的是学历教育，因此，本文讨论的高等职业教育主要是高等职业学校教育。

截至目前，我国公众对发展高等职业教育认识的主要分歧在什么叫高等职业教育、为什么要发展和如何发展高等职业教育，以及高等职业教育和其他教育之间的关系等问题上。我国的职业教育，过去称之为"职业技术教育"，其原意是"职业教育和技术教育"，它反

---

① 杨金土.1996.艰难而必然的选择——试论我国发展高等职业教育的决策.中国高等教育，（Z1）：73-76

映了我国这一教育领域的实际情况。因为在我国现有的中等职业技术学校中,中等专业学校(未含中师)历来以培养中级技术人员和管理人员为主,国际上将此归属于技术教育;技工学校以培养技术工人和其他有专门技能的操作人员为主,国际上将此归属于职业教育;职业高中则上述两者兼有,以后者占多数。1994 年以后,我国将这一类教育改称为"职业教育",现在已成为法定名称,但现实的事业范围并没有任何改变,所以其内涵仍然包括职业教育和技术教育。

1974 年,联合国教科文组织举行的第 18 届全体会议上,通过了《关于技术和职业教育的建议》,"技术和职业教育"成为这一类教育的世界公认的称谓。1984 年,联合国教科文组织出版了《技术和职业教育术语》一书,该书列有"技术和职业教育""技术教育"和"职业教育"三个条目,认为技术和职业教育是"一个综合的术语"(a comprehensive term)和"宽广的教育目标"(the broad educational goals)。也可将技术教育和职业教育分别使用:职业教育"通常在中等教育后期进行","通常着重于实际训练",培养"技能人员"(skilled personnel);技术教育则是"设置在中等教育后期或第三级教育(高中后教育)初期,以培养中等水平人员(技术员、中级管理人员等),以及大学水平的,以培养在高级管理岗位的工程师和技术师。技术教育包括普通教育,理论的、科学和技术的学习,以及相关的技能训练。由于培养的人员类型和教育层次不同,技术教育的组成可有很大变化。"这是关于高等和中等技术教育的重要概念问题,虽然没有理由把上述条文看作一种标准,但它毕竟是国际社会所公认的,应该可以作为一个重要参照。

总之,我国的"职业教育"实际上包括了职业教育和技术教育,可分为高等、中等和初等三个层次。高等职业教育的主要任务是培养从事生产和服务第一线工作的技术人员和管理人员,即主要是高等技术教育,它是中等教育基础上的职业教育,是高等教育的组成部分。发展高等职业教育是社会的客观需要,它与其他类型的高等教育必有交叉,但有自己特定的培养目标和条件要求。

如果我国社会各界能在相关法律的基础上,借鉴联合国教科文组织对有关术语的解释,对我国职业教育的内涵、特点尽快形成共识,则将极有利于高等职业教育在整个教育结构中所处地位的确定,有利于有关法律特别是《职业教育法》的贯彻和施行。

(二)普通高等教育结构的改革和矛盾

我国的普通高等教育,在 40 多年的改革和发展过程中,特别是近 10 多年来取得了蓬勃发展和令世人瞩目的巨大成就。在 40 多年的改革和发展过程中,我国一直很重视普通高等教育与经济建设、社会发展之间的联系,重视生产和服务第一线应用型人才的培养,通过多年的调整和改革,普通高教包括层次结构、学科结构、学校的布局结构、专业的种类和布点结构,以及其他教育资源结构都发生了重大而深刻的变化。可是,数十年来,普通高教却未曾把培养生产和服务第一线应用型技术人才和管理人才的教育作为一种教育类型加以确立,从而也没有正式提出过类型结构改革的任务,以致我国普通高等教育长期处于单一类型或单一模式的状态之中。"七五"国家重点课题之一的《高中后教育模式研究》专题报告认为:"从高中后教育结构方面来说,当前存在着两个主要问题。一是单一化,二是类同化。"单一化是指高中阶段毕业生的流向单一；类同化是指专科与本科、专科与职业大学在课程设置、教学计划、教学方法方面的类同化现象。笔者认为，形成这种状态的原因是很复杂的，改变这种状态是困难的，却又是必要的。朱开轩同志在评议上述课题成果时指出："教育结构分几类，人才的结构，培养的规格、模式、学制这些问题……很复杂，又很重要，目前又很混乱。这个混乱不仅是教育部门自己的问题，与整个社会，以及配套的政策都有关。"

在我国现有的普通高等教育中，与高等职业教育最不易区分而目前争议又较多的是普通高等专科教育；在普通高教中，面向生产和服务第一线培养人才的改革，成效最大的也是高等专科教育。然而四十多年来，我国高等专科教育的发展过程颇不稳定，步履蹒跚，以专科在校生占本专科在校生总数的比重为例，从1950—1985年间，除1966—1978年以外的23年中，曾有几次大的起落。

50年代初，为满足经济建设的迫切需要，国家提出要加快发展周期较短的专科，1950—1953年，全国本科生数量从12万多人增加到15万多人，只增长了21.5%，专科生数量却从1.2万多人猛增到6万多人，增长了3.7倍。1952年院系调整之后，全面学习苏联的经验，决定压缩高专，发展中专，于是专科生数从1953年的6万多人降至1957年的4.7万多人，占本专科学生总数的比例则从28.6%陡然下跌到10.8%。地位作用不够明确的高等专科，在1958年开始的"大跃进"形势下率先发展。然后，在60年代初的整顿中又首当其冲地被压缩，似乎都在情理之中。1964年其在校生数量只占本专科学生总数的3.4%。在经历了"文革"后的恢复时期，专科的发展也曾一度明显落后于本科，专科学生数占本、专科学生总数的比例从1979年的34.2%下降到1981、1982两年的20%以下。1983年4月，国务院批转教育部、国家计委《关于加速发展高等教育的报告》，随后在武汉召开的全国高等教育工作会议上及其提出的《关于调整改革和加速发展高等教育若干问题的意见》中，都强调要加大高专的比例，要求至"七五"期间高专招生数所占比重要达到45%～50%。此后高专得到了较快发展，至1989年，高专的招生数已占本专科招生总数的50%，在校生数占本、专科在校生总数的36%。但是，高等专科发展问题的根本症结并未解除，1990年，国家教委高教司在当年的《中国教育年鉴》中对普通高等专科教育的形势作如下估计：

"党的十一届三中全会以来，我国普通高等专科教育出现了崭新的局面，在事业上有了较大的发展……

但是，……由于历史的、现实的种种原因，专科教育在高等教育体系中仍然是比较薄弱的部分，面临着一些困难和同题。主要是：

第一，普通高等专科教育的性质、定位、作用和发展方针，有待于进一步明确。

第二，……投入长期不足，办学条件普遍较差……

第三，普通高等专科教育的办学特色不够明显，对培养目标、基本培养规格、修业年限和培养模式等问题，在看法上和做法上都有分歧。

第四，专科教育与本科教育、高专与中专、普通专科与成人专科、专科学校与短期职业大学之间，上下左右关系不顺。"

笔者认为上述估计是客观的。1988年初召开的全国高等教育工作会议认为：普通高等专科教育是一个极其重要的教育层次，但是，现在存在一些问题，工作中遇到了一些困难。1989 年 9 月，朱开轩同志曾尖锐地指出："普通高专本身也有问题，老像本科的压缩型"。他甚至要求"成人高专、短期职大不要向普通高专去看齐，看到最后都变成本科的压缩型"。1990 年 11 月，为推动高等专科的改革和发展，国家教委在广州召开了"全国普通高等专科教育工作座谈会"，1991 年 1 月发出了《关于加强普通高等专科教育工作的意见》（简称《意见》）。这一重大措施推动了高等专科教育的改革和发展，尤以高等工程专科的变化更大。但是由于高等教育中的类型仍然是"类同"的，高等专科仍然主要以层次特色而存在，并无配套政策，上述《意见》中所提的若干政策性要求，在落实的过程中难尽人意。因此，直至 1994 年冬季举行的一次全国高等工程专科学校校长会议上，校长们强烈感到困惑的问题之一，仍然是"高专到底是一种类型还是一个层次？"

我认为，造成高专种种困难和问题的主要原因，是对发展高专的指导思想和高专的定位过于局限，对于高专的发展和改革缺乏相应的政策支持。

现有普通高等专科教育的一部分，首先是工科和农林科，与高等职业教育的内涵本来是一致的，应提倡殊途同归，而不该刻意求其差异。《高中后教育模式研究》结果认为："理应在高中后的职业技术教育中起骨干作用的高等专科教育，其性质任务、地位作用长期不明确，基本上被作为本科教育的一种补充，在发展中几度大起大落或向本科靠拢"，回顾过去，我们发展高专的主要动因往往基于高专的周期短，层次较低，于是认为比较省钱，毕业生易下基层（笔者认为下基层确是当前高等教育改革亟待解决的大问题，但这不能仅仅通过合理的层次结构解决，还要通过类型结构的调整来解决）。因此对高专提出办学特色、目标特色、规格特色、模式特色的要求时，也必以层次特色为前提，有时虽也提到了这是一种类型的概念，但同时又强调在层次上不可试图逾越。总而言之，高等专科作为一个层次是明确的，而作为独立存在的一种教育类型却是比较模糊的。当然，就其名称而言，"专科"只能是低于本科的一个层次，这已经成为我国公众认识上一个很难改变的定式，这显然也很不利于高专作为一种类型的地位的确立。作为一种高等教育的类型，为什么只能是低于本科的一个层次？这是一个很难自圆的问题。我认为，在高等教育类型结构问题上，确需作出正确的判断和选择，明确各种类型的指导思想和定位，现代化建设不容我们继续迟疑不决。高等职业教育法律地位的确立，使高等教育类型的判别有了明确的法律依据和良好的时机。

我们可否设想一下，如能把高等职业学校教育（如前所述，它的内涵主要是高等技术教育）作为高等教育中的一个类型，名正言顺、理直气壮地确立起来；在层次上，根据需要与可能而定（当前，无疑要以专科层次为主，但是不能在原则上仅限于专科层次），同时辅以配套的支持政策，授之恰当的如"技术学院"之类的校名，统筹现有的教育资源，真正根据社会的实际需要和必需的办学条件，通过改革、改组、改制等多种途径，使国务院关于《中国教育改革和发展纲要》的实施意见中"积极发展高等职业教育"的要求得以落实。那么，我国高等教育结构将发生历史性的变化，整个高等教育对于社会主义现代化建设的适应能力必将大为增强，高等专科教育现存的若干关系不顺的问题也将变得容易解决。

（三）艰苦曲折的改革实践

70 年代末，我国的社会主义建设跨入了改革开放的新时期，拨乱反正，百业待举，急需大批人才。当时的普通高校元气大伤，正在逐步恢复中。如 1980 年，普通高中的毕业生进入高等学校的升学矛盾十分尖锐，俗称"千军万马争过独木桥"。在这样的严峻形势下，部分大、中城市从本市的实际需要出发，依靠自己的力量，因陋就简兴办起一批高等学校。由于培养社会急需，又多是生产和服务第一线需要的应用型人才，因而取名"短期职业大学"。为节省投资和减轻财政负担，这类学校采取了"收费、走读、不包分配"的办法，这是对传统的高等学校办学体制的重大改革和挑战。但是在培养规格和培养模式方面应有怎样的特色并不很明确，基本上套用了高等专科的做法。在 1983 年发布的《关于调整改革和加速发展高等教育若干问题的意见》中，虽然"积极提倡大城市、经济发展较快的中等城市和大企业举办高等专科学校和短期职业大学"，但也仅就其办学体制方面要求"为本地区、本单位培养人才"，并没有对培养规格和培养模式方面作出明确规定。

职业大学正处兴办之初，他们在探索中前进。

1984 年 4 月，由江汉大学、金陵职大、成都大学、无锡职大、合肥联大和杭州工专六校发起，在武汉举行了"全国短期职业大学第一次校际协作会"，翌年 11 月，以职业大学为基础成立了"中国高等职业技术教育研究会"。1985 年 5 月，中共中央发布了《关于教育体制改革的决定》，第一次明确提出了"调整中等教育结构，大力发展职业技术教育"，同时指出：要"积极发展高等职业技术院校，优先对口招收中等职业技术学校毕业生，以及有本专业实践经验、成绩合格的在职人员入学，逐步建立起一个从初级到高级、行业配套、结构合理又能与普通教育相互沟通的职业技术教育体系……高中毕业生一部分升入普通大学，一部分接受高等职业技术教育"。1986 年，国家教委、国家计委、国家经委和劳动人事部联合召开了"全国职业技术教育工作会议"，并向国务院呈送了《关于全国职业技术教育工作会议情况的报告》（简称《报告》），翌年 1 月，国务院办公厅向全国转发了这个《报告》。该《报告》把当时的 118 所短期职业大学明确称为高等职业技术学校。李鹏同志在这次工作会议上作报告时说："职业技术教育大体上可分为高等、中等和初等三个大的层次，……一般地讲，像我们的高等职业学校、相当一部分广播电视大学、高等专科学校……是不是应该算高等职业教育这个层次"。80 年代中期，为推动高等职业教育的发展，国家曾从世界银行争取到 3500 万美元的贷款，集中支持 17 所职业大学的建设。在此后的若干年中，职业大学有了较大发展，最多时曾达 128 所。其中，一部分职业大学在艰苦的环境中，按照当地的实际需求确定培养目标，改革办学方式，活化运行机制，探索职教特色，闯出了一条坚持高等职业教育方向的办学路子，为今后的高等职业教育发展提供了极为宝贵的经验。但是，由于认识、政策、条件、经验等方面的原因，多数职业大学仍然处于重重困难之中，一些职业大学纷纷向普通高校靠拢。1990 年 10 月，在"全国普通高等专科教育工作座谈会"上提出了职业大学可以分流的意见，在会后发布的《关于加强普通高等专科教育工作的意见》中提出："现有大多数短期职业大学在服务对象、专业设置、培养目标、培养模式、毕业生去向等方面与普通高等专科学校区别甚微，实际上是由地方举办的综合性高等专科学校。办学部门应根据本地区经济建设和社会发展的实际需要，认真研究这些学校的办学方向。一部分应办成以培养高级技艺性人才为目标的高等职业教育；一部分根据需要，经过上级主管部门审定并报国家教委批准，可以明确为普通高等专科学校。"对于这条意见，当时就有人提出异议。1991 年初召开的全国职业技术教育工作会议及其会后发出的《国务院关于大力发展职业技术教育的决定》，虽然都再次强调建立包括高等职业教育在内的职业技术教育体系的重要性，但对高等职业教育的发展并没有明显的推进。直至 1994 年 6 月召开的全国教育工作会议上，国家领导人又一次提出发展高等职业教育的任务，才使发展高等职业教育重新成为教育界和社会舆论的一个热点。当年，北京市人民政府明确指示北京联合大学要办成本市高等职业教育的中心。北京联合大学原本是 80 年代初由各普通大学分校联合组成的职业大学，后来改成为普通大学，她的回归是这一时期我国高等职业教育曲折经历的一个具体体现，说明了发展高等职业教育的战略选择是社会发展的必然。

我国中等专业教育（不含中师）的发展历程，与高等职业教育的发展具有天然的联系。60 年代初，为了适应社会对技术型人才的新要求，部分中专学校试行招收高中毕业生学习 2～3 年的制度。70 年代末至 80 年代初，基于社会上未升入高等学校的高中毕业生人数剧增，使招收高中毕业生的中专学校数和招生数均大量增加，其招生数占中专招生总数的比例最高时达到 80% 以上。后来，随着高等教育的恢复和发展，国家教委要求逐步压缩，使这一比例逐年下降。但是政法、管理、金融、税务、远洋航运等行业的中专学校，因初中后三至四年的学制无法适应现实需要，故一直坚持了主要招收高中毕业生的学制。至 1995 年，全国中专学校招收的 107 万新生中，高中毕业生仍然占有 15% 之多。此外，从 50 年代后期开始，以工科为主的部分中专学校就实行了初中后四年的学制。这实际上具有高中后教育的性质。在 1996 年的全国职业技术教育工作会议上，李鹏总理强调"中专这个层次是不可缺少的"，同时指出："这个层次需要把他理清楚。"他责成国家教委和劳动人事部门提出解决的办法。当时的何东昌副主任讲得更为明确："中等专业教育在我国经过了 30 多年实践的检验，证明是一种成功的教育制度……问题在于没有根据这个层次的作用和特点，恰当地确定它在职业技术教育中的地位……国家教委要会同有关方面专门组织力量，抓紧调查研究，周密论证，提出解决这个问题的方案。"国务院办公厅转发的该会议《报告》指出："招收初中毕业生学制四年、高中毕业生学制二至三年的中专，与高等职业技术学校在培养目标上没有太大的区别，不应简单地划入中等教育。"然而经过多年的努力，这项工作依然没有取得进展。

据不完全统计，从 1978 年以来，升格为高专或本科院校的中等专业学校有 150 多所。一般说，由于现行体制和政策方面的原因，中专升格后，将很快转换原来的培养规格和培养模式，努力向高水平普通大学的方向看齐。这在现行政策和单一类型的情况下是无可厚非的，但在客观上激化了高等教育发展与社会（特别是基层和农村）实际需求之间的矛盾。因此，国家教委会同有关部门，于 1985 年 10 月决定在西安航空工业学校、国家地震局地震学校、上海电机制造学校试办五年制技术专科，办法是以中专名义招收初中毕业生，二年期满时，按学生的学习成绩和志愿，择优选拔一部分升入专科，学习三年并考试合格后，发给专科毕业证书，其余学生继续按中专教学计划学习两年并考试合格后，发给中专毕业证书，简称"四五学制套办"。旨在试办一种职业技术教育性质的专科学校，"无论四年制或五年制，都要坚持培养应用型、工艺型人才的方向不变，办出职业技术教育应有的特色。"使中专升格而性质不变。十年来，这 3 所学校的试点工作取得了成绩并积累了宝贵的经验。1990 年，国家教委同意在邢台军需工业学校的基础上，试办 1 所"邢台高等职业技术学校"。1994 年，国家教委决定在另外 10 所中专学校举办初中后五年制高等职业班。从此我国高等职业教育的实践又向前跨出了一步。

（四）大势所趋，势在必行

发展高等职业教育，是现代经济发展和社会进步的客观需求，是一定历史时期教育发展的必然趋势。纵观世界多数国家的近代和现代教育史，都在一定历史阶段（主要在第二次世界大战以后，特别是 60 年代以来）重视发展高等层次的"技术和职业教育"。尽管其形式和名称各有不同，但有一个大致相同的培养目标，即培养从事生产和服务第一线工作的中、高层次技术型（包括管理）人才。

80 年代以来，我国社会主义建设进入改革开放和高速发展的新时期，经济生活的科技含量迅速增长，国际化程度大有提高。1978—1995 年，全国进出口总额从 206.4 亿美元增加到 2809 亿美元，增长了 12 倍，对外开放的领域从一般加工业扩展到基础工业和基础设施。同时，在本国科技事业迅速发展的基础上，还大量引进国外的先进设备和技术。因此，各行各业对第一线技术型人才的数量和质量都提出了更高的要求，还出现了一些新的岗位和相应的人才需要。这些工作岗位上出现了中等职业技术学校毕业生的水平不大够用，而普通高校毕业生又不大实用的情况。据上海"企业人才需求预测课题组"对 49 家企业中 400 余名资深技术和管理人员征询对 1991—1993 年高校毕业生的评价结果表明：对专业基础知识和获取新知识能力两项，认为较强者分别占 47% 和 43%；认为专业面较窄、知识和能力的复合性不强者占 75%，认为专业实务能力缺乏的占 79%，认为独立开展业务能力不强的占 79%。笔者认为，这一调查结果表明，高等教育确需认真研究人才类型结构和教育类型结构问题，确需在继续加强学术型人才培养的同时，进一步重视更具实力、能力的技术型、应用型人才的培养。对于社会大量需要的技术型人才的培养，不能只停留在对现有普通高校一般性的倡导和教学改革的要求上，而是需要旗帜鲜明地确立一种类型的高等教育，专事培养这样的人才。国内外市场的激烈竞争，促使社会各界对上述类型人才的需求日益迫切，尤其是一些经济发展和科技进步较为先行的地区和行业，更具有紧迫感。于是近几年来，在上海、广东、天津、北京等地，纷纷组织关于高等职业教育的课题研究，举行高等职业教育专题研讨会，有的还积极为设置高等职业学校作准备。国家教委第一次把"推动职业大学的改革和建设"纳入了工作要点。在1994 年 6 月召开的全国教育工作会议上，江泽民主席指示："要大力发展各种层次的职业教育和成人教育。"李鹏总理指出：高等教育"今后一个时期，适当扩大规模的重点是高等专科教育和高等职业教育"。李岚清副总理强调："高中后的分流要多样化，培养更多的工艺型、应用型人才。"在此次会议后正式发出的《国务院关于〈中国教育改革和发展纲要〉的实施意见》中，则十分明确地提出："通过改革现有高等专科学校、职业大学和成人高校，以及举办灵活多样的高等职业班等途径，积极发展高等职业教育。"这两年来，分管教育工作的李岚清副总理多次发出积极发展高等职业教育的指示，在北京，在兰州，在河南，在安徽，每有机会就耐心阐述发展高等职业教育的意义、目的和要求。1995 年 9 月 26 日，李岚清副总理为江汉大学题词："办好高等职业教育，为培养更多的优秀应用型人才作贡献"。1994 年全教会后，国家教委成立了高等职业教育协调小组及其办公室，国家教委领导人和有关司局负责人深入基层，反复调查研究，举行了专题研讨会；第一次专门为职业大学发文——《关于推动职业大学改革和建设的几点意见》。与此同时，国家教委继续积极为全国人大常委会代拟《职业教育法》初稿，协助人大常委会作正式立法前的各项准备工作。今年 6 月召开的第三次全国职业教育工作会议上，学习和贯彻《职业教育法》，发展高等职业教育成为会议主要议题之一。

现在，"法"有了，会开了，在发展高等职业教育方面，虽然今后要做的工作还很多，但现在毕竟是一个充满希望的新的起点。大势所趋，势在必行。通过各方面的共同努力，我国的高等职业教育一定能够蓬勃发展起来，在社会主义现代化建设中发挥她应有的作用。

论高等职业教育的基本特征 [①]

（一）前言

任何事物的存在都是由于它内在矛盾的特殊性，即该事物质的规定性。我国高等职业教育之所以有必要存在和发展，同样由于它具有区别于其他高等教育的特征，这种特征是一种客观存在，而且又是社会的实际需求。因此，研究和正确地认识这种特征是发展高等职业教育的基础和关键，本文仅为笔者个人的一些认识，供同行学者们研究、讨论。

学校教育的类型取决于所实施的课程（programme）的类型，而不是按学校区分。同一学校可能有不同类型的教育。本文将高等职业教育作为一种课程类型进行认识和研究，以免把现有普通高等学校中现实存在的不同教育类型视为同一教育类型，以便尽可能少受现有各种高等学校之间的利益关系的影响，同时，也便于进行国际比较。

我们研究高等职业教育，需注意两点：①各种职业培训（包括高中后职业培训）是职业教育中十分重要的组成部分，在对职业教育作宏观规划时必须对职业学校教育和职业培训全面统筹，无论偏重于哪一方，都有违职业教育应有之义，都会脱离社会需要。根据《职业教育法》第 13、14、15 条规定，职业学校教育分初、中、高三等，给学业合格者发学历证书；职业培训分初、中、高三级，给学业合格者发培训证书。因此，本文所讨论的高等职业教育，仅指高等职业学校教育，高中后的各种职业培训当另题讨论。②按联合国教科文组织的名词解释，培养技能型人才的教育一般称职业教育，培养技术型人才的教育称为技术教育，综合称为"技术与职业教育"。我国现在统称为"职业教育"，但其内涵仍然包括技术教育和职业教育两类教育。本文所讨论的"高等职业教育"应理解为"高等技

---

① 杨金土，孟广平，严雪怡等 . 1999. 论高等职业教育的基本特征 . 教育研究，（4）：57-62

术与职业教育"。

认识高等职业教育特征的前提是，专业教育的类型是由人才类型决定的。第一，人才按其知识与能力结构的类别分为不同类型，在大多数情况下，可分为学术型（科学型、理论型）、工程型（设计型、规划型、决策型）、技术型（工艺型、执行型、中间型）和技能型（技艺型、操作型）四类；第二，不同的人才类型之间必然有一个比例关系，这个比例关系的合理程度，即人才结构的合理程度，决定整个人才群体的工作效率和效益；第三，培养不同的人才类型要有不同的课程体系，名称系之间的交叉是肯定的，区别也是明显的，从而实际存在着相应的教育类型；第四，人才级别与教育等级并不存在完全对应的关系，经高等教育培养的人才并不都属于高级人才，有些行业（职业）的高级人才也未必经高等教育培养。

（二）高等职业教育的基本特征

1. 培养目标特征

高等职业教育具有多个特征，其中，培养目标是具有决定意义的特征，是在一定意义上决定其他特征的基础，其他特征都为培养目标的实现而存在。高等职业教育具体的培养目标比较多样，几乎覆盖社会的各行各业，但就其人才类型而言，主要是技术型人才。

第二次世界大战后，特别是 20 世纪 60 年代以来，技术教育在许多国家已高延至高等教育层次，其主要原因是：①由于经济和社会生活中科技含量急剧增加，高新技术的广泛应用，以及第三产业的蓬勃发展，从而出现了一系列新的有更高知能要求的职业岗位；②原有职业岗位的分化与复合，对其中一部分职业岗位的知能要求提高了。因此，60 年代以来，许多国家和地区涌现出多种多样的培养技术型人才的院校，院校的名称和形式虽然各不相同，但培养目标基本相同。随着知识经济的到来，技术型人才的重要性将日益明显，其教育层次要求还将进一步提高。

有的国家的某些技能型人才也通过高等教育培养，但在我国目前的情况下，高等职业教育的培养目标主要是技术型人才。

学术型人才的任务是研究和发现客观规律并将其成果表现为科学原理。工程型人才的任务是把科学原理演变成设计、规划、决策。工程型人才所从事的工作中无疑也有技术，但他们的主要任务是搞设计、规划、决策，以及新技术的研究与开发，主要任务不是技术应用和现场实施。

技术型人才主要从事技术的应用与运用，他们和技能型人才的任务都是实施已完成的设计、规划和决策并转化成产品，都在生产第一线工作，都需具备一定的理论技术和经验技术、智力技能和动作技能。区别在于技术型人才以前二者（理论技术和智力技能）为主，技能型人才以后二者为主。今后，技能型人才需要掌握的理论技术和智力技能比重必然增加，同时技术型人才对理论技术和智力技能的要求也在不断变化和提高。新近产生的所谓智能型操作人员，实际上属于技术型人才，但在目前和今后相当长时期内的多数生产和服务领域，这两类人才的区别仍然将会是明显的。

技术型与学术型人才的区别比较清楚。技术型与工程型、技能型人才之间，因为交叉多，工作联系紧密，容易混淆。许多学者都致力于对这几类人才特点的研究，研究他们之间的区别。

在美国，工程技术人员系列中，有工程师（Engineer）、技术师（Technologist）和技术员（Technician）美国普渡大学（Purdue University）W.K.Lebold 教授曾作如下论述："工程师是产品、生产过程或工程系统的开发者或设计者。应用数学和基本理论来解决工程技术问题是他们的典型工作。""技术师是一个典型的工程实践者，他们关心工程原理如何应用于实践，如何组织生产人员从事生产准备工作和现场操作。他们专注于维护和改良生产设备、生产过程、加工方法和加工程序。""技术员经常在工程师和技术师的指导下工作或者贯彻他们的技术方案。他们是实践人员，因而，必须了解工作原理和试验程序、测量工具。他们应有较强的动手能力。"

在英国，工程技术人员也分三种：特许工程师（Chartered Engineer），技术工程师（Technician Engineer）和工程技术员（Engineering Technician）英国工程师委员会（The Engineering Council）著文指出："特许工程师在技术人员群体中提供改革和创造的信息。他们是技术人员群体的领导。有的要进入最高管理岗位。""技术工程师将特许工程师的意图转化为实际工作。他们是工程技术人员群体活动的计划者。他们常常负责作出每日的工作安排，对日常的技术问题找出切实的解决办法有的技术工程师要进入管理和监督岗位。""工程技术员在工程技术人员群体中是参加实际工作的。他们对测量仪器工具和设备，掌握详细知识和操作技能，他们对技工和操作工的工作负有监督责任，并保证工作正常运转。"

在法国，工程技术人员也分工程师、高级技术员、技术员，他们的职责与英美两国大致相同，例如，与技术工程师相当的高级技术员职责为"将抽象的设计和理论研究具体化，直接协同经济管理和工业尖端力量工作，协助工程师进行研究，计划和生产……"

在这些国家，"工程师""特许工程师"为工程型人才：技术工程师、技术师、高级技术员、技术员为技术型人才，他们之间的区别是明确的。但在我国的工程技术人员的职称系列中，没有"技术师"职称（50 年代曾设有"高级技术员"，后来又被取消），而"技术员"则是这一系列中的最低层次，因此要说明这两类人才之间的区别更为困难。这不得不说我国职称制度的一个缺陷。

至于在技术型与技能型人才之间，二者也存在交叉和相互接近的趋势，尤其在高级技工、技师等岗位中更为显著，我们认为对此应作具体分析。在当前，我国认定的高级技能型人才中，有两种情况：一种是他们的劳动组成中的智力成分已占相当大的比重，而动作技能的要求已相对减少，如检测、计量、调度，以及一些高技术设备的操作岗位人员，这样的人员实际上应归属于技术型人才；另一种是虽对相关专业理论知识有一定要求，但其劳动组成中的主体仍然是动作技能，这样的人员仍然属于技能型人才。

当前，需由高等教育层次培养的技术型人才所分布的职业技术岗位主要有四类：①专业技术岗位，如工艺工程师、施工现场工程师、林业工程师、农艺师、护理师、高科技装备维修人员、数控机床编程与维修人员等。②经营管理岗位，如城建项目经理、作业长、车间主任、建设监理等。③经营业务岗位，如中、高级的会计、统计、信贷员、出纳员、秘书、导游，市场预测成本核算、广告设计外汇交易、证券交易、投资咨询等。④智能操作岗位，如飞机驾驶员、远洋轮船驾驶人员和轮机操作人员、柔性加工线运行人员、集中控制室运行人员等。

1997 年，联合国教科文组织重新修订了《国际教育分类标准》（ISCED）。虽然这个标准不能视为一种典范，它仅是教科文组织为了便于统计、比较而制定的力图涵盖世界各国教育体系的标准，但是它反映了世界教育体系发展的共同趋势，很有参考价值。这一新标准将整个教育体系划分为七个层次，其中，第三层次是高中教育阶段，第五层次为高等教育第一阶段，包括专科、本科，以及"所有博士学位以外的研究课程，例如各种硕士学位课程"。第五层次又分 A、B 两类：5A 是"面向理论基础研究准备进入高技术要求的专业课程"；5B 则为"实用的技术的具体职业的课程"，是一种"定向于某个特定职业的课程计划"，它"比 5A 的课程更加定向于实际工作，并更加体现职业特殊性"。我国高等职业教育的培养目标主要是技术型人才，应属 5B。

2. 入学标准特征

高等职业教育多数专业的入学者，应具有高中文化基础（不是我国现行的高考标准，而是作为国民教育基本要求的标准，不同专业会有不同的侧重）和相关专业的知识与技能基础。

为什么要具备高中文化基础？因为按高等职业教育的培养目标，需要具备基于高中文化基础之上的技术知识与技术创新能力。良好的高中文化基础不仅是获得现代技术知识与能力所必需的，也是可持续发展并有较强适应性的技术型人才的素质基础。

为什么要具备相应职业领域的技术基础？因为技术型人才所掌握的职业技术能力，也是一个由简单到复杂，由初级到高级的过程体系。高一级的职业技术能力往往要求建立在低一级能力的基础上。按高等职业教育的培养目标，其入学水平不但有高中文化的基础要求，大多数专业还有一定职业技术能力的要求，而且"职业意识"包括必要的行为习惯，是技术型人才的必要素质，需要在一定环境下，有一定的职业性接触才能养成的。因此，只有入学时具有一定基础，才能保证其培养质量。这里所讲的"相应职业领域的技术基础"指的是一定的职业或职业群中带有共性要求的知识、技能、态度等一系列组成最基本的专业技术能力的要素，而并非针对某一具体职业岗位的就业技能或单项能力，更非仅指动作技能。这种技术基础是通过何种途径获得的并不重要，它可以是经由中等职业技术学校教育培养的；对非中等职业技术学校毕业生来讲，也可以通过各种培训或实际工作获得，重要的是入学要具备一定的基础，才能达到培养目标。至于某些高等职业教育专业的入学水平不一定要有相应的职业技术基础，因其数量不占主导地位，另当别论。

为使直接进入高等职业教育的青年学生同时具备以上两个方面的基础，有的国家设立了间接衔接的高中阶段配套学制，例如德国的双元制职业学校毕业生如要升入高等专科学校，则需先进专科高中补习高中课程，取得证书。更多的国家和地区则明确将原有培养较低层次技术型人才的学制规定或设计成可与高等职业教育直接衔接，如法国与短期技术学院直接衔接的技术高中，原本就是专门培养技术员的成熟学制，其毕业生已取得技术业士文凭。英国多科性技术学院中培养技术工程师的学制也以招收已取得技术员资格者为主，我国台湾省培养技术师的两年制本科技术学院则专门招收培养技术员的专科学校毕业生，由此实现不同层次技术型人才的相互衔接式培养，确保高等职业教育的应届生源具备文化和技术两方面的基础。

3. 教与学过程特征

教与学过程服从于培养目标，培养目标集中表现为培养对象的规格，即特定的知识和能力结构。技术型人才的知能结构与工程型人才比较，有以下特征：①要有一定的理论基础，但不必达到工程型人才的要求，而是更强调理论的应用。②相关的专业知识要更宽广些，因为技术实践问题更为综合，参与因素更为复杂，如工艺工程师除工艺知识外，尚须掌握更多的经济、管理、劳保、文字与语言表达等知识和能力。③综合应用理论知识解决实际问题的能力要更强，尤其应具备解决现场突发性问题的应变能力，还应具备一定的操作技能。④由于生产现场的劳动常常是协同工作的群体活动。所以，处理好人际关系的能力，组织和领导工作群体的能力是这类人才极为重要的素质。

教学指导思想

高等职业教育的教学指导思想是使学生获得相应职业领域的能力。教学计划、课程及质量评价标准都以使学生获得能力为导向进行编制，一切教学工作都以使学生获得相应职业领域能力为出发点和终结点。对以上指导思想需作以下说明。

1）相应职业领域的能力不仅是操作技能，也不等同心理学上的能力（ability）概念，而是职业能力和其他相关能力的综合概念（competency），包括知识、技能、经验态度等为完成职业任务、胜任岗位资格所需要的全面素质。

2）由于科学技术的迅猛发展，使社会职业岗位的内涵和外延处于不断变动之中，因而这里所说的能力不能仅局限于胜任某一职业岗位具体工作的能力，而还要使学生获得对职业岗位变动的良好适应性和可持续学习的基础。

3）技术型人才往往是现场工作群体的组织者和领导者，因而他们所应具有的能力构成中，合作、公关、组织协调、创新及风险承受等所谓"关键能力"或者"基础能力"，以及良好的品行和职业道德修养具有特殊的重要性。

课程内容

技术型人才知能结构的总体特征是理论技术与经验技术相结合，并以理论技术为主。因而高等职业教育的课程内容应使学生获得掌握理论技术所必需的理论基础，以及相应的应用能力。但是，理论技术并不排斥经验技术，而是多以经验技术为基础的，同时，理论技术的应用还会伴随出现新的经验因素。因而高等职业教育的课程内容必须十分重视理论技术与经验技术的结合，实验、实习与实训等实践教学环节比重较大。

分析国内外一些同类教育的课程内容，实践教学环节的学时数与理论教学环节学时数大致相当，如法国短期技术学院的实践教学时数占总时数的 1/2；美国密特萨克斯社区学院电气技术专业的实践教学时数占总时数 46.7%；新加坡技术学院机械制造专业的教学实践学时数稍超过总学时数的 1/2 北京联合大学计算机应用专业的理论与实践的学时数比例也约为 1：1；沈阳工业高专锻压工艺专业的实践教学时间占全部教学时间的52%。

相比较之下，培养技能型人才的实践环节学时数占总学时数的比重更大，大都在 1/2 至 2/3 之间。培养工程型人才由于其理论知识要求较高，实践环节的比重要小些。如清华大学工程类专业的理论教学学时数占 80% 左右，而实践环节学时数占 20% 左右。

课程结构

在设计高等职业教育课程的过程中，有一对矛盾是必须认真探讨的，那就是针对性与适应性的矛盾。作为导向就业的教育，它必须针对一定的职业范围；作为学校教育，它又必定不同于职业培训，学生须有较强的适应未来发展的能力。对两者都不能片面要求，只能依不同条件做不同的折衷选择。但总体上说，随着科学技术的迅速发展，职业岗位及其内涵的变动非常频繁，高等职业教育毕业生不能只适合在固定的、狭窄的职业领域中工作，他们应该有较强的就业弹性，应该具有可持续学习的基础。

一般说，作为培养技术型人才的高等职业教育课程的职业专门化程度，高于培养工程型人才的课程，低于培养技能型人才的课程。

专业技术知识是直接反映当前职业岗位的工作需求，体现了教学的针对性。专业理论常常是相近专业的共同基础。基础理论是自然与社会的普遍规律，它是专业理论的基础，覆盖面更广。这后二类知识支持着技术型人才的持续发展和适应能力。

根据技术型人才的知能特点，协调基础理论、专业理论和专业技术三类课程的逻辑关系和比例，是优化技术型人才培养过程的一个关键性环节。一般情况下，课程的重点是专业理论，原因有如下几点：①专业理论是基础理论沿一定专业方向的综合和发展，是根据专业需要精选和提炼了的基础理论，因而它本身就是针对性要求和适应性要求的统一。②专业理论是学习和发展多种同类专业技术的基础。③专业理论具有足够的稳定性。

国外的此类教育已有不少这样的实践和经验。德国康斯坦茨高等专科学校 1990 年机械制造工艺专业的教学计划中的学时数，基础理论课占 15%，专业技术课占 25%，而专业理论课占 35%。

4. 用人部门参与特征

职业教育与普通教育相比较，其重要特点之一是它的培养过程需要用人部门（单位）的直接参与，建立起办学伙伴关系，才能实现培养目标，并不断提高教育质量和办学效益。这是各级职业教育的共同特征之一，更是高等职业教育的特征之一。

技术型人才应具备的知识与能力，其中有相当部分只能在实际工作场所才能获得，而不是仅靠学校教育能获得的，因为学校教育在多数情况下是模拟性质的。学生在学校学习无论是环境感受还是心理状态都与实际工作现场环境有差距，一些重要意识和良好行为习惯的养成，某些不易言传的经验和应变方法，更是只有在现场环境中才能学到。所以，仅靠学校教育，只有书本知识，只在课堂、实验室和校内实训场所，都难以培养合格的技术型人才。

另外，现代科技的发展速度极快，许多新技术是一边应用，一边发展，未必能及时地反映到学校教育中来，往往只有在实地工作地点才能获得最新的实用技术和较强的技术创新能力，而掌握最新实用技术和具备较强的技术创新能力正是高等职业教育毕业生的特色，所以，高等职业学校必须与行业、企业密切地合作，建立办学伙伴关系，使行业、企业直接参与培养过程，以期共同完成培养目标。这样，工业地点已不仅是从事生产活动的场所，同时也是学习的场所；用人单位已不仅是雇主，同时也是办学者。这种把用人部门作为学习场所、办学伙伴的必要性，是技术型人才培养过程的重要而十分突出的特点。培养工程型人才也需要一定的社会环境，但一般不要求有如此深度的用人部门参与；培养技能型人才当然也离不开生产和服务现场，但主要是解决技能实训问题，对用人部门的要求也没有那么宽泛、复杂。

5. 培养条件特征

为了保证技术型人才这一特定培养目标的实现，必需要有相应的培养条件作保障。高等职业教育的办学条件，除各类教育都必需的物质与非物质条件，以及社会参与这一特殊条件外，主要是师资和设备这两方面作用更明显。

师资

由于高等职业教育主要是培养技术型人才，其教师除应具备各类教育的教师都要具备的素质外，还应具备技术型人才的各种素质，即使是基础课的教师也需要对技术型人才的培养目标及其与本课的关系有明确的认识。所以，与普通高等学校相比较，高等职业学校教师的知能储备要更为全面，应有较高的专业技术应用的实践能力，相关知识面广，"常识"丰富，同时还应具备较强的社会活动能力，善于同社会的有关单位及人员交际和合作。

对高等职业学校教师的要求高而广，但在实际中很难要求全体教师都具备所有的要求，因此，队伍构成必然多样化：第一，需要较多地聘用兼职教师。聘用兼职教师的好处：一是有利于解决急需问题；二是有利于保证较高的专业水平，特别是专业实践能力水平；三是有利于加强学校与社会的联系；四是有利于专业的变换和提高办学效益。第二，某些对动作技能有特殊要求的课程，在任课教师所掌握的一般技能难以满足要求的情况下，可聘任一定数量的实习指导教师。第三，必须有一批精干的专任教师，深知高等职业教育的目标、特征，熟悉本专业的理论与实践，他们是高等职业学校具有决定性作用的中坚力量。此外，必须有保证专职教师定期到相关企业中更新知识与能力的制度。这不但对专业课教师是必要的，对基础课教师也是必要的。

设备

高等职业教育的设备特征集中表现在实习和实训设备方面，主要有如下特点：①现场特点。学生的实习场所要尽可能与社会上实际的生产或服务场所一致，因为校内往往不容易完全具备这样的条件，所以必须充分重视校外实习基地的建设。②技术应有特点。为了适应技术型人才主要从事技术应用和运作的要求，高等职业教育的实习、实验设备应有利于培养学生的技术应用能力和分析、解决实际问题的能力，其重点不是为了理论验证。③综合特点。技术型人才所从事的工作环境往往是多因素综合的，只有在错综复杂的场合才能锻炼学生多方位的思考能力，学会处理各种复杂问题。单一的实习条件难以培养出合格的技术型人才。④可供反复训练的特点。因为许多能力的掌握都不是一次完成的，需要反复练习。正因为如此，仿真模拟设备对于培养技术型人才具有特别明显的作用。尤其如电力生产与输送、化工工艺流程等，难以现场观察，又必须反复进行现场工作训练，特别是故障排除训练，如果有了仿真模拟设备，虽然不能完全替代现场实习，却比较接近于教学目标的实现。

因此，高等职业教育需要适应培养技术型人才的目的，需要有一定的专用设备。

没有教育的多样化，就没有人的自由发展 [①]

150 多年前，卡尔·马克思在《共产党宣言》中说："每个人的自由发展是一切人的自由发展的条件。"（中共中央马克思恩格斯列宁斯大林著作编译局，1972）后来，他在《资本论》第一卷中再次重申了"每个人的全面而自由的发展"的观点（中共中央马克思恩格斯列宁斯大林著作编译局，1979）。

"每个人的全面而自由的发展"，是马克思描述未来理想社会的重要方面。它的实现，有赖于多种社会因素的支持，然而教育无疑是最重要的因素之一，或者说，这个理想的社会发展目标，正是现在和将来人类社会实施和发展教育事业的理想目标之一，也是当代人的现实追求。

为了这一目标逐步得到实现，教育事业需不断地改革和完善，其中，重要的改革内容之一是使教育类型和教育形式更加多样化。因为社会职业分工是多种多样的，人的个体特性也是多种多样的，如果没有多样化的教育（学习）体系与之相适应，就无法适应社会的多种需求，无法满足人们多种多样的学习选择和职业选择，教育就不可能真正地面向全体对象，不能实现真正的教育平等，从而也就谈不上"每个人的全面而自由的发展"。

（一）首先要承认人人有才

本人主张对"人才"作比较宽泛的定义。刘茂才主编的《人才学辞典》认为："人才是人群中比较精华、先进的部分，是人民群众推动历史前进的代表。"我认为在这个定义中的人才可以用"精英"、"英才"之类等更高级的词汇来表述，否则，我们通过各种不同途径获得一定才能的人，包括学校培养的大多数人都不能被称为"人才"。

《辞海》对"人才"的解释是"有才识学问的人"；《现代汉语词典》认为"人才"是"有某种特长的人"，都比较宽泛，但也并不意味着人人都是人才。

至于"才能"，一般解释就是"知识和能力"，没有作量的限定，从这个意义上去认识每一个人，那么就应该承认"人人有才"。人与人之间的天赋具有很大差异，但每一个人——特别是儿童——都有巨大的知识和能力的开发潜力，尤其在某一个方面而言更是如此。

现代科学使人们具有如下共识：除了有脑缺损的人之外，每个人都有一个功能极强的大脑，而且迄今为止，人脑的大部分功能并没有被开发，即每一个人的大脑都是尚待开发的十分广阔的疆域。即使有某种身体残缺的个体，根据心理学上关于"补偿效应"的理论，如果某方面的发展途径被堵塞，只要心理上能克服颓废而奋发图强，就能使他（她）的精力集中到另一些发展途径，并以超过常人的效果得到补偿。因此，确实无误的事实是：人

[①] 杨金土. 2000. 没有教育的多样化，就没有人的自由发展. 见：孟广平主编. 我的教育观——职业技术教育卷，广州：广东教育出版社：491-503

人有才。

承认"人人有才"，是教育工作者真正地面向全体学生的认识基础。遗憾的是并没有被所有的人承认，更可悲的是，长期以来不被专事开发人们智力的教育系统普遍认可。

有些人热衷于"精英教育"，在他们看来，教育就是为了选拔和培育精英，精英势必为少数，因此，面向少数是天经地义的。

在"精英教育"的环境里，受教育者自然首先要接受是否属于精英的鉴别，于是一部分人被捧起来视为"孺子"，受到宠爱；另一部分人被压下去看成是"朽木"，受到歧视。最近，《中国教育报》中一篇 400 字的小文章，披露了我个人认为是久已有之并相当严重的现象：为少数学生"开小灶"。文章说，"不少学校为了片面追求升学率，培养'尖子生'，单纯依据考试成绩，把同一个班的学生排名次、划档次，把排在前若干名的学生作为重点培养对象，专设'小灶'进行重点辅导"。该文作者批评说，这种做法"不仅造成了绝大多数学生的心理障碍，使他们灰心丧气"，也使"极少部分'尖子'学生"忽视"综合素质的培养""不利于学生的公平竞争"（马建国，1999）。其实，这种现象的普遍性是众所周知的，它的严重后果是：残酷地剥夺了大部分学生学习的平等权利和自由发展的机会。

之所以会产生这种现象，固然有令教育系统无奈的社会原因，但我认为现行教育系统本身的缺陷——单一的教育目标和评价标准也是造成上述现象的重要原因之一。

实际上，各类人才都有精英，即其中的出类拔萃者。好的教育应该有利于各类人才精英的脱颖而出，但并不支持少数人垄断知识。教育的目的决不能只是为了选拔精英和面向精英，因为社会发展需要"各色人等"，需要结构合理的宏大的人才群体。

如果认为人才只限于一些"学术型精英"，那更是少数中的少数。实施这样的"精英教育"，必然只有一种"人口要求"，确定单一的培养目标，施行单一的教育过程，采用单一的评价标准，最后导致单一的用人政策，其结果是大多数人被淘汰。如果承认人人有才，就会实施面向全体的教育，设置多种入口要求，制定多种培养目标，施行多种类型和方式的教育过程，采取多种评价标准和评价方法，导致有利于各种人才发挥作用的用人政策，使"天生我材必有用"的理想得以实现。

（二）必须充分认识和尊重人的个性差异

人类具有许多共性，不然就难以形成秩序井然的社会。但是由于先天和后天的各种原因，人的个体特性存在着巨大差异：

1）除了遗传基因和胎儿发育环境的因素所造成的天赋差异之外，每个人的智力成熟时间如同生理发育成熟时间一样，早晚不一。如今，"'神童'这个字眼使人向往，使人为难，使人感到害怕。近些年来，也有人宁愿使用'智力早熟'这个词"（贝尔纳·热涅斯，1997）。

2）由于社会、家庭背景的不同，会造成个体之间在同一年龄段智力开发程度上的不同。

3）家庭和个体的经济环境及其他因素的影响，使同一年龄段青少年的求职欲望和求职取向产生差异。

4）由于先天和后天的原因，不同个体内在的兴趣、特长和性格更是千差万别。日本企业家松下幸之助以具有独特的"用人术"著称，他有一句名言："人在人格上虽然一律平等，但特质方面却各有不同，这就是宇宙的真理。"

智力本身也是区分不同类别的。严格地说，每个人的智力宝库都有自己的一扇门，好的教育要珍爱每一扇门，并能够用不同的钥匙去开启不同的门。

虽然有一些基础知识是每一个人都必须具有的，但还有许多知识和能力是因职业而异，因人制宜的。据戈登·德莱顿、珍妮特·沃斯合著的《学习的革命》一书介绍，哈佛大学教授霍华德·加德纳在总结若干所学校经验的基础上，首先提出人"至少有七种不同的智力形式"：语言智力、逻辑——数学智力、视觉——空间智力、音乐智力、动觉智力（身体／运动）、内在智力（内省能力）、人际社交智力。除此之外，也可能还有第八种。

我不赞成该书作者将每一种智力形式都与某一些职业群机械地相对应。因为每一个人实际上都具有"多重智力"，不可能只具备一种或两种智力，好的教育应该使每一个儿童的"多重智力"都得到激发，导向全面发展，不能只重视一两种智力而引向偏废。

人所具有的各种智力形式，在社会生活，特别在创造性活动中，并不是孤立地发挥作用的，人类的每一项创新，每一个人的成功几乎都是多重智力共同发挥作用的结果。但是，人无全才，不同的人有不同的智力特长和智力发展取向，从而客观上存在着不同的、多样的人才类型。也正因为如此，人际合作才显得特别重要，当今世界的重大科技进步，无不是多学科交叉渗透、多种人才合作的成果。

一些人用某一种方法学得好，而另一些人则用另一种方法才学得好，即不同的人属于不同的学习类型，如果强求一致，势必只能使一部分人成功，而另一部分人失败。只有承认并充分尊重人的个体差异，实施多种多样的学习方式，才能使绝大多数人获得成功。正如河南安阳市人民大道小学教师刘可钦总结自己的教育经验时所说："每个孩子都是一个特殊的个体，需要充分的尊重、信任和关怀，给他提供思考、表现、创造的机会，这样他最终就能成功。"（陈强，1998）

即使同一类人才当中也有许多区别。例如，同是运动员却有多种不同的个体特长，所以凡是在较大的运动会上，都必有足够多样的运动项目，以便给各种项目的运动员参与竞争的权利。

总之，人的智力形式和其他个性特点是多样的，偌大的人类社会本来就是五彩缤纷的结构，人的个性差异应该受到全社会——尤其是教育系统——充分认识和尊重。

（三）教育需因人制宜，所以必须多种多样

因材施教，我国流传几千年的这一重要教育思想，时至今日仍然不失其先进的光华，从而越来越受到世界各国的重视。近年来，新加坡等国教育部门大力倡导因材施教，特别在培养学生创意思考能力方面，鼓励学生根据自己的知识、能力和兴趣，去发掘创新的意识，以便在不同的领域加以应用并达到更佳效果。教育不是"树木"，而是"树林"。森林中的树木虽有乔灌之分，但它们都是组成自然生态系统的需要。

个人的成功固然取决于多种因素，但教育的责任特别重大，它的任务是把每一个人都引向成功，未来的教育应努力创造条件，使每个人都能选择适合自己的学习方法，以求自

由发展。如果某一国家的教育类型和教育方式单一，只适用于少数人，从而自觉或不自觉地只能使少部分人成功，这不仅说明这个国家教育的失败，更说明这是一种失败的教育。

人类个体的多样性，在宏观上与多种多样的社会分工存在着某种适应关系，如一个大群体中的男女比例总是大体相当的。但是，不适当的人类活动会使这种自然的"适应关系"受到干扰。当今，教育是人们智力开发和事业成功的主要通道，我们必须设置多种多样的通道，使每个人都有可能作出适合自己的选择以求自由发展。如果不这样做，上述的适应关系就会遭到破坏，一方面，会使一部分人的智能潜力得不到充分开发；另一方面，也会使一部分职业岗位的需求得不到满足。

遗憾的是，因材施教的优良传统并没有在我们自己的土地上被广泛继承。在不少普通中小学，往往只注重上述七个"智力形式"中的"语言智力"和"逻辑——数学智力（有人称此为'学术智力'）"这两种智力形式，仅仅以此划分智力的强弱并武断地进行选拔和淘汰，甚至把升入一流大学作为唯一的目标强加于每一名少年儿童。我最近看到有一篇文章上说，在一个学前班的黑板上，赫然写着如下两条标语："跨入清华大门，坐进北大课堂""谁优秀，谁先进，考试分数比比看"（陈强，1999）。可见一些学校的以升学为目标单一导向观念已达何等程度，他们还是一些学前儿童啊！

在大学普及率较低的情况下，以升入大学为主要目标的教育环境，将使大部分人更加得不到自由发展的可能，包括被选中的一部分人，因为他们也未必都适合学术型发展途径，但他们迫于社会观念的压力，除此以外，别无选择。至于被淘汰的一部分人，由于缺乏多种多样的选择机会，他们自由发展的权利遭受剥夺。他们被划入所谓"有学习障碍的人群"而"落选"，实际上他们决不缺乏才能，更不缺乏可开发的智能潜力，只是他们所在的学校所提供的教育目标和方法同他们的学习类型不一致。或者说，学校的教育目标和施行的教育方法过少，满足不了学生的多样化要求。这不仅违背了人类社会的客观实际，而且也是对教育规律的悖逆。

一个国家高等教育的普及率与其经济水平密切相关，但是如果高等教育的目标和形式不够多样，如果办教育者心目中的人才只有少数"精英"，把高等教育机构看成只供少数人垄断的神秘殿堂，那么，即使经济能力达到一定水平之后，高教普及率的提高同样会受到阻碍。

"98 世界高教大会"[①]重申高等教育包括"中学后层次的各种类型的学习、培训或研究型培训"，强调高等教育既要提供普通特点的广泛教育，又要实施以职业为目标的职业教育，培养个人在变革中的各种状况下生存的能力。我认为这对我国当前的教育改革具有特别重要的意义。

（四）关键在于改革单一的教育评价手段

现行的考试制度有公平、公正的一面，"文革"之后恢复高考，是对"文革"的拨乱反正，无疑是难能可贵的进步。可是在高考标准单一的情况下，它的公平和公正是只能面对

① 联合国教科文组织于 1998 年 10 月 5 日至 9 日在巴黎总部举行主题为"21 世纪的高等教育：展望与行动（Higher Education in the Twenty-first Century:Vision and Action）"的"世界高等教育大会"。

少数人的。因此，当一些人尽情歌颂"分数面前人人平等"的时候，另一些人却在抱怨它的不公平。

在普通教育系统的许多学校中，每个学生所经历的上千次测验和考试，主要围绕高考"指挥棒"设计，以学术型人才的选拔为主要目的，以分数作为学业成绩的唯一标准，而且往往只有一个答案是正确的。这既不适合所有人的学习方式，更不利于创新意识和创新能力的培养，以致许多同现行教育方法不相适应的学生被淘汰了。同时，由于高等教育规模在现阶段不得不受到较大限制，使一大批即使与现行教育方法完全适应的青少年，也被无情地淘汰了。这样的考试制度，对许多青少年而言，绝不是一件愉快的事。我国有些学生恐惧地称考试比较集中的7月是"黑色的7月"，日本青少年中也有"考试地狱"一说。在这样的情况中，能实现"每个人的自由发展"吗？

职业教育的发展，无疑使教育的整体面貌大为改观，人们的学习选择和职业选择余地都比较宽广了。但由于旧的教育思想、体制和评价制度的局限，教育多样化的功能并没有得到充分发挥。有的职业学校仍与普通中学一样，只凭书面考试成绩论高低；学生们在接受中等职业教育之后，又极少有继续接受高等教育的机会，规模有限的高等职业学校，根据现行政策还要优先招收普通高中毕业生。这样一来，他们自由发展的余地也被严重地压缩了。

所以，现在所谓"分数面前人人平等"，具有明显的虚伪性。

最近，《中国教育报》关于湖北少年聂愿愿13岁以628分考入华中理工大学的报道（刘华蓉，1999）引起了教育工作者的震惊和深思：他依靠父亲对他施以强行记忆为主的教学方法，比一般人提前4～5年上了大学，但是他断然认为他父亲的"教学方法不好"，那么，是什么原因使这位少年成功考上大学了呢？他的大学老师发现他这次高考成功，实际上是以某种"损失"为代价的。究竟应该如何评价他这次考试的成功呢？我们自然都祝愿这位少年日后能健康成长、事业有成，可是这个特例可以引发我们的思考，这些思考恐怕主要不是针对这位少年本人，更多的是应针对现行的考试制度和教育制度。这篇报道最后一句评论说得好："如果考试和招生制度不改革，基础教育中存在的许多问题没法从根本上解决。愿愿的成功也是一声警钟。"

每年高考过后，必会出现一些文章，列举古时的苏洵、李时珍、蒲松龄，当代的曹禺、苏阿芒等曾有"落第"经历的名人，勉励"落榜生"们落榜不落志，敢与命运抗争，广阔天地，大有作为。这无疑是正确的、必要的。但充满感情的安慰和鼓励，代替不了有关体制和政策的改革，这种改革决不能仅仅限于教育领域，还应涉及劳动、人事领域，就教育系统而言，教育评价的改革是关键性的。

"不拘一格降人才"是我中华文化中的又一精华，我国的社会制度从根本上说是有利于人才辈出的，然而"学历至上"的阴影仍在现行的人事制度和教育制度中存在，只重"学历"，而轻"学力"的观念，常常遏制某些人的成长及其才能的发挥。

毫无疑问，学历是人们学业水平的一种标志，但是学历水平和实际的学业水平不完全一致。由于各种复杂的原因，获得学历的机会并不均等，如果只重视"学历"而不重视"学力"，那么势必会使一些确有真才实学而没有较高学历的人受到伤害，使他们的创造发明遭受埋没，同时也会使某些已经有了某种学历的人因为有了"保险"而懈怠。所以，应该创建多种多样的成才途径，在人才使用上要讲"学历"但更重"学力"，建立对人的知识、能力、个性特征、职业倾向、发展潜力进行综合测评和多种类型的人才评价制度，保证教育系统和人才市场的平等和公正，保证各色人才都能在各自的行业内脱颖而出。

有朝一日，人们认为学历证书主要是某一学习经历的证明；多样化的教育体系和多元评价体系已经比较健全；终身学习蔚然成风，人的一生中经常性的学习方式是个人学习和短期进修；社会用人主要通过一定的人才评价，考察你实际具备了什么水平，而不大在乎你的水平从何而来；人们比较看重你的工作经历，而不大在乎你经历了什么学习过程，那么，教育的平等和人才市场的公平才有可能真正实现；应试教育的问题才有可能从根本上解决；教育的社会地位不至于随文凭价值的高低而起伏变化，才能更接近于"每个人的全面而自由的发展"目标。

（五）前景与展望

在教育多样化的道路上，我们已经取得了一些进步，前面的路程虽然艰难而遥远，但前景是光明的。

改革开放以来，中等教育结构改革取得了巨大成果，它的重要意义之一是给人们提供了较多的学习选择，使更多的人有了更多成功的可能性。20 年来我国中等职业技术学校所培养的 3000 多万毕业生，不仅在一定程度上满足了各行各业对生产和服务第一线人才的需求，而且使许多人有机会选择适合自己情况的发展途径，还填补了某些职业人才培养渠道的空白。在他们当中，涌现出了一大批出类拔萃的佼佼者，不仅令世人对他们刮目相看，同时，他们的成功也逐步改变着人们对职业技术教育的看法。然而这种教育多样化的重要表现形式，还远远没有充分发挥出应有的作用，其原因主要是：

1）以学术教育为本位的观念，顽固地鄙视和排斥非学术教育类型，阻碍教育的多样化发展，有的甚至把中等职业教育仅仅作为调剂普通教育数量、质量和提高升学率的缓冲手段。

2）职业技术教育自身还不健全、不成熟，仍然相当严重地存在着不利于学生多途径选择和教育多样化的因素。

上述两方面问题的解决，需要我们付出极大的努力。尤其在高等教育领域，它的类型分化虽然是今后教育发展的必然趋势，党中央和国务院曾多次发出发展高等职业教育的指示，一些单位已经为此做了十多年的探索和试验，但是这仍处于起步阶段的事业目前仍然面临着被扼杀或被异化的风险。

改革开放以来，我国的远距离教育、业余教育、自学考试、各种非学历培训都有了很大发展，网上教育正开始兴起，教育形式的多样化取得了十分可喜的进展。但是从人才培养的规格类型上看，多数仍然沿袭学术型教育的模式，教育类型多样化的目标还远未达到。

近年来推行的素质教育和高考改革，对于促进人的全面发展是有利的，但是，在普通教育的培养目标和高等教育的选拔标准都不能实现多样化的情况下，全面发展的实现是有限的，更不可能有"每个人的自由发展"。

我国教育目标单一的历史根源可追溯到历时 1300 多年的科举考试，本世纪特别是后半世纪我国经济、科技的迅速发展，促使教育逐步向多样化方向发展，但是计划体制在一定程度上阻碍了教育进一步多样化的进程。市场体制的建立，为教育多样化提出了需求也提供了条件。以各类教育"等值"为目标的改革正在许多国家开展，法国明确提出"普通、技术和职业教育无高低等级之分"。

时代要求我们对于未来教育应该继承什么和如何创新的问题，从根本上进行反省、思考和展望，面对新的世纪，如下若干重要方面是不能忽视的：

（1）随着教育普及程度的提高，接受各级教育的对象，不仅人数不断增加，而且个体类型也必将愈益多样。

（2）伴随以学生为主体的新体制的形成和教育民主化的推进，"千人一面"和"灌输式"的教育将受到共同抵制，大范围、统一的教学进程将逐步被小群体甚至个人的学习进程所代替。

（3）信息技术的迅速发展，现代远程教育网络的建设，使个体、高效的学习有了普及的可能，使终身学习更有条件付诸实施，也使每个人具有多种选择，能够掌握自己命运的时代加速到来。

（4）未来的知识经济，将使职业和岗位既有更多的分化，又有更多的复合，它要求教育事业重新进行设计。

由此可见，教育类型和教育形式多样化，并相互沟通，形成网络，既有更加迫切的需求，也有更加有利的条件，它必将在 21 世纪广泛地得以实现，使人类社会朝着"每个人的全面而自由的发展"方向又大幅度前进一步。

参考文献

贝尔纳·热涅斯 . 1997-11-19 神童之谜 . 新观察家 . 见：1997-12-19 参考消息

陈强 . 1998-8-22. 让"主体教育"在实验中丰满起来 . 中国教育报

陈强 . 1999-1-5. 如此标语让人忧 . 中国教育报

刘华蓉 . 1999-2-7. 神童挑战现代学校教育 . 中国教育报

中共中央马克思恩格斯列宁斯大林著作编译局 . 1972. 马克思恩格斯选集 . 第 1 卷 . 北京：人民出版社：273

中共中央马克思恩格斯列宁斯大林著作编译局 . 1979. 马克思恩格斯全集 . 第 42 卷 . 北京：人民出版社：649

二十六、吴福生

吴福生，男，曾任全国人大教育科学文化卫生委员会教育研究室主任、中国高等教育学会理事、中国比较教育学会顾问，研究员。

曾任中国教育学会常务理事、学术委员会委员，中华职业教育社常务理事、研究工作委员会副主任，中国职业教育学会理事，中国老教授学会理事等职。

主要研究领域有：教育理论、教育立法、比较教育。主要学术著作有：《教育的思考》《教育的出路》《教育改革与立法》《世界教育趋势》《学习中华人民共和国教育法讲话》等十余部。

中等教育发展的世界性趋势——既能动脑又能动手 [1]

重视培养学生的"动手能力"，让他们在学校期间就能掌握一技之长，从而做好走向劳动世界的准备，是近几年来中等教育发展的一个世界性趋势。

美国如今有人反对单纯搞"电化"教育，因为它的弊病是不能培养学生的动手能力，而主张有计划地从小学开始就进行所谓"事业教育"，安排学生参加诸如木工、电工等劳动，并启发学生认识劳动的意义和了解未来可能从事的职业。

---

[1] 吴福生 . 1984. 中等教育发展的世界性趋势——既能动脑又能动手 . 瞭望，（42）：39

　　几年前，日本提出了"劳动体验学习"的方针，并把它置于中、小学教育的重要地位，其目的在于使教育与生产劳动结合起来，培养学生的"劳动观"和"职业观"。根据教学计划，日本每个初中生每周要参加一学时的技术家事必修科目的学习，男生以学习工农技术为主，女生以学习家事为主。初中和高中每班每周还要在学校农场、果园或家禽家畜饲养场参加两小时全校性的生产劳动。最近，日本文部省对劳动教育制订了新的方针，中、小学减少了课程学时，以便用来加强劳动教育和开展各种课外活动。

　　在法国，小学生通过剪裁、编织、拧螺丝，以至使用和调节家用电器等手工操作，不仅锻炼了双手的灵活性，学习了安全操作规程，同时也促进了智力发展。到了初中，许多学校还开设了"劳动技术教育课"。

　　在瑞典，高中学生接受的严格技术操作训练达到"真刀实枪"的程度。有些学校还接收外活，在教师指导下由学生动手修理和装配车辆，不仅使学生学到了真本领，而且带来了一定的经济效益。

　　罗马尼亚和东欧一些国家普遍重视训练学生掌握打字、速记、簿记和文书等方面的技能和技巧。罗马尼亚还要求学生到九年级时，掌握钳工、车工或旋工等专门技术。

　　许多国家还开展课外劳动活动，以培养学生的劳动兴趣。民主德国广泛开展了"明天的能工巧匠"活动，每年各地都要举办学生能工巧匠作品展览会。朝鲜要求中学生在课余时间学习和掌握开汽车、开机床等一种以上的技术和技能。苏联从 8 ～ 10 年级开始设置了打字、缝纫、汽车修理等选修课程，学时分别为 35、70 和 140，很受学生欢迎。

　　许多国家还加强了学校和企业的联系。在联邦德国，1000 人以上的企业有 80% 都设立了教学车间。民主德国近十年来在企业里共建立了 1400 个综合技术中心。这样，学生的生产劳动教育就有了保障。

　　苏联近几年出现了一种作为普通中学劳动教育的有效形式——校际教学联合工厂。它是在企业、国营农场、集体农庄、科研单位赞助下，由几所或十几所学校联合开办的，各校高年级学生平均每周到这里参加一次生产劳动。

　　目前，许多国家已经出现了普通教育和职业教育互相渗透、互相结合、互相接近，朝着综合统一方向发展的趋势。如保加利亚把普通教育和职业教育融为一体，建立了十二年制的中等综合技术学校。

　　尽管各国的条件不同，做法各异，但加强教育与生产劳动的相互作用，加强教育与职业生活的密切联系，已经越来越被人们所重视。

　　我国的普通教育早在 1958 年就提出了教育与生产劳动相结合的方针。但在"文革"期间，"四人帮"歪曲和篡改了这一方针，鼓吹"劳动就是学习"、"田间、车间是最好的课堂"，完全否定课堂教学，造成教育质量的严重下降。目前又出现片面追求升学率，减少或取消劳动教育的倾向。结果，学生缺少必要的劳动技能，给劳动就业带来一定的困难，走上工作岗位后还要经过一段时间培训，造成经济和时间上的浪费。因此，如何从小学起就有计划地培养学生的劳动习惯和能力，使他们在中学毕业后有一技之长，既能动脑，又能动手，更好地为四化建设事业服务，已是亟待研究解决的问题。

普通教育职业化 职业教育普通化 ①

进入 80 年代以来，世界上许多国家出现了普通教育和职业教育互相结合、互相接近，朝着综合统一的方向发展的趋势。人们把这种新的重要趋势概括为"普通教育职业化，职业教育普通化"。

可能有人会问：在大力强调发展职业教育的今天，为什么还会出现，并且强调职业教育普通化呢？这是因为，面对新的技术革命的挑战，职业教育的规模和水平已不能满足飞速发展的现代科学技术和以智力劳动为基础的现代生产的需要，突出的是水平问题，于是引起了对职业教育普通化的深入思考。

一些国家职业教育普通化的实践表明，职业教育的功能不仅是使青年掌握一技之长，更着重于提高他们的素质。也就是说，职业教育已不单是职业技术训练的过程，更扩大到学生的思想、知识、能力、纪律等方面。因而苏联把中等职业技术学校形象地比作是一块由教学、教育、生产劳动结合在一起的特殊合金，它的全部活动体现了普通教育、思想政治教育和职业教育的有机统一。

从广义上讲，所谓职业教育普通化，包含以下四个方面的内容：

1. 对职业学校的普通教育水平提出了越来越高的要求

越来越多的国家强调，重视职业教育是完全必要的，但对普通教育绝对不能有丝毫的削弱。如美国的职业中学依然比较注重数学、物理、化学、社会学等基础科学的教学，以便给学生打下科学根基。目前，美国职业教育（高中阶段）的职业课和文化课各占一半。苏联要求它的中等职业技术学校对学生进行的普通教育与普通中学保持同一水平。特别是许多现代化企业要求职业学校给他们输送具有中等教育文化程度、专业面宽的、职业适应性强的、能够掌握现代技术装备的、甚至学会多种职业技能的熟练工人，以适应提高劳动生产率的要求。为此，苏联中等职业技术学校十分强调学生要和普通中学教学计划规定的那样，掌握科学基本原理，尤其是掌握数学、语文、外语和其他普通教育课程的基本知识和技能，以便给学生打下深入研究和掌握职业技术的牢固基础，使之在转换工种、接受培训时有更强的适应能力。这在一定程度上反映了职业教育和普通教育日趋接近，逐步走上综合化的趋势。

2. 强调职业基础训练，防止过早"专业化"

不少国家认为，对职业教育的理解不能过于狭隘，重要的是把基础打好，使学生日后能够接受专业训练。因此，许多国家的职业技术学校改变了原来狭窄的专业训练，强调重视职业学科的基础教育。例如民主德国的二年制职业学校，第一年以理论基础课为主，兼顾职业训练，并注意培养学生的自学能力；第二年则以职业训练为主。联邦德国近些年来规定第一年为基础教育年，目的在于防止过早地使学生专业化，以利于培养学生有较强的职业适应性。日本在《关于高中职业教育改革》的咨询报告中也强调重视职业学科的基础

---

① 吴福生.1985.普通教育职业化 职业教育普通化.瞭望,（26）：41-42

教育，如农业科开设"农业基础"课程，工业科开设"工业基础"课程。

3. 培养学生的自学能力

美国一些专家指出，"职业训练能够加强学生的就业能力，但这不等于也不能代替学生基本能力的培养。所有学生都需要有自学的能力和适应工作变化的能力。"这就对职业学校提出了加强普通教育的要求。职业学校如何在能力培养上与普通学校达到一致，这是一个值得重视和研究的重要问题。

4. 重视教养的作用，加强道德教育

苏联学者认为，职业学校对学生进行道德教育、思想政治教育，具有十分重要的意义。在现代生产中，一个工人的素质，包括觉悟、观点、道德规范等，对自己所从事的职业的影响越来越大。从这个意义上讲，普通教育已成为培养熟练工人不可缺少的重要手段。现在，即使一些西方国家，也普遍重视德育问题，并把它列为教育改革的一个重要内容。日本一些学者指出，只有重视"德育投资"，才能使日本经济得到"高速度的发展"。如日本松下电气工业学校向学生灌输"产业报国、团结一致、礼貌谦让、奋斗向上"等松下精神，以培养忠于本企业、具有向心力的生产者，就是一个典型的例子。

早在苏维埃政权的最初年代，列宁在谈到职业技术教育的指导方针时，就尖锐地指出，千万不要把职业技术教育变成手工业作坊，"我们迫切需要木工、钳工。绝对需要。大家都应当成为细木工、钳工等技术工人。但是同时必须具有最基本的普通知识和综合技术知识"。因此，苏联的职业教育从一开始就明确把加强普通教育与职业教育的相互联系作为职业学校所必须遵循的一条重要原则。

在职业技术教育体系中，普通教育和职业教育是一个不可分割的整体。加强普通教育课程和基础理论知识教育，是提高职业教育质量的一个重要方面，也是深入研究专业，掌握职业技能的基础。反过来，专业课程不仅可以巩固普通教育课程中的知识，而且在学习技术原理、生产原理和生产组织与管理原理过程中，还可以补充和加深这些知识。由此可见，它们是相互作用、相互影响的。另一方面，随着社会经济和科学技术的发展，职业学校的专业范围不断扩大。如民主德国各级职业学校设有 300 多个专业，其中 1/3 是为适应科学技术发展的要求而建立的。这些专业对职业学校学生的普通教育水平提出了比较高的要求。只有切实掌握好普通文化课程的基本知识，才能适应科学技术飞速发展的需要，更快地掌握新的技术、新的工艺和先进的生产方法，才能在工作中更好地发挥自己的创造能力。同时，通过自学继续不断地扩大自己的知识面。

二十七、应文涌

应文涌（1944—2014），男，浙江鄞县人，中国民主建国会会员，曾任上海市企业教育研究中心办公室主任，副研究员。

1964 年 12 月参加工作，先后在上钢一厂运输部、上钢一厂技校工作，1980 年 3 月调入上钢八厂职工学校担任副科长，1989 年调入上海智力开发研究所从事研究工作，1991 年调至上海市职业技术教育研究所工作，任研究室主任，为参与建所工作的"元老"之一。1995 年上海市教育科学研究院成立后，他先后担任职教所的师资研究室主任，成教所的企业教育研究室主任，后来又长期担任上海市企业教育研究中心办公室主任。

1992 年，由他执笔完成的《90 年代上海市中等职业技术学校调整与发展研究报告》，荣获上海市教育科学研究成果一等奖。1993 年，他主编出版了《职业技术教育与社会经济发展》一书，也是职教所较早出版的学术专著之一。

在德国进修时，他用德文撰写了论文《中德职业教育师资培训比较研究》，在德国发表后受到好评；回国后，他在《上海成人教育》杂志上连续发表访德系列考察报告，连载长达一年半之久。他不仅是一位发表过数十篇职、成教研究论文的专家，也是一位擅长小说、摄影和书画创作的艺术人才。

职工教育学制及其结构体系 [①]

职工教育学制体系是指职工教育中由各级各类的教育与培训构成的系统，它决定多规格、多形式、多渠道教育与培训的性质、任务、入学对象、修业学时和课程及其关系。

笔者认为职工教育学制体系应是三维结构状，它可以用三维空间形式简单表现。

根据"职工教育三维结构图"（图 1）可知 xoy 平面是干部专业教育与学历教育构成的干 v 部教育，xoz 平面是工人技术教育与学历教育构成的工人教育，zoy 平面是工人技术教育与干部专业教育复合而成的职工教育主体，通过学历教育两者可以彼此沟通，于是构成了整体的、具有无限发展前途的职工教育。

---

① 应文涌 . 1986. 职工教育学制及其结构体系 . 职业教育研究，（5）：39-41

根据这一思维设计的职工教育三通道学制系统表（表1）表明，三通道学制基本内容是：

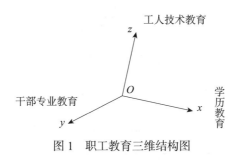

图1 职工教育三维结构图

1）工人等级教育：即初、中、高三段工人技术培训。目前它已有规定的要求与相应的政策，基本上做到有章可循，关键是要有章必循，违章必究。在该通道上还应增加技师培训与专家培训两段，使优秀工人获得更大的发展。本通道的培训，凡修业合格一律发给技术等级证书。

2）学历教育：学历教育从模式上还是套用全日制，但在内容与形式上应有较大的区别。内容上不必贪大求全，应适当精简，学时可适当减少，形式上着重以业余自学为主，特别应广泛推行单科结业的学分制。同时，中专、大专、本科、研究生四个段可以彼此衔接，即中专加读若干门课升大专，大专加读若干门课升本科，本科加读若干门课升研究生。应加快制定高层次的学历教育，尽快制定在职与自学考试方式的研究生的培养方案，任何职工都可以通过论文（有导师指导最佳，无导师指导亦无妨）向国家承认的，有权授予硕士、博士学位的学校与机构提出申请，审查合格并通过论文答辩者，即可获得学位。这样，可以使大批有才华的职工获得更大的发展。

3）干部专业教育：目前，干部专业教育对象可分为有学历与无学历两类，前者偏重于继续教育，后者注重于学历教育，真正的干部专业教育尚未形成系统。笔者以为，干部教育可参照工人技术等级教育建立初、中、高三段专业合格教育。上海市经委系统曾在干部中试行"专业合格证书"制度，其对象是40岁以上无学历的干部，要求学习8～10门课，总学时在800～1000学时以上，学员修业合格，颁发"专业合格证书"。凡是获得此"专业合格证书"的干部都可以当作大专层次人才聘任，这不能不说是一个重大的改革。

目前，干部一般要求高中毕业。事实上，干部还有一些必修课，诸如马克思主义哲学、法律常识、计算机基本知识，修完这些必修课，再加上3～5门专业课，总学时达到600～800学时，亦可获得初级"专业合格证书"，凡获证书者，按中专层次人才使用。同理，在此基础上增设中级、高级、专家级专业合格证书（国外除了有工程师、教授、博士以外，还有"家"的头衔，诸如最近内部出版的西德《工业企业职业教育教程》，几名作者的头衔有特许教育家、总工程师、经济学博士、国民经济学家、企业社会学家、政治学博士等）。

如果此通道得以理顺并建立，必将为干部的发展提供无限广阔的前景。当然，这种通道的建立必须像建立工人技术培训体系那样，要组织人力、物力、财力，制定相应的教学计划、教学大纲，编写相应的教材。干部专业教育也应当由"应知"与"应会"两个部分组成。

表 1 职工教育学制体系及其相关系统表

干部使用制度		职工教育学制体系							工人使用制度	
职务	职称	干部教育（课程/学时）	干部教育体系	学历教育/干部专业教育	职工教育	工人教育	工人岗位培训/补缺培训	工人教育（课程/学时）	职称	职业
局级	高师级	12 / 1200	干部专业教育（专业合格证书）/专家专业教育	学历教育（学历证书）/在职研究生		学历教育（学历证书）/专家技术培训	工人等级教育（技术等级证书）	10 / 1000	高级技师	骨干工人：工段长 值班主任
处级	师级	9 / 900	高级专业教育	本科（专升本）	委托代训	技师技术培训		6 / 600	技师	班组长
科级	助师级	5 / 500	中级专业教育	职工大学		高级技术培训		4 / 300	助理技师	
职能干部	员级		初级专业教育	中专		中级技术培训			普通工人	
一般干部			干部岗位培训 补缺培训 / 职工高中	职工高中（4门课）	职工初中	初级技术培训 / 上岗前培训				
						职工扫盲				

作者注：双线以上是理想状态

4）此三通道一旦建立，就会避免出现"千军万马争过独木桥"——工人与干部都去追求学历的局面。

5）无论是工人还是干部都存在着岗位培训、技术与设备更新培训及补缺培训的问题。例如，一个四级电工并不一定能胜任任何企业相应的四级电工工作，各个企业的具体工种要求是各不相同的。因此，职工上岗前必须进行岗位培训。同样，岗位培训对干部来说也是必要的，一名厂长、局长也有其相应岗位的要求。

岗位培训是一种短期的，根据企业自身需要而制定的培训。技术改造、设备更新的培训在一定意义上也是岗位培训。

至于补缺教育与培训，则是三条通道相互沟通的桥梁。它既适用于工人技术培训，也适用于干部专业教育。如一名车工改行为钳工，当级别相同时，其基础课是相同的，仅差工艺课而已，只要补上钳工工艺学，则可获得相应等级的"应知"证书，对干部专业教育而言，如果已获得中级专业合格证书，则再补上几门课亦可通向学历教育，获得大专证书。当然，干部专业教育考试需获得国家承认，或者相当于自学考试性质。

6. 作为普通教育的学制都有其相应学年。职工教育学制根据它自身特点无相应学年，但有相应的课程数与学时数。鉴于高层次的职工教育尚在摸索阶段，故整个学制系统表中未标明课程数与学时数，已标明的仅作参考。

7. 职工教育必须与职工使用相结合，故本文中的职工教育学制系统表，还涉及相关的使用系统。该使用系统是单向系统，即班组长人选一定要获得中级技术等级证书；反之，获得中级技术等级证书者不一定就任班组长。同理，凡是处级干部或师级职称者必须受过高级专业教育；反之，受过高级专业教育者不一定被聘任为处级干部或授予师级职称。

在使用上，职工具有双学历、双合格、双等级，皆可作为高一级人才使用。

职业资格制度——世界社会经济发展的趋势[①]

如今，在一些经济发达的国家或地区中没有职业资格证书是很难得到体面的职业的，甚至连就业都相当困难。职业社会中令人尊敬的专门职业，例如国家公务员、医生、教师等，学历文凭不过是其获得职业资格证书的基本条件，还必须经过相应的教育与训练，通过严格的考核获得职业资格证书方能进入职业生涯；还有更多的初、中级层次职业岗位往往并不强调学历文凭，只要受到必需的职业训练获得职业资格证书就能开始职业生涯。职业资格证书的功能远不止是就业的敲门砖，它还是转业、晋升过程中有效的证明文件。因此，职业证书教育悄然兴起，日趋规范化。据了解，目前规范化实施职业资格证书制度并进行职业证书教育的职业，在日本约有1200种，在联邦德国有450种。我国自80年代起，教育制度与劳动人事制度发生了一系列变革，多种证书的教育制度和劳动合同制、干部职务聘任制导致我国职业资格证书制度和职业证书教育的兴起和发展。这一切不仅是教育社会学的演变，而且预示着职业

---

① 应文涌.1991.职业资格制度——世界社会经济发展的趋势.职业教育研究，（4）：44-46

社会民主化更深远的意义。

（一）职业资格证书——第二学历

大千世界众多的职业对大多数人而言主要是出于谋生的需要，当然也不排除少数有志之士不计高额报酬，而是出于对事业的追求。然而，抛开个人动机来研究，相当多的职业岗位对社会负有重大的责任——生命安全、财产安全、国家安全和社会经济发展。从事这些职业绝不是单凭忠心耿耿、满腔热情，也不是单凭学校毕业文凭，而是需要专门的知识和技能才能胜任的。为此，国家对这些职业制定了特殊的要求——必须获得职业资格证书才能执业上岗。例如：司机、保育员、统计员、技师、会计师、建筑师、律师等。

日本是世界上少数建立并健全职业资格制度的国家之一。据日本总务厅、劳动省统计，日本约有 36 000 种职业，目前需要职业资格证书的约为 1200 种，且这个数字还在日益增多。产生这种趋势的原因在于日本社会经济在向高学历过渡的进程中发现学历不再是人类智能唯一的标志，在终生教育的年代里，社会要求人们的职业知识、技能和技巧能敏锐地反映时代的发展变化。这样，职业资格证书——第二学历作为评价就业人员和社会成员能力水平的尺度，就会受到社会的高度重视，被人们重新认识。而且，职业资格制度与产业经济、社会环境的变化和时代的变迁紧密相联。世界发展潮流预示，学历社会将被资格社会所取代，职业资格将实事求是地反映人们的职业知识和能力，职业资格制度的发展变化将会导致资格社会的产生，最终实现职业社会的公平与平等。

（二）职业训练——职业证书教育的重要内容

以学历文凭为主的学校教育无疑在传授文化和专业理论知识，以及陶冶学生情操与修养方面起了巨大作用。但是，社会愈来愈不满足于学校学历文凭教育乃是世界教育发展的特征之一。究其原因，这是因为科学技术的迅猛发展导致职业生涯的迅速变化，劳动密集的体力型职业——特别是笨重型职业相继被淘汰，高新技术的智力型职业岗位风起云涌，即使在农村也不例外（指发达地区），而传统的学校教育却墨守成规，远远不能适应这种需要。此外，研究加拿大职业岗位分类词典可知，几乎任何职业岗位都既有相应的普通教育程度（CED），也有必要的职业技术培训的要求，而且两者几乎同步增长（见表 2）。进入国际教育标准分类第四等级（相当我国高中后教育）的职业技术培训学制都在半年以上。这样，想要获得职业，单有学历文凭是不够的，还需要职业训练才能补其不足，只有这两者相结合，才能真正获得职业资格，成为一个合格的专业工作人员。正因为如此，作为职业证书教育的重要内容——职业训练才受到普遍的重视。

当然，职业训练时间根据各行业对从业人员的技术业务要求而变化。但如今，无需训练的职业岗位已经所剩无几了，就是一般旅社、饭店等服务性行业的岗位，都要对员工进行严格的职业训练。

表 2　加拿大各类职业中最集中的职业岗位知识与能力的要求比较表

职业类别	普通教育程度（CED）	职业培训程度（SVP）
管理、行政类	大学	4—10 年
自然科学、工程学类	研究生	4—10 年
社会科学类	研究生	4—10 年
教学类	大学	2—4 年
医疗保健类	大学	2—4 年
艺术、文学、表演类	高中后	2—4 年
体育运动和文娱类	高中	30 天—3 个月
文书事务类	高中	3—6 个月
销售类	高中后	1—2 年
服务类	初中	少于 30 天
农业、园艺、畜牧类	高中后	2—4 年
渔业、捕捉类	初中	3—6 个月
林业采伐类	初中	少于 6 个月
采矿采石类	高中	1—2 月
加工类	初中	1—3 个月
机加工类	初中	1—3 个月
产品制造、组装、修理	初中	少于 1 个月
土建	高中后	2—4 年
运输设备操作	初中	3—6 个月
搬运材料类	初中	不足 1 个月
其他手工工艺和设备操作	高中后	2—4 年

（三）职业资格证书的种类

目前，许多国家和地区已经以法律形式对获取职业资格证书及其衡量办法加以制度化，其主要途径有：①接受正规专业教育，取得毕业证书或学位。②接受系统职业教育、培训与训练。③从事专业技术工作达到规定年限，并取得必要的工作实绩、能力证明文件。④在欲获取职业资格的领域内已取得社会承认的成果、贡献。⑤通过有法律效力的专业技术资格考试，获得合格证书。⑥在其他国家或地区获得有法律效力或在世界一定区域内有权威性的职业资格证书。

纵观世界各国的职业资格证书，大致有以下几种：

第一类：国家职业资格证书。国家按法规举行考试，授予职业资格证书。

日本职业资格证书大致有三种：

A. 公务员：国家公务员甲、乙、丙三种资格。

B. 特定职业：医师、会计、税务师、教师等。

C. 国家认可的特定知识与技能：技能士、建筑师、信息处理技术员等。

南朝鲜对职业技术岗位的技术等级考核相当重视，列入国家资格，职业技术等级证书丝毫不比学位证书逊色。

南朝鲜国家技术等级考核分工程师考核和技工考核。工程师考核：特级工程师考核，一级工程师考核，二级工程师考核；技工考核：主任技工考核，一级技工考核，二级技工考核，助理技工考核。

第二类：民间职业资格证书。民间社会团体或学术团体独自举行考试并授予职业资格证书。

第三类：学校职业资格证书。各类职业技术学校和培训机构及训练中心在学生毕业或结业时授予的职业资格证书。

例如，法国的技术学校，其中，公立学校由国家教育部领导，私立学校则属于雇主协会（如工商会）或国家公司负责。

公立职业中学可以授予以下学位：

职业资格证明（CAP）

职业学习文凭（BEP）

职业中学业士（（BEP 以后再学两年）

私立技术学校可以进行同等级培训。该等级主要培训有职业资格证书的工人和职员（短期培训）。

技术教育中学可以授予以下学位：

技术员合格证书（BT）

技术中学业士（（BTN）

高级技术员证书（BTS，取得 BT 或 BTN 后再学两年方可获取）

第四类：企业职业资格证书。世界上很多大企业、大公司，甚至像日本采用终身雇用制的企业集团也感到根据工龄和功绩来决定劳动者的地位和待遇的传统做法越来越难以继续下去，他们在企业内部加强人才培训和各类考核，实施专业职务制和职业资格制。同时，世界上不少大企业为了培养人才，积极鼓励职工取得职业资格证书，为了奖励职工获取职业资格证书采取如下措施：①在准备获取职业资格证书的一定期限内，工资照付。②提供工作时间上的方便。③向取得职业资格证书者支付补偿金、奖励津贴和岗位津贴。④对在社会中所取得的职业资格证书和本企业内的职业资格证书同等对待。⑤把取得职业资格证书作为人事评定的主要依据。⑥对取得职业资格证书的员工进行晋升。

从这些措施可知，世界发达国家的大企业、服务集团、商会极为重视职业资格证书制度。当然，也相当重视职业证书教育。

联邦德国的改行培训及相应制度 ①

联邦德国自 1990 年统一以后，社会经济变革迅速。目前，联邦德国面临着社会结构、

---

① 应文涌.1996.联邦德国的改行培训及相应制度.职业教育研究，（3）：45-46

经济制度和企业产品的巨大变化；特别是原东德地区，社会政治制度的变化对每个企业和员工带来了严峻的考验，以苏联的重型工业为主的企业制度和产品结构迅速地被历史所淘汰。大批企业倒闭或被私人资本所收购，接踵而来的自然是裁减人员，失业率高涨。东德地区某些城市失业率高达17%。笔者在马格德堡市所见一家著名的重型机械公司，原先有万余名职工，而今只剩1000余名职工。笔者在濒临波罗的海的罗尔斯切克市一个跨企业培训中心考察时，该培训中心主任说，原先这儿有108名员工，而今仅剩8名。保留职位者自然是收入大幅度提高，生活水平迅速提高。但被裁员者，包括那些曾经拥有体面职业的人，诸如工程师、社会教育家、企业供销人员一夜之间变成了失业者，情况就大为不妙。要知道在东德时代，房租低廉、教育免费、虽然收入不高，但物价低廉，消费水准也不高，要想有台电话，需登记4年之后才能买到，要想买1辆原东德企业生产的质量低劣的汽车，至少在登记15年之后才能买到。以往自来水是免费的，而今居民不仅用水要付费，排水也要收费。可想而知失业者面临着的巨大社会和经济压力。更何况当时人民的消费心态、欲望、水平被大大地激发了。有钱立刻就能买到汽车、豪华商品；有钱就能办企业，从雇员变成雇主。而今大多数原东德地区的家庭拥有汽车及各种家用电器，这些东西大多是原西德地区企业运用分期付款方式推销的。在联邦德国大都市柏林，人们经常能在地铁中看到一些卖报者，上车自报家门，介绍自己失业的情况，然后卖报，申明1马克是成本，1马克是为自己生活，总之，失业问题是联邦德国原东德地区面临的严重社会问题。

为了扭转这一局面，联邦政府和企业界、经济界作了巨大努力，并制订了不少计划以促进投资、创造新的工作岗位。如德国统一基金，每年至少有1000亿马克的公共援助流往德国东部，在"振兴东部计划"推动下，仅1992年投资额就达2250亿马克，新建企业超过50万个。促进地区经济项目约145亿马克的总投资额、保住和创造了11.2万个工作岗位。为了住房现代化改革投资还有"复兴信贷银行"贷款项目。到1993年为止，德国东部1/4以上住房已得到修缮。德国西部企业打算到在政府、经济界和社会团体的"一揽子共同计划"范围内，将其在新联邦州的购买量翻一番，由每年250亿提高到500亿马克。

于是，陈旧技术的工作岗位和非生产性工作岗位迅速被新技术工作岗位和有发展前途的工作岗位所取代，工作岗位的现代化对劳动者职业素质提出了新要求，职业培训被赋予了特殊意义。而今，改行培训风靡整个联邦德国。笔者自1994年9月至1995年7月在联邦德国考察进修了10个月，访问了20余所城市，发现几乎每一个有能力的机构都在从事改行培训。诸如职业学校、行业培训中心、跨企业培训中心、私立职业学校、研究所，以及各类行业协会，最著名的是工业与商业协会。全德有83个机构，每一个机构均拥有设备良好的培训大楼，其次是手工业，当然还有为数众多的零星行业协会；也有社会团体，如工会、工人协会、职员协会、公务员协会；一些大学也积极与行业合作参与改行培训。

尽管如此，德国现有的改行培训规模仍不能满足需要，以致一些人投资兴办私人培训中心或职业进修学院，有些规模甚至达到全国设有数十个分校。政府也全力鼓励与支持这些私人职业培训机构从事改行培训，从事改行培训的教师和培训师傅的工资由劳工局支付，改行学员的学费亦由劳工局支付，更有意义的是：如果培训机构为某些企业培养该企业所需员工，该企业会主动提供教学培训设施与设备。

改行培训作为劳工局解决失业的重要手段之一，在经济上由其负责，在培训业务上则由各行业协会负责。并按法律形式，参照职业培训条例，制定了改行培训条例、改行培训考试条例。由行业、学校、工会三个部门人员组成专业委员会、由行业协会组织考试和发证。只要有能力，任何机构都可以举办改行培训，但必须按改行培训条例所规定的职业科目、培训计划、培训大纲及学时实施培训。一般的职业培训学时为 2 ～ 3.5 年，全国统考。改行培训一般为 2 年，各地区可自行由当地行业协会组织考试，社会局也积极参与。社会局的社会教育工作者对失业者负有精神和心理教育的责任，鼓励失业者参加改行培训，早日走出困境。

笔者所见的改行培训，男性大多从事焊接、木工等手工业专业，女性较多从事营业员（运用计算机工作）、美容等专业。烹饪、经贸专业（企业内从事会计、统计、销售一体化的岗位）是最为普遍的改行培训专业。

在罗尔斯切克，一个培训中心老板租用一艘停泊在港口的大船作为培训大楼，在船内开设烹饪、美容、制花艺术及船用电气四个专业。设施相当豪华，老板抱怨说这条船租金非常昂贵，他几乎无利可图。美容、制花艺术针对的是妇女学员。改行培训中，联邦德国特别重视妇女的技术培训。我曾在科隆参加过一个专业的妇女技术展览和研讨会，联邦职业教育研究所设有妇女培训专题研究项目。在不莱梅我见到一些年龄很大的改行培训学员。我问培训中心主任，如此大龄的学员通过改行培训能找到新的工作岗位吗？回答是很难，但如果他们不经过改行培训，就永远找不到正式工作岗位。当然，打短工、零工是可以的。也正是这个原因，促使失业者必须参加改行培训或专业进修。在海德斯雷朋，数十名有轻微程度身体和智力残疾的中老年人正在接受大楼管理员培训，社会教育工作者告诉我，这样的人工作特别认真负责，社会有责任帮助他们寻找合适的职业。

目前，联邦德国社会福利保障制度确保了失业者有足够生存基础并安心进行改行培训。德国社会福利保障制度中最重要三个部分是医疗保险、养老金保险和失业保险。德国自1927 年以来就有全面的法定失业保险，所有雇员都有参加保险的义务，保险金由雇员和雇主各缴纳一半。遇到失业时，可领取相当于原净工资数额 68% 的失业金，时间为 1 年。年老失业者可最多领取 32 个月，如果继续失业，可申请失业救济金，最高可达原净工资数额的 58%。此外，房租费、交通费，以及看电影、看戏都有优惠。在望茨雷朋镇的培训中心，由培训中心主任和社会教育部向 7 名青年宣布（应到 11 名），他们可以在这儿以学徒身份接受旅馆业改行培训，13 个月后到企业实习，在此期间每月可以获得 900 马克的收入，一名青年失业者似乎并不满意。培训中心主任告诉我："青年人失业相当麻烦，因为他们对职业的选择过于挑剔。"其实，给年青人的机会还是很多的。

综上所述，联邦德国在解决失业问题上主要采用的手段有：①提高投资，从根本上创造更多的工作岗位。②强化职业培训，尤其是改行培训。改行培训不是权宜之计，而是以法规形式组织实施。改行培训有完善的培训计划、大纲及考试要求。③劳工局、行业协会、社会局各负其责，促进改行培训的实施，尤其重视妇女改行培训。④失业保险金、失业救济金及劳工局给失业者提供改行培训的经费，使失业者能安心接受改行培训。

正是这样，联邦德国通过提供就业机会、改行培训和专业进修等方面的措施解决了200 多万人的失业问题，既为雇员开辟了新的前景，又加速了经济现代化。随着经济界逐渐呈现活跃景象，原东德地区的劳动市场亦日益好转。

　　联邦德国东部地区所产生的社会经济生活现象与我国大城市目前的境况有许多类似之处。一部分企业因设备陈旧、产品落后，或企业经营制度不完善而破产，致使下岗待业人员日益增多、这是一个不容回避的严峻事实。国家和政府高度重视这一问题，并采取了一系列相应措施。笔者认为，应借鉴联邦德国的经验，强化改行培训。随着城市居民素质和都市生活水平的不断提高，解决失业问题并非是简单地提供一个"饭碗"以解决温饱，而是要赋予人们新的职业技能，开辟人生新的生机与前景，陈旧职业的淘汰和新型职业的诞生是历史的必然。这既是一个痛苦的过程，也是一个繁荣诞生的过程。社会发展和科学进步的浪潮必然导致大量人员改行，因此改行培训更具有特别重要的意义。

二十八、沈亚光

　　沈亚光（1927—　　），男，上海奉贤人，曾任中国职工教育和职业培训协会学时委员会委员，高级经济师。

　　1948 年从江苏省立上海中学高中理科毕业，1948—1950 年春在上海中国纺织工学院染化系就读，因家庭困难辍学后在上海益昌橡胶厂工作。1956 年初，由中共上海长宁区委委派，到小型公私合营工厂任公方副厂长。1960 年底在上海市崇明县参加国垦劳动，1963 年在上海红光制革厂先后担任车间负责人和职业学校、工业中学、职工业余夜校副校长；1969 年参加职业学校学生上山下乡动员工作，1970—1971 年在上海市半工半读学校上山下乡办公室工作，1971 年调任上海市劳动局，先后担任技工培训处副科长、副处级调研员，负责在职工人培训工作。1988 年 4 月退休，退休后至 1995 年任上海职业技术培训学会副会长兼秘书长，1995—1999 年在上海市成人教育协会工作。曾任中国职工教育和职业培训协会学时委员会委员。

　　1989 年主编《职业技术培训》（企业岗位培训试用教材）。

对高级技工培训工作的几点意见 [①]

为了提高本市工人队伍的文化技术素质，市人民政府在 1984 年底批转了市工农教委、市劳动局《关于抓紧培训中、高级技术工人的报告》。根据这个报告的精神，本市从 1985 年起在全民所有制大中型企业基本完成技术补课、逐步开展中级工培训的基础上，进行了高级技工培训的试点工作。1986 年全市 13 个局、总公司的大中型企业、各类学校，以及社会力量举办的高级技工培训班，招收了 17 个工种的学员约 6400 人（包括高级营业员 2200 人）。培训的内容方面，大部分学习技术理论，一部分是把"应知"（技术理论）、应会结合起来培训。通过工人技师考评前的培训考核，认定高级工近 500 人。

目前，高级技工培训工作虽已初步开展，但远远不能适应上海经济发展的需要，与市委、市政府提出的"七五"期末高级技工人数应达到工人总数的 5%，培养出 8 万名高级技工的目标，相差甚远。在高级技工培训工作中我们遇到了许多困难和问题，主要有：一些部门企业的领导对高级技术工人是四化建设的重要人才认识不足，对有计划地培养高级技工必须加强基础工作的问题未引起足够重视，缺少培养高级技工的专门渠道，高级技工班学员技能培训难以落实，正常的考工晋级和工人技师考评制度尚未普遍实行，许多工人对钻研技术、岗位成才的积极性不高；对高级技工培训目标认识不太一致，有些高级技工培训班存在技术理论培训要求过高，结业考核偏重于设计的情况等。

根据两年多的试点实践，并按照国家教育委员会《关于改革和发展成人教育的决定》中关于"技术工人要按岗位要求开展技术等级培训"的精神，我们认为在高级技工培训工作中尚需解决好以下几个问题。

（一）要把培养高级技工作为一项重要和迫切的任务

提高劳动力素质，建立一支数量足够、素质较好的初、中、高级技术等级结构合理的工人队伍，才能适应经济体制改革和增强企业活力的需要。我们要充分认识高级技工的地位和作用，高级技工是企业的重要技术力量，是合理人才结构的重要组成部分。他们具有精湛技艺和丰富经验，在操作技术难题的分析解决等方面，能起到一般工程技术人员所起不到的作用。根据生产需要大力培养高级技工并充分发挥他们的作用，是提高工人技术素质、稳定生产第一线工人队伍的重要措施，是提高企业经济效益、搞好社会主义建设必不可少的条件。

长期以来，高级技工靠"自然成长"，但随着技术装备更新速度的加快，一些企业劳动分工较细，高级技工已基本失去了"自然成长"的条件。改进和加强培养高级技工的工作，尽快改变高级技工青黄不接、比例过小的局面，是提高企业素质、提高产品质量及经济效益的十分重要和迫切的任务。企业及其主管部门要按照岗位需要，在抓紧培训初、中级技工的同时，把培养高级技工的工作提到议事日程上来，并在调查研究生产发展、技术进步、劳动组织的改进和工人文化、技术素质等情况的基础上，提出"七五"期末初、中、高级技术工人、技师应达到的比例和分年度培训计划，并把它纳入经济发展和人才培养规划。

---

① 沈亚光. 1987. 对高级技工培训工作的几点意见. 上海教育（成人教育版），（6）：7-8

（二）培训目标和培养对象

高级技工的培养目标，应根据工人技术等级标准中关于高级技工"应知应会"的要求，结合岗位的实际需要确定。以工业企业为例，高级技工的培养目标主要是：掌握本工种复杂加工、复杂设备调整维修的方法和有关的技术理论，或掌握复杂装置、设备全部岗位的操作能力和有关的技术理论知识，掌握与本工种有关的新技术、新工艺、新设备、新材料的应用，具有分析、解决本工种操作技术难题的能力。

高级技工培训要实行按需择优的原则。培养对象是已在或将到高级工岗位、有一定生产经验的工人，一般是指已取得六级技术等级证书的工人，对持有中级技术理论培训班结业证书、技工学校毕业证书，并且实际技能达到五级或五级以上的工人，也可作为培养对象。具备以上条件的生产班组长、关键技术岗位的工人和技术能手、技术革新项目获奖者应优先培养。

（三）培训的组织实施

1. 正确掌握培训的原则和内容

制订和实施高级技工技术理论和技能培训计划大纲，既应符合高级工标准中"应知应会"的基本要求，又要适应岗位的需要，要从当前和今后三至五年内的生产需要出发，按需施教，学以致用，坚持技术理论传授和技能培训相结合，注重实际技能的提高。根据本市的试点经验，应知应会结合培训的，脱产培训一年，可达到培训目标的要求。半脱产或业余学习要培训更长的时间。

在技术理论教学中，要做到文化课为技术基础课服务，技术基础课为专业课服务，专业课为提高操作技能和分析解决操作技术问题的能力服务，课程设置和教学内容强调应用性，不强调系统性，以明显区别于中专和大专，也不同于对工程技术人员的培训要求。目前一些高级工培训班技术理论课程的内容中，把定量计算、设计等作为教学的重要内容，存在着偏难、偏多、偏深的问题，这种情况应该纠正。

有些工种需要掌握全面的或多岗位的操作技能和应变能力。这些工种应制订技能培训大纲和相应的辅导教材，有的工种可按技术等级标准"应会"的基本要求、岗位规范规定的技能要求进行。

2. 统筹规划，开展多渠道培训

要按工种统筹规划，合理布点，布点时要考虑技能培训的需要。大中型企业、公司、职工大学、条件较好的技工学校等，要积极举办高级工培训班。办学单位的培训工种要相对稳定。

3. 创造条件，积累经验，把技能培训搞好

高级工的技能培训既是工作重点，也是难点，在当前的物质技术条件下，高级工的技能培训可结合生产，有计划地进行。把生产中符合高级工要求的作业作为培训项目，要组织技艺传

授、绝招表演，提倡学员相互学习，还可采取轮换岗位（作业），参加技术攻关等方式。

目前，有些大中型企业为高级工培训积极提供场地、机器、设备、工件。职工大学办的班，实行厂校结合，或委托学员所在单位承担一部分技能培训任务，有的在技工学校实习工场完成高级工的一部分培训项目，有的还要利用现代化教学手段，制作操作技能传授的录像片等，这些经验都值得总结推广。

高级工技能培训还需开辟专门渠道，大中型企业及其主管部门要创造条件，建立以技能训练为主的高级技工培训中心，除主要为本系统、本企业服务外，还可为外系统及中小企业服务。

4. 选调优秀人员承担培训任务

常年举办高级技工培训班的单位，要配备专职的办学干部和教师，同时要选调有一定生产经验的专业人员担任技术理论课兼职教师，有一定技术理论和较高技艺、较强传授能力的高级技工或技师担任技能指导教师。

5. 加强横向联系和协作

由于高级技工培训工作难度较大，除大型企业和有条件的中型企业可自己组织培训外，其他企事业单位要依靠行业协作和社会化协作来解决培训问题。办学单位在招收本单位、本系统学员的同时，也可向社会招生，要逐步形成多形式、多渠道、开放型的培训网络，使培训工作取得更好的社会经济效益。

（四）健全技术考核制度

大多数的企业及其主管部门已经建立了技术考核机构，但有计划地按年度计划开展技术考核工作的还不多。因此，要在原有基础上，完善技术考核制度。

高级工的技术考核，以考核本工种实际技能和分析解决本工种操作技术问题的能力为主，要逐步开展通用工种技术考核的咨询服务和跨局协作，使这项工作向社会化、规范化方向发展。这既可避免同工种的技术考核基本要求相差过大，也有利于帮助解决中小型企业技术考核工作中的实际困难。

为了进一步调动广大工人学习技术业务的积极性，并适应劳动工资制度改革（包括企业内部分配自主权的落实）的需要，必须健全正常的考工晋级制度。大中型企业要在近期内在普遍对中级工开展培训考核的基础上，逐步开展高级技工的考核工作，为即将普遍实行的技师聘任制打下基础。

高级工的"应会"考试包括操作技能考核和综合课题考核等内容。一些培训班把日常生产中符合高级工标准的工作（作业）完成情况作为"应会"考核成绩的组成部分。这样做有三个好处：①可避免考试内容的局限性和考试成绩的偶然性；②可解决高级工的工件（作业）少而产生的考试组织工作中的困难；③促使工人在平时生产中钻研技术。对于经过"应知应会"培训结业的学员，一般还要经过一段时间生产实践的检验，在岗位上显示出高级工的水平，才能被正式确定为高级工。

岗位技术培训的实施与技术等级培训的改革 ^①

　　近年来，有关部门明确了岗位培训是职工教育的重点，工人应按岗位需要进行岗位技术培训，即按岗位规范中专业知识和实际技能的内容进行培训。对于不需要进行技术等级培训（以下简称等级培训）的工序工、熟练工，应直接进行岗位技术培训，认识比较一致，有些企业对这类工人进行的岗位技术培训已取得了较好效果。但在一部分同志中，对技术工人的岗位技术培训与等级培训的问题，特别在对等级培训作用的意见上，至今仍存在分歧。大体上有两种意见：一种意见认为，等级培训是对技术工人进行技术业务培训的重要方式，多年来，等级培训对提高技术工人的技术理论水平和操作技能起了很大作用，但在不少企业内部和面向社会招生的等级培训中，也出现了一些弊病，主要表现在：一是只对需要掌握简单技术、单一技能的工序工、熟练工进行了等级培训，把培养对象不适当地缩小了；二是机械地执行上级部门统编的培训计划、大纲、教材，出现了不同程度的学用脱节问题。总的评价是：利大于弊。弊病是在实施过程中产生的，通过调整改革，可以使等级培训更好地为提高技术工人的本职工作能力服务。另一种意见认为等级培训脱离了生产岗位需要的实际，是弊大于利，弊病是等级培训本身所固有的，因而是无法或难以克服的，而岗位技术培训符合生产和岗位需要，有很强的针对性和实用性，因而可以取代等级培训。为了进一步推动工人技术培训工作，有必要对岗位技术培训的实施与等级培训的改革等问题进行分析和探讨。

（一）关于培训对象问题

　　关于等级培训的对象，在前两年有关部门的文件中，已作了明确规定：即实行登记培训的对象是在操作技术比较复杂、比较全面的岗位上的技术工种工人。但是在实际过程中，对生产流水线或专用设备上的工序工、熟练工也进行了等级培训。这是在对待培训对象上的盲目性。出现这个问题主要有两方面的原因：一方面的原因是一些企业技术工人的底数未搞清楚。这主要是由于名义上的技术工人、实际上的技术工人、熟练工，许多企业对他们仍实行技术等级工资制，还没有实行符合企业和工种岗位特点的岗位工资、定额工资或计件工资等工资形式。在这样的情况下，明确地把他们划出技术工人范围，不实行等级培训，就意味着在实行培训、考核、使用、待遇相结合的制度时，剥夺了这一部分工人工资升级的权利。由于怕这些工人接受不了，不利于稳定情绪进行生产，这些单位对这部分工人仍进行了等级培训，或者是本单位不对他们组织等级培训，工人自己争取组织同意，参加面向社会招生的等级培训班。另一方面的原因是部分企业把上级部门提出的阶段性的、指导性的培训数量要求误作为每个单位必须完成的指令性指标。市委、市府都曾明确要求，到"七五"期末，中级工的数量应达到技术工人总数的 50%，高级工的数量达到技术工人总数的 5%。这是对全市范围内工人技术等级结构的总体要求。为达到这个要求，技术密集型行业内，小批量多品种生产、工人分工较粗的企业，中高级工的比例应超过上述要求；劳动密集型行业内，大批量少品种生产、工人分工较细的企业，中高级工的比例可低于上

① 沈亚光.1991.岗位技术培训的实施与技术等级培训的改革.成人教育研究,（3）：22-25

述要求。每个企业都要从自己的实际情况出发，在综合各车间所需中、高级技工数量的基础上，确定本企业一个阶段内应达到的合理的技术等级结构。但是这个对于进行工人技术培训工作至关重要的基础工作，许多企业和部门还没有做，而是照搬上级提出的要求，作为自己企业和部门的奋斗目标，这是出现注重培训中、高级工的数量，忽视培训后取得的实际效益的另一个重要原因。等级培训要更好地提高企业经济效益，培训对象必须调整，要真正做到：中级技术培训的对象是即将走上中级工岗位的初级工和已在中级工岗位但达不到中级工等级标准要求的技术工人；高级技术培训的主要对象是将走向高级工岗位的中级工和已在高级工岗位但未达到高级工等级标准要求的技术工人。这样做才能克服等级培训对象"扩大化"的弊病。

在技术培训工作中，对技术工人和工序工、熟练工这两部分培训对象要兼顾。技工在大多数行业中占工人总数的40%左右，在少数行业中，有的占20%，有的占60%。对这些工人中的技术骨干进行等级培训，就抓住了重点培训对象。工序工、熟练工，他们在许多行业是一线生产工人的主体，他们的技术业务素质对生产（工作）影响很大。只抓等级培训，忽视工序工、熟练工的岗位技术培训，或只提岗位技术培训，贬低等级培训，都是顾此失彼，不但容易引起思想混乱，而且会使培训工作带来不应有的损失。

（二）技术等级标准与岗位规范中专业知识和实际技能内容的异同问题

技术等级标准（以下简称等级标准）是全行业通用的，是社会衡量工人技术水平的尺子，它规定的"应知应会"内容，强调共性，注重通用性。它提出了同一工种，同一等级各技术工人岗位必须掌握的技术的基本要求，从这一点来看，它在全国同工种范围内有较强普适性。但等级标准规定的内容，不可能完全适应某一具体岗位的要求。

工人岗位规范是企业招工和上岗的标准，它规定的技术业务要求是从每一个具体岗位的需要出发的，强调针对性、实用性。在制定岗位知识和能力规范时，有两种做法：一种做法是，把岗位规范中专业知识和实际技能的内容分为通用要求和特殊要求，其通用要求与等级标准的初、中、高级的内容是相近或相通的；其特殊要求，参照等级标准的基本要求，区分为初级、中级和高级。据此，工人岗位规范的技术业务要求就与等级标准的内容确定了相对应的关系。承认并正确处理这个对应关系：①可以科学地安排技术工人的岗位系列。明确某一岗位是初级工岗位、中级工或高级工岗位，在一定的技术装备、加工工艺和劳动分工的情况下，按岗位特点来区分，有的是单层次岗位，它的技术要求是长期稳定的，工人上岗后就长期相当于初级、中级或高级工；有的是双层次岗位，它在技术上有提高的要求，或上岗时为初级，在日后的生产中需提高到中级；或上岗时为中级，根据生产需要可提升到高级；有的是三层次，如使用通用设备或工具的工人，随着加工对象和工艺的变化，其技术水平可从初级到中级再到高级。②在岗位规范确定以后，对技术要求相近的或同类技术工种岗位的工人仍然可以组织等级培训，等级培训仍然是一种有效的、必不可少的培训方式。在制定岗位知识和能力范围时的另一种做法是，为了冲破旧模式，割断了与等级标准初、中、高级工相对应的关系，对不同工种的技术工人岗位的技术要求不实行区别对待，把这些岗位的技术要求都分为两个层次（上岗与提高）。这就否定了等级培训的必要性与可能性。从对劳动工资制度改革的影响来对比两种做法，前一种有利于与劳动工资制度的改革相配套，后一种难以按技术高低进一步做好定员工作，难以在工资分配中体现技术高低这个重要因素，不利于劳动工资管理的科学化。

（三）等级培训内容的调整改革与岗位技术培训的实施问题

按岗位需要进行等级培训，就必须对培训内容进行调整改革：①因为同一工种、同一等级、不同岗位上的技术工人生产、维修的产品、设备不同，使用的机器、工艺和劳动分工也不同，即他们的作业内容是有差别的，甚至是有很大的差别的。技术工人经等级培训后，只掌握等级标准所列的通用技术要求，不掌握岗位所需的特殊技术要求，就不可能很好地提高本职工作的能力。②近年来，许多企业采用先进技术的周期缩短，技术进步的速度大大加快，有些行业、企业经过两三年，一些老产品、老工艺、老设备就淘汰了，而前一时期，修订等级标准、教学计划、大纲、教材的周期是 5～10 年。这样，培训内容脱离部分企业生产实际的矛盾就更为突出。面对上述两种情况，有些企业在进行等级培训时已根据本企业生产特点及时调整培训内容，取得了较好的效果。

本市不少企业在调整培训内容，使等级培训尽可能适应岗位实际需要的问题还未很好地解决。为此，需明确规定，实施培训的单位（特别是企业）在执行培训计划、大纲时，有适当调整培训内容（理论教材和技能训练项目）和教时的权限。企业实施的培训计划、大纲和使用的补充教材应有企业自己的特色。企业的办学实体，可在不降低上级部门指导性培训计划、大纲基本要求的前提下，按生产实际需要调整技能训练的要求和专业课的内容，原有规定和统编教材中不适用的内容要删减。企业采用的新工艺、新技术等内容应及时增补，之后再相应调整技术基础课和文化课的内容。上级有关部门在调查研究的基础上，按工种特点，分别规定一定比例的教时，由企业自主安排培训内容。可规定各类课程教时的调整幅度，如专业课可占教时数的 20%～40%，技术基础课和文化课可占 10%～30%。

为促使技术工人掌握本岗位所需的全面的技术，技术考核的办法也要改进，统一的技能考核项目只能用于少数通用工种初、中级的考核。如果中级工技能统考项目的技术要求比较窄（如装配钳工、修理钳工一律只考镶嵌工件），其考核成绩并不能反映工人岗位所需的全面的技术水平，由于这种做法脱离生产实际，也不受企业欢迎。改进的办法是，技能考核的项目或考工图纸一般由培训对象所在车间提出（可以提两三项），由考核机构审定。还要建立制度，把工人日常生产中反映出来的技术水平加以认定，作为技能考核成绩的重要组成部分。技术理论的统考，对保证培训质量起着重要的作用，但它只能考查通用技术内容，有明显的局限性。企业组织的技术理论课考试，也要尽可能体现培训对象所在车间的特点。这样做，命题时的工作量会增加，但对培训质量的提高将会起很大作用。

技术工人岗位技术培训的实施，要从企业工种，岗位特点与培训组织工作的实际情况出发。等级培训经调整改革后，如已达到岗位规范的技术业务要求的，那么这种等级培训就一次达到了岗位技术培训的要求；如还不能完全符合的，那就再组织补差培训。这样，对技术工人来说，按企业提出的要求结合岗位生产（工作）实际进行的岗位技术培训与按岗位实际需要进行的技术等级培训，就不是相互排斥，而是相互衔接，甚至是完全一致的。

为了进一步搞好工人技术培训工作，需要开拓思路，探索新的更有效的培训方法，如少数单位正在研究或试行模块式技能培训——"MES"。可以预期，通过各方面同志的共同努力，岗位技术培训和等级培训将会更好地达到提高工人的动手能力和解决生产实际问题能力的目的。

开展攀高工程 防止高级工出现断层问题 [①]

由于对高级工的重要地位和作用认识不足，不少企业还没有建立培养高级工特别是青年高级工的制度。高级工后继乏人的棘手问题，仍然困扰着许多企业，成了技术进步和生产发展的一个重要制约因素。为了采取有力措施，解决高级工队伍的巩固发展问题，特提出开展"攀高工程"的建议。

（一）开展"攀高工程"的必要性

"攀高工程"的内涵是有关部门和企事业单位动员和组织技术工人特别是青年技术工人努力向高级工的台阶攀登的系统工程。为什么要开展"攀高工程"，主要考虑以下几个方面的情况：

1）解决高级工数量不足的问题是提高工人队伍整体技术水平并增强企业核心竞争能力的一项重要措施。根据生产工作的实际需要，加快培养高级工的工作，既可以带动初级工、中级工的培训工作，把提高工人技术水平的基础工作做好，又有利于改变技师考评工作进展迟缓的情况（经8年努力，上海只评聘了技师1万人，实际需要技师约3万人），有了足够数量的高级工，才能产生基本满足需要的符合条件的技师。

近年来由于种种原因，高级工培训工作停滞不前，加上自然减员和一些高级工流向效益好的企业，大大削弱了许多企业，特别是国营企业的市场竞争能力。这是由于技术装备水平和产品档次迅速提高，生产现场出现的复杂操作技术问题，因为缺乏高级工而迟迟不能解决，影响了产品质量和新产品的开发，影响了经济效益的提高。

上述问题并没有引起有关部门和许多企业的高度重视，相当普遍的意见是，企业缺少的是外向型经营管理和技术设计等方面的人才，而高级工不算人才，也不紧缺。有些企业领导还认为缺少通用工种高级工，可以到劳动力市场去招聘，也可以出高薪到外单位去挖，不必要花钱花精力自己去培养。有些主管领导则认为，企业的技术工人是否有合理的等级结构，是否有足够的高级工，这是企业的事，培养高级工，这是企业行为，要尊重企业的自主权，政府部门不必干预。

2）提出"攀高工程"，也是为了明确向高技能目标攀登的技术工人是"攀登的主体"。在社会主义市场经济体制下，劳动力是归劳动者个人所有的。虽然政府部门和企业领导在高级工迅速成长中起着重要作用，但这是外因，"攀登"主体的积极性，是高级工成长的内因。但由于企业和社会种种条件的滞后，高级工社会地位和物质待遇都不高。他们在培训期间，要克服业余学习中的很多困难，或遇到因培训占用工作时间而损失奖金等各种问题。

① 沈亚光.1995.开展攀高工程 防止高级工出现断层问题.现代技能开发，（5）：7-8

因此，如何调动技术工人特别是青年技术工人向高级工这个目标攀登是一个亟待解决的问题。

3）高级工的工种很多，高级工培训的难度比较大，高级工成长周期较长。必须有超前的规划和周密的计划，并采取强有力的组织措施和服务工作，才能使高级工培训工作顺利进行并事半功倍。因此，有必要制定"攀高工程"实施培训。

开展高级工培训，需要在人、财、物等各方面有必要的投入，需要行业内和地区内的协作。按劳动部编印的《工种分类目录》，有高级工等级的工种，全国共计 3577 个。上海的行业门类比较齐全，有高级工的工种约 3000 个，但经 6 年努力，已开展高级工培训的工种只有 120 个。有高级工的工种，一个大型工业企业一般有 100 多个，一个中型工业企业一般有 50 多个。企业要组织那么多工种的高级工培训，所需要的应知应会教材、理论和技能教师、训练设施和项目，单凭自身是无法解决的。

一个中级工要成长为高级工，要在相应岗位工作至少 2～3 年以积累生产经验。进高级工班学习，如基本上用业余时间，约需 1.5 年（脱产学习一般需 0.5 年）时间。之后的跟踪、考核还需半年时间，这样总计至少需 4～5 年左右时间。

4）高级工除由部分技工学校、少数的高级工培训中心等机构培养外，主要靠企业培养目前不少有能力进行高级工培训的大中型企业，对这项工作积极性不高。这主要是因为，在建立现代企业制度的过程中，职业技能开发法制不健全，谁受益谁投资的原则难以贯彻的情况下，许多企业希望尽可能由国家或别的企业承担高级工培训这笔较大的投资，不愿意承担自己应尽的责任。如何引导这种必然出现的倾向，还是一个尚待解决的问题。

（二）"攀高工程"的目标

"攀高工程"的目标是通过健全和建立以企业为主，多方参与，多种形式的培养高级工和相应的服务措施，以此推动大中型企业普遍建立培养高级工的制度，形成高级工按需增长的机制，为高级工特别是青年高级工的成长创造良好的条件。到本世纪末，培养出数量和质量基本满足经济建设需要，工种齐全、年龄结构比较合理的高级技工、技师队伍。通过建设这支队伍，带动整个技术工人队伍思想、政治和业务技术水平的提高。

（三）开展"攀高工程"的措施

"攀高工程"需要新闻媒介的大力宣传，劳动行政部门或行业主管部门的认真倡导，行业中大型企业的带头引路，职业培训研究机构的积极参与。

1）报纸、电台、电视台等新闻媒介要加强高级工的重要地位和作用的舆论宣传，结合"学知识、学科学、学技术"活动、青年岗位能手活动、青工技能月等活动，宣传高级技工、技师中先进人物的巨大成就，宣传青工岗位成才的光荣业绩，使"技术工人是人才，高级工是重要人才"的观念深入人心。

2）《劳动法》规定："国家通过各种途径，采取各种措施，发展职业培训事业，开发劳动者的职业技能，提高劳动者素质，增强劳动者的就业能力和工作能力。"在劳动者中，培养足够数量的高级工，使他们成为技艺精湛、经验丰富的技术骨干力量，是提高劳动者素质的战略措施，国家通过劳动行政部门的指导服务和组织协作来倡导高级工培训。要将对国民经济发展影响较大、缺口较大的那些工种的高级工成才计划列入紧缺人才培训计划中，并在教育资源的配置和专项经费的投入方面予以支持。

3）劳动行政部门要推动有关部门开展高级工的需求预测与培训规划，研究制订加快高级工培训的政策措施。

在推动地区内具备条件的大中型企业及各类培训机构（包括技校、中专、高等院校及社会办学单位）普遍开展高级工培训的基础上，形成高级工培训网络。

开展"攀高工程"评优活动。每一至两年在部门评选的基础上，对开展高级工特别是青年高级工培训工作卓有成效的企业或培训机构进行表彰；对青年高级工在生产业务工作上有突出贡献的，授予"青年攀高能手"称号。

4）行业主管部门要解决高级工培训所需教学计划、教学大纲、教材问题。组织有关企业、技师协会等机构分工协作，对企业急需且又人数较多的高级工工种，争取在 1～2 年内完成。要根据行业发展需要和工种特征，提出对技师、高级工继续教育的明确要求。

建立更多的通用工种高级工培训中心，有的主要面向本地区，有的主要面向本行业。

总结推广和宣传高级工技能培训考核与技术攻关相结合的经验，使企业经营者从实际事例中体会到高级工的重要地位与作用。

5）企业应充分运用培训工作自主权。高级工占技术工人总数的比例、高级工的工种结构都由企业根据实际需要自主确定。企业要在职工教育或人才培训计划中明确高级工培训要求及相应措施。

企业组织的高级工培训，其培训内容应注重结合本企业的生产实际需要。对有关部门规定的通用工种"应知应会"培训内容，也应根据本企业的生产实际加以调整、充实。

企业要组织关键技术岗位上的中级技工，特别是其中的青工，在学习技术理论的同时，也要参与技师高级工"结对子""学技术"的活动，并签订拜师学技合同，明确学习内容、方法，明确达标期限与考核方法，对达到的技术等级及时予以认可，对带教的师傅定期付给津贴，对结对子的双方成绩显著的给以精神和物质奖励。这类活动既可独立进行，也可作为高级工培训班的一项重要措施。在一个地区的一个行业中，针对某些人数很少，难以组班培训的专业性工种。企业应按行业主管部门确定的培训计划，采取组织学员自学技术理论，拜师学习技能的办法。

大型企业要为中小型企业提供培训基地等条件，成为一些工种高级工培训网络的牵头单位。

企业要采取措施，使自己培养的高级工，按照需要为本企业服务。用人单位应根据《劳动法》第十九条、一百零二条的规定，与劳动者在已签订的劳动合同中协商约定以下补充条款：高级工班学员在培训期间应享有的权利；学员结业后在用人单位服务的最低年限，以及违反时应赔偿的经济损失。

6）为使更多的青年工人早日成为高级工，注意招收 25～30 岁的青工中的技校毕业生为高级工班学员，并改变参加高级工考核时的工龄限制。鼓励具有大、中专学历的生产第一线的操作人员，通过自学或技能强化班后，参加高级工考核，在高级工岗位工作的时间，计算为从事专业技术工作时间，不影响评审相应技术职务的资格。青年高级工已经符合技师条件的，应打破论资排辈的限制，及时评聘。

青年高级技工是跨世纪的人才，他们的文化程度一般较高，可以根据生产发展和技术进步的要求、增加外语、计算机应用能力等培训内容。

7）职业培训机构要协助行业主管部门和有关企业开发教学计划和教材，研究某些覆盖面较大的工种的技能培训的最佳途径和方法。

二十九、张厚粲

张厚粲（1927—　），女，河北南皮县人，汉族，博士生导师，全国政协委员，教授。

1948 年毕业于辅仁大学心理系并留校任教。现任北京师范大学心理系教授，博士生导师，校务委员，身兼国务院参事，全国政协委员，中国心理学会常务理事，全国教育科学规划委员会学科评议组成员，教育考试研究会副会长和国际心理科学联盟（IUPSYS）副主席等多种重要职务。

张厚粲教授从事心理学教学与科研工作五十余年，主要研究领域为实验心理学、人类认知学，以及心理和教育测量。她 1982 年首次将认知心理学引入中国，在"汉字识别""认知方式""PDP 模型"等研究领域均取得了卓越的成就，是我国心理学公认的奠基者，培养了大批心理学人才，被评为优秀研究生导师。

主持多项国家级科研项目和国际合作科研项目，发表中英文学术论文数十篇。著有《心理与教育统计学》《实验心理学》《行为主义心理学》等十余部著作。鉴于她的成就和贡献，曾荣获北京市三八红旗手、市先进工作者称号，曾获曾宪梓高师教学二等奖，并被载入美国传记学会和英国剑桥大学传记学会《世界名人录》。

对职业教育工作者谈认知心理学 [①]

今天我想向大家介绍一下认知心理学。为什么要谈认知心理学呢？原因有三：其一，认知心理学是当前心理学的主要思潮，它已成为当前心理学发展的方向。其二，认知心理学的发展水平，代表当前心理学发展的先进水平。我最近对美国心理学做了一些了解，认为我国的心理学自 1958 年以来受到了批判，尤其是"文化大革命"期间被摧残得更为厉害。在心理学研究方面我们的人力、物力都很不够。在国外，心理学教学已远远不是我国课堂上的那种体系了。可以说，我们的心理学的内容基本上还是 50 或 60 年代的东西。而

---

① 张厚粲. 1983. 对职业教育工作者谈认知心理学. 学院职业教育研究资料，（4）：36-44. 本文为作者在天津职业技术师范学院职业教育科学研究座谈会上的学术报告，由田光哲录音整理。

对认知心理学这样新的发展方向我们却很少知道。然而要想在短时间内赶超世界先进水平，那就要引进先进的科学技术，我们就应该学习认知心理学。其三，心理学是教育的基础。当前职业教育在我国已经越来越受到重视，为了促进职业教育、技工培训的发展，我想如果认知心理学能与职业教育、技工培训结合起来将是非常有意义的。

当然，在我们学习认知心理学的过程中，目前还有理解不透的地方。同时，它本身还在发展过程中，不可避免地会存在着不足。但这些都不妨碍我们去认识它，掌握它，只有在认识、掌握的过程中，我们才能更好地理解并完善它。所以，我主张介绍认知心理学。下面我就分几个部分给大家介绍一下：

（一）什么是认知心理学

简单地说，认知心理学主要是研究人的高级的复杂的认识过程。我们知道，过去的心理学也讲认识过程，在那些书里主要的篇幅也都是集中在认识过程方面，如感觉、知觉、记忆等等，但是讲到高级的心理活动就比较少了。例如，像讲"思维"这一问题的，几乎就没有什么内容。认知心理学正是注重于研究人的这些复杂的认识过程的。

认知心理学的基本观点是"信息加工"的观点。"信息加工"一词来自计算机科学。对信息加工，心理学认为：从某种意义上看，人就是一个信息加工的系统，高速电子计算机也是一个信息加工的系统。在解决问题的过程中，电子计算机和人有许多相似之处，有很多问题人能够解决，电子计算机也能够解决，甚至有时还可能比人取得更好的成绩。例如，美国塞缪尔（Samuel）模拟象棋大师编制的一套弈棋程序就曾经击败过真实世界中的跳棋冠军。当然，我们说这并不等于电子计算机能超过人，因为，计算机毕竟是人制造的，计算机的程序也是出于人脑嘛。但是，正是这些事实使心理学家得到启发。电子计算机之所以赢了跳棋大师，是因为它掌握了人下棋过程中的规律，那么，如果我们能够把人在解决问题过程中的种种规律了解得更加深透，用计算机的语言把这些规律都编制成程序，输入到计算机中，计算机不就能像人那样解决各种复杂问题了吗？正是出于这个前提，认知心理学就把人看作是一个信息加工的系统，来探讨人的记忆、思维等高级、复杂的认识活动。

认知心理学还认为，人们对信息加工的方式、特点也时常表现不同，其原因是个人的知识、经验、个性等因素的影响。因此说，每个人对同一信息的加工能力也不一样。我认为，这个观点是与马克思主义的基本原理一致的。我国心理学一贯坚持列宁的反映论观点，即心理是脑的机能，心理是人脑对客观现实的反映。今天，我们仍然对这一点坚信不疑。但是，马列主义哲学是各门科学的指导思想，它并不能代替具体科学。心理学应该回答"人脑对现实如何反映？"这个问题这样，哲学上的一般论述就显得不够了。现在认知心理学就是要研究人脑是如何反映客观的，研究人脑对信息的接受、加工、存储等具体的进行过程和规律。这也就是我们常讲的那个"反映过程"的具体规律。总之，我认为，首先，认知心理学与过去我们强调外界现实对脑的作用，以及承认脑这一物质是第一性的看法并不矛盾；其次，它是把人的认识过程作为一个整体来解释的，而不是把感觉、知觉、记忆等孤立地对待的；再次，它不仅强调客观现实的影响，也承认主观意识的作用，这一点也与我们的观点相符合。

（二）认知心理学的由来

一般来说，心理学是一门古老而又年轻的科学。说它古老是因为古希腊及中国先秦时期的一些哲学著作中就已经含有心理学思想。例如：王充的《论衡》中讲了许多认识过程的基本原理，至今仍值得学习。但是，我们只能讲，这些论述所具有的心理学的思想，是依靠哲学思辨的方法产生的，比较零散，不足以构成系统的心理学知识。

心理学真正从哲学中分离出来，成为一门独立的学科，是从 1879 年冯特在德国莱比锡建立第一个心理学实验室开始的。从此科学心理学诞生，至今已经过 100 多年。正因为如此，我们说心理学还是一门年轻的科学。在这一段时间里，心理学经历了几个比较大的发展阶段。

首先是冯特开创了科学心理学。他主张心理学是经验的科学，不是形而上学；他注重实验，反对依靠思辨方法，他的研究是建立在实验分析基础上的，但他主要是研究认识过程的低级水平，并且基本上是"元素主义的"。例如：他把感觉分为视觉、听觉、味觉、嗅觉等多种元素，对每一元素进行了细微的实验研究。而对知觉、思维则很少涉及。他有一个原则："将意识历程分析而为元素。"我们当前所能看到的心理学教科书的内容和体系，受这种观点影响很大。这一倾向之所以过于注重分析，主要是受当时化学发展的影响。实质上，人的心理过程不能看作一个个元素的相加，人的复杂心理也绝不是在这种元素的组合条件下产生的。至 20 世纪初期，冯特元素主义的缺点越发明显地暴露出来。1912年，惠特海默发表了一篇题为《视见运动的实验研究》的文章，这标志了"格式塔"学派（Gestalt）的产生。在心理学史上这是一个很重要的学派。"格式塔"是译音，而从译意上讲，可以称"完形"（Configuration）即"完形心理学"（Configuration Psychology）。它的特点，就是反对元素主义，强调综合、整体，指出把人的心理分解成一个个元素去解释是错误的。因为实际中没有哪一个心理活动是孤立进行的。格式塔心理学家们一再申述：整体多于其各部分的总和。这里可以举例说明：画一个缺一段弧的圆圈，给大家看，并问这是什么，大家一定回答是圆圈，或者说是没有封闭的圆圈。总之，无论怎样回答，大家都不会把"圆"这个概念丢掉的。因为，人们是把它看成一个整体，即"圆"，而不是把它看成一段曲线。

格式塔强调综合和整体的这一特点，有助于说明人的心理内容的丰富性。这一点有进步意义。但是，格式塔派的基本理论是唯心的，他们似乎认为那种"完形"是天生就有的，人们对事物整体的认识不用经过学习，这显然是站不住脚的。此外，格式塔派的研究主要在知觉方面取得了成就，并对后世影响较大。但是，他们的研究没有涉及人的思维、记忆等更高级、更复杂的认识过程，并没有阐明人的全部心理内容。因此，30 年代以后，格式塔派也就逐渐地销声匿迹了。与格式塔学派差不多同一时期，美国出现了心理学上另一重要派别——"行为主义"（Behaviorism）大约从本世纪 20—50 年代起，行为主义在美国占据了统治地位。行为主义强调外显行为，理论上是唯物的，但却是机械的。他们讲的是刺激－反应的心理学。其代表人物华生就是只讲刺激－反应，特别机械，他甚至声称可以让任何孩子经过专门训练而成为律师或小偷，甚至是总统。这显然是荒诞的。后来行为主义者 B.F.斯金纳把它加以发展并观察到刺激 S 和反应 R 的共同变化，建立了 $R = f(S)$ 的公式。

意思是说，有什么样的刺激，就有什么反应。如同针扎手臂，手一定就会躲开一样，完全机械地把人的心理视为刺激－反应相互作用的产物。

40 年代以后，出现了新行为主义。承认在刺激和反应之间还有个中间环节，但他们并没有很好地研究这一中间环节是怎样活动的，因此也同样没有解决心理的实质问题。

纵观心理学这几个阶段的发展，我认为，过去的心理学实际上是没有达到它所要解决问题的目标，就解决人的心理活动规律这一问题而言，不论是哪一个学派，在这方面做的都很不够。

本世纪 50 年代以后，随着自然科学技术的迅猛发展，心理学也有了一个大的变化。这一变化的产生，从理论上讲是由于"信息论""控制论"的出现；从技术上讲是由于电子计算机的出现。

大家都知道，电子计算机一个最大的优点，就是可以模拟人。科学家们为了发展计算机，就必须对人的心理规律做更深入的研究，不断提出新的假设，这就促进了对人的复杂认知过程的研究。当然，这些假设并不等于思辨法的研究，它们是根据一些经验、调查和实验结果提出的，然后将其编成程序，输入到计算机中去检验。如果计算机能够按程序完成人所预期的任务，就证明假设与客观规律相吻合，即心理学探索出的心理活动规律是正确的。"人工智能"这一新的科学领域就是这样产生的。人工智能就是把人的智能传递给机器，即人工地让机器也具有智能。实质上这是心理学与计算机科学的结合。显然，正是人工智能、计算机科学的发展，更加要求心理学发展，首先要弄清人是怎样解决问题的，才能促使计算机、机器人等也进一步发展。所以，可以说这两者是相辅相成的。还有"语言学"的发展，"心理语言学"的出现，也都为进一步了解人的复杂认识过程提供了更好的条件。因此，我们说，认知心理学是随着现代科学技术的发展，为了弥补过去各家心理学理论上的不足而逐步建立起来的。

（三）认知心理学发展概述

大约从本世纪 60 年代开始，一些心理学家就开始对复杂的认识过程进行研究了。但是，认知心理学作为一门真正的科学出现，应该要从 1967 年奈赛尔（Neisser）的《认知心理学》问世算起，这本书第一次使用了"认知心理学"这个名字，并用信息加工的观点，全面、系统地探讨了心理学的问题，现在一般把奈赛尔称为认知心理学之父。

这 20 年来认知心理学发展得很快，大体可见于以下几方面：

1）越来越注重于高级复杂的认识过程的研究。认知心理学最初也较偏重于低级认识过程的研究，而对高级的认识过程研究较少。然而这种倾向正在逐步改变，将 1967 年奈赛尔的《认知心理学》与 1980 年安德森的《认知心理学》进行比较，就可发现前书共十几章，只有三章讲思维，而后书共十四章，其中就有九章讲复杂的认知过程。当然，这不是说现在的认知心理学就已经把人的思维活动规律问题都解决了。

2）在研究认知的过程中，逐渐注意到非认知因素对它的影响。例如：当我们解决问题时，人的记忆能力、推理能力、知觉能力等个别差异都会影响问题的顺利解决。此外非认知性的特点如情感特点、兴趣特点、气质类型等也有一定作用。我们作为教育工作者，在实践中对这个问题是有体会的。但是，很遗憾，认知心理学在这方面的研究还刚刚开始，有待于进一步发展完善。

3）在研究方法上与传统的实验心理学有很多共同之处。认知心理学不注重生理机制的研究，一是由于生理机制只是心理活动的基础条件之一，并不是心理活动规律本身。二是目前生理学的发展尚不能彻底揭露心理活动的生理基础。但这并不等于说生理机制的研究就不重要。认知心理学的目的是解释复杂的心理活动过程。但是，在研究的方法上，并没有必要舍弃一切传统方法而别出心裁，他们和传统的实验心理学同样强调实验，在方法上有很多共同之处。例如，以反应时作为重要的心理活动指标。但是认知心理学研究更加细致深入，它要求获得的信息密度更大，并且在解释上也采取了不同观点——信息加工观点。

在仪器上，认知心理学还采用很多传统的心理学仪器，如：速示器、反应时测定仪等，只不过采用了计算机的控制，更精确一些。另外，值得一提的是，认知心理学采用"口述记录分析法"进行研究，并做出了一些成绩。"口述记录分析"也称"大声思维"，意思是要求被试在解决问题时，把所考虑的一切都用声音表达出来，同时录下来进行分析，探讨心理活动规律。他们认为"口述记录法"是真实的，一些研究已证明，"大声思维"只要稍受训练，不会影响思维的进行。

总之，认知心理学是摒弃了历史上各派的缺点，将它们的优点加以综合，并吸取了现代科学技术的新成就逐步发展起来的，有它的独到之处。但是，我们也要看到认知心理学还只有二十多年的历史，并非完璧无暇，它仍处在不断成熟，不断完善的过程之中。

（四）认知心理学研究的几点成就

这些年来，认知心理学在对认识过程的研究中取得了许多成就，这里我仅谈和技工培训有关的几个方面：

1. "注意"的研究

我们知道，"注意"是贯穿于认知过程始终的。而过去有些学者经常讨论注意是位于知觉和记忆之间，还是位于感觉和知觉之间的问题。现在看来，这种讨论并没有多大的意义，重要的是要探讨"注意"在整个认知过程中所起的作用。

传统心理学中"注意"的内容是很少的，而认知心理学中则非常重视这方面的研究。

1960 年美国的斯帕林（Sperling）做了一个记忆方面的实验，这个实验已成为认知心理学的经典实验。它促进了认知心理学在记忆方面新理论的提出。从该实验中，我们可以更清楚地看到"注意"的影响。

斯帕林在"记忆广度"（或称"注意广度"）的实验研究中发现了瞬时记忆向短时记忆的过渡。他为了验证传统心理学中所提到的人的"记忆广度"（或称"注意广度"）是否为 5 ~ 7，进行了如下实验：用速示器以 1/20 秒的时间，同时显现三行字母（每行四个字母），在字母刺激停止后，紧接着出现一种声音信号，声音信号分为高、中、低三种音调，它们分别代表三排字母，要求被试听到高音调时，报告第一排字母；听到中音调时报告第二排字母；听到低音调时报告第三排字母。实验结果，被试对任何一排字母都至少能报出三个，这说明他的总记忆量至少是 9 个而不是 5～7 个。即实际上人们所看到的字母和说出来的字母数量是不同的。它证明，在能说出来的记忆之前尚有一个"瞬时记忆"阶段的存在，这阶段也叫做"感觉登记"。为什么人所感觉到的和通过记忆说出来的东西在数量上有不同呢？这主要是"注意"的作用。一些信息受到注意就转入到短时记忆里，而没有受到注意的东西就只能在瞬时记忆中出现，而不能转入到短时记忆中去。举例来说，如果在记忆过程中，把人的心理意识比做一座水库，外界的信息比作水流，那么注意就是这座水库的闸门。当闸门打开时，即我们加以注意时，外界的水不断流入水库，即外界的信息进入了我们的意识中；相反如果闸门是关着的，那么不论多么宝贵的"水"，也只能付诸东流。总之，在人与外界的相互作用中，最初一瞬间，外界的信息很多都映入感官，但我们不可能把它们都注意到，只有注意到的，才能短时记住，没注意到的，很快就从脑中消失。因此，所谓记忆的范围就有了限制，看到的与说出来的数量也就不一样了。

在我们的技工培训中，学生掌握一种技能，无论是动作技能，还是智力技能，总要在注意的条件下，才可能解决得好。即在技能的学习初期，注意是必要的，但是在后期，注意所起的作用会越来越小。因为，我们培训技工，最后是要求他们的技能自动化。自动化活动的特点有二，一是对"注意"的要求降低；二是受干扰的可能减少。注意的作用就是把一些必要的信息保持在短时记忆里，而过于强调"注意"，容易使一种活动与另外相近的一种活动产生干扰。实验证明：注意在练习里是重要的，但练习次数较多的工作与练习次数较少的工作相比，注意对前者的影响就小些，因为练习次数多的工作，已经能够比较自动化地进行了。因此我认为在培训工作中，要注意适当强调注意的影响作用。如果对一个技术很熟练的技工，我们在调查了解他在活动中的心理状态时，就不宜把"注意"当做一个极端重要的因素来处理了。

2. "表征"的研究

传统心理学对"注意"进行了论述；对"表征"的论述却很少。这是传统心理学和认知心理学的又一个不同之处。

首先谈一下什么是"表征"，并谈谈"表征"和"表象"的区别。我们知道，当人脑对信息加工的时候，首先要把外界信息输入到脑中，然后在脑中再次呈现出来，随后才是加工，而出现在脑中的那个东西，就叫"表征"。我们说，表征和表象有很多共同特点，但是"表象"一词着重强调它的形象性，而"表征"则可能是形象的，也可能是一些抽象的符号化事物。"表征"比"表象"的概念更大一些。

认知心理学认为"表征"以什么形式在头脑中出现，是直接影响着问题解决的。尤其是对一个抽象的符号来说，不同的"表征"方式意味着对这一抽象符号的不同理解，倘若根本不知道其含义，那信息加工就无从谈起了。现在之所以强调"表征"，是因为它是信息在头脑中的存在和表现方式，是直接关系到问题的理解和解决的重要因素。例如一个 8×8 的黑白格棋盘，共 64 个方格（如图 1），棋盘左上角、右下角都是黑色，若消掉左上角和右下角两个格，然后用恰好能遮盖两个格的小长方形卡片（如图 2）遮盖住剩

余部分。问需要多少张小卡片，才能把 62 个格正好全部盖住？（读者先想一下题解再往下看）

答案应该是无解。在这里，答案的对错是无关紧要的，心理学家所关心的是这道题在我们脑中是怎样呈现的？不同的呈现方式，即"表征"是如何影响问题的解决？有些人的"表征"可能是形象的，即在他脑中出现的是联接在一起的黑白格和小卡片，然后不断地拼摆卡片去遮盖棋盘；也有些人可能以抽象方式，先行计算，即在 64 个小格中去掉 2 个黑格，还余下 32 个白格和 30 个黑格，而每张小卡片只能盖住一黑一白两个格子，因此，问题无法解决。这样，前者就可能花费较长时间或给出错误答案，而后者则可能发现了问题的实质。从这里可以看出，由于问题在脑中显现方式不同，解题结果也就不同了。可以说这就是认知心理学强调"表征"这一心理现象的主要原因。

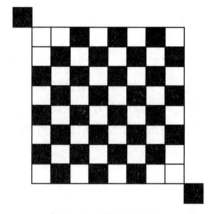
图 1　64 方格棋盘图

图 2　2 格长方形卡片图

在"表征"的研究中，还有一个值得提及的新课题是"心理旋转"问题。认知心理学的学者认为，人在知觉和判断具有空间特性物体的过程中，头脑里会发生一个心理旋转的现象。例如：当我们看一个倒置的东西时，若要对它的形象做出判断，总先要在头脑中把它旋转到正常的位置上。科学家用以下巧妙的实验做了证明：以不同的角度分别呈现正写和反写的字母 R 于被试，让他做出该字母是否是正写"R"的回答（如图 3）。被试对不同显示做出判断的反应时曲线如图 4：即 0° 的位置呈现时，反应最快，60° 时，反应时延长，120° 时，反应时继续延长，180° 时，反应最慢，以后，反应时逐渐缩短。这就证明了被试在判断时必须先把字母转正才能进行判断。

呈现角度	刺激显示	
0°	R	Я
60°	я	я
120°	я	я
180°	Я	Я
240°	я	я
300°	я	я

图 3　被试对不同显示做出判断的反应图

为了进一步证实这个结果，科学家又继续进行实验：科学家根据几个实验的结果，事先把旋转所需的时间算出来，即转 1° 需要多少时间，然后在不同的位置上，例如，120° 这个位置上呈现第一个刺激，并根据计算（例如每 0.1 秒转 10°）预期出它的表征在什么时间会转到什么位置上（例如经过 0.5 秒，原来歪 120° 的字母转到了歪 70° 的位置上）。

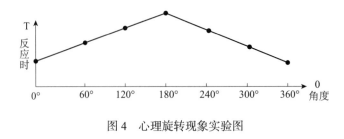

图 4　心理旋转现象实验图

这时，再呈现第二个倾斜某种角度（本例为 70°）的图形刺激，让被试做出判断，结果发现，第二个刺激的倾斜程度与预期的位置度数相同（本例为 70°）则反应更快，二者位置差别越多则反应越慢。这个实验巧妙地证明了心理旋转现象的存在。至此我们能更清楚地看到，认知心理学的研究要比过去的研究更加细致、精确，能使我们更深入地了解心理活动过程。

3. "记忆"的研究

"记忆"在认知过程中占有主要地位。记忆的研究在心理学实验研究上有着 100 年的历史。但是，在过去的心理学研究中"记忆"的研究过于人工化。人们经常批评心理实验结果和现实不是一回事，这正是在过去对记忆的研究中就存在的一个比较严重的问题。当然，我们并不否定有些研究至今还是有其价值的。例如：艾宾浩斯采用无意义音节画出的遗忘曲线在今天也依然有意义。然而，用现在的观点看，过去的记忆研究除上面谈到的"记忆广度"这一项外，其余都属于长时记忆。目前，认知心理学认为短时记忆对活动最直接有效，也可称"工作记忆"，因此在短时记忆方面开展了大量研究。其中，包括探讨短时记忆的作用、短时记忆的容量、短时记忆是如何起作用，以及如何把长时记忆的东西提取到短时记忆中来等，题目繁多。

在这里我想介绍一下有关短时记忆中的两个主要的研究。

首先，短时记忆的容量单位。前面曾谈到短时记忆的容量一般是 5～7 个，其单位是什么呢？是数字？是字母？现在看来，它不能用任何具体数量单位表示。记忆有它的特定单位称"组块"（chunk，或译"创克"）如果你能记住 5 个数字，那么你就记住了 5 个"组块"，如果记住的是 5 个人名，那么每一个人名就是一个"组块"，记住的也是 5 个"组块"。这个概念是十分重要的，实际上我们在教学和培训工作中，有很多情境下，就是让那些受试者把有关的东西组合在一起，建成或扩大记忆"组块"。例如：有速算能力的学生，就是把一个个看起来无意义的数字，在自己的脑中建立成很多的"组块"了，而一般人没有这些"组块"，在脑中仍以一个数字为一个"组块"，所以，这两种人在计算方法上必然出现很大的差异。

其次，短时记忆的信息存入长时记忆需要多长的时间？现在认知心理学的研究已经解决了这个问题。他们根据实验的结果，计算出人记忆一个组块需要 8 秒的时间，并且将这个推算结果和电子计算机的结果相对照，发现两者是一致的。也就是说，要计算机记住若干信息，倘若时间少于这个标准，也是不能记清楚的。我们这里所说记住只是出现第一遍无误的背诵，而不是长期保存。那么，将这些信息提取出来又需要多少时间呢？现在也算出来了。例如，提取一个电话号码 668431，记起第一个号码需要 2 秒，而记起后面的每一个数字只需要 200 ～ 300 毫秒。所以说，记起整个电话号码大约需要 3 秒多，这些都是有实验证明的，这里只做介绍，不再多加说明。

4. "学习"的研究

学习问题在心理学中，可以说是最重要的，但也是最复杂的。我们是搞教育和培训工作的，当然会遇到学习的问题。

所谓"学习"，是引起人在行为操作上某些持久性的变化。"学习"是广义的。在"学习"或者是"思维"的研究中，现在有一个新的提法，称为"产生式系统"就是说人解决问题的思维方式，在头脑里都有一个"模式"，或者说有一个系统，这系统中有许多个"产生式"，"产生式"用公式表达即为 A=f（C），"C"是条件（condition），A 是行动（action）。这个公式和过去的公式 R=f（S）不同，前者是讲条件——行动的关系，比较复杂，有概括性。而后者则只讲刺激——反应的关系，带有机械、具体的特点。"产生式"这个概念适用于人，也适用于电子计算机。如果人的脑子里有了"产生式"，那么就可以解决问题，根据"产生式"编制程序，然后输入到计算机中，那计算机也能够解决问题。认知心理学更具体说，信息加工心理学就是把所有的东西都搞成"产生式"，以使机器能和人一样解决问题。"产生式"中强调的条件是可以有多个条件组成，比"刺激"全面，而刺激——反应式里强调的"刺激"，只能是一个刺激引起一个反应，而人类活动决不是这么简单。再有，"产生式"是概括的，不是一个具体的刺激。例如：如果解决了一个加法的"产生式"，那么，任何加法问题也就一定会解决。再如：司机开车需调速换挡，则有产生式（如图 5）。这是个一般的开车换挡的产生式，但它可适用于很多不同类型、品牌的汽车。由此可见，产生式是可以迁移的。

另外，在"产生式"建立的同时，也会伴随着出现定势的作用。美国的卢芹斯（A·S·Lunchins）做过这样的实验：

C：If　一辆汽车在一档状态
（条件）（如果）　速度超过10英里/小时
　车有离合器
　车有操纵杆

A：Then　脚踩离合器
（行动）（则）　操纵杆挪向右上方
　摘脱离合器，车由一档换成二档

图 5　开车换挡的产生式图

要求被试用几个空钵来量需要的水（如图6）。

图6 "产生式"的定势作用实验图

下列表1提出了8个基本问题：

表1 "产生式"的定势作用实验表　（单位：夸脱）

问题 序号	给定空钵盛水量			获得的水量
	x	y	z	w
1	29	3		20
2	21	127	3	100
3	14	163	25	99
4	18	43	10	5
5	9	42	6	21
6	20	59	4	31
7	23	49	3	20
8	15	39	3	18

问题1是用以说明问题；问题2～6是用以训练的问题；问题7与8是关键性的测验题。结果发现被试在做完前六题后，形成了一个定势，即：

$$Y-X-2Z = W$$

而正是这个定势，使他们在解决"7""8"这样简单的问题时受到了干扰，实际上第7题可以直接用"23-3"，第8题可用"3+15"来回答，而这些被试还依然按照"$Y-X-2Z = W$"这个公式进行解答，就是说，被试脑中已经有了一个"框"在起作用。所以我们说，概括出来的规律一般是能帮助我们解决问题的。但有时候也会起干扰作用。不过，总的说来我们在教学和培训的过程中，还是应该利用定势的积极作用。因为在形成定势之后又发现它起不良作用时，只要特别地加以注意，一般只需给予一个启示，其干扰作用就可以避免了。

以上仅就心理学的当前发展做了简要介绍。心理学是教育工作的理论基础之一，而认知心理学更加深入、细致地揭露了心理活动规律，对于我们提高教学和培训工作的质量有着重要意义。不过它本身仍处在发展过程之中，希望工作者们在学习运用心理学规律的过程中，用你们的实践经验不断促使它变得更加丰富并不断向前发展。

车工操作的能力结构 [①]

人在完成任何活动时，都依靠一定的心理结构做基础。心理结构指大脑皮质上具有一定组织的神经联系系统。它在遗传素质的基础上经过学习训练而形成和发展，对于运动性操作活动来讲，它的心理结构中认识成分和运动成分两个方面是不可或缺的，其中一些成分经过多次学习和转换得来的，起到保证该活动顺利完成的作用时，就称之为能力。包括认知能力和运动能力。因此，要提高人的某种活动水平，促进对于该项活动的学习和训练，探讨它的能力结构，具有重要的现实意义。

本研究是以车工操作为对象，将心理学实验研究与技工培训工作相结合的初步尝试。它试图以认知心理学的观点和方法分析车工操作的心理特点，探讨优秀车工的认知——行为模式，从而了解车工操作的心理结构，为改进培训工作提供了心理学依据。

通过本项实验研究，在心理学理论中，可以使我们更好地理解技能和能力的实质，在实践中，有助于运用心理学基本原理指导技工培训工作，改进人员选拔方法，贯彻因材施教原则，有力地促进职业技术教育的发展。

（一）研究方法

1. 被试

被试来源于天津职业技术师范学院附属技校车工专业一、三两个年级的男生，年龄在17～19岁之间，依据每个年级中车工操作水平的分布情况，选取上下两端各10名左右学生构成四个被试组，即：三年级上、三年级下、一年级上、一年级下（简称三上组、三下组、一上组、一下组）。操作水平在本研究中是以刃磨刀具考核成绩和实习操作考核成绩为标准，并参照实习教师对每个学生平时操作能力的评定来确定的，各组被试人数在各年级总体中的比例（见表1）。

表1 各被试组人数在总体中的分布表 N=76

组 别	人数（人）	占全年级男生总数（%）
三上	10	31.3
三下	7	21.9
一上	10	22.7
一下	10	22.7
总计	37	48.7

[①] 张厚粲，张树桂，田光哲．1984.车工操作的能力结构.职业教育研究资料，（6）：19-28.本研究是天津职业技术师范学院职业教育研究室和学院附属技工学校在作者的指导下共同进行的，技校参加这一工作的有杨启琨、牛凯等同志。

2. 程序

（1）项目的确定

首先根据认知心理学理论，联系车工操作的实际经验进行分析，提出一些假设，再经过预试，选出与车工操作关系较密切的项目进行研究。预试是在同一技校车工专业二年级随机抽取的 3 ～ 5 名男生中进行的。预试结果排除了"注意的分配与集中实验"和"推理能力测验"两项，确定出下述三个实验与三个认知能力测验，以及表现它们成绩的各种指标参数。

研究项目分为：①视觉长度估计能力的测定。②间接手部动觉反馈能力的测定。③双手协调活动能力形成的测定。④隐蔽图形测验。⑤图形拼合测验。⑥表象的三维旋转测验。

（2）实验材料与进行步骤

各个项目按照设计分别对 4 组被试进行测试。除认知能力测验集体进行外，其他各实验项目都分别进行，每个项目基本上由同一主试在 10 天内完成。

实验一：视觉长度估计能力的测定——实验仪器选用北京大学仪器厂研制的视觉长度估计器。实验采用平均差误法。随机呈现各刺激值，以减少因被试主观推断所引起的测量误差。取被试 8 次调节的平均误差及与之相应的平均时间作为反应变量的指标。

实验二：间接手部动觉反馈能力的测定——选用日本造 0-75mm 杠杆千分尺（精度 0.01mm），标准内径量圈（自制）和内径测量器（自制）作为实验仪器。实验时采用平均差误法。要求被试首先用内径测量器测定标准内径量圈的直径（为避免被试利用主观推断，内径不取整数值）。然后，利用手部动觉反馈，调节杠杆千分尺，以确定主观相等点。取被试 4 次调节的平均误差作为反应变量的指标。

实验三：双手协调活动能力测定——实验使用双手协调器，要求被试双手协调活动，以调节笔尖从仪器上面铜版的一端准确地沿曲线图案移动到另一端，往返 1 次算作 1 遍，以达到 1 遍准确无误地摇完全程为标准。第二天要求被试要重复以上做法。最后，分别以总操作时间、总错误次数、平均一遍操作时间和末遍操作时间，做为反应变量的 4 个指标。

认知能力测验一、二、三、——三个纸笔式的测验，内容分别是：①测定分析辨认的隐蔽图形测验；②测定知觉综合能力的图形拼合测验；③测定空间想象能力的表象的三维旋转测验（见表 2）。在施测中，要求被试严格执行规定时间和测验规则。最后，以测验所得成绩作为反应变量指标。

表 2　三个认知能力测验示例表

测验名称	隧蔽图形测验	知觉拼合测验	表象的三维旋转测验
呈现图形			
反座	辨别右侧每一个图形中是否含有左侧标准图形	辨别左侧标准图形能否由右侧各部分拼合而成	辨别右侧各图形所表示的是否与左侧为同一图形

（二）研究结果与讨论

1. 各项操作实验与认知能力测验的总结果

表3 各项操作实验与认同能力测验的结果一览表

指标\组别	人数	视觉长度估计误差（忽米）		间接手部动觉反馈误差（微米）		双手协调技能形成（分钟）		隐蔽图形测验得分		圆形拼合测验得分		表象的三维旋转测验得分	
		$\overline{X}$	S	$\overline{X}$	S	$\overline{X}$	S	$\overline{X}$	S	$\overline{X}$	S	$\overline{X}$	S
三年级上	10	17.91	8.35	20.90	11.73	18.51	9.00	72.3	8.32	61.4	2.41	32.1	3.80
三年级下	7	18.84	6.60	58.51	36.43	31.82	14.26	66.9	10.71	57.4	3.90	26.9	6.81
一年级上	10	25.31	11.57	50.60	30.85	20.47	7.68	77.2	13.31	57.2	4.12	30.4	4.78
一年级下	10	23.65	10.94	81.05	34.34	40.93	18.33	44.5	18.40	50.4	6.34	26.8	3.89

表4 被试操作水平的划分与各项能力指标的二列相关表

项目	视觉长度估计能力	间接手部动觉反馈能力	双手协调活动能力	分析辨认能力	知觉综合能力	表象的三维旋转能力
相关系数	0.027	0.40	0.66**	0.71**	0.63*	0.55**

注："*"与"**"分别表示显著性水平为 $P < 0.05$、$P < 0.01$，下文不再注释。

从表3可以看出，除视觉长度估计一项外，其他各个项目在同一年级的上下两组间都存在着较明显的差异。表4表明，视觉长度估计能力与车工操作水平之间近乎零相关，间接手部动觉反馈能力与车工操作水平之间存在着相关关系，但是程度未达到显著水平（P=0.1）；双手协调活动能力，以及认知能力测验所反映的分析辨认能力，知觉综合能力和表象的三维旋转能力都与作为分组依据的车工操作水平有显著的正相关。

2. 视觉长度估计实验

（1）结果

表5 不同操作水平各组视觉长度估计实验结果表

指标\组别	人数	视觉长度估计误差（忽米）			时间（秒）		
		X	S	F	X	S	F
三年级上	10	17.91	8.35		17.11	8.33	
三年级下	7	18.84	6.60	1.15	18.44	2.30	1.32
一年级上	10	25.31	11.57		18.17	6.55	
一年级下	10	23.65	10.94		30.16	29.25	

注：$F_{(3, 33)}^{*05}$=2.89

经 F 检验结果表明，各不同操作水平组之间，在视觉长度估计的平均误差及占用时间方面，并不存在显著差异（见表 5）。但是，假如在一、三两个年级之间用平均成绩进行比较时，差异就达到了显著性水平。

（2）讨论

实验结果 F 考验不显著的原因，可能是由于视觉长度估计能力受车工训练影响较大，一般情况下它会在实际工作中得到迅速提高。这就是说，学习因素是造成操作水平差异的主要原因。在一、三两个年级总体间表现出来的明显差异反映了这种倾向。此外，年龄因素很可能也是造成这种差异的原因。因此，实验结果尚不能充分证明视觉长度估计能力在车工操作的能力结构中占有重要地位。

3. 间接手部动觉反馈实验

（1）结果

从表 6 可见 F 考验结果，不同操作水平各组之间存在着十分显著的差异。进一步的 t 检验表明，除三年级下与一年级上和一年级下间差异不显著外，其他各组间特别是年级间的差异都达到了显著或十分显著的水平（见表 7）。

表 6　不同操作水平各组间接手部动觉反馈实验结果表

指标 组别	人数	$\overline{X}$（微米）	S	F	F.01
三年级上	7	20.9	11.73		
三年级下	7	58.5	36.43	4.79**	4.54
一年级上	9	50.6	30.85		
一年级下	10	81.05	34.34		

表 7　不同操作水平各组间接手部动觉反馈实验的 t 考验表

组别	三年级上	三年级下	一年级上
三年级下	2.6*		
一年级上	2.4*	0.47	
一年级下	4.43*	1.27	2.02*

此外，比较同年级上下两组之间差异，我们发现三年级大于一年级（58.5-20.9 > 81.05-50.6），这些现象表明：首先，不论是对哪种水平的学生来说，间接手部动觉反馈能力在车工训练过程中都有提高。其次，不同操作水平的各组提高的速度并不相同，原有水平越高的组，这一能力提高的速度越快，因而两极更加分化。如三年级上下两组间的差异是各组之中最大的。

（2）讨论

根据 t 考验结果，可以认为间接手部动觉反馈能力在车工操作的能力结构中是一项重要因素，这一点与实际观察是相符的。另一方面，我们也看到车工实习操作的训练对间接手部动觉反馈能力的发展有着直接的影响。通过两年的实习操作训练，三年级的每一个学生在这方面都取得了不同程度的进步。但是，在同一年级中，十分明显的优劣两级差依然存在。因此，我们认为，为了培养出优秀车工，除不断改进训练方法外，还应当在新生的入学选拔中，就考虑到他们在心理品质方面的个别差异，只有这样才能做到人尽其才，在相同的主客观条件下，使培训工作收到事半功倍的良好效果。

4. 双手协调活动实验

（1）结果

从表8可以看到，对于双手协调活动的4项指标，不同组别在总时间和平均一遍时间方面，两天中都有明显差异；末遍占用时间第一天差异不显著，到第二天达到了显著水平；总错次一项则两天中都无明显差异。对前三项指标进一步进行 t 考验，得出表9所显示的结果。

（2）讨论

1）一下组在操作总时间上，与一上和三上组相比较，第一天差异都非常显著（$t=2.94$，3.14）。但第二天又都达不到显著水平（$t=1.88$，1.83），下一组在平均一遍时间上，与一上组相比较也有差异减小的现象（虽然差异不显著，但 t 值从 1.97 降至 1.34）。这些情况表明一下组原有水平最低却进步最快，在总时间一项上第二天一下组（11.29 分）甚至超过了三下组（17.03 分）。

2）将三上组与三下组的成绩相比较，我们发现无论是操作总时间，还是平均一遍时间或末遍占用时间，第二天的差异都比第一天更为明显。这表明，在具有一定车工训练基础、操作水平较高的被试之间，原有水平越高进步越快。

如何解释以上两个乍一看来似乎矛盾的现象呢？车工操作水平与双手协调技能的发展到底有怎样的关系？我们认为：①总时间和总错次两项指标是从整体上反映双手协调技能的形成过程。第一天的这两项成绩明确显示出车工操作水平与双手协调活动呈正相关。分析其原因在于这两种复杂的操作活动具有一些共同要素，那就是为了使双手和眼手的活动协调，以实现操作目标，在头脑中必须先形成正确的动作概念和动作表象。那些缺乏车工操作训练的被试（一年级）不明确这一点，常常不加思考地以尝试错误的方式进行双手协调活动，并且，在多次重复中达到熟练，因而总体上效率很低。实验过程中，对于有些在操作中屡屡出现错误而无法继续的被试，主试发出暂停的指示，给他们以思维加工，再现动作概念和动作表象的时间，此举常常使被试随后的操作成绩有明显的提高，正是对上述观点的实践证明。②总时间一项原有水平最低的是一下组，但其两天中进步最大；三上组原有水平最高，两天中进步也很大，进步幅度超过了三下和一上两个中等程度组。三上组的操作水平虽然在第一天与一下组相比差距县殊，但在平均一遍时间上却差别不大。对于这些现象似乎可以用双手协调活动的不同策略来解释。一下组的学习倾向于用尝试错误方法进行，他们一般很少对解决问题的方法进行思考，采取知觉指引的行动方式。由于双手协调器上的活动并不复杂，所以用尝试错误的方法也能在较短的时间内学会这门技能。在

表 8　不同操作水平各组双手协调活动实验结果与 F 检验表

指标\组别	人数	总时间（分）X̄ 第一天	总时间（分）X̄ 第二天	总时间（分）s 第一天	总时间（分）s 第二天	总错次 X̄ 第一天	总错次 X̄ 第二天	总错次 s 第一天	总错次 s 第二天	平均一遍时间（分）X̄ 第一天	平均一遍时间（分）X̄ 第二天	平均一遍时间（分）s 第一天	平均一遍时间（分）s 第二天	未遍占用时间（分）X̄ 第一天	未遍占用时间（分）X̄ 第二天	未遍占用时间（分）s 第一天	未遍占用时间（分）s 第二天
三年级上	9	18.51	7.22	9.00	3.21	7.89	0.33	9.13	0.67	8.22	5.78	2.09	0.90	8.24	5.64	2.40	0.81
三年级下	7	31.82	17.03	14.26	5.75	18.57	18.53	33.03	9.41	11.12	9.51	2.58	3.11	10.89	9.43	2.63	3.22
一年级上	9	20.47	2.26	7.68	2.67	15.89	0.40	10.77	1.26	6.73	6.60	2.02	2.06	7.24	6.60	1.71	2.06
一年级下	10	40.93	11.29	18.38	5.54	53.60	1.40	60.04	2.37	9.05	7.73	2.76	1.60	8.37	7.61	3.42	1.60
$F_{.05}=2.91$，$F_{.01}=4.49$		5.27**		7.39**		2.72		1.84		4.10*		4.57*		2.33		4.41*	

表 9　不同操作水平各组双手协调活动实验中三种参数的 t 考验表（第一天／第二天）

反应指标	组别	三年级下	一年级上	一年级下
总时间	三年级上	2.13*/4.05**	0.47/0.03	3.14**/1.83
	三年级下		1.91/4.23**	1.03/1.95
	一年级上			2.94**/1.88
平均一遍时间	三年级上	2.32*/3.48**	1.57/1.09	0.69/3.20**
	三年级下		3.57**/2.26*	1.47/1.24
	一年级上			1.97/1.34
未遍占用时间	三年级上	/3.18**	/1.23	/2.56**
	三年级下		/1.99	/1.43
	一年级上			/1.12

注：第一天未遍占用时间一项各组差异未达到显著水平，故不再进行 t 检验

完成过程中，理解了操作要领后，又能使成绩很快提高。三上组根据已有经验侧重于操作前的思考分析，他们审慎地在利用正确动作概念和动作表象方面下功夫。因此，最初的平均一遍时间相对地长些。但是当被试一旦在思想上明确了必要的操作后，成绩就很快地增长，从而第二天加大了其与三下组的差距。③总错次一项，三下组的成绩比较突出，第一天其与三上组之间差距明显；第二天的成绩更远远地超过了其他三组。这表明原有动力定型的干扰是影响操作成绩的一个重要因素。对于受过车工操作训练的被试而言，由于车床上双手摇动手柄所引起的运动方向，恰好和双手协调器上摇动手柄所引起的运动方向相反，因此，在实验过程中，他们在掌握新技能的同时，必须要注意排除原有动力定型的消极影响。尤其是一些操作水平较低的被试对此感到特别困惑，这是第二天三下组总错次最多的主要原因，由此，我们认为，作为一个优秀车工，不仅要能够根据需要迅速地建立起动作联系系统，还要能够灵活地适应需要改变动作联系系统，有选择地抑制不必要的动作出现。动作迁移也是车工培训中不可忽视的一个因素。④在实验过程中，我们还观察到，三下组的被试有时会表现出一些害怕困难，畏缩不前的情绪，以及缺乏自信的态度。我们认为这正是影响三下组在各项指标上都不如一上组的主要原因，至于这种现象出现的原因，大约与长期教育工作中受到的阴性反馈作用不无关系。由此我们可以得到如下启示：在技工培训工作中，除重视提高教学和培训质量外，还必须注意加强学生个性品质方面的教育与培养。

5. 认知能力测验

（1）结果

表 10 显示了不同操作水平各组在三个认知能力测验上所得结果，经过 F 考验，其中隐蔽图形测验和图形拼合测验的各组差异达到了十分显著水平。进一步对这两个测验的结果进行 t 考验（见表 11），得到了如下结果：①测验一：隐蔽图形测验。表 10 表明，不同操作水平各组在完成测验一和二的能力上存在着显著差异，在完成测验三的能力上差异只接近显著水平。表 11 显示了进一步 t 考验的结果，在测验一隐蔽图形测验中，一下组完成测验的能力非常显著地低于其他三个组，三下组接近三上组和一上组的水平。三上和一上两组没有显著差异。②测验二：图形拼合，除三下组与一上组无显著差异外，其他各组之间均存在着显著的或非常显著的差异。这表明完成测验二的能力与车工实际操作水平密切相关。

（2）讨论

车工操作水平最低的一下组，测验一的成绩也最差。这反映对图形的分析辨认能力在车工技能的形成初期起作用，但是三下组的成绩与三上和一上两组都无显著差异，可以解释为分析辨认能力通过学习能够得到发展提高，尤其是低水平学生的进步速度更快些，两年多的学习就使低水平学生达到与高水平学生相近的水平。也可以说，这项心理品质在达到一定水平后，适应了操作的需要，它对操作成绩的影响就不再明显。鉴于上述情况，我们尚无足够的论据说明分析辨认能力是车工操作能力结构中的重要成分。对于它的具体作用有待进一步的实验研究。

表 10　不同操作水平各组认知能力测验结果与方差分析表

测验 / 组别	人数	隐蔽图形测验 X̄ 正确数	%	S	图形拼合测验 X̄ 正确数	%	S	表象的三维旋转测验 X̄ 正确数	%	S
三年级上	10	72.3	60.25	8.3	61.4	94.5	2.4	32.1	80.3	3.8
三年级下	7	66.9	55.8	10.7	57.3	88.1	3.9	26.9	67.1	6.8
一年级上	10	77.2	64.3	13.3	57.2	88.00	4.1	30.4	76	4.78
一年级下	10	44.5	37.1	18.4	50.4	77.5	6.3	26.8	67	3.89
$F_{.05}=2.89$　$.01=4.44$		10.3**			9.3**			2.5		

表 11　不同操作水平各组之间测验一、二的 t 考验表

	一、隐蔽图形测验 三年级上	三年级下	一年级上	二、图形拼合测验 三年级上	三年级下	一年级上
三年级下	1.18			2.71*		
一年级上	0.99	1.72		2.80**	0.05	
一年级下	4.36**	2.90**	4.55**	5.16**	2.57*	2.86**

　　测验二的结果中一下组成绩最差，反映出知觉综合能力在车工技能形成初期也是一项重要的心理品质。三年级的成绩普遍地优于一年级，表明这种能力在实际操作中可以得到发展，而且低水平学生的进步速度较快。但这项结果与测验一不同的是，三下组与三上组差异显著，而与一上组却非常接近（见表 10）。这说明三下组即使经过两年多的学习训练，基础很差的知觉综合能力虽然有所发展，仍然赶不上高水平学生的较高水平。可以认为，在车工操作的较高级水平上，知觉综合能力仍然是造成操作水平差异的原因之一，即知觉综合能力是车工操作能力结构中的一个重要因素。

　　测验三的结果，虽然经 F 考验只接近 P.05 的水平，但是用相关法分析（见表 10），表象的三维旋转能力与车工操作水平是密切相关的。在双手协调活动实验中我们观察到的现象也有力地证明了这一点。该实验进行过程中，多数操作水平低的学生在操纵手柄运动到拐弯处要改变方向时，会表现出困窘状态，有人甚至连续数分钟无法继续，这显然是他在头脑内无法确定应该移动的方向。因而不能支配双手的运动活动。因此，表象的三维旋转能力也可视为构成操作能力差异的因素之一。测验三的成绩在两个低水平组（三下和一下）与两个高水平组（三上和一上）之间几乎没有差异（正确数分别为 26.9 和 26.8，32.1 和 30.4），进一步表明表象的三维旋转能力这一心理品质是不容易在车工操作训练中得到发展的。可以推断，它是一种相当稳定的心理特质，在车工操作的能力结构中具有重要意义。因此，为了提高培训质量，如何有目的、有计划地采取适当措施，发展学生的认知能力，也是一个不可忽视的重要课题。

（三）结论

1）车工操作的不同水平，是操作者头脑中所具有的能力结构不同的反映。探讨优秀车工能力结构的构成，有意识地加以培养与训练，对于提高车工操作水平，改进培训工作有重要指导作用。但是视觉长度估计能力，虽然存在个别差异，不能认为它在车工操作的能力结构中具有重要意义。

2）间接手部动觉反馈能力、双手协调活动能力、知觉综合能力，以及表象的三维旋转能力，对车工操作都有较大影响，可以认为这几项是车工操作的能力结构中的重要组成成分。在评定车工操作能力水平和选拔培训对象时，以上能力可以适当地作为参考指标。至于分析辨认能力虽然在技能掌握的初期起重要作用，但是，它在训练中容易发展，通过两年多的训练就可以赶上先进者的水平。因此，还不能充分证明它是车工操作能力结构中的重要因素。

3）认知能力测验的结果与分析表明，在操作过程中，认知活动起着重要作用。为了使技工培训工作收到良好的效果，不仅应该加强操作实习的指导，还需要重视有关认知能力的培养与提高。这两方面相辅相成，不能割裂，要根据技术专业的不同，对认知能力的不同因素进行分析，分清主次，采取有针对性的定向培训。

4）各项研究结果中，很多都反映出低水平学生在车工技能形成的初期，进步速度超过高水平学生，但是，在发展到一定阶段以后，如通过两年多的操作训练，练习曲线达到高原之后就很难继续提高，以致三年级低水平学生在几个项目的成绩上都很少超过一年级高水平学生。这个问题很值得引起技校招生部门和培训工作者的重视，即在人员选拔和学习训练中，对于每个学生在心理素质、专业能力和职业适应性等方面表现出来的个别差异，应该给予足够的重视。

三十、张薇之

张薇之（1924—2011），男，安徽东至人，曾任武汉市教育局副局长，江汉大学副校长，研究员。

1942 年，张薇之考入成都金陵大学学习，同一些进步青年学生创办刊物《草原》。1944 年，积极参加由中国共产党领导的学生运动。

1945 年，张薇之大学毕业后，先后在四川自贡蜀光中学、四川内江省立高级职业学校、湖北省立武昌第一中学、武昌私立精一中学等校任语文教师，1947—1948 年同时受聘担任国立武昌体育师范专科学校语文讲师，1948 年 1 月加入中国共产党，参加了党的文教工作，负责武昌私教联的组织工作和《教与学》杂志的编辑工作。后又到湖南湘潭新群中学工作，1949 年 1 月，张薇之同志调到武汉从事党的文教工作。1949 年 8 月调任武汉市第一中学工作，先后担任教导主任，副校长、校长。曾参加全国教育工作者第一次代表大会，先后被评为武汉市第一届劳动模范、武汉市模范教育工作者。曾参加中国人民第三届赴朝慰问团，并任秘书长、副支部书记，前往朝鲜及我国东北进行慰问活动。1955—1956 年任武汉市工农速成中学校长。1956—1979 年，任武汉市教育局副局长，1979—1982 年，任武汉市财贸干部学校副校长。1982 年，任原江汉大学副校长，1988 年，张薇之离休后，仍坚持高等职业教育研究工作，继续为高等职业教育事业作贡献。

发表的主要作品有：《论联合办学》《要办好短期职业大学》《职业大学的实践与思考》《略论中国的高等职业教育》《论短期职业大学的基本教学要求》《论短期职业大学的基本特点》等。

论短期职业大学的基本特点 [①]

我国的短期职业大学是在党的十一届三中全会之后诞生的一种新型大学。

为了适应我国社会主义现代化建设的需要，在短短的三年多的时间里，南京、常州、合肥、武汉、苏州、无锡、上海、西安、成都、重庆、洛阳、开封、郑州、新乡、广州、长沙、杭州、北京、沈阳、大连、天津、哈尔滨、厦门、襄樊、宜昌、沙市、黄石等大中城市，先后办起了规模大小不一的短期职业大学，引起了社会各方面广泛的关注。

短期职业大学作为普通高等学校的一种类型，与其他高等学校一样，都应在党的领导下，坚持社会主义方向，充分发挥教师的主导作用，调动学生学习的主动性和创造性，以马列主义、毛泽东思想为指导，按照教育规律组织教育实践。但是，短期职业大学从它产生的背景，以及今后发展的趋势来看，又有其本身的特点，值得我们认真探讨。这对巩固和发展短期职业大学，特别是对提高短期职业大学的教育质量是很有意义的。

我们办短期职业大学时间不长，从办学实践中初步体会到这类学校有以下五个基本特点：①走读；②收费；③短学制；④职业性；⑤不包分配。

短期职业大学，首先是学生实行走读制，因此，至今仍有人称它为走读大学。1949年以来，我国高等学校全部实行学生住校制。在这种情况下，实行大学生走读，不能不说是当前我国高等教育中一项重大改革，也是新兴的短期职业大学的一个基本特点。

实行这项改革的根本原因，是我国社会主义现代化建设人才需求的矛盾，这个矛盾是非常尖锐的。据统计，在我国每1000个农业劳动者中只有一个农业技术人员，每1000个工业职工中，只有37个工程师和技术员。这不仅严重地落后于当今世界上的发达国家，和一些发展中国家相比较，情况也很不乐观。像武汉市这样一个特大的中心城市，当前人才缺乏的情况也是严重的。从1980—1983年三年间，武汉市计划需要大专毕业生15 650人，实际只分配来3084人，只能满足需要量的16.7%。有些专业需求的矛盾更大，例如法律人才，三年间分到武汉市的法律专业大学毕业生只有8人，三年间分配到武汉市的财经专业大学毕业生只有42人，远远不能满足要求。国家分配来的大学毕业生中，不仅专业不尽对口，结构也不够合理，三年来大学毕业生分配的实际情况是本科生多，专科生少，专科生人数只占分配总数的20%，难以形成合理的人才结构。人才需求如此迫切，人才供应如此缺乏，但由于大专学校招生人数有限，每年都只有4%～6%的高中毕业生能考上大学，绝大多数高中毕业生只得在家待业，没有上学深造的机会。这从整个社会人才资源的开发，以及我国社会主义现代化建设的实际需要和长远发展来看，都是引人深思的重大问题。要想按照原有高等学校办学的规格要求，新建一大批全日制大学或大幅度增加招生名额，都是难以办到的，因为高等教育的发展，不能不受到国家经济条件的制约。按规定每一个大学生需要建筑面积近40平方米 [②] 的投资，要想用这个办法扩大招生规模，不仅国家资金有困难，基建力量也难以解决。不从改革入手，寻找一条与我国经济水平相适应的发展高等

---

① 张薇之.1983.论短期职业大学的基本特点.江汉大学学报，（1）：15-20

② 根据教育部1979年底的通知，1000人的综合大学每一个学生所需要的建筑面积为36.06～39.72平方米。工科大学高达41.03～45.30平方米。1000人的专科学校每一个学生所需要的建筑面积为28.67平方米（医科最低面积）至31.15平方米（工科最高面积）。

教育的新路子，无论如何也不能满足我国社会主义现代化建设的需要，只能拖现代化建设的后腿。短期职业大学就是在这个历史情况下，从办走读大学入手应运而生的一种新型大学。它不需要国家大批的投资，不需要进行大量的基建，校舍可以挖掘地方潜力，因陋就简，依靠社会办学，及时培养一批大学生以济急需。以江汉大学为例，1980 年夏天，经过两个月的筹备，地方政府当年投资 16 万元，借用了一部分中学的教室，在武汉地区一些老大学的支援下，很快就办起来了，当年招收 270 多名走读大学生，今年就应届毕业了。这样的办学方式，花钱少，上马快，得实效，自然受到社会各方面的重视和欢迎。同时，使一批高中毕业生在高考落榜之后，仍然能获得上大学深造的机会，不仅学生本人高兴，连他们的家长和亲友也为此感到高兴。有的家长反映："走读大学的兴起，于国于民，都有好处，是党对人民群众的关怀，也是四化建设的有效措施。"有的家长感慨地说："孩子没考上学校，一家人都有心事，忽然听说新办了走读大学，增加了招生名额，真给全家带来了希望。"可见短期职业大学采取走读的办法，不仅可以少花钱多培养人才，而且确实有利于促进社会的安定团结。

通过办学实践，我们不仅看到短期职业大学采取走读的办法，符合我国的经济条件，而且在学校教育与社会教育、家庭教育三结合方面，特别是家庭对子女教育作用上，反映出许多新的情况，打开了一个引人注目的新局面。首先反映在生活上，走读生与住读生在吃、住、用等方面都出现了不同的情况。当前由于各种原因，高等学校学生伙食问题很多，有卫生问题、价格问题、排队问题、花色口味问题等等。这是一些既拖住领导精力，解决起来又十分棘手的问题。短期职业大学由于采取了走读的办法，学生中午在学校或在附近饮食店简单吃一餐，晚上回家有父母照料，可以改善一下伙食，在功课紧张或学校考试期间，不少家长还为孩子煨汤做菜，改善生活。有的家长说："孩子在家里粗茶淡饭，但能合乎他们口味。"当前高等学校宿舍拥挤的现象普遍存在，走读生在家住宿的条件要比学校好不少。尽管当前我国人民住房条件仍很困难，但为了支持孩子上大学，家长总会想方设法为孩子作好安排。有的家庭住的是套房，便把孩子单独地安置在一个小间里，房间里有书桌，甚至还有电扇，尽力使孩子能有一个较好的学习环境。有的家庭确实困难，一家人挤住在一间房，但一般都是在窗下为孩子安放一张书桌，在家里最好的地方安排孩子学习。有一位小学教师，住房条件实在太差，结果学校同志关心，在此老师的教研室里增添一张书桌，让这位教师的孩子在那里学习。一个工人家庭，父母年老，居住条件困难，兄弟二人，哥哥当工人，弟弟是江汉大学的学生，哥哥把厂里分给他的一间房让给弟弟作书房，一家人克服困难，寄希望于弟弟能学有所成。还有些学生几个人联合起来，在学校附近租住一间民房，以便就近走读。至于用灯、用水方面的问题，住校生也反映出一些矛盾：集体生活必然要按共同的作息时间活动，关灯的时候就要关灯，遇到复习考试时，矛盾就出来了，有的学生要"加班"，要求学校推迟关灯，与学校有矛盾；同房几个人，有人想加班，要延迟关灯，有人要睡觉，强调按时关灯，也有矛盾。走读生就不存在这样的问题，一般情况下保持正常作息时间，功课紧张时适当"加班"，一切自行调节。用水方面，住校女生困难最多，晚饭后一段时间里，大批女生同时要用热水，供应就紧张了。走读生在家，用热水当然就不成什么问题了。总之，在目前高等学校里，学生的食宿等生活问题统统由学校包下来，自然困难很大。短期职业大学实行走读，这方面的问题由学生家庭自行解决，是比较切合实际的，也可以说是符合我国当前经济生活状况的。其次，在教育上，学生实行走读，也有利于调动家长的积极性，更好地辅导和教育学生。随着我国人民政治和文化水平的提高，不少家长对学生的功课有一定的辅导能力。特别是在政治思想上关心学生，一些家长不仅有一定的辅导能力，而且有强烈的意愿和主动性。学生因为是走读，和家长朝夕相处，彼此容易了解，发现问题、解决问题比较及时，作为学校教育的补充，是非常有利的因素。在对学生的日常管理和帮助学生抵制社会上某些消极影响方面，家长也可以发挥一定的积极作用。短期职业大学如能加强与学生家长的联系，善于利用这一有利因素，势必会促进教育质量的提高。至于学校教育与社会教育如何相结合，对短期职业大学也提出了一系列新问题。走读大学生与社会接触面比较广泛，有人担心他们会不会受影响。我们认为，影响肯定是有的，关键是怎样对待社会影响。社会影响有两个方面，一方面是消极影响，另一方面是积极影响。就我们社会主义社会来看，积极影响是主要的，消极影响是次要的。我们对走读大学生的校外教育，就是要充分发挥社会教育的积极作用，注意克服和抵制其消极影响。鉴于走读大学生每天来往于学校与家庭之间，要乘坐公共汽车、电车或轮渡，江汉大学就向学生进行了文明乘车的教育，不仅要求学生文明乘车，遵守公共纪律，维护公共秩序，而且要求学生把这个问题和十二大文件提出的要使社会风气根本好转的任务联系起来，和五讲四美的要求联系起来，教育自己，帮助别人，积极参加社会主义精神文明的建设。学生和社会的接触，可以促使他们思考许多问题，有利于锻炼他们的成长。从某种意义上看，比在美丽的校园里考虑问题更实际些。社会上的消极现象是存在的，学校教育的责任在于针对这些现象教育学生，而不是回避这种现象，无视它对于学生可能发生的消极作用。联系到学生走读的特点，如何把学校教育、社会教育、家庭教育更好地结合起来，配合起来，正是短期职业大学亟待研究和解决的问题。目前，高等学校根据住校条件实行的一套管理办法和组织形式对短期职业大学来说，确有重新研究和改革的必要。因为是走读，上完课学生就走了，现有的班级组织在课外往往就不便于发挥作用。因为是大学，学生是按专业组合起来的，不同于中小学根据就近入学原则按地区组合的方式。就武汉市来说，同一个专业、同一个班级的学生往往散布在武汉三镇，班主任在学生上课时不能开展活动，下了课后学生又匆匆离校，也难以开展活动。要想广泛地进行家庭访问，自然也存在着许多实际的困难，如此看来现行的班主任制度也有重新研究和改进的必要。走读，作为短期职业大学的一个基本特点，已经显示出它所具有的生命力，但也反映出一些新的情况和问题，如在校时间较少，路途消耗时间较多，党团组织活动开展较为困难等，也都有待我们进一步研究解决。

短期职业大学是收费的，是适当收费而不是完全自费。大学生读书要缴费，这在当今世界上是比较普遍的现象。在合理的情况下，小学是义务教育，也就是强迫教育，每一对父母都应该让自己的学龄儿童能上小学，国家也努力为儿童上小学创造条件。所以小学实行义务教育、强迫教育是不收学费的。有条件的国家和地区还为小学生提供书箱、文化用品，甚至提供一顿午餐。随着一个国家或地区经济条件的发展，也会逐步增长义务教育的年限，直至中、小学阶段能实行义务教育，这是一个艰巨的、长期的任务。至于大学，应该说是社会文化生活的高级要求，在相当长的历史时期内，上大学只是一部分人的事。我国社会上一度出现过的普及大学的口号，是极左的产物，其结果不仅没有普及大学教育，连已有的大学教育也遭到了严重的破坏。鉴于我们国家经济条件有困难，人民群众又有送子女上大学的要求，因而短期职业大学建校以来，就采取适当收费的办法，这样，一方面，可以减轻一点国家的负担，另一方面，又可借以调动学生学习的自觉性。有的家长叮嘱子女说："好好学吧！我为你缴了学费的。"看来和免费甚至发给助学金相比较，适当收费也有它的好处。目前，短期职业大学收费标准都是很低的，有的家长反映说，交这点费，实际上是象征性的，是我们家长教育子女应尽的社会义务。

短期职业大学，顾名思义是短学制的。这是我国高等教育改革中的一件大事。当前，我国高等教育存在着比例失调的现象。从学制上来看，本科多、专科少，不是一般的少而是极少。这就必然形成我国人才结构上"倒宝塔"的现象。在实际工作中，应该是少数本科毕业生，配备若干专科毕业生，和更多的中专毕业生，组织和率领大批技术工人从事各种业务活动。在我们国家，由于高等教育比例上的失调和实际用人部门的措施不当，大量的本科毕业生干专科毕业生甚至中专毕业生的工作。一方面是人才奇缺，一方面是人才消费，这是必需坚决改变的现状。至于在专业设置上，不是很好地根据社会需要来开设专业，而往往是学校有什么师资、有什么设备，就开设什么专业，以至社会上迫切需要的专业设的少，甚至明显缺乏，而社会上不太需要或成为长线的专业却大量开设，这也是造成人才缺乏而又积压浪费的一个原因。短期职业大学建校时间虽然不长，但在学制问题上是有一个逐步认识、逐步明确的过程的。就江汉大学建校的过程来看，开始也想搞四年制，这种想法是与学生及其家长的愿望是一致的，自然会得到他们支持的。从教育工作来看，搞四年制有老大学本科的教学计划、教育大纲、教材和熟悉本科教学的教师，是比较好办的。实行短学制，就不能简单的照搬老大学本科的那一套，也不能用压缩饼干的办法，把四年的计划、大纲、教材删删减减来应付短学制教学的需要，工作就艰巨得多。在领导的帮助和实践的启发下，觉得发展高等教育应该从全局考虑问题，我国社会人才结构，应该从不正常的"倒宝塔"形转变为正常的宝塔形。从全局考虑，四年、五年甚至更长学制的大学相对来说应该少些，三年、二年、一年的短学制的大学应该多些，下面中专、技校、职业学校更应该多些，这样才有利于形成宝塔形，才能合理使用，人尽其才。就客观需要和江汉大学的主观条件看，我们认为长学制的本科大学是我国人才结构的宝塔尖，是非常重要的第一梯队，而我们这样新建的走读大学应该争取成为我国人才结构第二梯队中合格的一员。在这种思想指导下，江汉大学的广大教师和职工表示甘当第二梯队，正为设计一套适合短期职业大学的教学计划、教学大纲和教材而艰苦奋斗。短期职业大学实行短学制，和长学制的本科大学密切配合，周期较短，有利于快出人才，多出人才，是又一特点。

短期职业大学又是职业大学。对于职业性这个根本的特点，是需要我们仔细加以研究的。这不仅是一个认识问题，也涉及一系列实际问题。职业对我们来说就是工作，职业教育、职业训练就是培养和提高实际工作的能力，这是非常重要的一件事，事实上也是大家关心和重视的一件事。我们的大学教育，无论是工科、理科、文科、艺术、政法、经济都是为了培养各方面具有实际工作能力的有用人才，我们不主张脱离实际，单纯培养一种书生型的知识分子。在党的十一届三中全会后应运而生的短期职业大学，就是针对当前和将来我国社会主义现代化建设多方面的需要来开设专业、培养人才的。短期职业大学，在培养目标、专业开设、课程设计、教学要求各方面，一是要强调针对性，二是要强调实践性，三是要强调适应性。社会需要什么人才，学校就考虑开设什么专业、开设什么课程、采取什么措施来培养。因此短期职业大学要打开各种渠道，及时掌握近期的和远期的人才需求的信息，积极而有计划、有步骤地办学，真正做到想社会之所想，急社会之所急。可以说，没有针对性，就没有短期职业大学的生命力。当前社会急需人才，短期职业大学之所以实行短学制，也正是针对实际需要而体现出来的特点。当然，要兼顾考虑近期需要和远期需要两个方面，不考虑近期需要，则不能满足急需，必将脱离实际，学校立足且有困难，发展自然没有基础；不考虑远期需要，只顾眼前，不看发展，就事论事，则容易陷入被动的局面。特别是当今科学技术突飞猛进，知识更新的周期越来越短，正如人们所说的是"知识爆炸"的时代。短期职业大学更要紧跟形势的发展，针对当前和今后发展的趋势，全面组织、安排教育工作。

职业性离不开实践性，我们短期职业大学要为各行各业培养有实际工作能力的人才，按群众的说法，就是要培养会动手，能干事，为社会主义现代化建设所需要的人才。为此，这类学校在专业上，一般不设理科，首先考虑急需的"实科"的专业。在课程开设上，强调基础要打好，要厚实，以利于今后的提高和发展。在教学计划上，公共基础课、专业基础课门类和时数都应有充分的保证，各种实验、实习及其他有利于理论联系实际，有利于培养学生分析问题和解决实际问题能力的活动，都要有明确的要求，都要真正落实。这种新型的高等学校要求我们不仅仅是传授知识，必须要结合知识的传授，把知识转化为各种实际能力。短期职业大学如何开展早期实习；如何利用寒暑假开展实践活动；学制短、课时紧、要求高，如何精简或停开一些没有多大实际意义的专业课，以及如何更为有效地培养提高学生的自学能力，这都是亟待解决的一些问题。

职业教育的另一个方面，就是要注意适应性。科学技术在发展，社会需要在变化，而这种发展和变化与过去的时代相比，真可谓日新月异，我们培养教育的学生将来如何适应这个时代的要求，我们不能不认真加以研究和解决。很显然，我们高等学校专业分得细，学生知识面窄，是很难适应形势发展需要的。资本主义社会教育为适应需要，很注意"一专多能"，学习为就业的观点非常明确。我们国情不同，不宜照搬，但在学生毕业后如何适应工作的问题上，这种观点有值得我们思考的地方。我们国家高等学校和中等专业教育长期实行统招统分，反正是铁饭碗，需要也罢，不需要也罢，毕业了就有工作，因而不注意学生适应能力的培养。短期职业大学一扫铁饭碗带来的弊病，为了适应日益发展的社会需要，特别是社会主义现代化建设发展的需要，专业开设和有关基础课的开设要宽泛些，在各科教学要求上对实践性环节要安排落实，严格训练，以增强学生就业时的适应能力，这正是我们社会主义现代化建设的需要。总之，短期职业大学既是职业大学，这个职业性就该广泛地宣传说明，并以之指导整个学校教育工作的计划和实施。将来学生毕业后就业的能力强，就是我们短期职业大学专业训练的成功。

短期职业大学另一个基本的特点是不包分配。不包分配，择优推荐，是对一般高等学校和中等专业学校包分配制度的改革。有利于克服包分配所产生的消极影响。建国初期，当时我国百废待兴，人才奇缺，特别是广大工农子女长期被剥夺了受教育的权利，因此采取苏联的模式，实行统招统分、统一住校的办法，在当时的历史条件下，起了一定的积极作用，培养了一定数量的专业人才，这批人才今天已经成为我国社会主义现代化建设的骨干力量，正在发挥重大的作用。然而随着时间的推移，条件的变化，这种统得太死，包得太多的办法，已经越来越暴露出其消极的作用，不改革，不突破，必将有害于我国社会主义现代化的建设。为了考上包分配的大学，高中生拼命做功课，家长亲友也多方面督促鼓励，一旦考上大学，"铁饭碗"到了手，混到毕业，只要及格，就会分配工作。当年考大学时的拼搏劲头，入学后很快就消失了，"60分万岁""上大学，看小说，不慌不忙等工作""学好学坏一个样"，包分配带来的这种消极影响，损害了学生学习的自觉性，已经引起了社会各方面的严重关注。短期职业大学建校之初，就公开宣告是不包分配的，学生毕业后根据成绩好坏和用人单位的需要，由学校择优推荐，用人单位择优录用。采取这个办法，开始有些人是有顾虑的，学校担心学生不愿来考，学生担心毕业后没人要，现在随着整个社会都在贯彻调整、改革、整顿、提高的方针，思想觉悟有所提高，学生对现代化建设事业发展迫切需要人才的形势看得比较清楚了，认识到关键不在有没有人要，而在自己学得好不好。认识明确了，学习自觉性也提高了。目前短期职业大学学生来源不必犯愁，学生普遍用功，显然和分配制度的改革有密切的关系。因为不包分配，学生所学的东西对不对口，将来能不能适应工作的需要，这些问题都促使教师和学校工作人员动脑筋，想办法，调查研究，争取"产销对路"，改变了过去那种有什么教师和设备就办什么专业的老思想、老办法，注意掌握人才需求的信息，做到社会需要什么人才，我们就培养什么人才。当然，我们今天办短期职业大学对学生采取不包分配的办法，绝不是不负责任。招生计划经过上级审定，是包含在国家整个人才资源开发的计划之内的，专业设置、教学计划在教育主管部门的领导管理下，有计划、有规格、有严格的要求，我国社会主义现代化建设的大好形势，更加为短期职业大学毕业生提供了广泛的就业条件。如果说不包分配对学生们有一定压力，那么如何把这种压力变成学习的动力，进而变成学生学习的创造力，抓住这个特点，创造高等教育改革的新局面，就是摆在我们短期职业大学工作者面前的一大任务。

我国短期职业大学正在兴起，形势很好，困难也不少。许多新情况、新问题还有待我们今后在实践中来发现，来认识。在初步掌握短期职业大学这些基本特点之后，如何进一步建立和健全短期职业大学教学工作的领导和管理，以保证教学质量的提高，正是摆在我们面前的又一个新的课题。

论短期职业大学的基本教学要求 [①]

根据江汉大学办学三年来的实践，我们对短期职业大学的教学要求做了些初步的探索和研究。为了促进短期职业大学的建设，愿将我们一些不成熟的想法和做法阐述如下，以就教于各兄弟学校和热心短期职业大学教育的同志们。

这里提的教学要求，是从总体上考虑的，也可以说是短期职业大学基本的教学要求。我们认为：短期职业大学必须以马列主义、毛泽东思想为指导，根据社会主义现代化建设的需要，全面贯彻党的教育方针，积极进行教学改革，求实从严，多快好省地培养出身体健康、又红又专的各种高级专门人才。根据这个总的要求，指导和确定各个专业具体的培

---

① 张薇之.1984.论短期职业大学的基本教学要求.江汉大学学报(社会科学版)，(1)：10-17

养规格和教学要求，以及与之相适应的教学计划、教学大纲和教材。

（一）

我国许多大中城市兴办的短期职业大学，是近年来我国社会主义现代化建设迅速发展的形势所造成的，是我国现代化建设中应运而生的新生事物。邓小平同志在党的十二大开幕词中指出："我们的现代化建设，必须从中国实际出发，把马克思主义的普遍真理同我国的具体实际结合起来，走自己的道路，建设有中国特色的社会主义"，短期职业大学就要据此办出自己的特色，成为全面贯彻我国教育方针的一种新型的正规大学。因此，她的教学指导思想必须以马克思主义、毛泽东思想为根本，结合短期职业大学培养规格的具体要求，进行教育、教学活动。

由于短期职业大学是一个新生事物，没有现成的办学理论和经验，要办出自己的特色，必须在我国高等教育已有的实践基础上，坚持改革精神，在探索中创新，在教学上更应注意这一点。短期职业大学在学习现有高校，以及运用我国高等教育许多宝贵经验和知识时，不可避免地照搬了某些在原有高等院校适用而在短期职业大学并不适用的东西，或者引用了原有高等院校亟待改革的某些东西。目前短期职业大学的教学计划就是从原有大学的教学计划移植过来的，虽然作了一些修改和变动，但基本上还是照搬了原有大学的教学计划。短期职业大学是短学制的，它有它自身的办学目的和教学要求，如果沿用或小修小改地将四年本科的教学计划变为三年或两年加以使用，就很容易形成所谓"压缩饼干式"的教学计划，这显然是不符合短期职业大学的办学特点和教学要求的。因此，我们短期职业大学的教学工作必须切实地贯彻高等教育改革的精神，通过实践，不断地探索研究，逐步认识和逐步掌握短期职业大学办学和教学的规律，在改革中建立自己的一套理论和措施。制订自己的教学计划和教学大纲，编写自己的教材，办出自己的特色，发挥自己的优势，多快好省地为我国社会主义现代化建设培养急需的各类高级专门人才。教师，也必须解放思想，摸索职业大学的教学规律，更新知识，改进教学方法，以适应短期职业大学教学的需要。总之，短期职业大学无论从办学或者从教学方面来看，都要求重在一个"改"字。短期职业大学是改革的产物，在今后整个的建设过程中，必须继续坚持改革，在探索中创新。没有改革，没有创新，短期职业大学就没有生命力，且必将失去已有的光彩。

短期职业大学的教学工作，应该本着求实从严的精神，讲究教学效果。求实，就是要使学校教学工作能从实际出发，实事求是，理论联系实际。短期职业大学必须适应现代科学技术发展的形势和地方经济建设的需要开设专业，培养规格和要求必须按这个需要来制订。教学计划、教学大纲和教材的建设也必须切合实际需要来拟订和编写。从严，就是要有严格的要求，特别是对教学质量的严格要求。由于具有走读、短期等特点，更需要强调学校教学工作必须扎扎实实，认真严肃；任何马马虎虎、松松垮垮的现象和作风，都有损教学质量的提高，不可能很好地达到培养人才的目的。这些现象和作风，必须坚决反对。学校教学工作求实从严，不但可以保证教学质量的提高，对学生的教育也有很大好处。短期职业大学毕业的学生是要上生产第一线动手干的，应该养成求实从严的良好作风。

短期职业大学办学的性质、任务和特点，以及它培养的目标，决定了短期职业大学在教学上的要求。这种教学要求对教育制度的建立、教育内容的确定，教育形式和方法的选择，以及整个学校教学领导和管理都具有重要的意义。短期职业大学总的来说，就是为了培养我国社会主义现代化建设所急需的，身体健康、又红又专的各种高级专门人才。在教学要求上具体地说，主要就是要求学生思想政治好，知识面比较宽，基础比较扎实，动手能力比较强。当然，不同学制的各种专业还应该有各自不同的具体的规格和要求。这里有两个根本问题值得探讨，一个是培养目标上的红与专的问题，一个是教学要求上知识面宽与窄的问题。

关于红与专有具体解释。红，是习惯的说法。中国共产党领导亿万群众前仆后继，为我国的社会主义现代化建设而努力，最终则是为实现共产主义理想而奋斗，这是一个伟大的历史任务。我们的教育事业要培养一代新人，必须千方百计地提高他们的社会主义觉悟，启发他们的共产主义理想，培养他们热爱祖国、热爱人民的思想感情和良好的道德作风。这是时代的需要，也是历史的必然。短期职业大学一经诞生，就应该旗帜鲜明地宣告为此而努力。如果认为短期职业大学仅仅只要学生学些专业知识和技能，忽视了这个根本，那是极端错误的。我们的短期职业大学在这一点上和资本主义国家的社区大学、职业大学是有着根本的区别的。短期职业大学如果没有明确的政治目标，对学生没有明确的政治要求，那不仅是非常荒谬的，而且是非常危险的。专，是指所学的专业知识和技能，具体来说就是要具备从事专业工作的实际能力，而不仅仅是具有一些专业知识而已。我国短期职业大学是在当今世界科学技术突飞猛进的新形势下出现的，今天对专的要求，显然与过去有所变化，有所发展，有所区别，如何迅速把学生带到现代科学技术发展的前沿阵地，更是我们对专的要求。红与专，应该是辩证的统一，两者不可偏废，更不应对立，短期职业大学培养出来的学生应该是又红又专的。

关于知识面的宽与窄，也有一个辩证关系。我们不是为教育而教育。一个学校对学生的培养规格和要求不是由人们的主观意愿决定的，它是由一定时期科学技术发展的水平和国民经济建设的需要来决定的。建国初期的高等教育在百废待兴而人才奇缺的历史条件下，采取比较窄的培养规格和要求，专业划分很细，以适应当时国家建设的急需，这种做法曾经发挥过重要的作用。但时至今日，这种在培养规格和要求上过细、过窄的倾向，不仅不利于我国社会主义现代化建设的需要，也不适应现代科学技术迅猛发展的客观情况。因此，我们认为，短期职业大学在当前全面开创社会主义现代化建设新局面的时期中，为适应形势的要求，在确定培养规格时要避免过窄，注意从宽，使学生具有比较宽广的知识面和技能背景。

与此同时，还应根据走读的特点，注意学生的身体健康情况，增强他们的体质。

以上，是我们研究和确定短期职业大学教学要求的基本认识。由于我们建校仅仅三年，许多理论问题都有待探索，许多实际工作都有待改进，这些认识，也还有待实践的检验和修正。

（二）

前面主要是谈短期职业大学在基本教学要求上有关的指导思想，下面着重对短期职业大学的基本教学要求加以具体的阐述。经过三年来的办学和教学实践，我们将短期职业大学基本的教学要求，归纳为下面四点，在我们学校习惯称之为"四要"。

1. 思想政治要好

我们短期职业大学和我国其他高等院校一样，都是培养建设社会主义现代化各种高级专门人才的，她也必须和其他高等院校一样，加强对学生的思想政治教育，在教学上要求学生思想政治良好。我们引胡耀邦同志在党的十二大报告中关于"努力建设高度的社会主义精神文明"的一段话，用以说明我们对学生思想政治教育的要求。他说："思想建设决定着我们精神文明的社会主义性质。它的主要内容，是工人阶级的、马克思主义的世界观和科学理论，是共产主义的理想，信念和道德，是同社会主义公有制相适应的主人翁思想和集体主义思想，是同社会主义政治制度相适应的权利义务观念和组织纪律观念，是为人民服务的献身精神和共产主义的劳动态度，是社会主义的爱国主义和国际主义等等。概括起来说，最重要的就是革命理想、道德和纪律。我们全党和全社会的先进分子，一定要不断地传播先进思想，在实际行动中发挥模范作用，带动越来越多的社会主义成员成为有理想、有道德、有文化、守纪律的劳动者。（胡耀邦，1992）"我们认为，短期职业大学是社会主义的新型大学，负有培养建设社会主义现代化高级人才的重任，学校在研究培养规格和制订教学计划时，教师在组织进行教学活动中，都应该认真地考虑和落实思想政治教育的要求。那种把思想政治教育和专业教育，以及基础课程的教学活动对立起来的观点是有害的。那种把思想政治教育作为一种附加品，不加区别、不问特点、不讲实效的形式主义的做法也是错误的。任何一个学科的教师，首先应该以满腔的政治热情、认真负责的工作态度面对学生，这本身就在思想政治方面起了良好的榜样作用。至于结合学科特点和教学内容、教学对象的实际情况，采取有效的办法进行应有的思想政治教育，这正是教师教学艺术和政治素养的集中表现。总而言之，还是一句老话：管教管导，教书育人，这对短期职业大学学生的教育更具有重要的意义。

在这里，我们还要强调的是，短期职业大学思想政治教育的内容必须突出革命理想教育，要大力培养学生正确的劳动观点和群众观点。因为，职业大学的毕业生将来应成为有理论基础的实干家，他们在生产第一线，经常与广大职工一道从事实际工作，研究技术革新，如果没有为社会主义建设而踏实苦干的精神，没有鲜明的群众观点和劳动观点，是不可能搞好工作的。

另外，从短期职业大学学生走读的特点来看，他们接触社会的时间多，接触面比较广泛，每天上学和返家途中所见所闻，每天在家与父母兄弟相处，同街坊邻里、亲朋友好来往，这些都有利于他们接受社会实践的锻炼和教育，但也使他们容易受到社会上的某些消极因素影响，因而，短期职业大学更应该研究和分析不同于一般院校住校学生的走读学生的思想政治情况，确定思想政治教育的具体内容和措施。特别是要发动和组织家长和其他社会力量，共同教育学生。学校各级党组织还必须重视对学生进行党的基本知识教育，加强在学生中的党建工作。当前，加强对学生的思想政治教育，帮助他们抵制精神污染，警惕资产阶级思想的侵蚀，是非常重要的任务。此外，短期职业大学的学生不包分配、择优推荐，我们更应该关心学生，帮助他们克服自卑感，增强自信心，树立他们在思想政治素质上的优势，为他们创造更有利的就业条件，为社会主义建设提供更多的政治素质好的大专学生。

2. 知识面要宽一点

知识面要宽，是指对教学上两个方面的要求，一个是指专业设置的口径要宽些，注意改变当前高等院校某些专业设置过窄的现状；另一个是指所学的知识面也要宽些，注意学科之间的互相联系，互相渗透，互相结合，互相补充。

知识面为什么要宽，这主要取决于当代科学技术发展的水平和我国国民经济建设的需要。作为地方办的短期职业大学，同时也必须考虑到地方经济建设的具体情况和学生不包分配、择优推荐的就业条件。关于专业的设置，我们可以从苏联高等教育发展变化的历史中得到借鉴。他们在十月革命之后较长的一段时间内，曾采取了一系列措施，培养专业比较窄而针对性比较强的专门人才，以适应当时苏联国民经济发展的需要，因而反映出在这一时期的高等学校专业设置口径很窄，课程结构也比较单一。新中国建立后，我们的高等教育主要是学习了苏联这一期间的做法。到五十年代中期以后，随着现代科学技术的进步和苏联国民经济建设的发展，他们的高等院校在专业开设和课程结构方面就开始有了新的变化，反映当代科学技术水平的新专业不断增加，划分过细、过窄的专业不断减少，知识面逐渐扩大，学科之间互相联系、互相渗透的情况日益增多。目前，苏联高等院校的培养目标已经基本上从培养具有狭窄专业知识的专家，发展到培养具有广泛专业知识的专家上来了。苏联高等教育中的这一变化，正说明为适应当前科学技术的发展，需要在专业的设置上也随着变化。江汉大学是一个地方办的短期职业大学，它必须针对地方经济建设发展的迫切需要开设适应这些需要的专业。我们避免开设各大学普遍存在的长线专业，经过社会调查，掌握人才需求的信息，开设一些"紧俏"的专业。例如中文秘书专业就是这样开设起来的。这个专业的课程综合性比较强，不仅重视中文写作能力的严格训练，而且注意加强有关社会科学和自然科学基础知识和技能的培养，还开设了地方经济概论和打字技术、摄影技术等实用性很强的课程。又如财会专业，注意开设综合性的会计专业课，也就是通常所说的"大会计"，使本专业的学生在毕业后，可以从事工业会计工作、商业或外贸方面的会计工作。有的专业虽然针对性较强，是紧俏专业，但知识面比较窄，如装潢、印染等，我们就把它发展成工艺美术专业。像这样加宽口径、加强综合性的专业，学生在毕业之后对社会的适应性也就加强了。目前，江汉大学正积极创造条件，争取尽快地开设电子计算机应用专业。我们这样做，虽然在教学上困难很多，但这些专业却受到各方面的欢迎，引起了社会上广泛的重视。学生也因为专业口径宽，增强了毕业后推荐就业方面的适应能力和竞争能力，因而他们学习的自觉性和积极性也得到了提高。

鉴于短期职业大学学习年限较短和当前地方急需应用型高级人才的实际情况，我们认为一般不宜在短期职业大学开设理科专业。

为了增强适应性，我们认为在安排好各专业的公共基础课、专业基础课的同时，解放思想，争取开设一些急需的新课程和跨学科的综合课程，如市场学、管理学、社会心理学、广告学、电子计算机应用等课程，是很有必要的。

人的知识面的窄与宽是相对的，它是随着各个时期需求的变化而变化的，它也应该围绕一定的中心作纵横发展。从科学技术的突飞猛进和国民经济建设的不断发展，以及学科之间综合发展的特点日益显著的情况来看，人才培养的总的趋势，要求高等教育应该是从培养狭窄专业知识的专家，发展到培养具有广泛专业知识的专家。这种专家，无论是在知识的全面性方面，还是在职能活动的多面性方面，都将是较高水平的。它的最高境界，可以说就是马克思所说的"全面发展的人"。当然，这不是当前所能做到的，而是要到共产主义社会才能实现的。但是，必须看到这个历史发展的趋势。当前，我们提倡知识面要宽，既是从发展的观点来考虑，也是从我们的实际出发。我们强调培养对象的适应能力，使他们将来既能精通和掌握一定的专业知识和技能，同时又能具备与本专业相近的比较广泛的知识，以增强适应能力，并为今后的发展提高打下一定的基础。

有人担心知识面宽会形成"博而不专""宽而不深"的现象。这个问题值得注意，应该通过实践，寻找出最佳的方案。我们所说的知识面要宽，绝不是随意性的，不是宽到无边无际，而是围绕所学专业，适当扩大知识面，使"宽"为"专"服务。因此，教学计划的制订，教学实践的组织，教学质量的检查，都要求注意扩大学生的知识面。

3. 基础要扎实一点

办短期职业大学必须用发展的眼光看待学生的学习问题。形势在发展，需要在变化。我们对现在的情况要弄清楚，对将来的发展更应该考虑到，不能只看眼前不顾将来、我们不能把学生培养成目光短浅的人，应该把他们培养成有知识的，能适应将来现代化建设发展的革新者和社会主义、共产主义的建设者。因此，短期职业大学在教学上，要重视理论课的实践性，要重视专业课的理论性，决不能因"短期"而一切从简，更不能因"职业性"而降低全面发展的要求，不能把职业学校、技工学校、社区大学和短期职业大学的要求混淆起来。我们认为，以发展的观点看，短期职业大学一定要非常重视基础教育，一定要让学生扎扎实实地打好基础——政治基础、体质基础、文化基础、专业基础。

本文将只从狭义方面论述文化、科学、理论、技术的基础教育问题。这种基础体现在短期职业大学的课程结构上，大致分为三个组成部分：①公共基础课；②专业基础课；③专业课。如何在教学中落实"基础要扎实一点"？我们认为应该认真注意以下四点。

第一，要从指导思想上重视基础学科的学习，要看到基础学科对专业学习和今后的专业实践，以及长远发展需要的重要作用。政治经济学、哲学，对于一个从事社会主义建设的青年来说，这自然是重要的基础课程。一个学生没有一定的社会科学基础，对他（她）今后的学习和社会实践都将是不利的。中文、外文，对于大学生不只是要有一般的要求，有条件的短期职业大学可以在这方面创造优势，办出特色，提出更高的要求。这些人文科学不仅文科学生应该特别重视，工科学生也应同样重视，因为它们对提高觉悟、陶冶性情、开阔思想都具有不可缺少的作用。数学、物理、化学等自然科学是工科各专业的基础课程，各门技术学科（包括经济类的许多学科）都离不开数学。有人说"数学是科学和工程的共同语言"，这是很有道理的。对文科学生来讲，数学和其他自然科学可以培养他们的科学观点、求实精神和观察思考事物的精确性和严密性。随着科学技术的发展，产生了许多边缘学科，自然学科、技术学科和社会学科的相互依赖和相互促进作用也日益加强。所以，对短期职业大学的学生，必须从有利于专业学习能力的培养提高上加强这一系列基础课的要求，务必使他们的基础知识扎实一些，为将来工作和自学打下必要的基础。

第二，在教学计划的安排上，一定要保证公共基础课和专业基础课的课时，从时间上保证学生能学到比较广阔的基础知识，并能得到比较实在的专业训练。我们认为公共基础课和专业基础课的课时（包括实验）应占总课时的 3/4 左右。

第三，要通过实践，不断修订教学计划，调整基础课和专业课的比例，增添新的课程，精简或淘汰不合适的课程。

第四，要针对各种专业学习的不同要求，制订不同的基础课教学大纲和编写教材，例如，文科学生对政治理论和语言文字方面的要求应高些，工科和经济学科对数学的要求应高些。还应采取积木式的课程结构，争取尽早编写出不同要求的基础课的教材。

总之，基础厚是为了增强学生的实际工作能力：动手能力的强弱，直接与基础是否扎实有关。所有的专业能力都扎根于基础知识和基本技能。基础较扎实还有利于学生毕业后的发展与提高，使他们"有后劲"。

为了在教学上使学生拓宽知识面、夯实基础，我们认为在课程设置和教学活动中还要注意三个问题：

（1）要积极研究开设跨学科的综合课程

在教学实践中，有些专业课涉及比较多的普通学科和相邻学科的知识，如果能编制综合的教学大纲把有关学科的内容包含进去，消除学科之间的界限，加强各学科之间的联系，这样就有利于避免不必要的重复，有利于加强教学的连续性，有利于扩大学生的知识面，也有利于适应现代科学技术的发展。为了逐步增设跨学科的综合课程，最好先开设一些综合性的讲座。

（2）要大力开展第二课堂的教学活动

在教学计划统一要求的基础上，为发展学生的个性特点，促使某一领域优秀人才的成长，则很有必要开展课外讲座、参观访问、学术研究及其他各式各样课外教育活动。本着吸引诱导、自愿参加的原则，开展灵活多样的活动，必将使我们的校园百花齐放，使我们的学生获得丰富的知识营养，学得朝气蓬勃。

（3）要提倡和支持教师对学生的辅导活动，特别要根据短期职业大学走读的特点，研究如何开展辅导活动，摸索开展活动的方式、方法

经过三年的培养，学校第一届毕业生即将参加社会实践。我们非常关心他们的实际工作能力和工作效果，也非常关心他们将来的发展提高。我们认为短期职业大学三年制的专业，通过教学改革，应该努力争取在基础课教学上，接近四年本科的要求，在专业技术方面要超过中专水平，使学生既能在毕业后胜任工作，也能顺应形势发展的需要，不断提高。

4. 动手能力要强一点

动手能力要强，就是说实践能力要强。这里说的实践能力，也就是说学生毕业后在工

作中要具有较强的分析问题和解决问题的能力。用群众的话说，就是要"有学问，会干活"。

理论联系实际，是我党的优良传统，是我们革命工作的基本指导思想，也是我国高等教育改革的基本原则。作为短期职业大学来说，职业性这一特点对教学上理论联系实际的要求就更为重要也更为鲜明。短期职业大学很强调对学生动手能力的培养，不是培养一般的动手能力，而是培养较强的动手能力，这既是为了学生在毕业后有较强的就业适应性，也是贯彻理论联系实践的原则，把学生培养成为有真才实学、有理论、能动手的一代新人。

我们认为，培养学生的动手能力，首先就是要加强理论联系实际的思想教育，向学生反复讲明职业教育的特点，讲明学以致用的道理，讲明为我国社会主义现代化建设的需要，讲明为社会主义建设和共产主义事业而勤奋学习的意义，一开始就引导学生把学习放在扎扎实实的现实土地上，一扫那种为学习而学习的盲目性，以及种种不切实际的空想。在整个教学过程中，要坚持以理论联系实际的原则指导教学、检查教学、改革教学。教学计划的制订，教学大纲和教材的编写，都应根据短期职业大学的特点，注意教学的针对性，保证必要的基础，加强实践性环节，切实安排好实验、实习、毕业设计等实践活动。为此，江汉大学秘书专业在提高学生语言文字表达能力方面是这样做的，他们规定学生每周要写周记，每两周写1篇作文，每学期写出成文的书面作业20篇左右，还要练习汉字书法。他们还通过座谈会、辩论会、讲演会等方式，加强学生语言能力的培养。另外还提倡"早期实习"，秘书专业的学生在一年级就开始实习，先后到各党政机关、各报社参加短期的秘书和宣传工作的实践，去年夏天还到防汛指挥部协助这方面的工作。这种早期实习活动，大大地激发了学生学习的积极性，开拓了眼界，认清了基础课和基本功的重要性，理论联系实际的重要性，并较快地增强了动手能力。秘书专业还按秘书工作的要求建立了班级秘书值日制度，让每个同学得到实际锻炼。对毕业实习工作，我们紧密依靠有关事业和企业单位，进行配合指导。学校负责校务的同志认为：短期职业大学的教学时间再紧，培养学生动手能力的时间必须保证；短期职业大学的经济再困难，培养学生动手能力的开销决不能省。

有目的、有计划、有组织、有考核地运用各种实践性教学环节，着重培养学生动手能力，是短期职业大学教学要求的第四点。我们认为，它可以说是思想政治好、知识面宽、基础深厚的落脚点。实践是检验真理的唯一标准，动手能力就是学生毕业后在工作中分析问题和解决问题的实际能力，应该从这方面检验短期职业大学的教学质量。

总之，我们认为，在认真研究短期职业大学的性质、任务和特点，明确办学指导思想的同时，应该从培养规格入手，确定基本的教学要求。只有确定了基本的教学要求，才能据此制订相应的教学计划，教学大纲、教材，才能据此采取有效的教学措施，才有可能达到预期的教学目的。江汉大学建校的历史很短，有关办学、教学的理论和措施都还在实践中摸索。由于各级党政领导和有关方面都很重视并给以大力支持和帮助，随着国家和地方经济建设事业的发展，短期职业大学必将有其广阔的前途，但目前在人力、物力、财力各方面暂时还有不少困难，教学条件的改善还有一个艰难的过程，学校自身力量的组织，经验的积累和作风的转变也还有一个不断实践、不断改进的过程。因而，团结全校教师和全体工作人员，坚持以教学为中心，明确基本教学要求，同心同德，共同搞好教学工作和为教学服务的工作，就更显得非常现实、非常重要了。

短期职业大学这一新生事物，必将在从事和关心这一事业的同志们的共同努力下茁壮成长。

参考文献

胡耀邦 . 1992. 全面开创社会主义现代化建设的新局面——在中国共产党第十二次全国代表大会上的报告 .http：//news. xinhuanet. com/ziliao/2003-01/20/content_696971.htm

三十一、陈大鹗

陈大鹗，男，福建省厦门市人。

1990 年，曾任厦门市经委职工教育处处长，中国职工教育和职业培训协会学术委员，厦门市职工教育研究会会长。他对职工教育培训的市场化问题有过较深入的研究。

借鉴三资企业经验 指导国营大中型企业的职工教育工作[①]

（一）借鉴三资企业　探索改革方向

国营大中型企业在厦门经济特区建设中具有举足轻重的作用。到 1990 年底，大中型企业的工业固定资产、工业总产值、财政收入分别占全市的 67%、52.8%、80%。

特区建设十一年来，我们对国营大中型企业职工教育的指导，经历了由不自觉到比较自觉的过程。1984 年以前，主要依靠行政手段对企业进行严格的、直接的管理和指挥，1985 年起，我们组织人员到三资企业调查，开始研究借鉴三资企业经验，改进职工教育工作，1987 年初至 1988 年上半年，全市职工教育的大滑坡使我们进一步认清了转变管理机制的迫切性，下决心借鉴三资企业经验，改进对国营大中型企业职工教育工作的指导。这样做，很快就见到了成效。当年，经委系统企业职工教育工作就停止了滑坡，恢复到历史最好水平。1991 年，大中型工业企业有 83% 被评为职工教育先进单位或表彰单位。

① 陈大鹗．1992．借鉴三资企业经验指导国营大中型企业的职工教育工作．北京成人教育，（8）：2-5

正反两面的经验使我们体会到，借鉴三资企业经验，是搞好国营大中型企业职工教育的重要途径，也是改革职工教育的正确方向。到 1991 年底，厦门市共批准成立三资企业 1200 余家，合同金额 34 亿美元。三资工业企业产值已占全市工业总产值的 52%。全市工业的出口产值已占工业总产值的 40%，初步形成了外向型的经济结构。在特区经济中，三资企业呈现了巨大的活力。全市现有三资企业职工总数约占全市工业职工总数的 27%，但工业产值却是国营工业产值的 1.66 倍，人均产值为国营工业职工的 3 倍。在全国市场疲软时，三资企业产值却连年大幅度增长；许多三资企业的职工教育也搞得很好。三资企业带来了国外先进的经营、管理经验，对于国营大中型企业有很现实的借鉴作用。

三资企业和外向型企业的经验，说到底，是在商品经济下经营企业的经验。因为三资企业和外向型企业的共同特征是：产品以出口为目的，各项经营活动都要适应国际市场的需要，企业同国际市场紧密地联系在一起。这样，他们不但要面对国内市场，更要面对国际市场受到商品经济客观规律的强烈影响和支配。我国经济体制改革的方向是建立社会主义商品经济的新体制。因此，我们主要应借鉴三资企业如何适应商品经济，在市场竞争中取胜的成功经验。

我们总结了商品经济下特区企业职工教育发展的四个新趋势，即"企业培训自主化，横向联合行业化，培训市场普遍化，政府管理间接化"。几年来，我们主要探讨：如何使企业进入市场，使培训适应市场，使政府管理市场，逐步建立起社会主义商品经济下职工教育工作的新体制。

（二）企业进入市场　由奉命办学转变为自主培训

三资企业完全受市场规律的制约，把职工教育作为市场竞争的重要手段，培训什么、如何培训完全由企业根据市场竞争的需要来确定。这告诉我们：企业进入市场之后，职工教育工作最大的变化就是由过去的奉命办学转变为自主培训。为了帮助国营大中型企业实现这个转变，我们采取了以下措施：

1. 把培训自主权还给企业

企业拥有自主权，是商品经济的客观要求。因为企业是市场的主体，企业活了，市场才会繁荣。企业必须具有自主经营和自负盈亏的自主权，才能积极地进入市场，才能活起来。职工教育是企业经营管理的基础工作，企业自主权当然包括职工教育工作的自主权。

从 1987 年起，我们逐步把培训的自主权交还给企业，不再逐月、逐周地下达培训任务，逐科地抓到课率、合格率。政府每年下达一次全年的职工教育工作计划，一年内如何进行培训，完全由企业自主安排。企业有权自己制定长期的、年度的工作规划和每个时期的实施计划；有权制定管理条例、奖惩条例；有权制定岗位规范、培训计划、大纲和选定教材；有权确定各类培训的实施计划，包括培训内容、时间、参培对象、实施方式和方法等；有权确定教育机构、培训基地的设置和职教干部的配置等，政府不再进行干预。这样做，企业就可以根据市场竞争和企业发展的需要，自主安排最为需要的各类培训，使职工教育直接、有效地为企业经营管理服务，从而迸发出前所未有的生命力。

2. 让企业参与培训市场的竞争

随着商品经济的发展，市场体系的完善，作为劳务市场在职工教育工作中的分支，培训市场的出现是必然的趋势。到 1991 年底，厦门市已经有 100 多家面向社会招生的办学机构。企业自负盈亏，必然要求以最少的投入获得最多的产出，有些人数少的培训就要依靠培训市场提供服务。因此，企业进入培训市场也是必然的趋势。企业作为主要的买方进入培训市场，必然对培训市场起重要的导向作用，促使各培训机构提高质量、降低收费，更好地为企业生产经营服务。从而推动全市职工教育的改革。

企业进入培训市场，企业职教干部介入了市场竞争。一方面，他们要代表企业参与培训市场的交易，另一方面，市场竞争必然反映到企业内部，哪个部门更能有效地为企业竞争服务，必然更受企业负责人的重视。这就要求企业职教干部树立竞争的意识，为企业提供有效的培训，以求提高职工教育工作的地位，在企业内部竞争中取胜。这就成为推动企业职工教育改革的强大的内驱力。

3. 帮助企业建立自我约束的机制

企业有了培训自主权，并不等于就能自己搞好培训了。因为，企业在市场上的自主经营是以企业的局部利益为出发点的，在空间上是局部的，在时间上是短期的，它的自发倾向是重局部利益，轻全局利益；重短期利益，轻长期利益。这就需要企业加强自我约束，防止本位主义和短期行为的偏向。此外，企业内部还存在着如何发动职工自觉参加培训的问题。我们帮助企业建立自我约束机制主要有以下三个方面：

（1）法律约束机制

我们把《全民所有制企业法》第 42 条："企业应当加强思想政治教育、法制教育、国防教育、科学文化教育和技术业务教育，提高职工队伍的素质。"告知企业负责人，使他们明确：搞好职工教育工作是企业九条法定的义务和责任中的一条。企业有搞好职工教育的自主权，却没有不搞职工教育的权利。不进行职工教育是违法的行为，政府将追究其法律责任。使企业自觉接受法律约束，依法行使培训的自主权。

（2）计划约束机制

我们把职工教育工作列为厂长任期目标计划和承包经营合同的内容之一，使职工教育工作成为企业经营计划的有机组成部分之一。我们还吸取三资企业的经验，支持和鼓励企业制定企业职工教育管理条例，把职工教育工作列为职工守则内容之一，以及把职工教育工作随同生产计划层层下达，作为企业计划管理的内容之一。使职工教育工作能随着生产的运转而同步进行。

（3）经济约束机制

三资企业中职工教育工作的生命力在于它能直接为企业的经济效益服务。这是企业自主搞好职工教育工作最强大的经济动力。我们强调企业的职工培训要以服务生产为指向，以服务于生产的好坏作为检验标准。实践证明，职工教育越是有效地服务于生产，企业和职工就越是重视和欢迎，职工教育就搞得越好，从而形成良性循环。我们还吸取三资企业的经验，帮助企业把职工教育纳入经济责任制，同职工的经济利益相联系；支持企业制定职工培训工作的奖惩条例；指导企业逐步建立培训与使用相结合，与工资相联系的岗位技能工资制度，使企业内部建立起自我约束、自我调控的机制。

4. 帮助企业实行行业联合

行业的划分是商品经济发达的产物。行业联合、行业管理是商品经济发展的必然结果，也是企业自主培训的客观要求。因为企业自主培训不等于自办大而全的培训，许多人数少、专业化强的培训需要行业的指导和社会的支援。我市为了进一步扩大企业自主权，撤销了六个行政性工业公司。可是，机械和化工行业的企业却自发组织起来，分别成立了机械冶金行业职工教育协会和化工医药行业职工教育协会，就反映了这种趋势。在我们支持和鼓励下，经委系统 155 个工业企业先后成立了 7 个行业职工教育协会。它们不占国家一个编制，不要国家一分钱经费，依托大中型企业的教育部门，由企业自己组织，自己管理，自我服务。并且代行政府的部分行政管理职能。从 1988 年至今，协会越办越兴旺，凝聚力越来越强，企业之间互相影响，自我约束的能力也越来越强。先后有 3 个行业协会被评为市级以上职工教育先进集体。化工医药行业职工教育协会共有 21 个会员企业，1991 年有 18 个被评为先进单位或表彰单位，占单位总数的 85.7%，这个协会被化工部评为"七五"期间职工教育先进单位。实践证明，企业自主实行行业联合，是搞好企业培训的重要保障，也是加强企业自我约束机制的有效措施。

（三）培训适应市场　由对上级负责转变为对企业负责

三资企业的实践使我们认识到，市场竞争主要是商品质量的竞争，归根到底是职工素质的竞争，职工教育的竞争。这是职工教育在企业存在的客观依据。企业职工教育必须适应企业市场竞争的需要，才能存在和发展。这就必须由过去的眼光向上，对上级负责，转变为眼光向下，对企业负责。我们强调企业职工教育干部要转变观念，端正方向，面向企业，面向生产，以经济效益为中心，为企业双文明建设服务，要做到"急生产之所急，帮企业之所需，做厂长的好助手"。根据这个指导思想来改革企业的职工教育工作。几年来，我们主要抓了以下几个方面：

1. 提倡职工教育工作要把企业和职工当上帝，做到"适销对路""价廉物美"

商品经济发展的结果，必然形成买方市场。因为，商品的销售是实现利润的关键环节，是关系到商品生产者命运的大事。现在，厦门市的职工教育培训已经出现了买方市场的现象，培训机构主动上门，承揽企业的培训工作，争取企业的青睐。在企业内部，职工教育工作也要通过竞争，争取企业负责人的重视。因此，职工教育工作者必须自觉树立"顾客是上帝"思想，把企业和职工当成上帝，充分考虑企业和职工的培训需要，使培训能够"适销对路"，即能够适应企业和职工的需要，还要做到"价廉物美"，即收费要低，培训质量要高。做到了这两点，职工教育就会受到企业和职工的欢迎。

2. 提倡以岗位培训为重点

大量的三资企业职工培训是按照岗位操作的需要进行培训。因为通过岗位培训，全面提高各个岗位工人的素质，才能全面提高产品质量。在商品经济下，岗位培训便成为适销对路的培训内容。许多企业负责人反映"岗位培训费时不多，花钱少，见效快，我们欢迎"，这也是我市职工教育工作能够走出低谷，持续上升的重要原因。

但是，岗位培训必须坚持面向企业，适应企业市场竞争的需要，切忌死守计划，硬搬教材，脱离实际地追求"规范化""正规化"，形成第二学历教育。那样，就会把岗位培训引上死路。根据三资企业的经验，我们强调要处理好以下两个关系：

（1）理论培训和技能培训的关系，要突出技能培训

因为岗位技能的高低直接关系到产品质量的好坏，是企业和职工最关心的问题。我们要改变过去那种以灌输知识为主要目的，先"应知"后"应会"，重理论轻技能的培训模式，转变为以技能为核心来安排培训计划，以提高岗位技能（包括心智技能和动作技能）为目的，首先安排技能培训，然后按照技能培训的需要来安排必要的专业知识和专业基础知识的教学。技能培训时间不少于60%。

（2）规范性培训和适应性培训的关系，要以适应性培训为突破口

适应性培训指的是适应企业生产急需所进行的应急培训、一事一训。它常常被一些人斥为不正规、不完善，而被排斥于岗位培训之外。可是三资企业岗位培训中却有大量适应性培训。这使我们认识到：适应性培训既然能较好地满足岗位工作的需要，那么，它就是岗位培训合适的方式。而且，适应性培训见效快，企业负责人和职工往往通过适应性培训尝到甜头，认识到岗位培训的作用。因此，我们强调：适应性培训是岗位培训的重要组成部分，应当把适应性培训当作开展岗位培训的突破口，在顺序上优先进行，在力量上集中突破，在方向上向纵深发展，逐步完善。规范性培训应当化整为零，急用先学，适应性培训应当零存整取，逐步完善。使两种培训互相结合，成为完善的岗位培训体系。

3. 提倡以插缝式办班为主要方式

三资企业面临激烈的市场竞争，生产任务十分紧张，多数职工不可能进行脱产或半脱产培训，业余时间要处理家务事，也很紧张。他们的培训主要是利用企业生产间隙插缝进行。我们推广了这个经验，要求企业职工教育要树立培训为生产服务，服从生产安排的思想，决不能一味要求生产服从培训。几年来，许多企业创造了多种多样的插缝培训方式：有利用停工待料时间培训的停工模式；有利用锅炉检修、机器大修时间培训的检修模式；有利用生产设备改造时机培训的技改模式；有以岗位练功为主定期考核的自学模式；有在三班倒的班前、班后培训的三班倒模式等。不同的模式适应不同企业的情况，和企业生产同步进行，不影响正常的生产运转，做到生产、培训两不误，受到企业的欢迎。因此，这几年岗位培训面逐渐扩大，1990、1991两年都在68%以上，但"工学矛盾"的呼声却日益减弱，说明了这个问题。现在，我们正在试行自学和辅导相结合，定期组织考试的岗位资格模式，进一步发挥"插缝培训"的优越性，使岗位培训更适应企业人事制度改革和人才流动的需要。

（四）政府管理市场　由微观管理转变为宏观调控

我们在调查三资企业经验的同时，倾听三资企业对政府管理的意见，同时借鉴香港、新加坡的管理经验，认识到，在商品经济发达的情况下，企业转换机制，政府也应当相应地转换机制，为企业进入市场创造外部条件。主要的是，由过去的微观管理转变为宏观调控，学会通过管理好市场来调控企业。我们的主要做法是：

1. 实行计划管理，管住两头，放开中间

我们实行的是有计划的商品经济。让企业进入市场，自主经营，并不意味着可以放任自流。因为，市场调节存在着短期性、局部性和盲目性的缺点，必然反映到企业的经营行为上来。如果不加以调节，就可能产生破坏作用。把计划调节和市场结合起来，正是防止这个问题的根本办法。而且，商品经济的充分发展要经过一个相当长的时期，如果条件还未具备，政府就过早转变职能，势必产生失控状态，造成破坏性后果。因此，由微观管理向宏观调控过渡不能一蹴而就，而要经历一个逐步转换，逐步过渡的过程。

根据我市的情况，我们当前主要采取"管住两头，放开中间"的做法。一头是年初，政府向企业下达全年职工教育工作计划，分为：指令性计划、指导性计划和市场调节计划三类。对于速效性的培训，主要是适应性培训，一般作为指导性计划下达，要求企业加以重视，自主安排；对于迟效性培训，主要是规范性岗位培训，一般作为指令性计划下达：要求企业必须完成；对于"整效性"培训，即主要对国家、社会有整体效益而对企业可能不能马上见效的培训，如：扫盲、九年义务教育等，则以政府法令形式下达，强制执行。其他培训，如高等学历教育，发展个人兴趣的培训等，则完全实行市场调节，企业自主安排。

另一头是年终，政府对企业完成计划的情况进行考核，表彰先进，激励后进，主要考核指令性计划的完成情况。

"放开中间"就是在政府下达计划后到年终考核这一年时间里，由企业自主制定实施计划，自主培训，政府不加干预，完全放开。

我们从 1988 年开始这样做，四年来的实践证明，这种做法既坚持了计划调节，又保证了企业自主，比较适应现阶段的企业情况。当然，随着企业进入市场程度的加深，自主培训、自我约束机制的加强，政府应当逐步缩小指令性计划的范围，扩大市场调节的范围，总结考核的时间跨度也应当逐步加大。

2. 管好培训市场

培训市场的出现，必然带来市场经济的某些消极因素。这就要求政府加强对市场的管理，主要是要：加强市场立法，审查培训资格；管好市场秩序，管好交换价格和质量监督；加强社会主义市场道德的教育，形成良好的市场风气；进行市场预测，提供培训需求信息等。通过这些工作，引导市场为企业提供适销对路、价廉物美的培训服务。

3. 建立和完善培训服务体系

企业自主培训，但培训力量有限，必然要求政府和社会提供培训服务。这种培训服务主要有七项内容，即：①参考性岗位规范；②培训教材；③培训计划、大纲；④师资培训；⑤联合办班；⑥考试；⑦发证。这七个环节的服务搞得好，企业的自主培训就能顺利进行。政府应当把管理职能转变为服务职能，把这七项服务承担起来，为企业提供一条龙的培训服务。另一方面，这七项服务又是关系到培训质量的七个关键环节，抓好了，培训质量就有了基本保证。因此，政府提供一条龙培训服务又可以寓把关于服务之中，寓管理于服务之中，一举两得。

提供一条龙培训服务，工作量很大，必须把社会各方面的力量组织起来，分工协作，形成完善的服务体系。现在，厦门市已经初步形成了一个培训服务网络，其中，有提供企业领导岗位培训服务的党校和干部学校，有提供企业中层干部岗位培训服务的各委办的干部学校和培训中心，有提供一般干部、班组长、工人岗位培训和技术工人培训服务的行业职工教育协会。有提供文化基础教育和学历教育服务的成人大、中专和业余中学；有提供科技人员继续教育服务的科委、科协和各行业的培训中心，有提供就业前培训服务的职业高中、技工学校和就业培训中心等等。

在商品经济下，这些培训机构向企业提供的培训服务，实行有偿服务、等价交换的原则，从而形成了培训市场。可以说，社会主义的培训市场也就是社会化的培训服务体系。政府机关主要是对培训资格审批和培训市场竞争进行把关，实行优胜劣汰，逐步形成由合格的培训机构组成的培训服务体系。

4. 全面运用市场调控手段

在市场经济下，政府主要运用经济的、法律的、行政的和思想教育的手段对企业进行调控。我们对企业职工教育的管理，也应当由过去以行政手段为主，转变为以经济手段为主，综合运用四种手段进行全面调控。特别要重视经济手段和法律手段的运用。

商品经济是以实现买卖双方的经济利益为基础的，经济利益是市场主体的主要着眼点。企业主要着眼于本企业的集体利益，职工既着眼于本企业的集体利益，也着眼于个人的经济利益。这里，企业的集体经济利益是全体职工共同关心的利益。因此，运用经济手段，要从过去主要调控职工转变为主要调控企业负责人；从过去以短期激励为重点转变为以长期激励为重点。首先应着眼于职工教育的经济效益，努力使培训直接、有效地提高企业的经济效益，同时也注意提高职工的长远的经济利益，就会收到长期激励的效果。当然，建立培训和工资挂钩的制度，也是一种长期的经济激励手段。这两个方面应当同时着手，紧密结合，方能收到最大的激励效果。

法律手段主要依据《全民所有制企业法》第42条的规定，制定《职工教育管理条例》，辅以必要的政令，依法对企业进行检查、督促。只要企业履行法定义务，认真组织职工培训，具体如何培训就不要横加干预，做到总体管住，具体放开。

实现现代企业制度 企业教育机构不可撤销 [①]

当前，有的企业在转机建制过程中，把教育部门撤销了，或者把培训机构全部移交出去，或者改成经济实体，要求他们实行自负盈亏等，这些做法是值得研究的。

（一）现代企业需要企业教育

现代企业制度是反映社会化大生产要求，适应市场经济需要，和国际惯例接轨，又具有中国特色的企业制度。现代企业运行中，少不了企业教育这个基础环节，企业自主经营包括了自主培训这项内容。这是因为：

人类进入社会化大生产时代后，科技飞速发展，受过教育的劳动者进入企业之后还必须不断接受培训，才能适应科技的不断发展，设备、工艺的不断更新。因此，企业教育就成为现代企业持续发展的不可缺少的环节。

市场竞争的焦点是产品和服务的质量，而质量竞争说到底是人才的竞争，培训的竞争。只有对全体职工进行有效的培训，提高其思想、业务、技术素质，才能有效地提高产品的质量和服务的质量。因此，企业教育是现代企业在市场竞争中取胜的根本保证。

世界上发达的市场经济国家，企业教育都十分发达。美、日等国的企业，特别是技术密集型企业，不但有健全而权威的教育部门，而且有完善的培训机构，对全体职工进行经常的、严格的培训。

因此，建立现代企业制度决不能取消企业教育；相反应该进一步加强对企业职工的培训工作。从今年 7 月 1 日开始实行的《中华人民共和国公司法》（简称《公司法》）第 15 条规定："公司采用多种形式，加强公司职工的职业教育和岗位培训，提高职工素质。"《劳动法》第 68 条规定："用人单位应当建立职业培训制度，按照国家规定提取和使用职业培训经费，根据本单位实际，有计划地对劳动者进行职业培训。"企业教育已成为现代企业的法定责任之一。

（二）企业教育机构不能"分离"给社会

在改制过程中，为了改变"企业办社会"的状况，企业对过去承担的社会职能进行分离，把应当由社会来承担的职能交还社会，如：把企业办的商店、托幼机构、医院、小学等交给政府或社会去办。可是，有些企业在"分离"过程中，干脆把企业的所有教育机构，包括教育管理部门和全部培训机构都"分离"出去，交给政府或社会去办。这是不对的。

企业现有的培训机构根据所承担的教育任务，可以分为两大类：一大类是社会应当承担的教育任务，如：托幼教育，基础教育，普通大专教育，就业前的职业教育等。这一部分应当交还社会去办，或者由社会与企业联办。但是，如果外部条件不成熟，也不能草率交出，还得由企业继续办下去；另一大类是企业本身所需要承担的培训任务，如：岗位培训、继续教育。这一部分就不能交给社会，而应当继续由企业来办，决不能随意撤销。

当然，企业本身需要承担的培训任务，不可能全部由企业自身来包办。那样，每个企

---

① 陈大鹗 . 1994.实现现代企业制度 企业教育机构不可撤销 . 上海成人教育，（12）：8-9

业都要建立大而全的培训机构，势必造成师资的积压，人力、财力的浪费。属于通用知识和技能的培训，如：厂长经理培训，工程师、经济师的培训等，可以交给培训市场，由企业委托社会上的办学单位来培训，实行有偿服务；如果社会办学力量不足，仍然应由企业自己组织培训；属于企业本身特有的专门知识和技能培训，如企业精神的教育，或本企业特有的、专门性很强的岗位培训，只有企业本身才有师资力量，只能由企业自身组织培训。因此，企业自身必须设有必要的培训机构和得力的教育管理部门。

（三）企业教育机构不可能自负盈亏

有的企业保留了部分教育机构，但却要求他们实行独立核算，自负盈亏，"自己养活自己"，这种做法也是不对的。

因为，企业教育的任务是：通过培训过程，依靠职工自身的努力，把知识转化为技能，产生新的劳动能力；而新的劳动能力必须投入使用，在生产过程中才能产生新的价值，在生产过程终了时才能看到经济效益。这就使培训工作带有相对迟效性的特点。固然，和普通教育相比，企业教育是"直接、有效"的，但和生产过程的各个环节相比，它又是相对迟效的。既然企业教育是企业整个生产运行过程中的一环，它的效益体现在企业最终的整体效益之中。那么把企业教育从整个生产运行过程中分割出来，实行自负盈亏，显然是违背了现代企业运行的客观规律。

由于企业教育具有相对的迟效性，职工对教育的需求也带来相对的滞后性，对教育的效益估价容易偏低，从而使教育收费往往偏低；加上教育的效益体现在整个企业的经济效益之中，至今还缺乏有效的办法进行准确的计算，也容易造成人们，包括部分企业经营者认识不到企业教育的重要性，激发培训需求的难度较大；加上教育设施投入大，回收期长等因素，如果要求企业教育机构自负盈亏，那么，大多数企业的教育机构将无法养活自己，势必导致全国性的企业教育大面积萎缩，产生企业教育的危机。

当然，为了改变教育机构吃企业的大锅饭的状况，可以引进某些市场机制，如：可以实行承包责任制，签订培训合同，企业每年拨给一定经费，教育机构保质保量为企业完成一定的培训任务；也可以实行培训项目招标，对内部培训机构和社会办学单位一视同仁，优者中标等。但是，属于企业本身需要的培训，如岗位培训、继续教育等，应当本着"谁投资、谁受益"的原则，由企业拨给经费。而企业培训机构在完成企业教育任务之余，可以参与培训市场竞争，面向社会招生，实行有偿服务，培训所得除部分上交企业外，其余作为教职员工福利。这种做法也是可取的。

三十二、陈太运

陈太运，男，辽宁省大连市人。

曾任大连市成人教育处处长，中国职工教育和职业培训协会学术委员。长期从事职工教育、成人教育的研究和大连市职工教育的组织管理工作。撰写《职工教育经济效益的若干经济问题》（1984）、《职工教育的计划管理》（1985）等若干篇文章。

职工教育经济效益的若干经济问题 [①]

职工教育的经济效益，就是对职工教育投资后，通过直接提高职工的素质，相应地在物质生产过程中提高了劳动生产率，使国民收入有了增加。简言之，就是指职工教育投资为社会经济增长方面带来的好处。它包括两方面的含义：第一，是职工培养过程中职工教育经费的使用效益，简称为职工教育经费的使用率，或称为直接经济效益；第二，是职工培养过程结束后的社会经济效益，简称为职工教育投资的社会经济效益，或简称为间接经济效益。职工教育投资的社会经济效益，又可分为二级：第一级，表现在同等技术装备的条件下，劳动生产率的提高；第二级，体现在社会的综合受益。对职工教育投资，就其收益范围来说，还可分为宏观经济效益和微观经济效益。宏观经济效益，是指职工教育在一个国家国民收入增长额中的贡献。微观经济效益，是指职工教育对提高劳动生产率的作用。

下面就职工教育经济效益的几个主要问题，作一些探讨。

（一）职工教育经济效益的理论依据

对职工教育投资后，为什么能得到经济效益？其主要理论依据是：

1. 职工教育是实现社会扩大再生产的条件

马克思说："每一个社会生产过程，从经常的联系和它不断更新来看，同时也就是再生产过程"（马克思，恩格斯，1979）。从马克思主义再生产理论来看，社会扩大再生产，包括物质资料的再生产、劳动力的再生产、社会生产关系的再生产。职工教育不仅在物质资料的再生产、社会生产关系的再生产中有重要作用，而且在劳动力再生产中有特殊作用。劳动力的生产和再生产过程，就是劳动者维持他本人及其家庭的物质、文化生活的过程。随着生产过程的科学化和劳动的智力化，对劳动力的素质提出了更高的要求，要求劳动者掌握现代化的科学文化知识和先进的科学技术，这就需要一定的教育和训练。正如马克思

[①] 陈太运．1984．职工教育经济效益的若干经济问题．见：中国职工教育研究会编．职工教育研究论文集，北京：人民教育出版社：111-126

所说："要改变一般的人的本性，使它获得一定劳动部门的技能和技巧，成为发达的和专门的劳动力，就要有一定的教育或训练"（马克思、恩格斯，1979，23，195）。这里，马克思说的"一般的人的本性"是指人的自然素质，教育和训练可以使人掌握一定劳动部门的技能和技巧，成为发达的专门的劳动力，从而使可能的劳动力变为现实的劳动力。从社会再生产来看，劳动力的再生产是社会再生产的必要条件；而劳动力的再生产又以职工教育为条件。所以，也可以说，职工教育是实现社会扩大再生产的条件。

马克思指出："教育会生产劳动能力"（马克思，恩格斯，1979）。这说明，提高劳动力的质量，发展劳动者的劳动能力，是劳动力再生产的核心问题。什么是"人的劳动能力"？马克思指出："我们应该把劳动能力或劳动力理解为人的身体即活的人身中存在的、人生产有用物时必须使用的体力和智力的总和。"（马克思，1983）职工教育在发展职工的劳动能力中的作用，主要表现在什么地方呢？

2. 职工教育可以改变职工劳动能力的性质

劳动能力的性质，主要指工人的平均熟练程度，包括教育程度和实践经验的程度，其中教育程度是主要的。在现代化生产的条件下，教育程度越高，工人的平均熟练程度就越高。据苏联切利亚宾斯克师范学院社会学实验室对 26 600 名工人的调查，工人的普通教育水平每提高一个年级，平均劳动生产率就会在机械制造业增长 1.5% ~ 2.0%，在黑色冶金业增长 0.4% ~ 0.7%，在轻工业增长 1.5% ~ 2.2%。大连管理干部学院王显润同志的调查也证明，如果机械钳工的工人教育水平提高一个等级（由初中到高中），工时效率将平均提高 9%。由此可见，职工教育在改变劳动能力的性质方面起的作用是很大的。

3. 职工教育可以改变劳动能力的形态

马克思指出："教育可以使劳动能力改变形态""使劳动能力具有专门性"（马克思，恩格斯，1979）。职工教育可以把职工的劳动形态从以体力为主，改变为以脑力为主，使职工从具有简单劳动形态的能力，转变为具有复杂劳动形态的能力。在当代的社会大生产中，脑力劳动的因素所占比重越来越大，出现了社会劳动智力化的趋势。以日本为例，从事脑力劳动的人数，由 1965 年的 28%，上升到 1972 年的 39%；而从事体力劳动的人数，却由 1965 年的 72%，下降到 1972 年的 61%。

4. 职工教育对职工的劳动能力发展，具有全面、高效、持久的影响

职工教育是对职工进行有意识、有目的、有计划、有组织的影响过程，对职工劳动能力的发展具有全面影响。从劳动力的培养和提高的角度看，职工教育是对职工进行再培养、再加工的过程。针对生产（工作）的需要，对职工进行政治教育、文化教育、技术教育和管理教育，使职工的观察能力、想象能力、思维能力、实际操作能力都得到发展。

职工教育培养职工的劳动能力的效率是高的。如果职工直接从生产实践中学习生产知识，那么劳动技能的形成不仅是缓慢的，而且由于受实践范围的限制，也是有局限性的。

职工教育可以使职工选择基础和实用的内容，采取有效的方式和方法，利用经济的时间学习知识和技能，这就能在较短的时间内，使职工的劳动能力得到提高。

职工教育对职工的劳动能力还具有持久的影响。据生理学、解剖学的研究证明，教育所提高的人的劳动能力，可以使人终生受用。如果受教育的职工，运用提高的劳动能力，搞出发明创造，还可以造福于子孙后代。

5. 职工教育是使科学技术由潜在生产力变为现实生产力的桥梁

职工教育是连接科学技术与生产力的中间环节。科学技术是生产力，但未被应用到生产实践之前，还是一种知识形态的生产力（即潜在的生产力）。要把这种知识形态的生产力转化为物质形态的现实生产力，主要通过两个途径来实现：一是把它"物化"在劳动者身上，提高他们的科学技术知识和劳动技能；二是把它"物化"在生产资料上，即"物化智力"。前一种"物化"是直接依靠职工教育的中间环节来实现的；后一种"物化"是间接通过职工教育的中间环节完成的。因为改进生产资料要靠科学技术，而科学技术的发展和运用是以教育为基础的。没有现代化的教育，就没有现代化的科学技术。

（二）职工教育经济效益的主要表现

1. 职工教育可以培养大批专家和熟练劳动力

职工教育是一种生产性的劳动，主要是提高劳动者的劳动能力。因此，对职工教育投资后，就能培养出一定数量和质量的人才。

有关资料表明："文化大革命"前开展的职工教育，我国扫除了文盲 70 多万人，有 280 万职工达到高小毕业程度，有 96 万职工分别达到初中和高中毕业程度，有近 20 万职工从业余高等学校毕业。粉碎"四人帮"以后，职工教育恢复起来，又培养了一大批各级各类人才。以大连市为例，1979—1983 年期间，从各界各类职工学校（教学班）毕业和结业的职工达 722 442 人次。其中，从职工高等学校毕业的职工 15 151 人，相当于国家 15 年分配给该市的大学生人数。就一个企业来说，职工教育培养出来的人才也是相当可观的。据 1982 年调查，大连机床厂中层干部有 217 人，其中，152 人是从职工教育这条渠道培养出来的，包括在任厂长、总工艺师、总会计师、研究所长、教育科长，占中层以上干部人数的 70%；全场技术人员 583 人，其中，203 人是通过职工教育培养出来的，占技术人员总数的 37.7%。

2. 它是提高劳动生产率的重要因素

实践证明，职工教育对提高劳动生产率有重大影响：

1）提高了生产定额。在一般情况下，工人的教育水平越高，完成的生产定额越多。据中央教育科学研究所孟明义同志对 1870 名工人的调查，在技术装备复杂的条件下，由于教育程度的不同，其定额比率有很大的区别（表 1）。

表 1　教育程度与定额比率表

教育程度	小学	初中（技工）	高中	中专	大专
定额比率（%）	100	106	113	118	135

再以大连第五仪表厂职工历建荣为例，她先后参加了市科协举办的加工工艺、模型设计、夹具设计、新的国家技术标准等短训班学习。1981 年，她利用学到的知识，设计成功了"球冠拉延模"，使该厂生产浮球这项工作，从落料到拉延成型，减少工序 4 道，提高功效 33 倍，全年节约工时 320 个，约合工作日 300 个。

2）提高了产品质量。提高产品质量，可以提高劳动生产率。大量材料表明，工人的受教育程度直接影响产品质量。大连造船厂铸钢车间，从 1980 年起，对干部和工人进行全面质量管理知识的教育，不仅完全避免了整炉报废钢水的事故，一级品率也逐年上升：1979年为 68.2%，1980 年上升为 81.4%，1981 年又上升为 98.7%。由于钢水质量的提高，使出口船用铸钢件和锚链质量得到了保证。现在，该厂生产铸钢锚链已得到英国劳氏船级社的认可。

3）推动了技术革新。一般地讲，工人的教育水平越高，技术革新的项目就越多，创造的价值就越大（见表 2 大连机床厂 1981 年调查结果）。

表 2　文化程度与参与革新人数表

文化程度	人数	革新总数	人均革新数
小学	904	67	0.07
初中	2513	248	0.10
高中、中专	970	137	0.14
大专	345	149	0.43

从上表可见，具有大专文化程度的职工人均革新数是具有小学文化程度职工的 6 倍。

4）加快了工人掌握和使用新技术的速度。据国内对技术较高的生产部门的工人的调查，不同教育程度的工人掌握新技术的速度见表 3。

表 3　不同教育程度的工人掌握新技术所花时间表

教育程度	大学	高中（中专）	初中	小学
掌握新技术所花时间	1 年	1.5 年	2 年	2.5 年

从表中可以看到，工人的教育程度每提高一个水平，掌握新技术的时间就加快半年。

5）提高了设备完好率。据 1982 年大连港对所属机械修造厂的调查（表 4），不难看出，由文化水平高的工人操作、使用的设备，其完好率比由文化水平低的工人操作、使用的设备要高。再以大连水泥厂为例，该厂由于工人技术水平低，电机损坏率较高，仅 1981 年制成车间就烧毁电机 32 台。1981 年，该厂办了电器基础培训班，使工人们懂得了电机的构造和工作原理，还学会了处理事故的方法。当年，工人们就发现了 14 起电机事故隐患，及时做了处理。电机完好率从 81.92% 提高到了 98.87%。

表 4　机械修造厂职工教育水平与人均完好设备数对比表

	人数（人）	完好设备数（台）	人均完好设备数（台）
小学	3	2	0.66
初中	43	35	0.81
高中	31	28	0.90

6）减少了生产事故。在企业里，因为工人文化技术水平低，发生生产事故是常见的事。开展职工教育，提高职工文化技术水平，就会少出或不出生产事故，提高劳动生产率。抚顺石油二厂，对 1978—1981 年的事故进行了调查，其结果见表 5。从表中可以看出，教育水平越高，出事故越少。

表 5　职工文化技术水平与事故责任者人数对比

学历	文盲	小学	初中	高中、中专	大专
事故责任人数	15	53	136	28	2

7）降低了原材料消耗。过去，大连酿酒厂由于生产酒精的工艺流程陈旧，液体曲的糖化力低，生产成本很高。从 1987 年以来，该厂先后办了 4 期液体曲技术培训班，培训了 32 名职工。这些职工运用学到的知识，改进了制曲的配方和工艺，使液体曲的糖化力逐年提高：1980 年为 1∶400，1981 年为 1∶500，1982 年至今为 1∶1150。1982 年生产每吨酒精的实际耗曲量由计划的 290 公斤下降为 213 公斤，全年节酒曲 1 034 674 吨，价值 42 732 元。

8）提高了管理水平。1979 年 9 月 15 日，大连市人民银行开办了为期半年的电子计算机脱产培训班，选拔了 20 多名具有一定银行业务工作经验和文化水平的青壮年职工，让他们学习了应用数学、电子计算机原理、脉冲、电工学、晶体管电路等课程。从 1981 年上半年开始，大连市人民银行先后在中山广场办事处和青泥洼桥办事处运用电子计算机进行较大规模的数据处理，改变了银行会计核算的传统工作方式。如青泥洼桥办事处的会计部门，原有的记账专柜已全部撤销，每日发出的数千笔业务全由电子计算机承担。过去，一个专柜记账员平均每日记账 300 笔。现在电子计算机操作人员平均每小时可以处理业务 800 笔，极大地提高了工作效率。再如，大连第五仪表厂的管理干部学习了企业管理知识后，加强了计划管理，扭转了"月初晒太阳，月末刮台风"的被动局面，实现了均衡生产。

3. 职工教育带来国民收入的增长

职工教育的经济效益，最终将表现在国民收入的增长上。国民收入的增长，主要是源于职工受教育后，增长的劳动能力所创造的产值。这是从宏观上来考察职工教育的经济效益。

职工教育为什么能使国民收入增长？决定国民收入增长的因素有三个：①物质生产部门中劳动量的增加；②劳动生产率的提高；③生产资料消耗的节约。这三个因素，都与职工教育有直接关系。

1）由于职工的教育水平的提高，使国民收入的价值量增长了。因为职工教育提高了劳动的复杂程度，复杂劳动的价值量又高于简单劳动的价值量许多倍，所以，在不断增加职工人数的情况下，只要提高了生产领域中职工的平均教育水平，就等于增加了投入物质生产领域的活劳动总量。这个活劳动总量增加了，国民收入的价值量也就增加了。

2）由于职工教育水平的提高，使得劳动生产率也提高了。这个问题，我们已从八个方面作了论证。劳动生产率提高了，虽然以价值形式计算的国民收入量不变，但从实物形式计算的国民收入量就会增加。

3）由于职工教育水平的提高，生产资料消耗降低了。这意味着生产产品所消耗的物化劳动的减少，或用同样多的生产资料吸收更多的活劳动，生产出更多的产品，使国民收入增加。

从以上分析看出，职工教育的投资是生产性投资，它的生产是一种扩大的生产。对于这一问题，外国学者做了大量的研究，已证明了教育投资（包括职工教育）对国民收入增长的贡献。这个贡献，大约在25%～33%之间，其中：日本是25%，苏联是30%，美国是33%。苏联专家在《教育，生产率与国民收入》一书中有这样的统计："70年代初，用于教育事业的每1卢布，都得到了4卢布的经济效益"。在我国，有的学者对1952—1978年教育投资在国民收入中的贡献做了测算：在教育领域每投入1元，可以在国民收入中得到2.55元的偿还，并计算出1978年教育对国民收入的贡献的比率是4%。以抚顺石油二厂为例，他们运用格拉斯生产函数公式计算出，提高职工文化技术水平的人力投资每增加1元，它的经济收益为1.1元。上述数字，尽管尚未得到公认，但职工教育投资可给国民收入带来增长，这一点是没有疑问的。

（三）职工教育经济效益的评价指标

职工教育经济效益的评价指标是指用什么来衡量职工教育经济效益的大小问题。根据上面对职工教育经济效益含义的理解，职工教育经济效益的指标可分为三个层次来建立：

1. 以职工教育经费使用效率为指标。反应这个指标的主要有

1）人均教育投资消耗额 $= \dfrac{\text{职工教育经费消耗额}}{\text{毕业生数}}$

2）学员与教师配比率 $= \dfrac{\text{在校学员总数}}{\text{教师总数}}$

3）人均占用固定资产额（万元）$= \dfrac{\text{固定资产总额}}{\text{在校学员总数}}$

4）毕业率 $= \dfrac{\text{毕业学员总数}}{\text{应届学员总数}} \times 100\%$ 或

$$及格率 = \frac{及格人数}{在籍学员人数} \times 100\%$$

2. 以职工教育对提高劳动生产率的影响为指标

反映这个指标的主要有：

1）单位工时产品提高率 $= \dfrac{教育后单位工时生产的产品数 - 教育前单位工时生产的产品数}{教育前单位工时生产的产品数} \times 100\%$

2）全部劳动消耗降低率 $= \dfrac{教育前的全部劳动消耗 - 教育后的全部劳动消耗}{教育前的全部劳动消耗} \times 100\%$

3）产品质量提高率 $= \dfrac{教育后的产品合格数 - 教育前的产品合格数}{教育前的产品合格数} \times 100\%$

4）废品降低率 $= \dfrac{教育前的废品数 - 教育后的废品数}{教育前的废品数} \times 100\%$

5）产品品种增加率 $= \dfrac{教育后的产品品种数 - 教育前的产品品种数}{教育前的产品品种数} \times 100\%$

6）技术革新实现率 $= \dfrac{教育后实现的技术革新(件、次、元)}{教育前实现的技术革新(件、次、元)} \times 100\%$

7）事故降低率 $= \dfrac{教育前的事故数 - 教育后的事故数}{教育前的事故数} \times 100\%$

8）设备完好提高率 $= \dfrac{教育后设备的完好台数 - 教育前的设备完好台数}{教育前设备完好台数} \times 100\%$

9）原材料消耗降低率 $= \dfrac{教育前的原材料消耗数 - 教育后原材料消耗数}{教育前原材料消耗数} \times 100\%$

10）管理水平经济效益提高率 $= \dfrac{管理水平提高后的经济效益 - 原管理水平的经济效益}{原管理水平的经济效益} \times 100\%$

3. 以职工教育投资额计算的社会综合收益为指标

反映这个指标的主要有：

1）毕（结）业学员使用率 $= \dfrac{被使用数}{毕(结)业人数} \times 100\%$

2）毕（结）业学员升职率 $= \dfrac{被升职人数}{毕(结)业人数} \times 100\%$

3）职工教育投资的收益率 $= \dfrac{职工教育投资的经济收益}{职工教育投资额} \times 100\%$

4）职工人均教育投资经济收益量（万元）$= \dfrac{职工教育的经济收益总额}{受教育的人数}$

5）职工教育投资的经济收益在净产值中的比重 $= \dfrac{职工教育投资的收益额}{净产值总额} \times 100\%$

6）职工教育投资收回期（年）＝ $\dfrac{职工教育的投资额}{被教育职工年创造价值额}$

7）后进职工改好率＝ $\dfrac{教育后改好职工数}{教育前后进职工数}$ ×100%

（四）提高职工教育经济效益的方法

要提高职工教育的经济效益，就要用较少的物质消耗和劳动消耗，培养出更多的合格人才，创造出更多的净产值，增加国民收入。为达到这一目的，应从三个方面着手：

1. 制定规划，要有计划，按比例地发展职工教育事业

我国的经济主体是计划经济，计划经济对人才的需求是较易预测的。制定职工教育规划，可以使职工教育有计划、按比例地发展，使职工教育培养人才的数量和规格与经济发展相适应，因此，制定职工教育规划，要体现下列三点：

1）职工教育的发展规模与速度，要与生产发展的规模和速度相适应。有人说，人才不是培养的越多越好吗？那可不一定，如果职工教育发展的规模与速度超过了企业生产对人才的需求，就会造成人才的相对过剩，浪费人才；相反，职工教育发展的规模与速度满足不了生产对人才的需求，就会缺乏专业人才和技术工人，影响生产的发展。

2）职工教育的类别、专业（学科）设置，以及类与类、专业与专业之间的比例，要与社会的职业结构及其比例相适应。我国的职业结构是有变化的，建国初，是以重工业、轻工业、农业的次序和比例安排职业的；而现在是以农业、轻工业、重工业的次序安排职业的。因此，导致了原来的人才构成与变化了的职业结构不协调，以辽宁为例，详见表6。

表6　人才构成与职业结构协调表 [①]

部门	劳动者（人）	其中科技人员（人）	科技人员占总劳力的比例（%）
农业	726.7	1.9	0.26
轻工业	65.8	0.7	1.06
重工业	157.4	6.9	4.38
基建	59.4	2.1	3.53
交通	38.2	0.8	2.09
城市公用	18.8	0.2	1.06
金融	3.8	0.01	0.26
机关	21.8	0.9	4.13
饮服	73.4	0.2	0.27

上表说明，农业、轻工业、财贸、服务行业的人才需求紧张，职工教育应在这些行业里大力发展，同普通教育一起来改变这种局面。

---

① 资料来源：赵文明等著《谈我省经济结构的调查与高校结构的改革》。

从专业设置来看，也与当前的经济结构不相适应，出现了"三多三少"：理工科多，文科少；老专业多，新专业少；技术性专业多，经营管理专业少。据 1983 年统计，大连市 15 所职工大学，共设 24 个专业，其中，工科 23 个，占 95.7%，理科 1 个，占 4.3%，文科专业只有 1 个。

3）职工教育的层次，以及层次之间的比例，要与社会劳动技术机构及其比例相适应。现在，我国的劳动技术结构，属于高级的、尖端的、自动化的是少量的；中间的、半自动化的、机械化的和半机械化的是多数；还有相当数量的手工劳动。从这一情况看，生产上急需大量的中级技术人员、管理人员、技术工人和熟练工人。因此，职工教育战线在"双补"告一段落以后，应大量发展中级专业技术教育。

2. 要加强职工教育的成本核算

职工教育的成本能不能核算？可以，因为职工教育的"产品"是通过专、兼职教师生产的。专、兼职教师的劳动是以工资和讲课酬金支付的。校舍、教学设备的价值是以市场价格为标准的。职工教育成本核算的核心问题，是提高职工教育投资的利用率。这就要求：

（1）合理确定职工学校（教学班）的最佳规模

凡是办学单位，都要依据自己的办学条件和教师状况确定入学人数。入学人数太少了，教师和教学设备得不到充分利用；入学人数太多了，保证不了教学质量。在办学规模上，提倡相对集中办学，就是要多办些地区性的、系统性的、联合性的职工学校。一般地说，教育程度低的、学制短的教学班分散在基层办学为好。教育程度高的、学制长的教学班集中办学为好。

（2）挖掘专、兼职教师的潜力，充分调动他们的积极性

要提高教师与学员的比例，合理地增加教师负担学员的数量。同时，还要注意尽量减少非教学人员的人数。

（3）提高各级各类职工学校固定资产（及校舍、教学设备、图书资料）的利用率

在保证质量的前提下，开展多种形式办学，把政治、文化和技术教育结合起来，普及和提高教育结合起来，脱产，半脱产和业余教育结合起来，长班和短班结合起来，系统教育和单科教育结合起来。这样，既可满足职工的各种学习要求，又可使有限的固定资产发挥最大的效能。

（4）培训职工教育干部，提高管理水平

由于多种原因，职工的教育管理水平较低，这是影响职工教育经济效益的重要因素。当前，职工教育干部迫切需要学习下列内容：①职工教育与两个文明建设的关系；②党和国家对职工教育的方针、政策；③企业管理的一般知识；④普通教育学和心理学；⑤职工教育的特点和规律，以及管理方法。通过培训，提高职工教育干部的组织管理能力，包括计划能力、组织实施能力、判断能力、指导能力，以及平衡协调的能力。

3. 合理分配和正确使用各级各类人才

提高职工教育的经济效益，还要合理分配和正确使用各级各类职工学校培养出来的专

门技术人才和熟练劳动力，使他们学用一致，发挥专长。职工教育的对象，多数是对口培养的，干什么学什么，毕（结）业后，哪里来的，回到哪里去。在一般情况下，从各级职工学校毕业（结业）的学员，不存在分配和使用的问题。也有些学员毕（结）业后学非所用，这是对职工教育经费的极大浪费。所以，职工教育工作者不仅要关心职工教育本身的内外结构比例是否合理，人才"生产过程"是否节约，还要关心"生产"出来的"产品"在社会各部门的使用情况，只有这样，才能使职工教育的投资获得更大的社会经济效益。

参考文献

中共中央编译局 . 1979. 马克思恩格斯全集 . 第 23 卷 . 北京：人民出版社：621

中共中央编译局 . 1979. 马克思恩格斯全集 . 第 23 卷 . 北京：人民出版社：195

中共中央编译局 . 1979. 马克思恩格斯全集 . 第 26 卷 . 北京：人民出版社：210

中共中央编译局 . 1979. 马克思恩格斯全集 . 第 26 卷 . 北京：人民出版社：159

职工教育的计划管理 [①]

计划是管理的首要职能。职工教育的计划管理，作为职工教育的一条纽带，贯穿于职工教育活动的始终。我们要提高职工教育的管理水平，就不能不研究职工教育的计划管理。

（一）职工教育计划管理的作用

职工教育的计划管理，不仅把计划作为一种工作程序，还把计划作为管理的手段。这种管理手段，有以下一些原因：

1. 具有决定行动方向的作用

任何企业的职工教育活动，都是为了达到一定的目标。没有目标的职工教育管理也就失去了意义。职工教育管理的全过程，要着眼于目标管理。所谓目标管理，就是要使企业职工教育的领导和群众都明确企业培训中心（教育处）的工作目标，作为管理工作的起点。从而把培训中心的全体人员组织起来，使他们明确自己在管理体系中的责任，并且要互相合作、互相协调、互相监督。他们工作质量的好坏，要以目标为评价标尺。在明确目标的前提下，实行科学的管理程序，推进各项工作，以成功地实现培训中心的目标，作为管理过程的终结。目标为执行管理的组织、检查、总结等职能，提供了有效的尺度和有力的依据。因此，列宁讲："任何计划都是尺度、准则、灯塔、路标。"（中共中央编译局，1992）

---

① 陈太运 . 1985. 职工教育的计划管理 . 见：企业职工教育管理研究 . 北京：中国职工教育研究会编：173-186

2. 具有动员和激励作用

职工教育的计划，是职工教育工作者的行动纲领。计划是在规定的时间内，为实现预定的工作目标，合理地利用人力、物力、财力，求得高质量、高效率的综合管理措施。有了计划，大家就知道按什么目标去工作，为达到目标如何去工作。如果计划目标的制定方向明确、符合实际、远景可望、近期可行、措施得当，加上领导有方，就能使全体职工教育工作者认识到个人在整体工作中的重要性，把个人目标融合在整体目标之中。

这样做一定会起到激励人们的事业心，增强人们责任感的作用。有了这个目标，在集体当中就会产生互相支持、自动协作、关心全局的无形动力，形成人人争做贡献的良好氛围。

3. 具有提高管理自觉性的作用

职工教育计划，使职工教育管理机构的指挥工作有了依据，也使被领导的部门和个人的工作有了遵循，"指挥有据，管理有序"。职工教育计划，使职工教育事业既有了远景发展的蓝图，又有了明确的近期工作目标。这就使管理者获得管理的主动权，成竹在胸，运筹帷幄，抓住主要矛盾，分清轻重缓急，自觉地去争取管理工作的最大效果。因此，职工教育计划，可使职工教育工作系统地、连贯地、阶段地进行，一步一步地向着预定的目标前进，为程序管理奠定基础。同时，职工教育计划把培训中心的各个部门，以及每个人的分工固定下来，减少了不必要的重复劳动和无效劳动，使每个人都能胸怀全局、立足本职，懂得自身活动的价值，为实现整体目标做贡献。

（二）职工教育计划的种类和基本因素

1. 职工教育计划的种类

职工教育计划通常有下列几类：

按教育的管理范围分：全国职工教育发展计划，省（自治区、直辖市）职工教育发展计划，市职工教育发展计划，县（区）职工教育计划；就一个企业来说，有整个企业的职工教育计划、车间职工教育计划。就一个学校来说，有全校职工教育工作计划、有校长、职能干部和教师的个人工作计划，教导处、总务处工作计划，学生会和班委会的工作计划等等。

按教育内容和层次分：①扫除文盲计划、职工小学教育计划；②初中文化补课计划、初等技术补课计划、职工高中发展计划、职工中级技术教育计划、职工中专发展计划；③职工大学发展计划、普通大学的夜大学和函授大学发展计划、刊授大学发展计划、管理干部学院发展计划；④适应重点工程和科研攻关任务需要的继续教育计划；适应企业的技术改造，引进新技术、新设备、新材料、新工艺需要的继续教育计划；经济政策和现代管理科学的计划；根据生产发展的需要而制定的短期培训的计划，等等。

按计划的约束性的不同程度分：指令性计划、指导性计划和参考性计划。指令性计划是上级行政部门用命令的形式下达的，由上级行政部门直接掌握和控制的，具有法律强制力的计划。指导性计划是指上级行政部门提出的方向、要求或一定幅度的指标，并运用经济杠杆以保证其实现的计划。参考性计划是指上级行政部门根据企业生产需要，供企业在制定具体计划时进行参考的计划。

按计划的时间期限分：长期计划、中期计划和短期计划。长期计划期限一般为十年以上，是战略性计划。中期计划期限一般为五年，是根据长远计划提出的战略目标，结合计划期内的实际情况制定的。短期计划一般为年度计划，是根据中期计划规定的任务，结合当年的实际情况制定的。

2. 职工教育计划的基本要素

职工教育计划一般包括五大要素：

第一个要素是目标。职工教育计划既要确定总目标，也要进行目标的层次控制。总目标可分为多个分目标，分目标为总目标服务。就一个企业来说，企业职工教育计划中确定的目标是总目标，各个车间和各类职工学校的职工教育计划中的目标为分目标。

职工教育计划的目标是依据以下三个要素来确定的：

1）党和国家的教育方针，特别是职工教育的具体方针，以及各级各类职工教育的培养目标。

2）上级的指示，经济发展需要和职工教育未来发展的预测。

3）从实际出发，以本单位的现实条件为依据，既不因循守旧，也不超越客观可能。

只有依据上述三条确定的目标，才是切实可行的。

第二个要素是时间。实现职工教育目标，是在一定时间范围内进行的，没有时间的目标是不存在的。时间不能储存，不利用就白白流走了。从管理学上讲，一定要充分利用时间，避免浪费。

要使时间得到充分利用，注意下列问题是非常必要的：一是领导者要干自己的事，不要干下属的事，如果干了下属的事，就浪费了下属的时间。二是要精兵简政，人员不宜过多，够用就可以。人多了，干些与完成指标无关的事，就浪费了时间，同时，人多了，处理人际关系的时间也增多了。三是管理者要信息通、情况明，只有这样才能做出正确的决策。

第三个要素是人力。如何组织好人力，是完成职工教育计划的保证。在职工教育计划执行中，做好人力的组织和安排非常重要。就职工教育目前情况看，要抓好这几点：①加强职工教育的机构建设；②要合理使用现有人员，扬长避短；③要严格岗位责任制，赏罚分明；④提倡合理流动，人尽其才。

第四个要素是物质。物质条件，是实现计划目标的一个重要方面。为了充分调动已有的物资力量，要做到两点：①要有最佳的保管制度，使已有的物资少受损失；②有合理的使用方法，物尽其用。要做到这两点，还要有一个全心全意为教学第一线服务的后勤班子。

第五个要素是工作程序。做任何事情都要有个程序，制定职工教育计划也是如此。职工教育计划是企业职工教育管理过程的起始环节，是其他后来环节的工作依据，也是所属学校和车间制定具体职工教育计划实践活动的准则。具体来说，它是实行的"向导"，是检查的"裁判"，是评价的"镜子"。计划的程序化如何，直接关系到计划的准确程度。一般说来，制定职工教育计划要做到：

1）获得信息，找出依据。制定职工教育计划，首先要获得四个方面的信息：一是上级的要求；二是先前工作的结局；三是当前企业的办学条件；四是对未来发展的预测。然后分析各种信息的一致性和不一致性，分析需要与可能的差距，以及克服这种差距的措施。职工教育计划要建立在各种依据一致的基础上，做到：符合需要、目标明确、内容具体、要求适当、措施可行。

2）依靠群众，发扬民主。制定计划要经过民主讨论，一方面，领导可进一步获得信息，了解群众的意见和要求，集中群众智慧，弥补管理者了解情况的片面性和认识问题的局限性；另一方面，民主讨论计划的过程，也是动员和武装群众的过程。计划是靠群众去执行的，经过群众讨论的计划，可以变成群众的自觉行动，有利于统一认识，统一行动。发扬民主的方式有二：①自下而上。计划由基层单位先搞，企业的培训中心（或教育处）汇总；②至上而下。就是先由培训中心拿出一个计划草案，发动基层单位讨论，然后修改、定稿。

3）多种方案，择优选择。制定职工教育计划，可以提出多种方案。然后把几种方案加以比较，吸收多种方案的长处，融为一体，形成最佳方案，供领导决策。

4）深思熟虑，果断决策。决策是职工教育计划形成的最后阶段。在前三个阶段的基础上，由领导集体决策。这样形成的计划才有方向性、科学性、完整性、灵活性、可行性和可检性的特点，成为管理过程的共同目标和依据。

（三）编制职工教育计划的原则和方法

1. 编制职工教育计划的原则

编制职工教育计划涉及政治、经济与国民教育的各个方面，要使计划制订得科学、可行、要贯彻以下几个原则：

（1）统筹兼顾

在编制职工教育计划的时候，要遵循职工教育的规律，依据党和政府的方针、政策、对职工教育活动统筹计划，全面安排。

在培训对象上，要处理好工人培训和干部培训的关系。在培训工人的同时，要抓好党政干部和技术干部的培训。

在培训内容上，要处理好政治、文化、技术和管理教育的关系。坚持以技术教育为主，同时兼顾其他。

在培训形式上，要处理好脱产、半脱产与业余教育的关系。坚持业余教育为主，兼顾其他形式。

在办学上，要处理好厂办与车间办的关系和自办与外办的关系。

总之，在编制职工教育计划时，要处理好重点和一般的关系。重点要优先得到保证，在一段时间内，集中力量达到目的。但是，也不能忽视非重点，没有非重点的发展，就没有重点的发展。所以，在保证重点的同时，必须照顾到一般，使重点和一般协调发展。

（2）积极可靠

确定职工教育计划的目标，必须符合积极可靠的原则。就是说，制定措施时，一定要有一个积极的态度，凡是经过努力可以办到的事情，要尽力去办，争取办到；计划要落实到实处，确定的指标，一定要有相应的办学条件作保证，不能留有缺口，要可靠。我们做计划，一定要留有余地。这包括两方面的内容：一是计划指标不可定的太高，要给计划的执行者留有超额完成的可能，这样可以激发执行者的工作热情。如果指标定得过高，经过努力也达不到，就会挫伤计划执行者的积极性。二是在人、财、物的安排上，要留有一定的后备力量。特别是教育经费的分配上，不能满打满算。在职工教育的实践活动中，常常出现一些意想不到的事情。只有留有余地，才能应付这些不测事件，保证实现计划的主动权。

（3）瞻前顾后

编制职工教育计划要瞻前顾后，前后衔接。要充分估计到职工的教育发展前景，使计划具有预见性。短期计划要以中、长期计划为指导，与中、长期计划结合起来。中期计划要以长期计划为指导，与长期计划结合起来。局部计划要以全局计划为指导，与全局计划结合起来。这样的计划，才能保证连续性、稳定性、使职工教育持续发展。

（4）讲求经济效益

提高企业的经济效益，是加强职工教育管理的出发点和归宿。作为职工教育的一个环节，编制职工教育计划同样要贯彻讲求经济效益的原则。职工教育对经济增长的作用，是一个复杂的过程（见图1）。

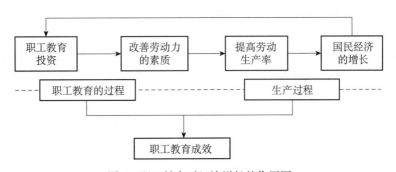

图1 职工教育对经济增长的作用图

因此，我们在制定职工教育计划时，一定要坚持讲求经济效益原则，从两个方面考虑问题：①要有利于提高工作效率。提高工作效率，就是在数量与质量相同的条件下，降低人均教育费用。②要有利于提高劳动生产率。职工教育在生产中的作用，是学员培养过程结束以后，在生产过程中，通过提高劳动生产率达到的。一个好的职工教育计划，应体现上述的"两个提高"，否则就会造成职工教育投资的极大浪费。

2.编制职工教育计划的步骤

编制职工教育计划的程序一般包括以下几个步骤：

第一步，建立制定职工教育计划领导小组。制定职工教育计划，不是一个部门的事，它涉及许多部门。这就需要统一领导，协同工作。从几年的实践来看，建立职工教育计划领导小组是个好举措。请主管职工教育的厂长（经理）任组长，计划部门和教育部门的领导任副组长，再请生产部门、劳动部门、技术部门、财务部门、工会、共青团的领导同志参加。在领导小组的指挥下，抽几个专职工作人员负责具体工作。

第二步，调查研究，摸清底数。制定职工教育规划，首先要开展调查研究，搞清楚"四个底数"：

1）预测出计划年度内生产发展的情况；

2）预测各类人员需要量；

3）搞好职工素质普查，弄清楚职工的政治、文化、技术和管理水平的现状；

4）查清办学条件，核实办学能力。包括教育管理人员、师资队伍、教学计划和教学大纲、教材、教学设备、图书资料、校舍，以及经费等。

以上四项是制定职工教育计划的基础工作。四项底数搞不清楚，制定计划的工作就无法进行。

第三步，起草计划。具体要做好五项工作：

1）根据需要与可能，确定职工教育发展的总目标。然后把这个总目标，分解成若干个分目标，使职工教育发展具体化。

2）分配资源。保证各项目标都有相应的人力、物力和财力。

3）综合平衡。这是编制计划最重要的一环，要抓好"三个平衡"：

必须做好招收学员数与学员来源的平衡。职工教育要实行"全员培训"，这是对各类人员、各个层次的教育讲的。就某一类人员、某一个层次上讲，不可能"百分之百地培训"，而要受职工的年龄、工龄、文化基础、身体状况、工作状况等条件的制约。如职工大学就曾出现过"苗荒"的问题。其主要原因是：①职工高等教育与职工中等教育比例失调；②办学的局限性，只向本单位招生；③工龄限制得过死，非得有二年以上工龄等。

必须做好职工教育事业的发展与师资来源的平衡。职工教育的质量高低，归根到底取决于教师。但是，多数地区和单位的教师来源和进修问题没有解决。缺少专门培养成人教师的师范学院，建立成人教育学院的也比较少。因此，比较普遍地存在着数量不足、结构不合理、成人教育经验少、缺少学科带头人的问题。职工教育队伍的现状与职工教育事业的发展的矛盾比较突出。要解决好这个矛盾，在制定职工教育计划的同时，要制定教师补充、提高计划，并作为重点项目加以保证。

必须做好职工教育事业的发展与职工教育投资的平衡。制定职工教育计划的时候，必须考虑能拿出多少钱来办教育。一方面，要充分挖潜，广开投资渠道，多积累一些资金来办教育；另一方面，要量力而行，不要做力所不及的事情，务求职工教育发展与投资平衡。

4）制定实施细则，包括计划实施的过程、阶段、步骤、方法、措施和要求等。

5）形成文件，将计划用文字和图表的形式表示出来。

第四步，经过充分讨论和集中，经主管厂长（经理）批准，上报上级主管部门并下达到基层单位。

编制职工教育计划的步骤和方法不是绝对统一的，各个步骤之间也会有交错进行的情况。因此，编制职工教育计划，一定要结合本单位的实际情况来进行。

（四）职工教育计划的实施

实施是职工教育计划管理具有决定性意义的环节。它的功能是变计划为行动，使可能性转化为现实性。没有实施，计划只是一纸空文，没有任何实际意义。

1. 抓组织落实

职工教育计划，是要人去实施的，这就存在组织问题。组织是实施计划的措施之一。首先，要建立和健全组织机构，形成实现职工教育计划的指挥系统。就一个企业来讲，要搞好教育处（培训中心）和所属职工大学、职工中专、职工学校、技工学校，以及教学班的建设。无论哪一层次的组织机构，都应做到"指挥灵、职责清、消息通、效率高"。要做到这一点，应该注意这样几个问题：

1）机构设置要根据计划目标的需要，尽量精减，管理层次不宜过多。

2）管理干部的职、责、权要一致。列宁说，管理的基本原理是"一定的人对所管的一定的工作完全负责"（中共中央编译局，1992）。各类职工教育的管理人员，都要建立岗位责任制，明确每个人的责任。要完成这个任务，就要给予管理人员一定的职务。职务决定权力，没有一定的职务和权力，管理者就无法负责。

3）要实行正确的用人原则。按"四化"（革命化、年轻化、知识化、专业化）原则配备管理干部，坚持德才兼备、不搞任人唯亲、重才轻德或重德轻才；要用人所长，扬长避短；要善于合理组合，把不同年龄结构、知识结构、智能结构、专业结构、气质结构的人组合在一起，实行最佳结合，发挥最大的工作效能。要鼓励部门、学校、班级及职工教育工作者的积极性。积极性的高低表现在工作行为上，可划分为三个层次：尽责地工作——主动地工作——创造地工作。职工教育工作者的积极性，对于完成职工教育计划的影响是最大的。

2. 抓检查

检查，是职工教育管理过程中的一个环节，也是职工教育计划实施的又一项保证措施。有计划而不检查，计划就会落空。检查的功能在于：

1）使管理者全面地了解一定计划的执行情况，以便调整后一阶段计划的执行；

2）对各项工作及工作人员的监督和考核；

3）对领导自身来说，是检查自己管理水平高低的一种测度。因为检查提供了反馈信息，可以衡量计划决策的正确性和预见性，还可衡量管理措施的有效性。

检查的种类有：①经常检查：是在职工教育计划执行过程中，领导者有计划，有目的，个别进行的。领导者要随时掌握计划的实施信息，熟悉各方面的情况，保持清醒状态，才能实行有效的管理和领导。②定期检查：是有组织的专题检查或全面检查。这种检查一般在年中或年末进行。③专题检查：是针对整体计划对某项重点工作进行检查。④全面检查：是以整体计划为依据进行自下而上的综合检查。

检查方法，要以马克思主义的方法论为指导，要贯彻"五个结合，五个为主"：①领导亲自检查与发动群众检查相结合，以领导亲自检查为主；②经常检查与定期检查相结合，以经常检查、及时发现问题、解决问题为主；③检查工作与指导工作相结合，以业务指导改进工作为主；④了解事实与掌握数据结合，以掌握经典数据，进行定量分析为主；⑤发现问题与总结经验相结合，以发现典型，推广经验为主。

3. 抓总结

总结，是职工教育管理过程的终结环节，标志着一个管理周期的完成，预示着后一个周期的开始。总结具有承上启下的作用。总结的目的在于，对职工教育计划完成情况作出评价，肯定成绩，总结经验，找出问题，分析原因，采取措施，改进工作。

总结应当注意以下几点：

1）要以检查为基础。只有获得了各种可能的信息，如足够的数据、典型事例，总结才具有真实性。

2）要以既定计划的指标为依据，制订评价计划的标准和尺度。我们把计划指标和工作结局相比，一致度愈高，成绩就愈好，反之则愈不好。

3）要对照比较，深刻分析，找出管理工作的规律。一般要把现实的工作效果与过去的相比，与兄弟单位比。在比较中，研究现实计划的经验和教训，找出管理方面的原因。通过总结把管理的实践上升为理论。

综上所述，计划、组织、检查、总结构成职工教育管理过程。计划是这个管理过程的首要环节，而其他三项则是计划实现的保证。

（五）利用反馈信息，调节控制职工教育管理的全过程

计划、组织、检查、总结是互相联系的。要发挥计划机能的作用，提高管理的效率，还必须利用反馈信息，及时调控计划管理实施中的各个环节及全过程。

职工教育反馈，就是职工的教育信息（包括经过解释和处理的能够反馈影响职工教育活动的各种数字、图表、消息、情报、指令等）通过一定的手段被输入到职工教育的管理部门或管理者那里，管理部门或管理者依据输入的职工教育信息进行职工教育活动。这种活动可能与原定目标相符合，也可能与原定目标相背离。把这种实际活动情况的信息传回职工教育的管理机构或管理者，就是职工教育的信息反馈。见图 2。

职工教育的信息反馈之所以能控制职工教育管理的各个环节和全过程是因为：

1. 信息反馈可以控制职工教育计划的目标

一个计划的目标确定得是否合理，在计划实施前是不能了解的。诺伯特·维纳（Norbert Wiener）[①]说："任何有效行为必须由某种反馈过程来提供信息，看它是否达到预定目标。最简单的反馈是检验任务的成功或失败。"如果计划实施的结果与计划指标基本相符，说明这个计划目标是合理的；否则，在职工教育管理的下一个周期开始以前，就要对目标加以调整，使计划决策更加符合实际情况。

---

① 诺伯特·维纳（Norbert Wiener）（1894～1964），美国应用数学家，控制论的创始人，在电子工程方面贡献良多。

图 2　职工教育信息反馈图

2. 信息反馈可以纠正职工教育管理过程中的偏差

要实现目标，就要采取一些措施。这些措施是否得当，可以通过信息反馈，发现偏差，找出原因，纠正偏差。在实施过程中发现的，随时发现随时纠正；在实施过程结束后发现的，在下一个管理周期中纠正。

3. 信息反馈可以衡量职工教育计划管理的成效

如果职工教育计划按时、按质、按量完成了，说明职工教育计划管理的成效比较显著；否则，职工教育计划管理的成效就不显著，甚至可以说是失败的。

总之，信息反馈不仅是调控职工教育管理职能的手段，还是修订原计划，制定新计划的依据。因此，职工教育计划管理中，必须做好信息管理工作，包括信息的收集、信息的存储、信息的处理到信息的传输和使用（详见图 3）。

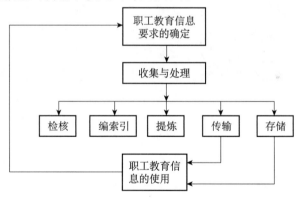

图 3　职工教育信息管理图

参考文献

中共中央编译局 . 1992. 列宁全集 . 第 32 卷 . 北京：人民出版社：313

中共中央编译局 . 1992. 列宁全集 . 第 36 卷 . 北京：人民出版社：544

三十三、陈宇

陈宇（1948—   ），男，湖南南县人，曾任劳动和社会保障部职业技术教育研究所副所长，职业技能鉴定中心主任，中国就业培训技术指导中心副主任，研究员。

毕业于北京经济学院（现为首都经济贸易大学劳动经济学院），曾在边疆、农村、工矿和院校工作多年，获我国首批劳动经济学硕士学位，1991年调入劳动和社会保障部，历任国际劳工研究所副研究员、职业技术教育研究所副所长、研究员，职业技能鉴定中心副主任、主任，中国就业培训技术指导中心副主任、主任；并兼任中国就业促进会副会长、首都经济贸易大学博士研究生导师。

陈宇长期从事劳动经济、人力资源开发、职业教育培训和职业技能鉴定理论研究，参与国家有关政策设计和实施。著有《劳动经济学原理》《现代工资理论与管理》、《人力资源经济活动分析》《劳动科学体系通论》等著作；主编《当代劳动科学丛书》（十卷）。主持或参与多项国家级、部委级科研课题和国际合作项目，如"中国人力资源开发与就业""国家技能振兴战略""中德职业教育（双轨制）合作项目""中英职业资格证书合作项目""中德职业资格证书合作项目"和"中英核心技能研究项目"等，多次获得国家、省部级科学技术进步奖及其他奖项。发表过论文、讲话及研究报告逾百篇；其中，与宋晓梧、张小建共同撰写的国家社科基金重点课题《中国人力资源开发与就业》主报告曾荣获我国经济科学最高奖——孙冶方经济科学奖。

作为"为发展我国劳动事业做出突出贡献"的专家，受到国务院表彰，享受政府特殊津贴。

英国职业资格证书制度的重大改革①

（一）背景

20 世纪 80 年代，英国政府在经过长期讨论和周密准备后，于 1986 年成立国家职业资

---

① 陈宇.1998.英国职业资格证书制度的重大改革.中国劳动，（5）：34-36

格委员会（NCVQ），开始在全国范围内推行国家职业资格证书（NVQs）制度，这是本世纪末期英国教育培训与鉴定考试制度最大的一次改革，是世纪之交的英国为重振国威而制定的一项雄心勃勃的工程，对社会经济发展产生了深刻影响，也引起了世界其他国家的关注。

在历史上，英国曾为自己拥有发达的现代产业，完整的教育培训和资格认证体系，以及高质量的人力资源而骄傲。但是，最近几十年来，这样一个曾经居于世界前列、被称为"世界的工厂"的国家，经济日益萧条，市场日益萎缩，越来越强烈地感受到"落后"这个阴影的威胁，感到自己遇到了巨大挑战。事实上，不仅仅是英国面临着挑战。全球性可利用资源的短缺，产业结构的急剧变化，市场竞争的大大加剧给每一个国家都带来共同的压力。英国政府认识到，资本、技术和市场竞争的胜负，最终决定于人力资源质量的高低。英国在经济增长速度和市场占有率方面发生的问题，是国家人力资源质量下降的表现，也要靠提高人力资源素质和水平来解决。

为此，英国政府在80年代提出了"国家教育培训目标"，这个目标的口号是："为了成功的未来而开发技能！"它强调一切企业都要进行人力资本投资，一切教育培训都应当朝培养自信力、适应力、就业力的方向，特别是要朝培育核心技能的方向发展。这个目标还具体规定了到2000年，英国基础教育和终生教育要达到的主要指标：要求在后备劳动力中，按一定比例，在不同年龄段，分别达到国家基础职业资格（GNVQ），或者国家职业资格（NVQ）的二级和三级水平；在职工中则要求按一定比例，分别达到国家职业资格（NVQ）三级，或者四级水平。而70%的大型企业（雇员数量在200人以上）和35%的中型企业（雇员数量在50人以上）都要成为人力资源开发的投资者。

英国政府制定的这些目标，不但推动了教育培训事业的发展，而且促进了它与经济和生产的结合。

现在看来，在教育和经济的关系上，世界各国面临一个共同的问题，就是：一方面，教育培训事业在发展过程中形成了自己相对的稳定性和独立性；另一方面，现代经济、技术和劳动力市场需求的发展变化又非常迅速。如果没有一个适当的机制，能够不断调整经济、技术、劳动力市场需求和教育培训的关系，它们就很难保持紧密的结合。20世纪60年代以来，由于人力资本理论的兴起，世界上很多国家，包括发展中国家对教育培训作出的投资都越来越大。但是，这种高额投资获得的收益却越来越低。这反映了教育与经济和生产活动有了越来越大的距离。现在，许多国家的教育培训制度都相当严重地存在着脱离经济、脱离生产、自我循环、自我服务的倾向。改变这种倾向的唯一办法就是，促进教育培训与生产结合，与产业结合，为企业服务，为经济发展的需要服务。教育培训事业要真正成为国家发展的支柱，成为现实的生产力的源泉，就必须走这条道路。因此，进一步改革国家教育培训制度，推动国家人力资源开发事业发展，使之更紧密地与经济活动和生产活动相结合，是政府的首要任务。

（二）英国国家职业资格证书制度的主要特点

英国国家职业资格证书制度具有以下三个主要特点：

1. 以国家职业标准为导向

以国家职业资格标准为导向是英国国家职业资格证书制度的最重要的特征之一。国家职业资格标准是根据对职业的功能分析和产业部门的实际需要制定的。这种职业资格标准既能保证完成某一领域的主要工作目标，又具有相当的灵活性和可迁移性，以使员工适应职业和环境的发展变化。制定职业资格标准的主要理论依据是功能分析法，并按照严格程序，通常是先确定职业名称，然后对该职业标准通过以下六个主要部分来描述：

单元：是可分离出来、具有相对独立意义，可以单独考核并授予证书的职业功能。

要素：完成一个单元工作的实际工作步骤。

操作规范：对操作技能的具体要求。

适用范围：使用标准时对具体条件、环境和状况的要求。

必备知识：与操作规范中的技能相配套的知识的要求。

证据要求：实际进行鉴定考核时需要提出的工作过程或成果的证明，以及对获得这些证明的方式方法的要求。

国家职业资格标准的确定，为以职业为导向的教育培训确定了明确的目标，使得教育培训和鉴定考核不再以传统的学术性、知识性内容为目标，而是以完全结合产业界需要，完全结合生产和技术实际的职业资格标准为目标，它构成了整个体制的基础。

2. 以实际工作结果为证明

英国国家职业资格证书制度在考核鉴定方面完全改变了传统的考试方法，在这个制度下，工作地的现场考核代替了传统的考场考试；应考者的实际工作成果代替了传统的试卷、试题；对应试者的全面评估鉴定，代替了抽样式的部分检测；持续的培训和检查，代替了突击式的，限定时间和范围的培训和考试。国家职业资格的鉴定过程基本上没有时间限制，对培训过程也没有这种限制和特别的要求。这个制度只承认结果，不过问过程。它对考生是严格的，因为它的考查不放过任何局部技能和知识，要求对考生的能力给予全面证明；同时，它对考生又是公平的，因为在这场考试中没有失败者，任何人，不论时间长短，只要在自己的日常工作中按照标准一项一项坚持学习并接受考核，最终都能通过考试，获得证书。

3. 以严格质量管理为生命

严格的质量控制是英国国家职业资格制度的又一个重要特征。证书就是质量的观念深入人心。英国国家职业资格证书的全部质量保证由国家职业资格委员会承担，该委员会主持制定了《证书机构共同协议》（1993）和《英国国家职业资格规范与指导》（1995）两个关键文件，建立了一整套质量控制体系，从标准制定，到考核组织，到考评人员管理都有严格的制度和章程，从而保证了国家职业资格的科学、可靠和权威性。

由于英国国家职业资格证书的鉴定考评工作由考评员组织实施，考评员的工作又由督考员负责监督检查，因此，对督考员和考评员的管理成为十分重要的环节。国家职业资格委员会委托培训发展产业指导机构制定了内部、外部督考员和一、二线考评员必备资格的国家标准（即 D32-D36 标准）。考评员和督考员只有在通过有关标准的鉴定考核，获得资格后才有可能从事考评工作。

（三）英国国家职业资格证书工作机构

为了推行国家职业资格证书计划，在英国政府教育与就业部指导下，成立了一套工作机构，主要包括：

1. 国家职业资格委员会

国家职业资格委员会（NCVQ），成立于 1986 年，它是在教育与就业部的政策指导下，代表英国政府具体负责在全国范围内推动国家职业资格证书制度建立的独立工作机构。国家职业资格委员会设有中央机构和地方办公室，其各级组织均由 15 人组成，并须经教育与就业部批准任命。其主要职责是：改革传统的职业资格证书体系，指导产业指导机构制定国家职业资格标准，开发全国性职业资格体系；批准证书机构并对其工作质量起监督和保证作用；收集、分析并利用有关职业资格信息，促进职业培训和职业教育的发展；确认证书机构颁发的国家职业资格证书。

2. 产业指导机构

产业指导机构（Lead Bodies），是由雇主领导的，代表产业界利益的行业性、非政府性民间机构，其成员以产业界人士为主，由来自企业、工会，以及教育培训部门的专业人员担任。产业指导机构的主要任务是，在国家职业资格委员会设计的国家职业资格框架指导下，制定各个产业领域的国家职业资格标准，使其具体化并不断适应生产技术的发展变化，以满足雇主及就业者的需要。

3. 证书机构

证书机构（Awarding Bodies），是经国家职业资格委员会批准、并在其严格监督检查下工作的机构。它的主要职责是颁发国家职业资格证书。它具体负责对鉴定站进行审批，审定鉴定站的考评员和内部督考员的能力水平；管理和认可鉴定站的鉴定程序；挑选、培训外部督考员，并监督检查其工作；同时全面负责检查鉴定工作的质量保证体系。

4. 考核站Approved

考核站（Approved Centrens），具体负责员工的培训与鉴定考评工作。根据英国国家职业资格证书的特点，考核站大多设在企业，同时也可以设在大学、学院或单独成立培训中心。考核站由证书机构负责组建和认可，它可以是任何规模，但必须达到一定的要求。考核站大体可以分为两类，即企业型考核站和院校型考核站。所谓企业型考核站就是一个企业本身被批准作为考核站，负责对其员工进行职业资格的考核。它是英国国家职业资格证书体系的主体。一般来说，只要企业有开展国家职业资格认证工作的积极性，都能得到政府和证书机构的认可和支持。因为对于国家职业资格体系而言，在企业内进行考核是最经济的方式。严格的考核质量也是企业自身的要求。许多学院也积极申请成立考核站，因为对学院来说，建立考核站并对学员开展国家职业资格鉴定有利于提高学校的声誉。

（四）英国国家职业资格体系

英国在广泛研究自己传统职业资格标准的基础上，确定了国家职业资格标准体系，将全国职业资格划分为从低到高五个级别，用以反映不同层次员工的职业能力。同时，将这些等级与学历等级相对应，以排除社会对职业教育培训的偏见，使接受了基础教育的 16 岁以上的青年可以根据自身条件、特长、兴趣和志向，自由选择向学历发展，还是向职业发展。获得学历文凭和职业资格证书者将有同等权利和社会地位。

为了落实国家职业资格证书制度，政府要求国家职业资格委员会（NCVQ）在一定时期内完成国家职业资格综合框架设计，将所有主要行业中 80% 以上符合一级至四级职业资格标准的员工都纳入这个框架之中。在完成这个目标之后，国家职业资格委员会还应作出长期规划，进一步修订国家职业资格标准，并逐步向其余 20% 的高级专业人员领域扩展。目前，政府的这一要求已经基本实现，国家职业资格体系中已经包含了 11 大类共 900 个以上的职业的要求，对劳动力市场的覆盖率达到 87%，并正在向最高的专业领域，即第五级标准的开发扩展。

（五）英国国家基础职业资格体系

在制定国家职业资格标准的同时，英国政府认识到，推行国家职业资格制度，必须对与之相衔接的院校教育体系进行改革，由院校为学习者提供与他们未来可能从事的职业活动有关联的、最基本的职业知识和技能。为此，国家职业资格委员会组织制定了国家基础职业资格（GNVQ）标准。国家基础职业资格体系同样分为五个级别，但是，目前只开发和应用了三个级别，即：初级、中级和高级，分别相当于国家职业资格（NVQ）的一至三级。国家基础职业资格也覆盖若干职业领域。它最大的特点是，无论哪个领域，哪个级别的标准都强制性的包含六种生存性的核心技能，即：表达、演算、信息处理、与人合作、自修、解决问题。

这六种核心能力被认为是未来从事一切职业必备的通用能力。其中，前五种标准已经开发完毕，可以用于授予证书。由于国家基础职业资格体系（GNVQ）的这些特点，它被认为是学历教育与职业教育之间的纽带；同时，也是职前教育与职后教育之间的纽带。

国家技能振兴战略 [①]

"国家技能振兴战略"是国家劳动和社会保障部立项的 1997—1998 年度重点课题，该课题主报告《国家技能振兴战略纲要》（简称《纲要》）完成后印送十余省市劳动和社会保障部门，以及有关教育科研部门，广泛征求意见，受到实践工作者和专家学者的高度评价，

---

① 陈宇 . 1999. 国家技能振兴战略 . 中国人力资源开发，（2）：4-7. 本文在张小建指导下撰写完成，为国家劳动和社会保障部课题成果。

被誉为是面向 21 世纪的国家职业技能开发和职业教育培训考核制度建设的理论纲领。《纲要》首次提出，国家职业资格体系是与国家学历文凭体系并重的我国人力资源开发的两大支柱。建设国家职业资格体系，已经成为实现国家技能振兴战略，建设世界技能强国的主要途径。《纲要》以即将到来的知识经济时代为背景，强调经济活动与人力资源开发的紧密依存关系，同时，深刻剖析了我国传统教育培训制度存在的脱离经济、脱离生产、自我循环、自我服务的方向性偏差。《纲要》指出，国家职业资格体系的建立，将对推动经济发展、实现充分就业和促进科学技术迅速转化为现实生产力起到至关重要的作用。

《纲要》阐明了国家职业资格体系是一个以职业导向为基本特征的全方位的人力资源开发体系，职业资格标准在整个体系中居于举足轻重的地位。传统职业教育培训体系的改造，新型国家职业资格体系的建立，实质上是一场以职业资格标准为导向的改革。《纲要》在分析批判传统标准体系的基础上，创造性地提出了以职业功能分析为指导的新型标准体系框架，以及多层次的我国技能分类设计。《纲要》还全面论述了标准导向下的国家职业教育培训系统、职业技能鉴定考核系统、职业技能竞赛表彰系统和证书核发管理系统的建设，《纲要》强调。分类标准是这个体系的起点，资格证书则是这个体系的终点。国家将通过就业准入控制和劳动力市场政策的支持，确立国家职业资格证书在劳动力市场中的通用性和权威性。在政府及其授权机构严格控制好起点和终点的同时，按照市场化原则放开从起点到终点之间的各个主要环节，支持和动员社会各方面的力量投入到国家职业教育培训事业中，实现国家技能振兴的战略目标。

该课题已经通过国家劳动和社会保障部组织的部级鉴定。

（一）背景和目标

经济是国家的本质，是一切社会活动的基础和中心。从 20 世纪末到 21 世纪中期，是我国实现经济起飞，民族振兴，完成社会主义现代化目标的关键时期。这一时期经济体制结构和经济增长方式将发生重大变革，经济活动的质量和规模将有根本性的飞跃，与此相应的社会生产结构和职业结构也将发生重大变化。国家人力资源开发必须紧紧围绕经济活动这个中心，始终把"为经济发展服务"作为自己的主要目标。

在新世纪到来之际，经济全球化的潮流和知识经济的兴起，引发了争夺新世纪发展制高点的国际竞争。初现端倪的知识经济与传统工业经济的重大差异，不但表现在生产规律和财富增长方式正在发生深刻变化，表现在世界范围内的权力和财富正在重新分配，而且表现在知识经济促使人重返生产活动的中心，在人和物这两个因素的力量对比中，人重新占据优势成为主导力量。权力和财富开始向人力资本倾斜，人力资本支配物质资本已经成为新时代的主要特征，人力资源对经济增长的决定性作用表现得越来越明显。这些因素都导致了社会发展对人的素质和能力提出了新的、更高的要求。制定正确的国家人力资源开发政策已经成为每一个国家在制定跨世纪发展战略时的首要任务。

我国人口众多，物质资源匮乏，经济发展再也不能走传统的、粗放的、依靠大规模物质资源投入的方式。降低物质资源的投入数量，提高物质资源的利用效率，提高生产的科学和技术含量，建立新的经济增长模式，已经成为当务之急。为了实现这一目标，首要的任务就是全力开发我国最丰富的资源——人力资源，全力提高人的素质和能力，提高人的知识和技能水平。人力资源开发是未来国家经济增长的主要支柱，中国经济发展只能走依托人力资源开发的道路。

教育培训事业是人力资源开发的核心。近几十年来，我国教育培训事业迅速发展，为提高整个民族的文化素质，普及文化知识作出过重大贡献。但是，经济体制改革以来，我国教育培训体制方面存在的严重问题也逐步暴露出来。教育培训跟不上生产力发展，跟不上社会主义市场经济发展的要求。这种状况充分说明我国传统教育培训体系在相当严重的程度上存在着脱离经济、脱离生产、自我循环、自我服务的弱点。尤其是在职业教育培训领域，长期存在照抄照搬普通教育模式，缺乏独立方向，缺乏完整体系，教学活动突出理论、轻视技能，突出知识、轻视操作，培养出来的人不能适应职业劳动的要求，不能迅速形成生产力。与经济和社会发展的迫切需要相比，当前后备和在职劳动力的职业技能开发，已经成为整个人力资源开发中最薄弱的环节。劳动者的职业性、生产性技能严重短缺，阻碍了劳动者的就业和在经济结构调整中再就业的实现，成为当前出现的大量失业和下岗问题的一个重要原因；同时，企业的技术技能人力资本存量严重不足，已经造成了企业内操作型、技能型人才断代，影响了企业的生存发展和国家的经济竞争实力。

教育必须改革。我国的教育培训事业只有在经济改革中，才能找到自己改革的方向，只有在促进经济发展中，才能找到自己发展的道路。教育培训事业、特别是职业教育培训和职业技能开发事业，一定要坚决转移到为经济发展和生产力发展服务的轨道上来。

职业教育培训和技能开发是促进就业和经济发展的战略手段，是劳动工作的重要支柱。当前，职业教育培训和技能开发要集中解决如何将我国数量最大的低素质劳动力转化为高素质技术技能人才这个问题，也是促进企业发展、实现国家经济振兴的关键问题。这一部分成本最低、可塑性最强的人力资源的有效开发，将确立我国在国际竞争中的主要比较优势——低成本高数量的人力资源优势。提高这一部分就业竞争能力较低的劳动者的技能水平，也是向贫困、失业和收入差别悬殊挑战的有力武器。我们要进一步打破传统思维定式，更充分地估量职业教育培训和技能开发在新世纪发展中的地位、影响和意义，制定国家技能振兴计划，加强这项工作的前瞻性和全局性，加大各个主要环节的政策和技术配套与支持，为新世纪的到来培养和造就数以亿计高素质、高技能的劳动者，以及数以千万计的各类职业专门人才，使我国在 21 世纪初期成为世界技能强国。

（二）资格认证面临战略改革

在人力资源开发活动中，资格认证具有特殊的重要地位，它引导着人力资源开发的方向。过去很长一个时期，我国在资格认证上实行单一的学历文凭制度，不但严重妨碍和限制了人力资源在不同层次和不同领域的发展，造成不应有的社会分层分化，而且造成了经济结构与人力资源结构的失衡。现行升学考试制度几乎走上了新科举制度的歧路，整个民族被"升学率"所困扰。学生、家长、老师、学校都陷入漩涡中不能自拔，教育真正的功能完全被扭曲。事实证明，传统的教育培训制度已经走到了尽头。

为了从根本上改变这种被动局面，建立起科学的国家人力资源开发新体系，党和政府对我国人力资源开发政策作出了战略调整。1993 年 10 月，党的十四届三中全会《决定》首次明确提出，我国要实行学历文凭和职业资格并重的证书制度。这就从体制建设和政策导向上扭转了我国教育培训事业长期存在的单纯追求学历、追求文凭的偏向，为从根本上解决我国教育不适应社会经济发展要求的矛盾开辟了道路。其后，在《中华人民共和国劳动法》和《中华人民共和国职业教育法》中，对实行职业资格证书制度作出了明确规定，从国家基本法律的角度确立了我国职业资格证书制度的法律地位，使我国人力资源的资格认证体系开始得到根本改造。

从总体上讲，教育可以分成三个部分：基础性教育、学科性教育和职业性教育。基础性教育是学科性教育和职业性教育的共同基础。基础教育完成后，教育有两大发展方向：一个是按照科学体系的内在逻辑，在学科领域中发展；另一个是按照生产活动的内在规律，在职业领域中发展。学科性方向更侧重于理论、知识和学术的严谨和完整，是推动科学发展的武器，而职业性方向更侧重于生产和工作的实际需要，直接服务于经济和生产活动，是推动科学转化为现实生产力的武器，我国过去只注重学科性教育，忽视职业性教育，把它作为普通教育的补充。尽管最近几年这种情况有了转变，然而，由于两大体系的不同导向问题没有根本解决，两大体系的理论范畴未能完全确立，具体内容更未能科学界定，使得职业教育培训在整个国家教育培训体系中的位置仍不清晰，加上长期形成的学历至上、普教至上的社会偏见，使大多数职业教育培训机构不明确自己的发展方向，不得不生搬和模仿普通教育那一套。事实上，职业性教育与科学性教育是人力资源开发并列的两个分支，具有完全不同的独立形态，服务于不同的发展目标。它们的区别不在于层次和形式（它们都可以分为初、中、高等水平层次，也都可以采取职前、职后、在职和脱产等形式），它们的根本区别在于方向和内容（参见图 1）。

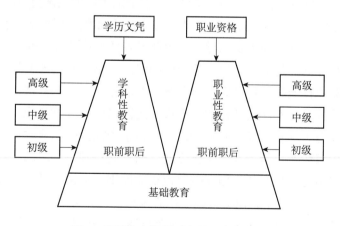

图 1 我国人力资源开发的两大支柱图

工业化国家发展的历史经验告诉我们，一个国家在经济起飞前夕，人力资源开发的重点是基础性教育培训。在经济起飞中期，重点是中等层次的职业性教育培训。而在完成起飞，进入发达阶段后，重点将转向高等层次的学科性和职业性教育。目前，我国正处于经济高速增长的起飞中期，建立与学历文凭制度并行的职业资格制度，大力发展职业性教育培训，使大多数受过基础教育的青少年，下岗失业人员和在职员工都能通过一定方式接受中等层次职业教育培训，同时，根据生产力进步和劳动力市场发展的需要。适时发展一定规模的高等层次的职业教育培训。不仅符合现代化进程的历史规律，也符合我国的实际经济发展的需要。

（三）国家职业资格制度

职业资格反映了劳动者为适应职业劳动需要而运用特定知识和技术的能力。与学历文凭不同，职业资格与职业劳动的具体要求密切结合。更直接，更准确地反映了特定职业的实际工作标准和操作规范。以及劳动者从事这种职业所达到的实际能力水平。国家职业资格制度是国家规划、开发、管理和监控劳动力资源的职业资格状况的综合体系，它主要包括以下 5 个方面的内容：①职业与职业分类；②职业资格标准；③职业教育培训系统；④职业技能鉴定系统；⑤职业资格证书。

作为一个与学历文凭制度并重的支柱，国家职业资格制度是职业导向为基本特征的、全方位的人力资源开发体系。它的核心部分是国家职业分类和职业技能标准，在此基础上，它包括了以职业导向为特征的学校教育、就业前培训，在职培训和其他社会性教育培训；包括了以职业导向为特征的课程、教材和教学设备的开发，以及师资队伍建设；包括了以职业导向为特征的命题组织管理，国家题库开发，行业性题库开发，以及对劳动者的综合或单项职业能力的评价和认定。同时，也包括了社会化管理的职业技能鉴定考核的实施和国家职业资格证书的颁发。显然，把国家职业资格体系简单地等同于职业技能鉴定的看法是不全面的。实际上，职业技能鉴定工作只是整个职业资格体系的一个组成部分和重要手段。

国家职业资格制度的主体结构与国家学历文凭制度的主体结构有着完全不同，但又相互对应、相互联系的特征。其实质是，前者以职业分类和职业标准为依据和导向，而后者以学科分类和学科教育标准为依据和导向。由此导致两个体系具有完全不同的属性。正如学科分类和学科教育标准是国家学历文凭制度的起点，学历文凭证书是这个制度的终点一样，职业分类和职业技能标准是国家职业资格制度的起点，职业资格证书则是这个制度的终点。政府及其授权的技术性支持机构将通过制定国家职业分类和职业资格标准，及其通过就业准入和劳动力市场政策控制起点和终点，为整个社会的职业教育培训机构提供支持和服务，并确保国家职业技能开发的主体方向。而从起点到终点之间的各个环节，特别是职业教育培训环节是完全放开的。国家按照市场化原则，支持和动员社会各方面的力量投入到国家职业教育培训事业中，以促进国家技能振兴目标的实现。

需要强调指出，在以上分析中，我们特别强调了学科性教育与职业性教育的区别和差异，特别强调了学历文凭制度和职业资格制度的区别和差异。从另一个角度说，学科性教育和职业性教育共同作为国家人力资源开发的主要部分，也有许多相通的地方，在一些领域甚至相互交织、相互衔接、密切联系，紧密沟通。学历文凭证书和职业资格证书也是这样。有其密切的内在的联系。近年来，在我国中等教育、甚至部分高等教育领域出现的"双证书"或"多证书"的制度，就充分反映了这种内在联系的要求。加强两者的沟通和联系，促进"双证书"制度的发展，有利于国家人力资源开发事业。

国家人力资源开发主体结构，学历文凭制度和职业资格制度的基本框架，以及两者的相互关系参见图 2 。

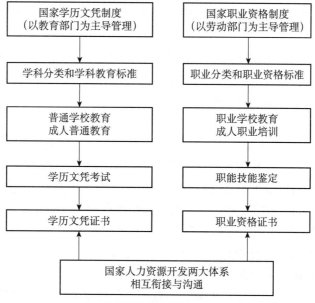

图 2　国家人力资源开发主体结构图

"工人"概念的变迁 [①]
——谈谈人员分类定位及其意义

在整个职业技能开发领域（包括职业教育、职业培训、技能鉴定、技能竞赛和人才表彰工作）中，无法回避的一个重大范畴是工作对象的定位，亦即人员的定位问题，其核心是人员的分类。这个问题的重要性，不亚于职业分类和职业标准。也不亚于学科分类、教育分类及其标准。但是，目前在劳动部门内研究得较少。我想根据国内外有关材料，先提出些意见，以期引起注意，并供大家讨论和研究时参考。

过去，我们常常用一个"工人"的概念来描述我们的工作对象。也就是通常所说："劳动部门是管工人的"。然而，在传统体制下，"工人"不仅仅是人员的工作特征，而且是身份特征。"工人"与"干部"相对应，成为一种社会分层的方式，社会身份的符号。"工人"和"干部"之间的界限，成为割裂劳动力市场的界限。"工人"和"干部"的称谓，甚至成为不平等、不正常地维护传统体制下形成的某些群体身份特权的符号。在改革中，在社会主义市场经济条件下，劳动部门率先否定了以"工人"和"干部"来划分人员的方式，代之以劳动者、职工、员工、工作人员。大家都是劳动力市场的供给方，劳动关系的组成部分。这是有重要的改革意义的一步。但是，由于这些概念过于宽泛和笼统，并不能满足实际工作的需要。

根据国际上通行的知识与能力结构分析法，在多数情况下可以将员工分为四大类：科

[①]　陈宇 . 1999. "工人"概念的变迁——谈谈人员分类定位及其意义 . 中国培训，（5）：13-15

学型（学术型、理论型）；工程型（设计型、决策型）；技术型（工艺型、执行型）；技能型（技艺型、操作型）。

1）学术型人员的基本职能是研究和发现客观规律，并将其成果表现为科学原理或学术思想。

2）工程型人员的基本职能是把科学原理或学术思想演变成自然或社会工程的设计、规划、决策和指挥。工程型人员所从事的工作中无疑也有技术，但他们的主要任务不是技术应用和现场实施，而是总体设计、规划、决策，包括全局的资源分配和管理指挥。关键性技术的研究与开发也是他们的任务。

3）技术型人员的基本职能是从事技术的应用与运作，实施已完成的设计、规划和决策并将其转化成产品或成果。技术型人员工作在生产第一线，负责技术应用和现场实施，其工作中包括了局部的资源分配和管理组织职能。其工作性质决定了他们需要具备相当的理论技术和智力技能，同时也需要具备一定的经验技术和动作技能。

4）技能型人员的基本职能也是从事技术的应用与运作，他们与技术型人员的任务一样，是实施已完成的设计、规划和决策并将其转化成产品，但他们直接在生产第一线上的具体岗位上工作，直接负责产品的生产或者成果的形成，其工作性质完全是操作性和执行性的。他们需要具备一定的理论技术和智力技能，但更重要的是需要具备熟练的经验技术和动作技能。

学术型人员和工程型人员通常由普通教育，特别是普通高等教育来培养。这种教育通常实行学历制度。技术型人员和技能型人员分别通过技术教育和职业教育来培养。按照联合国教科文组织（UNESCO）的名词定义，培养技术型人员的教育称为技术教育，培养技能型人员的教育称为职业教育，两者统称为"技术与职业教育"。世界上大多数国家和地区（包括我国台湾地区）都采用这一定义。过去我们用过一个词叫做"职业技能教育"算是接近 UNESCO 的提法。现在则简化为"职业教育"，但其内涵却是包含了技术教育和职业教育。

综上所述，按照培养人的途径，我们可以以图示意见图 1。

图 1 不同类型人员及其培养途径示意图

学术型人员与工程型、技术型、技能型人员的区别非常明显。其培养途径需要通过侧重学科和理论的学历教育也是容易理解的。但是，工程型、技术型和技能型人员的区别就相对比较困难。

现代社会发展的历史，也就是技术发展的历史。产业革命以来，最早的所谓"技术"大都来自生产或工作的实践经验，称为经验技术，它虽然符合客观规律，但掌握这些技术的人并不一定能够自觉地以科学原理指导工作和生产。然而，随着科学的进步和生产的复杂程度与精确程度的提高，必须应用科学原理来进行产品制造，以及生产管理，这就推动了技术走向科学化。技术科学化的结果是形成了理论技术。理论技术最初的发展，是由工程师和技术水平高的工人共同完成的。早期的工程师直接兼管生产中的技术工作，并与技术工作直接合作。但是，随着科学的复杂化和理论技术的不断深化，在技能型的人员（传统工人）和工程型的人员（传统工程师）之间，出现了一种新的人员，在不同的国家，有不同的称谓，如在美、英等国叫技术师、技术工程师；在日、韩等国叫技术士，或者高级技术士。我国过去几乎没有相应的称谓，由技术员和一些工程师担当其职责。现在定义的技师、高级技师可能在定位上更符合其特征。显然，他们居于处在领导层的工程人员和处在操作层的技能人员之间的中间层，所以，也常常被称"中间人员"（图2）。

图2　领导层、中间层、操作层相互关系示意图

在英语里，工程师（Engineer）的涵义与技术师（Technologist）是完全不同的两种职业。工程师是产品、生产过程或工程系统的开发者或设计者，他们通常应用数学和基本理论来解决工程技术中存在的问题。而技术师则是一个典型的工程实践者，他们关心的是工程原理如何最终应用于实践，负责组织生产人员从事生产准备工作和现场操作，注意的是维护和改良生产设备、生产过程、加工方法和加工程序。

技能型人员通常在技术师的指导下工作或者贯彻他们的技术方案，他们是实践人员。因而，他们必须了解工作原理和试验程序、测量工具等等。

确实，工程师与技术师的任务高度相关，但是，这两类人员的职责仍然是有明显的区别的。

许多外国专家认为，工程师是在整个技术技能群体中提供、改变和创造信息的人，他们是技术技能群体的领导者，有时有的人要进入最高的管理岗位。而技术师则是将工程师的意图转化为实际工作的人。他们是技术技能群体活动的计划者和执行者。他们常常负责作出每日的工作安排，对日常的技术问题找出切实的解决办法，有时有的人要进入管理和监督岗位。

而技术员（Technician，包括我们现行系列中的高级技术工人，在日韩等国也叫技能长）在整个技术群体中处于主要参与者的位置，他们面对重要的测量仪器、工具和设备，掌握着详细知识和操作技能。他们对一般技术工人和操作工人的工作负有监督指导的责任，并保证工作正常运转。

在我国的工程技术人员的职称系列中，没有"技术师"职称系列，只有"技术员"，由于技术员职称的地位处于这一系列中的最低层次。因此，无法表明工程人员和技术人员之间的重要区别。应该说，技师和高级技师的设置填补了我国职称系列中的这一缺陷。

区别技术型人员和技能型人员的主要标志是什么呢？从个人的知识和能力结构上看，技术型人员和技能型人员都需要理论技术、智力技能、经验技术和动作技能。但是，技术型人员以前两者（理论技术和智力技能）为主；技能型人员以后两者（经验技术和动作技能）为主。目前，在大多数生产和服务领域，这两类人员的区别是明显的。

不过，现在值得注意的一个现象是，在生产和科技进步条件下，技术型和技能型人员之间越来越明显地表现出相互交叉、接近和融合的趋势，尤其在传统的、以技能为主的高级技工、技师和高级技师等岗位上，表现得更为显著。在当前，我国高级技能型人员中，许多人的劳动付出组成中的智力成分已占相当大的比重，而动作技能的要求已相对减少，如检测、计量、调度，以及一些高技术设备的操作岗位人员，这样的人员实际上已经属于技术型人员。至于对另外一些高级技能型人员来说，尽管其劳动组成的主体仍然是动作技能，但由于生产发展对他们掌握的相关理论技术的要求越来越高，他们呈现出技术技能综合型人员的特点。事实上，今后，技能为主的人员需要掌握的理论技术和智力技能比重必然会不断增加；而技术为主的人员需要掌握的经验技术和动作技能的水平也会不断变化。新近在一些高科技岗位上产生的所谓复合工种、智能型操作人员，实际上已经属于技术和技能高度结合的综合型人才。显然，在下一个世纪，技术和技能这两大类型人员可能在相当多的生产和服务领域内发生全面整合。

现在，职业教育、培训、鉴定、认证和表彰工作的各项相应活动就可能按照我们确立的从低到高、从技能到技术相互关联的技术技能型人员系列来建构自己完整的体系。尽管这一系列人员从生产运作关系上看，处于中间层和操作层。但是，从社会地位和技术地位上看，可以与学术型和工程型人员系列相并列，并且具有相互对照的关系（图 3）。

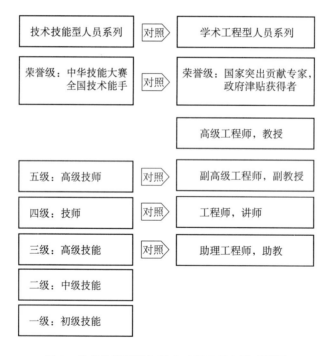

图 3　技术技能系列与学术工程系列人员对照图

从这个相互关系对照表中可以看到的最重要的信息是：处于技术技能系列上部的技师和高级技师与工程师和副高级工程师具有相同的社会地位。

技师和高级技师不仅作为中间层次的力量，是工人和工程师之间的桥梁，而且他们是国家技术技能型人力资源队伍的中坚，也就是劳动者队伍的核心。历来中间力量、中间阶层都是社会最重要、最稳定、最可靠的部分。而社会的两极，高层与低层，往往处于易变动的不稳定的状态中。从发展经济和保持社会稳定两个方面看，坚决发展和依靠中间层力量是一项重要政策。

从工人的成才通道上看，一个工人，不是完全没有可能成为工程师、学者、专家，但这些目标毕竟太遥远，实现概率太小。但是，他们成为工长，成为技术骨干核心力量的可能性就大得多，激励作用也就大得多。我们的目标，就是要确立技师和高级技师的技术地位和社会地位，从而给广大工人以明确的出路。

总之，技术技能型人员系列的确立，不但为传统意义上的"工人"的成长开辟了发展通道，而且，由于技术技能型人员所处的位置，使他们直接负有促进科学技术加速转化为现实生产力的任务，他们的工作直接决定企业的生产效率和国家的经济、技术和产品的竞争力。技术技能的进步是社会进步的动力，技术技能型人才的发展水平是一个国家生产力水平和社会进步水平的重要标志。高度重视技术技能型人员已成为世界各国的共识。

从劳动保障工作的角度看，确定技术技能人员系列将为我们建构新的、完整的工作框架提供更充实的理论基础。在这一框架下，职业教育培训与普通教育培训的同异得到更清晰的描述，发展方向更为明确；职业资格和职业技能鉴定工作领域拓展也有了坚实的理论支持；授予工人中的先进人物"中华技能大奖"和"全国技术能手"的称号也不会再令人感到理论或工作领域上的牵强。技工学校的改名，高级技工学校的定位，以及技师协会的建设等工作都可以从这一总体框架中得到支持。

三十四、陈俊英

　　陈俊英（1952—　），女，河北省保定市人，曾任中国教育学会比较教育分会常务理事；中华日本学会理事，教授。

　　毕业于北京大学日语专业，教育学硕士学位。现任岭南师范学院外国语学院日语系主任。

　　历任河北大学教授、日语专业硕士研究生导师、比较教育学专业硕士研究生导师、日本研究所副所长；岭南师范学院外国语学院副院长；中国教育学会比较教育分会常务理事；中华日本学会理事等。

　　研究领域为比较教育学、日本教育、日本语言、日军侵华历史遗留问题。独立或负责完成国家、省部级教育规划课题或子课题多项。主要著作、译著有《全球化时代的教养与学力》（人民教育出版社）、《中学生自学法》（上海人民出版社）、《幼儿的心理与教育》（河北教育出版社）等四十多部。公开发表论文《日本高等学校课程改革的动向与趋势》（外国教育研究）、《日本培养农业劳动力的模式》（中国教育报）、《日本专门学校的办学经验与启示》（复旦教育论坛）《中日两国大学的环境教育探讨》（高等理科教育）等70多篇。其中，

《日本大学促进终身教育的措施》《日本明治时期初等教育的普及与回顾》《日本大学的改革动向》分别入选《中国改革二十年》《21 世纪中国社会发展战略研究文集》《新时期全国优秀学术成果文献》大型文献集成；作为有成就的专家被载入《中国专家大词典》《中华人物大词典》《世界优秀专家人才名典》等多部权威性大型典籍。

战后日本的私学振兴与政府资助[①]

第二次世界大战后（以下简称"战后"），在日本教育的普及上，私学发挥了很大作用，这是众所周知的。1950 年，各类私立学校的"学校数"和"在校生数"在各类学校总数和在校生总数中所占的比例分别是：大学为 52.2% 和 60.6%；短期大学均为 88.60%；高中为 20.5% 和 15.5%；幼儿园 58.4% 和 50.8%。到 1991 年，各自所占的比例变化：大学为 73.5% 和 73.0%；短期大学为 83.9% 和 91.9%；高中为 23.9% 和 28.9%；幼儿园为 58.3% 和 78.1%，另外，专修学校和各种学校基本上都是私立学校。由此表明，私立学校在日本整个教育体系中（义务教育除外）占有较大的比重。那么，战后日本的私学是怎样发展和壮大起来的呢？政府对私学的发展又起了怎样的作用呢？要弄清楚这些问题，就需要回顾一下战后日本私学的发展过程。

（一）战后初期日本私学的振兴与政府扶持

战后，日本私学在发展过程中，曾经历了两次大的财政危机。一次是在战后初期，另一次是在经济高速发展期的 1965 年前后。

战后初期，由于受战争影响，日本私立学校的校舍大部分被破坏，一时难以复课。而且，当时日本社会处于一片混乱状态，衣食住等生活必需品严重缺乏，再加上通货膨胀恶性爆发，人们为生存而拼搏，战前所实行的保证私学财政的"供托金"，随之失去了它原有的价值，变得无任何效用。另外，由于学制改革，需要增加新设施设备等原因导致了当时私学的恢复和发展陷入了困境。

为了尽快使私学在短期内得以恢复和再建，日本的民间有关人士和政府都付出了很大的努力。

一方面，民间有识之士在 1946 年曾多次召开大规模的私学振兴大会，反复向国会和政府提出振兴私学的建议书。同年，在大学界也召开了全国私立大学校长会议，会议认为，"日本再建的原动力在于国民精神的复兴、教育的复兴、科技的发达、自由民主社会的建设。为此，私立大学应发挥中心性作用。从这种立场出发，创设了"全国私立大学联合会"和从幼儿园到大学约有 3000 多所私立学校参加的"日本私学团体总联合会"，由此，掀起了振兴私学的运动。

另一方面，在同年 10 月份的国会上，通过了"私学振兴决议案"，并决定在教育制度刷新委员会设置专门处理私学问题的机构——"第四特别委员会"。该委员会曾多次向总理大臣提出有关建议。例如，在 1946 年 12 月第 17 届总会上提出，为稳固私学的基础，应

---

① 陈俊英. 1996. 战后日本的私学振兴与政府资助. 日本问题研究，（4）：55-58

资助学校经营主体健全发展，赋予其公共性和民主性性格，希望制定有别于民法法人并带有公共性的特别法人法即"学校法人法"。不久，该会又具体地提出了私立学校法的详细内容。在 1947 年 1 月第 22 届总会上又提出：国、公、私立学校应平等化、强化私学财政、改善教职员待遇、为发挥私学的特点，应废除文部省的划一性监督等建议。在同年 12 月第48 届总会上强调，私学承担着宪法第 89 条规定的属于"公共支配"的教育任务，应从法律的角度，确认私学的公共性，确保其自主性，应尽快制定"学校法人法"。在 1948 年 7月第 75 届总会上进一步建议，应尽快制定包括私学行政、学校法人组织、免税、补助为内容的私立学校法。

在多方的努力和要求下，在 1949 年 12 月召开的第 6 届国会上，被称为私立学校宪法的"私立学校法"终于得到了通过。

"私立学校法"由三章和附则构成，其主要精神可概括为三点：第一是尊重私学的自主性；第二是昂扬私学的公共性；第三是明确了国家和地方政府对私学提供资助的合法性。

由于这部法律的制定，私立学校获得了与国公立学校平等的地位，即同样被承认为公共教育机构，具有公共性的性质，由此，也解消了对私学提供公费资助违宪的疑义。

战后日本政府对私学的资助力度逐年增大，1946 年首次提供贷款 2430.6 万日元，1947年和 1948 年分别提供了 5000 万日元和 7500 万日元。截至 1952 年，国家及地方政府部门为私立学校设置者提供的贷款共计达 17.59 亿日元。

1952 年 3 月，随着私立学校振兴会法的公布和实施，特殊法人"私立学校振兴会"正式成立。该法人完全由政府投资。资金来源于两部分，①接受在此之前政府对私学贷款的债权 17.59 亿日元；②政府投入现金 3.9 亿。自此以后，私立学校振兴会作为私学融资机构，对私学贷款金额逐年大幅度增加。1952 年私学贷款额是 3.88 亿日元，1962 年是 51.65 亿日元，1967 年是 310 亿日元。

政府对私学的资助，除上述融资业务外，还对私立学校教职工工会和私学研修福利会提供资助，到 1966 年，资助金额达 26.6 亿日元。该业务也是由私立学校振兴会实施的。

到 1970 年为止，日本政府对私学的资助主要实行了上述融资、减免税、提供补助金这三项制度和措施。

在税制方面，政府对私立学校主要采取了两种减免税措施。一种是减免本来应征收的租税，另一种是在税法上对向私立学校捐款者给以特殊优惠，鼓励为私立学校捐资。

在补助金制度方面，主要是以设施设备的调整费为对象，各级各类学校均能获得有关补助，其制度的创设年度、补助对象、补助率如表 1 所示。

这些资助措施对于战后日本私立学校的恢复和发展起了重要作用。但是，私学在发展中的财政困难问题并没能得到根本解决。

（二）1965 年前后的私学危机与政府资助

1965 年前后，日本私学又出现了一次危机。其原因是多方面的，主要原因是当时要求入学的人数猛增，学校的现有条件已无法满足需要，需要大量经费充实设施设备。但由于当时的通货膨胀使得学校的经费，特别是人头费大量增加，因而，各私立高等学校对于靠学校财政来改善办学条件，扩大招生规模显得无能为力。尽管当时私学人数爆满，学费直线上涨也无济于事，相反，却因而引起了席卷整个日本的反对学费上涨运动。由此，私学陷入崩溃边缘。

表1 政府对私立学校的主要补助金制度一览表

制度名称	补助对象	补助率	创设年度
私立大学理科教育设备整备费补助金	大学、短期大学或高专理科学生实验实习用设备等	1/2 或 2/3	1956
私立大学研究设备整备费补助金	大学（短大除外）研究人员研究用机械器具、标本、图书	2/3	1953
商中产业教育设备等整备费补助金	高中产业教育实验实习设备	1/3	1952
高中产业教育设施整备费补助金	高中产业教育实验实设施	1/3	1954
理科教育设备整备费补助金	小学、初中、高中理科教育用设备	1/2	1956
私立幼儿园设备整备费补助金	学校法人设幼儿园设施	1/3	1967
私立学校教职工共济组合补助金	私立学校教职工共济组合长期支出及组合事务费	长期支出费用的 16/100	1953

当时，为了摆脱这种困境，为了为私学寻找生路，私立大学教授会联合团体、私立大学经营者团体、私立大学教职工工会团体、学生团体等在全国掀起一场要求政府从国库拨款资助私学的运动。在这样的背景下，文部省于1965年7月成立了临时私立学校振兴方策调查会，该调查会根据文部大臣"关于改善私立学校的振兴方策"的咨询，于1967年6月提出有必要以物件费为名对私学给予经常费资助的报告书。接着，自民党文教制度调查会"私学问题小委员会"在关于振兴私学的基本方针中提出："鉴于私学对国家、社会的作用，特别是今后在人才培养方面的重要性及其经营现状，应积极地改善振兴私学的对策，应设立有效促进私学资助的新机构。"

这样，经官方、民间各方的努力，双方在国家为私学提供资助的问题上达成了共识，于1970年创设了私立大学经常费补助金制度。以此为契机，同年制定了日本私学振兴财团法，改组原私立学校振兴会，宣告日本私学振兴财团正式成立。

该财团设立的目的是为了充实和发展私立学校教育，稳定私学经营，综合而有效地实施政府补助金的交付、贷款，以及其他援助私立学校教育所需要的业务。从而可知，该财团是一个多功能的政府资助私学的实施机构，其业务远远超出了其前身私立学校振兴会的业务范围。财团资金全部由政府投资。第一年投资额为10亿日元，与此同时，财团还全部接管了以前政府对私立学校振兴会的投资及其全部业务。该财团的人事权由文部大臣掌握，理事长和监事由文部大臣任命，理事等职位的任命等也需经文部大臣认可。财团的重大事务均在文部大臣的直接监督下进行。该财团的业务范围主要有以下几个方面：①根据政令规定，接受国家对私立学校交付的补助金，并以此为财源，提供给学校法人；②以学校法人和准学校法人为对象，对其在充实设施设备或经营上所需要的经费实施贷款；③向学校法人、准学校法人交付资助金；④募集、管理、分配对私立学校的捐款；⑤收集、调查、研究有关私学经营、私学资助效果等方面的情报信息，并根据需要，提出咨询、指导、建议。由此可见，该财团的业务范围是很广泛的。它可通过法定的权限，全面了解私学的经营情况，特别是通过制定和实施"私立大学等经常费补助金处理要领"和"私立大学等经常费补助金分配标准"等，可以直接控制私立学校。因此，该财团在日本有"第二文部省"之称。

继私学振兴财团法成立之后，1975 年，文部省又制定公布了《私学振兴资助法》。该法规定，私学资助的目的是改善教育条件，减轻学生家长负担，促进私学健全发展，进而还规定了国家可以对私学提供不超过其经常费支出 50% 的补助。私学振兴资助法的设立，进一步从法律上确立起了政府对私学资助的各种制度，明确了国家对私学资助的基本态度和方向。例如，对私立学校资助的范围、增减额的条件、所辖厅的权限、减免税措施等有了明文规定。国家在法律的保护下资助民间办学，这在日本私学发展史上可谓是史无前例的。日本对私学的资助，主要是根据《私立学校法》《日本私学振兴财团法》和《私学振兴资助法》这三个法律实施的，因此，此三法被称为"私学资助三法"。

随着有关私学资助制度和法律的健全化，日本政府对私学资助的对象、范围在扩大，资助金额也在增加。一方面，国家对大学实施各种补助，同时，还面向都道府县，对中小学、幼儿园等交付部分补助金。1970 年以来，特别引人注目的是政府对私立大学等的经常费补助金制度。初年度补助金的预算额约为 132 亿日元，首次接受资助的有大学 231 所，短期大学 373 所，高专 7 所，共计 611 所学校。该种补助金的补助项目，初年度只限于私立大学等的专职教员的人工费和教育研究费，1972 年又增加了可用于专职职工的人工费一项。自此以后的五年内又分别把海外研修派遣旅费、教师研究旅费、福利保健补助费、图书馆设备维持费、临时教师工资、教职工福利保健费、情报处理设备费等纳入了补助范围，补助金额曾在一定期间内逐年大幅度增加。1970 年补助金比例占学校经费的 7.2%，到 1980 年这一数字达到高峰，占 29.5%，之后呈下降趋势，1991 年度仅占 13.3%。但值得注意的是，虽然政府目前对该种补助金制度采取了"抑制总额"的方针，但从该制度的一般资助和特别补助两者占的比例来看，特别补助的项目范围和金额却在不断增长。例如，1982 年特别补助金额为 100 亿日元，1989 年为 228 亿日元，1993 年达 397 亿日元。由此可见，政府为振兴私立大学等的学术研究和特定领域或某些课程的教学，在补助金方面采取的是一种"倾斜"政策。

正是由于自 1970 年以来，政府对私学，特别是对私立大学采取的有力资助措施，从而使一度处于困境的私立大学财政起死回生，不仅抑制了学费上涨，而且使私立学校的教育研究条件得到改善，促进了私立大学健康发展。

不过，随着日本"少子化"现象的出现，大学的"寒冬时代"即将到来，大学入学人数的骤减，又将给私立大学的生存笼罩上一层难测的阴影，政府方面将会采取怎样的对策，帮助私学闯过新的难关，私学自身将如何生存下去，值得我们继续关注和研究。

（三）启示和建议

从战后日本私学的发展过程来看，仅靠学费维持私学财政是很困难的。一旦社会上发生某些情况，私学的生存就会受到威胁。日本政府鉴于私学在人才培养和促进社会进步方面所起的重要作用，当私学告急时，不是置之不理，而是为私学"输氧"，帮助私学克服困难，渡过难关。因此，可以说日本私学的振兴，与政府的扶持和资助是分不开的。这方面有许多经验值得我国借鉴。

自1982年以来，我国民办教育事业在迅速发展。据1994年6月20日《人民日报》海外版报道，我国民办学校已达4万多所。这是值得关注的事情。在目前我国的社会、经济条件下，在民办教育刚刚起步阶段，应根据"洋为中用"的原则，吸收日本及其他国家办私学的有益经验，同时，也应从长远的观点出发，站在更高的角度，不断总结民办教育的经验，吸取教训，加强对民办学校的监督和管理，逐步把民办教育事业的发展纳入到私学教育立法的法制轨道上来，建立起有中国特色的民办教育体制。

日本私立学校法的内容及特点 [①]

《私立学校法》是战后日本第一部有关私学方面的专门法律。该法常常被称为日本的私学宪法、私学根本法。由此可见它在私学教育方面的重要地位及作用。

私立学校法制定于1949年，即教育基本法、学校教育法出台后的两年。当时由于战前的私立学校大部分部集中在都市，因此遭到严重破坏。再加上"6、3、3、4"新学制的实施，学校的设施需要增加和更新。加之社会经济处于混乱状态，通货膨胀，即使非受灾私立学校，也普遍面临经济困境。总之，整个私学教育均处于危机之中。在此情况下，为使私学重整旗鼓，关注和从事私学教育的各界人士，纷纷向政府提出建议或申请，要求政府资助私立学校。《私立学校法》就是为满足各界的有关要求和社会对私学的需要而诞生的。

《私立学校法》由5章67条及附则构成，自制定后曾多次修改，内容涉及私学行政的方方面面。下面简单归纳一下各章的要点：

第一章，是该法的总章（第1～4条）。该章首先规定：本法律的目的是"鉴于私立学校的特点，尊重其自主性，弘扬其公共性，从而谋求私立学校的健康发展"。所谓私立学校，即指由学校法人设置的学校，属于学校教育法第一条规定的正规学校。本章还规定了私立学校的主管部门、私立大学、私立高专及其设置者均属文部大臣管辖。除此以外的私立学校及其设置者的主管部门是都道府县知事。

第二章，"关于私立学校的教育行政"（第5～24条）。该章规定了主管部门的权限，以及对其行使权限时的制约，还有有关设置私立学校审议会的事项等。

第三章，"学校法人"（第25～63条）。该章共五节。第一节是"通则"，就学校法人的资产、收益事业、所在地、登记、准用规定等事项做了规定。第二节是"设立"，主要涉及设立学校法人的申请、目的、名称、公告方式、认可、设立时期、准用规定等方面的内容。第三节是"管理"，本节对学校法人的干部、组织机构、管理、有关设置评议员会的事项、准用规定等做了规定。第四节是"解散"，是关于学校法人的解散事由、剩余财产的归属、合并、准用规定等方面的规定。第五节是"资助与监督"，明文规定中央政府及地方公

---

① 陈俊英.1997.日本私立学校法的内容及特点.日本问题研究，（2）：54-56

共团体可以资助私立学校，私立学校可开办收益事业。在责令私立学校解散时，学校主管部门要征取有关审议会的意见，并给学校法人代表以申辩的机会。

第四章，"杂则"（第 64 ～ 65 条）。是对有关私立专修学校的规定。

第五章，"罚则"（第 66 ～ 67 条）。是对学校法人的理事、监事、结算人违反规定时进行处罚的规定。

最后的附则，是关于法律的实施日期等方面的规定。

纵观该法的精神和内容，可见如下几个特点：

（一）强调尊重私立学校的自主性

明治维新以来，日本的私立学校大量出现。各私立学校在建校精神、宗旨、方针，以及教学、研究、经营管理、校风等方面，都具有其独特之处。但是，由于战前的私立学校受私立学校令的限制，"官尊私卑"，私立学校的自由性和优势难以发挥，再加上经营主体是财团法人，在教育和管理上也存在种种问题。《私立学校法》否定了战前私立学校法制的原理，明确了私立学校既有独特性和自主性，又有公共性，为适应国民对教育的多样化要求，国家鼓励办私学。该法规定：私立学校不受学校教育法第 14 条的限制。并且把学校的主管机构名称由监督厅改为"所辖厅"，其权限也缩小了。"所辖厅"的权限只是：①对私立学校的设置废止、设置者变更、学则变更的认可。②对违反有关法令和"所辖厅"命令的学校或停课 6 个月以上的学校可责令其关闭。

此外，私立学校法还规定在都道府县设置私立学校审议会（以大学和高专以外的私立学校为审议对象）。该审议会作为都道府县的咨询机构，不仅审议有关私立学校教育行政方面的事项，而且还包括学校法人在内的诸多事项。"所辖厅"在向私立学校行使权限时，必须事先征取私立学校审议会或"大学设置，学校法人审议会"的意见。特别是在责令学校解散时，学校法人代表可以到"所辖厅"或"大学设置·学校法人审议会"（私立学校审议会）会议上去申辩。

可见，通过上述这些法律措施，私立学校在教育行政方面的自主性在很大程度上得到尊重和保证，政府对私立学校的行政干预减少，而且在行使干预时还要受到一定的制约。

（二）强调提高私立学校的公共性

由于私立学校法的制定和实施，私立学校的地位和性质发生了根本性变化，它不再只是国立公立学校的辅助性机构，而是在宪法、教育基本法、学校教育法保护制约下，和国公立学校一样，是"公共教育"中的重要一环。私立学校的自主性和公共性是相辅相成的，其自主性发挥得越好，公共性就会进一步增强。为提高私立学校的公共性，私立学校法在学校法人的干部组织、运营、解散等事项上都做了详细规定：①学校法人的干部、理事在 5 人以上、监事在 2 人以上，校长任理事，干部不得兼职。而且规定，在干部成员中，配偶，以及三代以内亲眷者不得超过 1 人。这些组织措施可以有力地阻止私立学校行政上的私事化和少数理事或家族的独断专行。校长任理事，可以直接把教育第一线的意见反映到行政管理上来，促使经营管理的合理化和效率化。②在学校法人内设评议员会。评议员会是学校法人咨询机构，根据捐赠情况，该机构也可成为议决机构。评议员会的成员一般由在校职工、毕业生等组成，其人数为理事的两倍以上。在预算、借款、捐款行为变更认可，以及其他重大问题的处理上，作为学校法人代表的理事长需征求评议员会的意见。该机构的设置，可防止理事的独断专行，提高学校法人教育设施的公共性。③学校法人由于种种原因需解散时，除了合并或破产外，其剩余财产，根据捐赠时的契约，确定归属者。如契约上无明确指定归属者时，则归国库所有，即解散学校法人的剩余财产，不得归属学校法人当事者或其他个人，必须转让给其他学校法人或归国库，用来资助私学教育事业。如此规定的理由常常被解释为：教育是一种公共、公益事业，当初捐赠财产是为了发展教育事业，属于为公共事业做出的公益性投资。后来，私立学校在发展中也得到了毕业生和家长的支持，以及国家和地方自治体的资助。因此，解散私立学校后的剩余财产不得擅自分配，必须用来资助发展私学教育事业。

上述三种措施保证了私立学校的公共性，明确了私立学校自捐赠行为起始时就带有公共性，而且这种公共性是永久性、持续性的。

（三）创建"学校法人"制度

前面谈过，战前日本的私立学校的设置者是财团法人，由于战后私立学校法的制定，从而创建了特殊法人——学校法人制度。本法的第三章，详细地对私立学校的经营主体——学校法人的制度、设立、管理、解散、资助及监督做了规定。从此种意义上说，私立学校法也可被称作学校法人法。在日本，只有学校法人才有资格设立私立学校。

学校法人在设置私立学校时，必须有符合有关法律规定的必备的设施条件或设立这些设施条件所需要的资金，以及财产。不仅在设置私立学校之时，学校法人要备有足够的资金来投入教育这种公益性事业，其解散时的剩余财产也最终要转交给私立教育事业使用。

私立学校法对学校法人的一系列规定保证了学校法人的健康运行，促进了私立学校在教育行政管理上的合理化。

（四）使政府资助私立学校成为可能

战后日本的私立学校，曾处于濒临衰败的状态，仅凭其自身努力，很难复兴和发展。尽管当时社会各界要求政府予以资助的呼声比较强烈，但由于宪法第89条规定的制约，在私立学校具不具有"公共性质"，政府可不可以资助私立学校的问题上，当时曾引起了激烈的争论。"违宪"和"不违宪"的观点针锋相对。后来制定的私立学校法第59条明文规定：国家或地方公共团体认为在振兴教育方面有必要时，根据有关法律规定，可以对学校法人进行必要的资助。自此，这场争论结束，政府资助私立学校成为可能。更进一步说，由于第59条的设立，政府资助私立学校的态度和方向也得以明确，使政府资助私学合法化了。私立学校在法律保护下受到政府资助，这在日本私立学校发展史上是史无前例的。后来，在日本经济高速发展时期的学生激增期，私立学校再度陷入财政危机时，私立学校法第59条的规定便成为要求政府给私立学校以资助的主要依据，进而，该条为后来私立学校资助法的设立也奠定了强有力的法律基础。

（五）允许"学校法人"开办收益事业

战前，根据"大学令"规定，为保证私立学校的财政，在私立学校设有一种基本财产寄存制度。在《私立学校法》中，这种制度被废除了。但根据私立学校的财政状况，为加强学校法人的财政基础，取而代之的是许可学校法人开办收益事业。根据法令规定，目前学校法人可经营 34 种收益事业。有关学校法经营收益事业的规定是：开办收益事业，需注意：①不得妨碍私立学校的教育。②所得收益用于经营私立学校，不可做其他分配。③收益事业的会计需与私立学校的会计分开。④如果主管部门发现收益事业所得收益用于学校经营以外的其他目的时，或该事业影响私立学校教育时，主管部门有权责令学校法人的收益事业停止营业。

可见，日本学校法人开办的收益事业，既受到法律保护，又受到一定的约束，但万变不离其宗，都是为了促进私立学校财政的稳定和教育的发展。因此，允许学校法人开办盈利事业，也可以说是政府从另一个角度对私立学校予以资助的形式，从而保证私立学校的财政来源。

通过上述对日本《私立学校法》的初步探讨可见，日本对私立学校的态度是充分肯定、大力支持并受到法律制约的。《私立学校法》对战后日本其他有关私学法律的制定，以及私学制度、私学体系的形成，发挥了重要作用。

近年来，我国的民办教育得到迅速发展。随着我国《教育法》等一系列教育法规的颁布和实施，民办学校法（私立学校法）的制定也迫在眉睫。鉴于日本私学法制的经验，根据我国目前民办学校的发展情况，应尽快制定有关法规，以便规范庞杂的民办教育机构，通过法制约束民办学校的经营管理，保证民办教育迅速、健康地发展。

三十五、陈逖先

陈逖先（右二）

陈逖先（1933— ），男，汉族，河北保定人，原任河北省教委副主任、国家教委职教司副司长（兼）、联合国教科文组织国际农村教育研究与培训中心主任，教授。曾任中华职业教育社常务理事，河北中华职教社主任，河北省职业技术教育学会副会长，河北省教育基金会常务副会长等职。在任期间组织创建和推广县级职教中心，这一农村职教办学模式改革得到教育部和省主要领导的大力支持，受到省内外职教界的广泛关注。全国人大常委会副委员长、中华职教社理事长孙起孟曾于1991、1993年两次率有关部门负责人及专家到河北视察和指导。1993年中共中央政治局委员、国务委员李铁映率领有关部委领导和专家到河北省视察了11所县级职教中心，给予了较高评价。1994年中共中央常委、国务院副总理李岚清视察了丰南县职教中心，给予了充分肯定。"县级职教中心"以成熟的办学模式被写入2005年《国务院关于大力发展职业教育的决定》并在全国推广。

主要著作有：《农村职业技术教育概论》《建设县级职教中心的理论与实践》《中国农村教育体制改革研究》《农村教育改革研究》《全民教育理论与实践》《富民之路》等。

主要论文有《河北农村教育改革实验区的特点及其发展》《论继续教育的定义及妇女继继教育的途径》《河北省农村教育改革的实践与认识》《努力推进全民教育》《论县级职教中心建设》等。

依靠职业教育 提高"造血"机能 [①]
——发展贫困地区县级职业技术教育的初步设想

我国有 10 亿多人口，8 亿在农村。由于历史的和社会的诸方面原因，目前我国还有很多贫困地区，大约七八千万农民年人均收入在 200 元以下，其中，约有 4000 万人口的温饱问题尚未完全解决。建国近 40 年来，国家为这些地区提供了大量的救济，促进了贫困地区经济和社会的发展。但是实践证明，贫困地区单靠外部支援、靠"输血"过日子，是不能从根本上摆脱贫困的。

贫困地区要改变面貌，尽快脱贫致富，必须大力进行符合当地自然特点和资源优势的经济开发，提高"造血"机能。经济开发靠技术，靠人才；技术和人才靠教育。在当前农村生产力水平还比较低的情况下，大力发展同当地经济建设联系直接、效益明显的职业技术教育，推广、普及各种常规实用技术，培养大批初、中级人才和具有良好素质的农业劳动者大军，是促进贫困地区经济开发，增强其自我发展能力的主要条件和保证。

为提高贫困地区的"造血"机能，要通过发展职业技术教育事业，把职业技术教育与九年制义务教育、成人教育紧密结合起来，逐步建成结构合理、专业配套，职前教育和职后培训互相融通的职业技术教育培训网络，使高中阶段的职业技术学校在校生与普通高中在校生总数之比达到 7：3，四年制初级职业技术学校在校生与普通初中在校生总数之比达到 6：4，以培养大批当地适用的多层次人才，提高人民的科学技术素质，加快当地脱贫致富的步伐。

为了达到这一目标，要完成以下几方面任务：

（一）加强县级职业技术学校建设，使之成为人才培养、信息服务、技术推广、职教研究的多功能的基地和中心

由于职业技术教育所需要的师资、教学仪器设备、实习基地等办学条件比较高，需要的经费比较多，而贫困地区的人才、物力、资金等都很缺乏，不可能同时兴办起几所职业技术学校，有的即使办起来了，教育质量和效益也很低，不能起到应有的作用。因此，在经济落后、群众生活水平还比较低的贫困县，必须采取有力措施，集中各方面的力量，首先抓好一所职业技术学校的建设，在此基础上，再逐步改办或新建职业学校，以带动全县各级各类职业技术教育的发展。

1. 县职业技术学校要合理设置专业，适当扩大办学规模

根据山区特点和当地需要，大力办好林果、畜牧兽医、农家庭院经济三个专业，同时增设果品加工、探矿采矿、土木建筑、服务制作、家电修理等专业。除招收学制二年或三年、培养目标为技术员的学生入学外，还要根据农时季节不定期地举办一些短期实用技术或新技术培训班，吸收在乡初、高中毕业生参加学习。

[①] 陈遂先，葛玉刚，张志增等 . 1989. 依靠职业教育提高"造血"机能——发展贫困地区县级职业技术教育的初步设想 . 教育与职业，（5）：8-10

2.切实办好生产实习基地

要创造条件，逐步给每个专业建起相应的生产实习场地，如禽畜养殖场、果园、蔬菜大棚、服务加工厂、罐头厂等，并逐步实现规模经营，取得规模效益，为农民发展生产做出示范。要确定一些乡、村作为学校固定的联系点，组织师生推广和普及各种常规技术，帮助农民脱贫致富。要教育学生在校期间就建立相应专业的家庭生产实习基地，边学技术边实践。

3.不断改善办学条件，加强师资队伍和教材建设

要按照教学需要和经济承受能力，逐步建起标准化的校舍、运动场和美丽的校园，每个专业配备一个实验室，拥有能进行演示和分组实验（每组不超过6人）的仪器设备。补充文化课、专业课所需图书资料，人均图书册数要达到40册以上，专业图书占比达到1/2。要采取多种形式，如定向培养、委托代培、短期岗位培训等，大力培养培训师资，特别是专业课师资，逐步使文化课教师均达到学历合格的标准；专业课教师达到大专文化程度，有扎实的基础理论知识，丰富的实践经验，掌握1—2项最新实用技术，并使每个专业具备2名有中级职称的教师，作为教学和技术推广的带头人。要根据当地发展生产的需要，在引用国家或省统编教材的同时，积极组织学校教师和当地的科技人员、能工巧匠，自己动手编写一些乡土文化、乡土技术方面的教材，培养学生热爱农村，热爱家乡的品格和建设农村、建设家乡的本领。

4.强化学校领导，改善学校管理

要配备结构合理的领导班子，选用德才兼备，既有教育家素质，又有企业家才干的学校领导干部；健全机构，制订配套的、行之有效的各类规章制度；切实抓好毕业生追踪调查工作，使之逐步趋于制度化、科学化，自觉发挥学校专业门类全、教学力量强的优势，广泛开展教研活动，活跃学术气氛，同时，辐射各乡、镇的职业技术学校、普通中小学和农民技术学校，通过举办各种短训班，带动各种职业技术课、劳动技术课和劳动课的开展及其教学质量的提高。

（二）办好初级职业技术学校，为培养初级技术人才、提高劳动者素质，建立牢固的阵地

实践表明，在技术落后、经济贫困的地方，只要使农畜业常规技术得到广泛的推广，使广大农民普遍掌握一二种实用技术，就能够促进当地各种农作物或林果业、畜牧业的较大发展。所以，贫困县必须把发展初级职业技术教育作为一个工作重点来抓，下力气培养各类初级技术人才，提高农村劳动者素质。在当前和今后的一段时间内，初级职业技术学校是农村初级职业技术教育的主要形式，各级领导要采取切实措施把它办好。对于既有国办初中、又有乡（镇）办初中的乡（镇），要结合实施九年制义务教育，按照分级办学、分级管理的原则，科学地调整初中的布局，加强乡（镇）办初中，将国办初中改建为面向几

个乡（镇）的四年制初级职业技术学校，在一定基础上，逐年逐步适当增加初级职业技术学校的数量。为兼顾职前、职后教育，使二者相沟通、相结合，初级职业技术学校可采取与农民技术学校联合办学的方式，提高办学的整体效益。要积极创造条件，给学校配备足够的专、兼职技术课教师，帮助学校建立必要的实验实习基地。解决职业技术学校在创办、发展中遇到的各种问题。

（三）深化基础教育改革，将职业技术教育因素引进普通中小学

要改变基础教育的单一的升学模式、改革其教学内容、教学方法，在切实加强思想政治教育和文化科学教育的同时，大力加入职业技术教育因素，中、小学校要按照国家规定开设好劳动技术课或劳动课，将他们列入教学计划，考核其成绩；要建立适当的劳动实习基地，为学生提供实践场地，其标准为中学每班一亩，小学每班半亩。要根据当地的农业产业特点和农村脱贫致富的需要，在初中和高中设置若干门职业技术选修课，每个学生至少选学 1 门，以便不能升入高一级学校时回乡直接参加生产和经营；要积极编写乡土教材，开展形式多样、内容丰富的课外活动，培养学生热爱农村、热爱家乡的品质和对科学技术的多方面兴趣。当前农村初、高中还要承担起对未升入高一级学校的毕业生进行一个阶段的职业技术训练工作，并配合当地的初级职业技术学校和农民职业技术学校，搞好在乡初、高中毕业生的实用技术培训。各类中、小学都要发挥自身的相对智力优势，帮助农村进行智力开发和经济开发，为农村建设做出贡献。

要提高贫困地区的"造血"机能，我们认为需要做好以下工作：

1. 提高对教育的突出战略位置的认识，防止和纠正轻视、鄙薄职业技术教育的倾向

长期以来，我国的农村教育基本上是单一的升学模式，严重脱离当地经济和社会发展的实际，以至于发生教育上是"先进县"、经济上是"贫困县"的现象。究其根源，是缺乏对教育的本质的认识，忽视教育的突出战略位置。近年来，随着经济的发展和对科学技术的需求日益迫切，人们对教育的认识在逐渐提高，但还远远达不到应有的高度，尤其是在某些地方，重视高级人才的培养，轻视中、初级人才的培养；重视普通教育的发展，轻视职业技术教育的发展的倾向还比较严重。实践证明，要加速农民脱贫致富的步伐和农村现代化建设的进程，必须把发展农村教育放在战略首位，而职业技术教育与当地经济建设和社会发展的关系最直接、最活跃，因此，必须在加强基础教育的同时，切实办好职业技术教育，大力培养当地适用的各种中、初级人才，提高劳动者素质。县、乡（镇）企业要坚决执行国家的"先培训，后就业"政策，招工、招干时必须录用职业技术学校毕业生和接受过一段时间职业技术训练的青年，否则要接受必要的处罚。乡、村及农业、水利、工商、金融等部门，要采取措施对职业技术学校毕业生回乡从事各业生产和经营给予鼓励，如允许他们优先承包土地，优先办理营业执照，优先获得贷款，原材料或良种、化肥的供销及产品的收购给予他们适当优惠等。报纸、广播站、电视台等新闻机构，要及时宣传党和国家的有关方针、政策，大力报道职业技术学校的建设成就及职业技术学校毕业生的致富经验，促进广大干部和群众更新观念，自觉地接受职业技术教育，为发展职业技术教育贡献力量。

2. 增加投入，保证职业技术教育的经费需求

职业技术教育需要的投入比较多，但见效速度快，效益也比较高。因此，各级政府和教育行政部门应认清职业技术教育的重要价值，在财政单列支出项目，切实保证发展职业技术教育的经费需求。要帮助各级职业技术学校发展勤工俭学，从其收入中划拨一部分用于补充经费的不足。要鼓励事业单位、侨胞、专业户、个体大户等为职业技术教育捐款、集资，贡献突出者给予挂匾、树碑、铭志等奖励。鉴于"科学技术是生产力""教育可以产生生产力"的理论及部分地区的实践经验，贫困县在发展职业技术学校的实验实习基地和各种生产性项目上，可以从国家的贴息扶贫贷款中支出一部分作为投资，取得效益后偿还。

3. 加强对职业技术学校毕业生的追踪辅导，扩展职业技术教育的巨大影响力

职业技术学校毕业生回乡从事各业生产和经营的效果如何，标志着职业技术教育的信誉和生命力。因此，除切实加强职业技术学校管理，提高对在校生的教学质量外，还要认真开展对毕业生的追踪调查，了解和掌握毕业生从事生产或经营的情况及其动向，帮助解决遇到的问题，辅导他们更好地运用所学过的专业技术，必要时吸收他们回校接受再培训，以得到进一步提高。要热情扶持毕业生成为专业户和示范户，使广大农民亲眼看到职业技术教育的巨大效益，从而激发起学技术、用技术和关心职教、支持职教的积极性。

论县级职教中心建设 [①]

县级职业技术教育中心是中国的一种新型的农村职业技术教育办学模式。其基本特点是在一个县（市）范围内，由政府统筹，把国家各部门分别办的、小规模的中等职业技术学校（包括职后的）合并为一所综合性、多功能的职业教育机构，以形成合力，切实提高办学质量和办学效益，更好地适应农村发展的需要。1989年，河北省在个别地区先进行试点，然后推广到全省。县级职教中心的产生与发展，有力地促进了河北省职业技术教育的发展，推动了河北省农村教育综合改革的深化，对河北省农村经济发展和社会进步发挥了十分重要的作用。河北省的这项改革引起了许多省、市及国家有关领导同志的关注。1994年，原国家教委在石家庄市召开会议，向全国推广了河北省创建职教中心的经验。

中共十五届三中全会对农业和农村发展提出了一系列政策和要求，县级职教中心应抓住这个机遇，切实加快建设步伐，以便更好地适应农村现代化建设的需要。下面就此问题谈几点意见，供参考。

（一）县级职教中心的创建及推广

中国共产党十一届三中全会后，我国实行以农民家庭联产承包责任制为主要标志的农

---

① 陈逊先 . 1999. 论县级职教中心建设（上）. 新职教，（5）：3-5
陈逊先 . 1999. 论县级职教中心建设（下）. 新职教，（6）：3-6

村经济体制改革，极大地调动了广大农民的积极性。为了发展生产，勤劳致富，广大农民迫切要求学习和掌握科学技术。农村的各项建设也迫切需要各类专业技术人才。为适应这一形势，河北省各县办起了农村职业中学。但是，这些学校绝大多数是由条件较差的普通中学改办的，虽然在教学内容中增加了一些农业生产基础知识和实用技术，却没有摆脱普通教育的办学模式的束缚，加上办学条件简陋、教学质量较差、社会上鄙薄职业教育的传统观念的普遍存在，造成生源缺乏，发展十分艰难。

1985 年，中共中央《关于教育体制改革的决定》进一步强调了"调整中等教育结构，大力发展职业技术教育"，同时，明确提出"要充分调动企事业单位和业务部门的积极性，并且鼓励集体、个人和其他社会力量办学"。同年，河北省人大颁布了我国第一部地方性职教法规——《河北省发展职业技术教育暂行条例》，使职教发展有了法律上的依据和保证。于是，各地区、各部门及有条件的行业、企业积极办学，职教出现了快速发展的兴盛局面。

但是，一些新的问题逐渐暴露出来，主要是：①办学分散，学校规模小，内外矛盾多，整体效益低。据 1988 年统计，河北省 139 个县（市），共办起各类中等职业技术学校 1297 所，平均每个县（市）9 所，大多数学校在校生数量不多，造成了人力、物力、财力的极大浪费。②这种分散的办学体制，也造成了专业设置难以调控。一方面，各校竞相开设"热门"专业，造成重复，致使人才需求很快假性饱和，许多毕业生不得不改行就业；另一方面，某些专业、艰苦工种、特殊工种虽然急需，但由于办学难度大，学校不愿办，致使相关的专业技术人才得不到按需培养。③特别是一个县（市）财力有限，各校师资力量薄弱，图书、仪器、设备缺乏，影响了教育教学质量的提高。上述问题，有的是由于历史原因，更多的是由于条块分割、各自为政的办学和管理体制造成的。这些问题的存在，制约了农村职业技术教育的发展。

1987 年初，原国家教委和河北省政府，决定共同建立"河北省农村教育改革实验区"，以探索有中国特色的发展农村教育的道路。为促进职教发展，提高其质量和效益，以适应和促进农村发展，河北省教委经过调查研究和论证，提出了试办集县级各职教机构于一体的县级职教中心方案（起初叫综合职业技术学校），以理顺体制，克服分散办学的弊端，形成规模效益。并决定在获鹿县（现已更名为鹿泉市）进行实验。从 1989 年初开始实施，不到一年的时间，就基本理顺了各种关系，把原来由国家各部门分设的农业中学、职业中专、农民中专、劳动技术学校、农业广播电视学校等集中起来，建成了 1 所占地 580 亩，建筑面积 1 万多平方米，设有 10 个专业、7 个实验实习场所、20 个教学班、近 1000 名在校生的县职教中心（现在该校长期班在校生已达 3000 多人，建筑面积达 4.7 万平方米）。办学和管理体制实行县政府统筹，部门联办，教委协调，一校多制。原来各校的师资、设备、经费及管理人员等，得到统一使用，办学质量和效益大为提高。河北省委、省政府及国家教委的主要领导及时肯定了"获鹿经验"。至此，县级职教中心在河北省的教育体系中正式定型、定位。

县级职教中心自 1989 年创建后，相继在河北省 12 个农村教育综合改革实验县推广。1991 年，省政府决定向全省推广。1995 年底，河北 139 个县（市）均建起了这一模式的县级职教中心。河北省县级职教中心的创建及在全省推广，之所以能获得如此进展，主要是由于以省委、省政府为主的各级领导的重视和采取了有力的政策和措施，以及职教战线的同志们努力的结果。原国家教委对这项改革很重视、很支持。国家的有关领导同志对此也很重视，中华职教社理事长、全国人大常委会副委员长孙起孟先生，先后于 1991 年、1993 年两次率一些专家专程到河北考察和指导县级职教中心建设。中共中央政治局委员、原国家教委主任李铁映于 1993 年率有关领导、专家专程到河北省指导这项改革。中共中央政治局常委、国务院副总理李岚清考察丰南职教中心后给予了较高评价。一些国外专家对中国的这项改革也大力称赞。

（二）县级职教中心的基本特征

1. 县级职教中心办学规范和一般模式

河北省政府以各县（市）分期分批地创建县级职教中心下发了几个文件。要点是：

（1）指导原则

职教中心要坚持为当地发展服务的办学方向，坚持政府统筹、部门联办、教委协调、一校多制的原则。职教中心集农业中学、职业中学、农民中专、技工学校、农广校、农机校、卫生学校等各类中等职校于一体，由一套班子统一管理，根据需要可以挂多块牌子。建职教中心要因地制宜，可采取扩建、改建和新建等办法。建校要体现特色，讲求实用，避免浪费。

（2）一般标准

职教中心要有与本县需要相适应的办学规模。初始阶段，在校生要达到小县 1000 人，中等县 2000 人，大县 3000 人；要有适应教育教学需要的校园、校舍和设施。如校园占地在 100 亩以上，建筑面积在 1.5 万平方米以上，有 400 米跑道的体育场及相应的体育设施；要有较强的自我发展能力，要有 100 亩以上的农事实验场地，有年利润较高的校办企业；既要有相对稳定的实习基地、车间；也要有较先进的教学设备、实验室和足够的图书资料，还要有电化教室、微机室，开设外语的要有语音教室；要创造条件建立教育电视台，并与乡、村级成人学校联网，以推广实用技术，开展对农民的培训；要按需要设置专业，并建立一套切合实际的、科学的、先进的专业教学计划、教学大纲和教材；要有一支适应需要、素质优良、结构合理、专兼结合的师资队伍；要有一个精干的领导班子，一般由县（市）长任职教中心办学委员会主任兼校长，常务副校长为法人代表，享受正县级待遇；要实行科学管理，建立必要的规章制度。

（3）组织领导

省政府成立职教协调领导小组，负责协调关系、拟定政策、安排计划、宏观指导，下设办公室具体推动工作。各市、县建立相应机构，负责落实省里的要求，制定规划、研究措施、筹措资金、组织施工和验收。各县（市）职教中心基本建成后，报省验收，合格者由省政府正式公布。

（4）经费筹措

建设县级职教中心所需经费，以县（市）自筹为主，所在地、市配套支持，省提供贴息贷款资助。县（市）资金来源渠道主要是财政拨款、部门集资、教育费附加和机动财力提成、群众捐款、变卖不用的原校产等。

2. 县级职教中心的运行机制

（1）政府统筹

县职教中心是多种类型学校的集合体。为有效地搞好协调和调动多方面的积极性，必须强化政府统筹的机制。主要措施是：职教中心建办学委员会（或董事会），由县（市）长任主任，有关部门主要负责人为委员，定期研究办学中的重大事宜；县（市）长兼任职教中心校长，亲自协调关系，纠正偏颇，化解矛盾，增强办学的凝聚力；县（市）政府拟定有关制度，实施有效监督，对参与联合办学成绩卓著的给予表彰和奖励，对干扰联合办学的给予批评，并追究该单位主要领导人的责任等。

（2）联合办学

在政府统筹下的联合办学包括多方面：①联办专业。职教中心所设专业绝大多数与有关部门、企事业单位联办，共同商定培养目标、学制、教育计划、课程设置及毕业生的出路等问题。②联合组建师资队伍。一般做法是：各专业文化课、公共基础课、长期举办的专业所需的专业技术课骨干教师，由学校聘任；其他专业的专业技术教师由联办单位选择能胜任教学的科技人员兼任或聘请有关的能工巧匠兼任。这样做既有利于解决专业师资缺乏的问题，也有利于将生产中的新技术、新信息迅速传播到学校，促进教学改革。③联合建设专业实验室和实习基地。一般做法是：公用性实验室由学校建设；专业实验室根据情况，有的建在校内，有的可借助联办单位的有关实验室。实验基地（车间），有的建在校内，有的可由联办单位提供。④联合开展技术推广、科学实验、生产示范和经营服务等活动，并根据活动特点，由双方签订协议，成果共享，风险共担。

（3）加强管理

加强管理的核心是建立高效、精干的学校管理系统。一般做法是：校长由县（市）长兼任；委任 1 名常务副校长，主持学校的日常工作，享受正县级待遇；选聘 3 ～ 4 名副校长协助常务副校长分管各项工作；学校设立必要的中层机构，如办公室、教务处、总务处、信息公关处、生产实习处、校办产业处等。

3. 县级职教中心办学的主要特点

（1）综合性

主要表现：①一校多制。县职教中心集各类中等职校为一体，实行既统一领导管理，又适当保留联办单位一定的自主权，以调动其积极性。②职前和职后教育兼顾。既搞职前的学历教育和系统培养，又搞职后的职工岗位培训和对农民骨干的短期培训。③多种专业。学校一般设有涉及第一、第二、第三产业的十几个专业，包括中专、技校、职业高中等不同的种类。④多种学制。既有两年以上的长期班，又有办几个月甚至几天的短期班。⑤多层次教育。职教中心以中等职业教育层次为主，同时，也办初级职教培训和高职班，如电大班、自考班等。

（2）唯实性

即坚持实事求是的原则。在建校方面，由于各县经济发达程度不同，条件不同，因而采取了分类指导、因地制宜的办法。比如，对贫困县的职教中心的建设，强调统一办学思想，提高办学质量和效益，在校舍建设上不做过高要求。在专业设置方面，由于各县（市）经济的特点不同，产业结构不同，传统产业不同，因而采取了省里提要求，市里搞平衡，县里做决定的方法。从实践情况看，县职教中心除设有一般专业外，还确定了骨干专业、特色专业。这些专业跨县、市招生，既稳固地支撑着职教中心在当地经济和社会发展中发挥特定作用，又为相邻县、市提供委培人才，弥补了相邻县、市职教中心所设专业的局限性，提高了投入的整体效益。在内部改革方面，有的学校实行了按专业确定目标管理责任制，学校给各专业一定的权力，以调动教职工的积极性。

（3）多功能性

县级职教中心除了培养和培训当地发展所需人才，提高劳动者素质这一中心任务外，还利用其师资、设备等优势开展了技术推广、生产示范、科学实验、生产经营、信息服务等活动，全方位地为当地发展做贡献。在实用技术推广方面，县职教中心除发挥校本部作用外，还以县、乡（镇）、村三级成人学校作为辐射点，推广实用技术，成为各县三级培训与推广网络的"龙头"和"中枢"。据1995年统计，全省139所职教中心仅校本部就开展科技咨询233万人次，推广优良种子1812万公斤，推广面积达520万亩。

（4）开发性

在改革开放政策启迪下，职教中心的开放性呈现为纵横交织、彼此交叉的网络状和无端点的立体结构。主要表现为：①吸纳一切有合作意向的单位联合办学，以形成优势互补，共同培养、培训所需人才，同时，还联合进行科技和生产开发活动等。②办学实行"三沟通"，即"上挂、横联、下辐射"体制。③教学实行"五结合"，即在教学过程中实行教学、科研、生产、经营、服务五结合的体制，既培训合格人才，又为当地经济和社会发展做出贡献。④发挥职教中心的资源优势，为当地发展做贡献。职教中心的专业课师资，在保证完成特定教学任务外，要参与当地的经济开发和科研活动，并承担和指导普通中学的"三加一"培训；学校的教室、微机室、语音室等教学设施在保证教学任务的前提下，可有指导的、有条件的对外开放或搞有偿服务。⑤校办产业积极寻求生产、经济或技术合作伙伴，不断拓展国内外市场，提高效益，增强职教中心自我发展的能力。⑥争取有能力的单位、个人和国际组织提供智力支持、资金与物质捐助等，并为提供资助者给予不同形式的、恰当的表彰和奖励。⑦县职教中心与外市、外省、外国的有关学校，建立校际间的友好交流关系，并开展可行的合作项目。

（三）创建县级职教中心的理论价值和实践意义

1. 县级职教中心建立的前后比较有以下几点变化：

（1）办学规模显著扩大。1995年校均在校生1226人，比1990年增加220.1%，带动了整个职教发展。

（2）办学条件有明显改观。1995 年职教中心校园占地面积为校均 160 万亩，比 1990 年提高 68.75%；校舍建筑面积为校均 1.86 万平方米，比 1990 年提高 116.3%。

（3）改进了管理，提高了办学质量和效益。多数职教中心管理规范，被评为当地的"文明单位""管理先进单位"或"花园式学校"。1995 年河北省评定国家级重点职业高中共 27 所，其中 26 所为职教中心。县级职教中心的毕业生，就业的能胜任工作，回乡的成了科技骨干。

2. 县级职教中心的建立，促进了人们观念的更新，职教战略地位得到具体落实

由于省委、省政府一把手亲自抓职教中心建设，并把它列为各级领导目标管理主要指标之一，有效地提高了各级领导和全社会对职教的重视，鄙薄职教的观念大为改观，大力发展职教的观念大为增强，促进了职教战略地位的落实。

3. 县级职教中心的建立，促进了县教育资源的合理配置，提高了教育投入的整体效益

根据我国的国情，发展职教要提倡多渠道、多形式，同时，也要重视提高办学的规模效益，特别是对国家投资办的职业学校更应如此。国家对县级地区投资有限，我们应以有限的投入创造最佳的效益。为此，必须十分重视广开投资渠道和搞好资源配置。据 1990 年统计，河北省 139 个县（市），人口不足 50 万的县（市）有 107 个，占 78%；国民生产总值低于 5 亿元的县（市）有 101 个，占 72.7%；国民收入低于 5 亿元的县（市）有 115 个，占 82.7%。根据这个状况，各县（市）办好基础教育的同时再办近 10 所职校显然是不可想象的，即使办起来，也必将会肢解有限的人力、财力和物力，造成教育资源浪费。县级职教中心的建立，提高了办学的规模效益，较好地实现了教育资源的合理配置，提高了投入的整体效益。这种办学模式，虽然产生在河北，却反映了全国职教改革与发展的趋势，为全国教改提供了借鉴。

4. 县级职教中心的建立，有效地推动了职教体制改革

中国职教的办学、管理、投资体制，由于种种原因，各个学校往往各行其是，很少沟通，造成职教内部结构不协调，影响了职教发展。县级职教中心的创建，通过政府统筹，使职教体制得到理顺，结构得到调整，办学整体效益得到提高。县级职教中心把中专教育、技工教育、职业高中教育融于一校；把职前教育和职后继续教育化为一体；把初等、中等、高等职教有机联系起来，形成了以发展中职为重点、适当办一些初职和高职的统一体。

5. 县级职教中心的建立，为教育与经济二者形成良性循环提供了物化的基础和条件

1）县级职教中心成为培养农村所需人才的重要基地，完善了为农村培养、培训人才的网络和体系。县级职教中心的建立，由于办学方向明确，又显著地改善了办学条件，为农村培养了大批以中级层次为主的"招得进，学得好，用得上，留得住"的农村所需人才。这一做法，产生了巨大的聚合效应：①明确了县级教育主要为当地经济建设服务的方向；②强化了人们的职业意识和职教观念，使人们的价值取向发生很大变化，为受教育者的深

造搭起桥梁；③完善了为农村发展培养、培训人才的网络与系统，使省属高等职业学院、市属职业专科和中专学校、县属职教中心、乡（镇）属成人学校和村属成人学校互相沟通，形成按需培养、服务范围兼容、培养目标各有侧重、办学层次错落有致、教学内容上下贯通的完整体系。从这个意义上说，县级职教中心的建立已成为推动农村教育综合改革深化的催化剂。

2）县级职教中心的多种功能的发挥，不仅促进了职教的自我完善与发展，并且有力地促进了当地建设。县级职教中心摆脱了传统教育学校功能单一化的观念，吸收了中外职校发展的成功经验，确立了其多功能属性，这是农村教育改革的重大突破。它在实践中，宏观上"统筹联办""上挂、横联、下辐射"；微观上"教学、科研、生产、经营、服务相结合"，专业设置、课程结构、教学方法、课外活动及校办厂（场）站的工作，都围绕当地发展和农民致富的要求予以安排。既培养出了大批适合当地需要的专业技术人才，又使中心逐步成为当地智力开发、科技开发、经济开发和经营服务的枢纽。

3）县级职教中心的创建，促进了"农科教结合"，促进了"科技兴农"战略的落实，促进了农村现代化建设的发展。各县均成立了协调领导小组，办公室多设在职教中心，这样就使县职教中心成为"农科教结合"的载体和枢纽，既促进了职教中心多功能作用的发挥，又促进了科技迅速转化为现实的生产力，使职教中心越来越自觉地把为当地经济发展和农民致富服务作为一切工作的出发点和归宿。

（四）县级职教中心建设面临的挑战、机遇与对策

河北省各县（市）都建起了职教中心，但是建起了不等于办好了。就其办学情况来说，可分为三类：办得好的、办得一般的、办得不景气的，其比例大体各占1/3。就其存在的问题看，主要是基本特征有待强化，办学机制有待完善，教师队伍水平有待提高，办学条件有待改善，教学改革有待深化，办学质量和效益有待提高。

加强县级职教中心建设面临着许多有利条件："科教兴国"战略的实施，农村现代化建设的推进，"职教法"的颁布，国家关于大力发展职业教育文件的贯彻，以及教育部把发展农村职业列为 1999 年工作重点之一的决策。加之我们有了一定基础，有了一些经验，只要我们抓住机遇，奋力开拓，县级职教中心建设定会取得新的进展。

面对良好的机遇和严峻的挑战，就如何切实加强县级职教中心建设，提出以下三点对策，供参考：

1. 以市场为导向，造就农村发展所需的高素质人才

我国的经济体制正从计划经济向社会主义市场经济转变。与经济发展密切相关的职业教育，也必须适应这个转变，以市场为导向，推进职教发展。在这个问题上我们还缺乏经验，需要探索。如何办，应注意以下三个方面：

1）专业设置与调整要适应市场的需要，培养供求对路的人才。我们必须转变观念，按人才市场的需要来培养人才。为此，以下几点值得注意：①专业设置与调整，必须在调查研究的基础上，根据当地支柱产业、传统产业、新兴产业和区域经济的特点、人才市场的

需求，以及当地建设的现时需要和发展需要，经过反复论证再做决定。就农村产业结构的发展来说，以农业为主的第一产业，随着科技革命和产业化的发展，急需一大批掌握现代科技的专门人才。但是，其需求趋向不是乡（镇）以上的技术部门，因为这些部门受政府财力、编制等因素的制约，难以容纳很多毕业生，因而其需求趋向主要是生产第一线的各种联合体和企业，学校开设的专业应适应它们的需要。随着农村工业化的发展，乡镇企业将会有较大发展，急需一大批技术人才，我们应该注意发展工科类的专业，以适应其需要。随着农村第一、第二产业和小城镇建设的需要，以服务业为主的第三产业也必将有较大发展，我们应重视开设相关专业，以满足这一发展需要。就农村发展所需的人才的种类结构说，管理类人才随着党政机关的机构改革和公务员制度的实施，其干部岗位将大幅度减少；但是乡镇企业的发展和村级建设仍需要大量具有良好素质的管理人才。②要注重发展联办型专业。职教中心应广泛收集信息，争取一切有合作意向的个人和单位联合开办相关专业，以满足新办企业、新开生产线等对人才的需求。这样做既理顺了供求关系，又有利于发挥双方优势，解决难题，提高质量，培养合格人才。③要大力搞好骨干专业和特色专业建设。企业靠名牌产品和特色产品提高竞争力，职教中心则要靠办骨干专业和特色专业、培养高质量人才提高声誉。所谓骨干专业就是切合当地需要的，办学实力较强、坚持长期开办的，支撑职教中心发展的专业。所谓特色专业，就是办学实力强，教学质量高，社会声誉好，在本县、本市、本省有一定影响的骨干专业。学校应该集中人力、物力、财力，在办好几个骨干专业基础上，花大力气办好特色专业，以扩大办学效益和社会影响，提高学校的声誉。

2）深化教学领域改革，造就适应性强的高素质人才。所谓高素质的人才，就是既具有较好的专业技能，又具有较好的综合职业能力和全面素质的人才。所谓综合职业能力，主要是指专业能力、方法能力和社会能力。所谓全面素质，主要是指身心素质、思想品德素质、基础文化素质、职业技术素质、创业素质等。因为，具有全面素质、综合职业能力的专业技术人才在人才市场竞争中才会具有较强的优势。县级职教中心主要是为当地或一定区域内培养人才，这种人才不宜在专业技能方面过于单一，应该是复合型人才、一专多能型人才。这样才能提高其就业的适应性，易被用人单位录用。同时，能使其有较强的发展后劲。

3）招生与就业工作应该导入市场机制。职教中心的招生与毕业生就业工作如同产品的营销要通过广告等手段打开销路一样。也应采用多种措施扩大对外沟通与宣传。联办专业，应采取定向招生、定向培养、定向安排的办法，双方签订协议。毕业生进入人才市场参与竞争，主要靠人才质量和宣传。职教中心应有专门机构收集有关单位的用人信息，广泛联系，打开通道。毕业生出路主要有三条：①到有关用人单位去就业，这需要我们努力去做；②输送到高一级学校去深造，这需要我们去争取；③引导和组织他们创业，这更需要我们做大量工作。就目前农村情况来说，职校毕业生到用人单位去就业的机会是有限的，输送到上一级学校深造的机会更是有限的，而引导和支持毕业生创业的机会则是无限的。

创业，也是一种就业方式，是一种有深远意义的主动就业。我国提倡创业教育由来已久，近期教育部又倡导创业教育，这一切都为强化创业教育提供了条件和机遇。笔者认为，只要我们重视总结，完善已有经验，勇于实践，不断探索新的经验，持之以恒，创业教育定会取得显著成效，为社会主义市场经济的繁荣增添活力，为农村的发展做出贡献。

2. 发挥县级职教中心的多功能作用，主动参与当地农业产业化实践，探索职教产业化道路

主动参与当地农业产业化实践，探索职教产业化道路，是贯彻教育与生产劳动相结合方针的重要途径，也是增强县级职教中心办学活力、加强自身建设、提高办学效益的重大举措。

农业产业化是我国传统农业向现代化农业转变的必由之路。其基本点是将农业变成社会化生产和现代化经营，并有一定专业特点的较大的生产领域，即将单一的传统商品生产联系起来，变成现代化的、高效益的产业链和产业群。农业产业化给农村职业教育带来了新的发展机遇和挑战。县级职教中心如何促进农业产业化，并在实践中加强自身建设，探索职教产业化道路，应注意以下三个方面：

（1）根据农业产业化需要造就人才，提高劳动者素质

传统农业以自给自足为特征，产量小且分散，生产手段也比较落后；产业化则要求现代化的生产手段，大规模、大批量进行生产经营，实现贸工农一体化、种养加一条龙，形成系列的产业链和产业群。增产方式由粗放型转变为集约型。根据这个情况，县级职教中心要为农业产业化培养懂得市场经济和企业经营的管理人才；一专多能的高素质专业技术人才；懂贸易、有活动能力的营销人才；同时要依托乡（镇）、村成人学校有针对性地搞好相关培训，以提高现有职工和农民的素质。

（2）发挥县级职教中心的多功能作用，直接参与当地农业产业化活动，并在实践中完善和强化自身建设

在一定区域内，县级职教中心在智力、设备、信息方面具有相对优势，在农业产业化实践中应充分发挥作用。在技术推广方面，可依托三级培训网络推广实用技术，传播有关新信息；在生产示范、科学研究方面，除搞好校内基地的相关项目外，还应与民营实体和企业联合搞好校外的项目；在经营服务方面，县职教中心应逐步成为一定区域内的信息中心、咨询中心、服务中心，并应具体参与民营实体和企业的生产、经营、服务活动。为广大农户提供全程服务，包括产前市场预测、产中技术指导和生产资料供应、产后产品收购和销售等。

（3）县职教中心要以骨干校办企业为基础，把它建成有一定规模和影响的当地的"龙头"企业，为农业产业化做贡献

县职教中心应选择在当地最有实力、有一定影响的校办企业为主要基地，联合本校回乡搞生产经营的毕业学生和学员，组成某种形式的联合体或总公司、集团等，形成"学校、校办企业＋农户"的新模式实体。这个实体应具有三个特色：①注重引进高新技术，达到高质量、高产出、高效益；②注重开展农产品的深加工，研制新产品，延长农副产品的生产链，增加附加值；③采取灵活的办法，把企业与组成生产基地的广大农户密切结合为一个有机体，以合同的方式明确双方的责、权、利，做到风险共担，利益共享。这样，既可以促进当地发展，又可以提高师生参与实践的能力；既可为市场提供商品、创造价值，又可提取收入的一部分用于"中心"建设；既可促进职教中心建设，又为广大农民创造利益。

例如，永年县是河北省的重要蔬菜基地，建有省级蔬菜市场。该县职教中心将校办蔬菜公司、蔬菜学校、饲料公司等联合为一体建成总公司，实行董事会领导下的总经理负责制。总公司独立经营并与职教中心签订了合同。他们聘请省内外有关科研部门的科技人员

组建了蔬菜研究所，负责蔬菜开发和技术指导。他们外联京津等地的蔬菜市场，内联县市蔬菜市场，把已经该校培养、培训回乡生产的毕业生、学员为主的蔬菜专业户，以合同方式组织起来，形成联合体。近期，美国孟山都集团在该县建立了蔬菜开发基地，其实验室、专家办公室、示范基地等均设在职教中心，为其引进高科技提供了条件。

又如徐水县职教中心，结合自身开设观赏园艺专业的条件，建立了花木总公司，在校内建起花木草基地，聘请了河南、云南、江苏等地的花卉技师具体指导示范基地的苗木培植，现已培植花卉 100 多种。他们聘请高校和科研部门的专家组建花木研究所，负责花卉的引进与开发，现已与中国林科院花卉研究所等科研部门挂钩，以引进高新技术和新品种。他们开始打通销售渠道，已与北京等地的花卉市场建立了微机联网，中心将校内的花木基地建为示范基地。生产基地的员工以回乡经营此项目的毕业生、学员和专业户为主，产品由总公司收购、加工、投入市场。近期他们正在争取国外的合作者并开辟新的市场。

以上两个例子有其个性：前者具有综合性，后者具有专业性；前者推动了当地产业优势发展，后者为当地开辟了新产业。两者也有其共性：①发挥职教中心的优势，以校办企业为"龙头"建立联合体，形成"校办企业＋研究单位＋农户（以回乡毕业生、学员为主）"的新模式；②形成开发、培训、生产、加工、贸易为一体的产业链；③各实体按企业独立经营，既服务于育人，又生产商品投入市场。所得利润一部分用于生产经营开支，一部分用于扩大再生产，一部分支持职教中心改善办学条件。

3. 优化管理，不断推进县级职教中心建设，提高办学质量和办学效益

县级职教中心的办学质量和效益如何，主要取决于学校领导班子的水平，特别是一把手的水平。为此，优化管理，提高校级领导成员，特别是校长的管理水平，是推进县级职教中心建设的关键环节。优化管理，应注意以下五点：

1）学校的领导班子应重视学习邓小平理论，树立实事求是的思想作风，锐意改革，勇于开拓，知人善任，群策群力，不断推进职教中心建设和发展。

2）要重视收集和研究农村经济发展和职教改革信息，启迪思想，丰富智慧，克服保守，强化改革。有些校长为了及时了解农村，特别是当地经济改革与发展的信息、全国职教改革信息，安排专人做这件事，并及时整理好资料提交校领导阅读，必要时由校长召集有关人员开展研究。这种做法是很值得提倡的。

3）对职教中心的重大改革，要事前搞调查，搞方案，组织研讨会、论证会，使改革切实建立在科学的基础上。同时重视在实践中不断改进和完善方案，及时总结，把改革不断引向深入。这样做，既可集中群众智慧，调动有关人员主动参与的积极性和自觉性，又有利于推进改革，避免失误。

4）注意聘请校外有关专家做职教中心的咨询顾问，以帮助学校出谋划策，扩大学校的对外联系，解决有关问题，推进职教中心建设。

5）建立健全奖惩、评估等有关制度和办法，以鼓励先进，鞭策后进，启动活力，改进工作，不断提高办学水平和效益。

三十六、周稽裘

周稽裘（1946—　），男，江苏无锡人，曾任江苏省教育厅副厅长，江苏省教育科学研究院院长，研究员。

曾担任无锡市江南大学副校长（1983—1986），无锡市教育局局长（1986—1991），江苏教育厅副厅长（正厅级）（1991—2006），江苏省教育科学研究院院长，教育部国家督学。

现任国家教育咨询委员会委员、职业教育办学模式改革组副组长，中国职业技术教育学会副会长和江苏省职业技术教育学会会长。参与国家中长期教育改革发展规划纲要前期的研制阶段工作，担任职业教育战略专题组负责人，中国教育发展战略学会第一届理事会副会长。

主持全国教育科学"十五"规划重点课题"全面小康与基本现代化时期的教育现代化新发展研究"。

专著有《适应与超越·周稽裘教育文集》《创业基础与务实》《教育现代化：一个特定历史时期的描述》等，在职业教育研究方面具有重要影响。

再建新的标志工程①
——江苏职教 15 年回顾及展望

改革开放以来，江苏职业教育已跨越了两个历史性阶段，目前正进入第三个新的发展阶段。

（一）15 年来，全省职业教育从崛起到壮大，已初步建立起职业教育体系的基本框架

70 年代末 80 年代初，伴随着全省工作重心转向经济建设为中心，江苏省开始进行教育结构调整，在原有规模不大的中专和技校基础上，以建立一批新办的职业学校为标志，宣告了职业教育正式作为一个独立门类的教育的诞生。

---

① 周稽裘.1995.再建新的标志工程——江苏职教 15 年回顾及展望.中国职业技术教育，（5）：9-11

经过 5 年的努力，到 1984 年止，江苏省中等职业学校招生数翻了一番，已达 9 万多人，普职招生比调整至 1∶0.64，中等教育结构单一的局面已得到显著的改变。其中，职业高中招生人数从 1980 年的 1 万人猛增到 4.8 万人，增加了 3 倍多，远远高于平均翻一番的水平。当然，新兴的职业学校不免带有其脱胎母体的痕迹，如专业建设薄弱，缺乏独立设置的骨干学校，这就为职业教育下一步的发展提出了新的奋斗目标。

从 80 年代中期到 90 年代初，伴随着全省以农村乡镇企业迅速发展为特征的经济工业化过程，与城乡工业的支柱产业相适应的一大批示范性骨干职业学校成体系地发展及其相应的体制改革的展开，成为了江苏职教史上第二个里程碑式的标志，表明全省职业教育已进入了成长壮大阶段。

1. 高中阶段结构调整实现了历史性的突破

由于连续多年坚持大力发展方针，1991 年普职招生比达到 1∶1，实现了历史性的突破，1992 年普职招生比达到 1∶1.1，普职在校生人数之比也达到 1∶1。

2. 事业发展开始形成体系性特征

全省职教事业的发展并非单一地呈现量的增长，同时也伴随着体系特征的形成。

1）与各地工业化过程所形成的支柱产业相适应，建成一批示范性骨干职业学校。省主要产业部门均办出了一批高质量的中等专业学校，成为中等职业教育的排头兵。各市地方政府与每个主要支柱产业部门合作建立 1～2 所独立设置的主体型职业高中或技工学校。在农村，则以县为单位，分别对应第一、第二、第三产业各建设 1 所骨干职业高中，从而在内涵上使职教结构融于经济结构之中，成为支柱产业培养和训练技术工人的支撑基地。

2）与农村县、乡（镇）、村三级经济同步蓬勃发展的优势相适应，三教统筹，初步形成发达的农村职教网络体系。为适应乡、村两级经济的崛起，我们以县级职教中心为依托，以若干乡镇组成的大区职业学校为中介，以乡镇成人教育中心校为基础，并通过对村、厂成人校辐射延伸，形成覆盖面广泛的多层次网络体系。同时，骨干学校和乡镇中心校之间形成统分结合、双层运行的办学和管理方式。宜兴市还尝试举办了多实体的复合中心职业学校，11 个实体校（各实体校分别由各产业部门和政府部门办）集中在一块区域内（总占地面积 300 亩）。中心实行三统一（统一规划、设计、建设，如图书馆、大操场等公用设施）、三分开（建制分开、承担部门专有任务分开、财务核算分开）、三联合（联合招生、联合管理公用设施和公共课师资）的运行方式，从而既增强了政府的统筹力度，又提高了部门积极性。

3）探索发达地区职教体系内部层次结构的再建设。为了适应发达地区产业结构高度化趋势，我们坚持以高中阶段的职业教育为主体，形成两类三元（即普教和职教两类；普高、职高和综合高中三元）的新格局；同时，又积极稳妥地试验多样化的高中后职业教育，在控制规模的前提下发展与中等职教相衔接的学历性高等职业教育（1994 年其招生人数约占当年应届中等职校毕业生总数的 1%），同时，也对复合型高中职业教育进行了试点，劳动部门也积极发展了高级技工教育，不少地方还兴办了少量的初等职业学校，使整个职业教育层次结构趋向完善。

4）"产教研服结合"的办学模式的探索，极大地扩展了整个职业教育的功能结构，有力地促进了职业教育向现实生产力的转化和落实科教兴省的战略。随着城乡教育综合改革的深化，职教的经济功能日益凸现，在农村已成为农业社会化服务体系的有机组成部分，是乡镇企业劳动力资源开发的重要基地，还是组织剩余劳动力转移的中介服务组织；在城市，职业技术学校已成为技术和产品开发的基地，是技术工人职业资格的考核鉴定站，也是劳动组合转岗的再培训中心。广泛发展的校办企业，不仅增强了学校自我发展的能力，而且也把自己开拓为社会商品生产者和经科教一体的结合基地。据 1993 年不完全统计，全年职业教育校办企业产值达 16.5 亿元，创利 1.5 亿元，盐城市第一职业高中依托专业优势举办的校办机床厂已开发出第二代数控机床，并优惠服务于兄弟职业学校的装备建设。

5）以教学模式的改革为依托，带动职教微观教学体系的建设。其改革的核心是从以学科目标为中心的教与学的体系，转变为以职业岗位规范目标为中心的体系。调整职业高中的培养目标，同时调整考核目标，实行学历证书和职业资格证书双证制，从而实现培养目标和考核目标的统一。作为模式，还要对课程、方法和中介等环节进行改革。在国家教委指导下，宁波、苏州、无锡、常州等城市借鉴德国双元制职教经验，大力探索教学新模式。到 1994 年上半年，苏、锡、常三市在 17 所学校、14 个工厂、20 个专业中开展"双元制"试验，毕业生人数达 500 人，在校生人数达 1000 名。

6）注重基础建设，发展支撑体系，完善配套服务。首先，是加强师资基地建设，80年代前期新建了省属常州技术师范学院，学院依托东南大学和一些地方性院校，成为稳定的专业教师培养和培训基地。其次，是加强教学研究及其队伍的建设，成立全省分学科的研究中心组，联合攻关完成了大量的课程大纲及教材的建设。再次，是加强宣传舆论阵地的建设，同时加强管理规范的建设，制定了《教学研究规范》《职业中学教师教学常规管理规范》《职业高中专业设备配置标准》等文件，而中专校则围绕三项评估工作，成套地制定了全省教学、学生、后勤工作管理规范，促进了评估成果的巩固，使整个管理向制度化方向进一步发展。

3. 迈向社会主义市场经济的职教体制改革的新格局

80 年代江苏工业化过程是在以商品经济（当年尚未明确社会主义市场经济体制）为主的体制下运行的，著名的农村经济"苏南模式"就以此作为基本特征之一。这就决定了无论职教的办学体制还是管理体制都必须与不断发展的市场经济体制相适应。核心的问题是办学体制，从 70 年代末的政府兴办，到 80 年代末的社会广泛参与，以及发展校办产业、自我开拓等办学途径的多样化，展示了一条在政府统筹下实现企业、社会、产业广泛参与的办学道路。

所谓政府统筹，首先体现为各级政府通过财政拨款直接开办骨干职业学校，同时又体现为政策扶持，鼓励各行各业和社会各界举办和投资职业教育，例如，率先在全省范围内开通稳定的职教经费征收渠道；改革职教投资体制，支持职业学校利用银行贷款发展事业等，从而使政府行为在整个办学体制中起主导作用。

所谓企业参与，除了继续鼓励大中型企业以办好各类中等职业学校作为长远发展导向之外，各省辖市都普遍采取建立联合校务委员会等办法，由各支柱产业主管部门和教育行政部门联合牵头，共同规划发展目标并在扩大基建规模，改善办学条件，促进产教结合方面承担了义务。这种由行政方式促成的非契约式组织对吸引更多的企业参与职教，和80年代中期职教大发展起到了重要的推动作用。此外，通过共同的经济利益机制吸引企业投资办学也成为一种新途径。海安农业工程学校依托自己的技术优势吸引乡镇企业共同投资开发校企结合的农科教基地，形成了股份合作制性质的间接式的办学体制。上述种种举措，尽管明显地带有过渡阶段的性质，但毕竟为实现《纲要》的规范目标开拓了前进的道路。

所谓社会参与之路，是以改革招生和毕业生就业制度为契机，以增加中职招生调节性计划为突破口（中专自费生占70%，职高自费生占30%～50%），实行缴费上学制度，带动了家庭消费结构的调整，使社会公民间接地承担起办学的责任；同时，政府大力支持社会各界包括海外友人捐资助学，并通过有组织地引导民办学校对其进行辅助，加快了社会办学的进程。

所谓产业办学之路，是凭借学校拥有的文化技术、智力优势，面向经济建设主战场，使职业教育成为内涵丰富、产学研服结合的智力型第三产业，并在这种服务中为自我发展开拓道路。据不完全统计，学校办学经费的25%来自校办产业的收入。

15年来管理体制的改革，概括起来，实质上形成了"政府统筹、部门分工、行业参与、企校合作"的格局。其中部门分工、企校合作环节已步入良性运行的轨道。

伴随着政府管理职能向宏观转变，有关综合部门的管理职能也被逐步理顺。权责分工，主要是协调教育部门与劳动部门的关系：以教育部门为主，统筹制订中等职业学校招生政策，统一组织初中毕业生升学考试和新生录取工作；以劳动部门为主，统筹制订中等职业学校毕业生就业政策，统一考工、统一聘用、统一待遇，从而实现了职高和技校的统筹管理。

在企校合作的管理上，不仅要引导企业承担办学的责任，而且还要赋予企业参与管理的权利并实行权责统一。如无锡机械制造学校通过建立校董会及分支机构，吸收企业代表直接参与课程和教材建设的管理，使培养人才规格更贴近生产和管理岗位的要求，促进了教育质量的提高。

15年的改革和发展虽然成果累累，但改革尚处在分散的点上试验阶段，虽有突破，但没有形成稳定的制度，容易反复，且发展不平衡，无论是农村和城市的改革，还是学校和企业的改革都处于不平衡状态。90年代整个国民经济加快发展并进入了以现代化为奋斗目标的新阶段，职教事业的发展又逐渐变得不适应新阶段的要求。这预示着全省职教改革和发展面临着新的历史性任务。

（二）面对跨世纪的发展，江苏将以建设现代化职教制度作为新的标志工程，率先在苏南地区突破，进而逐步覆盖全省

1. 苏南地区职教面临的新的发展环境

1994年，省的第九次党代会提出了在2010年全省基本实现现代化的宏伟目标，标志

着我省经济工作指导思想已从 80 年代突出工业化，转向 90 年代突出现代化为主，随之全局工作也转向强调经济和社会事业同步协调发展。

苏南作为全省现代化的先行区，面积占全省 16%，人口占全省 19%，1994 年 GNP 占全省 40%，人均 CNP 已达 12000 元。根据国家计委批准的苏南地区跨世纪发展纲要，该地区未来发展将有五大特征：产业结构高度化、经济国际化、社会信息化、农村城市化、国土环境优良化。社会发展形态将形成以小城镇集约发展为基础的城乡一体化，根据点、线、面发展战略，目前已完成从点到线的发展过程，形成"三带三线"的骨架，即沪宁高新技术带、沿江基础工业带和环太湖风光旅游带等三个经济带：包括，"常熟——苏州——吴江""江阴——无锡——宜兴"和"常州——金坛——溧阳"三线，并开始由线向面的扩散过程。

苏南地区教育按省政府分类指导原则已成为江苏教育现代化的先行区，1993 年全区完成"两基"任务之后，已全面启动教育现代化工程。发展中已初步呈现出如下区域性特征：

1）以中等职业教育为主的高中阶段教育的高速增长。近几年，初中毕业生升入高中阶段的入学率，在苏锡常三市市区已超过 90%，1995 年在农村达到 70% 左右，预计到本世纪末将基本普及高中阶段教育。

2）地方高等教育，若宏观控制条件允许，则地方高专和高职教育将有较大发展。到下世纪初，18 ~ 22 岁人口高校入学率超过 15%，从而使高等教育从英才型走向大众型。

3）地方高等教育形成区域内部城乡一体化发展趋势。这种一体化趋势的总要求是，克服过去中心城市单向辐射农村的旧式城乡关系，形成了以城带乡、优势互补、联合开发、共同繁荣的新局面。因而其发展模式首先以优势互补为基础，城市具有人才和管理优势，县乡则具有投资和市场需求优势，二者联合开发，以社区大学为模式，由总校和分校联合办学，总校只负责招生计划、专业设置和毕业证书等主要项目，给分校以更多的自主权。

2. 启动苏南建设现代职教制度的试点工作

苏南现代职教制度试验的总体目标是建立完整的现代化职教制度，做到办学责任明确，管理分工合理，机制充满活力；普、职、成三教沟通，初、中、高职教衔接；学校教育与企业教育、社会教育互补；中心辐射与城乡一体结合，学制规范、比例适当、制度配套、运行有效，以使结构体系、管理体制和运行机制与现代经济和社会发展相适应，因此制度建设的重点有：

关于职业教育体系问题

1）表现宏观发展水平的职教结构体系，以实施终身教育和学习化社会的观念为先导，形成学校职业教育、企业教育和社会教育三位一体的完善结构，从而进一步增强职业教育对现代社会的影响力。

学校职业教育是整个职教体系的基础。其总体目标是，在原有基础上完善高、中、初层次的衔接，普、职、成三教的沟通。试验的重点之一，是大力发展中等职教以推动苏南普及高中阶段教育，且使高中段的学生比例达到 60% ~ 65%。重点之二，是多渠道发展高等职业教育，通过对高等专科学校进行专业调整，发展地方职业大学和成人大专，扩大普通中专试办高职班等形式，改革高考制度，沟通中等职教和高等职教的衔接。

企业教育是完善现代职教制度的重要环节。总体目标是建立与现代企业制度相适应的现代企业教育制度，核心是围绕岗位培训把各类培训和管理规范制度化。当前试验的重点之一是新工人的系统职业培训制度建设，之二是启动乡镇企业教育制度建设，之三是企业培训实体（包括跨企业培训中心）建设和相关制度探索。

社会教育伴随着社会信息化的发展过程，要逐步建立起相应的职教信息系统。除加强广播电视教育网的建设，中长期目标则要依托社会多媒体信息公路发展，建设职教信息管理系统，提供职教数据库公共服务。

2）与农村城市化进程同步，建设城乡一体的职教网络体系。要重点普及和完善县级职教网络体系，加快职教中心实体建设，以及中心和多层网络之间有关体系制度的完善。同时探索城乡一体化的社区大学的建设，使其成为区域性的高等职业教育的基地。

3）进一步规范教学体系。以素质目标为中心，把党的教育方针规定的培养目标在职教领域具体化，完善学生在职业道德、文化素养、专业技能和行业精神等方面的素质要求；以课程和教材建设为专业建设现代化的核心，提高专业教学质量的综合水平；本着理论与实践技能相结合、教育与生产劳动相结合的原则，改革教学过程和教学方式，同时要在普及双证制考核原则的基础上，进一步完善教学和评价方式。

关于职教体制问题

1）总方向是逐步实现在政府统筹之下行业、企业办学或联合办学为主的体制模式。近期内对有限目标进行重点突破，以落实企业的办学职责为中心，宏观上建立立法或其他规范形式，完善政府的政策环境；微观上要建立企业内部经科教结合和劳人教结合等有效的运行机制，同时，探索大中小型不同企业的办学形式，形成自主办学和联合办学多种选择方案。

2）投资体制与企业办学体制紧密相关，首先，要抓好苏发 [1992] 17 号文件的贯彻，落实职教发展的专项资金，体现企业作为办学主体的投资责任。其次，是进一步发展职教贷款政策，并使其规范化。再次，是各级财政要建立专项扶持资金，增强调控能力。

3）管理体制的改革要抓住四个重点，一是理顺政府职能部门之间的分工管理，二是探索行业管理的职责及基本形式，三是企业对学校教育管理的参与模式，其四是现代企业制度中企业自办学校的管理体制。

4）招生和毕业生就业制度的改革将进一步探索招生市场机构及中介服务管理的建设，学生缴费上学制度的规范，毕业生劳务市场的中介服务建设，以及进一步巩固"先培训，后就业"的劳动人事制度。

关于保障体系建设的问题

职教师资队伍现代化建设是现代职教制度的根本性保障，而且其自身的发展也要建立规范的制度。建设好职教师资的培养体系和继续教育体系，使教育者率先树立并履行素质教育、终身教育的现代观念和制度。当务之急是建设好一批培养培训基地，同时要加强管理，规范制度化建设，在编制、资格、职称、聘任、待遇、考核、奖惩诸方面做到全面规范，建立有效的管理制度。

此外，条件装备要加快现代化建设步伐，在确保良好的文化教育设备基础上，更要围绕专业建设的现代化，提高专业设备的高新技术水准和成套性，为职教服务现代经济奠定一流的物质基础，与此同时，进一步加强职教科研和教研队伍，以及基地的建设。使整个职教质量的提高建立在教育科学进步的基础上。

江河奔流，时现潮尖；山脉连绵，代有高峰。宏伟的职教事业总以其标志性的发展特征，在不同的历史阶段给社会带来深刻的影响，并为自身的再发展创造条件，现代职教制度将为迈向现代化的江苏职教创设新的时代标志。

以专业现代化推进职教现代化 [①]

今后一段时期是我国社会主义现代化建设的关键时期，职业教育作为一种直接向各行各业培养和输送专业技术和管理人才的职业定向教育，如何进一步全面适应现代化建设的需要，在为社会主义现代化建设服务的同时，同步并适当超前地实现职业教育自身的现代化，是摆在世纪之交的职教工作者面前的一个重要问题。

江苏省委、省政府制定了分三步实现现代化的战略目标：

2000 年全面实现小康，苏南及沿江地区初步实现现代化；2010 年基本实现现代化；2050 年全面实现现代化，把江苏建成经济发展集约化，社会结构现代化，国民素质优良化，经济、社会、人口、环境发展直辖市化的全国一流的现代化省份。

但是，江苏地少人多，资源相对缺乏，发展经济，必须走依靠科技进步和提高劳动者素质的道路。农业要提高产业化、现代化水平，需要职教为之培养大量的技术人员和经营人员，特别是要培养能自己创业的生产经营人员和能把农民带向市场、带向产业化经营的民营业主和经纪人。江苏工业要在调整结构的基础上，迅速壮大新兴支柱产业，稳步提高经济效益。而第二产业，特别是支柱产业生产一线的中级以上技术工人和现代化设备的操作维护人员严重缺乏。随着市场经济的发展，企业对产品推销和市场营销人员的需求剧增。三资企业、私营企业和个体企业也需要职业教育为之培养、输送大批的经营管理和生产服务人员。

为此，江苏省教委在"九五"计划的开局之年，就提出了要"以专业建设的现代化带动职业学校建设的现代化"，早在 1996 年 3 月，江苏省教委就决定选择机电一体化和现代农业两大类专业，在 40 所学校率先进行专业现代化建设的试点。

1998 年 3 月，江苏省教委又将试点扩大到第三产业的商贸、服装、旅游、建筑等四类专业，试点学校近 60 所，以此进一步深化职业教育教学改革，分地区、分层次、分阶段、分步骤地积极推进职业教育的现代化，这是江苏职业教育的第三次创业。

（一）专业现代化建设试点的基本思路和做法

江苏职教专业现代化建设试点是在认真总结我国职业教育的成功经验，积极借鉴世界发达国家职教的先进模式的基础上，以教学体系的现代化为核心，以教学手段的现代化为

① 周稽裘.2000.以专业现代化推进职教现代化.职教论坛，（6）:14-17

突破口，以实现人的现代化为根本目的，使江苏职业教育的教育教学改革由一地一校的局部探索，转向集团军作战，使之更有影响，更加规范，为推进我省职业教育的现代化做好理论探索和模式示范的准备。

1. 专业现代化建设试点的主要目标

运用现代教育思想和观念系统地进行课程体系、教学内容、教学方法和手段、评价体系的改革。

根据试点专业所面向的职业岗位（岗位群）的要求，以提高学生的全面素质为核心，以培养学生的综合职业能力为重点，确定培养目标、培养规格，合理地设置课程。按照精心设计、整体优化的原则，搞好教学文件和教材建设、师资队伍建设和实验实习基地建设。

2. 专业现代化建设试点的具体任务

研究制定机电一体化等6类专业的试点方案；制定试点专业的教学计划和主干课程教学大纲；确定新教材的编写计划，并分期分批完成编写和出版任务；按试点的教学计划实施教学；培训学校管理干部和教师；推进产学研结合，大力加强职业学校实验实习基地和装备建设，以与江苏省生产和科技水平相适应作为阶段性目标；制定专业评估标准和评估指标体系。

3. 教学体系和课程改革的基本思路

专业现代化建设的核心问题是解决专业教学体系的现代化。在构建教学体系的基本框架中，我们把工作的重点放在研究、制定教学计划上，将培养目标和培养规格的准确定位和教育、教学、实习的内容和安排，通过可操作的教学文件来具体体现。

1）以培养学生综合职业能力为主线开发课程。借鉴CBE（Competency Based Education，以能力为基础的教育）教育理论，从分析岗位职业能力入手，改变单一的学科型课程模式，以职业能力为本位来开发课程，将学生综合职业能力和全面素质的培养系统地贯穿于教学过程的始终。

2）以模块的形式组合课程。按不同的功能要求将课程进行分类，组成若干模块，根据不同的专业或专门化方向进行课程的拼装、组合和调整，形成通识＋通才＋专才的培养模式，这有利于学校在实施公共模块课程教学的基础上，根据市场需求及时调整活动模块。

3）课程综合化，教学内容和要求以实用、够用为度、根据培养目标的要求，对课程进行梳理，删繁就简，进行科学的、合理的、有机的综合，避免因学科型课程过于强调各自的系统性和完整性，而造成单科教学周期过长和课程间的交叉与重复，提高教学效率。这有利于学校腾出教学时间和空间，加强实践性教学环节和职业技能训练。如机电一体化专业中设置了《机床数控技术应用》课程，就是根据数控机床操作和维护人员应具备"了解数控设备的相关知识，熟悉机床数控的原理与系统，能够操作和维护数控机床"的能力的要求，将现有的《数控原理与系统》《数控机床》《数控编程》《数控机床的操作》等四门课程，按岗位能力的要求进行系统、有机的综合后形成的。

4）注重课程的整体优化。从课程的结构、比例、权重、衔接、纵横关系出发，处理好理论教学和实践教学、培养能力和传授知识、现代内容和传统内容、自然科学和人文科学之间的关系，实现受教育者全面素质的提高。

5）加强实践教学和职业技能训练。有技能训练教学大纲和教材，有分阶段训练的内容、要求和目标，并逐步形成相对独立的实践教学体系。

6）教学计划富有弹性。预留一定的机动课时（如 15% 左右），有利于各试点学校充分发挥各自的办学优势，使试点专业教学计划更具可操作性。

4. 专业现代化建设试点的主要做法和措施

（1）积极依靠行业主管部门，广泛听取企业和用人单位的意见

我们在研究制定试点方案、审定教学计划和大纲、编审教材等各关键时期，注意广泛听取高校和科研机构的研究人员、生产企业和用人单位的工程技术人员、省市行业主管部门的管理人员的意见，吸收他们共同参与研究。

（2）充分发挥中等专业学校的骨干作用

江苏省参与试点的 97 所学校中，有 29 所部、省属中等专业学校，68 所地方职业高中，两类学校各有所长，通过试点的纽带联系在一起，可以取长补短，共同提高。在试点过程中，我们充分发挥中专学校的骨干作用，并注意物色和培养一批热心于教改实践的校长和老师，成为试点工作的中坚力量。

（3）在有关政策上给予扶持和倾斜

"九五"期间，省政府决定从农业重点开发建设基金中，省教委决定从统筹的地方教育附加费中，各拿出 1000 万元（1997 年、1998 年的资金已到位），市、县或学校主管部门按与以上部门出资额 1：1 的比例来拨款，学校自筹 1000 万元，用于农业类学校的专业建设。此外，我们在考虑省内职教专项贷款贴息、职教专项设备补助经费的安排、试点专业招生计划的安排等方面，也给予试点学校重点扶持和照顾。

（4）试点的立意要高，标准要高

专业建设要瞄准职教发达国家的先进水平，跟踪国内科技的发展和企业新技术、新工艺、新设备的发展，用大手笔，花大力气进行建设。

（5）积极借鉴世界发达国家职教的成功经验

借鉴国外职教改革的经验，如"双元制"教学模式，CBE 教育思想和课程模式及DACUM（Developing A Curriculum，教学计划开发）方法，职业群集式课程模式等，有助于形成具有我国特色的职教课程模式，但我们也不是照搬国外的经验和模式，而是根据国情，有针对性地借鉴和吸收，建立适应我国特点的职教课程模式。

（二）专业现代化建设试点工作的主要成效

1998 年 10 月，省教委组织专家对机电一体化专业现代化建设的 24 所试点学校进行了视察，11 月，召开了专业现代化建设试点总结交流大会，交流了 6 类专业建设试点的进展情况和经验。大家高兴地看到，试点工作已经取得显著成效。试点专业和学校适应经济和

社会发展要求的能力明显增强，教学装备与生产现场同步、专业教学水平与科技和生产发展水平相适应、学生能适应生产岗位（群）要求的目标已基本达到，与世界职教先进国家和地区的水平正逐步接近，已经有了职教现代化的雏形。

1. 促进了教育教学观念的转变

大家认识到专业现代化建设试点不仅仅是就几类专业进行建设，而是职业学校要由外延的扩张逐步转向内涵，实现规模和质量、结构和效益的协调发展，这是发展方式的根本性转变。专业现代化建设试点已初步构建了一个现代职教课程体系，它不仅仅是一个专业的教学计划、课程教学大纲和教学内容的简单变革，而是体现一种现代课程观念，即人才的培养要由学科型向素质型和综合型转变，从而为中等职业学校全面进行跨世纪课程改革树立典范。

2. 促进了教学改革的深化

以专业现代化建设作为抓手，促进了职业教育教学改革的深化。构建现代化的教学体系是专业建设的核心，其中，课程体系的改革是重点。由省教委颁布的试点专业的指导性教学计划，在贯彻能力为本位的教学指导思想；确立系统和明确的技能训练目标；以模块的形式设置专门化方向和设置课程；根据培养目标的需要对课程进行系统和有机的综合；注重课程的整体优化；教学计划富有弹性等六方面进行了较为深入的改革和尝试。各试点学校在对当地企业的现状和发展趋势进行广泛调研的基础上，根据就业市场的需求和学校的实际，在省颁教学计划的指导下，积极制定本校实施性教学计划，在教学软硬件平台环境逐步提升的过程中，不断地对教学计划进行滚动修改，使教学计划更加科学、合理和完善，使实施性教学计划逐步接近指导性教学计划的要求。在对省颁指导性教学计划中预留的反映学校所在地区和所在行业特色的 15% 机动课时进行安排时，各校都能根据实际需要充实人文类、行业特色类、技能训练类、素质教育类等课程，充分体现了指导性教学计划中设置机动课时的初衷。

"职业教育的本质特征应体现在培养目标和培养模式上"，积极探索具有职教特点的教学模式是深化教学改革的重要方面。江苏省相当多的试点学校借鉴国外职教先进经验，结合我国国情，积极进行具有职教特点的"一体化模式"、"产教贸结合模式"等教学模式的探索。

为了促进理论与实践紧密结合，探索"一体化"的教学模式，江苏省一些学校先后建立了技术实训中心或专业教室，改变了过去理论课课堂教学一支粉笔、一块黑板、一本书，理论教学和实践教学相分离，以课堂为中心、以教师为中心、以课本为中心的传统教学模式，采用现场教学的方法，达到能力与素质同步培养的目的；装备先进的教学设备和生产设备，融理论教学、实践教学、技术服务与生产为一体；学生在教师指导下进行理论学习和实践训练，做到"教、学、做"结合，"手、口、脑"并用。这种教学模式模糊了理论教学和实践教学、理论教师和实习指导教师的界限，对教师提出了更高的要求，带来了学校教学组织形式和教学场所的变化。无锡机械制造学校从 1995 年起，投资 510 万元，筹建了

"数控技术中心""现代电气中心""汽车检测中心",并逐步发展成工业中心。这些中心的建设从根本上打破了传统的实验实习依附于理论课程的验证性模式,面向工程、面向实践、面向问题组织教学,把学习、研究、生产结合成一体,产生了模式性的变革。在技术实训中心完成的教学内容具有综合练习性、操作模拟性和生产实践性等特点,并兼顾了先进性,真正体现了职教特色。

为了使教学直接面向社会,贴近市场,贴近生产,江苏省部分学校积极探索教学、生产、市场经营相结合的"产教贸结合"教学模式。在这种教学模式中,教师既是教学工作的组织者、实施者,又是生产者或经营者。南京地质学校在营销教研室的基础上建立营销企划事务所,对市场营销专业的学生实行"产教贸一体化"的教学模式。教师既从事教学,又从事营销实践;学生在这里边进行专业学习,边参与营销实践,有利于学生实际工作能力的培养,使教学过程真正融入市场,实现了以产促教、以教兴产、产教结合的育人模式。

各试点学校在利用信息技术更新传统的教学手段方面都进行了有益的探索和尝试,进行了不同程度的改革和实验,有了良好的开端。许多学校都注意幻灯、投影、录像、教具、多媒体教学课件等现代教学软硬件的综合运用,用先进、科学、方便、实用的教学手段,使复杂、枯燥、冗长的理论教学变得形象、生动、直观达到事半功倍的教学效果。教师在编制开发多媒体教学课件辅助课堂教学的过程中,加深了学生对教材的理解,提高了学生的计算机运用水平。

3. 促进了专业建设水平的提高

学校的专业建设水平的提高,具体体现在教学内容与科技和生产发展水平相适应,专业教学设备基本能与生产现场设备同步,学校培养出来的学生基本能适应生产岗位的要求,从而促进了各试点学校在教材、师资和设备三大基本建设上集中兵力、加大投入、再上台阶。

教材要充分反映现代科技和生产发展的水平,要体现先进性;在现代农业类专业教材的建设中,我们将重点放在21世纪最有发展潜力和活力的设施园艺专业教材的配套建设上。考虑到现代生物技术已渗透到农业的常规技术领域,是农业现代化的重要标志,计算机在农业信息的采集、处理、利用方面的作用正变得日益显著,我们在更新教材的同时,各专业普遍增设《生物工程基础》《农业信息处理》等新课程,以适应农业科技和生产发展的需要。

教师是专业现代化建设的设计者和实践者,教育者的素质提高了,才有可能实现受教育者综合职业素质的提高。为此,各试点学校制定了本校师资队伍建设的规划,并采取了一些切实有效的措施,加快师资队伍的建设:①招聘引进,优化结构。许多学校在主管部门的支持下,利用产业结构调整和企业兼并重组的有利时机,积极从企业引进具有丰富实践经验的工程技术人才,以优化师资队伍结构,实现师资队伍的科学组合,如苏州高级工业学校开发的车床数控系统、模拟编程器、PLC学习机等都是近几年从企业引进的工程技术人员和学校教师联合开发的。该校还注意从人才市场招聘引进机电一体化专业应届本科以上毕业生,充实一线教学队伍,提高该专业教师的学历层次。②进修培训,提高水平。从学历上看有专升本、双学历、本科进修研究生班;从形式上看有在职自修、脱产进修、校内进修、国内进修、国外进修等；从知识结构上看有专业转向、专业拓宽、知识更新等；从培养实践能力上看有下厂挂职学习、与企业联合开发项目、带学生下厂实习和毕业设计等。尤其是在培养学科带头人、骨干教师、"双师型"教师上更是舍得花本钱。③提供成长载体。南京机电学校利用机电一体化专业师资的优势，积极组织和指导学生参与科技制作，试制了十余项机电结合的自动化控制器件和设备。无锡机电工业技工学校为使专业教师得到较高水平的实际锻炼，组织专业教师进行数控机床、加工中心等设备的组装及调试，组织机电、液压、计算机专业教师联合成立"项目开发"课题组，开发制作了物流仓库、机器人布棋、自动化电梯、CAI 课件等项目。④落实师资培养专项经费。各校在经费相当紧张的情况下，仍然安排相当比例的资金作为师资培养的专项基金。盐城市第一职业高级中学近几年投入 70 余万元，用于 125 名教师的培训和进修。⑤建立激励机制，充分调动教师努力提高自身素质、积极参与教改实践的主动性和积极性。通州职业高中试行《教职工资职评聘制》，把教师素质、贡献实绩与奖励待遇挂钩，真正实现高素质、高实绩、高回报、高待遇。

专业教学设备的投入及其合理配置，是专业现代化建设的突破口，也是保证新的教学计划和教学大纲全面实施，确保人才培养规格和质量的物质基础。自 1996 年开展试点以来，各校都对专业教学设备的建设资金进行了 3～5 年的投资规划，结合学校现有的实验实习设备，拟定了分步实施方案，加大了实验实习设备的投入，加快了教学装备现代化的步伐。据统计，机电一体化专业 24 所试点学校两年来共投入设备建设资金 11735.49 万元，其中，8 所学校还利用世行职教二期项目资金 272 万美元，主要投入机电设备的建设。试点学校的专业教学设备建设跨了一大步，基本能与生产现场设备同步。实验实习设备的现代化，不仅为学校的专业建设提供了物质条件，为形成系统的实践教学体系打下了基础，保证了学生综合职业能力培养目标的实现，也为学校建立多工种、多层次的"职业技能鉴定站"创造了条件。

专业现代化建设是一个长期的、渐进的过程，不可能一蹴而就，目前要不失时机地跨出专业现代化建设的第二步——积极推进产学研结合工作，以更好地解决专业建设中存在的学科基础不厚实、课堂教学改革力度不大、专业教师的专业实践能力和水平不高等问题，使江苏职教专业现代化建设获得持续发展和不断更新的动力，以进一步深化职业教育的教学改革，积极推进江苏职业教育的现代化进程，把一个充满生机和活力的江苏职业教育体系带入 21 世纪。

三十七、孟广平

孟广平（1929—2005），男，北京市人，曾任国家教委职业技术教育司首任司长，研究员。

1952年毕业于北京大学化学系。曾任国家教委职业技术教育司司长、教育部职业技术教育中心研究所常务副所长、全国教育科学规划领导小组"八五"职业技术教育学科规划组组长、"九五"职业教育学科规划组副组长，中国职业技术教育学会常务副会长、联合国教科文组织技术与职业教育项目（UNEVOC）国际顾问委员会成员（1997—1999）等职。

1985年5月《中共中央关于教育体制改革的决定》正式颁布。孟广平和他的同事们参与了这一历史性文献中关于调整中等教育结构、大力发展职业技术教育部分的起草工作。其中提出的一些意见至今仍是具有现实指导意义的重要政策方针。

从司长岗位退下来后，孟广平就把主要精力放在职教研究上。他的研究以见解独到、富有前瞻性和深刻反省而著称，并且这种反省常常包括对自己所实行或倡导过的政策的批评，表现出坦荡的胸襟。他尤善于捕捉和关注国际上的发展变化动向，我国所引入的"以能力为本"的教学思想，情境教育方法，从"供给驱动"向"需求驱动"转变的理念，"School to work"的思想，人才结构与教育结构的关系等，都包含他的劳动成果和影响。

主要著作有《我的职业技术教育观》《中国职业技术教育体系的改革》《当代中国职业技术教育》等。发表期刊论文30多篇。

关于高等职业技术教育的内涵和实施 [①]

当前，高等职业技术教育是一个热门话题。但何谓高等职业技术教育，它是哪个层次的教育，培养目标是什么，由哪些学校或教育机构实施，对于这些问题不同的人有不同的认识，需要认真研究和探讨。

---

① 孟广平 . 1994. 关于高等职业技术教育的内涵和实施 . 中国职业技术教育，（8）：35-36

（一）发展高等职业技术教育的必要性

发展高等职业技术教育是我国社会和经济发展的必然要求。

1）我国地域辽阔，各地区经济发展极不平衡。尽管对大多数地区来讲，发展中等乃至初等职业技术教育是当前乃至今后相当长时期内工作的重点。但经济发达的省份和地区及高科技企业迫切需求具有更高教育层次的专业辅助人员，如：有高中后文化基础的技术员、护士、懂技术又懂经营的经销人员、掌握计算机又会外语的中级管理人员等。

2）长期以来，我国的专业技术人才结构失调，专业人员和专业辅助人员比例倒挂，这种情况至今没有得到根本改变。大力加强专业辅助人员的培养势在必行。而这类人员的培养不仅要靠发展中等职业技术教育，也要靠发展高等职业技术教育来实现，以培养不同层次的人才。

3）我国的教育结构需要调整，要通过多次分流以适应培养多层次人才的需要，改变"千军万马争过独木桥"的局面。从提高效益或提高质量的角度来看，当前应控制普通高等教育的发展速度和规模。但这不应殃及高等职业技术教育。相反，发展多种形式的高中后职业技术教育有利于缓解"争过独木桥"的压力。

4）我国现已拥有数千万中等职业技术学校毕业的劳动者，需要有更高一层次的教育来提高他们的专业技术水平。现行普通高等教育的培养目标不能适应这种需要。而高等职业技术教育则有利于这支队伍的稳定和提高。

（二）高等职业技术教育的教育层次

所谓"高等职业技术教育"是指高等教育（即第三级教育）层次的职业技术教育。教育层次的划分，世界各国不尽一致，但大多按初等、中等、高等教育（即第一、二、三级教育）划分。高等教育是在中等教育基础之上的教育，职业技术教育是大教育体系中的组成部分。它的层次划分也应基本如此。所以，"高等职业技术教育"是建筑于中等教育基础之上的，属于高等教育层次，即第三级教育。在入学标准上，由于职业技术教育还有自己的特点，可以是受完普通高中的教育，也可以是受完相当于高中的教育并加一定的职业经历，即"表现出具有掌握本层次学习内容的能力"。这是国际上通用的原则。明确了高等职技教育的层次，并不等于明确了其培养目标。它还要从人才结构的类型和层次上加以确定。

（三）人才结构的层次

专业技术人才的结构是有类别和层次之分的。例如：专业技术人才的结构一般可由工程师、技术员、技术工人三大类组成，各类人员又可有高级、中级、初级之分；临床医药人才结构一般包括医师和医辅（护士、化验员、药剂士、放射技士等），两类人员同样有高、中、初级层次之别。各类人员和各层次的人员由不同类型、不同教育层次的学校培养。如：工程师和医师一般由普通高等学校本科及以上层次培养；而技术员、技术工人、医辅人员的培养则是职业技术学校的任务。技术员、技师、医辅人员这类人员按国际通用的概念，叫专业辅助人员（Para-Professionals），其培养教育的层次可以是高中阶段的，也可以是高中后阶段（第三级教育）的。

（四）高等职业技术教育的培养目标

高、中、初级不同层次的专业人员由属不同教育层次的学校培养，但并不是简单的对应关系，不是高级人才由高等教育层次的学校培养，初级人才就由初等教育层次的学校培养，或高等教育层次的学校培养出的就是高级人才。各级人才由哪个教育层次的学校培养取决于这个层次人才所必须有的入门水平（知识的、操作的、行为意识的）。例如：初级程序员可能至少要由高中阶段的技术教育培养，高级程序员则需要本科或更高层次的教育来培养；而初级木工可能由初中阶段的职业教育培养，高级木工并非必须由高等教育培养。

所以，高等职业技术教育的培养目标应是：培养具有高中后教育水平的专业辅助人员。可能有两种情况：一种是某些职业要求有高中文化水平，是就业前的教育；另一种是继续教育，是对高中层次的专业技术人员进行的提高教育。

高等职业技术教育区别于普通高等教育之处主要在于培养目标上。从人才类型上看，普通高等教育的目标是培养工程师、医师等专业人员（Professionals）；高等职业技术教育培养的是专业辅助人员。在教育层次上，二者相同。它区别于中等职业技术教育之处在教育的层次上。高等职业技术教育是在中等或相当于中等教育基础之上的教育，教育的起点高于中等职业技术教育。而所培养的人才类型二者基本相同，都培养专业辅助人员，水平层次可有不同。

有一种观点主张把高等职业技术教育的培养目标界定为培养高级技工，这是不妥的。因为，按我国当前的考工标准，并非多数高级技工都必需具有高等教育的基础，而且，高级技工一般要在中级技工的专业能力和专业实践经验基础上培养，仅靠提高教育起点是培养不出高级技工的。

（五）高等职业技术教育的学制和实施的学校

根据我国当前的条件，高等职业技术教育中的学历教育主要是以本科以下的专科层次学制为主，即招收高中毕业生（或同等学力），学制二至三年；或招收初中毕业生，学制五年。更大量地应发展多种多样的非学历教育和培训。

1. 部分普通专科学校

我国的普通高等专科教育在近十多年来迅速发展，已有相当的规模。但在培养目标上，除少数科类外，一直未得到明确，与普通高教本科的培养目标，混淆不清。近年来，许多专科学校的改革突出培养"应用型、技能型"人才，已取得成绩，但"两型"不是区别人才类型的依据。应当确定多数专科专业的培养目标属高等职业技术教育。

2. 部分中等专业学校

我国部分中专校无论是在教学设施上，还是师资条件上，或办学经验上都很有实力。事实上，许多中专校都办过大专班，或现在还承办成人大专班。这些学校应成为实施高等职业技术教育的首选学校。现有的普通专科学校中，半数以上是由原中专学校升格的。问题是好的中专校升为专科后就告别了原来的培养目标，转为"本科压缩型"，更不利于改变人才结构不合理的问题。应实行允许升格，不许转向的政策。

3. 部分成人高等学校

高等职业技术教育中很大一部分是继续教育，可由成人高校实施。但在办学基准上和教学计划的要求上应执行统一标准。

4. 职业大学

我国目前的职业大学是近年的新生事物，为数不多，大多数专业属职业技术教育。又由于政策上的原因，许多学校逐步转为普通高校。

再论高等职业技术教育的内涵及实施[①]

我曾就高等职业技术教育的界定谈了一些看法（见《中国职业技术教育》1994 年第 4 期"学术园林"栏目），现拟对制约高职发展的一些重要问题，如确定高职的培养目标、人才规格等，作一些补充论述。

（一）确定高等职业技术教育的培养目标

高等职业技术教育是指属于高等教育层次的职业技术教育。这只是界定了它的教育层次，并不等于确定了它的培养目标。培养目标是更需要明确的问题。

普通教育的培养目标是让学生获取基础的和专业的知识能力（这里不是从教育的功能而论）。由于知识的理论体系既有阶段性，又有连续性，所以，小学、中学、大学教育间的衔接首先是知识理论的相互衔接。教育机构间的衔接也是直接的，也就是说，学生小学毕业可直接升中学，中学毕业可直接升大学。各教育层次的划分标准主要依据学习年限和知识量。普通高等学校教育的目标是学科知识和能力的获得，其体现是学位，起点是学士学位（北美流行的"副学士学位"是学士学位的下延）。从本质上说，普通高等教育是一种学科教育，是使受教育者在高中文化（第二级教育）的基础上，获得专门的学科能力。受教育者有了这种能力可选择从事任何与该学科相关的职业。所以，普通高等教育是培养高级专门人才的基础。尽管普通高教中培养医师、律师等的专业有很明确的"职业"目标，但仍属专业学科型，不过，国际上把"医学博士学位""法学博士学位"等列为"第一专业学位"（first professional degree），以示与其他学科学位的区别。

职业技术教育不同于普通教育。它并非仅以知识能力的获得为目标，而是以达到胜任一定的职业岗位要求的水平为目标。高等职业技术教育相对普通高教来说，属非学位性的专业技术教育，本质上也是以受教育者将来从业的职业岗位要求为目标。故需要从就业岗位要求来确定培养目标。一般来说，职业技术教育主要培养专业辅助人员（para-

---

① 孟广平 .1994.再论高等职业技术教育的内涵及实施 .中国职业技术教育，（10）：30-31

professionals），这和普通高等教育培养专业人员（professionals）的培养目标有区别。由于职业岗位规范是动态的，它要随社会、经济的发展而变化，而且我国目前的职业岗位规范还很不健全，所以，有些普通高校应用学科和高等职业技术学校（班）的培养目标不可避免地有所交叉，再加上目前劳动就业、工资和职称制度又都是学历本位的，这就增加了确定高职培养目标的难度。当前有些地方、学校正致力于兴办高等职业技术教育，要花大力气首先从用人的岗位要求中确定培养目标，才能使办学有方向，而不应仅为争得大专学历的授予权。

（二）专业技术人才结构层次和职业技术教育层次的关系

一个行业（职业）内高、中、初级专业技术人才划分的依据主要是专业技术能力的高低（认知的、操作的、行为意识的）。专业技术能力高低和普通教育水平有关，但不取决于教育水平。例如：取得汽车驾驶员执照通常要求起码有相当于高中水平的教育程度，但是，一个有博士学位的人初学开车也不能立即取得高级驾驶员的资格。也就是说，专业技术人才结构层次间的衔接首先是专业技术能力的衔接。即高层次专业人才往往要在低层次人才的基础上培养。由于专业技术能力并不都能在学校中获得，往往是要在工作岗位上才能获得，所以，职业技术教育层次间的衔接不能像普通教育那样是直接的，而应是间接的，即中等职业技术学校毕业生往往需要经过一定的工作实践或补上必要的基础理论课，才能进入高等职业技术学校，接受培养，成为本行业的高层次人才。

教育层次（初等、中等、高等）和人才结构的层次（初级、中级、高级）不是必然对应的，不能混为一谈。在发达国家，各个行业的职业岗位规范中都有所谓"起点水平"（entry level），也就是从事本行业的入门水平。起点水平包含起码的普通教育程度和专业技术能力，只有具备了"起点水平"的人，通过进一步提高专业技术能力，并达到相应的普通教育程度，才能成为本行业的高层次的人才。不同行业（职业）的"起点水平"所要求的普通教育程度不同。普通木工和民航客机驾驶员的"起点水平"可能相差两个教育层次。我们也应建立起这个概念，才能使人才培养走向规范化。

所以，高等职业技术教育的培养目标主要应从行业（职业）的岗位规范中去寻找。它可以是在高中教育基础上培养"起点水平"的人才，例如：需要有高中学历的财会、金融人员、医辅人员、实验员、文秘等岗位，招收普通高中毕业生或同等学力，属职前教育。也可以是培养行业（职业）的需具备高等教育水平的较高层次人才，例如：高级技术员、工艺师等，招收已具有本职业"起点水平"的在职人员，属继续教育。这里要强调说明的是：招收应届普通高中毕业生的高等职业技术学校只能培养行业"起点水平"人才，并不能培养高层次人才，因为他们要从头开始学习专业技术能力；若招收中等职业技术学校应届毕业生进入高等职业技术学校，也难以使之达到行业的高层次人才标准，因为他们往往缺少在岗位上才能获得的专业技术能力或必要的高中文化基础。

在以美国为代表的许多国家，以高等专科教育培养"起点水平"的普通木工、电工等，这并不是因为这些国家的普通木工、电工"起点水平"要求的教育程度高，而是因为这些国家已经基本普及了普通高中教育。这种以普高为"起点水平"的职业技术教育是社会发展的必然。我国经济发达地区在基本普及高中教育后，也可能会出现这种情况。

（三）高等专科教育与高等职业技术教育

我国的高等专科教育是在 80 年代初期加快高等教育发展速度，在"多出人才，快出人才"的形势下，迅速发展起来的，是参照北美的社区学院模式兴办的。对于专科的培养目标，多年来一直没有明确的结论。工科的专科培养目标曾拟定为"高级技术员"，后又改为"工程师的初步训练"。技术员类人才是职业技术教育的培养目标，而工程师则是普通高教的培养目标。于是，专科教育究竟属职业技术教育，还是普通高等教育也一直是个尚在争论的问题。本来，专科只是个教育层次，从培养目标说，可以属职业技术教育，也可以是非职业技术教育。美国的专科学校既设有职业技术教育专业（占多数），也开设普通大学一、二年级的课程，毕业生可转入普通大学本科三年级继续学习。在全国教育工作会议上，把普通专科和高等职业教育并提，同时提出改造一些普通专科学校作为发展高等职业教育的途径之一。这意味着我国的普通专科和高等职业教育的培养目标是不同的，通过改造一批现有的专科来发展高等职业技术教育需要首先转变培养目标。对工科类专业来说，是要从培养工程师的目标转为培养技术员类人才，而后者正是当前急需的人才。况且有些专科的培养目标本来就属职业技术教育范畴，如部分专科学校开设招收高中毕业生，学制二至三年的护士、金融、财会、旅游等专业，因此应明确其性质，减少教育概念上和教育管理内部的混乱。

（四）中等专业教育与高等职业技术教育

中等专业教育不能取消，还要发展，这是由客观要求决定的。1980 年国务院批转的《全国中等专业教育工作会议纪要》中，规定了中专有六种学制，包括招收初中毕业生的三年、四年、五年制，和招收高中毕业生的二年、二年半、三年制。按照国际通用的教育分类标准，五年制和招收高中生的学制显然应属第三级教育。80 年代初，中专主要招收高中毕业生。1982 年中专招生总数的 85% 是高中毕业生。现今中专的生源中，仍有 1/3 是高中生，而且有很多学校都办过或仍在办大专班。所以发展高等职业技术教育应该充分利用这部分学校和学制。

当前，从任何角度来说，严格控制普通高等学校的发展规模都是必要的。然而，发展高等职业技术教育则是客观需要。正如十多年前我们需要控制普通高中的规模，而要发展中等职业技术教育一样。究竟需要办多大规模的高等职业技术教育，关键要看社会、经济发展的实际需求和学校的办学条件。

中等职业教育向何处去？ [①]

"普高热在兴起，中等职教招生滑坡"是近年来各地较普遍的现象。今年高校大幅度扩招，似乎预示这种现象将进一步加剧。为此，中等职业学校反映强烈，但认识并不一致，

① 孟广平.1999.中等职业教育向何处去？.职教通讯,（10）：17-18

总体上比较茫然。中等职教向何处去？要全面讨论这个问题非本文所能。笔者只想从一个方面谈谈看法，即：中等职业教育目标的定位问题。

某种教育在发展过程中出现规模数量上的起起伏伏并不奇怪，尤其是我国正处于体制转轨的时期，更难完全避免，重要的是教育目标决定某种教育存在的价值。我们的中等职业教育是在党的十一届三中全会后，为调整被"四人帮"搞乱的中等教育结构而大力发展起来的，改革的着力点是调整比例结构。教育的目标实际上更着眼于"就业"。然而，就业问题是个极其复杂的社会问题，并非是单纯的教育问题。我国处于体制转轨阶段，"就业"问题更有其特殊的复杂性。多年来，我国的中等职业学校努力按社会需要调整专业设置，希望能培养与社会需要对路的毕业生，付出了心血，作出了很大的成绩。然而，这些年来招生与就业的多次潮起潮落，是职业学校普遍感到头疼的问题。常常是看到社会上需要某类人才，我们就赶快办那个专业，但是用不了几年，就发现毕业生数量过剩，就业也变得困难了，甚至是学生还没有毕业，用人需求就发生了变化。这使我们不能不重新考虑一下中等职业教育的目标定位问题。

所谓中等职业教育主要是指高中阶段的，正规的学校教育，以三年学制为主。职业教育的目标当然要与就业相联系，但是学校教育与培训不同，对学校教育来说，这个"就业"在一般情况下，不能仅局限在毕业生走出校门的"第一次就业"，而需要看成是青年人步入劳动社会的开始。这个阶段的教育对一个人的一生来讲，是很重要的，然而从"终身教育"来看，只是其中的很短的一个阶段，是终身教育的一个组成部分。就个人来说，在社会主义市场经济体制下，一次性学校教育管不了一辈子，只有继续学习，勤于学习，善于学习，不断增长才干，才能在岗位要求变换中，甚至是职业的变换中生存、发展；就社会来说，只有拥有一支能不断开发进取的人力资源队伍，才能在世界竞争中立足。"终身教育"认为，"教育"就是"学习"；正规教育是学习，各种培训、自修也是学习；学校教育是学习，工作也是学习。世界许多教育家把现代教育的目的归纳为"学会求知""学会做""学会共同生活""学会生存"。基于这种理念，笔者认为，中等职业学校教育的目标就不能仅是为了一次就业，而更要为青年人今后的"学习"提供必要的基础，创造条件，使他们能持续地发展。中等职业学校教育目标需要从单纯的"就业"转向"可持续的人力资源开发"。

目标定位的调整带来教育、教学在内容、方法、管理上一系列的改革。这就意味着，我们不仅要给青年人某种就业技能，更要给他们足够的基础能力（普通文化的和专业的）；不仅要传授他们知识和技能，更要使他们养成良好的自学能力和思想品德；不仅要使他们具备就业能力，也要使他们具备接受高一层次教育的基础。上述各组要求中的后者往往在单纯的"就业"目标下被忽视了，削弱了。调整目标之后，就业岗位目标可能不像原来那样鲜明，一些教育者和受教育者担心无法就业，但是，就业岗位针对性越强，一旦情况有变，就业落空的可能性也越大。加强了基础能力，就是增强了适应性，实际上增加了就业、创业的可能性，使青年人的发展有了更宽广的道路，使他们更能应变，更有利于人力资源开发。这样的改革会有难度，但并非不现实。辽宁凤城的辽宁省实验学校坚持在农村办四年制职业初中的经验和湖南省汨罗市职业学校实施素质教育的经验等已经证明，这是培养新一代劳动者的成功之路，为重新认识职业教育的目标定位提供了很好的例证。然而"一花独放不是春"，广泛的实施还需要政府的领导与社会的支持。

在《中共中央国务院关于深化教育改革全面推进素质教育的决定》中，突出强调"素质教育"和"建立立交桥"，为重新定位中等职业教育目标提供了依据和条件。《决定》再次明确要办好职业教育，中等职业教育不是不需要了，而是要办好，问题是如何办。我认为只要我们抓住当前的机遇，审时度势，正确定位职教目标，像中央领导要求的那样，狠抓十年二十年，这项工作必会大见成效。

三十八、赵坚

赵坚（1953—　　），女，江苏省苏州市人，曾任苏州市人力资源和社会保障局副局长。
1981 年至 1984 年，在苏州丝绸工学院工业企业管理专业学习。从 1984 年开始，历任江苏省苏州市劳动局、苏州市劳动和社会保障局、苏州市人力资源和社会保障局科员、副科长、科长、处长、副局长、调研员。曾经分管的工作包括：职业培训、技工院校、技能鉴定、劳动就业。其中在担任劳动局副局长期间，于 2007—2011 年在苏州技师学院一线工作，兼任苏州技师学院院长、党委书记。

从 2013 年起，兼任中国职工教育和职业培训协会常务理事、学术委员会学术委员，副主任；中国就业培训技术指导中心实训装备和基地建设专家委员会委员；技工学校国家督导员。

主要研究领域：技师学院建设、职业素养训练、行动导向教学、学生创业培训。1994 年 2 月所著《适应社会主义市场经济，建立新型的职业培训发展模式与运行机制》获得由中国职工教育和职业培训协会评审的"七五"以来职业培训优秀研究成果一等奖。1995 年 3 月《试论我国职业技能开发事业中需要通过立法解决的几个问题》获得苏州市职业技术教育学会优秀论文一等奖。1998 年 8 月编著《企业创办者培训指南》，由中国劳动社会保障出版社出版。

从苏州市 17 所技工学校教师队伍的现状
看教师培训进修的必要性及其途径 ①

（一）教师队伍现状

苏州市 17 所技工学校共开设了 27 个专业，在校生 916 人，教职员工 1136 人，其中，教师 608 人（理论教师 408 人，实习教师 200 人）。自 1978 年技工学校复办以来，累计毕业生 5813 人，承担各类培训，共培训人员 5000 余人次，直接为企业生产培养了一大批骨干。但从整体情况分析，我们的教学水平与培养目标的要求还有一定的距离，必须认真分析现状，加强教师的培训进修，确保培养目标的完成。

1. 学历情况

全市 17 所技工学校教师队伍的学历结构情况（见表 1）。由表 1 可知，技工学校教师学历层次不高，大专以上文化程度的教师人数占教师总数的 62.17%，相当一部分教师（主要是实习教师）还只有高中及以下学历。

表 1　技工学校师资队伍学历情况表

	大学本科	大学专科	中专	高中以下	总计
人数 / 人	181	197	141	89	608
占总数的比例 /%	29.77	32.40	23.19	14.64	100

2. 师资来源

从表 2 可知，全市技工学校教师来源分为 4 个大类 11 个小类。这种来源的复杂性与历史有关，"文革"期间，技工学校全部被关闭，教学用地被占，师资团队解散，复办以后，各方组织采取积极措施，好不容易才形成今天这样一支队伍，各渠道调来的教师各有所长，各有所缺，必须按需进行培训。

表 2　师资来源渠道表

合计	从教师岗位调来	其中				从技术岗位调来	其中		国家计划分配	其中			其他	其中	
		大专院校	中专	普中	职工学校		技术干部	技术工人		大专院校	中专	技工学校		转业军人	知青
603	151	21	14	103	13	246	174	72	199	88	13	98	12	6	6
100%	25	4	2	17	2	40	29	11	33	15	2	16	2	1	1

① 赵坚 . 1988. 从苏州市 17 所技工学校教师队伍的现状看教师培训进修的必要性及其途径 . 江苏省教育学会通讯（教育经济学研讨专辑），（3）：84-85

3. 教师队伍质量的综合分析

对教师队伍质量进行综合分析，是一个比较困难的问题，因其难以用某一个标准进行定量分析，一般只能定性分析，比如分为：好、较好、一般、较差、差五个档次，但好与较好之间又是一个模糊的概念。为了进行综合分析，我们实践中创造了百分比法、概率法、模糊综合评判等方法。下面以苏州市某技工学校用民意测验的方法对教师队伍质量进行综合分析的材料（表3）为依据，我们可以得出两个结论：

1）在同一个档次内，工作能力，业务水平，业务素质，工作成就4项数值比较接近，说明工作成就的大小，与工作能力、业务水平、业务素质的高低有着密切的关系。

2）还有相当一部分教师的业务水平、业务素质有待提高，以适应教育的需要。

表3　某技工学校不同工作质量水平的教职工人数占比一览表　　　　　　　单位：%

水平＼指标	工作成就	工作能力	业务水平	业务素质
好	11.76	11.65	8.02	11.76
较好	41.18	35.29	39.04	47.06
一般	35.30	29.41	41.18	23.53
较差	11.76	17.65	11.76	17.65
差	0	0	0	0

（二）必须大力加强技工学校教师的培训进修

首先，大力加强技工学校教师的培训进修是客观实际的需要，从学历结构上看，还有相当一部分教师需要通过培训进修提高到大专、中专水平，我们不提倡"唯学历论"，但作为"高中阶段的职业技术教育"，还是应当根据理论教学和实习教学的不同需要，提出一定的学历要求。从师资来源的情况看，来自高校、普教领域的教师需要熟悉生产实际；来自技术岗位的则需要加强教育理论的学习。从教师质量综合分析的抽样调查来看，也需要通过培训进修来逐步提高教师们的业务水平和业务素质，进而达到提高工作成就的目的。

同时，大力加强技工学校教师的培训进修也是科学技术发展和知识更新的需要。我们正处在新的科技发展的信息时代，新材料、新设备、新工艺不断出现，知识老化率加快。据美国预测，1976年毕业的工程师，到1981年他的知识将有50%老化，到1986年他的知识将100%老化。所以，作为直接培养生产第一线技术工人的教师来说，不管水平高低，都要不断补充新知识。

此外，大力加强技工学校教师的培训进修还是技工学校本身发展的需要，从发展来看，技工学校同其他职业技术学校一样，除了承担培养中级技术工人的任务外，还要承担一部分高级工的培养任务，而目前仅从实习教师的操作技能水平看，达四级工水平的约占64.91%，五、六级工水平的约占 21.64%，七、八级工水平的占 13.45%，他们的水平显然是需要提高的。

（三）培训进修的途径与选择

所谓培训，是指培养与训练，所谓进修是指为了提高政治和业务水平而进一步学习（多指暂时离开岗位，参加一定的学习组织）。

技工学校教师培训进修的特点，一是属于成人教育范畴，二是多层次，多学科的教育。因此，一般采用速成的方法。

1. 培训进修的途径

根据上述特点，技工学校教师的培训进修可通过参加讲习班函授、专题讲座、去工厂参观、参加观摩课、公开课等学习，脱产参加对口学习、函授或其他业余学习等 7 种途径完成（详见表 4）。

表 4　技工校教师培训进修途径表

序 号	途 径	目 的
1	短期培训班，讲习班	满足教学上的某种需要，如教育学、心理学等科目的补课
2	专题讲座	知识更新或扩大知识面，如电子产品新工艺介绍
3	去工厂参观，学习	了解生产现状，扩大视野，以利充实课堂教学内容
4	参加观摩课，公开课等	改进教学方法
5	参加生产实践	提高操作技能水平
6	脱产参加对口学习	提高学历层次或满足教学的某种需要
7	函授或其他业余学习	（此类学习应强调专业对口）

2. 各类教师培训进修途径的选择

各种不同的培训进修途径如何合理地选择，首先需根据各类教师的知识结构要求作出规划。按照《技工学校工作条例》，以及培养目标，技工学校的教师大体上分成 3 类，他们的知识结构既有不同，又有交叉，这里仅提出大致的比例，实际运用中应根据专业而有所变动（见表 5）。

表 5　技工校教师知识结构表　　　　　　　　　　单位：%

教师类别＼知识结构		合计	文化理论知识	专业理论知识	工艺知识	操作技能技巧	对生产现状的了解	备注
理论教师	文化基础课	100	78	10	7		5	
	专业基础课（含部分专业课）	100		65	15	10	10	工艺课的划分目前的情况是夸两头
实习教师		100		8	20	62	10	

各类教师培训进修途径的选择除了根据表4"技工校教师培训进修途径"的知识结构要求以外，还要根据各技工学校的具体情况而定，比如：

1）从大专院校毕业后直接分来学校的教师，基础理论比较扎实（其中，师范院校毕业的还懂得一般的教学方法、教学原则等），相当一部分已成为教学骨干。但由于他们没有直接生产实践的机会，理论联系实际较困难，特别是专业课，有些概念仅从理论方面比较难以讲解，一联系实际就容易多了。因此，可以有计划地组织他们去工厂参观，也可请技术人员来校讲座。

2）从技术岗位调来的教师，是目前技工学校教师尤其是专业教师中的骨干，他们有一定的专业理论基础，熟悉生产和技术，教学中能化难为易，但对于怎样掌握教学规律、教学特点，特别是如何根据技工学校学生的心理特点来管教、指导，则有一定的困难。因此，一方面，可以组织他们进行教育学、心理学、教材教法的补课，另一方面，要加强教学实践指导，通过公开课、观摩课等方式逐步提高。

3）实习教师承担培养学生动手能力的重要任务，他们的素质如何，直接影响学校培养目标，因此，对他们的培训进修需要引起各方面的重视。目前，实习教师大体上有三种类型：①从技术岗位调来的技术人员，他们在操作技能的指导上基本能够胜任，有的还既负责操作指导，又上本专业（工种）的工艺课；②从技术岗位调来的工人，他们的技能技巧是过硬的，但其中一部分人的理论水平、教学水平有待提高；③技工学校毕业生，其中，大部分是直接留校的，也有一部分是毕业后在生产岗位上干了几年又调来任教的，后者的素质大部分比较理想，能够胜任教学工作；但前者则在动手能力上需要提高。因此，对实习教师的培训进修，共性的部分，可以分批组织他们学习《生产实习教学法》，其他的部分，则要分门别类，加强培训进修指导。

（四）几个有关问题

1. 制定培训进修规划

教师培训进修工作是一个长期的工作，为了既能保证教学任务的正常完成，又能提高教师的业务水平和素质，并有效合理地使用经费，必须制订进修规划，使其成为学校发展规划的一部分。

2. 培训进修的管理工作

做好教师的培训进修工作，除了领导重视，制订规划外，还要建立必要的管理制度，如建立教师培训进修档案，专门记录教师的培训进修情况等。

3. 今后师资来源方向

按照劳动人事部及省劳动局，省人事局的有关文件规定，理论教师按 1∶18 的师生比配备；实习教师按 1∶22 的师生比配备，目前师资数量缺口不大，但考虑到自然减员，招生规模的扩大等因素，还必须引进教师。根据我国职业师范院校的现状，还应该从多方渠道解决师资来源问题，从长远的角度出发，在条件成熟以后应制定技工学校任教资格，这里仅提一些设想（见图 1）。

最后，还必须指出，技工学校教师质量的提高和队伍的稳定，必须有政策上的保证。比如，目前非常强调生产实习教学的课堂化、规范化，对实习教师的要求比较严，但一遇到具体问题就不能做到实习教师与理论教师一视同仁等。当然，有些问题有历史原因，解决这些问题有一个过程，在经费的投资上，要舍得添置必要的教学用具和设备等。通过各方努力，技工学校教师队伍将会有很大的改善，教学质量必定可以得到相应的提高。

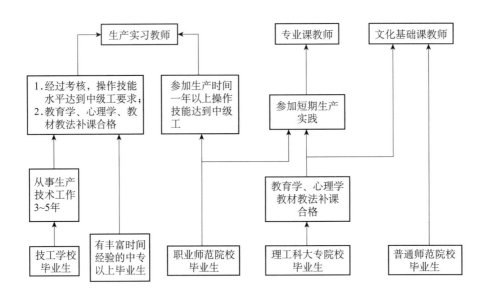

图 1　技工学校教师任教资格图

适应社会主义市场经济 建设新型的职业培训发展模式和运行机制 ①

众所周知，人类进步和发展的真正原因是人力资源的推动。我国有丰富的人力资源，但事实证明，未经开发的低质量的人力资源，不是什么宝贵财富，而只能成为国家和地区的沉重负担。只有对人力资源进行开发，使其质量不断提高，我国丰富的人力资源才能成为最宝贵的财富，成为我国最大的资本。职业培训是对人力资源质量进行开发的一项重要工作，它对人力资源质量指标四要素（健康、知识、技能、态度）中的三要素（知识、技能、态度）进行开发。它的涵盖面很广，也很复杂。从性质上，可以分为就业前培训（从广义上理解，包含各类职业培训实体进行的学历教育和就业短期训练）、在职培训和转业培训；从内容上，可以分为技术等级培训、岗位培训、应用技术培训等；从层次上，可以分为高级、中级、初级培训等。

---

① 赵坚.1992.适应社会主义市场经济,建设新型的职业培训发展模式和运行机制.苏州市劳动局内部发行材料,(11):1-13

党的十一届三中全会以来，我国职业培训事业迅速发展。至 1991 年末，全国各类职业学校学生数已占高中阶段在校生总数的 50%，就业训练中心达 2100 余所，年培训能力达 90 万人次，组织就业前培训达 260 万人次，使未能升学的初、高中毕业生在就业前普遍接受职业训练。在职工人的提高培训也越来越得到企业的重视，以苏州为例，技术工人高、中、初级的比例从"六五"期末的 2：33：65，调整为目前的 7：49：44。党的十四大明确了建设中国特色的社会主义理论作为我党的指导思想，明确了经济体制改革的目标是建立社会主义市场经济体制，这种市场机制的变化，给发展职业培训提供了新的机会。从现在起到本世纪末，是我国经济建设和社会发展的一个非常关键的时期，也是职业培训发展和改革的一个极为重要的阶段。职业培训事业只有遵循建立社会主义市场经济体制的要求，把自身完全置于经济建设的总体环境中，面向经济、面向企业，面向市场，建立起新型的、充满生机和活力的，具有中国特色的职业培训发展模式和运行机制，才能真正服从和服务于经济建设。本文拟就职业培训的发展模式和运行机制作些浅议。

（一）职业培训的发展模式

所谓职业培训发展模式，即指在职业培训的发展过程中，所确定的使人们有所遵循的标准样式。笔者认为，我国职业培训的发展模式为：①建立社会公共职业培训和企业内培训双轨并进、协调发展的职业培训分类模式；②建立以市场为导向，以企业需求为目标，紧紧服务于经济建设的全方位按需培训模式；③建立一个现代化的、与国际职业培训尽快接轨的发展模式。

1. 建立社会公共职业培训和企业内培训双轨并进，协调发展的职业培训分类模式

在计划经济模式下，我们习惯于各类职业培训同行一条轨道，同用一个模式管理。随着社会主义市场机制的建立和企业经营机制的转换，企业从单纯生产产品转向生产、经营、销售一体化，成为独立的商品经营者。政府不可能也不允许像过去那样下达培训指标，以一个标准去要求企业，反过来应要求社会公共职业培训实体比过去更多更好地为企业服务。这就需要将企业内培训从职业培训中分离出来，建立社会公共职业培训与企业内培训双轨并进、协调发展的培训模式。这个模式一旦建立，就必须明确双方的权利和义务，大致有以下四个方面：①社会公共职业培训由社会培训实体承担，包括对就业前劳动者的各类职业培训，以及社会通用工种的在职职工培训；企业内培训是企业内部对本企业职工组织的各类培训；②两类培训的培养目标为：社会公共职业培训为培训者创造就业或重新上岗的条件；企业内培训以发展生产、改善经营为目的；③两类培训的要求分别是：社会公共职业培训围绕社会经济的发展需要，强调知识、技能的通用性；企业内培训结合本企业生产特点，开展针对性培训；④两类培训的经费来源分别是：社会公共职业培训应由国家、社会、个人承担为主（委托培训的除外）；企业内培训由企业承担；企业委托社会公共职业培训实体培训的，其培养目标、要求等由企业决定，经费以企业承担为主、双方协商解决。建立这样一种双轨并进、协调发展的分类模式，有利于企业自主经营、自主培训，有利于职业培训适应市场机制的要求，转轨变型。

2. 建立以市场为导向，以企业需要为目标，紧紧服务于经济建设的全方位按需培训模式

实行全方位按需培训，首先要在指导思想上更新观念，突破传统的、自成体系的、自我封闭的单一的办学模式，走开门办学的路子，大胆积极地吸收来自市场、企业的"鲜""活"的知识和信息，不断改进和完善自己的工作。真正做到：经济建设发展到哪里，职业培训就服务到哪里。具体的内容有：

1）在专业设置上，要突破传统的、单一的工种设置模式。随着市场机制的迅速发展，企业必然进行大量的设备更新，技术改造。开发新产品，使用新工艺，增加产品的技术含量，产品几十年不改进的状况将不复存在。对劳动者的技术、技能要求也相应变化，大量需要一专多能、复合型工种人才。以机械类工种为例，车工是需求量较大的基础工种，企业欢迎的不再是单纯的车工，而是以车工为专长，兼学刨、铣、磨床技能的人才；机修钳工则要求能以机械维修知识为主，同时掌握电学知识，以适应设备机电一体化的发展；模具钳工也不能只会镶配，而应扩大知识面，以适应今后模具制作将以模具、机械手、冲床等组合机床群为主要工具的方向。

2）在培训内容上，要突破传统的统一按部就班的教学计划、大纲授课的传统模式，应允许结合当地经济的实际需要和用工单位的生产要求进行培训。

3）在培训学制（或期限）上，要突破传统的只唯学、不唯实的学制（或期限）规定。例如：中等职业学校招收初中毕业生的任何专业（工种）都是三年一贯制；对职工进行中级培训，不管工种差异多大，都要求 600 学时以上等。要从专业（工种）的实际需要和复杂程度出发，制定不同的学制（或期限），用最少的投入，取得较大的产出。

4）在培训形式上要搞多元制。根据企业和学员的实际情况，采取全日制、半日制、函授培训、自学考试等方式，齐头并进，并采用走出去，请进来的方式，增加培训容量。

5）在师资配备上，传统的做法是强调每个培训实体都要建立一支专职的、稳定的基础课、专业课、实习课教师队伍。结果是，一方面，许多职业学校专业老师课时严重不足；另一方面，学校人员经费负担严重，人浮于事，效率低下。改革的模式是：建立专兼职相结合，专职为骨干、兼职为主体的师资队伍，提倡专业教师一专多能，一科多用。

3. 建立一个现代化的、与国际职业培训尽快接轨的发展模式

随着我国对外开放的迅速发展，社会各界生机勃勃，成千上万的企业走出国门，加入国际市场的竞争行列；我国加入关贸总协定后，国内市场也会随之国际化，面对这样一个千变万化的国际、国内市场，职业培训必须瞄准国际水平，努力开拓进取，尽快与国际职业培训接轨。当前首先要解决的是两大问题：

1）要加快《职业培训法》的立法进程，学习国外先进经验，依法调节政府、企业、培训实体、受培训者四者之间的关系。《职业培训法》是劳动立法单行性法律之一。50 年代以来，日本、德国、法国、美国、南朝鲜、香港、台湾等许多国家和地区，都先后颁布了《职业培训法》，对职业培训工作进行依法调控、约束，取得了明显的效果。我国经济体制明确以市场为导向后，要求政府在制订系统完备的政策法规、规范市场行为等方面作出更大的努力。因此，加快《职业培训法》的起草进程，既是与国际职业培训接轨的重要工作，也是我国社会经济生活的迫切要求。

2）建立与国际职业培训相协调的管理模式。80年代以来，国际劳工组织十分重视职业培训的国际交流与合作，1989年至今，国际劳工组织亚太技能开发署与国家劳动部合作，聘请专家来华，先后三次进行职业培训专题研讨。国际上许多国家和地区职业培训发展迅速，德国是典型的市场经济国家，它的职业培训工作是世界上最出色的，德国的经济腾飞被认为与发展职业培训密切相关，职业培训作为德国劳工与社会福利部九大工作职责之一，由联邦劳工局负责；日本的"职业分类——标准——考核——证书"整套程序也被许多国家借鉴，职业培训由日本劳动省负责。这些国家除劳工组织作为主管机关外，还通过行业协会实施职业培训的具体工作。笔者认为，结合我国国情，应该尽快建立与国际职业培训接轨的管理模式，以利减少交叉管理，提高效益；以利加大国际交流合作的力度；以利各行各业的培训实体瞄准国际水平、开拓培训业务、培养能够在国际市场竞争中取胜的现代化人才。

（二）职业培训的运行机制

所谓职业培训运行机制，是指在职业培训运行的系统中，其内外各有关组成部分的功能、相互关系及制约。职业培训要在社会主义市场经济中高效运转，需要认真积极地建立以下四种机制：①建立劳动者就业、上岗必须进行职业培训的用人机制；②建立多渠道、多形式，谁受益、谁投资的投入机制；③建立社会化协作，企业化管理、产业化培训的产出机制；④建立社会权威性职业技能考核与企业内自主考核相结合的考核机制。

1. 建立劳动者就业、上岗必须进行职业培训的用人机制

1982年，国家提出实行"先培训，后就业"，1988年，劳动部提出"先培训，后就业，先培训，后上岗"。经过十年的改革实践，就业前培训、上岗前培训已经取得显著成效。并为各级政府、广大企业及社会各方所接受。"发展生产力必须提高劳动者的思想、文化和技术素质""市场竞争的关键是人才竞争""先进的技术，设备可以引进，高素质的大批工人必须自己培养"这些都已成为企业的共识。但是，随着企业经营自主权的落实，又提出了一个新课题：企业自主用工与现行的就业培训是否矛盾？笔者认为，建立劳动者就业、上岗前必须进行职业培训的用人机制是现代化生产发展的客观要求，是时代文明进步的标志，是使我国经济保持持续发展的基础工作。实行就业前培训和上岗前培训，为劳务市场提供具备就业基本技能和素养的合格劳动者，为企业输送高质量的新鲜血液，与企业自主用工并不矛盾。关键在于，实现这一机制，我们要打破在计划经济模式下靠行政命令，靠政府干预的习惯做法要依靠职业培训的主动适应，依靠高质量的培训服务，以及劳务市场的逐步培育和完备来满足企业的用工需求。这样的举措必然会受到企业的欢迎。

2. 建立多渠道、多形式，谁受益，谁投资的投入机制

职业培训作为培养人才的一项活动，是需要投入的。长期以来，职业培训的经费来源一直困扰着各级政府和所有培训实体，成为限制这项事业加快发展的主要因素。当然，我们不可能像发达国家那样，将最先进的设备用于培训，但是，职业培训的基本设施条件应

该得到保证。

发展职业培训，办好职业培训，国家要增加投入，这是毫无疑问的，这里着重提出多渠道、多形式的投入机制，即：采取财政拨款，税收优惠；使用各类贷款、企业交纳、收缴学费，社会资助、接受捐赠、学校创收等手段增加教育投入；对包含学历教育的职业培训，要提高人均收费标准。同时，可以像许多发达国家那样，通过企业缴纳税金的办法（一般为企业工资总额的 2%）建立职业培训基金，进行重点投入。

所谓"谁受益，谁投资"，即根据职业培训的特点，打破传统的"教育为国家，国家包教育"的思想观念，由直接受益的企业、个人投资。市场机制自发地向效益倾斜，利用这个特点，可以制定灵活的收费标准，对热门专业或培训成本高的专业多收费；反之可以少收费；对苦、脏、累等艰苦专业（工种）不但不向个人收费，还可以增加补贴，除由受益的企业负担外，政府也要予以扶持，以弥补投入的不足，引导劳动资源配置的供求平衡。

3. 建立社会协作、企业化管理、产业化培训、提高职业培训综合效益的产出机制

职业培训工作是劳动工作的组成部分，是教育工作的组成部分，是经济工作的组成部分。而其中属于经济性的特征要比一般普通教育显著得多，职业培训除了与经济建设紧密相关，直接为经济建设服务外，其本身也应该讲求经济效益，即计算通过职业培训培养出来的，达到某种质量标准的学生（员）人数与投入的培训经费之比。普通教育往往带有强烈的文化性特征，强调对受教育者的非功利性作用，强调社会性、人生观和文化价值方面的功能，而不强调其直接的经济效果。职业培训明确要求核定培训的投入产出。市场机制的建立，使职业培训的这种经济特征更为明显地表露出来。如何提高投入产出比，使有限的资金得到充分发挥，建立一个高效的产出机制，笔者认为，必须向社会化、企业化、产业化方面努力：

1）要打破职业培训严重存在的"小而全"局面，搞社会化协作。目前，我国各地大大小小的培训实体很多，大都自成体系，互不相关，一方面，造成有限的师资、设备、场地不能充分发挥作用，一方面，又存在师资、设备紧缺的状况。这种不讲整体效益的"小作坊"培训问题完全靠市场自发的力量不能解决，需要政府加强调控和规划。而政府的调控和规划又必须从计划经济的模式中解放出来，采取各种市场服务手段促进各种层次的校际联合、校企联合办学，甚至采用出租场地和设备等方式，加快职业培训的社会化协作。

2）打破培训实体几十年一贯的"吃饭靠国家"的局面，实行事业单位企业化管理。在计划经济模式下，培训实体按国家规定招生，用国家统一计划教学。学生毕业后统包统配，学校、教职工只需埋头教学，至于市场怎样，企业怎样，培养的人才怎样实现价值，都不需要思考，全由国家包办。这种局面与现行的市场机制极不适应，已经到了非改不可的时候。解决的办法是实行企业化管理，通过企业化管理，使培训实体走向市场，使培训实体、教职工了解经济，了解市场，了解企业，按需求办学。实行企业化管理，要相应地把培训自主权交给培训实体，确立培训实体的法人地位，使其具有对市场信息作出灵敏反应的能力和适应市场要求而变化的决策能力；实行企业化管理，让培训实体自主办学、自主用人、自主分配，使教职工像企业职工那样，收入靠贡献，岗位靠竞争，形成一种生机勃勃的工

作局面，促进职业培训的不断发展。

3）打破"培训只讲社会效益"的传统观念，搞产业化培训。随着市场经济的发展，培训机构不仅是培训实体，同时也是经济实体。它集社会效益与经济效益于一身。在培养人才的活动中，通过劳务市场媒介，将人才输入企业，成为社会物质财富的直接生产者，必须带来经济效益。培训实体在输入人才时，通过公正合理的"有偿培训"，来"按质论价"，取得经济收入。随着培训事业的逐步壮大，职业培训将成为社会的一种产业。

4. 建立社会权威性职业技能考核与企业自主考核相结合的考核机制

自1990年经国务院批准、劳动部颁发的《工人考核条例》实施以后，我国工人考核工作有了很大的进展。以考核为"牛鼻子"，有力地提高了职业培训的质量，提高了工人队伍的素质。以苏州市职前培训"两证"考核（录用考试）为例，全市技工学校1987—1992年技校毕业生取得三级及以上技术等级证书的合格率分别为：80%、87%、90%、96%、98%、99%。其中，取得四级工技术等级证书的合格率分别为：0.6%、12%、31%、50%、70%，技术水平提高的趋势非常明显。实践证明，考核是鉴定职业培训质量的有效手段，是促进工人素质提高的有效措施。今后，我国的工人考核工作应该采取怎样的思路，怎样的机制呢？笔者认为，应建立社会权威性职业技能考核与企业自主考核相结合的考核机制。

社会权威性职业技能考核即对社会公共职业培训的考核，以及面向社会、面向市场的通用性专业（工种）考核。随着企业推向市场的迅速发展，企业迫切需要通过劳务市场获取多层次的高素质的新增劳动力和社会通用性专业（工种）人才，加上职业培训的放开，究竟哪些劳动者是高素质的，如何区分培养层次和质量，这些问题需要具有权威性的社会职业技能鉴定机构来考核，按照《工人考核条例》的规定，这个机构设在劳动部门。考核由劳动部门委托专业考核基地来实施。通过面向社会的公开考核，对达到技术等级标准（或社会通用专业工种岗位规范）的，发给国家劳动部统一印制的证书，作为劳动者就业、上岗、从事第二职业等的重要依据。

建立和完善企业自主的岗位考核机制，是一个必须解决且客观存在的问题。问题的提出是基于以下三个点分析：①原有的不分企业内外的考核机制均按部委颁布的标准进行，通用性强，针对性难以顾及；②非社会通用性专业（工种）的工人无法参加考核，以致失去晋级、评审技师的机会；③一些技术尖子由于岗位工作离不开，不能参加社会统一组织的培训考核，失去提高和实际水平鉴定的机会。建立企业内部自主的考核机制，由企业自行制定具有本企业特点的岗位规范和标准，结合企业生产特点进行考核，考核合格者发给企业自行印制的岗位合格证书，作为企业自主用人（上岗、换岗等）、自主分配的重要依据。这种机制的建立，不但不排斥社会权威性职业技术技能考核，而且将促进职业技能考核体系的完整和完善，有利于提高劳动者的素质，促进生产发展。

建立一种新型的职业培训发展模式和运行机制需要一个过程，包括一系列与之配套的工作规范和运行规则，我们既不能操之过急，又要大胆实践和探索，积极推进新模式、新机制的实现。

三十九、赵金亭

赵金亭（1936—　），男，山东省德平县人，中国职工教育和职业技术培训协会学术委员会两届委员，大专学历。

赵金亭同志历任中共河北省委办公厅、河北大学、中共天津市委办公厅干事、秘书；天津市人力资源和社会保障局科长、副处长、调研员。曾担任天津职业技术师范大学兼职研究员；中国职工教育和职业技术培训协会学术委员会两届委员；中华职教社社员。1997 年退休。

从 80 年代初开始从事劳动工作，对就业、培训、劳动力市场、失业保障等方面的工作进行了研究，撰写了大量理论与实践结合的专业文章。出版了《就业训练中心思想道德教材》一书，对社会待业人员就业训练工作的健康发展发挥了较系统的指导和促进作用。

就业训练的性质、任务、特点和发展趋势及对策的探讨 [①]

（一）关于就业训练的性质

1. 我们必须承认就业训练是一个确确实实的客观存在

现在仍有些部门和个人，对就业训练持不承认态度。事实上，就业训练早已是生气勃勃地大规模实践着的社会群体活动。其中，既有人的智慧、技能的传授、吸收和发展，又有在教学上多种物质形态的转移、变化，更有大量的社会组织活动。它是各种物质形态构成的社会事物，具有空间、时间、运动的属性。

2. 就业训练有没有独立存在的必要和可能

我们在多年的就业训练实践中发现，就业训练的确和许多事物有联系，有相似之处，

---

① 赵金亭 .1989. 就业训练的性质、任务、特点和发展趋势及对策的探讨 . 职业教育研究，（5）：18-21

甚至感到它和其他工作有某种重叠、交叉，是无法被舍弃和替代的。所以，我们认为它还是一个具有自己特殊本质的独立的事物。

3. 就业训练究竟是一个怎样的事物

如果抛开它的各种具体形式而看其实质，它是这样一种社会活动：为了使将要就业的人能胜任所从事的职业，需要使他获得有关的职业知识，掌握完成职业任务所必备的技能技巧，养成职业所要求的思想觉悟和道德品质。从而综合形成执行职务应有的素质和能力。为此，就需要对要求就业的人进行就业前的专业技术培训和职业道德教育。因此，可以说，就业训练是为培养求职者具有适应职业岗位需要的专业知识、业务技能和品德素质而进行的教育和训练的活动。

就业训练是有别于其他事物的独立事物，却不是脱离社会联系的独立现象。它和社会的各个方面有着密切的联系和制约关系，因此它具有多种本质属性。

（1）它是劳动就业的最基本的准备

劳动就业是人们参加社会劳动分工的起点。它需要的体力、脑力是人固有的自然生理条件，无需特殊准备，而劳动技能技术却必须专门学习。在生产力水平低下的时代，通过家庭传授或师带徒来进行这种训练。在生产力发达的今天，这种方式已难以适应。必须实行有组织的社会性、科学性的就业训练，才能提供劳动就业的必要准备，实现有效的社会就业。

（2）它是对劳动者的智力开发

从本质上说，就业训练是智力开发活动。不过，它有特定的开发对象、开发目标和开发途径。其开发对象是尚未就业的所有劳动者，开发目标是将处于资源状态的潜在劳动力转化为现实的生产力——专门的、发达的劳动力。它的开发途径，是将人的智力转化为劳动技能、生产技术。

（3）它是特殊的职业教育类型

就业训练活动的基本内容决定了它仍属于教育的范畴。它具有一切教育活动的共同属性。凡是教育，都是对人的身心施以影响而达到传授知识、培养品质和能力的目的的活动。就业训练正是为了达到培养合格的从业劳动者的目的，而对人施以培养训练，使其具有职业知识、技能、品质等身心素质的活动。但它又与普遍教育，甚至一般的职业教育有些不同，主要是：它的对象严格地限于尚未就业的求职者；它向培训对象施以教育影响的唯一目的是帮助其就业；它的教育内容、方式、方法、学制、目标、教学条件，都以适应职业岗位需要为准，不受一般教育或职业教育的某些成规的约束，有自己的特点。它比一般的学校教育涉及的职业领域更广泛，其专业门类参差不一，比学校教育庞杂得多。

（4）它是劳动和教育的相互渗透体和交叉点

就业训练是通过教育和训练而实现两个任务：①满足用人单位对劳动力的需要；②使求职者有条件实现就业。因此，它既是一种职业教育，又属于劳动的范畴。这一事物促进了教育与劳动的结合，使之深化到相互渗透、交叉的程度。随着这种渗透、交叉的步步深化，就业训练将会步入一个更高、更新的境界。

（5）它是科学技术向生产力转化的中介环节

科学技术转化为生产力，必然是通过增强和改善生产力的三个要素来实现。其中，最关键的是用科学技术武装劳动者，因为劳动者是最基本、最活跃的生产力主体。就业训练是科学技术向生产力转化的一个重要的中介环节，它将知识形态的科学技术传授给劳动者，沿着某种职业目标和其体力、脑力、品质相结合，转化形成生产活动能够接受的具体生动的技能、技巧的形态。只有这种蕴含了科学技术能量的由脑力、体力和意志品质构成的技能技巧形态的力量，才能有效和充分地运用科学技术和其他物质形态（机器、工具、材料、工艺等）从而结合成新的强大的生产力。

就业训练的这些基本属性，反映了它与社会的深刻联系。反映了它在与其他事物相互联系、相互制约的关系中生存、发展的规律。这些属性是它生命力之根源。

（二）关于就业训练的任务

1. 实行就业训练是国家决策

就业训练工作的开展，是客观规律的要求，体现国家最高意志的《宪法》中严格地规定："国家对就业前的公民进行必要的劳动就业训练"。这意味着组织就业训练是国家的职责和权力，参加就业训练是公民的权利和义务。党的十一届三中全会以后，为了安定团结搞建设，适应发展生产力的需要，更加重视就业训练。1980 年中共中央发出 64 号文件，指示各级党政领导，"要千方百计创造条件，为待业青年广开学路，吸收他们参加各种职业技术学习，以提高劳动后备军的素质"，由此可见，就业训练是代表了人民根本利益的一项重要任务。

2. 就业训练任务所包含的对象、范围和目标

就业训练的对象首先是社会待业人员，其次是需要再次就业或转换职业的待业职工。这两种对象确定了任务的范围，那就是就业前的职业训练和再次就业的转业训练。这种训练活动的目的是帮助求职者创造就业条件，使其具备职业岗位要求的素质和能力，实现与生产资料的结合。这种训练所要达到的人才目标，是使受培训的人成为有理想、有道德、有文化、守纪律并有一定专业技能的社会主义劳动者。

（三）关于就业训练的特点

就业训练是整个职业教育的组成部分。但它不同于学校类型的职业教育，是一种社会型的职业技术教育分支，有自己独具的特点：

1. 机动灵活

1）"轻"：即结构轻。它的"硬件"（场所、设备等）和"软件"（机构、规程等）都是轻便简约的。这样有利于灵活地随社会变化而转向、改轨，机动地按实际需要应急、突击。

2）"多"：即在渠道、形式、层次、学制等方面广开门路，实行多元化方针。这就调动了较多的活力。

3）"短"：即以短期培训为主。培训周期短，具有周期快、出才多、好调头等优越性。

4）"活"：它没有条件搞死板的统一模式，固定章法，难以"一刀切"，只能因地、因时、因人、因事制宜。这样做的结果，自然是"框框"少、限制少、变化的自由度大，运转的机制灵。所以，机动灵活性是就业训练在运行机制上的一大优点。

2. 拾遗补缺

就业训练的对象是各类学校教育对象之"遗"，它服务的职业领域多为社会上短缺的专业、工种。即拾培训对象之遗，补职业岗位人才之缺，这是社会分工的自然规律所致。在社会生活中，这些"遗"和"缺"，倒是绝对"遗"不得，也"缺"不得的，就业训练把它们拾起来，补上去，起到了解"燃眉之急"，排国家之难，除群众之忧的作用。拾遗，提高了职业教育的普及率；补缺，拓宽了职业教育领域，开创了培训的新专业。这是就业训练在社会职能上的一大特长。

3. 以训练动手能力为主

就业训练不能称之为就业教育，意在强调"训练"是它任务的重点。训练是教育中的较浅层次，却是教育的有力手段。就业训练主要是为生产、工作第一线培养专业劳动人才，而第一线人员必须有很强的动手操作能力，也就是干活儿的技能技巧。同时，接受就业训练的人，目的是学到一技之长，希望早日就业。因此，以训练动手能力为主，是用人一方和求职一方共同的需要，也就成为就业训练在培训内容上的鲜明特点。

4. 训练直接为就业服务

劳动部门主持、推动就业训练，完全是为实现劳动就业服务的，培训是提高就业质量的需要，就业是培训的唯一目的。所以，培训为就业服务，培训与就业紧密结合，是劳动工作固有规律的反映。因为：①"先培训，后就业"是一个完整的制度，培训和就业是一件事情的先后过程，二者缺一不可。②培训和就业是手段和目的的关系。手段为目的服务是自然逻辑，没有手段，达不到目的。③培训与就业的关系在求职者心里最清楚。其接受培训唯一的目的就是就业。因此，就业对他既是压力，又是他参加培训的动力。这就是我们工作的基本依据。

（四）关于就业训练的发展趋势与对策

研究就业训练的发展趋势，要看两个方面的因素：①社会历史的大背景；②本身所处的发展阶段和程度。总的趋势可能是这样三个方面：提高普及率、追求规范化、发展有偿培训。

1. 扩大培训规模，提高就业前训练的普及率

为适应时代发展的潮流，在国际竞争中立于不败之地，加速推进我国的社会主义建设和改革，必须努力提高我国广大劳动者的素质。在这个大前提下坚决贯彻《先培训，后就业》的原则，尽最大努力普及就业前培训。

从天津市的情况看，就业训练的普及，任务相当艰巨，需要采取综合措施，主要可以从以下方面着手：

1）广开学路，扩大培训渠道，实行"条""块"并举、"点""面"结合，形成就业训练的综合网络：①"条""块"并举是指各局、公司、企业系统和区、街系统都要承担就业训练任务。②"点""面"结合是指以现有的较大的市、区就业训练中心为骨干，向广阔的社会面辐射，首先组成区街网络，再将社会团体、民主党派和私人办学的力量联合起来共同承担训练任务。

2）加强领导，用立法和政策推动。首先，决策层应下定决心，实行"先培训，后就业"，要落实这一原则，必须用立法和政策堵住不经培训而就业的口子。其次，要调动"条条"培训的责任感和积极性：①运用行政手段，给予任务和信任，实行"谁用人，谁培训"；②政策上启用"因果机制"，调动其内在积极性；③加强全市的统筹指导，协调各方关系，组成全市的就业训练体系。

2. 提高培训质量，逐步实现就业训练规范化

社会的发展；生产力的提高；科技的进步；观念的更新；都对就业训练提出了越来越高的要求，我们不能向正规学校的模式发展，但必须建立起符合自身规律和特点的就业训练的规范。只有如此，才能把提高就业训练质量建立在可靠的基础上，否则，将落在时代的后面，失去适应力。

天津市的就业训练还处于不甚正规的初级阶段，需要逐步发展，目前可以抓以下几点：

1）整顿机构，理顺关系，健全制度，使管理工作逐步走上正轨，做到上下衔接，运转顺畅，有章可循，有条不紊。

2）加强专业建设，调整专业设置，开创专业新领域：①适应社会变化，根据实际需要，重新研究调整各培训点的专业设置；②在保持机动灵活特点的基础上，提高重点专业的培训水平，实行专业建设上的一专多能并举和机动与稳定相结合；③在培训实体的建设上，实行综合型和专项型共存，在办好综合型培训中心的同时，根据实际需要和条件，再办一些单项的专业培训中心，以求创新、突破。

3）建立严格、正规的考试、考核制度，特别是把好操作技能考核关，逐步实行技术等级考核并颁发证书。

4）筹集和投入一定的人力、财力，增加实习训练设施，更新培训手段，推广电化教学。

5）开展教学、实习、科研，探索培养新型专业劳动人才的路子。

6）提高整体服务水平，以训练网络整体来适应、满足社会整体的多层次、多规格、多专业的需求。

3. 适应商品经济特点，开展有偿培训

培训的有偿化是必然的发展趋势，这是商品经济所要求的市场机制带来的必然产物。我们应该清醒地认识并接受它，我们也应以同样清醒的头脑来研究并推动它的合理发展。

把就业训练看作开发劳动力资源的一种劳动就业服务的产业，这是符合现代意识的。以此为出发点，有偿培训合情合理，必须开辟以学养学之路，这需要逐步建立起有偿培训的市场机制，以大大增强其自我发展。

就业训练中心的产训结合 ①

产训结合来源于就业培训和产业经济两种实践的需要，这种深深地植根于实践的产训结合具有强大的生命力。职业培训事业的每一个重大发展，都会带来对产训结合的更迫切的需要，而产训结合也随着职业培训事业的进步而得到充实和丰富。

20 世纪 80 年代初，在我国兴起了举办劳动就业训练的热潮，就业训练中心如雨后春笋般应运而生。在国家投入的十分有限的就业扶持经费的支持下，依靠广大待业人员和劳动就业工作者的自力更生、奋发图强，迅速发展起一支学校以外的，具有自己特色的职业培训力量。这是中国职业培训事业的一次重要起飞，奠定了普及职业培训的重要基础。同时，它也为中国的职业培训向产训结合迈进，注入了一股清新强劲的活力。在就业训练中心出现前的孕育阶段，即举办大量的待业青年短期培训班的时候，就业训练工作就是紧密结合生产劳动进行的，因而，产训结合是它的一个天然基因。当在广泛的就业训练班基础上成长出一个个训练中心后，产训结合的基因不仅被继承下来，而且获得了更好的发展条件。于是，产训结合成为支持就业训练中心创业立足的生命活力。它自己也随着训练中心的茁壮成长而获得了在广度、深度上的巨大进步。产训结合的形式更加灵活；内容更加充实、丰富，使产训结合这一事物在总体上取得了一次突破性的进展。由于就业训练中心在职业培训事业上创造性的实践，改革性的发展，生动活泼地同生产劳动的紧密结合，就使产训结合在职业培训事业中的规律性显示得格外真切，它的巨大影响力给予了广大培训工作者以深刻的启迪，成为进一步提高培训质量，继续改革发展职业培训事业的重要动力。

（一）就业训练中心生产的背景和现状

1. 历史背景和发展概况

就业训练是国家的一项重要任务，接受就业训练既是我国公民的权利，也是一项义务。《中华人民共和国宪法》第四十二条规定："国家对就业前的公民进行必要的劳动就业训练"。新中国成立以后的前三十年，我国除开办少量中等专业学校和技术工人学校外，对

---

① 赵金亭 . 1993. 就业训练中心的产训结合 . 见：关裕泰、费重阳、周丽华编 . 产训结合的理论与实践 . 北京：学苑出版社：171-186

大量的从社会招收的工人，都是以学徒制进行就业训练的。在十年的"文化大革命"中，技工学校和学徒制都受到很大冲击。粉碎"四人帮"以后，技工学校和学徒制才开始重新恢复。

党的十一届三中全会以后，党和国家的工作重心转移到经济建设上来，陆续制订了一系列正确的经济政策，特别是实行了多种经济形式、多种经营方式并存的方针，国民经济出现了振兴之势，对劳动力的需求日益增长，也相应地对劳动力的职业素质提出了更高的要求。恰在此时，一个偶然性的因素出现了，原来上山下乡的大批知识青年返城，一时大中城市涌进成千上万的青年待业者，再加上新成长的城镇适龄劳动力数量不断增加，形式要求劳动就业的巨大压力。党和政府高度重视，认真解决出现的严重问题，在千方百计安置部分人员就业的同时，也创造了一个既有临时安置作用，又为就业做思想上和职业能力上准备的新形势——把暂时不能就业的待业青年组织起来进行就业前的职业技术培训叫做就业训练，有的是有工做工，无工学习；有的是实行半工半读；有的是培训后择优推荐就业。随着经济建设的发展，大批涌进企业的新工人素质偏低的状况越来越严重，提高劳动者素质的要求日益迫切，就业训练只得由最初的粗放、简单型，逐步向系统、规范化发展。于是，一种有固定的场所和一定的教学实习设施的规范的就业训练形式——就业训练中心便应运而生。这一新生事物出现以后，立即受到党和国家的重视和支持，当时的劳动人事部及时加以引导、推广，迅速在全国各地蓬勃发展起来，形成了一支包容整个社会待业人员的、专为促进社会就业服务的职业培训组织，成为向企业输送有基本技能的新工人的主要渠道，弥补了技校、学徒制的不足，成为 70 年代我国实施公民劳动就业训练的主要形式。

在我国原有的职业教育和职业培训体系中，本无就业训练中心这一种类型，它的出现，看似偶然，实则是一种必然。之所以说它偶然，是因为假如没有 1979—1981 年时待业大军压境的严峻局势，也许就业训练就不会产生。就业训练的确是被逼出来的。就业训练中心也不是哪位先哲指引的结果，是群众实践中"急中生智"的结晶。说它是一种必然，因为它毕竟是客观的需要，是那时期的政治、经济、社会形势中的诸多因素创造了它诞生的充分条件。也只有这种组织形式，才适合我国的国情，适合广大待业青年对学会一技之长，尽快就业的迫切需要。

就业训练中心最初在 1981 年发源于西安，经劳动人事部介绍推广，迅速得到各省、市、县的重视，各级劳动部门纷纷采取这一组织形式，在国家无投资、不设编的情况下，自力更生，艰苦奋斗，从就业经费中拿出不到 1/3 的资金，争取社会各方面的支持，动员待业青年劳动创业，自费就读，以劳养学。几年的工夫，就业训练中心遍地开花，形成了一支独特的社会型职业培训队伍和基地网络。经过十年的发展，全国已建成各类就业训练中心 2300 多所，年培训能力近 100 万人次，加上这些"中心"指导的其他方面的就业训练班，年培训能力近 300 万人次，这个数字超过各类中等职业技术学校学生的总和。这些训练中心所进行的职业培训，大部分都程度不同地走着产训结合的路子，也就是说，就业训练中心这种新的培训形式的出现和迅速发展，使产训结合的职业培训得以和企业在十分广阔的领域里发挥作用，并使自身得到极其迅速的补充、丰富和发展。

就业训练中心不同于各类职业技术学校，它是由各级劳动部门举办，以社会待业青年和待业（失业）职工为主要对象，以职业技能训练和职业道德培养为重点，以帮助创造就业和转业条件为己任，以开展就业训练和转业训练为根本任务，以促进社会劳动就业服务为目的的一种培训形式。

就业训练中心是改革的产物。它是劳动就业工作改革的直接产物，同时又形成了职业教育和培训改革的一个方面。它是伴随劳动就业改革的另一新型社会劳动组织——劳动服务公司的诞生发展而派生出来的。劳动服务公司打破和废止了长期实行的国家包就业的局面和用行政手段解决就业问题的制度，为推行"三结合"的新就业方针提供了组织基础，就业训练中心出现以后，劳动服务公司如虎添翼，强化了它的就业服务职能，使其形成了以职业介绍、就业训练、待业保险、组织集体经济四大支柱为框架的就业服务体系。就业训练中心具有双重性质，既是职业教育的一个重要分支，又是劳动就业服务体系的智力支柱，成为劳动就业工作的不可或缺的组成部分。

就业训练中心的发展，壮大了我国职业教育事业的队伍和规模，增添了新的活力，有力地促进了职业教育的改革。近几年来，在职业教育与培训中实行的一些改革性的新课题，比如要求培训实行"多渠道、多形式、多层次""先培训，后就业""突出技能训练，着重培养动手能力""机动灵活，适应社会和经济的需要""培训与就业相结合"等，都是在就业训练的实践中最先提出来的，在进行了认真探索，取得了丰富经验以后，被其他教育培训部门所采用。

在我国深化改革，扩大开放，转变经济模式，转换企业经营机制的新形势面前，就业训练中心遇到了新的挑战和机遇。它正在为与劳动制度改革、经济体制改革相对接而调整和建立新的机制，开辟适应经济发展和改革开放的新专业工种。1992 年，全国就业训练中心在接受全面评估的基础上，以更大的活力去适应社会主义商品经济和市场机制，求得新的发展。

2. 基本任务、特点和发展趋势

任务

就业训练中心的基本任务：为提高广大劳动者的素质，贯彻国家的"先培训，后就业"原则，对要求劳动就业的社会待业人员和需要转换职业或劳动岗位再就业的失业职工及待业职工，进行职业技能培训和职业道德的培养，以提高其竞争力和就业的能力，帮助他们创造就业的必要条件，同时，也是为社会各方面的劳动用工，提供素质较好的专业劳动力，发展经济和促进我国充分就业，从而实现《宪法》规定的"公民有劳动权利，国家根据统筹兼顾的原则安排劳动就业，以保证公民享受这种权利。"

本着这样的任务目标，就业训练中心要为改善城乡劳动力及其后备军的素质状况服务。在有条件的情况下，也要积极开展第二职业培训、军地两用人才培训，还要为乡镇企业培训专业人才，为农村剩余劳动力向第二、第三产业转移提供培训服务。

特点

1）就业训练中心与劳务市场紧密对接，直接为劳动就业和劳动用工服务；

2）就业训练中心的培训形式机动灵活、简便快捷，对社会需要的适应性强；

3）就业训练中心的培训内容重点突出，着重职业技能和职业道德的培训，强化动手能力的训练；

4）就业训练中心是轻结构，高效率，培训成本低；

5）就业训练中心的师资队伍以专职为骨干，兼职为主体，有利于师资队伍的更新、培训与生产的结合及追踪社会职业的新发展、新趋势。

发展趋势

就业训练中心已经度过了它的初创时期，现在处于整顿、提高、发展的新阶段。从总体来看，它今后的发展呈现出这样几个趋势：

1）普及与提高并举。由于就业训练中心的培训对象十分广泛，人数众多，它的现有规模与广大社会后备劳动力的培训任务之间的矛盾还是很大的。因此，今后的重要任务仍是增强能力，扩大规模，对各类社会劳动力进一步普及就业前的职业培训。但是，在经济增长、科技进步日新月异的时代，就业训练中心仅仅满足于培训的人数多，仅仅有"短、平、快"的优点，无法继续保持旺盛的生命力，势必要在提高自身素质的基础上，人力提高培训水平，以培训质量求效益，才能适应经济、社会对劳动人才的素质要求越来越高的趋势，在各类职业技术教育千帆竞发的大发展格局中，保持自己的优势。

2）规范与创新统一。就业训练中心仅有十年的历史，还是一支年轻的培训力量，由于它着重从摆脱原有旧培训模式的束缚出发，形成了一些更接近生产需要，符合职业实际的培训特点和新颖风格，也必然在教学与管理的规范化方面存在一些问题和差距，这是制约其继续提高的一大障碍。因此，今后相当一段时间内，通过认真整顿、提高，总结已有的丰富经验，认真探究自身发展的客观规律，在此基础上，建立起符合自己特点的规范制度，是就业训练中心的一项重要任务。但在进行规范化建设时，也要防止盲目地追求"正规"，不要照搬学校模式，不要走舍弃自身特色的道路，而应在保持已有特色和活力的基础上，吸收各类职业教育和培训形式的优点和精华。

3）社会效益与经济效益兼顾。我国的经济正在向社会主义市场经济体制转变，发展商品经济作为一个社会的经济基础，已对各个方面产生了重大而深刻的影响。就业训练中心原来着重从争取培训人才，促进就业，稳定社会这一个侧面上求效果，不大注重甚至很少考虑经济效益问题，和社会现实之间有了明显的距离，原来只重社会效益的路子很难坚持下去，势必要转轨到社会效果与经济效益并重的道路上来，要实行适度的有偿培训，开展有经济效益的生产学习，走以学养学，以经营养培训的路子。

4）快捷实用和先进技术相融。就业训练中心能够优于其他培训形式的一个重要特点，是其从形式到内容的实用性、适应性，也可以概括为快捷而实际。但是要保持这个优势，也必须是在发展中去实现，那就是要利用自己结构轻，灵活性强，贴近实际的特点，去紧紧追踪科学技术的新发展，特别是要及时吸取生产过程中创造的新工艺、新技术，把快与新融汇在一起。在贴近实践和追随时代脉搏的双轨上前进。

5）保持特色和兼容并蓄相结合。就业训练中心是以自己的特色有别于其他培训形式而被社会所接受的，今后还必须以特色立足于世。生命力就蕴藏于特色之中。形成特色很可贵，而保持特色却不易，发展特色就更难。但是这个形成、保持、发展特色的任务，却一定要贯穿始终。特色的保持不是静止和固守，只有不断发展，才能保住特色；特色的发展，是事业发展的一个重要标志，也是一个推动事业前进的有力支撑点。

就业训练中心还存在不少薄弱的方面，稚嫩，不成熟之处也还较多。在这个基础上所表现出来的特色，也同样不会十分完整，因此，在保持特色的同时，在发展特色的过程中，它必须认真地学习国内外的各种职业培训形式已有的先进成果，通过借鉴别人的特长，充实、改善、促进自身发展，实行兼容并蓄的方略。坐井观天、孤芳自赏，保不住特色；开放引进，兼容并蓄，不会毁掉特色。越是吸收别人的优点，借鉴别人的特色，越能丰富和创造自己的特色。

（二）就业训练中心产训结合的基本形式

就业训练中心从诞生起，就循着一条产训结合的道路发展，初期的"有工做工，无工学习"，就是把这种培训建立在"工"和"学"并行的轨道上的；进而又明确地提出了"半工半读"的路子；为了更好地落实培训需要的生产实习条件，又创造了同劳动服务公司企业结合，实行"前厂后校""前店后班"的模式；进而又总结出建立在培训效益同经济效益并重基础上的"以学养学""以生产实习养教学"的一套重要的经验，从抓人才思想品德培训的角度，就明确地要求"培训与生产劳动相结合""思想教育与劳动锻炼相结合"。可见，就业训练这种培训类型，从本质上就与生产劳动有紧密的必然联系。就业训练中心走产训结合的路子，是自我发展和自我完善的客观要求。

1. 就业训练过程中产训结合的基本点

产训结合，是在就业训练和生产劳动过程中同时实现的。这个实现的过程，包含了以下几个基本环节：

（1）在劳动技能的训练上

就业训练，顾名思义是为了就业而训练，因此，其培训的基本目标是掌握就业所不可缺少的劳动技能。既然是劳动技能，脱离劳动是很难形成的。训练，需要的是大量的练习，只有正常的生产过程，才可能创造大量的练习劳动技能的条件，学员的消耗性练习，不可能提供很多机会。从生产角度上说，学员的练习等于工人的操作，和工人一样出产品，这是产训结合最现实、最有效的结合点。

（2）在思想品德的修养上

就业训练的另一个重要的培训目标。是培养劳动者的思想品德，使其成为"有理想""有道德"的社会主义劳动者。人的思想品德是按照客观生活环境的要求，经过教育培训逐步形成的。职业劳动是人们生活的最主要的内容，因此，现实的职业劳动环境，是最好的培育良好思想品德的学校。劳动是促使人进化的基本条件；生产任务对劳动者形成有力的规范，生产活动中的群体协作的实践，陶冶着每一个人的集体主义情操。从思想系统看，社会主义意识和集体主义思想有"血缘"关系，而集体主义思想源于群体的共同劳动，以及同生共存的生活状态。

（3）在心理素质的锻炼上

职业培训的另一个重要目标是培养适合职业特点的心理素质。职业心理是构成人的职业能力的十分必要的因素，对于其职业的适应能力有决定性影响。而这种特定的职业心理，是在特定的职业条件下形成的，非要在现实的职业岗位上培养不可。

（4）在综合的职业能力形成上

职业技能、职业道德、职业心理还不是一个人的职业能力的全部，最后体现出职业价值的是人们在完成职业任务时所运用的综合能力。这种能力包含了处理职业活动中各种业务、技术和组织关系上的矛盾，以及解决自身内在的矛盾等各方面问题的能力。这是克服各种困难，排除种种障碍，达到特定职业目标的一种能力，这种能力是每一种职业实践条件的特有的文明成果在人的能力上表现出的结晶，且只有在现实的职业劳动环境中才能孕育出来。从这一点看，就业训练孜孜追求的产训结合，对于帮助受培者创造就业条件是非常有价值的。

2. 就业训练产训结合需要的基本条件

实行就业训练的产训结合，是需要一定的条件的，而且是在"产"和"训"两个方面都要具备一定的条件。

首先，为了实行产训结合，必须做好就业训练生产实习方面的教学训练的基础工作，比如：①按照培训目标及教学进度制订生产实习计划，规定具体的实习课题项目；②做好实习训练的组织工作；③配备实习训练的教学人员和管理人员；④制订实习训练的考核计划；⑤制订实习训练的管理程序和制度，协调与生产单位的关系。

其次，更根本的是在"产"的方面从物质到思想到组织等各环节所必备的条件，是实行产训结合的基础条件。比如：

1）要确定适宜的生产场所。这些场所可以是愿意承担实习任务的社会企业，或是训练中心自有的实习基地，或是有"前厂（店）后校（班）"关系的厂、店，或是以承包对方服务任务为代价获得的实习设施，等等。

2）要有实习生产的设备。包括厂房，店堂、机器、工具等。

3）要有生产、经营的原材料和货物及其供应销售渠道。

4）要有生产经营的任务。没有任务，生产和经营是无法进行的，没有任务，生产就等于纯消耗性的实习，而不是产训结合。这个生产经营的任务，自然包括了它的特定产品或经营的商品品种。

5）要有生产经营的岗位。要将培训学员编成生产经营的班组，要安排到具体的操作岗位上，这是落实产训结合的要点。没有具体的实习岗位，其他一切条件都不能发挥作用。

6）要有实习指导员。也就是要为操作岗位上的学员配备专门的师傅，达到定工、定岗、定师、并应签订师徒合同，规定双方的任务目标及责权。

7）从生产方面也要制订产训结合下的生产活动方案。

8）生产过程中要对学员的思想教育及劳动纪律进行约束。

3. 就业训练实行产训结合的主要形式

就业训练中心是一种灵活的培训机构，它按照不同的培训任务、培训目标而设置培训的形式、方法和方式，选定实习形式也是灵活机动的。当前，它同生产结合的主要方式和形式大体是这样几种：

1）可以产出初级产品或半成品（或初级劳务项目）的模拟练习或基本功训练，如缝纫、理发、打字、计算机甚至烹饪等专业的培训都属于这种类型。

2）建立产训一体的专业性生产经营实习厂（店）。这种情况，随着企业经济实力的增强，将会变得越来越多。比如，建立实习工厂、实习宾馆，实习商店、实验幼儿园等。这是最理想的一种产训结合形式，不但能保证培训实习任务的完成，而且实现的培训规格也高，是出人才的摇篮，并能够创造经济和社会效益。

3）与劳动服务公司企业组成前厂（店）后校（班）的产训结合形式，比较容易实现，主要是在领导管理的渠道上的较容易协调。搞得好的厂还可以与劳动力的就业和流动结合起来，形成生产、培训、就业、劳动力流动相联结的一体化模式。

4）以社会企事业单位为依托，实行定点实习，这也是一种有效和不可缺少的形式。因为这种形式最省钱、最省事，可以利用现有的生产经营企业的所有条件，不必再另设一套为培训专用的设备。就业训练中心的专业设置大部分是灵活多变的，范围极广，自建实习基地只能解决少量、重点专业的实习需要，大量的专业培训还是需要依靠企业提供实习条件。

5）与原有的学徒制结合，也是一种可行的形式。一般是在就业训练中心培训一段时间后，被企业录用为学徒工，进企业后再进行学徒制的后期培训，将此段培训合并计入学徒期，出师之日，就是完成就业训练之时。

6）就业训练中心与用人单位联合办学，实行厂校挂钩。一般是专业理论课和基本功训练在训练中心进行，生产实习到企业去进行。既有按前后两部分分设的，也有按培训课题，到"中心"和企业轮流进行的。

（三）就业训练中心实行产训结合的成果和基本经验

就业训练中心开展职业培训十多年来，取得了很大成果，也积累了很多经验，这与它实行紧密的产训结合是分不开的，成绩中有产训结合的重要作用，经验中包含有产训结合的因素。

1. 产训结合的丰硕成果

就业训练中心能够在现有的多种职业教育和培训形式中，以自己一穷二白的身份，朴拙的形象，跻身其内，为我国最困难的问题之一——解决众多劳动者的就业做出出色的贡献，并且追随劳动制度改革的大潮，负担繁重的转换职业训练的任务，这充分地显示出它旺盛的生命力。这股生命力中的一个极重要的因素就是实行产训结合。突出地表现在以下方面：

1）出才快，出才量大。就业训练中心面对的服务对象是各类学校以外的待业人员，其中，有大部分人升学无门，需要进行就业前培训。就业训练中心的任务，正是要把这些人员培养成具有一定专业知识与技能的职业技术人才，它是提高我国劳动者素质的有力手段，对于实现"先培训，后就业"制度起着重要作用。

2）培训的人才对社会适应性强。就业训练中心以社会职业的特点要求和生产实践的需要，作为开展各种培训的依据，因此，它培训出的人才具有动手能力强，并且适合生产劳动需要的特点。这一优势的形成紧紧依赖于产训结合的培训方式。

3）经费节省，培训成本低。就业训练中心是在国家财政没有专项投入的情况下办起来的，可以说是白手起家，以劳动创业。它的教学、管理队伍精干，机构设置精简，教师队伍以兼职为主体、专职为骨干、一专多能、专兼结合。专职的教职员工与学员的比例在1：100左右，加之实行各种形式的"以实习养培训"，使就业训练中心能够以最小的资金投入，取得可观的效果。

4）改革创新，拓宽职业培训的道路。就业训练的出现，打破了职业教育的学校模式和技术培训的固有模式。它把二者的优点结合起来，形成了全新的培训模式，大大提高了职业教育和培训的整体功能，闯出了一条职业教育改革的新路子。

5）就业训练中心的卓有成效的培训服务，提高了广大劳动后备队伍的素质，促进了社会就业，对社会安定和推进社会主义精神文明建设起到了积极作用。

2. 产训结合的基本经验

就业训练中心实行产训结合，有大量成功的经验，也有不少教训。主要有：

（1）坚持以培养人才为根本目的

产训结合将生产和培训两方面的任务综合到一个共同的过程中去完成，但它的结合点都离不开生产的岗位。不管你是否对这些岗位的人员进行培训，生产总是要进行的，但生产则不然，不生产就实现不了培训同生产的结合，也就达不到实习培训的目的。在这种情况下，往往生产的力度过大，培训的时间容易被挤占。因此，在实行产训结合时，必须始终坚持以培养人才为根本目的，否则这种形式就和一般的生产过程没有什么不同。

（2）必须建设必要的物质手段

实行产训结合，必须解决培训的实习问题，并且以实际生产为基础。没有这个物质条件，进行不了生产，也就没有培训实习的可能。所以，产训结合的首要条件是要建设应有的实际生产经营的物质条件。

（3）追求结合过程的合理性、科学性是成功的关键

产训结合在具备了物质条件的"硬件"之后，能否成功的关键就转移到"软件"上来。就是产与训在具体的结合上，要有合理的组合，科学的程序，严密的管理。不抓好这个"软件"，就算是投入"金子"，也有可能只产出"废铜烂铁"。

（4）选任优秀的组织者、指导者至关重要

培训终归是要借助必要的物质条件而进行教育人、培养人的活动，这里"人"还是决

定性的因素，产训结合的成果要出在学员身上，而出成果的主导因素却在教育者、指导者一方。选任合格的、优秀的人员来组织指导产训结合活动，是不能忽略的重要问题。

（5）生产的实际成果是人才培养水平的重要标志

一个成功的产训结合过程，也必定是一个产生丰硕成果的生产过程，如果只管培训人才，放松对生产产品的要求，人才的培训也不可能成功。如果出现人才培训效果好，而生产产品不合格的现象，那是不合理的，那样的培训效果也是很难巩固的。人才培训的效果，在产训结合过程中就应直接在生产上发挥出作用，在产品生产的数量和质量上得到表现。生产效果的好坏必须作为检验培训人才水平的重要标准之一，这样才能保证产训结合的巩固和深化。如果不能制造出好的产品，怎么能证明所培训学员达到的技术水平呢？没有生产效果的产训结合，就业训练中心也是承担不起的。

四十、郝守本

郝守本（左二）

郝守本（1937—1997），男，山东省莱州市（原掖县）人，曾任全国政协委员，北京市劲松职业高中校长。郝守本于1963年毕业于北京大学数学力学系。1963年至1973年为北京市教育局干部，1973年至1983年在北京市沙板庄中学任教师、副主任、副校长，1981年在各级领导支持下开始从事职业教育工作，1983年创建北京市劲松职业高中，任副校长、校长。曾任全国政协委员，中国民主促进会中央常委，北京市人大常委，中华职业教育社常务理事，中国教育高级中学校长委员会副理事长。他是我国中等职业教育创始人之一，是最早提出"中等职业教育"概念者之一，1983年他主持创建了第一所完全职业高中，在他担任校长期间该校被评为省级重点职业高中，国家级重点职业高中；其本人也荣获人民教师奖章，享受国务院颁发的特殊专家津贴，获得过全国教育系统劳动模范，北京有突出贡献的科学技术管理专家，北京市模范校长，北京市教育之星等荣誉称号。郝守本既是职教事业的实践者，也是职教理论的研究者。他以对教育事业的执著，大胆探索，不断追求新的高度，潜心研究古今中外教育理论，在十余家报刊上发表了三十多篇具有远见卓识的职教论文。在全国各地的各种报告会、研讨会、讲学会上介绍办学理论和经验四十余次。

采取特殊途径 筹集教育经费 [①]

关于我国当前的教育形势，有人认为教育存在着"滑坡"的危险；也有人认为这只是

---

① 郝守本.1988.采取特殊途径，筹集教育经费.科技导报，(5)：37-38

教育在改革中的完善过程，各种观点见仁见智。但是由于教育中存在着亟待解决的问题，如不重视，会直接影响劳动者素质的优化和社会道德水平的提高。这个关系到国家命运和民族兴衰的道理是众所共知的。

目前，即使还不能说教育出现了全面危机，至少也要承认教育已经呈现出某些危机的征兆。这些征兆的突出表现是师资队伍的危机，包括：师资队伍水平大幅度下降；师资队伍优秀人才大量外流；师资队伍后继无人。师资队伍的危机实质是教育经费不足，教师待遇偏低的后果。

"百年大计，教育为本"。为什么作为国家之本的教育却严重短缺经费呢？"四化需要人才，人才需要教育，教育需要教师"。可曾考虑过教师需要什么？"逐步使教师真正成为社会上最受人尊敬，最值得羡慕的职业之一"，但为什么新闻报道中却缺少"弃商从教""弃官从教"的事例？"忽视教育的领导者，是缺乏远见的，不成熟的领导者，领导不了现代化建设"。现实中是否会真用这个标准去衡量每一位领导者？上面引用了这四段话提出了四个问题，目的是呼吁全社会和各级领导者在"重教尊师"上要拿出实际行动来。教育经费的短缺是众所周知的，每年经费增长的指数赶不上物价上涨指数，教育经费处于明增实降的困境。教师待遇偏低已到了不能容忍的地步。以中小学教师的工资为例，大多数教师的日工资抵不上 1 公斤鸡蛋的价格。由此可见，大幅度地增加教育经费，加速改善教师待遇已成为刻不容缓的事情。但有人会说，目前国家没有能力做到，需等到经济全面好转后才能办。我认为可以采取下列四个途径来筹集资金，以增加教育经费和改善教师的待遇。

1）适当裁军，公开宣布把节省下来的军费移作教育经费。古人云："兵在精而不在多"，教育质量的提高必然会促使兵源素质的提高，从而加强国防力量。

2）国家给某一个确定的地区极特殊的对外开放政策，同时，宣布该地区的全部收入作为全国教育经费的补充。

3）国家制定法律和政策，鼓励和欢迎外国社会团体和个人来华出资直接办学。

4）在全国范围内按省（市）、区、县定期发行"教育基金奖券"。

我认为，只有把教育看成是一个"特区"，给教育以特殊政策，想前人之不敢想，做前人不敢做的事，才能筹集到足够的教育经费，才能在我国社会生活中使教育具有应有的地位，起到应起的作用。

职业高中校长办学的思路：目标与实践 [①]

校长负责制的实施使得职业高中的校长在学校工作中处于中心地位，对学校工作有充分的指挥权和决策权，因此校长的办学思路会直接影响到学校的办学方向和办学效果。本文拟就个人工作的体会阐述一下职业高中校长办学的思路。

职业高中校长办学思路形成的客观依据有三点：其一，邓小平同志提出的："教育要面

---

① 郝守本 . 1995a. 职业高中校长办学的思路：目标与实践 . 教育与职业，（11）：12-14

郝守本 . 1995b. 职业高中校长办学的思路：目标与实践（续）. 教育与职业，（12）：7-8

向现代化、面向世界、面向未来。"其二，教育要为社会主义现代化服务。其三，职业高中的特点和学生的培养目标。

职业高中校长办学思路形成的主观因素是要求校长应该具备集管理型与学者型为一身的工作素质。学者型就是要勤于学习，用各种知识充实自己；钻研理论，用理论指导自己的实践；擅于动笔，及时总结经验，敢于提出自己的见解。管理型就是能发扬民主，集思广益，使决策符合实际，重视信息和公关，使决策符合经济发展规律；遇事果断，办事干练，不能错过机遇。

校长办学思路之一：职业高中要培养什么样的学生

职业高中办学的任务是要向社会输送合格的劳动者。输送的渠道不是国家指令性的计划分配，而是根据人才劳务市场的需求，实行学校择优推荐，学生自谋出路。因此，职业高中的毕业生没有"铁饭碗"，不能吃"大锅饭"，他们只有凭学到的专业技能，走向社会谋职就业。在就业后也只能依靠自己的努力，在工作岗位上取得成绩，在单位中显示自己的价值，得到重用或提升。从这个意义上说，职业高中必须培养学生具有一定的专业技能，具备良好的职业道德，以及充分的竞争能力。

职业高中的校长要在学生进校之日起，就向学生灌输自尊顽强的奋斗精神，要让学生明白从事任何职业只要顽强拼搏都会取得成就。要让学生热爱自己的专业，使学生懂得一个道理：一个人要得到别人的尊敬，不是凭他所从事的职业，而是凭他在岗位上的成就。

职业高中的校长要注意培养学生的竞争意识。要教育学生明白，在改革开放的中国，只有通过竞争才能找到自己在社会上的位置。每个人必须及早树立竞争意识，才能面对就业和就业后的现实。

职业高中的校长还要注意学生的个性发展，不要按照一个模式去塑造众多的学生。特别是在专业技能训练上，要给那些接受能力快，动手能力强的学生创造不断提高的条件。因为职业教育培养的是专业人才，而不是在制造性能规格相同的机器人。在我国，爱党、爱祖国、爱人民是每一学生必备的首要品质。职业高中的校长要教育学生把对党、对祖国、对人民的爱落实到爱家乡、爱学校、爱专业、尊师敬长、惜老爱幼上。要使学生认识到今天学到的本领就是将来报效祖国，为人民服务的本钱。

校长办学思路之二：如何认识和安排五种类型的课程

《中共中央关于教育体制改革的决定》中指出，中等职业教育"要着重职业技能的训练""基础教育要适当配合""要重视职业道德和职业纪律的教育"，这些要求是校长安排各类课程的依据。

文化课必须按照国家教育委员会规定的比例去安排，切不要以提高学生文化素质为借口，加大文化课的比例。文化课比例过大必然会削弱专业课的内容或增加学生的负担。有的地区的教育行政部门受普通教育的影响，甚至组织地区的职业高中学生进行文化课统一考试，这种做法是不可取的。要知道提高学生文化素质的途径是多方面的，加大文化课比例不是唯一的手段。近日，国家教委副主任柳斌在"愉快教育研讨会"上强调："除初中升高中的统考外，其他统考都要取消。"这个指示各级教育行政部门都应执行。

专业理论课是专业技能训练的基础，应当安排优秀的教师去任教。校长必须明确让学生学习专业理论的主要目的是为专业技能训练服务，而不是培养学生成为专业理论研究人员。所以，校长在安排专业理论课时，要注意理论要联系专业技能训练的实际，而不要单纯去追求理论的系统性和深度。

专业技能课是职业高中课表中最重要的一部分，校长要把管理教学的主要精力放在这里。校长要考虑职业高中的技能训练只是学生就业前的初级训练，因此在专业技能课的内容中要以专业基本技术为主，以训练动手能力为主，把技能训练的重点放在让每一个学生都能掌握专业基本技术上，而不要脱离教学内容去训练某项高难度技术。在开展专业技能训练时，校长要引导教师采取多种有效的教学手段，提高专业技能课的训练密度，从而发挥有限课时数的最佳效果。

专业实习是学生就业前的岗位模拟训练，是职业高中教学中不可缺少的一环。通过专业实习可以巩固和提高学生专业技能课学到的本领，弥补在专业技能课学习中的不足。通过专业实习，学生熟悉和适应了专业岗位操作的环境和要求，就业上岗时就会很快进入角色，较快地达到岗位劳动的理想状态。

职业道德课是提高学生职业素质的重要手段。校长切不可忽视对职业道德课的指导。目前，职业道德课正逐渐列入职业高中各专业的课程表，要注意的是不要把职业道德课变成纯粹在课堂中学习。职业道德课要联系专业和行业的实际情况，要改革教学方法，要动员和组织学生深入社会，观察社会，要引导和启发学生通过自身的体会和实践来达到提高自己职业道德水平的目的。

校长办学思路之三：要重视与社会行业（企业）的密切联系，要加强与行业（企业）合作办职业教育的力度

职业高中不断向社会行业输送人才，为了使办学效果事半功倍，校长必须加强与行业的联系。要从行业中得知人才需求的信息，以便制定学校中各专业的发展规划和招生计划；要从行业中得到技术和设备更新的信息，以修订和补充专业教学的内容。在联系过程中要争取学校的专任教师到行业和企业中去进修。要争取行业和企业的专业技术人员到学校来兼课。要争取行业和企业的管理人员参与对学生进行职业道德和职业纪律的教育。

职业高中的校长应当在学校的管理体系中设立专门的机构、指派专门人员，与行业和企业保持经常性、有计划的联系。在学校与行业和企业加强联系的过程中，要注意对毕业后上岗学生的追踪调查。追踪调查一般要连续进行三年。追踪调查的目的是为了提供职业高中教学改革的完善的依据。

在与行业和企业联系的过程中，一个很重要的任务是向行业和企业推荐合格的毕业生。

要争取与行业和企业签订定向培训学生的协议，这样就可以做到学生毕业后立即被行业和企业录用。

尽管我国的企业对职业高中的办学起了一定的支持和促进作用，但是，由于职业高中在中国出现时间不长，中国由计划经济向市场经济转轨也刚刚开始，职业教育的有关理论还有待完善，人们的观念更新步调还不一致。因此，在职业高中办学中究竟应该把企业摆在什么位置上，这还是一个值得研讨的问题。

我认为企业在职业高中的办学中应发挥主动参与的作用。企业应该从目前的"协助""支持"的幕后走上主动参与办学的前台。理由是职业高中办学离不开企业，企业用人离不开职业高中。学校要为企业提供合格的专业技术人才，企业是职业高中办学成果的直接受益者。明智的企业家都深知企业的竞争实质是人才的竞争。

什么是主动参与呢？我认为企业主动参与作用的发挥应该是承担办学的义务，而不是从旁对学校给一些支持；应该是企业整体自觉的行动，而不是个别企业家个人的积极性；应该是把办学有计划地纳入企业的日常轨道，而不是只在缺少员工的时候才想到职业教育。

要想使企业发挥主动参与作用，我认为必须解决好以下几个主要问题：

1. 用立法来规范企业对职业教育的义务

纵观《企业法》《全民所有制工业企业转换经营机制条例》等有关企业的法律，其中只字未提企业与职业教育的关系。据说在立法的起草过程中都没有邀请国家教委有关人员参加，这不能不说是一个遗憾。我以为国家在今后《企业法》的修订和《职业教育法》的制订中应把企业对职业教育的义务列入法中。这些义务应包含：选派有资格的专业技术人员兼课；接纳学生实习；安排专业师资进修；提供办学资金和设备；参与学校教学计划、教学大纲的修订；优先录用学校的合格毕业生。

2. 用经济的杠杆来调动企业主动参与的积极性

企业用于职业高中办学的资金可以列入企业成本，对尽到义务的企业要减税，反之，对不履行义务的企业要给予经济处罚。当前由于法制不完善，有少数企业对职业高中办学不肯出一点力，它用人的手段是挖别人的墙角，这样的情况若不解决，会影响大多数企业参与办学的积极性。

3. 改革职业高中的办学机制，以利于发挥企业的主动参与作用

为了适应企业主动参与职业高中的办学，职业高中的办学工作必须继续深化。改革的方向是落实校长负责制，扩大学校的办学自主权。为了使职业高中的办学能更好地与企业合作，学校要有专业设置的主动权；招生计划的自主权；教学计划和教学大纲的修订权；人事管理的调配权；不合格学生的淘汰权；工资收入的分配权等权力。总之职业高中管理除了要遵循教育规律外，还要参照企业管理的模式。

上述问题得到解决后，我认为企业在职业高中办学的主动参与作用将会愈发显著。企业与职业教育的合作将会出现新的局面。

校长办学思路之四：建立学校的生产实习基地，强化学生的技能训练

职业高中低年级学生的专业技能训练一般在校内的专业实习室中进行。高年级要参加专业实习，这就要求职业高中的校长要为学生建设生产实习基地。

专业生产实习基地有两种形式，一种是设立在社会行业和企业之中。目前一般接纳学生实习的地方就是学生毕业后被录用的单位。由于种种原因，目前并不是所有的学校或所有的专业都具备这种形式的生产实习基地，所以校长就必须建立由学校负责经营管理的实习企业。这种实习企业完全可以由学校开办，也可以由学校和本地（或外地）的企业联合经营管理，甚至可以与境外企业合资。

校长在组织管理实习企业时必须把完成学生的实习任务放在首位。实习企业应该成为专业课教学的课堂。所以，尽管实习企业可以参照企业的管理规律去经营管理，但校长还是要时刻提醒实习企业的管理者，如果企业的经济效益与教学实习发生矛盾，应优先考虑学生的实习。

在有条件的情况下，职业高中可以到社会上去承包企业，用学校的技术优势、管理优势和劳动力优势去解决教育经费的不足和实习场地的匮乏。

校长办学思路之五：如何考虑职业高中毕业生与高等教育"接轨"

国务院关于《中国教育改革和发展纲要》的实施意见中指出："对所有接受职业教育的学生应根据本人的条件和可能，给予多种形式的继续学习和深造的机会。"我认为与高等教育"接轨"就是提供学生继续教育和深造的一种重要形式。

由于我国的高等职业教育还未成型，目前职业高中校长在"接轨"上应考虑四个问题：

1）并非所有专业都要与高等教育"接轨"，需要"接轨"的应该是工作岗位在文化知识和专业技能方面要求较高的专业。

2）"接轨"的方向应该以成人高校为主。

3）对"接轨"专业的教学计划要进行修订，文化课以成人高考的要求为大纲，专业课对"接轨"学生和职高毕业后直接就业者兼顾。

4）要呼吁成人教育改革招生办法，对职高毕业生用考试专业课来代替一部分文化课的考试。

校长办学思路之六：走出国门办学，借鉴先进的职业教育模式

我认为，世界范围内的职业培训大概有三类：一类是以日本为代表的，以企业内职工培训为主，学校教育为辅；另一类是以中国为代表的学校教育为主，企业内职工培训为辅；还有一类是以德国为代表的企业与学校相结合，并以企业为主的"双元制"。由于国情不同，在职业教育上很难划一，即使一个国家内也采取多种多样的模式，这也正是职业教育的特点。

劲松职业高中自1992年开始与德国有关方面协商，派西餐专业学生去德国参加"双元

制"培训。现已连续两年派出两个班的学生。我认为，走出国门办学的目的，不仅是借助国外先进的条件培养我们的高质量的人才，更重要的是通过学生在国外培训所获得的信息，来完善国内办学的实践。我们初步觉得以下方面可供借鉴：

1）学生在企业实习，有专门指定的实训教师，每天实习要做笔记，由实训教师签字。

2）学生在烹饪学校上技术课是分组操作，每组 3～4 人，共同完成 3～4 个菜式，实习密度相对提高。

3）学生上课的内容除了西餐技术外还有其他相关的知识，使学生能熟悉餐饮业的各个岗位技能。

4）技能课考试除以操作为主外，还要辅以笔试。

校长办学思路之七：多层次、多规格、多形式办学应付诸实施

各国的职业学校都不是专门举办学历教育的。我国受前苏联的影响，在 50 年代出现了一大批以学历教育为主的中等专业学校和技工学校。80 年代涌现出的职业高中也属于在中专学历教育的范畴。

在一些发达国家的职业学校（或技术学院）中，全日制的学生只占其学生总数的十分之一左右。

我国的职业高中必须要走职前教育与职后教育沟通，学历培训与岗位培训并举，全日制、半日制和业余制并存的路子。职业高中的校长，要在这方面作好思想准备，师资准备和办学条件的准备。

劲松职业高中早在 1987 年就受北京教育学院委托办起了烹饪大专班，已连续开办了五届。目前，正准备协助北京教育学院办烹饪本科班。同时，我们于 1992 年成立了下属的金马旅游培训学校，不单为国内企业培训了急需人才，而且，也多次为外籍人士举办了培训。目前，学校又正与意大利有关方面谈判，协商引入国外先进教育手段，在北京开展合作办继续教育的事宜。

校长办学思路之八：对校长负责制的再认识

1985 年《中共中央关于教育改革的决定》中指出："学校逐步实行校长负责制"。 1991 年《国务院关于大力发展职业技术教育的决定》中指出："中等和初等职业技术学校原则上实行校长负责制"。 1993 年中共中央、国务院印发的《中国教育改革和发展纲要》中指出："中等及中等以下各类学校实行校长负责制"。

从以上三个重要文件可以看出，职业高中实行校长负责制已经确定。现在的问题是如何落实好校长负责制。我以为正确实行校长负责制在下列问题上要取得共识。

1. 处理好党组织、教代会（工会）和校长三者的关系

校长要重视党组织的政治核心作用，要重视教代会（工会）民主管理和民主监督的作

用。党组织、教代会（工会）、校长三者在学校不是"三驾马车"，而是三股拧在一起的绳。劲松职业高中提出处理三者之间关系的四个字就是"分工合力"。

2. 校长在实行负责制时，对学校要实行规范化的工作，目标化的管理

也就是说对各方面的工作都要提出切合实际的目标，对各项具体任务都要明确规范化的要求，防止校长对学校工作的指挥产生随意性。对学校工作中的重要决策，一定要走民主程序，既不要出现从众心理，更不要独断独行。要特别严肃对待财权和人事权的使用，账务收支要公开透明，安排人事要扬长避短。

3. 在实行校长负责制的同时，要逐步建立和完善校长权力的制约机制

校长必须清醒地认识到，自己拥有的各种权力，归根到底是工作权，而非其他。任何权力如果不受制约，都将会产生负面效应。

我认为对校长权力的制约有以下几个方面：①有关法律法规的制约；②上级领导的制约；③党组织的制约；④教代会（工会）的制约；⑤校务委员会的制约；⑥民主党派的制约；⑦校内规章制度的制约。

校长应该意识到这些方面的制约是实行校长负责制的保证，而并不是要干涉校长行使职权。当然，如果这些制约中出现了人为的不当因素，那就另当别论了。

职业高中这种办学模式的出现时间虽然不长，但是，由于它能适应中国经济发展的需要，因而具有无比的活力，任何陈旧的观念都很难对它产生束缚，这就给职业高中的校长们研讨办学思路创造了宽松的环境。职业高中建设事业要在探索中不断前进。

四十一、胡大白

胡大白（1943— ），女，江苏铜山人，黄河科技学院创办人、董事长，第十届全国人大代表，教授。

黄河科技学院院长、党委副书记。黄河科技学院创办人、董事长，第十届全国人大代表，全国民办教育工作者联谊会副主席、河南省社会力量办学协会会长。享受国务院特殊津贴专家，第三届"中国十大女杰"，2000 年受到时任中共中央总书记胡锦涛的亲切接见。先后当选为第十届全国人大代表、第九届河南省人大代表，被评为"河南省劳动模范"。新华社、中央电视台"东方之子"栏目、"半边天"栏目、新浪网、中国教育电视台，还有《人民日报》《光明日报》《中国教育报》《中国妇女报》《瞭望》《中国青年报》《羊城晚报》等各大媒体都曾专题报道了胡大白同志的先进教育管理经验。

黄河科技大学是教育部批准的全国第一所可以开办专科、本科学历教育的民办高校，其发展轨迹为全国的民办教育提供了发展方向和可借鉴的经验。

论我国民办高校的成长道路和发展趋势 [①]

党的十一届三中全会以后，我国进入改革开放新的历史时期。在邓小平理论指引下，在国家政策的鼓励支持下，民办高等教育迅速恢复和发展，形成了学历与非学历、面授与函授、全日制与业余制相结合的多形式办学的格局。据 1998 年 10 月全国民办高等教育委员会表彰创业者会议公布的数字，我国现有民办高校 1200 多所，每年招生 56 万人，在校生 200 余万人，其中，具有颁发学历文凭资格的高校 20 所。在全国高等教育体系中，与1032 所普通高校、1138 所成人高校形成三足鼎立的局面，是社会主义高等教育事业中不可忽视的组成部分，令人刮目相看。民办高校的异军突起，不是偶然现象，而是源于国情，扎根于现代化建设沃土之中的新事物，是利国利民、深化高等教育改革的新成果。民办高

---

① 胡大白 . 1999. 论我国民办高校的成长道路和发展趋势 . 黄河科技大学学报，（1）：7-10

校虽然历史短暂，还存在一些不足，但发展前途广阔，具有强大的生命力。研究民办高校的成长道路，把握其发展规律和趋势，对于推动高等教育改革的深入，促进民办高校的发展，落实"科教兴国"战略，完成十五大提出的"培养数以千万计专业人才"的历史任务，具有十分重要的意义。

（一）邓小平教育理论是民办高校茁壮成长的阳光雨露

邓小平教育理论，对我国社会主义初级阶段教育领域各方面的基本问题，有极其精辟的论述，是发展教育事业的强大思想武器。民办高校的孕育和成长，壮大和发展，都是邓小平教育理论指导下解放思想、大胆探索、改革创新的成果。"文革"结束后不久，邓小平同志就以无产阶级革命家的非凡胆略和大无畏精神，把推翻教育战线的"两个估计"作为否定"两个凡是"的突破口，肯定"文革"前17年教育战线的主导方面是红线、知识分子的绝大多数是好的。并在全国科技大会上明确知识分子是工人阶级的一部分，平反了教育战线的大量冤假错案。广大教职员政治上获得了新生，砸烂了精神枷锁，使思想冲破牢笼，初步得到解放。席卷全国的真理标准大讨论和党的十一届三中全会的召开，有力地推动了全社会的思想大解放，进一步破除教育战线"左"的影响和束缚，恢复了实事求是的马克思主义思想路线，实现了全党工作重点转移，为教育事业的拨乱反正和改革发展指明了方向。此后，邓小平同志又多次强调，实现现代化，科技是关键，教育是基础，要把教育摆在优先发展的战略地位，开拓了教育理论的新境界。在邓小平理论指导下，党和国家逐步出台了一系列深化教育改革、促进教育发展的法规和政策，要求建立以政府办学为主、社会各界共同办学的体制，营造尊重知识，尊重人才，催人奋进的社会环境和政治气候，鼓励热爱教育事业的知识分子有所作为，有所创新。为大批热爱民办教育的志士仁人，包括大批离退休的老年教育工作者，创办民办高校、从事民办高等教育工作，提供了前所未有的良好机遇。可以毫不夸张地说，邓小平教育理论是民办高校生存发展的阳光雨露，是民办高等教育工作者最强大的精神支柱，没有邓小平理论，就没有民办高校蓬勃发展的今天。

（二）市场经济对人才的大量需求是促进民办高校快速发展的社会基础

随着改革开放的不断深入和社会主义市场经济体制的逐步形成，全国人民建设有中国特色社会主义的积极性空前高涨，经济建设走上了快速发展的轨道。经济基础领域的深刻变革，必将对上层建筑和社会生活的各个方面产生空前巨大的影响，促使教育战线、特别是高等教育体制产生相应的变革。党的十四届三中全会强调："社会主义市场经济体制的建立，从根本上讲取决于劳动者素质的提高和大量合格人才的培养。"指出了市场经济与教育事业之间的紧密联系，揭示了两者必须并驾齐驱、共同发展的内在规律。

市场经济的发展，深刻影响着我国经济的产业结构，产业结构决定人才结构，人才结构决定教育结构。要随着市场经济发展的需要，不断优化教育结构。改革开放以来，各地第三产业和乡镇企业迅速崛起，三资企业大量增加，科学技术日新月异，国营企业建立现代企业制度、转换经营机制。这些巨大变化，造成专业人才总量不足，结构不合理，素质构成不理想，与市场经济发展不适应的矛盾日益突出，要求高等院校调整教育结构，加快步伐培养紧缺人才。在经济快速发展、人才需求不断增加的推动下，社会上求知成才、渴望受教育形成新风尚。越来越多的人认识到，现代经济正由劳动密集型向知识密集型转变，没有专业知识，就难以跟上市场经济发展的步伐，难以寻求比较理想的职业实现人生目标，难以有稳定的收入，实现脱贫致富。于是，进入高等院校成为广大青年的人生追求，时代呼唤"求学者有其校"的社会环境，高等教育出现了前所未有的广阔发展前景。

然而，发展教育需要大量经费。我国是发展中国家，既要发展经济，又要发展教育，两者在资金方面的矛盾十分突出。我国普通学校，包括幼儿园、小学、中学、大学共计93万多所，在校生2.3亿人，成人教育学校61万多所，在校生6900多万人，两者合计154万所，学生近3亿人。教育规模巨大，财政负担沉重。据教育部财务司的报告，用于教育的财政拨款与学校所需经费的比例，大学为70%左右，中小学也只能达到80%～90%。现有学校的经费尚且如此紧缺，进一步加大教育投入难度更大。挖掘现有高校潜力，涉及体制、机制等诸多问题，既有限度，也有难度。每年高考招生，远远满足不了社会需求，大批高中毕业生以几分、十几分之差，被关在高等院校的大门之外。在这种情况下，政府大力支持社会力量办学，鼓励创建民办高校，就成了势在必行的明智选择。我国《教育法》第25条规定："国家鼓励企业事业组织、社会团体、其他社会组织及公民个人依法举办学校及其他教育机构。"《中国教育改革和发展纲要》也明确指出："改变政府包揽办学的格局，逐步建立以政府办学为主体，社会各界共同办学的体制。"在国家政策的鼓励支持下，社会主义民办高校，沐浴教育改革的春风，顺应市场经济发展的的需求，肩负众多青年学子求知成才的期望，登上了历史舞台，成为高等院校中一支充满活力的新军。

（三）民办教育工作者的改革创新使民办高校走上了蓬勃发展的轨道

民办高校的迅速崛起，除了具备一定的客观社会条件和经济文化基础之外，还有诸多不可忽视的主观因素。客观条件使民办高校的成长发展具备了可能性，但要把这种可能变成现实，还有赖于热爱民办高等教育的有识之士的大胆探索和改革创新。只有遵循民办高校自身的发展规律，妥善解决一系列决定民办高校前途命运的关键问题，才能使民办高校冲破艰难险阻，走上蓬勃发展的轨道。从黄河科技学院和其他办得好的民办高校的实践来看，必须解决好以下几个方面的问题：

1. 建设一个好的领导班子，把握正确的办学方向

由于民办高校的领导，不是党和政府委派，领导者的办学目的往往直接转化为办学思想和办学方向，领导班子建设特别重要。创办者和管理者应热爱教育事业，受过良好的教育，有德才兼备的良好素质，有为现代化建设培养人才的积极追求，坚决贯彻党的教育方针，坚持办学的社会公益性，能以领导者的人格魅力和精神风范吸引有志于民办高等教育的优秀人才，建设一支好的教职工队伍，使民办高校有较高的管理水平和明确的社会主义方向。

2. 立足竞争，掌握信息，定准位置

民办高校在竞争中生存发展，必须经常掌握用人单位紧缺人才、紧缺专业的信息，城乡高考落榜生分布情况和求学欲望的信息，国办高校师资水平、专业特点、毕业生走向等信息，避开国办高校的强项，把重点放在市场经济急需的人才培养上，特别是第三产业、新兴职业岗位的人才，乡镇企业和三资企业急需的专业人才和管理人才，使民办、国办两种高校互为补充，"两条腿"走路，共同满足市场经济对不同层次的人才需求。

3. 突出特色，深化改革，大力提高教学质量

坚持"宽进严出"，以参差不齐的生源来培养合格人才，是务求实现的目标。要充分发挥民办高校自主办学、机制灵活的优势，突出办学特色，抓好重点专业和重点课程，不断提高水平。不惜重金延聘优秀教师、购买现代实验设备，改进教学方法，务使教学质量达到或超过国办高校同等学历层次的水平。特别是把理想抱负、创新能力、健全心理等素质纳入质量要求，使毕业生既有文凭，又有水平，在教学质量上经得起实践检验。

4. 多渠道筹措经费，坚持勤俭办学，逐步改善办学条件

从经费来源看，有外商或侨胞独资、企业投资（含土地房舍）或合资、同仁合资等形式，但不少民办高校自力更生，艰苦奋斗，奉行以学养学、略有节余、自我积累、滚动发展的原则，大力加强管理，降低教育成本，挤出钱来用于校舍建设和教学设施的改善。

5. 加强校园精神文明建设，使学生德智体全面发展

民办高校由于起点较低，生源参差不齐，有些方面先天不足，加强精神文明建设更加重要。要切实加强对精神文明的领导和制度建设，加强和改进政治理论课和思想品德课，加强校园文化建设，增强师生抵制拜金主义、享乐主义、个人主义的能力，使学生身心自强，言行自律，生活自理，逐步成为社会主义事业的建设者和接班人。

（四）新世纪我国民办高校必将以更快速度向更高水平发展

21世纪即将到来，这是现代经济高速发展的世纪，是中华民族振兴的世纪，也是我国包括民办高校在内的高等教育大发展的世纪。从民办高校快速成长的历史，到充满活力的现状，可以断定其继续发展的势头将有增无减，将在现有基础上扩大规模、提高水平、走向成熟，一批特色鲜明、实力雄厚、质量优良、声誉卓著的名牌社会主义民办大学，将出现在我国高等教育界。提出以上观点的主要依据是：

1）我国要于下世纪中叶实现第三步战略目标，必须深入持久地贯彻"科教兴国"的战略方针，切实把教育摆在优先发展的战略地位。党的十五大提出："培养同现代化要求相适应的数以亿计高素质的劳动者和数以千万计的专门人才，发挥我国巨大人力资源的优势，关系21世纪社会主义事业的全局。"要落实这个要求，受高等教育的适龄青年人数将大幅度增加。目前，我国接受高等教育的适龄青年（20～24岁）入学率不足5%，大

大低于韩国（36%）和新加坡（28%），更低于美国（72%）和加拿大（71.2%），也低于世界平均水平（16%），每年约有 200 万高中毕业生被拒于大学校门之外。国际社会公认，同龄人受高等教育不足 5% 的是精英教育；50% 以下是大众教育；50% 以上是普及教育。教育界的许多专家指出，到 21 世纪，我国应该进入高等教育大众化。现在进行精英教育的高教经费都显不足，要实现高教大众化，即使到 2000 年政府财政对教育投入占国民生产总值的 4%（目前不足 3%），投入仍然偏低，满足不了高教发展的需要。大力发展民办高校，成为势在必行的明智选择。国际社会借助发展私立高校促进高等教育发展的经验，值得我们借鉴，它能缓解发展高等教育与国家财力负担过重的矛盾，也能缓解经济发展同专业人才供不应求的矛盾，以及大批青年求学无门的矛盾。日本、韩国的私立高校学生人数占大学生总数的 75% 和 70%，这种情况能给我们以深刻启示。不久前国家颁布的《高等教育法》第六条明确提出："国家根据经济建设和社会发展的需要……采取多种形式，积极发展高等教育事业。"这个"多种形式"为包括私立高校在内的民办高等教育的发展，提供了有力的法律保障。在此基础上，各级政府将进一步加强对民办高校的领导和管理，把民办高校纳入国家发展高等教育的总体规划，理顺体制，完善法规，促使民办高校持续、健康发展，以更强大的阵容与国办高校一道，为现代化建设做出更大的贡献。

2）民办高校经过十几年的改革探索、开拓进取，涌现了一批办学条件较好、教学质量较高、颇具发展潜力的学校，特别是 20 所具有颁发学历文凭资格和近 200 所进行高教学历文凭考试试点的学校，这些学校将在现有基础上取得突飞猛进的发展，既扩大规模，又提高水平，成为下个世纪我国高等教育大发展的新的增长点。从以往十几年的发展经验来看，民办高校要在新世纪抓住机遇发展和提高，创出一批名牌学校，必须认真贯彻邓小平"三个面向"的指示，进一步解放思想，扬长避短，突出特色，有所创新。这种特色和创新主要表现在以下三个方面：

第一，主动适应社会经济发展的需要，在专业设置、课程设置、教材、教法等方面通过改革创新，使之更加贴近社会要求，要吸取普通高校和高等职业学校之所长，形成既重基础知识、更重实际能力，既重专业科技知识、又重人文知识的特色；

第二，通过外引内联，扩大实力，提高水平，把提高水平放在比扩大规模更重要的地位，积极努力与国内外名牌高校建立经常联系，与国内外热心教育的实业家建立联系，引进师资、引进资金、引进先进管理机制，建立校企合办、校校联办的新模式，借鉴外国私立高校的成长经验，使我国民办高校能以较快的速度发生质的飞跃；

第三，民办高校的特色应集中体现在培养出有特色的人才上，教学质量的好坏，不仅表现在各种课程的考试成绩上，更要体现于综合素质中。要培养学生具有以下素质：①有崇高理想和远大抱负，有坚定的政治信念和良好的道德修养，有用所学本领报效祖国的积极性，有较强的事业心和开拓精神；②有广博的知识和创新的能力，既有比较扎实的专业知识，又有比较丰富的人文知识，还要有艰苦奋斗的实干精神和解决实际问题的创新能力，能理论联系实际，学以致用；③胸怀宽广，人格健全，有与人团结共事的群体协作精神和较强的社交能力，以适应竞争激烈的社会环境；④有强壮的体魄、健康的心理与坚韧的性格，以适应快节奏的工作，多变的形势，有承受一定压力和挫折的能力。

　　展望新世纪，我国民办高校在邓小平理论指导下，在党和政府的积极鼓励和大力支持下，其生存环境和发展条件将大大优于目前，将会沿着持续健康发展的道路大步前进，将改变目前粗放型的发展模式，走向上质量、上水平、创名牌的发展路子，呈现蓬勃兴旺的新局面。热爱民办高等教育的志士仁人，将以前无古人的创造性工作，来迎接这个无限光辉灿烂的未来。

四十二、胡学亮

胡学亮（1932—　），男，江苏无锡人，曾任无锡市技工学校书记、校长，讲师。

1952 年毕业于空军某飞行学院，毕业后留院任教。1982 年转业到无锡市技工学校任书记，后改任校长。学校曾多次被市政府授予"文明单位""教育系统先进单位"等荣誉称号，被省教委评为江苏省德育工作先进学校，1991 年被国家计委、教委、劳动部、人事部、财政部等五部委联合授予"全国职业技术教育先进单位"光荣称号，同年学校被评定为全国首批省部级重点技校之一，现为国家级重点技校、高级技术学校、高级技工学校；个人多次被无锡市劳动局、市政府、江苏省劳动厅授予先进工作者、优秀教育工作者等荣誉称号。曾兼任中国职工教育和职业培训协会（技工学校委员会前身组织）副理事长兼秘书长。

他在工作中善于研究，先后在各类报刊和会议上发表论文、通讯报道和经验介绍文章近 50 篇，其中有多篇获奖。还参加了《历代爱国诗选》和《产训结合的理论与实践》的编写工作；多次参加了国家劳动部和国家教委组织的重点课题研究，如"毕业证书、技术等级证书双证书""高级技工培训""高级技能人才"等；参编了《生产实习教学法》《中国高级技工培训》《高级技工培训荟萃》《中国高级技能人才》《中国乡镇企业家（无锡卷）》。个人传略被收入《中国当代职业技术教育名人大观》。

无锡市技校提高生产实习教师素质有三条措施[①]

生产实习教师的素质高低决定着生产实习教学的质量。近几年来，学校一直注重加强对生产实习教师素质的提高工作，取得了较好的效果。我们采取的主要措施是：

（一）加强理论培训，提高生产实习教师的文化知识素质

几年来，学校组织全体实习指导教师参加了心理学、教育学和生产实习教学法的学习培训，现全体实习指导教师通过了结业考试。从 1982 年开始，学校平均每年输送五名实习

---

① 胡学亮 . 1987. 无锡市技校提高生产实习教师素质有三条措施 . 职业教育研究，（11）：14

指导教师进电大或职大等大专院校脱产培训，提高他们的文化技术水平。与此同时，学校还大力鼓励实习指导教师在职进修。

为了稳定生产实习教师队伍，学校还专门做出两条规定：①输送到大专院校培训回来的同志，十年之内不能调离学校，否则，要本人偿还学校已付出的培训费用；②凡以实习教师身份被选送到大专院校进修培训的，毕业后不改任文化技术理论老师，一律回到生产实习教学第一线任教。

（二）专业工艺学课程由实习指导教师担任

《技工学校工作条例》要求："生产实习指导教师要努力达到能教本工种（专业）的工艺理论课"水平，以使理论与实践更加紧密地结合。《职称评审条例》也规定，一级、高级实习指导教师必须执教工艺学课程。学校从 1985 年开始，各工种（专业）的工艺理论课，全部由实习指导教师来担任，大大提高了实习教学质量。

（三）重视对实习教师的技能培训和考核

学校要求学生达到的操作技能水平，首先要求生产实习指导教师能够达到，并进行示范操作。

为了弄清实习指导教师现有的实际技术等级，为实习教师职务名称的评审工作提供依据，学校明确规定，申报三级实习指导教师职称的，要取得四级工应知、应会技术等级证书；申报二级职称的，要取得五级工或六级工等级证书；申报一级职称和高级实习指导教师职称的，要取得七级、八级、高级技术等级证书。为此，学校先后组织了电子、模具钳工、车工专业工种实习教师进行四、五级技术等级的应知、应会考核。这次考核由市劳动局主持，并委托机械、电子仪表两个专业局进行命题和评分。凡参加考核的实习指导教师，都拿到了市劳动局签发的技术等级合格证书。

生产实习指导教师素质的提高，带来了学生生产实习教学质量的提高。在今年全市首次组织的"应知""应会"统考和发"两证"的考核中，学校电子、车工、钳工 3 个专业、5 个等级 239 名毕业生应会操作平均成绩 82.8 分，合格率达 100%。

技校生知识与技能培训比例拙见 [①]

无锡市技工学校是培养中级技术工人的学校。按照过去劳动人事部规定，知识和技能的培训比例，一般是 1：1，即 50% 时间进行文化技术理论的"应知"培训，50% 时间进行操作技能的"应会"培训。与此不同，国家机械委在机械委系统的技工学校中，积极试行 3：7 的方案，即 30% 时间进行"应知"培训，70% 时间进行"应会"培训。其主要理由是培养技术工人，不需要学习那么多文化技术理论，主要是掌握操作技能。

我们认为，无锡市技校招收的是初中毕业生，而不是高中毕业生。在学制三年的技校培训过程中，知识、技能的比例安排，还是保持原来的 1：1 为宜。

---

① 胡学亮.1988.技校生知识与技能培训比例拙见.职业教育研究，（4）：36

（一）技术工人按智能分类

第一种是智力型的技术工人。如观测仪表的操作工人，计算机操作工人，数控机床的操作工人。学校 1985 年计算机班招收的 100 名学生，1987 年数控机床班招收的 50 名学生，就是要被培养为智力型技术工人。智力型技术工人，需要学习一定的数理文化知识和专业技术理论知识。

第二种是智力型与操作型相结合的技术工人。如学校每年招收的 100 名模具钳工专业学生和 100 名电子专业学生。

第三种是操作型技术工人。如学校 1986 年招收的 50 名冲压专业学生。

（二）要打好一定的文化技术理论基础

在技校三年培训期间，要学习一点高中数学、物理、语文等文化知识；安排一定的体育课程；要在三年培训期间，安排一定课时的马列主义基本知识、中国革命史、马克思主义道德科学常识、法律常识等政治课程；电子、计算机专业要安排一定的外语课程；要学习一定课时的专业理论课和专业课。

安排学习上述文化技术理论课，其目的是：①提高技术工人的文化、政治、身体素质；②为学习专业创造一定条件；③为今后培养高级技工、工人技师打下一定基础。

（三）安排70%的时间进行操作培训有较大难度

在技校三年培训期间，安排 70% 时间进行操作技能培训，要有充足的实习场地；要有一人一机（一岗）的实习设备；要有一定数量和质量的实习指导教师；要有比较适合学生三年级实习的实习产品；要有良好的实习产品的产、供、销渠道；要有一定的经济实力和流动资金。

有关生产实习的上述六个方面的问题，很多技校都没能很好解决或全部解决。如学校占地 13600 平方米，约 20 亩土地，现有在校生 1000 人。按照 1：1 的比例，要安排 500 名学生的操作技能培训，就比较困难了。从实践经验看来，办技校难度最大的是生产实习问题。如果从时间上规定 70% 进行操作技能培训，其结果必然是大大削弱文化技术理论的"应知"培训，同时操作技能"应会"培训的质量也不一定能够提高。

四十三、俞仲文

　　俞仲文（1947—　），男，上海人，曾任深圳职业技术学院党委书记、校长，全国高职高专人才培养工作委员会副主任、中国职业教育学会副会长，享受国务院特殊津贴，博士，研究员。

　　1966年4月加入中国共产党，研究生学历，研究员。1988—1989年赴日本早稻田大学访问研究，2001年由英国胡佛汉顿大学授予管理学荣誉博士学位。曾任深圳职业技术学院党委书记、校长，全国高职高专人才培养工作委员会副主任、中国职业教育学会副会长、广东省高职高专院校人才培养水平评估专家委员会主任、广东省高等学校思想政治教育研究会副会长、中国高教学会产学研合作教育分会副会长、广东省政协委员，被评为全国职业教育先进个人、南粤优秀教育工作者、中国职业教育百名杰出校长，荣获黄炎培杰出校长奖。2007年7月，任广州岭南教育集团总裁；2009年9月，任广东岭南职业技术学院院长。

　　俞仲文是我国高职教育研究的著名专家，在高职教育的培养目标、教育模式、专业建设、教育教学改革、实践教学基地建设与改革、思想政治工作、高等教育管理研究等方面都取得了一系列有影响的成果。先后主持国家级、省部级、市级研究课题 9 项，发表论文 50 余篇，翻译了保加利亚管理学家马尔科夫的《社会管理学》《自然科学与技术科学方法论基础》；出版专著、教材 12 部，其中《日本经济贸易惯例》《流通革命》分别获深圳市第二、三届社会科学优秀成果奖优秀著作三等奖。

大力发展高等职业技术教育　培养跨世纪的实用人才①

如何面向 21 世纪，迎接跨世纪的挑战？这是当今国际社会，尤其是发达国家正在认真研究的重大课题。日本人提出从现在起要培养无国界意识的所谓"地球人"，以便在更广阔的领域里和更高的视角下参与国际竞争；美国人则为了保持其超级大国的地位，在教育、科技，以及其他各个领域，采取了积极的措施，实行了许多战略性的调整。我国作为发展中国家，在资源有限、人口众多的具体国情下，如何采取有效的战略措施来增强国家的综合国力，这是摆在我们面前的一个十分重要的课题。战后国际经济发展的经验证明，大力发展职业技术教育，尤其是大力发展高等职业技术教育，这是一个国家或地区由经济不发达到发达、由贫穷落后到繁荣富强的必经之路。

当前是我国发展职业技术教育的最好的也是最重要的时机。这是因为：首先，随着我国对外开放的持续发展，我们对世界的沟通和了解进一步深化，对职业技术教育的认识也进一步深化。众所周知，战后被英国人称为"光清除战争垃圾就需要 30 年时间"的德国，在短短 20 年的时间里，不仅医治了战争的创伤，而且一跃成为世界资本主义的强国。德国人宣称他们手中的"秘密武器"就是发展所谓"双元制"的职业技术教育。日本这样一个连一滴油都需要进口的岛国，她的急速发展已成为二次世界大战后最大的经济奇迹。日本全球经济战略的成功，其原因是多方面的。其中，最重要的原因之一就是制定了"教育立国""技术立国"的治国方针，在全国普及高中教育的基础上大力发展中等及高等职业技术教育，短期大学、专门学校、公司办或行业办的各种职业训练学校比比皆是，极大地提高了劳动者的素质，使日本就业人员中，每五个人就有一个是大学生，并实现了"无证不上岗、无训不就业"的制度。日本人 70 年代提出"与世界同在的日本"，80 年代提出"为世界作出贡献的日本"，90 年代提出"为世界带路的日本"，三种不同的口号，显示了她雄心勃勃，迎接跨世纪的新挑战的决心和姿态。应当说，日本在培养跨世纪人才方面已作出了非常令人瞩目的准备。香港作为最活跃的"亚洲四小龙"之一，她的飞速发展也得力于职业技术教育。目前，香港设立的职业训练局，下设 7 个工业学院、2 个科技学院、18 个工业训练中心，几乎覆盖了香港主要的工业领域。与此同时，又发展了诸如香港理工大学、香港城市理工大学这类高等职业技术学院，为香港培养了一大批紧密切合经济发展需要的，动手能力极强的工程技术人员及管理人员。香港发展职业技术教育的经验为深圳提供了非常宝贵的借鉴。实践证明，大力发展职业技术教育，这是适合我国的国情、充分利用庞大人力资源来增强综合国力的一项十分有效的战略措施。

正是基于这一事实，1992 年 7 月深圳市委、市政府决定筹建一所高等职业技术学院。

---

① 俞仲文 . 1995. 大力发展高等职业技术教育 培养跨世纪的实用人才 . 高教探索，（2）：22-26

这一重大决策对于实现深圳市在未来20年中赶上"亚洲四小龙",把深圳建成现代化、国际化的大都市具有巨大的战略意义。同时,这一决策对于改革高等教育,使之更加适应社会主义市场经济的需要,也具有十分重要的意义。

两年多来的建校工作,使我们在实践中深深体会到,这所以高等职业技术学院命名的新型大学,应当更加富有改革精神,积极探索高校直接面向社会主义现代化建设,以更快的速度、更好的质量,培养更多的实用人才的办学路子。

高等职业技术教育由于与一般的高等教育分工不同,应当且必须与一般的大学有着显著的不同。我们认为,其主要特点是:

1)它在整个普通高校的体系中有着特殊的地位。随着产品技术含量及工艺复杂程度的增大,传统普通高校的体系(这里主要指理工类大学)正在受到极大的挑战。一般来说,普通理工类大学从性质上划分,可分为理学院和工学院,其中理学院培养的是探索和发现自然规律的人才;工科院校培养的是将客观规律应用于实践、将设计原理或设计意图转化为工程图纸的人才。而将工程图纸转化为实物的任务,过去是由中等职业技术教育来承担的。随着高新技术的发展及产品技术含量的增大,上述的格局已不能满足要求了,企业急需一大批既具有大专以上的文化知识又具有高级技艺、善于将工程图纸化为物质实体的技术型人才。这个任务就历史性地落到了高等职业技术学院的身上。

简言之,理学院培养的人才善于探索,工学院培养的人才善于设计,而高等职业技术学院培养的人才善于物化。我们认为,将高等职业技术学院只看成是一种层次,即大专层次的看法是片面的,而应当把它看成是另一种类型的高校。这类高校既有专科类学生,也有本科类学生;既有全日制学生,也有面向社会及企业的非全日制学生。我们就是在这样的一种新思路之下来建立深圳高等职业技术学院的办学模式的。

深圳建立这所高等职业技术学院的直接根据还有:深圳市的工程技术人员与熟练工队伍比例失调,缺乏一大批技术水平高、工艺精湛的能工巧匠来支持技术方案的实现或物化,因而严重地影响了产品的档次与质量;工程技术人员的知识结构与经济建设的实践不相适应,缺乏大批既有较强的设计能力及较全面的理论知识,又有较强的动手能力并能在现场"真刀真枪"地解决问题的工程技术人员;技工队伍里高、中、初级技工比例失调,缺乏相当数量的高级工或技师,而职业高中与普通高中的学生比例已达到5.5:4.5,中等职业技术教育的发展也需要大力发展高等职业技术教育并与之相衔接,以便形成一个完整的职业技术教育体系。

2)学院的主要任务与一般大学不同。结合深圳的实际,学院的主要任务有:①作为深圳市培养高级技艺型、操作型工程技术人才及管理人才的主要基地,并与中等职业技术教育相衔接;②作为深圳市考核及培训高级工及技师的主要基地;③作为深圳市推广新技术的生产力促进中心及对现有工程技术人员进行技术再教育的主要基地;④作为深圳市职业高中技能课教师的主要培训基地。要完成这四个任务是非常艰巨的。例如在开办短训班方面,我们要突破一般的模式,深入到生产实践的每一过程之中,针对一些具体的课题来办班,以便推广新技术,促进生产力的发展。

3)学院的培养目标与一般的大学有所不同。目前,学院培养的是大专层次(今后还有本科层次)的所谓技艺型、操作型的高级技术人才和管理人才。这类人才是一种具有"双重优势"的复合型人才。例如学院的中西餐饮管理与制作专业，培养的是懂得管理的餐饮制作师及懂得餐饮技术的管理人员相结合的专门人才；环境艺术设计专业培养的是懂得室内设计的工艺师及懂得施工技术并能作现场技术指导的环境艺术设计师相结合的实用人才；电算会计专业培养的是既通晓电脑、又通晓会计业务的财会人员；服装设计及工艺专业培养的是既能进行服装设计，又能根据设计图打板放样、缝纫制作的工艺型设计师或设计师工艺师相结合的专门人才，等等。要造就这类具有"双重优势"的复合人才，必须在招生制度、教学组织及管理、教学方法及教学过程等各个方面，实行重大的改革。例如，在教学上我们实行所谓"三明治"式的教学方式。只要有可能，都要将理论学习、技能操作、实地实习有机结合起来；都要将传统的文化课转变成"教、学、做"相结合的特殊课堂。学生在这样的课堂上能看、能接触、能体会、能操作，使他们在学中做，在做中学，教一教、学一学、做一做，边做边学，使教、学、做合一，手、口、脑并用。在招生制度上，我们要继续加大改革的力度，逐步推行三种招生方法：①对于报考市高等职业技术学院的应届或往届职业高中毕业生（今后学院将主要面向职业高中招生），一律实行"单独命题、单独录取"的招生办法，并按照技能考核及文化知识考核的所谓"双会考"的成绩来择优录取；②实行一年招生办法，即：春季招生一次（面向在职职工），秋季招生一次（面向应届毕业生），以灵活地适应深圳市发展的需要，大大提高学院的办学效益；③将实行技术等级证书、岗位操作证书或高职班学业证书与正式的学历证书并重，及在一定条件之下可以相互打通的政策。我们将开办大量的"高职班"，只要符合一定的条件，提交相应的证明文件，就可以入学。对于这类学生我们将全面实行更灵活的学分制、间修制的办法。按学分计收学费并在严格考核的基础上，按已获得的学分数发给相应的岗位操作合格证书、资格证书或学业证书，累计学分达到所需的标准，则转发学院的正式文凭。为了使这些证书或文凭确有信誉和质量，我们将特别严格地加以考核，尤其是技能考核。

为了适应培养目标的要求，我们将采取学分制、主副修制、免修制等有效的措施来鼓励学生主动学习，变"要我学"为"我要学"，并且提倡学生一专多能，早日成才。在对学生的考核中，要改革以单纯考核文化知识为主的传统办法，推行所谓的"双证书制"，即学生不仅要通过专业知识的考核，而且还要通过相应的技能考核，取得技术等级证书或岗位操作合格证书，方能准予毕业。这种具有很强动手能力的复合型人才必将受到社会的欢迎。

4）学院在专业设计上不是以学科为导向，而是以岗位或职业为导向，以市场为导向。在课程设计上不再单纯地强调知识或专业理论的系统性或完整性，而是强调知识的针对性及实用性，专业岗位或职业需要什么知识或技能，就开什么课。这是职业技术学院与一般的高校在人才培养规格上由于不同的分工而导致的区别。不同类型高校所培养的不同规格、不同特长的人才既不能"厚此薄彼"，拿一方面去否定另一方面；也不能互相替代，按照本科院校的模式去"压缩"或"誊写"。

例如，学院的专业数到今年秋季将增加到 19 个，分别是：服装设计与工艺、环境艺术设计、广告设计与制作、工业造型设计、首饰（含宝石）设计鉴定与加工、花卉栽培与营销、中西餐饮的管理与制作、国际商务英语、国际商务日语、通信技术、应用电脑、制冷空调、航务与港口管理、家电维修、电气工程与机电维修、印刷技术、电算会计、商场管理、高尔夫管理。上述这些专业的共同特点是除了职业性或岗位性都十分明显之外，还遵循着市场需要什么职业，就设置什么专业的原则。要说规范化，适应市场的需要就是最好的规范化。

为了使各专业培养的人才能更适销对路，我们注意在专业的课程设计上突出职业性。例如商场管理专业学生既要学习商场的室内外装修、橱窗布置、商品展示、水电暖通等硬件知识，也要学习商场的采购技术、库存技术、促销技术、定价技术、人事管理、财务管理，以及设备管理等软件知识，使学生一出来就能很快地适应大中型商场的管理业务。

5）强化职业技能的训练。学院没有专门的实验大楼，但是将建立专门的工业中心大楼，成为学院乃至深圳市主要的工业训练中心。要根据深圳经济发展的需要，建立若干技能训练的模拟车间，如水电木工车间、室内装修车间、汽车及摩托车维修车间、中西餐饮制作车间、电工及机电维修车间、空调设备维修车间、家用电器维修车间、喷涂车间、激光照排及印刷车间、焊接车间、实验银行、实验会计事务所等操作实习基地，全天候向学生开放。学生可以先预订、后使用。我们在教学计划中，规定了技能训练的课时数最低限度将保证在1/3以上，使学生在这里受到严格的技能训练，培养学生"真刀真枪"解决实际问题的能力。在毕业生的考核中我们将一改传统高校的考核办法，实行"双证书制"，即学生不仅要取得专业知识考核的合格证，而且要取得技术考核合格证书或岗位操作证书，方能准予毕业。在教学过程中要实行"高标准、严要求、强训练"的施教方针，特别是技能训练，要从严、从难，从适应国际竞争的实际需要出发，使学生苦练出一副真本领。为此，我们将要制定出一系列技能考核的数量及质量指标，严格地加以考核与测评，不达标者不予毕业。这些都是区别于一般大学的显著的不同之处。

6）在办学体制上走"公办民助、产教结合、工学一体"的道路。通过多种渠道，面向社会办学，并实行更为灵活的招生制度及进修制度。将做到学历教育及非学历教育并举，职前教育与职后教育并举。学院与深圳市的20余个行业协会及主要的公司要建立密切的联系，做到教学计划由系和行业（企业）来共同制定；课程设置上与行业一起，确定高级技艺型人才的"应知、应会"要求；教师和学生定时、定点到行业或企业实习，行业中有经验的工程技术人员定时到学院任教，以实行"双向交流"；毕业设计或科研课题要求本身就是实际工程的实用课题，能解决实际问题；在办学设备上，要尽量利用行业或企业的现有条件，建立学生的实习基地；在办学模式上与国际办学的惯例及经验相衔接，加大改革的步伐，大幅度提高学院办学的投资效益。

7）改革高校的投入产出机制，大幅度提高办学效益。我们将实行教室满负荷排课方式，即尽量使相当部分的教室全天候排课，大大提高教室的利用率；在增大教师工作量及实行行政管理干部"一专多能""一人多职""一人数岗"的前提下，将国家规定的法定编制数空出一部分，用来临时聘请确有专长的技术能手或社会上的专业教师；大力开办直接为社会应用型人才的各种长期班或短训班，尤其要大力开办技师或高级技师的学习班，为深圳培养大批的中高级技术骨干，将一所高校办成几所高校；大办校办企业，既为学生提供了实习的场所，又能为学院增加预算外收入，每个专业都要将教学、科研、为社会服务三者有机地结合起来；要与龙岗、宝安两区建立联合办学的体制，在条件成熟的时候开办深圳高等职业技术学院在龙岗和宝安两区的分校，直接为特区外地方经济服务；立足深圳、服务（全省）全国、走出亚洲、面向世界，与国内外的大学建立联合办学的体制，提高办学的层次和效益，尤其是要为香港 1997 年回归祖国大力培养各类实用人才；要大力发展与深圳市及珠江三角洲地区的骨干企业建立联合办学的体制，走"产教结合"的道路。

经过两年多的艰苦努力，我们已逐一落实了办学的具体条件，主要是：划出了 500 亩的土地；确定了学院的总发展规模为 5000 名全日制在校生；总投资规模为 2 亿多元，总建筑面积为 17.5 万多平方米；并在资金十分紧缺的条件下，完成了首期基建投资 6100 万元及建筑面积 4.5 万平方米的任务；今年还要建设工业中心、图书馆等基建项目，使学院的建筑面积达到 9 万多平方米。目前学校已有 8 个专业、300 余名学生，到今年秋季，在校生人数将达到 1000 人，专业数将达到 19 个，使这所高等职业技术学院初具规模，做到高投入、高产出，体现深圳的速度和效益。

我们的经验还很不足，面临的困难也很多。但是我们将继续借鉴国内外发展高等职业技术教育的优秀经验，坚持服务及服从于深圳市经济建设这一根本的指导方针，发扬学院的校训所提出的"勤勤恳恳的敬业精神、敢想敢干的创新精神、脚踏实地的务实精神、夙夜为公的奉献精神，以及同舟共济的协作精神"，为开创职业技术教育新局面，为培养更多、更好的跨世纪的实用人才，把深圳高等职业技术学院建成一所现代化、有特色、高水平的特区大学而努力奋斗。

四十四、闻友信

闻友信，男，2008 年去世。曾任国家教委职业教育司司长、中国职业教育学会秘书长。

曾任中央教育科学研究所、职业技术教育中心研究所特约研究员，中国职业技术教育学会秘书长。兼任中华职业教育社研究工作委员会副主任，国家教委职业技术教育司副司长。

长期从事职业教育的管理和研究工作，协助主持"七五"教育科学规划职业教育学科工作。负责"七五""八五"教育科学规划部级重点项目"职业指导研究与

实验""农村创业指导为当地经济发展服务的实验与研究"。主持《中华人民共和国教育史》（职业教育卷）的编写工作。主编或参编的著作有：《职业技术教育的理论与实践》《当代中国职业技术教育》《中学职业指导读本》《择业指南》《中国中学教学百科全书》（教育卷）职业指导部分。

在职业技术学校开展和加强美育浅议 ①

教育包含着美育，这是所有学校教育都应具有的共性。1986 年 3 月赵紫阳总理在第六届人大四次会议上提出："各级各类学校都要认真贯彻执行德育、智育、体育、美育全面发展的方针"，明确地把美育和其余三种教育一起列入国家的教育方针之中，确立了它应有的地位。美育作为社会主义精神文明不可缺少的组成部分，对精神文明建设起着极其重要的作用。坚定不移地执行德、智、体，美全面发展的教育方针，大力发展和加强美育，也是所有职业技术学校面临的重要任务。

"没有美育的教育是不完全的教育。"历史曾经造成过这种教育缺陷，使我们的国家和民族为此付出了沉重的代价。当时，几乎所有学校都把美育排斥在大门之外，结果不仅破坏了教育的完整性，而且出现了社会性的"艺术情趣缺乏症""鉴赏能力缺乏症"，甚至香臭不分、美丑颠倒的事情也屡见不鲜。党的十一届三中全会以来，笼罩在美育和美学上的种种偏见得以逐步消除，人们开始承认美育，理解美育。但目前，美育在我国教育，特别

---

① 闻友信. 1987. 在职业技术学校开展和加强美育浅议. 中国高等教育，（12）：9-13

是职业教育中仍是一个很薄弱的环节。

对于职业技术教育来说，美育应成为培养有理想、有道德、有文化、有纪律的社会主义公民的一门必修课，它不仅可以促进学生德智体的发展和职业意识的形成，而且，还大大有助于学生专业技能和修养的提高。美育具有自己独特的功能，它能使受教育者的道德、情操趋于纯洁和完美，培养学生对世界上美好事物的热爱和对邪恶绝不妥协的精神，塑造出高尚的品格和美好的灵魂；它还可以给人以智慧的启迪，协调学生的思维和视听活动；它更能帮助学生树立正确的审美观和高尚的审美情趣，激发学生对美的爱好与追求；它也能直接使学生获得提高生活质量、美化生活的能力，直接和专业要求结合起来，成为推动专业水平达到较高境界的催化剂。在职业技术学校中有不少专业与美育有着密切的关系。如果缺乏美感和艺术修养，作为一名幼教人员怎么能给孩子以心灵美、语言美、举止美的感染；作为一名装修师又怎么能布置出格调高雅、色泽悦目的工作和生活环境；作为一名服装设计师又如何能缝制出款式新颖、典雅大方的服装；作为一名旅游服务人员，更应以自己的优美语言和高尚情操向旅客提供优质服务。因此，美育的这些功能是广大青少年普遍需要的教育因素，对提高整个民族的素质和智力具有不可低估的作用。

近年来，随着人民物质生活水平的逐步提高，广大学生对文化精神生活的需求日益增长，针对这种情况，不少职业技术学校积极开展美育，作了很多努力和尝试。一些学校组织力量开展了各种有益学生身心健康的音乐、舞蹈、书法、摄影、美术等方面的活动，让学生自愿参加各种兴趣小组，并建立了文艺社团，开设画廊，筹办讲座，举行文艺比赛等等。如北京市举办的中专学校"红五月"文艺汇演，已达到相当规模和水平。美育的开展，活跃了学校的空气，丰富了学生的精神文化生活，提高了学习效率，增强了集体主义精神。有的学校根据国家教委关于修订教学计划的原则意见所规定的精神，正式开设了美育课程。现在全国成立了艺术教育委员会，协助国家教委指导、督促、检查学生艺术教育的实施，推动学校美育的开展。

在职业技术学校开展美育，必须以马克思主义为指导思想，要把我国优秀的民族艺术形式作为美育的一个重要内容，教育学生懂得任何一个国家的优秀文化，都是以本民族的优秀文化为基础而发展起来的，作为一个文明社会的公民，应当热爱自己祖国民族文化。对于其他国家、特别是西方国家的文化，要进行必要的分析，批判和摒弃其中腐朽、丑恶和颓废的东西，汲取其中进步、健康、科学的内容，这是我们进行美育教育的正确方针。

目前，有不少青少年不会欣赏，甚至轻视我国的民族艺术，盲目崇拜西方文化，这在某种意义上不能不说是忽视美育所造成的结果。由此我们应更加清醒地认识到，在职业技术学校开展和加强美育，已是十分紧迫的问题。为此，我们建议先从以下几个方面作出努力：

1. 要进一步提高对美育的认识

在我们的教育系统中，目前仍有不少领导对美育的独特功能，以及进行美育的必要性和迫切性认识不足，对于如何领导艺术教育更缺乏经验。有的认为艺术教育是"富贵教育"，现在学校办学经费紧张、条件差，实习实验都有困难，哪里谈得到什么艺术教育；有的认为这是普通教育、师范教育应具有的内容，职业技术教育只要抓好思想教育和专业教育就可以了；有的认为教学计划各门课程的课时都很紧，哪有时间再搞新花样，等等。这些看法，实际上是把美育与德智体"三育"对立起来，忽略了二者不能相互代替的特点。因此，要搞好美育，就需要广泛深入地宣传加强美育在职业技术教育中的重要意义，充分了解美育对于造就一代具有高水平文化素质、道德情操的新人是必不可少的，是不可取代的。

2. 要结合学校实际和职业技术教育的特点逐步开展美育

职业技术学校大体有两种情况，一种本身就属于专业艺术教育，如戏剧、舞蹈、工艺美术等学校或专业；一种是非艺术类学校或专业。对于前一类学校或专业的美育，应按专业艺术教育的要求坚持高标准，有系统地进行；对于后一类学校或专业，就要区别对待，逐步提高。从纵向来说，要求初级职业技术学校的学生，应具有初步的艺术情趣和审美观念；中级职业技术学校学生，应树立正确的审美观、高尚的审美理想和一定的鉴赏能力；对高级职业技术学校的学生，除应达到上述要求外，还要具有较高的创造美的能力。

各级职业技术学校应根据各自的条件，通过多种途径和形式，对学生进行艺术教育。有条件的学校可把艺术教育课程列入教学计划，安排一定学时，作为公共艺术课（或作为选修课）正式开设，讲授一些实用美学知识和基本理论，指导学生结合专业进行艺术鉴赏和实践。所有学校都应举办艺术讲座和开展群众性艺术活动，加强对课外艺术活动的组织和指导，及时总结经验，不断提高艺术教育的质量。

3. 要加强教师队伍的建设，依靠所有教师自觉地对学生进行艺术教育

每一位教师的教学活动，都在通过各种形式教书育人，美育就是最直接最生动的一种育人方式。一方面，教师应该依托课程，依托客观世界的自然美、工艺美、艺术美和人格美，通过自身感受和鉴赏，向学生进行抒发、启迪和激励。教师在教学中只要注意挖掘艺术的美、理性的美、科学的美，就能使学生从不同的方面受到美的感染。另一方面，教师时时都应为人师表，教师的教学过程也是一个艺术创造的过程。马克思主义美学理论认为，凡是体现了人的本质力量的创造性劳动，便会闪出美的火花。从这个意义上讲，教师是特殊形式的艺术家（也是塑造灵魂美的艺术家），学生不仅从老师那里接受知识和技艺，还必须对教师从外在形象到教学艺术进行美的鉴赏。教师的仪表、语言以至于风格、人格无不在感染和激励学生。这就要求教师以身作则，力求做到心灵美、行为美、语言美、仪表美。对职业技术学校（除艺术专业外）的教师，不能要求他们都去系统掌握美学理论、美学流派和具备一定的艺术功底，但必须了解一下美学的基本原理，有某一方面的艺术爱好和实践，具备开展美育活动的基本功。学校要为教师创造必要条件，使教师能够发挥艺术教育者的作用。

职业指导 ABC①

（一）关于职业指导的历史发展、名称、涵义、性质与范围

早在 19 世纪，在英国、德国，由于资本主义经济发展对调节劳动力的需要，曾有学者讨论过职业指导问题，提倡学校教育与职业有联系起来的必要。到本世纪，职业指导在一些国家逐渐形成理论体系和实践的各种模式。1908 年，美国弗兰克·帕森斯教授系统地研究了青年的失学、失业问题，提出要给予他们充分的职业指导。他发表了学术专著《职业选择》，并创设了波士顿职业局，将职业指导与职业教育结合起来。二次世界大战以后，职业指导在资本主义国家和社会主义国家广泛开展起来，成为世界教育与社会中一个受重视的方面。我国的职业指导也有较长的历史。北京清华学校与中华职业教育社分别于 1916、1919 年在我国实验和提倡职业指导。至 1937 年，全国有 45 所公、私立普通中学不同程度地开展了职业指导工作。中华职教社先后在上海、南京等地成立了职业指导所。但是由于社会制度的限制，这项工作未能广泛开展起来。全国解放后，受劳动制度所限，职业指导一度不为人们重视。直到 80 年代，由于劳动制度与教育体制的改革，职业指导才逐渐为大家所重视。

关于职业指导的名称、涵义与范围目前尚无统一的界定，各国根据自身的情况对职业指导的目的、要求都有自己的说法，如美国、加拿大称之为"职业指导"或"生计指导"，苏联称之为"职业定向教育"，日本称之为"前途指导"，德国称之为"职业咨询"，香港地区称之为"职业辅导"，等等。我们认为，"职业指导"这一名称在世界上已比较通用，在我国倡导以来也一直沿用，师生和家长容易理解，可以体现教育性和实用性。所以，还是沿用"职业指导"这一名称为好。

职业指导的涵义，不只是指导学生选择职业或就业，而是重在以正确的人生观、人才观和职业观教育、引导学生，让他们能够从社会需要出发，结合自己的特点，掌握合理选择专业与职业方向的能力。在我国开展职业指导，应该把它作为开发学生良好的个性和潜能，不断促进教育改革的过程。

职业指导的覆盖面较广，可以连接学校与社会，教育与职业，职前与职后。其范围可以包括职业准备教育、升学指导、职业定向教育、就业指导、创业指导、职业选择、职业咨询、职业适应、转业指导等。我们认为可以按照不同的对象与任务，体现职业指导的不同功能。

我们认为，当前我国开展职业指导的重点应放在中学阶段，以初中为基础，以普通高中和职业高中、职业培训为两翼。中学阶段学生的职业指导搞好了，对促进毕业生合理分流，提高学生的素质，对他们将来就业与成才有显著的作用。

---

① 闻友信，刘鉴农 . 1991. 职业指导 ABC（一）. 教育与职业，（5）：29-30
闻友信，刘鉴农 . 1991. 职业指导 ABC（二）. 教育与职业，（6）：9-10

（二）关于职业指导实施的理论根据

1）劳动者和职业岗位要优化结合才能提高生产力。马克思有一个重要的论点："不论生产的社会形势如何，劳动者和生产资料始终是生产的因素……凡要进行生产，就必须使他们结合起来（马克思，1983）。"在当今的社会里，生产资料多种多样，分工愈来愈细，形成了纷繁的职业岗位，劳动者的素质与个性各异，对职业也有不同的要求。如何使这两者很好地结合起来，对社会生产的发展和个人的才能与积极性的发挥关系极大。

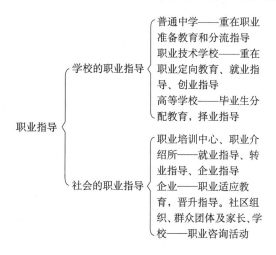

图1　职业指导范围图

苏联老一辈教育家克鲁普斯卡娅说过："只有对职业做出正确的选择，才能使劳动成为愉快的事情，学校的全部工作的安排都应有助于儿童选择职业。"劳动者找到适合自己素质与特点的职业岗位，心情就会比较舒畅，劳动积极性也随之高涨，这就可以减少由于不愿意或不适应职业岗位要求所造成的心理障碍。职业指导就是要帮助青年能够正确处理社会需要与个人意愿的关系，使他们能够合理地选择职业。

我国早期提倡职业指导的老一辈教育家黄炎培和社会活动家邹韬奋曾分别指出："职业指导，外适于社会分工制度之需要，内应天生人类不齐才性之特征。""为事择人，为人择事，使社会事业与个人才智，得其圆满发展之机会，乃其主要目的。"这些讲的也是只有不同的劳动者和不同的职业岗位很好地结合起来，才能事得其人，人得其事，人尽其才，才尽其用。职业指导就是为此目的服务的。

2）要使"适应社会的需要"和"发挥个人的特长"两者尽可能做到优化的结合。由于各国的社会制度与思想观念不同，各国在职业指导工作中所强调的方面也不同，如美国比较强调人的个性，而苏联过去则强调社会需要。我们要建设具有中国特色的社会主义，要发展有计划的商品经济，在劳动就业方面，要在国家计划指导下，发展劳动者与用人单位双向选择的机制，使社会各行各业的劳动力与人才结构有一个合理的比例，我们要教育引导青年，以社会需要为前提来进行职业选择，消除青年对某些职业盲目的追求或放弃。事实上，劳动者只能在社会所能提供或所需要的职业岗位中去选择或创造比较适合自己的工作，否则就是不切实际的空想。同时又要十分重视劳动者个人的特长与职业意愿，否则就不可能发挥其才智与积极性。当两者发生矛盾的时候，要引导个人根据国家社会需要来调整自己的意愿，培养与提高适应职业的兴趣与能力。如果矛盾的主要方面是管理体制上的不合理，则要积极反映意见，耐心等待，争取实现自己的志趣。这样才能既有利于社会生产的发展，又有利于人才的成长。

3）教育与指导相结合，人的全面发展与职业意识的发展要统一。在资本主义国家里，进行职业指导经常运用的是"特性——因素匹配"与"人格——职业类型匹配"等理论[①]。其目的都是为了解决就业矛盾，从人的个性或人格类型上做到人与职业的匹配。这些理论有其可以参考借鉴的地方，因为在职业指导中无疑要考虑人和职业这两大因素的结合。不过，劳动者个人和职业岗位都是具体的（各国的情况也有所不同）、变化的和发展的，不可能简单地、机械地一次就能"匹配"好。后来，"发展理论"提出人的职业心理可分为若干发展阶段，人的职业选择是一个过程，这比人职匹配理论又进了一步。但是，"发展理论"仍然忽视了人的全面发展与职业意识发展的统一性，重视了"匹配"的指导功能，忽视了教育的重要作用。我们是社会主义国家，要在社会生产发展的基础上很好地解决劳动者的就业问题，同时要更好地促进人的全面发展，造就社会主义现代化建设所需要的有理想、有道德、有文化、有纪律的劳动者和各种人才。我国的职业指导就是要发挥、培养人的才能和职业兴趣，使之同国家、社会的需要结合起来。职业指导既是进行职业选择的调节工具，更要有助于个人的全面发展和树立正确的职业观与劳动态度。

4）还要运用社会学（特别是教育社会学和职业社会学）、心理学（特别是职业心理学）的有关理论与方法，研究人与职业，人的能力、兴趣、性格等方面的发展变化及互相补偿，以及职业适应性等问题。

（三）关于在我国推行职业指导的指导思想

1. 要有改革精神

开展职业指导是教育改革和劳动制度改革不可缺少的一项工作。要改变教育与职业、学校与社会脱节的现象，要改变"统包统配"的就业制度与传统思想，真正实行"三结合"与"双向选择"的就业竞争机制，都必须要加强职业指导。开展职业指导会遇到许多思想障碍与实际困难，要以改革的精神对待它，要边学习，边实验，边推广，逐步扩大，不要急于求成。

---

① "特性——因素匹配"理论为美国帕森斯所创，认为每个人都是具有自己的生理与心理特点，即特性。职业指导就是帮助个人寻找与其特性一致的职业。"人格——职业类型匹配"理论为美国霍兰所创，认为在当今社会中，不同人的人格（由许多特性因素构成）和各种职业环境都可以划分为六种类型（即现实型、调研型、艺术型、社会、企业型、传统型），职业指导就是帮助个人找到与其人格类型一致或相近的职业环境。

2. 从实际出发，讲究实效

国外在这方面虽有较多的理论和方法，但由于我国国情不同，不能照搬，应立足于我国实际，通过研究与实验，寻求适合我国的理论和做法。我国各地经济、文化发展不平衡，指导时不能依靠书本现成结论和某一种模式，必须因地制宜，因时制宜，结合各地不同的经济结构、就业结构和不同时期的就业形势，以及学校青年的实际情况与职业意向，研究和开辟切实可行的途径。

3. 坚持全面发展的教育方针，把握社会主义的方向

我们必须教育青年将德、智、体、美、劳全面发展与提高某一方面职业素质联系起来。在职业指导进行过程中，既要提高青年的思想觉悟，使他们能正确处理国家、社会需要与个人的职业意愿的矛盾，又要尽量发挥与开发青年的特长，切实提高他们的职业素质。职业生涯是一个较长的过程，青年对职业的兴趣、能力、知识都处在发展过程中，要以发展的观点进行指导，不可以固化地把人看"死"了。注意职业指导的教育性与实用性相结合，指导内容要体现教育要求，教育要寓于指导活动之中，要培养青年自主决策的能力，指导决不能成为"包办"。

4. 注意职业指导的社会性

职业指导必须要社会各方面配合进行，学校、劳动部门、企事业单位、家长、社会团体都要共同来做。围绕教育与开发人才的中心目的，从不同的角度去开展，才能取得较好的效果。家长的支持是特别重要的一环。

（四）关于中等学校职业指导的性质、地位和任务

职业指导是帮助青年根据自身特点和社会需要选择专业或职业的一项重要工作，也是发展社会生产、完善社会关系的重要手段之一。它在学校工作中是德育和劳动教育的重要组成部分，是沟通教育与职业、学校与社会的桥梁。目的在于使学生能适应社会主义建设的需要，自觉地将社会需要与个人志趣结合起来，将学校的学习与未来的职业结合起来，比较顺利地从学校走向社会，在自己的工作岗位上充分发挥才能，为国家作出更大的贡献。

学校职业指导的目标与任务是：

1）通过社会调查、职业调查与实习劳动，帮助学生初步了解社会分工、当地经济特点、相关的职业群在社会主义建设中的地位与作用，以及从事这些职业应具备的素质。

2）结合社会实践，对学生进行正确的职业观和劳动观念的教育。培养学生全心全意为人民服务的思想和为社会主义做贡献的精神。

3）通过调查、测试，以及在活动中发现等方式，帮助学生了解个人的智力、能力、兴趣、性格等，分析自己的特长和弱点，在认识社会、自身及其他条件的基础上，帮助学生探索与其相关的职业群，选择今后升学和就业的大致方向，并根据择定的职业群对人的素质要求，提高专业学习和技能训练的自觉性，主动发展自己的志趣和能力。

4）培养学生在毕业时能根据社会需要与个人特点，正确选择专业和职业的能力。让学生们学会运用自己的才能向社会推荐自己，同时在职业或专业类型发生变化时能尽快地适应。

（五）中学职业指导的一般方法

职业指导既要与学校的各项工作结合起来，具有渗透性；又要有相对固定的内容与做法，具有独立性。要将这两种做法结合起来，才能使职业指导在学校可行和有效。一般方法有：

1）与德育结合。职业指导可以拓宽德育的内容与途径，联系实际将职业理想与社会主义理想结合，将职业品德养成与社会主义道德的培养结合，在选择职业上将个人志趣与国家社会需要结合起来，这样才能使德育更加切实、更加生动、更有成效。

2）结合各学科教学。在保持课程原有结构体系的前提下，适当选择与本课程有联系的一些职业群来进行讲解，使学生能将学习内容与未来的职业联系起来，从而调动老师教育学生和学生主动学习的积极性。

3）结合课外活动与社会实践。组织参观访问、主题班会、兴趣小组和社会职业调查，使学生增加对社会职业的了解，培养职业兴趣与职业理想。

4）结合劳动技术课与劳动实习。增加学生尊重和热爱劳动的观念和对劳动人民的感情，发掘与培养学生的职业兴趣与能力（特别是对工业、农业、交通运输业、建筑业等各类劳动工种的兴趣）。

5）结合家长工作与家庭教育。使家长能理解职业指导的意义。配合学校对学生进行正确的指导。

6）开设职业指导课。系统地讲授关于社会职业和个性特点的基本知识，帮助学生建立正确的职业观，掌握选择专业与职业的能力。

7）提供职业分类介绍、各类学校专业设置和社会职业需求的信息，便于学生了解职业情况和社会需要。

8）通过谈话、问卷调查、心理测试量表等方法帮助学生了解自己的兴趣、能力等个性特点并加以培养与开发。心理测试这种方法，应该有条件地、谨慎地加以运用，可以先采用非标准化的测试方法，逐步完善。

9）开展咨询活动，辅导毕业生填写升学就业的志愿书。咨询活动可以集体进行也可以个别进行。

以上前五点是渗透性的，要发动学校干部与教师协同来进行；后四点是独立性的，要培训职业指导课教师和班主任来进行。采取什么工作途径与方法，应力求结合各学校实际情况，区别初中与高中、普通中学与职业中学的不同要求。开始实验的单位可以选择其中的一项先进行探索，有条件时再全面系统地进行。

（六）关于中学开展职业指导的条件

1）开展职业指导应具备下列基本条件：①领导机关、校长、教师对职业指导的意义有了一定认识。②有进行试点的骨干力量，如试点班班主任和职业指导课教师。③取得社会有关方面和家长的支持。④在业务上有一定准备，如职业指导课教材讲义的选定与编写，调查测试活动表格的制定等。

2）当前学生负担过重，开展职业指导是否会影响学习，必须明确回答这一问题，职业指导工作才能够顺利进行。其实，当前一部分学生学习负担过重与许多学生认为"读书无用"，厌学弃学的现象同时存在。实验证明，由于职业指导体现因材施教，使学生了解自己的优势与弱点，因而能扬长避短和扬长补短，能更有目的地学习和参加培训，使学生从片面追求升学率所造成的负担和厌学、弃学的不良心态中解放出来。职业指导有许多工作是结合学校各项工作去做的，要独立开展的工作只有少数几项。开展职业指导，对教师来说，确实增加了一定的工作量，但对学生不会增加负担，相反有利于提高学生的学习积极性。

3）职业指导是否在就业困难的时期和地区就难以进行。职业指导作为一个教育过程，使学生对职业有所认识，有所准备，这项工作在任何地区和时期都是可以进行的。职业指导应有发展的观点，并不急于为学生过早定向，更不是把职业准备局限于某一个职业，而是联系学生特点考虑，面向一个或几个职业领域（即职业群），这样可以增强学生的适应能力。就业越困难，从某种意义上说，越需要指导、帮助青年结合实际，选择可能从事的职业或为进一步转业作准备。这样积极疏导也有利于社会安定。此外，就业困难的原因涉及多方面，除了经济的原因外，还有青年就业意识中存在的问题，一方面，有人无事干，另一方面，有事无人干，社会上"就业难"与"招工难"同时存在。因此，也需要在这方面加强职业指导。

目前，社会还未形成公平合理的就业竞争机制，这无疑给职业指导的效果带来了消极影响，但是我们相信，随着改革的深入，这种机制是会逐步发展的，职业指导就是要教育青年面向实际正确妥善处理各种矛盾。

参考文献

马克思 . 1983. 资本论 . 第 2 卷 . 中共中央编译局译 . 北京：中国社会科学出版社：44

四十五、费重阳

费重阳（1928—　），男，湖北省黄梅县人，曾任全国教育科学规划领导小组职业教育学科组成员，天津职业技术师范学院职业技术教育科学研究所所长、副研究员。早年毕业于天津南开大学经济系，长期从事劳动经济实践与研究工作。1980 年以来，致力于我国职业教育的科学研究和教学。曾任天津职业技术师范学院副研究员，兼任天津中华职业教育社研究委员会副主任。中国职工教育和职业培训协会学术委员会委员、中华职业教育社研究工作委员会委员；《教育与职业》杂志社特约撰稿人、曾任全国教育科学规划领导小组职业教育学科组成员，天津职业技术师范学院职业技术教育科学研究所所长、职业教育管理系主任、《职业教育研究》杂志副主编，是职教所、职教系和《职业教育研究》杂志的创始人。

承担过"七五""八五""九五"等国家教委、劳动保障部重点课题的研究工作。主编或参与主编出版的《产训结合的理论与实践》《技工学校管理简明教程》《生产实习教学法》《中国高级技工的培训》等专著，获得了社会上广泛的好评。被许多地方和部门列为职业学校校长和教师研修的教材。近几年，发表的《关于职业教育几个基本问题》《试论职业教育的管理体制与运行机制》《对我国职业教育的思考》等论文被视为精品，被许多报刊转载并被多家院校邀请前往讲学和研讨。以上专著、论文、科研成果等曾获国家教委、劳动部和天津市一等奖、优秀成果奖 4 项、二等奖 3 项、三等奖 2 项。被我国职业教育界公认为一位具有开拓创新意识和执着追求精神的著名职业教育专家和学者。他的见解、立论和建议被国家职业教育决策部门所采纳。由于以上成就，费重阳被收入《中国高等教育专家名典》《中外名人辞典》《世界名人录》等典籍之中。

努力建设具有中国特色的职业技术教育体系 [①]

职业技术教育的本质特征是和现代生产、现代科学技术紧密联系的，它是实现劳动力再生产的重要手段。建立职教体系是一个庞大的系统工程。这项工程可以在一个省、自治区、直辖市的范围内，统筹规划，精心设计，分期施工。为适应四化建设的需要，部分地区要争取在"七五"期间，其他地区争取在"八五"期间初步建成本地区的职教体系。

职业技术教育系统工程的要素有：建立劳动力全程信息系统；制订职教发展的纵向与横向的合理机构；发展各类职业技术教育和培训事业；建立职教师资培训进修体系；建立相应的职教科研体制；建立精干、高效的职教管理体制。

职业技术教育是大工业生产发展条件下的产物，是现代教育制度的一个重要组成部分，在我国，职业技术教育虽然有 120 多年的历史，但是由于政治的、历史的和社会的原因，发展极为缓慢和曲折。为了满足四化建设对千百万初、中、高级职业技术人才的需求，职业技术教育要有一个大的发展，并且逐步形成自己的体系，这是历史发展的必然趋势。只有形成体系，才能协调发展，才能充分发挥职业技术教育的总体功能和社会经济效益。早在 1983 年 5 月，国务院就提出了使职业技术教育逐步发展成为与普通教育并列的体系。《中共中央关于教育体制改革的决定》进一步提出了建立职业技术教育体系的目标和要求，指出："发展职业技术教育要以中等职业技术教育为重点，发挥中等专业学校的骨干作用，同时积极发展高等职业技术院校……逐步建立起一个从初级到高级、行业配套、结构合理又能与普通教育相互沟通的职业技术教育体系。"中央的决定表明了建立职业技术教育体系的必要性。

建设具有我国特色的职业技术教育体系，首先，必须正确认识什么是职业技术教育，基本特征是什么，包括哪些范围等。笔者认为，在我国具体情况下，职业技术教育是有意识有目的培养人的社会活动；是对受教育者在一定水平的教育基础上进行的职业理想、职业道德、职业纪律和职业技术与技能的教育，使其成为国民经济和社会发展所需要的专门人才。它的范围包括：首先，是劳动后备的训练教育，这是在不同水平的普通教育基础上进行的。其次，是职工和农民的研修教育，这是在现有专业或现岗的基础上进修提高，实现知识更新。再次，是转换教育，这是在已有专业外，学习另一种专业，拓宽知识面的教育。由此可见，职业技术教育的范围，包括职前、职后两个方面，两者密切地结合成一个整体。

职业技术教育最本质的特征是现代生产、现代科学技术不可分割地联系在一起，日益发展成为既是教育工作的一部分，又是经济工作的一部分，而且还是科技工作的一部分。它是实现劳动力再生产的重要手段，既是现代生产、现代科技发展条件下的客观产物，同时又是促进现代生产、现代科技发展的必要条件。职业技术教育一旦脱离了生产发展和科技进步需求的轨道，就失去了它存在的意义和价值，更谈不上有什么发展前景了。职业技术教育这样的本质特征，决定了它必须是一个开放性的教育，实行多方办学、多层次和多种类型的办学方针，除教育部门外，企业和社会力量也可以办；除采取全日制学校教育形式外，还要大力举办各种培训中心，进行短期单科专业培训。不如此，便无法适应国民经

---

① 费重阳.1988.努力建设具有中国特色的职业技术教育体系.高等教育未来与发展，（1）：47-52

济和社会发展对各种层次人才的需要。

根据以上对职业技术教育含义、范围和特点的分析，我们应当把建立职业技术教育体系的问题，看作是一个庞杂的系统工程。它是整个教育系统中的一个子系统，因此，要用系统工程的理论和方法来建设职业技术教育的体系。

这项系统工程的目标是什么呢？正如《中共中央关于教育体制改革的决定》中提出的，就是造就"千百万受过良好职业技术教育的中、初级技术人员、管理人员、技工和其他受过良好职业培训的城乡劳动者。"这项工程之所以重要，在于我们如果没有"这样一支劳动技术大军，先进的科学技术和先进的设备，就不能成为现实的社会生产力"，四化建设便有落空的危险。建设这项工程的步骤，可以在一个省、自治区、直辖市范围内，统筹规划，精心设计，分期施工。一般说来，我国东部和中部的一部分地区，要争取在"七五"期间，初步建成本地区的职业技术教育体系，其他地区争取在"八五"期间大体建成。只有这样，才能适应四化建设对职业技术人才的需要。

职业技术教育系统工程的要素，概括说来有以下几个方面：

1. 逐步建立起一个社会劳动力资源的调查、统计、分析和劳动力的需求预测及劳动力素质、效绩信息反馈的系统

也就是说，把劳动力的生产、劳动力的训练和劳动力的使用全过程都掌握起来并形成一个网络，我们可以称之为"劳动力全程信息"。"劳动力全程信息"是职业技术教育系统工程中的一项基础工程，是把职业技术教育与国民经济、科学技术和社会发展联系起来的纽带；是制定职业技术教育发展规划、决定方针政策的客观依据。通过"劳动力全程信息"，可使职业技术教育能动地为国民经济和社会发展服务；反之，也可以调整国民经济的某些产业和部门，使之符合劳动力充分就业的需要，达到劳动力最优的社会效果，即充分就业，把待业率压缩到最低限度。固然建立劳动力全程信息是一件非常复杂且难度很大的工作，但是鉴于它的重要性，我们还是要下定决心，及早动手，一步一步地把这个全程信息体系建立和健全起来。湖北沙市和江苏苏州市进行这项工作多年，积累了一定的经验并获得了良好的效果。如沙市劳动部门会同计划部门，根据该市"七五"期间的经济发展趋势，预测该市每年需要新增劳动力 2000 人左右，总产值每增长 1%，劳动力增加 0.35%。根据这种预测，制订相应的培训计划。

劳动力资源的调查、统计和分析，可依靠各级劳动服务公司发展这方面的工作，建立数据库，运用电子计算机进行运算和信息的存储。劳动力的需求预测，可由企、事业单位，从改革劳动计划管理体制入手，定期向劳动行政管理和有关部门提供信息资料。企业现行劳动计划的弊端，是计划指标过于笼统简单，没有与职业技术培训挂钩。国民经济各部门需要的劳动力，计划指标都是没有受过任何职业训练的自然劳动力，正如《决定》所指出的，它也是"长期以来对就业者的政治文化技术准备缺乏应有的要求"的一种表现。例如在企业现行劳动计划中，对社会劳动力的需求，仅有一项"新增职工"指标，而没有人才知识结构的具体要求。如果将这种单项指标按五年规划和年度计划分解成以下四项指标：①大专以上程度的工程技术和管理人员；②中专程度的技术员、管理员；③受过中级以上职业技术训练的工人；④受过初级职业技术训练的工人。那么，这样一个新的"社会劳动力需求计划"便是我们所需求的"劳动力需求预测"的基础数据了。这样的劳动计划便可以起到国民经济和社会发展与职业技术培训之间的纽带作用。如以公式来表示就如图1。

图1　国民经济和社会发展与职业技术培训之间的纽带关系图

2. 根据本地区经济、社会、教育等方面的现实条件和"劳动力全程信息"，从动态观点出发，用数学模型制定一个职业技术教育发展的合理结构

这个结构包括纵向和横向两个方面。所谓纵向结构是指高、中级工程技术、管理人员和技工之间的合理比例。根据工业发达国家的发展历史和我国现实的经济条件，这个比例应该是宝塔形。根据国务院和有关部门的要求，争取到2000年前后，初步形成一支有较高政治素质，数量上基本满足需要，质量上能够掌握现代化管理和科学技术知识，专业配套，年龄结构比较合理的干部和专业技术人员队伍，形成一支以具有中级技术水平工人为主体，技术等级结构比较合理，有较高政治、文化、技术素质的工人队伍。所谓横向结构，是指职业技术教育内部的农、林、水、工、交、商等各种专业学科的培养能力，要配比适当，相互协调，与国民经济和社会发展对这类人才的需求相配套。制订职业技术教育结构模式的目的，是从纵向和横向两个方面，宏观控制职业技术教育有计划、按比例的发展，避免脱离国民经济发展的轨道而盲目发展，因而这个模式是对职业技术教育进行综合管理和统筹的重要手段。制订一个合理的职业技术教育结构，应遵循以下三原则：第一，职业技术教育结构要反映当地的经济和社会的特点，并密切为经济和社会建设目标服务；第二，职业技术教育结构要与产业结构、劳动就业结构的发展变化相适应；第三，职业技术教育结构要和发展变化的技术结构相适应，并且紧密地为技术引进和技术改造服务。根据以上三原则，一个合理的职业教育结构究竟是一个什么样子呢？因各地经济、社会和职业技术教育本身发展状况不同，模式也是各有特色和差异。从各国情况看，依据系统的理论，我国的从初级到高级、行业配套、结构合理又能与普通教育和成人教育相互沟通的职业技术教育将是一个庞杂的系统。这个系统从外部关系来说，国民经济、科学技术和社会发展对再生产劳动力的需求制约着职业技术教育的发展及其内部结构的变化。其他类型的教育，诸如普通中、小学教育质量的高低，对职业技术教育的发展能起到促进或延缓作用。高等院校和高等师范教育则为职业技术教育提供师资、教材和先进的教学手段。这个系统从内部关系来说，也就是从横向结构观察，我们可以看出，经过这几年的努力，开始呈现出一个反映我国的国情和有我们自己特色的职业技术教育新体制。在职培训和后备训练是构成这个体制的两大部门。在职培训方面，既有以全员培训为特点的职工教育，还有职工中专、中等技术学校和职工大学等专业院校。在后备训练方面，既有培养技术工人的技工学校、职业高中，也有培养中等专业科技与管理人才的中等专业学校，有培养更高层次人才的职业大学、专科学校和职业技术师范院校。根据我国劳动力资源丰富和劳动就业问题突出的特点，各地各部门还新办了劳动服务公司这一新型的社会劳动组织及其就业训练中心，广泛开展了就业前的职业技术培训。根据1985年统计，各地创办了就业训练中心1000多所，培训了140余万待业人员。除国家、企事业主办各类职业技术教育事业外，近几年来，各民主党派、各人民团体和个人也兴办了一批职业技术学校、函授学校，弥补了国家和企事业单位力量的不足，起到了补缺拾遗的作用。在转业训练方面，随着劳动合同制的实行，促使劳动力的合理流动，对就业者培养第二职业能力，将会显得日益重要。我们在看到这些成就的同时，更应看到要使我国职业技术教育横向结构趋向合理，仍然需要作长时期的努力。

当前急需的是理顺各方面的关系，统筹规划，明确分工和协调发展。除继续抓好城市职业技术教育的发展外，首先，在"七五"期间，要大力兴办和发展农村的职业技术教育，以适应农村经济体制改革、农业经济结构的变化对科学技术和经营管理人才的紧迫需要。没有发达的农村职业技术教育，我国的职业技术教育结构永远是一个不完整的结构。其次，对职前职业技术教育（后备训练）与职后职业技术教育（在职培训），要树立一个整体观念。当务之急是努力提高普教和后备职业教育的质量，减轻在职培训的压力，使其充分发挥继续教育的功能，从而能从总体上获得更好的社会和经济效果。再次，在各类后备职业教育方面，要明确规定他们各自的培养目标、办学范围及基本学制。中专、技工学校和职业中学这三类职业技术学校现已构成我国中等职业技术教育结构的基础，很需要在学制上加以规范，确定它们在整个结构的地位。最后，对各种短期职业技术培训和社会力量办学要加强领导。这是整个职业技术教育结构中不可缺少的组成部分。

3. 根据本地区职业技术教育结构体系的要求，大力发展各类职业技术教育和培训事业，确定本地区全面实现"先培训，后就业"制度的时限要求

一个地区是否全面或者基本实现"先培训，后就业"制度，是职业技术教育体系是否建立和完善的一个基本标志。因为"先培训，后就业"制度的全面实现，标志着职业技术教育获得普遍的发展，成为就业者的一种义务教育。从全国来说，除少数边远地区和农村外，在"七五"期间，中等以上城市都应先后达到这个要求。为此，有必要采取以下措施：

1）积极调整、整顿、充实、提高现有各级各类职业技术学校，努力提高质量，逐步适应国民经济和社会发展的需要。根据行业配套的要求和现有能力，再发展一批院校和培训中心，或者继续改办一部分普通中学为职业高中。学校教育仍然是职业技术教育主要的和基本的教育形式，它有利于学生的全面发展，以获得较优的培训效果。

2）除大力发展职业技术学校教育外，依靠社会力量创办各种培训中心，发展短期职业技术培训，是职业技术教育体系建设中另一个重要的内容。

3）成人的职业技术教育，除继续办好电大、函大和职大等各类学校，让更多的优秀职工和农民入学深造外，企业要广泛深入开展岗位培训，把岗位培训作为企业职工教育的基本任务、基本内容和基本教学形式。在搞好岗位培训的基础上，建立岗位证书制度和相应的考核办法。农村职业技术教育，首先要集中人才、财力、物力，以县为单位办好一、两所示范性的职业技术学校，成为本县人才培训、良种和新技术推广的中心，然后再往乡、

镇、村扩展，逐步建立起农村职业技术教育的网络。

4. 建立职业技术教育师资培训与进修的体系

师资严重不足，是当前发展中等职业技术教育的突出矛盾。因此要采取得力措施，尽快组建一支以专为主、专兼结合、行业配套的师资队伍，是当前巩固、发展职业技术教育并使之形成体系的一个关键问题。职业技术教育专业多，师资需求量大，而基础又十分薄弱。根据这些特点，解决职业技术教育师资来源，主要应靠现有各类高等院校培养。普通高校可根据地方教育或业务主管部门的安排，开设职业技术教育专业、系或学院，培养政治理论课、专业基础课和专业课师资。师范院校应从一个面向转变为两个面向。在面向普通中学的同时，面向职业技术学校，除为职校输送文化课师资外，还应根据自身的师资、设备等方面的条件，增设相关或相近的职业技术师范专业或系，担负培养部分专业基础课和专业课师资的任务。因此，所有师范院校在向学生教授教育学、心理学课程时，应增加职业教育、职业心理和职业教育管理的内容，进行职业准备教育，使学生感到毕业后到职业教育战线任教同样是光荣的，克服轻视职业技术教育的思想。为了加强职业技术学校和培训中心对学生动手能力和技能技巧的培养，组建一支生产指导教师队伍也是非常重要的，可以依靠条件较好的中专、技校定点培养。此外，还要制定政策措施，鼓励工程技术人员、管理人员和能工巧匠等到职业技术学校任教，努力办好职业技术师范院校，使之担负起培养空白、短线专业及需求量大的通用专业师资的任务，并逐步将这类院校建设为职业技术教育的教学、科研、信息交流和教材建设指导中心，从而形成以职业技术师范院校为中心，而又基本依靠现有院校的师资培训为主的体制。

5. 建立与职业技术教育发展相适应的科学研究体制

理论研究是实际工作的先导，是制定方针政策的客观依据。世界各国都很重视职业技术教育科学研究工作，联邦德国设有国家一级的职业教育科学研究所，在苏联，除全苏教育科学研究院设有专门研究机构外，全苏中央各部设立的工人技术研究所多达50多个。我们现在已有开展这方面工作的有利条件，全国性的学会已经建立，专职科研机构也开始出现。职业技术教育的科学研究，包括职业教育学、职业教育史、职业心理学、职业教育管理等学科的理论研究，还有教学研究、教材教法和现代化教学手段引进与研制等方面。我们在教育思想、教育内容、教育方法上的种种弊端和落后现象，迫切需要从理论上进行深入的研究分析，找出克服的办法和对策。我们在职业技术教育领域有许多东西尚未被认识，也需要去开拓。科学研究水平的提高能带动教育、教学水平的提高和促进我国职业技术教育的繁荣。

6. 建立精干高效的职业技术教育管理体制

我们目前在职业技术教育管理上的弊端是管理分散、多头领导、政出多门，缺乏统筹规划，办学效益差。迫切需要建立一个有效的管理机构，加强实现宏观管理而又便于基层和服务于基层，能调动各方面大办职业技术教育的积极性。在全国职业技术教育工作会议上，在管理体制上作出了重要的规定，实行"统一领导，分级分行业管理的原则"，我们一般是实行以地方为主的管理方针，地方将建立对职业技术教育宏观管理、协调和统筹机构，并制定地方性的政策措施，赋予地方以统筹的权限和手段。中央主管部门要积极支持地方统筹，地方在统筹时要考虑业务主管部门的意见和要求，互相协调。职业技术教育的规划、计划、布局、学校设置、人才合理使用等，以地方为主进行统筹。面向城市的职业技术教育事业，一般可实行省和中心城市（或地）两级统筹。面向农村的职业技术教育事业，在省、自治区、直辖市和地、市的领导下，由县负责统筹。我们在研究建立职业技术教育体系时，最好采取以中心城市、以省、自治区和直辖市为单位来建立，这是从我国幅员广大而经济、教育、文化发展又极为不平衡这样一种现状出发的。

职业技术教育这一系统工程的建立和完善，还有许多外部条件的制约和影响，诸如立法的保障，人员、资金、设备的投入等，这里不再一一阐述。

发展职业教育要主动适应劳动就业的需要[①]

我国第一部职业教育法于 1996 年 5 月颁布，9 月正式实行。它的颁行是我国职业教育发展史上一个新的里程碑；是近几十年来推广职业教育经验的结晶，标志着我国职业教育进入一个依法治教的新阶段。

《中华人民共和国职业教育法》第三条规定："职业教育是国家教育事业的重要组成部分，是促进经济、社会发展和劳动就业的重要途径。"这项规定科学地阐述了职业教育的社会和经济功能。笔者仅就职业教育为什么要主动适应劳动就业的需要谈几点看法，以就教于职业教育界同仁。

（一）

职业教育是促进劳动就业的重要途径。这表现在三个方面：第一，职业教育是促进劳动就业的重要基础。我国劳动法第六十六条载明，职业教育能"开发劳动者的职业技能，提高劳动者素质，增强劳动者的就业能力和工作能力"。第二，职业教育是提高劳动就业质量、解决结构性失衡的重要措施。在我国，劳动力数量供大于求和高素质劳动力短缺同时并存，制约着经济和社会的发展。发展职业教育，为社会生产和生活需要提供合格的、高质量的劳动力，既缓解了就业矛盾，又提高了就业质量。第三，职业教育是培育和发展劳动力市场的基础条件。借助职业教育可以调节劳动力市场的供求，使用人单位和劳动者双向选择成为可能。通过职业学校、职业培训机构的运作，还可以储备劳动力，增强劳动力市场灵活调节的功能。

既然职业教育对劳动就业有如此重大作用和影响，那么，职业教育部门和职业教育工作者，在指导职业教育的改革和发展时，把主动适应劳动就业的需要，使其相互促进，相得益彰，就成为完全必要的了。我国职业教育的先驱黄炎培在本世纪 20 年代率先倡导职业教育时，就提出"使无业者有业，使有业者乐业"的响亮口号，且毕生为此奔走呼号。80

---

① 费重阳 . 1997. 发展职业教育要主动适应劳动就业的需要 . 教育与职业，（9）：6-8

年来的实践证明：发展职业教育要与劳动就业密切联系起来，主动适应劳动就业的需要，是职业教育发展的规律及其本质和功能的体现。否则，就会出现学非所用，用非所有，既浪费了教育资源，又会使职业学校出现萎缩、滑坡的危险。

就建设社会主义社会这个伟大目标来说，发展职业教育，培养千百万职业技术人才和劳动技术大军是手段，是为社会主义四个现代化服务的，但如我们培训出来的人才不能实现就业或创业的要求，"为四个现代化服务"就只是一句空话，可见，发展职业教育要主动适应劳动就业的需要，是必须树立的基本观念。

（二）

在我国现实条件下，职业教育主动适应劳动就业的需要，更有其特殊重要性和紧迫性。

1）我国是一个有 12 亿人口的大国，也是一个教育大国，每年有 4 亿多人在各级各类教育机构学习，即使如此，每年还约有 400 万小学毕业生、600 万初中毕业生和 100 万高中毕业生不能升入高一级学校，所以绝大多数青少年在接受一定阶段普通教育后，更应该接受各种形式的职业教育。因此，我国的职业教育必须适应劳动力需求状况，新增的后备劳动力才可能逐步达到就业要求。由于我国人口基数过于庞大，虽然实行严格的计划生育制度，但每年出生人口仍有 1800 万。农村现有富余劳动力 1.3 亿，需要接受不同程度的职业教育，逐步向非农产业转移。城镇每年新增劳动力 700 余万人，每年需要安排 540 万人就业，才能实现将失业率控制在 4% 以内的目标。为了充分发挥职业教育在促进就业和调整劳动力需求、缓解就业压力方面的功能，从 1997 年起，劳动部门已在一些大、中城市试行劳动预备制度，将城镇初、高中毕业后不能升入高一级学校学习并有就业愿望的青年组织起来，参加 1～3 年职业培训，取得相应的职业资格，为就业上岗做好准备。同时，通过延长这部分劳动者进入劳动力市场的时间，缓解了当前就业压力。

2）进入 90 年代，我国经济要实现两大转变：①经济体制从传统的计划经济向社会主义市场经济体制转变；②经济增长方式从粗放型向集约型转变。实现这两个根本性的转变，对劳动就业和劳动者素质将会带来一系列新变化和新要求。职业教育必须适应这种新变化和新要求，改革教育和教学，才能有广阔发展前景。这是因为在社会主义市场经济条件下，劳动就业将遵循新的就业指导方针和呈现多元化就业格局。劳动部门则通过政策引导扶持，并发动社会各界、各种经济组织、事业团体吸纳求职人员；同时推出非全日制工、临时工、小时工、弹性工时、阶段就业等灵活多样的就业形式，广开就业门路。这种态势，要求职业教育要以劳动力市场为取向，调整专业设置，改革教学内容，实行灵活办学。

经济增长方式从粗放型向集约型转变，要进行产业结构的调整，加快技术进步的步伐和改善经营管理。一方面，我们对在职人员要强化岗位培训，提高岗位的适应能力和劳动效率；特别是对技术岗位、特种作业和关键岗位，要实行严格的准入控制，确保安全、高效的运作，达到增效的目的。另一方面，面对如此庞大的下岗职工队伍，则要动员全社会的力量，大力推进再就业工程的发展，千方百计使下岗失业职工能较快地获得新的职业岗位。为此，职业教育部门必须大力推行再就业培训和就业指导与创业指导，这是关系民生和经济发展的头等大事。

（三）

一般来说，发展职业教育，是提高劳动者的素质，改善就业结构，提高就业质量，促进充分就业，进而推进经济和社会的发展的根本途径，并就此形成职业教育、劳动就业和经济社会发展的社会大循环（见示意图 1）。

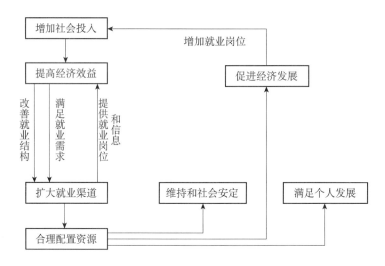

图 1　职业教育促进经济社会发展和劳动就业示意图

这一大循环的最关键之处是职业教育必须增加投入（包括人、财、物力），必须适应和服务于劳动就业发展和变化的需要，决不能游离于这个需要之外。

实现职业教育与经济社会发展和就业良性互动循环，就要加强宏观调控、实行政府统筹，各方办学，依法治教，增加投入，重要措施应当是：

1）做好劳动力市场的科学预测，定期发布职业技术人才需求信息，使职业学校、职业培训机构及时把握市场人力资源需求发展和变化信息，避免办学的盲目性。我们不但需要像广东等省、市劳动部门那样实行为期一年的短期预测，还需要实行两年以上的中、长期预测，以适应职业学校教育周期较长的要求。

2）大力提倡联合办学，实行产教结合。产教结合是社会主义教育的基本特征，是我国重要的教育方针。经济和技术的迅速发展，要求教育质量和教育的效率迅速提高，对于职业教育来说，不仅要适应和服务于经济和技术发展的要求，在具体施教过程中，还要与生产劳动相结合。很多职业中学和技工学校，根据产教结合的要求，面向国内外市场，大力创办校办产业，不仅提高了教学质量，而且生产了物美价廉的产品，获得了可观的经济效益，用以改善办学条件，增强了学校自我积累和发展的活力。

3）大力推进职业指导和创业指导。使之成为沟通学校与社会、教育与职业的桥梁，成为适应劳动就业需要的手段。通过职业指导，帮助学生了解自己、了解职业、了解社会，并根据他们的身心特点和社会需求，选择适当的专业和职业；帮助用人单位选择合格的劳动者，达到人与职业合理匹配和优化组合。当前，职业指导首要任务是帮助学生了解国情及经济形势，树立正确的就业观、价值观和人生观，以适应产业结构调整和社会发展的要求。鉴于我国劳动力总量将在相当长的时期内处于供大于求的状况，职业学校、职业培训机构还要积极开展创业指导，指导学生运用所学的知识与技能，开拓新的就业领域。为此，一要培养学生的创业精神，包括创业意识、必备的心理品质与职业道德；二是掌握创造的知识和专业技能；三是通过现状调查，引导创业行动，并提供必要的物质支持，政策优惠及其他相关服务。

4）积极实行职业资格证书制度。在社会主义市场经济条件下，学历文凭证书不再是证明劳动者能力的唯一证书。随着现代经济和技术的发展，职业资格证书对劳动者的发展将起特别重要的作用。职业资格证书制度是职业教育主动适应劳动就业需要的一项重要的制度。天津、株洲等市职业学校、技工学校的毕业生全部实行学历文凭和职业资格两种证书制度后，劳动部门、职业介绍机构把持有两种证书者，列为"专项劳动力资源"，优先向用人单位推荐，成效显著。

5）严格依法治教，推动职业教育在适应劳动就业需要的轨道上运行。职业教育法颁布一年多以来、国家教育、劳动等部门，先后颁行的配套法规已有十余种之多，初步建立了职业教育的法律法规体系。当前的重要任务是，有关主管部门和学校认真执行有关法律法规，增强法治意识，形成法治观念，营造法治氛围。为此，立法机关要强化监督、检查，各级领导带头，身体力行，最为关键。常言道：不能正己，焉能正人？职业教育法能否顺利实施，在于地方党政部门能否率先垂范。为此，我们在职业教育法颁行一周年之际，呼吁社会各界加大宣传和执行《中华人民共和国职业教育法》的力度和效度。

职工教育的历史转折[①]
——学习《职业教育法》的思考

（一）

《中华人民共和国劳动法》《中华人民共和国职业教育法》先后颁行，为我国职工教育的改革和发展，既提供了法律保障，又提出了更高的法律要求，是我国职工教育发展史上一个新的里程碑。职工教育从此走上依法治教的新阶段，这就要求职工教育要实行历史性的转折，不能抱残守缺。这个转折的重要标志是：就其内容来说，职工教育要以职业教育为主体；就受教育者来说，要以工人为主体。即要把以岗位培训为重点，转移到"两个主体"上来。只有这样，才能有效地适应社会主义市场经济体制发展的要求，适应企业经济增长方式转变对劳动力的转移和劳动者素质提高的紧迫要求；这也是对职工教育的总结及其必然趋势。

（二）

职工教育要转移到"两个主体"，或者说"两个为主"的轨道上来，是跨世纪的重要任务，为此，要有正确认识，实现思想观念上的转变。

1. 职工教育的内容，为什么要以职业教育为主体

因为职业教育是为职业的需要而进行的教育，包括就业准备、在职提高和转换职业所

[①] 费重阳 . 1997. 职工教育的历史转折——学习《职业教育法》的思考 . 中国职业技术教育，（5）：30-33

需要的教育。它的目标是"使无业者有业，使有业者乐业"（中华职业教育社，1985）。现代职业教育是现代经济和现代科学技术发展的产物；也是现代经济、科技和社会发展的重要支柱，是人的个性赖以充分发展和人才培养的重要渠道，职业教育这种本质特征和发展要求，与 1981 年党中央、国务院《关于加强职工教育工作的决定》（即中央 8 号文件）的精神和内容完全相符，也符合当前企业结构调整、深化改革的需要。正如国务院副总理李岚清在 1996 年 6 月召开的全国职业教育工作会议上的讲话中所指出的："大力发展职业教育，是促进劳动就业、深化企业改革的重要条件。我们现在正积极推进经济体制和经济增长方式的转变。在经济快速发展、产业结构调整和企业改革深化的情况下，势必出现大量劳动力的转移和劳动力资源的重新配置。通过职业教育和培训，使富余人员走上适当的工作岗位，才能保证企业改革顺利进行，这也是保持社会稳定的一个重要因素。特别是在建立现代企业制度试点的企业，以及国家重点搞好的一批大中型企业，必须配套把职业教育搞好。"（李岚清，1996）李岚清在这次讲话中，还特别提到职业教育的主体问题。他说："这里，我想强调讲一讲企业在发展职业教育中的地位和责任问题。在社会主义市场经济体制的条件下，企业是生产经营的主体，也是职业教育的主要服务对象和直接受益者，因此，也理应成为进行职业教育的主体。"我们也应该看到，行业和企业，特别是特大型企业（集团），职工人数众多，思想道德、文化程度、科学知识、能力与技能水平参差不一，需要进行多方面、多角度的教育和培训。但是就其主要方面来说，必须牢牢掌握职业教育这个主体，不懈地提高职工的思想道德、职业能力与技能，才能达到提高劳动生产率、企业经济效益的目的，使之成为实现经济增长方式转变的基础。

2. 职工教育的对象，为什么要以工人，特别是技术工人为主体？

正如 1985 年《中共中央关于教育体制改革的决定》所指出的："社会主义现代化建设不但需要高级科学技术专家，而且迫切需要千百万受过良好职业技术教育的中、初级技术人员、管理人员、技工和其他受过良好职业培训的城乡劳动者。没有这样一支劳动技术大军，先进的科学技术和先进的设备就不能成为现实的社会生产力。"就一个企业来说，凡高难度生产加工、复杂设备的组装调试操作和维修、事故隐患的防止排除和生产技术难题的分析解决，以及技术革新和发明创造等，都离不开技艺精湛的高、中级技术工人和能工巧匠。所以，有远见的企业家都认为：一流的企业，一流的产品，必须与一流的员工配套。可是我们还有不少企业的领导缺乏这样的认识，不重视科技成果的引进和新产品的开发，因而也不重视技术工人的培养，致使我国科技成果转化应用于生产的只有 15%，技术进步对于经济增长的贡献率仅为 29%，都是世界上最低的，远远低于发达国家 60% ～ 80%的平均水平，也低于发展中国家 35% 左右的平均水平。自贯彻执行中央 8 号文件 15 年来，由于我们在职工教育和职业教育中，对培养高、中级技术工人这一层次的人才都没有引起足够的重视，以致在现有的 7500 万技术工人中，高级技工、技师仅占技工总数的 2% 左右，15 年来的增长率为零。连工人素质比较高的上海，高级技术工人也只占 3.7%，全市技师和高级技师不足 1 万人。这种状况与我国经济快速增长和实施科教兴国的战略要求是很不适应的。我国劳动力资源极为丰富，长期存在沉重的就业压力；同时，我国又是一个技能人才严重短缺的国家，这是制约经济发展和科技进步的一大障碍。总结历史经验，在今后的职工教育中，应当在指导思想上和实际工作中明确把培养各类和各种层次的技术工人作为主体任务，这是非常必要，也是非常迫切的。早在1986年3月全国职工教育工作会议召开的前夕，国务院总理李鹏就提出："要重视工人的技能培养。要把较高层次的技能培训抓起来，把广大工人引导到提高技术技能上来。这是关系到我国经济发展方向的一个大问题。必须要有大批的、有较高技能的工人，才能保证企业产品质量提高和物资消耗的降低，就是到了机器人时代，也离不开人的操作、指挥。中国职工教育和职业培训协会名誉会长袁宝华同志在1995年11月召开的中国职工教育和职业培训协会第二届年会上也强调指出："什么样的人是人才，有许多不同的解释，有些人只把高级管理人员、技术人员叫做人才，而忘掉了我们人才队伍的主体是大量的技术工人。高级管理人员、技术人员是人才队伍的骨干，可他离不开人才队伍的主体——全体职工，特别是大量的技术工人。如何提高企业职工的素质，一方面要着眼于培养一批高级的管理人员和技术人员，同时更要着眼于职工中数量最大的技术工人的培养，这样才能提高我们职工队伍的整体素质，从而最终提高我们企业的整体素质。"以上论述，既全面地表述了职工教育的一般规律和要求；同时又恰到好处地指出了职工教育的任务和着重点。

综上所述，我国跨世纪职工教育，要以贯彻实施《劳动法》《职业教育法》为契机，进入依法治教的新阶段。在职工教育指导思想上，要实行以职业教育为主和以培养技术工人为主的历史性的转变。这不仅是我国职工教育15年来历史经验所提出的要求，也为德国、日本等发达国家职工教育的经验所证实。德、日两国之所以能在第二次世界大战废墟上创造出令世人瞩目的经济奇迹，其中，秘密武器便是始终把培养员工的敬业精神和熟练的技术与技能，作为经济发展的动力源泉。德国总理科尔经常津津乐道的一句话便是："像我们德国这样一个原材料贫乏的国家，受过良好培训的熟练技术工人是我们最宝贵的财富，也是经济稳定的保证。"

（三）

党的十一届三中全会以来，实行以经济建设为中心的战略决策，推动了我国职工教育的发展，出现前所未有的欣欣向荣的局面。1981年党中央、国务院不失时机地作出《关于加强职工教育工作的决定》，为提高劳动者素质，培养急需人才做出了重大贡献，对于保证完成经济建设计划，促进两个文明建设，发挥了重要作用。职工教育出现了全员培训的局面，创造了许多新经验。到"六五"计划期末，培训职工上亿人次，企业办学的比例达70%。对广大工人来说，广泛深入地开展了"双补"教育，完成了对3000多万青壮年职工的初中文化、初级技术的补课任务，到1995年文化补课累计合格率达到75.9%，技术补课累计合格率达到74.4%，胜利完成了"六五"职工教育的任务。这样大规模的文化、技术补课和政治轮训，一定程度上弥补了一代人在十年动乱中被耽误的学习，推动了精神文明建设和社会风气的好转，并为进一步提高打下一定基础。一大批青年职工在"双补"基础上，产生了学文化、学技术的浓厚兴趣。有的上电大、职大深造；更有许多人刻苦自学，岗位成才，成为今日经济、科技战线上的重要人才。

为了总结贯彻落实中央 8 号文件的基本经验，在 1986 年 3 月召开的全国职工教育工作会议上，提出了坚持改革，进一步端正职工教育指导思想的要求，会议提出："改革旧的思想观念，转变重学历、轻能力的传统思想，树立既要看学历，更要看实际水平及综合能力，讲求真才实学的人才观；转变只重普通学校教育，鄙薄职业技术教育，重理论知识传授、轻技能训练的传统观念，树立学校教育与技术业务培训并举，知识传授与能力培养并重的教育思想。"在这种思想指导下，把对青壮年职工的教育从"双补"为重点转为"按照岗位职务的需要，实行定向培训"即岗位培训，并以此作为职工教育、成人教育的重点。

岗位培训是对从业人员按岗位的需要，在一定政治、文化基础上进行的，以提高政治思想水平、工作能力和生产技能为目标的定向培训。岗位培训的实质是解决教育与经济相结合，育人与用人相结合的问题。为此，开展岗位培训要相应解决：①制定关键岗位、主要技术业务工种和职务的政治理论基础、文化基础、技术业务知识和技能的岗位职务标准。②建立按岗位职务标准进行培训的正规制度，同时抓好相应培训计划、大纲和教材的编审出版工作；解决好师资培养与培训及培训基地的建设工作。③建立岗位职务的考评组织，实行上岗、任职和晋升的职业资格合格证的制度。由此可见，岗位培训具有教育和管理的双重属性。回顾开展岗位培训十年来，无论在提高职工队伍素质，促进企业劳动、人事制度改革和经济、技术的发展，以及两个文明建设等各方面，都取得了丰硕的成果，进一步开创了职工教育的新局面。许多企业按照各自不同的生产经营的特点，建立了设备齐全的培训基地，常年坚持开展对职工的教育培训；建立起"先培训、再就业""先培训，后上岗""先培训，后任职"和关键岗位持证上岗的制度；建立了学历文凭和各种资格证书、技术等级证书并重并用的制度；建立起正常考工定级与考核升级或考核晋档的制度；建立培训工作督导检查与奖惩相结合的制度，基本实现了育人与用人结合，培训、考核、使用和待遇相结合。

在充分肯定岗位培训工作十年成就的同时，也要分析研究十年职工教育和岗位培训本身的不足之处：①岗位培训没能表述教育（包括职工教育）超前性这一固有的规律，因而行业和企业无法运用岗位培训这个重点，把职工教育纳入企业整体发展规划。②岗位培训这一概念过于笼统，没能表述出职工教育在一定时期内的特定奋斗目标和要求。③把岗位培训作为重点，普遍忽视了技术等级培训，特别是高级技能人才的培养和培训。各地劳动部门只好另辟蹊径，借助于将条件较好的技工学校改制为高级技工学校，直接从优秀的技校毕业生中，培养后备高级技工。在 1986 年的全国职工教育工作会议上，曾提出用 5 年时间，即到 1990 年，建立和"形成一支以具有中级水平的工人为主体、技术等级结构比较合理、有较高政治、文化、技术素质的工人队伍"。当前高级技术工人严重短缺，说明这个任务到 1996 年还没有完成。④岗位培训无法涵盖行业和企业办的各类专业学校，特别是职工大学等学校的性质和任务，理顺行业和企业职工教育和培训的关系和教育资源的优化配置。其实岗位培训本身就是职业教育在岗培训，是职业教育的一个层面。

《职业教育法》明确界定职业教育包括职业学校教育和职业培训两个方面。该法第十三条、十四条分别规定："职业学校教育分为初等、中等、高等职业学校教育"。"职业培训包括从业前培训、转业培训、学徒培训、在岗培训、转岗培训及其他职业性培训，可以根据实际情况分为初级、中级和高级职业培训。"由此可见，用职业教育为主体替代已经实施十年的岗位培训为重点，这既是行业和企业贯彻实施《职业教育法》的法定要求；又可以根据职业教育的性质、任务规范行业和企业各级、各类专业学校教育和职业培训的教育行为，理顺它们之间的相互关系。行业和企业可以根据自己生产经营的特点和发展要求，灵活自如地运用各级各类职业教育手段开展对职工的教育培训。故此，把职业教育作为职工教育的主体加以实施，乃是顺理成章之事。

（四）

根据《劳动法》《职业教育法》，行业和企业在实施职业教育方面，有哪些主要任务？《职业教育法》第 6 条规定："行业组织和企业、事业组织应当依法履行实施职业教育的义务。"为了正确、全面贯彻执行这一条及该法和劳动法相关条款规范行业和企业职业教育的行为和任务国家经贸委、劳动部将颁发企业职工培训规定。总的说来，行业组织和企业的积极参与是形成全社会兴办职业教育局面的主体和骨干力量。主要职责任务应有以下几点：

一是根据行业和企业经济发展和用人需要，制定与实施职业教育的规划和计划；二是根据本行业和企业的实际要求，举办或联合举办职业学校和职业培训机构，使之成为本行业和企业的培养技能劳动者的骨干力量；三是推动本行业、本系统职业教育的改革和发展，逐步形成有行业特色的职业教育的合理结构和体系；四是建立符合现代企业制度和发展要求的企业职业教育制度。按照职业教育的性质与任务，改革职大、职工中专等职工学校的教育和教学；五是在劳动行政和行业主管部门指导下，配合职业分类、制定职业技能标准、开展职业技能鉴定和推行岗位合格证和职业资格证书的工作；六是加强职业教育师资队伍的培养与培训工作；七是积极开展职业教育的科学研究与实验；八是加强本行业专业课教材的建设，不断用新的科研成果更新充实教材的内容，引进与推广新的教学方法和手段；九是建立专业与技能人才奖励表彰制度，组织推动本行业职业技能竞赛活动，鼓励和支持广大职工岗位成才和自学成才；十是增加对职业教育的经费投入，改善职业学校和职业培训机构的办学条件。有相当数量的三资企业、乡镇企业、私营企业和各种公司等，还没有举办职业教育，行业组织要配和当地政府采取措施，督导他们依法履行实施职业教育的义务。（劳动部职业技能开发司，1996）

参考文献

劳动部职业技能开发司 . 1996. 学习贯彻《职业教育法》问题解答 . 北京：中国劳动出版社：30

李岚清 . 1996. 在全国职业教育工作会议上的讲话 . http://www. moe. edu. cn/publicfiles/business/htmlfiles/moe/moe_732/200506/8936. html

中华职业教育社 . 1985. 黄炎培教育文选 . 上海：上海教育出版社：52

四十六、姚裕群

姚裕群（1951—　），男，曾任中国人民大学大学生就业研究所副所长博士，教授，博士生导师。

1978—1982 年，就读于北京经济学院，1984—1988 年在中国人民大学攻读硕士学位。历任中国人民大学助教、讲师、副教授、教授、博士生导师、博士暨博士后合作导师，并任中国人民大学大学生就业研究所副所长、中国人民大学就业指导中心顾问。长期从事就业理论与政策、职业生涯与职业指导、人力资源开发与管理领域的研究和教学。

社会任职主要有：国家职业分类大典和职业资格专家委员会专家、国家人事部人力资源与人才专业高级职称评委、中国职工教育和职业培训协会理事暨学术委员、中国劳动就业服务研究会常务理事、中国职业技术教育学会职业指导专委会理事。

2000 年之前，姚裕群个人独立写作的专著有：《人力资源概论》（中国劳动出版社，1992）、《职业问题面面观》（中华工商联合出版社，1995）、《市场经济下的就业理论与就业促进》（中国劳动出版社，1996）。主编的教材有：《人口大国的希望——人力资源经济概论》（中国人口出版社，1991）、《选择职业的艺术》（天津人民出版社，1991）、《美国劳动市场》（中国大百科全书出版社，1995）。还有其他著作《经济改革中的人口与就业》（社会科学文献出版社，1987）、《职业指导的研究与实验》（浙江教育出版社，1990）等。

论职业选择 ①

（一）职业选择的重要性

职业，是人们所从事的不同类别的劳动。从个人的角度看，它是一种身份特征；从社会的角度看，它是一种分工劳动的岗位特征。人要走上社会劳动岗位，一般说都要进行一定的职业选择，通过职业选择，来实现人力和物力的结合，走上特定的职业岗位。

职业，对于人类生活的作用有三点：

---

① 姚裕群 . 1990. 论职业选择 . 中国人力资源开发，（4）：10-13

1. 维持生存

人们通过在一定的岗位上从事劳动，取得一定的收入，从而取得个人与家庭的经济来源。这是职业最基本的作用。

2. 发展个性

人们在一定的岗位上劳动，要运用自己的体力、智力、知识、技能。这种劳动可以发挥人的才能，有时可能和人的兴趣一致。此外，个人还可以通过自身所处的劳动组织角色，培养良好的社会人格。

3. 承担社会义务

人在一定的职业岗位上劳动，一方面，可以满足自身生活需要和心理需求，另一方面，不论其主观意愿如何，在客观上总构成社会分工劳动体系的一个部分，为他人、为社会劳动。职业在人类生活中的作用，决定着人们对于职业的态度。人们对于职业范畴（及其各种具体职业）的不同认识，就形成人们不同的职业观。这在根本上制约着人的职业选择。

具体说来，职业选择具有以下重要作用：

（1）通过职业选择，有利于实现生产资料与劳动力的较好结合

个人选择职业，可以自觉、自主实现与生产资料的结合，这符合人力资源这种带有能动性的主体生产要素的要求。依据个人的意愿选择职业，有利于个人和社会的职业稳定。个人选择职业，必然要考虑职业岗位对人的要求，选择得合适，能够保证结合的质量，即人得到最适合的职业，职业岗位也得到最适合的人。人们在就业后改变职业，进行职业再选择，有利于进一步改善生产资料与劳动力的结合状况。

（2）通过职业选择，有利于取得较大的经济效益

通过职业选择，人们可以走上适当的岗位，可以较快地实现职业适应。人们在合适的岗位上，乐于工作，劳动积极性高，这有利于对提高劳动效率和减少由于不适应岗位造成的各种浪费，从而取得经济效益。

（3）通过职业选择，可以达到多方面的社会效益

在实行充分选择的条件下，人们可以各得其所、各司其职、各尽其责。加强职业选择，有利于机会的均等分配，减少社会矛盾和社会问题，有利于形成一种向上的风气，从而形成人力资源的向上流动。

（4）通过职业选择，可以促进人的全面发展

实行职业选择，有利于培养人的积极生活态度，培养人的自立、自主精神，有利于个人根据社会需要和自己的条件努力学习，提高文化水平和专业、职业能力水平，有利于鼓励人的进取精神，鼓励人们通过自己的学习和劳动取得成就。总之，可以多方面促进人的发展。

（二）职业生活分期

人的职业生涯是人们社会生活的总体和核心部分，可以划分为以下六个时期：

1）职业准备期。包括从事职业技能学习的时期和等待就业机会的时期。

2）职业选择期。人们根据社会需要和自己的能力、愿望，作出职业选择。这个时期一般处于职业准备期与就业期之间，有时也处于两个就业期之间（就业后再次选择职业）。

3）就业初期——职业适应期。人们走上职业岗位从事劳动，这是对人的职业能力的一个实际检验。基本具备岗位要求的人，能够顺利适应某一职业；能力稍差者，可以通过训练与个人努力而增强能力，从而完成职业适应；自身职业能力与岗位要求差距较大者，是难于通过职业适应期的，他们可能重新进行职业选择，或者延长职业适应期。此外，个人能力超过岗位要求很多者、个人职业兴趣与现职业类别很不相符者，他们也可能重新进行职业选择，这种选择延续的时间可能较长。

4）就业中期——职业稳定期。这一时期占据人的职业生活期的绝大部分，一般是在人的成年、壮年时期。这一时期一般也是人们劳动效果最好的时期。由于人在中年，一般都是家庭的核心角色，他们担负的社会义务也增添了保障家庭成员正常生活的内容，因此，成年人往往倾向于稳定在某种职业、某一特定岗位上。

5）就业后期——职业能力衰退期。这一时期正处于人的老年期（初期），由于人们生理条件的改变，其职业能力发生着缓慢的又不可避免的减退。

6）职业结束期。即由于年老或其他原因结束职业生活历程的一个短暂时期。

在上述六个时期中，"稳定期"延续时间最长，"选择期"最为关键，而"准备期"在一定程度上决定着选择方向与稳定性。为了达到个人职业的稳定与合意的目标，社会应当从选择期和准备期入手，对于个人的教育类别、年限、专业作出合理的规划与指导，对于职业岗位的选择作出建议帮助。而合理教育规划职业指导，是基于对社会职业需求（总量、结构）的科学预测，基于对人的能力意向倾向的准确判定和科学地实施教育之上。

（三）职业能力与选择

职业能力作为人们从事职业活动的基本条件，构成职业问题的一个基本范畴。

从各类职业的同一性的角度进行分析，职业劳动能力是由体力、智力、知识、技能四个要素构成。体力，即人的身体素质，包括人体生理结构、人体运动功能、人体对劳动的承受能力，以及恢复疲劳的能力。智力，是人们认识客观事物、运用知识解决问题的能力，包括观察力、记忆力、思维力、想象力。知识，是人们通过学习和实践所掌握的有关职业劳动的理论和经验。技能，是人们经过练习而熟练化、规范化的动作系列或思维系列。这四个要素的结合，就构成了人的职业能力。不同的职业活动所运用的体力、智力、知识、技能的成分各不相同，这就是说职业能力具有结构上的差别。

人的职业能力的形成，需要具备以下条件：①先天生理条件。它在某种意义上奠定了一个人职业能力的基础。②教育训练，它包括文化基础教育、专业性教育和职业性教育、职业技能培训。人的教育培训可以由以下途径实现：学校（正规学校和业余学校）、家庭、社会、工作单位，以及自学，其中最重要的途径是学校，特别是正规学校。③职业活动实践。它使得人的职业能力得以确立和进一步积累。

职业能力形成后，随着时间的变化和内、外部条件的变化，会发生一定的变化。其变化的类型包括下述三个方面：①强化。人们通过长期特定职业的劳动，会积累丰富的经验，通过各种形式的学习，会掌握广泛、深入的理论知识，从而使职业能力大大增强。②弱化。它又分为相对弱化、绝对弱化两种类型。相对弱化指人的能力不变的条件下，由于客观物质条件的变化——设备更新、工艺技术难度增加，导致的职业能力相对下降。绝对弱化指人们自身条件的变化所导致的职业能力下降，主要原因有职业性伤害与职业病、一般性疾病、年老体衰、失业或工作不对口等。③转化。即职业能力方向发生转移。这种转移往往以原有职业能力为基础，转移到与其相似、相关联、相交叉的职业方面。这种转化形成以后，原职业能力可能减退、可能维持，也可能得到强化，形成"一专多能"的更高层次的职业能力。

（四）职业意向与选择

所谓职业意向，是指个人对于社会职业的评价和选择偏好。职业意向的作用，是使得人们自动趋向于从事某种职业。

在人们的观念中，众多的职业可以按照一定的"好""坏"标准顺序排列，从而成为一个职业系列，决定其"好""坏"标准的，主要有职业的社会地位、劳动报酬水平、个人兴趣与才能的发挥、职业劳动强度及环境、职业的社会意义及贡献等因素，也就是说，人们通常按照以上因素，对职业进行评价、选择。

人的职业意向，一般说要经过萌芽期、空想期、现实期，在面临就业时才比较清晰地确定下来。职业意向的成长与确立的影响因素主要有：①个人的生理条件与心理特征；②教育状况，包括各个时期接受教育的内容，以及最后达到的教育水平和专业、职业类别；③家庭影响，尤其是父辈及兄长所从事职业的范例作用；④社会习俗、风尚、传统及多种环境；⑤个人的年龄、阅历（特别是其职业经历），以及个人对经济的考虑；⑥社会的人力需求、职业劳动市场状况、职业信息的传播；⑦社会政策对于职业方向的导向作用；⑧职业知识的教育和社会对个人的职业指导。

对于职业知识的广泛了解、对于职业信息的及时把握，有助于职业意向的确立。人们的职业知识与信息一般由以下途径获得：①系统的职业科学知识教育，以及某一具体职业、专业的教育；②家庭的教育与影响；③一般性学校教育；④由亲戚朋友处得来；⑤广播、电视、报纸、杂志等大众传播途径；⑥个人亲眼所见的和亲身体验；⑦社会的职业指导与职业介绍机构等。

由于各种条件的作用，职业意向确立以后，还会发生一定的变化。造成职业意向变化的原因主要有：职业最新信息的获得；职业选择时期个人所面临的各类现实职业机会；职业适应状况（适应或挫折）；对于某一职业岗位的内容的深入了解（一般在从事该职业较长时间以后）；接受较高等级的教育培训；个人阅历的增长；学校、社会劳动部门及职业介绍机构、企事业单位的引导等。职业意向的变化包括以下几种类型：①现实化。一般来说，青年在就业前，往往对未来职业充满天真烂漫、不切实际的幻想。当他们进入职业选择阶段，特别是走上工作岗位以后，面对现实，就能比较客观地看待问题，承认现实，并可能在一定程度上降低原有的意向水平，打消不切实际的想法。②调整方向。人们在职业适应期，以及职业准备期接受教育时，可能发现自己不能适应某一职业，从而转变职业方向；也可能发现自己虽然能够胜任这一职业，但另外一些职业对自己更为适合，这时也可能调整职业方向。③意向水平提高。当一个人能力有较大的发展，所在的工作岗位不遂心意时就可能提高意向水平，倾向于从事更高级类型的职业。总之，职业意向的变化，一般是在人们对自身和对岗位有了更好的了解，现实地对待职业以后，因此，这种变化有利于职业的实现，有利于人的向上流动。

（五）职业选择分析

构成职业选择的要素有三个：能力、意向、岗位。岗位是人们进行职业选择的对象和前提。在社会总劳动体系中各种职能的劳动，体现为各种不同的职业岗位，它们构成人们选择的对象。职业岗位状况在一定程度上影响着人们的选择：①社会上存在着某种职业岗位，人们才可能选择之；②社会现实空闲岗位能否作为一个人的选择对象，还取决于择业者的能力与意向、就业体制、职业信息传播等主客观条件；③不同企业具有不同的劳动特点，它们也要对求职人员的能力及其他条件进行评判和选择，在个人选择职业的同时，社会职业也在选择着适合的个人，人的就业，即人的职业的实现，正是在这两种选择共同作用下形成的。

人们的职业选择也是一个人降低职业意向水平，适应社会实际需求的现实化的过程。社会学把这一现实化过程称为个人职业理想与社会职业现实的"调和"或"调适"过程。

对于个人而言，可能得到某类职业的概率公式为：$J=QCAO$，式中的 $O=f(t, p, f, i, g\cdots)$。即：职业概率 = 职业需求量 × 竞争系数 × 职业能力水平 × 其他因素，其他因素包括该类职业机会的时间、地点、家庭对个人的帮助、个人寻求职业的努力，以及社会职业介绍机构的帮助等。

由于各类职业需求数量（职业岗位数量）、各类职业的求职人数、人们所具备的不同职业的能力水平，以及其他因素各不相同，因此，对于一个人来说，不同的职业，可能得到的概率也各不相同。

一般说来，期望值最小的职业，往往是人们理想中最好的职业，期望值极大的职业，则往往是现实的、较差的职业。因此，人们选择职业时"调和"程度的大小，就体现为职业期望序列中，所取相应期望值对应的企业。

从社会的角度看，人的职业选择可以分为下面几种类型：①标准型，即顺利完成职业准备、职业选择、职业适应期，成功地进入职业稳定期。②先期确定型，即人们在职业准备期接受方向明确的职业、专业教育，并在准备期确定了自己的职业方向，有时教育培训单位还协助介绍对口的职业。③反复型，当一个人选择职业、走上工作岗位后，不能顺利完成职业适应，或者自己的职业期望又提高，都可能导致职业的再次选择。

为了使人们正确地了解职业、准确地掌握职业需求信息和恰当地估计自己的能力，社会需要对他们进行指导，并通过职业介绍，帮助人们恰当地进行职业选择，使其顺利通过职业选择期和职业适应期，从而较好地走上生活道路。

在职青年职业意向的调查与分析[①]

职业意向是影响青年职业选择的一个重要因素，也影响人的职业生涯。由于在职青年已经步入职业大门，他们的职业意向就不仅仅是虚拟的、片面的和带有主观色彩的了，而是受到职业实践与个人职业境遇的影响。他们的职业意向，实际上是对就业前意向的深化、调整、现实化与实践化，因而对职业生活的导向作用更强，因此，研究在职青年的职业意向，具有一定的理论和实践意义。为此，我们对北京化工研究院、河南南阳油田等单位的青年工人、科技人员进行了调查，调查的结果及其分析如下：

（一）缺乏职业信息，选择职业盲目

根据调查，有 25.8% 的在职青年认为他们所了解的职业信息"完全够"或"基本上够"；有 27.4% 的在职青年认为他们就业前所了解的职业信息"差不多够"；而 46.7% 的在职青年认为他们就业前所了解的职业信息"不太够"或"非常缺乏"。可见，青年对职业信息的了解程度普遍"不太够"或"非常缺乏"。

青年缺乏职业信息的原因有三：

1）家庭的封闭性使青年不能充分掌握必要的职业信息我国青年在成长过程中同家庭存在着一种依附关系。家庭对青年职业观的形成、职业兴趣及能力的培养起着重要作用。尤其在就业前夕，家庭自觉不自觉地承担起对青年进行职业指导的责任。从一般情况看，由于家长对子女特点与各行业的现状及发展趋势缺乏了解，因此，家长不可能对子女进行系统的科学的指导。他们往往凭着自己的主观经验或只凭一时的社会风尚、社会舆论等对子女进行指导。这种指导往往代表了家长自身的某种期望、意向或暗示，和子女的真正状况与社会岗位需要大相径庭。由于依附关系的存在，青年往往接受这种偏向指导，甚至屈从于家长的期望、意向或暗示。有的家长干脆将一切包揽，子女怎样选择职业、选择什么职业都由他们决定，完全不对子女进行有关职业信息的指导。家长们这种做法，使子女职业信息更加缺乏，结果往往选择了自己不喜爱的或不适合自己的职业。

2）普通中学忽视对学生选择专业的指导，哪怕有些指导，也很零碎。这就导致学生对各种行业的有关信息了解很少，盲目填写志愿。在职业中学，教师往往认为学生的职业方向已定，因此，忽视对学生进行指导，结果使本来就选错了专业的学生难以重新选择。

3）劳动人事部门往往只重视就业数量，而忽视就业质量，难以保证个人走上适当的岗位，也不利于就业后劳动的自觉性、积极性的形成与发挥。劳动人事管理工作中缺乏针对性，社会由于没有职业指导机构，青年很难了解社会各个行业结构及职业结构的情况。这样，很容易使青年盲目、被动地走向工作岗位。

青年的职业观及职业意向受制于特定的社会环境。由于缺乏职业信息，青年往往难以

---

① 姚裕群，邱文琰 . 1991. 在职青年职业意向的调查与分析 . 职业教育研究，（2）：30-32

形成正确的职业观及职业意向，盲目、被动地选择职业，导致青年就业后不愿意从事本职工作，这也是造成社会职业道德低下的潜在原因之一。

（二）现实的功利压倒了对理想职业或工作的追求，青年希望及早就业

在对"你毕业就业时，若用人单位或工作岗位不理想，你将做出何种选择"这一问题的问答中，66.7%的人认为"马上就业，不必多选择。"这实际上也反映着在职青年的一种价值观和时效观。

1）马上就业，以实现经济自立。一方面，这表明他们有能力担负起成家立业、赡养老人、养育后代的责任；另一方面，也是他们获取安全感的需要，因为进入劳动年龄后，青年已无法从家庭中获得安全感。安全感只有在较为稳定的职业中才能获取。

2）希望马上就业，是青年对参与社会生活、谋取社会地位与身份的强烈愿望的反映。没有职业，意味着在社会上没有地位，而每一种职业都会把人引入社会群体，因此，只有就业，才能确定社会地位；只有通过占有某一特定的工作岗位才能明确这种地位。

3）从价值的角度考虑，待业就意味着职业选择的时间机会成本的加大，况且，付出巨大的时间成本，也不一定能得到理想的工作。

4）有限的就业机会使青年不得不及早就业。

5）把就业作为得到更好的职业、工作单位的桥梁。就业能实现职业性社会交往，扩大眼界，丰富社会经验，从而为再次选择职业做准备。

青年不管工作单位如何，希望及早就业。这一点反映了其要求自立、自强及创业的思想倾向，但这种倾向包含着某种盲目的因素，不利于工作的稳定性。因为追求这种功利是暂时的，而对理想工作的追求却是青年就业的"永恒主题"。

（三）"专业本位"向"权力本位"的倾斜

根据调查，在职青年"愿意选择"的首项职业为各类专业技术人员，而"实际选择"的首项为机关和企事业单位干部。

一般来说，决定青年选择某种职业的因素，是某种职业对自己的吸引力，即职业收入、职业声望及职业权力。从职业内容看，基于一种学有所用的思想，青年在校期间学什么专业课程、毕业后就会选择对应的职业内容，因此，青年大都希望能有一个"专业对口"的工作，但是，职业内容与职业愿望、职业收入及职业权力往往不是统一的。因此不难看出，青年为什么要选择当干部。

1）在我国，"权力"之高低仍然是现实生活中社会差别的标志，人们常常根据权力大小来衡量人们地位高低，形成民以权力为本位的社会职业声望体系。权力成为最基本的参照物。所谓"某级教授""某级厂长"甚至"某级和尚"，即是将行政级别不恰当地套用到其他领域的产物。

2）权力不仅为从事职业的人带来声望、地位，更重要的是，它还带来了许多特殊的实际利益，如住房、交通、就医、子女上学、使用某些物品的便利等。权力带来的利益可能大大高于表面上的高工资，并能给人们许多钱买不到的东西。

3）在领导体制和管理体制上，我国目前还处在传统经验领导的管理阶段，缺乏科学的领导方法及管理方法，当领导及管理者不需要什么"专业"，使得人们认为"官好当"，进而认为"当官好"，于是"好当官"，青年也不例外。

基于以上原因，使得青年选择职业由"专业本位"向"权力本位"倾斜，权力成为青年实际选择职业的一种导向目标。

（四）社会意识形态及社会现象把实惠推到青年面前

在职青年对职业的选择标准，首位是收入高，其后依次是能发挥自己的才能、个人有发展前途、合乎自己的兴趣爱好、名声好、社会地位高、有技术、工作条件好、对社会贡献大和社会需要、工作稳定、职业有保障、离家近。这与在学青年的选择是不同的。

职业之间有一定的收入差距是客观存在的现象，这也是职业选择的重要因素，但是在职青年把"收入"放在第一位，并不完全是基于这种客观存在，而是各种社会意识形态及社会现象作用的结果：

1）我国近年来社会物质文化生活水平的提高，消费结构的变化，使青年不再"安贫乐道"，而希望生活更充实、更丰富一些。青年除了物质消费外，精神方面的消费需要也大大增加，需要有一定的经济收入为后盾。

2）由于"脑体倒挂"等不正之风，引起社会职业群体的分配不公，这对青年的职业选择有误导作用。

3）社会上讲实惠，"一切向钱看"的不良思潮对青年有很大影响，强化了青年的"收入至上"意识。

从一定意义上讲，对物质利益的追求是社会发展的原动力，社会主义社会实行按劳分配，青年对高收入的追求是有其合理性的。况且，"实惠"本身也并不排斥青年对个人的发展前途、个人的才能发挥及个人兴趣爱好的关注。但是，以实惠为首要原则就有其不良的一面了。可以看出，青年在个人与社会的天平上，个人方面的砝码太重，"对社会贡献大，社会需要"在"青年择业标准"中居第八位，这一调查结果正说明了这一点。

（五）主观上渴望竞争、积极进取的愿望与实际上的保守，追求职业的稳定安全心理并存

根据调查，从主观愿望出发，青年趋向选择外资企业和中外合资企业；而进行实际的职业选择时，则趋于选择全民所有制企业。这种反差是由两种企业各自的特点造成的。

目前，外资、中外合资企业在我国经济中所占的比重还不是很大。但这种建立在优惠政策上的企业，以其高工资、人际关系简单和利于个人发挥才能而吸引了众多的求职者。外资、合资企业效益好的原因之一，在于其内部有良好的竞争机制。因此，要进入这种企业，在其外部需要同众多的求职者竞争；进入企业后，需要在企业内部进行竞争，才能创出成效并得到较好的个人收入。竞争，意味着风险，选择这两种企业有一定的不稳定性、不安全感。而我国的全民所有制企业，长期以来实行"大锅饭"体制，企业内部缺乏竞争机制，"干多干少一个样，干好干坏一个样"，工作可以不用卖力气。一旦进入全民所有制

单位，国家就包下"饭碗"，其工作稳定、有保障。目前，劳动制度改革虽已开始，但这种影响依然存在。青年们虽然希望在就业过程中自由竞争，并将竞争机制引进工作单位。而一旦面临真正的竞争时，却表现出缺乏思想准备，追求职业的安全与稳定的意向，因此，在实际选择中倾向于全民所有制单位。而已经有工作的全民所有制企业在职青年，更不愿冒险丢掉铁饭碗。这是体制转换过程中特有的现象。这种对竞争的不适应心理要经过很长一段时期才能克服。

（六）僵化的体制束缚着青年自主择业及职业流动

在职青年认为：如果他们能得到理想职业，最主要的原因是工作机会凑巧；而如果他们得不到理想的职业，其主要原因是没有门路。而对这两个问题，其他身份的青年一般回答，前者是"自己努力学习，有能力"；后者是"自己没有努力学习"。对照一般回答，可以看出，在职青年由于有了一定的社会经验，理想色彩减少了，因而比较接近现实，即反映了当前就业机会不均等、职业选择不自由的现实。

长期以来，我国形成了一套"统包统配"的劳动就业体制。这种制度不管个人兴趣、能力等因素，片面强调服从国家分配，政治色彩浓厚，使得个人不能自由选择职业；各种制度，如人事档案制度，户口制度等的限制，使人难以进行职业流动。这样，个人只有听天由命，听凭国家把"螺丝钉"安在任何地方。真正得到理想职业的偶然性较大，而可能性较小。这种体制不仅影响了劳动者与生产资料的高效结合，而且压抑了劳动者在工作中的积极性与创造性。

目前，我国正处于体制转换过程中，新体制尚未建立。加上法制不健全，出现了各种腐败现象。腐败现象直接影响着每个人的就业机会，造成能"通天"的、有门路的、花钱送礼的等，即使平平庸庸也能获得好工作；无门路的大多数人，则只有凭借机遇了，一般难以找到理想的职业。

纵观在职青年的职业意向，既有对平等竞争、自由选择、人尽其才的渴望，又表现出体制转换带来的一系列消极的影响。

1）在对职业的要求中，过于看重收入。应该说，体制改革实质上是一次人的大解放。它把长期压抑在人们心底的那些物质欲望从清教徒、苦行僧式的束缚中解放了出来，其目的在于激励人们通过努力劳动而过上富裕生活。"一切向钱看"的观念则与这一根本目标不符这只是一种追求个体收入的动机的反映。"一切向钱看"的思想对青年的择业观是有一定影响的。

2）不能将个人需要与社会需要结合起来，片面强调个人需要。个人是职业选择的主体。过去的"统包统配"体制用一种超经济的力量，否定劳动者在就业和职业选择上的自主权，否定劳动者的知识、技能、意愿与就业岗位的相互适应原则。调查说明，当代青年选择职业不再盲目地服从于政治的需要，他们要求把握自己的命运，由被动选择职业转变为主动选择职业。但是，这种转变却造成了盲目追求个人价值的现象，求职者过分强调自我而忽略了职业的社会意义，期望过高，对职业缺乏现实的态度，最终发现自己的才能无处可施，自身价值无法实现时，又转而对工作感到失望。进而有"学好数理化，不如有个好爸爸"的愤慨及变态心理,有"没有钱送礼"的不满与悲哀,有对命运之神的伤感与嘲讽,还有"还不都是为人民服务"的消极与被动态度,等等。

3)片面强调职业选择不自由,而放弃努力去适应工作。人与职业是相互选择的,人选择职业,职业也选择人。人是有其适应性的,尤其是青年,可塑性很强。兴趣确实可以培养工作积极性,不过这种兴趣有时也需要在工作中培养,即工作会改变和培养生成新的与工作有关的兴趣。

4)在新旧体制的转换中,青年籍以依赖的体制逐渐被打破,如同笼中鸟一旦被放出去后,却不敢去遨游太空,青年的依赖愿望反而增强了,这来源于青年人格的两重性:青年要求实现自己的价值,他们期望独立、自主、自由竞争,一展自己的才能,但面对现实却茫然失措,感到不安甚至恐惧,在这种不安、恐惧的心理状态下,青年渴望着一种依赖,也竭力想与大众保持一致的认同,避免发生冲突,从而在职业生活中追求安全与稳定,采取消极适应社会的行为方式。

(七)开展职业指导是解决好在职青年职业意向问题的重要手段

1)社会有关方面,尤其是用人单位,应针对青年的就业动态进行职业观教育。引导青年正确评价社会职业,正确评价自我,提高青年的职业能力,增强青年的社会适应性。

2)加强对青年状况的全面了解,不仅要对青年的知识结构、能力结构加以了解,还要对青年的个性心理特征加以了解,这将有利于职业指导的针对性。

3)强化劳动市场,成立专门的职业指导机构和人才、劳动力交流机构,搜集和传递职业信息,开展全面的职业介绍与咨询,促进人员的合理流动。

4)对整个社会的职业结构进行调查,并预测各个职业的发展趋向,加强就业工作的透明度,使青年能了解到更多的职业信息。

5)进一步推进体制改革,增大职业选择自由度。

四十七、钱景舫

钱景舫（1939—　　），曾任华东师范大学比较教育研究所所长、教育科学研究所所长、教育科学与技术学院党委书记，教授，2000 年退休。

曾任中国职业技术教育学会理事、学术委员会委员，上海市教育学会秘书长。

主要研究领域是职业技术教育学。主编《教育大辞典—职业技术教育》《职业百科词典》，参与主编《职业技术教育学》《社会科学争鸣大系—教育学卷（1949—1989）》《教育研究与教育改革》《中学教学改革》，发表《从劳动制度改革谈教育观念的更新》《论职业和技术教育发展的社会制约因素》《论"温暖工程"—"温暖工程"理论研究报告》《以人为本—职业技术教育的一个新视角》《论中华职业教育社在近代教育中的地位和作用》《走向 21 世纪之中国职业技术教育》等多篇论文。

钱景舫从 1985 年开始研究职业技术教育学，在 1988 年同朱有瓛教授、江铭教授一起成功申请在华东师范大学设立我国第一个职业技术教育学硕士点，这为学校在该学科至今处于国内领先地位奠定了扎实的基础。退休后，钱景舫还积极参与了上海市第一、二期职业教育课程改革，同时受聘于浙江工业大学、浙江建设职业技术学院、浙江永康职业技术学校，担任教育科研顾问。自 2004 年起，钱景舫担任中国职业技术教育学学科建设与研究生培养协作组顾问，每年均出席"中国中青年职教论坛"和"中国职业技术教育学学科建设与研究生培养研讨会"，现已成为这两次会议最年长的参与者。

从劳动制度改革谈教育观念的更新[①]

1986 年 9 月，国务院公布了改革劳动制度的四项暂行规定，它们是：《国营企业实行劳动合同制暂行规定》《国营企业招用工人暂行规定》《国营企业辞退违纪职工暂行规定》和《国营企业职工待业保险暂行规定》。这些规定已从 1986 年 10 月 1 日起开始实行。

这四项暂行规定是我国劳动制度改革的一个配套政策。其重点是用工、招工制度的改革，即对国营企业新招收的工人都要实行劳动合同制，取消退休工人"子女顶替"和内部招收职工子女的办法，实行面向社会，公开招工，坚持德、智、体全面考核，择优录用。关于我国的劳动人事制度，也已经有一些迹象表明，有关部门将在干部、教师、科技人员等各类专业人员的任用中逐步推行职务聘任制。

劳动制度改革最根本的意义在于打破用人制度上的"铁饭碗"和"人员的单位或部门所有制"，提高职工素质，进一步发挥职工的积极性和创造性，增强企业和单位的活力，适应社会主义商品经济发展的需要，推动社会主义生产力的发展。然而它对当前正在进行的教育改革也会产生影响。人们的教育观念需要有所更新，与劳动制度改革相适应。

（一）改变一次性教育的观念 树立终身教育的观念

"终身教育"这一术语，经 1965 年联合国教科文组织在巴黎召开的国际成人教育促进委员会会议上由保罗·朗格朗提出后，立即在世界各国引起巨大反响，成为一个耳熟能详的术语。它的主要含义是说"教育并非终止于儿童期和青年期，它应当伴随人的一生而持续地进行。教育应当借助这种方式，满足个人及社会的永恒要求"（筑波大学教育学研究法，1986，175）。社会要"保障公共教育的教育机会，使人们的整个一生都能有良好的成长和发展环境"（筑波大学教育学研究法，1986，174）。我国近几年来也开始传播这种教育思想，并在教育界得到相当广泛的共鸣和流传。但是在劳动界，人们对终身教育思想还不太了解，尤其还不太了解终身教育与每个人的职业生活的联系。

现在人们还习惯于一次性教育的观念。它是指人的儿童和青年期是接受教育（即学习）阶段，是为若干年以后劳动就业准备的。对人的一生来说，学习是限于一段时间内连续进行的一次性的活动，此后就是职业生活了。例如，一个徒弟随师傅学手艺三年后独立作业；一个从技工学校或中等专业学校或大学毕业的人当了工人或技术员或工程师，他们的学习生活也就结束了。一方面，这种观念与生产力发展水平较低、科学技术发展缓慢的状况相适应，因为在那种状况下，一个跟从师傅学徒三年的人，或一个从某类学校毕业的人，他在师傅或学校那里学到的知识和技能足够受用了。另一方面，它也与一种稳定的劳动制度有联系，因为在那种制度下，人们的职业是安全的、稳定的，人们往往一辈子从事某种职业，甚至一辈子从事某种工种。例如，在上海，一个大学毕业生从大学毕业到退休，工作更换次数平均每个人不到一次。上述两点，都没有向人们提出终身学习的迫切要求。

一次性教育的观念不符合现代社会生活和生产的现实需要。现代人们生活在急剧而迅速变化的经济生活和社会环境之中。科学知识的迅猛发展和技术进步使劳动对象、生产工

---

① 钱景舫.1987.从劳动制度改革谈教育观念的更新.华东师范大学学报（教育科学版），（3）：39-45

具、工艺过程等都处在不断变革之中，一次性教育不足以使人学到日后终身受用的知识和技能，人们需要终身接受教育，学习新知识。在资本主义社会，劳动力也是商品，劳动力市场上的自由竞争促使每一个劳动者要提高自身，增强竞争能力，才能得到一个好的职位。但是在我国多年来实行的劳动制度是对劳动力实行统包统配制度，俗称"铁饭碗"制度。不管你的水平是否长期停滞不前，也不管你干好干坏，政府都得给你安排一份工作，单位也不能辞退你。这种劳动制度给人以一种安全感和稳定感，却也在一定程度上滋生了人们的惰性和依赖性。现在的劳动制度改革正在冲击着这种惰性和依赖性，甚至使人们产生了"职业不安全感"。这或许是一件好事。从教育的角度看，这种变革将促使社会更加重视对每一个公民的教育和培训，增强每一个人的职业适应能力；这种变革也将促使每一个人更加努力地不间断地学习，增强自身的职业竞争能力。因此，终身教育观念的确立，不仅与科学技术发展和生产力发展有关，而且与一定的生产关系变革紧密联系着。

当前我国社会正在形成一种空前高涨的学习热潮。为了与当代科学技术发展相适应，为了与现代化的生产、经营、管理相适应，许许多多已经从各级各类学校毕业的人都在采取各种适合于自身的方式进行学习，他们的目的或是为了自我提升，或是为了晋升，或是为了转行转业。劳动合同制和职务聘任制、公开招工制的推行对这一学习热潮是一股强大的推动力。我们的教育要从单纯学历化的"唯文凭"的羁绊中解脱出来。要在终身教育思想的指导下统筹教育事业，使它"不仅为人们提供终身教育的机会，而且要使处于各年龄阶段的人们，能够在最适当的时间和场所，接受最适当的教育"（筑波大学教育学研究会，1986）。

（二）改变唯学校教育为重的观念　树立社会大教育的观念

前述劳动合同制和职务聘任制、公开招工制的推行将进一步提高我国人民的学习热情。实行并日益完善新的劳动制度，将在用人和就业问题上使用人单位和劳动者都可以相互选择，用人单位势必选择训练有素的劳动者。企望得到一份工作或得到较好职位的人势必要努力学习，提高自己的素质，也就是提高自己的职业竞争实力，增加自己求职成功的机会。另外，新的劳动制度会加强社会劳动力的流动性，这也就提出了转业训练和培养第二职业技能的要求。上述这一切都依赖于教育事业的发展。因此，国家与社会将面临一个严峻的挑战：如何满足迫切要求学习的人们的需要？这里十分需要一种观念的转变，即改变唯学校教育为重的观念，树立社会大教育的观念。否则国家是无法满足人们的学习要求的。

近代学校教育制度是 17 世纪以后随着资本主义生产方式的发展而产生的。它的产生适应了资本主义社会扩大教育对象的客观需要。经过三百多年的演变和发展，这种学校教育制度日趋完备，在各国形成了由初等到高等、专业门类相当齐全的各级各类学校教育体系。它有两个明显的特点：第一，它是社会（国家）有组织、有目的、有计划地对受教育者施加影响、培养符合社会需要的人才的专门机构；第二，它的一切都是制度化的，招生有一定的对象，入学资格、学习期限、课程设置，甚至作息时间等都有严格的规定，形成了制度。正是这种教育的严格制度化保证了培养人才的规格和质量。但另一方面，这种学校教育制度履行着筛选人才的职能，从小学到大学采取考试等方法进行层层筛选，最后培养了一批社会的"尖子"，即所谓"杰出人才"，所以它经常遭到抨击，尤其在 20 世纪 50 年代前后，人们指责它不民主、不平等。教育民主化是一个很复杂的教育社会学问题，本文不予详述。本文要说的是，在一个人人都想要学习的社会，在一个要求教育事业充分发展的时期，这种制度化的学校教育显出了它的局限性：其一，它的容量有限，至今任何国家都不可能建立一个十分庞大、足以满足所有人的学习要求的学校教育体系。其二，它严格的制度化与现代人们学习要求的多样化和灵活性之间发生矛盾。为了克服这些矛盾，近几十年来国际上相继出现了一些非制度化的教育形式，例如开放教育、广播电视教育、函授教育、业余教育等。所谓非制度化教育并非什么制度也没有，它的特点是开放和灵活，可以接纳各类需要学习的人们，并且与制度化学校教育相比之下投资少、效益大，因此在一些国家有较大的发展。

我国目前已经开始面临着教育事业发展的规模和速度与人民学习要求增长之间的矛盾。为了满足人民的学习需要，加快培养人才，我们在发展制度化学校教育的基础上也注意发展非制度化教育，并且开始重视电视、广播、电影、图书馆、博物馆等文化设施的教育功能。这方面我们需要做的事情还很多。例如，我们要强化学校教育系统，因为它是整个国民教育制度的基础和主干。我们要依托学校教育系统，办好各类非制度化教育，提高教育质量，让它逐步在人民中赢得信誉。我们要呼吁建设社会文化设施，并使它们的教育功能与学校系统的功能互相配合、形成网络。

正如三百多年前近代学校顺应资本主义社会发展和机器大工业生产扩大受教育对象要求而产生一样，顺应现代社会要求，将教育扩展到全民，扩展到人的一生而产生的非制度化教育，社会大教育，都是教育发展史上的必然，有着强大的生命力。因为它的存在时间还比较短，必然不成熟、不完善，所以它在人们心目中还没有树立起威信，多数人的观念还是唯学校教育为重。改变人们的观念需要办好社会大教育，而发展和办好社会大教育也需要人们对它的重视，两者是相辅相成的。

（三）改变教育造就劳动力的狭隘价值观 树立教育为人的发展服务的价值观

教育是劳动力再生产的手段。在人类社会中，教育的这种价值是永恒的。因为生产劳动是人类社会赖以生存和发展的基础，而劳动力则是构成社会生产力的最活跃的因素。但是，"人"并非生来就是劳动力，而只是一种可能劳动力。只有掌握了一定的生产知识、技能和社会生活准则的人才是劳动力。只有通过教育这种手段，才能使可能劳动力转化为现实劳动力。教育把人造就成各行各业的劳动者，成了人类发展的主宰，而人们却不能利用教育作为自身发展的手段。

我国多年来实行的劳动制度一方面滋长了人们的依赖性和保守性，使人们安于现状，缺乏竞争和奋进的意识。每个人的职业生活很少由自己选择，而主要是由劳动人事部门分配和安排的。并且，往往是一朝分配定终身，人员为单位所有，无法流动。正因为如此，所以这种制度的另一方面也就打击了很多有志青年的积极性，磨灭了不少人奋发向上的意志，抑制了人们个性特长的充分发挥。劳动合同制和职务聘任制的实行对各类劳动者的素质提出了更高的要求，确实给劳动者的就业增加了一些限制。但实际上，它也给了劳动者就业更多的自由，因为在这种制度中，劳动者与用人单位处于平等的地位，双方可以互相选择，平等协商，签订合同，用经济、法律和行政相结合的手段确定和协调劳动关系。我们可以设想，随着劳动制度改革的进一步完善，也随着人们物质生活和精神生活的日益丰富，将会出现两种类型的待业：一种是强迫性待业。例如某企业破产，人员一时转移不到新的岗位，必须待业；由于社会产业结构的变化致使某些行业或工种人员过剩所造成的待业；由于劳动者本身知识、技能或健康状况不适应而必须进一步学习或休养而造成的待业。另一种是主动性待业：例如某人因某种原因不满意现任的职务工作，待合同期满后他可以不续订合同，寻找他认为更合适的岗位；也有人因为需要一段时间去做他想做的某件事，如学习、旅游、创作等而辞职，过一段时间再工作。后一种待业往往是与人的发展需要联系在一起的。劳动者有了选择就业单位和就业时间的权利，便能使劳动者的特长、志愿、兴趣与劳动岗位的需要较好地结合起来，并鼓励人们去培养和发展自己的各方面的才能。当然，也有人挑肥拣瘦，逃避艰苦劳动，这需要加强思想教育的工作，同时也要运用国家和用人单位都拥有的法律、经济和行政的手段来限制这种行为。

如今我们已经看到，不但是人本身有着发展的需要，现代化的生产，现代化的劳动就业也要求人们比较全面地发展，具备较强的适应能力。所以正如联合国教科文组织国际教育发展委员会 1972 年 5 月发表的报告《学会生存》中所指出的那样："为人们投入工作和实际生活作准备的教育，其目的应该较多地注意到把青年人培养成能够适应多种多样的职务，不断地发展他的能力，使他能跟得上不断改进的生产方法和工作条件，而较少地注意到训练他专门从事某一项手艺或某一种专业实践。这种教育应该帮助青年人在谋求职业时有最适度的流动性，便于他从一个职业转换到另一职业或从一个职业的一部分转换到另一部分（联合国教科文组织国际教育发展委员会，1979）。"我国 1985 年 5 月 27 日通过的《中共中央关于教育体制改革的决定》，也强调高等教育要积极进行教学改革的各种试验，改变专业过于狭窄的状况，减少必修课，增加选修课等等。中等职业技术教育中"要着重职业技能的训练，训练的范围不要太窄，基础教育也要适当配合，以适应长期广泛就业，进行技术革新和继续进修的需要"。以上种种言论，都说明了我们现在需要十分重视人的潜能的发展。

现代社会也正在为人们的发展创造着越来越大的可能性。这几年我国农村的改革和城市的改革已经开始在改变着城乡人民的需要结构。例如，人们现在需要追求较优裕的物质享受、文化娱乐活动、体育活动，需要看书、社交、表现自己的创造力。这一类需要只有在存在实现可能性的时候才能普遍产生。物质的相对丰富，文化事业的相对发展，都为满足人民的各种需要，包括发展的需要提供可能性。最近，我国也正在酝酿缩短工厂企业的必要劳动时间，有些工厂在试验每周五天工作制，这样一来，人们的闲暇时间会逐渐增多，这又为人的发展提供了可能性。

过去我们往往把社会需要与个人需要对立起来，把社会发展与个人发展对立起来，这是不全面的。在这种思想支配下，人的发展受制于教育，教育依据社会需要按照统一的模式塑造人。今天我们的认识正在改变，他们两者是对立统一的，并且更需要重视人的发展，要确立在教育中人的主体地位，教育要为人的个性的全面发展服务。具体而言，教育要激发人的发展需要，引导人的发展走向正确的、健康的方向，为人的发展提供必要的知识、技能、意志、情绪等心理准备。我们的教育越是能培养出精神丰富的，有鲜明个性和特长的各类人才，就越能满足社会日益丰富多彩的需要，这不仅对于社会主义物质文明建设有积极的意义，而且对于社会主义精神文明建设也有着重要的价值。

（四）改变鄙薄职业技术教育的观念 重视职业技术教育的发展

用工、招工制度的改革将会直接推动我国职业技术教育的发展。

1985年5月通过的《中共中央关于教育体制改革的决定》中已经提出了要执行"先培训，后就业"的原则。这一次招工制度改革的基本原则是面向社会，公开招工，坚持德、智、体全面考核，择优录用。这两者的精神是一致的，就是强调了对劳动者的素质的要求，一个劳动者在就业前必须接受职前培训。以往的经验告诉我们，如果劳动制度不改革，没有对人的素质的要求，一些单位重物质装备，轻人的素质的现象就不易改变。同时，如果单位没有用人的选择权，他想重视人的素质也无能为力。在这种情况下，职业技术学校为企业培养出来的人也输送不到企业去。因此，劳动制度不改革，职业技术教育发展的通路就要被堵塞。现在我们已经看到，由于劳动制度的改革方案的推出，职业技术教育发展的通路会有所疏通，而且我们已经有了前几年中等教育结构改革所取得的成绩，所以我国职业技术教育将获得一股动力，会有一个比较大的发展。

但是，人们的观念却与此不相适应，现在人们思想上还较为普遍地存在着鄙薄职业技术教育的观念。例如领导部门一般比较重视高等教育，因为它培养各类高级专门人才对社会的影响较大；各地教育行政当局比较重视普通高中，他们都普遍感受到高考升学率竞争的沉重压力；在人民群众中相当多的人也看不起职业技术教育，认为进入职业技术学校的都是一些三四流的学生。这种观念上的落后对职业技术教育的发展是不利因素，需要改变。

关于改变鄙薄职业技术教育的观念的问题，本文不准备用很长的篇幅来重复阐明职业技术教育在社会主义建设事业中的重要意义和地位、作用，因为已经有许多讲话和文章谈及了这个问题。本文想讲的一点是，要区别对待领导干部和人民群众中存在着的鄙薄职业技术教育的观念，首先要改变在领导干部和领导机关中存在着的鄙薄职业技术教育的观念。

我国是一个集中、统一的社会主义国家，教育事业也是接受统一领导的。因此如同办其他事业一样，发展职业技术教育虽然面临着财、人、物等种种方面的困难，但如果某个地方的领导人比较重视，事情就比较好办，就有潜力可挖，就会产生新的措施。在1986年7月召开的全国职业技术教育工作会议上，许多地方的经验证明了这一点。正是从这个意义上，我们说首先要使领导干部改变鄙薄职业技术教育的观念，这对职业技术教育的发展来说是很重要的。

最近几年，我国已多次派出代表团到联邦德国、日本等国考察他们发展职业技术教育的经验。对于那里生产第一线的工人技术素质之高，职业技术教育规模之大、形式之多样、设备之精良，出访回来的同志都是赞美之词，甚至说联邦德国的职业技术教育是他们经济发展的"秘密武器"。由此，我们不少领导同志认识到了在现代化建设中发展职业技术教育的重要性和迫切性。

我国经济发展的现实情况也表明今后产品质量、经济效益的提高都有赖于劳动者素质的提高。农村经济的进一步发展固然要靠政策，但还得靠科学技术，靠农业劳动者素质的提高。我国现在从事第三产业的人太少，受过良好职业培训的人就更少，以全国来说，"第三产业的从业人员大约只占总就业人口的 12%，这支队伍中，初中以下文化程度的人占86%，受过专门训练的很少（何东昌，1986）。"所以急需培养第三产业的从业人员。越来越多的领导同志开始认识到发展职业技术教育、提高生产第一线劳动者的素质是我国经济发展的客观需要。因此，相较而言，改变领导层的鄙薄职业技术教育的观念，较为容易一些。对于人民群众中的这种观念，则不那么容易改变，这是因为：

第一，从教育发展史的角度看，职业技术学校出现较迟，近代职业技术学校是随资本主义生产方式产生而出现的，当初接受职业技术培训的人多数是出于社会较低层的贫家子弟，有钱人家的子弟则上另一类学校。

第二，在教育事业不发达的情况下，职业技术教育总是终结性的、断路的。在职业技术学校就读的学生少有机会接受高等教育，因此也少有机会进入社会的上层。尽管从理论上讲他们也可以上大学，但实际上他们与接受普通教育的学生相比，缺乏竞争能力。

第三，我国中学阶段缺乏对学生的升学和职业指导，学生往往不了解职业，也不了解自己，因此都往普通教育、高等教育这条路上挤，把进入职业技术学校看作等而下之的出路。由此可见，要使人民群众改变鄙薄职业技术教育的观念，尚需更多的宣传，但从根本上来说是要发展经济，发展教育，办好职业技术学校，让人们看到就读职业技术学校同样有前途，大规模的社会教育网也将满足人们的学习要求。

参考文献

何东昌 .1985. 在全国职业技术教育工作会议上的讲话（摘要）. 职业教育研究，（5）：2-5
联合国教科文组织国际教育发展委员会 . 1979. 学会生存 . 华东师大外国教育研究室译 . 上海：上海译文出
　　版社：259
筑波大学教育学研究会 .1986. 现代教育学基础 . 钟启泉译 . 上海：上海教育出版社：174，175

走向 21 世纪之中国职业技术教育 [①]

我们已走近了 21 世纪的大门。把一种怎样的职业技术教育带入 21 世纪，是许多职业技术教育实践家和理论家，以及许多企业家们十分关注的问题。大家正在为此努力地思考和探究。

（一）

为了回答好这个大问题，需要明确几个前提性的问题。

第一，我们探讨的主题是一个过程的概念，一个发展性的概念，所以，本文的题目用

① 钱景舫 . 1995. 走向 21 世纪之中国职业技术教育 . 见：孟广平主编 . 面向 21 世纪我的教育观——职业技术教育卷，
　　广东：广东教育出版社：307-322

了"走向"两个字。我们不想,也不可能去描述或规划 21 世纪的中国职业技术教育。[①] 回顾过去的 100 年,从 20 世纪初期到 20 世纪 50 年代以后,再到最近的十多年,无论是世界各国的职业技术教育,还是我国的职业技术教育,都有着显著的差异。到了 21 世纪,这些差异将会变得更加明显。现在所说的"21 世纪的职业教育"是一个模糊不清的概念,令人无从考虑。再进一步说,也不需要去考虑。现在需要考虑的问题(也可以说实践上要解决的问题)是"把一种怎样的职业技术教育带入 21 世纪"。我们设想它应该适应 21 世纪初的社会经济、技术、政治、文化的发展状况;应该充满着生机和活力,有自我发展、自我完善的能力和机制。

这个命题还意味着,我们大家都正在走向 21 世纪,但各自的起点不同:我国和外国的不同,我国东部和西部的不同。所以在探讨这个主题时,要注意地域上的差异,其实质主要是社会经济、技术发展水平的差异。在职业技术教育发展与改革模式的选择、事业发展目标与培养目标的设定等问题上都要从实际情况出发,既要高瞻远瞩,又要脚踏实地。

第二,我国职业技术教育在怎样的基础上走向 21 世纪? 改革开放以来的 20 多年,我国政治稳定,经济繁荣。这正是职业技术教育发展最好的条件。这期间,在《中共中央关于教育体制改革的决定》(1985)、《国务院关于大力发展职业技术教育的决定》(1991)、《中国教育改革和发展纲要》(1993)三个文件和 1986 年、1991 年、1996 年三次全国职业技术教育工作会议推动下,我国职业技术教育有了很大的发展,为走向 21 世纪构筑了良好的基础。主要表现在以下几个方面:

(1)职业技术教育一直持续发展,已经达到相当大的规模

到 1997 年,高中阶段职业技术学校,包括中等专业学校、技工学校和职业高中,已有1.7 万多所,在校生占整个高中阶段学生数的 56.17%,招生数占高中阶段招生数的 56.73%。如果把职业初中、高等职业技术学校的学生数,以及接受短期培训的人数统计在内,那么现在接受职业技术教育和培训的人数是一个非常大的数目,这也表明了职业技术教育发展规模之巨大。

从另一个角度看,职业教育的办学条件和水平比 80 年代中期大大提高了。现经评估审议认定的国家级重点中等专业学校有 249 所、技工学校有 130 所,职业高级中学有 296 所。笔者到过其中的一些学校,无论办学的硬件设备还是师资、管理等其他条件,都是很好的。

(2)职业技术教育在学制、管理体制、课程教材等各方面都进行了一些改革,并正在逐步深入

从 80 年代中期开始进行了多次关于职业技术教育体系的探讨,并着手在学制上进行改革,形成了由教育与培训两大块构成的、从初级到高级、专业配套、形式多样、结构合理的职业技术教育体系的雏形。招生和毕业生就业制度有较大改革,这将提高职业技术教育适应市场经济体制的能力。

管理体制改革取得初步成绩。国家教育部负责全国职业技术教育工作的统筹规划、综合协调、宏观管理。县以上各级人民政府负责本行政区域内职业技术教育工作的领导、统

---

① 这不是作者无的放矢,因为有的研讨会或论文正是用了"21 世纪职业技术教育……"的会标或题目。

筹协调和督导评估。

课程教材改革起步得晚些，但"双元制""MES""DACUM"等课程开发及教学模式在国内产生了积极的影响，有不少单位在进行试验。有些学校把自己教学改革的经验提炼成"宽基础、活模块"模式。上海市于 1996 年 4 月成立职业技术教育课程改革和教材建设委员会，全面启动了这方面的工作，在全国起了带头作用。

（3）职业技术教育逐步走上法制的轨道

1996 年 5 月第八届全国人大常委会第十九次会议通过，并于当年 9 月 1 日起施行的《中华人民共和国职业教育法》，是我国在 1949 年以后颁布的第一部职业教育法，将为我国职业技术教育的发展与改革提供有力的法律保障。

今天我们站在世纪之交回顾过去，我国职业技术教育有长足进步；展望未来，问题和困难还不少。例如职业技术教育体系不够完善，多数学校的设备还不够好，教师的数量和质量都还不够，职业技术教育发展的地区差别很大等。因此，只能说以往的发展只是为我们走向 21 世纪构筑了一个良好的基础，我们今后的工作依然任重而道远。

第三，根据教育与社会、经济发展相互关系的基本原理，我们还需要明确"我国职业技术教育在怎样的社会发展背景下走向 21 世纪？"这一问题。要全面正确地描述面向 21 世纪的社会发展是十分困难的，这里力图揭示与本主题密切相关的社会发展背景。

1997 年 9 月召开的中国共产党第十五次全国代表大会提出："从现在起到下世纪的前十年，是我国实现第二步战略目标、向第三步战略目标迈进的关键时期。我们要积极推进经济体制和经济增长方式的根本转变，努力实现'九五'计划和 2010 年远景目标，为下世纪中叶基本实现现代化打下坚实基础。"这里说的"根本转变"是指经济体制从传统的计划经济体制向社会主义市场经济体制转变；经济增长方式从粗放型向集约型转变。这将意味着今后 15 年内社会主义市场经济体制将逐步建立并不断完善，它不仅会调整和完善所有制结构，改变经济运行方式，而且会影响到上层建筑和意识形态的各个领域；科学技术作为第一生产力，在国家发展战略中的地位愈益提高，也会影响到社会和经济各方面的活动方式，并可预见我国的科学技术将会有较大的进步；我国的产业结构会发生较大的变化，生产中的技术含量将逐步提高，这又会引起劳动力结构的变化。这就是我们思考职业技术教育未来发展时需要考虑到的将面临的新形势。

首先，教育的作用进一步被重视，地位进一步提高。在《中华人民共和国国民经济和社会发展"九五"计划和 2010 年远景目标纲要》中多处提及教育问题，如"实施科教兴国战略，促进科技、教育与经济紧密结合……教育必须面向现代化，面向世界，面向未来，致力于提高国民素质，在各个领域培养一批跨世纪的优秀人才""依靠科技进步和提高劳动者素质，增大科技进步在经济增长中的含量……大力发展职业教育、职工培训，提高劳动者的素质和技能"，对各类教育的发展策略，《纲要》提出"重点普及义务教育，积极发展职业教育和成人教育，适度发展高等教育，优化教育结构"。虽然邓小平同志早在 1977 年5 月就提出了"我们要实现现代化，关键是科学技术要能上去。发展科学技术，不抓教育不行"（邓小平，1994），并多次表达了"实现现代化，科学技术是关键，教育是基础"的思想，但相当长的时间里人们对此不甚理解，因此在许多地方，教育并没有得到应有的重视。现在经过 20 年改革开放的实践，人们从自己的体验和大量的事实中更加深切理解"纲要"中的这些话，教育的战略地位将进一步落实。

其次，全民族的受教育水平将随着普及九年制义务教育的全面实现而大大提高，在经济发达的地区，人民受教育的年限还会延长。这是因为经济发展一定会向教育发展提出强烈的需求，同时也有能力向它提供保障。在这样的情况下，我们中华民族的科学文化素质就提高到了一个新的水平。同时教育结构也会发生变化，高中阶段普通教育与职业技术教育将会更紧密结合，也就是现在人们常说的"普通教育职业化，职业教育普通化"。高等教育的发展水平可能在东西部还会继续存在较大的差别，但都会在现有的基础上有所发展，而沿海经济发达地区将迈向高等教育大众化。其中，高等职业技术教育将有较大发展。终身教育体制的逐步确立使各类在职人员的继续进修、学习成为可能。再次，科学技术现代化将引起课程结构、教学内容、教学形式、教学手段等各方面的改革。更重视课程结构的合理性，不仅重视科学技术课程，而且重视社会科学课程、人文科学课程。教学内容现代化，不断充实新知识，同时又保留人类优秀的文化遗产。随着电视、录像、家用电脑逐步普及，个别化教学将成为班级教学的重要补充。

再次，知识经济是世界经济的一个发展趋势，在我国也已经初见端倪。知识经济这样一个世界经济的发展趋势已经引起了我国高层领导人的高度重视，建立科学技术创新体系的工作正在积极进行。同时，关于知识经济时代的基本特征及其影响，人们也正在进行广泛讨论。以作者管见：①知识包括科学和技术，即知识创新和知识运用将作为生产过程内在的关键性要素，对经济发展起着越来越大的作用，从而影响人们的价值观念和行为方式；②知识必须物化为生活资料和生产资料才能造福于人类，这个过程必然是使知识与其他资源和劳动相结合，因此，不论怎样发达的知识经济时代，总还需要一批在生产和服务第一线工作的人员，当然，这批人的素质是与现在的同类人员不可同日而语的；③与一定社会生产的技术体系构成（包括本时期的主导技术群、没有成为主导技术的新技术、前一时期主导技术群的后续发展、下期主导技术的萌芽）类似，一定社会的经济体系也是多元的、多样化的，即同时存在着知识经济、工业经济、农业经济，像我国这样一个经济尚不发达的国家，知识经济还只是刚刚萌发，远远没有占到主导地位，工业和农业在相当长的时期内还将是主要产业；④知识经济时代毕竟是一个科学技术不断发展、新旧知识加速更替的信息化、学习化的时代，要求人人终身学习，有学习的愿望和兴趣，有学习的能力，而且要求人们有更多的创造性、主动性和适应性，这是一个要求人们全面发展而又为人们全面发展开创了很好条件的时代，一个人不仅要有较高的智力，而且在情感、意志力、合作精神、使命感和责任心等方面均有较好的发展。总之，知识经济的发展是与人的全面发展的进程紧密联系着的。

最后，我国还处在社会主义初级阶段，这是党的十五大正确地分析国情后再次做出的科学论断，这整个阶段是一个发展过程，要持续很长的历史时期。这就告诫我们从事各项事业都要坚持社会主义基本制度，努力奋进，同时必须从我国的基本国情出发。当我们思考走向 21 世纪的我国职业技术教育时，必须看到我国现在的经济还不发达，生产技术的总体水平还不高，人民生活还不富裕，文盲、半文盲人口还占很大比重，地区经济文化还很不平衡，经济市场化程度还不高等现实情况。

（二）

明确了上述问题后，我们来讨论我国职业技术教育如何走向 21 世纪。

1. 进入21世纪的中国，职业技术教育仍然对经济和社会发展起着重要的、其他类型教育所不可替代的作用

这是我们首先要坚定的职业技术教育价值观。诚如在上文中提到的：工业和农业在相当长的时期内仍然是我国主要的产业，我国现在的经济还不发达，生产技术的总体水平还不高，即使将来经济和社会发展得相当现代化了，总还需要一批在生产和服务第一线的人员，而职业技术教育正是专门培养这类人员的，所以在《中华人民共和国国民经济和社会发展"九五"计划和 2010 年远景目标纲要》中继续强调要积极发展职业教育和成人教育。

职业技术教育对我国今后社会现代化的促进作用主要体现在以下几个方面：

（1）职业技术教育通过对受教育者进行生产知识、技能与态度的教育与培训，从而可以提高广大劳动者的素质，进而促进经济效益与社会生产力的提高

职业技术教育之所以能够提高劳动者的生产力，主要有两个方面的因素：其一，提高劳动者的知识与技能水平。一个熟悉操作规范、具有熟练操作技术的技术工人的生产效率显然是高于缺乏相应知识与技能准备的无技术工人。其二，改变劳动者的劳动态度与价值观。职业技术教育不仅传授生产知识与技能，而且也进行职业道德与职业理想的教育，这有助于受教育者对从事的工作形成积极的态度，激发其工作动机。研究表明，态度与动机的改变是影响工作效率的极其重要的原因。

（2）发展职业技术教育，可以增加社会的受教育机会。这对个人而言，拓展了受教育者自我发展的渠道；对社会而言，是提高全体国民的现代性心理品质的重要手段

现在我国的文化教育水平还不够高，文盲、半文盲人口还比较多。无论从哪个角度上来说，都不可能只通过普通教育来提高人口的教育水平，这是一个浅显的道理。必须同时发展职业技术教育，通过发展职业技术教育来扩大受教育机会。对于接受教育的个人来说，其意义就在于使不同背景的人们都能获得新的自我发展机会。同时对于改变整个国民的素质来说，其意义在于培养其国民的现代性心理品质。关于这一点，美国学者英克尔斯在其所提出的"现代化人"的理论中进行了很好的说明。英克尔斯认为，社会的现代化离不开现代化的人，而现代化的人所具有的"现代性"心理品质则主要是靠教育（主要是学校）和现代工业本身（主要是工厂）来培养的（袁振国，1992）。职业技术教育与社会生产紧密联系，除传授现代生产的相关知识技能和态度外，在教育方式上更强调学习与工作的有机结合，这一点与其他类型的教育相比，在培养现代性心理品质方面具有无法替代的优越性。

（3）职业技术教育有助于劳动力资源的转移和重新配置，以此缓解现代化进程中出现的劳动力富余与失业问题

现代化的进程必然带来技术的进步和产业结构的调整，带来经济运行机制与经济增长方式的转变。在这个过程中，必然产生劳动力资源的转移与重新配置的要求，出现劳动力富余与失业的问题。发展职业技术教育，是引导劳动力有效转移，重新合理配置劳动力，

缓解失业问题的重要手段。如果职业教育适应了技术进步与经济结构变化的需要，有针对性地开展培训工作的话，则它不仅能实现其经济性的功能，即通过人力的培训促进经济效益的提高，而且也能达成其社会性功能，即能缓解上述失业问题，保障社会的安定。

（4）职业技术教育的发展能够优化教育结构，提高教育的整体效益，促进教育自身的现代化

教育作为社会大系统中的一个子系统，其本身就是社会现代化的一个指标。联合国经济社会理事会拟出的八项社会发展指标中有一项即文化教育。发展职业技术教育，改变单一的普通教育结构，形成普通教育与职业技术教育相互沟通的完善的教育体系，一方面，这是教育自身的现代化，另一方面，也体现了职教对整个社会现代化的促进作用。因为教育结构的优化，不仅能够更好地培养社会所需的各级各类人才，而且也能解决一些社会现代化进程中产生的问题。例如，随着现代化的发展，人们接受高等教育的要求日益迫切，但国家对于这种要求无论在财力还是在人力上都是难以满足的，这就使得普通中等教育的升学压力很大。职教发展后，能够引导学生分流，缓解普通中等教育的升学压力。

2. 以人为本，确立新的职业技术教育目标观

和平与发展已成为当今世界的主题，"以人为本"已形成一种思潮，不仅在教育领域，而且在科技开发、产品设计、城市建设、企业管理、商务活动等各个方面都体现出这种精神：尊重人的价值；满足人们的正常需要，尤其是发展性需要；方便和优化人们的生活等等。

我把以人为本办职业技术教育理解为以下三个方面：

（1）办职业技术教育要从市场需求出发，归根到底是要从受教育者的需要出发

这就是说，办职业技术教育的立足点要有一个转变。不能以供应为出发点，而要以需要为出发点；目前，就业乃是人们求得生存的手段和获得进一步发展的必要条件，所以，绝大多数人都是带着功利的目的来考虑是否需要接受某种教育或培训。如果我们对此置之不顾，那会自食苦果的。

（2）办职业技术教育要把教育对象当做"人"来培养

这个命题看来很刺眼，我们何时不曾把教育对象当作人？但只要回顾分析一下，就会发现，在资本主义社会以前，学校教育的内容主要是人文知识，基本上是通才教育，不具有职业性。资本主义社会诞生后，职业技术教育的兴起和高等教育的专业化倾向却使学校教育与为各行各业输送各级各类劳动力直接挂靠起来。这在社会发展史和教育发展史上无疑是一个了不起的进步，然而也不可否认，教育的价值被狭隘化了，人的主体性受到了损害。教育使"每一个人都只隶属于某一个生产部门，受它束缚，听它剥削，在这里，每一个人都只能发展自己能力的一方面，而偏废了其他各方面，只熟悉整个生产中的某一个部门或者某一个部门的一部分（恩格斯，1979）"。教育成了人的发展的主宰，而人们却不能利用教育作为自身发展的手段。这是从一般意义上说的，如果联系我国的实际情况，我们会看到一种特殊性，就是我们比较重视人的工具性价值，或把他看成是阶级斗争的工具，或是经济建设的工具。教育负责制作这些工具，并在计划经济体制下予以分配、安排。在

教育过程中，由于于刻板和一致性，学生往往处在被动的地位。总之，这样比较容易忽视了我们的教育对象是活生生的、有主动性的、有生动个性的人。

（3）办职业技术教育要把教育对象培养成人

这是针对单纯经济观点和工具观点而言的，这种观点把人看作是参与生产过程的简单因素，即把他视为手段而不是目的。因此，在这种观念指导下的职业教育，仅注重职业技术技能的训练，而不考虑职业生活中人格的因素，缺乏对态度与价值观方面，以及发展性能力的培育。

现代化的社会，最主要的特点就是强调发展性，发展的含义已超越传统的经济增长的范畴，而强调以人的发展为核心的经济、社会与自然和谐统一的可持续性发展。在现代化社会可持续性发展观的指导下，我们必须树立以人为主、注重发展的职教观，它"使人作为人而不是作为生产手段而得到充分的发展"。"教育不仅仅是为了给经济界提供人才，它不是把人作为经济工具而是作为发展的目的加以对待，使每个人的潜在的才干和能力得到充分的发展"，职业技术教育与培训"应使其超越纯粹适应就业的范围，而将其列入作为人的持续协调发展条件加以设计的终身教育这一含义更广的概念之中（国际 21 世纪教育委员会，1996）。

3. 放弃终结性、封闭式的职教运行机制，确立终身教育思想指导下的灵活、开放的职教运行机制

现代社会是一个科技进步迅速，产业结构调整频繁，生活变动不止的社会，"认为学校可独立满足人生所有的教育需要的一种理想主义幻想已经破灭"，"个人在早年启蒙教育期间所获得的知识和技能会很快过时""从今以后，已不再可能要求教育系统为工业部门的稳定工作培养工人了，而是要求他们为改革而培养有发展前途的、能够适应迅速变革和掌握变革的个人"（国际 21 世纪教育委员会，1996）。因此，职教运行机制要有灵活性，要为人们学习与工作交替进行创造条件，使人们在需要接受转岗培训或提高培训的时候，能以对他们来说最便利的方式回到职教系统中来。当前职业技术教育中试行的模块课程加累积学分的运行机制，强调学制弹性化，学习者可以在任何适当的时候入学或结束学习，这在一定程度上就体现了这种灵活性的特点。另外，现代社会的变动性也要求职教运行机制具有开放性，首先要加强企业和雇主在职教中的参与，因为职教的课程要跟上技术进步的要求，要适应社会经济的技术需求，就必须让生产用人单位——企业和雇主，参与到职教中来；其次，要加强职教与其他类型教育的沟通，使接受职教的学生的学习途径多样化，这正如 1996 年国际 21 世纪教育委员会向联合国教科文组织提交的报告——《教育——财富蕴藏其中》所提的建议那样，"重新考虑并沟通教育的各个阶段（国际 21 世纪教育委员会，1996）。"

4. 改革职业技术教育办学体制，放弃单一的公营职校的办学体制，形成政府、行业、企业、社会团体和个人共同参与的多元化办学体制

长期以来，职业教育与培训是以政府开办的各种职业技术学校为主体进行的，即职业教育与培训的责任基本上是完全交给公营职校承担。这种单一的公营职校的办学体制的优点在于具有人力培训的规模效应，从而提前为经济发展作好人力储备。然而，由于我国现代化进程中，市场开始活跃，经济生活变动很大，原来的"人力储备说"已难以成立，而公营职校是教育事业单位，不是用人单位，自然与生产实际联系较远，很难准确把握社会的技术需求与就业状况。因此，指导他们办学的常常不是社会的技术需求状况，而是政府的人力规划方案。由于一定程度上脱离市场需求办学，这种单一公营职校的办学体制暴露出很多问题，诸如对市场技术需求反应迟钝，毕业生就业困难等。

职教办学要适应现代化社会的经济发展，就需要注重扶持和鼓励企业、行业、社会团体和个人参与办学，强调正规化的职业技术教育与灵活多样的短期培训相结合，逐步形成办学主体多元．办学形式多样的职教办学体制，以充分适应现代化社会对职业教育与培训的多方面的需求。这里尤其要指出的是，要调动私营企业参与办学，充分发挥其培训能力。因为企业培训有诸多好处，培训供需不存在无法协调问题；企业拥有培训所需的最新设备与技术信息；企业主注重培训的成本效益等。当然，"只要市场的作用发挥不好，私营部门的培训能力有限，或者，社会公平有所偏袒因而需要对市场进行干预时"，公营职校这种办学形式就仍要发挥它的作用（V. A. 阿尔维尔等，1993）。这正是我国目前情况的写照，所以强调职教办学主体多元和办学形式多样，绝不等于说要停办或少办公营职校。我们说的办学主体多元还是以政府办学为主体的。《中华人民共和国职业教育法》规定，"县级以上地方各级人民政府应当举办发挥骨干和示范作用的职业学校、职业培训机构""县级人民政府应当……举办多种形式的职业教育，开展实用技术的培训"。

5. 继续完善职业技术教育体系，满足经济和社会发展对各级各类技术人才的需求，满足学习者个人发展的需求

我们已经形成了由教育与培训两大块构成的、从初级到高级、专业配套、形式多样、结构合理的职业技术教育体系的雏形，但还仅是雏形，很不丰满，很不完善。在这个体系中还有一些薄弱环节和问题，需要在新世纪到来之际使它更趋丰满和完善。

（1）高等职业技术教育需积极稳妥地发展

随着经济发达地区现代化生产线和高科技产业的发展，以及金融、贸易、旅游业的兴起，这类企业和行业部门提出了对高级技术和管理人员的急切需求。80 年代虽然办起了一批地方性的、为当地培养实用人才的职业大学，但现在远远不能满足客观需要；而原有的高等专科学校、职工大学，也不是明确意义上的职业大学，所以也没有按照高等职业技术教育的教学模式来办学。这样，高等职业技术教育就显得很薄弱了，需要加强。但发展高职一定要从基本国情出发，不能一哄而上。就全国而言，发展职业技术教育的重心还在中职。从另一角度说，发展高职也如同 80 年代中等教育结构改革一样，是一场高等教育结构改革，使现有的高教资源通过重组而更适合国民经济发展的需要。

（2）中等职业技术教育的学制需进一步理顺

中等专业学校、技工学校和职业高中三类学校的培养目标交叉，而实际的办学条件和水平有些还存在较大差别；中等专业学校有三年制的，有四年制的，有大中专（招收高中

毕业生），有小中专（招收初中毕业生），有普通中专（全日制），成人中专，职工中专，电视中专等，其层次不清，要求不一，实在需要整理。经济发达地区已出现职业技术教育高移化的趋势，主要表现为技术员培养的学历层次将要提高。作者认为这些地区的中专将会发生分化：一部分将在高等教育结构改革过程中融合进高职；一部分仍留在中职发挥骨干作用，与技工学校、职业高中组合成一类学校，培养技术工人。

（3）随着高等职业技术教育的发展，中等职业技术教育与其衔接的问题将突现出来

中等职业技术教育不能办成以升学为目的。现在有些重点中等职业技术学校以高考升学率作为吸引考生的一个卖点，这实在是不值得提倡的。但如何能使中等职业技术学校的优秀毕业生在想要深造的时候也有机会上大学，这是注重人的发展的现代教育所要考虑的。一方面，改革高校招生制度，消除对"三校生"升学不利的因素；另一方面，在"三校"中也要顺应时代潮流，适当提高普通教育水平，并让一些学有余力的学生多学一点普通教育课程。

（4）农村职业教育现在是一个薄弱的环节

我国农村人口多，农业对我国经济发展和社会稳定又至关重要，所以发展农村职业教育虽是难点，却又必须搞好。笔者以为，发展农村职业教育一要扬长补短，根据我国农村经济、文化尚不发达，生产技术水平比较低的实际情况，从学制、专业设置、教学制度改革的角度去研究，加强实用性，多开展一些短学制的、累计学分制的、以实用技术为主要内容的教育与培训；二要拓展对"农村职业教育为当地经济建设服务"的理解，适度开展劳务输出培训。这看起来是在为外地经济建设服务，实际上却是为当地经济建设服务的一条曲折途径。

（5）在完善职业技术教育体系时，要特别加强培训这一块

我国职业技术教育迄今为止重心还是在学校形态的、长学制的、学历化的职前养成教育上。这种职教模式对市场需求与技术进步的反应不够灵活，已日益显出与市场需求脱节，毕业生就业困难等弊端，与日益增长的培训需求不相适应。现代社会中，不论被动的还是主动的，个人可能多次转换工作岗位，甚至改换职业。即使职业不变、岗位不动，劳动要求也会不断提高。因此劳动者为了适应和改善职业生活，在他的劳动生涯中，就需要多次接受培训，我们应当让他们在想接受培训的时候能找到他合适的受训位置。为此，要切实执行《职业教育法》，提高对培训重要性的认识，使它真正成为我国职业技术教育体系中重要的组成部分。增设职业补习学校和各种所有制、各种形式的培训机构，扩大培训容量。在宏观上培育职业技术教育与培训市场，形成各类职业技术学校能主动适应市场需要的运行机制，多类型、多层次、多形式地开发各种教育与培训项目。

6. 以提高教育质量为核心，深化教学改革，把课程改革与教材建设提到日程上来

提高教育质量永远是社会对教育的期望和要求，也永远是教育本身的追求。在走向 21 世纪的今天我们来思考这个问题，有两个基本的出发点：一是人类的知识迅速增长，科学技术飞快发展，深刻地影响着人们的生产和生活方式；二是职业技术教育自身的性质任务。

现代化生产线和高科技产业的操作技能似乎简化了，但对技术和管理人员的职业品质

提出了更高的要求，必须养成高度的职业责任心、认真细致的工作态度、严格的职业纪律等良好品质。

对青年学生实施的职前的学历化的职业准备教育，不仅要在知识技能上为第一次就业做好准备，而且要从终身教育的观点出发养成其终身学习的态度，并使他们学会学习。

对职后成年人实施的各类职业培训则从职业岗位需要出发，给予必需的知识和技能，使他们敬业、乐业。这就是此类职业技术教育所要求的质量。

提高教育质量的根本途径是深化教学改革，进行课程革新与教材建设。上海市计划从1996年开始，用5年左右时间，完成10门公共课的课程改革及示范教材的编写工作；完成18个典型专业、工种的课程改革和编写出部分示范性专业、工种教材；然后再经过5年试验、评价、修改、完善和总结，基本形成一个反映中国特色、上海特点、职业教育特征的职业教育课程和教材体系。上海称之为"10181"工程。

提高教育质量还必须依靠一支精良的师资队伍，还要有基本的以至精良的教学设施，包括校舍、教学仪器设备、实验室、实习工厂或实习基地等。这里就不再一一展开论述。

参考文献

邓小平.1994.尊重知识，尊重人才.邓小平文选.第2卷.北京：人民出版社：40

恩格斯.1979.共产主义原理.见：苏联教育科学院编.马克思恩格斯论教育.华东师范大学《马克思恩格斯论教育》辑译小组译.北京：人民教育出版社：1

国际21世纪教育委员会.1996.教育——财富蕴藏其中：国际21世纪教育委员会报告.联合国教科文组织总部中文科译.北京：教育科学出版社：10，58，68，70，90，92

袁振国.1992.教育改革论.南京：江苏人民出版社：251

V.A.阿尔维尔等.1993.世界银行关于职业教育与培训的政策文件.教育展望，（2）

职业教育的困境与出路 [①]
——从校长角度的讨论

职业教育遇到了一些困难，将如何发展？这是许多人十分关心的问题，但各人思考的角度不同。本文想从校长的角度，也就是从学校的角度来作些思考，这对各所职业技术学校来说可能更具有积极的意义。

（一）笑迎困难，振奋精神

眼下，职业教育发展是不像80年代后期和90年代初期那么兴旺，校长们都觉得办学困难，压力很大。面对这样的形势，我想精神上不能垮，而要更加振奋。这绝不是说大话

---

① 钱景舫.2000.职业教育的困境与出路——从校长角度的讨论.教育与职业，（2）：29-30

或风凉话。因为困难是客观存在的，与其怨天尤人、萎靡不振，不如笑迎困难、振奋精神。这才有利于调动自己的智慧，感染和鼓舞学校的教职员工，也有利于自己身体健康，总之，更有利于克服困难。

为什么用"笑迎"二字？因为：①如果我们站得高一点来看，现在确实碰到了一些困难，但总的说来并不是坏事，说明国家经济发展对人才的要求提高了，人民的教育需求提高了，是社会进步、发展过程中带来的困难；②它给我们提供了内涵发展的机会，从哲学上讲，发展不只是量的增加，还包括质的提高，我们可以趁此机会进行学校布局调整、专业调整、深化改革，提高教育质量；③我们看到各级领导部门正在制订政策，采取措施，积极扶持职业教育发展。

（二）困难的表现和症结

困难主要表现在办学的三个相互联系的环节上：招生——办学条件——毕业生就业，尤其是招生难和毕业生就业难。这已是众所周知的事实，无须再作赘述。但困难的症结在哪里呢？是领导者不重视吗？或许在某些地区、某些部门是，但总的说来不是。那么，应该责怪老百姓鄙薄职教、不愿读职教吗？这更是大错特错了。老百姓是很实在的，他看到现在用人要高学历，社会上失业、待业的人又那么多，中职生就业难，普高在发展，国家又在扩招高校生，所以，总想自己的子女上普高，进大学，不得已而求之才读职校，这是可以理解的人之常情，不要去苛求老百姓。对老百姓的问题只能加强宣传，积极疏导，而不能责怪。所以，问题的症结还是在我们自己，这就是职业教育办学的某些方面与我国社会、经济、教育发展的现状不相适应。例如，职业技术学校办学模式比较单一，缺乏职前职后的沟通；专业设置和教学内容与经济和技术发展有所脱节；课程在相当程度上还是终结性的，服务于学生第一次就业，使学生缺乏发展和适应变化的能力；学校的运作机制有的也没有转到市场经济的机制上来，等等。我们可以看到，在差不多相同困难的大环境中，有些学校还是办得不差的，甚至是很好的。如果考察一下这些学校，往往是靠改革较好地解决了上述列举的一些问题。

（三）出路：改革职业教育办学

职业教育再发展的出路在哪里？要上下齐努力，相辅相成。上级，特别是教育领导部门要争取拿出些有利于职教发展的政策、措施来，因为有些问题不是一个学校，一个校长能解决的。但作为学校却不能消极地等待，要积极去闯，去改革，你越是这样，就越会有机会。而且，有时候上级的政策正是总结了学校的经验而提出的。所以本文从学校的角度提出几点思考：

1. 积极开展创业培训——尤其是农业职业教育和城镇中第三产业的职业教育

职业教育具有促进社会进步、经济发展、个性发展的功能。其发挥功能的机制可如图1所示。

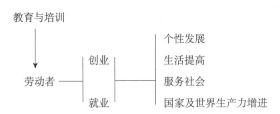

图 1 职业教育发挥功能机制示意图

图 1 表示，接受过职业教育或培训的劳动者必须有一个工作岗位，职业教育的功能才能实现。过去就是靠安置就业，现在就业形势十分严峻，没有那么多现成的岗位可以给我们安排毕业生。所以，一方面，还是要腿勤、嘴勤，善于"推销"，帮学生找"婆家"，另一方面，则需要把创业培训提上日程。

其实，在农村职教，特别是农业类职教中，创业培训早就开展了。开设家庭经营专业就是一例，学生毕业后（甚至还在学习中）在家庭中开展种植或养殖经营，自己还负责管理和营销。如果市面做大了点，还要雇几个帮工。所以这里所谓的创业，就是指开个小作坊、维修店，办个小农场、畜牧场。自己给自己创造工作岗位，也为他人创造工作岗位，这是我们职业学校毕业生能做到的。至于将来开创大事业，则另当别论。

创业培训的内容主要包括：培养创业所需要的心理品质，如自信心、不屈不挠的精神，既谨慎，又敢冒风险等；传授创业必备的知识，如市场的、财务的、法律的知识等；给予创业过程的指导，如怎样申请营业执照，如何筹集资金等；最好还能给创业者提供市场信息。

2. 积极抢占职业培训市场

我国职业教育迄今为止重心还是在学校形态的、长学制的、学历化的职前养成教育上。这种职教模式对全面提高劳动者素质是很有用的，适合青年早期的学生。所以，它还会长期存在，并不像有些文章说的要取消中等职业技术学校。同时也要看到这种模式因其培养学生的周期长，对市场需求与技术进步的反应就不够灵活，已日益显出与市场需求脱节，毕业生就业困难等弊端，与日益增长的培训需求不相适应。我们是否可以这样算一算：一个人一生中接受学历化的职教一般只是一次（有些人一次也没有，他们接受了学术性或工程性的教育），而需要多次接受职业培训。所以社会对职业培训的需求总量是大大超过学校职业教育的。

西部大开发和我国加入世界贸易组织（WTO），都可能激发我国劳动力的流动。这里顺便介绍一下，我国的劳务输出是很落伍的。墨西哥全国人口 8000 多万，每年在海外务工的人有 800 多万。菲律宾人口 7000 万，现有正式登记的海外劳工 450 万。而我国 13 亿人口，1999 年在海外工作人员仅 30 万人。可见我国劳务输出事业发展的空间是很大的。随着劳动力流动加剧和劳务输出事业的扩大，会带动职业培训的需求。全国有些地方已初步形成培训市场，但中等职业技术学校介入的还很少。这些学校在教学设备、专业师资方面都有一定优势，学校应该有意识地抢占职业培训市场，既可以使现有教育资源得到充分利用，又可以拓展中职学校的教育功能，逐步实现其职能的多样化，使职教的办学模式由学历教育为主向学历教育与培训并重的方向转变。教育行政部门要支持这种转变。

3. 积极进行教学改革，努力提高人才培养的质量

这是职教办学永恒的目标，只是现在要特别强调一下。需要大家抓住机遇，深化改革，提高质量，重振职业教育的雄风。各所学校也要能做出品牌，取信于民。

教学改革是一篇大文章，本文只是扼要地提出：

1）当前特别要注意以市场需求为导向，不能强调我（指办学机构）能做什么，我能培养出什么样的人，而要强调需要我做什么，需要我培养出什么样的人。这种"需要"来自社会、企事业单位，也来自学习者个人，而且，前者必须转化为个人需要，才能构成对教育与培训的切实的需求。

2）改革的主要环节是专业（工种）设置、课程结构和教学内容。

3）在一部分学校也可以进行学制改革的试验。

4. 积极抓好招生和毕业生就业两头

这方面的工作要有点市场意识。有些学校已做得相当好。他们在招生时加强宣传和组织工作，善于推销自己的"教育服务"，如采用到初中去，请初三学生来，布置学校成果展览等手段。

毕业生就业工作在平时就要做，一方面，要加强与人才市场、企事业单位的联系，随时掌握用工信息；另一方面，要加强对学生的就业指导和创业培训。学生毕业前的集中实习对他们就业有较大影响，更需要妥善安排。

四十八、高奇

高奇（1932—　），女，辽宁开原人，曾任中华职业教育社理事与理论研究委员会委员，教授。

1950 年考入北京师范大学教育系，1953 年留校任教。北京师范大学教授、博士生导师。长期从事中国教育史、高等教育史和职业教育的教学和研究。

曾任《教育与职业》主编，北京师范大学职教师资培训中心主任和《中国职业技术教育》编辑，同时，兼任全国教育科学规划职业教育学科组成员、职业技术教育学会理事与学术委员、中华职业教育社理事与理论研究委员会委员等职。

高奇的职业教育学代表作，是由她担任主编的由国家教委职业技术教育中心研究所编著的《职业技术教育原理》，这是我国第一部职业教育原理性专著，体现了高奇对于"职业教育"这一特殊教育形式在一般原理方面的初步思考。此外，高奇还出版了《中国高等教育思想史》《新中国教育历程》两部教育史方面的研究专著，主编了《中国现代教育史》《中国教育史研究》（现代卷）、《黄炎培教育文集》等 8 部教育方面的著作，参与合著《教育经济学》《21 世纪我的教育观》等 6 部著作，合译《人生的头三年》等 30 余种译著，发表学术论文 130 余篇。曾承担并参与"六五""七五""八五"及"九五"国家和教育部的多项重点课题。

中国职业教育四十年 [①]

中华人民共和国成立四十周年即将来临，四十年在人类的发展史上只是弹指一瞬，但在社会发展上却接近半个世纪。对这亦短亦长的四十年中的职业教育作一个概括性的回顾，对我们总结过去，展望未来是有益的。

四十年职业教育的发展经历了一些什么阶段，如何分期，是一个比较复杂的问题，因为很难从年代上给予精确的划分，这里主要根据职教指导思想和实施的变化与发展，分五个时期来谈。

（一）技术教育时期

据教育家黄炎培日记所载，在中华人民共和国成立前夕，1949 年 9 月新政协筹备会常

[①]　高奇 . 1989. 中国职业教育四十年 . 教育与职业，（9）：6-9

务会第六次会议上，对是否将重视发展职业教育列入《共同纲领》条款有一场争论。一部分人主张列入，另一部分人不同意列入，理由是：①职业教育是资本主义国家的产物；②苏联无职业教育；③中等、高等教育已将职业教育包括在内。就是说他们认为：第一，社会主义社会不存在就业、失业等职业问题，所以不需要职业教育；第二，我国建立新的技术教育要以苏联为蓝本；第三，职业教育是指中等以上的为生产部门服务的技术教育。争论的结果，后者意见占了上风。因此，《共同纲领》有关的条文规定："有计划有步骤地实行普及教育，加强中等教育和高等教育，注重技术教育，"而未提"职业教育"。在 1949 年10 月 31 日建立起的中央人民政府教育部，下设高等教育、中等教育、初等教育、社会教育和视导五个司，也未设职教司（至 1952 年成立高教部后，在高教部中始设中等技术教育司）。

在上述思想指导下，1949 年 12 月第一次全国教育工作会议提出，为培养大批中级建设干部，中等学校在今后若干年内应该着重向中等技术学校发展。随后，1951 年第一次全国中等教育会议决定：改造现有的技术学校使之适合于建设的需要，协助企业部门创办新的技术学校，举办短期训练班，并在可能条件下，转变若干普通中学为中等技术学校。1951年 10 月，中央人民政府政务院颁布的《关于改革学制的决定》中，规定技术学校分技术学校和初级技术学校两种。前者招收初中毕业生，修业年限 2 ～ 4 年，后者招收小学毕业生，修业年限 2 ～ 4 年。各类技术学校得附设短期技术训练班或技术补习班。医药及其他中等专业学校，其修业年限，招生条件等，参照技术学校之规定。专科学校修业 2 ～ 3 年，各种高等学校得附设专修科，修业年限 1 ～ 2 年。以后又对技术学校颁布了一些具体的规定。在这一时期对徒工培训和职工业余技术教育也作了规定。1951 年 1 月全国职工业余教育委员会成立。

在大力发展技术教育的思想指导下，从 1950—1953 年上半年短短两三年的时间确立了从初级到高级的职业教育体系，提出了正规的、速成的、业余的各种技术学校或训练班适当配合发展的方针；规定了技术学校学生待遇、专业设置、生产实习等各项规章制度。1952 年，全国中等技术学校已有 1710 所，为新中国职业教育事业奠定了初步基础。

（二）中专、技校时期

在 1949 年第一次全国教育工作会议上确定的，对旧教育改革的方针是："坚决改造，逐步实现""以老解放区新教育经验为基础，吸收旧教育有用经验，借助苏联经验，建设新民主主义教育"。这个方针是正确的，但是由于以苏联教育为蓝本的思想的作用，在教改实际工作中出现了倾斜。即没有对解放区的教育经验认真总结，没有将其作为基础，对 1949年前国民党统治区的教育和资本主义各国的教育经验基本上采取批判和否定的态度，突出强调学习苏联。这样就在 1953 年以后，形成了一个全面学习苏联教育的高潮，职业教育也不例外。

当时，苏联的职业教育主要有两种形式，一种是招收 7 年制不完全中学毕业生的技术学校、师范学校、医科学校，学制 3 ～ 4 年；另一种是招收 4 年制初等学校毕业生的艺徒学校，学习期限从四个月到三年不等，高等教育中除有 2 年制的师范专科学校之外，没有高等职业技术学校。职教体系不够完整,职业学校教育起点都比较低。

学习上述苏联的职业教育体制,就不可避免地将招收初中毕业生的中等专业或技术学校作为职业教育的主要形式。因此从 1952—1953 年高教部对中等技术学校进行了全国性的调整。调整中停办了一批条件很差的学校,将大部分私立学校改为公立,把原来多科综合的职业学校改为单科性学校,在领导关系上确立由中央业务部门实行集中统一领导的体制。初级技术学校、招收小学毕业生的五年一贯制中等技术学校和高等教育中的专科学校均停止招生。与此同时,劳动部将原以训练失业人员就业为主的技工训练班、技工学校作了整顿,开始设立招收初中毕业生,以培养中级技术工人为目标的技术工人学校,由劳动部门综合管理。1954 年劳动部成立技术工人培训司。同年,高教部颁布《中等专业学校章程》将技术学校与中等专业学校统称为中等专业学校。在职工业余教育方面,亦开始举办业余中等专业学校。这样,从 1954 年以后,我国的职业教育进入了以中专和技校为主体的时期。

这时,全国教育发展的方针也有所变化,从重点发展中等技术教育,转向重点发展高等教育。中小学教学计划中均未列入劳作或生产技术课。也未将劳动知识技术教育列入培养目标。中学仅在"教导原则"中提出近似综合技术教育的要求。1954 年,教育部召开全国中学教育会议,进一步确定主要办好高级中学、完全中学和工农速成中学,着重发展高中和大城市、工矿区的学校。因此,可以说这一时期的中学教育虽然提出"为升入高等学校或参加建设工作打好基础"的双重任务,但主要的指导思想是升学教育。

至 1957 年,据教育部统计,我国中等专业学校 1320 所,技工学校 728 所,师范学校 592 所,共 2640 所,普通中学 11096 所,职业学校(包括师范学校)占中等教育学校总数的 24%。毕业生人数占 22%。每万名人口中有中专生 12 人,技校生 7.4 人,普通中学生 97.2 人。升学率分别为小学 44.2%,初中 39.8%。

这一时期职业教育的主要成就是:调整和发展了一批职业教育的核心力量——中等职业学校,提高了教学质量,特别是技术工人学校的建立,使技术工人培训从 1949 年前的小学、初中阶段,提高到高中阶段。中专和技校为我国此后三十几年的社会主义建设事业培养了几十万中级骨干人才和技术工人。对我国独立的工业体系的建立起了重大作用。这一时期的主要问题是,由于不加分析地照搬苏联职业教育模式,破坏了原已建立起的职教体系,初等职业学校被取消,占高校总数 31% 的专科学校大部分停办。职业教育缺乏层次,设校、设科单一,管理上部门所有,缺乏灵活性。在专业设置上工科比重大,农业及其他专业比重小,工科中重工业比重大,轻工业及其他比重小,有失调现象。从教育事业的整体而言,由于重心上移,普教主要为升学服务,职业教育得不到应有的重视,普通中学仍占全部中等学校数的 76%,职业教育薄弱落后的状况并未改观。这些问题随着普教的发展,随着大批中小学生升学与就业问题日益突出而变得十分尖锐。

(三)推行半工半读、创设农业中学、职业中学时期

1955 年,第一届全国人民代表大会第二次会议通过的《中华人民共和国发展国民经济的第一个五年计划》提出五年内需要增加两个 100 万人才,即 100 万高、中级专业技术人

才和 100 万熟练工人。当时，中专、技校年毕业生不足 10 万人。1956 年中国共产党第八次代表大会召开，又提出在第二个五年计划期间要努力发展高等教育和中等专业教育，注意发展工人技术学校的任务。经济发展的需要和中小学生升学与就业问题的日趋尖锐化，使教育改革势在必行。因此，一场以教育与生产劳动相结合为中心的教育改革便从 1957 年开始了，并在 1958 年达到高潮。

这次教育改革是在非常复杂的背景下展开的，当时我们正在开展"反对修正主义"的斗争，国内正在进行"大跃进"和"人民公社"运动。对于如何改革教育，观点上也不尽一致。尽管如此，从改革职业教育的角度上，有三个方面是一致的：

1. 职业学校要实行半工半读

1958 年 1 月毛泽东主席在《工作方法六十条（草案）》中提出："一切中等技术学校和技工学校，凡是可能的，一律试办工厂或者农场，进行生产，做到自给或半自给。学生实行半工半读。"同年 5 月，国家主席刘少奇在中共中央政治局扩大会议上提出：我们的国家应该有两种主要的学校制度和工厂农村的劳动制度。一种是全日制学校教育制度和机关、工厂的八小时工作制；另一种是半工半读的学校教育制度和半工半读的工厂劳动制度。他认为通过这个制度可以比较充分地满足许多人的升学要求，扩大劳动就业，从近期看可以解决普及教育问题，从长远看可以逐步消灭体脑差别、缩小城乡和工农的差别。

2. 创办农业中学、职业中学

1958 年 3 月，江苏开始推广招收小学毕业的半农半读农业中学，得到肯定。同年 3 月，教育部在北京召开第四次全国教育行政会议提出："大力举办农业中学、工业中学和手工业中学，把高小毕业生培养成为有社会主义觉悟、有文化、又有一定生产技能的劳动者。"

3. 在普通中小学开设生产劳动课

1957 年 3 月，教育部即通知各地初中三年级可增设农业基础知识课，并强调做好不升学的中、小学毕业生的生产劳动教育。

在上述思想指导下，职业教育突破了 50 年代初期按照苏联模式所建立起的框架，开始向多种形式发展。1958 年 3 月，劳动部召开全国技工学校工作会议，提出："技工学校的生产和教育应是统一的，要做到既是学校，又是工厂，既是学生，又是工人，既是学习，又是劳动。"此后，中专和技校都大力推行半工半读。一些省市和中央部门成立专门机构领导和推进半工（农）半读的试验工作。初等职业教育中，农业中学和职业中学很快发展。至1965 年，农业中学和其他职业中学经过调整后有 61 626 所，在校生达到 1431.8 万人。普通中小学经过几年试验，1963 年，教育部公布实行《全日制十二年制中小学新教学计划（草案）》，规定小学六年级开设生产常识课，初中三年级开设生产知识课，高中三年级开设农业科学技术知识选修课。1965 年中等专业学校 1265 所、中等技术学校 871 所、师范学校394 所，加上 6 万多所农村职业高中，中、初级职业学校共有 64 156 所。普通中学 18 102所。职业学校数量大大超过普通中学。

但是，由于情况复杂，在这次教育改革的进程中，除 1958—1960 年在"大跃进"的形势下学校数量发展失控外，在教育发展方针上也出现了若干错误的导向。如追求升学，要求人人都能上大学的思想仍在发展。1958 年由于要实现"教育大跃进"，有些高等学校极力扩充，办分校或分出部分专业、系独立建校，有些中专升格改办为高等学校，许多专区和县也办起学制长短不一、招生对象各异的红专大学。1958 年 9 月，中共中央、国务院发布《关于教育工作的指示》提出教育发展的目标是："争取在十五年左右的时间内，基本上做到使全国青年和成年，凡是有条件和自愿的，都可以受到高等教育。我们将以十五年左右的时间普及高等教育，然后再以十五年左右的时间从事提高工作。"一时兴起一股大学热，出现许多红专大学、劳动大学、市民学院等名目繁多的并非真正属于高等教育的"大学"。另一个错误的导向是在学校办工厂、工厂办学校的形势下，搞厂（场）校合一、以任务代（或带）教学等，在联系实际的口号下，搅乱了学校的教学思想与教学秩序。第三是在"反修防修"的思想路线下，把教育改革视为直接为反修防修服务，给"文革"期间职业教育遭受严重破坏埋下隐患，最后导致学校要以阶级斗争为主课。"学生也是这样，以学为主，兼学别样，即不但学文，也要学工、学农、学军，也要批判资产阶级。学制要缩短，教育要革命，资产阶级知识分子统治我们学校的现象，再也不能继续下去了"。成为了"文化大革命"的导火线。

（四）"文化大革命"时期

"文化大革命"使我国的职业教育遭受严重损失。

首先，在反对资产阶级"双轨制""小宝塔"的幌子下，将职业教育归入资产阶级教育，大加攻击，把学习专业和生产知识污蔑为智育第一、唯生产力论，致使农业中学、职业中学全部停办，职工和农民业余教育亦完全停顿。

其次，在培养劳动者的口实下抹杀各级专业学校之间的层次和培养规格。1968 年推广上海机床厂的经验，将大学招生的要求降低到高、初中毕业生均可。导致中等专业学校的存废成为疑问。1968 年《人民日报》公开讨论中等专业学校要不要办，技工学校怎么办。1969 年大批中等专业学校被裁并，教师和干部被下放，不少部门和地区的中等专业学校几乎全部停办。大批技工学校停办或改为工厂。1970 年以后各大学均招收工农兵学员，据北京市对所属 11 所大学入学生文化程度的统计，初中以上的占 20%，初中的占 60%，相当小学程度的占 20%。大学已丧失了高等教育的性质。1973 年推广朝农经验，大学更成为"大家学"，中专、技校就显得更无必要了。

再次，"四人帮"将"两种教育制度"说成是修正主义的，是资本主义国家"人才教育"和"劳动者教育"的"双轨制"的翻版。为了消灭所谓的"双轨制"，造成普通中学数量的恶性增长。1965 年普通中学有 18 102 所，到 1974 年，这一数字骤增为 100 621 所，1978 年又达到 162 345 所。当时中专、技校虽已有一定恢复，但只有 4474 所，仅占中等学校总数的 0.02%，中等教育结构严重失调。在这种严峻的形势下，1978 年 4 月教育部在全国教育工作会议上拨乱反正，正式提出改革中等教育结构，使我国职业教育进入一个恢复、发展和改革的新时期。

（五）改革中等教育结构发展各类职业教育时期

1978 年，教育部提出改革中等教育结构，要求从单一的普通中学教育体系转变为普通中学教育与职业教育并举，从只面向升学转变为同时面向培养大批优良的劳动后备力量；1980 年各地开始试办职业高中和职业高中班，建立劳动服务公司进行就业培训，此后的十年，是职业教育发展的黄金时代，取得的成就是巨大的。现仅就获得成就的原因谈几点个人的管见：

1. 拨乱反正，明确认识

从指导思想上明确地说"职业教育是资本家对付工人的教育，是资本主义国家才有"这一从 30 年代起就困扰着我们的错误观念终于得到了纠正，确立了职业教育在经济和社会发展中的重要地位，并在 1982 年将其列入宪法，这是十年来职业教育得到长足发展的根本原因。没有这样一个指导思想上的根本改变，就谈不上自觉地、认真地发展职业教育。

2. 力排众议，坚持转轨

我国"学而优则仕""读书做官"的思想在社会上流毒甚深，再加上多年来教育在升学的轨道上运转，追求升学率的观念可以说在教育界和群众心中根深蒂固。不从教育实施上改变这种现状，即谈不到职业教育的发展。十年来，教育行政部门从改革中等教育结构入手，坚持反对片面追求升学率，把相当一部分中学转到职业教育的轨道上来；随之，在高等教育中发展职业专科和短期职业大学，开办职业技术师范院校；继之，将职工业余教育转向以岗位职务培训为主，成人教育转向以岗位职务培训为主，同时，又试验将职教因素引入普教，试验在义务教育年限中实施初级职业训练，和在普通中小学设立劳动技术课程等。这些力排众议，坚持转轨的措施，为职业教育的发展开辟了道路。

3. 多方设法，筹集经费

发展职业教育，经费是最大的难点之一。在国家补助费有限的情况下，广大职教工作者发扬主动出击的精神，多方集资举办职业教育。如职业中学所创造的联办、合办、自费走读、收取培训费等诸多形式；调动地方财政创办职业大学，群众集资建立职教中心；职业学校走教学、生产、科研、服务相结合的道路，自己创造和解决经费问题，发动社会力量办职教等，这些形式都为职教的发展提供了物质保证。

4. 慎于引进，博采众长

近十年来，我们对各国的职业教育作了多方面的介绍，鉴于 50 年代初期全面移植苏联教育的经验教训，在引进上采取了一切通过实验的慎重态度，如对西德的徒工培训制即是如此。并且也在切实研究、试验老一辈教育家如黄炎培、陶行知等在这方面的经验；将原有中专、技校的经验作为职业学校的核心力量予以优先发展，并总结各地创造的新鲜经验，进行支持和推广；国家教委还设立了农村教育实验区、布点试验"燎原计划"，开展各种预测和可行性研究。为职业教育的改革和发展确立一个踏踏实实的、稳步前进的基础。

　　这些经验，就其实质而言，反映了如何建立具有中国特色的社会主义的职业教育的问题，反映了如何树立现代教育观念的问题；体现了社会主义的教育是为人民服务的，要为绝大多数普通劳动者服务；牵涉到如何从中国国情和社会实际出发，建立自己独立的、具有中华民族特色的职教体系等问题。所以，虽然目前职教发展困难仍然很大，阻力也不小，但毕竟道路已经开通，已经迈过了创业维艰的十年而进入巩固、发展与改革的时期。相信再过10年，到建国50周年时，我国的职业教育一定会以更新的面貌展现于世。

黄炎培职业教育思想研究与实验 [①]

　　中国的新教育始于清末，1903年癸卯学制的颁布结束了延续两千多年的儒学教育体制。但癸卯学制是清王朝的学制，存在着浓厚的封建性。我国教育民主化的改革和现代化的进程是从辛亥革命后真正开始的。在这个进程中我国老一代的教育家阐尽毕生的精力与心血，为了民族复兴，在如何实现教育现代化，如何建立适合中国国情、具有中国特点的新教育两个方面做了大量的探索、研究与实验。他们的努力既为我国教育现代化、民族化进程奠定了基础，也为今后教育进一步的发展提供了启发和借鉴。所以，如何在当前新的历史条件下继承和发扬老一辈教育家的思想遗产，是一个非常重要的问题。黄炎培是我国近现代著名的政治活动家、教育家，是我国近现代教育改革的核心人物之一。"八五"期间"黄炎培职业教育思想研究与实验"被列入中华社会科学基金重点科研课题，由黄炎培在1917年创建的中华职业教育社承担。课题组为完整准确地掌握黄炎培的教育思想和职业教育思想，编辑出版了《黄炎培教育文集》（四卷），收入了至今能够收集到的黄炎培全部教育著述；在此基础上对黄炎培的教育思想与实践进行了全面、系统的研究，为了进行对黄炎培职业教育思想的实验研究，课题组组织了从小学、普通中学、中等职业学校、职业大学到职业继续教育和农民、职工培训的八个子课题组，组织北京、上海、河北、安徽、福建、黑龙江、山东等七省市二十多所学校参加实验。研究、实验工作自1992年开始，1994年结题，主要取得了以下三个方面的成果：

（一）黄炎培全面系统改革教育的思路

　　通过研究，我们认为黄炎培教育思想的最大贡献是提出了全面系统改革教育的思路。改革的核心是沟通教育与职业，以建立适应中国社会需求，推动社会、经济发展，理论联系实际的现代教育体系。

　　首先，黄炎培倡导教育改革是以中国社会的实际状况、需求和教育的社会功能为出发点的。他说：要谈中华民族的教育，"必须针对着中华广大民众最迫切的中心要求而出发"。"中国最大、最主要、最困难、最迫切解决的是人民的生计问题。""吾们深切地感觉贫穷是我们中国人的一种严重的胁迫，一种根本的苦痛。"黄炎培十分精辟地论述了科学与教育在发展生产力和推进各行各业进步上的先决作用。他说："科学是近代工业革命的先导。""用

① 高奇.1998.黄炎培职业教育思想研究与实验.教育研究，（5）：28-34

科学解决，百业有进步，不用科学解决，便无进步。""今日之世界，一科学相争之时代也。"教育是"扩大科学运动之先声"。"以教育之力扶植其生产力之一日千里，宁复可量？"而当时中国的社会和教育的情况是：第一次世界大战期间，中国的民族工商业得到了较快的发展，"舶来品骤然减少，实业界很想推广制造国货来承乏，而苦于缺少技术人员"。教育与生活、生产严重脱节，所学非所用，所供非所求。"无新学识以应用于实际，无新人才以从事改良，教育不与职业相沟通，何怪百业之不进步？"他得出的结论是："盖今世商战、工战，无非学战"。所以，黄炎培说他受了三大刺激："一般社会生计之恐慌为一刺激，百业之不改良为又一刺激，各种学校毕业生失业者之无算为又一刺激"。针对这三大问题，他提出三个奋斗目标："它要改造一般教育；它要使一般学生获得就业机会；它要替国家做一番增加生产力的准备工夫"。如何实现这三大目标，黄炎培提出三项任务："曰推广职业教育，曰改良职业教育，曰改良普通教育，为适于职业之准备。"可见一开始，黄炎培就是从全面改革教育出发，而不仅是倡导狭义上的职业教育。

其次，黄炎培认为并不仅是职业教育需要与职业相沟通，而是各级各类教育都需要与职业相沟通。他说：以广义的职业教育言之，"凡教育皆含职业之意味，盖教育云者，固授人以学识技能而使之能生存于世界也"。这里"广义的职业教育"既不是指教育类型（如基础教育、职业教育），更不是指培养目标和学校层次，而是与社会职业沟通之教育。

黄炎培从其哲学观和教育观出发，从研究社会职业和教育两方面着手，寻找教育与职业之间的结合点。他说："凡有生命者，第一要求也可以说唯一要求，就是它的生存"。所以，"人类一切问题的中心是生活"。"因从事于生活需要之供给，本于分工的自然趋势，养成专门工作，而职业以兴。""职业一名词，包括对己谋生与对群服务，实是一物两面。"职业，"外适于社会分工制度之需要，内应天生人类不齐才性之特征"，不仅要求供求相济而且要求才性相近，才能"使百业效能赖以增进"，并使人"获得职业的乐趣"。他认为教育的本质是传递，是发展。教育的作用既要在发展人的天赋能力和个性特长的基础上传递与发展人类的生产生活知能；又要基于对群的义务，培养为群服务的精神，增进个人的人生修养。职业的载体和主体是人，教育的载体和主体也是人，在对人的素质观上二者的要求是吻合的。所以，以人与职业和人与教育的关系为纽带，就构成了教育与职业相沟通的基点。黄炎培提出职业教育的终极目标是："使无业者有业，使有业者乐业"，使"人人得事，事事得人"。培养的人要与"业"相适应，与"事"相匹配，这不仅是职业教育的目的，也是教育事业的目的。所以他说："世安有不实无用，而尚得谓教育耶？"他对职教社所办杂志题名为"教育与职业"是有其深刻用意的。

基于以上观点，黄炎培提出了具体的改革教育的方案，其要点是：

1）各级各类教育都要与职业相沟通，建立一种贯彻于全教育过程和全部职业生涯的教育体系。小学职业陶冶——初中职业指导——高中以上职业准备教育——就业之后还要接受职业指导，多次进行职业补习和再补习的继续教育。他说："何谓陶冶，范土成器谓之陶，铸金成器谓之冶。以此方法，施之教育，使儿童于不知不觉中，养成为己治生，为群服务之兴趣与习惯，所谓职业陶冶是也"。如校园种植、手工"乃若养成儿童劳动、情物、储蓄、经济诸良好惯习，其间影响，何在不于生活上、服务上有深切关系，则皆职业陶冶之所有事也。""人容不受特设之职业训练，而断无不受无形之职业陶冶，职业陶冶则非仅职业学校所有事，而一般小学所有事也"。根据当时我国教育的现实状况和劳动人民的需要，黄炎培提出：小学除进行职业陶冶外，还可根据实际需要设各种职业准备科，或于高小设职业科。"中学不应专以准备升大学为目标"，"升学准备与就业准备必须合一"。"专科学校的使命在造就实用人才，同时亦须重视人格训练，以免由于实用而流于功利化。""大学教育的真正使命在培养崇高的人格及深博的学术。""课程必须专精，不必繁重。"对已就业的人要不断予以相当之教育，以补充知识，增进其职业知能，"这对于改良职业大有关系"。同时，黄炎培还倡导与正式学校教育相并行的职业补习教育。他认为这种补习教育，可以解决许多全日学校或正式学校所不能解决的问题。补习教育所能达到的人数又远远超过受正式学校教育的人数。

2）在教育制度上，他倡导专科一贯、工读交替、学习互进制。即初中以下为普通基础教育，高中以分科为原则，学生就其天资所近，认修高中阶段某种分科，毕业后可就业或有条件地实习工作一年，按对口专业升入大专院校，毕业后就职一二年，如仍有进一步发展的可能，再入研究院深造。黄炎培认为这种制度有利于做到学用一致；有利于知识和能力的全面培养；有利于做到理论与实际结合；有利于提高思想道德素质；还可以解决穷苦青年的学习费用问题。黄炎培说："学而习，习而复学，使其所学与社会需要相配合，免蹈一般学非所用的流弊"。"学于此，习于此，知能必较普通教育方法所得为切实而熟练。"通过"做学合一、手脑并用、虚实互证"可以激发学生的学习动机，引起学生的求知欲望和学习兴趣。通过工读交替可以"养成尊重劳动之精神""自求知识之能力""巩固之意志""优美之感情"。黄炎培所提出的专科一贯、工读交替、学习互进制，事实上是一种普教与职教相沟通，初、中、高级教育相衔接的教育制度；是一种正规学校教育与补习教育、各类培训并行的教育制度；也是一种工读交替的终生教育制度。黄炎培曾亲自以自家子弟实验此种教育方法，效果很好。

3）在办学体制上，黄炎培提出应由政府统制，双管齐下，统制即统筹之意。他认为"教育以畸形发展为大戒"。各级各类教育都应"各依适当之比例发展"。作到"供求相济，才能达到事事得人，人人得事的目的，而生产问题，才得到根本解决"。所谓"双管齐下"即"一方推广职业学校，一方于高等小学、中学分设职业科。"他认为这样做有四个好处："同校多途，以待学者自择，其利一"；"一地立一校，而足给种种要求，则需费省，其利二"；"有专科较完备之设备，而普通科课业归于切实，其利三"；"化除升学者与就业者阶级之见，其利四"。黄炎培认为不仅在学制中要有一个独立的职业教育系统，而且其他各级各类教育也要与职业相沟通。以准备升学为常例，准备就业为例外的传统观念应根本打破，以普通教育学校为正统的教育，以职业学校为偏系的教育，这种陈旧观念应彻底铲除。

黄炎培以沟通教育与职业为主线，改革教育的思想，有着重要的理论和实践意义。当代国外有的教育家认为，如果不能从职业的观点看待社会分工，亦即不能以人为本，从人是生产力中最积极最活跃的因素的观点来看待社会分工，就不能理解教育在推进社会和经济发展中的作用。这与80年前黄炎培所提出的观点可以说是异曲同工的。终身教育的倡导者保罗·郎格朗从教育的角度也论述过"个人在发展方面的教育需要的整体性问题"。他说

"普通教育"，"只有在它培养了人们从事职业的能力时才能获得其充分的意义，也才能获得最强大的动力"。"教育在抽象的真空中是不能有效地起作用"，"必须与对日常生活、职业生涯、政治、社会生活条件的改善产生强烈兴趣联系起来"。这方面是一个关系全局的教育观念问题。

（二）黄炎培的职业教育思想与实践

黄炎培在职业教育方面最重要的贡献是建立了职业教育的理论体系，并进行了多方面的实践，使我国从清末的实业教育转向了现代职业教育。这是他最大的历史贡献，在今天看来，也是最具有现实意义的。

清末，随着近代工业的产生和新学制的颁布，我国从日本引进了实业教育的概念。实业教育是欧洲工业革命后出现的工业技术教育，经日本转化而形成的概念。其重点在进行工农业技术教育，培养工业技术人才，以提高生产率，并不涉及全部的社会职业（清末实业教育仅包括工、农、商三科），不顾及解决人民的生计、就业问题和人的个性发展等问题，思想上重技术，轻职业。对这一点，我国清末学制的引进处，日本的教育家也是这样认识的。黄炎培曾记述他在 1917 年赴日考察日本教育时，东京高等工业学校校长，老教育家手岛精一对他说的一段话："你们中国现在提倡职业教育很好，我们日本只知道为资产阶级帮助殖产的实业教育，哪里顾得到为劳动人民解决生计问题的职业教育呀！我老了，你们好好去干，将来大家总有觉悟的一天的。"这所学校的"生徒监"杉田也对黄炎培说："诸君谈职业教育乎，幸在中国，若在日本，今日开会所标揭之题目曰为实业教育也，教育家席为之满。若曰为职业教育，则中流以上社会决无往者。"清末引进实业教育的洋务派，也是将实业教育作为技术教育振兴工农商实业而引进的，在他们的思想中没有职业平等的民主思想和解决人民最基本的生存权的人权思想，以及谋个性之发展等教育思想。

黄炎培倡导职业教育从一开始就不同于实业教育的观点。作为教育家，他最初是有感于教育之脱离实际，既不能发展人的能力又不能切合实用，因而提倡实用主义教育。后来又针对三大问题，提出三大奋斗目标，进而倡导职业教育。他以社会职业分类作为职业教育的分类依据，将职业教育分为农业教育、工业教育、商业教育、家事教育、公职教育和专业教育六类。他认为前五类是狭义的职业教育，广义的职业教育中包括专门职业教育（专业教育），"凡律师、医生、教师、新闻家、艺术家皆入之"。大大扩展了职业教育的涵义和范畴。

黄炎培根据其对职业教育的价值取向，逐渐对职业教育提出一个很完备的概念，即："职业教育之定义，是为用教育方法，使人人依其个性，获得生活的供给和乐趣，同时尽其对群之义务。而其目的：一谋个性之发展；二为个人谋生之准备；三为个人服务社会之准备；四为国家及世界增进生产力之准备。"40 年代以后，他把职业和职业教育问题与公民的基本权利结合起来，提出："吾人感到过去人民生活是个人问题，今后使人民不处匮乏，乃是民主政府须尽的责任。过去个人获得职业是一种机遇与幸福，今后乃是现代化国家一个公民应享的基本自由权利"。1941 年他进一步提出："吾们确信，职业教育，只有在民族解放、民权平等、民生幸福的社会里，才能实现他的造福人群的理想。反过来讲，又赖有职业教育的努力，吾们民族解放，民权平等，民生幸福的国家社会，才能加速地出现。"这就说明了黄炎培为什么既是教育家，又是政治活动家的根本原因。

在这个总的思想指导下，黄炎培对职业教育的培养目标、体系结构、实施原则与办法都作了详尽的论述，确立了不同于实业教育的现代职业教育理论体系。由于内容十分丰富，限于篇幅，不可能一一展开论述，这里仅就总的方面谈四个问题：

1. 黄炎培职业教育思想的人民性

黄炎培认为，发展职业教育能为国家社会增进生产力，使物资丰富，从根本上改善人民生活自不待言。职业教育还要从求职者方面出发，解决人民的生计问题、就业问题。他认为，"民为邦本，本固邦宁"。"大多数民众的生计问题"，是"天下治乱之源"。"中国最大、最重要、最困难、最迫切解决的是人民的生计问题。"他认为社会如同花瓶一样重心在下，如果重心上移，花瓶就会倾倒。所以，教育的重心在民众，在直接为民众谋利益。他曾提出办职业教育要下三大决心，第一大决心即下决心为大多数平民谋幸福。职业教育"就是一方要用科学来解决职业教育问题，一方要用职业教育来解决平民问题。如果办职业教育而不知着眼在大多数平民身上，他的教育，无有是处，即办职业教育，亦无有是处"。这个基本立场贯彻于他全部的职业教育理论和实践之中。

因此，黄炎培提出职业教育要与平民教育合作，实施平民职业教育；从事农村教育实验，建立农村改进实验区（从1917—1949年中华职业教育社共建有农村改进实验区30处）；把中华职业教育社办学工作重心置于职业补习教育方面。并且特别提倡和支持办理资本小，学习时间短，需求大，能独立经营，有教育价值的职业培训（如裁缝、小五金、洗衣、电料制造、贩卖、理发、竹器、钟表修理等），以适应一般劳动人民的需要。使他们能在经过短期训练后，获得一种谋生技能，解决失业和生计问题。黄炎培还特别关注处于社会不利地位人群的职业教育，如灾民、伤兵、残疾人等的职业教育。中华职业教育社多次举办贫儿职业教育。抗日战争胜利后受委托举办了"伤残重建服务处"，为在抗日战争中受伤致残的士兵进行职业培训，帮助他们重建生活。黄炎培及中华职业教育社在1949年前艰难困苦的环境中，为失学失业青年，在职的一般店员、职员、工人提高文化和业务水平做了大量的工作。

2. 全面职业素质教育问题

黄炎培职业教育思想的核心是要全面提高全民的职业素质。他要达到的目标是："学校无不用之成材，社会无不学之执业，国无不教之民，民无不乐之生，乃至野无旷土，肆无窳器，市无游民；因之而社会国家秩序于大宁，基础於确立。"他认为，以劳心或劳力为基础的职业是每一个人都必须从事的"天职"，"未有不能自谋其生而可以谋国家生存、世界幸福者也"。仅受一般文化教育"不能发展谋生之能力"，只能是"满地青年学成无用"，必"当更授以直接谋生之术"，具备社会所需要的、应有的职业素质。黄炎培认为："仅仅教学生职业，而于精神的陶冶全不注意"，是把一种很好的教育变成"器械的教育"，只能是改良艺徒培训，不能称之为职业教育。"职业教育，将使受教育者各得一技之长，以从事于社会生产事业，藉获适当之生活；同时更注意于共同大目标，即养成青年自求知识之能力、巩固之意志、优美之感情、不惟以应用于职业，且能进而协助社会、国家，为其健全优良之分子也。"为此，他提出了全面培养的目标：即"知识要切实，技能要精熟，人格要完整"。认为"职业教育应'做学合一'，理论与实习并行，知识与技能并重。如只重书本知识而不去实地参加工作，是知而不能行，不是真知。职业教育目的乃在养成实际的、有效的生产能力。欲达到此种境地，须手脑并用"。职业教育"不但着重职业知能，而且还要养成他们适于这种生活的习惯。"职业教育还要重视谋职能力和创业精神的培养，重视职业指导工作，黄炎培提出职业指导的作用是选择职业、预备职业、获得职业、改进职业。

1918 年中华职业教育社为实验推广职业教育，在上海创办上海中华职业学校。建校时黄炎培即提出以"劳工神圣""双手万能""手脑并用"作为学校的办学方针，以"敬业乐群"为校训。在学科课程上除专业课外，需开设不低于全部课程总量 20% 的普通学科，包括公民、体育、美术等课程。并为学生订立了 13 条修养标准：①对职业之性质应有准确之观念；②对所欲之职业社会应有相当的了解；③对将从事之职业应具有相当之兴趣；④养成负责习惯；⑤养成互助合作的精神；⑥养成勤朴的习惯；⑦养成合理的服从习惯；⑧养成有礼貌的习惯；⑨养成守法的习惯；⑩养成公而忘私的德性；⑪养成创造与奋斗的精神；⑫养成应付一切的能力；⑬养成现代公民所应具有的德行与习惯。这是共同的要求，各专业还须订出各自的特殊要求。为了使学生具有切实的职业素养，中华职业学校还实行过学生学习结束后，就业一年取得合格证明始发给毕业证书的制度。

3. 培养职业能力之目标

黄炎培早年就主张教育之本义在发展人的能力，使学生在手脑、智力和体力，知识和劳动技能上得到均衡的发展。他认为职业教育是养成"实际的、有效的生产能力""实际上的服务知能，得了之后，要去实地运用的"。所以职业教育不惟着重"知"，尤着重在"能"。40 年代黄炎培还提出了培养通用职业能力的思想，他说："所谓职业，除开专门技术以外，有通常必须具备的几种能力。如果具备了，怕任何职业环境都容易走得进的。"如中英文的文字能力，语言交流能力，个人和团体生活的能力，对人、财、物、事的管理能力，等等。职业教育应以培养职业能力为基础，现在已成为国际、国内的一种共识，而且特别重视"关键能力"的培养。在这方面黄炎培无论从理论上还是从实践上都是先驱者。

4. 发展个性，开发人力资源的问题

黄炎培认为要提高生产力，开发地力、物力、人力，其中"人力是一切力的中心"。因此，必须十分爱护人力，充分开发人力，讲求人才经流。他说："人各有特别之才能，本之天赋，苟一一用之于适当之途，与因学之不当，用非其长，或竟学成不用而一一废弃之，两者一出一入其影响于国家，社会前途，岂可以数量计？所谓人才经济问题，吾知诸君固不得不认为重要"。要充分开发人力，必须重视两个问题：

首先，完全依靠教育是不可能的。所以，黄炎培提出"建教合作"的主张。把教育和实业联为一体。一方安插人才，解决生计；一方即是开发地方产业。他认为："离社会无

教育，欲定所施为何种教育，必察所处为何种社会。""职业学校有最要紧的一点，譬如人身中的灵魂'得之则生，弗得则死'。是什么东西呢？从其本质说来，就是社会性；从其作用说，就是社会化。"因此，他认为办职业教育"须绝对的'因地制宜'，'应时设教'"。在学校设置上不可"拘系统而忽供求"。"须向职业社会里边去设施"。"办职业学校的，须同时和一切教育界、职业界努力沟通和联络"，"须有最高的热诚，参与一切；有最大的度量，容纳一切"。"职业学校程度和年限，是完全根据社会需要和该科修习上的需要"。黄炎培在举办各类职业教育时都是先从调查研究入手，并不断总结经验。中华职业教育社经过5次修订，历时18年，于1942年全国职业教育讨论会上修正通过的《职业教育设施纲领》，其中包括职业教育的设施原则，设施之方式，设施标准三个部分，可以认为是黄炎培这方面理论与实践的集中体现。他说一个职业学校的校长"热诚呀，学力呀，德行呀，经验呀，凡别种学校所需要的，当然缺一不可。还要加上一件，就是社会活动力。""总之，职业学校校长所最不相宜的，怕就是富有孤独性的书呆子。"

其次，要充分开发人力还必须绝对地"因才施教"。重视"谋个性之发展"，"使每一个人尽量发挥天赋之长，为国家社会效用。"黄炎培提出："教育专重个人而忽略社会，与仅顾社会而忘却个人，是一样错误。近代心理学对于教育一个最大的贡献，是个性的发现，使教育注意于个性的适应。一个社会人人有职业，有与其个性相适合之职业，则人人得事，事一得人，社会无有不发达者。"所以，"办理职业教育者，必须注意于个性之发展"。

（三）实验成果

在对黄炎培职业教育思想研究的基础上，我们进行了以黄炎培教育思想为指导的、从小学职业陶冶直至成人继续教育的实验研究，在继承和发扬黄炎培教育思想方面取得了好的成果。

在小学课题组进行了小学职业陶冶的研究与实验。昆明新中华实验学校提出将"学和做"统一，以由升学教育转变为素质教育为实验目的，制定职业陶冶的六点要求：①使儿童认识社会的各种职业；②养成勤劳的习惯；③观察了解社会的一般现状；④受到职业道德的熏陶；⑤让独生子女克服心中只有"我"，树立合群的思想；⑥让儿童懂得"爱"，爱家、爱学校、爱人民、爱国家等。通过课程和各种活动，实行分级训练。1～2年级为低级训练，3～4年级为中级训练，5～6年级为高级训练，定有明确的目标，收到了良好的效果。据追踪调查，六年级三班的49名学生升入中学后被评为全优生、三好生、优秀班干部和担任班干部的占毕业生总数的50%。这说明职业陶冶不仅培养了能力，而且使学生从小受到为人民服务思想的教育。

云南沪西县两个乡和齐齐哈尔金南乡的普通初中进行引进职教因素，全面开设劳动课和劳技课，四年制职业初级中学和初中后3+1培训等实验，取得显著的成果。如齐齐哈尔金南中学1995年统计，学额巩固率从1993年的81%提高到99%；升学率由19%提高到30%；毕业合格率由74%提高到91%。实验期间毕业的300多名初中毕业生正在成长为家乡经济建设的生力军。

北京地安门中学以转变教育观念，实现素质教育为中心，试办综合高中，使学生在取得高中毕业证书的同时，掌握二三门实用技术，取得职业技术等级证书。实验结果表明，升学和就业的效果都比较好。92届毕业生60%考入高等院校，准备就业的学生全部被录用。93届毕业生准备升学的理科生100%考取了理想的大学，文科生84%升学。还有的学生根据在校时学的计算机专业知识，进入计算软件学院继续深造。

在职业学校教育方面主要进行了职业教育为经济建设服务的研究与实验和职业道德教育的研究与实验。

根据黄炎培职业教育的目的之一是"替中国和世界谋增进生产力的准备"和"办理职业教育，并须注意时代趋势与应走之途径，社会需要某种人才，即办某种学校"的思想。河南子课题组派出40余人，分赴全国13个省、33个地、市、县城、乡进行社会调查。安徽子课题组在本省进行了社会经济、社会职业、劳务市场、毕业生跟踪调查。根据调查，河南将职教重点确定为面向河南全省乡镇企业，安徽确定为面向农村，面向贫困山区和蓄洪地区，并按此调整了专业。实验期间，河南中华职业学校培养毕业生8145人，其中，具备了高等学历者5705人，具备了中专学历者700人。就业率除1992年大专在66%以外，其余年份都在80%以上。安徽的一些贫困山区、农村地区由于办学条件差，85%的初中毕业生不能升入高中，他们创造了依托城市、服务农村发展职业教育的方式，起到沟通教育与职业、城市与农村的桥梁作用。将学校办在省城或城镇，面向农村定向招生，毕业后回到农村，为农村培养了医药卫生、电子电器、工民建和建筑装潢等行业急需的人才。上海中华职业学校则走企业和学校联合办学之路，特别是针对下岗职工的转业需求，设立了"温暖工程"上海培训中心，接受企业委托，开设各种短训班，义务培训下岗人员。经培训后，大部分人员重新就业。

黑龙江子课题组和上海中华职工中等专业学校进行了职业道德教育实验。他们以黄炎培提出的"敬业乐群"为核心，研讨新形势下的职业道德教育问题。黑龙江在实验校中将"敬业乐群"教育分为三个阶段进行。高一为"安业"教育，使学生了解专业、热爱专业、立志成才；高二为职业前途和发展前途教育，通过"乐业"教育，使学生树立高瞻远瞩又切合实际的职业理想；高三阶段以"敬业"为重点，主要通过生产实习的实践活动，促进职业道德品质的发展，树立全心全意为人民服务的"乐群"思想和行为。增大教育的密度，把职业道德教育渗透到各科教学、各项活动中，并且举办校园敬业节。实验结果使学生热爱专业、努力学习、团结助人、勤苦耐劳、乐于奉献、讲文明懂礼貌，思想道德面貌大为改观。

上海市中华职工中等专业学校，是一所业余成人中专，教育对象中在职职工占76%，下岗人员占14.7%，待业青年占9.3%，他们在理想信仰、职业道德、学习目的、遵纪守法等方面都存在着不同程度的复杂认识。如一项不记名问卷中认为雷锋精神"崇高但不实用"的占29%，"太傻"的占19%；选答"市场经济条件下只要会赚钱就行，个人品德和职业道德是无关紧要的"占36.8%。针对这个状况，他们通过政治课、各科教学、常规活动、专题教育、班主任工作、班集体工作，推动自我修养的提升，评选"敬业乐群"的先进优秀学员等十种途径，大力开展职业道德教育，使学员得到正确的导向，实验班级中涌现了一批优秀学员，其中，市级优秀3人，校级17人，班级积极分子28人。

　　通过对黄炎培教育思想的实验研究，我们深深体会到黄炎培教育思想至今仍具有强大的生命力，在继承的基础上开拓创新、丰富发扬，对于我国当前职业教育的改革与建设具有重要意义。课题研究不仅是在研究之后，而且是在研究之中就收到实际的成效，这是进行课题研究的一个好的方向。

　　我们课题组还深深地感到，研究黄炎培教育思想，还要学习他忠诚于职业教育事业，无私奉献，不媚世俗偏见，不畏艰难挫折，不断进取，勇于实践的精神，这甚至比学习他的教育理论与实践经验更为重要。通过研究与实验，课题组成员的思想认识得到了很大的提高和净化，这也是我们课题研究的一项收获。

　　总之，黄炎培职业教育思想的重大意义就在于，他抓住了人与职业和人与教育关系的这个"纲"，以这个关系为纽带，沟通教育与职业，因而对教育作出了比较完整、系统的具有规律性的认识，奠定了我国现代职业教育的理论基础。由于这些论点的规律性，所以它们具有普遍意义，所涉及的问题依然是我们今天所需要认识和解决的。所以，黄炎培的职业教育思想至今仍有现实的指导意义。当然，今天情况已经发生了巨大的变化，黄炎培的教育思想不可避免地具有他那个时代的特征，他没有也不可能提出 21 世纪的中国教育如何发展的问题。重要的是黄炎培为我们提供了研究和改革教育的一种思路，提供了职业教育的理论与实践，也可以说是开门的钥匙。以此为基础，在新的形势下，发扬和发展黄炎培的教育思想，创造出新的业绩，是我们今后仍须努力的目标。

四十九、黄日强

黄日强（左二）

黄日强（1954— ），男，江西南丰人，获国务院特殊津贴，教授。

从事中外职业教育的学习与研究 20 余年。1992 年获首批江西省政府特殊津贴，1993 年获国务院特殊津贴，1996 年 5 月破格晋升为教授，1997 年获"曾宪梓教育基金会高师教师奖"，1998 年获"江西省优秀专家"荣誉称号。现任东华理工大学学术委员会副主任，职业技术教育学、教育学原理硕士生导师。

2006 年以来主持"传统因素对职业教育发展的制约作用研究"，"以行业为主导——当今世界职业教育的先进模式研究"等省部级科研课题 9 项。2006 年以来发表论文 76 篇，其中人大复印资料全文转载 5 篇，中文社会科学引文索引（CSSCI）收录 5 篇，核心期刊收录 23 篇，一般刊物收录 53 篇。

公开出版的专著主要有《当代职业教育发展研究》《英德两国职业教育比较》《当代职业教育的发展特征》《比较职业技术教育》等，其中《英德两国职业教育比较》获江西省第十三次（2007—2008）社会科学优秀成果三等奖。《战后澳大利亚职业教育研究》（专著）获抚州市第三次社会科学优秀成果一等奖。

中德职业教育法规管理之比较 [①]

西德以职业教育的发达闻名于世，而职业教育却是我国教育系统中的最薄弱环节。但两国有一个共同特点，就是运用法律手段来管理职业教育。然而，为什么西德职业教育的法规管理卓有成效，而我国职业教育的法规管理却收效甚微呢？本文试对此作一探讨。

（一）

为了加强对职业教育的管理，西德和我国均颁布了职业教育法规。但西德的职教法规形成了一个较为完整的体系，该体系由三部分构成：①职教基本法。即 1969 年 8 月 14 日颁布的《职业教育法》，该法对西德的职业教育作了较全面和原则性的规定。②职教单项法和规章。它是以职教基本法为依据，对西德职业教育的某个或某些问题所作的法律规定。

---

① 黄日强 . 1989. 中德职业教育法规管理之比较 . 中国教育学刊，（3）：34-35

③职教有关法。指的是涉及职业教育并对职教的发展产生影响的有关法规。它们包括：各州学校法、企业章程法、青年劳动保护法、工商业联合会权利暂行规定、手工业条例、劳动资助法和社会补助法等。这三大部分紧密联系，互为补充：基本法是单项法的基础和依据；单项法是基本法的扩展和具体化，有关法则为基本法和单项法的实施开辟道路，创造条件。

而我国的职教法规并未形成体系。在我国颁布的职教法规中，只有职教有关规章，如普通中专设置暂行办法、技工学校工作条例、关于中专经费问题的原则规定、关于职业中学经费问题的规定和关于职业高中毕业使用问题的规定等等，既无职教基本法，也无职教有关法。

为什么职教法规必须体系化呢？这是由职业教育的复杂性所决定的。以西德职教为例，其复杂性表现在：有教育部门、劳动部门、私人企业、社会团体和个人等多种办学机构，涉及工业、农业、手工业和服务业等多种行业，有企业主、雇员、培训员、教师和适龄青年等许多参与者。要对职教实行有效的法规管理，不但要有专门的职教法规，而且在有关各方的法规中都必须作出相应的规定。如西德的《青年劳动保护法》，就规定了企业主应保证向企业雇员和学徒提供必要时间，让他们上职业学校学习，这一规定在《职业教育法》中也明文列出。

我国职业教育也涉及计划、经济、劳动、人事和财政等各种部门，这些部门一般是依据本部门的有关法规来履行职责，在有关法规中不包含职教条款，就无法促使这些部门为发展职教尽心尽力。因此，我国职教法规管理收效甚微的原因之一，就在于法规体系不完善。

（二）

从职教法规的内容上比较，西德职教法规对制约职教质量的主要要素都作了规定，提出了统一性要求。它包括职教目的、接受职教者（义务和权利）、师资（品德、技术、知识和年龄资格）、培训企业主（义务和资格）、教学场所、教学设备、师生比例、教学计划和培训章程的协调与审批、考试、职教的实施与监督等等，从而为提高职教质量提供了法律保证。

而我国职教有关规章只涉及经费、学校设置和师资队伍建设等内容。因此，我国职教法规管理收效甚微的原因之二，就在于法规内容不全面。

（三）

从职教法规管理的方式上比较，西德对职教进行系统的法规管理，该系统由四要素组成：立法、普法、督法和违法处罚。

1）立法，西德职教法规的立法视具体法规而异，其具体做法是：①对于职教基本法和单项法，采取由教育主管部门负责制订，由立法机关通过并颁布的方式；②对于职教具体规章，采取由各主管单位制订，由联邦各专业主管部门通过并颁布的方式。

2）普法，西德职教的普法根据参与职教的不同对象而采取不同的方式：①对于受职教者，要求他们学法；②对于职教师资，要求他们懂法；③对于职教主管部门，要求它们负责有关职教法规的宣传咨询工作。

3）督法，西德对职教法规的遵行实行监督。其监督机构有：①企业职教主管单位，监督职责一般由专职顾问承担，他负责监督参与职教的培训者、学生和培训机构对各项法规的遵行和实施；②各州文化部长，负责实行对职业学校的监督，但在联邦大部分州，其监督权由高级学监行使；③联邦工商管理局，该局通过企业检查行使监督权。它特别重视对学徒健康保障方面的监督。

4）违法处罚，西德对违反职教法规有关规定者予以严厉处罚。其做法是：①对违反职教法有关培训合同和监督规定的，处以 2000 马克以下罚款；②对违反职教法有关培训者义务和资格规定的，处以 1 万马克以下罚款。

而我国仅颁布了几个与职教有关的规章，在立法上做了一些工作。至于普法、督法等工作，则几乎没有开展。

为什么必须对职教实行系统的法规管理呢？这是因为，立法、普法、督法和违法处罚四者是相互制约、缺一不可的。只有立法，才能有法可依，只有普法，才能知法懂法，只有督法和违法处罚，才能保证遵法守法。西德职教法规管理的最大特点在于立法、普法、督法和违法处罚并举。其中立法为职教的法规管理提供了物质前提，普法为职教法规的遵行铺平了道路，督法和违法处罚则为职教法规的实施提供了保证，四者相辅相成、相得益彰，由此保证西德职教法规管理的切实有效。

因此，我国职教法规管理收效甚微的原因之三，就在于未对职教进行系统的法规管理。

（四）

要使职教的法规管理确有成效，还必须具备良好的法治环境。西德职教的法规管理具备了以下条件：①司法机关健全。设有多种法院，如宪法法院、普通法院、劳动法院、行政法院、社会法院和财政法院等，其中，劳动法院负责处理有关企业职教的纠纷。②公民学法懂法。西德的高级行政官员大多从法律系毕业，文化界也是如此，具有"法学家垄断"的倾向。③公民遵法守法，义务感强。西德公民选举的投票率之高闻名世界，一般均高达90% 左右。87% 的西德公民认为，一个好公民就应该遵法守法。

而我国正处于社会主义法制的健全阶段，普通民众和政府官员中法制观念不强者大有人在。因此，我国职教法规管理收效甚微的原因之四，就在于不具备职教法规管理的良好环境。

综上所述，要使我国职教的法规管理卓有成效，必须做到：职教法规体系完整、法规内容全面、进行系统的法规管理和创设良好的法治环境。

中德职业教育发展差异的教学工作原因 [①]

西德以职业教育的发达闻名于世，而职业教育却是我国教育系统中最薄弱的环节，两

---

① 黄日强 . 1990. 中、德职业教育发展差异的教学工作原因 . 职业教育研究，（5）：41-44

国职业教育发展水平的差异较大。本文试通过战后两国职业教育教学工作之比较，对导致两国职业教育的发展水平产生差异的教学工作方便的原因作一探讨，以供职教工作者改进工作时参考。

（一）实习场所的差异

西德职业教育的实习场所组合配套，它由企业实习场所和职业学校实习场所组成。企业实习场所包括企业生产车间、企业教学车间和跨企业教学车间；职业学校实习场所包括培训车间、示范车间和实验室等。每种实习场所各有长短，互为补充，共同保证职业教育的高质量。企业实习场所中，生产车间的优点是学生直接参与生产与经营活动。这样有助于学生全面掌握本工种熟练的操作技能，因为操作技能只有在实际生产实践中经过反复练习才能形成；也有助于学生掌握先进的工艺设备，保证优异的产品质量，提高劳动生产率和积累必要的生产经验，因为这一切都必须在企业生产现场，在具有丰富生产经验和熟练技能的培训员的指导下，在集体大生产的过程中才能实现。但是，如果职业培训从一开始就在企业生产车间进行，必然导致职业培训教学与企业生产的矛盾，这些矛盾表现在：①教学要循序渐进，生产要求配套。②企业生产的产品质量都有明确规定，而学生开始操作时难以达到规定的质量要求。③生产的专业性与学习的全面性之间不协调。然而，西德良好的实习场所组合有助于上述矛盾的解决。企业教学车间的优点就在于可弥补企业生产车间的不足。教学车间配有先进的教学用具和设备，对学生进行系统的基本技能培训和专业培训。学生在进入企业生产车间接受专业培训之前，可先在企业教学车间接受系统的基本技能培训，待学生具备必要的基本技能后进入企业生产车间接受专业实习，就可逐步缓解直至最终解决教学的循序渐进性和企业生产的配套性、产品质量要求高和学生技能不熟练之间的矛盾。此外，企业教学车间也进行新工艺和企业特有知识技能方面的教学，并为结业考试做准备。跨企业教学车间由数家企业联合设置，主要对学生进行本企业无法实施的职业培训，以便使学生达到培训章程所规定的质量标准。职业学校实习场所主要是弥补企业实习场所的不足，如培训车间主要是传授那些因各种原因不能在企业传授的技能；示范车间主要是进行直观教学，以便为专业理论教学做准备；实验室主要进行实验教学。学生在企业教学车间、跨企业教学车间和职业学校实习场所所受到的职业培训可逐渐解决生产的专业性和学习的全面性之间的不协调。

而我国许多职业技术学校无自己的实习场所，学生要实习，只有临时到有关企业去联系。企业接收尚可，否则，学生的实习只有一拖再拖，直至找到愿提供实习场所的企业为止。即使找到了实习场所，由于学生不具备必要的基本技能，企业生产与实习教学之间的矛盾不能解决。企业为了保证其生产的顺利进行和产品的质量，不让学生直接进入生产技术第一线，故难以掌握必要的技能和技巧。所以，我国职业技术学校的实习教学，多数是走走过场，实际效果很差。

（二）教学设备配置的差异

西德职业教育的教学设备十分注重合理配置，并采取多种办法来保证教学设备的合理配置：①在职业教育法规中明文规定教学场所中教学设备的配置必须符合职业培训规章的要求。②主管部门在考查教学场所时，必须确认教学设备的配置符合职业培训规章的要求，否则，不予认可。③办学机构组织专家对教学场所的教学设备进行合理配置。在此以奔驰公司汉堡分厂教学车间教学设备的配置状况为例予以说明。该车间进行五种职业的培训，即生产技术专业的工业机械工和工业电子工、冲模和成型技术专业的模具机械工、车工技术专业的切削机械工和薄铁板技术专业的设计机械工。每种培训每年招收十名学生。在基础培训阶段，教学车间配置以下设备：50 个工作台 / 虎钳台，7 台传统车床（不包括数字控制），6 台立式钻床，1 个号料板，1 个有工具分发处的工具仓库，1 台金属锯床；在专业培训阶段配置下列教学设备：1 台具有四个模拟工作台的编程序数控设备，6 台数控车床，30 台车床，4 台传统铣床和 2 台数控铣床。④主管部门的培训顾问对教学场所中教学设备的配置状况实行监督。

而我国的职业技术学校由于经费来源无可靠保证，普遍存在着教学设备数量少、质量差的问题。不少学校没有把有限的经费用在刀刃上，有经费时就一味地追求高档教学设备，根本不考虑教学设备的合理配置问题，一方面，造成许多必要的设备短缺，影响教学工作的展开，另一方面，也造成部分昂贵的现代化教学设备未得到合理使用。

（三）课程设置的差异

西德中等职业教育在课程设置上把技术基础课和专门工艺课并为一门课，称为专业理论课，由一位教师任教，从而把技术基础课与专门工艺课有机地结合起来，避免了学生学习的盲目性。而我国技工学校的课程设置把专业理论课分为技术基础课与专门工艺课两门课，由不同教师任教，在教学中，各科目的任课教师不能相互协调，学生也难以把各种知识融会贯通，他们不了解某些知识的真正用途，学习带有很大的盲目性。

（四）教学重点的差异

西德职业学校的教学十分重视技能的训练和能力的培养，这不仅表现在课时分配、培训要求和教学目的上，而且体现在考试要求中。在此以钟表制造（修理）专业为例加以说明：在课时分配上，实习教学课占总课时的 70%，理论教学课占总课时的 30%；在理论教学中，专业理论课占 60%，普通文化课占 40%。在培训要求上，学生结业时应掌握的技能有：加工、连接、拆装和调节技能；机器设备的维修保养和使用操作技能；零部件的测试技能；制图和设计技术等。在教学目的上，要求学生掌握时钟设计的基础工艺，具有分析钟表构件动能性内在联系的能力，能够准确地发现并排除功能性故障。在考试要求上，中间考试和结业考试都须考核学生的实际动手能力。

而我国职业学校的教学要么偏重理论教学，要么以干代学。例如，50 年代初期，我国技工学校曾出现偏重普通文化课和专业理论课而忽视技能培训的倾向。在"大跃进"年代，又出现挤占普通文化课和专业理论课，实习教学课变成了生产课，导致以干代学的偏向。1977年后至今，我国职业技术学校又普通存在着重理论教学、轻技能训练和能力培养的现象。

西德职业教育还注重传授广泛的知识，尤其是与就业有关的知识。例如钟表制造（修理）专业的学生，必须学习工业安全、事故预防和环境保护常识，必须具备有关国家政策、企业管理、社会保险制度和职业教育法、劳动法，工资协议法等方面的知识。这样，学生能够了解用人单位在法律上、组织上、经济上和生态环境上的基本条件，从而有利于学生毕业后更好地就业。西德还注重基础知识和基本技能的传授，其做法是：①设置职业基础教育年，其目的是通过扩大学生的职业资格基础，改善职业熟练的理论基础和推迟专业化来提高学生的职业应变能力。②实行分阶段设置专业，进行分阶段教学，在此以建筑技术专业为例加以说明。在为期三年的职业教学中，第一学年向学生传授该专业共同的基础知识和基本技能。第二学年建筑技术专业分为高层建筑、地面建筑和地下工程三个综合专业，学生可根据自己的学习兴趣、学习成绩、身心发展状况和劳务市场需求在三个综合专业中选择一个，接受所选专业的一般专业技术教学。第三学年高层建筑专业分为筑烟囱工、钢筋混凝土浇铸工和泥水匠三个单一专业；地面建筑专业分为干燥设备安装工、绝缘设备安装工（如空调、隔音设备）、铺灰泥地面工、镶嵌工、粉饰工、混凝土水磨工和木工七个单一专业；地下工程专业分为挖井工、下水道工、管道工和筑路工四个单一专业，各综合专业的学生可根据个人情况及社会需求在本综合专业内进一步选择，接受所选单一专业技术教学。这种分阶段设置专业、分阶段教学的方法实现了实用性和适应性的有机统一。毕业生不但具备单一职业的专业知识和技能，就业后可迅速胜任对口专业的工作，而且他们知识面宽、技能全面，具有较强的职业应变能力，这既表现在独立解决工作中出现的新问题上，还表现在职业改行方面，他们只需经过短期培训就可胜任，不必重新经过数年的职业教育，并且择业面很宽。他们所掌握的基础知识和基本技能还可成为他们今后进修的基础。由于学生在学习期间可根据自己的学习兴趣、学习成绩、身心发展状况和劳务市场的需求变化来选择专业，因此，它不但有利于学生的个性发展，而且可顺应学生的学习兴趣，从教育对象的学习态度方面为职业教育的高质量提供保证。同时它也增强了劳务市场对职业教育的调节作用，有利于毕业生谋取职业。

（五）教学形式的差异

西德职业教育主要采取双元制的教学形式，它与我国单元制的教学形式相比，具有下列优点：

1. 有利于充分发挥企业培训员和职业学校专业理论教师各自的优势

在双元制中，企业培训员和职业学校专业理论教师在全面要求的基础上各具优势。企业培训员擅长于职业技能培训，职业学校专业理论教师善于专业理论教学。职业学校的专业理论教学由专业理论教师主导，企业的职业技能培训在企业培训员的指导下进行，有利于充分发挥各自优势，从而为学生受到良好的专业理论培养和技能培训创造了良好的师资条件。

2. 有利于理论与实践的密切联系

在双元制中，学生的理论学习与实践培训交替进行。学生可在理论知识的指导下进行实际训练；学生在实习场所的实践培训，又可拓宽其视野，获取丰富的直接经验，从而为其接受理论教学提供良好的感性认识基础。为了加强理论教学与实践培训之间的联系，西德非常重视职业学校教学计划与企业培训章程之间的协调工作，采取了多种协调方式：①设立专门的教学内容协调委员会，负责制定协调教学内容的基本原则和组织专家制定培训章程和教学计划；②加强培训章程与教学计划起草单位间的密切联系；③进行教学内容审批部门间的协调；④设置企业培训员和职业学校教师联席会议；⑤企业培训员和职业学校教师分别到对方单位和通过受培训者的学习手册相互了解教学情况。

3. 有利于最新科技信息迅速反映于教学之中

"双元制"的教学形式使企业与职业学校紧密联系，生产第一线的技术革新成果和最新科技信息易于迅速传到教学之中，并应用于教学之中，从而使职业教育教学能紧密跟上生产和科技的发展。

4. 可激发学生的学习兴趣

在"双元制"中，学生把书本知识应用于生产实践，解决生产实际问题，可使学生感到学有所得并进一步体会到知识的实践意义，从而激发他们进一步学习的欲望。

5. 有利于学生形成良好的劳动态度

在"双元制"中，学生必须在企业生产现场，在具有丰富生产经验的培训员的指导下，在众多熟练工人中间，接受实践培训。工人们对工作的认真负责态度，必然对他们起着潜移默化的影响。这种环境有利于学生形成良好的劳动态度和劳动习惯。

6. 有利于实现从学校到社会的过渡，增强学生毕业后对工作的适应性

"双元制"使企业成为学生走向社会的桥梁，它有利于学生了解社会、认识社会和毕业后走向社会。另外，双元制可使学生直接了解企业的生产过程，深入了解生产的工艺设备和加工工艺，了解企业的管理情况，加深对将要从事的职业的认识，这一切都有利于学生将来更好地就业。

7. 使教育单位与用人单位成为统一整体

"双元制"中，由企业根据经济发展和劳务市场需求来设置专业，规定招生人数、确定和调整教学内容，从而使教育单位与用人单位成为统一整体。这既有利于增强学生对用人单位的适应性，又有利于用人单位择优雇佣工人，还有利于毕业生谋取职业。

（六）考试制度的差异

西德的中等职业教育实行严格的考试制度，其严格性表现在：
首先，西德职业教育的结业考试由行业联合会负责举行。行业联合会代表着社会各用

人单位的根本利益，结业考试由其负责进行，是对职业教育质量的一种严格把关。并且考试合格者可获取的结业证书，是西德全国通用的职业资格凭证。用人单位正是根据结业证书所记载的成绩来雇佣工人。这也充分说明用人单位对行业联合会所负责举行的结业考试、所进行的质量把关是信赖的。而我国中等职业教育的毕业考试是由办学单位自己举行的。

其次，西德行业联合会组织专门的考试委员会负责考试事宜。西德对结业考试还制定了专门的考试规则，该规则对准考条件、考试安排、评分标准、考试证书的颁发和违反考规的制裁等均作了明确规定。而我国中等职教的毕业考试通常由任课教师出试题，考核、发证等环节也不严格。

再次，西德中等职教的结业考试须全面考核学生的学习成绩，考试包括培训大纲所规定的技能和知识，以及在职业学校所开设的与培训大纲有关的学科内容。考试分技能和知识两部分，在此以钟表制造（修理）专业的知识考试为例予以说明。该专业知识考试的目的是检查考生在工艺、工程数学、制图技术、企业管理和社会科学知识方面的掌握情况。考生须考虑以下方面的问题：①工艺方面：材料的性质和用途、润滑剂和清洁剂、凿具、磨具和擦（光）具、机械表的类型、设计和原理，电力和电子表的线路图和原理，常用设备、机械和仪器的原理、操作和使用，工业安全、事故预防和环境保护。②工程数学方面：基础计算、时钟构造和传动系统的传动率，机械和电子参数。③制图方面：认识草图和绘制钟表零部件的草图，电力表和电子表的线路符号和基本线路。④企业管理和社会科学方面：政府政策、企业管理、社会保险制度和劳动法规。而我国中等职教的毕业考试并不全面考核学生的成绩。学生学习的课程，学完一门考试一门，只要能得 60 分就万事大吉。

最后，西德中等职教结业考试的淘汰率颇高。据统计，1975 年中等职教结业考试的淘汰率为 14%，1981 年为 10%，1984 年为 10%，三年平均淘汰率达 11.3%。而我国中等职教的考试，除了学习特别差的学生外，一般均能及格。因此，与我国相比，西德中等职业教育的考试制度更为严格。

以上可见，中德两国职业教育的教学工作存在着较大差异，它是导致两国职业教育的发展水平产生差异的重要原因。

瑞典现行的职业教育制度 [①]

瑞典位于北欧斯堪的纳维亚半岛东部，国土面积近 45 万平方公里，是欧洲大陆第四大国。1980 年，瑞典国民生产总值达 1132 亿美元，人均国民收入 1300 美元，居北欧五国之首，位世界最前列。目前，瑞典已成为世界上发达的工业国家之一，工业产值占工农业生产总值的 90% 以上，占国民生产总值的 38%。

瑞典今日国力的强盛和经济的发达，与其重视国民教育，致力于发展职业教育密不可分。早在二次世界大战正酣的 1940 年，瑞典就针对即将到来的战后世界体制的变革，成立专家委员会，开始重新全面研究瑞典的国民教育体制。第二次世界大战的战火刚一停息，瑞典就着手国民教育体制的改革。1946 年，瑞典政府内阁教育委员会提出实行九年制义务

---

① 黄日强.1992.瑞典现行的职业教育制度.职业教育研究,（3）：42-44

教育的方案；1950 年，国民议会又制定出瑞典国民教育制度未来发展总体规划。经过长达12 年的探索，瑞典于 1962 年确立了包括初等教育和初中教育在内的新的义务教育体制。尔后，又于 60 年代和 70 年代进行了两次改革，建立了综合式的高中教育体制。至此，瑞典的职业教育以全新的面貌展现于世人面前，这一制度由职业预备教育、初始职业教育和职业继续教育三大部分组成。

（一）职业预备教育

对义务教育阶段的全体学生实施职业预备教育，是瑞典实现义务教育总体目标的基本要求，也是瑞典义务教育后分流的实际需要。瑞典实行九年制义务教育，即 7～16 岁的少年儿童均有进入学校接受教育的义务。义务教育共分三个阶段：低级（1～3 年级）、中级（4～6 年级）和高级（7～9 年级）。低级和中级相当于我国的小学，高级相当于我国的初中。九年制义务教育结束，学生主要面临两项选择：或接受学术性教育（即普通高中教育），或接受职业性教育（即初始职业教育）。无论是接受学术性教育者，还是接受职业性教育者，均有接受职业预备教育的必要。

瑞典义务教育学校的职业预备教育主要包括职业指导和劳动技术教育两个方面。其中，职业指导由理论性指导和实践性指导组成。理论性指导主要通过自然科学和社会科学的教学来加以实施，实践性指导则主要通过在工作劳动现场的参观和实习来进行。理论性指导的目的在于使学生了解社会的经济结构、经济活动的一般特点、劳务市场的基本活动规律和劳动就业法规知识；使学生全面了解学校各种专业和社会各类职业的性质、各种职业的社会地位、各种专业或职业的基本特点、各种专业或职业与入学者或从业者的知识、能力、性格、兴趣爱好的关系，认清自己在职业领域中的作用，明确自己的专业和职业志向。实践性指导的目的在于通过在工作劳动现场的耳闻目睹和亲身经历来加深对各种专业或职业工作的职责、要求的认识，深入了解从事各种职业必须具备的知识、能力和其他素质，掌握有关劳动分工与专业化、工作环境、劳动报酬、职业安全与保健、职业卫生学、劳资关系、上下级及同事间关系、劳动法规和劳资合同等方面的较为详细的情况。

职业预备教育从义务教育学校的低级阶段开始实施。在低级阶段，开设乡土知识课和手工课。乡土知识课共计 444 个课时，其中，一年级为 111 个课时，二年级为 148 个课时，三年级为 185 个课时。该课程主要系统学习和介绍当地的历史发展、地理概貌、经济概况和社会风土人情等。其中，地理概貌尤其注重对当地的地形地貌、气候特点和生态环境的介绍；社会风土人情则注重对文化传统和风俗习惯的讲授。手工课三年级开始设置，每周2 学时。主要学习纺织品手工艺、木刻和金属雕刻等，力图通过对剪、刀、锤、凿等工具的使用和对纸、布、木、塑料和金属等材料的加工，使学生形成对某些材料的性质和特点的认识，以培养学生的手、眼、脑协调能力和手工操作的基本技能。在中间阶段，开设公民课、手工课和社会、历史、地理、自然常识课。公民课注重职业指导理论知识的传授，通常的方式是从介绍当地的社会发展开始，范围不断扩展，继而介绍社会的经济结构和生产各部门的概况，并深入到职业领域。手工课为每周 3 学时，该课是在前三年手工课学习的基础上，增加了工具的种类和加工材料的范围，力图通过手工教学和实际操作，让学生了解工具的基本功能，掌握工具的基本使用方法，形成基本的手工操作技巧。社会、历史、地理、自然常识课每学年共计 246 个课时，其中，社会知识课每学年 37 个课时，历史课每学年 52 个课时，地理课每学年 62 个课时，自然知识课每学年 75 个课时。该类课程的开设，大大拓宽了学生的视野，丰富了学生的知识。中间阶段的职业预备教育有两大特点：①增加了对国民生产各个行业情况的介绍；②开始对学生实施实践性职业指导。教师根据教学计划的规定和理论指导的实际需要，组织学生前往工厂、企业的生产场所参观，进行实地考察。在高级阶段，开设了实践性职业指导课、手工课、社会知识、历史、地理、化学课、自由学习课、劳动实习课和选修课等。实践性职业指导课在九年级设置，教学时数为 2 周。学生在受过专门训练的职业指导教师的带领下，前往工厂、企业、商店和农场等劳动场所进行专业性考察学习，参加实际操作性训练，通过亲身经历来加深对国民经济生产各部门实际情况的了解。手工课的教学时数减少，七年级和八年级为每周 2 学时，九年级为每周 1 学时。社会知识、历史、地理、化学课为每周 10 学时。自由学习课的内容十分广泛，涉及经济建设、交通运输、环境保护、消费、家庭和婚姻等各个方面，教学时数为每周 2 学时。劳动实习课是义务教育学校课程改革后的重要教学内容。按照义务教育学校的劳动实习方案，高级阶段的学生要在技术与工业制造，商业、通讯、服务业、农业和林业，办公室，以及管理工作、保育护理与教学工作等三大就业领域的每一方面至少实习 1 周。高级阶段还开设了每周 3～4 学时的选修课。选修科目有外国语（德语、法语或移民学生的母语）、经济、艺术和技术。

（二）初始职业教育

所谓初始职业教育，指的是对适龄青年进行的首次系统性职业理论教学和技能培训。在瑞典，初始职业教育由综合高中实施。综合高中把普通教育和职业教育相结合，具有双重任务：既为适龄青年毕业后从事某种职业作准备，又向适龄青年提供普通科学文化知识的系统教学，为毕业生升学作准备。因此，综合高中既实施学术性教育，也进行职业性教育。综合高中共设 22 个科目，它们分属人文与社会科学、经济科学、技术与自然科学三大学科领域。各科目的学习年限有 2 年、3 年或 4 年不等。其中，二年制的科目有经济学、音乐、社会工作、技术、收发与办公室工作、饭店与宴会服务、服装工业、园艺、社会护理、社会服务、建筑与市政工程、食品技术、操作与维修技术、工程、机动车辆、电讯、制版工程、农业、林业和木工；三年制的科目有人文学科、社会科学、经济学、自然科学；四年制的科目只有技术 1 种。接受二年制科目学习的学生人数最多，占综合高中学生总数的73.01%；其次是三年制科目，占 17.18%；四年制由于科目少，仅占 8.91%。三年制科目主要进行学术性教育，为毕业生升入高等学校打下扎实的科学文化知识基础。但在三年制教学中仍开设每周 1 学时的职业指导课。在二年制教学中，既有侧重学术性教育的科目，也有偏重职业性教育的科目，但以接受职业性教育的学生为多。据统计，在 2 年制学生中，接受职业性教育的学生人数占总数的 79.13%，接受学术性教育的学生人数只占 20.87%。四年制的技术科目，既实施学术性教育，也进行职业性教育。

瑞典初始职业教育的招生对象是九年制义务教育学校的毕业生，九年制义务教育学校的结业证书是入学的主要依据。学生入学后一般根据自己的兴趣爱好、学业成绩、身心发展状况和劳务市场需求选择学习科目，综合高中的学习科目大多下设数个专业，有的科目从第一学年起实行专业分流，有的科目在第二学年才进行专业分组教学。以工程科为例，学生在二年级接受专业分组教学。在一年级，各专业的学生接受工程科目共同的基础理论教学和基本技能培训。开设的课程一般可分为普通文化课、专业课和工厂实习课三大类。普通文化课有瑞典语、数学和体育等；工厂实习是一年级的重要课程，以向学生提供丰富的感性知识和实施基本技能训练为主要任务；每周课时达 29 个。在二年级，学生分成机械工程、铁工、金属薄板与焊接、金属板变形 4 个专业组，接受所在专业组的专业理论教学和专业技能培训。二年级工厂实习的课时数增加，为每周 32～35 学时。

瑞典初始职业教育的显著特点之一是无论在第一学年，还是在第二学年，均开设大量的选修课程。这些选修课程既有普通文化教育方面的，也有专业方面的。例如工程科就开设了英语、第二或第三外语、心理学、公民教育、消费知识、音乐或图画等课程，由学生根据个人的兴趣和爱好进行选择。

综合高中还对班级的学生人数提出要求，规定学术班每班人数不得多于 30 人，职业班每班人数不得多于 16 人。班级学生人数少，便于教师对学生进行个别指导。综合高中相当注重实验、实习和对学生操作技术的培训。学校配备有设备完整的实验室和生产技能培训车间，在有实践经验的教师的指导下，学生独立进行实验，在有丰富生产经验的技术人员的指导下，学生独立进行操作，学校还聘请企业技术人员担任兼职教师，开办各种最新生产工艺、生产技术和技术革新成果的讲座，使各项技术成果能够迅速反映于教学之中。

（三）职业继续教育

瑞典的职业继续教育主要可分为在职教育、失业培训和妇女培训三大类。其中在职教育又可分为三种：第一种是在职教育的内容与初始职业教育的内容密切联系，相互衔接，这是一种以完成初始职业教育者为招收对象、重在进修提高的在职教育；第二种是在职教育的内容与本地区本部门生产发展的实际情况密切联系，这是一种以新入厂的工人为招收对象、重在适应生产的在职教育；第三种是在职教育的内容与更高职业的资格、要求密切联系，这是一种以职业晋升者为主要招收对象、重在晋级提高的在职教育。瑞典的在职教育一般由企业生产部门自己主办，在职培训者在学习期间大多可照领工资或得到一定的补助。

瑞典失业培训的主要目的是为失业者或面临失业威胁者提供职业培训，同时，也为那些地位低下者提供均等的受培训机会。失业培训通常由劳动部门和教育部门联合主办。劳动部门负责根据经济发展和劳务市场的需求拟定失业培训的专业设置、培训目标和招生人数等；教育部门则负责依据成人职业教育的特点，制定失业培训的教学计划、编写培训教材、提供培训指导教师和理论教学场所。失业培训主要招收失业者、面临失业威胁的从业者、寻找职业有困难的人和希望通过职业培训谋取长期性职业者。培训的内容和期限视劳务市场需求和招收对象的实际情况而定。文化程度较低者通常接受一定期限的普通文化教育，然后再接受职业教育。

　　妇女培训之所以成为瑞典职业继续教育的主要类型之一，其重要原因在于瑞典的女性在义务教育阶段和初始职业教育中均处于劣于男性的地位，导致瑞典女性的谋业能力差、就业地位低。即使在已就业的女性中，为数众多的是受雇于公共机构或从事办公室工作。随着瑞典办公室的电脑化，不少妇女面临失业的威胁。为了缓解女性在劳务市场面临的困境，一方面，瑞典从义务教育和初始职业教育入手，采取一些积极措施，扩大女性的教育范围，改进职业培训工作；另一方面，加强对失业妇女和在职妇女的职业继续教育。经过十多年的努力，这些方面已初见成效。如学习四年制工艺学的女性比例，已由 1973 年的5%，上升为 1984 年的 17.5%，学习二年制工艺学的女性比例，已由 1973 年的 3%，上升为 1984 年的 8.5%。

五十、黄克孝

黄克孝（1941— ），男，曾任上海市教育科学研究院职成教研究所学术委员会主任，上海市中专研究会常务理事，研究员，同济大学职业技术教育学院职教硕士研究生导师。

曾任华东师范大学教育科学研究所技术教育研究室主任、职教硕士研究生导师，上海职业技术教育研究所副所长兼上海市教科院实验职校校长，民革上海市委基层工作委员会副主任，民革华东师大支部组织委员，上海市中专研究会常务理事，上海市职业培训委员会委员，民革上海民新财会进修学校校务委员，上海中华职教社理论研究工作委员会委员等。

承担的各类研究课题共计 20 项，其中，主持的项目 9 项，如国家教委"八五"重点课题"我国职技教育课程体系改革的若干问题研究"、国家教委"九五"重点课题"职教课程开发的理论与方法之实验研究"，还参与其他研究项目 11 项。主编著作有《职教模式实验研究》《职教课程改革研究》《职业和技术教育课程概论》，参编论著 11 部，发表论文 40 余篇，执笔完成的成果著作总计 50 余万字。

我国职业和技术教育学制基本模式的探索 ①

职业和技术教育的学制是指各级各类职业技术学校的系统，它规定了各级各类职业技术学校的性质、任务、入学条件、修业年限，以及它们之间的关系。也就是说，它是一个由各级各类、各种规格的职业技术学校，按照一定的结构组合起来的系统。职业和技术教育学制的基本模式，主要是由各种职业技术学校的类别（横向的类型，纵向的层次、级别）和学校之间的联系（结构——交叉、衔接、比例）这二要素构成，由此派生出不同规格（不同的培养目标、入学对象和修业年限）的学校，构成一个完整的系统。其基本模式的要素如图 1。

---

① 黄克孝，成永林，沈纯道.1985.我国职业和技术教育学制基本模式的探索.教育与职业，（2）：30-32

建立学制基本模式的依据众多，有社会制度和思想、经济发展状况（提出需求和提供可能）、社会文化传统、教育发展水平等，这些均是"客观依据"；另外，现实和未来的各产业部门的人才结构状况是制定学制和学制改革的"直接依据"。因为，学校的最终目的总是要培养出一定的人才，整个学校系统必须与社会当前和未来的人才需求相适应，这是学制是否完善的要害所在。客观依据固然不能忽视，但这是外部的依据，这些客观依据的作用必定要通过内部的、直接的依据——人才结构来体现。因此，建立我国职业和技术教育的学制基本模式的一个重要指导思想是人才结构的理论。本文主要以"直接依据"来探索职业和技术教育的学制基本模式。

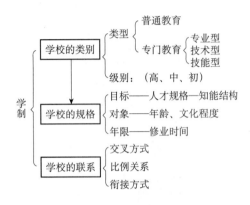

图 1　学制的基本要素图

学制上种种不完善的状况之所以发生，重要原因是在于它自觉或不自觉地建立在不完全科学的人才结构理论基础之上。为了叙述的方便，本文主要以工程技术人员为例进行论述。

"金字塔"人才结构理论（图 2）直接反映了传统生产活动中的群体层次结构状况，因而，在过去相当长一段时间内，尚能用来直观地说明生产中各种人员的层次高低和职位称呼，以及大致比例，成了一种传统的、公认的人才层次结构理论。金字塔理论（"葫芦形""橄榄形"是其变式，"职业带"理论实际是金字塔理论横向发展的改进）的主要局限是把不同工作性质的人员列为一个系列来考虑层次的高低，模糊了不同系列人员的特性。随着生产的不断发展，人才结构越来越复杂化，再用这种理论来指导实践就明显出现了不少问题。这些现实中的矛盾，促使人们去探索新的人才结构理论。

图 2　工程技术人员层次结构图

实际情况表明，在现代生产发展中，工程技术人员已客观地形成三类在工作对象、工作性质方面具有不同特性的人员，每一类人员都是各有层次、自成系列；三类人员虽有交叉重叠之处，但是基本上是不互为基础的。在大量实际调查过程中，在参照了"金字塔"理论和"职业带"理论的基础上，我们把现实中的人才结构状况归结为"阶梯状"人才结构模式（图 3）。

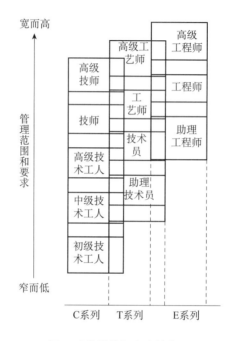

图 3 "阶梯状"人才结构图

示意图中，"C 系列"是掌握一定的技术知识和技能的生产操作人员，即技术工人（craftsman 或 skilled worker）系列人员，"T 系列"是解决生产制造和试验工作等现场实际问题的工艺技术人员（或称专业技术人员），即技术员（technician）系列人员，"E 系列"是从事技术开发与研究工作，以及新产品设计工作的工程开发人员，即工程师（engineer）为中心的系列人员。每一类人员均自成一个多层次构成的系列，它们是各自相对独立的、自成层次的系列，各系列之间有交叉但并无直接的层次关系。成阶梯状，只是在管理范围和要求上的差别所致（如一般生产的进行，总是先要有设计图纸，再有工艺流程安排、最后直接操作生产）。在相应级别上（如"师"一级的工程师、工艺师、技师）三类人员是没有高低之分的，它们均在生产的同一层次上发挥各自的特性和独特功能，既不能相互替代，也都属不可缺少。

人才结构理论在教育问题上是有反映的。过去，受金字塔理论影响，在学校教育制度上，就把大学、大专、中专、技校、职校作为一个系列中的层次，它限制了各类人员的发展，工人、技术员要提高只能去上进行工程师基本训练的大专、大学，形成千军万马走独木桥的形势。就学校来说，必然会导致技校向中专靠、中专向大专靠，失去各自办学特性，影响了各自的健康发展；就工程技术人员队伍来看，由于无发展前途，工人和技术员不安心于本职工作，千方百计要向工程师发展，造成这两支队伍的不稳定。从实际的调查中，我们看到目前所谈的工程技术人员高、中、初比例失调，主要是各类人员中的各层次的比例失调，缺乏中级技工、高级技工，缺乏高级技术员。由此造成了受过工程师基本训练的大学毕业生去做技术员的工作，受过技术员基本训练的中专毕业生去干技术工人的工作，用非所学、所长，不仅浪费了人才，而且也不一定都能胜任，从而显示出教育不能更好适应生产发展的要求。

依据"阶梯状"人才结构理论，工程技术教育在学制上就应该相应分成培养工程开发人员、工艺技术（专业技术）人员和生产操作人员的三大横向类别的教育与训练，各类人员的教育中又可有各个纵向层次的区别。这样，各类人员的学校教育应有自己的初、中、高学校系列，不会产生"死胡同"学校，毕业生均有广阔的发展前景，在横向上处于同一级水平的人员就无地位高低之分，有利于克服鄙薄技术的观念。这样的模式，能使一定类型的人员在不改变自身特性的前提下，通过各种途径、方式，由初级向高级发展，无论在经济效益、教育效益，以及个人发展等方面来看，均是十分有利的，不会发生横向"乱窜"的情况。当然，少数素质不同的人，因为开始走错了门，或者因客观需要，在学制上也应考虑给予出路。

基于以上对人才结构理论的认识，我们可以把《中共中央关于教育体制改革的决定》所提出的有关建立职业技术教育体系的指示和中学阶段开始分流的设想，用职业和技术教育的学制基本模式来加以具体化，得以实际的执行。

首先，职业和技术教育的学制基本模式在横向上有两种类型的学校系列。仍以工程技术教育为例，遵循习惯的做法，一般把工程开发人员的教育划归高等教育范畴。职业和技术教育体系中包括了培养生产操作和工艺技术这两类人员基本训练的教育，在未取得一致认识之前，暂且分别称为"职业技能教育"和"专业技术教育"。为此，《决定》中把这一系统的教育称作"职业和技术教育"（简称"职业技术教育"）是比较妥当的。一个"和"字，体现了在性质相同的同一系统教育中，含有培养两种类型人员的、两种特性的教育。

其次，职业和技术教育的学制基本模式，在纵向上有2个自成层次的系列。职业技能教育系列，包括培养初级、中级、高级生产操作人员的，从初等到高等的职业技术学校。就我国目前生产技术的发展水平来看，培养高级技术工人的高级技工学校可达大学专科的水平，而生源主要是招收已有一定实际工作锻炼的中级工为对象为宜（不排除试行招收培养中级工的中级技工学校毕业生的学制）。在专业技术教育系列，要有与培养初、中、高三级技术员相应的各级学校。就目前我国实际情况来看，需要大力发展培养中级技术员的中专校，部分城乡职业高中（或职业学校）可以培养初级技术员，高级技术员（国外有称作工艺工程师或工艺师）的培养，目前主要可在大专培养，随着我国生产技术的进一步现代化，可逐渐向本科发展。可以预计技术员类教育的发展速度将会很快，国外工艺技术人员逐渐向研究生水平发展的趋势在我国也可能会较快出现。总之，随着我国现代化的进展，职业和技术教育，尤其在纵向层次上将会有很大的发展，必须尽快摆脱传统观念，按照实际需要发展各个层次的职业技术教育，在学制改革上必须有一个大的突破。

再次，职业和技术教育学制基本模式中各种学校的联系（结构）方面，也即各种学校的交叉、衔接和比例关系。当前，主要应考虑纵向的联系，而不宜过多提倡横向联系。因为如前所述，走错门的尚属少数，况且，各种类别之间的复合人才、尤其是高级复合人才的问题，就职业技术教育领域而言，现实中尚未普遍提出。因此，过早在学制改革中顾及这方面的趋势，未必适宜。例如，目前尚有争议的培养高级工问题，从传统观念上理解的六至八级的技术工人和多工种复合的技术工人，这仍是本系列的提高与复合问题，而智能操作工，就其实质而言（要求有更多的理论知识和智力技能）仍应属于专业技术教育范畴，也并不是要求既有高超操作技能，又有高深理论储备的高层次复合人员。

以上我们从横向、纵向、相互关系这三个方面描述了职业和技术教育学制的基本模式。这仅是依据"阶梯状"人才结构理论的阐述，而"阶梯状"理论仅是揭示了人才结构的形式（外延），要进一步揭示其内涵，即涉及相应学制的学校规格，如培养目标、入学对象与修业年限等具体内涵问题时，这种理论仍是有其局限性的。我们还必须从各类人员的智能结构方面加以进一步探讨，才能深入探索这个学制基本模式的执行。诸如，三类教育的区别、联系、特性，它们与普通教育、高等教育关系等等问题，我们将另写文章加以探讨。

优化职教课程改革的目标与原则[①]

课程，始终是教育工作的核心，教育领域中的一切改革最终都将影响和归结到课程改革。近年来我国的职业技术教育事业在规模和数量上有了长足的发展，当前要进一步提高质量和效益，除了体系和体制的改革、学校内部管理体制和运行机制的改革外，课程领域的改革在很大意义上已成为宏观合理调控、微观充分搞活的关键。在此，我们拟对如何确定优化职教课程改革的目标和原则作出如下探索。

（一）优化课程改革的目标体系

我们认为，尽快建设具有中国特色的、现代化的职教课程体系，应该是我国优化职教课程改革的总目标。要在目标上取得共识，还必须进一步明确下一层面的分目标：

1. 创建现代化的职教课程理论

目前职教课程所依据的理论，大部分是从普通教育的实践中总结出来的一般课程理论，职教还没有真正的自己的课程理论。因为职教的发展历史与普教相比要短得多，职教实践的发展还未达到能产生自己的课程理论之程度，但职教课程的实践已在呼唤自己的理论，而且，一般课程理论也有待职教课程理论的成熟使其得到更完善的发展。因此，我们在改造传统职教课程和创建现代职教课程时，必须清醒地看到我们现在所依据的"现代课程理论"有不适于职教课程的地方，必须真正按照职教的特点，借助于一般课程理论，创建现代职教课程理论。

---

① 黄克孝，郭扬 . 1998. 优化职教课程改革的目标与原则 . 职教论坛，11：18-19

2. 引进和借鉴外来的职教课程模式并使之中国化

面向 21 世纪的中国职教课程应当是适合中国国情的、中国化了的现代职教课程。然而职业教育制度是工业社会的产物，中国的工业化发展晚，所以中国的职教制度一开始都是从国外引进的，职教课程也是如此，有时甚至连教学计划、教学大纲和教材都是照搬来的。为了更快、更有效地培养现代化建设所需要的职业技术人才，从先进国家引进成功的职教模式和职教课程模式是非常必要的，但是如何使用却要结合本国、本地区的具体情况，不是简单照搬就会奏效的。例如，德国的"双元制"，包括它的以活动为中心的阶梯综合课程模式，确是一种行之有效的好经验。然而十几年来，即使有德国专家亲自指导，它在中国的推广与进展也并不很快。究其原因，主要是在经济体制、劳动用工制度、工业发展水平、社会意识等诸多方面中德两国都有较大差异。因此，积极地、尽量多地吸收国外成功的职教课程改革成果，并努力使之中国化，应是实现我国职教课程现代化的基本任务。

3. 寻找最优化的职教课程改革途径

我国职教界近十多年来勇于创新地进行了一系列课程改革活动，取得了一大批可贵的成果。然而，中国职教课程发展在总体上尚未取得突破性进展——改革还带有盲目性和随意性，远未形成中国化的现代职教课程的概念。现有的课程改革成果仍属于局部改革，是在原来的课程体系结构未作重大本质性变动的情况下，仅在某些局部方面对少数课程作学习内容和进程安排等方面的改革。这种"改良型改革"只是对传统职教课程体系的局部完善，因而总体效应并不显著。现代课程理论不像传统课程理论那样认为课程只是教学内容（教学计划、教学大纲、教材），而认为课程是维系着教育内外环境的一个极为复杂的教育子系统，它是由四个领域所组成的一系列有序活动的庞大体系，即由课程开发（需求分析、方案设计、文件编制）领域，课程实施（教学策略的制定、领会与贯彻）领域，课程评价（对课程活动全过程的评价）领域，以及课程管理（对参与课程活动各种因素，主要是人、物、事的协调）领域所组成的各种元素交互运动的系统。局部改革成效不大的基本原因就在于这样的改良并未触动整个体系。如果我们能通过有组织、有系统的各种典型课程实践、研究，尽快理清各种因素、要素、元素的相互关系，其成效必定是显著的。从具体的改革实践来看，职教课程体系改革所涉及的面较广，不仅要涉及课程设计、教材编制、师资培训和教学设施的配置等，更需顾及到师生的心理承受力。长期以来，教师和学生都习惯于在一种根深蒂固的传统课程模式下教与学，如果一下子改变传统，代之以彼此都较陌生的新东西，容易在心理上产生排斥感。在改革实践中，没有比人们心理上的排斥感更阻碍改革进程的了。

我们认为，中国是个社会发展极不平衡的大国，职教发展的程度，以及对于职教课程改革的迫切程度，各地区有较大差别，切忌采取一刀切的办法，而应采取"突进"与"渐进"并存与相互促进的策略，不失时机地在一些经济发达地区实施职教课程体系的全面改革以取得突破性成果再来指导全国。同时，有组织、有针对性地将全国其他局部改革纳入职教课程体系改革的方方面面加以补充。这样就有可能找到一种适合中国国情的优化职教课程改革的捷径。

综上所述，现代化、中国化、最优化应是我国职教优化课程改革所应刻意追求的三个重要分目标。"现代化"是总体方向，"中国化"是基本任务，"最优化"是快捷途径，三个目标相辅相成地构成了 21 世纪中国职教课程发展的目标——建成具有中国特色的、现代化的职教课程体系。

（二）优化课程改革的基本原则

面向 21 世纪，我国职教要实现优化课程改革的目标，应采取什么样的原则？要回答这个问题，我们可以从以下几方面来讨论：

1. 有没有一种共适性的现代职教课程模式

职教课程模式的基本要素有课程观、课程内容和课程结构三个，各要素中又有各种类型或元素（如课程内容由知识、技能与态度三元素所组成），因而从理论上可将三要素的各元素进行排列组合，就可得到较齐全的各种职教课程模式。由此得到一个重要启示：以不同的课程观为基准作的分类，是否就是第一层次的、最基本的职教课程模式？借用一般课程理论，课程观可分为"学科中心""活动中心""能力中心""问题中心"和"个性中心"等，若暂时假设职教课程观也可相应地如此划分，那么有人就认为其中必有一种最适合于职教的主体课程，以这种主体课程观为基准的职教课程模式就是一种共适性的模式。而另外一些人认为，单一的主体课程观无法产生共适性模式，应顺应当代国际上职教课程观发展的综合化潮流，广泛吸取各种课程观之所长，以符合实际需要作为取舍和组合的标准，产生一种共适性最强的现代职教课程模式——"多元整合型"课程。如果确如"多元整合型"主张那样，能将各种课程观归纳为一种模式，加上一套按需增减及组合的可操作顺序，则大大便于实际使用和能大大提高职教的适应能力。21 世纪的现代信息手段是否已能提供这样的课程模式选择工具，看来是实现这种理想的关键。

2. "能力本位"课程模式是否是最佳选择

90 年代随着 CBE 的传入和有组织的推广，CBE 的教育思想很快在中国职教界流行，成为职教课程改革中的一种重要指导思想。CBE 的课程模式是以劳动力市场需要的职业活动为中心来选择与安排课程的；尤其是它的课程开发（DACUM）科学而经济，能及时反映社会、经济、企业对职教的有效需求；它的矩阵模块式结构，能使学生个性化地选择社会所需之实用课程，适应性十分强而灵活。而这些特长却又是传统职教课程模式所急于要改革的要害所在。所以，将 CBE 的思想作为改革传统职教课程的重要指导思想是十分合情合理的。然而，随着局势的发展，有人据此提出：职教的课程就应打破学科的框架，以职业技能或能力为中心进行课程的重新组合。也就是要按行为目标十分清晰的操作或能力训练的活动中心来组织课程，这就从反"学科中心"回到"活动中心"去了。这种观点十分有失偏颇。一方面，这种能力观是 CBE 最初期的"还原主义"（或原子论的）能力观，它把能力看作是任务本位的或行为主义的，是一系列孤立的行为；它忽视了真实的职业世界中人们的操作行为的复杂性，以及智力性操作中判断力所担当的重要角色，因而，此类课程模式仅适用于培养技能型技术工人的定制式训练、成人技能教育，以及再生性技能训练，并非共适性很强；另一方面，传统职教课程模式是偏于"学科中心"，但还融合有"活动中心"（实验、实习课程）和"问题中心"（课程与毕业设计课程）的成分。就单是学科课程也还有符合认识规律、效率高、便于教学等长处，不可一概抹煞。更何况随着知识经济时代的到来，各产业技术的高移化和职业的智能化，基础文化知识和基本理论知识在职教课程中地位的增强，"学科中心"还可能有更新、更大的作为。知识、技能（能力）、态度三者是一个相辅相成的有机整体，任何职业要求都需此三要素，缺一不可，只是各要素中的类别与层次有种种不同的差别。因而，就上述课程的实质内容而言，以一盖全是不合理、不可取的。我们之所以不提倡"本位"的提法而主张寻找一种"多元整合型"课程的基本理论依据也就在此。

3."宽基础、活模块"模式能否成为"多元整合型"课程的雏形

根据北京市朝阳区职教中心蒋乃平等同志的实验与研究，提出了以"宽基础、活模块"为其基本特征的"集群式模块课程"。尽管这种模式的理论基础、体系框架还有不少不成熟之处，而且，目前这种模式实验主要用于技术工人类人才的培养，在技术员类教育中的实验还只有理论设想而未有实际的试验成果，但较小范围一轮实践试验的成果已经证明确有成功之处；关键就在于其整个课程系统中处处呈现出各种课程模式的身影，各自的长处得到了发挥。由此我们也得到了鼓舞，看来"多元整合型课程"的理想，可能不仅仅是一种空想。

总而言之，我们认为，我国职教要实现优化课程改革的目标，应当顺应当今国际上职教课程观发展的综合化潮流，广泛吸取现有多种课程观之所长，以是否符合实际需要作为衡量课程观是否正确与合理的标准，由此形成一种"多元整合"的新课程观，并在此基础上建立具有最强共适性的现代职教课程模式。我们建议以此作为优化课程改革的基本原则。

高职课程内容的价值取向 [①]

在课程开发中，确定课程内容是关键，即让教育对象学什么、教给他们什么，这在很大程度上决定了所培养的是怎样类型、层次和规格的人员。

一切类型和层次的教育，它们的课程内容都是由知识、技能和态度三要素所组成，只是基于不同教育的各自不同的培养目标，对于此三要素的选择和组合有不同的侧重和方式。因此，我们在确定高职的课程内容时，也就是在讨论高职的课程体系和课程"教学大纲"，乃至教材编写时，必须明确怎么样的课程内容对于高职是"最好的"、是最有价值的。本文试从课程内容三要素的选择和组合之价值取向的角度，来论述确定高职课程内容的一些原则意见。

怎样的知识、技能和态度对于高职是最有价值的？

---

① 黄克孝.2000.高职课程内容的价值取向.机械职业教育，（10）：3-5

（一）在知识领域

1. 理论知识和经验知识并重，要处理好理论知识和经验知识的关系

高职得以长足发展之根本动因是社会生产技术体系发展到理论技术阶段的需要，高技术是理论技术发展的结果，它是生产技术体系发展的全新、质变阶段。高技术（包括高技术产业化和社会生产手段的高技术化两个领域）不仅对从事高技术研制、开发的学术型和工程型人员、同时也对高技术生产一线的技术型和操作型人员均提出了与以往技术阶段相比全新的、不同质的要求。

与在一切技术阶段一样，在将设计转化成产品的过程中，从事生产一线技术组织与管理，以及工艺编制的技术型人才（"中间人才"）均起着举足轻重的作用。因而，进入高技术阶段后，培养技术型人员的技术教育，它的高移是不可避免的，世界各发达国家和地区，在 20 世纪 70 年代前后，正是顺应了高技术的发展需求，这种培养"高职人才"的高等技术教育之发展均形成了规模，并被纳入了教育体系。

高技术是一种"理论技术"发展阶段的技术，它是多门科学的综合运用，而不仅是部分科学原理或一门科学的运用。在生产过程中，高技术是一种全方位的生产技术，它是将科学和技术的最新成果（发现和发明）应用到生产过程中去，包括电脑、激光机器人和智慧机械，以及电视摄录像设备超导、遗传工程、医学仪器等，是指在制造生产过程中，使用了一些自动化的工艺和设备，正由于高技术的跨学科性特征，因而作为高技术生产过程中的"中间人才"，必须具备有系统的和一定程度的基础科学、应用科学和技术科学的理论知识。理论知识不仅是技术型人员认识，掌握高技术的基础，还是他们识别、分析生产现场现实问题的基础。所以，理论知识在高职培养目标中具有绝对价值。

然而，还应看到，第一线的技术型人才必须面对生产运转中的种种现实问题，而在动手、动脑解决问题的过程中，经验知识能为其解决问题提供手段，因而在高职的培养目标中，经验知识也具有绝对价值。

理论知识与经验知识并非相互排斥，而是相辅相成的。两者关系的妥善处理还有利于教育对象获得完全知识。因此，必须在知识的价值取向上将理论知识与经验知识并重。那种认为"高职只要强化理论知识"的看法显然是不妥的，当前更要着意防止轻视经验知识的绝对价值。当然，也不能产生相反的倾向。

2. 经验知识的获得途径——直接与间接并重，要讲究实效

要处理好理论知识和经验知识的并重关系，并不是要求在各自的时间安排上同等对待，一方面，高职所面向的职业或职业群不同，两者的比重会有差别，不一定等量；更重要的是经验知识的获得途径不同，其所花时间大不一样。

经验知识的获得可通过直接经验或间接经验两种方式。学员通过实验、见习、实习及实训等直接体验的方式取得的经验知识是十分可贵的和非常必要的。然而，人类经验的获得不可能事事都通过亲自实践，也可以通过间接的途径（书本或讲授、演示等），并且随着人类认识手段（工具）的不断现代化，电脑模拟、仿真等非直接途径获取经验知识的可能

与效益将越来越大。因此，在高职的两类知识的选择中，谨慎地安排必要的实践教学，而用间接的途径高速、高效地让学员取得尽可能多的经验知识，是处理好两种知识实践安排的有益措施。

3. 在专门知识与基础知识的选择上，要适当加强基础知识

因为高技术发展具有快速多变性特征，现实表明每 2～3 年高层次知识（专门知识）就会发生变化，而基础知识相对稳定，具有较高绝对价值。根据培养目标要求，适当加强数学、物理等基础文化知识和技术基础知识（理论的与经验的）是有必要的，是有利于提高高职人才更广阔的专业、行业的适应性的。

4. 要加快知识更新

学生学习期间，高技术在不断变化中，经常补充新知识是高职课程内容的一个主要特点。

5. 要扩大知识面

高技术是各学科的综合运用，宽广的知识面，尤其是人文知识的储备，是高职人才所必需的。

（二）在技能领域

由于社会和生产技术的发展，各类教育对技能都有新的要求，只是要求并不一致。技能不只有熟练程度的差别，更有类别的区分，不分技能类型的观念不符合现代课程的要求。下列"技能分类结构表"（表1）就从技能的性质与形态的角度加以分类，各类技能均有各自的功能，对于不同类型的教育，各类技能的价值是不同的。

表 1　技能分类结构表

性质　　形态	再造性技能（应用程序或算法）	创造性技能（应用理论和策略）
智力技能（决策、问题解决）	对一个已知的"问题"类型应用某种已知的程度或算法，如：减法、造句	解决"新的问题"，"发现"一种新的程序，如："证明定理、写作"
动作技能（身体动作、感知）	感知——动作技能，重复性或自动化的动作，如：打字、跑步	"策略"技能或"计划"技能，如：文件页面设计、踢足球

那种认为"高职必须加强操作技能的训练"的看法极可能引起误导。技能是人们运用理论知识和经验知识顺利地完成具体工作任务的一种活动方式。各类技能均具可操作性。"操作技能"的提法未涉及技能类型，对所有类型的教育都适用，因而不尽科学。

在具体的工作实践中，人们运用的技能是各类技能的综合体，只不过工作性质不同，有不同的侧重。高技术的发展，使人类的部分再造性技能可被机器所取代，因而其价值会随之下降；但再高明的机械，尚不能像人一样根据具体情况来灵活地运用一定的理论、策

略创造性地解决问题，因此，在高技术生产中，创造性技能的价值，相对再造性技能会上升。对于技术型人才来说，智力技能的价值显然要高于动作技能；在高技术环境下，其"价值比"更会不断提高。因而，在高职课程模式中，对于技能的选择，必须有正确的方向加以创新。

在智力技能方面，高职应提高创造性智力技能的比重，而削减再造性智力技能的训练时间，以突出技术型人才培养的特点。要改变像培养学术型、工程型人员那样，花大量时间进行推导、演算等纯思维训练的模式，只要让学员学会相关软件的选用，使用电脑从而节省出时间，从事如何建立数学模型解决问题的创造性技能的训练。高职的实验应能运用理论和策略设计步骤，选用器材来进行实验；课程设计与毕业设计要改变只需按固定程式完成的模式，而要选择需要根据技术经济指标对各种方案进行比较，最后优化地选取最佳方案。

例如，新加坡南洋理工学院在最后半年中，采用"教学工厂"的教学组织形式，让学院的专职工程师带领一小组学员，承接企业具体业务，从设计方案制定、经济核算、零部件采购到安装、调试等全过程合作参与。通过这样的"操作过程"，无论在全面知识的掌握或运用，还是各类技能的形成方面，学员最终养成的受企业欢迎的职业素养都是十分有效的。

在动作技能方面，高职人才应有一定动作技能的基础，但不宜片面追求熟练的再造性动作技能训练，那是培养技能型人才所必需的。如果是在技能型人才基础上培养技术型人才，更要重视创造性动作技能的培养，让学员在教学实习和生产实习中，更多地得到解决问题的直接经验。如德国的"双元制"进行技术员类人员的培养时，学员大部分已具备合格技术工人的资格，所以，他们主要是安排理论知识及其运用的教学内容。

（三）在态度领域

"态度"在心理学上是反映主体与客体关系的心理品质，是指个体对某一对象所持的评价和行为倾向。由认知、情感与意向三因素构成的比较持久稳定的个体内在结构，是调节外界刺激与个体之间的中介因素。它是后天养成的个体心理品质。在性质上，可分为肯定的态度与否定的态度、积极的态度与消极的态度；在种类上，可分为社会态度、工作态度（含职业态度）、学习态度、政治态度等；在水平上，有服从、认同、内化三种程度之别。

基于对"态度"的上述理解，高职课程内容中的态度要素之内涵，是我们教育中所要养成的学员个性倾向品质之一，它是学员掌握并在今后很好地运用知识、技能的重要素质。笔者以为，各发达国家和地区职教界所极力推崇的"关键能力"或"关键技能"，其内涵是与之相同的。我们的高职固然要强调与职业有关的职业态度，这是由职技教育的定向性所决定的；同时，也必须注入一般态度的养成。

高职是高等技术教育，它与高等工程教育和高等学术教育在这方面的要求，还是有所差别的。高职的职业态度导向性使其对于态度的水平选择有特别的要求。随着工作岗位、工作性质的不同，高职的各种培养目标中对于态度水平的选择是不同的。从教育的效益出发，不是所有培养目标中态度的水平都必须达到最高级，应按照职业的实际要求选择须达到的水平。

　　综上所述，高技术的、跨学科性和快速多变性等特征，在实际生产中，必定要求从事高技术生产和操作高技术手段的技术型人员具备宽广的知识面、全面的职业技能、一定的创造性能力、较强的适应与发展能力、积极的职业态度和个性化的价值倾向与行为方式等素质特点。高职人才规格的这些基本特点使高职院校课程内容选择的价值取向有自己的特殊要求。

五十一、蒋乃平

　　蒋乃平（1943—　　），男，西安市人。特级教师。教育部高等学校创业教育指导委员会特邀委员，中国职教学会教学工作委员会常务理事。全国和北京市职教先进个人。2003 年 7 月退休。

　　1990 年曾任北京市朝阳区职教中心副主任，主抓全区职高信息、教研、教材、师资培训。教育部全国中等职业教育教学改革专家咨询委员会专家、教育部高等学校创业教育指导委员会特邀委员。

　　曾任北京市职教学会副会长、北京市教委中等职业教育重点实验实训基地建设专家组组长和课程体系整体改革专家组组长、北京市职教研究所学术委员会委员、北京市科技教育协会常务理事、中国职教学会理事和第二、三届中国职教学会学术委员会委员。2014年，仍任中华职教社专家委员会委员、中国人才研究会经济人才专业委员会专家、北京教育学院兼职教授，以及中国职教学会教学工作委员会常务理事、德育工作委员会副主任和德育教学研究会主任。

　　曾主持和主研了多个国家、市级、区级教育科学规划课题和教育部委托项目。于 1993年初推出的以多元整合课程理念为基础的"集群式模块课程模式"（推广用名"宽基础、活模块"，又称"基础平台加专门化"，简称 KH 模式），在分布于 21 个省、自治区、直辖市的近百个专业中进行了三轮实验。此模式在 2001 年教育部印发的《中等职业学校专业目录》中所提到的 83 个重点建设专业教学指导方案中，被众多开发者使用，2007 年 12 月获全国首届职业技术教育科学研究成果一等奖。

　　编写中职德育必修课国家规划教材《职业道德与职业指导》《职业生涯规划》等著作，公开发表的论著超过 200 万字。

MES、CBE 中的西方现代教育思想印痕 ①

　　近年来，随着我国职业教育的发展，相继引进了联合国国际劳工组织开发的模块式技能培训 MES（Modules of Employable Skills）和北美流行的以胜任岗位工作要求为出发点的

---

①　蒋乃平 . 1995. MES、CBE 中的西方现代教育思想印痕 . 比较教育研究，（1）：16-17

教育 CBE（Competency Based Education）等职业培训模式。在引进的过程中，我们应了解它们与西方现代教育思想的关系，掌握其实质，以便结合我国国情和职教实际，借鉴其合理内核。

MES 和 CBE 在课程体系、教学方法、管理体制等方面各有特色，但却有许多相似之处，最主要的有以下四点：

1）课程设计思想相同，都运用了教学计划开发 DACUM（Developing A Curriculum）或类似的课程开发方法。在确定课程目标时，强调行业导向，即不以学科为中心，而以满足企业对培养对象的要求为依据；由行业中有实践经验的工人、技术人员和管理员利用工作分析（job analysis）、职业分析（occupational analysis）或任务分析（task analysis）来决定课程内容；先将一个职业或工作分成若干部门，再分析每个部门的工作任务及完成每一任务所需要的知识与操作技术；然后将这些知识与技能按难易程度及逻辑关系，以及它们在实际工作中出现的频率及重要性，加以组织编排，以获得一个完整的课程。其分析结果以表格形式出现，即 DACUM 表。

2）课程方案（教学计划和大纲）是模块式的，可灵活组合。教学内容以技能为主、理论为辅，不强调知识的系统性、学科性和完整性。技能教学强调"用什么，学什么"；理论教学的任务是传授从事相应职业所需要的最实际、最基本的知识和概念，为技能教学提供必要的理论基础，以够用为度。

3）教学形式以学生为中心，强调以学生为本，着重培养学生的自学能力和自我评估能力。教学进度不强调群体进度，而以个体进度为主。即，以学会某项技能为常数，时间是变量，不强调一个班进度的"一刀切"，学生可根据自己的水平决定学习进度。学生每学习一个模块或其中的一个学习单元，从一开始就有明确的目标，而且知道要考什么。目标是具体的，可观察的、可测量的。

4）均建立在终身教育的大框架中，学制根据工作岗位的实际需要即雇主的需要而定，如果一个工作岗位的必要技能只需要 3 个星期的培训时间，那么，学制就定为 3 周，需要 3 个月，学制就定为 3 个月。CBE 强调的是高中后的职业技术培训，是在社区学院中实施的。

从以上分析不难看出，MES 和 CBE 等培训模式与我国传统教育有极大区别。传统教育思想对我国当前职业教育有重大影响。以文化课、专业课、技能课组成的教学计划，实质上仍然是以学科为中心。就是一些新兴学科也摆脱不了知识系统性、学科性、完整性的制约。例如，不管什么专业，不论学生毕业后从事什么职业，只要开计算机课就必从 BASIC 语言讲起。在教学形式上仍很难摆脱以教师、课本、课堂为中心的基本模式。

而 MES、CBE 等职业培训模式摆脱了传统教育的框架，是西方现代教育思想的产物。

19 世纪末期的美国社会，工业化生产已经达到很高的程度。社会经济的发展，需要培养大批有实用知识和技能的管理人才和劳动力。这一客观要求与传统教育思想发生了尖锐矛盾。美国由大量移民组成的广大劳动者，在从事各种经济开发活动中迫切需要知识与一定的技能训练，而此时的欧洲，也开始注重教育的普及，注重使平民所受教育与手工和工业劳动联系起来，注重教育规律的探索。欧洲各国的"新教育运动"也促进了美国的教育改革。

实用主义教育理论在此背景下应运而生。其代表人物杜威关于教育本质的观点可以用三句话来概括："教育即生长""教育即生活""教育即经验的继续不断的改造"。他还提出了著名的"儿童中心主义"和"从做中学"的教学基本原则。并把自己的主张称之为"现代教育"。他强烈反对传统教育"以学科为中心"的课程方案和教材，认为在课程中占中心位置的应是各种形式的活动作业。在教学方法与教学步骤方面，杜威要求在活动中进行教学，提倡使学生能动地活动、积极地思考，重视学业的兴趣和需要。在教学组织形式方面，杜威反对传统的班级授课，强调在制作的活动中学习。关于教师在教学中的作用方面，杜威反对教师具有专断性的主导作用，认为教师只应从旁协助学生活动。

杜威的教育理论，不仅推动了美国的"进步教育运动"，把实用主义理论付诸实践，而且，对世界各种社会制度的 30 多个国家产生了重大影响。但是，实用主义教育理论由于其自身存在的问题和漏洞，不但在苏联和新中国受到批判，在其发源地美国，也于 50 年代遭到批判。

"社会行为主义"也是西方现代教育思想的重要组成部分。美国的波比特和查特斯在本世纪 20 年代的一系列著作中，系统地提出了他们的课程思想。其区别于杜威的特点是着眼点不在儿童，而是针对成年人所从事的典型活动（主要是职业活动）进行科学分析，并以此为依据来为少年儿童编制课程，以便为他们进入成人社会做准备。他们受工业生产中目标管理的启发，提出在编制课程之前首先确定一系列目标，通过分析社会需要和人类生活活动来确定课程内容。把课程编制分为三个步骤：确定课程目标、选择课程经验、组织课程经验。特别强调行为目标的具体性和可观察性。

查特斯的学生泰勒和泰勒的学生布鲁姆等人，把"社会行为主义"课程论进一步完善和系统化。泰勒于 1949 年出版的《课程与教学的基本原理》中，提出了著名的"泰勒原理"。他把课程编制过程分为教学目标的确定、学习经验的选择、课程内容的组织和教学效果的评价四个环节。强调必须根据社会、学校和学生的需要，分析教育目的，把这些目的具体化、类型化；要求根据已确定的目的和学生特点，选择适当的教学内容，并探索最佳的课程组织形式和教学方法；必须对教学效果进行定性和定量分析，科学评价，并为下一轮课程的调整和改善提供反馈信息。布鲁姆的"教育目标分类学"则进一步完善了泰勒原理。

"社会行为主义"作为美国"进步教育运动"的一部分，和"实用主义"一样，在二战后的美国遭到批判并被打入冷宫。十几年后，它才得到重新评价，对美国以至世界各国的课程研究产生了广泛而深刻的影响。

通过上述分析和比较，可以看出近年来我国引进的 MES 和 CBE 及其用以课程开发的 DACUM 方法，均带有明显的"实用主义"和"社会行为主义"的印痕，与西方现代教育思想有着千丝万缕的联系。当然，它们产生于生产力进一步提高的七八十年代，与杜威、泰勒所处的背景相比有了重大变化，在实践中也为社会经济发展培养了大批劳动者，为推动生产力的提高发挥了不可低估的作用。因此，MES 和 CBE 并不等同于杜威和泰勒的教育思想。

在引入 MES 和 CBE 等职业技术培训模式的过程中，我们必须遵循从中国国情出发，采取"广吸收、不套用、有创新"的态度，努力探索有中国特色的职教理论。

终身教育和课程的"立交桥"①
——对"宽基础、活模块"的再思考之十

终身教育（lifelong education）是现代教育思想的重要体现，是国务院批转的教育部《面向21世纪教育振兴行动计划》的重要内容。江泽民同志在全国教育工作会议上强调："终身学习是当今社会发展的必然趋势……基础教育、职业教育、成人教育和高等教育要加强相互间的衔接与沟通，为学习者提供多种多次受教育的机会。"（江泽民，1996）中等职业学校教育是终身教育体系中的重要环节，其使用的课程模式必须体现终身教育思想。《集群式模块课程（宽基础、活模块）》（简称KH模式），在诞生和完善的过程中，始终把终身教育作为指导思想之一，力图通过课程使中等职业学校的毕业生能登上四通八达的"立交桥"，成为职业生涯的成功者。

（一）科技进步需要劳动者终身学习

终身教育思想是现代科技进步对教育提出新要求的必然产物，它是在科技进步使生产技术、生产组织、生产工艺不断变革而造成的劳动变更和职业变换的背景下形成的。由此不难看出职业教育与终身教育密切相关的程度。终身教育一词始见于1919年的英国，并于20世纪60年代得到了联合国教科文组织的赞同而得以广泛流传。曾任联合国教科文组织成人教育局局长的朗格朗（P.Lengrand）所著《终身教育引论》（1970），由联合国教科文组织出版的《学会生存——教育世界的今天和明天》（1972）等专著，确立了终身教育的理论框架，引起了全世界的关注。

职业是社会分工的产物，并随生产力水平的提高而不断演变，在知识经济初见端倪的今天，科技进步对职业演变的影响越来越大，职业演变的速度越来越快，终身教育的重要性越来越强。在联合国教科文组织召开的"面向21世纪教育国际研讨会"上，学者们指出：平均50%的职业可能在一代人的时间内发生变化，每3～5年就有约50%的职业技能需要更新。美国、德国的一些未来学家预计：人类的职业大约每15年就将更换20%，而50年后，现存的大部分职业都将寿终正寝，取而代之的是我们现在无法想象的职业。在手工业时代，"一招鲜，吃遍天"是激励人们学艺从业的信念，靠"一招鲜"不但能美美地过一辈子，还能让子子孙孙受益；在工业化时代，一技之长也是人们立足于社会的基点，但已经有越来越多的人感受到难以靠一技之长过一辈子的压力；在信息时代，职业演变的速度加快，人们将习惯于知识和技能的迅速淘汰，并通过不断地学习来更新自己的知识、技能，以适应这种变化。美国著名未来学家约翰·奈斯比特（John Naisbitt）和帕特里夏·阿布迪尼（Patricia Aburdene）指出："不论你是否愿意，信息社会使我们每个人都成为终生学习者。"因为现代社会已经证明，只要你不再继续学习，就意味着你的职业生涯已临近结束。其实，现在已经具有大学文化水平的人，在他一生所学的各种知识总量中，只有20%是在正规学校中获取的，80%的知识，特别是最实际、最实用的知识和能力是在学校毕业之后根据需要逐渐学到的。

---

① 蒋乃平.1999.终身教育和课程的"立交桥"——对"宽基础、活模块"的再思考之十.教育与职业，（10）：13-15

学历对于现代社会的从业者很重要，它体现了从业者开始职业生涯的起点水平。一个国家国民受教育的平均年限，反映了一个国家民族素质的整体水平。然而，具有一定的学历，并不意味他一定能成为职业生涯的成功者，正如德国科学家爱因斯坦所说的："智慧并不产生于学历，而是来自对于知识的终身不断的追求。"一个职业生涯的成功者，必定是一位终身追求知识的自觉者。

KH 模式从诞生之日起，就把终身教育作为重要的指导思想，力图使这一适用于中等职业学校教育的课程模式，成为面向未来的课程模式。"宽基础"不但是面对一个职业群的"宽"，而且是为受教育者奠定继续学习基础的"宽"；"活模块"不但是提高就业适应能力的"活"，而且是及时更新强化训练内容的"活"。正如《中共中央国务院关于深化教育改革全面推进素质教育的决定》（简称《决定》）强调的："抓紧建立更新教学内容的机制。"中等职业学校教育是定向教育的基础环节，它的课程不但必须定向于一个职业及其所在的职业群并能及时更新内容，以提高毕业生的就业适应性，而且必须为学生终身不断接受定向教育奠定扎实的基础，以保证学生今后的可持续性发展。正如《决定》所强调："当今世界，科学技术突飞猛进，知识经济已初见端倪，国力竞争日趋激烈。教育在综合国力的形成中处于基础地位，国力的强弱越来越取决于劳动者的素质，取决于各类人才的质量和数量，这对于培养和造就我国 21 世纪的一代新人提出了更加迫切的要求"。一代新人的重要特点之一，是具有继续学习的基础和能力。

（二）课程是连接各类各级教育的"立交桥"

课程不但是连接社会与教育的桥梁，而且是连接各级各类教育的桥梁。《决定》强调："构建与社会主义市场经济体制和教育内在规律相适应、不同类型教育相互沟通相互衔接的教育体制，为学校毕业生提供继续学习深造的机会。"《行动计划》明确要求，要努力建立符合我国国情特点的职前与职后教育培训相互贯通的体系，使初等、中等、高等职业教育与培训相互衔接，并与普通教育、成人教育相互沟通，协调发展。这种衔接和沟通，主要体现于三方面：①职教与成教即职前与职后教育的衔接和沟通；②中等与高等职教的衔接与沟通；③职教与普教即中等职教与基础教育、普通高等教育的衔接与沟通。由于我国以初中后分流为主并重点发展中等职业学校教育，所以中等职业学校教育必须成为四通八达的"立交桥"，才能确立其在终身教育体系中的地位，才能使其富有活力。而中等职业学校教育与其他各级各类教育的衔接和沟通，主要体现在课程上，只有课程具有"立交桥"的作用，才能实现实质上的衔接与沟通。

KH 模式做为适用于职前的中等职业学校教育的课程模式，其课程与高等职教，以及职后的成人教育之间的衔接与沟通，可用图 1 说明。

图中虚线以下的部分是中等职业教育的课程框架，虚线以上的部分是高等职业教育和职后教育短期培训的课程框架。A1、B1、C1、D1 是中等职教"宽基础"的四大板块，即政治文化类，工具类（外语和计算机）、公关类（亦可称社会能力强化类）、职业群专业类（即面对职业群的公共专业理论和技能课）；A2、B2、C2、D2 是高等职教"宽基础"的四大板块，是与 A1、B1、C1、D1 相对应的螺旋式上升的内容。

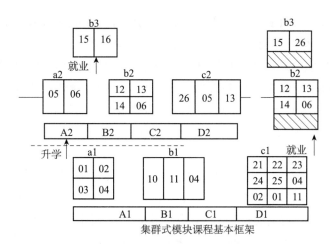

集群式模块课程基本框架

图 1 集群式模块课程基本框架图

a1、b1 等英文小写字母表示针对某一特定职业（或工种）设计的"大模块"，由中等职业学校实施；a2、b2 等则是 a1、b1 等对应模块的提高，在高等职业学校或职后培训中实施。职后短训（指已接受过中等职业学校教育后的职后培训）不与学校挂钩，其内容与高等职教"大模块"的内容相似，由于没有"宽基础"的铺垫，必须增加补充模块，亦称先修模块，即图中用阴影表示的部分，其内容是 D2 的一部分。"大模块"的内容以职业标准为导向，以技术等级标准为依据，b1、b2、b3 对应不同等级。这种对模块的设计的思路，是根据中国国情安排的，既适用于属于学历教育的中等职业学校，也适用于《决定》中提出的："职业教育和成人教育要通过多种方式，为加快提高劳动者素质，为转岗、分流、下岗职工再就业提供教育和培训。"为"多种方式"的实施提供预先设计好的"大模块"及其"先修模块"。

01、02、03 等阿拉伯数字表示针对某一特定职业（工种）所需知识、技能的"小模块"，既可按 CBE 所使用的 DACUM 表以能力分解为依据确定内容，也可按 MES 以工作步骤分解为依据确定内容，还可以按我国职业资格鉴定标准的"应知、应会"的各项要求为依据确定内容。有些"小模块"可在不同的"大模块"中出现，即有些内容虽然不是职业群中所有职业共有的，无法"集群"到"宽基础"中，但却是职业群中部分职业所共有的。"小模块"内容相对独立，可以灵活组合。

我国高等教育分为学科专业教育、技术专业教育和高等职业教育三大类，其培养目标和课程设置均有区别。由于我国高等职教刚刚起步，其内涵还在探索之中，但有一点是明确的，即高等职教毕业生的主要工作岗位在各行业第一线，偏重应用，是"下得去，用得上"的应用型人才。其学习内容既不是大学本科的浓缩即"大专"，也不是高等级的单工种培训，应该有其特有的课程模式。从现在高等职教课程改革的趋势看，其课程结构与 KH 模式有异曲同工之处。

KH 模式为目前通过两种"入口"进入高等职教的两类生源安排不同课程提供了思路，即高等职校应为两类生源安排不同的先修课程：通过普通高考进入高等职教的普通高中毕业生，应先修 D1 和相应模块的内容，才能学习 D2 的内容；通过对口招生进入高等职教的中等职校毕业生，应在 A1 的基础上补充文化课的内容，才能学习 A2 的内容。两类学生均需先修各自所缺的课程，才能开始高等职教的常规学习。

高等职校的课程，既不能忽视普通高中毕业生专业知识和技能是"零起点"的现实，也不能忽视中等职校毕业生文化基础低于普高生的事实。普高生进入高职后，不先修相应职业群所需的专业知识和技能，难以达到高等职教应有的培养目标，必将混同于原有的"大专"，是高等职教的"自我贬值"；职校生进入高职后，不先修必要的文化课，也难以上层次。如果让职校生进入高职后，与普高生一起学习"零起点"的专业课，不仅是对教育资源的严重浪费，而且是对已成为我国教育体系重要组成部分的中等职业学校教育的否定，也使高等职教难以名副其实。KH 模式为中、高等职教的衔接提供了合理思路；使高等职教的课程在总框架不变的情况下，能适应两类生源的不同特点，优化课程效果。

职业学校的学生无论是品德的陶冶、知识的学习、技能的训练、体质的提高、能力的培养，均需通过学校设置的课程予以落实。然而，一个人在校学习的时间是有限的，在知识经济初见端倪的当今世界，学习将伴随着一个人职业生涯的始终。学习是手段而不是目的，通过终身不断的学习，去更新自己的知识和技能，才能在一个不断变化的社会中生存。正如未来学家约翰·奈斯比特所说："在信息社会中，唯一永恒的就是变化。"他还强调："在一个不断变化的世界中，没有一种或一组技能能为你服务一辈子，因此，现在最重要的技能是学会如何学习。"1998 年到北京执行"教育与中国市场经济的关系"项目的爱尔兰和丹麦职教专家，也强调：给学生一条鱼，不如给学生一张渔网。可见，职业学校教育不仅是传统意义上的"传道、授业、解惑"，也不是片面地单纯强调技能训练，而应该帮助学生在学会知识、掌握技能的同时，奠定终身不断学习的基础，并学会如何学习新知识，学会如何掌握新技能。

KH 模式不仅注重与高等职教、职后成人教育的衔接，而且通过"两套标准"来适应进入中等职业学校的初中毕业生水平参差不齐的现实，使他们通过弹性选课得到符合个人实际的提高，不但能在学习生活中得到成功的喜悦，而且能在职业生活中得到立足和发展，既注重了中等职教与基础教育的衔接，又强调了与就业市场的沟通。KH 模式把课程的"立交桥"作用作为重要的设计思想，强调中等职校课程是终生教育体系中的一个环节，并突出了就业教育的特点，体现了课程在宏观方面的有序性原则。

（三）课程是淡化各类中等职业学校之间区别的渠道

由于管理体系，以及种种历史上的原因，中等职业学校分为普通中专、职业高中（含职业中专）、技工学校、成人中专等多类，随着高等职教的发展，职业教育体系已初步形成，淡化各类中等职校之间的区别，理顺初、中、高等之间的关系已成当务之急。

由于高等职教的发展，中等职教培养目标的定位日趋明确；由于科技进步对劳动者素质的要求越来越高，继续学习基础的奠定日渐得到重视；由于劳动就业体制的改革，以单一工种为培养方向的专业生命力越来越弱。各类中等职业学校的培养目标趋同，改革方向一致，为通过课程来理顺各级学校之间的关系，淡化各类中等职业学校之间的差别，提供了可能。

以三年为主、四年为辅的学制和定位在工作一线的技术、管理操作性人才的目标，使各类中等职业学校课程设置有了趋同性。不但可以使地位尴尬的普通中专，通过课程综合化，使用新的课程模式等手段，在教学质量得到保证的前提下缩短学制（必要的专业仍应四年制），成为中等职校中的示范骨干校，而且可以使职业高中、技工学校、成人中专等其他中等职业学校教学质量有了新的标准和努力方向。国家教育部制定并实施《中等职业教育课程改革和教材建设规划》，不但强调建立面向 21 世纪的职业教育新的课程体系，而且要制定 80 个量大面广的中等职业教育骨干专业教学基本文件，确定全国统一的基础课程教学规范，表明了课程是淡化各类中等职业学校的重要渠道，是提高教育质量和效益的手段。通过对国家课程、地方课程、学校课程的合理组合，既能使中等职教有国家标准，又能让地方和学校形成自己的特色。

参加 KH 模式实验研究的学校，既有职业高中，也有普通中专和技工学校，各方配合默契、合作愉快，这一事实，说明了课程是淡化存在已久的各类中等职业学校之间的差异，同心合力，争取形成中等职教整体合力的最佳方式。

课程不但是沟通各类中等职业学校之间的桥梁，而且是衔接中等职教与基础教育、成人教育、高等教育的桥梁，还是衔接教育与职业、教育与社会的桥梁，面向 21 世纪的职业学校教育，应尽快建立符合国情的"立交桥"式的课程体系。

参考文献

江泽民 . 江泽民在全国教育工作会议上发表重要讲话强调：国运兴衰系于教育　教育振兴全民有责 . 人民日报，1996-06-16（第 1 版）

蒋乃平 . 1998. 把眼光早一点投向社会——学会择业 . 北京：北京师范大学出版社

C. J. 泰特缪斯 . 1990. 培格曼国际终身教育百科全书 . 北京：职工教育出版社

五十二、梁忠义

梁忠义（1930—2004），男，教授，博士生导师。吉林双阳人。

1953 年毕业于东北师范大学政治系，1955 年毕业于北京师范大学教育研究生班教育史专业。历任东北师范大学国际与比较教育研究所所长、教授、博士生导师，《外国教育研究》杂志主编，全国教育科学规划领导小组比较教育学科组成员吉林省哲学社会科学规划教育学科组组长，教育部国家教育发展研究中心兼职研究员，吉林省政府决策专家咨询组成员，全国比较教育研究会会长，中国职业技术教育学会理事及学术委员，中华日本学会理事，吉林省高教学会副会长等。

1985 年由吉林省政府授予"吉林省有突出贡献的中青年专业技术人才"称号，1992 年获国务院特殊津贴，1993 年获"吉林英才"奖章，1996 年获宝钢教育基金优秀教师奖，1997 年获曾宪梓教育基金高等师范院校教师奖。

长期从事比较教育和职业技术教育的教学与科学研究工作，出版著作 15 部、译著 9 部，发表论文 150 多篇。

《职业技术教育手册》（东北师大出版社）、《现代外国教育》（大连海运出版社）、《战后日本教育——日本经济现代化与教育》（吉林教育出版社）获 1990 年全国首届教育科学优秀成果一等奖，《日本教育发展战略》（吉林教育出版社）获 1998 年教育部普通高等学校第二届人文社会科学成果二等奖，《教师教育》（吉林教育出版社），获 1999 年全国第二届教育科学优秀成果二等奖。

论日本职业高中 [①]

日本职业高中分工业、农业、商业、水产、家政等类别，为高中教育体制的必要组成部分。本文将对日本职业高中教育政策的演变，职业高中各科教育的课题及高中职业教育的当前对策略加论述。

（一）日本职业高中教育政策的演变

战后初期，在清除军国主义和重建日本经济时，日本政府以美国教育体制为模式，确立了日本高中的教育体制，其特点是高中实行综合制原则，同战前相比，职业教育受到削

---

① 梁忠义 . 1986. 论日本职业高中 . 职业教育研究，（2）：51-55

弱，普通教育被置于重要地位。

50 年代初，日本经济的迅速恢复与发展，迫切要求廉价的青年劳动力。对此，政令改革委员会于 1951 年发表《关于改革教育制度的咨询报告》，提出必须重视职业教育，充实职业教育课程，将综合制高中分为普通高中与职业高中，废止学区制等意见。同年制定的《产业教育振兴法》，对上述意见做出法律的保证。这个法令在于谋求制订振兴产业教育的综合计划，"通过产业教育，确立对劳动的正确信念，在掌握产业技术的同时，培养工人的创造能力"，在"初中、高中、大学或专门学校，对学生进行为掌握从事农业、工业、商业、水产及其他产业所必需的知识、技能和态度"的教育。

自 1955 年日本经济步入高速增长阶段以来，产业界对改革和扩充职业教育极度关心。1956 年 11 月"经团联"（经济团体联合会）发表《关于适应新时代要求的技术教育的意见》，提出要有计划地培养技术人员和熟练工人，推动义务教育中的理科教育、职业教育；刷新劳动青少年的技能教育等。

1957 年 12 月，"经团联"又发表《关于振兴科学技术教育的意见》，要求"把初等、中等教育制度的单轨制改为双轨制，初中和高中教育要根据学生的意向、特点和能力，分别施以有效果的、有效率的普通教育和职业教育"。基于产业界的要求和产业结构的特点，日本教育根据人才开发政策和能力主义原则进行政革。对此，文部大臣于 1963 年和 1966 年分别向中央教育审议会、理科教育和产业教育审议会提出"扩充整顿后期中等教育"和"高中职业教育多样化"的咨询，经过三年多的反复审议，中央教育审议会于 1966 年 10 月提交了《关于扩充整顿后期中等教育》的咨询报告，其中心内容是后期中等教育的多样化，即"为使高中教育适应学生的特点、能力和将来出路的要求，并适应职业的分化和新领域对人才的需要，要从内容和方法两方面对高中的普通学科和职业学科进行重新研究，以设法使之多样化"。而理科教育和产业教育审议会《关于高中职业教育多样化》的咨询报告也于 1967 年 8 月发表，要求各校根据实际情况设置新学科。基于此，各校对职业科作了调整，去掉了一些已经落后于产业发展和技术革新需要的学科，增设了一些急需而过去又没有设置的学科，实现了专业细分化。

以 1973 年中东石油冲击为契机，日本经济由高速增长进入"稳定增长"阶段，使产业结构由劳动密集型向知识密集型转变。产业结构的转变要求职业教育的毕业生具有较宽厚的基础知识，较大的适应性，较强的解决实际问题的能力等。这样，60 年代基于"职业教育多样化"政策而导致的专业细分化便充分暴露出其弱点，即分工过细的教育是不具有适应性的。因此，1973 年日本文部省成立"改革职业教育委员会"，着重对职业教育多样化政策进行重新研究。经过三年多的时间，于 1976 年发表了《关于改革高中职业教育》的报告，其主要内容为：重视基础教育，教学计划要有伸缩性，改善学科结构、加强劳动体验。这四点意见在 1978 年修订的现行高中教学大纲中都得到了反映。

总之，日本"职业高中教育政策"经历了一个从被削弱到被加强，从多样化到基础化的发展过程。这个演变恰恰是同日本经济发展和产业结构的演变相适应的。

（二）日本职业高中各科教育的课题

1. 工业高中教育

工业高中教育在日本产业界的强烈影响下，从 50 年代后半期开始至 60 年代初，由于大企业"充实工业高中"的呼声，伴随 60 年代经济高速增长政策，特别是根据新设工业高中接受国库补助的制度，同各地高中生急增对策相结合，在全国普遍增设起来。工业高中的增设，意味着工业高中入学人数的增加，而入学人数的增加又与同学力水平的降低联系在一起，其结果带来了工业高中毕业生在企业社会的地位下降，从而促使初中毕业生竞相升入普通高中，而那些学力水平不高的非本意的学生进入了工业高中，形成恶性的小循环。学生学力水平的下降，无论是在具有战前"实业学校"传统的高中，还是新设的高中，都是一样的。

由于工业高中毕业生数量的增多和学力水平的下降，由于技术革新的进步，在人才培养规格上也相应发生了变化，即从培养骨干技术员向培养技能工转变。在 60 年代"多样化"政策和"产学合作"政策的基础上，特定的企业同工业高中结合，为特定的企业需要，工业课程实行了学科细分化，进行狭隘单一的工业教育，这样，培养技能工的性质胜于培养技术员。这种轻视作为工业教育的基础教育的倾向，脱离工业教育一般基础的"专门"科目的学习，使工业教育成为偏狭的教育。

进入 70 年代以来，工业高中教学大纲在"目标"上也发生了变化。1970 年度的目标是：①使学生掌握工业各部门的骨干技术员所必需的知识和技术。②使学生理解工业技术的科学依据，培养谋求不断进步的能力和态度。③使学生理解工业的社会的、经济的意义，培养在行动中共同负责的态度和对劳动的正确信念，养成谋求发展工业的态度。

1978 年修订，1982 年实施的工业高中教学大纲，对其"目标"作了如下修改：

"使学生掌握工业部门的基础的、基本的知识和技术，在使之理解现代社会中工业的意义和作用的同时，合理解决工业技术的各种问题，培养谋求发展工业的能力和态度。"很明显在"目标"一项中，"骨干技术员"被取消了，教学科目也从 164 种减少到 64 种。无疑，精选教学科目是必要的，但就工业教育的"目标"来讲，是降低了工业高中教育的社会地位。

从工业高中教育存在的问题出发，作为改善工业教育的基本方向，应该是使学生牢固地掌握技术的理论和实际的基础，精选教学内容，将相近的学科组成为一个系统，使学生能够真正掌握适应技术革新的基本的知识和技术，重视实习和实验，有明确的到达目标，改善教学领导。

2. 农业高中教育

农业教育的基本问题在于日本的农业。众所周知，60 年代"国民收入倍增计划"期间的经济高速增长，是以牺牲农业为前提的。以重化学工业为中心的工业生产虽然飞跃地发展起来，但支撑它的力量是农民。农民在政府的"劳动力流动化"政策支配下，离开自己的土地，流落到城市出卖劳动力，成为城市的工资劳动者，是他们推进了经济高速增长。政府还以稻米过剩为理由，减少水稻生产，实行使农民脱离农村的"结构改善"政策。其结果导致农村地区"过疏化"，生活、教育和家族关系都发生了重大的变化。

在70年代，政府进一步实行60年代的"农业改善"政策，采取所谓"综合农政"的政策。"综合农政"的性质主要是调整稻米生产和利用这一调整改善食管制度，促使个体农户瓦解，谋求农地经营扩大化和农地流动化；以"系统化"的形式，形成"高生产性农业"，缓和限制进口农产品，扩大"自由化"。在这一政策的基础上，作为一般倾向，国民对农业、农户发展前景失去了信心，仅靠农业维持生活的专业农户处境困难，兼业农户广泛地发展起来。

基于农业生产存在的严重问题，农业教育的发展便处于难以把握的状态。志愿报考农业高中的学生减少了，升入农业高中的多为学力差，上不了普通高中的学生。同时，从农业高中或农业学科毕业的学生中就业于农业的人数也逐年下降。此外，在教学计划方面，使农业科目在内容上系统化也是一件很困难的事情，各农业科目之间的区别与联系是有待研究解决的一个问题。因此，对农业教育的现行科目应加以重新编订和合并，组成新的学科结构，根据各学校在地区所具有的作用，从日本农业的特点出发，充实完善教学计划。

1978年制定的高中教学大纲，新设了"农业基础"科目，大纲将其目标规定为："通过培育农作物的体验性学习，使学生掌握有关农业的基础知识和技术，在提高对农业及农业学习的兴趣和爱好的同时，发展解决农业生产问题的能力，培养渴望发展农业的积极态度。"其内容是："①农业的现状和作用；②农业生产和设计；③农业生产的计划、管理、评价；④学校农业俱乐部"。这个科目是高中一年级农业各学科的共同必修科目，对推进农业教育有一定意义。

现行教学大纲，很重视劳动体验。在农业实习中，依据自然界动植物的生长过程，能够进一步体验科学技术是怎样发挥作用的。通过农业生产的实习，学生还能亲自看到劳动的成果，对劳动的喜悦有切身体会，有助于他们树立所期望的劳动观。为此，大纲规定："有关农业的学科里，原则上把有关农业科目的总教学时数的5/10以上安排为实验、实习的内容。"然而，其实际作用如何，还有待于充实教师和设施设备的条件。

日本高中农业教育的改善问题，不仅靠教育自身所能解决的，其基本方向是同日本农业发展的前景相连的。

3. 商业高中教育

80年代的商业高中教育，同70年代相比，就数量而言，是有明显差异的。据统计，1980年度高中在校生总数为461.6万人，职业高中在校生总数为134.5万人，占高中在校生总数的29.1%；商业高中在校生总数为57.6万人，占高中总人数的12.5%，占职业高中总人数的42.8%。而1970年商业高中总人数为69.2万人，占高中生总人数的16.4%，占职业高中总人数（171.9万人）的40.2%。相比之下，商业高中人数有所下降，但在高中教育中，应占有重要地位。

商业高中学生数的下降倾向，早在 70 年代就明显表现出来，如城市的私立商业高中相继向普通高中转变，而在公立普通高中内并设的商业学科也被合并、取消或转科，至于所设的高中基本上都是普通高中。这种倾向的形成，是同与能力主义教育相联系的多样化政策和高学历志向密不可分的，当高中入学率达 94% 时，高中教育已从选拔性教育转变了大众化教育，成为国民教养的机构，因而以普通科为中心的教育变成社会的主流。实际上，学习商业科的很多学生，对商业教育并不十分了解，认为商业教育同未来的出路、希望的具体联系比较薄弱，主要是根据在初中时所获得的基于学力水平的出路指导，认为升入大学不抱希望，所以才为了就业而进入职业高中。因此，确保学生的基础学力，使他们具有生活的能力，仍然是商业教育的重大任务。

基于上述情况，现行高中教学大纲对商业科的目标作如下规定："使学生掌握有关商业各部门的基础的、基本的知识和技术，理解商业在国民经济中的意义与作用，同时，培养合理地、实际地从事于多种商业活动的能力和态度，养成作为经济社会建设者所要求的素质。"商业教育的组成有"商业经济、簿记会计、计算事务和情报处理四个部分"。"商业经济"是有关商业活动的各种问题，是从整个国民经济的立场出发所应学习的主要内容，这是它的重要特点。这个科目的重点在于使学生掌握有关以买卖为中心的商业活动的基础知识。"综合实践"课在商业科中处于核心的地位，目的是"培养学生在商业经营中合理地、有效地处理必要的业务的能力和态度"。由于它同其他科目相关联，因而强调对商业学科的内容，诸如了解商业行情，理解国民经济的整体，有关买卖的事务、实务的手续等重点内容，必须在日常工作中反复进行，贯穿着实用主义、操作主义和态度主义的内容。

商业教育目标，不仅是为保证学生将来能够从事特定职业的商业教育所要求必须掌握的专门知识和技能，而且也是以牢固地掌握职业教育的基础知识为目的，也就是说，通过改善商业教育科目，使学生的学力发展从可靠性变成现实性，确保具有以职业的自立和专门教育为目的的基础能力，形成所期望的职业观和劳动观。

（三）高中职业教育当前的对策

在世界新技术革命的浪潮中，日本产出结构审议会于 1980 年 3 月发表《80 年代通商产业政策的应有状态》的咨询报告，提出了"通向技术立国之路""创造性的技术立国"的概念。

日本政府把 1981 年称作"科学技术立国元年"。日本在提出"科技立国"战略目标后便开始酝酿和着手准备对职业教育的改革。因为在新技术革命条件下，大力发展独创性技术，发展高技术工业，必然导致产业结构、就业结构的重大变革，因而也就必然对职业教育提出新的更高的要求。1981 年 1 月，文部大臣向理科教育和产业教育审议会提出"今后高中职业教育的应有状态"的咨询，审议会开始进行审议。1982 年 1 月成立专门机构负责制定具体的改革政策，同年 12 月发表中间报告，1984 年 6 月理科教育和产业教育的产业教育分科会发表了以《关于高中今后的职业教育》为题的咨询报告，这个报告反映了日本高中职业教育改革的新动向。

80 年代高中职业教育改革的出发点主要是：①要适应产业经济变化对雇佣质量所带来

的影响；②根据学生多样性的实际，即每个学生的能力，个性、兴趣，爱好、出路，实施具有弹性措施的教育；③在技术革新的进展和专门领域的知识、技术的量的扩大、高度化当中，重视具有应用性的基础、基本教育和实验、实习等实际的、体验的学习，培养具备自主的学习意志、态度、能力的有应变性的职业人；④为实施以多样的富有引力的职业教育，推进同其他学校、其他学科和各种教育训练设施的协作，开展开放的职业教育。

关于改革高中职业教育的主要措施，可归纳如下：

1. 充实、改善职业学科

具体要求是：①为切实应付今后技术革新的进展和社会的需要等变化，必须不间断地研究学科的综合与分化；②适应电子工学的进展和服务经济化，要新设适当的学科，例如"电子机械科""国际经济科""农业经济科""福利科"等；③在教育内容方面，进一步充实信息处理教育，适应尖端技术（生命工程学、新材料）的进展，充实同服务业相关联的内容，谋求引进管理技术和有关系统技术的内容。

2. 教学计划的多样化、弹性化

具体要求为：①为适应伴随经济社会的变化职业种类和业务内容的复杂化、学生出路的多样化等，例如在有关农业的学科和有关工业的学科，可学习簿记、销售学等商业方面的科目，通过超越学科间界限的各种教学科目的学习，力求编订有特色的教学计划；②将现行教学计划弹性化，开设"课题研究"，例如，为取得职业资格在校内的准备学习，通过个人或小组以解决课题为目的而进行广泛的学习。

3. 在职业教育中开展协作

这主要是：①推进学校、学科间的协作，包括教员的交流，设施、设备的相互利用，科目、课程间的互相学习和互换学分，集合型职业高中的设置等。②为将在专修学校等高级中学以外进行的多样教育纳入高级中学教育，要承认学生在高中以外场合的学习，可认定为相当于高中的各科目、课程的学分，谋求学分认定方法的弹性化。在此情况下，要考虑把"课题研究"作为学分认定的广泛领域加以有效利用。③由于超出学校、学科间范围的多科目、课程的学习和同专修学校等协作的学习，带来了高中学习形成的多样化，学校要根据学生的需要允许他们自由选择学习个别的科目、课程，在认定其学分时，可采取积累计算方法，以满足对高中教育的多样要求。④同尖端产业和地区产业的发展，谋求推进生活基础设施的整备以活跃地区社会的地区政策相配合，高中的职业教育有必要重视与地区社会的结合。

4. 充实普通科中的职业教育

这方面的要求有：①由于从普通科毕业之后立即就业的学生占相当多数，有必要根据学生就职状况的需要广泛开设适当的职业科目，力求使学生切实选修。②有关普通科的职业教育，从更有效率地进行职业教育的观点出发，新设关于职业的基础科目，如"职业概论"，同时，为适应科学技术的显著发展和信息化社会，有必要研究新设有关信息处理的基础科目，如"技术概论"、"信息基础"等。③在劳动体验学习中，力求有效发挥"农业基础""工业基础""综合实践"等基础职业科目的作用。

此外，要尽可能开设同职业资格和技能、技术检定相关联的各种科目，以利于职业资格的取得，要从提高职业教育的教员素质出发，加强在职研修和任用有丰富职业生活经验和高超见识的人承担教员工作；要加强对初中学生的出路指导，进一步扩大体验入学，为加深高中的专门教育，可设置修业年限超过三年的高中，有必要研究修业年限的弹性化等。

总之，日本高中职业教育改革的对策是值得重视的，其许多措施力求适应新技术革命的客观要求。但能否切实推进这一改革，从而克服高中职业教育中存在的难题，还必须同整个教育制度的改革联系起来。只有这样考虑问题，才能就其改革措施的实际意义做出判断。

日本职业训练制度的特点、问题及发展趋势 [①]

日本职业训练制度自幕末开始，迄今已有百余年的历史。但严格地讲，战前的职业训练并未得到很大发展。战后的职业训练制度，经历了经济复兴、经济高速增长、产业结构调整和经济结构转换等发展阶段，适应其变化不断进行修改、补充和完善，建立起含有实施系统、保证系统、激励系统和管理系统的职业训练制度，为日本经济的发展和社会的安定作出了重要贡献。因而研究日本职业训练制度的特点、问题及发展趋势，对大力发展我国职业教育和成人教育是很有借鉴意义和参考价值的。

（一）

日本职业训练制度有如下几个比较突出的特点。

1. 社会化的投资——多渠道的职业训练经费筹措方式

职业训练经费是否有保障、是否充足，关系到职业训练能否顺利发展，因此，它受到许多国家的高度重视。大量增加对职业训练的投资成了许多国家发展职业训练的基本措施之一。然而经费问题似乎远不止是靠国家、政府大量增加投资就能解决的简单事情，更重要的是看它是否在政府拨款之外，为职业训练准备了充分的、稳定的经费来源渠道。因为国家、政府的投资毕竟是有限的，也就是说多渠道的职业训练经费筹措方式是职业训练顺利发展所不可缺少的要素。职业训练的投资方式多因社会制度、文化传统、经济发展水平等方面的不同而有所差异。日本以其市场经济运行机制为依托，采取了社会化的职业训练投资模式，即社会（特别是产业部门、企业）取代政府作为职业训练的投资主体。政府投资则作为辅助，主要用于扶助贫困地区发展职业训练，支持中小企业开展职业训练，开展对老年人、失业和转业人员、身心有缺陷者的职业训练，开发新的职业训练领域和方法等

---

① 梁忠义 . 1994. 日本职业训练制度的特点、问题及发展趋势 . 外国教育研究，（5）：1-8

公共性、社会保障性的职业训练。政府在稳定增加对公共职业训练的投资以基本保证公共职业训练经费的同时，积极倡导、鼓励民间团体和个人投资于职业训练，从而多管齐下，共同确保职业训练资金的充分投放，进而从根本上消除了职业训练发展过程中的资金短缺障碍。日本职业训练的这种投资模式在其职业训练有关法规中有着充分的体现，如《职业能力开发促进法》《雇佣对策法》《雇佣保险法》等法规规定了国家和地方政府各自对职业训练经费负担的比例，对公共职业训练的拨款办法及对民间职业训练机构（主要是企业内教育机构）的补助办法，对职业训练受训人员的补助费用等。这种职业训练投资方式调动了民间特别是企业对职业训练投资的积极性，使职业训练经费的来源多样化，从而减轻了政府的负担，也使职业训练经费有充分的保障。如1979年度日本公共职业训练经费的预算额约合3.15亿美元。另外，雇佣促进事业团也投入共约合10.7亿美元的雇佣保险金和利息，每年为师资培训、高级技术训练，以及有关职业训练的科学研究等提供部分经费。日本企业内教育的费用更是达到了相当的规模，据估算大体上与日本国立大学总体预算是等额的。社会化的投资模式——多渠道的经费筹措方式使日本职业训练经费有了充分的保障，从而确保日本职业训练的顺利发展。

2. 社会化的办学——以企业内教育为中心的庞大的全国职业训练体系

与社会化的职业训练投资相适应，日本职业训练也呈现出社会化形态，即主要由社会（特别是企业）作为职业训练的主体，承担职业训练的主要任务。政府办学则作为另一方面的重要力量，对企业办学进行辅助和补充。在职业训练社会化办学中，政府职业训练部门（劳动省）主要在制定"职业训练基准"、培养和培训师资、开发教材，以及提高职业训练水准方面发挥重要作用，在这种办学模式下，进而与终身雇佣制等日本雇佣惯例相呼应，形成了以企业内教育为中心的庞大的全国职业训练网。日本的职业训练体系甚为庞大，从办学主体上看，有公共职业训练体系和企业内教育体系两大块。公共职业训练形成了由职业训练校、职业训练短期大学校、技能开发中心等公共职业训练设施实施的由养成训练（即基础训练）、提高训练（即基础训练之上的训练）、能力再开发训练（即转业训练）所组成的阶段性职业训练体系；企业内教育亦形成了以职能别教育为横轴，以职层教育为纵轴的自我完善的教育训练体系。在日本庞大的职业训练体系中，企业内教育体系占据着中心地位，公共职业训练体系则是起着补充和保障的作用。在这个庞大体系下的日本职业训练机构众多，据统计，现有公共职业训练机构381所，加上职业训练大学校总共382所，企业内教育机构更是不计其数。这种庞大的职业训练网是日本实施职业训练的根本。

3. 社会化的管理——多样化的职业训练管理

在社会化的职业训练投资和办学基础上，日本建立了以产业部门为主体、以政府部门为政策保障和行政辅助的职业训练统筹协调管理机构，即社会化的职业训练管理机构。日本财界的主要团体"日经联""经团联""经济同友会"等在日本的产业训练方面发挥着主要作用。如1955年7月以"日经联"为中心成立的"日本产业训练协会"，作为日本企业内教育全国指导中心，对日本企业内教育的管理发挥着主体作用。而政府部门的职业训练管理主要通过经济手段调节、法律手段控制来进行，同时，辅之以督导和服务功能为主的行政管理手段。所谓经济手段调节就是国家用认定职业训练助成制度、带薪教育训练休假等经济手段来刺激那些培养社会紧缺人才的职业训练，抑止那些培养社会富余人员的职业训练的发展。接受补助的人员皆须具备国家规定的条件，并接受指导和约束。在双方这种契约关系中，职业训练就受到了管理和约束，其规模、结构等也得到了控制。所谓法律手段控制就是通过法规对合法的契约关系加以保障，对违法的违约关系或违约者加以制裁。即通过法规来奖励社会所期望的行为，抑制社会所反对的行为。所谓督导，是对职业训练机构对有关法规的遵守情况实行监督，对职业训练机构的办学条件、师资水平、教育质量进行评估，对职业训练机构的发展提供指导性建议。所谓服务，则是为职业技术教育机构提供举办职业训练所需的信息，如劳动力市场信息、新的职业训练模式与方法、课程开发信息等提供政策性扶持，如对一些效益不好，但培养国家急需人才的职业训练实行资助等。管理方式是以尊重职业训练机构办学自主权为前提的，与日本的市场经济体制是相适应的。也就是说多样化的管理是与日本市场经济体制相伴随的产物。

4. 规范化的职业训练

产业的发展要求工人具备较高文化水平和技术素质，客观上要求每个职业、各个工种特别是主要岗位都必须逐步实现职业功能规范化，真正使每个职工"在其位、明其责、受其教、备其能"。职业功能的规范化要求职业训练规范化，它是推进职工素质规范化的主要途径。同时由于职业训练面广、量大、层次多、工种杂，且具有工学兼顾，以传授生产技能、知识为主等特殊性，也要求职业训练必须有一套自己的规范。因此，日本很重视职业训练的规范化建设工作，这种建设主要包括以下几方面内容：①培训规划化。职业训练任务繁重，内容庞杂，因此，在实施培训前，必须有一个整体发展规划，以指导职业训练实践。日本每 5 年为 1 期的中央《职业能力开发基本计划》和各地方职业能力开发计划就具有这种作用。②训练目标规格化。根据岗位的客观要求，制定训练目标是保证训练规格，确保训练质量的关键，也是规范化职业训练的主要标志。③训练过程标准化。其核心是保证教材、大纲、教学计划三要素的标准化。日本劳动省职业能力开发局根据《职业能力开发促进法》，按训练性质或训练期限的不同，对各种职业训练机构分别拟定了职业训练的技能标准、训练课程及训练进度计划等，这就是以劳动省令的形式公布的"职业训练基准"，依据这一"基准"劳动省实行了职业训练教材认定制度。它们具有使培训目标规格化，教材、教学大纲、教学计划标准化的作用。此外，雇佣促进事业团为了有效地进行职业训练，对一部分工种还编有应掌握知识表、工作计划表、操作表等，作为指导员施教的依据。有了上述资料，师生都心中有数，教学容易，同时，指导员有变动时，仍可循序渐进，使训练不受影响，从而促进了职业训练规范化。

5. 正规化的考核——技能检定制度

技能考核是检验训练效果的重要手段，也是规范用人和待遇的重要依据。良性的技能考核具有大面积提高职业训练质量的作用，对于调动职工学习积极性和进取精神等有非常好的效果。因此，在许多国家，考核机构对受训人员技能的考核是整个训练不可分割的一部分，日本就是其中之一。日本自 50 年代建立起技能检定制度，伴随着职业训练的发展而不断健全和完善。现已由建立之初的 5 个工种、专业的考核发展到对 133 个工种实行技能检定（1989 年）。凡经检定合格，获得特级、一级技能士称号者，由劳动大臣签发证书和颁发技能士章，二级的由都道府县知事签发证书和颁发技能士章。除了技能检定制度之外，日本还有技能审查认定制度，以及其他民间团体、机构开展的技能考核。

6. 法制化的训练制度——完善的职业训练法规

法律代表一个国家的意志，具有其他任何形式的文件都不能比拟的极强的约束力。它是国家管理职业训练的根本手段。可以说职业训练法制化是发展职业训练的基础，发达国家在发展职业训练的过程中，无一不是运用立法手段来进行社会推动的。市场经济就是法制经济，制定各种法规，以法规的形式动员各方力量加强职业训练是日本发展、管理职业训练的重要手段。《职业能力开发促进法》《雇佣对策法》等，皆是保证日本职业训练健康发展的重要依据。这些法规要求全社会重视、支持职业训练，规定职业训练应达到的目标和各方的责任等。法规的核心就是运用国家政权的力量，以法规的形式来调动一切有利因素，推动职业训练的发展。立法尚需依法、执法，才能达到立法的目的。日本的职业训练法规除了规定了每个公民在职业训练方面的应有权利和义务之外，还规定了对违法者的处罚条款，以保证法律的执行。如《职业能力开发促进法》第九章就是有关处罚的条款。纵观日本职业训练制度的确立是以《职业训练法》等的颁布为基础，是在法律的保障下发展起来的，而它的不断完善也是通过对《职业训练法》的不断修正、补充和完善来实现的。正因为有了立法，有了较完善的法规体系，日本的职业训练才不至于一盘散沙，各行其事，而是有法可依、有章可循。这就为日本职业训练的发展提供了基本保证。

7. 严格化的师资队伍建设——职业训练指导员的许可、培养与研修

职业训练的质量是职业训练的生命，而保证职业训练质量的关键是要有足够数量的、高质量的职业训练师资队伍。为加强职业训练指导员队伍的建设，日本主要抓住三个环节：①严格选拔要求，实行许可证制。即只有达到法定的资格要求，才可取得职业训练指导员许可证，只有持有许可证才能担任训练任务。②加强培养，使师资队伍有稳定的来源。③强化在职研修，使职业训练指导员不断接受新知识、新技术，以适应现代科学技术发展的需要。为此，日本设立了以培养和培训职业训练指导员为中心任务的职业训练大学校。充足的高质量的职业训练指导员为日本职业训练质量的提高打下了坚实的基础。

8. 注重职业训练的科学研究

职业训练的长期、稳定、快速发展离不开对职业训练的科学研究。为开展职业训练的科学研究，日本于 1978 年 4 月在职业训练大学校里设置了职业训练研究中心，招揽金属、机械、电气、化学、建筑、土木和手工艺等职业的专门人才，以及从事教育、心理、经济和社会等的研究人员，到研究中心来从事职业训练制度、课程、教材、教法研究及其他临

床调查研究。

（二）

目前，日本的职业训练制度已形成较好的基础，是推动日本社会经济发展的强大杠杆。但也还存在着一些有待解决或改进的问题，主要是：

1. 学历主义思想困扰着职业训练特别是公共职业训练

在日本，对公共职业训练制度的社会评价并不很高。其中虽然有诸多原因，但是产业界只期望通过企业内的职场训练（OJT，On the Job Training）来形成职工的熟练技能，而对公共职业训练校乃至学校教育中对职业人的培养只是给予极低的评价乃是最重要的问题。而产业界的这种评价在很大程度受偏重应试技术教育的学校教育和国民大众中根深蒂固的偏重学力意识，以及轻视职业、产业教育等的社会风气的影响。社会上的学历主义思想与企业的学历主义录用方式等交织在一起，成了困扰日本职业训练尤其是公共职业训练制度的重要原因。因此，清除学历社会的弊端对职业训练的健康发展是至关重要的。

2. 对中老年职工的训练缺乏一套成熟的经验和做法

如前所述，日本的职业训练制度以往是以年轻的男性工人为重点的职业能力开发体制，这种职业能力开发体制是与终身雇佣制、年功序列工资制等雇佣惯例相适应的，是以金字塔型的劳动力构成为前提的。但是随着日本社会走向高龄化、女性工人的日趋增多，日本的传统雇佣惯例受到冲击，产生动摇。因此，日本的职业训练制度也必须作相应的变动，即需整顿和充实中老年在职工人、女工的企业内外的接受训练的机会，确立包括中老年工人、女工在内的全面的职业能力开发体制。虽然日本的企业工厂早已在制度和措施上对中老年工人和女工的训练有所加强，但迄今尚未打开局面，没有完善有效的做法，尚有待加强和改进。

3. 缺乏开发白领工人高度职业能力的训练体系

由于微电子化、办公自动化等技术的进步与信息化所带来的职务内容的变化，以及劳动力老化等的原因，日本正出现庞大的从事专门职业、技术职业、事务职业等的白领阶层，扩大训练工种，加强对白领阶层工人的培训势在必行。但是日本的职业训练，特别是企业内教育是采用 OJT 的形式以训练单纯的熟练技工发展起来的，主要是以第二产业为中心的。近十年来虽注意培养具有高度职业能力的白领工人，但起步较晚，进展不够显著，尚需进一步完善这一体制。

4. 各职业教育训练机构缺乏有机的联系协作体系

目前，日本从事职业教育训练的机构有文部省、劳动省及其他省、厅、局等政府单位，企业界和民间团体等。机构虽多，但却各自为政，虽各有优点，但缺点也不少。随着向终生学习体系过渡，以及开发白领工人高度职业能力的需要，加强职业训练机构与大学、研究生院、专修学校等的联系与协作将是不可缺少的。因此，立足于终生教育训练观点，为构筑白领工人职业能力开发体系而建立一个职业训练机构与职业教育机构之间的有机的、一贯的协作体系将是十分重要的课题。

5.职业能力评价体制有待于进一步完善

一定的职业能力开发体制必然需要一个与其相配套的职业能力评价体制，为确立这样一种体制，日本的技能检定尚需在以下几方面进行改善：①重新研究并扩大技能检定的对象工种。已有的技能检定工种的考试基准需要考虑技术革新的进展，重新进行研究，进一步扩大在就业结构中占有很大比重的第三产业领域里的技能检定工种。②完善技能检定的实施体制。伴随技能检定工种范围的扩大，中央和地方的职业能力协会的业务显著增加，因此，扩充上述这些实施机关的职能自不待言，此外尚需研究引入将部分检定的实施工作委托给企业与团体进行等新的考试实施方式。③对技能检定的多阶段化进行研究。伴随高龄化社会的到来，退休时间的延迟，工人的职业生涯长期化，需要一个与其相应的终生训练与终生技能评价体制。特别是技能检定在工人职业能力的每个到达阶段进行，有助于增进工人的自我启发意欲，同时也有利于企业采用重视职业能力的雇佣管理方式。为此，需要进一步研究技能检定多阶段化的方法。④强化技能检定与民间的职业能力评价制度及公共职业资格之间的联系。随着高学历化的进展，在学历之外，作为工人职业能力的评价与待遇的指标的资格制度受到注意。为此，需要完善充实这种资格制度，同时，通过强化技能检定与其他公共职业资格之间的联系来充实技能士的资格。此外，为了补充技能检定制度，促进职业能力评价制度与待遇的结合，对行业团体实施的检定，需研究诸如引进国家对其认定的认定检定制度等方法。⑤开展促进改善技能工人的待遇和自我启发的环境建设。日本的技能检定与通过其他许多国家考试而取得的各种资格不同，不具有就业限制的效力，技能检定与企业的技能工人的待遇未建立直接的联系，这些皆不利于技能检定，进而影响到职业训练的发展。因此，这方面的课题很多，亦很急迫。

（三）

综合日本现代的《职业能力开发促进法》《职业能力开发基本计划》和劳动省近年来的职业能力开发行政的基本方针，以及文部省终生学习审议会 1992 年 7 月提出的《关于适应今后社会变化的终生学习振兴方策》咨询报告的基本精神，我们可以发现日本的职业能力开发今后仍将以终生教育训练构想为基本指导理念，以确立和强化一种所有的人都可以在其整个职业生涯的适当时期接受到适当的职业教育和训练，并且职业能力可受到适当的评价，待遇也能因此得到改善的体制和环境为基本政策目标。在这一大目标之下，日本的职业训练制度将呈如下几个趋向：

1.加强企业内教育，培育学习企业

由于企业内教育发挥着作为日本工人职业能力开发之基础的作用，因此，适当组合

OJT 和 off the Job Training，脱产培训实施企业内教育，促进企业向"学习企业"发展，将是日本今后职业能力开发政策的重要内容。具体做法是：①促进企业选任职业能力开发推进者，制定企业内职业能力开发计划，以完善企业内职业能力开发体制，并通过对职业能力开发推进者实施讲习，为他们提供相互启发的机会等手段给予积极的援助；②通过广泛开设职业能力开发服务中心，促进职业能力开发协会的信息服务等手段来给予技术、信息等的援助；③通过促进充实和灵活运用终生能力开发付给金、充实对认定职业训练的助成、提供使用公共职业训练设施等方便，以及增设地区职业训练中心等，对其给予资金、设施、设备等方面的援助。

2. 完善、充实公共部门的职业能力开发——为广大的普通劳动者提供多样的教育训练机会

这一举措将包括两个方面的内容：第一，整备公共职业训练设施，使其发挥作为地区职业能力开发综合中心的作用。公共职业训练起着充实、强化日本职业能力开发体制的作用，为此，今后将强化以下两种职能：①对地区的中小企业发挥的教育训练顾问和服务的职能；②设置多种多样的训练课程，作为职业方面的社区学院的职能。第二，强化专修学校、各种学校等对劳动者的教育训练职能。为发挥专修学校、各种学校对劳动者终生职业能力开发的作用，今后从政策上承认公共职业训练设施对上述两种学校的委托训练，并纳入到教育训练体系中。以公共职业训练设施为核心，与专修学校、各种学校一起共同制定地方中小企业所需的综合训练计划，形成教育训练的实施体系。

3. 促进工人的自我启发

为促进工人尤其是中老年人的自我启发，日本将采取如下两方面措施：①完善自我启发的条件，包括促进带薪教育休假制度的普及，引入休假年假期制和促进对自我启发费用的援助。②为整备劳动者有关职业终生设计的自主咨询体制，设置"职业终生设计咨询中心"。该中心是为劳动者尤其是脑力劳动者提供未来职业的信息，如产业和职业的动向、新职业知识等，并且对每个人所有的能力性向等给予详细的评价，对如何发挥每个人的智力优势、终生设计、开发能力的方法进行指导，通过指导实现早期能力开发和第二人生设计。

4. 构筑高度职业能力的开发体系——职业训练"回归化"

为适应技术革新的进展、白领阶层的大量产生而构筑以白领阶层为主要对象的高度职业能力的开发体系，日本拟设置由产业界、教育训练机关、政府共同组成的"产业人终生教育开发中心"作为综合推进机关，系统地推进。具体包括：①设置"产业人教育研究所"，开展有关职业能力开发的基础研究和应用研究（研究有效的能力开发方案、课程）；②按照能力开发计划，形成并充分利用适应企业、劳动者需要的教育训练课程群及以此为目的的大学、研究生院等的网络；③在"产业人教育中心"中推进独立的，高度的终生教

育以弥补研究生院等的不足。促进研究生院、研究设施中的教育、研究及大学里的专门课程教育作为劳动者回归教育的场所正式开放。

这些动向归结起来，不外乎就是要促进职业训练"回归化"。回归教育是个多义的概念，在日本，根据终生学习审议会 1992 年 7 月提交的第一份咨询报告《关于适应今后社会变化的终生学习的振兴方策》的解释，系指"对以职业人为中心的社会人，在其学校教育结束后，进入社会后进行的教育，不仅包含脱离职业进行的全日制的再教育，而且包含边从事职业边进行的业余教育"，是"高度专业化而且系统的社会人再教育"。在回归教育中，为掌握职业和社会生活所需的知识、技术，以大学、短期大学、专门学校等为中心进行的，以职业人为主要对象的专业化的、系统的教育占有相当大的比重。也就是说，在日本所说的回归教育中，回归职业教育训练占有极大的比重。为推进回归教育事业，日本文部省于1991 年度开始实施"回归教育推进事业"，这一事业包括：①收集和提供有关社会人、职业人对学习机会的需求及其他信息，开展有关学习课程等的咨询；②研究开发有关高度职业教育、技术教育的回归学习计划；③大学、短大、专修学校等高等教育机关中开设以社会人、职业人为对象的系统的、连续的回归学习课程。1992 年终生学习审议会的咨询报告，更是把推进回归教育作为当前应重点解决的四个课题之一，足见其受重视的程度。

5. 扩充职业能力评价制度

为有效地促进职业能力开发，除了企业要实行以能力为中心的人事劳务管理制度外，还要扩充企业内外的职业能力评价制度。对此，一方面，要增加技能检定的种类，一方面，要扩大技能检定的等级，以便扩大劳动者接受技能检定的机会，实现评价的多元化，促进"学历社会"向"资格社会"转变。

6. 加强国际化教育和推进海外技术协作

随着日本经济的发展，经济实力的增强（国民生产总值占世界国民生产总值的 10% 以上），特别是随着日本经济活动的国际化和外籍职工的增多，日本的职业训练也日趋国际化，一方面，加强企业职工的国际化教育，一方面，推进职业训练领域的海外技术协作。

加强职工的国际化教育主要是培养职工的国际化意识、国际交流能力，以及适应不断变化的国际环境的能力。如马自达股份公司专门设置了"国际意识""国际商务""国际文化比较""外语研修"（包括英、法、德、西、汉、朝、泰、印尼语）"国际业务适应研修""国外生活""留学指南""赴外支社研修"等 7 个种类的 49 门课程，并为全体职工提供"各国市场环境""各国劳务""各国生活"等 13 个国际知识方面的录像带、书刊和资料，有意识地培养职工适应企业经营活动国际化的意识和能力。

作为经济大国的日本，通过职业训练进行海外技术协作，通过为发展中国家培养其所急需的技术人才来促进其经济社会的发展具有重要意义的，可以说是技术协作的核心。日本职业训练领域的海外技术协作以往主要是进行如下一些业务：①对海外职业训练中心的设置与运营给予指导和协作；②开展对发展中国家的行政官员、职业训练指导员、高级技能工等职业训练领域中处于指导立场的人员的接纳研修；③对以提高亚太地区的技能水平，扩大其雇佣为目的的机关——亚太地区技能开发计划（APSDEP）进行协作；④推进以国际技能开发计划等为首的以民间为基础的技术协作等。今后除了进一步充实上述措施之外，还将进一步完善适应这一要求的体制，包括：确保向职业训练中心派遣的职业训练专家的数量和质量；实施能适应发展中国家多样化需求的职业训练；确立政府对民间企业进行的职业训练领域的海外技术协作的援助体制等。

五十三、董操

董操（1936—2016），男，江苏丰县人，曾任济南大学副校长、山东省政府参事，教授。

1957年7月曲阜师范学院毕业并留校任教，曾任山东省教育厅职教处处长、山东工程学院副院长、济南大学副校长、山东省政府参事等职。80年代、90年代初曾三次借调到教育部中教司、国家教委职教司帮助工作，曾经兼任中国职教学会理事、学术委员，中华职教社理事、研究委员，全国产教合作研究会副主任，全国比较学会理事，山东省职教学会会长，《职教天地》杂志社社长，济南心理学会会长，天津职业技术师范学院兼职研究员，山东农机学院兼职教授等职。

其先后在《人民教育》《教育研究》《人民日报》《大众日报》《山东教育》等报刊发表论文300余篇；主编、撰写、参编的专著和教材60余部；曾多次获国家教委、山东省社会科学优秀成果、山东省教委奖励。先后主持和承担了国家教委、世界银行、山东省政府、山东省教委研究课题18个。曾到德国、美国和台湾、香港地区进行学术交流及参加国际学术会议，并多次到北京、上海、河南、西安等20多个省市做学术报告。

主要著作有：《职业技术教育新论》《职业技术教育学》《心理学》《新编心理学》《农村职业技术教育概论》《职业技术教育教师学》《改革创新与理论探索》《舜耕新论》等。主编大型丛书《编织未来》，高师"教育学、心理学、学科教育学"系列教材。

试论建立农村职业教育体系 [①]

我国有十亿人口，八亿农民，研究教育必须从这一基本国情出发。农业是国民经济的基础。依靠政策和科学，加快农业的发展，是党中央确定的经济建设十条方针之一。要把已有的科研成果，从科研单位，转移到生产单位，使科学技术成为巨大的生产力，关键的问题是提高广大农民的科学技术水平。否则，会出现"有将帅而无士兵"的局面，是打不好农业现代化这一战役的。因此，必须从现在着手，在未来的 20 年内把广大农民，特别是青年农民培养成具有农业科学知识，和有一定技术的劳动者，这是一件刻不容缓的大事。农村教育如何适应这一新的形势，是教育战线一个亟待解决的新课题。

毛主席指出："一定的文化（当作观念形态的文化）是社会的政治和经济的反映，又给予伟大的影响和作用于一定的社会和经济。""离开经济工作而谈教育和学习，不过是多余的空话。"（毛泽东，1944）教育必须适应经济发展的需要，这是一个不以人们意志为转移的客观规律。长期以来，我国中等教育结构很不合理，对于职业教育的地位和作用更是认识不够。1951 年，国家颁发的学制表中就没有职业教育的应有地位。后来，刘少奇同志提出了"两种教育制度、两种劳动制度"的主张，职业教育得到了蓬勃发展。党的十一届三中全会以后，党和国家领导人一再强调要大力加强职业教育。《宪法》也做了规定，第 19 条指出："国家举办各种学校，普及初等义务教育，发展中等教育、职业教育和高等教育……（全国人民代表大会，1988）"职业教育的地位从根本制度上得到了保证。五届人大五次会议通过的"六五"发展规划，也把职业教育发展的目标，纳入了国家发展的计划轨道。万里同志又在《进一步发展已经开创的农业新局面》中指出："尽快建立为农民服务的科技推广体系和教育制度。""农村中学多数要改成农业中学，要按照农村经济发展的实际需要设置课程，毕业的学生至少能够熟练地掌握一定的农业技术或一项管理知识，进而成为农村中的各类专业技术人员、经营管理人员。"（万里，1982）所以，建立农村职业教育体系是教育战线一项迫在眉睫的任务。据此，笔者认为，农村教育应该建立这样三个互有联系而又不同的教育体系。即普通教育体系、职业教育体系、成人教育体系，而职业教育体系是相当重要的一个体系，它的内容应该包括：

初中阶段的农业技术教育。主要形式有：①所有普通初中都要增设农业知识课，并应作为一门主要学科对待，要求学生认真学好。②举办农业初中（学制三年或四年）。1982 年，山东省已举办四年制农业初中 175 所，这类学校既教授普通初中的全部文化基础课程，又教授一定的农业知识和技术，毕业后既可以升入高一级学校，又为参加农业生产打下一定的思想基础和生产技术基础，很受农民群众的欢迎。

高中阶段的职业技术教育。这是当前实施、发展职业技术教育的重点。我们应从需要与可能、当前与长远的观点出发，进而全面规划，坚持"两条腿走路"的方针，调动各方面的积极性，加快农村中等教育结构改革。从全国各地的经验来看，当前主要有以下几种办学形式：①把一部分普通高中改为农业中学。山东省已有 122 所条件较好的高中改为农业技术中学，92 所普通高中改为农业中学。顾名思义，改革中教结构，应从"改"字上做

---

① 董操 . 1983. 试论建立农村职业教育体系 . 山东师范大学学报，（3）：49-51，48

文章。近几年，有些地方农村职业教育发展缓慢，症结就在于忽视了"改"字，不舍得将普通高中改为农业中学，只是寄希望于发动社队举办农业中学。诚然，发动社队举办农业中学，国家给以适当扶持，这是在当前条件下发展农村职业教育的一个可行的办法，但我们绝对不能形成这样一个看法：普通高中公办，农业中学由社队另起炉灶民办。如果农业中学一律由社队民办，国家只能派进少量的公办教师，大部分由民办教师来任教，这样的学校，农民及其子女是信不过的，而且也达不到改革中等教育结构的目的，所以，基点必须放在一个"改"字上，改办还是主要的。②发动有条件的社队举办农业中学和其他职业技术学校。我国人口多，底子薄，单靠国家办学是不能很快地发展农村职业教育的。要广开学路，积极发动有条件的社队举办农业中学和各类职业学校。如肥城县1979年举办了14所农业中学，共盖校舍98间，国家仅补助了2万多元，其余都是社队集体解决的。这类学校可以是全日制的，也可以实行半农半读，可以办成学、农、工一体，学、农、商一体的职业教育中心，实行教育、生产、销售一条龙，既是教育单位，又是生产单位。③发动有关部门办学，如林业部门举办林业中学，水产部门举办水产中学，畜牧部门举办畜牧兽医学校等等。这些部门可以单独办学，也可以部门与部门联合办学。如湖北省利川县林业局与教育局联合举办了林业中学，特产局单独举办了药材中学。④在普通高中附设农技班或其他职业班。⑤县和县以下保留的高中一律增设农业知识课。专业设置和课程内容要适应实行农业生产责任制后的新形势，根据当地农业生产和多种经营的需要，冲破传统农业的束缚，开设群众最迫切需要的专业和课程。

要认真改革现有的农业中等专业学校。目前，农业中等专业学校普遍存在着招生任务"吃不饱"，毕业生分不出，用不上的现象。但这类学校师资力量雄厚，设备较好，又有多年的办学经验，应该充分发挥这些学校的优势，认真进行改革并且努力把它办好，使它确实成为培养农村各类中级专业人才和管理人才的基地。随着农村经济的全面发展和教育改革，笔者认为农业中等专业学校应从以下几方面进行改革：①要逐步过渡到全部对口招收农业中学毕业生，这样既有利于提高这类学校专业课的教学质量，又有利于农业中学的发展和巩固，也有利于农村职业教育体系的形成。1982年，山东省拨出280名招生指标对口招生，各方面反映效果较好，要求今年扩大对口招生的名额。②要适应我国农村多种经济结构的需要，设置一部分专业，为发展农民家庭副业、专业户等农家经济服务。招收一批自费或集体交费不包分配的初中毕业生或具有同等学力的知识青年，经过2～3年的专业技术学习，成为具有一技之长的人才和能工巧匠，以适应建设社会主义新农村的需要。③逐步扩充为以农为主的，适应农村现代化需要的，综合性的（包括工、商等专业）中等专业学校。④从长远来看，有条件的地区可以积极创造条件，逐步把它改为农业专科学校或农村职业大学，成为本地区培养农业初中专业课师资和农村各类技术人才和管理人才的中心和基地。

高等教育要面向农村，努力为建设社会主义新农村服务。①与农村关系密切的农林院校，培养目标、专业设置、学制年限一定要适应农业生产和多种经营的需要。既要办好本科，又要办好专科。目前应组织力量深入农村进行调查研究，并在此基础上制订改革方案。看准了的要坚决进行改革。②高等师范院校，农林院校，要积极创造条件，逐步增设新的专业或扩大原有专业教育内容，为农村各类职业学校培养、培训师资；并发挥其知识优势，协助这类学校编写教材，开展教学研究，努力帮助这类学校提高教学质量，这是发展农业中学，建立农村职业教育体系的关键。③有条件的省、市、地区，要积极创办农村职业大学或农业专科学校，招收高中毕业生或集体选送学员，不包分配；同时积极创办广播、电视农业专科学校，为农村培养各类技术人才和经营管理人才。④改革招生制度和分配制度。与农村关系比较密切的院校要实行定向招生、定向分配。农林院校要招收一部分农中毕业生，加试专业课，文化课适当降低要求，择优录取，以利于巩固农业中学，形成完整的农村职业教育体系。还可以招收一部分自交或集体负担学费的学生，不包分配，为农村培养各种技术人才。⑤各类高等学校都要为农村输送人才，真正体现以农业为基础发展国民经济的指导思想。⑥有条件的高等院校要努力承担培训农业领导干部的任务；开展函授教育；开展有关农业生产和多种经营项目的科学研究和科学技术知识普及工作。

这样，在普及初等教育的基础上，建立起农业初中、农业高中及各类职业技术学校、农村职业大学和农业专科学校、高等农林院校一整套的农村职业教育体系。当然，这种职业教育体系也是"宝塔形"的。这是因为，我国社会主义现代化建设事业，虽然需要一批尖端的高级科技人才，但是更需要大批经过职业技术训练的，有社会主义觉悟，有一定文化科学知识和一定生产技能的中、初级技术人才。只有整个农民的科学技术水平提高了，才能进一步发展高等教育。当前，我国的经济文化都还比较落后，80 年代还只能要求普及初等教育，在今后一段相当长的时期内，还不可能普及高等教育。即使目前世界上一些比较发达的国家，也只有少量的学生进入高等学校。所以职业教育体系与普通教育体系一样，也是"宝塔形"的，这是客观存在的，不以人们意志为转移的一条发展规律。因此，当前发展农村教育的重点，应放在发展农业中学和各类职业技术学校上。

从横的方面来看，一个县要逐步形成以县办重点农业中学或技术学校（在山东省则是县农业技术中学）为基地，包括农业高中、农业初中、普通高中附设农技班，以及农民技术学校、业余技术学校（班、组）在内的农村职业技术教育网。一个地区要逐步形成以农村职业大学或中等农业学校为基地，包括农业中学、农民技术学校在内的农村职业教育网。一个省要形成以高等农业院校为中心，包括职业大学、农业专科学校、中等农业学校、农业中学、农民技术学校在内的农村职业技术教育网。

农村的职业教育体系、普通教育体系、成人教育体系，是三条独立但又互相交叉、互相衔接的教育体系。比如，普通初中生毕业后，既可升入普通高中，又可升入农业高中，还可以参加农业生产，到农民技术学校学习。农民技术学校的学生毕业后还可以报考、选送到职业大学或农业专科学校、农学院进一步深造、学习。

为了尽快建立农村职业教育体系，我们一定要从思想上进行转变，彻底打破那种普通教育高于职业教育、全日制教育高于半农半读教育，重此轻彼的传统观念，下大决心，花大力气，切实把中等教育结构改革抓紧、抓好，建立起农村职业教育体系。这样的农村职业技术教育网一经形成，将会大大促进农村科研和农业生产的发展。

参考文献

毛泽东.1944.毛泽东选集.第二卷.北京：人民出版社：624.

全国人民代表大会.1988.中华人民共和国宪法（1982）.北京：人民出版社：1

万里.1982.进一步发展已经开创的农业新局面.http://cpc.people.com.cn/GB/64184/64186/66701/4495420.
html.［2016-3-21］

一个亟待解决的重要问题 [①]
——关于山东县以下职业技术教育管理体制的调查

为了进一步探索农村职业技术教育的发展规律，促进职业技术教育的发展，更好地为当地经济建设培养人才。一年多来，我们先后对山东平度、昌乐、嘉祥、招远、平邑、单县、昌邑、东明、泰安市郊区等9个县、区的农村职业技术教育管理体制方面的情况进行了调查。在调查过程中，我们深深感到：如何理顺县以下职业技术教育的管理体制是当前亟待解决的一个重要问题。

（一）山东农村职业技术教育发展状况

党的十一届三中全会以来，随着经济的发展和科学技术的进步，我们山东省农村职业技术教育有了很大发展，初步形成了以农村职业中专，职业中学为中心的县、乡镇、村三级职业技术教育网络，建立了一批骨干学校，积累了一些办学经验，带来了显著的经济效益和社会效益，开始赢得了社会的承认。截止到1987年底，山东全省有农村职业中专、职业中学385所，在校学生17.95万人，乡镇农民文化技术学校（成人教育中心）1745处，占乡镇总数的70%，村办农民文化技术学校已达到36139所，占行政村总数的41%，农村职业中专、职业中学已有六届毕业生11万多人。他们大多成了专业户、重点户、科技示范户和经济联合体的带头人，成为一支振兴农村经济的生力军，有力地冲击了社会上鄙薄职业技术教育的陈腐观念，显示了职业技术教育的广阔前景。

（二）两种管理体制类型的比较分析

山东农村职业技术教育虽然取得了较大的成绩，但我们在这次对9个县、区的调查中，也发现了一些问题，其中很重要的就是现行的管理体制和经济与社会的发展不相适应的问题。

县以下农村职业技术教育办学面大，涉及范围广，有党政部门办学、教育部门办学、有关系统办学、厂矿企业办学、乡镇办学、教育部门与部门、企业、乡镇联合办学，以及私人办学等多种形式。从这9个县、区的情况看，其管理体制大体上可以分为两种

[①] 董操.1988.一个亟待解决的重要问题——关于山东县以下职业技术教育管理体制的调查.教育与职业，（6）：24-26

类型：

一种类型是：平度、昌邑、平邑、单县正在着手进行职业技术教育管理体制改革的尝试，已经取得了初步的成效。如平度县建立了一个统一领导、统筹规划、分级办学的职业技术教育管理体制。所谓统一领导，就是把各个部门管理的职前的职业技术教育和职后的农民教育、职工教育、干部教育都纳入职业技术教育管理委员会的统一领导之下；所谓统筹规划，就是县根据社会经济发展的需要，和各系统对人才需求的预测，统一规划中级职业技术学校的布局和专业设置，由用人单位集资，实行联合办学；所谓分级办学，就是县里重点办好职业技术教育中心、职业中专、职业高中和农民中专，厂矿企业和乡镇村，以及社会力量主要是办好岗位职务培训和初级技术培训，学历教育由县统一管理。我们认为平度县现行的职业技术教育管理模式的优越性是：

1. 有利于调动各方面的积极性，提高办学效益

平度县从 1979 年改革中教结构，由有关部门组成办学委员会，实行联合办学以来，取得了很好的效果。参加办学的有关部门积极性很高，把学校看成是自己的，把为学校提供经费及实验实习场所、仪器设备视为应尽的义务，积极为学校选派专业课教师，主动帮助学校解决办学中的困难。水利局到外地购买教材，局长亲自到校讲课，水利专业的毕业生全部录用。农业局为农学专业学生配备教材，调来 50 多名技术骨干帮助组织学生实习，并对实习生补助生活费。毕业后的 33 名学生取得了农民技术员职称。

2. 有利于发挥骨干学校的作用，提高教育质量，使培养与需要相结合

平度县的县属企业中有 1.816 万名技术工人，其中中级工人只有 719 名，其余为初级。在 9850 处乡镇村企业中，只有 207 名技术员和助理工程师，在 2524 名农业科技人员中，中级的仅有 179 名。蟠桃乡有 200 万亩粮田，但全乡达到县级水平的技术员只有 6 人；有 7000 多亩果园，仅有 5 名县级水平的技术员，足见中级技术人才的严重匮乏。过去由于条块分割，各自办学，缺乏统一领导，在培养人才上出现了专业重复，培养与需要失调的现象。例如，财会专业，除财会中专外，还有经联委、粮食局、商业局、供销社等六、七家单位办财会培训班。可是受到师资和办学条件的限制，乡镇企业急需的技术人才、管理人才和经销人员培养专业又都办不起来。县职教管理委员会建立后确定，县职教中心的中级教育，主要为县和乡镇企业培训上述三种急需人才，同时，对中级职业学校的布局和专业设置作了统筹安排。在东南平原"粮棉油"区建立了开设农学，农机电专业的职业中学和畜牧兽医学校；在被誉为"水果之乡"的木泽山西麓建立了开设果林专业的职业中学；在有手工业传统的灰埠地区建立了综合技术中学；在乡镇企业发达的张戈庄镇建立了开设电子和经济管理专业的农民中专。

发展中等职业技术教育，切实办好一两所骨干学校是非常重要的。几年来，在县职教管理委员会统一领导下，平度县统筹的人民教育基金连续向职业技术教育投资 500 多万元。重点建设的第一农技中学达到了中专标准，经省教育厅批准改为职业中专。这所学校通过编写教学资料，制订教学计划，代培教师，组织教研等活动，在全县职业技术教育中，发

挥了骨干和示范作用。

3. 有利于解决师资问题，使职前教育和职后教育相结合，初、中、高三层次系统发展

从平度的实际情况看，高级人才更是匮乏。以县属企业为例，初、中、高技术人才的比例为 9.5∶0.4∶0.1，离比较理想的 10∶3∶1 或 12∶4∶1 有很大差距。在农业科技人员中，仅有高级农艺师两人。过去曾试图逐步适量地发展高层次的技术教育，但由于缺乏统一领导，一是师资解决不了，质量难以保证；二是专业设置盲目，造成浪费。县职教中心的建立，使师资问题得到了解决。除通过分配高校毕业生和从科技人员中调配两条途径解决专职教师外，还可根据需要临时从有关科局选派或外地招聘引进兼职教师，并能充分利用电视、声像等手段开展教育。同时，县职教管理委员会可以根据当地需要，统筹、规划、设置专业，使学用一致。

4. 有利于发展乡镇职业技术教育，加强社会力量办学的管理

据有关专家推算，要实现农村现代化，初、中级技术人才必须占到农村人口的 1/10 以上。平度是一个有 110 多万农业人口的大县，共需初、中级人才 11 万多人，而现在包括农业科技人才和乡镇技术人才仅有 3200 人。因此，必须实行乡、镇、村和社会力量办学相结合，大力发展职业技术教育。平度县就是在县职教管理委员会的统一领导下，把参与乡镇成人教育的科协、农技、妇联、共青团等系统安排的内容，全部纳入乡镇职教管理委员会的统一领导下，使职前教育和职后教育有机地结合起来，取得了明显的效果。这个县的职业技术中学为乡镇培训成人教育师资，并从优秀的职业中学毕业生中选送 300 多名，充实成人教育师资队伍。同时，各职业技术中学还充分发挥了人才优势，积极开展成人技术教育，先后举办"小麦种植""花生栽培""果树管理""养殖""兽医""农机"等 600 多期技术培训班，培训了 10 多万人次。设在蓼兰镇的职业中学带动了该镇的文化技术学校，培训了 154 名农机手，其中 94 人考取了驾驶执照。第一职业中学还组织农艺师下乡开展技术咨询，举办技术讲座，及时把新技术推广给农村。县综合技术中学与县农机制造厂结成"对子"，学校为工厂提供技术，培训职工；工厂为学校试制科研成果，提供实习场地，安排录用毕业生，使职业技术教育与经济建设紧密地联系起来。

另一种类型是：仍按教育对象所属系统分部门领导和管理。教育部门领导和管理师范、教师进修学校、电大分校，职业中专和职业高中。职工教育办公室领导和管理厂、矿职工的职业技术教育及电视中专。农业局领导和管理农业广播学校、农村会计函授班。科协、妇联、民兵、共青团还要参与乡镇文化技术学校和村文化技术学校。就业前的短期培训班和技工学校，由劳动局领导和管理。党校由县委直接领导。各部门办的短训班由办学单位领导。能工巧匠办学由办学人管理。这种管理体制，由于缺乏统一的领导，因而有不少弊端。

（1）缺乏统一的职业技术教育规划，不能适应经济发展的需要

由于没有一个能够协调各部门的机构，因而全县没有一个适应本县经济发展需要的统一的长远规划。招远县共有 36 所职业技术学校，各有各的系统和管理部门。各系统、各部

门仅从本身的近期需要和办学条件开展职业技术教育，致使有的专业，你办我也办，而有些急需专业，或因归口不明，或因师资缺乏，谁也不办。一方面，班额不足，不少教学班不足 20 人，一方面，又缺乏急需人才。嘉祥县粮食局和乡镇企业局 1986 年同时举办财会专业班，两个班总人数不足 40 人。该县有一所职业中专，还有一所农民中专，规格要求相同，专业设置相似，两者争专业教师、专业设备，以及专业教育经费。

（2）不利于加强教学管理，教学质量不高

由于分部门办学，不少部门，系统缺乏合格师资，缺乏教学管理方面的经验，因而教学质量难以保证。如招远县粮食局投资 10 万元办电视中专财会专业学校，办学经费每年支出 8000 元，资金比较充足，然而师资水平太低，办学质量很差，学员由 30 人下降到 22 人。粮食局的领导同志说："系统单独办学，困难太大，最好全县各系统联合举办综合职业技术学校，我们出钱就行了。"教育事业发展具有连续性和周期长的特点，而县以下一个系统的某一种专业人才的需求很容易饱和，因此，很难长期办下去。如果一个专业只办二三年就停止，仪器设备、图书资料、实习基地等方面都会造成很大的浪费，专业教师也要频繁地改行。这样，不利于按照职业技术教育规律和特点办学，不利于提高教学质量。

（3）考核标准不统一，学历管理混乱，证书核发混乱

同一县内的各类职业技术学校，均单独进行毕业考核。有的发培训合格证书，有的发职业中学文凭，有的发中专文凭，有的发专科文凭。仅就中等层次而言，由于管理系统不同，考核标准不统一，就出现了水平高领不到中专文凭，水平低却能拿到中专文凭的现象。中央农业广播学校招远分校农学专业 81 级 430 名学员的毕业考核及格率为 54%，而教育部门办的农技中学学生参加农业广播学校的毕业考试，及格率达 91.5%，但农技中学只能发农技中学文凭，而不能发中专文凭。嘉祥县农技中学的许多毕业生担任了农业广播学校的辅导员，有的还被选为省优秀辅导员，但他们本人却不是中专学历。重复学籍，重复统计的全省大约有 3 万多人。

（三）我们的建议

目前，县以下农村职业技术教育管理体制有许多弊病，不能适应经济和社会发展的需要，必须进行改革。我们认为新的管理体制既要有利于统筹规划，统一领导，又要有利于调动各个部门、各个行业，以及乡、镇、村办学的积极性，进一步促进职业技术教育的发展。

1. 统一领导，分工负责

从平度等县的实践经验来看，我们认为县、市应成立职业技术教育委员会，从宏观上指导、协调各个部门的工作。职业技术教育委员会应由计划、经济、劳动、人事、财政、工业、农业、林业、乡镇企业、教育等部门的主要领导组成，由县、市人民政府主要负责同志任主任委员，县教育局就是职业技术教育委员会的办事机构。如成立教委后，也可不设职业技术教育委员会，由教委综合管理，教委应设职业技术教育科或相应办事机构。职业技术教育委员会的主要职责是：

1）负责贯彻执行中央、省、市（地）制定的职业技术教育的方针、政策；

2）制定职业技术教育事业发展规划，统筹安排各级各类职业技术教育，确定发展目标、任务和实施方案；

3）根据上级文件精神，结合本地实际，制订有关政策和规定；

4）调动各部门的办学积极性，协调各部门解决办学中的共同性问题；

5）落实经费，列入地方财政预算，并多渠道筹集职业技术教育经费；

6）负责配备文化课、专业课和实习指导课的师资；

7）负责管理和执行国家认定的各类学历规格标准，负责办理和管理国家学历教育的设立学校、撤并、招生、毕业等有关事宜；

8）加强宏观指导，对各办学单位进行监督和检查；

9）加强调查研究，抓好典型，推广经验，组织开展职业技术教育研究。

2. 分级办学，分级管理

在县、市职业技术教育委员会的领导下，在合理安排层次、数量、学校布局、统一招生政策、统一调配师资、统一毕业考核标准、统一安排毕业生劳动就业的前提下，还要实行分级办学，按系统和层次重点管理的原则，以最大限度地调动社会各方面的积极性，充分利用现有的人力、物力和财力，提高办学效益。

县、市主要办好各类中等专业学校、职业高中、技工学校、教师进修学校、党校、职工学校和较高层次的各类实用技术、管理短训班，以及城镇非农业户口的职业技术短训班。

乡镇主要办好农业初中、乡镇文化技术学校，大力举办各种实用技术、管理培训班。

村及厂矿办好农民文化技术业余学校和实用技术短训班。

为提高教学质量，应该提倡联合办学的方式。要像平度、昌邑那样办好职业教育中心，为各系统、各行业服务，培养各类技术人才，逐步做到职前、职后教育一体化，职业高中、技工学校一体化。每县首先要办好一所规范化的职业技术学校，成为全县人才培养、科学实验、科技推广的中心。各系统、部门应积极支持农村职业中学这一人才培养中心、科学实验中心、科技推广中心的建设，动员、组织符合教学要求的科技人员到相关学校任教或兼课，充实农村职业中学专业教师队伍，以保证重点。教育部门也要积极支持其他部门系统办学、联合办学的方式，目前要大力提倡，以促进整个县、市各行各业职业技术教育的发展。

名校风采[①]

本编介绍了在 1980—2000 年历史阶段中 21 所具有独创性的新方法、新模式，在全国职业教育领域中具有开创性和一定的影响力；其二，在这一历史时期职业学校的建设和发展中，我们遴选出不同级别、不同类别和具有本地区特色的职业技术院校；其三，入选的学校不仅有鲜明的办学理念，而且具有丰富的办学实践经验，得到了社会的广泛关注和同行的学习借鉴，学校至今仍在接续发展，且卓有成就；其四，入选名校以建校时间为先后排序。

一、上海电机技术高等专科学校

自强不息　追求卓越[②]
——上海电机技术高等专科学校采访手记

（一）常青树

上海电机技术高等专科学校（现名：上海电机学院）的发展历程是一种现象，一种特殊现象。这是我们采访后的一个感觉。我们把它定义为"常青树现象"。

除去"文革"时期，从解放初建校至今，这所学校可以说一直是生机勃勃、枝繁叶茂的。说她特殊，是因为——她虽然大红大紫过，但却没有昙花一现，成为过眼烟云；她虽然寂寥孤单过，但却没有消沉无为，停止对生命的追求。无论是风和日丽，还是沙尘满天，她都把自己的根须牢牢地深扎在现实的土壤中，在自己认定的方向上和空间里锲而不舍地蔓生着绿色的希望。

数点新中国成立 50 年来我们培育的职业技术教育园地，像这样的"常青树"学校并非很多。由于政治和经济方面的原因，这种既属于"上层建筑"又根植于"经济基础"的教育类型的学校常常无所适从，没有相当的定力和见识，是难以久盛不衰、金身不破的。然而上海电机高专却做到了。

她很幸运，但不是侥幸。

---

① 有的学校名称曾因多次更名或合并更名或一校多名，本书选取 1980 年至 2000 年期间大家熟知的、最有影响的校名。

② 余彦 . 2002. 自强不息　追求卓越——上海电机技术高等专科学校采访手记 . 职业技术教育，（6）：28-31

上海电机技术高等专科学校原是很有名气的上海电机制造学校。她创建于 1953 年。在新中国社会主义建设热潮的激励下，全校师生大干苦干，在不到三年的时间里就把学校建成为一所有 2000 多名在校生、教学设施、实验实习场地及设备基本齐全，具有相当规模和影响的中等专业学校。在此基础上，他们响应毛泽东"破除迷信，解放思想"的号召，开始探索具有自身特色的办学之路。1958 年，根据学生培养过程中出现的问题，他们开始探索勤工俭学、教学与生产劳动相结合的模式，得到了各方面的肯定和好评，党和国家领导人刘少奇、胡乔木、张闻天，以及时任教育部部长的何为等领导视察了学校，刘少奇为学校题词"教学生产并重，学校工厂合一"，学校被评为全国文教战线先进单位。20 世纪 60 年代初，在全国中高等教育出现大起大落的动荡局面的形势下，学校总结经验教训，继续探索，毫不动摇。在强调理论教学联系专业实际，提高学生解决生产实际问题的能力；加强思想和劳动教育，提高学生政治思想素质；加强党的领导，坚持社会主义办学方向等方面又取得了成功经验，成为全国中等专业教育改革的一面旗帜。

1978 年，从十年浩劫中获得新生的学校员工克服重重困难和阻力，在一片废墟上完成了学校重建工作，实现了"当年重建，当年招生"的目标。他们一如既往高扬职业技术教育大旗，在改革的道路上继续奋力前行。

1985 年，学校被国家教委确定为五年制技术专科试办单位，成为全国最早试办五年制高等职业技术教育的学校之一。在其后的 10 年中，学校不浮躁、不摇摆、不气馁、不为眼前利益所动，扎扎实实开展试点工作，在中职与高职的衔接、高等技术教育的学制模式与教育模式、学生外语能力、实践动手能力和新技术运用能力的培养等领域都取得了突出的成绩。1995 年国家教委在学校召开五年制高等职业技术学校试点工作总结大会，肯定了学校在高职教育发展中所起到的示范、带头、骨干作用。

进入 21 世纪，学校紧紧抓住新一轮发展机遇，树立"以市场为导向，以教学和科研为中心，以学生为主体，以人为本"的办学理念，坚持产学研合作教育，面向生产第一线培养技术应用型人才，办学得到社会好评，毕业生受到企业欢迎。2000 年 4 月，在上海市教委组织的对全市 44 所高职院校教学条件评估中，学校得到专家组一致称赞；2001 年 6 月，在上海市 46 所高职院校办学质量评估中，学校名列前茅。学校的机械制造工艺与设备专业和工业电气自动化技术专业被教育部确定为国家级教学改革试点专业。1994 年以来学校毕业生一次就业签约率连续 8 年保持在 95% 左右，比上海市大中专院校平均一次就业签约率高出 30 个百分点。

上海电机高专能够"常青"的机缘很多，其中，起决定性的因素是什么，党委书记夏建国回答我们说："是 20 世纪 50 年代就已形成，并由几代人发扬光大，可以说现在已经流布在我们每个人血液中的一种精神。"他们把这种精神归结为八个字：自强不息，追求卓越。

（二）新跃升

1987 年，老校长严雪怡退休了，所有的担子都交给了他的得意门生夏建国。尽管跟随严校长历练了好多年，以敢闯能干著称的夏建国此时心里却感到"有些不托底"了。其时的上海电机技术高等专科学校已经成为了一个品牌、一面旗帜、一种象征。每当人们提到中国的中专教育，提到产教结合，提到讲练结合教学法，总要和这所学校联系在一起。并且早在两年前国家教委就作出决定，在全国选择三所较好的中专学校试办五年制技术专科教育，学校是被选中的试点校之一……所有的这些构成了一个历史高度，这个高度寄托着太多的期待和希望。要在这样一个高度上"追求卓越"，夏建国和新班子的同志们清楚面前的困难有多大。

"时代在发生深刻变革，过去中专教育赖以生存的计划经济体制正在迅速松动甚至崩塌，而市场经济却走得步履蹒跚，这让我们这些既需要旧体制的支撑，又需要快速适应与融入新体制的学校遇到了很大障碍。"夏建国对同志们说，障碍再大也要迈过去，困难再多也要实现新的跃升。

新跃升的方向和空间在哪里？领导班子认为，答案在社会上，在用人单位中。学校组织有关部门和教师成立了六个小组，由夏建国等校领导亲自带队，奔赴上海及周边地区相关行业进行调研活动。调研在三个层面上展开。第一个层面——了解行业、企业及其他用人单位的人才需求结构特点，分析地区经济建设对人才特别是工程技术人才的新要求，从而确定学校人才培养的目标和基本模式；第二个层面——了解学校所设专业对应的职业或岗位对就业者的能力、知识、素质的要求，分析新兴职业和岗位的变化趋势，从而确定学校已有专业的调整方向和新专业的建设方案；第三层面——了解历届毕业生的工作情况，分析教育教学中存在的问题，从而确定学校教学改革的重点。

这次活动持续了一个多月。夏建国说："对学校办学来说，其意义和重要性怎么形容都不算过分。"他们不仅摸准了市场对人才需求的脉搏，而且与许多厂长、经理攀上了"亲戚"，建立了一个覆盖全上海各大行业、企业的人才供求关系网。夏建国把这张网称为学校的生命之网。从 20 世纪 80 年代末开始，这种调研活动变成了一种制度。每年校长和教师们都要到企业走几次，企业老总、经理们也要被请到学校做客几天。他们称之为"走亲戚制度"。

这项制度让学校新班子有了底数。新的跃升开始了，各项改革渐次展开：

调整专业结构。利用传统专业资源优势，开发出应用电子技术、汽车运用技术、计算机应用与维护、工业外贸、市场营销等专业，顺利实现了专业设置由单纯的机电类向以工科类为主、兼有经济类的结构转化，使学校更好地适应了教育层次提高后社会对学校的需求。为了拓宽学生的就业面，实现"一专多能"的培养要求，他们对相近、相关的学科、专业进行了合并或复合处理，使每一个专业都具有两至三个，甚至更多的专门化方向。如针对电气自动化技术专业，他们就开发出电气控制装置制造、数控技术应用、楼宇自动化、计算机工业控制技术四个专门化方向。

改革教考方法。各专业都开展了自主学习、研究性学习活动，培养学生的创新意识和创造能力；各主干课程全部开发出专用的 CAI 课件，充分利用现代化教学技术和资源，提高教学效率；建立教法研讨与竞赛制度，促使教师由"灌输者"变为"引导人"；以能力考核为核心，以实践性考试为重点，形成了新的成绩考核评估模式。

建立实践教学新体制。以文凭与职业资格证书相结合、传统技术训练与高新技术应用能力培养相结合、课内学习与课外实践相结合、校内实训与校外生产相结合为基本内容，建立实验实训教学的新体制。实验实训场所实行全天候开放，并把启发式教学、讨论式教学、研究性学习，以及承包项目、科研竞赛等形式引入实训教学。

建设"双师型"师资队伍。每年选送 10 名新教师到企业一线顶岗实习，提高实践与实务能力；每年选送 10 名教师赴国外接受培训，学习先进的教育理念与手段；重点培养一批学科带头人和优秀骨干教师；出台有关政策，吸引高级人才来校任教，鼓励教师不断进修并获得各种专业技术等级证书。

开展国际合作办学。与加拿大圣力嘉应用艺术与技术学院合作开办工业电气自动化和计算机应用与维护专业；与澳大利亚 Box Hill 学院合作开办了机械、经贸类专业；与德国、美国、日本等国的高等技术院校建立了校际合作关系，积极引进先进的高职办学模式；在一些专业陆续引进国外原版教材，开展"双语"教学。

（三）新层次

产教结合是上海电机高专的老传统，早在 20 世纪 50 年代，他们就因此而闻名全国。面对新形势，夏建国说，老传统要有新内涵。

他认为，新的产教结合，不但要摒弃计划经济体制时的"一校一厂"结合的模式，还要突破仅仅让企业提供实训场地、参与实训指导、接受一些学生就业的思路；关键是要建立起一个开放的、互惠互利的，能够让企业自觉、主动地参与人才培养全过程的机制；产教结合的目的绝不是单纯地提高学生的实践经验和就业竞争能力，而是要充分利用学校和企业两种不同资源的有机结合，培养学生的综合素质。他还认为，这种新型的产教结合，是职业技术教育发展的必然趋势，是高等技术教育的关键特征和根本出路。

"这是一个新高度、新境界，达不到这个高度，到不了这种境界，我们的特色就出不来，我们的生命力就不旺盛。"夏建国的判断得到了全校教职工的赞同。建立新的产教结合机制成为学校办学的重要目标。夏建国和他的同事们为新机制确定了四个基本特征：目标一致、互惠互利、深层合作、相对稳定。

学校在上海选择了十几家大型集团公司和企业，聘请这些单位的总经理或董事长组成学校发展咨询委员会，聘请著名企业家担任名誉校长。每年学校举行 1～2 次咨询和研讨活动，请他们对学校的发展建设提出意见和建议。

与此同时，学校聘请了 28 名行业和企业技术部门的专家、研究人员担任学校客座教授，成立专业指导与合作委员会，定期就专业调整、课程建设、教学改革提出建议；聘请了 40 名行业和企业分管人事工作的经理、副经理，组成就业指导与合作委员会，负责学校毕业生就业的指导、咨询、协调和推荐工作；聘请了 50 名工程技术人员作为学校兼职教师，与学校专业教师一起对学生实习和毕业设计进行指导；与 22 家行业、企业签订了实习基地共建协议；吸引企业在学校设立了三菱奖学金、航星奖学金、Intel 奖学金、威斯顿奖教金、民立奖教金、森源数控实训室等。

学校还充分利用师资优势，同企业共同开展科研和培训开发工作。与上海数控开通公司合作开发了三种分别代表美、欧、日产品特点的数控铣床，与上海轮胎橡胶（集团）公司合作开展了企业技术人员、设备维修人员培训，为一些企业进行了设备维修服务。

在上海的用人单位眼里，上海电机高专的牌子很响。大家普遍反映："从这所学校出来的学生能吃苦，安心第一线工作，留得住、下得去、干得好，特别是他们对现场的整体技术要求、工艺流程比较熟悉，上手快。"听到这些称赞，夏建国自然喜不自禁，他说："这主要得益于我们这些年坚持不懈的改革。事实证明，我们改革的方向是正确的。"

在采访中，80多岁的严校长曾指着夏校长的背影对我们说："他比我能干。我是亲眼看着这所学校发展起来的，非常快，很了不得啊！"

"很了不得"的夏建国却毫不乐观："当前高职教育正面临着前所未有的挑战——加入WTO，产业结构发生巨大变化，我们能不能创造出适应这种变化的更加灵活的教育模式？信息技术迅猛发展，"数字化生存"时代来临，我们怎样应对这场革命？在终身教育体系中，我们的定位在哪里？这些问题是他提给同事们的，也是提给自己的。

他说，追求卓越意味着要不断否定自我。

二、山东省高级技工学校

顺应时代发展 构筑"高级蓝领"摇篮 [①]
——全国第一所高级技工学校办学回顾

我国第一所高级技工学校创办成功后，全国高级技工教育得到了长足发展，山东省高级技工学校（现名：山东劳动职业技术学院）顺应时代发展的需求，将高级技工教育与高等职业教育紧密结合起来，改建为具有两高（高等教育和高级技能资格）特色的职业技术院校——"山东劳动职业技术学院"，再次实现新的跨越。

山东劳动职业技术学院，坐落于风景秀丽的历史文化名城济南。她是一所有着悠久历史又十分年轻、充满朝气的省属普通高等职业院校，初创于1955年，于1956年开始招生。在学校的发展过程中，学校由技工学校发展到中专、技工师范学院，再发展到高级技校、职业技术学校，1966—1977年期间还曾一度被改为机床厂，办学体制几经变化，经历了我国职业技术教育发展的全过程。

历经了几十年的岁月沧桑，她始终坚持为山东的经济建设服务，坚持走产、学、研结合的道路，形成了鲜明的办学特色，为山东省经济发展培养、输送了数以万计的技术和管理骨干，为山东省机械行业提供了强有力的科技和智力支持。经过近半个世纪的风雨洗礼，学校不失时机地抓住发展机遇，实现了跨越式发展，在学校厚重的历史画卷中，"全国第一所高级技工学校"是学校发展史上闪耀着光芒的极为重要的一章。

（一）顺应体制改革的要求，积极试办全国第一所高级技工学校

20世纪80年代中后期，我国的经济体制改革向纵深发展，企业体制发生重大变革，企业产品结构也发生了深刻的变化。新材料、新工艺、新技术、新产品不断涌现，并在生产中得到应用，全面质量保证体系在企业普遍推行，企业生产及产品质量保证对工人技能的要求越来越高。然而，企业职工初、中、高级技工比例严重失调，职工中绝大多数是初级工，中级与高级技工十分缺乏，而且高级技工都是在生产过程中自然形成。长期以来，企业主要是依靠传统的师傅带徒弟的方式培养技工。师傅倾其所有，徒弟尽其所学，师徒如影相随，徒承师宗，因此有人形容："有什么样的师傅，就有什么样的徒弟"。这种方式培养的技工，由于缺乏正规系统的专业教育培训，在专业知识和技能方面存在明显的缺陷，对新材料、新工艺、新技术、新产品的适应能力较低，与经过系统职业教育培训的毕业生

[①] 王韶明，张兴昆．2005．构筑"高级蓝领"摇篮——全国第一所高级技工学校办学回顾．山东人力资源和社会保障，（6）：36-38

相比存在着明显的差距，难以适应企业发展的要求。这种状况直接制约着企业的发展，影响着企业产品质量和经济效益的提高。经济和科学技术的发展，使得企业越来越需要大量的高素质人才。而此时的技工学校培养的学生数量却非常有限，技工学校的毕业生供不应求，无法满足所有企业的要求。而且，当时国内尚无专门培养高级技工的学校，企业急需的高级蓝领供不应求。许多中小企业尤其是非国营企业甚至无法从技工学校毕业生中补充人力资源。高级技能型人才成为约束企业发展的瓶颈，企业发展与高素质技能应用型人才缺乏之间的矛盾日渐突现，这种需求矛盾无疑给职业技术教育提供了一次难得的机遇。

面对新形势、新情况、新课题，学校组织教师、管理和科研人员到省内数十家大中型企业进行了专门的调研，对如何适应社会和企业的需要开展高级技工教育培训，以及培养目标、招生对象、学制、理论及实训课程设置、教材选用与编写、教学计划与大纲、毕业考核、毕业生分配及待遇等问题进行了深入的研讨，随后又邀请和组织职业教育方面的专家进行论证。通过深入的调研论证，明确了办学思路，坚定了试办高级技工班的信念，确定先试办高级技工班，待取得成功经验后，再兴办高级技工学校。随后，报请国家劳动部和山东省劳动厅批准，于 1985 年试办了高级技工班，首次试办招生分为机械装配和机械加工两个专业。为了保证试办成功，学校组织任课专业教师、实习指导教师、实习工厂科研技术人员和生产管理人员选编了教材，确定了教学大纲和教学计划。招收的学生来自于企业在职职工和技工学校应届毕业生。这些学生绝大多数受过中等专业技术教育。为了强化操作技能训练，高级班学生实习均放到实习厂生产车间。学生进入车间就像工人一样，要接受严格的规章制度的约束，严格按照生产规程操作，要按照工时定额完成生产任务。全真的生产环境不仅使学生学习掌握了规范的、熟练的操作技能，而且体验和感受到企业生产、企业管理的真实氛围。经过两年的专业技术教育和技能训练，所有学生均通过了毕业考试和高级技工技能鉴定，有 30% 以上的毕业生达到了当时八级工的水平。从企业招收的学生返回单位后，很快就成为了企业的技术骨干或车间管理人员，从应届毕业生中招收的学生，被分配到各级工学校担任实习指导教师或者从事学生管理工作。这期毕业生受到了用人单位的高度好评。

1989 年 12 月和 1990 年 4 月，国家劳动部和山东省政府分别批复同意原山东省劳动局技工学校为高级技工学校，山东省高级技工学校成为全国第一所高级技工学校。

（二）"产学研"密切结合，培养合格高级蓝领

改建时，原山东省劳动局技工学校已有 30 多年的办学历史，曾兴办过半工半读中等专业学校，1966—1977 年期间还曾一度被改建为济南第六机床厂，1979—1984 年期间曾筹办过山东技工师范学院。就办学而言，它有着丰富的教学管理经验、较完善的教学物质条件和较强的师资力量。教师中大部分人曾长时间从事生产实践和科研，既有坚实的理论基础，又有丰富的生产实践经验。实习工厂的产品多达 30 余种，既有一般的通用机械，也有高精技术产品，主导产品曾连续多年被评为部优，除国内销售外还销往英、美和东南亚等国家、地区。产品从设计到毛坯制造、零件加工、整机装配、装箱运输，形成了一个完整的体系，产品的技术要求复杂，完全能够满足当时培养高级技工的需求。

兴办高级技工学校，培养目标的确定与高级技工教育的定位是一个不可回避的问题。经济高速发展，企业急需大量高级技能应用型人才，及时兴办高级技工学校，开展高级技工教育，正适应了这一社会和企业的需求。当时高级技工学校作为新生事物，高级技工教育如何定位、毕业生是否给予等同普通高等教育学历等问题，直接关系到学校能否及时兴办。毫无疑问，高级技工学校是承担我国高级技术技能人才培养的基础，高级技工教育是高等职业教育的重要组成部分，其办学层次明显高于中等专业技术教育，但由于其培养的目标使企业和社会需求的合格高级技工，其教育教学更侧重于理论与生产实践的结合，更侧重于操作技能的养成，因此它与普通高等教育又存在着明显的区别。而当时又正逢文凭热兴起，加之其他各种因素的影响，高级技校毕业证书是否与普通高等教育文凭等同的问题，就显得非常敏感。在这种情况下，与其为学历问题拖延高级技校的兴办，不如另辟蹊径，把高级技工教育定位为非学历教育的高等职业技术教育，把培养高能技能型人才作为高级技工学校教育培养的目标，以适应企业和社会的需求。

高级技能型人才的培养，需要既有坚实理论基础又有实际操作实践经验的双师型教师。加强教师队伍建设，构建双师型教师队伍，是开展高等职业教育特别是高级技工教育的前提和基础。由于学校在1966—1977年期间曾一度改建为机床厂，校改厂之前参加工作的教师，绝大部分曾在工厂工作，长期从事技术设计、产品制造、生产管理，既具备教学经验，又有生产经验，还掌握实际操作技能。新进青年教师按学校规定也都要到实习工厂工作一至二年，经考核合格才能调整到教学岗位，大部分青年教师取得了中级工等级证书。许多理论教师还兼任实习工厂的工程技术工作，实习工厂的工程技术人员中也有相当一部分兼任学校理论教学工作。理论教师在教学过程中，能够真正做到理论联系实际，有机地将课程内容与生产实践结合起来。另外，实习指导教师在整个教师队伍中占有相当大的比例，一般保持在教师总人数的45%左右，其中80%以上的实习指导教师具有大专以上学历。他们主要由分配来校（厂）工作的大中专毕业生、技校优秀毕业生组成。实习指导教师不仅具有高级技能职业资格，掌握精湛的专业操作技能，而且还掌握宽泛的专业技术理论和行业知识，并且熟悉教学规律，掌握一定的教学理论和技能。长期以来，通过加强教师队伍建设，除少部分文化课教师外，专业课、基础课理论教室和实习指导教师基本上都成为了"双师型"，他们在讲台上能讲，在机床旁能操作。

创办高级技工学校后，学校针对高级技工教育的特点，本着"强化专业技能、提高就业能力"和"用什么学什么"的原则重组课程结构，更新教学内容，增加实习教学和实训课时，确定精减整理理论课程的设置和教学的内容，侧重点与普通高校有较大的差别。在理论与实习教学的时间安排上，改变过去"每周一轮换"为"二周一轮换"。在基础理论教学中坚持"突出实践性和实用性"的原则，以应用为目的，以必需、够用为度，注重知识的实用价值。如对口招收的机械装配与维修专业，根据学生已具备一定的专业知识基础，掌握了机械制图、机械基础、金属材料、切削原理、切削刀具等相关知识，在课程设置中对专业基础课进行了较大幅度地调整或组合，并削减了专业基础课的课时数，增开了一些针对性和应用性更强的专业课程。再如机械制造工艺专业所涉及的专业理论知识较多，教师授课立足于选择实用性较强的内容重点讲授，尽量避开难懂的理论推导。讲"零件加工工艺"时，不仅按一般高校教材讲授加工工艺过程，还扩展讲授零件材料、加工工具及设备。在实习教学上强调学生要在掌握扎实基本功的基础上提高操作技能的熟练程度。技能训练的全过程大致分为三个阶段，第一阶段为"填平补齐"，主要针对操作技能较差的学生，主要目的是强化基本功训练，使学生全面达到"八级制"五级工应会标准。这一阶段占技能训练总时间的 20% 左右。第二阶段为"熟练提高"阶段，让学生在实习厂顶岗直接参与生产，并接触一些生产中的难题，目的是使学生进一步提高操作技能水平。这一阶段约占技能训练课时的 50%。第三阶段为技能综合训练阶段，学生要进行相关工种操作技能训练，目的在于提高学生的应变能力，并达到高级工技能标准。这一阶段占技能训练总课时的 30% 左右。此外，针对高级技工教育的特点，还在理论和实习一体化教学方面进行探索，多数与生产实际或实训教学有直接联系的课程，试行一体化教学，任课教师既将理论，又指导学生操作（或实验）。在教材建设方面，组织教师，根据教学需要，结合自己的教学实践，编写教材。这些教材除本校使用外，多数被其他高级技工学校使用。

良好的教学教育设施是开展职业技术教育的物质基础。高级技工学校创办后，为适应高等职业技术教育需要，学校加大了教学基础设施的建设，新建了 15000 平方米教学大楼和 12000 平方米的学生公寓，调整、扩建了实训场地，购置了数控加工中心，自行设计或改造了 10 余台数控机床，新建了数控编程、伺服系统等实验室，还增置了电化教学设备设施，添置了数百台新型微机。使学校的教育教学条件有了明显的变化。

坚定地走产、学、研结合的道路，突出办学特色，是职业技术教育生存和发展的关键所在。创办高级技校后，学校根据不同层次学生实训需要及实习工厂产品生产经营状况，在原实习工厂的基础之上，新设第二实习厂，名称为机械装备公司。两个实习工厂各有侧重，第一实习厂（机床厂）主要生产定型机床，侧重于训练学生基本技能和中级工实习，第二实习厂主要生产非标成套生产线，侧重于提高学生操作技能和从业的适应能力。同时，学校还加强了与企业的联系，先后与山东小鸭集团、济南轻骑集团、济南发电设备厂、青岛海尔集团、香港震雄集团等企业共建了校外实习基地。把企业对高技术人才的要求及时融入课堂教学，将企业作为学生实践训练的基地。例如，济南发电设备厂生产设备先进，从德国、瑞士、荷兰等国家引进数控设备 20 余台，建有数控机床组成的柔性生产流水线，价值千万元以上的设备有十几台，精密、大型、稀有设备 80 余台。与学校建立合作关系后，每年可接纳 200 余名学生去实习，学生在实习期间不仅能接触到国内外先进的生产设备，而且能体验到现代企业生产、管理的方式和文化氛围。校内校外实训条件的改善，促进了教育教学目标的实现，学生实习训练，随着年级的升高及技能水平的提高，依次从简单到复杂，从粗加工到精加工，递进参加各岗位工作，并在各个工种、生产环节承担生产任务，体验和感受企业生产、企业管理的真实氛围。在注重理论与实训紧密结合的基础上，还特别注重教育实训与科研的结合。1994 年，国家"八五科技攻关项目"中"全数控周边磨床"研制招标时，由学校教师、实习厂工程技术人员共同设计的图纸和资料经专家论证可行性强，战胜了五家国内知名机床制造企业而一举中标。1996 年制造出第一台产品，正式通过国家机械部组织的专家鉴定。此后，与清华大学联合研制开发出"经济型数控周边磨床"，为国内企业制造出涂布机、拉幅机、造纸机等 20 余个品种的产品和生产线。在办学过程中，学校始终坚持生产、教学、科研三者紧密结合，基本改变了纯消耗性实习的局面，促进了产品的研制开发并提高了产品质量，保证了理论与实习教学正常进行，提高了教学质量和学生操作技能，降低了教育成本，促进了学校的发展。

产品质量是企业生存和发展的生命线，同样也是职业技术教育学校的生命线。学校的产品是毕业生，高级技校要生存与发展，必须要确保教育教学质量，确保培养和输送合格的毕业生，要做到这一点，必须坚持严格考核。高级技工学校的学生来自不同地区、不同学校和企业单位，理论和技能水平参差不齐，但学校培养的目标却无法改变。因此，学校面对现实，宽进严出，一方面，加强教育教学和管理，另一方面，加强了毕业考试和职业技能鉴定。1991级和1992级学生，均经过了山东省工人技术考核委员会组织的"应知""应会"等级考核和鉴定。按当时技术工人"八级工制"从六级起进行考核，通过者再参加七级工考核，并递进参加八级工考核。结果，第一届毕业生取得七级和八级工证书者（即为现在的高级工证书）占到应考核人数的95%；第二届学生毕业时，取得七级和八级工证书者占到93%。1993年全国首届奥林匹克技能竞赛举行，在选拔赛后，济南市代表队的六名成员全部是学校在校学生。在山东省的比赛中，学校两名学生取得了参赛工种第一名。参加全国比赛的山东代表队有四名队员组成，其中学校选送的学生就占了三名。在高手云集的全国比赛中，这三名学生中有两名进入了机械类工种的全国前十名，荣获"全国技术能手"、"全国机械行业技术能手"、"山东省新长征突击手"等光荣称号。此后，经过多年的毕业生技术等级考核和跟踪调查，山东省劳动厅批准了学校学生毕业时经校内考核合格后即可取得国家职业资格证书。校内考核严格执行国家等级标准，考核是从国家职业资格鉴定中心的题库里随机抽取理论和技能考试试题，监考和阅卷工作都严格按鉴定部门的要求执行。技能考核时要求学生在限定时间内完成，并对完成的工作编号（不记名），交由五人以上的评分小组评出成绩。评分小组由从企业聘请的工程技术人员和本校实习指导教师组成，从而保证了评分的严肃与公正。

创办高级技工学校以来，学校在"产、学、研"方面都取得了较好的成绩，被评定为国家重点技工学校、省职业教育先进单位，为社会和众多的企业培养、输送了数千名的合格的高级技能型、应用型人才；也完成了产品生产、销售任务，降低了生产和教学成本；同时，研制生产的"全数控周边磨床"，"达到国际同类产品80年代末期水平，填补国内空白"；"经济型数控周边磨床"，获济南市科技进步一等奖；非标大型涂布机、拉幅机、造纸机等生产线，填补了国内空白。1994年由国家经委和劳动部承办的"亚太地区产学研结合研讨会"在学校举行了现场会。1995年被劳动部批准设立"国家职业技能鉴定所"。有对车、钳、电、数控机床操作、精密仪器修理、职业指导员、中式烹调师、计算机维修等30多个工种的中级工、高级工及技师的鉴定能力和鉴定资格。

在取得高级技工学校办学经验的基础上，学校不断地向更高层次、更全面的职业技术教育领域发展。1999年经国家劳动保障部和山东省人民政府批准更名为山东技术学院，2000年经山东省政府批准，设立山东劳动职业技术学院。办学层次包括高职、高级技工、五年连读高职和中级技工，同时，还承担着全省技工学校校长和实习教师培训的任务。回顾学校发展的历史，之所以能够逐步发展，根本原因就在于能够及时抓住机遇，扬长避短、办出特色，坚定不移地走"产、学、研"紧密结合的路子。目前学校正在积极筹建新校区，努力实现学校发展的目标，即把学校办成既有本科、专科高等职业教育，又有高级、中级技能技术教育和职业培训，既能培养中、高级技术工人，又能培养技师、高级技师等应用型人才的多层次综合性职业教育师范院校。目前，学校在长清大学园区新征土地 1300 余亩，待新校区建成后，一个规模为 15 000 名在校生的综合性职业技术教育院校，一个崭新的高级蓝领的摇篮，将继续为国家和社会培养、输送合格的技能应用型人才。

三、无锡市高级技工学校

在探索中求发展 [①]

无锡市高级技工学校（现名：无锡技师学院）创建于 1955 年，有过"三起两落"的坎坷经历。1978 年复校以来，学校依靠全校教职工，坚持为地方经济服务，围绕培养目标，狠抓教育质量，为无锡市厂矿企业和乡镇企业培养了初、中、高级技术工人 8026 人。自 1986 年起，连续四年被无锡市人民政府评为"文明单位"，被市政府评为"教育系统先进单位"，1989 年被省教委评为"江苏省德育工作先进学校"。1991 年被省政府、劳动部评为省（部）级重点技工学校。1994 年 1 月被国家劳动部评为国家重点技工学校。学校为无锡经济稳定发展培养技术工人的主要做法是：

（一）搞好人才预测，扩大定向培训

无锡市劳动局自 1984 年对学校实行简政放权以来，学校毕业生分配直接与厂矿企业进行"供需见面"，每年商定分配名额、专业、男、女人数后，由学校提出分配建议方案，然后由市劳动局下达分配计划指标。为此，学校领导亲自到全市各厂矿企业调查研究，进行技术工人需求方面的预测。从调查中了解到无锡第一、第三制药厂每年退休工人就各有 25 人左右，同时，厂领导迫切需要提高制药技术工人的素质。经双方商定，并经市劳动局，医药局批准，由学校为这两家制药厂每年定向培训一个 50 人的制药班，连续招收六年，共定向培训 300 名制药工人。第一制药厂投资 2200 万元进行技术改造成了小诺霉素新车间，学校 1990 年毕业的第一期制药班，其中，22 人分配到该厂后，全部安排在小诺霉素新车间工作，毕业生全部顶岗生产使工厂取得了较好的经济效益。两家制药厂为了支持学校办学，逐年支付给学校培训费共 52 万元。这种培训方法既改善了办学条件，又受到了厂矿企业的欢迎。

（二）招收市区走读生，远郊、县开办校外班

学校现有建筑面积 13149 平方米，其中新建校舍 9625 平方米。由于场地比较狭小，教职工家属宿舍全部设在校外，而且主要招收市区走读生。现有的 1280 名在校生中，市区走读生占 1062 人，其中仅有 12 名走读困难的学生在校住宿。为了满足经济发展的需要，于 1989、1990 年，在宜兴市丁蜀镇、无锡市郊区招收了 4 个专业，5 个班级，218 人的校外班。对 5 个校外班，学校按照上级劳动部门的有关规定，进行了统一计划、统一管理、统

---

① 无锡市技工学校 . 1991. 在探索中求发展 . 职业教育研究，（5）：23-24

一考核，既保证了教学质量，又满足了社会对技术工人的迫切需求，受到了社会的普遍欢迎和好评。

（三）探索了"厂校挂钩，联合办学"的新路子

无锡是综合性加工工业城市。建国后，在纺织等传统工业继续发展的同时，以电子工业为代表的新兴工业崛起。目前，已形成以电子、轻纺、精密机械为三大支柱，包括化工、冶金、医药、造船、建材、食品等 30 多个行业，门类比较齐全，技术装备水平和专业化生产程度较高的工业体系。而学校开办的主要工种专业，是电子和模具钳工两个专业。如何满足各工厂企业对特殊工种专业技术工人的需要，学校初步探索了"厂校挂钩、联合办学"的新路子。学校坚持为生产服务、为企业服务、为经济服务的办学宗旨，急工厂之所急，帮工厂之所需，1986 年以来，学校与市机械工业局、电子仪表工业局、纺织工业局、医药局所属的汽车制造厂、无线电厂、织袜总厂、第一制药厂、第三制药厂联合开办了冲压、袜机修理、制药 3 个工种专业，5 个班级，211 人。遵照扬长避短的原则，既解决了学校场地有限、特殊专业教师缺乏、没有特殊专业的生产实习场地和设备等困难，又为厂矿企业培养了急需的技术工人，受到了用人单位的普遍欢迎。复校 12 年来，从开设电子、模具钳工两个专业工种开始，根据无锡经济发展需要，按照"厂校挂钩，联合办学"的新路子，先后开设过车、钳、铣、磨、模具钳工、冲压、机修、电子、电工、仪表、计算机、数控机床、制药、陶瓷工艺 14 个工种专业。

（四）为乡镇企业培训技术工人，实行"一条龙服务"

无锡市所属一郊、三县（市）共有 124 个乡镇，乡镇企业异军突起，现有乡镇企业 1.2 万余家，职工 100 余万人，1990 年乡镇企业总产值 226 亿元，占全市工业总产值的 61.3%。无锡县、江阴市、宜兴市的乡镇企业产值，在全国各县中分别名列第一、三、七位。其中无锡县 5000 家乡镇企业 1990 年实现工业总产值 101 亿元，在全国 2000 多个县（市）中继续保持领先地位。

从 1983 年起，学校就打开了大门，面向农村，多渠道、多层次地为乡镇企业服务。遵循"因需设置专业，长短结合办班"的原则，先后开办了一个月、二个月、三个月、一年制、二年制、三年制等不同学制的车、钳、铣、磨、模具、电工、机床电器、机械设计、机械制造工艺、分析化学、机械制图等 12 个专业。并由原来采取"招进来"脱产培训的办法，改变为"走下去"，实行教学、培训、考核、发证"一条龙"服务上门的新做法。学校克服困难，充分挖掘潜力，发挥技校的多功能作用，1983 年以来共为乡镇企业培训初、中级技术工人 5360 人。

（五）积极试办高级技工班，改变技术工人的结构比例

据对无锡市 47 万技术工人的调查，"七五"期间工人技术等级人均提高了 0.8 级。目前全市初、中、高级技工的构成比例，已为 4.5∶5∶0.5，并且拥有 1350 名工人技师。无锡市是国家教委确定的中等城市教育综合改革试点的六个城市之一，学校又是市政府确定

的高级技工培训试点学校。学校在 1986—1988 年开办一个脱产培训高级技工班的基础上，又在 1989 年开办一个半脱产高级维修钳工班，还将开办一个高级维修电工班，为无锡经济建设培训高层次的技术工人，以逐步改变技术工人的构成比例和促进产品质量的提高。

技工学校必须贯彻执行党和国家的教育方针，把学生培养成为合格的中级技术工人，做到多出人才、出好人才，为国民经济和社会发展服务。学校在培养德、智、体、美、劳全面发展的合格的中级技术工人方面，主要做了以下三方面工作：

1. 把德育工作放在首位，培养"四有"新人

多年来，学校坚持正确的办学方向，把德育工作放在首位，已逐步形成了全方位管理的德育工作新格局。首先，学校抓了组织落实，建立了德育工作领导小组，制订了"领导干部和党员联系班级"的制度，全校按岗位职责组成了四支教育小组，形成了全方位管理的德育工作网络。其次，抓了系列思想教育，包括政治理论、品德、教育育人、实训育人、管理等，并根据专业工种和年级特点，有针对性地、分层次地开展形式多样的教育活动，渗透职业道德品质。三是抓了综合管理，严明校纪校风，制订了"团结、勤奋、文明、守纪"的校风，以及"师德规范"和"爱生公约"。全校组织了 32 个兴趣小组，结合专业开展积极向上的各项活动。学校在毕业分配中，根据三年品德、理论、实习、体育组成的总分和本人志愿进行"择优分配"，杜绝了不正之风，调动了学生"创三好"、争当"文明学生"的积极性。1987 年以来，共评出文明班级和先进班级 27 个，优秀毕业生 78 人，市、局、校级三好学生 626 人，优秀学生干部 253 人，应知、应会统考双优生 101 人，文明学生 979 人。

2. 强化技能训练，提高学生的技能素质

提高生产实习教学质量，需要一支素质较高的生产实习师资队伍。学校现有实习教师 49 人，近几年来选送外出深造 35 人次，大专以上毕业生 19 人，占 33.3%。实习教师经全市统一组织的应知、应会考核，取得五级技术等级证书的有 35 人，取得七级技术等级证书的有 14 人，共占 86%。

强化学生的技能训练，还必须有足够的实习场地和配套的实习设备，改善实习条件的办学经费。学校采取：争取财政拨款多一点点、毕业生收取培训费集资一点点、计划外培训收入补贴一点点、实习工场创收增加一点点、双增双节节省一点点的"五个一点点"做法，1985 年以来自筹资金 338 万元，绝大部分用来改善实习场地和添置实习设备。学校现有实习场地 3867 平方米，又即将动工建造一幢六层 3120 平方米的生产实习大楼。几年来共添置了各种实习机床设备 99 台，各种实习仪器、仪表设备 226 台。

学校强化技能训练的做法，①把德育教育与技能训练相结合；②改善实习条件与加强实习管理相结合；③提高实习师资素质与开发实习产品相结合。自 1985 年以来，学校共开发并生产龙凤牌 LF-1 型、LF-2 型 14 寸、17 寸黑白电视机 5456 台，无心磨床硬质合金托板 2505 块，DZ-3 型、DZ-4 型家用电器电性能综合测试台 60 多台。由于提高了学生的动手能力，学生毕业后能很快顶岗生产。1987 年以来参加全市技校毕业生应知、应会统考和

发放"两证",学校共毕业 9 个专业、29 个班级、1314 人,三级工应会操作考核及格率连续四年均达到 100%。1990 年毕业 313 人,四级工应会考核及格 173 人,及格率达 55.3%。学校已有 500 多名毕业生在生产第一线担任班组长、工段长、车间主任等职务,成为无锡经济发展的一支重要的技术骨干力量。在 1988 年全市由经济贸易委员会等七家单位组织的"梅花杯"10 万名电装工五级应知、应会技术比赛中,学校毕业生分别夺得了第一、四、五、六名。

3. 重视体育达标工作,增强学生的身体素质

学校历来重视群众性体育活动,1986 年以来始终开展体育"达标"工作,曾先后两次受到省劳动局表彰。1980 年以来,在历届全市大中专院校和技校田径运动会球类、越野跑比赛中,学校男、女运动队曾先后获得团体冠军 28 个。在江苏省首届技校田径运动会上,由学校男、女运动员为主组成的无锡市田径运动队,获得男子团体第一名、女子团体第二名的好成绩。同时,学校也十分重视群众性的文艺活动,在历届全市中专、技校文艺汇演中,先后获得 4 次团体第一名和 2 次团体第二名,多次受到团市委、劳动局、文化局的表彰。在 1990 年无锡市红五月歌会中,学校大合唱《雷锋精神随想曲》获得全市技校文艺会演第一名。在全市各大中型企业和各区、县的文艺汇演中,被市委宣传部、文化局、总工会、教委、团市委授予"飞马奖"的荣誉。

四、重庆五一高级技工学校

与时俱进 改革创新 开创新辉煌 [①]

重庆五一高级技工学校（现名：重庆五一技师学院）地处重庆市中心渝中区，占地面积 139 亩。学校创建于 1955 年，现隶属于重庆市劳动和社会保障局，是重庆市首批高级技工学校之一。近五十年来，学校以过硬的培训质量、丰富的办学经验，向社会输送了逾万名各类中、高级技术人才，曾先后获得"全国职业技术教育先进单位""国家重点技工学校"等殊荣，在重庆职教战线享有极高声誉。

在经济增长和社会进步作为重要支撑的今天，重庆五一高级技校进一步落实了"科教兴渝"战略，研究和部署了学校教育改革和发展战略方向、转变办学理念、提高办学层次，坚持以创办特色为中心，坚持走自身特色和能够充分发挥自身优势的办学道路，主动适应市场，不断深化改革，全面提高学生的素质，不断适应新时期对职业技术教育的新要求，学校整体工作取得了长足发展。现将学校的主要工作情况及发展思路回顾与展望如下：

（一）学校主要工作的回顾

1. 学校在上级有关部门的重视、指导下，在社会各界的关心、支持下，经过几代人的不懈追求，取得了较为突出的成绩

学校在 1953 年举办失业工人培训班的基础上，于 1955 年 4 月正式建校。建校之初，得到了国家劳动部、苏联专家及省、市领导的高度重视和大力支持。劳动部培训司司长、四川省委副书记、重庆市副市长等领导亲临学校视察工作，为学校的发展提供了有力的指导。学校先后为国家培养了上万名优秀毕业生，生产了逾万台高质量的机床产品，校办实习工厂曾是国家机械部定点生产插、拉、刨系列机床的厂家。90 年代初，实习工厂年产值近 2000 万元，年利润 100 万元左右，产品远销东南亚等地区，为学校的发展提供了有力的资金保障。学校出现了毕业生、实习工厂产品供不应求的"两热"局面。

2. 全力以赴，做好招生和就业安置工作，确保"进出口"畅通，逐步形成良性循环的发展格局

稳定的后继社会生源，是学校发展的基本前提，针对近年来技工学校招生普遍困难的

---

① 黄建明.2004.与时俱进 改革创新 开创新辉煌.职业教育研究,（7）：41-42

客观情形，我校领导明确提出将招生工作作为学校的中心工作，全校自上而下、自下而上，形成了"一切为招生工作服务"的大局意识，并且在具体工作环节上集思广益、群策群力，逐渐摸索出一套行之有效的办法。截至目前，学校的招生区域不但扩展到重庆市辖的云阳、丰都、巫溪等三峡库区属县，以及黔江、秀山等少数民族地区，还延伸到了巴东、大竹、通江等四川省属县（市），最远的学生甚至来自新疆喀什地区。学校招生工作连续四年佳绩频传，2003 年，在遭受"非典"影响的情况下，共招新生 2007 人，再次创下历史新高。

将就业安置业纳入了学校的重点工作之中。近年来，学校双管齐下，对内通过开设就业指导课，对毕业生进行职前培训，积极引导其树立"先就业、后择业"的正确就业观念；对外通过不断努力，与国内、市内一些实力雄厚，知名度高的大型国有、民营、三资企、事业单位建立了稳定的联系，逐步建立了稳固的就业安置基地。毕业生去向有如中国电信、中国移动、中国联通、隆鑫集团、宗申集团、深圳三星、深圳富士康等企业，就业安置率连续多年保持在 98% 以上，深受家长和学生的信赖，毕业生供不应求。

3. 紧贴市场需求，营造专业优势，不断开发新专业

通过多年来的摸索，学校逐步形成一套"以传统老牌专业出特色、出品牌，保障稳定的教学质量和社会生源；以新兴的'短平快'专业出活力、出效益，保障适应市场需求的不断变化。新、旧专业相互渗透，相互促进，力争把专业办大、办精、办新、办活"的专业设置思路；并结合现代企业需求一专多能的技术人才的特点，积极探索专业的复合型设置，使学生向具有"多证书、多资格"的方向发展。此外，开发社会紧缺的三产专业，近年来，先后开发了文秘与现代办公、物业管理、商务计算机、宾馆与饭店旅游管理等三产专业，取得了良好的效果。

4. 积极探索高技能人才培养新途径

重庆市是全国的老工业基地，加之正在大力实施的西部大开发战略，企业的生存理念将发生重大变化，经济增长方式将由粗放型向集约型转变，在实现这一转变的过程中，高级技术工人将是一支不可或缺的生力军。目前，我市具有高级技师职称的人数不足职工总人数的 3%，而西方发达国家，高级技师人数占职工总数之比为 35% 左右。因此，我们积极探索高技能人才培养新途径，为学校提升办学层次奠定基础。学校于 1997 年率先在全市技工学校中设立了高级技工部，与天津职业技术师范学院、重庆高等师范专科学校等大专院校联合办学。几年的实践表明，在高等职业教育的大纲组织、教材建设、课程设计、理论与实习教学具体环节的组织实施等方面，已经积累了十分有益的经验，现高级技工部在校生已近 600 人，占在校生总数的 20% 左右，受到联办高等院校的充分肯定。

5. 加大投入，全力进行教学硬件改造，不断完善基础与后勤保障设施

在办学经费紧张的情况下，学校多渠道筹集资金，先后投入 1200 余万元兴建了 8300 平方米的综合教学楼，1600 平方米的学生食堂，9000 平方米的学生公寓，200 吨蓄水塔，新增微机 75 台，开设了学生网络室，新增数控车床、多功能机床 32 台等等，通过不懈努

力，学校的基础设施、设备得到了较大的改善，使学校具有了得天独厚的实验、实习基地，能满足各种教学、培训、实验、实习的需求，综合实力不断迈上新台阶。

6.不断深化教学改革，狠抓教学质量生命线

建立健全规章制度，强化师资队伍建设。通过确立校长负责制、教职工聘任制、岗位目标管理责任制、活动工资考核办法、教师末位淘汰制等制度，最大程度地优化组合教育教学资源。在抓好"三个代表"学习的同时，加强了教师的业务技能、思想素质的提高，引导教师为人师表，遵守职业道德，认真教书育人，管理育人、服务育人，对学生因材施教，不断完善并严格执行教学规章制度。此外，学校十分注重骨干教师队伍的锻炼、培训，除组织部分管理人员、骨干教师去外地学习先进经验外，同时培养了一批中青年学科带头人和"双师型"教师，教师队伍素质不断提高。

在教学的具体过程中实施以"四个转变"为指导思想的不断改革创新。这四个转变分别是：在培养目标上，实现由培养单一技能型人才的"就业教育"向既为"就业"，又为发展服务的"职业能力教育"转变；在教学内容上，从单一的学科传授向易懂、实用的理论知识传授和宽面、扎实的专业实作技能培训相结合的转变；在教学手段上，从传统的口授、手带向大量使用电化教学、多媒体教学等现代化教育技术转变；在教学评价上，从原来的重内部、结果评价向重社会（市场）评价转变。

（二）存在的问题

1.有待国家政策的大力引导和扶持

近年来，学校学生就业率一直保持在98%左右，基础设施、教学质量也在逐年提高，然而与其他中等职业技术学校相比，在发展中却不得不面临招生难、缺少资金投入等问题。可以说，市场需求并未激发学生的就读热情，以学校为例，生源中90%都来自农村，每到招生季节，招办的工作人员就要下乡，甚至挨家串户进行动员，这些事实都说明：作为培养具有全面素质和综合职业能力、直接从事生产、服务、技术应用和基层管理等方面工作的技能型、应用型人才的职业技术教育，虽然得到了党和政府的高度重视，但发展极不平衡（东部沿海地区相对较好），全社会对职业教育的认识还没有达到应有的高度，人们的就业观念没有发生根本性的改变，轻视职业技术教育的意识也还没有完全消除，因而职业教育发展的社会环境还存在着许多不尽如人意之处。我们希望：各级教育行政部门应积极协助职业技术学校做好宣传工作，让全社会都认识到职业技术教育作为"准生产力系统"的重要性。在宣传教育中，采取有效措施让初中毕业生合理分流，引导优秀的初中毕业生选择报考职业技术学校，拓宽中职升入高职的渠道，打破终结性教育的局面，推动中等职业教育的发展。

2.招生市场秩序混乱，亟待规范

我市历来都是重工业城市，工业类中专、技校有上百所，加上最近几年民办的职业学

校如雨后春笋般出现，为争夺生源，提高学校经济效益，这些学校往往降低门槛，对报考学生不管分数高低，素质好坏，一概来者不拒，一些学校甚至还专门聘有招生人员（无业人员、教师、教育管理部门的干部都充斥其中）。重金悬赏、高额回扣、虚假宣传、重复录取、地方保护等等，形成了招生市场的无序竞争的局面，严重损害了职业学校形象。因而，整顿招生秩序，规范招生行为，成为迫切需要解决的问题。

3. 办学规模日益扩大与基础设施不足的矛盾凸现，学校发展面临资金投入的困难

随着招生、就业工作力度的增大，师资力量与培训质量的提高，目前学校的在校生人数已从原来的 600 余人增加到 3000 余人。预计今后几年办学规模还将有较大的增长。尽管近年来，学校自筹资金上千万元用于学生宿舍、食堂的新修和改建，以及增加必要的教学、实习设备，但从今年新生入学情况看来，各项基础设施都已基本达到饱和。如今后几年学生人数还有大幅度增加，则必将带来办学规模日益扩大与基础设施不足的矛盾，学校办学经费不足，资金投入困难的情况严重，希望政府有关职能部门加大对中等职业教育的投入，适当调整收费政策，促进中等职业教育的可持续发展。

（三）发展思路及展望

1. 合理定位发展方向

"发展才是硬道理"，要发展就要推动学校办学层次的进一步扩大、提升。落实到具体目标上，就是要尽力申办独立建制的高等职业技术学院，或与其他高校联合申办职业技术学院。为实现这一目标，下一步学校将做好以下几个方面工作：①积极调整办学侧重点，将高级工人才比例从 20% 左右增加到 30% 以上，实现办学方向从中级到中高级的过渡；②进一步加大社会培训的覆盖面，开展短期培训，使办学方式由单一学制培训转变为学制式与短期培训相结合；③继续做好招生、就业工作，力争两年内将在校生规模扩大至5000 人。

建立一个覆盖重庆市辖 40 个区、市、县，200 个乡镇，中学的市→区→县→乡四级联动的招生网络系统，一个以本校为培训点的培训网络系统和覆盖沿海及经济发达地区的就业指导系统，通过这三位一体的订单服务体系，扩大学校招生就业范围，提高培训水平，充分发挥职业教育在农村富余劳动力转移过程中的作用。

2. 加快基础设施建设步伐

为适应学校日益增长的办学规模扩大的需求，学校经多方努力筹措资金，拟于今年底开始动工 4 个基建项目即：兴修一个 8200 平方米的技能培训中心，6000 平方米的学生公寓楼，1600 平方米的学生食堂和 300 米跑道塑胶运动场，彻底改变学校布局结构不合理、基础设施陈旧等现状，为学校的发展打下坚实的基础。

几年来，通过学校不懈努力，学校的社会效益和经济效益实现了"双赢"，办学规模不断扩大，教学培训质量在全市职教系统名列前茅。目前，学校基本具有与本地地方经济相

适应的专业设置，具备较齐全的现代化教学设备、雄厚稳定的师资力量、严谨科学的管理体系，以及一流的教育教学质量，在重庆市职教领域的骨干示范作用十分突出。学校正力争在质量、效益、特色等方面更上一级台阶，继续扩大办学规模、扩大联办范围、扩大示范功能，为把学校建设成为立足西部，面向全国的综合性高等职业教育学院的远景目标而努力奋斗！

五、兰州石化职业技术学院

立足办学特色　彰显学校生命力 [①]
——兰州石化职业技术学院走特色办学之路

兰州石化职业技术学院始建于 1956 年。1999 年，在全国申报高职学院的百余所学校的激烈竞争中，兰州石化职业技术学院成为教育部批准的全国 33 所高职学院之一。同时，也是一所以工科为主，培养高等技术应用型人才的综合性职业技术学院，是经教育部批准、由原兰州石化职工大学改制成立的甘肃省第一所独立设置的职业技术学院。学校由中国石化集团公司与甘肃省人民政府共建共管。

兰州石化职业技术学院的改制，标志着甘肃高等职业教育已迈出了新的步伐。该学校为甘肃的高职教育发展发挥着示范作用。为什么这所学校能在强手如林的竞争中脱颖而出呢？兰州石化职业技术学院的回答是"宽口径，厚基础，重特色，强能力"的人才培养模式，融"职业性、技术性、实用性"为一体的办学特色。经过多年艰辛的探索，学校在学科建设、教学改革、为地方经济服务等方面取得了实效，得到了上级主管部门、兄弟院校及用人单位的肯定和好评。

兰州石化职业技术学院的发展与企业息息相关，联系十分密切，职业教育特色十分突出。学院一建校即背靠兰州炼油化工总厂和兰州化学工业公司，依靠"两兰"办学，专业设置和教学计划的制定适应企业需要。走特色办学之路，首先是在学科建设上做到"人无我有，人有我优"。炼油与化工是学院两大优势学科，围绕这一"龙头"，学院注重培养学科带头人，组织教师与北京化工大学联合开发出化工生产过程仿真系统，后改进为集散控制 DCS 装置，提高了专业技术人才的操作技能，学院自行研制的 90 千瓦无泄漏磁力驱动泵，被北京燕山石化公司及甘肃庆阳石化总厂使用；学院自行设计、研制和安装的炼油化工生产中试装置，不仅满足了学生实习教学，还研制出了产品，取得了经济效益。在此两大优势学科的驱动下，学院先后获省部级科技进步奖 4 项。同时，学院注重与名校结亲，学其优点，完善各学科建设。学院先后分别与西安交通大学、西北大学、甘肃工业大学、西北师范大学、甘肃联大、省委党校及甘肃经管学院等院校联合办学，以使所有学科建设日趋完善，并且形成规模，不但广开办学渠道，也为甘肃地方经济建设做出了突出贡献。

（一）调整资源配置，培养方向有特色

兰州石化职业技术学院由原兰州石化职工大学改制而成。学院调整优化资源配置，以

---

① 何华.2000.立足职教 争创一流——兰州石化职业技术学院走特色办学之路的报道.发展，（6）：54

市场为导向，以人才需求为目标，对教学专业设置进行了大刀阔斧的改革调整，使相关学科的专业相对集中形成了五系一部，含 30 多个专业的教学管理体系，做到本科教育、专科教育、中专教育多元体系，学历教育、专业培训、继续工程教育同步进行，且按高职高专的特点将实践教育调整为 40% 的教学比例。要求任课教师不仅熟练操作微机掌握一门外语，而且有一定的科研能力，熟悉企业生产实践，达到"双师型"标准。学校曾一度提出"把工厂当学校，把车间当课堂"的口号，师生深入现场，极大地提高了实际动手能力和解决现场实际问题的能力，锻炼、培养了师资队伍。学院新教师下厂实习一年的行政规定一直执行到了 1992 年。在给学生传授科技知识的同时，又称得上技术操作熟练的"师傅"，可谓文武双全。另外，为了提高老师们教学水平，学校让教师走出去学习全国兄弟职业学院的成功经验，同时又请专家进来把关指导。学校对教师实行聘任制，坚持教考分离，成立专门机构对教学过程进行监督和评估。合理调整专业，加强学科建设，突出高职教学特色，为学院的发展和改革奠定了良好的基础。

2000 年，学校为适应社会经济发展及社会对汽车维修人才的需求，经三年的准备筹建了汽车工程系，初步设有汽车检测与维修专业和汽车营销专业。为了体现办学特色，在对兰州地区汽车维修行业的调查中，学校发现，维修厂中比较需要具有检测和维修电控发动机技术的汽车维修人员。因此，学院汽车检测与维修专业人才就以具有检测、维修和使用电控发动机技术的汽车维修为培养方向。在了解到由于兰州地区集汽车维修、保养、销售、技术服务为一体的 4S 店发展迅速，社会需要大量具有汽车维修保养和销售能力的技术人才。学校的汽车营销专业针对汽车销售开设了一些课程，如：汽车贷款、汽车保险、汽车导购等。

（二）强化实践，教学保证有特色

在学院改制后，为了适应高职教育的特点，培养高职生的专业技能和动手能力，学院狠抓实训基地建设。学校对实践教学做了大量的调整，将原来不到 20% 的实践教学环节，逐渐提高到 50%，并在实训基地的建设上投入了大量的财力和物力，累计投入 2200 万元建成全省高校中条件最好的数控、现代化印刷、汽车检测与维修等实习训练基地。先后还建有 85 个实验室，5 个实习工厂，面积达 17000 平方米，有实验设备 3500 多台（件），其中含多媒体教学网络系统、计算机网络系统、DCS 装置，以及 3 个语音室，使各系都有现代化的实训场所，使学校的实训基本能满足各类专业教学的需要。除此之外，学院还有毗邻的兰炼及兰化这两个较为稳定的校外实训基地，又与刘家峡化工厂、庆阳石化总厂、玉门炼化总厂、宁夏化工厂等企业建立了合作关系，从而提高学生的实际操作能力和解决实际问题的能力，使实训基地的建设在教学改革上取得了重大成果。

学院重视开展教学研究和学术研究，鼓励教职工钻研学问，著书立说。80 年代，学院教师主编出版了《化工原理》《化工自动化基础》《炼油工艺基础》等 10 种教材，参编 325 种教材；90 年代，又主编出版了《计算机应用基础》《工程数学》《集散控制系统》等 10 种教材，参编了 46 种教材。这些教材被国内许多学校采用，其中，有 8 种教材分别获甘肃省成教科研一等奖和中石化总公司科技进步三等奖；1994 年荣获中石化总公司教材建设一等奖。另外，学校还编写讲义 7 种，弥补了教材的不足。

（三）净化育人，环境促进办学特色

兰州石化职业技术学院的领导始终认为，优良的学风是一所学校最宝贵的财富之一，是学校生存与发展的必要条件。正因为如此，学院坚持把品德教育、法制教育、纪律教育、劳动教育经常化、制度化，并严格考核，抽调知识面广、德高望重的副教授、校领导担任思想品德教学工作，把思想品德课与劳动课成绩记入学生综合成绩档案中，这两门课不及格者，不准毕业。学校坚持开办第二课堂，正面引导学生参与技能型、知识创新活动，把他们吸引到发挥特长及素质教育上来。兰州石化学院培养的学生之所以受社会欢迎，在很大程度上得益于校领导全新的办学理念。他们把办学当做一种经营活动，经营学校的办学模式，经营学生未来归宿的市场，经营适销这个市场的"产品"，从而形成学校的两大特色：坚定不移地为生产一线培养急需的技术型、创新型的高级技工；持之以恒地强化学生的实践动手能力。兰州石化学院全新的办学理念，不仅为各级各类职业学校做出了示范，也为其他学校提供了借鉴：办学只有办出特色，学校才会有生命力。

长期以来，学院毕业生以过硬的素质广受社会好评，学院多次被教育部、中共甘肃省委、甘肃省政府命名为"全国优秀成人高校""教育系统先进单位""职业技术教育先进集体"，学院多年保持兰州市级"文明单位"称号。

开发大西北的号角业已吹响，如何抢抓机遇，发展自己，也是该院考虑的主题。相信在科教兴省的方略中，在高职教育的领域里，作为甘肃省唯一一所独立设置的高等职业技术学院——兰州石化职业技术学院一定会绽放出奇异的光彩，并一如既往地为甘肃地方经济的腾飞做出更大贡献。

六、天津职业技术师范学院

中国"一体化"职业教育师资的摇篮 [①]
—— 天津职业技术师范学院建院 20 周年回顾与展望

二十年来，天津职业技术师范学院（现名：天津职业技术师范大学）以邓小平理论为指导，坚持社会主义办学方向，全面贯彻党的教育方针，把培养合格的职教师资作为全院的根本任务，解放思想、大胆实践，主动适应经济建设需要，加快了改革和发展的步伐，学院已成为一所在国内外具有一定影响力的高等职业技术师范院校。

天津职业技术师范学院更名前为"天津技工师范学院"，是我国最早建立的一所高等职业技术师范学校，始建于 1959 年，60 年代初撤并。在党的十一届三中全会实现伟大历史转折的条件下，由国家劳动总局请示，经华国锋和邓小平等 13 位总理和副总理圈阅同意后，于 1979 年恢复建立，1983 年更名为天津职业技术师范学院。学院开办初期，人员少，办学经费紧缺，设备简陋，但是学院的创业者们不畏艰苦，知难而进，顽强拼搏，以无私忘我的工作热情，克服困难，创造条件，边教学、边建设，一步一个脚印，扎扎实实向前奋进。经过二十余年的艰苦创业，办学初见成效，办学特色思路基本形成。1992 年初，邓小平南方谈话发表和党中央、国务院关于加快改革开放和经济发展的一系列决定，使我国改革开放和现代化建设进入了一个新阶段，学院的整体实力和办学水平上了一个新台阶。

（一）办学规模不断扩大，综合实力不断增强

学院现占地面积 27 万平方米，建筑面积 11 万平方米，是建院初的 3 倍，现有专任教师人数是建院初的 4 倍，本、专科全日制在校生人数是建院初的 24 倍，专业设置已由建院初的 3 个，发展到现在的 17 个。学院拥有实验、实习设备达 8000 余台（套），总价值近 1.6 亿元人民币，是建院初的 57 倍，生均设备值达 45 万元人民币。学院基础实验室在天津高校首先通过了市教委的评估验收。经过 20 年的建设，学院已成为一所功能齐全、适应职业教育发展需求的高等职业技术师范院校。

（二）立足服务职业教育，办学特色基本形成

学院积极探索办学特色，以培养合格的"双证书"一体化职教师资为目标，20 年来，为我国的职业教育事业培养和培训了大批人才，现已培养全日制毕业生 6000 余人，函授毕

[①] 王宪成，任雪浩，柳翠钦 . 2000. 团结奋进 再创辉煌——天津职业技术师范学院建院 20 周年回顾与展望 . 河南职技师院学报（职业教育版），（2）：43-45. 编者略有改动。

业生 3000 余人，各种短期培训毕业生 2 万人，其中体现学院特色的，既有大学毕业证书又有相应工种技术等级证书的"双证书"毕业生 1400 余名，"双证书"毕业生受到职业院校与用人单位的欢迎和好评。1996 年，我国首批既取得大学本科毕业证书又取得高级工证书的"双高"人才在学院诞生，成为我国培养"双高"人才第一校；1997 年，学院"实行'双证书'制，培养'一体化'职教师资"的教学成果先后荣获天津市和国家级教学成果一等奖。摘取了迄今为止职业技术师范教育领域的第一块"金牌"。为此，学院采取了一系列改革措施，包括转变教育观念，端正办学方向；改革招生制度，改变生源结构；修订教学计划，改革教学内容；扩建实习基地，改善实习条件；内训外聘结合，建设师资队伍；严格教学管理，健全规章制度；开展职教研究，指导教改实践等等。

（三）建立了多层次、多形式、灵活的办学体系

多年来，学院在搞好学历教育的同时，还建立了集函授、高等教育自学考试、短期培训为一体的成人教育体系，除普通本、专科学历教育外，还具备了开展成人教育的优势，既有联合国计划开发署授建的"高培中心"，又有由学院负责筹建实施的，中日两国政府合作的"中国劳动和社会保障部职业培训指导教师进修中心"。先后引进了国际上先进的培训方法和数控、汽车、电子、计算机等训练设备。同时，还在全国建立了 26 个函授站，举办了多期短期培训班，年均培训 3000 人次。

（四）优化、精干的师资队伍茁壮成长

教师是培养合格人才的关键。在加强师资队伍方面，学院制定了跨世纪人才培养目标，采取一系列激励措施，促进重点学科建设，尤其是加大青年教师培养力度，注重对青年教师的培养，其中，90% 以上的青年教师完成了研究生层次的进修和培训，数十名中、青年教师在国外进行了研修，青年教师迅速成长。现有教授、副教授占教师总数的 46%，讲师占教师总数的 50%。为办出特色，学院注重建设一支既能讲授理论，又能指导技能训练的"一体化"教师队伍和以专职为骨干，专兼结合的教师队伍。

（五）内部管理体制改革不断深化，教职工的积极性和待遇不断提高

学院内部管理体制改革不断深化，内改方案不断完善。人事制度方面，在搞好"三定"工作的基础上，实行了教师聘任制、干部任期制、工人合同制，制定了相应的考核考评办法，并建立了人才交流中心。实行国家基本工资和校内津贴相结合的分配制度，开始破除分配上的平均主义，调动教职员工积极性，提高收入。后勤改革不断深化，在逐步完善承包责任制的基础上，正向后勤服务社会化方向迈进。

（六）科研工作取得进展，科研水平和校办产业稳步提高

学院的科研工作有了很大的进展，承担了国家高科技"八六三"项目"RV-6 Ⅱ 减速器"的研究，21 世纪青年基金项目"常用 PLC 的计算机仿真与 CAI 开发研究"，国家教育科学"九五"规划重点课题"中学生职业心理倾向测试"，以及国家"八五"重点攻关项

目。有多项研究成果获奖，其中，"易燃、易爆重大危险源监控及预警技术研究""曲柄式摆线针轮减速机""可编程控制 PLC 学习机""QJC-01 曲柄式渐开线行星减速机""针轮的削孔展成技术及刀具"等分别获得部、市级科研成果奖。

学院的职业教育研究所等部门承担了多项劳动和社会保障部软科学课题，为劳动和社会保障部及学院的决策服务。学院编辑的《现代技能开发》《天津职业技术师范学院学报》在国内外公开发行。《现代技能开发》曾获全国优秀职教期刊一等奖。

学院的校办产业在克服困难中发展，从小到大，创收能力不断提高。

（七）国际学术交流与合作不断扩大，开放式办学格局基本形成

学院坚持"三个面向"的方针，积极开展国际和地区间交流与合作，同日本、美国、韩国、俄罗斯、乌克兰、香港、台湾等 30 多个国家和地区或同类院校进行友好往来或建立了友好合作关系，对学院的发展起到了积极的促进作用。学院的高级职业技术培训中心作为劳动和社会保障部与国际劳工组织、联合国计划开发署合作的第一个项目，在国内广泛推广 MES 培训方法，开发系列电视教学片等也发挥了积极作用。中日两国政府合作，由学院负责筹建并招生，总投入达 2 亿多人民币的"中国劳动和社会保障部职业培训指导教师进修中心"拥有世界一流的实验实习设备和先进的培训手段，并有数十名日方长短期专家负责技术转让工作，现已培养出两届大学毕业生。

近年来，学院承办了首届高等职业技术师范教育国际研讨会，组织召开了"海峡两岸科学的技能方法研讨会"，先后派出近百个团组 200 多人次到国外进修、访问。同时，接待了海外 140 余个团组，540 人次来院参观、访问、讲学。学院还十分注重国内交流与合作，同国内很多学校、单位建立了密切联系。所有这些措施，都为学院走向世界，办成国内一流、在国外有一定影响力的高等职业技术师范院校创造了一定条件。

（八）精神文明建设和党的建设不断加强

学院制定了精神文明建设"九五"规划，坚持弘扬主旋律，坚持用邓小平理论教育大学生，深入开展爱国主义、集体主义、社会主义教育，努力营造出"高格调、高品位、高层次"的校园文化氛围，学院还切实加强了校风建设，做到常抓不懈、强化管理、完善制度，校风建设整体水平迈上新台阶。学院注重文理兼融，发挥第二课堂的育人作用，每年举办演讲、书法、文艺汇演等活动，让学生充分展示自己的技能和才智。学院还积极组织学生参加院内外社会实践活动，多次荣获"全国社会实践先进单位"等荣誉称号。一年一度的军训大大提高了学生的组织性和纪律性；一年一度的体育节、艺术节促进了学生业余文体活动的蓬勃发展。

多年来，学院认真贯彻党的教育方针。始终以邓小平理论为指针，不断加强党的思想建设、组织建设和作风建设，党委、党总支、党支部分别发挥了领导核心、政治核心、监督保证和战斗堡垒作用，广大党员发挥了先锋模范作用，保证了学院各项事业的蓬勃发展。

二十年来，学院桃李满天下，培养的 9000 多名合格的中等职业教育师资及其他高级专业技术人才，为推动经济建设和社会发展作出了积极贡献。他们中的绝大多数坚持工作在

职业教育的第一线，以甘为人梯、默默奉献的人师风范从事着太阳底下最光辉的事业，相当一批已成为教学骨干，有的走上领导岗位，有的搏击于市场浪潮之中，成为企业明星，有的被评为全国技术能手，受到国家、省、市的表彰。

总之，天津职业技术师范学院建院的二十年，是艰苦奋斗的二十年，是改革与开放的二十年，是开拓创新的二十年，是取得辉煌成就的二十年。

二十年来，学院在发展的过程中积累了一定的经验，认真总结并结合今后的办学实践，充分运用这些经验，对于学院今后的改革和发展有着重大的意义。主要体会有：

1）必须坚持以马列主义、毛泽东思想和邓小平理论为指导，坚持社会主义办学方向，全面贯彻党的教育方针，认真落实上级领导的指示精神和要求，主动取得上级的正确领导和支持。

2）必须坚持解放思想、实事求是的思想路线，不断转变观念，抓住机遇、深化改革、扩大开放、开门办学。

3）必须适应社会主义市场经济的需要，找准自己的座标、办出自己的特色，把为职业教育培养合格师资和管理人才作为学院一切工作的出发点和落脚点。

4）必须坚持以教学为中心。贯彻从严治校的方针，强化管理，加强师资队伍建设和教学设施建设。

5）必须坚持艰苦奋斗、勤俭办学的方针，走外延发展和内涵发展相结合的道路，使规模、结构、质量、效益协调发展。

6）必须正确处理改革、发展、稳定的关系。在改革中求发展，在改革发展中做好稳定工作。

7）必须坚持全心全意依靠广大教职工办学的思想。多为群众办实事、办好事，增强凝聚力和向心力，充分调动大家的积极性，投身于学院的改革和发展。

8）必须加强党的建设和精神文明建设，保证党的教育方针和各项方针政策在学院的贯彻落实。

二十年的奋斗结果，为学院今后的继续前进打下了坚实的基础，极大地鼓舞着全院师生、员工以更大的信心和热情去夺取改革发展的新胜利。

天津职业技术师范学院有着光荣的过去，也一定有着更加美好的未来。

为了实现学院的发展目标，为了在新世纪能更好地生存和发展，学院必须适应新时代的需要，抓住我国大力发展职业教育的时机，深化改革，加快建设和发展，继续走内涵发展为主的道路，在教育思想大讨论的基础上，以迎接教学合格评估为契机，深化教学改革，强化管理，提高质量，发展特色，为职业教育培养更多的合格师资。

我们相信，从改革开放初期走过来的中国培养"一体化"职教师资的第一所高等学府，经历了二十年努力探索后，在即将到来的新世纪中，在邓小平理论伟大旗帜的指引下，在以江泽民同志为核心的党中央正确领导下，在上级领导的关怀帮助下，全院师生员工同心同德、振奋精神、艰苦奋斗、开拓创新，我们一定能完成时代赋予我们的神圣使命，定能早日成为国内领先、国际上有较大影响力的高等职业技术师范院校。

七、苏州市技工学校

长风破浪会有时　继往开来展宏图[①]
——苏州市技工学校发展回顾（1980—2000）

（一）"二落三起" 艰苦创业

苏州市技工学校（现名：苏州技师学院）创建于 1960 年初。校园设在苏州市人民路工人文化宫右侧的一座破庙里，条件极为简陋，连课桌都没有。学校因陋就简，艰苦奋斗，买来工人文化宫内闲置的木板，老师们敲打一阵子，课桌椅子就摆在了教室里。学校当时开设了车工、钳工和铸工 3 个专业，学制 3 年，招收学生近 200 名。

然而，刚刚创建二年的学校，在三年困难时期，被迫停办。

1964 年，随着国民经济的全面好转，苏州市政府拨款 5 万元，支持再建苏州市技工学校。虽然条件仍然极为艰苦，经费严重不足，但在全校努力下，各项工作逐步走上正轨，规模逐步扩大，学生达到了 600 人，教师也增加到 86 人。

1966 年 9 月，受到"文化大革命"的影响，学校完全停课。1969 年，学校宣告停办。

一直到 1978 年 10 月，经江苏省革命委员会批复同意，学校启动复办。经过前期大量艰苦的准备，学校于 1979 年 3 月举行了隆重的开学典礼。复办之初，只开设电子、模具 2 个专业。

创建、撤销、再建、停办、复办，这就是苏州技师学院创业之初"二落三起"的曲折发展历程。

（二）"二跃三跨" 快速发展

党的十一届三中全会以后，沐浴着改革春风的苏州市技工学校获得新的动力，开启了崭新的发展阶段。在 1980—2000 年的 20 年中，学校"二跃三跨"，快速发展，取得了显著的发展成果。

1978 年学校从废墟中复办，经过十多年的努力，1994 年实现了由普通技工学校向省级重点技工学校的跃升，同年被批准设立"国家职业技能鉴定所"；1998 年 6 月，又实现了省级重点技工学校向国家级重点技工学校的跃升。学校的建设也实现了 3 个跨越：

[①] 撰稿人：贾丽琴，2015

1. 办学规模跨越式增长

1984 年，苏州市技工学校迁至苏州市区。当年招生 200 人，学生总数 600 人。此后招生人数逐年增长，1988 年达到 347 人，1997 年达到 480 人。生源地也从苏州本市扩大到省内七个地、市。截至 1998 年，在校学生总数达到 1288 人，超出复办时的批复规模 488 人。师资力量不断充实，1984 年，学校理论教师 39 人，实习指导教师 24 人；1994 年，理论教师达到 57 人，实习指导教师达到 33 人，中、高级职称教师占比达到 42%；1998 年，理论教师达到 64 人，实习指导教师达到 31 人，中高级职称教师占比达到 73%。

2. 教学设施跨越式提升

随着学校的不断发展，教学楼、实习楼、图书馆、运动场相继建成，硬件配备日趋完善。90 年代末期，苏州经济形势发生了巨大的变化，现代化城市格局加速形成，外资企业大量涌入，用工标准呈多样化趋势。根据苏州经济形势变化的特点，苏州市高级技术学校提出要"高质量地培养复合型技工"。根据这一目标，学校新建了教室、微机教室、专业教室和语音室，先后投入 1000 多万元，新征地 11 亩，增加了 11480 平方米的校舍，新购了电脑、彩电各 100 多台。此外，添置了 VCD 制作系统、闭路电视系统、21 台普通车床、8 台数控机床、18 台编程机，新建了电视演播室、电子阅览室、电子电工实验室和室内体育馆。学校占地达 35 亩，校舍面积达 34664 平方米。

3. 综合实力跨越式增强

到 2000 年时，学校开设有车工、钳工、电子、电工、铆焊、制冷、数控加工、工业自动化等 8 个主干专业，并开发了与之相关的若干复合专业方向。并建立了石湖、吴县、吴江、昆山、太仓、张家港、电脑、丝绸 8 所分校，开设了苏纶、医药、培训中心、制机厂 4 个校外班。教研组从 1982 年的 2 个，增加到 9 个。学校教学质量不断提升，教学行政管理制度、教学进程管理制度、教学信息反馈制度、分校及培训教学管理制度、教学档案管理制度、图书教材管理制度相继建立并不断完善，初步形成了一套完整的教学管理体系。

（三）"二改三促"与时俱进

1983 年以前，学校和全国许许多多的技工学校一样，在学生就业方面实行的都是"统包统配"。1983 年，学校几经酝酿，决定对毕业生分配制度进行改革，由过去的统一分配改革为"去向公开、自愿报名、择优分配、统筹安排"。学校将每个毕业生在校期间的德、智、体三方面的成绩和表现折算成总分，并根据其在校期间的奖惩情况予以增减。然后由劳动部门、用人单位、学校三方面根据学生的择业志愿和考核成绩，从高分到低分择优分配。在当时"统包统配"仍然是大趋势的环境下，苏州技工学校率先开拓思路，改革就业机制，为学校注入了发展活力。

1991 年，学校对就业制度进行进一步改革，实施"公开就业去向、公开学生情况、双向选择就业"的制度，成为全国较早开始"双向就业"的学校。就业工作更加灵活，企业和学生双方受益。

虽然当时技工院校学生不愁找工作，但学校认为，目标不应仅仅定位在让学生就业，而应该实现毕业生高质量就业，为此学校采取了多方面措施。

（1）促进校企合作。学校走进苏州市大大小小的各类企业，开展调研，与企业沟通洽谈，建立紧密联系，为学生就业争取更广空间。

针对某些企业对学校缺乏了解的情况，学校主动邀请企业主管来学校参观考察，加深印象。

（2）促进学校宣传。敞开校门，展示形象，扩大知名度。通过电视、电台、报刊等媒体，广泛宣传学校的优势、特点、办学情况等，加强社会对学校的认识和了解。

（3）促进教学改革，适应企业需求。学校通过调研了解企业对技能人才的要求信息后，迅速在教学、专业设置等方面迅速做出调整，主动适应企业的需要。

通过大量细致扎实的工作和多年的努力，学生的就业形势日益见好。到 20 世纪末，学校的推荐就业率达到 98.5% 以上，其中，80% 以上的毕业生被推荐到苏州工业园区、高新技术开发区的外资、合资企业工作。学校许多毕业生当时被推荐到美、德、日等十多个国家的 29 家外资、合资企业工作，企业主对毕业生都十分满意。

学生有出路，学校就有兴路。良好的就业为学校带来了招生方面的极大优势。虽然 90 年代中后期以来，受普高热急剧升温和高校扩招的影响，整个苏州技工教育招生工作遇到了很大困难：1999 年苏州全市的技工学校招生人数只完成了原计划的 75.55%，初中生源比例比上一年减少 30%；2000 年苏州市初中毕业生源在上一年减少 30% 的基础上又减少了 10%，但是苏州市技工学校的招生情况却别有洞天：

1999 年，招生 542 人，在校生数达到 1429 人，对外培训学生 756 人；

2000 年，招生 697 人，在校生数 1664 人，对外培训学生 857 人；

2001 年，招生 859 人，在校生数达到 2140 人，对外培训 1017 人；

2002 年，招生 1442 人，达到苏州市技工学校建校 42 年以来的最大招生规模。

（四）"二变三增" 内涵发展

一个学校要走得高，走得远，培养内涵发展是关键。1984 年以来，在解决了学校基本建设问题的同时，学校凝心聚力，专注于提升、培养内涵，技工学校培养的是技能人才，技能人才的培养内涵集中体现在宽度和高度上。为了适应现代企业的人才需求，学校努力推进人才培养的两个转变：①由单一工种向复合工种转变；②由培养中级技工向培养高级技工转变。通过两个转变实现三个增强：

首先是增强学生的就业能力。通过由单一工种向复合工种转变。学生一专多能，由"三证一能"，逐步发展到"六证""七证"。许多学生持有电工安全上岗证、数控技术证、苏州市市民计算机应用能力合格证、苏州市 PETS 公共英语证书、两个工种的技工等级证书和技校毕业证书，在就业市场上令用人单位刮目相看。学校探索开发相互渗透型的复合专业，如机电和自动控制技术相互渗透的机电一体化专业等。复合型技能人才成为抢手的香饽饽。

其次是增强专业的技术更新。90 年代，苏州高新技术企业的大量出现。技术发展日新月异，以车工的普通车床和钳工的锉刀为主要生产工具的时代已经成为明日黄花，取而代之的是数控加工和电火花、线切割等成型机床。电类工种也不再由接触器一统天下，可编程控制技术已广泛应用。学校认为，若不尽快实现传统工种向高新技术工种的转变，学校培养的技能对企业来说将成为"鸡肋"。在这一思想的指导下，学校及时开发调整专业，改革课程设置，使教学内容紧贴企业岗位技术需求。学校很早就投入了数控编程机和数控车床，到 2000 年时，学校所有学生都取得了数控网络的合格证，学生四级工考核合格率 100%，五级工考核合格率一直在全苏州名列前茅。

最后，是增强培养的技能层次。1995 年以前，学校以中级工为主要培养目标。但随着苏州经济的蓬勃发展，学校很快认识到，在苏州这样经济发达的城市，培养中级工技能人才的目标定位远远不够。于是，学校决定由以中级工技能培养为主逐步向以高级工培养为主提升，在有条件的专业开设高级班。自 1995 年开始，学校陆续开设了工业自动化（3+3 学制）、微机工业控制（3+3 学制）、计算机技术（3+3 学制）、数控技术（3+3 学制）、工业电子（3+2 学制）、精密加工（3+2 学制）等高级班。[①] 在全校 2000 多名学生中，高级技工班的学生近千人。苏州的外企较多，他们要求技术工人有一定的外语能力、计算机操作能力、较高的文化知识，以及注重团队精神。为此，学校把素质教育放在教育教学的首要位置，增加了英语、计算机等课程的学时，适当强化基础知识。

（五）"二联三式" 拓展办学

苏州技师学院原校区在苏州古城区，占地只有 35 亩，校园小，没有足够的发展空间。学校认为，要做大做强，就必须放眼校外，上与高等院校联合，下与兄弟学校联合，另辟蹊径，拓展发展空间。

拓展办学的第一种模式是与高等院校联合，即与实力强的院校共享资源，合作办学。

1997 年，学校向苏州市政府、苏州市劳动局、苏州工业园区社会事业局的领导和有关部门积极争取，得到了支持。一项苏州技师学院与工业园区职业技术学院联合办学的计划开始实施。

两校合作之初，就开展了师资共享、国外培训、输送技校优秀毕业生到职业技术学院学习等多项合作项目。苏州技师学院多位教师兼任园区职业技术学院的专业教师，有两位教师参加了职业技术学院组织的到新加坡南洋理工学院的教师培训项目，有近百名优秀毕业生到职业技术学院的机电一体化和工业电子两个专业学习。

之后，两校成功实施了教学资源共享、无形资产整合、联合招生等多个合作项目，取得了较好成果。1999 年，苏州技师学院招了两个"3+2"机电一体化班，投资 100 万元与职业技术学院联合办学。当时，国家劳动保障部的领导认为，这种"强强联合"的做法很值得借鉴和推广。

有了成功的先例后，苏州技师学院与其他院校联合办学的范围逐步扩大。学校与上海

---

① "3+3" 或 "3+2" 学制均招收初中毕业生，前 3 年毕业获得中级工职业资格，后 3 年（或 2 年）毕业后获得成人大专学历或高级工职业资格。

交通大学、苏州市教委联办工程硕士班办学点，与苏州职业大学联办数控技术、计算机网络技术与应用专业，与南京理工大学联办微机工业控制专业，与上海理工大学联办计算机及其应用专业、机械电工专业的业余大专班，与苏州科技学院联办计算机技术专业。

拓展办学的第二种模式是建立分校和办学点。1994 年前后，先后在昆山、吴江、太仓、吴中等区域建立了分校，学校的分校和办学点达到 14 所之多。

拓展办学的第三种模式是与其他技工学校，职业学校合作办学。先后与淮南市技工学校、泰兴市技工学校、常熟练塘成教中心、江都市、宿迁技工学校等学校开展了密切合作。

其中，特别值得一提的是"教育移民"。这是苏州在全国的首创，也是苏州技工学校的得意之笔。

苏州作为改革开放率先起步的城市，"蓝领"奇缺。苏州的企业多，90 年代末期，苏州仅高新区和工业园区就有 400 多家企业，每年需要中职类毕业生约 3 万人，而整个苏州本地的中职类在校生只有 1 万多人，每年毕业生不到 5000 人，只能满足当地每年对技术工人总需求的十分之一。而苏北、安徽、河南等不少地方却劳动力相对过剩。苏州技工学校于是有了"教育移民"的设想，并在苏州劳动部门的支持下，很快付诸实施。昆山分校率先开始从江西招收学生，这些学生的学制为 3 年，采取"1+2"的办学模式，即第一年在江西当地的一些职业学校就读，主要为文化基础和专业技能学习期。从第二年开始，学生到昆山分校就读。第三年为带薪实习期。完成学业后，由学校全部推荐安排到苏州的企业工作，并享受与当地职工同等的社会保险（即养老、医疗、失业保险）和住房公积金待遇，他们的户口也同时转入苏州。这一"吃螃蟹"之举使得苏州市许多职业学校竞相效仿，到 2000 年时，"移民"至苏州学生的已达 1000 多人。

苏州市人事部门评价说："'教育移民'这一模式是'一石三鸟'。可以培养出一批稳定的技术工人，有利于优化苏州的劳动力资源结构和苏州的投资环境，同时有助于解决欠发达地区劳动力过剩的问题。"其实，对学校来说，也获得了好处：既扩大了生源，还提高了学校在外地的知名度。

回首历程，苏州技工学校学校办学历程坎坷，发展过程曲折。经过几代人的努力，如今一所现代化的技师学院呈现在我们眼前。正如现任院长甘志雄所说："苏州技师学院能成为江苏乃至全国一流的技师学院，这是学校几代人几十年以来艰苦奋斗、孜孜以求、创新发展的结果。"

展望未来，苏州技师学院踌躇满志。学校领导班子已经为技师学院的发展精心规划了蓝图。"登高山方知天之高远，临大海方之水至辽阔。我们苏州技师学院必须放眼世界，以建设真正的国家一流技师学院为目标，大力深化教育教学改革，着力打造校本特色，培养一流的技能人才，带领全校教职工不断攀登新的高峰！"

八、肇庆市技工学校

闯出一条独具特色的发展之路 ①
——谈肇庆技校产训结合模式

肇庆市技工学校（现名：肇庆市技师学院）是一所劳动部门主办的机械、电类技校，创办于 1964 年，是广东省创办最早的技工院校之一。1973 年学校复办时，把原地委干部家属宿舍改建和 1000 平方米的沥青竹棚作学生宿舍和课堂和 350 平方米的实习场地。自从踏上教学、生产、科研这条三结合的办校道路，学校就发生了深刻的变化。

在教职工和教育经费增长不大的情况下，实现了招生人数翻一番，教学质量不断提高。1979—1990 年教职工从 104 人增至 141 人，教育经费从 22.4 万元，增至 36 万元，在校学生也从 299 人，增至 500 多人。1991 年毕业生技术等级考核结果，99.4% 达到三级技术水平，其中，53.2% 达到四级技术水平。

校办工厂在职工增加不多的情况下，从一厂变为两厂，总产值和全员劳动生产率大幅度上升。1979—1990 年，职工人数从 220 人增至 243 人，而年总产值从 103 万元，增至 1044 万元，全员劳动生产率从 4677 元，增至 60 000 元。校办化工机械厂生产的 QZ 型气源装置（有热再生式）、ARD 型气源净化装置（自然再生式）、QZC 型高效除油器等 3 个系列产品共 18 个规格，销遍全国各省市并被列为出口配套产品，远销朝鲜、巴基斯坦、尼泊尔、孟加拉等国。其中，"ARD 自然再生空气干燥装置"和"QZC 型除油器"获劳动部优质产品称号，1990 年该厂被授予"省级先进企业"称号。初办的京粤磁厂生产的钕铁硼产品现已有 97% 远销美国、澳大利亚、中国香港、中国台湾等地。

在国家没有基建投资的情况下，学校依靠校办厂的利润，使教学、生产及生活条件不断得到改善，基本满足了教学和生产的要求。1979—1990 年，全校固定资产从 98 万余元增至 1000 多万元；建筑面积从 10 864 平方米，增至 39 000 平方米；教室面积从 588 平方米，增至 7100 平方米；学生宿舍面积从 598 平方米，增至 4700 平方米；生产场地从 4407 平方米，增至 8500 平方米；生产实习设备从 80 台（套），增至近 300 台（套）；图书从 2368 册，增至约 1.5 万册。七层的学生宿舍代替了昔日的沥青竹棚；十层综合教学大楼代替了零散的教室、实验室；新建的 3 幢共 11 000 平方米的职工宿舍大楼替代了过去的斗室平房；平坦、清洁的校园种植着各种花草，四季飘香。

学校的飞跃发展，赢得了荣誉。1988 年和 1989 两年，学校连续被评为肇庆市教书育人先进单位，1991 年被授予全国职业技术教育先进单位。校长黄亨典同志被授予教育系统

---

① 何仲明，卢伟鸿. 1989. 论肇庆市技校的发展道路. 职业教育研究（2）：22-25

劳动模范称号。

（一）办校指导思想

技工学校如何办，怎么发展，肇庆市技校用十多年的产训结合实践回答了这一问题："以校办厂、以厂养校；既出人才、又出产品。"

"以校办厂、以厂养校"是肇庆市技校办校指导思想的核心，它的依据是：

1. 技校的性质、特点和教学规律，决定了要以校办厂

技校是培养技术工人的职业技术学校。《技工学校工作条件》规定：在操作技术方面"培养学生熟练地掌握本工种（专业）的基本操作技能。完成本工种（专业）中级技术水平的作业，养成遵守操作规范和安全生产、文明生产的习惯"。这是技校区别与其他学校的本质特点。基本操作技能不能脱离实际操作而单靠理论学习来掌握。遵守操作规范安全生产、文明生产的习惯，不能脱离生产过程而单靠书本来养成。技校应有独特的教学方式。这就决定了技校教学不能像普通教育那样，满足于以课堂（包括实验室）、课本、教师为中心展开的教学活动，必须同时辅以车间、机器、实习教师和师傅为中心的生产实习教学活动。校办厂正是实现这一独特教学方式的有效途径。因此，以校办厂是技校本质的体现。

2. 国情、校情决定了要以厂养校

由于我国还比较落后，"重仕途，轻工匠"的思想仍然存在，技校经费管理上的特殊原因，致使当前技校面临三个现实：①培养技术工人还未完全实现有偿培训，经费不足部分主要由国家和技校承担。培养数量越多，负担就越重；质量越高，支付的经费就越高。②技校必要的教学条件还未完备，需要不断补充。③国家拨款不足，即使近年相应增加了教育经费，但仍远远不能满足教学的需求。以肇庆市技校为例，1990 年在校学生 450 人，正常教学经费需要近百万元，地方财政尽力支持也只能拨款 36 万元，仅能维持 103 名教职工的基本工资和学生的助学金，远远不能满足正常开支，更谈不上对教学条件的改善。发挥校办厂的作用，变纯消耗型为创收型，是解决经费不足的有效途径。因此，以厂养校是国情、校情的现实体现。

"以校办厂、以厂养校"，只是体现了技校对现实的期望，要使它成为现实，使办校指导思想得以形成和发展，还依赖于两个先决条件。即①对校办厂要实行优惠政策。②校办厂能创收。也正是这两个必要条件，确定了学校和工厂的关系。第一个条件确定了学校对校办厂的领导地位。首先，在行政上校办厂由技校直接管理，校办厂应在技校的统一领导下开展各项工作。其次，在经济上，校办厂扩大再生产由技校投资，具体表现为充分用好优惠政策。这种投资是国家给予技校的，它不是一般的投资，是弹性投资；在校办厂盈利的条件下产生，并随着盈利的大小而变化。盈利越大，投资金额越大；反之亦然。正是这种经济投资，促进了校、厂的结合，巩固了技校对工厂的领导地位。第二个条件确定了学校对校办厂的责任，校办厂要创收就必须按经济规模办事，进行生产经营活动。学校教学不能破坏校办厂的生产经营。

学校对校办厂的地位和作用，确定了教学在技校的主体地位，确定了技校的根本任务是培养人才，出人才是目的，出产品是手段，因而也决定了工厂要受教学规律的制约，学校对校办厂的责任也决定了教学必须尊重经济规律，教学要受生产规律的制约。

学校与工厂这种关系，确定了校办厂的服务方向和方式。校办厂必须满足学校的三个需求：

（1）要满足教学的现实需求。主要为实习教学提供场地、设备、原材料和师资，为实习教学创造良好的生产环境，使教学任务顺利完成。

（2）不断满足教学的发展需求。主要是为教学条件的改善提供资金。

（3）不断改善教职工的生活条件，解除教职工的后顾之忧。

办校指导思想解决之后，学校怎样发展才能达到目的？

教学活动和生产活动是技校的两种主要活动。教学活动由四个要素构成：教育者、受教育者、教学内容、教学手段；生产活动由三个要素构成：劳动者、劳动资料和劳动对象。这些要素的相互关系，构成了技校内部复杂的矛盾。所有这些矛盾，都受到教学需求和生产发展这对矛盾的支配，因而它是技校发展的最基本的矛盾。这对矛盾具体表现在教育者、受教育者和劳动者的矛盾；表现在出人才和出产品的矛盾；表现在教育内容与劳动资料、劳动对象的矛盾；这种矛盾的存在，是校厂结合、产训结合的必然结果。

在诸多矛盾中，哪一个是基本矛盾，哪一个是矛盾主要方面呢？生产发展是矛盾的主要方面。这是因为生产的发展支配和决定着技校的发展。首先，它支配和决定着培养人才的数量和发展规模。培养人才越多，学校补贴也就越多，当补贴超过生产发展的承受力时，培训就不会发展。其次，它限制着培养的质量。培养质量的高低要受到教学条件的限制，很难设想，在手工业生产的环境下能培养出适应大机器生产的熟练工人。教学条件的改善，又受到资金投入的影响，也就是说受到生产发展的影响。因此，生产发展对现阶段的技校来说，起着举足轻重的作用。抓住生产发展这一矛盾主要方面，技校才有发展的可能和基础，技校才有活力。肇庆市技校十多年的实践也充分说明了这一点。

有人认为把生产作为矛盾主要方面会忽视了教学，其实以教学为主与抓生产发展是矛盾的两个方面。在学校中，教学是主体，应把教学工作放在首位，这是正确的。但从技校发展的过程来看，不抓住生产发展，学校就没有发展的基础，教学需求也会成为泡影。正是由于教学是主体，从而决定了抓生产的必要性。

（二）校办厂发展战略

校办厂是一个企业，又不是单纯的企业，它既要进行生产经营活动，又要进行教学活动。应怎样抓住生产发展这一矛盾主要方面，促进技校的发展？肇庆市技校十多年来成功地选择了适合自己实际的校办厂发展战略，使校办厂充满生机和活力，达到以厂养校的目的。

校办厂的主要矛盾：

在社会主义市场经济体制下，校办厂实行自主经营、自负盈亏。这一改善使校办厂增加了涉及企业外部，联系社会经济的流通、分配、消费等过程的经营活动。生产经营活动是一个动态系统，由投入、转换、产出和流通交换四个子系统构成。在这个动态系统中，从投入到产出、流通是不断进行的。人、财、物的转换越快、水平越高，生产发展也就越快、效益越高。这是在新形势下，校办厂生产发展的规律。在这个规律支配下，生产能力与生产任务的矛盾成为校办厂的主要矛盾。在发展初期，由于校办厂受到传统办校思想的束缚和计划经济的影响，长期不重视经营，使校办厂和校外环境不发生或很少发生直接的联系，对市场需求的变化缺乏必要的了解，在国家取消了过去"包计划、包收购、包材料、包亏损"的做法后，便出现了被动局面，使生产任务成为矛盾的主要方面，表现为：一方面，具有一定生产能力；另一方面，生产任务不足或不能流通的矛盾。1978 年肇庆市技校正是在这矛盾的影响下，一度陷入困境。生产任务不足，使投入和产出、流通系统运转阻滞，现有设备不能利用，人员积极性不能发挥，从而导致整个动态系统不能正常运转。如果处理不好，就会使校办厂无法实现以厂养校的目的。

校办厂发展战略：

校办厂有优惠政策，拥有一定的设备和有一定生产经验的技术工人、学生队伍，这是优势。但这个优势的发挥，要以有完善的经营机制，有充足的生产任务为前提，不然政策、技术优势不能发挥，劳力优势变为包袱，成为劣势，如何变劣势为优势，可以有多种战略选择。

1）争取上级部门支持，由上级下达生产任务。

2）向社会开放，承接工业性劳务业务，如开展维修业务；为社会企业加工半成品。

3）主动适应经济形势的发展，与校外单位发展协作关系，共同开发、生产适销对路的高科技产品。从而通过市场的转换机制，为沟通校办厂与社会的联系，为矛盾的解决提供转化条件。

上述三种选择，肇庆市技校选择的是第三种，在实现这种战略的过程中，肇庆市技校分两步进行。第一步，学校科技队伍与社会科研单位协作，利用他们的技术力量进行产品开发设计，校办厂本身充分发挥现有优势，进行产品研制，共同开发适销对路的产品，不断增强产品的竞争能力，使产品成为拳头产品。近年来，该校先后与化工部第一、三、六设计院、中国科学院物理所、电子所、三环公司、华南理工大学、清华大学、上海自动化研究所、南海海军研究所等十几家科研单位建立协作关系，生产的 QZ 型气源净化装置（有热再生干燥装置）、ARD 自然再生干燥装置、QZC 型高效除油器和钕铁硼永磁合金等产品有效的打开了市场，换取了大量的资金，为下一步的发展打下了基础。第二步，是在获取拳头产品后，校办厂主要矛盾逐步由生产任务转为生产能力，表现为：一方面，场地、人力不足，另一方面，生产服务过重的矛盾。为解决这一矛盾，肇庆市技校与社会单位实现第二个协作。一方面，使校办厂走内涵扩大再生产的道路，一方面，通过社会协作发展了生产，也带动社会上其他企业的发展。目前已有肇庆、南海、潮州等地工厂成为协作厂，校办厂生产技术高的主机、配套件交协作工厂生产。由于实现了第二个协作，使产量大幅度增长，生产周期缩短，资金周转加快，有效地促进了生产的发展。

把生产自己的产品作为主要手段，实现两个协作，形成良性循环。这是肇庆市技校实现校办厂战略的一个显著特点。这个特点是由校办厂的生产目的决定的。校办厂的生产目的，是为学校不断发展的教学需求服务，这就要求校办厂不能脱离教学的需求而发展。

实现发展战略的环节：

为实现发展战略，提高经济效益，肇庆市技工学校狠抓了产品开发、产品质量和产品经营几个主要环节。

（1）产品的开发

校办厂生产的产品重要的是能适应市场的不断变化，被社会所认可。如果产品不能被社会所接受，那么产品的价值也就无法实现，也就无从谈经济效益了。在产品开发中，肇庆市技校主要采用新产品开发和老产品的改进、升级换代两种方法，并把新产品的开发放在首位。这是因为：首先，有了先进的新产品，如同增添了新鲜血液，校办厂就有生命力，有后劲；其次，先进的新产品具有先进性和高科技性，有利于新技术、新工艺、新材料的引进和吸收；再次，新产品竞争者少，可以在相当一段时间里独占市场，有较好的经济效益，而且可以享受国家免税政策，校办厂得到更大实惠。

开发产品除了要以市场信息为决策基础，以校办厂的生产条件、技术能力为决策依据外，还要有生产一个，研制一个，预研一个的战略眼光。做到人无我有，人有我优，人有我转。近年来，该校每隔三年左右就有一个新产品问世，但是他们觉得还应加快研发速度。

（2）提高产品质量

产品的质量是占领和巩固市场的根本保证，也是产品竞争的资本。没有优质的产品，就谈不上竞争。为提高产品质量，肇庆市技校从基础做起，实行全面质量管理。首先，建立了质量保证系统，制订和健全了与质量有关的 80 多项规章制度，实行三级质量管理。其次，投入大量资金培养关键的技术工人和检测人员。现校办厂拥有 11 名合格的压力焊工、4 名二级无损探伤工和 2 名三级无损探伤工。再次，对产品的生产采用高标准、严要求。产品质量标准向国际标准靠拢，采用国际先进技术改造落后的配套件。虽然这样增加了成本，但也增强了设备的先进性、可靠性和安全感，可以使用户放心。又次，投资购置关键设备和检测仪器。理化计量工作是确保产品质量的重要手段和方法。近年来，校办厂增添了自动焊、X 光探伤、磁粉探伤、电子粒度计、多位焊接台、磁性能测试仪等仪器。其中有些设备和仪器是省内或市内少有的。最后，不断提高服务质量。例如，将过去的"三包"政策（包修、包换、包退）改为"三保"（保证产品质量、保证配件供应、保证售后服务）。

（3）灵活经营

在市场经济下，企业必须遵守"以销定产"，亦即"以需定产"的原则。然而市场用户需求是千变万化的，企业必须灵活经营，在灵活中求平衡，在灵活中找发展，在灵活中求效益。

灵活经营，首先，应该善于发现需求，扩大市场。如 1979 年试制 QZ 型压缩空气干燥装置时，原设计主要是为了满足石油、化工、轻工、冶金行业气动仪器和气动元件使用无油、无水气源的需要。后来经过调查发现：该压缩空气净化设备不止适用于这些行业，电力、橡胶、食品工业、医药工业、环境保证等十多个行业，甚至是大型宾馆也适用。于是他们总结出"哪里有压缩机，潜在市场就在哪里"的经验，使产品经久不衰。1988 年订货金额达 1200 万元。1990 年虽然受市场疲软的影响，年产值仍达 1036 万元。

其次是善于满足需求，争取用户。要发展潜在用户，就要进行推销。在推销中，他们坚持为用户解决困难和需要，善于在发现用户对产品的需求，详细向他们介绍产品的性能、特点、作用；并不强求用户一定接受一成不变的产品，而是根据用户的需要对产品进行改进和改型设计。使用户需求得到最大的满足。如为西安机械厂设计、生产与导弹车架升降装置配套的干燥器；为秦岭电厂老厂房改造因场地面积限制而设计生产特殊的 QZ 干燥装置等。虽然这种特殊服务难度大，收益小，但是这样争取用户，就会使用户产生一种信任感，认为我们切实解决了他们的困难，从而主动购买，扩大了产品的潜在市场。

（三）技校发展过程和规律

在"以校办厂，以厂养校，既出人才、又出产品"的办校思想指导下，技校将怎样发展？有什么规律？经过十多年的摸索和实验，肇庆市技校把教学、生产、科研三种活动有机地结合起来，形成了自己独特的办校道路。

肇庆市技校经历了三个发展阶段：

一是单纯教学阶段。它的标志是以课堂教学活动为主要活动，尽管那时校办厂也有生产，然而未能把生产作为技校发展的基础而存在，因而出现了校厂分离，教学、生产分离的现象。二是随着办校指导思想的形成和经营机制的引入，生产获得了发展，才出现了生产与教学的结合。这时，除教学外，生产也成为了技校的主要活动。教学与生产的有机结合，使教学不断发展，校办厂效益不断提高。在这一阶段，学校环境得到改善；教学条件基本符合要求；教学内容，除注重理论外，还侧重生产实习和技能技巧的训练。三是伴随生产的发展，科研活动进入了技校，成为生产发展必不可少的手段。科研活动的进入和发展，使技校迈进了新的阶段，即教学、生产、科研结合阶段。它的标志是把科研渗透到教学、生产中，成为技校的重要活动。教学、生产、科研三结合系统逐步形成。

在新的发展阶段，教学、生产、科研之间出现了许多新的矛盾，迫使学校抛弃传统的方法，把教学、生产、科研三者视为一个系统来加以考虑。在这个被称为"三结合"的系统中，"以校办厂，以厂养校"是"三结合"的核心；产品的研制和开发，是"三结合"的关键；"既出人才、又出产品"是"三结合"的结果。这个系统具有多方面的功能，有培养人才的功能、生产经营的功能、开展科学研究的功能，但培养人才是系统的总体功能。

在作产品选择决策时，一要考虑教学的适应性。产品能适应现时教学和发展的要求，生产才能对教学发挥作用。二要考虑产品的先进性。先进的产品，一般具有技术密集的特点，因而有强大的生命力，能获得较好的经济效益，更重要的是有利于广大教师和学生掌握先进技术，了解国内外先进技术的发展，从而有利于科研工作的开展。因此，在选择产品时，简单落后的产品固然不足取，就是那些"大路货"也不适宜技校生产。上面提到的三个系列产品，都是先进的产品，质量指标超过国家标准，达到世界先进国家水平。钕铁硼永磁合金材料，目前世界上只有少数国家能生产，该产品的问世，曾以其磁能积大、价格低而引起世界震动，被称为"20 世纪的世界十大科研成果"之一，美国曾预言它"将引起一场电机革命"。

为了促进"三结合"的发展，该校采取了以下几项措施：

第一，成立生产实习办公室，作为连接教学与生产的机构。它的主要任务是，组织生产实习，做好实习安排，组织完成工厂交付的生产任务。为了防止单纯追求生产，忽视教学的倾向，生产实习办公室隶属教务科领导。在组织学生进行生产实习时，他们是根据教学的循序渐进原则进行的。在学习初期主要对学生进行基本功的培养和训练。在学生掌握了较好的基本功之后，则结合产品的生产进行，使学生的操作技能得到进一步提高的同时，接受文明生产的教育，逐步掌握现代生产的原理，并在接受教育的过程中创造财富。这个时候的生产实习主要采取两种形式：第一种是将已掌握一定操作技能的二年级以上学生分散编入工人生产班组，由车间和班组直接管理，按质按量完成车间分配的任务；第二种是划分出既适合操作技能训练，又符合学生技术水平的部分配件，由生产实习指导教师带领完成。

第二，成立工程师室，作为联结教学与科研、生产与科研的机构。工程师室由全校的工程师、专业性课程的讲师、助理工程师、富有经验的高级技术工组成，校长亲自担任主任。工程师室的主要任务是对学校的重大技术决策、技术攻关进行咨询，以及指导和帮助各部门解决技术难题，特别是新产品研制成功后，工程师室与教务科相互配合，在教室、学生和工人中进行宣传和培训，使人人都知道产品的生产技术和基本流程，从而提高教师、学生和工人的科学技术水平。

第三，实行独立核算，抓降耗、促效益。过去有一种认识，认为学生是来实习的，要实习就要有消耗，可以不计成本，不搞核算，这不利于学校的发展。近年来，学校实行一校两厂分开独立核算，联利（润）、联酬，调动了各方面的积极性。如化机厂实行独立核算后，抓住压缩空气净化设备中加工费用最大的关键零件下手，解剖分析，实行经济对比，果断采用 Ø300—500mm 无缝钢管代替原来用钢板开料→卷筒→焊接→检验的传统加工方法，使整机成本降低 3% 以上。

第四，搞好内部分配，调动各方面人员积极性。分配制度直接关系到每个人的切身利益和人与人之间、部门与部门之间的积极性问题，对教学和生产的发展有直接的影响。学校通过多年摸索、总结，现在实行"分灶食饭"分配制度，把个人收入与各部门的工作实绩，经济效益联系起来，基本上打破"大锅饭"，较好地调动各部门的积极性，促进了"三结合"的发展。他们的做法是：把学校按照工作性质划分若干部分。根据各部分的工作特点和效益，实行提奖；工厂干部、工人按产值提奖；教师按课时工作量、计划外办班工作量和生产实习实践收益提奖；饭堂职工按工作定额和开设客餐数提奖；校部机关干部按服务质量和工厂产值提奖。除此，年终，又根据各部门超收（工厂超额利润）实行 1：2：7 比例分成。即部门得一成，全校职工得二成，学校建设基金得七成。这样既能体现各部门的工作效益和物质利益统一，又使全体职工得到利益，体现全校一个统一体，有利于调动部门和职工的积极性。总之，用物质利益机制，促进产训结合的发展，是一个不容忽视的问题。

九、北京市商业学校

以人为本 和谐共生 [①]
——写在北京市商业学校建校 45 周年之际

北京市商业学校创建于 1964 年，地处京城亚奥北部。远离城市的喧嚣，依山傍水，绿树成荫，北京市商业学校（以下简称"商校"）就坐落在昌平区温榆河畔这片怡人的水光山色之中。

"以人为本，和谐共生"——遵循这一办学理念，商校以创新、拼搏精神克服了职业教育转入低谷的种种困难，探索出了一套更加贴近市场、更加符合行业需求、更加完善的职业教育办学机制。学校的办学规模也得以快速扩展，今天的商校，面貌已焕然一新：一座座造型大方的教学楼、实训楼、图书馆、体育馆、学生公寓楼，矗立在精心修剪的草坪与树丛之间，宽阔的水泥甬路一尘不染——走进这个如花园般美丽的校园，"大楼大教育，大师大智慧"的风范已有先声夺人之势。

在硬件发生翻天覆地变化的同时，商校的"软"实力也不断增强，不仅被评为国家级重点中等职业学校和北京市现代化标志性学校，还先后获得全国教育系统先进单位、教育部首批百所中职德育实验基地校、北京市职业教育先进单位、首都文明单位、首都未成年人思想道德建设先进集体、北京市依法治校示范校、首都绿化美化花园式学校等荣誉称号，并成为北京市唯一一所连续 7 年被中央教科所评为"全国德育实验先进集体"的学校。

（一）特色 质量 做强

"职业教育的生命，在于特色、在于质量，而不在于大小。"

"全面提高教育教学质量和办出职教特色，这是职教发展的生命力。不争大，惟求精，以特色为突破口，谋求学校的长远发展，是我们选择的办学之路。"采访伊始，校长史晓鹤就态度鲜明地亮出了自己的办学主张。

职业学校的专业建设是学校发展的核心内容。商校将专业建设摆在了突出位置，着力提升专业的核心竞争力。学校抓市场，在研究需求上下功夫，坚持"以服务为宗旨，以就业为导向"的职教办学方针，找准了自己的办学定位：立足现代服务业，坚持面向首都服务业，谋求个性化的发展，为师生、为集团、为用人单位、为合作伙伴、为首都经济社会发展服务；努力研究市场，开发市场，发挥学校资源优势，突出专业特点。

同时，他们深知，职业教育的发展，离不开市场，离不开既懂教育，又懂市场，既

① 王丹.2009.走向和谐共生——写在北京市商业学校建校45周年之际.北京教育（普教版），（12）：22-24

研究教育，又研究市场的业内人士和组织机构。为了使学校进一步适应市场发展的需要，2005 年，商校提出了"引店（公司）进校"的模式和校企深度合作的框架，先后与美洁、红都、商务会馆、大明眼镜公司等单位建立了紧密合作的关系，把企业老总及行业资深专家请进学校，辅助教师实践、调研、开发课题，编写具有鲜明专业特色的教材，在教学内容上增加新知识、新理念、新方法，使专业始终处于主导地位。

如今，商校共开设八大类近二十个专业。经过多年的经营与雕琢，许多专业特色明显，并逐步形成优势品牌——眼镜配制专业是北京市中专系统独有的、市重点建设的特色专业之一；宝玉石鉴定与加工专业是市级重点专业和实训基地，是学校特色专业，该专业与中国地质大学合作办学，师资雄厚，升学就业起点高；会计专业是商校的老牌优势专业，也是北京市骨干特色专业，现有教师全部为"双师型"骨干教师，并被评为"北京市优秀专业创新团队"；旅游服务与管理专业是北京市重点专业，被评为北京市旅游服务与管理创新团队。学校还与奥地利 MODUL 学校联合办学，开设了国际酒店管理专业。

"职业教育的生命，在于特色、在于质量，而不在于大小。在此基础上，紧紧扣住经济社会的发展脉搏，与地方经济社会发展同步，根据企业人才需求规划不断调整专业建设步伐，与企业全方位合作，良性互动。"史晓鹤说，这是商校在发展过程中得到充分验证的成功模式，也是未来必须坚持的发展理念。

（二）过程决定质量

"起点我们改变不了，我们能改变的，就是教育教学的过程。"

直到今天，说起单秋爽，商校老师们的表情中还会洋溢着骄傲，因为他的变化太让人惊奇了。单秋爽是商校 2003 级计算机应用专业的一名学生，刚入学时是个不折不扣的"小黑客"。沉迷于电脑游戏而又酷爱钻研电脑的他，常利用学到的计算机知识去"黑"一些网站，并用自己设计的病毒搞瘫教师的电脑，一旦得手还沾沾自喜。

怎样将这样一个有一定天赋的学生引入正途？学校经过多次讨论，针对单秋爽的特点实施了个性化教学和引导，破例让他加入了一个校级课题，与专业课教师一起开发教师网上测评软件，并请他帮助建 BBS 系统，邀请他担当老师的"考试助理"参与命题。不出所料，这些富有挑战性的工作吸引了他，他在计算机编程方面的智能得以充分发挥。在与教师并肩攻克难题的过程中，单秋爽也逐步明确了自己的职业定位——成为一名维护网络安全的工程师。这个 2007 年才走出校门的毕业生，如今已成为国内知名咨询公司——锡恩公司"管理系统事业部"总经理，被公司总裁、首席顾问誉为锡恩 IT 第一人，是公司最年轻的总经理。

由一个令家长担心的"网迷"，成长为一名 IT 行业的杰出人才，史晓鹤常用单秋爽的例子来提醒老师："其实每个学生都有各自的专长，教育不能像车间流水线生产标准件那样培养学生，应该多一把衡量的尺子。"她也常跟老师们说："起点我们改变不了，我们能改变的，就是教育教学的过程。"

秉承这样的理念，商校无时无刻不在发现人的潜力和发展的可能，无时无刻不在围绕学生主体的发展创造着一种又一种有益的教学方式和教育方式。

就拿他们的文化课来说，商校强化文化课为专业素质培养服务，在提高学生整体文化素养的基础上，结合专业知识，培养职业核心能力，他们的课堂由此呈现出许多不一样的精彩。

1）在许多人印象中，数学本是比较枯燥的，但商校的数学老师却让数学课趣味盎然。年轻的许哲老师常常跳出课本的局限，带着学生把目光投向社会、投向日常生活的每一个角落，"手机卡计费方式的分析与选择""在校学生生活费调查""职工收入与个人医疗账号缴存分析"等等，都变成了他课堂上有意义的数学问题。在解决问题的过程中；问卷设计与调查、信息搜集与整理、数据统计与分析等知识也逐渐被学生掌握并熟练运用。

2）马清芬老师在上服装专业的语文课时，将课前10分钟的演讲训练和写作训练都与学生的专业紧密结合，让学生介绍喜欢的服装，述说"我与服装专业"的情缘，设计制作《时装欣赏》杂志等。由于训练与学生的专业紧密结合，学生喜欢说、喜欢写、乐于做，对专业的认识和热爱也得到了提升。

3）体育课围绕专业课程培养目标，将职业养成训练融入教学中，根据学生可能从事的职业岗位对身体素质的要求，改变教学内容，每节体育课用10分钟进行职业能力训练，包括站姿、走姿、鞠躬、问好、微笑等，将体育与就业、体育与健康、体育与健美、体育与人生有机结合起来，立足于学生的全面和谐可持续发展，深受好评。

如老师们所言：过程决定质量。各学科紧密结合专业教学和生产实践，使学生感到知识就在身边，看得见，摸得到，用得着，极大地激发了学生学习文化课的兴趣，培养了学生实践、应用、创新的能力。

（三）上学如上班 上课如上岗

"职业教育不是要单纯解决孩子的'从业'问题，而是要培养他们持续的就业能力，要让他们做一个幸福的'职业人'。"

在一次企业实践过程中，企业负责人说过一件事，史晓鹤至今还记忆犹新。

这位星级酒店的负责人向史晓鹤描述了自己看到的一幕："我们酒店的吧台给客人准备了水、茶，以及各种饮料，客人选择的余地非常大。那天著名的歌唱家李双江先生走到吧台前，看了之后都没有动，只是下意识地摸了一下上衣兜。服务员见状，马上倒了一杯温开水递给他——他要吃药。"

事情虽小，却给史晓鹤带来深深的思考：是啊，透过这个小细节，客人能充分感受到服务人员的素质，也能感受到这家酒店的服务水平。毫无疑问，有这样敏锐洞察力的工作人员正是用人单位所需求的。作为职业学校，如何赋予学生这种技能和素质，这就是学问了。

学生在面试的时候，我们常常会听用人单位评价："这孩子懂不懂事，有没有'眼力见儿'，其实这些都是我们职业学校在教育学生过程中所要着重培养的能力。学生经过在学校接受系统、全面的教育，不仅要能干，更重要的是要干好"。

究竟什么样的教育，才算得上是"系统、全面"的职业教育？史晓鹤并未多作解释，她只是语气坚定地告诉记者："职业教育培养的是技能型人才，不是研究型人才。技能靠训练来提高，能力靠做事来培养。这也就决定了职业教育与培训要改革学科式的人才培养模式，要让学生在'做中学'。学校老师把学校的所有活动都视为学生向'职业人'过渡的实践，让学生在职业成长过程中获得知、情、意、行的协调发展。"

"上学如上班，上课如上岗"正是商校基于这一思考提出的实践解决路径—以职业道德为核心，以职业体验为载体，商校把企业经营场所、企业管理模式、企业文化引进学校，严格实行企业化管理。在高仿真的环境中，培养学生的职业道德。学生进入商校的第一天起，就要以一个现代职业人的标准、行为规范要求自己。不仅如此，以培养"学以致用""德能兼备"的人才为目的，商校把教学重点放在对学生关键能力的培养上，并从学生实际能力与素质提高的角度衡量课堂教学效果。

"职业教育不是要单纯解决孩子的'从业'问题，而是要培养他们持续的就业能力，要让他们做一个幸福的'职业人'。"现在，史晓鹤的这句话已经被越来越多的商校毕业生所验证：2001 届毕业生李银龙，现任华移互动传媒首席设计师；2002 届毕业生王维娜，现任中国国际招标公司项目经理；2002 届毕业生赵娜，现任赛特饭店销售部主管……在中等职业学校普遍面临生源紧张的形势下，商校的招生人数却连年攀升，连续几年保持在 1200 人左右，毕业生就业率更是高达 99%。

（四）让优秀教师"群星灿烂"

"职业教育的发展有赖于一支双师型的教师队伍。我们努力做的就是将专业成长的路铺到每个教师的脚下。"

商校不仅是学生成长的有形校园，也是一所教师发展的无形学校。这所"学校"虽然无形，但在教师心中却很有分量，它是成就教师专业发展的"大学堂"。正如采访中黄小燕书记所谈到的："教师的专业发展是学校发展的基础，没有教师的专业发展就没有学校的发展。所以，我们在让学校成为学生幸福成长的学习乐园的同时，也努力让学校成为教工幸福工作的精神家园。"

围绕着这个目标，商校领导班子最终将工作的落脚点聚集在了两个方面：第一，抓改革，激活内驱力，唤醒教师发展的欲望；第二，抓内涵，催生教学主张，形成教学风格，让教师成为有思想的行动者。

自 2005 年底开始，商校大胆提出并实施了对全校教职员工分级管理的设想。新的分级管理办法打破了干部与教师原有职称、年限、资格、身份的界限，完全按照岗位职责、能力、绩效、贡献为考核标准，将干部岗位分为"一二三"三个等级，教师岗位和职工岗位均分为"一二三四"四个等级，只要达到标准，数量上不封顶。

风起于青萍之末。这些变化让教师们感到了新的气息。人人都有了升职和升级的清晰路线。沿着这条路线攀登，商校出现了你追我赶的景象，教师的专业成长就变得积极而迅速。

不仅如此，商校提出了"成就教师，成就名师，成就群体"的教师发展战略，给予每一位教师施展才能的广阔空间。其中，教师职业生涯设计是很重要的一个举措。"这样教师才有努力的方向和动力"，史晓鹤认为，"每个人的规划当然要顾及学校整体需要，但要坚持因人而异，用其所长。"

张晓晖是商贸系珠宝专业的一名专业教师。在学校教师发展规划出台后，他根据自己的实际，定下了自己的发展计划：近期目标是高级讲师、市级青年骨干教师；中期目标是市级骨干教师及学科带头人、市同等校知名教师；长远目标是全国知名的专家型教师、全国优秀教师。

如何才能实现目标，张晓晖从知识结构、能力结构、心性结构、智能结构、人文素质等方面对比分析了自己的优势和劣势。在校督导室专家的指导下，他又将自己的发展计划细化成一个个小目标，如开发校级专业精品课程；推出个人教学多媒体软件；每年在中文核心期刊上发表专业论文 1 篇以上；在校园网上推出宝玉石鉴定专栏……

这是一个"扬长补短"的聪明机制，让原本模糊不清的教师专业发展目标变得具体、可触摸。发展规划成为每位教师专业成长中不断向上攀爬的"脚手架"，成为每位教师不断自我完善的"驱动器"。教师依据自己制定的规划坚持下来，都收获颇丰。

"快乐工作，幸福生活"。如今，商校倡导的这一理念已不再是空洞的口号，也不再是乏味的教条，而是渗透到每位教师心里，切实改变着每一位教师的工作和生活。得益于此，商校涌现出许多年富力强、年轻有为的中青年教师，许多教师被上级教育主管等部门聘为各方面的专家，如教育部德育教学指导组成员、全国中职教育系列物流专业行业指导委员、全国商科职编审组成员、北京市教师系列高级职称评审专家委员会委员、北京市市级骨干教师与学科带头人评审专家委员会委员等等。

这种"双赢策略"不仅促进了教师的个人发展，也为学校发展开拓了局面，而这正是商校所期待的"最佳的持续发展"。

十、武汉钢铁集团矿业公司矿山技工学校

教、科、产、研四位一体 提升办学效益[①]

武钢集团矿业公司矿山技校于 1979 年经湖北省政府批准成立。1987 年受冶金工业部委托，增办全国冶金矿山高级技工培训中心，两校合署，隶属武钢和冶金部双重管理。

学校 1979 年批建规模 800 人，自 1984 年以来，学校进行了三次大的教学改革行动，将建校初期传统的教学组织体系改为职业技术教育教学组织体系，实行理论与实习教学融为一体的专业教研室制；将理论与实习比例"8：2"制改为"3：7"制，对高级技工实行专业定点见习、实习和毕（结）业"三考"制（理论考试、技能等级考试、毕业设计与论文答辩考试）。教师"三课"制（理论课、实验课、实习课）开课率 100%。近几年来，教学质量不断提高，学生双证考试四级以上合格率 100%，毕业率 98% 以上，高级技工毕（结）业率 100%，中级技工在武钢、省、市各种技术竞赛中均位列团体前几名，高级技工返岗后，在各有关省、市、区的地方统考中均处于前三名，矿业专业中级技工毕业生 90% 以上已成为厂矿生产技术骨干，其中有近 30% 的人在班组、车间、科室、厂矿担任各级领导、管理职务。高级技工毕（结）业生的 78% 成为厂矿技师及车间、厂矿领导，其中，有 10 多人次分别在大公司、部、省、市及至国家级杂志上发表技改成果、论文和文章，有近 20 人次被大公司及省、市级授予技术奖或技术能手称号。

教、科、产、研四位一体，办学效益迅速提高。学校在搞好教学工作的同时，不断深化内部改革，形成了教、科、产、营结合的新体制。校内成立了有 100 多名会员的科学技术协会并与外部科协组织和高校保持密切联系和合作。学校先后花费 10 多万元分批送教师外出进修和参加各类培训；有近 40 人参加了部、省、市及国家专业学术团体；近年来，取得教、科研成果 13 项，其中，主编、参编省、部级以上教材、教参 5 项 37 种；由学校组织校内外编写的矿用汽车修理专业全套教材，填补了国内本专业高级工培训教材的空白；学校教师、研究生、技师、高级技术工人组成的《高级技工数控机床教学模型》课题组，在经过国内多方考察后，进行课题攻关，于 1991 年获得成功，投入实习教学（当时在国内技工学校中尚数第二家）。由校采选室教师主编的《凿岩爆破》被列为冶金部统编教材。此外，教师中有 3 人次参加国内大型工具书编写，有 20 多人次在部、省、市及国家级杂志、报刊上发表论文或文章。1993 年以来，学校开始对外提供数控技术、计算机应用技术、网络技术服务。

学校实习工厂在确保学生实习的前提下，不断进行技术改造，研制和开发新产品。主

[①] 劳动部职业技能开发司 . 1994. 国家重点技工学校简介：357-361

要定型产品有低压配电屏（含控制箱、柜类），高压软管总成和各种型号规格的机械零部件，产品累计 5 个系列 70 多种，有固定生产线 3 条。产品主要用于武钢主体厂矿的引进设备上，部分销往外省市。工厂技术人员对配电产品不断进行工艺改制，产品历经 10 年不衰，深受用户信赖。工厂还组织液压软件管总成技术攻关，掌握了英、美、日、德四国工艺技术标准，该产品替代进口，并经技术监督部门认证，产品质量在国内同行业中稳居一流，实习工厂汽修分厂经监理部门确认为省内少有的一级大修厂，在实习教学的同时，承接外部车辆大修。工厂经济效益每年以 30% 的幅度递增，1993 年实现利税 102 万元，1994 年利税目标为 130 万—150 万元。

1986 年以来，学校连年被黄石市评为"绿化先进单位"；校食堂被省、市评为"文明卫生单位"，1993 年，学校在被黄石市命名为"花园式学校"之后，又被湖北省命名为"省级文明卫生先进单位"。

全校建立教学、生产、服务、党群四个职能体系和质量环。全校 104 个岗位均建立健全了岗位职责、质量标准，并将考核结果与晋级、晋职、奖励、聘用挂勾。学校实行主要工作计算机辅助管理（教务、财务、人事、文秘等），教学班实行集中电视监控管理。此外，学校建立健全各种规章制度 11 类 163 条，使管理工作规范化、现代化、高效化。

切实加强德育工作，努力建设校园文化。学校十分重视德育和思想政治工作，不断深化以校园文化为特色的精神文明建设。校党委直接领导德育工作领导小组，直接安排德育工作。1985 年，校党委制订了《矿山技校思想政治工作纲要》，学校形成了一整套具有本校特点的治校治教方针、原则和行动指南。如①"育人为本"的办学思想。即学校"以育人为本，以教人为职"，必须坚持"教学育人、管理育人、服务育人、活动育人"。②"技能为主"的教学原则，即"德育领先、技能为主、手脑并进、全面发展"。③"教学第一"的管理准则，即"学校管理工作教学第一，员工管理工作教师第一，后勤服务工作学生第一，各项专业工作质量第一"。④"四个负责"的学生校训，即"对学生负责，对父母负责，对集体负责，对国家负责"。⑤"以教为荣"的员工校训，即"以教为荣，以校为家，校兴我荣，校衰我耻"。⑥"双手万能"的学校校徽，即"又懂又会、学做合一、勤学苦练、双手万能"。学校还开设了电子、书法，绘画、声乐等第二课堂，每年春季举办田运会，秋季举办球运会，初夏举办艺术节，冬季举办联欢会，暑期举办夏令营。学校多次被评为市区内保工作先进单位、社会治安综合治理先进单位、义务献血先进单位等。学校在精神文明建设方面不断增加资金投入，建立了校电视台、学生歌舞厅，并在校园文化建设方面培育精品：校内盆景艺术先后参加了两次国际大赛，两次均获得二等奖；校内书法作品多次参加国内外书展，多次获奖。

十一、江汉大学

地方大学地方办　办好大学为地方 ①

——访江汉大学老校长王千弓

1980 年，为了满足日益紧迫的人才需求，适应四化建设的要求，武汉市委和市人民政府做出决定：创办江汉大学。同时，成为全国第一批职业大学创建的学校，即走读、收费、不包分配的短期职业大学。

江汉大学刚创办时，大家都在"摸着石头过河"，没有前车之鉴，困难重重。但武汉市长黎智给了学校很大的支持，他对江汉大学的办学"不包分配、择优推荐"的想法很赞成，认为学校办学思路很有创新意义，对创建期间的工作很满意。

江汉大学是由武汉大学汉口分校、华中工学院汉口分院、湖北财经学院汉口分院、武汉工学院汉口分院的基础上，合并组建的。1982 年，又将武汉市财贸干部学校并入了江汉大学。江汉大学的建立，标志着武汉市第一次拥有了属于自己的大学，突破只有中央、省两级办学的管理体制。"地方大学地方办，办好大学为地方"，地方政府根据地方经济建设发展的需求，把地方大学纳入地方发展规划，每年出资办学，为地方培养急需的应用型人才。

为解决师资不足的问题，提出依靠"专、兼、聘"三结合的方式，来解决这个问题。办大学，没有高水平的教师，教学水平怎么能够提高？教学质量如何能够保证？可是职业大学刚开办，专职教师的缺口确实很大。尽管教育部能够分配一批本科大学生、研究生和归国留学生，但是数量远远不够。这个缺口，要通过兼职和聘请来解决。学校不仅从武汉大学、华中工学院等学校选派一些教师到江汉大学任课，还请武大等学校的老师到江大兼职授课。

改革招生体制，不拘一格，实行"多样性"的招生体制，是开办职业大学的另一个特色。职业大学培养高质量的应用型人才的首要条件，就是要有好的生源。学校第一批学生有 700 多人，由于专业办得到位，落实对口实习，动手能力强，所以学生一毕业，用人单位抢着要，学生供不应求。随后，学校总结经验，实行专业对口招生，改变了原来"普高"生源种类单一的弊端，学生的实际动手能力更强了。自 1985 年《中共中央关于教育体制改革的决定》颁布以后，江汉大学就开始试行对口招生，招收成绩优秀的中等职业技术学校的毕业生。招生模式有三种：①"3＋2"模式，即从学制为三年的中等职业技术学校的毕业生中对口招生，进职业大学学习二年；②"2

---

① 王千弓口述，张爱军整理编辑。

＋3"模式，即从学制为二年的中等职业技术学校的毕业生中对口招生，进职业大学学习三年；③"3＋3"模式，即从学制为三年的中等职业技术学校的毕业生中对口招生，进职业大学学习三年。这些考生要参加学校组织的"应知应会"技能考试，合格者方可取得文化知识考试资格，文化课参加省普通高校对口招生入学考试。只有技能与文化课考试均合格者才能录取。与普通高中生相比，这些有实践技能学生更受用人单位欢迎。

为了办好大学，1982年，特聘张薇之担任江汉大学副校长，直到1988年离休。在担任主管教学的副校长期间，张薇之不但把江大的教学工作搞得有声有色，还主持了"全国短期职业大学联络站"的日常工作，筹备召开了多届"全国职业大学校际协作会议"。他撰写的《一种新型的地方大学（短期职业大学）的发展情况》一文，在中共中央书记处研究室1984年4月的《情况简报》上登载。这对中央领导了解职业大学的发展情况，对于解决同类学校发展中遇到的各种问题、为领导决策参考起到了积极作用。

学生自费上学、毕业生不包分配，这不仅对学校来说是一种压力，对学生来说也是一种鞭策。家长花钱让孩子上学，学生学习起来都很刻苦，他们有很强烈的紧迫感。学校不包分配，根据学习成绩的优劣向用人单位择优推荐，学而优则用，就形成了优胜劣汰的用人机制。我们的毕业生素质自然也就提高了一个档次。许多用人单位都反映，从职业大学毕业的学生，肯干事、能吃苦、很顶用。我们培养的是社会急需的技能型人才，这个择优选拔的特色，是以往传统型的大学所不能比拟的。

1983年，张薇之写了一篇题为《论短期职业大学的基本特点》的论文，在我国职业教育界首次公开提出：短期职业大学有五个基本特点。他说，我国办短期职业大学的时间不长，从办学实践中初步体会到这类学校有以下五个基本特点：走读，收费，短学制，职业性，不包分配（择优推荐）。这篇论文的发表，无疑是给计划经济体制下的传统高等教育以很大的冲击，引起了强烈的反响。当然，时至今日，不但许多普通高校也开始，有的收费标准已经远远超过了当初的职业大学，而且"走读"也早就不再是职业大学的特色了，至于"不包分配、择优推荐"也被全国教育系统广泛采用。总之，职业大学首创的五个基本特点不再是独家专利，纷纷被其他类型的高等院校移植、吸收、改造及发展。实践证明，它是一项重要的改革，打破了当年高等教育的"常识"，是很有超前性的。而这个改革，是江汉大学的一个创举。

学校办职业大学的另一个创举，是根据社会需要办学。什么是高等职业教育？教育部的王明达副部长说得好，他说："高等职业教育的本质特征不在办学形式、招生对象，主要应体现在培养目标上。它的培养目标是在生产与服务第一线从事管理和直接运作的实用人才，它和培养从事开发、研究、设计人才的普通专业教育的差别体现在教学内容、课程设置和教学过程中，职业教育虽属专业教育的一部分，但它是一种特殊类型的专业教育，其基础课要根据专业的需要以够用为度，要强化专业的训练，着重把成熟的技术和管理规范变为现实的生产和服务。"

为了适应四个现代化建设的需要，江大在专业设置和教学改革方面，一直体现这样一个指导思想：社会需要什么，江大就办什么。以前普通高校的专业设置，大多是从文学、法学等学科派生出来的。高校设置专业，过分强调学科或学术的系统性、完整性和理论性。教育出来的学生，只会纸上谈兵，工作时上手很慢、很不适应。这种做法带来的最大问题是"读书无用"。虽然学校的教材愈来愈厚，课时愈来愈多，但是教学内容与生产实践脱节，大学生高分低能、眼高手低、脱离实际。用人单位烦恼，学生和家长也不满意。而江大的专业设置，则着重强调针对性、实用性、灵活性，其显著特点是针对毕业生未来的实际需要而设置。江大曾经把立信会计学校并入学校，按照正规的财会规范办起了会计系；江大的城建环保系，与武汉市城建委共同建立起"武汉市城建高级人才培养中心"，专门为武汉市城建系统培养高级应用型人才。这种模式利国、利民，取得了较好的社会效益和经济效益。

作为高等职业教育院校，要办出自己的特色，就不能把高等职业教育办成普通院校的补缺型，也不能把它办成普通本科院校的压缩型，更不能把它办成学历补课型。要办好这所大学，就要办出自己的特色。每一所高等院校必须从自身的校情出发，办出具有本身特色的高等职业技术院校。

职业大学的专业，绝大多数是针对地方经济建设与社会发展的需要，从职业岗位出发设置起来的。特别是在计划经济时期，大学对商业、服务业不重视，第三产业的专业设置很少，在这方面我们有了很强的职业性与针对性，在全国范围内先走了一步。我是 1949 年前从的法学院毕业的，对于秘书学和秘书专业研究了很多年，有着自己的心得体会。我于1984 年委托光明日报出版社出版了一部题为《秘书学与秘书工作》的专著。指出秘书的职责是协助领导综合情况，研究政策，密切各方面工作的联系，办理文书、档案、来信来访、会务工作，以及其他日常行政事务和交办事项。在各级党政机关和企业事业单位，需要大量人员从事这一类工作。江汉大学的建立，给了我一个很好的平台，把我们学校的秘书专业办成市属高校重点专业，是全国最早设立的秘书专业。这个专业培养的高级应用型人才，是普通大学所难以取代的。对秘书专业的学生要求有"一高"、"三能"、"三懂"、"三会"的能力："一高"即要有较高的政治思想和品德修养。"三能"即能说一口流利的普通话，水平测试要达到一级甲等或乙等；能写一笔好字，每小时能工整流利地书写 1500 个汉字，并能书写和设计美术字；能写一手好文章。"三懂"即懂营销，懂财务，懂管理。能成为部门领导的好参谋、好助手。"三会"即会讲英语，要求通过英语四级考试；会电脑操作，熟练使用办公自动化设备的技能；会公关洽谈，有辩才，具有良好的公关技能与技巧。我们还根据社会和地方经济建设的发展需求，不断调整与改造传统专业和设置新兴的专业，使专业设置始终具有职业性的优势。我亲身指导对秘书专业的课程内容和应用范围进行了充实调整，经历从传统的中文秘书到现代的行政、商务、外文秘书等演变、调整过程，使之成为江汉大学法学院的特色专业。

为了能更好地满足地方经济建设对各层次的应用型人才的需求，江大采用了很灵活的办学形式，实行"长学制"与"短学制"并举，"学历教育"与"非学历教育"并举，"职前教育"与"职后教育"并举，"全日制"与"部分学时"并举等办学形式。从职业大学开办的第一天起，江汉大学就成为武汉市高等职业技术教育的中心与培养基地。

1987 年，我国第一份高等职业教育专刊《高等职业教育》创刊。此后，原国家教委职教司，以及高职院校的一些领导和理论工作者开始发表文章，对高职的地位、作用、特点进行研究探讨，形成了高职教育研究的一个小高潮。1989 年，高等职业教育研究会秘书长张薇之研究员发表了《建设有中国特色的职业大学》一文，明确提出"职业大学的专业设置是有区别的，职业大学的专业设置必须强调应用，教师队伍的建设应作为职业大学建设的重点"，并提出了建设"专职和兼职结合的教师队伍"。这是职业大学成立后最早系统阐述高职教育办学特色的文章。同年，长沙市职业大学邓忠银发表的《职业大学六大特色》，基本代表了职业大学创办者们当时对职业大学的办学特色的理解及认识。这六大特色为：办学方向的地方性、办学性质的职业性、办学特色的适应性、办学模式的综合性、办学形式的多样性和办学师资的双重性。1991 年，王千弓、张薇之主编了《高等职业技术教育之探索》，全书分为总报告和各个方面研究报告及一些地方高等职业教育的调查报告。我们从书目标题即可看出该书研究内容的广泛性：中国职业大学的兴起、职业大学毕业生质量追踪调查的报告、关于职业大学思想政治教育的研究、关于职业大学专业设置的研究、关于职业大学教学体系的研究、关于职业大学改革招生与分配制度的研究、关于职业大学管理体制与经费问题的研究、关于职业大学教育理论研究的现状与展望、关于高等专科学校的分析研究、我国成人高等教育的分析研究、高等职业教育的培养目标、高等职业院校的规模与效益、高等职业技术教育在国民经济建设中的地位与作用、职业技术教育与普通教育的相互沟通、世界经济发达国家高等职业技术教育对我国的启示、关于我国高等职业技术教育发展战略的设想等。同时还有天津、南京、西安、厦门、唐山等市的高等职业技术教育发展的调查报告。可以说，该书是对我国高等职业教育发展的一次比较全面的总结和探索。更可贵的是，关于高等专科学校、成人高校举办高职的问题，虽然当时还没有实行，但在理论上的探索确是"三教统筹"、共同举办高等职业教育的先声。

江汉大学的工作得到了党中央领导的肯定。1986 年 6 月 25 日，江汉大学以校党委、校行政部门及全体师生员工的名义致信中共中央总书记胡耀邦同志，汇报了学校办学取得的成绩，并恳请胡总书记为江汉大学题写校名。胡耀邦同志看到书信后非常高兴，并且欣然接受江汉大学的恳请。1986 年 8 月 16 日，中共中央办公厅秘书局将胡耀邦同志 8 月 15 日题写的"江汉大学"校名，连同中共中央办公厅秘书局致江汉大学的函，通过中共湖北省委办公厅、中共武汉市委办公厅转交到江汉大学。1995 年 9 月 26 日，国务院副总理李岚清同志在为江汉大学校庆十五周年题词时写道："办好高等职业教育，为培养更多的优秀应用型人才作贡献。"对江汉大学的工作给予了高度肯定。

20 世纪 90 年代，由于社会上的种种原因，职业大学的生存和发展面临着许多前所未有的挑战。一些高职院校办学条件较差，办学模式单一，办学质量不高，加上受当时国家政策"分流"说的影响，高职院校的数量明显减少，资源投入不足和普通高校大规模扩招导致学校的生源数量锐减，质量也得不到保证。在这种情况下，刘胜荣着手搞高校转型，走武大的路子办真正的本科高等院校。到了 1999 年，武汉市委、市政府决定加大资源投入，举全市之力，首期斥资 8 亿元，建设新的江汉大学。将原来的江汉大学、华中理工大学汉口分校、武汉职工医学院、武汉教育学院合并成为新江汉大学。新校选址，设在武汉经济技术开发区建设新校，第一期征地 1620 亩，第二期征地 400 亩。当时，这在全国同类高校中是处于领先地位的。在专业设置和教学实践方面，江汉大学一直坚持了原有的独创性和职业性，面向社会、服务学生的理念始终没有丢。因为实事求是地讲，如果把原有的特色搞丢了，江汉大学办得再好，也只能一直跟在武大的后头，那样是没有希望的。

十二、唐山陶瓷技工学校

顽强创新 攀高致远 打造名牌职业学校 [①]

唐山工业职业技术学院的前身是建于1980年的唐山陶瓷技工学校，它是培养工业应用型人才的摇篮，是2001年4月在实行一体化管理的唐山职大陶瓷分校和河北省唐山市高级技校的基础上建立的，现仍保留着经省市政府推荐申报，由国家劳动和社会保障部批准的高级技校的牌子，较好地实现了有机衔接，优势互补，资源共享，培养复合型人才的目标。

在省市实施重点技校带动战略和我市确立"四本多专"的高教发展格局中，在各级领导、社会各界关注支持下，学校面向市场找出路，依靠自身求发展，自1996年以来相继跨上了省级重点技校、国家重点技校、河北省第一所高级技校、高等职业技术学院四个台阶。

由于学校把历次创建的过程当作了自我加压、自我建设、自我完善的过程，学校的规模、条件等方面都发生了巨大变化。现在的学院与1995年的职大、技校相比，占地由37.9亩扩大到228亩，建筑面积由7274平方米增加到75 610平方米，资产由210万元增加到7372万元，教职工由89名增加到474名，在校生由400名增加到3000多名。学院设置艺术设计、计算机工程、机电工程、管理工程四个系15个专业，并有与之相适应的学院所属唐山工艺美术瓷厂、唐山陶瓷机械制造厂、唐山市礼品艺术瓷厂等实习实训基地。在全国4700所技工学校有1400多所国企技校相继倒闭的形势下，我们不仅幸存下来，还实现了办学层次的逐步提高。学校主要坚持了"以需求和发展的观点看职教，以顽强和创新的精神办职教"的指导方针。在市场经济大潮中，扬起了一面发展高职教育的风帆。

（一）解放思想，转变观念，敢于竞争，勇于实践

1995年，由于唐山陶瓷公司经济滑坡，资金紧张，对学校开始"断奶"，学校果断制定了"面向市场找出路，争创重点求发展"的工作方针；确定了"向省市要政策、向主管公司要工厂、向改革要效益、向时间要速度"的工作思路；全面营造天时、地利、人和的良好氛围；动员全校师生"以先有作为的陶技精神，塑造后有地位的陶技形象"。从不放过任何一次有利于学校大发展的机遇，从而在几年间，苦战拼搏，再接再厉，实现了"四上台阶，两易校名"、快速发展的奋斗目标。

（二）依托企业，低成本扩张，滚动发展，增强实力

学校充分利用了背靠企业集团这一得天独厚的优势和国企改革重组的有利条件，实施

① 田秀萍.2003.与时俱进 顽强创新 提高层次 攀高致远.陶瓷研究与职业教育，4（4）：3-5

"低成本扩张"策略，出于"敬"职业教育之"业"和"发展才是硬道理"的信念，勇于承担风险，先后完成了"四校""四厂""一宾馆"等 11 个单位的成建制划归、兼并、买断。经过一系列统筹理顺、扶植改造、规划建设，使之成为学校的有机组成部分和颇具规模与实力的生产实习基地；成为举办职业教育的一大优势，突出了职教理论联系实际，产、学、研一体化的鲜明特色。同时，实习工厂实现了正常生产，规模不断扩大，产品开发不断创新，年销售额由接收前的几百万元到现在的两千多万元，保证了企业职工的稳定、收入的增长和国有资产的保值增值，极大地增强了学校的生命力和企业的后劲，使产、学、研一体化有了前提条件。学院根据学院设置标准，不断加大投入，充实完善各专业教学设备、设施，保障能按教学大纲规定进行教学，在校内完成实验及课题训练计划。

（三）坚持目标，准确定位，加强专业建设，推进课程改革

校领导意识到随着学校层次的提高，教职工队伍必须做到"水涨"而"船高"，首先是提高认识，从办学理念上实现转轨变型，使主观与客观相适应，只有这样才能担当起培养适应社会经济发展需求的高素质人才的重任。因此，学校利用寒暑假举办全员培训，请国家教育、劳动部门职教专家进行讲座，分析国内外多所职校，比较同异，从而认识到学校从范畴上属高等院校，从性质上属职业教育，从目标上来看是培养技术应用型人才，从价值上来看是为区域经济建设和社会发展开发人才资源，因此学校特别警惕"普高热"和社会上鄙薄技艺观念所带来的影响，明确提出绝不把学院办成普通大学本科的"压缩型"，中专、中技的"膨胀型"和普通大专的"孪生型"，而是紧紧把握培养目标，明确定位，突出职教特色。因此，学校充分认识和利用了从职业培训发展成学历教育，从中等职教发展成高等职教的过程中所产生的互动成果这一资源，发挥其综合性、多功能作用。根据社会需求和岗位群体对不同层次、规格人才的需求，以及教育、劳动部门对各类中高职院校毕业生职业资格培训、鉴定标准要求，进行专业结构调整，构建合理的、动态的、弹性的课程体系。把培养具有较高文化水平、较强专业技能，以获得大专学历证书、高级技校证书、高级职业资格证书"三证"为目标的合格毕业生，作为更新教育理念和进行教学模式、教学内容、教学方法、教学手段改革的出发点和归宿点。这种"三位一体"培养复合型人才的方式，省却了毕业后再转技能培训以获取职业资格证书的环节，从而理顺了教育体系，破除了重复教育的弊端，真正实现转轨走向正规，接轨办出特色的目标围绕改革创新的主题，鼓励广大干部教师著书立说，开展学术研究，多出教学科研成果。教职工先后在省级以上刊物上发表了几百篇学术论文及作品，《陶瓷工艺学》《国画基础》《白描花卉》等五部专著在国家级出版社出版，并被列为职业学校教材推广发行；经国家新闻出版总署批准，学校主办的《陶瓷研究与职业教育》创刊，国内外发行，成为理论研究、内外交流的载体；以艺术设计专业被确定为全国高职高专教学改革试点专业为契机，围绕改革创新培养应用型人才为主题，组织干部教师开展全校性大讨论，以带动和推进全校各个专业教学改革的进程。

（四）以人为本，强化队伍建设，积极进行劳动人事分配制度改革

学校整体办学实行企业化管理、产业化运作，不断深化劳动人事分配制度改革。在人

员引进上，坚持了面向社会公开招聘，择优录用，培训上岗，过程督导，年终评价，优秀授奖，末位淘汰的原则：①面向职业高校和重点高校招聘应往届毕业生来校任教，仅今年就新进 15 名大学生，他们有着丰富的前沿知识，是学校可持续发展的生力军；②面向科研机构、企事业单位招聘既有大学本科学历又有专业技术特长及实际工作经验的人员来校任教，他们是突出职教特色的关键力量；③诚聘了 20 多位社会知名教育家、企业家、艺术家、教授作为顾问，或参与领导决策，或从事专业课教学，对学校的管理和教学起指导和示范作用；④对原有教师学历达不到本科或高级职称者，转岗分流，量才使用，对达标的人员进行继续教育，有的进行研究生课程培训，有的派出脱产学习；⑤在管理人员的聘用方面，从具备教师任职资格人员中双向选择，竞争上岗，年终考核，能上能下；全员实行合同制，以岗定薪，薪随岗变；后勤工作人员只出不进，现后勤部门仅有 6 名正式职工，其余根据实际需要随用随聘。

学校一贯坚持管理出质量、出效益的观点，在各项管理上出台了各级各类人员岗位职责等一系列的规章制度（已形成《汇编》），将教职员工和学生的行为纳入规范和法制的轨道。在此基础上，积极引进了 ISO9000 质量管理体系，聘请这一领域的专家对全员进行了培训，并组织编制了整套程序文件和作业指导书，开始进入实际运行阶段。在严格管理、依法治校的同时，尽量关心教职工的生活和工作条件的改善。如在开发区征地集资为教师建住宅楼 20 000 平方米，为每位干部教师配备家庭电脑一台，以获得现代信息，服务教学。

（五）拓宽渠道，确保生源，扩大交流合作，构筑发展平台

学校高度重视和强化招生工作，实行多渠道招生和多层次办学，以招收高中后大专班为主干，以设置五年制直通车班和中专、技校对口升学班为两翼，坚持以中等推动高等，以高等带动中等的策略，搭建自身发展的职业教育平台。本着"立足唐山，面向全省，辐射全国，走向世界，开放办学"的原则，已与国内京、津、粤等发达地区六所院校建立了招生与就业友好合作关系，实现了"以需定培""以分定招"，多方构筑职业教育发展的"立交桥"。2001 年面向全省招生 520 名，2002 年招生 1000 多名，2003 年招生 1600 名，均超额完成招生计划。学院还广交朋友，建立伙伴关系。清华美院、中央美院、河北师大、天津职技师院等都在学院建立了教学基地，在为他校提供方便之时，学校自身也受益，还为学生"专升本"铺设了道路。在国际合作方面，先后与瑞士、俄罗斯、加拿大等国家的职业学院建立了免费对等交流、友好合作关系。2002 年派出的 4 名赴瑞士维维实用艺术学院学习的学生，除 1 名继续留瑞学习外，其他 3 名已于 7 月回国，他们所作的赴瑞学习的报告和摄像图片及陶艺作品展在学生中引起了强烈反响。第二批赴瑞学习的李府宪等 5 名学生，于今年 9 月 3 日启程，已平安到达，开始进行一年的学习交流。应学院邀请，法国著名雕塑艺术家杰克·考夫曼已于今年 10 月 26 日来学院进行考察交流，并在学院工艺美术厂进行陶艺制作。为支持西部和贫困地区建设，去年学院开始免费为甘肃培养 8 名贫困学生，今年又免费为张北地区培养 10 名学生。开放式的办学，提高了学校办学的社会效益，促进了中外合作和国内东西部、南北部发达与开发地区的交流与沟通，不仅给学院发展带来了生机与活力，更为师生思想观念的更新，全面素质的提高创造了互动的环境和发

展的空间。

学校连续多年利用寒暑假及长假期间以"资源共享，回报社会"为主题，提供社区服务。学院的计算机网络、多媒体教室、电子阅览、电脑美术、图书馆及文体设备设施，免费向全市青少年学生及家长开放，学生在实践过程中得到了锻炼，受到了社会的赞誉。

学校在特殊困难条件下，坚持了"以需求和发展的观点看职教，以顽强和创新的精神办职教"，使办学的社会效益和经济效益同步增长，2003 年 10 月 16 日在市政府召开的第七次常务会议上通过了《关于理顺唐山工业职业技术学院办学体制的意见》的决定，将学校从企业划转为市政府直接管理，这必将对学校今后的发展产生重要的影响。

十三、天津职业大学

抓住机遇　快速发展　开创天津高等职业教育的新局面 [①]
—— 天津职业大学建校二十周年回顾与展望

　　天津职业大学是天津市政府为迎接新技术革命的挑战，为适应社会与经济发展的需要，而在高等教育领域进行宏观结构调整的产物。它诞生于高等教育改革之初，发展于职业教育春天到来之时，至今已走过了 20 年的发展历程。20 年来，我们在市委、市政府的关怀下，在市委教卫工委和市教委的直接领导，以及各有关方面的支持下，坚持党的基本路线和教育方针，本着"立足天津，服务地方，坚持改革，办出特色，全面发展，注重实践"的办学原则，突出地方性、综合性、职业性和应用性的办学特点，艰苦创业，锐意进取，使学校面貌发生了较为显著的变化。

　　（一）天津职业大学的发展轨迹

　　作为全国较早实施高等职业教育的学校，天津职业大学在 20 年的改革实践中，大体经历了四个发展阶段。

　　第一阶段：1978—1982 年。其中，1978—1979 年为南开大学第二分校；1979 —1982 年为天津大学化工分校。这两所学校为天津职业大学的前身。

　　第二阶段：1983—1990 年。这一阶段是学校转变过渡、利用世行贷款奠定办学基础的阶段。学校出台了《教育改革初步方案》，奠定了发展高职的思想基础，确定了办学形式，具备了必要的物质条件，初步形成了适合发展高职需要的师资队伍。

　　第三阶段：1991—1994 年。这是学校稳住阵脚、坚持高等职业教育方向、实现逐步发展的阶段。

　　第四阶段：1995 年至今。这是全国高等职业教育飞速发展的新阶段，也是学校深入探索、夯实基础、初显特色的阶段。自 1996 年开始，市教委加大了对学校的支持力度，把学校作为"九五"实验室投资规划的首批启动单位予以重点扶持。三年多来，学校先后出台了《教学改革方案》和《关于推进教育、教学改革的指导意见》，并在实践中取得了较好的进展，初步形成了自己的办学特色。1997 年，学校被推选为全国高等职业教育研究会会长单位。

---

① 　李宗尧.1998.抓住机遇 加快发展 为开创天津高等职业教育新局面作出新贡献——天津职业大学建校二十周年回顾与展望.天津职业大学学报（综合版），（4）：5-12

（二）坚持高等职业教育方向，努力办出自己的特色

建校以来，学校始终坚持高等职业教育办学方向，按照"外争摆位，内促提高"的发展方针和"横向搞联合，纵向建体系"的总体思路，主动贴近经济，贴近社会，以改革求发展，以特色求生存，初步形成了既与普通高校有明显的类型区别，又与中职教育有不同层次之分的高等职业教育办学特色。办学规模不断扩大，办学质量与办学效益日益提高，为发展天津市高等职业教育做出了应有的贡献。

1. 办学规模不断扩大

目前，学校设有经济管理系、机电工程系、环境工程系艺术工程系、计算机工程系、基础课教学部、塘沽办学点和夜大学。在校生 2500 人，其中全日制在校生 1900 人，夜大学、附属职专学生 60 人。其专业设置有 15 个。20 年来，学校先后为本市各条战线输送了近 6000 名本专科全日制毕业生，加上为本市及外埠培训的各类专业技术人员，总计达 1000 余名，深受社会各界欢迎。多数毕业生得到了用人单位"上岗快，适应期短，用得上，留得住"的赞誉。

2. 办学形式取得了一定突破

经过多年努力，学校由全日制普通教育的单一形式逐步转变为多种规格、多种类型的办学形式，形成了全日制普通教育与成人业余教育并举、学历教育与非学历教育结合、职前教育与职后教育同步、长学制教育与短学制教育相通的局面，近年来，学校先后与本市及外埠的工厂企业、政府机关、社会团体，以及各类学校进行了十余种形式的合作办学，并根据需要招收了委培生、自费生、函授本科生、成人大中专生和各类短训班学生，为社会培养了大量的、不同层次的合格人才。

3. 教育改革不断深入

根据社会需求，学校在高等教育模式改革方面进行了积极的探索与实践。在指导思想上，突出改革的主线，强调特色这一根本，独树一帜，开拓创新。在培养目标上，侧重培养长于实践、善于经营的应用技术、技艺与管理等专门人才。在服务方向上，注重中小企业、乡镇企业、第三产业和外向型经济，以及中等职业技术教育的发展需要。在教学改革上，淡化学科体系，注重理论与实践相结合，强调生产与教学的统一，逐步探索并明确了以能力为中心、注重综合素质的培养模式，突出了主干课程，强化了实践教学，形成了理论与实践并行的教学体系。在专业设置上，打破传统的按学科设置专业的做法，与政府管理部门、企业、行业组织共同研究，按照社会需求和职业岗位群对人才规格的要求来设置、调整专业。在培养制度方面，实行了学历证书与职业资格证书相结合的"双证书"制，1998 年，拿到双证书的毕业生比例达 48.5%。国家职业技能鉴定所在学校的设立，为推行"双证书"制度起到了积极的促进作用。目前，鉴定所已具备了 14 个工种初、中、高三个级别的鉴定资格。

教育、教学改革的不断深入，使学校的专业建设逐步得到强化，视光学眼镜技术、化工工艺、会计、机电等四个重点建设专业脱颖而出，在突出高职特色方面起到了示范作用。视光学眼镜技术专业开办于 1985 年，是国内高校中第一个培养高级验光配镜技术人才的专业，至今已与中国眼镜学会合作，面向全国 22 个省市举办了九届中级验光配镜培训班。化工工艺专业是教育部确定的高等工程专科学校第二批教改试点专业。该专业建立的"三阶段"实验教学体系，以及将毕业实践与岗前综合训练相结合的做法，得到了教育部有关专家的好评。

4. 招生分配开辟了新渠道

在按照国家计划招收统一高考学生的同时，学校在招生渠道方面实行了重大改革。从 1998 年起，招收了部分中等职业技术学校对口专业的学生进行试点，1997 年面向全市中职学校推开，促进了初、中、高三级相衔接的职教体系的形成。实践证明，这一改革既有利于我市中等职业教育的发展与提高，也有利于体现高等职业教育的办学特点。在毕业生分配方面，学校经历了从不包分配、择优推荐到统招统分进而双向选择的过程，学生就业连年取得好成绩。三年以来，毕业生派遣率达 95% 以上，就业率达到 80% 以上，在天津专科层次院校中居第一位。

5. 师资队伍发展壮大

多年来，学校坚持专、兼结合的方针，近年又实施"双师型"建设，使师资数量、质量、结构有了明显的提高和改善，教师待遇不断提高。目前，学校有专任教师 169 人，其中高级职称教师占 30%，中级职称教师占 50 %。具备"双师"资格的占专业课教师总数 10%。教师的学识水平、教学能力、实践技能普遍提高。一批来自工厂、高校、科研等各方面的专家、学者和技术人员受聘执教，促进了产教结合，为教学注入了新的活力。

6. 办学条件明显改善

自 1978—1997 年，校内建筑面积净增 1.79 万平方米，设备净增值 1366 万元。近年来，随着市委、市政府关于"重点建设好天津职业大学"决策的实施和"九五"实验室投资规划的启动，尤其是教学主楼和第二学生公寓的建设，使学校办学条件又有了明显的改善。主楼及第二公寓建成后，学校建筑面积将达到 3.6 万平方米。目前，学校占地面积 125 亩，拥有两个设备先进、功能齐全的实验室和电教中心、计算中心，以及环保测试中心。图书馆藏书量达到 17 万册，可同时容纳 900 人在馆内阅览。学校现有设备总值 1427 万元，其中教学设备约占总价值的 92%。

7. 办学功能日趋完善

高校应该具备培养人才、发展科技和服务社会三种功能，使教学、科研、生产三者紧密结合。学校在坚持以教学为中心的同时，逐步扩大了服务社会的能力。建校 20 年以来，学校取得科研成果 52 项，其中"MC98-A 型多功能极谱仪"及"VME-1 型微机化多功能伏安仪微电极"为国家级成果，"药用氢氧化铝喷雾干燥新工艺的研究与设计"等14项成果为市级成果，"伏安仪复合微电极装置""锯末画"获国家发明专利。校办厂自行研制开发的无胶玻璃纤维虑筒等环保系列产品，获得了国家发明奖和科技成果奖。学校与中海油地球物理勘探总公司、天津整流器厂、山东潍坊柴油机厂等企业的合作，均取得了较好的经济效益和社会效益。目前，学校科研与科技开发工作稳步推开，校办产业的活力日益增强。

8. 内部管理体制改革逐步深化

1992 年以来，学校各项改革措施陆续出台，均取得不同程度的进展。人事改革按照"精简、效能"的原则对机构和人员进行了精简。分配制度方面实行了国家划拨工资与校内津贴同步运行的结构工资制度，并在考核办法上进行了改革，加大了各教学单位及有关部门的压力，承担一定比例的校内津贴。后勤改革按照"后勤服务社会化"的目标要求，能由社会承担的服务就推向社会，在托儿所学生食堂、校园环境，以及建设学生公寓等方面均迈出了实质性的步伐，逐步实现了由"大学办社会"向"社会办大学"的转变。医疗制度改革按照国家、集体和个人分别承担的原则，制定并实施了新的公费医疗办法，收到较好效果。通过改革，学校内部管理体制得到初步调整，教职工积极性不同程度地得以发挥，内部活力开始呈现，正常的运行机制与激励机制开始形成。

9. 办学体制有了新变化

1992 年，学校建立了天津市地方高校第一家董事会。这是进行高等教育体制改革的一种探索，是逐步建立和完善国家统筹规划与宏观管理、学校积极面向社会自主办学的一种尝试。董事会成员有政府官员、厂长、经理、专家学者和社会知名人士。作为沟通学校与社会的桥梁，几年来，董事会较好地发挥了参谋、咨询扶持与监督的作用，在促进学校产教结合、改善办学条件、提高办学质量与办学效益、扩大学校社会影响等方面起到了积极作用。

10. 对外交流有新进展

根据改革开放和对外交流的需要，作为世界银行贷款项目执行单位，学校先后接待美国、日本、加拿大、法国、德国、澳大利亚，以及中国香港、中国台湾等国家与地区的专家、学者来校考察、访问和讲学，学校也派出人员到上述国家与地区进行学习和考察。近年来，学校与香港理工大学——视康中国眼科视光学教育计划合作，在学校建立了"视光学继续教育基地"，每年为视光专业毕业生举办高级培训班，培训学员涉及国内29 个省、市、自治区。另外，学校与英国有关单位达成了在天津成立环境技术培训中心的初步协议。学校对外交流活动日益深入。以上显著成绩的取得是与市委、市政府的正确领导和教卫工委、市教委的大力支持分不开的，是全体教职员工共同奋斗、开拓进取的结果。

（三）主要体会及问题

回顾天津职业大学 20 年的发展历程，我们的体会主要有四个方面。

1. 教育、教学思想的转变是发展高等职业教育的前提条件

我国高等职业教育发展于 80 年代初期，但是，如何找到一条适合中国国情、又具有特点的发展高职的路子，在国内并没有成功的经验可资借鉴。加之学校当时是由本科普通教育向专科职业教育转轨，多数教职工思想上的阻力很大。在这种情况下，学校领导班子首先统一了思想认识，坚定了发展高职教育的决心。在学习发达国家发展高职教育的成功经验的基础上，学校组织全体教职工开展了以解放思想、转变观念为主题的教育教学思想大讨论。自 1983 年至今，学校边探索，边改革，这样的大讨论共进行了五次。大讨论的过程，既是统一认识、坚定发展高职信念的过程，也是我们逐步探索和积累、总结经验教训出台新的改革措施、再上新台阶的过程。20 年来，学校对高职教育的认识由表及里，改革措施由浅入深，在培养目标、服务方向、办学形式、课程设置、教学内容，以及教学方法等方面，初步形成了自己的特色。可以说，没有教育、教学思想的转变，就没有 20 年的改革实践，也就没有天津职业大学今天良好的局面。

2. 贴近经济、服务社会，是发展高等职业教育的必经途径

高等职业教育的根本任务是为经济建设和社会发展培养合格的应用型的技术人才、技艺人才和管理人才，无论是培养目标，服务面向，还是办学形式、师资队伍建设，都与经济、社会的发展有着密不可分的联系。贴近经济，服务社会，是遵循职业教育规律、发展高职教育的应有之举，也是实现其培养目标的必然途径。关门办学只能落后于时代，最终导致学校的生存危机。20 年来，学校按照联合共建的指导原则，主动开展实习基础建设，已建立校外实习基地 40 余个；在专业设置上，广泛吸收企业生产一线有实践经验的专家、技术人员组成专业建设咨询委员会，听取他们对课程开发的意见；在师资队伍建设方面，坚持聘请企业一线的技术人员来校兼课。另外，学校、于 1992 年成立了本市高校第一家董事会，使学校贴近经济、服务社会，在体制上得到了保证。

3. 转变内部运行机制是学校建设与发展的关键措施

教育、教学思想的转变是发展高等职业教育的前提，而调动广大教职员工参与改革、参与建设的积极性，则是实现学校培养目标、进而促进学校建设与发展的关键。为此，学校从提高教师待遇，保证教学主体改革深入进行入手，近几年来，又在明确部门职责、强化机关处室服务职能的基础上，加大了基层教学单位的压力，不仅要求各系及有关部门完成教学与改革任务，还要求他们完成一定比例的创收指标，鼓励他们采取多种形式办学，推动系办及校办产业发展，不断提高办学质量与办学效益。同时，在教师队伍建设中引入竞争机制，实行低职高聘和高职低聘，以及"双师型"建设，促进了教学科研及主体改革的进程，在干部队伍建设方面，通过学习、交流、挂职锻炼等不同形式，使干部素质得到提高。目前，学校内部顾全大局、勇挑重担、争先进、比贡献的气氛日益高涨，全体师生员工的精神风貌有了较大改观，学校民主化与科学化建设也得到加强，促进了学校各项建设的顺利开展。

4. 加强党的领导，两手都要抓，是学校建设与发展的根本保证

校党委在事关大局，以及学校发展等问题上，坚持党的基本路线，全面贯彻党的教育方针，保证了学校发展的方向。在党的建设中，坚持围绕学校的中心抓党建、促进学校的改革与发展的原则，在实际工作中，注意发挥基层党组织的作用、干部的表率作用和党员的模范作用。在日常教育中，注重调动积极因素，开展教书育人、管理育人和服务育人的活动。在学生工作中，坚持马克思主义理论教育和道德教育，开展健康有益的校园文化活动和社会实践活动。

在学校总体安排上，坚持两手抓。多年来，校党委团结带领广大师生艰苦创业，努力探索，使学校的内部凝聚力不断增强，促进了学校各方面工作的不断深入。在充分肯定成绩的同时，我们也必须清楚地看到学校工作中存在的问题与不足，必须冷静地对待前进与发展中的困难与障碍：①思想观念还不尽适应市场经济和高等教育改革日益深入的客观需要，解放思想、转变观念的任务依然十分繁重。在知识经济时代，高等职业教育如何做到"面向现代化，面向世界，面向未来"，无论在理论上，还是在实践中，都需要下大力量去探索和研究。②办学模式还没有与普通高校及专科院校严格区别开来，办学特色还不十分明显，改革力度不够。如何练好内功，切实把教改方案落到实处，将是决定学校生存与发展的严峻课题。③内部管理体制需要进一步理顺，真正的激励机制、竞争机制还没有建立起来，基础管理工作需要进一步向科学化、规范化的目标迈进。④基金投入严重不足，办学效益不高，这是制约学校发展的主要因素。这些问题与困难都需要我们在今后的工作中认真对待，逐步加以解决。

（四）今后的工作目标

党的十五大报告明确指出，要"培养同现代化需求相适应的数以亿计的高素质的劳动者和数以千万计的专门人才，发挥我国人才资源的优势"。这是关系 21 世纪中华民族振兴和社会主义事业成败的全局性的重大问题。随着知识经济时代的到来和党中央、国务院关于"科教兴国"战略的实施，教育在社会主义现代化建设中的基础地位得到广泛的共识，高等职业教育无疑也将面临着难得的发展机遇。

这主要取决于以下四个因素：①经济建设和社会发展需要大批应用型技术人才与管理人才；②《职业教育法》的颁布实施为高职教育的发展提供了法律保障；③教育部明确提出，要"探索大力发展高等职业教育的路子，明年要有实质性进展"；④新一届市委、市政府提出，"要打破行业和部门界限，加快职业教育整体结构调整，重点建设一批具备初、中、高级职业教育特点的一条龙职业教育基地，为天津经济建设培养大批实用型中、高级专业技术人才"。职业教育在经历了十余年的曲折探索之后，已经进入了蓬勃发展的新时期。但是，我们也应该清晰地认识到，随着原国家教委"三改一补"政策的实施，高等专科学校、成人高校，以及中专学校将竞相发展高等职业教育，竞争将十分激烈。另外，高职院校在激烈的人才市场竞争中有没有竞争力，关键在于办学是否有特色，培养的学生是否符合社会的需要。因此，我们面临的形势可以说是机遇与挑战并存，希望与困难同在。新的形势、新的任务和新的要求，给我们提出了一个重大课题：把什么样的高等职业教育带入 21 世纪，这迫切地需要我们在今后的实践中作出回答。

经过 20 年的建设与发展，学校发生了较为显著的变化。应该说天津职业大学的 20 年，是在改革中前进在困难中拼搏、在竞争中崛起、在发展中不断完善的 20 年。回顾过去，我们欣慰自豪；放眼未来，我们充满信心。我们坚信，在市委、市政府的高度重视与教卫工委、市教委的大力支持下，只要全体师生员工继续发扬艰苦创业、团结协作、务实进取和改革创新的精神，我们就一定能抓住机遇，加快发展，为开创天津高等职业教育的新局面作出新的贡献。

十四、北京市劲松职业高级中学

他捧起职业教育一颗璀璨的明珠 [①]
——追记北京劲松职业高中校长郝守本

1997年5月5日凌晨，在招生现场连续忙碌了几天的郝守本校长心脏病突发，猝然离开了他的同事、家人，他钟爱的职教事业和他为之牵挂的劲松职高。虽然，事发于凌晨，但所有熟悉他的人都清楚，他是在工作着的时候离去的。一年过去了，但当时闻讯后的惊讶与痛惜，却依然清晰……

"斯人已逝，惟文记之"。在副标题中，在郝守本的名字前面，我们没有写其他的职务，只保留了劲松职高校长这一称谓。因为它最朴素，也最本质。

很长一段时间，一直在整理郝校长有关材料、采访笔记、采访录音、却迟迟下不了笔。真正动笔那天，正是清明，我想就让这洁白的稿纸，来告慰逝者的英灵吧。

（一）明珠璀璨 海深使然

党的十五大期间，在北京展览馆举办的"辉煌的五年"大型展览，是中国，是各省市、各部委，向世人、向世界充分展示业绩的辉煌时刻。所有大厅的所有空间，甚至包括地面都被利用起来。所有人都知道，在这样的展览中占有一席之地，是何等荣耀！

方方面面，林林总总，教育领域能占有多少块展板？全国教育战线中的职教领域又能占几块展板？全国有多少所职业高中，谁又能占有一寸之地，一字之地？在这万分之几的比例中就有劲松职高，在那展板上有图片、有文字。要谈北京市的职业教育很自然要提劲松职高，要谈中国职业教育也自然要提到劲松职高，因为它的创办和发展几乎就是整个职教发展的一个缩影。

北京市劲松职业高中创办于1983年，是北京市第一所独立设校的职业高中；同年11月被评为全市首批办好的职业高中；1987年被评为"成绩显著"的一流学校；1991年被国家两委三部授予全国"职业教育先进单位"。同年，又跨入全国首批"省级重点职业高中"行列；1995年成为首批"国家级重点职业高中"。劲松职高和它的校长同时成为新闻界关注的热点，各种媒体先后报道200余次，全国各地的职教工作者纷纷到学校参观学习，外国的职教专家也到学校参观考察。劲松职高犹如一颗浮出海面的明珠放射着迷人的光彩。

"中国的职业高中是在改革的大潮中诞生的，这种新型的职业教育的办学模式也是在随

---

① 范金印等.1998.他捧起职业教育一颗璀璨的明珠——追记北京劲松职业高中校长郝守本.教育与职业,（6）：45-47

着改革的不断深入而成长和发展。"——采访笔记

在中国。改革开放就像汹涌的春潮，使沉寂的大地开始返青复苏，使蜷缩的身躯得已舒展，使许多埋没已久的人才，找到了自己的位置，得到了充分发挥的广阔空间。

此时，郝守本已 40 出头，正在沙板庄中学任副校长。一直关注着祖国命运的他，也嗅到了这春天的气息，欣喜之余，他在不断思索着。

1977 年高考的恢复，似乎使许多人一下子醒悟过来，高考考场成了曾经得到过和曾经失去过的家长们角逐的战场。他们擂动战鼓，孩子们则如千军万马冲向那既让人欣喜向往，又令人伤心无奈的独木桥，结果大家都知道，大批的孩子们进入了待业的苦闷彷徨之中。

1980 年的一天，郝守本在下班路上，被一个毕业生的提问难住了。学生说："郝校长，谁也不愿在家呆着，可现在找工作没个一技之长就太费劲了。可我们会什么呀，您说怎么办？"作为校长，郝守本为难了，难的不是解决这一个学生的就业问题，难的是他不仅这一个学生。推而广之，全市、全国这样的毕业生有多少？在以后的一段日子里，郝守本带着一种自责的心情，陷入思索。他想的不是给一个学生找工作，而是想如何给更多的孩子找一条路出来。可哪里有路，路又在哪里？

当时的北京人和来北京旅游办事的人都报怨着"吃饭难，住宿难，做衣难，托幼难……"，人们一方面是急切地需要，一方面又对这三教九流的行业从心里看不起。然而，郝守本已经做好了一方面解决实际问题，一方面对抗旧观念的精神准备。

1981 年沙板庄中学办起了服装职高班，这副担子自然而然地落到郝守本的肩上。第二年，他又办起了一个木工职高班。

自此，郝守本以拓荒者的勇气和智慧，为孩子们开辟着成才就业的职教之路，也开始了他自己的职教生涯。

经过两年的探索，郝守本感到，仅仅在普通中学里办这种附属性的职高班，一是不能满足社会和广大学生的要求，二是不会有大的发展。最好的解决方法是办一所独立的专门的职业高中。

这时，朝阳区区政府、朝阳区教育局决定将基础薄弱的劲松五中完全腾空，用来办职业高中，而郝守本的办学能力已为领导者所认识。这一决定和郝守本所想一拍即合，他欣然受命，毅然前往。

然而，这所学校留给郝守本的是怎样的办学条件呢？唯一的教学楼，破旧不堪，没有一间教室的门窗是完整的，灰尘遍布，让人心酸；有的教室成了木工房，有的出租给了工厂，有的还住上了居民；校内三分之一的面积为一家工厂所占，围墙残破不全，操场坑坑洼洼，办学条件极差。

面对这样的状况，郝守本决心用一个暑假让它变个样儿。

1983 年 7 月的一天，骄阳似火。郝守本带着 20 名教师，100 名学生如同率领敢死队一样走进刚刚挂上校牌的劲松职高。

今天，能考上劲松职高，学生自豪，家长也有面子。可当时，搞职教却是被世人所鄙薄的，老师们由普教转到职教，学生们上职高，确实如同上战场一般的悲壮。眼前的校园也真让师生们的心为之一沉。郝守本的热情如同能源一样，注入到师生们的心里。

"欢送会已开过，退路是没有了，我们能办好两个职高班，就能办好劲松职业高中。"面对老师们，他提出："生当劲松人，死做劲松鬼"这显得悲壮的誓言，激起了师生们的豪情。

往返 400 公里运回建材，奋战 36 小时修好围墙，连续加班没有报酬；中午老郝自己掏钱为大家做炸酱面，下午老郝自己掏钱为大家买包子……因为，当时学校的账面上只有 700 多元钱，全校的固定资产还不足 5 万元。所有的艰难困苦如今已成为劲松人引以为豪的回忆。

而如今的劲松职高，经过劲松人十几年的努力已经完全变了样子。据截止到 1995 年申报国家级重点职高的材料显示：劲松职高占地面积已达 3.3 万平方米，是 1983 年的 300%；建筑面积 2.01 万平方米，是 1983 年的 400%。在校生 1210 人，是 1983 年的 502%。大楼由一座变成了四座，各种专业实习教室设备齐全，图书阅览室干净、整洁、明亮……

每年五月，招生的季节，劲松职高门前如过节一般的热闹场面已成为一道风景，1995 年计划招生 450 人，而报名面试者达 9200 人次，如果算上仅仅是来咨询的学生和家长们，人数恐怕要翻上一番。

巨大的反差，辉煌的业绩，凝聚着所有劲松人的心血，也展示着他的领导者的智慧和胆魄。

"我自己有时候静下来想一想，我们学校十几年来发展地比较快，最重要的原因，一是党政和谐；二是我们不断地有一个目标，全校去努力。"——采访录音

在中国，一个单位搞得好与不好，领导班子是否团结一致是关键，而一把手的素质又是班子是否团结的关键。

郝守本在职高校长中的身份有些特殊，身为校长又是民进中央常委，因此，如何理顺党政关系，情况显得更加特殊，却又是他必须面对的首要问题。随着改革的深入开展，劲松职高于 1995 年率先实行了校长负责制，社会的进步给了郝守本充分展示才华的机遇，同时也赋予他一定的权力，但他却没有头脑发涨，他认为校长负责不代表校长一人说了算。这时的他不但没有搞权力扩张，反而在学校管理方面建立了权力制约制度。

从 1987 年起，劲松职高开始建立了党政联席会制度，成员由书记、副书记、校长、副校长等 6 人组成。校长的办学思路，学校的大政方针，都要在会上进行讨论，这实际成为学校内部的最高决策咨询机构。这一制度有效地保证了党组织对校长权力的制约，发挥了"党组织在决策全过程中的保证监督作用，以及在全面参与中的政治核心作用。"党政关系的理顺，在领导层，形式了"分工合力"的令人愉快的局面。此外，学校还建立了其他诸多对校长权力的制约机制，在这基础上，郝守本提炼出了学校的管理原则：按层次负责，依程序决策，照制度办事，用感情投资，调动积极性，加强学校内部的凝聚力。"这几句话，已被国家教委出版的《校长治学名言》一书所收录。这种领导集体的团结向外延伸为老师们的工作作风：工作中注重感情投入，工作中讲究高效率。同时又浓缩为劲松职高的校训："团结奋进。"

"作为职高校长，要善于捕捉信息，成功有时就在很小的机会里。"——采访录音

在办学方面，老郝给人的感觉，就像是一只饥饿的猎豹，随时会扑向出现的猎物。多年来，他从不放过一次调动全校师生一起狩猎的机会：首批办好的职业高中、首批成为省

级重点、首批成为国家级重点……每一次拼力追逐，劲松人都奏凯而还，如果把中国的教育改革比做大潮，劲松人就是稳定潮头的弄潮儿。

但是，学校开设的专业上也好，下也好，郝守本始终牢牢把住，为社会主义经济建设服务办学方向不变。这，也是他随时准备出击的原动力。

烹饪是劲松职高的拳头专业，在当初，市局领导催着、劝着，有些校长都不敢办，但老郝办了。从沙板庄一迁到新校，他马上把原来的化学、物理实验室给改了，放上了案板、菜墩子，建成了烹饪专业实习室。这一举动，当时上下都有微词，但老郝自有他的分析：北京的旅游事业刚刚起步，烹饪专业人才正适其需要，将来必有发展。

紧接着，老郝凭着他敏锐的观察力。瞅准北京旅游发展的势头，又开办了西餐专业。如今，劲松的学生已成为诸多星级饭店的挑梁大腕。

当然，有上就有下，1992 年学校停办了服装和装修两个专业。1990 年停办了摄影班，而 1994 年又重开此专业。这些变化都是基于对人才市场需求信息的捕捉和分析

许多人都知道，劲松职高的办学走出了国门，西餐专业的学生可以到德国进行"双元制"培训，但是许多人却不知道，是老郝把住了那稍纵即逝的机会，才为孩子们创造了这样好的学习条件。

1992 年 5 月德国巴登符腾堡洲旅游餐饮协会访华团到劲松访问。西餐专业学生的技能表演，使客人们既惊奇又满意，并流露出合作的意愿。老郝意识到这是一个机会。在教学上借鉴德国的"双元制"是他早已琢磨过的，走出国门与外国的同行联合办学，又是何等诱人的办学新路。老郝随之赶到德国客人的住地进行回访，就合作办学的事宜与代表团进行协商。同年 10 月，老郝又亲往德国进行考察，经过反复恳谈，终于签下了培训合同。

签了合同以后，郝守本不是松了口气，而是上紧了弦，一系列后续工作在等着他。

教学计划要改，德语课要开，德国的地理、历史课要开、技能训练还要加强，更重要的是送出去的孩子能否安然回来。为此，每个教师，每堂课都在讲自强自立，校领导亲自作爱国主义报告。1993 年 4 月德方派人来进行考核，30 名学生全部合格。两年后，30 名学生全部学成回国，第二批、第三批又相继顺利赴德。

在一次采访过程中，老郝很感慨地说："等这项目完了我要写一篇东西，写一写这个项目真正做起来多么痛苦，多么费劲，酸甜苦辣，我都要写一点。"我们没有机会看到这篇文章了，但我们可以想见老郝为之付出的心血。

劲松职高走出国门办学，在全国亦属首创。就在媒体纷纷报道此事的时候，郝守本却保持着冷静。他认为，送学生出国进行"双元制"培训，不是长久之计，劲松职高应在国内开创自己的"双元制"办学之路。于是，他们很快就与中国大饭店进行联合，搞起了自己的"双元制"培训试点，由于既有借鉴又有了实践经验，这一合作也获得成功。

十多年，寒来暑往，感慨万千。回顾过去，他们从艰难困苦中走来，在风雨中起步，在坎坷中奋进，在改革开放中腾飞。在各级领导的关怀下，劲松职业高中的全体师生共同努力，取得了一些成绩，为祖国的经济建设作出了贡献，在职教事业这片沃土上留下了垦荒者坚实的足迹。他们为成绩感到自豪和欣慰。瞻望前程，任重道远，职教事业大有可为。他们将把荣誉留在身后，不断超越昨天的自我，满怀信心，以更加旺盛的活力，更大的步伐，迎接充满机遇和挑战的 21 世纪。

（二）呕心沥血 苦育明珠

"吃喝拉撒睡，生老病死退，拳打脚踢受不完的罪。"这不知是哪位有幽默感的校长编的顺口溜，虽是自嘲，却也是真实的道出了当校长的难处，当职高的校长就更难了。拿出一套科学管理制度要付出极大的心血，而为执行这些制度，解决、平衡好各种矛盾所付出的心血将是十倍、百倍。

"我们有一个指导思想，那就是一定要给学校的老师们一个宽松、和谐的工作环境。"——采访笔记

作为校长，对于学校工作肯定、赞扬的话总是喜欢的，但如何对待不同意见，如何面对爱提意见的老师，就是一种考验了。

劲松职高有个董老师，数学教研组长，教代会代表，最爱提意见。有的人对此有些看法，老郝认为，老师给学校工作提意见，就象我给市政府提意见一样，是很正常的，都是出于善意。人家若不是爱这学校，有看法不说，在背后骂人不就完了，何必非当面找你，让你知道呢？

劲松职高奖励制工资制刚一出台，老郝第一个就给董老师提了一级。老郝说："工作好，又关心学校，就应该提。"劲松职高的"炮筒子"之所以有如此好的境遇，是因为老郝对不同意见有一个科学的分析。他认为，老师们提的意见，无非有三种：一是老师提的正确，学校也认为是正确的，那就赶紧办；二是老师站在自己的角度认为是正确，只是对全面情况不甚了解；三是老师提的正确，学校也认为是对的，但一时还做不到。对于后两种情况，就要耐心向老师解释清楚。这样一来，既改进了学校的工作，又使干群之间增强了沟通和相互的理解。

拥有一支高水平的、稳定的师资队伍，是每一个职高校长梦寐以求的。为建成这样一支队伍，学校自1987年就提出：要让班主任成为劲松职高受人尊重和羡慕的岗位。班主任的收入要高于其他教师25%以上。同时提出"二线要为一线服务"的工作方针。一线教师的收入要比二线行政人员平均高出百元以上。在奖励、晋级、评选先进的比例上，一线教师要占60%。

劲松职高的师资队伍有一个特点，就是留校生多，共有30几名。要使这些原来的学生成长为合格的专业教师，达到国家要求的学历标准，不是件容易的事。

老郝对这些小青年可以说是关爱有加。一方面，委以重任，让他们在实践中锻炼；一方面，制定各种措施，鼓励他们继续深造。他对青年教师们提出了一个充满感情色彩的口号："今天是劲松的希望，明天是劲松的栋梁。"随着时间的推移，良好的效果开始显现出来。

劲松职高6个专业教研组中，5个组的组长是青年教师，其中，中、西餐、美容美发3个技能性极强的专业组长是留校生。在26个专职班主任中，青年教师也占一半以上。蔡少惠老师还获得了1995年北京市"紫禁杯"先进班主任一等奖。

除了鼓励青年教师们在国内进修学习外，学校还先后送9名青年教师赴瑞士、日本、德国、白俄罗斯等国进行深造。

诸多因素，使劲松职高形成了一种强大的凝聚力，不少教师在国内外企业高薪聘用的诱惑下不动摇，始终坚持在专业教学的第一线。

梁栋同学，在全国职高美容美发大赛上获得金牌，但他谢绝了著名合资企业的聘用，坚决申请留校任教；赴德学习的两名优秀学生，也主动申请留校任教。回国的时候．他们宁可舍弃衣服，也要把教学资料带回母校。

说起这些，老郝很是欣慰，他说：作为校长，我能不好好关心他们吗？"

有一年，一位上级领导和一位学校老师都希望在孩子上学的事情上得到老郝的帮助，但名额只有一个，老郝选择了老师。还有一年，刚刚开学，班主任邹敏老师虽然献了血，却坚持带学生去门头沟山区参加军训。老郝百般叮嘱带队领导和负责后勤的同志："无论如何，一定要保证她顿顿有肉，要保证她吃好。"

当然，这些都是小事，但正是这样的小事暖了老师们的心。其实，在每件小事的背后，都有着老郝的良苦用心，他说："学校不是战场，没有那么多轰轰烈烈的事，大量的都是平淡的琐碎的具体工作。但往往是某些小事处理不好，影响了教师们的积极性。"老郝从教也是从一线教师做起的，由于出身不好，自然受过不少委屈。所以，他对老师的关心，是发自内心的，是出于一种真诚的理解。中国的知识分子，最看重的是一个"知"字。为了一个"知己"的校长，再累他们也心甘情愿！

"我主张家属不要干政，个人工作要和家庭分开。我觉得，我们现在出了许多弊病，工作和家庭利益没分开，是一个重要原因。"——采访笔记

烹饪专业，是劲松职高的骨干专业。学校的实习企业——蜀蓉饭庄也是颇有名气的。但是，老郝从未在这餐厅宴请过自己的家属。甚至，自己的儿子、女儿办婚事，也不用学校的餐厅。对这一点，老郝说的很实在："我没法向老师们解释，这次我掏钱了，那次我也掏钱了。我能一个个向老师们去解释么？"

老郝的女儿多年来一直在一家企业做电梯工，后来凭自己的努力做了一个部门的负责人。老郝从未利用关系，为女儿铺路。说起来，这些都是一些小事，但哪一个干部的腐败不是从这样的小事开始的呢？

"郝守本校长的理论修养，一直是我所钦佩的。在今后的工作实践中，再忙也要加强理论学习，要把'劲松'这所国家级重点职业高中办得更好。"——现任劲松职高校长贺士榕语

生前，老郝曾多次谈到：一个好的校长，应该是管理型与学者型相结合的。既要会管理，又要对职教理论有深入的研究。他本人也一直在用这样的标准要求着自己。

从踏上职教路开始，他就一边实践一边对学校的管理艺术进行探讨、研究，并进行理论上的升华，不断成文发表于报刊。

职业高中的管理，比起普通中学要复杂的多，照搬普教模式行不通，许多问题都要重新琢磨。经过几年的研究和实践，到 1985 年校长负责制实施的时候，老郝对于学校的管理模式以及从领导班子到教师学生的一整套管理制度已经心中有数了。学校的管理制度分为 A、B、C 三级。A 级是全校性的；B 级是处（室）一层的；C 级是具体的工作规定。随着形势的不断发展，学校还三次修订、印发《劲松职高管理制度》，并且在全国范围内交流了近千册。

对于学生的管理，学校也制定了《学生生活手册》，师生人手一册。进入劲松职高的新生首先学的就是这手册。

劲松职高在管理上，已经做到了层次化、程序化和制度化。很多方面展开来都可以单独成篇，这里只能点到为止。根据老郝在学校管理方面的研究和贡献1988年北京市政府授予他"北京市有突出贡献的科学技术管理专家"称号。

在郝校长16年的职教生涯中，发表于各种报刊上的职教理论文章达20多篇，并多次在国际及海峡两岸的教育研讨会上宣读论文：

1994年10月，在中央教科所举办的国际产教合作研讨会上宣读《职业高中的办学需要企业的主动参与》；1995年4月在海峡两岸职教研讨会上宣读《职业高中与企业合作：现实与理想》；1995年7月在海峡两岸中学校长教育思想研讨会上宣读《职业高中校长办学思路：目标与实践》。

老郝对于职教理论的研究，是植根于活生生的实践之中的。同时又在指导实践的过程中进行检验、修正和提高。老郝一直强调专业技能在职高教学中的重要地位，这一点使他的学生大受裨益。烹饪专业左书升现任中国大饭店宴会厅副总厨师长；服务专业王威现任香港美食城柳芳分店经理；服装专业刘柳现任北京凯斯内克服装中心设计总监；美容美发在校生代表北京市参加全国比赛，为北京市捧回四个奖杯……还有一件趣事，值得一提。去年，贺士榕校长带领牛京钢、向军两位烹饪专业留校教师到台湾明道中学进行教学交流。那天，台中市职业学校主任、专业教师、各星级饭店厨师长等70多人来观看。向军老师临时请人协助吊清汤，没想到汤吊混了，在场的人以为会砸锅。但向军不慌不忙，象变魔术一样操作一番，待盖子重新揭开，混汤奇迹般变得清透。技惊四座，场内顿时热闹起来，各店名厨纷纷上来品尝，结果是交口称赞。

老郝在个人进行理论研究的同时，还鼓励学校老师们开展教学科研活动。全校被朝阳区评为"教育科研先进集体"。

"对我来说，郝校长不仅仅是一位校长，更是一位良师益友。"——劲松职高副校长文梅龄语

一个领导者的成功，除了他的才干，必与他个人的品格魅力分不开。一位校长能让干部、教师、学生视为朋友，是最感欣慰的。然而，要达到这点却需有更多额外的付出。郝校长就做到了这一点。

（三）为职教，虽九死而终不悔

写这篇文章的时候，我们常在想，郝校长为了职教事业如此勤奋努力的动力在哪里？

当前，许多人禁不住诱惑，成了拜金主义的殉葬品。一个县的组织部长几年便受贿敛财170万元，有的以傍大款为荣，沦为大款们呼来喝去的工具。这些腐败分子之中也有如陈希同之流受党教育多年的高官。而老郝出身民族资产阶级，天生就是大款坯子，但他却放弃了许多机会，而最终为职教事业，搭上了性命。

"追根溯源，支持郝守本为职教事业献出毕生精力的动力，是他深切的爱国之情，他把这种情感，化做了对职教事业的执着和对人才培养的具体行动。"——北京市教育局职教处原处长范金印语

郝守本祖籍山东莱州，祖父为晚清秀才，以教书为业。父辈兄弟三人，闯关东至东北。

郝守本的父亲先在海参崴的一家皮货店学徒。学成之后，有了积蓄便自己开店。以后便向南发展，在许多城市、许多行业都有投资，事业迅速发展起来。到解放前夕，郝家在哈尔滨、沈阳、大连、青岛、天津、北京、上海等地都有企业和房产。天津的维多利餐厅（现在的起士林）为郝守本的父亲所创办。北京的双和盛也有郝家的股份。

解放后，郝守本在上海读小学时就担任了少先队的大队长；在北京上初中时就加入了共青团，并一直担任学生干部；后来考上北京大学数学系，于1963年毕业。上学期间，郝守本一直是老师喜欢的学习尖子，同学信任的团干部、班干部。然而，"文化大革命"的一场浩劫，出身民族资产阶级的郝守本亦未能幸免。"批斗"他挨过，"飞机"他坐过，以后就是扫大街，倒垃圾。正值年富力强的郝守本也曾感叹过命运的不公，但当年父亲说过的话却时时告诫着他："'儿不嫌母丑，狗不嫌家贫'，我们不出去，谁走我们也要留下来，这里是我们的祖国。"父亲的训诫，从少年时就植入了郝守本心田。他期待着得到一个报效祖国的机会，他相信这样的时刻一定会到来：

春天终于到来了。郝守本珍惜着每一个机会。当代课教师，他踏踏实实教课，当主任、副校长他兢兢业业工作，直到被推上劲松职高校长的领导岗位。他深知这是党对他的信任，他也深知劲松职高的每一点进步都离不开朝阳区、北京市各级领导的关心和支持。

改革开放以后，居住在境外的堂兄嫂、堂兄弟们都与他有来往，他们劝他出国发展，但老郝真诚地说："你们现在生活的很好，我很高兴，但我的根是扎在了中国大陆。"后来，堂兄弟计划在大陆投资，郝守本又成了总经理的最佳人选，亲友们需要他数学家的头脑。

面对多少人梦寐以求的、转眼就可成为大款的机会，郝守本还是谢绝了。他不能辜负那信任、那关心、那支持。他不能丢弃那来之不易的报效祖国的机会。在他看来，还有什么比这更重要的呢？

"郝校长不仅仅是一个职业教育专家，还是一个社会活动家。做为民主党派人士，他在民主监督、参政议政以及爱国统一战线方面都做了许多有益的工作。"——民进中央办公厅副主任于东平语。

一个人的潜能到底有多大，到底能承担多少份工作？一个职高校长，学校的工作就足以占据他的全部精力了，承担那么多的社会工作，能做好吗？郝校长用行动回答了我们。

老郝是全国政协委员、全国政协教科文卫体委员会委员、中国民主促进会中央常委兼社会服务部部长、北京市人大常委、中华职业教育社常务理事兼北京工作委员会主任、中国教育国际交流协会理事、中国教育高级中学校长委员会副理事长、北京市职教研究会副理事长。

面对每一份社会工作，郝守本都把他看做是党和人民对他的一份信任，他都尽心尽力认真地去做。

老郝于1995年2月被增补为教育界的全国政协委员，同年9月任全国政协教科文卫体委员会委员。在短短两年零两个月时间里，他提出了《关于制订并颁布（职业教育法）实施办法》《发展高等职业教育要充分利用中等学校教育资源》《加强中小学校长和教师队伍建设》及关于《国旗法》、关于保护知识产权等五项建议案。

老郝自 1988 年以来，连续两届任北京市人大常委会委员、教育科技委员会委员。在十年的任职期间里，他对北京市职教发展中的规划、经费、引进外来教师的住房、小区建设中教育设施的规划等问题都提出了具体的建设性意见。

原北京市人大教科委主任史文炳在评价老郝时用了四个字：尽职尽责。他认为，郝守本在北京市关于职业教育的地方性法规建设上起了很大作用。1990 年北京市出台《中等职业教育条例》，1995 年郝守本在市人代会上提出检查《条例》实施情况的议案，受到大会主席团的重视，经市人大常委会审议，交政府办理。在检查过程中，老郝积极参与调查研究。此次检查的结果，形成了《关于进一步发展中等职业教育的意见和建议》，对《条例》的修改和完善起到了积极作用。1996 年《职教法》颁布以后，老郝又提出了制定北京市《职教法》实施办法的建议。史文炳主任感慨地说："用法制推动职业教育的发展，老郝是很尽力、很尽力的。"

作为中国教育国际交流协会理事，十几年来，仅劲松职高所学校就接待过 60 个国家和地区的 2000 多位来宾。

作为中华职业教育社常务理事、北京市工委主任，老郝在去世前不久还在为职教社、中国音乐学院、劲松职高三家联合创办民办公助性质的艺术学校的事情进行着筹划。

"由于工作关系，和郝校长相识。1996 年两会期间，我曾采访过他，1997 年 4 月 24 日，他去世的前 10 天，我又一次采访他，由于时间关系，他准备安排以后再谈……不过，这未完成的采访文章，终于在老郝逝世一周年的日子完成了。"——《教育与职业》杂志记者史和平语

中国的职教事业在继续发展着，所有的付出都不会白费，一代一代人的心血定能浇出瑰丽之花；劲松职高也在继续发展着，这颗明珠定会更加璀璨！以此来告慰老郝，应该足矣。

"行行匆匆，只带去两袖清风。千般劳情，至切切，唯留下万株桃李。一天甘霖"。

"当人们说我好话的时候，我要告诉自己，这是鼓励，其实我没那么好；当人们说我坏话的时候，我要给自己打气，这是误会，其实我没那么坏。"——北京劲松职高校长郝守本本语

十五、黄河科技学院

首创民办大学的理想和现实 [①]
——胡大白和她创建的黄河科技学院

在中原名城郑州，崛起一所新型社会主义民办大学——黄河科技学院（现名：黄河科技大学）。这所学校创建于 1984 年 10 月，经过十年发展，于 1994 年 2 月经国家教委批准，成为我国第一所实施高等学历教育的民办高校。目前，校园占地 508 亩，校舍建筑面积 13 万平方米，固定资产 1.2 亿元，开设 23 个专业，在校师生员工万余人。走进黄河科技学院，面对环境优美的校园，大楼林立的校舍，宽敞明亮的教室，现代化的教学设施，整洁划一的公寓式学生宿舍，人们很难想象，这是一个女教师身残志坚、厄运之后奋起拼搏的产物，是她精心构想蓝图、穷尽后半生精力、白手起家、艰苦创业的硕果。她，就是以创办一流社会主义民办大学为崇高理想的胡大白同志，现任黄河科技学院党委书记、院长。她长期从事高等教育工作，深知教育对国家前途、民族命运的重大影响，在现代化建设的新时期，毫不犹豫地把自己的人生选择、事业追求与黄河科技学院的成长发展紧紧连在一起。学校的一草一木、一砖一瓦，都浸透着她的心血汗水，饱含着她的献身精神。

（一）"献身教育黄河女"

胡大白是郑州人，生长在黄河边，具有黄河般不屈不挠、不畏艰险、勇往直前的品格，在办学路上虽历尽艰辛、屡遭挫折，却坚持不懈，被《人民日报》的一篇报道誉为"献身教育黄河女"。她以"黄河"来命名自己创办的学校，并非偶然，颇有深意，这要从一次改变了她人生轨迹的事故说起。1981 年 12 月，38 岁的胡大白风华正茂，任郑州大学中文系讲师。在外地讲学遭意外事故，全身重度烧伤面积达 37%，昏迷了 13 天才醒过来，经过两次大手术和长达三年的治疗，终于初步康复。她苦苦思索今后的人生之路该如何走，其时，改革开放的大潮方兴未艾，邓小平大力发展教育的理论深入人心，尊重知识、尊重人才蔚然成风，使她受到巨大鼓舞，以一种新的眼光审视自我，重新认识自己所拥有的知识和教学经验的社会价值，思想获得空前解放，产生了发挥特长，为国家出力的冲动，决心投身民办教育事业，自己创办大学。她看到国家推行高等教育自学考试，吸引了大批渴望成才的学子，敏锐地意识到这是一次大好机遇。1984 年 10 月她拿出家中仅有的 30 元钱，自己写广告，让爱人用自行车驮着到街上去张贴，办起了高等

[①] 张锡厚. 1999. 创办一流社会主义民办大学的理想和现实——胡大白和她创建的黄河科技学院. 黄河科技大学学报，1（3）：112-116

教育自学考试辅导班，迈出了创办民办高校的第一步。这是胡大白生命历程中的大转折，一次挫折激发出一种奋起拼搏的精神，一场大祸引来了一个辉煌的起点，就像滔滔黄河，虽千回百转，始终在波涛澎湃中显现着巨大的能量。此后，她坚持以"为国分忧，为民解愁，为现代化建设服务"为办学宗旨，以收费低廉、管理严格、质量优良为办学目标，收到了良好效果。在首次全省自学考试中，她办的辅导班成绩突出，七门课程的前三名21 位学生中，胡大白的学生占 16 名，平均合格率达到 87%，而全省自考平均合格率不足10%。优异的成绩使胡大白的辅导班一炮打响，立即吸引了众多求学者，教学规模迅速扩大，到 1986 年在校学生已达 5000 多人。这年年底，首批 256 名学员毕业获大专文凭，占河南省全省首批自学考试毕业生的 47%。在校学生欢欣鼓舞，社会各界好评如潮。这是学校的初创阶段。

随着学校声誉远播，高考落榜生纷纷来校求学。学校从 1987 年开始，提出"高考落榜生有出路"的口号，大批招收高考落榜生，实现了办学重点的三个转移：教学重点从业余制向全日制转移；学生来源从城市为主向农村为主转移；专业设置从文科为主向理工科为主转移。适应经济发展对人才的需求，满足众多高考落榜生求学成才的迫切愿望，各地青年涌向学校。校舍也由分散转为集中，租赁两处面积大、条件好的大院落为校址，加盖了食堂、澡堂，改善了办学条件，进一步提高了教学质量。到 80 年代末 90 年代初，学生达7000 余人，规模扩大，信誉良好，为以后的大发展打下了坚实基础。这一阶段可称为学校的巩固阶段。

以大规模兴建自有校舍和国家批准实施高等学历教育为标志的提高阶段，是学校成长的第三阶段。学校制订了气势宏伟的建设规划，利用多年勤俭办学和校办企业盈余积累的资金，从 1990 年开始征地，1992 年开工基建，1994 年以来校舍相继竣工交付使用。与此同时，胡大白进一步强化学校管理，按社会需求调整和增设专业，大力提高教学质量，学校工作蒸蒸日上，面貌焕然一新，获得社会各界的广泛好评，引起了国家教委的重视，按照我国高校设置的规定，经过严格评审，于 1994 年 2 月批准独立设置黄河科技学院，实施高等学历教育。省委省政府对此也十分重视，在省人大开会期间准予使用省人民大会堂举行庆典，省委书记李长春发来贺信，省长马忠臣亲笔题词："春催桃李，教育兴国"，主管教育的副省长张世英到会祝贺，省政府正式颁发文件通告全省有关部门，黄河科技学院具有高等学历教育资格，参与全省统一招生，使全校师生受到巨大鼓舞，为学校发展开辟了广阔前景。在学校欣欣向荣、蓬勃发展的过程中，胡大白始终不忘依靠党的组织，加强党的领导，重视党的建设。1997 年 6 月经市委组织部批准，在原学校党总支的基础上建立党委。党委建立后，进一步加强领导班子建设，使学校和中层两级班子精神振奋，团结协作，廉洁奉公。同时办好业余党校，培训入党积极分子，在师生中积极慎重地发展党员，党委成立以来共发展新党员 90 余名，在全校形成了积极上进、爱党爱国、献身教育做好工作的政治氛围，确保全面贯彻党的教育方针，坚持社会主义办学方向，使学校成为政治上过硬、实力雄厚的民办高校。声誉远播国内外，先后有 5 个国家 14 个代表团、国内 20 多个省市 300 多个教育代表团到学校参观考察，已与日本东京工学院、新泻综合学院，加拿大多伦多国际学院、阿尔玛学院等结为友好学校，可以互派留学生。学校办了第一期留日学生预备班，主攻日语，毕业后向日本友好学校输送，探索与外国高校合作办学的途径。目前，学校的建设发展和教育教学质量，都有了很大变化，招生和毕业生人数逐年递增，先后为国家培养专业人才 2 万多名，毕业生受到用人单位广泛好评，被称为"用得上、留得住、下得去"的优秀人才。黄河科技学院，已经成为培养社会主义人才的摇篮。

（二）关爱学生慈母心

前苏联教育学家苏霍姆林斯基有过一句名言："教育教学的全部奥秘就在于热爱学生"。我国著名女作家冰心也说过："有了爱就有了一切"。胡大白办学成功的"奥秘"，正是在于她奉行热爱学生，一切为了学生成长的教育思想。她是四个孩子的母亲，心中蕴藏着深厚的母爱，具有种种母亲的美德：性情温和、心地善良、宽厚慈祥、充满爱心。她对子女的培养教育，因这种博大深沉的母爱而光彩夺目，长子杨保成和次子杨保中都在美国念书，已取得博士学位，两个女儿也都事业有成。她把对子女的爱和教育方式带到学校施之于学生，要求教职员工年轻者待学生如弟妹、年长者待学生如子女，使黄河科技学院到处充满温馨的爱。有一个来自哈尔滨的盲人学生，名叫耿继涛，会弹奏几种乐器，在校内举行的个人独奏音乐会上，曾经动情地说："我是不幸的人，又是很幸福的人。我的不幸是上天夺去了我明亮的眼睛；我的幸福，是在渴望上大学时给胡校长打了一个长途电话，就很快圆了我的大学梦。我远离故乡，衣衫单薄，胡校长又把她儿子的毛衣连同母亲般的爱，毫无保留地给了我。在这个演奏会上，我怀着感激的心情，想叫一声'校长妈妈'"。耿继涛发自内心的呼唤，反映了众多学生的心声。胡大白对学生的爱，是融母爱、师爱为一体的爱，也是融深挚的爱和严格的管为一体的爱。她在各种会议上反复强调，把程度参差不齐、起点不高的学生培养成合格人才，是学校一切工作的出发点和归宿，是务求实现的目标，这是对学生的最大关爱，也是对家长们的最好回报。为达到此目的，她改革开拓，把对学生的爱融化在日常工作之中。

1. 关爱学生求学成才的机会

大批高考落榜生和社会上无法继续深造的有志青年，往往挣扎在"心灵地狱"的边缘。只要他们有培养前途，胡大白就向他们伸出温暖的双手，尽量给他们提供深造的机会，在经过严格的教育之后，使他们有机会通过自学考试、成人考试及学历文凭考试，成为有用之才。对于残疾学生，不少学校大门紧闭。胡大白从自己的切身经历中痛感关心爱护他们的必要，她在学校里创办了全国罕见的残疾人学院，专门结合残疾人的特点为他们提供专业教育。如今，这个学院有学员 36 人，先后有 130 多名残疾人毕业走上工作岗位。1996 年，云南丽江发生特大地震后，胡大白当即决定免费接收数名应届高中毕业生来校就读，现在他们已毕业返回云南，服务家乡建设。去年"三江"流域发生罕见的特大洪涝灾害，胡大白不仅带头捐款捐物，还免费接受了灾区的 10 多个孩子到校上学，准备培养其至大学毕业。近年，下岗职工成了社会关心的焦点。胡大白认为帮助下岗职工、替政府分忧解难责无旁贷，她主动和郑州市妇联、市劳动局联系，在全省高校中率先为下岗职工提供免费培训。如今，黄河科技学院的"郑州市下岗女工再就业培训基地"，已举办了 5 期培训班，培训下岗女工 600 余人。

2. 关爱学生的思想道德教育和健全人格的培养

胡大白认为，注重思想品德是人才培养的重要规律之一。"善育才者无不重德，能成长者无不德当先。"思想品德决定知识本领的使用方向和社会价值，没有道德的人能力越强对社会危害越大。她认真分析学生的思想状态，根据不少学生来自农村、高考受挫、带着人生失意和新的希望走进民办大学的情况，把这种挫折的磨炼作为思想教育的有利条件，有针对性地组织好"两课"教学，引导学生努力学习邓小平理论，经常开展"五爱"教育，提倡艰苦朴素，组织好校园文化活动，优化育人环境。同时，学校还发动师生加强精神文明建设，经常开展学雷锋、"讲文明、树新风"活动，涌现出大批文明班级和文明学生，师生员工有良好的精神状态。

3. 关爱学生的真才实学和创新能力的培养，使学生成为受社会欢迎的"对路"人才

学校面向市场经济、面向用人单位调整专业和课程，使学校教育与社会需求接轨。还积极组织学生参加计算机等级、英语四、六级、会计上岗证等专业技能培训，使学生既有文凭，又有水平，一专多能，一人多证。学校对毕业生就业采取负责到底的态度。1997 年4 月，经胡大白校长奔走联系，获省人事厅批准，在黄河科技大学设立中原人才市场航海路分市场，两年多来举办周日人才招聘会 100 多次，省内外上千家企业事业单位来招纳人才，8 万人次应届、往届大中专毕业生和社会人才到市场求职择业，极大地提高了毕业生就业工作效率，深受毕业生和各用人单位好评。

4. 关爱教学条件和学生生活环境的改善

学校坚持勤俭办学的方针，胡大白带头，各级领导和管理人员实行低工资制。她在本人每月工资不足 400 元的情况下，尽量压缩各类开支，省出钱来用于建设校舍和购买教学设备。学校年年都有基建项目投入使用，新建食堂、澡堂、体育馆、综合教学楼等相继竣工。学校对学生宿舍实行公寓化管理，统一购置卧具和生活用品，每间学生宿舍都装有电话，便于学生与家人随时取得联系；每个教室配一部彩电，除用于教学外可用于课外娱乐；学校食堂设施良好，教职工轮流值班检查饭菜质量、环境卫生、就餐秩序，形成了文明就餐的好风尚。良好的教学生活环境能确保学生身体健康发育，利于集中精力掌握知识，增长才干。

（三）载誉奋进创一流

胡大白办学，十几年如一日，坚持以毛泽东思想、邓小平理论为指导，解放思想，大胆改革，勇于创新，"敢为天下先"，从高等教育跟不上经济社会发展的国情、省情出发，不花国家一分钱办成了一所万人规模的大学。被原省委书记李长春赞为："走出了一条我省民办高等教育发展的新路子"。这所走出了新路子的新学校，具有以下几个显著特点：

（1）白手起家，艰苦创业，以学养学、产学结合，滚动发展，创立了一种独具特色的办学模式。学校建立 15 年来，靠质量信誉吸引学生、扩大规模，靠规模降低教育成本，增加效益，自行积累，自求发展，建成了一所有相当规模的现代化大学。胡大白曾于 1994 年应邀参加联合国教科文组织召开的"亚太地区私立高等教育研讨会"，并在会上发言介绍她创办民办高校的历程，受到与会联合国官员和专家学者的由衷敬佩，他们说："5 美元创办了一所万人大学，真是世界教育史上的奇迹！"

（2）坚持党的领导，加强党的建设，全面贯彻党的教育方针，奉行"为国分忧，为民解愁，为现代化建设服务"的办学宗旨。把德育作为推行素质教育的突破口和首要环节，全校师生精神状态好，政治空气浓，发展了大批新党员，涌现出大批文明学生、文明教师、文明班级，获得"省级文明学校"的荣誉称号。党委建立后，进一步加强党的建设，连年被上级党组织评为"先进党委"。

（3）学校教育与社会人才需求接轨，主动适应市场经济发展的需要。在办学过程中，坚持以社会人才需求为导向，发挥自主办学、机制灵活的优势，适时调整专业结构和课程设置，加强实验、实习环节，使理论与实际结合，掌握科学知识与科学方法相结合，使学生毕业时既有文凭，又有水平，有动手能力、组织能力、创新能力、社交能力、抗挫折能力，成为善于解决实际问题，能大胆推陈出新的实用型人才，以适应竞争激烈、变化迅速的社会职业要求。

（4）大胆改革内部管理体制，建立高效率的运行机制。全面借鉴企业质量管理的经验，落实工作岗位责任制，全员聘任制，后勤承包制，工资浮动制；健全各项规章制度，形成高效率的工作运行机制。通过学校党的纪检和行政监察机构，充分发挥群团组织的作用，形成严格的约束机制，激发创造性的激励机制，调动广大师生员工的积极性，推动学校各项工作圆满完成。

这些特点使黄河科技学院走上了健康成长、快速发展的轨道，受到了党和政府的嘉许，赢得了大量荣誉。先后荣获"全国民办高校先进单位""河南省文明学校""河南省社会力量办学先进单位""郑州市社会力量办学示范学校""郑州市教改先进单位"等称号。胡大白同志也因办学业绩突出，荣获省劳动模范、省"三八红旗手""省巾帼创业带头人"，市"杰出女性""巾帼建功标兵"等称号，并当选为省九届人大代表、市优秀共产党员、市七次党代会代表。《人民日报》《中国教育报》《中国青年报》《光明日报》《河南日报》《郑州晚报》《瞭望》周刊、中央电视台《东方之子》等新闻媒体，先后多次报道过她和学校的事迹。

在荣誉面前，胡大白精神振奋，决心再接再厉，二次创业，沿着创办一流社会主义民办大学的方向继续前进。最近召开的全国教育工作会议，教育部颁布的《面向 21 世纪教育振兴行动计划》都对民办高校寄予厚望，要求建立以政府办学为主体，社会各界共同参与、公办学校和民办学校共同发展的体制，为民办高校的更快发展指明了方向，开辟了道路。胡大白在受到巨大鼓舞的同时，意识到抓住历史机遇，加快发展步伐，是学校面临的重大课题。她把充实内涵、校企合作、立足中原、面向全国、走出国门、增加吸引力、扩大辐射面作为当前向一流民办大学迈进的重大步骤，认为这是贯彻"科教兴国"战略方针的需要，是服务于河南经济发展的需要，也是学校蓄势待发的需要。河南省人口众多，高校偏少，高等教育发展潜力巨大，胡大白将带领全校师生，认真贯彻全国教育工作会议的精神，面向即将到来的 21 世纪，在党和国家政策的鼓励支持下，在培养"数以千万计的专业人才"历史使命中，发挥更大的作用，努力把黄河科技学院办成培养跨世纪人才的摇篮。以辉煌的业绩，载入我国民办高等教育发展的史册。

十六、西安翻译培训学院

开创独特的西译办学模式 [①]

西安翻译培训学院是由我国民办教育拓荒者丁祖诒先生创办的。学院坐落在西安市南郊风景秀丽的终南山下。创建于 1987 年的西安翻译培训学院，2000 年经陕西省人民政府批准成立西安翻译职业学院，实施全日制高等职业教育。2005 年经教育部批准升格为本科高校，更名为西安翻译学院。2009 年，获得学士学位授予权。

西译模式的内涵应该从以下三方面去解读：①人才素质构成与培养模式，即"市场导向、复合实用的人才模式"，它突出一个"优"字，强调人才素质构成上的优化组合和人才培养教育中的最优途径；②教育教学管理运行机制模式，即"五全式严管、旨在塑造灵魂的管理模式"，这一模式突出一个"严"字，强调无情管理、有情教育，即严格要求，严肃执纪与严谨治学的价值追求；③人文精神传统模式，即"爱生、拼搏、创造、奉献"的西译精神传统，它突出一个"搏"字。

（一）培养复合实用型涉外人才，创造民办教育"第二希望工程"

西译创造性地提出民办高等教育是高考落榜生成才的"第二希望工程"的崭新理念，率先突破民办高校仅仅实施助学、帮助高考落榜生通过自学考试获取高等学历的单纯辅导和"教书不育人"的应试格局，从而以崭新的市场人才观和充满活力的民营机制，赋予了民办高等教育同样肩负着造就社会主义接班人和实现高等教育大众化的深刻内涵，开创并繁荣了并行于公办高等教育的第二高教领域，加快了中国民办高教摆脱"从属与补充"地位的历史进程。

西译坚持实事求是精神，一反公办高校开放式管理的常规，在实行全日制、全住校、全封闭、全过程、全方位的"五全式"准军事化严格管理的基础上，创造并成功地实践了备受全国教育界关注的"外语＋专业＋现代化技能"和"专业＋外语＋现代化技能"培养复合实用型涉外人才的教育模式。

1. 学生具备外语竞争优势

21 世纪是个信息社会，"地球村"的出现已成为人们的共识，因而社会学家为 21 世纪开列了三大通行证，处于首位的就是外语，尤其是英语。而中国改革开放大潮又从内部加速了与国际接轨的步伐，外语人才的需求在一个很长的时期内将呈上涨趋势。尽管今

---

① 丁祖诒. 2004. 创办独具特色的西译办学模式. 中国民办教育，（2）：10-12

年的毕业生分配、择业形势十分严峻，下岗职工、机关分流人员等都加入求职行列，加上国家宏观紧缩政策和世界金融危机的冲击等不利因素，使劳动力市场供过于求。就在一些公办高校的本科生都为择业奔波、焦虑的大背景下，西译学子的推荐就业率一直保持着极高的比例，细察这些被聘用学生的素质，凡用人单位抢着要的首先是英语过关，特别是口语流利的。为此，西译推出了一系列强化英语听说译写能力的最优措施：利用西安高校云集、师资雄厚的优势，从一流高校选聘一流的在口语教学上有独到经验的教授来院执教。此外，学院每年举行两届英语口语大赛，加上平时举行英语角活动、英语口语尖兵队、合唱团、话剧团等活动，为学生开口讲英语、增强英语听力提供了良好氛围。

2. 学生具备复合型人才这一竞争优势

1）系统论强调 1+1>2 的结构优势。我曾经幽默地戏称学院的毕业生是"三个半瓶子醋"。因为大多数人认为，我们的大专生英语肯定不如外语学院的本科生，我们大专生的国贸、国会、国旅和文秘等专业课水平肯定不如财经等院校的本科生，我们的微机、驾驶、公关等技能水平也肯定比不上高职学生。但是，我们这三个"半瓶醋"合在一起就不一样了，它产生了 1+1+1>3 的系统优势。这是因为信息社会人们对人才素质的构成普遍认同一专多能的 T 型结构。不少教育学家、心理学家和社会学家都认为，二战以前是专才取胜的时代，二战以后进入了通才取胜的新时代。复合型人才实质上就是高等职业领域的"通才"。

2）重视开发学生非智力因素（即人格能力）的开发。美国心理学家台尔曼及其学生用了 40 年时间，追踪了 1528 名智商平均在 151 分的天才儿童，结果发现，人才成功的决定性因素不是智商（IQ）即智力因素而是情商（EQ），即非智力因素，它包括人的自觉性、意志力、判断力和社交能力等。北师大金盛华教授也认为，在开放与变革时代，"人的成功不仅取决于智力高低，而且取决于能否赢得别人的支持，从而使自己的能力得到延伸"。所以"人格能力"应与智力协同发展，共筑事业大厦。他认为未来人才的人格能力应包括：价值观的选择、判断能力、主动适应力、抗拒压力能力、耐受挫折能力、创造能力、人际关系的调整能力。中外学者的远见卓识昭示着，必须重视发挥非智力因素即人格能力的粘合剂优势。西译院的教育模式正好在这一点上具有与众不同的特殊优势。从每年一周的新生封闭式军训，到"五全"封闭式严管机制，以及日益加强的思想政治工作，都在为塑造学生的人格发挥着重要作用。

（二）"硬件"过硬，"软件"不软

教育教学质量的内涵十分丰富，它涉及"软件"方面的理念、品牌、师资、生源、学历层次、科研、管理、特色、模式、氛围和各种教学效果检测等等；"硬件"方面涉及校园、校舍、配套、环境、实验室、图书馆、校园网等等。西译"硬件"的各项指标几乎皆名列全国民办高校之首当无可置疑，有些主要指标即使与部分公办高校相比也名列前茅。而在"软件"方面，西译也摸索出了许多成功经验：

1. 实施优质生源战略

西译早在 5 年前就在全国率先实施了优质生源的战略性变革，西译一反民办高校对自考生源打着"宽进严出"招牌，实则"来者不拒"的招生惯例，破天荒地将自考生报考西译的标准基本定在各省高考专科分数线上，公开与公办专科分享生源。无疑，这一举措是以减少生源数量、牺牲巨大经济效益为沉重代价的。

西译不仅对计划外自考生如此，而且对计划内统招生同样坚持了"仅录第一一志愿"和"不降分补录"的优质生源战略。西译 1000 名指标的首届专科高职仅录了 478 名第一志愿，宁愿完不成任务也决不降分补录。在以后三届计划内统招录取中，一直坚持这一举措，使西译在全国公办专科高职院校中，质量和声誉名列前茅。在 2003 年的招生中，在诸多民办高校纷纷降低办学层次，将高等教育下延为中等教育、初等教育甚至于幼儿教育，以争夺初中和小学生源弥补大学生源之不足时，西译却果断地停招已办十年的计划外预科，致力于发展本科教育。

2. 教师队伍追求高、新、专的最优结构

学院现有的教师队伍是专兼职结合、以兼职为主。兼职教师坚持聘高师，即有 90% 的教师是高级职称，即便是讲师也是学生欢迎的授课经验比较丰富者。学院要求所有教师都必须不断更新自己的知识结构，以适应知识经济的新形势。后来学院发现兼职教师难以克服课堂教学与课后辅导相分离、教育与人相互脱节的矛盾，决心走专、兼职教师相结合，以专职教师为主的新路子。从今年 2 月起，学院已经分两批面向社会公开招聘专职教师。第一批招聘的大多是陕西师大 60 年代初期的本科生，实践证明这些教师素质较高、敬业精神较强。

（三）不唯学历，创新尝试

自学考试和学历文凭考试，不仅在中国现代教育史上是一个创举，而且对促进中国民办高教的发展功不可没，但它仅仅是一种考试而无法涵盖高等教育对培养德智体全面发展、具有创新能力的社会主义接班人的全部内涵。近期，随着高等教育日新月异的发展，"自考"无论从专业、层次、教材和素质教育方面皆显得相对滞后，从而在某种程度上束缚了民办高校的手脚，为了打破"唯学历论"的桎梏，2003 年 10 月，西译对少量一年级新生择优实施了"五年制无学历独立本科翻译研修班"教育，揭开了中国民办高教发展史上又一值得圈点的历史篇章。

十七、平度市职业教育中心

从借鉴德国"双元制"到本土化探索 [①]

平度市职业教育中心自 1979 年创建以来，对全市其他 8 所职业学校和 45 所乡镇成教中心，较好地起到了示范和辐射作用，成为全市职业教育的龙头学校。在国家教委的支持下，平度职教中心于 1990 年 11 月与德国汉斯·赛德尔基金会正式签订了协议，合作建立了中德平度"双元制"农业职业培训中心，至今已合作六年。今年三月双方签订了第三阶段（1997—1999）合作协议。现结合几年来的实践，对如何借鉴德国"双元制"职业培训模式谈几点粗浅的认识和体会。

（一）领导重视，政府推动是借鉴"双元制"职业培训模式的保障

职业教育是一项系统的社会工程，特别是"双元制"培训模式的实行，需要社会，特别是企业参与。而要解决好企业参与及师资经费、政策保证等一系列问题，没有政府的重视和统筹是不行的，只有形成全社会积极参与的良好氛围和整体合力，借鉴、实施"双元制"才能落到实处。如平度市委、市政府成立了以分管教育的书记为主任，以分管教育的市长为副主任，教委及有关局委、有关企业和项目中德双方负责人为成员的平度市借鉴"双元制"职业教育协调委员会。学校成立了由各专业主任组成的项目管理办公室。"市协调委员会"制定规划和工作措施，统筹协调有关部门及培训企业与职业学校之间的关系，平度市政府先后制定了《关于借鉴"双元制"职业教育招生、培训、考试及毕业生就业的意见》《关于借鉴"双元制"培训企业及实习指导师傅管理的意见》《推广"双元制"的实施方案》等一系列文件，确立并公布了借鉴"双元制"的地方法规和政策，从而为顺利借鉴"双元制"职业培训模式提供了强有力的保障。

（二）企业参与是借鉴"双元制"职业培训模式的前提

德国"双元制"职业培训模式是通过学校和企业共同来完成对学生综合能力的培养，企业培训在"双元制"职业培训中是最重要的一环。没有企业的参与，"双元制"的借鉴和实施也就无从谈起。然而在我国，由于种种原因，企业参与职业教育的意识还不强。如何解决企业的参与问题，是借鉴、推行"双元制"职业培训模式首先要解决的问题。当前，可喜的是，随着经济体制和经济增长方式两个转变的逐步实现，人们对职业教育，对"双元制"职业培训的认识已经有了根本性的转变。同时，我国的人事制度、就业制度也发生

---

① 苗兴华，李恩辉.1997.借鉴德国"双元制"职业培训模式的几点体会.中原职业技术教育，（8）：59-60

了重大变革。新的人才观、质量观深入到每个企业，随着《职业教育法》的颁布实施，"国家培养我用人"的观念正在逐步淡化，我们要抓紧这一有利的时机，广泛宣传，让更多的企业了解"双元制"，接受"双元制"。如平度市委、市政府为了解决好企业参与问题，制定了一系列文件，并挂牌命名了5家借鉴"双元制"培训企业和33家职业学校实习基地。明确了借鉴"双元制"职业教育企业培训的组织领导、企业指导师傅的确定，培训企业的权力、职责和义务，被确定为参与"双元制"职业培训的企业，规定其按职工工资总额8‰缴纳的职业教育专项经费可以全部返还，并在此基础上再给予一定的补贴等。

（三）必须从当地实际出发，正确处理吸收和引进的关系

德国"双元制"职业培训模式是世界上一种先进的职业教育模式。但要引进这一模式，又必须考虑中德双方在政治经济制度、经济发展水平、文化背景和职业教育传统等许多方面的差异。要达到"洋为中用"的目的，关键是要把握其精神实质，联系实际，探索规律，进行合理的扬弃，既不能生搬硬套，也不能任意变通。学校在借鉴、引进德国"双元制"的过程中，一直坚持借鉴德国经验必须从中国国情和平度实际出发这一原则。在制订教学计划、大纲、编写教材及设置专业、课程时，既不是照搬德国的，更不是沿用我国现行的，而是中德双方在共同研究中德两国国情和职校差异的基础上，着眼于现在和未来，大量吸收德国经验设置专业和课程，同时制定和编写出一套全新的教学计划、大纲和教材，针对平度在由农业大市向农业强市转化，农业产业结构正在急剧地进行调整，农副产品的精加工和畜牧业生产迅速发展的实际情况，我们增加了汽车机械专业，进行汽车机械工培训，将果林专业扩展为果汁压榨和果汁酿造，农学专业增加了畜牧养殖培训的内容。

（四）要走产教结合之路，校内实训要变消耗型实习为盈利型实习

德国"双元制"模式是个昂贵的职教模式，其培训场所和培训设备均有严格的规范要求，并实行"产教分离"，实训工件完全是按教学要求制作的，而不形成商品，是一种纯消耗培训过程。在我国目前职教经费尚不宽裕的情况下，学校借鉴、实施"双元制"，应该立足国情，从实际出发，不生搬硬套，否则借鉴"双元制"工作就不能长期维持下去。因而，必须走产教结合之路，校内实训需要变消耗型实习为盈利型实习。①应该充分利用学校的专业、设备、技术、人才等各方面的优势，积极发展与专业相一致的校办企业，走产教结合、校企合一的发展路子。②校内实训要做到培训与生产相结合，达到以产养教，自我发展壮大的目的。③开辟企业有偿使用人才的途径，为学校增加资金。如学校农业机械专业和汽车机械专业建立了华德机动车辆维修中心，农学专业建立了暖房和畜牧教学养殖场，果林专业建立了果汁压榨和酿造厂，从而取得了良好的办学效益和经济效益。

（五）建立一支高素质的"复合型"师资队伍是借鉴"双元制"职业培训模式的质量保证

德国"双元制"职教培训模式的显著特点，是重视实践环节教学，重视对学生操作能力的培养。而学生操作能力的形成主要取决于专业教师的水平。因而，建立一支高水平、

高素质的"复合型"师资队伍，比教学设施、教学场地和设备等办学"硬件"条件在培训中的作用更为重要，它是借鉴和实施"双元制"的质量保证。这就必须改革我国现有的师资培养和培训模式，探索"复合型"、"技能型"师资培养与培训的新途径。如赴德进修，学取真经；国内深造，寻求提高；从企业中选拔兼职教师和企业实习指导教师；发挥德方专家的优势，带动促进师资队伍提高等，拓宽了师资队伍配备、来源渠道，优化了师资结构，加大了培训力度。

十八、天津大港第一职业中等专业学校

天津大港区职业教育新突破 [①]
——天津大港第一职业中学的创建与发展

20 世纪 80 年代初，中等职业教育在天津市有一个大发展，除了原有中专和技校外，部分高中也改为中等职业学校。而大港区 1979 年刚刚独立建制，百业待兴，中等职业教育是一大空白，如何发展职业教育，成了区政府和教育主管部门的一个重点课题、难题。1986 年前后，大港区在部分中学开设了职业教育班，但规模都很小，而且办学分散，不成气候。1987 年，区政府决定，利用原上古林中学的校址，成立大港第一职业中学（现名：天津市滨海新区大港职业成人教育中心）。建校初期，困难重重，学校的教学设施总值不超过 10 万元，职业教育的专业设施一无所有。1988 年初，大港教育局党委决定调刘培征同志主持大港第一职业中学的工作。经过一年多的努力，初步打开了工作局面，但学校内外的问题仍然不少，1989 年 9 月，区教育局党委下决心调整学校领导班子，组成了以窦贺发同志为支部书记，刘培征同志为校长，朱先政为主管业务副校长的新的领导班子。新领导班子成立以后，在主管区长杨仲景和区教育局的领导下，通过外出学访，深入乡镇调查，召开各类人员的座谈会、研讨会，逐渐形成了发展大港区职业教育的总体思路：①通过深入调查研究，掌握全区经济和社会的现状及发展，确定学校的专业；②区政府、教育局加大对职业教育的投入，在大港城区重新选址，重建大港第一职业中学；③放宽政策，通过培训、进修及区内外引进，建设一支较高水平的职业教育干部、教师队伍；④千方百计地解决毕业生的"出路"问题；⑤加强对外联系，开展教育科研，推进职业教育的进一步发展。

发展思路明确后，窦贺发书记深入全区的各个乡镇了解情况，刘培征校长和朱先政副校长则走访有关的区局、委、办了解全区经济与社会的发展现状、规划及对各类人才的需求情况。学校得到有关领导的大力支持，乡镇领导的鼓励，他们讲："职业学校培养多少学生，我们安排多少！"；许多局、委、办的领导将他们掌握的情况、材料提供给我们，为学校专业的设置和骨干专业的确定提供了依据。大港区许多单位的领导、专业人员不计报酬，成为学校的义务兼职教师。各大驻港企业也全力支持我们，为学校提供了急需的专业教师及部分设备，解决了学校的燃眉之急。在深入调查的过程中，为适应企业、社会各个行业信息化的要求，学校克服困难，在部分专业开设了计算机课程，进而开设了计算机专业。与此同时，开展了面向全社会的大规模计算机技术培训。连续多年，每年培训 2000 人

---

① 撰稿人：窦贺发，刘培征.审定人：朱先政，2014

次以上，使学校成为全区最早、最大的计算机培训、考核基地。根据企业需要，学校把机电专业的高端技术——数控技术作为专业的发展方向，从引进教师，引进设备方面不断努力，经过多年的努力，使数控专业成为学校的骨干专业，学校成为天津市中等专业学校中设备最齐全，师资水平较高的数控人才培养基地。

区政府、教育局加大对职业教育的投入，在大港城区土地资源紧张的情况下，使学校占地超过了 100 亩。区领导曾多次到学校进行调研，帮助学校解决问题。主管教育的副区长曾先后担任学校咨询委员会的主任委员。学校咨询委员会还聘请了天津职业大学领导、天津中德职业技术学院的李大卫院长，以及职业技术教育的专家刘春生教授为咨询委员会的委员，他们为学校的建设、发展提出了很好的建议。

1995 年学校晋升为省（部）级重点职业中学，1996 年被评为天津市首批"3A"学校，2000 年 5 月被国家教育部批准认定为首批国家级重点职业高中校。学校在很短的时间内，使大港职业教育实现"零的突破"，学校由建校初期只有三个专业，教学设施总值不足十万元，发展到拥有十几个专业，几十个专业实验室，教学设施总值超过八千万元，成为大港地区唯一的职业成人教育中心。

建校初期，学校只有 20 多个教师，大学本科学历的只有 3 人，学校要发展必须建设一支高水平、适应职业教育发展要求的教师队伍。在区教育局的支持下，学校大力开展了教师的培训、进修和专业大学毕业生的录用工作。在校领导的提倡和带动下，全体教师积极参加培训和进修，先后有 10 多名教师取得了教育学硕士学位，20 多名教师取得专业研究生的资格。我们根据职业教育的特点和要求，首先在全区开展了教师计算机达标活动，并重点培养计算机教师向高端计算机技术攻关。只有后取大专学历的计算机教师在学校的培养和个人的不断努力下，后来取得了美国 Oracle 公司高级数据库师的职业资格证书，被美国 Oracle 公司高薪聘用。经过多年的努力，建设了一支近 200 人，学历达标超过 95% 的职业教育干部、师资队伍。

职业学校为毕业生解决好"出路"问题，是职业教育永恒的课题。建校初期，校领导遍访各个单位，了解用人意向。经过一段时间的努力，学校财会专业的十几名学生被工商银行大港支行录用。这件事在社会上引起了不小的"震动"，产生较深远的影响。20 世纪 90 年代，我们陆续推荐了近一百名毕业生走上了银行的工作岗位。1994 年天津市职业教育系统，准备在重点职业高中办中职与高职接轨的实验班，经过争取，批准学校办实验班。结果这个实验班的成绩震动了全市职业教育系统，全班 45 名学生，除了 2 名学生提前被有关单位录用外，43 名毕业生全部考入大学和高职院校；特别是天津大学计算机本科为职业学校培养 15 名教师，学校考上了 5 名。通过办实验班我们改变了中等职业教育是"断头"教育的情况，拓宽了毕业生的"出路"，使学校不仅能培养中等职业技术人才，也能为高等职业教育输送人才。90 年代中后期，学校向开发区的韩国企业输送毕业生达 300 多人。学校还把创业教育作为学校教育的重要内容，教育学生要有自信、自主、自强、自立的精神。学校认为这是解决学生毕业后出路的重要方面。为此，学校编辑了《路在脚下》一书，收集了学校毕业生就业、创业的事迹和国内外成功人士的创业过程。在创业教育的激励下，学校许多毕业生走上了自主创业的道路。学校早期机电专业的毕业生，他所创办的家电维修部，服务于大港南部，本人被评为大港"十佳"青年。幼儿教育专业 99 届毕业生创办的

"维娜幼儿看护站"，已经具有一定的规模，有幼儿教师 8 人，招收幼儿 100 多人。这样的例子不胜枚举，他们发扬了职业学校的创业精神，实现了人生的价值。

在发展职业教育的过程中，学校领导深深地体会到，学校要发展必须不断地学习、探索、研究。因此，学校把教育、教学的科学研究，探索创新，作为学校发展的不竭动力。学校先后承担了《KH 模块课程体系的研究》《职业学校创业教育的实施》《中等职业教育与高等职业教育的衔接》等国家级的科研课题的研究。截至 2000 年，学校一共有 21 篇论文在国家级的刊物上发表、获奖，市、区级发表、获奖的论文达到 356 篇。朱先政副校长的论文《浅谈跨世纪人才的能力素质》和《我国加入 WTO 与职业资格的国际认证》在国家级刊物发表后，被多家刊物转载。学校汇总了领导、教师的论文，出版了《大港第一职业中等专业学校论文集（第一辑）》，开创了大港教育系统的先河。

学校承担的《KH 模块课程体系的研究》是国家教育委员会"九五"重点科研课题《面向 21 世纪职业学校课程与专业教材体制改革的研究与实验》的分课题，学校多次聘请课题组的主要负责人蒋乃平老师到学校举办讲座，开展课题研讨。在刘培征校长的努力下，该课题的全国研讨会于 1998 年 4 月 26 日至 30 日在学校举行。国家教育委员会、天津市教育局、区领导出席了研讨会，全国十几个省市，100 多所职业学校的代表参加，全国知名的职业教育专家孟广平、孙震翰、杨金土、刘春生、余祖光、王军伟、黄克孝、蒋乃平与会并作学术报告。学校则以《职业教育课程改革中的几点思考和做法》为题在大会上发言。这次全国研讨会大大提高了学校干部、教师的科研水平，促进了职业教育改革的深入开展。

十九、沈阳黎明公司技工学校

借他山之石　启技工学校改革新路 [1]

沈阳黎明公司技工学校（现名：沈阳航空职业技术学院）从 1988 年以来．在学习和借鉴 MES 和"双元制"教学模式中．结合我国的国情、厂情和校情，吸取国外先进教学模式的长处，为我所用，将我国的技工教育模式与"双元制"和 MES 三者有机地融为一体，形成了具有自己特色的以"双元制"为主体，以技能训练为主线的单元组合教学模式。这个教学模式主要有以下三个特色：

（一）以"双元制"为总体框架，学校和工厂共同培训技术工人

"双元制"是原联邦德国的工人培训模式，所谓"双元"，是指一元在学校，一元在工厂。它的办学特点是以企业为主体，学校为辅助，合作培训技术工人。这种教育模式，突出了企业在职业技术教育中的重要地位。而我国的教育历来是以学校为中心。学校从实际出发，在原有的办学形式上，加强企业这一元，使工厂积极参与技工培训，提高办学积极性，为学校提供必要的教学场所和设备。

1989 年 9 月，学校首先在工具钳工班进行了"双元制"教改试点。公司人事处、工具厂和学校共同签订了"双元制"办学协议书，规定了厂校办学的基本职责、培训对象、目标、要求和内容。在办学方面，厂校各有分工。依据"双元制"试点班的协议，学生同时接受两种教育。一方面，接受技校注重理论知识及基本功的训练，另一方面，接受工具厂注重实践的教育。在安排实习教学上，试点班学生第一学年在校进行操作基本功训练，达到模块化；第二学年在工具厂进行课题训练，课题与工件相结合；第三学年在工具厂结合生产顶岗实习。为保证"双元制"教改走上正轨．公司在 1992 年作出了《关于技校学生定向实习的有关规定》，提出了学校和工厂双重管理办法，让学生到定向的工厂、车间进行实习，并达到掌握本专业工种操作水平的要求。这样不仅有利于学生技能的提高，而且增强了工厂参与培训技术工人的意识，调动了他们办学的积极性。经过几年的教改实践，学校已将原来的封闭式的、单一的教学变成了开放式的、多渠道的教学，学校和工厂联合起来共同培养技术工人。

"双元制"和 MES 教学模式都是以技能训练为主。为了适应这种模式的需要，学校在两个方面进行了改革：①教学计划；②教师的知识结构。

教学计划增加了实习教学的比重，理论教学与实习教学课时之比由原来的 5∶5 或

---

[1]　沈阳黎明公司技工学校．1994.借鉴国外经验探索技工学校教学改革新途径．职业技能培训教学，（1）：18-20

4：6，增加到3：7；三年教学计划中，理论课为1100学时，技能训练为3744学时。

以技能训练为主，要求改变教师的原有知识结构。因为技工学校的教师在知识结构方面存在着单一的倾向，教师仅仅熟悉自己所从事的一门教学理论内容，对其他理论或实际知识了解甚少或一无所知。为了适应"双元制"和MES的教学要求，学校于1988年将专业理论课教师与生产实习指导教师结合为一体，成立了专业实习教研室。为提高专业理论课教师的动手能力，学校组织他们利用假期时间进行操作技能训练，使他们都达到了二级工以上操作水平。对于实习指导教师，学校组织他们进行专业理论知识的学习，提高他们的专业理论水平。经过培训，专业理论教师已经能够指导学生进行实习，实习指导教师也能够讲授专业理论课。这样一来，不仅解决了实习教师短缺的问题，而且逐步实了专业教师和实习教师一体化。文化课教师在本学科的教学中能够结合学生所学基础课和专业课的特点，穿插讲授一些有关知识，如语文课增加了机加工专业常用术语和日常应用文的内容，数学课增加了工厂实际应用部分，基础课中重点讲授与学生专业课有关的基础知识和必要的内容。尤其是专业理论课教师不仅能讲理论课，而且能了解生产实习情况，掌握一定的操作能力，并能带学生进行生产实习；实习指导教师既能动手，又能动脑登台讲授理论课。

教学改革的实践，对教学质量的提高起到了积极的促进作用。1992年学校在参加航空航天部组织的应届技校毕业生操作技能统考中，应试的119名学生经过严格的考试，有110名学生达到四级工操作水平，四级工达标率由1991年的27%提高到92%。试点班学生邓雷雨在公司举办的技能大赛中，获得钳工状元称号，刘东生获铣工状元称号。1993年三年制毕业生170人，经过航空系统和黎明公司统一命题考试，100%达到四级工操作水平。在1993年5月份沈阳市组织的奥林匹克技能大赛中获车工团体总分第二名，应届毕业生高放获车工组第一名，成绩为97分。

（二）将MES培训方法融于"双元制"教学模式中

学校在进行"双元制"教改之前，在初级技工培训中先进行了MES教学模式的试点工作。经过实践，学校感到这种模式在教学上具有较强的灵活性、针对性，尤其是每一个模块中都有各自的培训目标及相应的专业理论和技能训练的内容。这种理论与实践紧密结合的特点，正是技工学校教学中所需要的，学校将这一特点引入到"双元制"试点班的技能理论课和生产实习教学之中。例如，学校在制定钳工工艺理论的教育大纲中就吸取了MES教学模式的长处，按单元进行编写，共安排了25个单元，其中基本功训练15个单元，装配技能训练4个单元，加工和精装工艺6个单元；把钳工基本功操作分割为平面划线、黎削、锉削、锯割、刮削、研磨等部分，并以此作为模块，每个模块都有技能知识和操作要求，内容清楚，目标明确，可以有系统地进行技能训练。这种技能理论与技能训练的有机结合体现了MES教学模式的特点，学校把它称之为单元组合教学模式。这种单元组合教学模式，保证了专业理论教学与操作技能训练的同步进行，使学生能够在技能理论的指导下逐步熟练地掌握操作技能技巧。

从学校所制订的教学计划来看，最突出的改进是MES融于"双元制"之中，而且明确了各单元组合的名称、数量和学时，也明确了相应的技能理论学时和技能训练内容，既有三年的理论教学课程和学时，也有三年的技能训练内容和所应达到的目标，便于在实际工作中进行操作。

"双元制"和 MES 教学模式都把技能训练放在突出地位，这就为转变以往技工学校重理论轻实践的倾向提供了一条可以借鉴的途径。"双元制"教学不仅加大了生产实习教学的比重，而且重视基本功训练，强调在生产实践中熟练掌握和提高技能，使实习与生产紧密结合；而 MES 教学模式又为技工学校提供了很好的技能训练的方法。这就是将理论与实践紧密联系在一起，每个模块中不仅有技能训练的要求，而且规定了所要达到的理论目标和理论考试要求。这样就使学生的技能训练一步一个脚印，一环套一环，循序渐进，逐步提高。经过几年的教改实践，我们已改过去重理论轻实践的教学倾向为理论与实践紧密结合，突出了技能训练的教学，从而增强了教学效果，有利于学生操作技能的提高。

（三）从实际出发，在教材改革中，以劳动部统编教材为教材库，根据需要选用

学校的教学改革，无论是引进"双元制"，还是吸收 MES，都是强调要在我国现有的技工教育的基础上进行，循序渐进，没有甩掉我国技工教育的基础和有益部分。这一点在教材改革上尤其突出。

在"双元制"教改试点中，依据"双元制"教学计划，理论课课时相对减少，实习教学时数相应增加，这就涉及到教材的问题。学校感到技工学校是培养中级技术工人的学校，必要的理论是不能减少的，而且要加强。为此，学校多次召开教师座谈会，讨论教材问题。经过讨论，大家认为劳动部统编教材基本上适用于技工学校教学，只要学校根据"双元制"教学计划要求，在原教材的基础上删繁就简，增删补缩，择优选择，优化组合，就可以继续使用。学校还感到以往在教学上技校往往重视学生智力的培养，片面强调知识的系统性，而忽视学生能力的培养，所以在编写"双元制"教材中，要考虑技能的实际需要，以培养学生的能力为出发点，选择教学内容，确定教学方法。

依据上述指导思想，学校组织一批有经验的教师根据劳动版教材选编了语文、数学、专业制图、公差与配合、金属材料、工程力学、机械基础、专业理论等 8 种教材。数学由原来的 196 学时改为 104 学时，打破了按数学本身的知识系统编排的模式，以技工应用数学为主。减少了公式的推导过程；语文由原来的 114 学时改为 80 学时，删掉了古文部分，增加了应用文内容；金属材料由原来的 80 学时改为 64 学时；机械基础由原来的 156 学时改为 84 学时；工程力学由原来的 120 学时改为 80 学时，删掉较难部分，重点讲基础知识；公差与配合增加技术测量部分，技能理论教材把专门工艺学与生产实习教材融为一体，采取单元组合教学；专业制图学时与原来的基本相同。

在教学实践中，学校提出要以教材为基础，着重能力训练，采取精讲多练的方法。数学的讲授，分五个单元，着重讲公式和定理的应用，联系机加工专业实际把重点放在解决实际问题上，把大量时间留给学生。语文课教学重点放在培养学生的说写能力上，增加了口语表达训练，每堂课都有 3～5 名学生进行自语练习，锻炼学生"说"的能力，从而促进写作能力的提高。德育课既讲理论知识又注重学生养成教育，学生的期末成绩由理论考

试和现实表现综合评定。专业理论课，充分利用教具、模型，在讲授钳工技能理论时，把钳工工作台搬到教室，老师边讲，边作示范，同时要求学生动手操作，以体会动作的要求和正确性，为学生的实习打下了良好的基础。

几年来，学校的教学改革取得了显著的成果。1989 年以来，学校连续被评为沈阳市、辽宁省先进技工学校，1991 年被国家教委等五部委联合授予全国职业技术教育先进单位，1992 年分别被航空航天工业部和辽宁省人民政府命名为重点技工学校。

二十、河北省获鹿县综合职业技术教育中心

中国第一个县级职教中心二十载的峥嵘岁月①

不久前，国家九部委联合召开全国农村职业教育工作会，提出大力发展面向农村的职业教育，办好县级职教中心。县级职教中心是 20 世纪 80 年代末至 90 年代初由河北省首创的一种新型的职业教育办学模式，被全国许多地区所借鉴，成为了我国职业教育体系中的一个重要类型。20 年来，河北省的县级职教中心从刚开始时政府"拉郎配"，到市场经济下主动适应和满足区域经济发展需要，走过了一条曲折的道路。

从 1991—2011 年，20 年只不过是历史的一次呼吸，可无论对于河北还是对于中国来说，意义都非同寻常。

1991 年，河北省县级职教中心建设作为"科教兴冀"战略的重要一环高调上马，令人耳目一新，并迅速成为中国职业教育的亮点，被盛誉为"河北模式"而受到广泛关注。20 年过去了，河北曾经遍地开花的县级职教中心经历了怎样的发展过程，现状到底如何，它们在过去、现在乃至将来给中国职业教育所能带来的最值得标榜的价值到底是什么？

（一）为何会诞生在河北

在谈到县级职教中心的时候，常常有人探询这一模式是在河北省而不在别处产生的缘由，也有人感叹河北省领导对职业教育的高度重视。其实，这绝不是一个可以简单归结为领导是否重视的问题。县级职教中心在河北省的产生，与改革开放后河北省农村职业教育的起落、农村教育综合改革的探索，以及社会经济的发展有着密切关系。

县级职教中心的产生是农村职业教育提高办学质量的客观选择。1979 年，在党的十一届三中全会精神指引下，我国开始实行经济体制改革。农村家庭联产承包责任制的推行，极大调动了广大农民的生产积极性。但是，广大农民普遍缺乏农业生产的专业知识和技术，他们渴望得到技术培训。当时，河北作为一个农业人口比例高达 86% 的农业大省，培养实用技术人才的职业教育规模却很小，全省仅有农职中 74 所，在校生 0.54 万人；中专校 105 所，在校生 4.49 万人，远远不能满足农村经济社会发展的要求，加快发展农村职业教育成为十分紧迫的战略任务。

为此，河北省先后采取了一系列举措，推进农村职业教育的发展。例如：1979 年下半年，河北省制定了《关于农村中等教育结构改革的实施方案》，提出了积极发展农业高中或农业技术中学的意见；1983 年 7 月，根据中共中央、国务院《关于加强和改革农村学校教

---

① 张志增，翟帆 .2012. 县级职教中心的二十载峥嵘岁月 . 中国教育报，（3）：1-5

育若干问题的通知》精神，出台《关于加快农村中等教育改革的意见》，要求每个县都拿出一所条件较好的国办高中改办重点农业技术学校，使之成为培养中、初级农业技术人才和推广农业科学技术的基地和中心；1985 年 12 月，为落实《中共中央关于教育体制改革的决定》提出的大力发展职业教育及依法治教的要求，河北省人大通过了全国第一个省级地方性职业教育法规《河北省发展职业技术教育暂行条例》，要求各级政府把发展职业教育列入重要议事日程，强化各级政府的统筹协同作用，动员各经济部门、厂矿企业积极发展联合办学、行业办学；1986 年，河北省召开全省第一次职业技术教育工作会，提出了"提高认识，加强领导，统筹规划，分类指导，改革体制，完善政策，提高质量，讲求效益"的指导方针。上述措施，极大地促进了农村职业教育的快速发展。到 1986 年底，河北省各类职业学校在校生占高中阶段在校生人数的比例，由 1978 年的 4.5%，上升到 38.6%。

就在农村职业教育取得一个个成就的同时，也出现了一些明显的问题，主要是布局分散，校均规模小，整体效益低。据统计，到 1989 年，河北省 139 个县域内由政府及其部门或行业举办的各类职业学校达 1297 所，平均每个县 9 所，大多数学校在校生数量不多，有的不到 100 人。由于各部门分别办学，不仅学校培养能力和设施利用率低，而且专业设置难以调控，一方面，各校对一些热门专业争相开设，造成某些专业在一个地方多处设置，人才需求假性饱和，另一方面，某些社会上急需的特殊专业却由于办学难度高或投资大而没有及时设置，导致人才缺口较大，不能满足当地经济建设需求。

这些问题严重制约了农村职教的进一步发展。如何提高职业学校办学规模和效益，如何塑造职业学校的形象，成为河北省农村职教发展面临的首要问题。

县级职教中心的产生是农村教育综合改革实验深入开展和"农科教统筹"思想不断发展的必然结果。同全国其他地方相似，河北省这时期的农村职业学校大都是由比较薄弱的普通中学改建的，尽管总体办学规模增长幅度较大，但办学条件普遍落后，师资队伍整体素质较差，专业课师资数量严重不足。由于受普通教育办学模式影响较深，学校管理体制封闭，机制僵化，与当地农业科技推广、产业结构调整及农村群众生活的联系不够密切。为此，河北省和国家教委于 1986 年先后提出进行农村教育综合改革实验的设想，通过抓点探路、以点带面的工作方法，推动整个农村教育更快发展和更好为当地经济建设服务。

1986 年 7 月，河北省政府确定在燕山腹地的青龙满族自治县进行农村教育改革实验。同年末，国家教委经过调研后决定，在河北省太行山区的阳原县和完县（今顺平县）进行农村教育综合改革实验，同时，把河北省的实验县青龙满族自治县作为联系点。1987 年 2 月，国家教委和河北省政府在涿州市联合召开"河北省农村教育改革实验区工作会议"，新中国历史上第一次大规模的农村教育综合改革实验工作由此拉开序幕。

在各方面的共同努力下，阳原县、完县、青龙满族自治县的农村教育综合改革实验工作按照预定计划进展得非常顺利。为进一步推进农村教育改革，1988 年 8 月，原国家教委在全国建立"百县农村教育综合改革实验区"，实施"燎原计划"。1989 年 1 月，经国家教委同意，河北省政府增列经济较发达的丰南、任丘、获鹿（今鹿泉）、藁城、三河等 5 个县级市和经济发展水平一般或较落后的南宫、邱县、安平、丰宁等 4 个县为农村教育综合改革实验区。

由于始自河北省的这次农村教育综合改革实验是从贫困地区起步的，因此其基本思路是从促进经济开发、帮助脱贫入手，根据经济发展水平和承受能力，改革教育结构、教育内容，安排合理的教育发展规模，培养当地适用的多层次人才，探索一条"教促富，富促教"良性循环路子。实验中一个很重要的任务是大力发展职业教育和成人教育，每个实验区建立一所办学条件好、管理水平高、服务能力强、社会作用大的骨干示范性职业学校。由于实验区都是国家重点扶持的贫困县，经济实力较弱，职业教育基础也较差，要圆满完成任务，只靠教育系统自身的力量是不够的，必须集中使用各方面的人力、物力和财力。

由原国家教委和河北省教委共同组成的河北省农村教育综合改革实验区工作考察组在调研后提出："搞好农村教改必须实行农科教统筹。建议国家教委能与有关部委协商发文，省政府能协调有关委、厅、局支持搞好这一统筹。"1989 年 8 月，原国家教委、原国家科委、农业部、原林业部、中国农业银行联合建立了农科教结合协调与指导小组；1990 年 1 月，河北省政府宣布成立由省长任组长、有关副省长任副组长、有关部门主要负责人为成员的河北省农科教统筹领导小组。"农科教统筹"思想的提出和实行，为打破部门藩篱，统筹各方面力量，合理配置办学资源，大力发展农村职业教育事业，提供了重要的政策依据和制度保障。没有"农科教统筹"思想的产生和发展，县级职教中心的产生和发展是不可能的。

县级职教中心的产生是非发达地区把满足社会发展需求与适应经济承受能力有机结合壮大农村职业教育事业的大胆尝试。河北省是一个农业大省，境内山区和高原区占了大多数，工业化、信息化和城市化程度不高，全省社会经济发展的大部分指标在全国处于中低档次。同时，河北省还是一个教育大省，但是教育事业也很不发达，与周边毗邻的北京、天津、辽宁、山东、山西、内蒙古和河南等 7 个省、市、自治区相比，河北省每万人中高等学校在校生人数和中等学校在校生人数均只略高于河南而居倒数第 2 位。河北省各级各类学校设施简陋，经费匮乏，普及九年义务教育、发展高中阶段教育和高等教育的任务都十分艰难。

在上述社会经济和教育条件下，要快速推进广大农村地区特别是欠发达地区职业教育事业发展，如果不设法在县级行政区域内打破部门界限集中力量办学，就没有相应的经济承受能力来满足办学所需经费的投入，进一步改善办学条件和扩大办学规模就是一句空话。可见，河北省中低水平的社会经济发展状况和承受能力，需要职业教育资源的有机整合，需要新型的职业教育办学模式的出台。

（二）"十根筷子"捆出一个新事物

1988 年，河北省教委萌生了建立县级综合职业技术学校的构想，即通过整合国有职业教育办学资源、集中投入各方面财政性经费的办法，将原来县域内分散办学的各类公办职业学校集中在一起，建成一所规模较大、设施较好的综合性职业学校。

1989 年初，与石家庄市区接壤的获鹿县被增列为农村教育综合改革实验区。在实验启动过程中，该县准备再投资兴建一所职业中专。此时，省教育行政部门提出了建立县级综合职业技术学校的构想和试点实施方案，得到获鹿县委、县政府的认同和支持。不到一年时间，县里就把原来利用财政性经费投资但却分散办学的农业中学、职业中学、农民中专、技工学校、农业广播电视学校、卫生学校等 10 所学校集中到了一个新的校址上，初步建成了拥有 10 个专业，7 个实验场所，20 个教学班，在校生 1000 多名，占地 580 亩，建筑面积 10 000 多平方米的获鹿县综合职业技术学校（后改名为职业技术教育中心）。县政府和有关部门还把大片的农业实验场和几个工厂划归学校，作为专业实习场所。经过一年的运行，获鹿县职教中心显现出强大的优势和活力，较好地实现了县域经济发展中人才需求与人才培养的统一。

原国家教委和河北省主要领导人多次对获鹿县职教中心的建设和办学工作进行考察，一致认为这是推进农村职业教育发展，使之为当地经济建设服务的成功之举。1991 年 4 月 11 日，河北省政府召开省长办公会，决定在全省推广获鹿经验。4 月 14 日，在省政府召开的全省职业教育工作会议上，参会代表经过充分讨论，通过了建立县综合职教中心的一系列文件。

在这些文件中规定，县综合职教中心实行以政府主要领导担任主任的校务委员会领导下的校长负责制。职教中心发挥多种功能，成为培养、培训人才的基地，生产示范、科学实验、技术推广、经营服务的中心或枢纽。要形成上挂（取得高校和科研单位的帮助和支持）、横联（与有关单位、企业密切联系与合作）、下辐射（将技术与服务辐射到乡、村、户）的办学机制，基本办学条件和规模一般应达到"五个一"，即在校生 1000 人左右，校园占地 100 亩左右，建筑面积 10 000 平方米以上的校舍，用于农类专业的 100 亩以上的实验实习基地，年产值 100 万元以上，年纯利 10 万元以上的校办厂（场）。

经过各方面的努力，到 1995 年底，河北省 139 个县的职教中心先后分 3 批全部挂牌，实现了每个县建有一所职教中心的目标，校均在校生达到 1226 人，比 1990 年的县办各类职业学校校均 383 人增长 220.1%。从此，县级职教中心的办学模式在河北省正式定型和定位。在一些全国性的和国际性的学术会议上，河北省的县级职教中心被称为"河北模式"。

（三）低谷的思索和坚守

经历了近 10 年的快速发展后，到 20 世纪 90 年代末，河北省县级职教中心也和全国其他职业学校一样，经受了一次市场经济的考验。

为适应市场经济的发展，1999 年，国家出台了职业教育"三不一高"政策（不包分配、不转户口、不发派遣证、高收费），让职业学校的人才培养直接面向市场。面对这一转变，职业学校明显准备不足。而高校连年扩招带起的普高热，又进一步推波助澜，让一些职业学校陷入窘境。

受全国大气候影响，河北职教中心发展开始出现困难，部分学校招生数量增幅趋缓，高中阶段招生结构比下滑。1999 年，部分学校招生量减少，全省职业学校招生总量比上年减少 2 万多人。2000 年，招生总量进一步下降，当年招生数、在校生数占高中阶段的比例锐减到 21.11% 和 38.5%。

应该说，职教中心在诞生伊始，强调的就是培养为地方经济建设服务的"落地"人才，这个定位契合了当时农村实行联产承包责任制后广大农民对技术的渴望，以及乡镇企业发展对实用技术人才的迫切需要，因而才会有着将近 10 年的甜蜜期，获得了快速发展。

不过，由于职教中心的运作带着明显的计划经济的烙印——虽然职教中心培养计划都由经济部门参与确定，但维系纽带主要靠行政指令，缺乏行政责任之外的利益纽带，在走向市场经济体制后，企业成为了市场竞争主体，影响了经济部门直接确定职教中心专业设置和招生计划的效果。

在这种情况下，一些职教中心的定位发生了偏离，考虑的不是如何增强市场适应能力、按照职业教育规律来办学，而是迎合学生及其家长的升学需求办起了综合高中。

2000 年，河北省正定县发生了这样的事情：由于普高扩招的冲击，正定职教中心当年招生人数很少，办学陷入困境。当时的县政府决定以县一中的学生优势与职教中心的资源优势进行所谓"强强联合"，让职校学生提前上岗，腾出学校给普高学生。

两年后，这一幕在高碑店重演。高碑店市的职教中心创建于 1992 年，最兴旺时学校有10 多个专业，在校生总数达 4100 多人，并建有 10 多个经济实体，办学的社会效益和经济效益十分显著。可进入新世纪，高碑店市职教中心招生锐减，2000 年和 2001 年两年共招生 585 人。2001 年，高碑店市教育局着手在职教中心筹建高碑店第四中学，将职教中心大部分资源划归四中使用。到 2002 年，职教中心已名存实亡。

而大多数县职教中心在这一低谷中选择了坚守，下大力气克服和解决自身面对市场能力不足的问题。

（四）东方风来满眼春

2003 年末，全国农村教育工作会议召开。河北省政府随后出台了贯彻《国务院关于进一步加强农村教育工作的决定》的实施意见，意见中，对县级职教中心地位再次予以充分肯定，提出切实加强县级职教中心建设。

这次会议之后，河北省县级职教中心的发展再次步入了春天，学校招生迅速回升。分析原因，几个方面不可忽视：①大环境的影响，国家重视职业教育，各方积极呼吁；②职业教育办学总体水平不断提高，一些职业学校得到社会的认可；③老百姓对教育的选择趋于理智，盲从因素在减少；④全省初中毕业生基数增大；⑤人才培养立交桥进一步拓宽，对口升学比例增加。

重新走出低谷的县级职教中心，在办学上积累了许多丰富的经验。一些县级职教中心以就业为导向，狠抓专业建设。例如，涿州市职教中心根据毗邻北京的地理优势，把旅游休闲类专业作为特色专业，10 年来培养合格毕业生 8000 余人，其中，2000 多人在当地就业，6000 多人进入北京各类大中企业就业。安国市职教中心发挥北方中药材集散地优势，把中药材种植、加工、销售等作为特色骨干专业，并建立起中药材博物馆、中药材种植园和中药材加工厂等作为实训基地，培养了一大批复合型人才，许多毕业生自主创业，走上了以药致富之路。

由于河北省不同县域农村经济和社会发展状况差异很大，职业教育需要面对多层面、多维度的市场需求。为此，不少职教中心实行开放办学，使内部教育层次、类型更加多样化。据统计，河北省 30% 以上的县级职教中心设置了十几个专业，"社会需要什么人才就培养什么人才"，受到了群众的广泛欢迎。

此外，大部分职教中心都建立起独资或合资的工厂、农场、果园等经济实体，有的还建立起了自己的科研开发机构，既按教育规律办事，也按经济规律办事，不仅探索了产教结合、校企一体的教学方式，而且在培养人才的同时取得了可观的经济效益，具备了一定的自我发展能力。

职教中心的发展推动了区域经济的发展。一大批县级职教中心实行教学、生产、科研、示范、服务相结合的教学体制，做到办好一个专业，发展一个产业，形成一种优势，振兴一方经济。例如迁安职教中心的农林专业、南宫职教中心的食用菌专业、清河职教中心的羊绒加工专业、丰宁职教中心的建筑专业、武强职教中心的民间美术（年画）专业、曲阳职教中心的石雕专业等，都对当地农业产业化经营，以及农村富余劳动力向非农产业转移起到了推动作用。

不过，即使是在这样的大好春光里，全省县级职教中心的发展也并不平衡。139 所职教中心中，1991—1992 年重点建设的第一批 60 所县级职教中心，由于基础条件较好，绝大部分生机盎然，职教特色显著；1993—1994 年重点建设的第二批 40 所县级职教中心，有的表现卓越，有的却仍未走出困境；1994—1995 年重点建设的第三批 30 多所县级职教中心，由于大部分位于贫困的太行山与燕山山区、坝上高原和冀中黑龙港流域，虽然经过了十几年建设，但目前除少数几匹"黑马"外，大部分自我生存能力不足。

最近几年，随着初中毕业生的逐年减少，一些县级职教中心仍处于招生难的境况。2009 年，教育部给河北省下达了 42 万的中职招生任务，而此时，河北全省初中毕业人数已由 2005 年的 138.4 万人下降到 101 万人，单靠应届初中毕业生这一增量部分，已很难完成当年的中职招生任务，必须要拓宽招生范围。

由于中职学生 80% 以上来自农村，拓展的着眼点自然也瞄向了农村和农民。2009 年 7 月，河北省教育厅会同省委组织部、省委农工部联合下发文件，整体推进面向青壮年农民的中等职业涉农专业学历教育，简称"送教下乡"，以此作为扩大招生规模新的增长点。

通过两年多的探索，"送教下乡"逐步形成了自己独具特色的办学模式。在教学组织形式、教学时间，课程内容、教育评价等方面都有很多创新之举。"送教下乡"打开了县级职教中心服务县域经济发展的另一扇窗，同时为职教中心带来了大量生源，为职教中心的发展注入了强劲动力。

县级职教中心是适应县域经济发展和农村教育综合改革实验的产物，是特定的历史条件下各级政府运用行政力量和采取特殊政策而迅速建立和推广的，因此在社会转型过程中不可避免地会出现一些矛盾，这些都是前进中的问题。在当前形势下，能否与农村居民的根本利益紧密相连，决定着县级职教中心的前途和命运。只有以人为本，以市场为导向，不断改革、创新办学理念、体制和机制，才能使县级职教中心不断增强灵活性和适应性，永葆生机和活力。

二十一、深圳职业技术学院

高起点　高定位　引领高职院校创新发展 ①
——深圳职业技术学院采访手记

上篇

1992 年 2 月 14 日，中共深圳市委常委会作出决定：适应深圳高新技术产业迅速发展与产业结构战略性调整对高层次应用型技术和管理人才培养的迫切需要，创办深圳职业技术学院（简称：深职院）。

在黑龙江生产建设兵团有着 11 年艰苦奋斗经历，华南师范大学哲学社会科学研究所硕士生毕业，又在日本早稻田大学做过访问学者的俞仲文被任命为深职院筹建组组长。站在花团锦簇、湖清柳绿的校园中，深圳职业技术学院党委书记、院长俞仲文笑容灿然。数点着周围气势宏大的建筑群，这位曾经在"北大荒"战斗过的"老知青"说，"现在已经很难让年轻人想象当年同志们是怎样在一片荒土地创业的了"，实际上，俞仲文所说的"当年"，也仅仅是 10 年之前。

"日新月异的时代，人们不喜欢往后看。"学者出身的俞仲文笑着解释。

"不喜欢往后看"的俞院长还是向我们介绍了一点"当年的情况"。1993 年 3 月，深圳市政府指示学校要边筹建边招生。显然，这个指示所表达的也是一种深圳速度。在深圳已经摸爬滚打了近 10 年的俞仲文自然习惯了这种工作节奏要求。他马上和一位同事赶去广州与省里有关部门协调。不巧有一位负责同志在花县开会，他们又冒着倾盆大雨马不停蹄赶往花县……望着一身泥水的俞仲文，有关人员感动了，不仅为他们开了绿灯，而且还千方百计为他们协调相关事宜。这年 9 月，俞仲文和他的同事们用借来的两间办公室作教室，迎来了深圳职业技术学院首届 50 多名学生。没有办公室，筹建组的领导和教师们就在自己的家里处理业务。白天，有课的人员上课，没课的跟着俞仲文骑自行车到企业作调查研究；晚间，回到家里写教案，作市场分析，制定办学方案。为了节省资金，领导和师生们一道赤膊上阵，搬设备、平场地。没有食堂，就搭一个简易大棚做临时伙房，吃得大汗淋漓的俞仲文直呼"比北大荒还痛快！"

创业的激情源自于对梦想的渴望。俞仲文他们的梦想就是要在邓小平同志亲自圈出的那块叫做"经济特区"的地方，建设出一所叫做高等职业技术教育的学校来。

"怎么办高等职业技术教育？"俞仲文说，"与在一片荒土地上白手起家建校园相比，这才是他们创业伊始面临的真正难题"。

---

① 参仁 . 2003. 10 年：一所学校和一个高度——深圳职业技术学院采访手记 . 职业技术教育，（6）：48-54

其时，对于这种随着高新技术的广泛应用，而在很短时间内发展起来的教育类型到底应该怎么办，包括国内外的许多办学者在内，人们的认识还是相当模糊的，争论也很大。特别是国内，形式各异的高职学校，成立最早的也不过仅有 10 年左右的历史，并且相当一部分学校是在社会条件准备不足，改革政策不配套的条件下产生的，一直承受着各种非难和计划经济下某些政策的困扰，办学处于"摸着石头求生存"的状态。在这种情况下，要高扬高等职业技术教育的旗帜，不仅需要奋勇一搏的勇气，而且更需要高超的智慧和理性的判断，知道办学的定位在哪里，出路在哪里。

尽管对高等职业教育有种种疑虑和争论，但是，俞仲文说有两方面实实在在的事实作背景参照，他的心里还是有"底数"的。

（1）伴随中国高新技术产业的迅速发展和传统产业的技术升级，社会对在第一线工作的技术人才素质和能力要求越来越高，不仅要求他们掌握较为全面的专业理论知识，更要懂得高新技术和先进设备的实际应用。既是经济特区，又是高新技术孵化区的深圳在这方面的反应自然强烈，俞仲文说他感同身受。像数控设备应用与运行维护岗位，它要求作业者既要有较高的数学、力学和机械方面的知识，又要具备熟练的计算机 CAD/CAM 软件应用能力和数控机床编程操作能力。楼宇设备安装与管理岗位也是如此，深圳雨后春笋般拔地而起的近千栋现代化高层楼宇，迫切需要一大批掌握楼宇自动化专门技术，能从事楼宇设备及智能化系统的设计、施工、技术改造、工程维护和运行管理的复合型技术人才和管理人才。还有汽车检测维修，其技术也发生了根本性变革，传统的螺丝刀加扳手的修理方法已不能适应，取而代之的是利用智能化仪器设备来检测其各项性能，分析、诊断汽车故障，这就要求汽车维修人员既要掌握一定的专业理论知识，了解现代汽车电控系统的结构和原理，又要具备熟练运用现代汽车检测仪器进行检测诊断汽车性能和故障的能力。所以，俞仲文认为，把高等职业技术教育定位在培养生产、建设、管理、服务一线的高级技术人才和管理人才上，至少在深圳是不愁没有市场和生存空间的。

（2）世界发达国家和地区的发展历程说明，职业技术教育层次高移，是社会经济发展到一定程度的必然要求。与深圳隔海相望的台湾，在 20 世纪 60 年代，其经济支柱以农业及农产品加工为主，所以重点发展中等职教到了七八十年代，台湾经济实现转型，加速发展以劳动密集型加工工业为特征的出口导向型经济，然后又从以工业为主转变为以资本、技术密集的重化工业为主，与此相适应，专科以上层次的职业技术教育应运而生。据此，俞仲文认定，高等职业技术教育不但有现实的市场和生存空间，而且一定会有辉煌的未来。

但是，信心不能代替方法，高等职业技术教育到底应该怎么办？中国有中国的国情，不能完全照搬别人的经验，国内又鲜有成型的做法可资仿效。俞仲文认为，办法只能到办学的实践中去找。他在全院动员大会上说："扎根在深圳大地上的深职院就是要体现深圳'敢闯'的精神，敢于冲破'禁区''险区''难区'，敢于'杀出一条血路来'！"

中篇

怎样去"闯"？深圳人是这样阐述的："闯，必须解放思想，必须实事求是。"办学伊始，就抱定要为中国高等职业技术教育闯出一条办学之路的俞仲文和他的同事们，此时心中已有了这样的路向判断：高等职业技术教育姓"高"，所以必须与非高等的职业技术教育特别是中等职业技术教育相区别；高等职业技术教育姓"职"，所以必须与普通教育特别是普通高等教育相区别。

实际上，把这样的判断变成全校上下的共识遇到了很大的阻力。因为许多人还是习惯于走传统的学科型人才的培养路子。学院领导班子意识到，是以学术型、理论型、工程设计型的学科型专业人才为培养方向，还是以生产、技术、管理、服务第一线的高级应用型技术和管理人才为培养方向，这是关系到学院能否办出特色，能否生存和发展必须搞清楚的关键性问题俞仲文认为，要统一大家的认识，需要从"根"上去引导大家思考。俞仲文思考的这个"根"就是人才价值观。

在全院人才价值观的大讨论上，俞仲文阐述了如下观点：传统的普通高校以学科知识为本位，学生成才的一般要求是取得学历文凭和学位证书即可。长期以来，社会也形成了以学历高低来衡量人才价值大小的倾向，并由此决定人的就业、职位升迁、福利待遇甚至社会地位。现在这种单一的人才价值标准正在发生根本性变化，以"双证书"制度为标志的，既重学历，更重能力的新的人才价值评价体系正在逐步形成。而应用能力和创新能力是知识经济社会强烈呼唤的人才基本素质。强化培养具有技术应用能力和创新能力的新型人才是时代赋予高等职业技术教育的历史职责。"他比喻说，如果说普通大学培养的是"白领"、中等职业教育培养的是"蓝领"的话、那么高等职业技术院校培养的就是既有较系统的专业理论，又有很强的动手能力的实用型人才，可以把这类人才称为"灰领"。后来，这些观点被俞仲文进一步阐发，形成了一篇很有影响的论文《资格与学历并重：社会转型中的中国高等职业技术教育发展策略》——俞仲文和他的同事们开始搭建自己的办学理论体系。

深职院办学理论体系的核心是"以能力培养为中心"的思想。根据这一思想，他们认为，高职教育培养的是面向生产、建设、管理、服务一线的应用型人才，所以必须紧密联系"第一线"的实际，从职业岗位分析入手，明确职业岗位所需要的素质和能力，然后围绕这些素质和能力要求来实施教育。

教育理念必须通过课程才能得以实现。从1994年开始，学院全面展开课程与教材综合改革试验，目标是建立以学生为本位、重在技术应用能力培养的教学新模式.这一改革试验持续至今已近10年。俞仲文说，"我们有些同志头发都'实验'白了。"但辛勤的汗水也换来了令人自豪的成果。学院被教育部确定为首批全国高职改革试点院校、全国建设示范性职业技术院校，学院完成的《高等职业技术教育人才培养模式的探索与实践》课题获国家教学成果一等奖。

虽然50多个专业、80多个专业方向的教学改革各有特点、精彩纷呈，但贯穿其中的基本脉络却非常清晰、那就是"强调技术应用能力的培养"——在教学内容上，用实际问题作为引导，即从实践入手，先学习有关技术的应用知识，然后再学习比较抽象的理论，并注重理论在解决实际问题中的应用，对重要的专业理论都在明确的实践背景下加以介绍。在教学形式上，尽可能在实验室或实训场所组织教学，将理论课、实验课、实习课、实训课有机融合，采取教、学、做相结合方式授课。在课程开发上，以组合式和模块式两种形式开发新课。前者是把培养某项综合能力所需的课程内容按照知识点和技能点加以筛选综合，形成新课；后者是把培养某项综合能力所需的内容，按照岗位要求设计成可以灵活组合的模块式的课程。在教材编写上，探索出"双循环"结构法和"核心实例"结构法。前者是通过从感性知识和基本操作到理论深化和综合技能，再到实际应用的双循环方式，建构教学内容体系；后者是以一个核心实例贯穿教学内容始终的方式来编写教材。到目前为止，学院已正式出版自编教材60多部，涉及电子、计算机、经济、管理、外语外贸、机电、设计与艺术、建筑工程等八大专业类别，形成了门类比较齐全的高职教材体系。

在具体办学实践中，为什么许多高职学院总是跳不出传统的以学科为中心的窠臼？俞仲文认为，就是没有把突出技术应用能力训练和职业素质培训作为高职教育的最大特色来摆位，改革的突破口和切入点找得不准，抓得不狠。

优良的实训场所是实践教学的载体和条件，建校伊始，学校就集中财力和精力狠抓校内和校外两个实训基地的建设。

校内基地建设的核心工程是工业中心。学校给它的定位是：真实（或仿真）的职业环境；实践教学、技术开发、定型生产三大功能；高等技术应用人才的实践教学基地；高、中等职业教育师资训练基地；高新技术开发应用推广基地；职业技能训练考核鉴定基地。俞仲文把它称之为"实施教、学、做相结合的'三明治'式教学模式的基础"。学院一位管理干部对我们说，"不论资金如何紧张，俞院长为工业中心花钱从不心疼。"目前，建筑面积近3万平方米、总投资将近3亿元的工业中心园区已初具规模。中心园区分为两大部分，第一部分以制造工程与技术中心、工业自动化技术中心、电子应用工程技术中心、出版印刷技术中心等为主体，第二部分以现代经济与管理技术中心为主体。

俞仲文并不仅仅满足于建设第一座全国高职院校工业训练中心园区，他认为在产业一线的实际训练是高职人才培养最重要的环节，校内基地条件再好，这一环节也不可被替代或削弱。所以，学院提出，在建设一流的校内实验实训基地的同时，开发一流的校外基地，俞仲文把这个策略叫做"产学结合，双轮齐动"。学院要求，每个专业至少要有3个校外实习基地。目前，已建立校外实习基地140多个。深圳四季青鲜花公司是学院生物应用工程系城市园林专业的校外实训基地，合作以来，已接受该专业四届学生的课程训练和两届毕业生的毕业实习，并为该专业提供优质低价的花材，双方还进行了春节花市、深圳市迎春花展等项目的合作，既为学生提供了锻炼机会，又取得了较好的经济效益。

如果把实习基地比作硬件的话，那么，实践教学体系和模式就是让硬件发挥作用和功能的软件。俞仲文要求："在实践教学上，硬件要过硬，软件不能软。"几年中，学院大胆借鉴国外职业教育与培训的先进经验。初步建立起具有自身特色的实践教学体系。根据培养目标要求，各专业将实训内容分为基本技能、专业技能、技术应用与创新能力训练三大模块；每个模块包括若干实训课程，并配有训练大纲，每门实训课程由若干个可独立进行的基本训练单元组成；每个单元对应一个项目，每个项目有项目单、项目卡、项目报告等文件要求。实训课程根据情况采用3种模式进行，一种是理论讲解与实践交互进行的混合式，一种是以实践为主的实训主导式，再一种是以通过国家职业技能考试为目标的职业技能训导式。

"高职教育不能依靠普通大学的'老三型'——学术型教师、学科型课程和科研型实验室，而必须打造出自己的'新三型'——'双师型'教师、能力本位型课程和产教结合型基地。"俞仲文认为，没有"双师型"的教师，就不会有合格的高职学生。

学院建设"双师型"师资队伍的办法可以归纳为三个字：招、聘、养。目前学院在编教师中，有 40% 多是来自于生产、管理、服务一线的高级工程师、高级美术师、高级技师、会计师、审计师等。学院还在深圳企业中聘请了大量的高级工程技术人员和管理人员作为兼职教师。建校不久，学院就制定了计划，持续选派教师

1995 年学院就制定了《教职工继续教育培训办法》，之后又陆续出台了《学院教职工继续教育规定》《关于选派出国留学进修人员的实施办法》《关于对中青年教师进行教学业务指导的实施意见》《关于选拔优秀中青年骨干教师培养对象的实施办法》等文件，使"双师型"师资建设走上规范化、制度化的轨道。

按照学院要求，在编的专业教师必须到企业或社会上的职业岗位从事一线实践工作时间累计半年以上，还要取得技术等级证书或"注册""执业"等资格证书。对达到要求的教师学院给予奖励。凡在外学习或锻炼后返校的人员要执行学成汇报制度：脱产学习半年以上者，要在全院或本系（部）至少做一次专题讲座，并写出书面学习汇报；到企业实践者，除作实习报告外，还要写出 3 万字以上的教材、研发方案、案例报告等。

有人说，俞院长舍得在两种"楼"上花钱，一个是教学实训楼，另一个就是"双师型"教师的人才大楼。这些年用于教师继续教育的年均费用都超过了 300 万元。俞仲文说："我急呀，职业院校不能培养出自己的技术大师、工艺大师、管理大师，就永远不会有自己的地位。"在他的倡议下，2002 年学院启动了"正高级专业（技术）带头人培养计划"。俞仲文代表学院与 9 名经过自荐、推荐、专家评审、公示等程序评选出来的同志签订合同书。合同书规定，在两年内，学院将给予培养对象一定的专项经费和补贴，用于做访问学者、参加学术会议、出版学术专著，以及其他科研活动，培养者可享受不超过一年的学术休假；培养者在培养期内要力争出一批有影响的成果，成为高级专业学术带头人，努力在本行业内产生一定知名度。

下篇

急于培养大师的俞仲文，自己就是一位管理大师。2001 年英国胡佛汉顿大学授予俞仲文商业管理学荣誉博士学位。该校董事会在决定中说："依照英国教育部的规定，荣誉博士学位只授予那些在相关领域里对他所在的国家，以及世界作出了杰出贡献的知名人士。鉴于俞仲文教授在担任深圳职业技术学院院长期间形成的富有创见的教育思想、丰硕的学术成果、深圳职业技术学院所取得的奇迹般的发展，以及由此对中国乃至国际高等职业教育所产生的影响，特授予其管理学荣誉博士学位。"

俞仲文认为，学校管理不仅仅是人财物的安排，而是要围绕人才培养对所有校内外资源进行高效率整合和利用。学院一成立，就确立了产学研结合的办学方针。俞仲文提出，一定要想方设法、千方百计把行业、企业的积极性引导到整个办学过程中来。一项对深职院后来办学产生了决定性影响的制度模式——专业管理委员会制度由此而生。

深职院规定，上马任何一个新专业，筹备阶段就要组织成立专业管理委员会。一个专

业管理委员会由 5 ～ 11 名本领域的专业人员或管理人员组成；设主任委员 1 名，一般由该行业协会会长或企业家或高级管理人员担任；设副主任委员 2 名，其中，1 位由学院该专业负责人担任，并派 1 名专业教师任秘书。委员会每年进行年度工作总结，每两年换届一次。委员会的主要职责是：根据本地区经济发展需求和行业要求，确定本专业的培养目标；确定专业与上岗有关知识能力结构和标准；审定专业教学计划；审定各门课程教学大纲和技能训练大纲；审定专业知识和技能考核的标准及方法；研究教学中出现的重大问题，并及时指导解决；协调管理校内外实习；指导、推荐毕业生就业。

可以看出，专业管理委员会承担着对整个教育教学过程的指导职责。建校以来，深职院开设的专业一直热度不减，毕业生深受社会欢迎，是与他们坚持推行专业管理委员会制度分不开的。所以，有人评价说，深职院探索出了一种让行业或企业的力量直接参与人才培养全过程的制度性措施，这一点恰恰是产学研结合办学的精髓所在。

目前，全院成立专业管理委员会 50 多个，不但为专业建设注入了巨大的驱动力，发挥了强有力的指导功能，而且还为学院办学提供了许多物质性的支持。几年中学院共获得企业捐赠设备 200 多台，软件 1000 多套，总价值达 4000 多万元；一批设备先进、技术水平高、经济效益好的企业与学院合作，建立了 140 多处稳定的校外实习基地；一些企业的技术、科研和管理人员经常到学校讲学，开办讲座，举行学术研讨会，还有一部分行业干脆把研发中心迁入了校园。

俞仲文一直强调，校企合作、产学结合一定要互惠互利，以专业管理委员会为核心的办学机制才会有持久的活力。基于此，学院专门成立了中小企业支持中心，为中小企业提供技术支持与服务。俞仲文提出，深职院不仅要成为输出技术应用型人才和管理人才的基地，而且还要成为向企业和社会输出新技术、新工艺和新方法的基地，成为深圳市生产力促进中心。

办本科层次的高等职业技术教育，是俞仲文和他的同事们一个很重的情结。他们提出，一个国家或地区的职业教育层次，关键取决于那里的科技发展和经济社会发达程度，以及由此决定的市场对应用型技术人才的需求水平。在经济欠发达的阶段和地区，中等职业教育和大专层次的高职教育就能满足需求，但随着经济和科技的发展，高职的办学层次也应变化，像在美国、英国、日本这样的发达国家，以及我国台湾地区都相继发展了大学本科及以上层次的高职教育，后者还提升到硕士和博士层次，就中国目前经济发展状况而言，经济比较发达的东南沿海及京津地区，经济及产业结构正朝着高科技方向发展，高新技术产品，产值占工业总产值的比重逐渐上升，北京、上海、广州、深圳等经济中心城市，均超过 40%，2001 年深圳这一比例已达 45.9%。据此，他们认为，这些地区及城市已经具备了发展本科层次高等职业技术教育的经济基础和现实需求。

尽管有各种阻力和争论，但坚信自己判断的俞仲文在各场合中努力阐述自己的观点，不停地呼吁着。2001 年，国家教育部正式同意深圳职业技术学院计算机辅助设计与制造、电子信息工程、楼宇设计备与智能化技术 3 个专业从当年起试办四年制高职教育。批文中指出，试办四年制高职教育专业，有利于满足地方经济对高层次技术应用型人才的需要，有利于高等职业教育的发展。显然，这在某种程度上肯定了俞仲文他们的意见。

虽然俞仲文把学院试办四年制高职称为"是对学院发展具有里程碑意义的大事"，但他清楚地知道，这其中存在着偏离职业教育办学方向的巨大危险。所以，他亲自主持调研和人才培养方案的制订工作，并明确了二大原则：①坚持"两个不变"——人才培养目标的定位不变，仍然是培养高级技术应用专业人才；构建人才培养体系的框架不变，仍然实行"双证书"制。②注重"两个适应"——基础理论知识要与四年制高职教育层次相适应，强化外语、人文知识和自然科学知识教学；技能水平要与四年制高职教育层次相适应，要拿到高级技术等级证书或被国内外同行认可的较高级别的职业资格证书。③突出"三个加强"——加强素质教育；加强实践能力培养；加强创新精神培养。

2001 年，在深职院师生们的眼中，是学院喜事不断、高潮迭起的新世纪开局之年：学校一举通过教育部全国建设示范性职业技术院校评审、国家示范性实践教学基地评估；多项教学成果获国家级及省级奖励；有 6 个专业被确定为省级试点专业、4 个专业被确定为国家级试点专业；学校被确定为广东省高职高专教育师资培训基地；获准举办四年制高职教育，首届学生入校……"大好形势"面前，学校领导班子却十分冷静。在学院年度工作会议上，俞仲文代表学院党委深刻分析了深职院的 9 大问题，并提出要进行"第二次创业"。

什么是"第二次创业"？俞仲文说，就是要把我们过去的成绩和工作当做新的起点，在心态上一切从零开始干大事业。

深职院实施的"第二次创业"的内涵极为丰富，俞仲文把它表述为"五做"：做大、做强、做新、做优、做实。

2002 年招生 4000 人，2003 年招生 5000 人，2004 年学校规模要达到 1.5 万人，2005 年达到 1.9 万人，到 2010 年要达到 3 万人。成人教育同时有大发展，2003 年招生规模超过 2000 人，年培训进修规模要超 5000 人次。

每年再投入 4000 万元以上的资金，重点建设若干国内领先的实验实训室。拓展国际合作领域；建立研制生产线的综合研究所；把中小企业支援中心做大。增设一大批跨民族、跨文化、跨学科的综合性国际课程，实施双语教学，培养一批懂得国际事务，有国际视野的高级技术应用人才。

形成一批名专业、名教师、名学生、名课程、名成果、名实验实训室。

（1）创新理念，创新体制，创新人才培养模式，创新课程，创新管理，实施学院创造力建设工程。

（2）踏踏实实干事业，不浮夸，不急躁，做到认识到位、精力到位、时间到位、过程到位。

倡导十大事业的俞仲文说他近两年有着越来越强烈的危机感。他感觉到，随着时间的推移，深圳那种为世人津津乐道的敢冒敢闯敢干敢试的特区精神似乎正在消退，干事创业的劲头似乎不足了：他和同事们担心，迅速成长起来的深职院会不会也滋生出自满情绪？深谙管理之道的俞仲文自然清楚，只有不断树立新的目标，不断升华人们的价值追求，一个团队、一个事业才能保持持久的活力。

10 年，深职院达到了一个高度，作为旗舰，她把中国高等职业教育也带到了一个高度。下一个 10 年的目标是什么？俞仲文说，他们的抱负是打造中国高等职业教育的航母。

附 录

附录1　全国教育科学规划课题职业教育类立项一览表（1980—2000）①

项目时期	课题名称	承担单位	负责人
"六五"规划课题立项	职业技术教育的研究	国家教委	李蔺田、严雪怡、关裕泰、齐树华
	中国农村教育问题研究	中央教育科学研究所	滕纯
"七五"规划课题立项	老、少、山、边、华侨地区职业技术教育为经济发展服务研究与实验	中华职业教育社	饶博生
	2000年我国职业技术教育发展战略研究	国家教委	孙震瀚
	职业中学办学方向、培养规格、办学形式、质量评估的研究与实验	国家教委课题，学教育研究所	纪芝信
	职业指导研究与实验	国家教委课题	闻友信
	关于职业技术教育体系的研究	国家教委课题	孟广平
	发展职业技术教育与相关的劳动人事制度同步改革的研究	天津市第二教育局	刘贵顺
	职业技术教育基本理论的研究	中央教育科学研究所	邹天幸
	职业技术教育师资培养体系及素质要求	吉林职业技术师范学院	韩文成
	高等职业技术教育研究	江汉大学	王千弓、张薇之等
	农民技术教育与农村经济的发展	中央教育科学研究所	余博等
	工商企业岗位培训的研究	上海第二教育学院	孙世路
	高中后教育模式研究	国家教委	董传明
"八五"规划课题立项	借鉴德国"双元制"经验促进我国职业技术教育的研究与实验	国家教委职业技术教育中心研究所	孟广平
	市地职业技术教育管理体制改革的研究	吉林职业师范学院	刘春生
	关于农村初等职业教育的研究与实验	辽宁省科学教育研究所、中央教育科学研究所	纪芝信、曾子达
	农村创业指导为当地经济发展服务的实验与研究	国家教委职业技术教育中心研究所	闻友信
	关于高级技术工人培训的研究与实验	天津职业技术师范学院	薛景文
	江西"共大"教育研究	江西省教育委员会	黄定元
	西北五省区农科教结合之研究	西北农业大学干旱半干旱研究中心	钮溥

---

① 杨金土．2011. 30年重大变革——中国1979—2008年职业教育要事概录（上卷），北京：教育科学出版社：340-372

项目时期	课题名称	承担单位	负责人
"八五"规划课题立项	农业中专招生与分配制度的改革	吉林职业技术师范学院	韩文成
	高等职业技术教育研究	农业部教育司	孙翔
	关于职业技术教育课程体系若干问题的研究	华东师范大学教育科学研究所	黄克孝
	经济特区职业技术教育研究	深圳市教育科学研究所	曾凡里
	高等职业技术教育培养目标、途径及其特色研究	上海市职工高教研究室	方遇顺
	关于职技高师（农科类）课程体系优化方案研究	河北农业技术师范学院	李文光
	农村职业技术教育布局、结构研究	山东省教委督导室	李建刚
	经济发达县职业学校办学模式研究	江苏省武进职业高中	张晒度
	中国岗位培训制度研究	国家教委成教司	董传明
	企业教育综合改革的理论与实践	国家教委城市教育改革办公室	郝铁生
	成人教育中的政治思想教育和职业道德教育	上海第二教育学院	王茂荣
	社会力量办职业技术教育研究	中央教育科学研究所	邹天幸
	提高乡镇企业劳动者素质问题的研究	江苏省教育委员会	陈乃林
	我国成人高等院校教员队伍建设的综合研究	华东师范大学成人教育学院	叶忠海
	林业专业技术人员继续教育的研究	林业部成人教育研究中心	罗又青
	黄炎培职业教育思想研究与实验	中华职业教育社	陈一如
	德国职业技术教育史	杭州大学德国研究中心	金锵
	黄炎培职业教育思想与近代西方职业教育思想的比较研究	华中师范大学	章开沅
	中国农业推广教育史研究	华南农业大学农史研究室	彭世将
	西北农林教育史研究	西北农业大学	马凌云
	若干国家普通中小学劳动、技术、职业教育的比较研究	安徽师范大学	丁邦平
	新加坡的职业教育	深圳市教育科学研究所	曾凡里
"九五"规划课题立项	经济发达地区职业教育多元办学体制问题研究	国家教委职业技术教育中心研究所	刘来泉
	21世纪我国中部地区农村职业技术教育发展理论和模式的研究与实验	湖南省教育委员会	蒋作宾
	发达地区高等职业技术教育基本模式对策研究	同济大学职业教育学院	吴启迪
	面向21世纪职业教育师资队伍建设对策研究	国家教委职教司	刘占山
	制定区域职业技术教育发展规划的个案研究	天津大学职业教育学院	刘春生

续表

项目时期	课题名称	承担单位	负责人
	初等、中等、高等职业技术的衔接及与普通教育相互沟通的研究	江苏常州技术师范学院	尚元明
	农村社区职业技术教育网络构建研究与实验	辽宁职业技术教育研究所	纪芝信
	面向 21 世纪的职业学校专业设置	国家教委职业技术教育中心研究所	余祖光
	中学生职业指导的研究与实验	中华职业教育社	高奇
	职业技术教育教学改革研究	锦州市教委	侯宝国
	职业技术教育课程改革与教材建设研究及实践	上海市教委	薛喜民
	面向 21 世纪职业高中课程与专业教材体系改革的研究及实验	北京市教材发展研究所	王军伟
	职业高中农科类教材教法及实践教学体系研究	河南职业技术师范学院	杨怀森
	高等工科职业教育基本规律与运行特征的研究与实践	北京联合大学自动化工程学院	高林
	建立全国职业教育信息网际网络问题的研究	国家教委职业技术教育中心研究所	刘京辉
	职业资格考核的理论与方法研究	中国人民大学劳动人事学院	肖鸣政
	经济特区职业教育运行机制研究	深圳市教育科学研究所	张彦玲
"九五"规划课题立项	农业现代化和农村产业多样化过程中的农村职业教育结构研究	湖南农业大学	彭千梓
	制定发达地区职业技术教育发展规划的个案研究	上海职业技术教育研究所	马根荣
	我国各类职业技术教育课程模式开发的理论、方法与研究实验	上海职业技术教育研究所	黄克孝
	河北省县级职教中心教学软件开发研究	河北农业技术师范学院	汤生玲
	高级技能人才的培养目标、途径和资格认定的研究	天津职业大学	李宗尧
	跨世纪现代企业教育综合改革研究	国家教委城市与农村综合改革办公室	郝铁生
	面向 21 世纪中国成人教育发展研究	国家教委成人教育司	黄尧
	经济增长方式转变中的现代企业教育与人力资源开发研究	南开大学人口与发展研究所	吴国存
	终身学习社会的理论与学习社会的形成研究	山东省成人教育研究所	李广义
	关于构建"双轨同步"教育体系的理论与实践——黑龙江省成人大中专教学整体改革研究	黑龙江省教育学院成人教育研究部	季东亮
	我国普通高校成人教育课程发展与教学改革研究	华中师范大学成人教育研究中心	李旭初
	企业在职教、成教改革发展的地位和作用研究	四川省自贡市人民政府	徐荣旋
	企业在职教、成教改革发展的地位和作用研究	北京师范大学哲学系	宣兆凯
	亚洲各国或地区高等职业技术教育比较研究	广州大学高教研究室	黄家泉

附录2　中国职业教育大事记（1980—2000）

大事记收集了在 1980—2000 年期间党和国家颁布有关职业教育发展重大决策和国家领导讲话；教育部、劳动人事部等部级召开全国性的、重要的有关职业教育会议；国内外有关职业教育方面带有普遍性意义的重要活动；具有职业教育创新性和在职业教育方面举行第一次那些被人们难以忘记的重大事件。

1980年

2 月 1 日，吉林技工师范学院（后更名为吉林工程技术师范学院）创办《技工教育》杂志。这是新中国成立后的第一种面向全国公开发行的职业教育类专业期刊，1984 年更名为《职业技术教育》。

4 月 10 日—25 日，全国中等专业教育工作会议在北京召开。这是改革开放以来召开的第一次全国中等专业教育工作会议。会议明确了中专学校的办学要求与办学条件，确定了中专学校教师评定职称的制度，适当提高了中专毕业生的待遇。

4 月 28 日，全国职工教育管理委员会成立。全国职工教育管理委员会是管理全国职工教育的组织机构，袁宝华担任委员会主任。

4 月 30 日—6 月 4 日，以袁宝华为团长的国家经委、中国企业管理协会代表团应欧洲管理论坛邀请，访问瑞士、联邦德国和奥地利。其间，考察了德国的职业教育、职工培训情况。回国后提出进行"双元制"试点的建议。

5 月 27 日，教育部印发《关于中共中央书记处对教育工作指示精神的传达要点》，提出"要发动各行各业、厂矿、企事业单位和社队，兴办半工半读，半农半读学校"。

7 月，天津技工师范学院（后更名为天津职业技术师范学院、天津工程师范学院、天津职业技术师范大学）开始招生。随后，山东技工师范学院、河南技工师范学院相继开始招生。这是我国创立的第一批专门为职业教育服务的高等师范院校。

8 月 2 日，中共中央在北京召开全国劳动就业工作会议。

8 月 7 日，中共中央转发全国劳动就业会议文件《进一步做好城镇劳动就业工作》指出：职业技术学校"国家可以办，厂矿企业可以办，集体、个人也可以办"。党中央要求鼓励社会力量办学，明确劳动服务公司同时承担职业培训任务。

8 月 27 日，江苏省人民政府发出《关于同意创办金陵大学的批复》，同意创办我国第一所职业大学：金陵职业大学。

9 月 5 日，国务院批转教育部《关于大力发展高等学校函授教育和夜大学的意见》。《意见》指出，发展高等教育应贯彻两条腿走路的方针，采取多种形式办学。

10 月 7 日，国务院批转教育部、国家劳动总局《关于中等教育结构改革的报告》。总结了建国 30 年来中专教育工作的基本经验，研究了中专教育在新时期的任务，把改革中等教育结构，大力发展职业技术教育作为教育改革的重要的内容之一。

11 月 5 日，教育部发布《关于全日制中等专业学校领导管理体制的暂行规定》和《关于确定和办好全国重点中等专业学校的意见》，并确定全国 239 所中等专业学校为重点中专校。

1981年

2月20日，中共中央、国务院发布［1981］8号文件《关于加强职工教育工作的决定》。《决定》阐述职工教育在现代化建设中的地位、作用和重要意义，提出今后的任务和措施。

3月20日—26日，国务院在北京召开全国职工教育工作会议。会议提出：职工教育是我国教育事业的一个重要方面，是发展生产力的先导，加强职工教育是进行现代化建设的必要前提。

8月1日—11日，教育部在北京召开全国学校思想政治教育工作会议。会议强调，要以《中共中央关于建国以来党的若干历史问题的决议》为教材，加强学生的思想政治工作，全面贯彻党的教育方针，积极引导学生德、智、体全面发展，走又红又专的道路。

10月7日，中共中央、国务院发出《关于广开门路，搞活经济，解决城镇就业问题的若干决定》。《决定》指出，要普遍开展对城镇待业青年进行就业前培训，逐步做到使一切需要进行培训的人员，先经过培训以后再就业。

11月18日，教育部发出通知，凡"文化大革命"以来参加工作的青壮年职工，其语文、数学、物理、化学的实际水平不及初中毕业程度者，一般应补课。

12月，我国的职业教育开始借鉴日本等发达国家的先进经验：河北大学比较教育研究所日本教育研究室编译出版日本仓内史郎和宫地诚哉所著的《中等职业技术教育》和《职业教育》两本著作。

1982年

1月12日，全国职工教育管理委员会、教育部、国家劳动总局、中华全国总工会、共青团中央发出《关于切实搞好青壮年职工文化、技术补课工作的联合通知》，自此，全国各地企业职工的"双补"活动全面开展。

5月4日，第五届全国人大常委会第二十三次会议通过《全国人民代表大会常务委员会关于国务院部委机构改革实施方案的决议》，《决议》将原国家劳动总局、国家人事局、国务院科学技术干部局、国家编制委员会合并，组建劳动人事部，劳动人事部设立培训就业局。

5月6日，纪念中华职业教育社立社65周年座谈会在北京举行。中华职业教育社代理事长胡厥文与会，孙起孟副理事长主持会议。

8月16日，经国务院同意，教育部中等专业教育司改设为职业技术教育司。

9月1日，党的十二大把"农业、能源和交通、教育和科学"作为经济发展的战略重点。

11月20日，中华职业教育社代理事长胡厥文写信给中共中央总书记胡耀邦，请求恢复中华职业教育社的组织和工作，以利于多渠道、多层次地为社会主义建设培养人才。24日胡耀邦复信批示："此种好事有统战部赞助就行，毋须等待中央批准。现在百废待兴，应多多提倡人人奋勇争先的风气，不宜层层设卡，贻误良机。尚望厥老勉励该社同仁发扬主动精神和创造性，放胆把工作推向前进。"

11月26日至12月10日，第五届全国人民代表大会第五次会议在北京召开。会议批准国务院《关于第六个五年计划的报告》。报告要求："继续改革中等教育结构，发展各门各类的中等职业学校，特别是农林牧副渔、医护、财贸、政法、文教等方面的职业学校。普通中学也要适当增设职业技术教育课程……"

12 月 2 日，国务院办公厅转发农牧渔业部《关于迅速加强农业技术培训工作的报告》，指出，迅速加强农业技术培训工作，用科学技术武装广大农村干部和农民群众，是推动农业生产持续增长的一项迫切而有效的措施。

1983年

1 月 7 日—22 日，中共中央书记处委托中宣部、中组部、中央书记处研究室、国家经委、中华全国总工会、共青团中央和全国妇联 7 个单位，在北京联合组织并召开新中国成立以来的首次全国职工思想政治工作会议。

5 月 2 日—8 日，中华职业教育社在北京召开社员代表会议，13 个省、市、自治区的 124 名代表参加会议。这次会议标志着中华职业教育社正式恢复组织和工作。

5 月 9 日，民政部印发《关于贯彻中共中央、国务院〈关于加强职工教育工作的决定〉，切实抓好盲人聋哑人职工文化技术教育通知》，《通知》要求："各种形式的盲人、聋哑人职工的文化技术学习，都要进行考核，并将考核成绩载入档案，作为以后晋级提资的依据之一。"

6 月 6 日—21 日，全国六届人大一次会议要求加强中等职业教育，在今后五年内使职业高中在校学生数达到高中学生总数的 40%。

9 月 9 日，邓小平为北京景山学校题词："教育要面向现代化，面向世界，面向未来。"

10 月 18 日，教育部、劳动人事部发布［83］教计字 170 号文《关于原半工（农）半读中等专业学校毕业生学历工资等问题的通知》："半工半读中等技术（职业）学校的毕业生，按全日制中等专业学校同等学历对待，准予补发毕业证书。"根据通知精神，各地补发 50—70 年代初期半工半读中专毕业证书。

11 月 4 日，全国教育科学规划领导小组办公室下达课题立项通知书，由中央教育科学研究所副所长滕纯担任主持人，确定"中国农村教育的研究"为"六五"期间综合类国家级重点研究项目。这是第一个被列入全国教育科学规划的农村职业教育研究项目。课题研究成果《县的经济与教育的调查》由教育科学出版社出版。

12 月 28 日，中华职业教育社在北京召开复社后的第一次职业教育理论研究座谈会。会议围绕黄炎培职业教育思想、职业教育结构、农村职业教育、职业道德教育四个方面的问题进行探讨。

同年，"职业技术教育学"被国务院学位办公室列入专业目录，标志着我国职业技术教育学学科正式独立。

1984年

4 月 10 日，教育部在《关于高等工程教育层次、规格和学习年限调整改革问题的几点意见》中提出"办学方式灵活多样，可以办高等工程专科学校、短期职业大学，或由普通高等工科学校办专科，还可以试办从初中毕业生中招生、学习年限五年"，确定了初中毕业生经过五年学习达到大学专科教育水平的学制形式。

4月23日—29日，全国职业大学第一次校际协作会议在武汉市江汉大学举行。会议共有36所学校参加。会议的主题是：沟通情况、交流经验、组织协作、建立网络。会议决定在江汉大学设立职业大学联络站，并筹建"中国职业大学教育研究会"。

10月27日，全国人大教科文卫委员会在北京召开建国以来首次教育立法座谈会。与会人士认为：教育立法是搞好教育改革的不可缺少的条件，一定要把教育立法工作做好。

11月4日—10日，中国职工教育研究会成立，并在福建厦门召开第一届年会，大会协商产生了以浦通修为会长的理事会。

1985年

3月7日，邓小平在全国科技工作会议上发表重要讲话。指出，我们在建设中国特色社会主义社会时，一定要坚持发展物质文明和精神文明，坚持五讲四美三热爱，教育全国人民做到有理想、有道德、有文化、有纪律。

3月30日，全国职业大学联络站向中共中央书记处研究室汇报工作。中共中央书记处研究室1985年4月19日的《情况简报》上登载《一种新型的地方大学（短期职业大学）的发展情况》一文，如实记述了短期职业大学的现状，提出了意见和建议。

4月，由联邦德国汉斯·赛德尔基金会与上海市仪表局、上海市教育局签署协议，建立上海电子职业学校，由上海市仪表局主管。学校引进德国"双元制"教育模式，作为中国职业教育"双元制"模式的首批试点单位。

4月23日—27日，由《交通中专教育》《商业中专教育》《中等农村教育》编辑部联合发起的首届中等教育编辑工作座谈会召开。

5月9日—17日，我国和民主德国两国政府签署了《职业教育合作协议》。《协议》规定，就发展和完善职业教育的基本问题进行协商；交换考察团，了解对方职业教育的情况、互相交流经验；支持和促进中国的有关研究单位和民主德国中央职业教育研究所开展合作等内容。

5月10日，1917年创办的《教育与职业》杂志复刊。

5月15日—20日，第一次全国教育工作会议在北京召开。会议的中心议题，是讨论《中共中央关于教育体制改革的决定（草案）》，为繁荣和发展教育事业献计献策，共商大计。

5月27日，《中共中央关于教育体制改革的决定》发布。提出要"调整中等教育结构，大力发展职业技术教育"。

5月，中共中央、国务院批准实施旨在依靠科学技术促进农村经济发展的"星火计划"。

5月，《职教论坛》创刊

7月1日—7日，在北京召开全国职业技术培训工作会议。会议认真学习了中央关于教育体制改革决定的精神，分析了当前职业技术培训工作情况和存在的问题，交流了一些部门、地区、单位的工作经验，讨论研究了若干改革措施。会议提出，必须按照《决定》的要求尽快改变我国职业教育落后状况，把职业技术培训工作更快更好地推向前进。

7 月 15 日，全国第三次教育科学规划会议召开，规划领导小组把县以下农村教育综合性整体改革意见摆在重要位置，确定了一批农村教育整体改革研究课题。

11 月 13 日，中国政府与联合国计划开发署、国际劳工组织正式签署了建立天津、上海两个高级职业技术培训中心的合作项目文件。

11 月 10 日，中国职业大学教育研究会在长沙大学成立，由来自 24 所职业大学的 26 人发起，江汉大学校长王千弓当选为第一届理事会会长。

12 月 30 日，河北省人民代表大会常务委员会第十七次会议通过了《河北省发展职业技术教育暂行条例》，自 1986 年 7 月起施行，这是我国颁布的第一部地方性职业教育法规。

1986年

1 月，刘鉴农主编了我国当代第一本职业技术教育学著作《职业技术教育学》。

4 月 12 日，国家教育委员会印发《关于制定和修订全日制普通中等专业学校（四年制）教学计划的意见》，开始实行中等专业学校学制改革试点。

5 月 17 日，中央职称工作领导小组关于转发国家教育委员会《中等专业学校教师职务试行条例》及《实施意见》的通知。

5 月 30 日，国家教育委员会发出《国家教育委员会关于建立职业技术教育委员会的通知》，正式建立职业技术教育委员会。

6 月 2 日，国家统计局和国家标准局发布《中华人民共和国国家标准职业分类与代码》（GB/T6565-1986），新颁布的国家职业分类标准将全国所有职业分为 8 大类、63 个分类和 303 个小类。

6 月 23 日，国家教育委员会、国家计划委员会、国家经济委员会联合印发《关于经济部门和教育部门加强合作促进就业前职业技术教育发展的意见》，提出五项原则要求。

7 月 2 日—6 日，国家教委、国家计委、国家经委、劳动人事部在北京联合召开全国职业技术教育工作会议，这是新中国成立后和改革开放后第一次全国职业技术教育工作会议。会议提出要大力发展职业技术教育，提高劳动者素质。

7 月 4 日，国家教育委员会发出《关于同意试办三所五年制技术专科学校的通知》。在上海电机制造技术专科学校等三所学校实行专科与中专套办，招收初中毕业生，前两年只有中专学籍，二年后择优进入专科学习三年毕业，为专科学历；余下的仍留中专继续学习二年毕业，为中专学历。

9 月 24 日，经国务院学位委员会第一次会议批准，我国第一个职业技术教育学专业硕士点在华东师范大学设立。鉴于当年已错过了研究生招生季，从 1988 年起，该硕士点招收我国首批职业技术教育学硕士研究生。

9 月 25 日，党的十三届六中全会通过《中共中央关于社会主义精神文明建设指导方针的决议》。《决议》指出，精神文明建设包括思想道德建设和教育科学文化建设两个方面，培养"四有"新人，提高整个中华民族的思想道德素质和科学文化素质是根本任务。

10 月 3 日，国家教委、国家计委、国家经委、劳动人事部向国务院提交了《关于全国职业技术教育工作会议的报告》。《报告》提出："国家教委在国务院领导下，从宏观上统筹管理全国职业技术教育事业，并协同计划、经济、财政、劳动人事各部门分工管理有关职业技术教育的各项工作。技工学校、就业培训中心和学徒培训工作，在国家教委的统筹指导下，仍由劳动人事部门管理。"

10月4日—10日，中国职业大学教育研究会第一次学术年会在西安举行。出席会议的有全国27个省、自治区、直辖市的106所职业大学的代表。会议的中心内容是：传达学习全国职业技术教育工作会议精神，讨论职业大学建设和改革的若干重要问题，并广泛交流办学经验。

10月6日—8日，国家教委在河北省涿县召开座谈会，就建立河北省农村教育改革实验区的有关问题进行专题研讨。

10月20日，国家教委转发河北农业大学《关于教育面向经济建设，实行教学、科研、生产三结合，综合开发太行山的报告》，并为此发出通知，要求各高校结合本校、本地区实际，学习河北农业大学的基本经验。

1987年

1月3日，国务院办公厅转发国家教育委员会等部门关于全国职业技术教育工作会议情况报告的通知。教育体制改革决定中有三项重点工作：第一是把基础教育的职责落实给了地方；第二是大力发展职业教育；第三是扩大高等学校的自主权。

2月27日—28日，国家教委和河北省政府联合在河北涿州市召开农村教育改革实验区工作会议，标志着我国农村教育改革实验工作启动。

3月24日，国家教委印发《普通高等学校招收少数职业技术学校应届毕业生的暂行规定》。《规定》要求，普通高等学校举办的职业中学专业课师资班，招收职业中学优秀应届毕业生。

6月23日，国务院批转国家教委《关于改革和发展成人教育的决定》。明确提出：要从根本上改变成人教育基础薄弱的状况，强调要把开展岗位培训作为成人教育的重点。

8月10日，国家教委职业技术教育司组织召开了中专教改座谈会。会议进一步明确了中专教育改革的方向、重点、步骤和方法。会议认为，中专学校要把理论教学、技术服务、生产实践三结合作为办学的基本道路。要把加强实践教学作为教学改革的突破口，从而推动教学过程、教学内容和教学方法的全面改革。

10月6日，国家教育委员会办公厅发出《关于印发全国中专教改座谈会文件的通知》，会议提出学校要主动适应社会、经济需要，要加强实践，要把教学、技术服务（社会服务）、生产实践三结合。

12月14日—18日，国家教委与农牧渔业部联合在山东省平度县召开农村教育为当地经济建设服务经验交流会。

1988年

2月23日，经山东省人民政府批准，山东省职业技术教育师资培训中心正式成立。全国首批职教师资培训中心相继建立。

6 月，上海电机专科学校校长严雪怡主编的《中专教育概论》一书由华东师范大学出版社出版。

8 月 29 日至 9 月 1 日，国家教委实施"燎原计划"工作会议在河北省南宫市召开。

11 月 29 日，国家教委与德国汉斯·赛德尔基金会签署《关于在山东省平度市设立"双元制"农村职业培训中心的协议》。

1989年

2 月 20 日，国家教委办公厅转发上海市卢湾区教育局在中等学校开展职业指导工作的经验，认为卢湾区在进行中学职业指导的实验研究方面已取得一定经验，要求各地教育局结合本地实验情况参照执行。

2 月 20 日至 3 月 1 日，国家教委职业技术教育司、计划财务司与世界银行经济发展学院在北京联合召开中国职业技术教育管理国际研讨会。

3 月 8 日—11 日，劳动部在河南省郑州市召开全国培训工作会议，全国地方劳动部门、国家行业产业部门、各省市自治区及计划单列市教育厅（局）、部分职教、经济部门、工会、国务院有关部委及部分大中型企业培训部门负责人共 150 人参会。

3 月 20 日至 4 月 4 日，第七届全国人民代表大会第二次会议在北京召开，会议要求抓紧落实"燎原计划"。

4 月 28 日，国家教委成立农村教育综合改革实验领导小组，并召开领导小组第一次会议。

4 月，刘春生出版了《职业技术教育导论》，这是我国当代第一部个人编写的理论专著，标志着我国当代职业教育学学科"职业"与"技术"的融合和理论重建。

5 月 15 日—19 日，在湖北省武汉市由民政部、中华全国总工会中国残疾人联合会举办第一届全国残疾人职业技能竞赛。

5 月 23 日，国家教委发出《关于在全国建立"百县农村教育综合改革实验区"的通知》。

7 月 17 日至 8 月 5 日，国家教委农村教育综合改革实验办公室与中央教育行政学院在北京共同举办了农村教育综合改革实验县工作研讨会。

8 月 29 日，农业部、国家科学技术委员会、国家教委、林业部、中国农业银行在北京联合举行新闻发布会，宣布成立农科教统筹与协调指导小组。

9 月 25 日，国家教委印发《关于在一百个企业进行教育综合改革实验的通知》。

10 月 4 日，国家教委批准成立天津大学职业技术教育学院，是普通高校设置的首批职业技术教育学院。

10 月 25 日—31 日，国家教委在湖南长沙市召开第一次全国"燎原计划"与农村教育改革实验县工作会议。

1990年

1 月 9 日—12 日，国家教委和河北省政府在石家庄市联合召开河北省农村教改实验区第四次工作会议。国家教委副主任何东昌在讲话中强调指出，教育的根本问题是培养什么人的问题，各级各类学校必须把德育放在首位，教育要和生产劳动相结合。

3月22日，世界银行执行董事会批准我国职业技术教育世界银行贷款项目，确定于10月30日生效实施。该项目使用世界银行软贷款5000万美金，装备12所职业技术师范院校、59所职业技术教育中心和3个职业技术教育研究中心。

4月，中国职工教育研究会和中国职业技术培训学会合并成立了中国职工教育和职业培训协会。

5月12日—13日，国家教委副主任何东昌、柳斌、王明达考察了河北省完县（今顺平县）——农村教改实验县，对完县的教改实验工作给予肯定和赞扬。何东昌在考察时指出，教育必须同生产劳动相结合，学校要参与农村生活的变革。

6月7日，中国职工教育和职业培训协会成立。中国职协是具有法人资格的全国性社团。

6月27日—30日，国家教委师范教育司在北京召开全国高等职业技术师范教育办学指导思想座谈会。

8月18日，国家教委职业技术教育司在山东省烟台市召开中国职业技术教育师资队伍建设座谈会。

9月12日，劳动部印发《关于高级技师评聘的实施意见》。

9月13日，中国和联邦德国合作的以应用性研究为主的教育部职业技术教育中心研究所、上海职业技术教育研究所、辽宁职业技术教育研究所同时挂牌成立。职业技术教育研究所是在联邦德国政府的资助下，由国家教委和劳动部共同筹建的，由德方提供专业教学资料，派遣专家指导工作。职业教育研究所成立的宗旨，是为在全国各地开展职业技术教育科学研究作典型试验，为政府的教育决策提供咨询与服务。

10月26日至11月1日，国家教委在四川温江县和广汉市召开第二次全国"燎原计划"与农村教育综合改革实验县工作会议。

11月8日—12日，全国农民技术教育工作座谈会在北京举行。农业部部长刘中一、副部长洪绂曾出席会议并讲话。10年间，3亿农民接受各类技术教育。近几年推广978项科学技术，产生直接经济效益140亿元。

11月16日—19日，中国职业技术教育学会正式成立。该学会是全国群众性职业技术教育学术性社会团体，接受中华人民共和国教育部和民政部的管理和业务指导，是国家一级学术社会团体，何东昌为首任会长。

11月28日，经国务院学位委员会和国家教委共同批准，《授予博士、硕士学位和培养研究生的学科、专业目录》正式发布。规定在教育学一级学科门类中，设立职业技术教育学二级学科。

1991年

1月，国家教委发出《关于开展普通中等专业学校教育评估工作的通知》（教职〔1991〕1号），要求评估工作2～3年完成；由此，拉开了对中等职业技术学校开展评估工作的序幕。

1月18日—23日，国家教委、国家计委、劳动部、人事部、财政部在北京共同召开第二次全国职业教育工作会议。会议的主要任务是，贯彻党的十三届七中全会精神，总结十年来发展职业教育的经验，明确今后发展的目标、方针和政策措施，继续强调要大力发展职业技术教育。表彰在发展职教中做出突出贡献的先进单位和先进工作者。

5 月 13 日—18 日，高等职业技术教育研究会第二次理事会第三次会议暨职业技术教育理论与实践研讨会在天津职业大学召开。

6 月 6 日，国家教委发出《关于大力发展乡（镇）、村农民文化技术学校的意见》。

10 月 17 日，国务院印发《关于大力发展职业技术教育的决定》。这是国务院为职业技术教育发布的第一部专门文件。文件根据我国经济社会发展需要，明确了职业技术教育的发展任务。

10 月 19 日，中国职业技术教育学会正式批准成立中国职业技术教育学会期刊编辑专业委员会。

10 月，国家教委组织学习《1991 年世界银行关于职业教育和培训的政策文件》，以"终身学习"作为一种新的职业教育指导思想。

11 月 7 日—9 日，国家教委职教司在上海召开"部分省市中专校合格评估工作汇报会"，会上提出"普通中专学校基本办学条件的最低合格标准"。

12 月 25 日，根据国务院办公厅文件，国家教委办公厅颁布《关于学习〈贯彻国务院关于大力发展职业技术教育的决定〉的通知》。通知指出，国务院的《决定》要求高度重视职业技术教育的战略地位和作用，积极贯彻大力发展职业技术教育的方针，采取有力政策支持职业技术教育发展，加强职业技术教育的改革和基本建设，加强和改善对职业技术教育工作的领导和管理。

1992年

1 月，国务院办公厅、国务院研究室召开全国农科教结合座谈会。

2 月 12 日，《国务院关于积极实行农科教结合推动农村经济发展的通知》印发。《通知》指出：各级政府要把实行农科教结合，推动农业和农村经济同科技、教育事业的协调发展，作为改革是否深入、是否收到实效的一个重要标志。

3 月 20 日至 4 月 3 日，第七届全国人民代表大会第五次会议在北京召开，会议要求推动农科教结合。

4 月 8 日，国家教委印发《关于加强少数民族与民族地区职业技术教育工作的意见》。《意见》要求，要高度重视职业技术教育在少数民族和民族地区经济建设和社会发展中的战略地位和作用，制定可行规划，采取有力措施。

5 月，中国职业技术教育学会成立第一届学术委员会。该委员会是学会下属的分支机构。

6 月 6 日，国家教委发出《关于大力发展乡（镇）、村农民文化技术学校的意见》。《意见》要求加强规范化建设，集中力量办好起示范和骨干作用的职业学校。

6 月 15 日—20 日，国家教委在成都无线电机械学校举办了 DACUM（Developing A Curriculum）研讨班，包括全国各地的电机、邮电、建工、航空、交通等专业技术院校参加了研讨。

8月11日—14日，国家教委在北京召开全国成人高等教育合作委员会。这是新中国成立以来第一次全国成人高等教育工作会议。

9月7日，劳动部颁布我国第一部《中华人民共和国工种分类目录》。

9月14日，经中国职业技术教育学会批准，中国职业技术教育学会职业高中教育专业委员会成立。

9月26日—31日，国家教委和国务院贫困地区开发领导小组办公室在陕西省商洛地区联合召开全国农村教育综合改革工作会议。

10月8日，天津职业技术师范学院（现天津职业技术师范大学）设立职业教育管理本科专业，获得国家教委批准，并于次年开始招收第一批本科生。职业教育管理本科专业面向全国招生，主要为中等职业学校、高等职业学校，以及各地职业教育管理部门培养师资和管理人员。

10月17日，国务院发出《关于大力发展职业技术教育的决定》。根据90年代我国经济社会发展需要，明确了职业技术教育的发展任务。

10月31日，国家教委、中华职教社、中国职业技术教育学会、中国教育报联合召开纪念《国务院关于大力发展职业技术教育的决定》发布一周年座谈会。

12月中旬，国家教委职教司召开普通中专学校教育评估研讨会，在总结1991年合格评估和1992年水平评估取得明显成效的基础上，拟订了遴选国家重点及省部重点中专的指导思想、原则、条件和具体办法。

1993年

1月29日，《职业技术教育法》起草领导小组召开第一次会议。会议决定：由全国人大教科文卫委员会、国家教育委员会、劳动部、中华职业教育社共同组建《职业技术教育法》起草领导小组，由国家教委副主任王明达负责。

2月13日，中共中央、国务院颁发《中国教育改革和发展纲要》，纲要颁布的目的，是为了贯彻中共十四大精神，适应社会主义市场经济，开拓教改新思路，加大改革力度，加快中专改革步伐，在全国范围内选择优秀的中专学校试办五年制高等职业学校。

5月13日，国家教委印发《关于职业技术教育教材规划工作的意见》。

5月15日—19日，农村职业教育研究会首届研讨会在上海市上海县莘庄召开。会议期间，与会代表对农村职业教育的办学方向、思想政治教育、职业道德教育、教学体制改革等问题进行比较充分的研讨。

6月，由国家教委职业技术教育司、职业技术教育中心研究所和中国职业技术教育学会共同创办的《中国职业技术教育》杂志公开出版发行。

7月7日，国家教委职业技术教育司在北京召开全国职业技术学校大力发展校办产业加强实习基地建设工作座谈会。

7月9日，劳动部下发《关于颁发〈职业技能鉴定〉的通知》，首次提出"职业技能开发"和"职业技能鉴定"等重要概念，提出了"职业技能鉴定实行政府指导下的社会化管理"的基本原则，对职业技能鉴定机构、考评人员、组织实施等作了明确规定。

9 月 1 日，首届中国青年奥林匹克技能竞赛在湖北省十堰市隆重开幕。

9 月 13 日—18 日，国家教委在北京主办国际职业技术教育研讨会。研讨会的主题为"现代化与职业技术教育"。

10 月 18 日—22 日，国家教委在江苏省昆山市召开全国农村教育综合改革与实施"燎原计划"工作研讨会。

10 月 31 日，第八届全国人民代表大会常务委员会第四次会议通过《中华人民共和国教师法》，该法自 1994 年 1 月 1 日起施行。

1994年

1 月 9 日—13 日，高等工程专科产学合作教育专题研讨会在上海举行。会议主要内容是交流专科学校实践教学和产学合作教育的经验和理论研究成果，进一步探讨实践教学和产学合作教育在培养高等工程技术应用型人才中所起到的作用，探讨应用型人才的培养途径，以促进产学合作教育在专科学校的发展。

2 月 1 日，国家教委颁发《国家级重点职业高级中学标准》。

2 月 22 日，劳动部、人事部共同下发了《关于颁发〈职业资格证书规定〉的通知》。

3 月 14 日，国务院办公厅转发农业部《关于实施"绿色证书工程"的意见》，提出要逐步建立和完善符合中国国情的"绿色证书"制度。

4 月 20 日，国家教委印发《关于改革和发展成人中等专业教育的意见》。该《意见》明确提出了 20 世纪 90 年代成人中等专业教育的发展目标。

6 月 14 日—17 日，党中央、国务院在改革开放后召开的第二次全国教育工作会议在北京举行。会议的主要内容是：以邓小平建设有中国特色社会主义理论和党的基本路线为指导，贯彻党的十四大和十四届三中全会精神，进一步落实教育优先发展的战略，动员全党全社会认真实施《中国教育改革和发展纲要》，实现 90 年代我国教育改革和发展的任务。

6 月 30 日，经中央机构编制委员会批准，劳动部职业技能鉴定中心正式成立。

7 月 3 日，《国务院关于〈中国教育改革和发展纲要〉的实施意见》印发。这是建设有中国特色社会主义教育体系的纲领性文件，描绘了 20 世纪 90 年代乃至 21 世纪初职业教育改革和发展的总体蓝图。《纲要》提出，到 2000 年我国教育事业发展的总目标是：到本世纪末，全民受教育水平有明显提高；城乡劳动者的职前、职后教育有较大发展；各类专门人才的拥有量基本满足现代化建设的需要，形成具有中国特色的、面向 21 世纪的社会主义教育体系的基本框架。

7 月 16 日，国家教委办公厅印发《全国骨干职业技术学校（中心）建设工作研讨会纪要》。

9 月，根据《中华人民共和国与德意志联邦共和国在职业教育领域加强合作发展的联合声明》，在北京召开了中德职业教育第一次部长级会议，会上双方提出以上海为试点，建立中德跨企业培训项目（简称 AWW），德国政府为该项目提供 500 万马克的援助。

9 月 22 日—26 日，国家教委在河北省唐山市召开全国农村教育综合改革工作会议。

9月28日—29日，中德职业教育联合工作小组在北京成立。

10月5日，中国职业技术教育学会期刊编辑专业委员会在湖南株洲召开首届优秀职教期刊及优秀编辑评审会。评选出优秀职教期刊一等奖13家，优秀编辑30名。

11月14日—18日，由国家教委、德国汉斯·赛德尔基金会、德国技术合作公司联合举办的中德职业技术教育学术研讨会在杭州举行。

1995年

1月16日，"温暖工程"创立。经中共中央统战部和中华职业教育社理事会批准，中华职业教育社在北京举行"温暖工程"创立仪式。全国人大常委会副委员长、中华职业教育社理事长孙起孟是"温暖工程"的发起人。"温暖工程"的目的，是为响应党中央号召，以职业教育和职业培训、职业指导和职业介绍为手段，为城乡迫切需要就业和优化就业的人员提供服务。

2月，国家职业分类大典和职业资格工作委员会成立，着手组织编纂《国家职业分类大典》。工作委员会办公室设在劳动部，具体负责组织专家编制国家职业分类大典的日常工作。

2月14日—17日，国家教委和江苏省人民政府在无锡联合召开苏南现代职业教育制度改革试验研讨会。

2月26日—28日，国家教委召开1995年全国职业教育工作座谈会。会议指出：指出年内职业教育要贯彻和落实1994年全国教育工作会议关于大力发展职教的方针、努力开创职业教育工作的新局面。国家教委副主任王明达到会并讲话，强调要抓住契机，深化职教办学体制改革，抓紧职业教育法起草工作，推进中专招生改革，加强师资队伍培养和管理干部队伍建设。

3月18日，第八届全国人民代表大会第三次会议表决通过《中华人民共和国教育法》，该法自1995年9月1日起施行。

4月24日—26日，劳动部在北京召开全国就业工作会。

5月18日，国家教委发出《关于评选省、部级示范性成人中等专业学校的通知》。

5月18日—20日，国家教委职教司在上海召开电机技术专科学校、西安航空工业技术专科学校、防灾技术专科学校、邢台高等职业技术学校等四所高等职业技术学校试点工作总结交流会。国家教委副主任王明达到会并讲话。

5月25日—27日，中国成人教育协会民办高等教育委员会成立暨研讨会在北京召开，这是新中国成立以来民办高等教育第一个全国性团体组织。

6月1日—3日，国家教委在北京召开全国职业技术教育深圳培训基地工作会议。

8月14日，"中德跨企业培训项目办公室"成立。目的是为中国上海、上海周边地区的中德合资企业、独资企业和零配件商提供培训和咨询。

9月13日—16日，国家教委在河北省任丘市华北油田召开全国企业教育综合改革实验现场会。

10月5日，国家教委发出《关于认定经复评合格的第一、第二批暨第三批"省级重点职业高级中学"的通知》。

10 月 5 日—7 日，全国农科教结合工作经验交流会议在北京举行。李岚清副总理出席会议并作了题为《努力开创农科教结合工作的新局面》的讲话。国家教委副主任王明达在会上作了题为《深化农村教育改革，推进农科教结合，为农村经济发展和社会进步作出更大贡献》的讲话。会议讨论了《全国农科教结合示范区实施意见》，部署了下一阶段的工作。

10 月 6 日，国家教委印发的《国家教育委员会关于〈中华人民共和国教师法〉若干问题的实施意见》指出："高等学校、中等专业学校、技工学校及依法设立的民办学校，按照《教师法》及有关法规的规定，对本校的教师工作进行自主管理。"

12 月 7 日，国家教委办公厅印发关于实施"燎原计划百千万"工程意见。"燎原计划百千万工程"由国家教委"燎原计划"办公室和中央电大燎原广播电视学校组织实施，选择百县、千乡、万村进行农村职业教育和职业培训。

12 月 12 日，国务院第 188 号令发布实施《教师资格条例》。《条例》把教师资格分为幼儿园教师资格，小学教师资格，初级中学教师和初级职业学校文化课、专业课教师资格（统称初级中学教师资格），高级中学教师资格，中等专业学校、技工学校、职业高级中学文化课、专业课教师资格（统称中等职业学校教师资格），中等专业学校、技工学校、职业高级中学实习指导教师资格（统称中等职业学校实习指导教师资格），高等学校教师资格七类。

1996 年

1 月 17 日—20 日，劳动部召开了"全国职业技能鉴定工作会议"，议题集中在：职业技能开发工作的指导思想、立法、学徒制度的改革、企业技术工人的培训、加强职业技能鉴定的质量、建立培训、考核与就业结合并与待遇相联系的激励机制等方面。

1 月 26 日—28 日，国家教委在福建厦门市召开 1996 年全国职业教育工作座谈会。

2 月 6 日，国家教委印发《关于中等职业学校财经、政法类专业政治课课程设置的意见》。《意见》规定从 1996—1997 学年开始执行新课程设置与学时。

2 月 6 日，国家职业分类大典和职业资格工作委员会年会在北京举行。职业分类工作在完成大、中、小类框架的基础上进行细类的划分。

2 月 14 日，国家教委下发《关于审批认定国家级重点职业高级中学的通知》并附有 296 所国家级重点职业高级中学名单。

3 月 17 日—21 日，国家语委语文司和国家教委职教司在沈阳市召开"全国职业中学普及普通话工作交流汇报会"。会议研讨了《职业中学普及普通话评估指导标准》和《职业中学普及普通话教学基本要求》两个文件（征求意见稿）。

4 月 6 日，劳动部在北京召开全国就业工作会议。

4 月 10 日，国家教委印发关于《全国教育事业"九五"计划和 2010 年发展规划》的通知。关于职业技术教育指出：职业教育以初中后为重点，实行小学后、初中后和高中后三级分流。

4月29日，国家教委、农业部印发《关于进一步办好农村中等职业学校农业类专业的意见》，《意见》要求强化兴农意识，重视办好农业类专业；深化教育教学改革，不断增强办学生机与活力；加大政府统筹力度，给予财力和政策扶持。

5月15日，八届全国人大常委会第十九次会议审议通过了《中华人民共和国职业教育法》。《职教法》共分5章40条。其中，包括职业教育的地位、作用，国家发展职教的方针政策、保障措施，以及职教体系中各主体应有的权利、责任和义务等。标志着我国职业教育开始走上依法建设的轨道。

5月22日，国家教委、全国人大教科文卫委、全国人大法制工作委、国务院法制局举行学习、宣传、贯彻、落实《职业教育法》座谈会。

6月7日，全国人大教科文卫委、国家教委、国家经贸委、劳动部、农业部、司法部、全国总工会联合发出《关于学习宣传和贯彻实施〈中华人民共和国职业教育法〉的通知》。

6月17日—20日，国家教委、国家经贸委和劳动部在京联合召开第三次全国职业教育工作会议。会议的主要任务是，研究制定贯彻落实《教育法》《职业教育法》和《中国教育改革和发展纲要》的政策措施，进一步明确我国跨世纪发展职业教育的目标和任务。

6月下旬至7月中旬，国家教委职教中心所与中国电力企业联合会签定的《借鉴德国"双元制"经验，改革技工教育》合作协议，第一轮试点工作为期三年，在石家庄电力学校和锦州电力技校进行了试点班结业考试。这是我国教育科研机构与行业合作进行职教改革试点的第一个项目。

6月17日—21日，联合国教科文卫组织的亚太地区"小企业管理技能示范课程"核心小组会议在北京召开。会议讨论了小企业管理技能示范课程教材的有关事宜，并制定出各成员国该课程教材开发的行动计划。

7月31日至8月2日，劳动部在辽宁省召开"综合性职业培训基地暨职业技能开发和就业训练集团试点工作座谈会"。会议达成如下共识：实现培训与就业的紧密结合，是完成就业任务和促进职业技能开发工作的必然要求。

8月5日—9日，由国家教委职业教育中心所组织，上海和辽宁职业教育所共同参加的《借鉴德国"双元制"经验促进中国职业技术教育改革的研究与实验》课题总结会在辽宁召开。

8月14日，"第二届全国中等职业学校学生作文大赛"活动揭晓。有参赛学校（职高）的10多万学生参加，共评出获奖作文190篇。

8月21日—25日，国家教委农村教育综合改革办公室和国家教委职教中心所在金陵石化公司教育培训中心举办了"企业人力资源开发与职业教育"国际研讨会。会议介绍了德国现代企业职业教育体制和企业人力资源开发的方式方法，探讨和研究我国大中型企业人力资源开发和职业教育改革的有效途径。

8月30日，国家教委与德国国际发展基金会合作项目，第一批职教管理干部研修班抵德开课。此项目是根据国家教委与德国国际发展基金会达成协议设立的，目标是以5年左右的时间，德方协助我国培训约百名职业教育管理干部。

9月1日，《中华人民共和国职业教育法》正式实施。

10月14日—18日，全国中专艺术教育工作会召开。会议探讨了推进中专美育工作的措施，修改了中专美育教材大纲等。

10月26日，全国高等职业技术师范教育专业委员会在常州技术师范学院召开了一届三次年会。国家教委有关领导就贯彻全国职教工作会议和全国师范教育工作会议精神，加快职技高师建设问题作了讲话。会上组织成立了全国职技高师理论研究协作委员会。

11月1日—3日，全国"八五"重点课题职教成果交流会在深圳市召开。代表们对"八五"职教重点课题作了汇报，并对职教科研总体状况与当前职教发展的重大理论与实践问题进行了专题座谈。

11月7日，劳动部下发《关于印发〈职业技能鉴定工作规则〉的通知》。

11月29日—30日，国家教委职教司在天津召开"全国职业高中开展职业技能鉴定工作会"。全国29个省、市、自治区职教部门的代表参加了会议。会议交流了职业高中开展职业技能鉴定工作的做法、经验，并分析了当前存在的问题。

12月6日—9日，全国农科教结合示范区现场经验交流会在福建省三明市举行。

12月13日，正式启动世界银行贷款第二个中国职业技术教育项目。本次项目贷款3000万美元和国内配套的3.38亿人民币，覆盖5个省市、82所中等专业学校和职业高中。

12月16日，国家教委、国家计委、财政部《关于颁发义务教育等四个教育收费管理暂行办法的通知》（《义务教育学校收费管理暂行办法》《普通高级中学收费管理暂行办法》《中等职业学校收费管理暂行办法》《高等学校收费管理暂行办法》）。

1997年

1月23日，辽宁省第八届人民代表大会常务委员会第十二五次会议通过了《辽宁省实施〈中华人民共和国职业教育法〉办法》，是我国第一部由省级人大常委会制定的实施职业教育法规。

1月底，江苏省苏州市由5所厂办技校组成的"苏州企业技工学校教育联合集团"成立，这在全国尚属首例。

2月24日，国家教委在重庆市召开1997年全国职业教育工作座谈会。会议确定1997年职教工作主要任务：提高执法意识，推动各地落实职教法的配套法规建设；制定措施，落实职教会精神；积极发展高等职业教育；继续推进中等职教的发展；突出教学领域改革；加强学校德育工作和职业道德教育；加强职业教育的科学研究和宣传工作。

3月12日，《1997年全国各类成人高等学校招生规定》发布，1997年全国各类成人高等学校计划招生90万人，比上一年增加3.5万人。

4月16日—21日，国家教委、联合国教科文组织在河北省保定市召开农村职业教育国际研讨会。

4月23日，由中华人民共和国主席江泽民和德国总理科尔倡议成立的中德高技术对话论坛在波恩正式宣告成立，并与同月 23 日—25 日举行第一次会议。

7 月 31 日，发布我国民办教育的第一个行政法规《社会力量办学条例》，自 1997 年 10 月 1 日起施行。条例规定：国家对社会力量办学采取"积极鼓励，大力支持，正确引导，加强管理"的政策方针。

9 月 1 日—3 日，劳动部在甘肃省兰州市召开全国职业技能鉴定工作座谈会。

9 月 12 日，党的十五大在北京开幕。江泽民总书记在开幕式上作题为《高举邓小平理论伟大旗帜，把建设有中国特色社会主义事业全面推向 21 世纪》的报告，强调指出：要切实把教育摆在优先发展的战略地位，尊师重教，加强师资队伍建设。发挥各方面的积极性，大力普及九年义务教育，扫除青壮年文盲，积极发展各种形式的职业教育和成人教育，稳步发展高等教育。优化教育结构，加快高等教育管理体制改革步伐，合理配置教育资源，提高教学质量和办学效益。

10 月 12 日，国务院副总理李岚清就《中华人民共和国教育法》正式实施在中央电视台发表讲话。

10 月 13 日，教育部在深圳召开全国高等职业教育教学改革研讨会。会议强调发展一定要坚持"三个有利于"的指导思想，要以内涵发展为主，必须把加强教学工作和教学改革摆在更突出的位置。

10 月 13 日—15 日，以"面向 21 世纪高等职业技术师范教育的改革与发展"为主题的首届高等职业技术师范教育国际研讨会在天津市召开。

12 月 26 日，第三届高等教育"国家级教学成果奖"揭晓。53 项成果获国家级教学成果一等奖，368 项成果获国家级教学成果二等奖。天津职业技术师范学院《培养"双证书"一体化职教师资的实践》获得国家级教学成果一等奖。

1998年

2 月 11 日，国家教委印发《关于加快中西部地区职业教育改革与发展的意见》，要求探索符合中西部地区实际的职教模式。

2 月 16 日，国家教委印发《面向 21 世纪深化职业教育教学改革的原则意见》。

2 月 23 日—27 日，全国职业教育工作座谈会暨中等专业学校招生工作会议在湖南长沙市举行。国家教委副主任张天保出席会议并作了题为"认真贯彻十五大精神，积极推进职业教育发展与改革"的讲话。会议研究部署了 1998 年职业教育改革与发展及普通中等专业学校招生收费并轨改革工作。

3 月 10 日，第九届全国人民代表大会第一次会议通过《国务院机构改革方案》，决定撤销劳动部，组建劳动和社会保障部。决定将国家教育委员会更名为教育部。

3 月 16 日，教育部、经贸委、劳动部印发《关于实施〈职业教育法〉加快发展职业教育的若干意见》。

4 月 9 日，教育部部长陈至立在北京会见世界银行东亚及太平洋地区副行长塞韦里诺一行。自 1981 年以来，中国教育领域共实施和完成世行贷款项目 14 个，贷款金额近 14 亿美元。受益领域遍及高等教育、基础教育、师范教育、职业教育等多个方面，项目单位达

10 多万个。

5 月 18 日—27 日，我国政府举办了亚非地区职业技术教育培训班。

7 月 21 日，国务院办公厅印发的《教育部职能配置、内设机构和人员编制规定》，教育部设立职业教育与成人教育司。高等教育司设立高职高专教育处，负责高等专科学校和高等职业学校的管理工作。

8 月 25 日—26 日，中英双方在深圳市联合召开中英职业资格证书制度研讨会。

8 月 29 日，九届全国人大常委会第四次会议表决通过《高等教育法》。同日，国家主席江泽民签署第七号主席令，公布《中华人民共和国高等教育法》，自 1999 年 1 月 1 日起施行。

9 月 21 日—25 日，教育部职业技术教育中心研究所组织召开亚太经合组织（APEC）教育论坛"职教教师标准及其开发方法"项目的国际研讨会。

10 月 7 日—9 日，教育部职业教育与成人教育司在北京召开职业教育改革与发展座谈会。

11 月 11 日—13 日，第二届全国省级职教研究机构协作会年会在浙江省杭州市召开。会议中心议题是交流贯彻落实《面向 21 世纪深化职业教育教学改革的原则意见》的措施及做法。

12 月 7 日—10 日，中国联合教科文组织秘书处和教育部高教司在深圳联合主办高等职业技术教育研讨会，来自法国、菲律宾、美国、中国等 10 个国家和地区的代表共 80 余人参加。

12 月 15 日，国务院机构改革中撤并部门所属学校的管理体制调整工作基本完成。撤并部门所属的 91 所普通高校实行中央和地方共建，72 所成人高校大部分转为地方管理，中等专业学校和技工学校全部由部门管理转为地方管理。

12 月 17 日，全国人大教科文卫委、教育部、国务院法制办公室在北京联合举行学习宣传贯彻实施《高等教育法》座谈会。

1999 年

1 月，国务院批转《面向 21 世纪教育振兴行动计划》，确定了教育界实施科教兴国的战略重点。提出要建立普通高校和职业教育的"立交桥"和终身学习体系。提出"积极发展职业教育和成人教育，培养大批高素质劳动者和初中级人才"。

1 月，教育部开始实施"面向 21 世纪职业教育课程改革和教材建设规划"。

1 月 20 日，教育部办公厅就国家举办高等职业教育的实施意见中有关问题发出通知。安排 1999 年全国普通高等学校本专科计划招生 130 万人，比 1998 年增加 22 万人，增长近 20%。在 1999 年计划招生总数中，专门安排 10 万人用于江苏、山东、北京等 14 个省市，试行按新的管理模式和运行机制举办高等职业教育。

2 月 24 日，教育部《面向 21 世纪教育振兴行动计划》正式颁布，第 32 条明确提出积极发展高等职业教育的方针政策。

5 月 5 日—7 日，全国高专高职教育人才培养工作委员会成立大会在北京举行。会议讨论修改了《关于加强高专高职教育人才培养工作的若干意见》等文件。

5月21日，教育部和财政部联合发布《"面向21世纪教育部振兴行动计划"专项资金管理暂行办法》，规定支持职业教育发展的经费。

5月25日，由劳动保障部、国家质量技术监督局、国家统计局共同组织编纂的《中华人民共和国职业分类大典》正式出版，并在人民大会堂隆重举行了《中华人民共和国职业分类大典》首发式，《大典》填补了我国职业分类领域的空白。

6月15日—18日，党中央、国务院召开了改革开放以来的第三次全国教育工作会议。这次会议的主题是：动员全党同志和全国人民，以提高民族素质和创新能力为重点，深化教育体制和结构改革，全面推进素质教育，振兴教育事业，实施科教兴国战略，为实现党的十五大确定的社会主义现代化建设宏伟目标而奋斗。会议颁布了《关于深化教育改革，全面推进素质教育的决定》。《决定》的第二部分，阐明了大力发展高等职业教育的重要性及其改革方向。

7月27日，教育部印发《关于成立全国中等职业教育教学指导委员会的通知》，组建全国中等职业教育教学指导委员会。

8月，在全国中等职业教育教学改革工作会议基础上，教育部组织开发了83个重点建设专业教学指导方案、4种德育课、23种文化基础课及公共专业基础课教学大纲，并启动了国家规划教材建设工程。

9月4日，教育部印发《关于开展建设示范性职业技术学院工作通知》，要求整体推进高职高专教育改革和建设。

9月23日—25日，教育部职业教育与成人教育司在山东烟台市召开全国中等职业学校布局结构调整工作会议，学习贯彻《中共中央国务院关于深化教育改革全面推进素质教育的决定》和《关于调整中等职业学校布局结构的意见》。

11月19日，全国农科教结合协调领导小组发出通知，决定在总结12个示范区建设经验的基础上，在全国范围内组织实施"农科教结合百县千乡万村示范工程（简称百千万工程）"。

11月8日—10日，教育部成立高职高专教育工作指导委员会，并在北京召开第一次全国高职高专教学工作会议。会议的主要内容是：贯彻第三次全国教育工作会议精神，确定今后高职高专教育教学改革与建设工作的思路和主要任务，启动教学改革与建设项目。

11月，教育部启动重点建设50个（中等）职业教育师资培训基地。开始建立职业教育师资继续教育体系和机制，加强师资队伍建设，保证职业教育质量不断提高。

2000年

1月17日，教育部印发《关于加强高职高专教育人才培养工作的意见》。教育部发出《关于组织实施〈新世纪高职高专教育人才培养模式和教学内容体系改革建设项目计划〉的通知》，启动实施《项目计划》。

2月1日，江泽民总书记发表《关于教育问题的谈话》，指出：我们国家人口多，人人都上大学仍是不现实的。也不是只有上了大学，才能成为人才。社会需要的人才是多方面的，三百六十行，行行出状元。"

3 月 15 日，华东师范大学等上海市 27 所高校试办"中等与高等职业教育相沟通"的职业技术教育。经上海市教委批准，这种新型的职业技术教育学制采取"三三分段"制，即前三年在中等职业技术学校学习，实施中等职业技术教育学制，列入高中阶段招生计划；后三年在高等职业技术学院学习，实施高等职业技术教育学制，列入高等教育招生计划。

3 月 21 日，教育部印发《关于全面推进素质教育、深化中等职业教育教学改革的意见》。(教职成〔2000〕1 号)，并印发《关于全面推进素质教育、深化中等职业教育教学改革的意见》和《关于制定中等职业学校教学计划的原则意见》。对于在中等职业教育领域贯彻第三次全国教育工作会议和落实《关于深化教育改革全面推进素质教育的决定》提出了具体要求。

4 月 22 日，清华大学应用技术学院在昌平校区正式成立，这是以造就高等素质现代职业技术与管理人才为培养目标的高等职业技术教育。

5 月 30 日，国务院学位委员会下发《关于开展中等职业学校教师在职攻读硕士学位工作的通知》，提出 2000—2005 年，平均每年招收约 1000 名中等职业学校教师在职攻读硕士学位。

5 月 31 日，国家教育部公布全国 960 所"国家级重点中等职业学校"名单。

6 月 9 日，教育部下发了《关于加强本科院校举办高等职业教育管理工作的通知》。《通知》要求，本科院校举办高等职业教育，应进行可行性论证和评估，确有需要的，经学校审批报教育主管部门备案后，可成立职业技术学院。

6 月 28 日，教育部发出《关于确定北京工业职业技术学院等 15 所高等学校为示范性职业技术学院建设单位的通知》。

7 月 29 日—31 日，劳动和社会保障部在大庆市召开全国企业职工职业技能鉴定试点工作经验交流会。

9 月 18 日—20 日，教育部职业教育与成人教育司在云南昆明市召开改革开放以来第一次全国中等职业教育师资工作会议。会议总结交流了"九五"期间中等职业教育师资队伍建设的经验，明确了"十五"期间职教师资队伍建设工作的指导思想、目标和任务，研究和部署了下一步的职教师资工作。

9 月 23 日，教育部发出第 10 号令，发布《〈教师资格条例〉实施办法》。

9 月 25 日，教育部发布《中等职业学校专业目录》和《中等职业学校专业设置管理的原则意见》。《目录》设 13 个大类，270 个专业。

10 月 13 日—14 日，劳动和社会保障部在北京召开全国职业技能鉴定工作座谈会。

10 月 19 日，劳动和社会保障部印发《关于成立技工学校教材、高等职业教育教材和职业资格培训教材专业委员会的通知》。

12 月 8 日，劳动和社会保障部印发《关于大力推进职业资格证书制度建设的若干问题意见》，对进一步推进职业资格证书制度建设提出 4 个方面共 20 条意见。

12 月 25 日，教育部印发《关于成立现代远程职业教育资源建设委员会的通知》，决定成立现代远程职业教育资源建设委员会。

参考文献

Ｂ·Ｈ 多勃罗文斯基 . 1980. 日本经济效率问题 . 北京：北京出版社

陈鸿 . 1997. 一九九六年中国职业技术教育大事记 . 职教通讯，（5）：9-11

陈逖先 . 略论县级职教中心建设 . 1993. 产训结合理论与实践 . 北京：学苑出版社

陈英杰 . 2007. 中国高等职业教育发展史研究 . 郑州：中州古籍出版社

陈宇，王忠厚，陈健等 . 1991. 人力资源经济活动分析 . 北京：中国劳动出版社

陈玉华，刘建超，熊熙等 . 2004. 提升产学合作层次　构建人才培养模式 . 中国高教研究，（3）：53-55

程方平，毛祖桓 . 2002. 中国教育问题报告——入世背景下中国教育的现实问题和基本对策 . 北京：中国社会科学出版社

邓小平 . 1978. 在全国教育工作会议上的讲话（一九七八年四月二十二日）. 安徽教育，（5）：2-5，11

丁良 . 1998. 上海市高校与外国及港澳台地区合作办学的情况与对策 . 上海师范大学学报（哲学社会科学版），（3）：147-149

高奇 . 1997. 试论城市职业高中发展趋势——兼论高中阶段教育结构问题 . 职教通讯，（2）：10-11

顾坤华，赵惠莉 . 2011. 我国高等职业教育的创立变革与发展——纪念职业大学创办 30 周年 . 职业技术教育，（3）：22-27

顾明远 . 1991. 教育大辞典 . 上海：上海教育出版社

郭俊朝，尹雨晴，马春皋 . 2010. 回顾与展望：中国高等职业教育三十年 . 邢台职业技术学院学报，（6）：36-39

郭扬 . 2013. 职教名家谈职教 . 上海：华东师范大学出版社

国家教育部职业技术教育中心研究所，职业教育与成人教育司 . 1997. 职业教育年度报告，1

国家教育委员会职业技术教育司 . 1986. 全国职业技术教育工作会议文件汇编 . 北京：北京师范大学出版社

国务院 . 1981. 中共中央 . 关于加强职工教育工作的决定 .

http：//www. 110. com/fagui/law_2079. html.

国务院办公厅，全国职工教育管理委员会，国家经济委员会 . 1984. 关于加强职工培训，提高职工队伍素质的意见 . http：//www. law-lib. com/lawhtm/1984/45943. htm.

郝克明，蔡克勇 . 1991. 应用学科高层次人才培养途径多样化研究 . 北京：人民教育出版社：7

胡耀邦 . 1983. 为恢复中华职业教育社的组织和工作胡耀邦同志给胡厥文同志的复信 . 职业教育研究，（2）：1

黄嘉树 . 1987. 中华职业教育社史稿 . 西安：陕西人民教育出版社

教育部 . 1985. 中共中央关于教育体制改革的决定 . http：//www. edu. cn/zong_he_870/20100719/t20100719_497960. shtml.

教育部高等教育司 . 2009. 中国高等职业教育年度报告

教育部职业教育与成人教育司，中国职业技术教育学会．1999.崛起的年代丰硕的成果——中国职业教育改
　　革与发展的 20 年．北京：高等教育出版社

劳动部赴日职业技能考察团．1994.日本职业技能检定制度．中国培训，（8）：30-33

劳动人事部．1982.关于青壮年职工文化技术补课工作若干问题的补充意见．

http：//china. findlaw. cn/fagui/p_1/88933. html.

劳动人事部．1983.工人技术考核暂行条例（试行）.

http：//china. findlaw. cn/laodongfa/zyjljd/9964. html.

李铁映．1991.大力发展职业技术教育促进我国经济建设和社会发展——在全国职业技术教育工作会议上的
　　报告．人民教育，（3）：2-6

联合国教科文组织教育统计局．1988.国际教育分类标准．国家教委教育发展研究中心译．北京：人民教育
　　出版社

刘春生，徐长发．2002.职业教育学．北京：教育科学出版社

刘建同．2004.关于世界银行两个职业教育贷款项目的回顾与总结．中国职业技术教育，（2）：20-22

刘鉴农，李澍卿，董操．1986.职业技术教育学．济南：山东教育出版社：3

马海泉．1996.努力开创职业教育发展和改革的新局面——全国职业教育工作会议侧记．中国高等教育，
　　（C1）：68-70

马树超，郭扬，陈嵩．2005.中国职教发展战略机遇期的战略选择．职业技术教育，（24）：28-41

马树超．2004.完善职业教育体系条件保障的探讨．职教论坛，（1）：28-30

孟广平．1993.中国职业技术教育体系的改革．北京：科学普及出版社

孟广平．2000.面向 21 世纪我的教育观·职业技术教育卷．广州：广东教育出版社：96-101

全国教育科学规划领导小组办公室．2006.中国教育科学规划回顾与展望：从"六五"到"十五".北京：
　　教育科学出版社

全职工教育管理委员会，教育部，劳动总局，中华全国总工会，共青团中央．1982.关于切实搞好青壮年职
　　工文化技术补课工作的联合通知．中国劳动，（3）：23-25

日本文部省．1971.学校基本调查报告

邵子言．1986.总结"双补"工作推广好经验．北京成人教育，（9）：22-24

苏联教育科学院．1985.马克思恩格斯论教育．华东师范大学《马克思恩格斯论教育》辑译小组译．北京：
　　人民教育出版社：54，163，368

孙琳．1997.我国职业教育的成就，问题及发展趋势．教育研究，（7）：47-53

孙琳．2004.21 世纪我国职业教育发展的政策取向．职教论坛，（2A）：9-12

孙起孟．1997.中华职业教育社八十年（1917—1997）.北京：中华职业教育社

孙翔．1991.农科教统筹结合综述．教育与职业，（12）：9-23

孙翔．1996.略论在我国倡导和实施"科教兴村计划".高等农业教育，（6）：11-13

孙志贤．1986.劳动服务公司在解决就业上的作用与在劳动力管理中的地位．中国劳动科学，（6）：24-27

屯九．1986.发展职业技术教育的里程碑——记全国职业技术教育工作会议．职业教育研究，（5）：19-20

王珍，王宪成，卢双盈．1997.中外职业教育比较．天津：天津科学技术出版社

闻友信，杨金梅．职业教育史——开拓对外交流 博采世界职业教育之长．海口：海南出版社：200-202

吴雪萍 . 2004. 国际职业技术教育研究 . 杭州：浙江大学出版社

吴长翼 . 1997. 中华职业教育社八十年（下编）. 北京：中国大百科全书出版社

谢丽惠 . 2009. 职业教育的中外合作办学模式研究 . 全国商情（经济理论研究），（5）：103-105

谢长法 . 2011. 中国职业教育史 . 太原：山西教育出版社

辛朝惠，高文 . 1989. 完善"科教桔合，为农服务"机制的一个有效途径——论农科教统筹及其实施 . 学术
　　界，（4）：11-12

辛浚 . 1995 "温暖工程"应运而生 . 教育与职业，（1）：4-5

信乃诊，司洪文 . 1992. 对农科教三结合的分析 . 中国科技论坛，（1）：55-57

休·帕特里克，亨利·罗索夫斯基 . 1980. 亚洲新巨人 . 上海：上海译文出版社

严雪怡 . 1990. 职业教育，技术教育，职业和技术教育——也谈"职业教育"的正名 . 教育与职业，（7）：
　　22-23

严雪怡 . 1993. 试论高等职业技术教育 . 中国职业技术教育，（2）：38-40

杨金土 . 2005. 中国职教发展的政策环境分析 . 教育发展研究，（17）：1-4

杨金土 . 2011. 30 年重大变革——中国 1979—2008 年职业教育要事概录（上卷）. 北京：教育科学出版社：
　　302，303，340-341，341-349

杨文荣 . 1998. 教育要面向现代化，面向世界，面向未来——纪念邓小平同志"三个面向"题词发表 15 周
　　年 . 北京教育学院学报，（3）：6-7，78

杨占苍，马贵明，杨守江 . 2004-7-3. 一个探讨职教兴衰的经典案例 . 中国教育报，第 1 版

杨佐，费重阳 . 1991. 关键问题在于提高认识——全国职业技术教育工作会议信息 . 职业教育研究，（2）：
　　16-17

俞仲文 . 2009. 改革开放三十年我国高等职业教育跨越式发展的经验与启迪 . 中国高教研究，（1）：7-10

袁宝华 . 1996. 袁宝华教育文集 . 北京：中国人民大学出版社

臧永昌 . 1985. 中国职工教育史稿 . 沈阳：辽宁人民出版社

张赓 . 2006. 国际高职产学合作教育的比较研究 . 中国职业技术教育，（5）：34-36

张俊洪 . 1999. 回顾与检讨——新中国四次教育改革论纲 . 湖南：湖南教育出版社

张力 . 2005. 新形势下中国职业教育的宏观政策 . 教育发展研究，（9）：5-8

张书义 . 2009. 我国高等职业教育发展回顾 . 南阳师范学院学报（社会科学版），（7）：101-103

张小建 . 2008. 中国就业的改革发展 . 北京：中国铁道出版社 .

张志增 . 1994. 论县级职业技术教育中心的办学模式 . 教育研究，（5）：14-21

郑敏 . 1987. 试论发展职业技术教育的重要性 . 云南师范大学学报（哲社版），（5）：91-94

中共中央，国务院 . 1981. 关于加强职工教育工作的决定 .

http：//www. sdlss. gov. cn/news/NewsContent. aspx?id=1441.

中国高等职业技术教育研究会 . 2002. 中国高等职业技术教育研究会史料汇编 . 北京：高等教育出版社

中国高等职业技术教育研究会 . 2006. 20 年回眸——高等职业教育的探索与创新（1985—2005）. 北京：科
　　学出版社

中国职工教育和职业培训协会 . 2005. 中国职业培训发展报告 . 北京：新华出版社

中华人民共和国教育部 . 1999. 共和国教育 50 年（1949—1999）. 北京：北京师范大学出版社

中华职业教育社 . 1982. 中华职业教育社六十五周年纪念刊 . 北京：中华职业教育社，（10）：60

中华职业教育社 . 1994. 黄炎培教育文集（第二卷）. 北京：中国文史出版社

中华职业教育社 . 2007. 中华职业教育社九十周年纪念刊 . 北京：中华职业教育社：4

中华职业教育社 . 2012. 王艮仲与中华职业教育社

周稽裘 . 2007. 转型期的教育适应与超越 . 南京：江苏教育出版社

周祥瑜，吕红 . 2006. 澳大利亚职业教育的培训包体系及其优势 . 中国职业技术教育，（12）：37-41

后 记

  本书历经两年多的资料搜集与研究整理，终于付梓了。本书梳理了 1980—2000 年间中国职业教育改革发展过程中所发生的重要事件；精选出这 20 年间国内职业教育界知名学者、专家的代表性学术论文或关于职业教育的重要论述；荟萃这 20 年中创办的我国各级各类职业技术院校的典型代表及其创新与发展的轨迹。以期勾勒出这一时期我国职业教育改革发展的基本面貌，继承并发扬创业与创新的改革精神，承前启后，不断开创我国职业教育崭新的未来。

  本书的编纂是费重阳先生的多年夙愿，在他的倡议和指导下，天津市职业技术师范大学和中华职业教育社通力合作，邀请了多位职教界知名学者、专家担任顾问。对一些重大历史问题及其背景，课题组成员多次向杨金土、高奇、钱景舫、陈宇、刘占山、王竞、王宪成、李宗尧、周稽裘、蒋乃平、赵坚、朱先政等老领导、老专家、老校长进行咨询，得到了他们对本书提出的许多弥足珍贵的意见和建议，特别是他们生动的回忆，以及提供的文字材料，为本书更加准确地反映其历史事实提供了十分可贵的帮助。有的顾问专家亲自执笔著文，更是令人敬佩不已。杨金土、费重阳、高奇、钱景舫几位德高望重的老先生对本书的编写工作不仅给予热心指导，多次写出十分中肯的书面意见，有的亲自批阅修改，有的多次参会亲临指导。还有的专家还捐出了自己珍藏多年、非常稀缺的历史资料，这恐怕是对后学者最大的奖掖了。对此，我们以诚挚的心情致以深深的敬意。

  本书编委会自 2013 年 12 月成立以来，先后召开两次大型论证会和多次小型研讨会，以及多次的往来信件与咨询函件，分别就本书设计方案、目录、内容，以及文章体例、文稿修改等事项，进行了反复研讨、修正，并达成比较一致的认识。

  本书的编辑工作大体分为五个阶段：2013 年 9 月至 12 月是收集整理历史文献资料、对专家进行采访咨询阶段；2013 年 12 月至 2014 年 4 月是本书初步方案设计与证论阶段；2014 年 5 月至 2015 年 3 月为确定目录、大纲，着手撰稿阶段；2015 年 4 月至 11 月为充实、修改、成稿阶段。期间，数易其稿，始成此书。如果说有所创新和贡献的话，应归功于参与本书编辑出版全过程的所有人的集体的智慧与共同付出的心血。

  本书共分为三编与一个附录。参加第一编撰写工作的人员有：一、胡耀邦总书记批示中华职业教育社恢复组织和工作，由袁洪艳、刘金录、董黎明执笔；二、三次全国职业教育工作会议不断推进职业教育的改革与发展，由杨静、冯大军执笔；三、中高等职业技术学校获得大发展，由蒋乃平、朱先政、赵坚执笔；四、创建劳动服务公司和就业训练中心，探索中国特色劳动就业之路，由周稽裘、张爱军、王英才执笔；五、重构职工教育与培训体系，开创职工教育工作新局面，由张宗辉、马开年、李亚平执笔；六、农村教育综合改革的实施，助推农村经济发展，由任健、董操、杨静执笔；七、《职业教育法》开启法治职业教育的新征程，由张爱军、王竞执笔；八、《职业分类大典》奠定职业教育规范发展的基础，由陈宇、李亚平、张爱军执笔；九、构建国家职业教育研究体系，推动职业教育的科学发展，由刁哲军、李占萍、李亚平执笔；十、广泛开展国（境）内外交流与合作，加快职业教育现代化的步伐，由朱文富、张爱军执笔。本书第一编由卢双盈、刘志芳、刘金录统稿。第二编由李亚平、金京姬、杨洁编辑整理。第三编由杨静、高丽梅编辑整理。附录1、附录2由张爱军编辑整理。参加本书文献收集、整理加工、文字编辑处理等工作还有胡晓雯、刘静静、魏晓凤、闫晓玲、马莉、张秉军、孔志军、吴志静等。

本书总统稿人由卢双盈、杨静、李亚平担任。

本书的编辑出版得到天津职业技术师范大学、中华职业教育社等单位的领导及职教界诸多同仁的支持、指导与帮助。科学出版社付艳、朱丽娜、王珂老师为本书的终审和出版付出了极大的心血，深表谢意。

最后，向本书所参考和引用文献的作者致以诚挚的谢意。限于编者的视野和水平，本书难免有一些疏漏、谬误和缺憾之处，恳请职教界人士和读者不吝指正。

《中国职业教育改革 20 年（1980—2000）》编委会

2016 年 8 月